La justice algorithmique

Analyse comparée (France/Québec) d'un phénomène doctrinal

La *Nouvelle Bibliothèque de Thèses* a vocation à publier, chaque année, dix thèses de droit primées par un jury universitaire, sur de stricts critères d'excellence et d'originalité. Les thèses publiées en 2025 ont été soutenues au cours de l'année 2023.

La sélection a été établie par :

Mme Sandrine CLAVEL
Professeur à l'Université Paris Saclay

Mme Pascale DEUMIER
Professeur à l'Université Lyon III

Mme Pascale GONOD
Professeur à l'Université Paris 1 Panthéon-Sorbonne

MEMBRES DU JURY

M. Karim BENYEKHLEF
Professeur à l'Université de Montréal
Examinateur

Mme Véronique CHAMPEIL-DESPLATS
Professeure à l'Université Paris-Nanterre
Rapportrice

Mme Pascale DEUMIER
Professeure à l'Université Lyon III
Rapportrice

M. Nader HAKIM
Professeur à l'Université de Bordeaux
Examinateur

M. Thomas PERROUD
Professeur à l'Université Paris 2 Panthéon-Assas
Président du jury

Mme Marie-Claire PONTHOREAU
Professeure à l'Université de Bordeaux
Directrice de thèse

NOUVELLE BIBLIOTHÈQUE DE THÈSES

La justice algorithmique

Analyse comparée (France/Québec) d'un phénomène doctrinal

2025

Camille BORDÈRE

Thèse pour le doctorat en droit
de l'Université de Bordeaux
présentée et soutenue publiquement
le 28 novembre 2023

Préface de Marie-Claire Ponthoreau

Prix de thèse de l'Institut André Demichel
Prix de thèse France-Amériques,
sous le parrainage de Monsieur Rémy Heitz,
Procureur général près la Cour de cassation
Prix de thèse de la Maison des Sciences de l'Homme de Bordeaux

Lefebvre Dalloz

DALLOZ

Cet ouvrage reproduit le texte intégral de la thèse,
établi à la date de la soutenance.

DALLOZ

Tour Lefebvre Dalloz - 10, place des Vosges
CS90358 - 92072 Paris La Défense Cedex

ISBN 978-2-247-23924-5

« *Les faits, et seuls les faits, sont nos maîtres* », Jean FOURASTIÉ, *Le grand espoir du vingtième siècle*, 1952.

« *Nous demandons seulement un peu d'ordre pour nous protéger du chaos* », Gilles DELEUZE et Félix GUATTARI, *Qu'est-ce que la philosophie ?*, Les Éditions de Minuit, 2005, p. 189.

« *La certitude est généralement illusion et le repos n'est pas la destinée de l'homme* », Oliver W. HOLMES, « The Path of the Law », *H.L.R.*, vol. 10, nº 8, 1897, 457, p. 461.

SOMMAIRE

Une table des matières détaillée figure à la fin de l'ouvrage.

REMERCIEMENTS

Au terme d'un travail de recherche, on ne peut guère plus ignorer la force et, parfois, la faiblesse des mots. Alors qu'il s'achève, j'entretiens l'espoir de réussir à exprimer toute ma gratitude pour les personnes qui en ont accompagné la réalisation. Peut-être que l'écrit saura mieux porter que ma voix, trop pudique, toute l'étendue de ce que je sais leur devoir.

Je tiens tout d'abord à exprimer ma profonde et sincère gratitude ainsi que mon plus grand respect à la Professeure Marie-Claire Ponthoreau, pour bien plus de raisons qu'il n'est possible de lister ici.

Pour tout ce que ces années à ses côtés, de la première année de licence à la fin de thèse, m'ont apporté et m'ont appris, de la curiosité et l'ouverture d'esprit des premières années à la rigueur et à l'exigence des dernières ; pour avoir ouvert une porte sur un monde que la jeune étudiante que j'étais alors n'imaginait pas ; pour m'avoir montrée la voie sans jamais l'avoir imposée ; pour la confiance, surtout, qu'elle m'a témoignée tout au long de ce parcours, malgré les obstacles, les errements et les prises de risques (plus ou moins) contrôlées. Je réalise aujourd'hui à quel point j'ai grandi sous son regard et avec son soutien indéfectible.

Pour toutes ces choses et pour bien d'autres, je lui suis profondément reconnaissante.

Aux enseignants-chercheurs qui ont contribué à enrichir ces recherches et leur autrice, j'adresse mes sincères remerciements.

Aux Professeures Véronique Champeil-Desplats et Pascale Deumier et aux Professeurs Karim Benyekhlef, Nader Hakim et Thomas Perroud pour l'honneur qu'ils me font d'accepter de participer à l'étape finale de cette recherche.

Au Professeur Karim Benyekhlef, de nouveau, pour m'avoir accueillie au sein du Laboratoire de Cyberjustice, m'avoir permis de côtoyer l'ébullition des recherches québécoises et pour avoir accordé une oreille attentive à mes questionnements un peu ésotériques.

À Mesdames Vincente Fortier et Évelyne Serverin pour avoir accordé une bienveillance rare à mon *archéologie moderne* et pour m'avoir ouvert une fenêtre sur des recherches d'une rare richesse.

À Anna Neyrat pour sa précieuse relecture et parce que, dans une autre vie, elle a vu tout de suite la voie que je ne pensais pas un jour tracer. Un grand merci aussi à Thomas Acar pour avoir patiemment attendu pour relire des morceaux de ce travail.

Au Professeur Aurélien Antoine qui a accordé sa confiance à une (future) postdoctorante avant que cette thèse ne soit achevée – et qui continue de le faire, maintenant que c'est le cas.

À ceux qui ont tout vu et tout entendu ces dernières années :

Parce que Romain a toujours détesté les *galimatias sophistiqués* sauf quand ils étaient de moi et pour un millier d'autres raisons bien plus importantes, je lui dois certains de mes remerciements les plus forts et les plus sincères. Seule, je n'aurais pas pu éclairer les recoins sombres et éloigner les moments de doute que son honnêteté et son soutien inébranlable ont toujours su dissiper.

Des remerciements aussi à Coline et à Jade qui ont toujours suivi mes obsessions – et qui, bien sûr, ont toujours su que ça finirait ainsi.

Merci à Sacha qui a vu grandir la chercheuse d'Aula Magna au labo de recherche et qui a joué aux archéologues avec moi plus d'une fois.

Quelques mots tout particuliers à la *Team* et à ses membres qui sont devenus, par un joyeux hasard (comparatiste), mes *sœurs et frères* de thèse :

À Marie, qui a été la professeure d'un temps et est devenue l'amie, le modèle et le plus inconditionnel soutien de tous les autres. L'étudiante de M1 ne mesurait pas sa chance d'avoir croisé sa route ; la jeune chercheuse commence juste à le comprendre.

À Lucien pour nos éclats de rire, nos grandes discussions, tout ce qui se trouvait entre les deux et tout ce qui reste.

À Antonin pour ces débats toujours houleux sur tout ce sur quoi nous n'étions jamais d'accord… mais aussi, et surtout, pour ceux où nous *étions* d'accord.

À Maxime qui navigue aujourd'hui à son tour sur les eaux mouvementées et irlandaises de la mobilité.

À Mathilde parce qu'elle assure déjà avec un indéniable panache (texan) la continuité de cette fratrie bigarrée.

Et à Camille, désormais, qui a rejoint sans aucune difficulté cette équipée bigarrée.

À ces compagnes et compagnons de fortune avec qui j'ai fait un morceau de chemin doctoral, et qui se reconnaîtront.

Et, finalement mais au-delà de tout, mes remerciements les plus forts à ceux qui restent quand il n'y a plus personne : mes parents, ma sœur et mes grands-parents, toujours ici-bas ou partis hors de mon atteinte. De simples mots ne peuvent vraiment les remercier pour toutes les montagnes qu'ils ont déplacées, tous les obstacles qu'ils ont supprimés et pour leur absolue confiance tout au long de cette route accidentée. Je sais ma chance d'être certaine qu'ils n'ont jamais douté de moi.

TABLE DES ABRÉVIATIONS

Advocate (Vancouver)	*Advocate (Vancouver Bar Association)*
AI & Soc	*AI & Society*
AIJC	*Annuaire international de justice constitutionnelle*
AJ Contrat	*Actualité juridique. Contrat*
AJDA	*Actualité juridique. Droit administratif*
AJ Famille	*Actualité juridique. Famille*
AJ Pénal	*Actualité juridique. Pénal*
Alta. Law Rev.	*Alberta Law Review*
Am. Bar Assoc. j.	*American Bar Association Journal*
Am. Behav. Sci.	*The American Behavioral Scientist*
Am. Bus. L. J.	*American Business Law Journal*
Am. J. Comp. L.	*American Journal of Comparative Law*
Am. J. Legal Hist.	*American Journal of Legal History*
Am. L. Rev.	*American Law Review*
Am. Political Sci. Rev.	*The American Political Science Review*
APD	*Archives de philosophie du droit*
art.	article
Berkeley Tech. L. J.	*Berkeley Technology Law Journal*
Cah. just.	*Les Cahiers de la justice*
Calif. L. Rev.	*California Law Review*
Cal. St. B. J.	*California State Bar Journal*
CBLJ	*Canadian Business Law Journal*
Can. B. Rev.	*The Canadian Bar Review*
Can. J. L. & Tech.	*Canadian Journal of Law and Technology*
Can. L. Libr.	*Canadian Association of Law Librairies*
C.C.C.	*Cahiers du Conseil constitutionnel*
C. de D.	*Cahiers de droit*
CDE	*Cahiers de droit de l'entreprise*
CEDH	Convention européenne de sauvegarde des droits de l'Homme
Colum. L. Rev.	*Columbia Law Review*
Comm. Com. électr.	*Communication – Commerce électronique*
Cons.	considérant
Constr.-Urb.	*Revue Construction – Urbanisme*
C.P. I.	*Les Cahiers de propriété intellectuelle*
CUP	Cambridge University Press
Curr. Bio.	*Current Biology*
D.	*Recueil Dalloz*
Dalhousie L. J.	*Dalhousie Law Journal*

(dir.)	sous la direction de
Dr. adm.	*Droit administratif*
Dr. fam.	*Droit de la famille*
Dr. pén.	*Revue droit pénal*
Dr. soc.	*Droit social*
éd.	édition
EDCE	*Études et documents du Conseil d'État*
EJLT	*European Journal of Law and Technology*
et al.	*et alii auctores (et autres auteurs)*
et suiv.	et suivant(es)
Fordham Law Rev.	*Fordham Law Review*
Gaz. Pal.	*La Gazette du Palais*
Harv. L. Rev.	*Harvard Law Review*
Ill. L. Rev.	*Illinois Law Review*
Ind. Int'l. & Comp. L. Rev.	*Indiana International and Comparative Law Review*
Ind. L. J.	*Indiana Law Journal*
Inf. Commun. Technol. Law	*Information & Communications Technological Law*
Int'l. & Comp. L. Q.	*International and Comparative Law Quarterly*
Iowa L. Rev.	*Iowa Law Review*
J. Behav. Dec. Making	*Journal of Behavioral Decision Making*
JCP	*La semaine juridique, édition générale*
JCP A.	*La semaine juridique, édition administrations et collectivités territoriales*
JCP E.	*La semaine juridique, édition entreprise et affaires*
JCP S.	*La semaine juridique, édition sociale*
J. Crim. L.	*Journal of Criminal Law*
J. Empir. Leg. Stud.	*Journal of Empirical Legal Studies*
J. Exp. Psychol.	*Journal of Experimental Psychology*
JILS	*Journal of Indonesia Legal Studies*
Jour. Sociétés	*Journal spécial des sociétés*
J. Pers. Soc. Psycho.	*Journal of Personality and Social Psychology*
Law Contemp. Probl.	*Law and Contemporary Problems*
Law Libr. J.	*Law Library Journal*
Law Soc. Inq.	*Law and Social Inquiry*
Legal Reference Services Q .	*Legal Reference Services Quarterly*
LGDJ	Librairie générale de droit et de jurisprudence
LIM	*Legal Information Management*
LPA	*Petites Affiches*
Man L.J.	*Manitoba Law Journal*

Marq. L. Rev.	*Marquette Law Review*
McGill L.J.	*MacGill Law Journal*
Minn. L. Rev.	*Minnesota Law Review*
Mod. L. Rev.	*The Modern Law Review*
M.U.L.L.	*Modern Uses of Logic in Law*
n°	numéro
N/A	non applicable
NRHD	*Nouvelle Revue historique de droit français et étranger*
not.	notamment
Notre Dam L. Rev.	*Notre Dame Law Review*
N.Y.U. J.L. & Liberty	*New York University Journal of Law and Libery*
Ohio St. L. J.	*Ohio State Law Journal*
Okla. L. Rev.	*Oklahoma Law Review*
Organ. Behav. Hum. Decis. Process.	*Organizational Behavior and Human Decision Processes*
Osgoode Hall L.J.	*Osgoode Hall Law Journal*
Otago L. R.	*Otago Law Review*
OUP	Oxford University Press
Oxford U. Commw. L. J.	*Oxford University Commonwealth Law Journal*
p. / pp.	page / pages
Par ex.	par exemple
PFRLR	Principe fondamental reconnu par les lois de la République
PGD	Principe général du droit
Pitt. J. Tech. L. & Pol'y	*Pittsburgh Journal of Technology Law and Policy*
P.S.P.B.	*Personality and Social Psychology Bulletin*
Psychol. Rev.	*Psychological Review*
PUAM	Presses universitaires d'Aix-Marseille
PUF	Presses universitaires de France
PUL	Presses universitaires de Laval
Quaderni Fiorentini	*Quaderni fiorentini per la storia del pensiero giuridico moderno*
RBPP	*Revista Brasileira de Políticas Públicas*
RCA	*Revue responsabilité civile et assurances*
RCLF	*Revue de la Common Law en Français*
R. du B.	*Revue du Barreau Canadien*
RDLF	*Revue des droits et libertés fondamentaux*
RDP	*Revue du droit public et de science politique en France et à l'étranger*
RDT	*Revue du droit du travail*
R.D.U.S.	*Revue de droit de l'Université de Sherbrooke*
Rev. Adm.	*Revue administrative*

Rev. Notariat	*Revue du Notariat*
RFDA	*Revue française de droit administratif*
RFDC	*Revue française de droit constitutionnel*
RGA	*Revue générale d'administration*
RGD e.	*Revue générale du droit (revue européenne)*
RGD q.	*Revue générale de droit (revue québécoise)*
RHFD	*Revue d'histoire des facultés de droit*
RIDC	*Revue internationale de droit comparé*
RIE	*Revue internationale de l'enseignement*
RIEJ	*Revue interdisciplinaire d'études juridiques*
RJ Com.	*Revue de jurisprudence commerciale*
RJE	*Revue juridique de l'environnement*
RJPF	*Revue juridique personnes et famille*
RJT	*Revue juridique Thémis*
RLDC	*Revue Lamy droit civil*
RLDI	*Revue Lamy droit de l'immatériel*
RPPI	*Revue pratique de la prospective et de l'innovation*
RRJ	*Revue de la recherche juridique – Droit prospectif*
RSFP	*Revue française de science politique*
RTD civ.	*Revue trimestrielle de droit civil*
RTD com.	*Revue trimestrielle de droit commercial*
San Diego L. Rev.	*San Diego Law Review*
sec.	section
spé.	spécifiquement
SSL	*Semaine Sociale Lamy*
t.	tome
TFUE	Traité sur le fonctionnement de l'Union européenne
Transnatl. Leg. Theory	*Transnational Legal Theory*
Tul. L. Rev.	*Tulane Law Review*
U. Dayton L. Rev.	*University of Dayton Law Review*
Unif. L. Rev.	*Uniform Law Review*
U. Pa. L. Rev	*University of Pennsylvania Law Review*
U. Toronto L.J.	*University of Toronto Law Journal*
Vill. L. Rev.	*Villanova Law Review*
vol.	volume
Wash. & Lee L. Rev.	*Washington and Lee Law Review*
Wash. L. Rev.	*Washington Law Review*
Yale L.J.	*Yale Law Journal*
Y. B. L. Computers & Tech.	*Yearbook of Law, Computers and Technology*

CONVENTIONS TYPOGRAPHIQUES

Les arrêts des **juridictions internationales** seront cités sous le format suivant :

– Pour la **Cour de justice des Communautés européennes et Cour de justice de l'Union européenne** — CJCE/CJUE, date de l'arrêt, numéro de requête, *nom du requérant c. nom du défendeur.*

– Pour la **Commission européenne des droits de l'Homme et Cour européenne des droits de l'Homme** — Comm. EDH/CEDH formation, date de l'arrêt, numéro de requête, *nom du requérant c. État.*

Les décisions et arrêts des **juridictions supérieures françaises** seront cités sous le format suivant :

– Pour le **Conseil constitutionnel** — Cons. const., date de la décision, numéro de requête, *intitulé de la décision.*

– Pour le **Conseil d'État** — CE formation, date de l'arrêt, numéro de requête/page au recueil, *intitulé de l'arrêt* (le cas échéant).

– Pour la **Cour de cassation** — Cass. formation, date de l'arrêt, numéro de requête/page au recueil, *intitulé de l'arrêt* (le cas échéant).

Les décisions et arrêts des **juridictions du fond françaises** seront cités sous le format suivant :

– Juridiction formation (le cas échéant), date de la décision/de l'arrêt, numéro de requête, *intitulé de la décision/de l'arrêt* (le cas échéant).

***

Les décisions et arrêts des **juridictions étrangères** seront cités sous le format suivant :

– Pour les décisions et arrêts de juridictions **canadiennes** — *Intitulé de la décision/de l'arrêt*, année de la décision/de l'arrêt, identifiant de la juridiction, numéro de la décision, [année du recueil] (le cas échéant), volume du recueil (le cas échéant), nom abrégé du recueil (le cas échéant), page au recueil (le cas échéant).

Pour les décisions et arrêts de juridictions **américaines** — *Intitulé de la décision/de l'arrêt*, volume du recueil, nom abrégé du recueil, page au recueil, (nom abrégé de la juridiction pour les juridictions fédérées/du district ou du circuit pour les juridictions fédérales, année de la décision).

– Pour les arrêts de la ***Supreme Court of the United States*** — *Intitulé de l'arrêt*, volume du recueil, nom abrégé du recueil, page au recueil, année de l'arrêt.

– Pour les décisions et arrêts des **juridictions anglaises avant 2001** — *Intitulé de la décision/de l'arrêt*, [année du recueil], volume du recueil, nom abrégé du recueil, page au recueil OU (*unreported*, date de la décision/de l'arrêt).

– Pour les décisions et arrêts des **juridictions anglaises après 2001** — *Intitulé de la décision/de l'arrêt*, [année de la décision/de l'arrêt], nom abrégé de la juridiction, numéro de la décision/de l'arrêt ; [date du recueil] (le cas échéant), volume du recueil (le cas échéant), nom abrégé du recueil (le cas échéant), page au recueil (le cas échéant).

***

Sauf précision contraire, toutes les traductions issues de l'anglais sont de l'autrice. La citation en langue originale sera indiquée en note de bas de page pour référence. Les noms des juridictions étrangères sont conservés dans leur langue d'origine, sauf lorsqu'ils connaissent une traduction officielle en français.

***

Par convention, les groupes indéterminés d'individus ainsi que les groupes déterminés mais incluant des individus des deux genres seront désignés au masculin pluriel. Les groupes d'individus féminins seront désignés au féminin pluriel. Les noms des logiciels sont rédigés en majuscule, sauf lorsqu'ils connaissent une graphie spécifique.

***

Dans un souci de clarté et de lisibilité des notes de bas de page, les liens internet mentionnés ne seront pas suivis d'une date de consultation. Tous ces liens ont été consultés et vérifiés une dernière fois le 1er septembre 2023, et sont donc à considérer comme accessibles à cette date.

PRÉFACE

La justice prédictive ne pourrait prospérer en France : elle serait trop étroitement liée aux caractéristiques de la tradition de *common law* et donc elle serait étrangère à la tradition civiliste. Cet objet nouveau a suscité chez beaucoup l'inquiétude, voire chez certains, l'hostilité. Sans surprise, l'argument de droit comparé a été mobilisé comme repoussoir. Cette idée méritait d'être interrogée et se trouve à l'origine de cette thèse originale et novatrice tant par son objet que sa méthodologie et aussi pour ses conclusions. Le jury devant lequel la thèse a été soutenue a été unanime pour reconnaître non seulement un considérable travail de recherches, mais aussi l'audace dont a fait preuve Madame Camille Bordère dans le traitement de son objet. Ses qualités de publiciste comparatiste ont été essentielles pour s'emparer d'un objet situé de l'autre côté de la *summa divisio*, entre droit public et droit privé. Servie par un style élégant et limpide, sa démonstration aboutit à révéler les *a priori* sur le fonctionnement des systèmes de *common law* et les biais qui accompagnent cette idée fréquemment émise et partagée au sein de la doctrine française. Sa formation dès la première année de licence en droit français et en droit de *common law* a constitué un terrain fertile à l'épanouissement de cette recherche doctorale.

Initialement centré sur la justice prédictive (objet du mémoire de recherche rédigé lors de son année de master 2 Droit public approfondi en 2018-2019), l'objet de la thèse a été amplifié. C'est ainsi que Camille Bordère a envisagé plus largement son objet en s'intéressant à la justice algorithmique qui englobe les outils de justice prédictive et les bases de données jurisprudentielles. Si les objets centraux de cette thèse sont déjà originaux en raison de leur irruption récente dans le champ du droit, le traitement qui en est fait l'est d'autant plus qu'il est indirect. Camille Bordère a en effet fait le choix non d'analyser les interactions de ces objets avec l'univers juridique dans lequel ils s'insèrent, mais de les comprendre au travers de leur traitement doctrinal ; autrement dit, d'analyser l'analyse faite de ces outils par l'ensemble des professionnels du droit, praticiens ou universitaires, afin d'accéder aux tensions qui se dissimulaient derrière une apparente homogénéité et auto-référentialité. Ce choix de l'analyse des discours la place aussi et surtout à mi-chemin de la recherche en droit et de la recherche sur le droit en tant que phénomène à la fois normatif et disciplinaire.

Le choix de cet angle d'analyse inhabituel au sein des thèses de droit a entraîné d'autres choix d'ordre méthodologiques tout aussi rares et plus rarement encore associés par la discipline juridique. La méthode suivie par Madame Bordère est ainsi aussi ambitieuse qu'inventive, puisqu'elle a combiné les apports d'outils méthodologiques mixtes, relevant à la fois d'une analyse quantitative et statistique et d'une analyse qualitative de discours, avec l'apport du droit comparé comme outil de décentrement, de mise en perspective et de contraste. La comparaison peut se révéler un instrument puissant pour dénoncer par son exercice critique les impensés théoriques et méthodologiques de la doctrine nationale. Au cours de sa recherche doctorale, Camille Bordère a été accueillie au sein du Laboratoire de Cyberjustice de l'Université de Montréal où elle a pu ajuster sa méthode et sa démonstration. Ce séjour de recherche dans un centre de recherches à la pointe sur toutes les questions regardant le droit et les nouvelles technologies a assuré de mener une comparaison raisonnée et raisonnable pour éprouver les hypothèses de travail.

C'est en effet grâce à cette approche mixte, pluridisciplinaire et marquée par un effort de prise en charge des tensions entre ipséité et altérité que Madame Bordère a pu dégager et analyser successivement trois hypothèses d'explication de la mécanique de rejet exprimé au sein du discours doctrinal français à l'endroit de la justice algorithmique : une hypothèse juridique, une hypothèse systémique et une hypothèse culturelle. Ces trois hypothèses rythment la démonstration et l'exemple nord-américain (surtout, québécois) a servi à mesurer et évaluer les différences d'attitude des juristes dans la compréhension de ces outils singuliers et de leurs effets sur la justice. La comparaison est donc double par rapport au droit public avec, d'une part, le droit privé et, d'autre part, le droit étranger où la *summa divisio* n'est pas ignorée mais elle n'est pas non plus celle que nous connaissons en France. La mixité du droit québécois est alors un paramètre à nul autre pareil pour évaluer les biais du discours doctrinal français, notamment en montrant que les discours produits par les universitaires n'y sont pas les mêmes alors que les défis de technique juridique et d'ordre juridictionnel sont pourtant similaires de l'autre côté de l'Atlantique. Si aucune règle juridique n'empêche le déploiement de la justice algorithmique en France, les académiques et les professionnels réagissent différemment. Par essence, les outils de justice prédictive ne sont ni compatibles avec les systèmes de *common law*, ni même incompatibles avec les systèmes appartenant à la tradition civiliste. En plongeant dans la couche la plus profonde des fondations sur lesquelles repose le système juridique de *common law*, la thèse démontre que la doctrine du précédent comme marqueur identitaire de ce système n'offre pas un terrain plus propice à la justice algorithmique. Une même défiance a accompagné notamment le développement de la justice prédictive même si le regard doctrinal s'est voulu plus ancrer dans une expertise technique.

C'est de l'analyse de la dernière hypothèse –celle qui justement met l'accent sur les différences culturelles-, la seule à même d'expliquer les tensions relevées par Madame Bordère au sein des discours analysés, que les conclusions essentielles et novatrices de cette thèse ont été tirées. Au-delà en effet des enseignements qui découlent de l'analyse d'un discours spécifiquement consacré à l'une des révolutions épistémologiques les plus essentielles de notre époque, la révolution numérique, Madame Bordère met surtout en lumière les enjeux épistémologiques des mécanismes collectifs de production de connaissance sur le droit. En affirmant que ces mécanismes, ces discours, sont à la fois construits par ceux qui les ont précédés et constructeurs d'une certaine conception de l'objet « droit », Madame Bordère se place à rebours d'une tendance majoritaire au sein de la discipline juridique supposant, voire affirmant, la possibilité d'un accès immédiat au phénomène juridique. Dans sa thèse, elle appelle au contraire à la prise en charge de ce filtre au travers duquel est formée et conditionnée toute approche du droit.

Le travail doctoral produit par Camille Bordère repose ainsi sur une certaine conception du droit. Le droit ne peut être défini par la référence exclusive à ses règles, à ses solutions et à ses institutions. C'est une conception qui fait toute sa place à la pensée juridique et donc au rôle des universitaires dans la construction de leur discipline. L'analyse des discours ne doit donc pas échapper aux comparatistes de manière à creuser les différences culturelles liées notamment aux cadres conceptuels de la doctrine, ce qui est important en soi pour comprendre la formation d'une discipline et le poids de la doctrine sur la définition de son objet d'étude. Ici, la singularité de l'objet tenant à cette révolution numérique qui bouleverse tous les aspects de la vie sociale montre bien les ressorts de la construction de toute représentation juridique, même son appartenance pose question : objet de droit privé ou de droit public ? Qu'importe ! Objet de droit sans nul doute. Objet qui nous enseigne combien rien n'est donné en droit, tout y est construit. Les règles posées par le législateur ou les décisions rendues par le juge ne sont que des points de repères pour assigner un champ juridique difficile à clôturer en raison de ses différentes facettes et du caractère fondamentalement transversal de la justice.

Cette thèse qui donne à penser devrait donc intéresser tout juriste qui s'interroge sur ce qu'il fait, sur ce qu'il écrit ou sur ce qu'il décide. Ce n'est pas la moindre gageure de cette thèse qui pourra inspirer d'autres travaux avec la même ambition de s'inscrire au-delà de la *summa divisio* et de proposer, à cette fin, une méthode et une démarche originales avec l'aide précieuse du droit comparé. Et, surtout, il ne me reste plus qu'à souhaiter à Camille Bordère que ce travail doctoral, première œuvre doctrinale, lui ouvrira les portes d'une carrière universitaire alors qu'elle a démontré d'immenses qualités de chercheuse en tenant pendant près de quatre ans le cap sans faillir et en travaillant sans relâche. Enfin, il ne me reste plus qu'à espérer aussi que cette publication y contribuera.

Marie-Claire PONTHOREAU
Professeur de droit public
Université de Bordeaux

INTRODUCTION GÉNÉRALE

> « *L'utopie d'un ordre certain laisse place à la constatation d'un désordre nécessaire.* » [1]

1 **Interrogations liminaires.** Comment la *doctrine* choisit-elle ses sujets de prédilection ? Pourquoi tant d'auteurs différents convergent-ils parfois autour d'une même thématique, y compris lorsqu'elle n'en mérite *a priori* pas tant ? Sans doute sommes-nous ici mal placée pour répondre à une telle question ; nous ne sommes, après tout, ni psychanalyste, ni télépathe. Difficile néanmoins de s'arrêter à ce constat une fois la question posée. Qu'à cela ne tienne : si nous ne pouvons pas y répondre, nous pouvons renverser notre interrogation. Que peuvent bien vouloir dire les sujets de prédilection de la *doctrine* sur elle-même ?

2 **Liberté et concentration doctrinale.** Là encore, restons modeste. L'entreprise ici démarrée est à la fois exigeante et, par bien des aspects, incongrue. Ne considère-t-on pas la « doctrine » [2] comme un ensemble d'auteurs ou comme un ensemble d'écrits dont une des caractéristiques principales, si ce n'est *la* caractéristique principale, est la totale liberté ? À ce titre, aucune conclusion ne semble pouvoir être tirée d'une série de choix individuels conduisant des individus singuliers à traiter d'un sujet commun, si ce n'est peut-être la très triviale idée que la discussion est toujours plus intéressante que le monologue. C'est en toute liberté que la « doctrine » s'intéresserait à tel sujet plutôt qu'un autre. Ses choix ne pourraient donc être analysés qu'en tant que manifestations de cette liberté. Si l'on souscrit effectivement à cette analyse et à cette liberté totale de la « doctrine », l'on ne peut ignorer pour autant les concentrations doctrinales se produisant régulièrement autour d'un sujet plutôt qu'un autre. Qu'il soit question de controverses, d'échanges plus ou moins virulents ou tout simplement d'une production « doctrinale » soudainement plus importante sur un sujet spécifique, le phénomène est indéniable

---

1. Jean Leclercq, *Les représentations informatiques des connaissances juridiques. L'expérience française*, thèse dactylographiée, Université de Lille II, 1999, p. 329.
2. Que nous conserverons entre guillemets jusqu'à l'avoir strictement définie.

pour qui consulte régulièrement les sommaires des grandes revues. La liberté des auteurs comme de leur production, pour totale qu'elle soit, ne s'exprime donc pas systématiquement par une *atomisation* de la production « doctrinale ». Les raisons peuvent être très pragmatiques : un évènement soudain, l'apparition d'une crise, une nouvelle décision de justice ou une réforme législative sont autant de phénomènes qui entraînent assez automatiquement une concentration doctrinale [3]. C'est parfois la « doctrine » elle-même qui cause cette concentration [4]. Quel que soit l'évènement déclencheur, le résultat est le même : les auteurs traitent massivement de la même thématique dans un laps de temps plus ou moins long.

3 **Limitation nécessaire de l'étude : la justice algorithmique.** Étudier le phénomène même de concentration doctrinale ne serait pas dépourvu d'intérêt, mais cette étude serait alors nécessairement plus psychologique ou sociologique que juridique. Étudier l'une de ces concentrations, en revanche, permet une étude du contenu effectif des contributions « doctrinales », à la fois individuellement (en tant qu'expression individuelle d'une ou plusieurs analyses du droit) et collectivement (en tant que réponse collective à une question unique) et ainsi d'apporter un élément de réponse à nos interrogations préliminaires. Pour ce faire, notre choix s'est porté sur la concentration « doctrinale » observable depuis 2016 [5] sur les *outils de justice algorithmique.*

4 **L'approche métadoctrinale, éléments historiques et développements récents.** Avant de justifier le choix de cette concentration « doctrinale » plutôt qu'une autre et, plus généralement, l'intérêt que peut présenter l'étude de ce discours particulier, qu'il nous soit permis de clarifier dès à présent l'angle de cette étude. Ainsi, puisque son objet principal sera un discours « doctrinal », l'étude sera, elle-même, *métadoctrinale.* Elle n'est d'ailleurs pas la première à adopter cet angle particulier, puisqu'elle s'insère dans un ensemble assez disparate d'études portant elles aussi sur le discours « doctrinal ». Historiquement [6], ce type d'analyse était plutôt réservé à des productions ponctuelles publiées dans des revues périodiques [7] ou des mélanges [8]. Rien d'étonnant *a priori* à cet intérêt assez marginal pour l'étude

---

3. Citons, pêle-mêle mais dans l'ordre arbitraire de notre liste, le référendum du 23 juin 2016 sur le maintien au sein de l'Union Européenne du Royaume-Uni, la crise liée à la covid-19, la réponse doctrinale à la saga *Perruche/Époux Quarez* ou la multitude de projet d'amendement du Code civil.

4. Voir ci-après (note 10) les échanges vifs provoqués par l'article de Christophe Jamin et Philippe Jestaz, « L'entité doctrinale », *D.*, 1997, pp. 167-175.

5. Cette date coïncide avec l'adoption de la Loi nº 2016-1321 du 7 octobre 2016 *pour une République Numérique* qui a enclenché le mouvement de l'*open data* des décisions de justice, lui-même à la source de ces outils de justice algorithmique.

6. Une exception notable, par ailleurs exploitée plus loin dans nos développements (voir *infra* § 687), tient néanmoins à Maxime Leroy, *La Loi. Essai sur la théorie de l'autorité dans la démocratie*, V. Giard & E. Brière, 1908.

7. Voir, par exemple, Jean Rivero, « Apologie pour les "faiseurs de systèmes" », *D.*, 1951, pp. 99-102 ou Christian Atias, « La doctrine française (droit privé) 1900-1930 », *RRJ*, 1981, pp. 189-201.

8. Voir, par exemple, Olivier Dupeyroux, « La doctrine française et le problème de la jurisprudence source de droit », in *Mélanges dédiés à Gabriel Marty*, Université des Sciences Sociales, 1978, pp. 463-475.

du discours « doctrinal » par la « doctrine » elle-même : après tout, l'objectif premier poursuivi par les auteurs du discours *sur le « droit »* est la production de connaissance, d'analyse ou d'opinion *sur le « droit »*. L'office « doctrinal » est donc métajuridique (l'étude du discours juridique) par nature, et les auteurs de « doctrine » n'ont pas pour vocation première d'analyser le discours analysant le discours juridique. Ce constat n'a cependant pas empêché le développement de l'étude de la « doctrine » par la « doctrine » au sein de monographies ou d'ouvrages collectifs concentrés sur ce type d'analyse à partir des années 1990 [9]. La controverse nourrie entre Christophe Jamin, Philippe Jestaz et un nombre assez d'importants d'auteurs suite à la publication de leur article programmatique au *Recueil Dalloz*, « L'entité doctrinale », a contribué à la notoriété de l'approche métadoctrinale [10]. Il ne se passe plus aujourd'hui une année universitaire sans que des colloques soient organisés sur la « doctrine », que les actes de ces mêmes colloques soient publiés et que des auteurs rédigent des analyses de la « doctrine » [11].

5 **Un champ d'étude exigeant**. Notre analyse intervient donc dans un champ d'études qui, s'il est loin d'occuper la majeure partie de la production doctrinale, n'est pas complètement vierge. D'autres thèses que la nôtre ont d'ailleurs adopté cet angle, que ce soit en droit privé [12], en droit public [13] ou en histoire du droit [14]. Pour autant, analyser la doctrine implique un travail préparatoire conséquent à de multiples niveaux : à un niveau définitionnel, bien sûr, mais aussi méthodologique et épistémologique. Tout autant sinon plus qu'une autre, une analyse métadoctrinale est nécessairement construite, *artificielle*, et cette construction nécessite elle-même une explicitation de ses fondements.

---

9. L'un des premiers grands ouvrages marquant le développement d'un champ d'études à proprement parler (et dépassant ainsi les seuls écrits individuels et épars, et notamment celui de Joseph Charmont et Arthur Chausse, *Les interprètes du Code civil*, in *Le Code civil, livre du centenaire*, 2 vol., vol. 1, Société d'études législatives, 1904, pp. 133-172) étant celui du CURAPP (dir.), *La doctrine juridique*, PUF, 1993.

10. Christophe Jamin et Philippe Jestaz, « L'entité doctrinale », *op. cit.*, rapidement suivi de différentes réponses, dont, par exemple, celle de Laurent Aynès, Pierre-Yves Gautier et François Terré, « Antithèse de "l'entité" (à propos d'une opinion sur la doctrine) », *D.*, 1997, pp. 229-233. Les auteurs initiaux ont pu répliquer à ces réponses, voir par exemple Philippe Jestaz, « Genèse et structure du champ doctrinal », *D.*, 2005, pp. 19-22 ou Christophe Jamin, « La doctrine : explication de texte », *Libres propos sur les sources du droit : mélanges en l'honneur de Philippe Jestaz*, Dalloz, 2006, pp. 225-233. La sortie de l'ouvrage issu de cette controverse, *La doctrine*, Dalloz, Méthodes du droit, 2004, a par ailleurs relancé en partie le débat, voir Pierre-Yves Gautier, « Doctrines du passé et de l'avenir », *D.*, 2005, pp. 1044-1045, Patrick Morvan, « La notion de doctrine », *D.*, 2005, pp. 2421-2424 ou Gilles Goubeaux, « Il était une fois… la Doctrine », *RTD civ.*, 2004, pp. 239-250. Les auteurs reviennent par ailleurs régulièrement sur les faits, voir par exemple Philippe Jestaz, « 'Doctrine' vs sociologie. Le refus des juristes », *Droit et société*, nº 92, 2016, 139, spé. pp. 150 et suiv.

11. Voir notre bibliographie pour un aperçu de ces écrits.

12. Notamment Michel Boudot, *Le dogme de la solution unique. Contribution à une théorie de la doctrine en droit privé*, thèse dactylographiée, Université de Droit, d'Économie et des Sciences d'Aix-Marseille, 1999 [ci-après, *Le dogme de la solution unique*].

13. Notamment, pour le droit constitutionnel, Manon Altwegg-Boussac, *Les changements constitutionnels informels*, Fondation Varenne, 2013 ou Eleonora Bottini, « La sanction constitutionnelle : étude d'un argument doctrinal », Dalloz, 2016.

14. Notamment Mathieu Touzeil-Divina, *Le doyen Foucart (1799-1860), un père du droit administratif moderne. Éléments d'histoire du droit administratif*, LGDJ, 2020.

6 **Plan de l'introduction**. Pour ce faire, nous procéderons par étapes : nous poserons tout d'abord nos cadres définitionnels (**Section 1**) afin d'en déduire notre cadre méthodologique (**Section 2**). Ces éléments nous amèneront ensuite à justifier le choix du discours portant sur la justice algorithmique (**Section 3**). La composition et le contenu spécifique de ce discours imposent une approche décentrée, seule à même de révéler ses similarités et ses singularités par rapport à d'autres discours doctrinaux étrangers confrontés au même objet juridique. C'est, en effet, du contraste avec une altérité que nous pourrons tirer les clés de notre analyse d'une concentration doctrinale très particulière : cette altérité sera apportée par la méthode comparée et par le choix d'un « produit de contraste » adapté, en l'occurrence, le Québec (**Section 4**). De ces éléments découlera, finalement, le sens précis de l'analyse qui sera menée dans nos développements (**Section 5**).

Section 1. CADRES DÉFINITIONNELS

7 **Définir et construire**. Si définir les termes d'un sujet est nécessaire lorsqu'il est question de cerner un objet d'étude, définir les termes de notre sujet nous conduira dans une certaine mesure à *construire* les cadres de signification d'un certain nombre d'expressions, que ces expressions soient polysémiques (*la doctrine juridique*) ou qu'elles soient tout simplement nouvelles (*la justice algorithmique*). Avant de se lancer dans cette entreprise de construction, cependant, il convient de préciser le sens et la nature de notre démarche définitionnelle. Parce que notre travail est juridique et non lexicographique, nous ne procéderons pas à un recensement de tous les sens possibles de tous nos termes ; ainsi, au sens que Uberto Scarpelli donne à ce terme, notre travail de définition ne sera pas lexical [15]. En revanche, parce que notre analyse porte néanmoins sur des expressions ayant déjà un ou plusieurs sens reconnus, elle ne pourra pas faire l'économie de leur prise en compte. En ce sens, notre démarche sera explicative [16]. Cette démarche nous amènera, à partir des usages les plus répandus de nos termes et expressions à ne retenir que celui qui a « la plus grande valeur opératoire, pour parvenir à un instrument sémantique précis et efficace, capable d'éclairer » notre analyse [17] et à

---

15. Une définition lexicale étant, en ce sens, une définition cherchant à reprendre les « variétés et les transformations » du ou des sens attribué(s) à un terme ou une expression, sans intention de prescrire l'usage d'un de ces sens pour une quelconque raison. Voir, pour ce type de définition et en soutien de nos propos sur la définition de la définition, Uberto Scarpelli, *Qu'est-ce que le positivisme juridique ?* Bruylant, LGDJ, 1996, p. 6.

16. Au sens de Uberto Scarpelli, *ibid.*, mais aussi au sens de Rudolf Carnap, *Meaning and Necessity. A Study in Semantics and Modal Logic*, University of Chicago Press, 1947, pp. 7 et suiv. D'autres auteurs pourront plutôt qualifier ce type de définition de stipulative (voir, par exemple, Michel Troper, « Pour une définition stipulative du droit », *Droits*, 1989, nº 10, pp. 101-104). Les deux positions peuvent être réconciliées en considérant qu'une démarche stipulative « faible » consiste effectivement à réaliser un tri au sein des définitions lexicales existantes, tandis qu'une démarche stipulative « forte » repose sur une construction de sens essentiellement (si ce n'est pas exclusivement) artificielle et déconnectée des usages effectifs du terme défini.

17. Uberto Scarpelli, *loc. cit.*

l'assortir d'éléments susceptibles d'éclairer et justifier son usage. Cette démarche définitionnelle explicative sera donc la nôtre pour ce qui concernera la définition des deux expressions qui constituent le socle de notre analyse : la doctrine juridique d'une part (**§ 1**), et la justice algorithmique d'autre part (**§ 2**).

§ 1. *La doctrine juridique, anatomie d'un double phénomène*

8 **Doctrine(s) sans guillemets ; opinion, production, émetteur.** Il est grand temps, désormais, de débarrasser la « doctrine » de ses guillemets et de la définir. Même si l'on se limite à la notion *juridique* de doctrine, la démarche n'est pas si aisée. Ainsi, les différents lexiques et vocabulaires juridiques ramènent la notion de doctrine juridique à trois réalités distinctes : celle d'une « opinion communément professée par ceux qui enseignent le droit, ou même ceux qui, sans l'enseigner, écrivent sur le droit » [18], « l'ensemble des productions dues à la science juridique », c'est-à-dire la production littéraire juridique, et « par extension, (…) leurs auteurs » [19]. C'est d'ailleurs en seulement deux temps qu'Éric Millard résume cette diversité de sens : « ou bien doctrine désigne un discours », ce qui inclut nos deux premières définitions, « ou bien doctrine désigne une autorité autorisée ou habilitée à dire le droit » [20], ce qui recoupe notre troisième définition.

9 **Une binarité de sens, une binarité d'approches.** Voilà donc l'alternative qui s'impose lorsqu'il est question de cerner ce que l'on peut entendre par doctrine : un discours [21] ou l'émetteur d'un discours [22], « la pensée [ou] l'ensemble des auteurs » [23], la doctrine étant ainsi « faite d'idées et de chair, d'opinions et hommes » [24]. Pour autant, si ces deux sens semblent aller de pair au point parfois d'être difficilement différenciables, la nature de l'étude de la « doctrine » n'est pas la même suivant qu'on l'étudie en tant que *discours* ou en tant que *groupe*.

10 **Identifier le *groupe* « doctrine ».** Étudier les émetteurs du discours implique d'identifier ce qui fait que tel auteur peut être considéré comme relevant du

---

18. « Doctrine » in Association Henri Capitant, *Vocabulaire juridique*, PUF, 10e éd., 2014. Dans le même sens, voir « Doctrine », in Denis Alland et Stéphane Rials (dir.), *Dictionnaire de la culture juridique*, PUF, 2003, p. 285.

19. « Doctrine », in Arnaud André-Jean et Belley Jean-Guy (dir.), *Dictionnaire encyclopédique de théorie et de sociologie du droit*, LGDJ, 1988, p. 186.

20. Éric Millard, « Ce que « doctrine veut dire », in AFDA (dir.), *La doctrine en droit administratif*, LexisNexis Litec, 2010, 3, p. 8.

21. C'est, par exemple, le sens retenu par Bernard Pacteau dans « La doctrine, auteurs, acteurs du droit administratif… », in Maryvonne Hecquard-Théron (dir.), *Les Facultés de Droit inspiratrices du droit ? Actes du colloque des 28 & 29 octobre 2004*, Presses de l'Université des Sciences Sociales de Toulouse, 2005, 83, p. 83.

22. C'est, par exemple, le sens retenu par Jacques Chevallier dans « Les interprètes du droit », in CURAPP (dir.), *La doctrine juridique*, PUF, 1993, 259, p. 268.

23. Christophe Jamin et Philippe Jestaz, *La doctrine*, Dalloz, 2004, p. 2.

24. Nader Hakim, « La contribution de l'université à l'élaboration de la doctrine civiliste au XIXe siècle », in Maryvonne Hecquard-Théron (dir.), *Les Facultés de Droit inspiratrices du droit ? Actes du colloque des 28 & 29 octobre 2004*, Presses de l'Université des Sciences Sociales de Toulouse, 2005, 15, p. 15.

groupe « doctrine » tandis qu'un autre n'y serait pas intégré. Les propositions ne manquent pas : le critère discriminant peut être une forme de « socialisation » particulière du groupe « doctrine », reposant sur « une formation juridique commune, génératrice d'un savoir reposant sur des bases sensiblement identiques, un 'idéal scientifique' commun, un même vocabulaire ainsi qu'un attachement à certaines méthodes » qui impliquerait le partage de « certaines hypothèses fondamentales ou paradigmes » [25]. Cette socialisation se manifesterait ainsi au travers de « rites d'écriture et de rites institutionnels (soutenance de thèse de doctorat, agrégation, remise de mélanges...) » [26] ou, plus matériellement, par la possession d'un doctorat, « la désignation par une autorité administrative, l'appartenance à un corps administratif » [27]. Le groupe doctrine peut aussi se reconnaître à son indépendance « par rapport au pouvoir politique et à l'argent » [28], à son « temps, [son] recul, [sa] liberté, [son] influence » [29]. Finalement, un dernier critère d'appartenance ou non au groupe « doctrine » serait « la reconnaissance du groupe des pairs » [30]. Ces critères nombreux, non mutuellement exclusifs et formant potentiellement un maillage très resserré, impliquent une composition plus ou moins large du groupe « doctrine ». En fonction du nombre de critères retenus, la doctrine peut alors se résumer aux seuls professeurs [31] ou aux seuls universitaires [32], auquel cas la doctrine serait une forme de statut. Elle peut aussi bien s'élargir à d'autres praticiens du droit dans la mesure où ces praticiens s'inscriraient dans les critères d'identification, auquel cas la doctrine serait plutôt « un rôle » [33] pouvant être joué par n'importe quel juriste tant qu'il le fait d'une certaine manière, dans un certain but et avec un certain résultat [34].

11 **Étudier le *groupe* « doctrine » ; personnification explicite ou tacite**. Quoi qu'il en soit, étudier la doctrine en tant que groupe(s) d'émetteurs revient à en étudier les interactions, tant sur le plan interne (au sein du groupe « doctrine ») qu'au plan externe (le groupe « doctrine » vis-à-vis d'autres groupes). L'étude

25. Marc Loiselle, « L'analyse du discours de la doctrine juridique. L'articulation des perspectives interne et externe », in CURAPP (dir.), *Les méthodes au concret*, PUF, 2000, 187, p. 202.

26. Patrick Morvan, « La notion de doctrine (à propos du livre de MM. Jestaz et Jamin) », *D.*, 2005, 2421, p. 2421.

27. Éric Millard, « Ce que « doctrine » veut dire », *op. cit.*, p. 8.

28. Patrick Morvan, « La notion de doctrine (à propos du livre MM. Jestaz et Jamin) », *op. cit.*, p. 2421.

29. Bernard Pacteau, *op. cit.*, p. 92.

30. Jacques Chevallier, « Les interprètes du droit », *loc. cit.*

31. Bernard Pacteau, *op. cit.*, p. 92.

32. Pierre-Nicolas Barénot, « De quelle pensée juridique faisons-nous l'histoire ? Autour de quelques données bibliométriques », *Clio @ Themis*, n° 14, 2018, § 6.

33. Jacques Chevallier, « Les interprètes du droit », *loc. cit.*

34. À noter que, lorsque le groupe « doctrine » dépasse les seuls universitaires, une différence reste faite avec ceux qui sont rarement désignés autrement que par le terme général de « juristes » (voir, par exemple, Pascale Deumier, *Introduction au droit*, LGDJ, 2019, p. 343, § 382). C'est notamment le cas en droit administratif, où l'opposition entre la doctrine académique et la doctrine dite organique, c'est-à-dire les opinions émises sur le droit par les juges administratifs et plus spécifiquement les rapporteurs publics dans l'exercice de leurs fonctions, reste structurante.

est alors plus sociologique [35] qu'elle n'est juridique, que la focale soit placée sur le groupe en tant que groupe social (sociologie des organisations), en tant que communauté scientifique (sociologie des sciences), sur la manière dont ce groupe reçoit, construit et produit des connaissances (sociologie de la connaissance) ou sur sa manière d'agir sur la pratique juridique (sociologie du droit). Si de telles analyses ont été menées de manière explicite et assumée [36], il est plus fréquent que, de manière subreptice, les auteurs *personnifient* la doctrine. La doctrine « s'intéresse à la jurisprudence » [37], « déchante » [38], « joue un jeu dangereux » [39], elle « bâtit ; elle construit des systèmes » [40] et, quand elle est administrative, elle est « née sur les genoux de la jurisprudence » [41]. Bref, même lorsque la doctrine n'est pas formellement désignée comme un groupe, elle semble néanmoins agir comme tel.

12 **Cerner le *discours* doctrinal, critère objectif.** Face à cette étude du groupe « doctrine », l'étude du *discours* doctrinal impose là encore un processus d'identification : il faut pouvoir distinguer ce qui fait que tel discours peut être considéré comme doctrinal, et ce qui fait que tel discours n'est pas doctrinal. L'identification d'un discours doctrinal repose en général sur au moins un élément « objectif » auquel se surajoute(nt), parfois et selon les auteurs, un ou plusieurs éléments « subjectif(s) ». L'élément objectif, nécessaire et suffisant, est celui de l'objet du discours : le droit. Pascale Deumier le résume de manière succincte : « peu importe le support utilisé ou la qualité professionnelle de celui qui exprime la proposition de droit, dès lors qu'il le fait dans le cadre d'une étude de droit » [42]. Le discours doctrinal serait donc le discours sur le droit.

13 **Cerner le *discours* doctrinal, critères subjectifs.** À ce premier élément objectif s'ajoutent donc, selon les auteurs, plusieurs éléments dits subjectifs : au-delà du fait que son objet doit être le droit, est doctrinal le discours qui présente certaines

---

35. À noter que l'interrogation préliminaire sur les critères de l'appartenance au groupe « doctrine » est déjà de nature sociologique, voir Michel Boudot, « La doctrine de la doctrine de la doctrine... : une réflexion sur la suite des points de vue méta...— juridiques », *RIEJ*, vol. 59, n° 2, 2007, 35, p. 37

36. L'ouvrage précité de Ph. Jestaz et Chr. Jamin (La doctrine, *op. cit.*) en constitue un exemple ; la doctrine y est une entité collective et structurée dont l'action est elle-même structurée par un objectif commun (la construction et le maintien du système juridique, voir Philippe Jestaz et Christophe Jamin, « L'entité doctrinale française », *op. cit.*, p. 171). C'est aussi le cas de Johanna Noel dans sa thèse, voir *La césure interprétative entre le juge et la doctrine à la lumière de l'expérience constitutionnelle française*, Mare & Martin, 2020.

37. Évelyne Serverin, *De la jurisprudence en droit privé. Théorie d'une pratique*, PUL, 1985, p. 123 [ci-après, *De la jurisprudence en droit privé*].

38. Philippe Malaurie, « Rapport français », in *Les réactions de la doctrine à la création du droit par le juge*, Economica, Travaux de l'Association Henri Capitant, t. XXXI, 1982, 81, p. 81.

39. Alain Bernard et Yves Poirmeur, « Doctrine civiliste et production normative », in CURAPP (dir.), *La doctrine juridique*, PUF, 1993, 127, p. 153.

40. Benjamin Defoort, « L'usage des métaphores par Jean Rivero : regard sur une conception de la doctrine », *RFDA*, 2009, 1048, p. 1053.

41. Jean Rivero, « Jurisprudence et doctrine dans l'élaboration du droit administratif », *EDCE* 1955, 27, p. 30.

42. Pascale Deumier, *Introduction générale au droit*, LGDJ, 2019, p. 342.

caractéristiques formelles. Une publication dans un support « classique » [43] ou certaines caractéristiques de fond et de contenu des écrits tels que l'« application [de] catégories idéales » [44], l'« [analyse de] la jurisprudence (...) et [l'induction] de principes et de règles générales » [45] ou « [l'exposition du] droit positif ou [d'] opinion sur l'interprétation d'une loi ou sur la valeur d'une décision de justice, sous la forme de notes » [46] sont ainsi évoqués comme des caractéristiques faisant d'un discours un discours doctrinal. Plus spécifiquement encore, certains auteurs considèrent que le label de « doctrine » ne peut être apposé qu'à un *certain type* de discours sur le droit [47], voire considèrent nécessaire que l'écrit exerce une autorité [48].

14 **Étudier le discours doctrinal**. Quelle que soit sa délimitation, le discours doctrinal peut être analysé d'un point de vue littéraire, mais aussi et surtout d'un point de vue juridique : étudier le discours doctrinal revient à étudier ce qui est dit du droit. Ainsi, si l'on reprend les niveaux de discours proposés par Michel Boudot, le discours doctrinal est un discours de niveau 1 (un discours métajuridique qui produit cette « étude de droit » mentionnée plus haut) tandis que *l'étude* de ce discours doctrinal est un discours de niveau 2 (un discours méta-métajuridique) [49]. L'objectif de ce discours de niveau 2 est alors de « repérer les usages des différents concepts utilisés et analysés (...), d'en interpréter les évolutions, (...) [de] dévoiler les implicitations et les interpolations » et, finalement, de proposer une « élucidation des conditions des énoncés de niveau 1 » [50].

15 **Choix d'une doctrine entendue comme un discours**. C'est pour cette raison que, pour les besoins de la présente étude, « doctrine » sera comprise comme un discours ayant pour objet le droit. Nous n'y adjoindrons pas de critère supplémentaire, dans la mesure où l'objectif de notre étude est de rendre compte d'un discours très composite. Cette définition étant en partie reconstruite à partir des

---

43. Livres et revues juridiques, quoi que les moyens de publications se soient diversifiés ces vingt dernières années en incluant les blogs voire les revues en ligne, voir Éric Millard, « Ce que « doctrine » veut dire », *op. cit.*, p. 7.

44. Vicent Forray et Sébastien Pimont, *Décrire le droit... Et le transformer. Essai sur la décriture du droit*, Dalloz, 2017, p. 296.

45. Maryse Deguergue, « Doctrine universitaire et doctrine organique », in AFDA (dir.), *La doctrine en droit administratif*, LexisNexis Litec, 2010, 41, p. 42.

46. Jean Brethe de la Gressaye et Marcel Laborde-Lacoste, *Introduction générale à l'étude du droit*, Recueil Sirey, 1947, p. 287, tel que cité par Valéry Crombez, *La doctrine en droit français et en common law (étude comparative)*, thèse dactylographiée, Université Jean Moulin Lyon III, 1995, p. 27.

47. À titre d'exemple, c'est le cas dans Éric Millard, « Ce que « doctrine » veut dire », *op. cit.*, p. 7 où le discours doctrinal pourra n'être que celui qui respecte des critères de *scientificité* de type kelsénien, c'est-à-dire un discours ayant pour objectif d'établir l'ensemble des significations pouvant être rattachées à une règle de droit. À ce sujet, voir Xavier Magnon, *Théorie(s) du droit*, Ellipses, 2008, pp. 12 et suiv.

48. Qui peut s'incarner, ainsi que l'expose Jacques Chevallier, par le poids exercé par les interprétations proposées « sur les mécanismes de production du droit », voir Jacques Chevallier, « Les interprètes du droit », *op. cit.*, pp. 267-268.

49. Michel Boudot, « La doctrine de la doctrine de la doctrine... : une réflexion sur la suite des points de vue méta...— juridiques », *op. cit.*, p. 40

50. *Ibid.*

usages du mot doctrine et désormais justifiée, on peut ainsi considérer que notre définition explicative de la doctrine est la suivante : la doctrine est un discours ayant pour objet le droit, quels qu'en soient les auteurs et quel que soit le support de ce discours [51].

16 **Définir le droit et prendre position.** Reste encore, cependant, à déterminer ce que signifie « avoir pour objet le droit » pour que notre définition soit complète et opératoire. Nul besoin de revenir longuement sur le débat sempiternel quant à la définition exacte du phénomène juridique. Nous nous contenterons d'indiquer qu'il en existe une pluralité et que cette pluralité implique un choix qui, lui-même, impose de prendre position *pour* une théorie et *contre* toutes les autres. Pour autant, on ne peut complètement faire l'économie d'une délimitation minimale de l'objet « droit » dès lors qu'il est notre seul critère de définition du discours doctrinal et que, dans une certaine mesure, notre analyse aura elle aussi pour objet le « droit ». Nous considérerons ainsi comme du « droit » tout énoncé juridiquement valide, c'est-à-dire produit conformément aux conditions posées par les énoncés juridiques qui lui sont hiérarchiquement supérieurs. Un tel choix se justifie par sa neutralité sur le plan axiologique [52] et sa facilité de mise en œuvre : n'est du droit que ce qui est désigné comme tel par le droit lui-même, selon des critères et des procédures explicitement fixés. Si cette définition sera celle que nous retiendrons pour étudier le droit et en apporter une interprétation, elle doit être élargie vis-à-vis du discours doctrinal. Puisque nous admettons sans difficulté que cette définition du droit n'épuise pas l'objet du discours doctrinal [53], sera considéré comme un discours doctrinal tout discours qui porte *soit* sur des énoncés juridiquement valides, quelle que soit par ailleurs l'analyse qui en est faite, *soit* sur des énoncés qui *prétendent* ou *ont prétendu* à être juridiquement valides [54].

17 **Une analyse d'un discours doctrinal spécifique** Ainsi étudierons-nous la doctrine *en tant que discours ayant pour objet le droit*… Mais encore et surtout ayant pour objet un *phénomène* : la justice algorithmique.

---

51. Il convient dès à présent d'indiquer que, par facilité d'écriture, il nous arrivera de faire de la doctrine le sujet agissant de certaines de nos phrases. Ainsi, une formule telle que « la doctrine considère que x ou y » devra être comprise comme signifiant « le discours doctrinal contient x ou y proposition », et non comme une réintégration des émetteurs du discours dans notre conception de la doctrine.

52. En ce qu'elle ne dépend pas de l'admission d'un système normatif autre que strictement juridique, que ce système soit moral, religieux ou philosophique. Il n'est pas ici sous-entendu que le *choix* d'une telle définition du droit serait lui-même dénué de présupposés axiologiques ou épistémologiques, mais seulement que sa mise en œuvre effective l'est.

53. En particulier lorsqu'il porte sur des énoncés qui ont perdu leur validité (c'est tout l'objet de l'histoire du droit), ne l'ont pas encore acquise (ce sera le cas lorsqu'il s'agira d'étudier de potentielles réformes, voire d'en proposer) ou dont la validité est contestable, douteuse ou controversée (ce sera le cas du contenu d'un ordre juridique renversé ou instauré par une révolution, un coup d'État ou tout autre type de prise de pouvoir non prévu par l'ordre juridique lui-même).

54. Ce qui revient à n'exclure que des discours n'ayant absolument aucun lien avec le droit ou qui ne chercheraient ni à interpréter, conceptualiser, critiquer, apporter une opinion sur ou mettre en perspective un ou plusieurs énoncés juridiquement valide(s).

§ 2. *La justice algorithmique, un objet composite*

18 Phénoménologie. Avant même de s'employer à définir ce que cette justice algorithmique désigne, une précision apparaît nécessaire. Quand bien même ce concept désignera, pour les besoins de ce travail, un ensemble délimité d'objets empiriques qu'il est possible de lister et de désigner, ce n'est pas sur eux que se portera notre analyse. Elle se portera au contraire sur ces objets *tels qu'ils sont connus*, tels qu'ils sont *étudiés* au sein du discours doctrinal français. En d'autres termes, si l'on retient la distinction fondamentale entre essence et *expérience*, notre objet sera le second et pas le premier [55] – et c'est en cela que l'utilisation de l'expression de *phénomène doctrinal* pour désigner cette justice algorithmique prend sens. C'est donc l'expérience doctrinale de la justice algorithmique que nous prendrons pour objet ou, dit autrement, la représentation de la justice algorithmique au sein du discours doctrinal. Cette forme modeste de phénoménologie est construite sur une tension de fond que notre analyse a vocation à illustrer : la dimension à la fois construite et constructive de toute démarche de connaissance, ici formalisée au sein d'un discours. Cette prise de conscience a, indéniablement, un caractère nihiliste. Si toute connaissance est à la fois déformée et déformante, comment espérer produire une forme de *méta*-connaissance qui ne le soit pas elle-même ? Comment espérer que le lecteur, en formant lui-même une *méta-méta*connaissance de notre objet, ne la déforme pas une fois de plus ? Qu'il ne s'y trompe pas, cependant. C'est précisément la mécanique de construction construite irrigant son discours de connaissance qui constitue le cœur de ce travail et fait de lui une forme de *critique de la connaissance doctrinale* [56].

19 La polymorphie de la justice algorithmique. Tout ceci, cependant, ne doit pas nous empêcher de délimiter les contours des objets empiriques qui donnent naissance à ce *phénomène* doctrinal. Or, cette justice algorithmique n'est guère plus clairement définie que la doctrine ne l'était. L'expression elle-même amène à s'interroger et n'est pas sans équivoque. De quelle justice parle-t-on, lorsque l'on

---

55. En particulier dans la mesure où, contrairement à Edmund Husserl, nous ne sommes pas convaincue qu'il soit de toute façon *possible* d'accéder à l'essence d'un objet au travers d'une quelconque méthode de réduction, fût-elle gnoséologique ou eidétique (voir *L'idée de la phénoménologie*, Alexandre Lowit (trad.), PUF, 2021 (1e éd. 1970), pp. 67 et suiv.). Nous soutenons plutôt une position d'indifférence quant à la notion d'essence et, plus généralement, pour la distinction entre « réalité » et « représentation » : qu'il existe ou qu'il n'existe pas de distinction entre les objets de connaissance tels qu'ils sont *accessibles* et tels qu'ils sont *réellement* et que cette réalité soit accessible, ne le soit pas, existe ou n'existe pas n'a aucune importance. Notre position est donc celle d'un Friedrich Nietzsche *faible* (« Comment le monde-vérité devint enfin une fable. Histoire d'une erreur », in *Œuvres complètes de Frédéric Nietzche*, Henri Albert (trad.), 13 vol., vol. 12, Mercure de France, 1908, pp. 133-134). Notre analyse fait sienne l'idée que si seuls les objets de connaissance *tels qu'ils sont accessibles* nous sont, effectivement, accessibles, alors ce sont les modalités de cet accès qui doivent être étudiées pour comprendre comment se construit effectivement leur connaissance.

56. Pour reprendre immodestement et à notre propre compte l'expression employée par Edmond Husserl (voir *ibid.*, *passim*).

parle de justice *algorithmique* ? Parle-t-on seulement vraiment de *justice* ? Le cas échéant, pourquoi le terme est-il employé ? Pour répondre à ces questions, il faudra d'abord admettre que tout reste à construire pour ce qui concerne l'expression de justice algorithmique (**A**), avant de pouvoir détailler son contenu (**B**).

A. La justice algorithmique, une expression à construire

20 **Jurimétrie, justice algorithmique, numérique et digitale.** Avant même de tenter de répondre à ces questions, il faut noter que plusieurs expressions similaires sont employées pour désigner un ensemble plus ou hétéroclites d'objets – les plus fréquentes sont « justice algorithmique », donc, mais aussi « jurimétrie », « justice numérique » et « justice digitale ». Ces expressions (à l'exception de « jurimétrie ») n'ont donc pas de sens *en soi* : elles ne sont qu'une manière rapide de désigner un ensemble de phénomènes et elles ne peuvent véritablement être définies qu'au regard de ces derniers [57]. Il n'est donc pas abusif de considérer que ces expressions ont autant de sens que d'auteurs (voire de contributions) pour les exploiter. Le choix que nous opérons parmi elles est donc par nature artificiel, ce qui ne veut pas pour autant dire qu'il soit injustifié.

21 **Un contenu hétéroclite.** Chacune de ces expressions peut englober des ensembles plus ou moins larges, déterminés et cohérents, et ainsi désigner indifféremment la « *legal tech*, justice prédictive anticipant la probabilité des décisions judiciaires, logiciels prévoyant les issues des procès utilisés par les avocats, logiciels aidant les magistrats à décider de la remise en liberté conditionnelle des condamnés comme aux États-Unis » [58], l'ensemble du phénomène de dématérialisation de la justice, « qu'il s'agisse de la résolution amiable ou de la résolution judiciaire des litiges » [59] ou l'incursion de technologies d'intelligence artificielle dans la justice [60] ou au sein d'un processus d'arbitrage [61]. Le terme « jurimétrie » n'était quant à lui mobilisé jusqu'à très récemment que comme une expression datée désignant une discipline elle-même datée basée sur la volonté de créer une « méthode de traitement de l'information ayant pour finalité la mesure des phénomènes juridique » [62]. La jurimétrie est donc, au sens premier, une sous-discipline du droit consacrée à l'étude empirique des phénomènes juridiques par l'application de méthodes issues des sciences mathématiques, informatiques ou expérimentales.

---

57. Elles servent parfois de synonymes les unes aux autres, voir par exemple Emmanuel Jeuland, « Justice numérique, justice inique ? », *Cah. just.*, 2019, 193, *passim* qui emploie les expressions « justice numérique » et « justice digitale » indifféremment.

58. Bénédicte Bévière-Boyer, « Responsabilité numérique : le défi d'une responsabilité spécifique humanisée », *Dalloz IP/IT*, 2020, 159, p. 162. C'est ici « justice numérique » qui est utilisée.

59. Blandine Mallet-Bricout, « Dématérialisation des actes judiciaires : le mouvement s'accélère », *RTD civ.*, 2019, 671, p. 673. C'est ici « justice digitale » qui est utilisée.

60. Matthieu Boissavy, « L'art d'être juste, avec les émotions, le droit et la raison », *Gaz. Pal.*, n° 27, 2019, 12, pp. 12-13.

61. Jérémy Jourdan-Marques, « Recension », *Cahiers de l'Arbitrage*, n° 1, 2019, 145, p. 145. Ici, et dans la référence précédente, c'est « justice algorithmique » qui est utilisée.

62. Serge Bories, « Les décisions de justice à l'aune de la jurimétrie ou proposition pour une analyse du contenu de la communication », *Comm. com. électr.*, n° 7-8, 2006, 18, p. 18.

Elle s'est, en France, souvent vue préférer l'expression d'« informatique juridique », expression plus large et permettant d'englober une plus grande quantité de démarches scientifiques [63]. L'expression était tombée en désuétude à la fin des années 1990, mais elle fait aujourd'hui l'objet d'une appropriation nouvelle par les auteurs qui la préfèrent à l'expression « justice prédictive » [64] pour désigner les mêmes objets.

22 **Un contenu hétéroclite rétif à une quelconque systématisation**. Ces quatre expressions sont donc mouvantes, peu cernables et elles se recoupent surtout très largement. Quand bien même il serait satisfaisant, d'un point de vue esthétique et rationnel, de parvenir à établir une véritable classification exhaustive de ces expressions afin d'en proposer des points distinctifs, ce projet apparaît aussi exagérément subtil que dépourvu d'utilité pratique dans la mesure où elles sont utilisées de manière aléatoire. Tout au plus peut-on indiquer que certaines expressions sont plus employées que d'autres [65] et dater le début et, pour certaines, la fin de leur utilisation [66].

23 **Exclusion de justice digitale et numérique**. Dans ce contexte, le choix d'employer l'expression de « justice algorithmique » plutôt qu'une des trois autres peut être justifié sans cependant en évacuer tout l'arbitraire. Le choix de ne pas employer l'expression de « justice digitale » est le plus simple à expliquer : cette expression est aussi le titre de l'ouvrage d'Antoine Garapon et Jean Lassègue, ouvrage qui a participé à relancer la thématique de l'intelligence artificielle dans le domaine de la justice en France. L'expression étant désormais utilisée en référence à cet ouvrage [67], il ne semble pas pertinent d'en réclamer l'usage. Pour ce qui concerne la justice numérique, il s'agit tout simplement d'un choix terminologique : il nous semble pertinent, au travers du choix du mot « algorithmique », d'insister sur l'une des dimensions que les auteurs désignent comme étant la plus

---

63. En particulier dans la mesure où le préalable à l'application d'une méthode jurimétrique est la constitution d'une base exhaustive ou représentative des phénomènes à étudier ; il a donc été question, en particulier en France, de développer des *thesarus* et des outils d'indexation avant de véritablement s'engager dans le domaine jurimétrique, voir à ce sujet Pierre Catala, *Le droit à l'épreuve du numérique. Jus ex Machina*, PUF, 1998 et voir *infra* § 646.

64. La proposition, émise par le Conseil National du Barreau dans un rapport « Préconisations d'action pour les legaltechs dans le domaine de la jurimétrie », 13 octobre 2020, disponible en ligne à <https ://www.cnb.avocat.fr/fr/actualites/preconisations-dactions-pour-les-legaltechs-du-domaine-de-la-jurimetrie> est aujourd'hui suivie par un certain nombre d'auteurs et a donné lieu à la création d'une revue éponyme, publiée par les Presses Universitaires Savoie Mont Blanc.

65. Au 25 janvier 2021 et selon les résultats obtenus lors d'une recherche en termes exacts à partir de chaque expression sur les bases des éditeurs Dalloz, LexisNexis et Lextenso, « justice numérique » est employée dans quatre-vingt-dix-huit résultats, contre quarante-deux résultats pour « justice digitale », onze pour « justice algorithmique » et dix-huit pour « jurimétrie ».

66. La première mention de « justice numérique » remonte à 2008 tandis que celle de « justice digitale » et « justice algorithmique » remonte à 2017. Le cas de jurimétrie est très particulier : sa première utilisation dans un écrit français semble dater de 1968, avec un article de Aurel David, « La recherche documentaire automatique appliquée au droit », *RIDC*, vol. 20, n° 4, 1968, 629, p. 630. L'expression semblait être tombée en désuétude depuis les années 1990 avant un retour à la fin 2020/début 2021, dans le sens précisé au § 24.

67. Et au contenu que cet ouvrage lui donne, c'est-à-dire à la fois la justice prédictive, la *blockchain*, les *smart contracts*, les micro-directives et une forme de juge-robot.

problématique, c'est-à-dire le fait qu'elle implique des technologies d'intelligence artificielle reposant elles-mêmes sur des algorithmes spécifiques [68].

24 **Exclusion de la jurimétrie.** La question du choix de « justice algorithmique » plutôt que « jurimétrie » est un peu plus spécifique, dans la mesure où une partie des auteurs s'est réappropriée ce terme et l'utilise pour désigner les applicatifs de « justice prédictive ». Or, si cette réappropriation n'est pas un problème en soi, elle pose un problème de délimitation de ce que désigne *précisément* la « jurimétrie ». La jurimétrie désignait, à l'origine, une discipline scientifique et les méthodes, aussi indéterminées soient-elles, qui lui étaient rattachées. Pour le discours doctrinal actuel, cependant, *jurimétrie* peut désigner à la fois l'ensemble des technologies et outils désignés par ailleurs sous l'expression de *justice prédictive* [69] et une *nouvelle* discipline et les méthodes qui y sont rattachées [70]... Sans pour autant se réclamer des acquis de la *première* jurimétrie [71]. Compte tenu non seulement de cette indétermination, mais aussi du succès très relatif de cette opération de changement d'appellation des outils de « justice prédictive », nous ne désignerons pas notre propre objet d'étude sous ce terme.

B. Le double contenu de la justice algorithmique

25 **Une nécessaire limitation de l'objet d'étude.** L'expression « justice algorithmique » peut désigner à l'envi toute une série d'outils que l'on peut séparer en deux grandes catégories : les outils qui, tout en intervenant dans le domaine du droit, n'interviennent pas directement dans les activités liées à l'exercice de la justice et les outils qui interviennent directement dans ces activités. Dans la première catégorie on retrouve, principalement, les outils d'aide à la rédaction d'actes [72], les outils d'analyse automatisée de documents [73], la *blockchain* ainsi que tous les applicatifs-métier propres à chaque profession juridique [74]. Dans la seconde

---

68. Le mot « algorithme » pouvant être défini comme une suite finie et non ambigüe de règles formelles permettant, à partir de données d'entrée, de produire des données de sortie répondant à un problème quelconque.

69. C'est le cas notamment dans Yannick Meneceur, « Pour une distinction affirmée entre les régimes de publicité et de publication », *JCP E.*, n° 37, 2019, 29, p. 31 ou Bertrand Cassar, *La transformation numérique du monde du droit*, thèse dactylographiée, Université de Strasbourg, 2020, p. 259.

70. C'est le cas notamment dans Louis Degos, « Jurimétrie : la défiance des professionnels du droit est-elle légitime ? », *op. cit.* C'est aussi et surtout le cas de la définition retenue par les initiateurs de la revue *Jurimétrie*, Christophe Quézel-Ambrunaz et Vincent Rivollier. Pour une explicitation de cette définition, voir leur article introductif « Pour une étude raisonnée de la jurimétrie », *Jurimétrie*, n° 1, 2022, pp. 13-25.

71. Sur ce paradoxe, voir Camille Bordère, « Que reste-t-il de la première jurimétrie ? », *Jurimétrie*, n° 1, 2022, pp. 27-52.

72. Par exemple, l'applicatif *NAVIS* de *Francis Lefebvre*.

73. Pour en donner quelques exemples, l'outil *HYPLEREX* dans le domaine de l'analyse de contrats, *SCAN* (Predictice) ou *DOCUMENT ANALYZER* (Doctrine.fr) pour l'analyse de décisions de justice ou de conclusions d'avocats.

74. L'outil *PolyOffice* de *LexisNexis* est par exemple un logiciel de gestion de cabinet, incluant des applicatifs de rédaction d'actes, de supervision des dossiers en cours, de facturation et signature électronique ou de partage de documents sécurisé.

catégorie, on retrouve les logiciels dits de justice prédictive [75], de prédiction de la récidive [76], de *e-discovery* [77], de résolution en ligne des litiges [78] et toutes les plateformes publiques de saisine des juridictions [79]. Les bases de données jurisprudentielles en ligne alimentées par l'*open data* des décisions de justice, difficilement classables dans l'une ou l'autre des catégories, font aussi partie des outils inclus dans ces quatre expressions. Le caractère disparate de cet ensemble d'outils implique l'impossibilité de le traiter en intégralité, en tout cas dans l'optique qui est la nôtre. Il est donc, encore une fois, question d'opérer un choix raisonné quant à ceux de ces outils qui seront le dénominateur commun des composantes du discours doctrinal qui constituera notre objet d'étude. Ces outils sont ceux de *justice prédictive* d'une part, et les *bases de données jurisprudentielles en ligne* d'autre part, à l'exclusion donc de tous les autres applicatifs précédemment cités.

26 **Justification du choix de la justice prédictive et des bases de données jurisprudentielles en ligne.** Ce choix se justifie par plusieurs éléments, dont le principal est lié à l'angle particulier que nous adopterons pour étudier ces deux outils : l'angle doctrinal. La justice prédictive et les bases de données jurisprudentielles en ligne ont en effet comme premier point commun de susciter depuis 2016 [80] une effervescence doctrinale incontestable : le discours doctrinal relatif à ces deux objets est « bruyant », actif et attractif, comme en témoigne la quantité remarquable de colloques, journées d'étude, *workshop* et manifestations scientifiques organisés sur ces deux thèmes, ainsi que le nombre de publications sous à peu près tous les formats envisageables [81]. C'est aussi le cas pour certains des autres outils, notamment la *blockchain* [82], mais le discours doctrinal relatif à la justice

---

75. Pour citer les principaux outils sur le marché, *PREDICTICE*, *CASE LAW ANALYTICS*, *JurisData Analytics* (*LexisNexis*), *JURI'PREDIS*, *LegalMetrics* (*Lexbase*) et *i-Praedico*.

76. Ce type de logiciel n'est pas déployé en France. Le plus connu en France est le logiciel *COMPAS* déployé dans plusieurs juridictions américaines, en particulier depuis la révélation des biais raciaux de son algorithme (voir Julia Angwin, Jeff Larson, Surya Mattu et Lauren Kirchner, « Machine Bias », ProPublica, 23 mai 2016, disponible en ligne à <https ://www.propublica.org/article/machine-bias-risk-assessments-in-criminal-sentencing>).

77. Là encore, ce type de logiciel n'est pas déployé en France parce qu'il permet d'automatiser une étape de la procédure judiciaire propre aux systèmes anglo-saxons (not. américain, britannique et canadien) sur laquelle nous reviendrons dans nos développements, voir *infra* § 227.

78. Aussi appelés *ODR* pour *Online Dispute Resolution*. On peut ainsi citer, dans le champ de la consommation, les plateformes *MEDICYS* ou *MARCEL-MÉDIATION*, et, pour des litiges relevant de tous domaines (familial, civil, travail, administratif), *IMEL-MEDIATION* ou *JUSTEO*.

79. Télérecours pour les juridictions administratives et la plateforme *Justice.fr* lancée en janvier 2021 permettant, dans tous les cas où la représentation par un avocat n'est pas obligatoire, la saisine en ligne de toutes les juridictions (administratives, civiles, pénales et commerciales).

80. Comme indiqué précédemment, l'année 2016 a marqué le lancement de l'*open data* des décisions de justice par la *Loi pour une République Numérique*.

81. L'intégralité des formats de publication se retrouve au sein de notre corpus : quinze monographies, neufs manuels ou traités, treize thèses, quarante-quatre actes de colloques, articles de revue (deux cent quarante-trois) ou de presse (treize), billets de blog (vingt-six), rapports officiels (douze) dont certains rédigés par des acteurs privés (trois) et papiers publiés en libre accès sur diverses plateformes d'*open science* (trois).

82. Un comptage rapide des occurrences du terme « *blockchain* » dans les bases de données de Dalloz, LexisNexis et Lextenso indique, au 26 janvier 2021 et respectivement, 202, 339 (en excluant les articles « en bref » se bornant à prendre acte de modifications législatives ou réglementaires ou d'un évènement spécifique) et 183 résultats pour un total de 724 résultats.

prédictive présente une autre caractéristique, paradoxale et unique, tenant à l'*hétérogénéité des auteurs* impliqués dans ce discours… et à l'*homogénéité du contenu* du discours. S'il est possible de retrouver l'une [83] ou l'autre [84] des caractéristiques pour les autres outils, le fait de les retrouver toutes les deux est propre au discours portant sur les bases de données jurisprudentielles en ligne et la justice prédictive.

27 **Multiplicité des enjeux et multiplicité des acteurs.** Ces deux éléments sont donc deux premières justifications au choix de traiter la justice prédictive et les bases de données jurisprudentielles sous l'expression de justice algorithmique. Une autre justification se loge cette fois non plus dans la structuration du discours, mais dans son contenu et, plus précisément, dans la multiplicité des enjeux qui y sont soulevés. Dans la mesure où tant la justice prédictive que les bases de données jurisprudentielles en ligne peuvent intervenir en amont, pendant voire *à côté* du procès, leur traitement doctrinal implique à la fois leurs aspects juridictionnels et parajuridictionnels. Cette multiplicité des enjeux se double d'une multiplicité des acteurs susceptibles de manier ces outils : citons, pêle-mêle, les justiciables, avocats, juges et autres auxiliaires de justice pour ce qui concerne le plus directement la dimension juridictionnelle, compagnies d'assurance, services juridiques d'entreprises et autres acteurs du monde juridique dans une focale plus large. Là encore, ces deux caractéristiques sont propres au discours articulé sur ces deux objets en particulier : la plupart des autres objets que nous avons cités visent un temps juridique spécifique [85] et des acteurs déterminés du monde juridique [86]. Pour toutes ces raisons, donc, l'expression « justice algorithmique » [87] désignera à la fois les bases de données jurisprudentielles en ligne (**1**) et les outils de « justice prédictive » (**2**).

1) Les bases de données jurisprudentielles en ligne

28 **Définition des bases de données jurisprudentielles en ligne.** Schématiquement, une base de données est un conteneur d'informations de nature variée stockées ensemble de manière plus ou moins structurée, ici des décisions de justice [88].

83. C'est le cas notamment de la question des outils d'*ODR*, qui font intervenir à la fois des praticiens du droit et des universitaires de toutes les spécialités (de droit privé comme de droit public, même si leur intervention est beaucoup plus récente).

84. C'est particulièrement le cas des réactions françaises à l'affaire *COMPAS*, et plus généralement face aux logiciels de prédiction de la récidive.

85. Qui peut être l'avant-procès, le procès en tant que tel, l'après procès, le remplacement du procès ou l'activité de conseil parajuridictionnel. On peut citer, pour chacun de ces temps et respectivement, les outils de saisine des juridictions, les outils métier employés par les juridictions elles-mêmes, la *blockchain* si elle était utilisée comme outil d'exécution des jugements, les outils d'*ODR* et les outils de rédaction automatisée d'actes.

86. Que ces acteurs soient, par exemple, les juges (outils métiers et potentiellement les outils de prédiction de la récidive) ou les avocats (outils de rédaction automatisée d'actes, outils d'analyse, outils de gestion de cabinet, la *blockchain* dans la mesure où elle est employée dans un but d'*automation* de la réalisation d'actes précis, comme des contrats).

87. Et ses variations : nous parlerons d'ailleurs essentiellement d'« outils de justice algorithmique » au sein de notre analyse.

88. À ce stade de notre étude, « jurisprudentiel » est à entendre comme l'adjectif rapporté aux décisions de justice, de quelque nature et de quelque juridiction qu'elles émanent par ailleurs.

Lorsque l'on parle de base de données aujourd'hui, on parle intuitivement de bases de données informatisées et, généralement, en ligne : elles sont donc à la fois dématérialisées et interrogeables à distance grâce à une connexion Internet. Pour autant, les premières bases de données jurisprudentielles (on parlait alors de fichiers) développées au début des années 1960 en France étaient constituées de cartes perforées au sein desquelles la recherche s'effectuait grâce à des trieuses électromagnétiques paramétrées selon un certain nombre de mots-clés [89]. Quand bien même les premières bases de données informatisées ont été développées par voie d'expérimentations à peu près à la même période aux États-Unis [90], il a fallu attendre 1969 pour que le stockage et l'interrogation des fonds français soient informatisés et 1995 pour que cette interrogation puisse être réalisée pleinement à distance, par l'intermédiaire d'un « micro-ordinateur, terminal ou minitel, par connexion directe aux serveurs » de la base [91]. Quoi qu'il en soit, quand on parle de bases de données jurisprudentielles en ligne aujourd'hui, on désigne à la fois les bases de données publiques [92] et les bases de données privées, qu'elles soient gérées par des éditeurs juridiques [93] ou par des sociétés spécialisées dans la diffusion en ligne de la jurisprudence [94], dématérialisées et interrogeables via le réseau Internet.

29 **Apprentissage automatique et reconnaissance du langage naturel.** Dans le cadre de cette étude, ce sont plus particulièrement les bases qui visent non seulement l'exhaustivité, mais encore la simplification de la recherche qui retiendront notre attention. Ces dernières se distinguent des bases dites « traditionnelles » (héritières de celles de la fin des années 1990) par l'emploi de moteurs de recherche reposant au moins en partie sur des technologies d'intelligence artificielle, c'est-à-dire, la plupart du temps, des technologies d'apprentissage automatique (*machine learning*) permettant une reconnaissance du langage naturel (*natural language processing*) [95]. La première technologie permet aux algorithmes de s'entraîner et de s'améliorer pour réaliser une tâche définie. L'apprentissage

---

89. Nous renvoyons à l'annexe 1 pour une frise chronologique du développement de la diffusion des sources du droit en France, au Canada, aux États-Unis et au Royaume-Uni. Elle pourra être consultée en parallèle de ces propos historiques.

90. Notamment, et à partir de 1960, suite à un partenariat entre le *Computer Center* et le *Health Law Center* de la *University of Pittsburgh*, sous la supervision du Professor John Horty, voir Jon Bing, « Let There be LITE : a Brief History of Legal Information Retrieval », *EJLT*, vol. 1, nº 1, 2010.

91. Voir, pour la France, Pierre Catala, « Le fichier national informatisé de la jurisprudence française (dixième anniversaire) », *JCP*, 1995, pp. 387-394.

92. Que ces bases soient en accès libre (c'est le cas de *LÉGIFRANCE*) ou diffusées en intranet (c'est le cas de *JURICA*, par exemple, ou de la base *ARIANE*).

93. On pense ici aux bases de Dalloz, LexisNexis, Lamyline et Lextenso.

94. On pense ici à *Doctrine.fr* et *PAPPERS JUSTICE* en particulier, mais aussi à la base de *Lexbase*, quoi qu'il soit aussi possible de considérer cette dernière comme un éditeur juridique puisqu'elle a été créée en 2008, donc bien avant le développement de la *Legaltech* (on reviendra sur ce terme polysémique en *infra*) et puisqu'elle diffuse, en plus de ses bases, des revues juridiques.

95. On parle de langage naturel par opposition au langage informatique. Le langage naturel est celui communément employé par l'homme, tandis que le langage informatique est un langage formel qui se décline en plusieurs sous-langages, dont les plus notables sont le langage de programmation formulé l'opérateur construisant un programme et le langage machine exprimé

peut être supervisé ou non supervisé, c'est-à-dire qu'il est possible à l'opérateur d'annoter les données soumises à l'algorithme dans un premier temps (les données d'entraînement), pour que ce dernier puisse ensuite annoter lui-même les données versées dans un second temps, ou au contraire de n'apporter aucune classification préalable des données soumises à l'algorithme qui sera alors seul en charge de leur structuration. Ces deux types d'apprentissages automatiques répondent à deux besoins distincts. L'apprentissage est supervisé quand il s'agit d'automatiser le classement de données selon des variables prédéterminées et connues de l'opérateur. C'est notamment le cas pour les algorithmes d'analyse automatisée d'image dont l'objectif est de reconnaître, sur de l'imagerie médicale, des anomalies structurelles typiques d'affections cancéreuses : l'opérateur « nourrira » l'algorithme de clichés représentant ces anomalies et d'autres clichés représentant des tissus sains pour l'entraîner à distinguer ces deux hypothèses. L'algorithme avancera donc un diagnostic, qui pourra ou non être corrigé par un opérateur humain (on parlera alors de *feedback*). L'apprentissage non supervisé sera plus communément utilisé à titre expérimental lorsqu'il s'agit au contraire de faire émerger des constantes (des *patterns*) au sein de grosses masses de données permettant de faire apparaître des groupes plus ou moins homogènes (des *clusters*), dont l'analyse revient ensuite au chercheur qui a lancé le traitement. Ce type d'algorithme peut ainsi être utilisé pour dégager de premières hypothèses de recherche, notamment en épidémiologie et face à des masses de cas cliniques : l'algorithme pourra ainsi opérer des regroupements de cas parce qu'il aura repéré des similitudes dans, par exemple, la classe d'âge des individus ou leur lieu de résidence.

30 **Apprentissage automatique et bases de données jurisprudentielles**. L'apprentissage supervisé est le plus utilisé à l'heure actuelle dans la construction d'algorithmes autoapprenants, en particulier lorsqu'il est question de construire des bases de données jurisprudentielles « intelligentes » : les données d'entraînement sont annotées selon leur nature, ce qui entraîne l'algorithme à reconnaître les séquences lexicales visées et, ainsi, de les catégoriser. Pour ce qui concerne les bases de données jurisprudentielles, cette catégorisation permet à l'algorithme, dans un premier temps, d'opérer un tri dans les décisions versées dans sa base en structurant lui-même ces décisions, et, dans un second temps, au futur utilisateur d'obtenir les résultats les plus conformes à sa recherche. Cette recherche pourra ensuite être réalisée à partir d'une requête par descripteurs [96] ou à partir d'une

en *bits* (suites de 0 et 1), directement exécutable par le processeur de l'ordinateur sur lequel le logiciel est codé. Le passage du langage de programmation au langage machine est opéré par un compilateur.

96. C'est notamment le cas, dans sa fonction de base de données, de l'applicatif *PREDICTICE* qui permet de réaliser une recherche à partir de descripteurs : le domaine du droit visé par les décisions recherchées, une date précise ou une période durant laquelle les décisions ont été rendues, le degré de juridiction voire la juridiction précise, le sens du dispositif (et le montant des indemnités obtenues le cas échéant) ainsi que le chef de demande. À ces éléments communs à tous les domaines contentieux s'ajoutent des descripteurs spécifiques à chaque domaine du droit.

requête en texte libre [97]. Ainsi, si la recherche est réalisée à partir des mots-clés « accident de la circulation motos victime piéton sans faute », l'algorithme saura reconnaître au sein de l'intégralité de sa base de données toutes les décisions qui concernent un accident de la circulation impliquant un véhicule à deux roues et ayant causé un dommage à un piéton n'ayant pas lui-même commis de faute, et ce même si les expressions n'apparaissent pas à l'identique dans les décisions. C'est précisément ce dernier élément qui rend ces algorithmes (et les bases de données jurisprudentielles auxquelles ils sont rattachés) « intelligents » : ils ne se limitent pas seulement à repérer des séquences lexicales et à les proposer à l'utilisateur, ils sont aussi capables d'inclure l'intégralité des résultats pertinents, quelle que soit l'expression effectivement employée dans les différentes décisions [98].

31 **Un développement récent**. Ces bases de données jurisprudentielles « intelligentes » se développent depuis plusieurs décennies à l'étranger [99] et ont véritablement commencé à être commercialisées en France à partir de la seconde moitié des années 2010, avec le début du mouvement *open data* en 2016. Ainsi, la start-up Doctrine.fr a été lancée le 10 juin 2016, soit quelques mois seulement avant la Loi *pour une République Numérique*, rapidement suivie par d'autres start-ups proposant au moins en partie des moteurs de recherche juridique... Mais proposant surtout des outils dits de « justice prédictive », fonctionnant précisément à partir de ces bases de données intelligentes.

2) La justice prédictive

32 **Bases de données jurisprudentielles en ligne et justice prédictive, un couple soudé**. Si le concept de base de données jurisprudentielles en ligne n'est guère discuté, la question de la « justice prédictive » est autrement plus complexe. Il faut néanmoins dès à présent noter que ce type d'outil est basé sur les mêmes technologies d'intelligence artificielle que décrites précédemment, c'est-à-dire l'apprentissage automatique supervisé permettant la reconnaissance du langage naturel. À ce titre, ces outils de justice prédictive sont une forme « d'extension » visant à *analyser* le contenu de la base de données sur laquelle elle est greffée, et non plus seulement à y donner *accès*. Cette relation symbiotique est une des raisons pour lesquelles ces deux outils peuvent être traités ensemble. Plus généralement, nous

---

97. Que cette requête soit non structurée (il s'agira alors de taper dans une barre de recherche des mots-clés, éventuellement à l'aide d'opérateurs booléens) ou structurée (cette fonctionnalité est généralement offerte sous le nom de « recherche avancée », et permet d'affiner la recherche en précisant, par exemple, que certains termes doivent être accolés ou n'être séparés que de quelques mots).

98. Notamment pour ce qui concerne le mot-clé « moto » : l'algorithme aura soit dès l'origine, soit par apprentissage, étiqueté ensemble toutes les variantes orthographiques de « moto », « motocyclette », « deux-roues », ce qui lui permettra d'inclure un maximum de décisions pertinentes au regard de la recherche.

99. Les premières initiatives en ce sens datent, aux États-Unis en particulier, des années 1980, voir par exemple Richard K. Belew, « A connectionist approach to conceptual information retrieval », in *Proceedings of the first international conference on Artificial intelligence and law – ICAIL '87*, ACM Press, 1987, p. 116-126.

nous l'autorisons aussi et surtout parce qu'ils *sont* traités ensemble par le discours doctrinal lui-même. C'est ainsi le cas lorsque, dans un article consacré à l'un des outils, il est fait mention de l'autre comme étant sa source ou sa conséquence [100] ou lorsqu'ils sont traités comme un ensemble [101].

33 **Justice prédictive, prévisible, quantitative...** Tout ceci ne dit cependant rien sur ce qu'est, précisément cette justice prédictive et il est d'autant plus difficile d'ailleurs de l'établir que son propre nom est contesté. Les propositions fleurissent en effet, que les auteurs souhaitent parler de justice prévisible [102], quantitative [103], statistique [104], probabiliste [105], analytique [106], de jurisprudence chiffrée [107], de modes algorithmiques d'analyse des décisions (MAAD) [108], de justice assistée par ordinateur (JAO) [109] ou de jurimétrie [110]. De fait, ces initiatives de proposition d'un nouveau nom pour cet ensemble d'outils ont pour point commun de toujours partir de l'expression « justice prédictive » parce qu'en termes chronologiques, c'est cette expression qui est apparue la première, maniée et popularisée par la start-up *Predictice.* Alors même qu'elle la rejette aujourd'hui [111], c'est toujours cette expression qui fait l'objet de l'appropriation la plus importante. Ce constat

---

100. Par exemple, Valérie Malabat, « Justice prédictive et droit pénal substantiel », in Nathalie Blanc et Mustapha Mekki (dir.), *Le juge et le numérique : un défini pour la justice du XXI*e *siècle*, Dalloz, 2019, 105, p. 105.

101. Comme nous le ferons nous-même sous l'expression de « justice algorithmique ». L'expression de « justice numérique » pour désigner à la fois la justice prédictive et le développement des bases données jurisprudentielles se retrouve ainsi dans Louis Degos, « Justice numérique et justice judiciaire, contradiction et aléa », *JCP*, supplément au n° 51, 2018, 38, p. 38.

102. Par exemple, François Thévenot, « L'open data et la justice prédictive », in Frédérique Ferrand, Jonas Knetsch et Martin Zwickel (dir.), *Le droit civil et la justice civile à l'ère de la numérisation en France et en Allemagne*, FAU University Press, 2020, 321, p. 321.

103. Par exemple, Bruno Pireyre, « Allocution d'ouverture », in Nathalie Blanc et Mustapha Mekki (dir.), *Le juge et le numérique : un défis pour la justice du XX*e *siècle*, Dalloz, 2019, 1, p. 4.

104. Par exemple, Boris Barraud, « Avocats et magistrats à l'ère des algorithmes : modernisation ou gadgétisation de la justice ? », *op. cit.*, p. 3.

105. Par exemple, Laëtitia Janicot, « L'anonymisation du juge », in Pierre Bourdon (dir.), *La communication des décisions du juge administratif*, LexisNexis, 2020, 81, p. 85.

106. Par exemple, Guillaume Leguevaques, *La sécurité juridique. Essai sur ses fonctions dans l'ordre juridique*, thèse dactylographiée, Université Toulouse 1 Capitole, 2018, p. 315.

107. Par exemple, Thierry Kirat, « L'intelligence artificielle, l'avocat et le juge », *La Tribune*, 2017.

108. En l'occurrence, cette expression est propre à un rapport du GIP Mission de recherche Droit et Justice rédigé par Lêmy Godefroy, Frédéric Lebaron et Jacques Lévy-Vehel, « Comment le numérique transforme le droit et la justice vers de nouveaux usages et un bouleversement de la prise de décision. Anticiper les évolutions pour les accompagner et les maîtriser », GIP Mission de recherche Droit et Justice, no 16-42, 2019.

109. Basile Darmois, « Justice digitale et les risques de la 'justice prédictive' », in Samuel Benisty (dir.), *Varia autour de Justice digitale. À propos de l'essai coécrit par Antoine Garapon et Jean Lassègue*, PUAM, Inter-normes, 2021, 45, p. 50.

110. Comme nous l'avons précédemment vu. Pour rappel, voir Conseil National du Barreau, « Préconisations d'action pour les legaltechs dans le domaine de la jurimétrie », *op. cit.*

111. Predictice reconnaît ainsi « avoir un peu surfé sur la vague de la justice prédictive pour faire parler de nous », mais considère qu'il est aujourd'hui question de « désamorcer les craintes alentour » et de faire un « effort de pédagogie » (citations issues d'une interview d'Élise Maillot, directrice des relations commerciales et du marketing de Predictice par la Boîte Noire, « Predictice : 'Nous ne sommes pas les Madame Irma du droit' », 8 février 2020, disponible en ligne à <https://boitenoire.medium.com/predictice-nous-ne-sommes-pas-les-madame-irma-du-droit-c298e7d994e9>).

n'est ni positif ni négatif en soi : les accents prophétiques de l'expression [112] ne sont pas innocents vis-à-vis de l'effervescence doctrinale qui entoure ces outils et les démarches de *relabellisation* de l'outil sont à saluer dans la mesure où elles sont de nature à rationaliser ce discours. Pour autant, dans la mesure où aucune de ces propositions n'est encore parvenue à se substituer à l'expression originale, c'est elle que nous utiliserons pour désigner ce type d'outil.

34 **Définition de la justice prédictive en deux temps.** Cette précision sémantique faite, il faut encore déterminer ce qu'est la justice prédictive. En fait, et c'est précisément pour cette raison que les efforts de requalification de l'outil sont louables, la justice prédictive n'est ni une justice, ni prédictive, ni beaucoup d'autres des choses qu'elle peut évoquer à première vue. Nous procéderons donc ici en deux temps pour tenter de délimiter les contours de ces outils : dans un premier temps, il sera question de ce que la justice prédictive n'est pas ; dans un second temps, à la suite de ces éliminations progressives et en nous basant sur les applicatifs existants ainsi que sur la manière dont ils sont décrits par les auteurs, nous en proposerons une définition.

35 **Justice prédictive et jurimétrie ; début du mouvement.** La justice prédictive *n'est donc pas* la jurimétrie dans son sens premier, mais il est indéniable que le *projet* porté par la justice prédictive correspond aux projets menés par les *jurimètres*. Si l'on reprend l'article programmatique de Lee Loevinger, il est question d'apporter une solution à ce qui est qualifiée de « plus grande anomalie des temps modernes » [113], c'est-à-dire la progressive complexification du droit, sa perte d'intelligibilité et de cohérence et, *in fine*, sa transformation en « jargon déconcertant » [114]. Le projet initial de la jurimétrie était en effet de substituer une « méthode scientifique » à la méthode « doctrinale » classique pour parvenir à produire un savoir juridique précis, technique et « scientifique » [115]. Si, dans les premiers temps de son déploiement, la « science » dont il fut question a pu être tant la psychologie et la sociologie [116] que les sciences mathématiques et statistiques,

---

112. Il a ainsi été question de « boule de cristal » (Frédéric Rouvière, « La justice prédictive, version moderne de la boule de cristal », *RTD civ.*, 2017, pp. 527-528), de « sybille » (Antoine Garapon, François Molinié, Christophe Perchet et Frédéric Rouvière, « Sybille et la justice prédictive », *Légipresse*, 2018, pp. 430-432), voire d'« oracle » (Georges Teboul, « La justice prédictive : une actualité inquiétante, ou un pari exaltant ? », *Gaz. Pal.*, 2020, 12, p. 13).

113. « *The greatest anomaly of the modern times* », Lee Loevinger, « Jurimetrics. The Next Step Forward », *Minn. L. Rev.*, vol. 33, n° 5, 1949, 455, p. 455.

114. « *Bewildering jargon* », *ibid.*

115. Il faut noter ici que Lee Loevinger ne définit pas explicitement ce qu'il entend par « savoir scientifique » (« *scientific knowledge* »), mais qu'il l'oppose cependant tout au long de son article au « domaine social » (« *social fields* ») dans lequel il inclut le droit et qu'il caractérise par une confiance excessive dans la tradition (c'est-à-dire, tel qu'il la définit, comme la répétition de concepts intuitifs et de pratiques accidentelles (« *intuitives concepts and accidental practices* »)), y compris lorsqu'elle s'avère inadaptée aux circonstances contemporaines. Quoi qu'il en soit, et compte tenu de ses fréquentes mentions de l'économétrie (not. p. 476 et p. 479) et les fonctions qu'il attribue à la jurimétrie (pp. 484 et suiv.), on peut en déduire que par « savoir scientifique » et « méthode scientifique », Lee Loevinger entend la possibilité de mesurer, mathématiquement et surtout statistiquement, le droit.

116. On veut ici parler du courant behavioriste en science politique américaine des années 1960s que nous analysons plus spécifiquement au sein de nos développements, voir *infra* § 608.

la jurimétrie a rapidement pris un virage informatique. Dès 1960, il est question d'employer les premiers ordinateurs compatibles avec des cartes perforées pour « prédire les décisions de justice » à partir de calculs simples [117] ainsi que pour simplifier la recherche documentaire [118]. La démocratisation de l'informatique et la progression des capacités de stockage et de traitement du matériel disponible vont de pair avec une montée en puissance des recherches dans deux directions principales : la recherche documentaire d'une part et le développement d'outils d'aide à la décision d'autre part.

36 **Justice prédictive et jurimétrie ; entre approche symbolique et approche connexionniste.** Si les premières recherches sont les plus visibles et, initialement, celles qui se répandent le plus rapidement à l'international [119], les secondes sont restées longtemps tributaires des capacités du matériel informatique, du flux et reflux des financements institutionnels, mais surtout de la fluctuation des choix techniques des programmeurs selon la ligne de fracture qui sépare l'approche symbolique de l'approche connexionniste de l'intelligence artificielle. L'approche symbolique de l'intelligence artificielle a constitué le paradigme dominant de la recherche jusqu'au début des années 1990, au point d'ailleurs qu'elle est aussi surnommée « la bonne vieille intelligence artificielle » (*good old-fashioned artificial intelligence*, ou GOFAI). Elle repose sur l'idée qu'il est possible de « simuler le raisonnement humain en s'inspirant de notre logique et de notre capacité à se représenter notre environnement à partir de symboles » [120]. Les principales réalisations de cette approche sont les systèmes experts, des systèmes à base de connaissances fonctionnant sur une logique de « si... alors... ». Ces applicatifs étaient programmés pour tirer des conclusions (« alors... ») de la présence ou de l'absence de variables déterminées à l'avance (« si... ») sous la forme d'arbres de décisions, à la manière d'un expert humain mis face à ces mêmes variables. Parmi ces applicatifs on peut citer, en France, les systèmes NATIONALITE [121] ou BRUITLOG [122].

---

117. Stuart Nagel, « Using Simple Calculations to Predict Judicial Decisions », *Am. Behav. Sci.*, vol. 4, °o 4, 1960, p. 24.

118. Reed C. Lawlor, « What Computers Can Do: Analysis and Prediction of Judicial Decisions », *Am. Bar Assoc. j.*, vol. 49, °o 4, 1963, 337, p. 338.

119. Voir annexe 1.

120. Ilona Bois-Drivet, « Les techniques algorithmiques de l'IA. Le raisonnement symbolique », *Blog du Laboratoire de Cyberjustice*, 14 décembre 2020, disponible en ligne à <https://www.cyberjustice.ca/2020/12/14/blogue-epistemologie-de-lia-1-lintelligence-artificielle-symbolique%e2%80%af-quen-est-il-aujourdhui/>.

121. Un système expert en droit de la nationalité développé entre les années 1973 (première convention entre la Chancellerie et l'Institut) et 1985 (sortie officielle du premier prototype du système) au sein de l'Institut de Recherche et d'Études pour le Traitement de l'Information Juridique (IRETIJ) de Montpellier. Destiné à l'origine à faciliter la détermination de la nationalité d'un individu, l'outil n'a jamais vraiment été déployé. Sur les premières étapes du développement de cet outil, voir Michel Bibent, « Aide à la décision en droit français de la nationalité », *RJT*, vol. 11, n° 1-2, 1976, 241. Sur son déploiement, voir Martine Bourrié-Quenillet, « Droit et intelligence artificielle : mythes, limites et réalités », *LPA*, n° 66, 1994, pp. 11-15.

122. Il était conçu pour modéliser et simplifier la prise de décision en matière de lutte contre les nuisances sonores et a été développé au sein du laboratoire IDL-CNRS à partir de 1986 sous la direction de Danièle Bourcier, voir *La décision artificielle, le droit, la machine et l'humain*, PUF, 1993, pp. 58 et suiv. Plus globalement et sur les systèmes développés dans d'autres États, nous renvoyons une fois de plus à notre annexe 1.

37 **Justice prédictive et jurimétrie ; le développement tardif du connexionisme.** L'approche connexionniste, quant à elle, est longtemps restée dans l'ombre de l'approche symbolique dans la mesure où elle a connu un développement erratique. Envisagée dès le début des recherches en intelligence artificielle, c'est-à-dire dès la seconde moitié des années 1950 [123], elle a rapidement rencontré ses principales limites : celles d'un matériel informatique qui ne permettait qu'une sophistication moindre des algorithmes. Les capacités de traitement, de calculs et de stockage des ordinateurs ont freiné le développement de cette approche basée non sur la simulation du *raisonnement* humain, mais sur la simulation du *fonctionnement du cerveau humain* à partir de réseaux de neurones multicouches (des unités informatiques reliées entre elles par des connecteurs) [124]. Chaque couche de neurones traite des données d'entrée et émet des données de sortie qui sont elles-mêmes traitées par la couche inférieure jusqu'à donner l'information demandée ; c'est, pour reprendre un exemple donné plus haut, ce type de technologies qui est employé quand il s'agit pour un algorithme de reconnaître des cellules cancéreuses sur un scanner. Pour en décrire schématiquement le fonctionnement, on peut poursuivre l'exploitation de cet exemple : dans le cas d'un algorithme devant reconnaître des modifications structurelles cancéreuses, la couche de neurones d'entrée (la première, donc) traitera les données brutes (l'image du scanner). Une partie des neurones individuels s'activera en fonction de leur programmation : les neurones chargés de capter une certaine couleur, par exemple, ne s'activeront que dans la mesure où cette couleur sera présente dans l'image qui leur est soumise. Cette activation entraînera l'envoi d'un signal à la seconde couche de neurones, chargée quant à elle de traiter ces signaux envoyés par la première couche. En fonction de leur programmation individuelle, des signaux reçus, de leur intensité et de la détermination des signaux qui n'ont pas été émis, ces derniers s'activeront eux-mêmes et transmettront de nouveau un signal à une troisième couche de neurones, et ainsi de suite jusqu'à arriver à la dernière couche de neurones chargée, quant à elle, de formuler une réponse de sortie à la question posée à l'algorithme, ici, si oui ou non le scanner présente une modification structurelle caractéristique d'une affection cancéreuse. Une supervision de ce fonctionnement couplée à une boucle de rétroaction permettant de modifier le poids et la valeur individuelle de chaque neurone pour corriger les erreurs commises par l'algorithme permet d'affiner la réponse du programme jusqu'à abaisser le taux d'erreur à un niveau acceptable. C'est aujourd'hui cette approche qui prédomine, en particulier parce que les capacités informatiques sont capables à la fois d'exécuter ce type d'algorithmes et de stocker la quantité de données nécessaire à leur

---

123. Les premières machines connexionnistes datent en effet de 1957 avec le développement des premiers Perceptrons au sein du *Cornell Aeronautical Laboratory*, sous la direction de Frank Rosenblatt.

124. Sylvain Longhais, « Les techniques algorithmiques de l'IA. L'approche connexionniste », *Blog du Laboratoire de Cyberjustice*, 5 janvier 2021, disponible en ligne à <https://www.cyberjustice.ca/2021/01/05/les-techniques-algorithmiques-de-lia-lapproche-connexionniste/>. Notre exposé du fonctionnement de ce type de système en est tiré.

fonctionnement. C'est donc aussi sur cette approche que se base la plupart des applicatifs d'aide à la décision commercialisée en matière juridique depuis le début des années 2010 [125].

38 **Justice prédictive et jurimétrie ; un rapport de méthode à produit.** La justice prédictive est ainsi l'héritière des recherches en intelligence artificielle appliquées au champ juridique ainsi que l'héritière du courant jurimétrique imaginé par Lee Loevinger en 1949 et de sa volonté de recourir aux sciences mathématique, statistique et informatique pour « rendre le droit plus certain et plus structuré » [126]. Elle n'est, cependant, que la dernière-née d'une série d'outils qui visaient à remplir la même fonction.

39 **Justice prédictive et système expert.** Nos précédents développements l'ont laissé entendre : la justice prédictive telle qu'elle est commercialisée aujourd'hui ne relève pas de la catégorie des systèmes experts. Leur développement en France s'est arrêté à la fin des années 1990 et, comme pour les bases de données jurisprudentielles en ligne auxquelles elle est greffée, le fonctionnement de la justice prédictive repose sur une logique connexionniste et un apprentissage automatique. À ce titre, et contrairement aux systèmes experts qui reposaient donc sur une modélisation *a priori* du « raisonnement » à suivre pour arriver à la décision recherchée, la justice prédictive repose sur des *exemples* à reproduire. La différence entre l'algorithme du moteur de recherche et celui de la justice prédictive est une « couche » supplémentaire de traitement ayant pour but de synthétiser une réponse globale à partir des décisions pertinentes. Pour reprendre notre exemple, une interrogation formulée « accident de la circulation motos victime piéton sans faute » pourra donner accès, par exemple, au taux de réussite moyen d'une action en responsabilité et au montant moyen des dommages et intérêts obtenus à son issue. En ajoutant des critères relatifs à la victime, par exemple son âge ou la nature de ses blessures, il sera possible d'affiner ces résultats jusqu'à obtenir les valeurs moyennes des contentieux les plus similaires [127]. Un autre type d'outil pourra, au contraire, proposer un éventail de décisions possibles, des plus probables aux plus improbables, de manière à modéliser les différentes issues possibles d'un contentieux [128].

---

125. Avec le lancement de *Lex Machina* en 2010, dans le domaine du contentieux des brevets.

126. Denis Le May, « L'informatique juridique au Québec », *C. de D.*, vol. 19, nº 4, 2005, 987, p. 989.

127. Ce fonctionnement est, en particulier, celui d'outils comme *PREDICTICE*.

128. Ce fonctionnement est celui de *CASE LAW ANALYTICS*, qui se base sur une analyse de la jurisprudence non pas pour en tirer des statistiques, mais pour en tirer une distribution probabiliste basée sur cent décisions virtuelles « typiques », représentatives de la diversité des décisions déjà rendues dans le domaine, la temporalité et l'aire géographique recherchés. L'outil produit donc une répartition des issues possibles selon leur probabilité de réalisation et il est, au surplus, capable d'établir quels critères influencent le plus les cent « juges virtuels » interrogés. Pour plus de précision, voir Case Law Analytics et Dalloz, « (Pré-)contentieux et analyse du risque », 30 juin 2020, disponible en ligne à <https://www.boutique-dalloz.fr/pre-contentieux-et-analyse-du-risque-lb.html?utm_source=Case+Law+Analytics+Newsletter&utm_campaign=8125b08471-EMAIL_CAMPAIGN_2020_07_15_05_11&utm_medium=email&utm_term=0_a28370930b-8125b08471-23121349>.

40 **Justice prédictive et prédiction.** Quoi qu'il en soit, la justice prédictive n'est pas une « boule de cristal » [129] qui parviendrait à lire l'avenir dans des algorithmes autoapprenants et des lignes de code. Cette clarification peut sembler anecdotique, mais elle a néanmoins son importance dans la mesure où la justice prédictive n'est *prédictive* que par son nom. Comme nous venons de l'expliquer, les informations délivrées par la justice prédictive sont tirées d'une analyse de décisions *déjà rendues*. La justice prédictive traite, modélise et synthétise des décisions *passées*. Le passage de cette description de l'existant à la prédiction du potentiel futur est avancé par les concepteurs de ces outils puisque c'est un argument *marketing* à part entière. Plus largement, la transformation de la description en prédiction dépend en grande partie de l'usage qui est prescrit de l'outil de justice prédictive [130].

41 **Justice prédictive et justice.** De la même manière que la justice prédictive *n'est pas prédictive*, la justice prédictive *n'est pas non plus la justice*, quelle que soit la manière dont on la définit. Ainsi, la justice [131] peut désigner à la fois le « pouvoir de faire droit à chacun, de récompenser et de punir » en tant que « fonction souveraine de l'État qui consiste à faire appliquer la loi et à juger des litiges », et « l'autorité judiciaire, l'institution comprenant l'ensemble des tribunaux, des magistrats et des officiers, qui est chargée d'administrer la justice » [132]. S'il apparaît évident que la justice prédictive ne résume à elle seule ni *l'activité* de justice ni *l'institution* de la justice, il convient d'aller un peu plus loin que ce constat. Ainsi, la justice prédictive ne *dit pas* le droit et ne *remplace pas* le juge, et elle n'a d'ailleurs vocation à aucune de ces deux entreprises. Pas plus qu'elle ne dit le droit, elle ne propose pas non plus de solution à un litige ; elle ne fait que produire des informations chiffrées sur un champ contentieux donné. Encore une fois, le saut opéré entre la description et la prédiction (ou la proposition) n'est pas directement réalisé par l'outil. De la même manière, l'outil ne se substitue pas à l'institution de la justice et n'est donc pas le « juge-robot » craint par une partie des auteurs. Si ce constat ne présume pas de la capacité, pour ces mêmes algorithmes, d'effectivement proposer des décisions de justice entièrement rédigées en fonction des critères factuels d'un litige en cours, ce n'est en toute hypothèse pas ce qu'ils *font* et ce pour quoi ils sont commercialisés aujourd'hui.

42 **Proposition de définition *positive* de la justice prédictive.** Ainsi la justice prédictive ne résume pas à elle seule la discipline dont elle est la dernière réalisation,

---

129. Pour reprendre l'expression de Frédéric Rouvière, « La justice prédictive, version moderne de la boule de cristal », *op. cit.*

130. Comme a pu l'écrire Mathieu Gaye-Palettes, « le 'saut prédictif' est laissé entre les mains de l'utilisateur », voir « Le développement des outils algorithmiques prédictifs à l'épreuve de la Question Prioritaire de Constitutionnalité », *AIJC*, n° 35, 2020, 637, p. 639.

131. Si l'on évacue son sens le plus abstrait, c'est-à-dire celui selon lequel la justice est l'« exigence morale qui fait que l'on rend à chacun ce qui lui appartient », et qui correspond au sentiment de justice, c'est-à-dire le sentiment que, précisément, à chacun est rendu ce qui lui appartient. C'est la première définition proposée par le *Dictionnaire de l'Académie française*, 9e éd., 1992, disponible en ligne à < https://www.dictionnaire-academie.fr/>.

132. « Justice », *Dictionnaire de l'Académie française, op. cit.*

n'est pas *prédictive*, n'est pas non plus une *justice*, n'est pas un juge-robot ou un outil d'automatisation de la prise de décision ; mais alors, qu'est-elle donc ? Là encore, notre démarche est explicative : l'on peut partir de la manière dont les auteurs définissent la justice prédictive pour dégager, de la diversité relative de leurs approches, la définition la plus adaptée à notre démarche [133]. À cet égard, la justice prédictive est un ensemble de programmes informatiques reposant sur des technologies d'intelligence artificielle (l'apprentissage automatique et le traitement automatisé du langage naturel) destinés à analyser de grandes masses de décisions de justice. Ces décisions sont compilées dans une base de données qui a préalablement fait l'objet d'un premier traitement, lui-même partiellement automatisé, visant à permettre au programme de reconnaître les différentes informations contenues dans ces décisions. Ces mêmes informations sont ensuite exploitées par l'outil de justice prédictive à deux niveaux : celui de la recherche des décisions pertinentes selon les critères entrés par l'utilisateur du programme et celui du traitement et de l'analyse de ces décisions afin de lui fournir une série d'informations de nature quantitative. Ces informations, selon l'outil, pourront être des moyennes et statistiques générées à partir de l'ensemble des décisions considérées pertinentes (outil *PREDICTICE*) ou des fourchettes probabilistes générées à partir d'une modélisation de la prise de décision se surajoutant à cette approche statistique (outil *CASE LAW ANALYTICS*).

43 **Le discours doctrinal relatif à la justice algorithmique**. Voilà donc ce que sera le double objet de la présente étude : le discours doctrinal relatif à la justice algorithmique dans ses deux composantes, les bases de données jurisprudentielles en ligne et les outils de justice prédictive. C'est à partir de cet objet composite que se sont déployées nos recherches et que s'est constitué, progressivement, notre corpus d'analyse.

Section 2. Cadre méthodologique

44 **Cadrage du corpus d'analyse ; articulation avec une phénoménologie du discours**. Le cadre définitionnel de notre analyse a réclamé une certaine précision dans la définition des termes clés qui délimitent notre objet et réclame désormais un cadrage précis quant à la matière véritable sur laquelle porte notre étude, c'est-à-dire les écrits qui constituent matériellement le discours doctrinal étudié. La première étape de ce travail de cadrage a ainsi été la constitution d'un

133. Cette diversité est d'autant plus importante que les démarches de définitions totales sont encore rares au sein du discours, à l'exclusion bien sûr des rapports de recherche (voir, par exemple, Loïc Cadiet (dir.), « L'Open Data des décisions de justice », Rapport au ministre de la Justice, 2017, p. 14 ou Institut Montaigne, « Justice : faites entrer le numérique », 2017, p. 27, disponible en ligne à <https://www.institutmontaigne.org/publications/justice-faites-entrer-le-numerique>) et, plus récemment, des dictionnaires juridiques. Ainsi, le *Dictionnaire des termes juridiques Dalloz* inclut depuis 2017 la vedette « justice prédictive » qu'il définit comme une « méthode de résolution judiciaire des contentieux qui s'appuie sur un traitement de masse de données jurisprudentielles par des algorithmes ».

corpus de contributions écrites [134], corpus qui, dans un second temps, a fait l'objet d'une double analyse. Ce choix d'une analyse de type empirique peut surprendre, dès lors que nous avons précédemment admis que notre objet *n'est pas empirique* lui-même et qu'il n'est donc pas possible de le saisir comme tel. De fait, si effectivement le phénomène doctrinal que constitue la justice algorithmique n'est pas observable comme pourrait l'être un objet naturel [135], la *modalité* de sa connaissance que constitue le discours doctrinal français qui se porte sur lui est, quant à elle, saisissable. Cette observabilité, cependant, ne doit ni nous leurrer, ni leurrer notre lecteur : elle ne nous permettra ni d'accéder à l'essence de la justice algorithmique (ce qui n'est, de toute façon, pas notre objet), ni à celle de la justice algorithmique *en tant qu'objet de connaissance du discours doctrinal*. Elle nous permettra seulement d'en saisir les *marqueurs* phénoménaux au sein du discours qui l'a pour objet. C'est à l'aide de ces marqueurs que nous nous emploierons à identifier les représentations qui irriguent ce *phénomène doctrinal*. L'empirie, c'est-à-dire la mise en place d'une méthode de récolte, de compilation et de traitement de données [136], permettra donc d'« objectiver » la présence de ces marqueurs au sein du discours – en d'autres termes, il s'agira d'un outil technique de cadrage d'une analyse qui, sur le plan qualitatif, reste tout aussi construite et constructive que le discours l'est lui-même.

45 **Cadrage du corpus d'analyse ; analyse empirique et nivellement des individualités.** Un dernier élément mérite ici d'être précisé compte tenu de notre objet. L'apport principal à retirer d'une analyse empirique, notamment semi-quantitative comme la nôtre, est de permettre de mettre en lumière des tendances difficilement perceptibles à partir d'une lecture plus traditionnelle et plus restreinte de données similaires. C'est précisément l'objectif que poursuit cette analyse empirique dans le cadre de notre étude : traiter un ensemble de données de manière semi-automatisée et semi-standardisée pour offrir un panorama, une *photographie* [137], du phénomène doctrinal que représente la réception de la justice algorithmique. Pour autant, c'est dans ce bénéfice que se loge aussi son principal défaut puisque cette prise de distance tend à *standardiser* la présentation faite de ce phénomène, à élever le seuil de prise en compte des éventuelles nuances apportées à tel ou tel item argumentatif et à invisibiliser les positions individuelles, minoritaires ou celles qui n'ont pas trouvé à s'exprimer explicitement au sein des données étudiées. Cette

---

134. Et ce, sans discrimination de forme. Seules les interventions orales (colloques non publiés, interventions non mises en ligne, interventions radiophoniques ou télévisuelles) ont été exclues pour des raisons de retranscriptions, de mise à disposition et d'accès à ces sources.

135. *Observable* en tant que manifestation phénoménale, cela dit, ne signifie pas *connaissable* en tant qu'essence : la connaissance d'un objet naturel demeure bornée à son expérience consciente. À cet égard, voir Edmund Husserl, *op. cit.*, p. 41.

136. Voir, pour une entreprise de définition conséquente, Emmanuelle Bernheim, Dalia Gesualdi-Fecteau, Pierre Noreau et Véronique Fortin, « L'approche empirique en droit : prolégomènes », in Dalia Gesualdi-Fecteau et Emmanuelle Bernheim (dir.), *La recherche empirique en droit*, Éditions Thémis, 2022, pp. 1-26.

137. Encore une fois nécessairement imparfaite : quand bien même nos précautions méthodologiques et épistémologiques sont bâties sur une prise de conscience et une prise en charge de notre inévitable subjectivité, elles n'en suppriment pas les effets sur notre analyse, y compris empirique.

limite est particulièrement sensible en matière d'analyse métadoctrinale, dès lors que nous ne pouvons, ni ne souhaitons, postuler que les opinions individuelles de plusieurs centaines d'auteurs puissent être réduites à une opinion unique. La prise en charge de ce défaut de l'analyse empirique d'un discours doctrinal passera donc par deux éléments : le premier, nécessairement partiel, est d'assortir notre traitement statistique d'une analyse qualitative et individuelle des contributions analysées. Le second est de rappeler que nous entendons ici analyser un phénomène doctrinal, donc collectif ; le dégagement et l'analyse de lignes majoritaires constitue donc l'objet de notre étude [138]. En d'autres termes, et quand bien même notre approche globale ne nous permettra pas de mettre en lumière les spécificités de chaque contribution et, donc, de chaque position défendue, que le lecteur soit assuré que nous n'ignorons pas ces spécificités telles qu'elles s'expriment au sein de chaque contribution individuelle.

46 **Cadrage du corpus d'analyse ; analyse qualitative, analyse quantitative.** Cette analyse empirique est donc de nature *qualitative* toutes les fois où il est question, dans cette étude, d'analyser le *contenu* de ces contributions. Compte tenu de l'ampleur de notre corpus, la citation exhaustive de tous les écrits pertinents à chaque étape de notre raisonnement s'avèrerait une gageure pour l'autrice et ses lecteurs puisque cela reviendrait à charger chaque page d'une quantité parfois invraisemblable de notes infrapaginales. Quand bien même ce choix aurait eu le mérite de renvoyer à chaque contribution pertinente, il aurait considérablement alourdi l'analyse à laquelle ces notes seraient greffées. Cette analyse qualitative s'appuie donc certes sur des citations directes, choisies pour leur pertinence au regard du propos tenu, mais elle s'appuie aussi et surtout sur des données statistiques et bibliométriques, tirées d'une analyse *quantitative* des contributions composant notre corpus. Cette analyse est menée grâce à un tableur permettant de quantifier la mobilisation d'un certain nombre d'arguments déterminés au fur et à mesure de la constitution du corpus et correspondant aux arguments apparaissant le plus souvent dans ces contributions. Avant d'expliciter le *pourquoi* et le *comment* de ces deux analyses, cependant, il faut ici expliciter le *quoi*. Suivant la définition que nous avons donnée à l'adjectif « doctrinal », il aurait fallu intégrer à ce corpus l'intégralité des contributions écrites, sans considération de leur auteur, dans la mesure où ces contributions traitaient de notre objet (la justice algorithmique) et du *droit* tel que nous l'avons défini.

47 **Réintroduction partielle de la doctrine en tant que groupe.** Il convient dès à présent de préciser qu'il nous est apparu ici pertinent de diviser notre corpus entier d'analyse en sous-corpus délimités par l'appartenance des auteurs des contributions à l'une des trois catégories suivantes : le groupe « doctrine académique », le groupe « doctrine praticienne » et un troisième groupe, spécifique à notre étude. Cette réintroduction d'un critère sociologique dans notre corpus peut sembler

---

138. Pour ne pas alourdir la rédaction de ce travail, nous ne rappellerons pas systématiquement cette optique et ses limites toutes les fois où nous soulignerons et analyserons l'une de ces tendances majoritaires. Pour autant, nous nous assurerons de faire ressortir les positions les plus spécifiques au sein de ce discours toutes les fois où il sera pertinent de le faire.

contradictoire avec notre définition de la doctrine comme un discours et non comme sa communauté d'émetteurs, mais elle trouve ici deux justifications.

48 **Justification de la division en sous-corpus ; justification de fond**. La première tient au fond. Elle consiste en un constat, au départ purement intuitif, que la mobilisation de certains arguments dans les contributions intégrées à notre corpus varie de manière significative selon le statut de leurs auteurs, notamment pour les arguments qui ont trait à l'effet de la mobilisation des outils de justice algorithmique sur le système et le raisonnement juridiques français [139]. Si notre seule impression première n'aurait sans doute pas justifié de réintroduire une part d'approche sociologique de la doctrine dans notre analyse, la vérification statistique de cette impression interroge et impose de s'intéresser à cette différence d'argumentation entre les différents sous-groupes doctrinaux. Apporter un éclairage sur cette différence sera d'ailleurs l'un des objectifs de notre étude.

49 **Justification de la division en sous-corpus ; justification structurelle**. La seconde justification de cette réintroduction, au sein de notre corpus, d'une approche sociologique minimale de la doctrine est plus pragmatique et tient à la nécessité de poser les bornes de notre objet d'étude. Compte tenu de notre définition extensive de *discours doctrinal*, nous ne pouvions utiliser des critères de formes ou de fond pour déterminer l'appartenance ou non d'une contribution à notre corpus. Nous avons donc opté pour une discrimination des contributions selon l'appartenance (ou non) de leurs *auteurs* au « groupe » doctrine tel qu'il est généralement défini par les auteurs qui emploie le mot doctrine dans ce sens. Cette approche a pour elle de pouvoir construire ce bornage de notre objet à partir de la même approche constructive que pour nos définitions et de ne pas perdre de vue les « canons » de l'étude métadoctrinale en incluant ou en excluant des contributions de manière inhabituelle. Elle nous a donc conduite, dans un premier temps, à identifier deux groupes « traditionnels ».

50 **Doctrine académique et doctrine praticienne**. Ces deux groupes traditionnellement inclus dans le groupe « doctrine » sont la doctrine académique et la doctrine praticienne. Si la doctrine académique est un groupe relativement bien défini [140], la doctrine praticienne est un groupe moins bien délimité et dont la composition est généralement tributaire de la spécialité de l'auteur qui l'analyse [141]. Avocats et

---

139. C'est-à-dire les arguments relatifs à l'importation des clés de raisonnement de la *common law* d'une part, et ceux relatifs à une « factualisation » du droit d'autre part. Pour toutes les références à cette analyse bibliométrique, nous renvoyons aux annexes 2.2.4.

140. À l'exclusion de tous les critères mentionnés plus haut (voir *supra* § 10), nous nous baserons sur un critère statutaire : font partie du groupe académique les professeurs d'université et maîtres de conférence, les chargés et directeurs de recherche, les docteurs n'exerçant pas, par ailleurs, d'autres fonctions qu'universitaires, les doctorants et, en toute hypothèse, tout étudiant en droit.

141. La proximité de la doctrine académique de droit public avec la magistrature et le Barreau ainsi que la place très spécifique occupée par le Conseil d'État au-delà de sa fonction décisionnelle dans la structuration du droit administratif implique une inclusion plus systématique de la production écrite de tous ces praticiens dans l'ensemble doctrinal, voir Christophe Jamin et Fabrice Melleray, *Droit civil et droit administratif*, Dalloz, Méthodes du droit, 2019, pp. 15 et suiv. C'est moins systématiquement le cas dans les écrits de la doctrine académique de droit privé,

juges font ainsi généralement partie de cette catégorie, et par capillarité, la plupart des auxiliaires de justice (notaires et huissiers, par exemple). Si l'on adopte une vision englobante des professions juridiques, on peut admettre que des experts judiciaires, dans la mesure où ils s'exprimeraient sur des questions juridiques et non sur des questions relevant de leur domaine d'expertise, des directeurs juridiques ou des juristes d'entreprise peuvent faire partie de la doctrine praticienne. On peut même considérer que des spécialistes de recherche documentaire juridique, notamment des gestionnaires de bibliothèques juridiques, font partie de ce groupe des praticiens du droit [142]. Puisque l'objectif poursuivi par cette étude est d'établir un panorama aussi complet que possible de la production doctrinale relative à nos objets, il a ici été décidé d'adopter la vision la plus extensive possible du groupe « doctrine praticienne ». Les contributions de chaque groupe ont donc été classées au sein du discours académique ou du discours praticien.

51 **La question journalistique.** La question s'est en revanche posée de l'intégration ou non de la production journalistique dans notre corpus. En théorie, il aurait fallu effectivement intégrer au corpus l'intégralité des articles de presse qui portent sur nos objets d'étude d'un point de vue juridique. Plusieurs éléments faisaient cependant obstacle à une telle entreprise. Le premier tient au fait que les journalistes, même spécialisés dans les questions juridiques voire juristes de formation, ne sont pas habituellement intégrés au groupe « doctrine » [143]. Le second, qui est moins un obstacle qu'un constat, tient au fait que ce type de production se résume en général soit à une interview (auquel cas le fait que l'article ait été signé par un journaliste est évincé, au profit du fait que c'est la personne interviewée qui s'exprime [144]) ou une synthèse d'opinions exprimées en général dans d'autres contributions qui, elles, sont intégrées au corpus. La prise en compte de l'intégralité des articles rédigés par des journalistes n'aurait donc rien apporté à l'étude, si ce n'est qu'elle aurait brouillé d'éventuelles différences entre le groupe « doctrine académique » et « doctrine praticienne » dès lors que les deux groupes sont cités indifférement dans ces contributions. Quant au troisième obstacle, il tient à une question de faisabilité pratique. Les mots-clés utilisés dans la constitution de notre corpus donnaient accès à plusieurs milliers de résultats sur la plateforme *EUROPRESSE*.

---

sans pour autant que l'opposition entre les universitaires et les praticiens soit systématiquement explicitée. Il s'agit parfois plutôt d'une opposition incidente entre « la doctrine » (peu définie) et le reste des juristes « au barreau, au Palais, dans les entreprises », voir Pierre-Yves Gautier, « Le droit sans doctrine ? », *RHFD*, n° 27, 2007, 399, p. 404.

142. Ils sont même d'ailleurs à la jonction entre la doctrine académique et la doctrine praticienne, compte tenu de leur activité et de leur affiliation institutionnelle.

143. À notre connaissance, aucun auteur n'a proposé de définition du groupe doctrine incluant explicitement des journalistes, même spécialisés.

144. C'est le cas notamment de l'interview de Xavier Ronsin, classée dans le sous-corpus de la doctrine praticienne (Aurore Lanchart et Xavier Ronsin, « 'Un logiciel ne remplacera jamais un juge' Interview de Xavier Ronsin, 1er président de la CA Rennes », sur *Blog Doctrine.fr* [en ligne], publié le 29 mars 2017, disponible en ligne à <https://www.linkedin.com/pulse/un-logiciel-ne-remplacera-jamais-juge-interview-de-1er-bustamante/>) ou celle de Loïc Cadiet, classée dans le sous-corpus de la doctrine académique (Florence Creux-Thomas et Loïc Cadiet, « Les promesses d'une justice dite prédictive reposant sur des décisions de justice déjà rendues sont à tempérer (...) En quelque sorte, c'est le rétrospectif qui fait le prédictif ! », *RPPI*, avril 2018, 13).

Il aurait été possible de réduire ce nombre en ne prenant en compte qu'un certain type de presse ou en ne prenant en compte que les articles dépassant un certain nombre de caractères, mais ces critères sont, en tout état de cause, parfaitement arbitraires puisque le contenu des articles ne dépendait ni de la nature du périodique dans lequel ils étaient publiés, ni de leur longueur. Compte tenu de ces trois éléments, il a finalement été décidé de ne pas prendre en compte les contributions écrites par des journalistes dans notre corpus, sans que cela n'implique la moindre appréciation qualitative sur ces contributions.

52 **La question Legaltech**. La seconde catégorie d'auteurs à arbitrer était celle des acteurs directs des *Legaltech*, concernés au premier chef par la thématique. Dans la mesure où la *Legaltech* est un ensemble d'activités entrepreneuriales qui, comme son nom l'indique, est propre au milieu juridique, il aurait été possible de considérer la production de ces auteurs comme relevant de la doctrine praticienne, notamment dans la mesure où un certain nombre de ces auteurs font *partie* des professions juridiques classiques. Cela étant, non seulement ce n'est pas nécessairement le cas de la totalité du groupe, mais son positionnement n'est pas comparable au positionnement du reste du groupe « doctrine praticienne ». Si les uns, même lorsqu'ils sont utilisateurs de produits numériques, restent *extérieurs* au monde de la *Legaltech* dans la mesure où ils n'y ont pas d'intérêts financiers et professionnels, les autres en font partie intégrante [145]. Il n'est pas ici question d'affirmer que l'un ou l'autre des discours serait plus, mieux ou moins bien orienté que l'autre, mais de souligner que s'il est possible de considérer que les praticiens du droit non-détenteurs d'intérêts financiers et professionnels dans la *Legaltech* sont *a priori* et jusqu'à preuve du contraire libres d'émettre l'avis qu'ils souhaitent sur ces technologies, il est difficile d'imaginer que les dirigeants des entreprises commercialisant les technologies puissent s'exprimer *contre* leurs propres outils. Ce positionnement particulier aurait pu impliquer de ne pas prendre en compte ces contributions, en tout cas pas dans le corpus. Néanmoins, et outre qu'elles sont publiées dans les mêmes ouvrages et revues que le reste du corpus, leur contenu apparaît en plus intéressant dans la mesure où les acteurs de ces technologies y conversent directement avec les discours praticiens et académiques. Les mêmes arguments sont souvent repris pour être explicités, éclairés et, *in fine*, contredits ; l'opinion praticienne et académique y est prise en compte. Il a donc été décidé de conserver ces contributions au sein du corpus, mais de les isoler dans le troisième groupe évoqué précédemment, le groupe *Legaltech*, distinct des groupes « doctrine académique » et « doctrine praticienne ».

---

145. C'est, notablement, le cas de Louis Larret-Chahine, co-fondateur et directeur général de Predictice qui intervient régulièrement au sein du discours relatif aux outils de justice algorithmique, de Nicolas Bustamante, lui aussi co-fondateur et directeur général de Doctrine.fr, de Fabien Girard de Barros, directeur général de Lexbase, et de Jérôme Dupré et Jacques Lévy-Véhel, tous deux fondateurs de Case Law Analytics. D'autres cadres importants des différentes entreprises et start-up de *Legaltech* ont pu intervenir dans ce discours, tels qu'Antoine Dusséaux et Hugo Ruggieri (respectivement second co-fondateur et directeur juridique de Doctrine.fr) ou Fabrizio Papa Techera (directeur général délégué de Lexbase).

53 **Arbitrage des cas limites.** Il a ensuite fallu arbitrer les « cas limites », que sont les praticiens du droit qui enseignent en tant que professeurs invités, les « transfuges » passés d'un groupe à l'autre, les enseignants-chercheurs qui exercent en parallèle de leurs activités universitaires une activité de consultation auprès d'un cabinet d'avocat, les auteurs ayant changé de statut entre la publication de leur contribution et la date de clôture du corpus et les groupements d'auteurs relevant de groupes différents. La règle générale appliquée à l'ensemble de ces cas limites est la suivante : seule l'activité principale des auteurs est prise en compte. Ainsi, les contributions d'un praticien du droit enseignant en tant que professeur invité sont classées dans le discours praticien tandis que celles d'enseignant-chercheur exerçant une activité de consultation sont classées dans le discours académique. Cette logique s'applique aussi aux auteurs qui auraient abandonné une profession au profit d'une autre. Par souci de lisibilité, c'est le statut de l'auteur *au moment de la publication* qui a été retenu. Le cas des groupements d'auteurs est plus subtil : dans le cas où il était possible de distinguer les apports respectifs des auteurs, ne sont évidemment attribuées à un auteur que les idées qu'il a exprimées. La même contribution est donc prise en compte pour les deux discours, sans nécessairement que les items identifiés soient les mêmes. Dans le cas où il n'était au contraire pas possible de distinguer les contributions respectives des auteurs, la même contribution est prise en compte pour les deux discours avec les mêmes éléments identifiés. Dans cette configuration et dans la mesure où un acteur de la *Legaltech* intervient dans la contribution, la contribution est uniquement classée dans le discours *Legaltech* pour la même raison de positionnement qu'en *supra*.

54 **Délimitation matérielle.** Pour ce qui concerne le contenu effectif de ces contributions, toutes les contributions trouvées dans les différentes bases de données [146] en utilisant nos mots-clés [147] n'ont pas nécessairement été retenues parce qu'elles ne respectaient pas notre définition de « discours doctrinal » [148], parce qu'elles visaient des objets qui ne sont pas les nôtres [149] ou parce qu'elles ne traitaient pas de la situation française ou parce que leur auteur n'est pas français [150].

55 **Le cas particulier du droit pénal.** Le cas particulier des contributions traitant des outils de justice algorithmique dans le contexte du droit pénal et de son contentieux doit être ici signalé. Si elles sont prises en compte dans notre corpus selon

---

146. *DALLOZ, DALLOZ BIBLIOTHÈQUE, LEXISNEXIS, LEXTENSO, LEXBASE, LAMYLINE, CAIRN, PERSÉE, EUROPRESSE* et *GOOGLE SCHOLAR*.

147. « Justice prédictive », « Open Data », « justice numérique », « justice algorithmique » et « *DATAJUST* ».

148. Certaines d'entre elles abordaient ainsi nos objets selon un point de vue non juridique (économique, technique, anthropologique), certaines se limitaient à une revue des outils existants et d'autres étaient rédigées sous forme de « fiction » futuriste.

149. Soit qu'elles portent sur d'autres outils, soit qu'elles ne portent pas directement sur la justice prédictive ou les bases de données jurisprudentielles, même lorsqu'elles les mentionnent.

150. Plus spécifiquement, *formé* ou *exerçant* ou *en lien direct* avec la France. Étant donné la dimension en partie culturelle de notre étude, des auteurs formés ou exerçant leur activité à l'étranger sans lien direct avec le système juridique français n'ont pas un positionnement comparable aux autres émetteurs du discours. Ce n'est pas pour autant que ces contributions, assez peu nombreuses, ne sont pas prises en compte : elles ne font simplement pas partie du corpus.

les mêmes modalités que le reste des contributions, elles seront aussi *traitées* selon les mêmes modalités que ces contributions. Ainsi, les questions spécifiques à la matière pénale ne seront pas analysées compte tenu de la nature particulière du droit pénal et de son contentieux. Cette nature spécifique imposerait un traitement distinct et spécifique, et si ce n'est pas un problème en tant que tel, il faut convenir de deux éléments : d'une part, les contributions inscrites dans un contexte de droit pénal *et* traitant des outils de justice algorithmique sont très peu nombreuses au sein de notre corpus [151] et, d'autre part, leur contenu diffère très peu du reste du corpus, l'accent étant alors rarement mis sur la question pénale. Dans la mesure où les auteurs eux-mêmes ne s'interrogent pas particulièrement sur l'interaction entre les spécificités du droit et du contentieux pénal et les outils de justice algorithmique, nous ne nous engagerons pas plus avant sur ce terrain [152].

56 **Le cas particulier des contributions sur l'*open data* judiciaire**. Un second cas particulier doit être signalé : celui des contributions dont le sujet exclusif est l'articulation de l'*open data* judiciaire avec le principe de respect des données personnelles et du droit au respect de la vie privée, du secret industriel, des affaires et économique. Dans la mesure où ce type de contributions interroge les conditions techniques de mise en œuvre de l'*open data* en matière d'anonymisation, pseudonymisation et déidentification que sur l'utilisation et l'impact juridique des bases de données jurisprudentielles mises en place pour diffuser cet *open data*, elles adoptent un point de vue « antérieur » à celui étudié ici. Si elles ne sont pas, par principe, écartées de notre étude, elles ne font donc pas partie de notre corpus. Elles font néanmoins exploitées toutes les fois où elles apparaissent pertinentes à son analyse.

57 **Représentativité du corpus d'analyse**. Un dernier élément mérite d'être évoqué : celui de la représentativité de notre corpus. L'objectif de ce corpus est en effet de servir de base à notre double analyse qualitative et quantitative. Notre réflexion, dans son volet qualitatif, a ainsi une optique généralisante ; elle se basera en premier lieu sur notre corpus, mais elle amènera à des conclusions plus générales. En cela, nous considérons notre corpus d'analyse comme une forme de *modèle réduit* du discours doctrinal général français présentant des caractères prototypaux suffisants pour être considérés comme un *assez bon* exemplaire spécifique de « discours doctrinal français » [153]. Puisque cette

---

151. Ce constat s'explique par le fait que l'outil le plus souvent traité en matière pénale est celui de *prédiction de la récidive* qui, s'il est parfois appelé « justice prédictive », ne correspond pas à ce que nous avons défini comme tel.

152. Nous renvoyons à ce titre à d'autres travaux de recherche qui se concentrent, eux, sur la matière pénale. C'est par exemple le cas d'une thèse en cours rédigée par Emily Montgaillard sous la direction de Corinne Mascala, *Étude de la contribution de l'intelligence artificielle à l'évolution du droit : l'exemple du droit pénal des affaires*, Université Toulouse Capitole.

153. Nous nous basons ici imparfaitement sur la sémantique du prototype, telle que reconstruite notamment par Georges Kleiber : cette théorie essentiellement linguistique consiste à considérer que l'appartenance d'un objet à tel ou tel catégorie sémantique dépend de caractéristiques qu'il partage avec une entité centrale, le prototype, considérée comme le meilleur exemplaire de cette catégorie. L'appartenance d'un objet à cette catégorie sera alors décidée sur la base des caractéristiques qu'il partage avec ce prototype, sans que l'une de ces caractéristiques ne soit

réflexion sera épaulée par notre analyse quantitative, cette dernière doit respecter un certain nombre de principes pour que son apport ne soit ni trompeur, ni cosmétique. Ainsi, comme pour toute étude statistique, la question de la représentativité de notre corpus par rapport à l'ensemble de la production portant sur notre objet d'étude *et* par rapport à l'ensemble de la production doctrinale doit être résolue.

58 **Représentativité du corpus d'analyse par rapport à l'ensemble du discours sur la justice algorithmique**. Concernant le premier degré de représentativité, c'est-à-dire la représentativité de notre corpus vis-à-vis de l'ensemble du discours relatif aux outils de justice algorithmique, admettons ceci : à notre connaissance, toutes les contributions répondant à nos critères, contraintes et choix méthodologiques ont été analysées. S'il est évidemment possible que des contributions nous aient échappé, elles sont *a priori* en nombre suffisamment réduit pour ne pas remettre en cause la représentativité de notre corpus final par rapport à l'ensemble des écrits portant sur notre objet d'étude.

59 **Représentativité du corpus d'analyse par rapport au discours doctrinal général ; structuration en « groupes doctrinaux »**. Le second degré de représentativité, quant à lui, a pu être vérifié en deux temps. Tout d'abord, pour ce qui concernait la structuration en « groupes doctrinaux » de notre corpus d'une part et du discours doctrinal général d'autre part, cette vérification est passée par une analyse bibliométrique. Cette analyse visait à confronter, sur une même période, la composition de notre corpus et celle de la production doctrinale totale. Nous avons néanmoins dû faire preuve de pragmatisme : il est impossible de passer en revue l'intégralité de la production doctrinale sur cinq ans. Il a donc fallu trouver un *medium* qui permette d'obtenir une image elle-même représentative du discours doctrinal général sur plusieurs années. Dans la mesure où notre corpus est essentiellement composé d'articles de revues généralistes, ce *medium* a été retenu pour élaborer une bibliométrie du discours doctrinal français sur cinq ans [154]. Ont donc été sélectionnées trois revues qui, outre leur présence marquée au sein de notre corpus, représentent intuitivement trois types de publication distincts et publiés par les trois principaux éditeurs

---

une condition nécessaire ou suffisante pour la déterminer (à ce sujet, voir Georges Kleiber, « Prototype, Stéréotype : un air de famille ? », *Documentation et Recherche en Linguistique Allemande Vincennes*, 1988, n° 38, pp. 1-61). Dans le contexte de notre analyse, la représentativité de notre corpus d'analyse vis-à-vis du discours général (telle qu'elle est ensuite démontrée) constitue une des caractéristiques les plus objectivement mesurables de similarité avec le discours doctrinal général. Ce sera aussi le cas de la présence de certains ressorts rhétoriques et argumentatifs sur lesquels nous reviendrons dans cette introduction et le reste de notre étude : l'opposition *common law*/droit civil, la distinction droit/fait ou la question de la nature et de la définition de la jurisprudence en sont les exemples les plus frappants. Nos développements s'attacheront d'ailleurs à démontrer tout ce que ce discours spécifique relatif aux outils de justice algorithmique emprunte au discours doctrinal général.

154. À noter que, compte tenu de la spécificité de ce *medium* et du caractère quantitativement et qualitativement réduit de cette analyse bibliométrique, il ne s'agit ici que d'apporter des éléments de comparaison minimaux – la photographie du discours doctrinal général produit est alors nécessairement, mais aussi inévitablement, très imparfaite.

juridiques : le *Recueil Dalloz* (Dalloz, à tendance *a priori* académique), la *Semaine Juridique, édition générale* (LexisNexis, *a priori* plus mixte dans l'origine de ses contributions), et la *Gazette du Palais* (Lextenso, à tendance *a priori* praticienne) [155]. L'étude a porté sur les numéros de ces revues de 2017 à 2022 [156] et a consisté en un relevé systématique des contributions selon qu'elles relevaient du discours académique ou du discours praticien [157]. Les proportions obtenues ont ensuite été confrontées à celles de notre corpus et ont été reproduites en annexe du présent volume [158].

60 **Représentativité du corpus d'analyse par rapport au discours doctrinal général ; poids de la *summa divisio*.** Dans un second temps, et spécifiquement pour ce qui concernait le discours académique, il fallait vérifier si la répartition des contributions de notre corpus selon la section de leur auteur [159], c'est-à-dire selon la *summa divisio* droit privé/droit public/histoire du droit, correspondait à la répartition des contributions au sein du discours général. Compte tenu de la spécialisation privatiste des revues qui nous ont servi d'appui quant à la structuration en « groupes doctrinaux », une telle vérification ne pouvait pas passer par le même type d'analyse. Dans l'impossibilité de recenser l'intégralité de la production écrite des trois sections sur plusieurs années, nous avons donc eu recours aux chiffres officiels publiés annuellement par le ministère de l'Enseignement Supérieur, de la Recherche et de l'Innovation quant aux effectifs totaux de chaque section [160]. La principale limite de cette vérification est évidente : l'effectif total de chaque section n'est pas nécessairement représentatif de sa production doctrinale. Pour autant, en l'absence de solution plus satisfaisante et compte tenu des écarts très importants d'effectif (ceux de la section 01 étant, par exemple, presque sept fois supérieurs à ceux de la section 03), on peut postuler que ces écarts se répercutent nécessairement sur la production doctrinale de chaque section. Les proportions obtenues à la suite de ce comptage ont ainsi été, elles aussi, confrontées à la

---

155. À noter que cette représentation intuitive ne s'est qu'en partie vérifiée dans le cadre de cette analyse bibliométrique : si le *Recueil Dalloz* et la *Gazette du Palais* accordent effectivement une place particulièrement importante, respectivement, au discours académique et au discours praticien, la *Semaine Juridique, édition générale* est structurée de manière finalement assez similaire au *Recueil Dalloz* (voir, à cet égard, annexe 2.2.2).

156. C'est-à-dire, à cinq exceptions près, l'intégralité de la temporalité de notre corpus. Voir, à cet égard, sa bibliographie en annexe 2.1.

157. Le discours *Legaltech* étant propre à notre étude.

158. Voir l'annexe 2.2.2.

159. Le mot « section » est employé ici dans le sens où ce terme est employé par le Conseil National des Universités (CNU) vis-à-vis des sections 01, 02 et 03. La section 04 n'est pas ici incluse puisqu'aucun de ses représentants n'est intervenu dans ce sous-discours spécifique.

160. Les chiffres choisis sont ceux publiés pour l'année 2021, voir « Fiches démographiques des sections de droit — année 2021 », Ministère de l'enseignement supérieur et de la recherche, disponible en ligne à <https://www.enseignementsup-recherche.gouv.fr/fr/fiches-demographiques-des-sections-de-droit-annee-2021-87620>. Ne sont pris en compte que les effectifs des « enseignants-chercheurs » tels que la catégorie est mobilisée par ces fiches (c'est-à-dire enseignants chercheurs titularisés au sein des corps de maîtresses et maître de conférences et professeures et professeurs d'Université) dans la mesure où les effectifs de ces « enseignants-chercheurs » sont les plus stables dans le temps et, en toute hypothèse, les plus susceptibles d'être significatifs quant à la production doctrinale. Ils sont, quoi qu'il arrive, majoritaires au sein de notre corpus.

répartition des auteurs eux-mêmes selon leur spécialité. Là encore, ces proportions ont été reproduites en annexe du présent volume [161].

61 **Composition du corpus d'analyse.** Ces contraintes et choix méthodologiques pris en compte, notre corpus se compose, au 31 décembre 2022 [162], de 486 contributions, 284 appartenant au discours dit « académique », 183 appartenant au discours dit « praticien » et 28 appartenant au discours *Legaltech* [163].

62 **De la délimitation à la justification.** Ces deux premiers temps de notre introduction avaient pour but de poser les bornes définitionnelles de notre étude et de délimiter son champ matériel. Ces développements ont ainsi permis d'assurer à notre analyse des fondations claires et aussi solides que possible, ce qui n'implique pas qu'elles soient indiscutables. Ces éléments étant désormais posés, il est temps de dépasser le stade de la délimitation pour celui de la justification de cette étude.

Section 3. UNE ÉTUDE MÉTADOCTRINALE PORTANT SUR UN DISCOURS SPÉCIFIQUE : LA JUSTICE ALGORITHMIQUE

63 **Pourquoi ce discours ?** Il reste en effet un point fondamental à éclairer : une étude métadoctrinale, certes, mais pourquoi sur ce discours très spécifique et surtout épiphénoménal ? Pourquoi, au surplus, analyser un discours dont les caractéristiques s'opposent à une prise d'un recul sain à la fois sur le discours lui-même, mais aussi plus largement sur sa thématique ? Compte tenu des difficultés propres à l'analyse métadoctrinale, pourquoi, finalement, ajouter les difficultés supplémentaires d'un discours encore en construction ?

64 **Des caractéristiques non dirimantes.** Il faut bien, pourtant, dépasser ces interrogations et ces doutes et, pour ce faire, il est possible de répondre à ces interrogations et de justifier le choix de ce discours spécifique à partir de lui-même. Ainsi, si effectivement le discours doctrinal portant sur les outils de justice algorithmique est, quantitativement, un « épidiscours » [164], cet élément seul ne disqualifie pas son étude. Il en va d'ailleurs de même pour sa non-stabilisation, sa nouveauté et

---

161. Voir annexe 2.2.1, T.2 et G.2 (composition du discours académique relatif aux outils de justice algorithmique) et annexe 2.2.3 (représentativité du discours académique relatif aux outils de justice algorithmique).

162. Cette date a été posée arbitrairement afin de « fermer » notre corpus. Elle relève donc d'un impératif pragmatique et nous ne lui attachons aucune implication particulière. À noter qu'un ouvrage collectif dont le dépôt légal a été fixé à 2023 est néanmoins inclus dans notre corpus (Sylvie Lebreton-Derrien, Rémi Raher et Fanny Dessainjean (dir.), *Algorithmes, justice prédictive et juges-robots*, Enrick Éditions, 2023) pour deux raisons : sa publication, plusieurs fois repoussée, était originellement prévue en septembre 2021 et a finalement eu lieu en tout début d'année 2023, ce qui a permis de l'intégrer au sein de l'analyse.

163. L'addition des contributions appartenant à chaque sous-discours dépasse le total des 486 contributions traitées dans la mesure où, comme indiqué au § 53, certaines contributions figurent à la fois au sein du discours académique et au sein du discours praticien.

164. Ce que démontre notre bibliométrie générale, voir annexe 2.2.

sa dispersion. Tout au plus ces éléments imposent-ils une rigueur supplémentaire dans l'analyse et ont justifié, au préalable de la réalisation de ce travail, la vérification de multiples variables et degrés de représentativité.

65 **Une composition singulière du discours**. Les résultats de cette vérification constituent d'ailleurs l'une des raisons pour lesquelles ce micro-discours mérite d'être étudié : la composition de notre corpus d'écrits n'est pas tout à fait représentative de la composition du discours doctrinal général. Ainsi, si l'organisation générale est respectée, les proportions, elles, ne correspondent pas à celles qui se retrouvent dans le discours général. C'est ainsi le cas de la *summa divisio* droit public/droit privé/histoire du droit [165]. Le même constat peut être tiré quant à la structuration discours académique/discours praticien ; si les grands ensembles sont respectés, la proportion de contributions émanant du discours praticien est bien supérieure au sein de notre corpus à ce qu'elle est dans le discours général et la proportion de contributions émanant plus spécifiquement du discours des magistrats y est disproportionnée [166]. Cet élément de forme seul est un premier point d'intérêt de ce discours spécifique, puisqu'il amène assez naturellement à s'interroger sur ce qui peut expliquer ou sur ce que peut signifier cette singularité de composition. Il est en effet difficile de ne considérer que le hasard comme facteur explicatif de cette différence lorsqu'elle atteint les écarts que l'on retrouve ici. Il apparaît alors nécessaire de dépasser les seules statistiques pour porter une analyse de fond sur ces écarts.

66 **Une uniformité notable du discours**. Au-delà de cet élément de forme révélé par l'analyse bibliométrique, le discours doctrinal qui nous intéresse ici présente une spécificité de fond : son uniformité de contenu. Cette impression diffuse issue de notre lecture des contributions constituant notre corpus est confirmée par l'analyse de leur contenu. Réalisée à partir d'un tableur et de relevés manuels, il faut souligner dès à présent l'inévitable marge d'erreur à considérer lorsqu'il s'agit d'en étudier les résultats ; pour autant, là encore, ces résultats sont suffisamment marqués pour permettre de passer outre les éventuelles erreurs de comptage. Cette uniformité statistique confrontée à une composition pourtant particulièrement diverse du corpus est un second élément qui justifie la pertinence du présent travail de recherche. Les mêmes onze items [167] apparaissent en effet dans la grande majorité

165. Alors que les effectifs des sections 01, 02 et 03 suivent une répartition de 54 – 38 – 8, la composition de notre corpus suit une répartition de 81 – 18 – 1 (si l'on ne prend en compte que les contributions émanant de ces trois sections). Cette proportion est quasiment identique lorsqu'il s'agit des auteurs eux-mêmes, puisqu'elle s'établit à 81 – 17 – 1.

166. Alors que la composition du discours général suit une répartition de 72-15-8 (groupe « académique », « avocat » et « magistrat »), la composition de notre corpus suit une répartition de 59-15-17 (même ordre).

167. Ces onze items sont ceux qui, lors de la collecte et structuration des cent premières contributions intégrées à notre corpus, étaient les plus mobilisés. Nous précisons ici que certains arguments ont été regroupés sous le même item : pour n'en donner que quelques exemples, c'est le cas de tous les arguments technico-juridiques, de tous les arguments construits sur des références au système de *common law* et de tous les arguments gravitant autour d'un risque de « factualisation » du droit. Cette reconstruction des arguments est bien entendu la nôtre, même si elle est construite à partir du contenu du discours lui-même.

des contributions constituant notre corpus. On peut les classer selon trois catégories : les arguments en faveur des outils de justice algorithmique [168], les arguments en défaveur des outils [169] et les items dont la nature et la mobilisation, toutes les deux particulières, justifient leur singularisation du reste des arguments [170]. Leur mobilisation, sur l'ensemble du corpus, va de 14 % pour l'item le moins utilisé [171] à 71 % pour l'item le plus répandu dans les contributions [172] et elle transcende à la fois la *summa divisio* droit public/droit privé/histoire du droit et, pour les deux premières catégories d'arguments, les groupes doctrinaux. Cette uniformité statistique amène donc à se poser la question suivante : que signifie-t-elle ? Cette question constitue finalement le cœur de la justification du choix de l'analyse de *cette* concentration doctrinale, au sein de laquelle chaque sous-ensemble argumentatif constitue un fragment de réponse. C'est ainsi le cas du sous-ensemble le plus évident, composé de ces deux catégories d'arguments en faveur et en défaveur des outils (**§ 1**), mais c'est aussi le cas, chacun à leur manière, des deux sous-ensembles reposant sur une troisième catégorie d'arguments de nature systémique (**§ 2**) et culturelle (**§ 3**).

§ 1. *Un axe argumentatif de nature juridique*

67 **L'hypothèse d'un argumentaire « naturel ».** L'uniformité statistique que nous avons constatée peut être le révélateur de deux hypothèses qui ne sont pas, en tant que telles, mutuellement exclusives. La première est assez prosaïque : les outils de justice algorithmique présentent des caractéristiques, positives comme négatives, absolument évidentes et il n'y a donc rien de surprenant à ce qu'elles soient mobilisées par les auteurs. Cela signifierait, par voie de conséquence, que l'ensemble des auteurs aurait un avis similaire sur ces outils ou qu'à tout le moins, les analyses menées quant à ces outils seraient basées sur ces caractéristiques évidentes. Après tout, ces arguments sont d'autant plus classiques qu'ils sont tirés, pour reprendre Jean-Marc Sauvé, des « principes fondamentaux de la justice » [173] au sens large.

68 **Des principes *fondamentaux* ; des principes au fondement de l'État libéral.** « Fondamentaux », ces principes le sont dans les deux sens que ce terme peut recouper : ils sont fondamentaux, en premier lieu, au sens de ce qui « tient au fond,

---

168. L'apport en connaissance et en prévisibilité du droit et l'incitation à l'usage des modes alternatifs de règlement des litiges.

169. Le risque d'une limitation de l'accès au juge, les risques technico-juridiques, l'effet « performatif » des outils, le risque de rupture d'égalité entre les parties et le risque d'atteinte à l'indépendance et à l'impartialité des magistrats.

170. L'argument « *common law* », le risque de « factualisation » du droit et le champ lexical de la « masse ». Nous reviendrons sur les raisons pour lesquelles ces trois éléments sont de nature particulière en *infra*, voir *infra* § 570 et suiv.

171. C'est-à-dire le risque de rupture d'égalité entre les parties.

172. C'est-à-dire l'apport en connaissance du droit. Plus généralement, voir annexe 2.2.4, T.6 et G.12.

173. Jean-Marc Sauvé, « Introduction », in Ordre des avocats au Conseil d'État et à la Cour de cassation, *La justice prédictive*, Dalloz, 2018, 7.

qui est essentiel » et touche « à la nature profonde » de ce dont il s'agit [174]. Ainsi, tous ces principes sont considérés comme essentiels dans tout État libéral [175] : l'accès au juge permet de confier à un tiers, le magistrat, le soin de résoudre un différend, le litige, « afin d'assurer la paix sociale en donnant à chacun le sien » [176]. L'indépendance comme l'impartialité de ce magistrat garantissent qu'il fera une application égalitaire du droit à tous, dans le respect du principe d'égalité devant la loi, sans sévérité ni laxisme indus. L'égalité des parties assure que chaque partie se voie offrir la possibilité de « présenter sa cause — y compris ses preuves — dans des conditions qui ne la placent pas dans une situation de net désavantage par rapport à son adversaire » [177]. L'exigence de sécurité juridique assure, quant à elle, la réalité de l'adage selon lequel « nul n'est censé ignorer la loi » en organisant le droit de manière à le rendre « accessible, intelligible, prévisible et stable » [178]. Elle permet aussi d'assurer la réalité de l'État libéral, puisque la connaissance et la compréhension des normes juridiques en vigueur permettent leur maniement par les justiciables, ainsi que leur contestation dans le cas où elles ne respecteraient pas elles-mêmes les conditions de leur édiction. Rien d'aberrant, donc, à voir ces principes mobilisés à propos d'outils qui ont vocation à s'intégrer dans les activités qu'ils encadrent, transcendant d'ailleurs au passage la division entre juridiction judiciaire et administrative [179].

69 **Des principes *fondamentaux* ; des principes dotés d'une valeur juridique supérieure.** Fondamentaux aussi au sens de ce qui est « doté d'une valeur supérieure à ce qui s'y appuie » [180] : tous ces principes sont en effet garantis à un niveau constitutionnel ou conventionnel [181]. Ainsi, le principe d'accès au juge, s'il n'est pas strictement garanti par le texte de la Constitution, a été rattaché par le Conseil constitutionnel à l'article 16 de la Déclaration des Droits de l'Homme et du Citoyen (DDHC) [182]. Il est, dans tous les cas, une composante du procès

---

174. « Fondamental », *Dictionnaire de l'Académie française*, *op. cit.* Ce sens recoupe dans ses grandes lignes la conception axiologique de la fondamentalité exposée par Véronique Champeil-Desplats dans *Théorie générale des droits et libertés*, Dalloz, 2019, pp. 58-59.

175. Libéral ici est entendu dans son sens politique, c'est-à-dire à la fois comme l'existence de limites aux pouvoirs exercés par l'État au travers de ses représentants et comme la garantie d'une somme de droits et de libertés au bénéfice des citoyens, ces droits et libertés étant protégés des ingérences de l'État. Ces droits et ces libertés constituent ainsi, au moins en partie, les limites à l'action de l'État. Le principe d'État libéral, lorsque nous le mobilisons, est ainsi synonyme d'État limité.

176. Soraya Amrani-Mekki, Loïc Cadiet et Jacques Normand, *Théorie générale du procès*, 2e éd., PUF, 2013, nº 315.

177. CEDH, 27 octobre 1992, nº 14448/88, *Dombo Beheer B.V c. Pays-Bas*, § 33.

178. Guillaume Leguevaques, *op. cit.*, p. 13.

179. Ce qui, dans le même temps, apporte un début d'explication quant au peu d'impact que la division droit privé/droit public/histoire du droit peut avoir sur la mobilisation de tel ou tel argument au sein des contributions rédigées par des auteurs de ces trois spécialités, et interroge encore un peu plus sur l'investissement massif du discours par des auteurs spécialistes de droit privés au détriment des auteurs des deux autres spécialités.

180. « Fondamental », in Association Henri Capitant, *Vocabulaire juridique*, *op. cit.*

181. Ce qui correspond à la conception formelle de la fondamentalité dans Véronique Champeil-Desplats, *Théorie générale des droits et libertés*, *op. cit.*, pp. 59-60.

182. Ce principe n'est néanmoins pas intangible, puisque des limitations et aménagements peuvent lui être imposés tant qu'ils ne constituent pas des « atteintes substantielles » à ce

équitable garanti par l'article 6 § 1 de la Convention européenne des droits de l'Homme (CEDH) [183]. Impartialité comme indépendance sont aussi traditionnellement rattachés au même article 16 de la DDHC par le Conseil [184], et sont directement visées par le même article 6 § 1 de la CEDH, tout comme le principe d'égalité des parties [185]. Au niveau interne, il a été élevé au rang de principe fondamental reconnu par les lois de la République (PFRLR) par le Conseil constitutionnel [186]. La question de la sécurité juridique est plus complexe puisqu'elle n'est pas consacrée comme principe constitutionnel en tant qu'un « tout » [187]. Ses composantes sont néanmoins elles-mêmes dotées d'une valeur juridique variable : les principes d'accessibilité et d'intelligibilité de la loi constituent ainsi un principe de valeur constitutionnelle depuis 1999 [188], sur le fondement des articles 4, 5, 6 et 16 de la DDHC ainsi que de l'article 34 de la Constitution, tandis que la dimension de prévisibilité et de stabilité du droit est assurée par un encadrement strict des hypothèses de rétroactivité de la loi nouvelle non répressive [189] et de la remise en cause des relations contractuelles [190]. Sur le plan international, cependant, la sécurité juridique est historiquement considérée comme un « principe général » [191].

70 **Des arguments peu discutés : l'absence de controverse**. S'il n'est donc pas, en soi, surprenant que ces principes soient maniés quand il s'agit de s'interroger sur les effets de l'incursion des outils de justice algorithmique sur les activités juridictionnelles, on ne peut s'empêcher de songer à ce par quoi nous avons commencé

---

droit d'accès au juge, voir Cons. const., 21 janvier 1994, n° 93-335 DC, *Loi portant diverses dispositions en matière d'urbanisme et de construction* confirmé dans Cons. const., 9 avril 1996, n° 96-373 DC, *Loi organique portant statut d'autonomie de la Polynésie française*, en part. § 83.

183. À titre d'exemple, CEDH [plé.], 21 février 1975, n° 4451/70, *Golder c. Royaume-Uni*.

184. À titre d'exemple, Cons. const., 8 juin 2012, n° 2012-250 QPC, *M. Christian G.*, en part. § 3

185. Tel qu'explicité pour la première fois dans l'arrêt Comm. EDH, 30 juin 1959, n° 434/58, *Szwabowics c. Suède*.

186. Cons. const., 2 décembre 1976, n° 76–70 DC, *Loi relative à la prévention des accidents de travail*, en part. § 2.

187. Elle ne l'est d'ailleurs pas non plus par le bloc de constitutionnalité malgré le lien fait par certains auteurs entre le droit à la sûreté de l'article 2 de la DDHC et la sécurité juridique, voir Michele De Salvia, « La sécurité juridique en droit constitutionnel français », *C.C.C.*, n° 11, 2001, pp. 67-69. Elle est cependant consacrée comme principe général du droit par le Conseil d'État depuis un arrêt CE ass., 24 mars 2006, n° 288460, *KPMG*.

188. Cons. const., 16 décembre 1999, n° 99-421 DC, *Loi portant habilitant du Gouvernement à procéder, par ordonnance, à l'adoption de la partie législative de certains codes*, en part. § 13.

189. Notamment en subordonnant la constitutionnalité des lois de validation à un cadrage strict de la portée de son action ainsi qu'à un motif impérieux d'intérêt général, voir Cons. const., 14 février 2014, n° 2013-366 QPC, *SELARL PJA*, en part. § 3.

190. Cons. const., 13 janvier 2014, n° 2020-465, *Loi relative aux salaires, au temps de travail et au développement de l'emploi*, en part. § 4.

191. Tant au niveau du droit de l'Union depuis CJCE, 6 avril 1962, n° 13-61, *Robert Bosch GmbH* qu'au niveau du droit de la Convention EDH depuis CEDH [plé.], 13 juin 1979, n° 6833/74, *Marckx c. Belgique*. Au-delà de cette garantie générale et à l'instar des juridictions internes, la Cour EDH a progressivement consacré les composantes de la sécurité juridique, notamment la prévisibilité et la précision des normes (CEDH [plé.], 26 avril 1979, n° 6538/74, *Sunday Times c. Royaume-Uni*) ainsi que la non-rétroactivité de la loi (CEDH, 23 octobre 1997, n° 21319/93, 21449/94 & 21675/93, *National & Provincial building society, the Leeds permanent society & the Yorkshire building society*).

cette étude : la liberté de la recherche d'une part, et le constat d'une concentration doctrinale d'autre part. Nous l'avons vu, la justice algorithmique n'est pas la seule thématique à avoir agrégé autour d'elle un discours doctrinal spécifique ; pour autant, ce discours spécifique n'oppose pas des points de vue bien identifiés. Ainsi, contrairement à la plupart des controverses juridiques [192], il est difficile de distinguer « deux camps » au sein du discours relatif à la justice algorithmique, de sorte qu'il ne peut pas être schématisé en « pour *vs* contre ». Ainsi, alors que les controverses entraînent la discussion des mêmes arguments pour en tirer des interprétations plus ou moins opposées, le discours relatif à la justice algorithmique implique certes l'emploi des mêmes arguments... Mais, généralement, dans un sens analogue. Il est donc moins question, pour chaque auteur, de discuter de la validité de ces arguments, de leur pertinence ou de leur sens exact [193] que de les reprendre, créant ainsi une circularité caractéristique au sein d'un réseau étroit de références permettant de remonter jusqu'aux toutes premières contributions de ce discours. Si cela ne signifie pas que l'intégralité des auteurs tire des conclusions similaires de la mobilisation de ces arguments, ces conclusions peuvent être considérées comme se situant sur une forme de spectre. Si quelques contributions peuvent être identifiées comme enthousiastes [194] ou, au contraire, comme rejetant véhémentement les outils de justice algorithmique [195], la majorité des écrits se placent plutôt entre ces deux extrêmes et démontrent une variété d'attitudes plus ou moins perplexes, sceptiques ou critiques [196]. Cette uniformité de ton redouble une uniformité de construction du discours qui ne peut donc pas être résolue simplement par l'adéquation thématique des arguments avec le sujet traité, dans la mesure où cette adéquation n'explique que la mobilisation massive des arguments — pas le fait qu'ils soient mobilisés dans un sens similaire par la majorité des auteurs et qu'ils soient peu discutés.

71 **L'hypothèse d'une superposition des niveaux de discours**. Une seconde hypothèse peut alors se superposer à la première et l'éclairer : celle d'une multiplicité des niveaux de discours, au sein même du discours. Ainsi, si l'on peut assez

---

192. Sur la définition du phénomène de controverse, voir Marie-Christine Steckel, « Réflexions autour de la notion de controverse constitutionnelle », *RDP*, n° 2, 2004, pp. 415-440.

193. À de notables exceptions près, bien sûr : c'est particulièrement le cas de l'ouvrage de Yannick Meneceur, *L'intelligence artificielle en procès. Plaidoyer pour une réglementation internationale et européenne*, Bruylant, 2020 [ci-après, *L'intelligence artificielle en procès*]. Bien évidemment, les contributions rédigées par des acteurs de la *Legaltech* sont un cas à part, puisque leurs auteurs cherchent généralement à relativiser les critiques généralement opposées à leurs produits, voir par exemple Louis Larret-Chahine, « L'éthique de la justice prédictive », *Enjeux Numériques*, n° 3, 2018, 86.

194. C'est notamment le cas de Lêmy Godefroy, « La performativité de la justice 'prédictive' : un pharmarkon ? », *D.*, 2018, pp. 1979-1985.

195. C'est notamment le cas de différentes contributions rédigées par Emmanuel Jeuland, voir par exemple « Justice prédictive : de la factualisation au droit potentiel », *RPPI*, n° 2, octobre 2017, pp. 15-18, ou « Justice numérique, justice inique ? », *op. cit.*

196. La forme générale du discours est ainsi « concessive », quel que soit par ailleurs le ton des contributions : les écrits qui ne rejettent pas nécessairement les outils de justice algorithmique *concèdent* la plupart des critiques émises par les écrits plus critiques, qui eux-mêmes *concèdent* les avantages soulignés par les plus enthousiastes, voir à cet égard Lêmy Godefroy, Frédéric Lebaron et Jacques Lévy-Vehel, *op. cit.*, p. 138.

aisément expliquer la mobilisation statistiquement remarquable des deux premières catégories d'arguments, il n'a pas encore été question de la troisième. Ces arguments sont plus spécifiques à notre objet que ceux des deux autres catégories. Plus encore, ils ne se déploient pas sur un même niveau de discours que ces derniers puisqu'ils ne visent pas directement la confrontation de principes juridiques avec les outils de justice algorithmique, mais plutôt la confrontation de ces outils avec un certain *discours*, lui-même doctrinal : celui portant sur le fonctionnement général du système juridique *français* [197] et celui portant sur la manière dont le raisonnement juridique s'articule, s'organise et se manifeste *en France* [198]. Ainsi, et tandis que les deux premières catégories d'arguments impliquent un raisonnement doctrinal « classique » amenant à confronter un objet nouveau à un régime juridique existant et à en tirer des conclusions en termes de compatibilité de l'objet à son ordre juridique de réception, la troisième catégorie amène à un raisonnement beaucoup moins classique. Il est en effet question de confronter l'objet non plus à des normes, mais à un ensemble beaucoup moins défini et beaucoup moins explicité d'éléments qui constitueraient les clés de *fonctionnement du système juridique* d'une part, et les clés de la *compréhension du phénomène juridique* d'autre part.

§ 2. *UN AXE ARGUMENTATIF DE NATURE SYSTÉMIQUE*

72 **Un second discours métasystémique**. Pour commencer avec le deuxième des « sous-discours », s'interroger sur la possibilité que l'outil de justice algorithmique importe le précédent anglo-américain au sein du système juridique français revient à considérer que des éléments qui le composent seraient en mesure d'altérer la manière dont ce système juridique fonctionne habituellement. Or, cette « manière habituelle de fonctionner » du système juridique, tout comme d'ailleurs la définition de ce « système juridique », n'est inscrite dans aucune norme et ne fait donc pas *partie* du discours *juridique*. Elle se situe à la fois en amont, en parallèle et en aval de ce discours juridique : en amont parce que la « manière habituelle de fonctionner » du « système juridique français » inclut la manière dont sont produites, écrites et adoptées les normes qui constituent ce discours juridique ; en parallèle parce qu'elle inclut la manière dont ces normes sont ensuite interprétées, appliquées et comprises par les autorités de concrétisation de ces normes ; en aval parce qu'elle inclut finalement la manière dont toutes ces activités sont comprises par les acteurs du droit impliqués dans le discours doctrinal. Elle n'est donc jamais pleinement visible et explicitée, si ce n'est, précisément, dans le cadre d'un discours doctrinal. Si ce dernier n'est pas, *stricto sensu*, métajuridique puisqu'il ne porte pas sur le discours juridique, on peut le qualifier de métasystémique — reste encore à déterminer ce que « systémique » et, donc, « système juridique » peuvent vouloir dire.

---

197. Pour ce qui concerne l'argument tiré d'un rapprochement réalisé avec le précédent anglo-américain.

198. Pour ce qui concerne l'argument tiré d'un risque de « factualisation du droit » et la mobilisation du champ lexical de la masse.

73 **Le système juridique comme ensemble de normes.** L'expression « système juridique » fait partie de ces expressions communément utilisées dans les écrits doctrinaux, au sens intuitif assez facile à saisir sans pour autant être véritablement définie et demeurant ainsi « largement méconnue » [199]. Ainsi, lorsque l'expression « système juridique » est employée, elle peut ne l'être que dans le sens intuitif d'ensemble des normes et des institutions juridiques d'un État ou d'un ensemble régional [200]. Au-delà du fait que ce sens est probablement le plus répandu, c'est aussi le plus large : il désigne à la fois les normes individuelles et l'ensemble qu'elles forment. Plus substantiellement, « système juridique » peut aussi mettre l'accent sur une caractéristique de cet ensemble de normes : son systématisme. Pour reprendre les caractéristiques dégagées par François Ost et Michel Van de Kerchove, ce systématisme se caractérise par la présence d'un *ensemble* d'éléments, par l'existence de « relations spécifiques entre ces éléments » témoignant d'une *organisation* d'une quelconque nature et par la présence d'une *structure* permettant de « déterminer à la fois les éléments qui appartiennent et qui n'appartiennent pas au système » [201]. Ces deux manières de saisir le système juridique ne nous sont cependant d'aucun secours pour ce qui concerne notre métadiscours dans la mesure où elles n'ont pas de lien avec ce que les outils de justice algorithmique pourraient remettre en cause : difficile en effet d'affirmer que *l'ensemble* des normes juridiques françaises est remis en cause, et plus difficile encore d'affirmer que c'est ce que les auteurs de ce discours peuvent sous-entendre.

74 **Le système juridique comme support taxonomique de la démarche comparatiste.** Il existe cependant une troisième manière d'employer l'expression « système juridique », propre au discours *comparatiste.* Ainsi, s'il peut bien sûr mobiliser cette expression dans les deux premiers sens, il la mobilise aussi et surtout dans un troisième [202]. L'expression se retrouve ainsi dans le titre d'un certain nombre de manuels, sous une forme particulière : *Grands systèmes de droit contemporains* [203]. Si l'on évacue donc la possibilité que les *systèmes de droit* comparés soient, tout simplement, des ordres juridiques confrontés les uns aux autres, la notion de *système de droit* ou de *système juridique* renvoie à au moins deux autres notions, celles de *famille* et de *tradition* juridique. Quand bien même ces deux notions peuvent ne pas être considérées strictement équivalentes, elles remplissent néanmoins un office commun puisqu'elles sont le socle taxonomique du droit comparé. Pour décriées

---

199. Frédéric Zénati-Castaing, « Repenser le système juridique », in Baptiste Bonnet (dir.), *Traité des rapports entre ordres juridiques*, LGDJ, 2016, 1549, p. 1549

200. Michel Van de Kerchove et François Ost parlent, pour ce sens intuitif, de sens « banalisé », voir *Le système juridique entre ordre et désordre*, 1re éd., PUF, 1988, p. 24.

201. *Ibid.*, pp. 24-25.

202. Afin de clarifier à la fois l'énonciation et la compréhension, les deux premiers sens que nous avons dégagé de « système juridique » seront à présent mobilisés sous l'expression d'« ordre juridique », sans que nous n'y attachions de poids particulier.

203. Gilles Cuniberti, *Grands systèmes de droit contemporains*, 4e éd., LGDJ, 2019, Raymond Legeais, *Grands systèmes de droit contemporains*, 3e éd., LexisNexis, 2016 et, bien sûr, René David, Camille Jauffret-Spinosi et Marie Goré, *Les grands systèmes de droit contemporain*, 12e éd., Dalloz, 2016.

et contestées qu'elles soient [204], elles constituent toujours la « porte d'entrée » de l'étudiant puis du chercheur dans la démarche comparative et, en ce sens, peuvent être considérées comme une forme de prémisse fondamentale à la matière [205]. Issues d'une réflexion menée à partir de la fin du XIXe siècle, ces notions n'ont pas toujours reçu le même contenu : la première classification proposée par Adhémar Esmein distinguait cinq « familles ou groupes » au sein desquel(le)s apparaissaient les groupes latins, germaniques, anglo-saxons et slaves, ainsi qu'un groupe musulman [206], avant d'être reprise et repensée à travers les années [207]. Si certaines de ces catégories sont aujourd'hui au moins en partie obsolètes, notamment pour ce qui concerne les droits socialistes, et si d'autres ont pu être ajoutées [208], elles demeurent néanmoins un premier prisme de lecture de la variété des ordres juridiques nationaux.

75 **Le système juridique français, un système civiliste**. Ces classifications ont toutes été construites à partir de l'objectif de faciliter l'accès aux droits étrangers et à partir d'une méthode similaire basée sur l'existence de traits communs entre ces différents systèmes juridiques nationaux. Ces traits peuvent reposer sur des éléments aussi variés que l'histoire de ces systèmes [209], l'existence d'institutions juridiques spécifiques, la nature des sources du droit et leurs différentes méthodes d'interprétation, des facteurs idéologiques ou la nature spécifique du raisonnement juridique des juristes appartenant aux systèmes étudiés [210]. Ainsi, si l'on revient à notre objet, le « système juridique » français pris dans ce sens serait une sous-catégorie du « grand système » juridique romano-germanique, continental

204. Ces raisons tiennent surtout au principe même de la classification : l'importation de ce réflexe taxonomique issu des sciences du vivant serait « un exercice dangereux sur le plan épistémologique » une fois importé en droit (« *an epistemologically dangerous exercice* », Geoffrey Samuel, « Can Gaïus really be compared to Darwin? », *ICLQ*, vol. 49, n° 2, 2000, 297, p. 329), parce que la démarche elle-même serait « idéologiquement orientée » (Marie-Claire Ponthoreau, « Le droit comparé en question(s). Entre pragmatisme et outil épistémologique », *RIDC*, vol. 57, n° 1, 2005, 7, p. 24) et ne conduirait qu'à des « présomptions de similarités (...) faisant obstacle à la compréhension des cultures juridiques étrangères » (« *presumptions of similarity (...) stand[ing] in the way of understanding foreign legal cultures* », Vivan Grosswald-Curran, « Cultural Immersion, Differences and Categories in U.S. Comparative Law », *Am. J. Comp. L.*, vol. 46, n° 1, 1998, 43, p. 85).

205. Fondamentale ne signifiant pas que cette taxonomie ne pourrait pas être dépassée, voire supprimée. Voir, par exemple, Vivan Grosswald-Curran, *ibid.*

206. Adhémar Esmein, « Le droit comparé et l'enseignement du droit », *NRHD*, 1900, 489, spé. p. 495.

207. Voir, dans un ordre chronologique, René David, *Traité élémentaire de droit civil comparé : introduction à l'étude des droits étrangers et à la méthode comparative*, LGDJ, 1950, p. 225, Pierre Arminjon, Baron Boris Nolde et Martin Wolff, *Traité de droit comparé*, 2 t., t. 1, LGDJ, 1950, p. 49 et Konrad Zweigert et Hein Kötz, *An introduction to comparative law*, Tony Weir (trad.), 2e éd., 2 vol., vol. 1, North Holland Publishing Company, 1987, pp. 63-75.

208. C'est particulièrement le cas des traditions/familles mixtes, mélangeant des caractéristiques de traditions ou familles déterminées.

209. En particulier le fait qu'ils soient issus d'un « système-souche » (l'expression est de Pierre Arminjon, Baron Boris Nolde et Martin Wolff, *op. cit.*, p. 47 et suiv.), qui peut être soit un droit contemporain hégémonique, soit une source historique plus lointaine (l'influence du droit romain étant le facteur discriminant de l'appartenance ou non à la famille continentale/romano-germanique chez René David, par exemple, voir René David, Camille Jauffret-Spinosi et Marie Goré, *op. cit.*, p. 17).

210. Ce sont notamment les critères mis en œuvre par Zweigert et Kötz, *op. cit.*

ou civiliste ; il en partagerait donc les caractéristiques, tout en conservant une part de spécificité qui permettrait de le distinguer des autres systèmes juridiques nationaux, comme le système allemand ou espagnol. Si l'on se reporte aux traits principaux généralement rapportés à ce « grand système », il se caractériserait par une empreinte du droit romain, et à ce titre d'une certaine conception de l'organisation formelle des règles de droit [211], par une conception de la règle de droit comme générale, abstraite et englobante [212] et par une prééminence de la règle de droit législative sur tout le reste de la production normative [213], en particulier sur la jurisprudence [214]. Ces caractéristiques, sans doute aujourd'hui galvaudées, [215] restent celles qui sont sous-entendues lorsqu'il s'agit de dire que tel ou tel système juridique national est « civiliste », en particulier quand il est question de l'opposer au second grand système juridique ; celui de *common law*. Par contraste, ce dernier repose plus volontiers sur un rejet du modèle romain, et donc sur son système de classifications, et sur une conception sédimentaire, casuistique et principalement prétorienne de la règle de droit [216]. Ces caractères n'épuisent ni ne décrivent parfaitement aucun des systèmes nationaux qu'ils ont vocation à catégoriser dans tel ou tel « grand système » ; ils sont des construits doctrinaux, à partir d'éléments plus ou moins juridiques [217] et, au contraire, plus ou moins ajuridiques [218]. C'est

---

211. Voir René David, Camille Jauffret-Spinosi et Marie Goré, *op. cit.*, p. 69. Plus généralement, cette conception formelle se double depuis ses origines romaines d'une approche esthétique du droit entretenue à travers les siècles et particulièrement reprise à partir du XVIe siècle, c'est-à-dire à partir du moment où le *mos gallicus* et son ordre clair et synthétique se sont substitués aux linéaments du *mos italicus*, voir à ce sujet Pierre Legrand et Geoffrey Samuel, « Brèves épistémologiques sur le droit anglais tel qu'en lui-même », *RIEJ*, vol. 54, nº 1, 2005, 1, pp. 1-22.

212. Voir Camille Jauffret-Spinosi, « La structure du droit français », in Olivier Moréteau et Jacques Vanderlinden (dir.), *La structure des systèmes juridiques. XVIe congrès de l'Académie internationale de droit comparé.*, Bruylant, 2003, 259, p. 271.

213. Voir Jean Foyer, « Allocution d'ouverture », *APD*, t. 50, 2007, 3, p. 4.

214. Nous reviendrons plus avant sur le sempiternel débat de la nature de la jurisprudence dans nos développements, voir *infra* § 449 et suiv.

215. Ainsi, et pour ne prendre que quelques exemples, la spécialisation du droit met à mal les grandes catégories traditionnelles du droit ; la dégradation de la qualité de la loi passe en partie par sa perte de généralité au profit des lois de plus en plus précises et techniques ; la prééminence de la loi est battue en brèche, par le haut, depuis l'essor du constitutionnalisme d'après-guerre et le développement des instruments régionaux de protection des droits fondamentaux et, par le bas, par la prise d'importance de la production normative des juridictions.

216. Les caractéristiques fondamentales du système de *common law* sont tout autant galvaudées : il est excessif de considérer le droit anglo-américain comme dénué de toute organisation interne et, soumis tout comme le système civiliste aux influences constitutionnelles et régionales ou internationales, la puissance normative du juge recule nécessairement. De même, il est plus que douteux de considérer que l'intégralité des systèmes dits de *common law* puissent être résumés sous une même série de grandes caractéristiques. Nous revenons sur ces éléments dans nos développements, voir *infra* § 319 et suiv.

217. Les éléments relatifs aux sources du droit, à leur interprétation ainsi que, dans une certaine mesure, le type de raisonnement mené par les juristes au sein de leur système juridique peuvent ainsi trouver des éléments de preuve « directe » au sein même des règles de droit applicables dans ce système.

218. Les données historiques de ces systèmes, de même que les données idéologiques ou culturelles, ne relèvent ainsi pas du registre juridique au sens où nous l'avons précédemment défini (voir *supra* § 16). On peut cependant, bien sûr, en trouver des traces au sein des ordres juridiques, par exemple au travers de normes héritées de cette histoire et dont le contenu transcrit les données idéologiques et culturelles.

bien pour cette raison que tout discours articulé sur cette notion de système juridique n'est que très indirectement un discours métajuridique, et est au contraire un premier discours métadoctrinal.

76 **Le système juridique français : sources, interprétation et maniement.** Quant à caractériser le système juridique *français*, c'est une démarche un peu plus complexe puisqu'il ne s'agit plus d'établir une taxonomie générale qui peut, par nature, se permettre d'être relativement inexacte. Il ne s'agit, au surplus, pas de l'objectif de ces lignes ; rappelons ici qu'il est question de cerner ce qui, au sein de ce système français et de sa « manière habituelle de fonctionner », changerait au contact des outils de justice algorithmique. Sans avoir l'ambition de déterminer les contours précis du système juridique français, on pourra alors se limiter à cerner les contours de ce qui serait mis en danger par ces outils. Il suffit donc, en gardant en tête les traits caractéristiques du « grand système » civiliste, de se reporter à ce que les auteurs craignent dans leurs écrits : « une forme d'inversion de la hiérarchie des normes (…) faisant de la jurisprudence une source du droit supérieure à la loi » [219] alors que « dans le système français, comme dans celui des familles de « droit continental », le droit édicté par un pouvoir (législatif ou exécutif) est placé au sommet de la hiérarchie » [220]. Plus encore, les auteurs évoquent la possibilité d'une « greffe de la logique qui (…) sous-tend [ces outils] (…) *a priori* bien éloignée du procès civil » [221] qui pousserait le juge lui-même à « motiver dans sa décision les raisons éventuelles qui l'amèneraient à s'écarter du résultat du logiciel » [222] dans une démarche semblable à celui du juge anglo-américain qui s'engagerait dans « la technique de la distinction » [223] vis-à-vis d'un « précédent algorithmique » [224]. Ainsi, le système juridique français serait menacé d'une forme de dénaturation par les outils de justice algorithmique, puisque ces derniers importeraient des concepts et outils du « grand système » de *common law*. Cette « manière habituelle de fonctionner » que nous évoquions jusqu'ici est donc, pour ce qui concerne ce discours, réduite à cette triple question des sources du droit, de leur interprétation et de leur maniement. C'est donc dans ce sens très restreint que nous parlerons du système juridique français, et c'est autour de cette notion que se déploie le discours métasystémique relatif aux outils de justice algorithmique.

---

219. Mustapha Mekki, « Les fonctions de la responsabilité civile à l'épreuve du numérique : l'exemple des logiciels prédictifs », *Dalloz IP/IT*, 2020, 672, p. 680.

220. Évelyne Serverin, « De l'informatique juridique aux services de justice prédictive, la longue route de l'accès du public aux décisions de justice dématérialisées », *APD*, t. 60, 2018, 23, p. 24.

221. Cyril Nourissat, « Justice prédictive et profession d'avocat : entre fantasme(s) et réalité(s) », *JCP*, n° 30-35, 2017, 1490, p. 1490.

222. Soraya Amrani-Mekki, « L'obsolescence programmée du juge ? Propos introductifs », *JCP*, supplément au n° 51, 2018, 6, p. 11.

223. Vincent Lemaire, *Le droit public numérique à travers ses concepts émergents et transformation d'une terminologie juridique*, thèse dactylographiée, Université Paris 1 Panthéon Sorbonne, 2019, p. 299.

224. Marie-Cécile Lasserre, « La justice prédictive », in Natalie Fricero et Marie-Cécile Lasserre (dir.), *Nouvelles procédures civiles, nouvelles pratiques professionnelles ? Bilan et perspectives*, L'Harmattan, 2020, 137, p. 145.

§ 3. *UN AXE ARGUMENTATIF DE NATURE CULTURELLE*

77 **Un troisième sous-discours articulé autour de la « factualisation du droit ».** Qu'en est-il donc du troisième de ces sous-ensembles, celui déployé autour de l'argument relatif à une « factualisation » du droit causé par l'utilisation des outils de justice algorithmique ? Il est tentant de le rapprocher du discours métasystémique que nous venons de délimiter : après tout, la manière de concevoir l'interprétation des sources du droit, de raisonner au sein du système ainsi que la conception générale de l'organisation des règles de droit sont des éléments de définition des grands systèmes et, partant, des systèmes nationaux. Encore une fois, cependant, il nous faut partir de ce sous-discours pour cerner ce qui est visé par les auteurs qui mobilisent cet argument. S'il est, effectivement, question d'une « factualisation du droit » [225], l'expression néologique est à la fois paradoxale et trompeuse. Paradoxale parce qu'elle rompt la distinction fondamentale entre droit et fait, devoir-être et être, *sollen* et *sein* — bref, entre le registre du droit et le registre du non-droit. Elle sous-entend ainsi que les outils de justice algorithmique seraient en mesure de confondre ensemble deux registres ontologiquement opposés, parce qu'ils mettraient sur le même plan « tous les faits dès lors qu'ils déterminent la décision : la règle de droit, la jurisprudence, le contexte, la personnalité du juge, le temps qu'il fait, l'heure de passage et les millions de décisions des banques de données » [226]. En basant leurs résultats sur cette confusion des différentes informations présentes dans les données traitées, ces outils feraient donc tomber la frontière entre le droit et le fait [227]. C'est là que le caractère trompeur de l'expression intervient et insère une confusion fondamentale dans le discours. Le « droit » qui serait factualisé n'est pas le discours juridique, celui constitué par les normes juridiques régulièrement produites et généralement appliquées au sein d'un ordre juridique donné, mais *sa compréhension*. On peut en effet concevoir que la manière de *comprendre* et d'étudier le discours juridique puisse voir se brouiller la distinction entre le droit et le fait — après tout, l'idée que le juriste doit distinguer ces deux registres et ne s'intéresser qu'au premier est un construit [228], et sa

---

225. Expression que l'on retrouve, par exemple, dans Didier Cholet, « La justice prédictive et les principes fondamentaux du procès », *APD*, t. 60, 2018, 223, p. 233, dans Boris Barraud, « Le coup de data permanent : la loi des algorithmes », RDLF, chron. n° 35, 2017 ou dans Stéphanie Lacour et Diana Piana, « Faites entrer les algorithmes ! Regards critiques sur la 'justice prédictive' », *Cités*, vol. 4, n° 80, 2019, 49, p. 50.

226. Emmanuel Jeuland, « Intelligence artificielle et justice : une approche interhumaniste », in Alexandra Bensamoun et Grégoire Loiseau (dir.), *Droit de l'intelligence artificielle*, LGDJ, 2019, 187, p. 196.

227. C'est ce qui transparaît, notamment, dans l'idée que « pour [les entreprises de *Legaltech*], les textes de droit (règlements, jurisprudences…) sont des faits » (Boris Barraud, « Le coup de data permanent : la loi des algorithmes », *op. cit.*

228. Comme souligné par Paul Amselek dans son dialogue avec Alexandre Viala, voir « Le regard critique de Paul Amselek sur l'œuvre de Kelsen. Dialogue avec Alexandre Viala », *RDP*, n° 1, 2021, pp. 3-43.

contestation n'est ni nouvelle [229] ni récente [230]. On peut en revanche difficilement concevoir que cette distinction puisse être remise en cause sur le plan de l'application du droit : sauf à revoir le concept même de droit et de juridicité, les normes juridiques demeurent des commandements, des habilitations, des interdictions ou des autorisations et non des retranscriptions de faits. N'annonce-t-on pas aux étudiants de première année de licence que le droit est l'ensemble des règles qui *régissent* la société ? On ne régit qu'en commandant — et, donc, en posant des devoir-être.

78 **Un argument au contenu et à la mobilisation particulière**. Cette confusion est en fait résolue au sein même du discours : les auteurs qui mobilisent cet argument précisent que cette « factualisation » constitue un « risque d'erreur dans le raisonnement juridique » [231] puisque « le fait et le droit ne peuvent pas être mis au même niveau » [232]. Finalement, et c'est un bon résumé des conséquences de la « factualisation », elle « modifie le raisonnement juridique et la manière de penser (...) les règles de droit » [233]. Le registre est donc encore une fois métajuridique, mais ce n'est pas ce qui distingue cet argument de l'argument systémique : ce qui les distingue, c'est à la fois la manière dont il est mobilisé et son contenu. Ainsi, et même si l'argument systémique est en proportion plus mobilisé par le discours académique que par le discours praticien, l'écart est encore plus important pour la « factualisation » puisqu'il varie presque du simple au double [234]. Puisque le reste des sous-discours est uniforme, cette mobilisation concentrée de l'argument de « factualisation » par le discours académique ne peut manquer d'interroger. De même, et alors que l'argument systémique repose sur des éléments du discours

---

229. C'est tout le programme des différents courant réalistes que de remettre en cause, voire de mettre à bas, l'idée que l'analyse du droit ne doit se déployer que sur le seul plan des règles et normes juridiques, notamment en appelant à intégrer à cette analyse celle, plus empirique, des conditions et modalités d'*application* de ces normes. Nous revenons sur ces courants dans nos développements, voir *infra* § 606 et suiv.

230. L'article considéré comme programmatique du réalisme américain est en effet celui d'Oliver W. Holmes, « The Path of the Law », *H.L.R.*, vol. 10, 1897, pp. 457-478. Simultanément en France, les écrits de René Demogue évoquent, et mettent en œuvre, la nécessité de l'analyse de la « zone des faits », parce que c'est là « que se trouve le droit », voir René Demogue, *Les notions fondamentales du droit privé*, La Mémoire du Droit, 2001 (1e éd. 1911), p. 2.

231. Emmanuel Jeuland, « Intelligence artificielle et justice : une approche interhumaniste », *loc. cit.*

232. Vincent Orif, « Voyage du juge depuis Hypérion : entre une intelligence artificielle conseillère et conquérante », in Guilhem Julia (dir.), *Sciences et Sens de l'Intelligence Artificielle*, Dalloz, 2020, 131, p. 141.

233. Liane Huttner, « Données à caractère personnel — Décision automatisée et justice », *Répertoire IP/IT et Communication*, Dalloz, 2020, § 10.

234. Sa mobilisation s'élève à 42 % du discours académique, contre 14 % du discours praticien. Plus précisément, et l'on se reporte ici aux techniques statistiques, un test de *khi-deux* appliqué à la mobilisation de l'argument métasystémique d'une part, et de l'argument de « factualisation » d'autre part confirme cette tendance : si l'on confronte les proportions de mobilisation de ces deux arguments par le groupe académique et par le groupe praticien à une répartition aléatoire de cette mobilisation, la différence de proportion dans la mobilisation de l'argument est significative pour l'argument métasystémique ($p = 0,04$, soit inférieure au seuil arbitraire de 0,05) et très significative pour l'argument de « factualisation » ($p < 0,001$). Pour retrouver l'ensemble des valeurs p calculées pour chaque argument, voir annexe 2.2.4, T.11.

juridique [235], celui de la « factualisation » tend à s'en détacher. Si le « raisonnement juridique et la manière de penser » [236] le droit sont parfois ceux du juge [237], la « factualisation » impliquée par les outils vise moins le raisonnement juridique formalisé dans la décision de justice qu'une forme de for intérieur, de manière d'arriver à cette décision de justice. Il est en effet toujours question d'une modification du rapport, pour le juge, à sa prise de décision et, plus largement et pour tout juriste, au droit. Si l'on s'attache à suivre le discours lui-même pour comprendre les modifications que cette « factualisation » impliquerait, il faut déployer notre lecture sur deux axes : celui d'un élargissement de l'étude du seul droit au droit *et* aux faits et celui d'un déplacement d'un raisonnement *qualitatif* à un raisonnement *quantitatif*.

79 **La « factualisation » du droit ; jurisprudence et contentieux.** Dans l'un comme l'autre des axes, les outils algorithmiques sont considérés responsables pour deux raisons. La première est liée au « matériau » sur lequel ces outils sont basés : comme nous l'avons vu, tant les bases de données jurisprudentielles en ligne que les outils de justice prédictive sont construits sur le même principe d'exhaustivité dans la constitution de leur base de données que l'*open data* des décisions de justice. Or, en leur sein, le nombre des décisions du fond surpassera de très loin celles des juridictions suprêmes [238]. Alors que jusqu'à présent la publication des décisions passait par une logique de *sélection*, il est craint que l'arrivée massive des décisions du fond ne vienne « noyer » [239] ou « détrôner » [240] la jurisprudence

235. La question de l'incursion des techniques du précédent anglo-américain ramène ainsi à l'article 5 du Code civil, et à l'interdiction faite aux juges de « se prononcer par voie de disposition générale et réglementaire ». Si l'on peut discuter de la nature « générale et réglementaire » du précédent anglo-américain, son rejet peut trouver au moins une base partielle dans cet article, ainsi d'ailleurs que le trait caractéristique de la place limitée du juge dans le grand système juridique civiliste en général et dans le système juridique français en particulier. Il en va de même d'ailleurs de la fermeture historique de la cassation sur le fondement de la violation d'une jurisprudence, voir Cass. req., 21 décembre 1891, *D.* 1892, p. 543.

236. Liane Huttner, *loc. cit.*

237. Notamment dans Didier Cholet, « La justice prédictive et les principes fondamentaux du procès civil », *op. cit.*, p. 233, Soraya Amrani-Mekki, « L'obsolescence programmée du juge ? Propos introductifs », *op. cit.*, p. 11, ou dans Gilles Sainati, « Intelligence artificielle judiciaire, la tentation disciplinaire », *Blog Mediapart*, 10 mars 2019, disponible en ligne à <https://blogs.mediapart.fr/gillessainati/blog/190319/intelligence-artificielle-judiciaire-la-tentation-disciplinaire>.

238. Si l'on prend les chiffres de 2016, la production annuelle des juridictions s'élevait, pour l'ordre judiciaire, à 2 677 252 décisions en matière civile et 1 200 575 décisions en matière pénale et, pour l'ordre administratif, à 129,600 décisions. Sur la même période, ce ne sont que 13 360 décisions judiciaires (10 313 de la Cour de cassation et 3 047 des cours d'appel) et 19 758 décisions administratives (5 300 du Conseil d'État et 22 500 des cours administratives d'appel) qui sont publiées (Loïc Cadiet, « Les promesses d'une justice dite prédictive reposant sur des décisions de justice déjà rendues sont à tempérer (...) En quelque sorte, c'est le rétrospectif qui fait le prédictif ! », *RPPI*, 2018, 13, p. 16). Pour l'ordre administratif seul, et toujours sur l'année 2016, cela reviendrait, sur 100 % des décisions publiées, à publier 78 % de décisions de tribunaux administratif, 17 % d'arrêts de cours administrative d'appel et seulement 2 % d'arrêts du Conseil d'État.

239. Le mot est employé concernant la jurisprudence du Conseil d'État dans Olivier Renaudie, « La jurisprudence administrative à l'ère du big et de l'open data », in AFDA (dir.), *Le droit administratif au défi du numérique*, Dalloz, 2019, 67, p. 79.

240. Le mot est employé concernant la jurisprudence de la Cour de cassation dans Marianne Cottin, « Jurisprudence et contentieux, une (r)évolution à attendre ? », *JCP*, supplément au n° 44-45, 2019, 22, p. 23.

présentant cet intérêt juridique — c'est-à-dire la jurisprudence des juridictions suprêmes. Face à cette perspective, le discours laisse transparaître une perplexité globale à l'idée qu'une « masse brute et informe » [241] grignote progressivement la place de la « jurisprudence ». C'est alors la conception même de l'objet « jurisprudence » qui serait remise en cause, mettant dos à dos ses deux définitions [242] : la jurisprudence dans son acception *qualitative*, équivalant exclusivement à la production normative *publiée* des juridictions suprêmes [243] et la jurisprudence dans son acception *quantitative*, incluant l'ensemble indifférencié de toute la production normative de toutes les juridictions [244]. En France, c'est la première de ces deux acceptions qui domine jusqu'à présent : la jurisprudence communément étudiée, enseignée, apprise et reprise est celle des juridictions suprêmes.

80 **La « factualisation » du droit ; la prise d'importance des données de fait au sein des décisions.** Or il est acquis que les décisions du fond contiennent une proportion d'éléments de droit bien inférieure à celle des juridictions suprêmes et, inversement, une proportion d'éléments factuels bien plus importante [245]. La jurisprudence ainsi révélée par l'*open data* est donc bien plus « factuelle » qu'elle n'est juridique : ainsi non seulement elle noierait, quantitativement, les arrêts qui constituaient jusqu'à présent la jurisprudence classique, mais dans l'ensemble de ces décisions, toutes les données factuelles qu'elle charrie réduiraient d'autant l'importance des données de droit aujourd'hui seules incluses dans cette jurisprudence

---

241. Loïc Cadiet, « Les promesses d'une justice dite prédictive reposant sur des décisions de justice déjà rendues sont à tempérer (...) En quelque sorte, c'est le rétrospectif qui fait le prédictif ! », *op. cit.*, p. 17.

242. Cette remise en cause est même explicitement soulignée dans Chantal Arens, « Discours d'ouverture du colloque 'Quelles professions réglementées du droit pour demain ?' », Cour de cassation, 2019 : « c'est la notion même de jurisprudence qui est ici en cause ».

243. C'est le sens que l'on retrouve dans Bertrand Louvel, « Ouverture. Allocution du Premier président », *JCP*, supplément au n° 9, 2017, 5, p. 5 ou dans Thierry Kirat, « L'intelligence artificielle, l'avocat et le juge », *La Tribune*, 12 octobre 2017, disponible en ligne à <https://www.latribune.fr/opinions/tribunes/l-intelligence-artificielle-l-avocat-et-le-juge-753822.html>.

244. Ce sens spécifique est aussi qualifié de « contentieux », comme inauguré par Philippe Jestaz dans « La jurisprudence, ombre portée du contentieux », *D.*, 1989, pp. 149-153, et repris, entre autres, dans Emmanuel Poinas, *Le tribunal des algorithmes*, Berger Levrault, 2019, p. 100. On retrouve aussi l'expression de « jurisprudence horizontale » dans Frédéric-Jérôme Pansier, *IJudge, vers une justice prédictive*, LGM éditions, 2019, p. 52, « concrète » dans Emmanuel Jeuland, « Quelques questions d'actualité sur l'office du juge en matière de droit à partir du droit comparé », *JCP*, supplément au n° 14, 2019, 30, p. 32, « locale » dans Pascale Deumier, « Open Data. Une autre jurisprudence ? », *JCP*, n° 10, 2020, 473, p. 478.

245. On rappelle ainsi que « les décisions des juridictions inférieures ne ressemblent guère à celles des juridictions supérieures, puisque les éléments de droit et de fait y sont mêlés » (Pascale Deumier, « La justice prédictive et les sources du droit : la jurisprudence du fond », *APD*, t. 60, 2018, 49, p. 54), que les décisions principalement visées par l'*open data* des décisions de justice sont celles qui contiennent « la règle de droit telle qu'elle est appliquée au plus près des faits » (Guillaume Hannotin, « L'encadrement de l'open data des décisions de justice par le Conseil constitutionnel », *JCP*, n° 13, 2019, 574, p. 574) et que « de nombreuses décisions, et plus encore celles des juges du fond, contiennent tant de détails liés aux faits de l'espèce » (Jean-Paul Jean, « Penser les finalités de la nécessaire ouverture des bases de données de jurisprudence », intervention lors du colloque « La jurisprudence dans le mouvement de l'open data » organisé à la Cour de cassation le 14 octobre 2016, disponible en ligne à <https://www.courdecassation.fr/IMG///Open%20data,%20par%20Jean-Paul%20Jean.pdf>).

classique. Suivant le discours, ce serait là le premier des vices de la justice algorithmique : en donnant accès à un pan inconnu de la production juridictionnelle, ces outils proposeraient d'ouvrir une jurisprudence autrefois sélectionnée pour ses aspects purement juridiques à un ensemble disparate de décisions incluant des éléments de droit, certes, mais surtout nombre de données factuelles. Ils inciteraient donc à « factualiser » la jurisprudence, à prendre en compte « non seulement (...) l'arrêt qui répond à la question de droit abstraite » que le juriste peut se poser, mais aussi « les faits (...) comparables à ceux dont il est saisi » [246] et à les faire prévaloir « au détriment de la règle et de son analyse en droit » [247].

81 **La « factualisation » du droit ; une inversion du raisonnement juridique**. L'analyse de cette jurisprudence « factualisée » serait d'ailleurs le second élément sur lequel les outils de justice algorithmique agiraient, puisqu'elle reposerait sur la part *factuelle* des décisions qu'elle traite. C'est à partir des données de faits que les moteurs de recherche produisent des listes de décisions similaires, et c'est à partir de ces mêmes données que les outils de justice prédictive produisent leurs résultats (voir *supra* § 29). Ce traitement *factuel* de données *factuelles* produirait, à la lecture du discours, deux effets [248] : une « mise sur le même plan » de toutes les données, peu importe leur nature et une modification du raisonnement de l'utilisateur de l'outil. Cette modification tendrait vers un raisonnement purement factuel de vérification de la correspondance des données de fait entre son espèce et celles révélées par l'outil de justice algorithmique ; le traditionnel raisonnement syllogistique déductif serait alors renversé pour conduire à une « casuistique » [249] « inductive » [250]. Finalement, ce serait toute la normativité traditionnelle qui serait remplacée par une « normativité technique et algorithmique » [251].

82 **La « factualisation » du droit ; un sous-discours culturel et doctrinal**. La compilation de tous ces éléments implique que les outils de justice algorithmique auraient un effet « factualisant » sur le « droit » : sur la jurisprudence qui se confondrait avec le contentieux et sur le raisonnement juridique qui perdrait de sa juridicité en demeurant trop proche des faits et de l'analyse de leur similarité. Ce sont alors deux constructions doctrinales qui sont visées : la conception de la

---

246. Vincent Vigneau, « Faut-il encore des juges ? », *RJ Com.*, n° 1, 2019, 1, p. 13.

247. Vincent Lemaire, *op. cit.*, p. 298.

248. Par exemple, dans Didier Cholet, « La justice prédictive et les principes fondamentaux du procès civil », *op. cit.*, p. 233, François Ancel, Sylvie Benoliel, Jean-Hyacinthe De Mitry, Carole Thomas-Raquin et Pierre-Yves Gautier, « Sybille ou les prédictions relatives au juge national », Légipresse, n° 363, 2018, 428, p. 429 et Jean-Baptiste Prévost, *Penser la blessure : un éclairage philosophique sur la réparation du préjudice corporels*, LGDJ, 2018, pp. 140-141 [ci-après, *Penser la blessure*].

249. Par exemple, dans Vincent Vigneau, « Faut-il encore des juges ? », *op. cit.*, p. 13 ou dans Warren Azoulay, « Des machines et des hommes. La guerre n'aura pas lieu », *Droit et société*, vol. 3, n° 3, 2019, 595, p. 605.

250. Par exemple, dans Guilhem Julia, « Intelligence artificielle et droit », *Droit et patrimoine*, n° 298, 2020, 31, p. 32 ou Primavera De Filippi, *op. cit.*, pp 57-58.

251. Par exemple, dans Jean-Baptiste Racine, « La résolution amiable des différends en ligne ou la figure de l'algorithme médiateur », *D.*, 2018, 1700, p. 1705 et, dans le même sens, Jean-Baptiste Prévost, « La fabrique des données : à propos du codage numérique du droit et de ses limites », *Gaz. Pal.*, n° 3, 2019, 81, p. 85.

jurisprudence d'une part, et la conception du raisonnement juridique d'autre part, deux composantes du rapport au droit que nous évoquions. Or, ce rapport au droit qui ne relève bien sûr pas du niveau juridique ne relève pas non plus, dans le sens où nous l'avons défini, du niveau systémique ; il relève d'un troisième niveau de discours, que nous qualifierons de *culturel*.

83 **La culture juridique, une notion évanescente.** La culture juridique est une notion protéiforme et profondément indéfinie ; c'est une « abstraction, une abstraction fuyante » [252]. Il n'est d'ailleurs pas rare que les auteurs qui l'emploient renoncent, purement et simplement, à lui donner un contenu précis et il est même parfois considéré que cette imprécision *fait partie* de la notion, pour le meilleur [253] et pour le pire [254]. Pourtant, à un niveau d'abstraction important, les tentatives de définition se rejoignent : la culture juridique est l'ensemble « des compréhensions qu'ont du droit et de ses représentations institutionnelles les membres d'une collectivité » [255], « des fragments d'intangibles au sein desquels une communauté interprétative opère » [256], généralement à un niveau inconscient [257], qui « surdétermine les analyses auxquelles ils se livrent » [258]. Elle est « faite d'un vocabulaire, de concepts, de catégories classificatoires (genres, espèces) et de techniques de formulation et d'interprétation des règles » [259], « d'une manière entièrement distincte de penser le droit et l'expérience juridique (...), [d']une structure cognitive qui permet à l'individu de donner du sens au monde juridique dans lequel il existe » [260]. En tant que sous-ensemble de la notion plus large de culture, son

---

252. « *An abstraction, and a slippery one* », Lawrence Friedman, *The Republic of Choice: Law, Authority and Culture*, HUP, 1990, p. 95.

253. L'indéfinition de la culture juridique lui permet de « référer à un ensemble de phénomènes sociaux (des modèles de pensée et de croyance, des modèles d'action ou d'interaction, des institutions caractéristiques) qui coexistent dans certains environnement sociaux, où les relations exactes entre ces éléments ne sont pas claires ou sont non-traitées » (« *a way of referring to clusters of social phenomena (patterns of thought and belief, patterns of action or interaction, characteristic institutions) coexisting in certain social environments, where the exact relationships existing among elements in the cluster are not clear or are not of concerns* », Roger Cotterrell, *Law, Culture and Society. Legal Ideas in the Mirror of Social Theory*, Ashgate, 2006, p. 88).

254. L'indéfinition de la culture juridique permet ainsi de l'utiliser comme un « raccourci élégant et pratique pour désigner tout une série d'éléments que nous ne pouvons ou ne voulons pas exprimer plus clairement » (« *a fancy and conveniently imprecise shorthand for all kinds of aspects we cannot or do not want to express more explicitly* », Ralf Michaels, « Comparative Law by Numbers? Legal Origins Thesis, Doing Business Reports, and the Silence of Traditional Comparative Law », *Am. J. Comp. L.*, n° 57, 2009, 765, p. 791).

255. Bjarne Melkevik, « Penser le droit québécois entre culture et positivisme : quelques considérations critiques », in Bjarne Melkevik (dir.), *Transformation de la culture juridique québécoise*, PUL, 1998, 9, p. 9.

256. « *Fragments of intangibles within which an interpretive community operates* », Pierre Legrand, *Fragments on Law as Culture*, W.E.J. Tjeenk Willink, 1999, p. 19.

257. Christian Atias, *Savoir des juges et savoirs des juristes — mes premiers regards sur la culture juridique québécoise*, McGill Legal Studies, 1990, p. 6.

258. Jacques Chevallier, « Les interprètes du droit », *op. cit.*, p. 275.

259. David Deroussin, « Comment forger une identité nationale ? La culture juridique française vue par la doctrine civiliste au tournant des XIXe et XXe siècles », *Clio @ Themis*, 2012, § 19.

260. « *An entire distinctive way of thinking about law and legal experience (...). It is a cognitive structure that allows individuals to make sense of the legal world in which they exist* »,

« cœur est composé d'hypothèses ou de compréhensions tacites et explicites communément partagées par un groupe de personnes », qui les distinguent des autres groupes et qui « servent de guide pour déterminer les perceptions acceptables ou non acceptables, les pensées, sentiments et comportements ». Ce *cœur culturel* est « appris et transmis aux nouveaux membres du groupe au travers d'interactions sociales » [261]. La culture juridique est donc à la fois un donné et un construit : c'est un ensemble d'éléments présents *avant* la réflexion juridique puis reconstruits comme facteur explicatif de cette réflexion juridique, le premier n'étant donc pas réductible au second.

84 **Des éléments d'une culture juridique française.** Il serait encore une fois artificiel de proposer ici une définition plus précise de la culture juridique en général, ou de la culture juridique française en particulier : on peut en revanche considérer que, compte tenu de ces éléments, le rapport au droit auquel se heurteraient les outils de justice prédictive correspond à cette sorte de grammaire plus ou moins inconsciente à partir de laquelle s'écrit non seulement le droit, mais encore et surtout son analyse [262]. Le discours qui se déploie autour de l'influence « factualisante » des outils de justice algorithmique sur le « droit » est donc un discours de nature *culturelle*, mobilisant non pas des éléments juridiques ou systémiques, mais des arguments tirés de ce qui, dans ces outils, heurterait frontalement ces éléments de culture juridique. Encore faut-il ici préciser que ces éléments relatifs à une certaine conception du droit et de son étude n'épuisent ni ne résument à eux-seuls ce qu'est la culture juridique française, et ce pour plusieurs raisons. En premier lieu parce que la culture juridique dont il s'agit est une culture juridique dite *interne*, propre aux professionnels du droit, par opposition à la culture juridique dite *externe* qui serait partagée par l'intégralité des individus vivant au sein de l'ordre juridique français [263], et qu'au sein même de cette culture juridique interne, elle ne semble, statistiquement, correspondre qu'à un sous-groupe de ces professionnels du droit ; le groupe académique. En deuxième lieu parce que ces éléments ne sont que *quelques* éléments parmi une multitude d'autres, dont la valeur dans le cadre de cette étude n'est liée qu'à leur mobilisation dans le discours. En troisième et dernier lieu parce que, comme nous l'avons dit, la culture juridique est peut-être un donné, mais dès lors qu'elle est manipulée et utilisée comme facteur explicatif (comme ce sera le cas ici), elle devient un construit dont nous devons admettre la double subjectivité : celle des arguments qui révèlent ce sous-discours culturel, et la nôtre, dans la reconstruction de ce sous-discours.

Roger Cotterrell, « Comparative Law and Legal Culture », in Mathias Reimann et Reinhard Zimmermann (dir.), *The Oxford Handbook of Comparative Law*, OUP, 2008, 709, p. 721.

261. « *They are learned and passed on to new members of the group through social interaction* », Sonja Sackmann, « Contextual influences on culture research », in Paul Sparrow (dir.), *Handbook of International Human Resource Management*, Wiley, 2009, 63, p. 77.

262. Expression utilisée dans Vicent Forray et Sébastien Pimont, *Décrire le droit... Et le transformer. Essai sur la décriture du droit*, *op. cit.*, p. 8.

263. Cette distinction est issue de Lawrence Friedman, *The Legal System. A Social Science Perspective*, Russell Sage Fondation, 1975, pp. 193-195.

85 **Les risques d'une approche culturelle**. C'est donc une approche modeste de cette culture juridique académique française qu'il conviendra d'emprunter, en reconnaissant la profonde subjectivité des éléments qui la composent dans le cadre de ce travail. Analyser la culture juridique doctrinale française, tout comme d'ailleurs le système juridique français, est en effet une entreprise vouée à la subjectivité, particulièrement lorsque cette analyse est réalisée par une chercheuse formée, et donc influencée, par cette même culture juridique. L'on pourrait même considérer que cette analyse est vaine, voire schizophrénique, alors même qu'elle est menée dans le cadre de l'un des « rites » de cette culture juridique, sous une forme héritée de méthodes centenaires. Les enjeux, pourtant, ne s'arrêtent pas là ; cette approche culturelle vient en effet informer une analyse métadoctrinale qui, les chiffres le démontrent, portera manifestement surtout sur la production doctrinale *privatiste*. Une clarification s'impose donc.

86 **Une analyse métadoctrinale en trois temps menée selon une méthode particulière**. Il ne s'agira pas ici de croiser le fer avec des auteurs, leur compréhension du système juridique français ou la manière dont ils pensent et saisissent le phénomène juridique. Il ne s'agira pas non plus de raviver la très théâtrale querelle des publicistes et des privatistes pour disqualifier les seconds et faire l'éloge des premiers. Il s'agira toujours d'analyser un discours portant sur des objets juridiques nouveaux, et au sein de ces discours, trois sous-discours qui, malgré leur nature très différente, semblent tous tendre vers une seule et même conclusion : le droit français est *incompatible* avec les outils de justice algorithmique, tant au plan juridique qu'au plan systémique et culturel. Comment, cependant, en rendre compte lorsque l'on est soi-même immergée dans tous les éléments qui s'opposeraient avec plus ou moins de violence à l'irruption des outils de justice algorithmique au sein de l'ordre juridique français ? *Pourquoi*, au surplus, s'y atteler lorsque l'essentiel du discours qui articule ces éléments n'est pas celui que l'on a vocation à intégrer ? De fait, la réponse à la seconde de ces questions constitue la solution de la première. S'il n'est pas possible de nous extraire de ce *bain français*, notre position décentrée nous permet d'en sortir un pied.

Section 4. UNE ÉTUDE MENÉE SELON UNE MÉTHODE SPÉCIFIQUE : COMPARAISON DES DROITS, COMPARAISON DES DOCTRINES

87 **Les lunettes du comparatiste**. « Dire toute la vérité (...), rien que la vérité (...), voici la double exigence que la comparaison est à même d'imposer au discours juridique », écrivait il y a plus de vingt ans Horatia Muir-Watt [264]. L'apport du

264. Horatia Muir-Watt, « La fonction subversive du droit comparé », *RIDC*, n° 3, 2000, 503, p. 509.

droit à la réflexion juridique est demeuré le même depuis lors : jeter une lumière différente sur l'ordre juridique et, en retour, éclairer différemment le droit duquel le comparatiste s'est extrait. Dit autrement, et pour reprendre une métaphore communément utilisée [265], la méthode comparative permet, avec les *lunettes* issues d'un droit, de voir différemment un *autre* droit — voire, d'ailleurs, de parvenir à discerner ce qui est invisible à ceux qui en portent les lunettes. Revenant au sein de son propre droit, le comparatiste aura pris conscience que c'est de ces lunettes que dépend sa perception de son univers juridique, et cette prise de conscience, qui aura peut-être décoloré ses verres, lui apportera un nouveau regard, plus aigu et moins confiant dans ce qui est visible ou invisible à première vue.

88 **La comparaison comme produit de contraste**. Ce regard du comparatiste est précieux pour l'autre qu'il observe, puisque sa propre altérité peut servir de révélateur aux impensés et aux invisibles du droit étranger [266] ; il l'est tout autant pour le comparatiste lui-même et pour son propre droit puisque cette altérité « est aussi (…) un moyen privilégié d'accès à soi » [267]. Au-delà de la seule prise de conscience de la relativité et de la contingence de chaque système de pensée, de chaque univers juridique, observer un autre droit permet de repérer les ressemblances et les dissemblances avec soi. Ces points communs et ces divergences amènent alors naturellement à une série de questions : *pourquoi* le droit fonctionne-t-il ainsi ailleurs, et *pourquoi* fonctionne-t-il ainsi ici ? *Pourquoi* ne fonctionnent-ils pas de la même manière, alors même que, d'apparence, les deux droits se ressemblent ? *Pourquoi*, au contraire, fonctionnent-ils pareil ? On peut, bien sûr, répondre à ces questions pour elles-mêmes ; on peut aussi y répondre en poursuivant le but d'expliquer un phénomène local par *contraste*. Notre objectif, dans le cadre de cette étude, se rapproche plutôt de cette seconde option. Il s'agira d'utiliser ces ressemblances et ces différences entre le droit français (ses normes, son système et sa culture juridique) et un autre droit pour analyser la triple hypothèse d'une incompatibilité entre ce droit français et les outils de justice algorithmique. La méthode comparée, dans le cadre de notre travail, constituera donc le pendant opérationnel de notre phénoménologie : l'un des deux outils techniques, avec l'approche empirique, qui nous permettra d'accéder (imparfaitement) au phénomène doctrinal de la justice algorithmique.

89 **L'Autre et Soi, perspectives internes**. Au-delà, et même si tous ces *bénéfices* de la comparaison ont été établis dans le cadre d'une démarche comparée au sens classique du terme, ils peuvent être transposés à la position particulière qui est la nôtre dès lors que l'*autre* n'est pas que le droit étranger, mais aussi l'*autre* discours doctrinal national. La démarche comparée est, fondamentalement, la traduction

---

265. Cette métaphore des « lunettes du comparatiste » est par exemple employée par Marie-Laure Izorche, « Propositions méthodologiques pour la comparaison », *RIDC*, n° 2, 2001, 289, pp. 321-322.

266. C'est ce que Basil Markesinis qualifie d'« apports de l'étranger » (« *outsider's insight* ») dans « The Comparatist (or a Plea for a Broader Legal Education) », *Yearbook of European Law*, vol. 15, n° 1, 1995, 261, 263.

267. Thomas Perroud, *La fonction contentieuse des autorités de régulation en France et au Royaume-Uni*, Dalloz, 2013, p. 3.

d'une éthique de l'accès à l'*autre* depuis *soi* héritée de la prise de conscience d'une tension insolvable : celle qui s'établit entre la volonté presque désespérée de vouloir accéder à cet *autre* pour le cerner, l'expliquer, le comprendre et la certitude amère que « l'autre se dérobe[ra] toujours » parce qu'il est *autre* [268]. C'est dans l'espace laissé vide entre ces deux constats que le comparatiste trouve non seulement sa place, mais encore sa raison d'être. Or, cet espace ne se déploie pas qu'au-dessus des frontières physiques : au sein de son propre droit, demeure un *autre* tout ce qui n'est pas *soi*. L'autrice de ces lignes est, de la manière la plus classique, *publiciste* et, à ce titre, rien de ce qui est *publiciste* ne lui est parfaitement étranger [269]. Le discours qu'il s'agira ici d'analyser n'est que très minoritairement publiciste, de sorte que ce n'est pas tant *nous-mêmes* que nous allons étudier mais bien, quantitativement comme qualitativement, cet *autre* privatiste – encore faut-il admettre que l'altérité ne soit pas *comparable* à celle que l'on éprouve vis-à-vis de *l'autre* étranger. Pourtant, à n'en pas douter, cette position peut, et va, interroger. Elle n'en demeure pas moins une position précieuse, sans doute moins pour l'autrice elle-même que pour ses lecteurs ; cet *espace vide* à l'ampleur irréductible qui nous sépare de l'*autre* privatiste est précisément ce qui permettra d'abaisser la part d'affect ou d'hésitation inhérente à une analyse métadoctrinale *de soi*. C'est bien l'*autre* privatiste, avec *l'autre* étranger, qui sera au cœur de notre analyse. Si c'est avec un esprit prudent qu'elle sera menée, ce ne sera donc pas avec un esprit hésitant.

90 **Méthodes de vérification ; l'hypothèse juridique**. Cette éthique de pensée comparatiste sera donc appliquée à chacune de nos hypothèses et à leurs axes de vérification. Pour vérifier s'il existe effectivement une incompatibilité de niveau juridique qui se situerait entre des règles de droit et les outils de justice algorithmique, il faut pouvoir démontrer plusieurs éléments. Non seulement ces règles, tel qu'elles s'appliquent en France, ne doivent pas pouvoir s'accommoder de ces outils, mais les problématiques rencontrées doivent être propres à l'ordre juridique français ; dans le cas contraire, ce n'est en effet plus une incompatibilité, mais une difficulté posée généralement par ces technologies. Il s'agira donc de confronter les deux discours (français et étranger) avec les problématiques juridiques effectivement soulevées par les outils visés. Deux conditions devront donc être réunies pour pouvoir considérer l'hypothèse d'une incompatibilité juridique validée : 1. L'ordre juridique français est porteur de règles de droit qui s'opposent à la mise en œuvre des outils, ou à tout le moins à leur fonctionnement optimal, et 2. L'ordre juridique étranger n'est pas lui-même porteur de règles similaires, et ne rencontre donc pas de problématiques identiques.

91 **Méthodes de vérification ; l'hypothèse systémique**. Pour vérifier s'il existe une incompatibilité de niveau systémique, il faut pouvoir démontrer que le système juridique français, dans ses éléments relevés précédemment (voir *supra* § 39),

---

268. Pierre Legrand, « Au lieu de soi », in Pierre Legrand (dir.), *Comparer les droits, résolument*, PUF, 2009, 11, p. 21.

269. Pour pasticher Térence, *L'héautontimoruménos*, disponible en ligne à <https://remacle.org/bloodwolf/comediens/Terence/eautonfr.htm>.

ne peut s'accommoder des outils algorithmiques dans la mesure où ils sont eux-mêmes porteurs d'éléments issus d'un autre système juridique. Il s'agira donc de confronter l'interprétation faite par les deux discours (français et étranger) des marqueurs systémiques portés par les outils de justice algorithmique avec la *compréhension* que chacun de ce discours entretient, plus largement, de son système juridique. Trois conditions devront donc être réunies pour pouvoir considérer l'hypothèse d'une incompatibilité systémique validée : 1. Les outils de justice algorithmique sont effectivement porteurs de marqueurs systémiques étrangers, 2. Le système juridique étranger partage effectivement ces marqueurs systémiques avec les outils et 3. Le système juridique français est effectivement incompatible, concernant ces marqueurs, avec les outils.

92 **Méthodes de vérification ; l'hypothèse culturelle**. Pour vérifier, enfin, s'il existe une incompatibilité de niveau culturel, il faut pouvoir démontrer que le rejet des outils est lié à une incompatibilité entre la manière de penser le droit du discours doctrinal académique français et l'impact qu'auraient les outils de justice algorithmique sur cette manière de penser le droit. Les indices culturels (ou leur absence) disséminés au sein des deux discours (français et étranger) relativement à une culture juridique « locale » et aux outils de justice algorithmique devront être confrontés aux indices culturels pouvant être identifiés au sein des discours généraux. Deux conditions devront donc être réunies pour pouvoir considérer l'hypothèse d'une incompatibilité culturelle valide : 1. Il existe effectivement une « culture juridique française » propre au discours doctrinal académique français, par opposition non seulement à la culture juridique étrangère, mais aussi à celle du discours praticien et 2. Les points d'incompatibilité entre cette culture juridique doctrinale et les outils de justice algorithmique sont suffisamment nombreux ou importants pour justifier cette rhétorique de rejet.

93 **Construction de la comparaison**. Pour ce faire, cependant, deux éléments restent à préciser : l'objet et le contenu de la comparaison, de sorte qu'il reste à la construire « en fonction de la question soulevée qui, elle-même, dépend de la finalité poursuivie par celui qui compare » [270]. Notre finalité ayant déjà été clarifiée (éclairer les incompatibilités soulevées au sein du discours français), nos questions en ayant été tirées, il s'agit alors d'opérer un premier choix : à quel ordre, à quel système, à quelle culture comparer ? Cet *autre*, dans les trois dimensions que prendra notre étude, doit pouvoir remplir un double office : celui de *produit de contraste* permettant de mettre en lumière les ressemblances et les dissemblances du droit français avec cet *autre* réceptionnant, lui aussi, les outils de justice algorithmique, mais également celui d'*exemple typique* d'un droit qui réceptionne *mieux* ces outils. Puisque nous chercherons à tester chacune de nos hypothèses d'incompatibilités, il s'agira d'avoir recours à un *autre* qui, alors même qu'il reçoit ces mêmes outils, ne connaît pas un tel discours doctrinal de rejet. Un équilibre doit donc être trouvé entre des exigences *a priori* contraires : un droit

---

270. Marie-Claire Ponthoreau, *Droit(s) constitutionnel(s) comparé(s)*, 2e éd., Economica, 2021, p. 69.

suffisamment distinct du droit français tout en demeurant suffisamment proche pour que l'on puisse y identifier les points de contact sur lesquels il sera possible de déployer nos différents niveaux de comparaison ; un droit réceptionnant plus aisément les outils de justice algorithmique que le droit français, mais dans une temporalité à peu près équivalente pour ne pas dénaturer la comparaison.

94 **Le choix de l'exemple québécois ; l'équilibre du « commun » et du « distinct ».** Face à ces multiples exigences, notre choix s'est porté sur le droit canadien, et plus spécifiquement québécois. Ce choix du droit québécois comme outil de comparaison est à plusieurs égards pertinent. Il l'est, bien sûr, dans la mesure où le droit québécois est un droit mixte : héritier historique du droit civil français puisque colonie française jusqu'en 1763 (date de signature du Traité de Paris), le Québec a pu conserver une partie du droit hérité de sa première puissance coloniale en vertu de *l'Acte de Québec* de 1774 [271]. *L'Acte* rétablit en effet la Coutume de Paris et les différentes règles de droit en vigueur à la date de son assimilation en tant que colonie britannique pour toutes les matières de droit privé, tandis que le droit britannique continue de s'appliquer en matière pénale et en droit public [272]. Ce compromis s'applique encore aujourd'hui, et c'est donc en premier lieu dans la répartition des domaines juridiques de part et d'autre de la frontière droit civil/*common law* que se loge la mixité du droit québécois. Pour autant, elle dépasse très largement les bornes bien délimitées de l'*Acte de Québec* : il serait artificiel d'affirmer qu'en matière privé, le droit civil s'applique dans toute sa *pureté* et *vice versa* pour les domaines de *common law*. La mixité du droit québécois est en effet transversale et traverse l'intégralité de son droit, de la procédure contentieuse [273] à la théorie des sources du droit [274], en passant par les modes de rédaction et d'interprétation des textes législatifs [275]. Cette part inhérente de droit civil rend l'exemple québécois particulièrement pertinent dans le cadre d'une comparaison avec le droit français : contrairement au droit anglais, au droit américain ou au droit canadien anglophone qui demeurent, à des degrés variables, « [des] droit[s] foncièrement autre[s] » [276], le droit québécois présente des points d'attache avec le droit français qui permettent un ancrage plus assuré de la comparaison. L'identification du « commun » y est facilitée, et inversement, le « distinct » apparaît sous une lumière plus certaine.

---

271. Plus précisément, *Quebec Act* 1774, 14 Geo. III c. 83, dont le titre long est, selon la dernière traduction proposée par l'Assemblée Nationale du Québec, *l'Acte à effet de pourvoir de façon plus efficace au gouvernement de la province de Québec dans l'Amérique du Nord* (*An Act for making for effectual Provision for the Government of the Province of Quebec in North America*).

272. *Ibid.*, sec. VIII et XI.

273. La procédure contentieuse, y compris en matière civile qui demeure pourtant théoriquement un domaine de droit civil, est une procédure accusatoire typique de la *common law* — nous y reviendrons en *infra*, voir § 225 et suiv.

274. Les débats qui ont encore et toujours lieu en France sur la place de la jurisprudence et, plus largement, de la production juridictionnelle dans les sources du droit ne sont globalement pas repris sous cette forme au Québec – là encore, nous renvoyons à nos développements en *infra*, § 341.

275. Dont nous croiserons des exemples éclairants aux détours de nos développements sur le droit au respect de la vie privée, voir *infra* § 145 et suiv.

276. Pierre Legrand et Geoffrey Samuel, *Introduction au common law*, La Découverte, 2008, p. 3.

95 **Le choix de l'exemple québécois ; une interface entre *common law* et droit civil.** Cette position interstitielle du droit québécois constitue par ailleurs une deuxième justification de ce choix ; îlot de « droit civil » au milieu d'un sous-continent de *common law*, province francophone au milieu d'un État anglophone, l'exemple québécois est souvent privilégié en doctrine française quand il s'agit de chercher des solutions à des problématiques d'origine anglo-américaine. Cette recherche de solutions d'importation de données étrangères est en effet inhérente au droit québécois, qui se place ainsi comme une sorte d'interface entre deux mondes, comme un laboratoire d'acculturation [277]. Plus précisément encore, ce laboratoire d'acculturation québécois est, historiquement, tiraillé entre deux mouvements contraires : l'assimilation des solutions étrangères, et sa propre assimilation au droit dont elles sont issues, et une résistance pouvant confiner à un « atavisme identitaire » [278]. Les logiques de compatibilité ou d'incompatibilité entre le droit et de nouvelles solutions venues d'ailleurs ne sont pas inconnues des auteurs québécois. Dans la mesure où le Québec n'échappe pas plus que la France à l'arrivée en masse des outils de justice algorithmique, il y a là un outil de contraste particulièrement pertinent puisque ces auteurs sont formés tant aux logiques du système civiliste qu'à celui *common law* et baignent dans une culture juridique qui est elle-même empreinte de cette dualité. Leur manière de se saisir de ces technologies est donc conditionnée par cette double affiliation, ce qui, à la fois, la rapproche et la distingue de la réception française. Les points communs comme les divergences éclaireront donc l'argumentaire français, que ce soit pour en soutenir les conclusions ou pour les relativiser.

96 **Le choix de l'exemple québécois ; une approche simultanée.** L'exemple québécois est pour finir particulièrement pertinent d'un point de vue plus circonstanciel : les recherches françaises et québécoises se situent à un stade similaire en termes chronologiques. La réception des outils de justice algorithmique est donc simultanée et parallèle, et elle donne d'ailleurs lieu à des échanges et des emprunts de discours national à discours national particulièrement intéressants à analyser. À ce titre, une comparaison des interactions entre les composantes normatives, systémiques et culturelles des droits québécois et français ne donnera pas lieu à une distorsion temporelle aussi importante qu'une comparaison avec le droit américain, par exemple, pourrait créer. À ces deux égards, donc, et puisque notre finalité est d'éprouver une triple incompatibilité entre le droit français et les outils de justice algorithmique, la comparaison québécoise sera particulièrement pertinente puisqu'elle permettra de jauger et de juger si ce sont bien effectivement les normes *françaises*, le système juridique *français* et la culture juridique doctrinale *française* qui se posent en obstacle de la réception sereine de ces outils.

97 **Une comparaison principale, des comparaisons annexes.** C'est donc une comparaison franco-québécoise qui constituera le cœur de notre analyse. Elle ne

---

277. Nous empruntons l'expression, notamment, à Nicholas Kasirer (« Dire ou définir le droit ? », *RJT*, vol. 28, n° 1, 1994, 141, p. 144).

278. Jean-François Gaudreault-DesBiens, *Les solitudes du bijuridisme canadien. Essai sur les rapports de pouvoir entre les traditions juridiques et la résilience des atavismes identitaires*, Éditions Thémis, 2007 [ci-après, *Les solitudes du bijuridisme canadien*].

nous empêchera cependant pas, lorsque les circonstances le justifieront, d'avoir recours à des comparaisons plus ponctuelles et plus ciblées avec d'autres droits : ce sera notamment le cas lorsqu'il sera question de phénomènes peu documentés ou peu ressentis au Québec [279], ou pour accentuer certains éléments de notre comparaison. Ces comparaisons plus ponctuelles seront menées à partir des expériences canadiennes anglophones, américaines et anglaises.

98 **Une comparaison contextualisée**. L'objet de notre comparaison ayant été fixé, il reste à en déterminer le contenu. Notre méthode comparative ne pourra être purement fonctionnelle dans la mesure où nous avancerons des réponses à des questions certes juridiques, mais aussi et surtout systémiques et culturelles. Les dimensions par lesquelles ces questions apparaissent au sein du discours français seront donc le socle de notre comparaison lorsqu'il s'agira d'élucider ces sous-discours ; elles seront donc aussi recherchées au sein du droit étranger. S'il faut donc qualifier notre démarche, elle s'inscrit dans une méthode comparatiste contextualiste qui vise, autant que possible, à prendre en compte une pluralité d'éléments dépassant les seuls aspects juridiques. Des données historiques seront donc particulièrement mobilisées, ainsi que des données plus sociologiques lorsqu'il sera question, par exemple, des différences de structuration doctrinale [280]. La manipulation de ces données sera réalisée avec autant de précautions possibles, mais il faut néanmoins admettre que la méthodologie suivie ne respectera sans doute pas les canons méthodologiques historiques et sociologiques dans toutes leurs variétés : l'analyse ici produite reste, fondamentalement, une étude *sur* le droit et *sur* les différents niveaux de discours juridique, et elle demeure produite par une juriste. Ces données seront donc mobilisées au soutien et en approfondissement de nos analyses.

99 **Une analyse plus limitée du discours doctrinal québécois**. Cette démarche de comparaison nous amènera à confronter un discours français très délimité (voir *supra*, § 44 et suiv.) à un discours étranger, en l'occurrence québécois. Il convient cependant de préciser que nous n'emploierons pas, pour ce qui concerne ce second discours, de méthode quantitative et statistique. Le discours doctrinal québécois relatif aux outils de justice algorithmique est en effet rétif à une telle démarche : comme nous le verrons dans nos développements, il est beaucoup plus dispersé et diffus, tant d'un point de vue temporel qu'en termes de contenu des écrits, et il n'est par ailleurs pas aussi fourni d'un point de vue quantitatif [281]. Si nous explorons les diverses raisons qui peuvent justifier ces caractéristiques, nous pouvons

---

279. Ce sera le cas pour certains des développements les plus historiques, notamment sur la question de l'évolution de la *common law* depuis la démocratisation de l'accès quasi-exhaustif aux décisions de justice (voir *infra* § 361 et suiv.).

280. Voir *infra* § 540 et suiv.

281. Ce que démontre d'ailleurs l'inventaire des travaux de recherche menés dans le cadre de l'un des projets de recherche les plus ambitieux sur l'utilisation des technologies d'intelligence artificielle dans le cadre de la justice, le projet AJC/ACT (Autonomisation des acteurs Judiciaires par la Cyberjustice/*Autonomy through Cyberjustice Technologies*) mené par le laboratoire de Cyberjustice de l'Université de Montréal au sein duquel l'autrice de ces lignes a eu la chance de pouvoir réaliser un séjour de recherche d'avril à juillet 2022, voir « Rapport de mi-parcours. Annexe », *AJC*, 27 avril 2022, disponible en ligne à <https://ajcact.openum.ca/publications-3/rapport-de-mi-parcours-annexe-bibliographique/>.

dès à présent indiquer qu'elles sont liées à la fois à la manière dont les auteurs se saisissent des outils *et* à la manière dont, plus largement, le discours doctrinal québécois se structure. Nous n'avons, en toute hypothèse, pas l'ambition de proposer une analyse de ce discours aussi approfondie que celle que nous tenterons de produire quant au discours français. Notre comparaison vise après tout à informer ce discours français, à le contraster et à l'éclairer.

100 **Un cadrage achevé**. Au terme de ces développements introductifs, nous avons donc délimité nos différents cadres : les cadres définitionnels qui constituent le socle de notre étude, le cadre méthodologique qui l'entoure et le cadre discursif sur lequel l'analyse ainsi construite portera. Il est alors temps de fixer notre questionnement et les trois temps de sa réponse.

Section 5. Problématisation et plan

101 **Problématique**. Il est donc temps de poser l'hypothèse qui guidera nos développements. Le discours doctrinal français relatif à la justice algorithmique est un discours complexe, composé de trois sous-discours correspondant ainsi à trois niveaux d'analyse des outils de justice algorithmique. Chacun de ces sous-discours est sous-tendu par l'idée d'une incompatibilité entre ces technologies et le droit français dans trois dimensions — normative, systémique et culturelle. Analyser chacun de ces sous-discours, et ce faisant, le discours dans son intégralité, permettra de déterminer à quel(s) niveau(x) une telle incompatibilité se situe et d'en tirer des éléments de réponse quant à l'avenir des outils de justice algorithmique, mais encore, et plus largement, quant au *droit français* confronté à leur arrivée progressive. Il sera en effet possible, en guise de conclusion, de proposer une lecture de cette concentration doctrinale et de ce qu'elle révèle de l'état du discours doctrinal contemporain lorsqu'il est mis face à des évolutions qu'il contrôle peu, voire pas.

102 **Invalidation de l'hypothèse juridique**. Il résulte de cette triple analyse une réponse nuancée à la question de savoir *ce qui justifie cette concentration doctrinale à l'encontre des outils de justice algorithmique.* L'analyse du premier des sous-discours amène en effet à contredire ses deux idées-force, c'est-à-dire à la fois la spécificité des défis technico-juridiques importés par les outils de justice algorithmique et celle de ses défis plus strictement juridictionnels. Il apparaît en effet que, dans les deux cas, les défis, difficultés et problématiques identifiées au sein du discours français se retrouvent au sein de l'ordre juridique québécois ; de part et d'autre de l'Atlantique, les enjeux technico-juridiques sont identiques et interrogent identiquement sur la faisabilité éthique et juridique de l'incursion toujours plus profonde des technologies d'intelligence artificielle au sein du droit. Similairement, de part et d'autre de l'Atlantique, la remise en cause des *principes fondamentaux de la justice* inquiète. L'analyse de ces deux temps ne permet donc pas de vérifier *l'hypothèse d'une incompatibilité juridique* entre les outils de justice algorithmique et le droit français, dans sa dimension normative. Elle révèle néanmoins une différence majeure entre ces deux discours : la manière dont ces deux questions sont abordées.

La similarité des enjeux n'entraîne en effet pas, tant s'en faut, de similarité dans leur traitement. La posture aussi défensive que purement juridique du discours français contraste crûment avec la posture technique, voire technicienne, et pluridisciplinaire du discours québécois. Ce contraste est d'autant plus révélateur qu'il met en lumière une concentration presque exclusivement française sur la figure du juge, concentration qui se prolonge par ailleurs au niveau systémique.

103 **Invalidation partielle de l'hypothèse systémique**. Le sous-discours technico-juridique ne démontrant pas d'incompatibilité de niveau juridique, c'est à partir du constat de cette concentration sur la figure du juge que l'analyse du second sous-discours peut être menée. Là encore, cependant, *l'hypothèse d'une incompatibilité systémique* n'est pas vérifiée : l'évidence d'une compatibilité « naturelle » entre *common law* et outils algorithmiques ne tient pas et révèle au contraire des défis systémiques propres à ce système, de sorte que l'ensemble entraîne l'impossibilité de vérifier ou d'invalider l'hypothèse contraire d'une incompatibilité automatique du système civiliste, même français. Cet échec de l'argument systémique ne vide cependant pas de toute pertinence son étude : quelque chose se joue dans ce sous-discours intermédiaire. Il constitue ainsi l'expression d'un certain nombre d'impensés systémiques, mais aussi et surtout d'une méconnaissance du terrain d'action de ces outils de justice algorithmique. La justice algorithmique entre effectivement en conflit avec une partie des lieux communs de la pensée juridique à partir desquels elle est saisie — mais en toute hypothèse, ces lieux communs ne sont pas les clés de raisonnement et les marqueurs systémiques qu'ils sont supposés être.

104 **Validation de l'hypothèse culturelle**. Ces deux échecs de vérification des hypothèses d'incompatibilité de niveau juridique puis systémique ne nous laissent plus qu'une incompatibilité potentielle : celle *d'une incompatibilité culturelle*. Les spécificités du champ doctrinal français sont indéniables, tant du point de vue de sa structuration que de sa compréhension propre du phénomène juridique ; une comparaison avec le champ doctrinal québécois et avec les interactions qui y sont perceptibles révèle ainsi, point par point, chacune de ces particularités. C'est à partir de ces dernières qu'il est finalement possible de reconstruire un sens à cette concentration doctrinale : elle est une dernière manifestation d'une crise du droit qui sape, petit à petit, les fondements méthodologiques et épistémologiques du phénomène juridique tel qu'il est compris, saisi et construit par le discours doctrinal académique. L'hypothèse de l'incompatibilité culturelle, validée, amène avec elle un constat en forme de conclusion : ce discours, cette concentration doctrinale complexe, constitue une forme de prise de conscience du vase clos dans lequel la production doctrinale évolue depuis plus d'un siècle et de son érosion. La justice algorithmique n'est alors qu'un prétexte ou, plus véritablement, *un révélateur*.

105 **Annonce de plan**. Cette triple analyse comparée et métadoctrinale sera naturellement menée en trois temps ; un temps juridique (**Première partie**), un temps systémique (**Deuxième partie**) et, enfin, un temps culturel (**Troisième partie**).

Première partie

L'INSUFFISANCE DES INCOMPATIBILITÉS JURIDIQUES

« *Quelque chose d'indéfini mais d'assurément mauvais.* » [282]

106 **Le premier des sous-discours.** Le premier des sous-ensembles articulant le discours doctrinal français relatif aux outils de justice algorithmique est *premier* à plusieurs égards. Il l'est d'abord par l'ampleur qu'il y occupe, puisqu'à l'inverse des deux autres sous-discours que nous serons amenée à identifier, celui-ci se manifeste dans l'intégralité des contributions constituant notre corpus. Il l'est aussi par l'ampleur qu'il occupe de sein de notre analyse, puisque comme indiqué en *supra*, huit des onze items ayant fait l'objet d'un relevé systématique sont exploités en son sein. Il l'est, finalement, parce que la question juridique est la « porte d'entrée » des auteurs [283] au sein d'un discours qui s'est lui-même construit en premier lieu sur cette question [284]. D'un point de vue qualitatif comme quantitatif, donc, ce sous-discours juridique est véritablement *le premier* des sous-discours français.

107 **Un sous-discours juridique mené par des juristes.** Il n'y a rien de surprenant à voir la dimension pleinement juridique de ce discours intervenir la première et de manière prééminente : après tout, de part et d'autre de l'Atlantique, ce discours

---

282. Pascale Deumier, « L'arrêt de règlement. Physionomie d'un élément de culture juridique », in Anne-Sophie Chambost (dir.), *Approches culturelles des savoirs juridiques*, LGDJ, 2020, 171, p. 184.

283. Et ce même si ces questions juridiques sont le tremplin pour une analyse d'ordre plus systémique ou culturel, voir par exemple les diverses contributions d'Emmanuel Jeuland ou de Pascale Deumier.

284. Aucune des contributions de notre corpus ne fait l'économie de l'analyse d'au moins un argument de nature pleinement juridique.

fait intervenir des *juristes*, dont le point commun demeure toujours leur expertise *juridique*. Dans la mesure, d'ailleurs, où certaines contributions se limitent à cet aspect et en tirent leurs conclusions en termes de bénéfices et de risques, on est même amenée à envisager que notre hypothèse d'une incompatibilité d'ordre juridique entre le droit français, conçu comme un ensemble de normes, et les outils de justice algorithmique puisse en expliquer le rejet. Cette première hypothèse, que nous pouvons qualifier de juridique, repose alors sur deux prémisses : la première implique la présence, en droit français, de règles de droit qui empêchent le déploiement des outils de justice algorithmique, soit dans leur ensemble, soit de manière optimale. La seconde, en contrepoint, implique l'absence de ces règles au sein de l'ordre juridique de référence (le droit québécois) et, donc, l'absence des problématiques identifiées par le discours français.

108 **Un sous-discours dual.** Si les modalités de vérification de cette première hypothèse sont duales, ce premier *discours dans le discours* est lui-même composite. L'hypothèse d'une incompatibilité juridique se déploie en effet sur deux plans distincts : un premier angle technico-juridique supportant les différents questionnements relatifs aux enjeux juridiques des techniques et technologies sur lesquelles se basent les outils de justice algorithmique, et un second angle plus juridictionnel interrogeant cette fois-ci l'articulation de ces outils avec les règles juridiques qui encadrent le procès, appelées parfois *principes fondamentaux de la justice* [285]. Ces deux angles entretiennent un rapport chronologique, puisque si la question technico-juridique peut non seulement interroger en amont de la mise en œuvre effective de ces outils, elle peut aussi et surtout *conditionner* leur mise en œuvre et, potentiellement, y faire obstacle. Dans la mesure où, on le rappelle, ces outils ne sont effectivement qu'aux premières heures de leur déploiement, cet aspect technico-juridique est en fait le seul qui ne fasse pas nécessairement l'objet d'une analyse prospective — contrairement aux questions juridictionnelles. Si leur analyse peut être réalisée dans la même temporalité que celle des aspects technico-juridiques, la manifestation de leurs enjeux se joue quant à elle en aval de leur mise en œuvre effective. Il y a donc une part indéniable d'anticipation dans le traitement de cette part du discours visant les problématiques juridictionnelles soulevées par les outils, en particulier, nous le verrons, au sein du discours doctrinal *français*. Cette approche essentiellement prospective est d'ailleurs intrinsèque à l'appréhension française des outils de justice algorithmique, au point qu'elle se retrouve ensuite sur tous les autres aspects du discours. Cette chronologie distincte de la question technico-juridique et de la question juridictionnelle emporte donc une différence de matérialité et de matérialisation de leurs enjeux respectifs, et ainsi, nécessairement, une différence de traitement de ces derniers.

109 **L'impasse de l'hypothèse juridique ; l'universalité des enjeux techniques.** Nonobstant ces différences qui justifient un traitement différencié de ces questions,

285. Expression utilisée, pour rappel, dans Jean-Marc Sauvé, « Mot d'accueil », *op. cit.*, p. 10 ainsi que dans Gérard Haas, « L'open data juridique, processus de démocratie judiciaire », in Bénédicte Bévière-Boyer et Dorothée Dible (dir.), *Numérique, droit et société*, Dalloz, 2022, 289, p. 294.

notre conclusion les concernant sera pourtant similaire. Les défis techniques et technologiques de l'immixtion du numérique au sein de la société et, plus spécifiquement, au sein du droit sont *les* défis du XXIe siècle (**Titre I**). S'ils conditionnent indéniablement la possibilité même du déploiement réel des outils de justice algorithmique en France, ils n'en conditionnent pas moins leur réception et leur mobilisation au Québec. En d'autres termes, au-delà des choix politiques et de certaines conceptions endogènes des enjeux du numérique, ces problématiques n'ont rien de spécifique à l'ordre juridique français. Tout défi identifié en France l'est aussi au Québec, ce qui fait de chacun de ces enjeux des enjeux universels qui sont *ensuite*, potentiellement, réglés de manière divergente. Cette conclusion peut apparaître décevante, mais elle se double d'une prise de conscience contradictoire : si la primordialité de ces enjeux est indéniable en ce qu'ils conditionnent, chacun à leur manière, l'avenir des outils de justice algorithmique, seul le discours doctrinal québécois semble en tirer les conséquences. Ainsi, alors qu'il se concentre sur l'appréhension et la gestion de ces problématiques et déploie une véritable expertise technique à leur sujet, le discours français ne leur offre ni une place particulière au sein de son traitement de ces outils, ni un traitement spécifique. Quand bien même l'on peut y admettre que ces questions *doivent* être réglées avant d'envisager une véritable insertion des outils dans les processus judiciaires, elles ne sont traitées que comme l'un des multiples arguments juridiques mobilisés à leur encontre et ne sont dotées que d'une valeur essentiellement *transitoire* vers le véritable cœur du discours : les enjeux juridictionnels, spécifiquement ceux relatifs à la figure cardinale du *juge*.

110 **L'impasse de l'hypothèse juridique ; les faux-semblants des principes fondamentaux de la justice**. L'argumentaire français tourne très majoritairement autour des effets des outils de justice algorithmique sur le fonctionnement de la justice et les principes qui l'encadrent. Si le discours québécois ne fait pas intégralement l'impasse sur ces enjeux, il faut admettre que le traitement qu'il leur réserve est nettement moins important quantitativement et qualitativement que leur traitement par le discours français. Pour autant, lorsque ces enjeux sont soulevés, ils le sont d'une manière comparable, précisément parce qu'ils visent des principes fondamentaux dont la diffusion ne fait aujourd'hui guère plus de doutes (**Titre II**). Là encore, le constat est à la fois décevant et éclairant : la similarité des enjeux contraste une nouvelle fois avec une différence fondamentale de traitement et d'analyse. C'est alors véritablement dans les silences du discours québécois et dans les nœuds argumentatifs du discours français que se déploie une nouvelle hypothèse. Il s'avère en effet que le cœur essentiel de cet argumentaire juridico-juridictionnel demeure, pour le discours français bien plus que pour le discours québécois, la figure du juge.

Titre I

UNE UNIVERSALITÉ DES DÉFIS TECHNOLOGIQUES

« *L'objet fétiche, sur le modèle duquel le monde est conçu, n'est plus l'horloge et son jeu de forces mécaniques, mais l'ordinateur et sa puissance de calcul.* » [286]

111 **L'universalité de la révolution numérique**. Le phénomène, voire la *révolution*, numérique est un phénomène mondial par essence. Lorsqu'il se double du développement des échanges immatériels et de la notion de cyberespace, il devient même un phénomène *global*, lui-même support d'enjeux, de problématiques et d'une forme de normativité globaux [287]. Dans ce cadre, les outils de justice algorithmique font partie de la dernière génération (en date) d'outils issus des technologies de l'information et des technologies d'intelligence artificielle à s'implanter progressivement dans les processus juridiques et juridictionnels de leurs ordres juridiques de réception. La seule véritable nouveauté qui les caractérise se loge d'ailleurs là, dans ce milieu juridique dans lequel ils tentent de s'immiscer… encore que. Il faut en effet admettre que la mobilisation des technologies de l'information dans le champ juridique n'est ni exactement récente, ni exactement révolutionnaire : il n'a pas fallu attendre l'intervention des entreprises de *Legaltech* pour voir la recherche universitaire, les éditeurs juridiques et les gouvernements se saisir des opportunités offertes par l'outil informatique. Pour autant, ces *nouveaux* outils ont bien, effectivement, une spécificité : alors que l'informatique de gestion et l'informatique documentaire du dernier tiers du XXe siècle n'intervenaient qu'en *amont* de la prise de décision juridique ou judiciaire, les outils

286. Alain Supiot, *Grandeur et misère de l'État social*, Fayard, 2013, p. 23.

287. C'est d'ailleurs tout le propos que l'on retrouve dans Karim Benyekhlef, *Une possible histoire de la norme. Les normativités émergentes de la mondialisation*, Éditions Thémis, 2008, spé. pp. 77 et suiv.

de justice algorithmique entendent aussi intervenir *au sein* de ce processus de prise de décision. Si les technologies ne sont pas nécessairement nouvelles, leurs enjeux prennent alors une tournure plus fondamentale dès lors qu'ils touchent à des activités *aussi sensibles* que celles impliquant des décisions juridiques ou judiciaires [288].

112 **Un encadrement à penser simultanément au déploiement des outils de justice algorithmique**. Or, et c'est peut-être une autre spécificité des enjeux technico-juridiques soulevés par ces outils, leur régulation n'a pas pu précéder leur apparition — tout simplement parce que, dans le cas des outils de justice algorithmique, l'offre a précédé non seulement la demande mais encore la réflexion théorique. En d'autres termes, la question de la gestion de ces enjeux, de leur encadrement et leur mitigation se pose simultanément au développement et à la commercialisation, même partielle ou préliminaire, de ces outils — que ce soit, d'ailleurs, en France ou au Québec. Cette simultanéité n'en demeure pas moins trompeuse : l'avenir, la réussite et la pérennité des outils de justice algorithmique n'en tiennent pas moins à la résolution de ces enjeux. Si les deux discours doctrinaux nationaux le reconnaissent, il faut souligner que, là encore, ce constat est trompeur dans la mesure où il n'implique pas pour autant un traitement similaire d'enjeux pourtant communs.

113 **Une similarité évidente des enjeux technico-juridiques**. La similarité des enjeux technico-juridiques soulevés par les outils de justice algorithmique est en effet indéniable. Parce que les outils sont identiques de part et d'autre de l'Atlantique, les problématiques technico-juridiques identifiées comme découlant de leur immixtion dans les processus juridiques et judiciaires sont, elles-mêmes, analogues. Elles le sont, à cet égard, tant d'un point de vue formel que de ce point de vue substantiel, dans la mesure où ces problématiques conditionneront la réussite ou l'échec de ces outils dans chaque ordre juridique (**Chapitre 1**). Ce n'est alors éventuellement qu'au stade de la *gestion* de ces enjeux que l'on peut commencer à apercevoir des distinctions parfois ténues et ne pouvant, en toute hypothèse, pas expliquer par elles-mêmes les tensions présentes au sein du discours français.

114 **Une dissemblance frappante du traitement doctrinal des enjeux technico-juridiques**. À cet égard, ce constat d'une réelle similarité des enjeux technico-juridiques, de leur temporalité et de leur primordialité ne fait que souligner la différence de traitement que chaque discours leur réserve. Alors que le discours doctrinal québécois tire toutes les conséquences du caractère fondamental de ces questions et se déploie presque tout entier *autour* de ces problématiques, le discours doctrinal français ne leur accorde qu'une place restreinte — ou, plutôt, une place égale à des enjeux qui, pourtant, ne sont à ce stade que de nature prospective (**Chapitre 2**). Cet écart apparaît à la fois frappant et révélateur de la localisation réelle des tensions du discours français : l'activité juridictionnelle.

---

288. C'est en tant que système « à haut risque » que le projet de règlement européen *établissant des règles harmonisées concernant l'intelligence artificielle et modifiant certains actes législatifs de l'Union* du 21 avril 2021 définit les outils d'intelligence artificielle « destinés à aider les autorités judiciaires à rechercher et à interpréter les faits et la loi, et à appliquer la loi à un ensemble concret de faits » (annexe III, pt. 8).

Chapitre 1

Une similarité des enjeux juridiques révélés par les discours

« La promesse de la technique moderne s'est inversée en menace. » [289]

115 **Des outils similaires, des enjeux technico-juridiques identiques**. Quand bien même ils ne sont pas commercialisés par des entités identiques, la similarité des outils de justice algorithmique tels que ceux qui s'implantent progressivement de part et d'autre de l'Atlantique — ou, à tout le moins, *tentent* de s'implanter — tend assez logiquement à entraîner une similarité des enjeux technico-juridiques qu'ils soulèvent. Il faut en effet garder à l'esprit que ces enjeux précis sont plus directement liés aux outils qu'ils ne sont liés, en tout cas au départ, aux ordres juridiques qui les réceptionnent. Ce n'est que dans un second temps que les ordres juridiques eux-mêmes peuvent, éventuellement, se modeler pour, selon les cas, admettre les risques et dangers qui leur sont rattachés, les limiter ou en empêcher la manifestation. En d'autres termes, c'est à ce second stade que *tout se joue* pour les outils : qu'il s'agisse d'impératifs pratiques *devant* être mis en œuvre pour assurer leur pleine fonctionnalité ou de l'encadrement de certaines problématiques technico-juridiques qui peut faire *obstacle* à leur réel déploiement, il s'agit dans tous les cas d'une étape cruciale qui, à ce jour, n'a encore été pleinement franchie ni en France, ni au Québec.

116 **Des enjeux essentiels et primordiaux**. Ainsi, il n'y a rien de surprenant à constater que les deux discours doctrinaux relatifs à ces outils de justice algorithmique identifient les mêmes enjeux, les mêmes problématiques et s'interrogent sur les mêmes risques de nature technico-juridique (**Section 1**). Ils apparaissent en effet

---

289. Hans Jonas, *Le principe responsabilité. Une éthique pour la civilisation technologique*, Jean Greisch (trad.), Cerf, 1992 (1e éd. 1979), p. 13.

similaires à la fois dans leur contenu, dans les inquiétudes qu'ils provoquent et dans leur importance, leur fondamentalité et leur *primordialité*. Ils ne révèlent donc, en première lecture, aucune spécificité quelconque de l'un ou l'autre des discours et, partant, de l'un ou l'autre des ordres juridiques. Ils révèlent cependant déjà une *conception* de cette primordialité différente au sein de chaque discours et, partant, une certaine manière de s'en saisir.

117 **Un encadrement parfois divergent**. Pour autant, en aval de ce constat des défis technico-juridiques présentés par les outils de justice algorithmique, les solutions proposées et apportées pour y faire face ne sont pas systématiquement similaires. Si elles peuvent, dans certains cas, laisser apparaître une dynamique d'horizontalisation et d'harmonisation, elles divergent parfois de manière notable. Si ces différences d'encadrement et de gestion de ces défis technico-juridiques pourraient conduire au constat que l'ordre juridique français est en moins bonne posture que l'ordre juridique canadien et, ainsi, sous-tendre une forme d'incompatibilité sur ce plan, il faut admettre que les choix opérés de part et d'autre de l'Atlantique sont de nature bien plus politique qu'ils ne sont de nature juridique. S'ils sont effectivement conditionnés, c'est par les diverses obligations nationales et internationales pesant sur les autorités normatives de chaque ordre juridique (**Section 2**) plus que par une certaine *nature propre* du droit national.

Section 1. Des problématiques centrales à la question algorithmique

118 **Des interactions technico-juridiques consubstantielles au développement des outils de justice algorithmique**. Avant même que ne se pose la question des interactions éventuelles des outils de justice algorithmique avec les principes régissant les activités dans lesquelles ils ont vocation à s'implanter, c'est tout d'abord la question de leurs interactions avec les règles (ou l'absence de règles) qui encadrent la récolte, le stockage, la diffusion et la réutilisation des données constituant le matériau de « base » des outils de justice algorithmique qui doit se poser. Cette importance des enjeux technico-juridiques se manifeste à deux niveaux complémentaires appréhendés, en tout cas à première vue, de manière similaire par les deux discours doctrinaux.

119 **Des enjeux technico-juridiques à l'ampleur à la fois quantitative et qualitative**. Ainsi, c'est d'abord la multiplicité de ces enjeux technico-juridiques qui transparaît des discours doctrinaux français et québécois (**§ 1**). L'ampleur *quantitative* de ces défis se double d'une ampleur *qualitative* lorsque les deux discours soulignent à quel point leur appréhension et, à terme, leur encadrement est primordial (**§ 2**). Primordial certes parce qu'ils présentent parfois des risques de court, moyen et long terme d'une gravité parfois importante, mais aussi et surtout primordial au sens *chronologique* du terme… en tout cas pour le discours doctrinal québécois.

§ 1. *UNE MULTIPLICITÉ DES ENJEUX TECHNICO-JURIDIQUES*

120 **Des enjeux technico-juridiques intervenant à diverses échelles.** Avant d'être des outils de *justice algorithmique*, les bases de données jurisprudentielles construites à partir de l'*open data* ou les outils de justice prédictive constituent des systèmes de stockage et de traitement de données. À cet égard, ils ont vocation à être non seulement régis par les textes préexistants encadrant ce type d'outils [290], mais aussi à soulever des problématiques *déjà connues* de chaque ordre juridique. Comme nous avons pu l'indiquer plus tôt, la réelle nouveauté qui les entoure tient plus à l'acuité particulière de ces enjeux dans la mesure où ils ont vocation à se manifester dans le domaine sensible qu'est la pratique judiciaire qu'à une quelconque nouveauté des enjeux eux-mêmes. À cet égard, il n'est pas surprenant que les deux discours doctrinaux s'en soient à la fois rapidement et généralement saisis, et ce à tous les niveaux normatifs, géographiques et à toutes les échelles où ils se manifestent. Cette pluralité des interactions est, après tout, consubstantielle aux technologies du numérique [291] et entraîne deux types de questionnements : les premiers ont trait aux enjeux se manifestant à une échelle individuelle et notamment à ceux liés à l'impact de ces outils sur les différents régimes de protection de la vie privée et de la protection de données personnelles des individus concernés (**A**). Les seconds, déployés à plusieurs échelons normatifs et géographiques, sont davantage liés à la nature même de ces outils et à la sûreté tant de leur fonctionnement technique que de leur intervention au sein des processus de prise de décision juridique et judiciaire (**B**).

A. Des enjeux liés à la protection des données à caractère personnel

121 **Des outils de traitement de données identifiantes.** Les enjeux des outils de justice algorithmique se manifestant à l'échelle la plus individuelle sont tous liés

---

290. On pense ici notamment au régime français issu de la loi n° 78-17 du 6 janvier 1978 *relative à l'informatique, aux fichiers et aux libertés* telle que modifiée par le règlement européen 2016/679 du Parlement européen et du Conseil du 27 avril 2016 *relatif à la protection des personnes physiques à l'égard du traitement des données à caractère personnel et à la libre circulation de ces données* [ci-après, RGPD]. Du côté du Québec, on pense au régime complexe constitué par la loi fédérale *sur la protection des renseignements personnels* (L.R.C. (1985), ch. P-21) applicable aux traitements de données réalisés par le gouvernement fédéral, à la loi fédérale *sur la protection des renseignements personnels et les documents électroniques* (L.C. (2000), ch. 5) applicable aux traitements de données réalisés par des personnes privées sur l'intégralité du territoire canadien et aux lois provinciales québécoises applicables aux traitements de données réalisés par le gouvernement provincial (loi *sur l'accès aux documents des organismes publics et sur la protection des renseignements personnels* (L.R.Q. (1982), chap. A-2.1)) et par des personnes privées *au sein des frontières de la province* (loi *sur la protection des renseignements personnels dans le secteur privé* (L.R.Q. (1993), chap. P-39.1)). À noter que ces deux derniers textes ont été rénovés par le projet de loi n° 64 *modernisant des dispositions législatives en matière de protection des renseignements personnels* adopté le 21 septembre 2021 et entrant progressivement en vigueur à partir de septembre 2022.

291. Il est en effet habituel de considérer le numérique comme un « espace déterritorialisé et ubiquitaire », voir Rym Fassi-Fihri, *Les droits et libertés du numérique : des droits fondamentaux en voie d'élaboration. Étude comparée en droits français et américain*, LGDJ Lextenso, 2022, p. 253, note 10 [ci-après, *Les droits et liberté du numérique*].

à la manière dont ces outils fonctionnent. Pour rappel, ces outils sont construits à partir de bases de données compilant des décisions de justice à titre exhaustif — sur le long terme, du moins — et plus spécifiquement encore sur les décisions de justice rendues en première et en deuxième instance. Or, les décisions rendues à ce niveau sont celles au sein desquelles foisonnent le plus de détails quant aux faits du litige traité : caractéristiques des parties (âge, genre, état physique, profession...), des dommages subis lorsque l'on se situe dans le cadre de la responsabilité civile (blessures, conséquences sur la vie de la victime), d'éventuelles fautes ou mésententes professionnelles dans le cadre d'un contentieux lancé suite à un licenciement ou de la vie familiale dans le cadre d'un divorce pour ne citer qu'elles. Les informations sont extrêmement nombreuses et elles sont toutes, d'une manière ou d'une autre, des données à caractère personnel au sens des textes applicables. Ce sont en effet des « informations se rapportant à une personne physique identifiée ou identifiable », au sens du Règlement général sur la protection des données [292], et elles constituent des « renseignements qui concernent une personne physique et qui permettent de l'identifier », au sens tant de la loi *sur la protection des renseignements personnels dans le secteur privé* et de la loi *sur l'accès aux documents des organismes publics et sur la protection des renseignements personnels* [293] — y compris, d'ailleurs, lorsque cette identification est rendue indirectement possible par un croisement de données qui ne sont pas, par elles-mêmes, identifiantes. C'est d'ailleurs là le cœur des inquiétudes des deux discours dans la mesure où, au Québec comme en France, les informations les plus directement identifiables des parties à un litige sont occultées depuis déjà plusieurs décennies [294]. Ainsi, et comme l'écrit le Conseil canadien de la magistrature :

> « *l'accès illimité à l'information judiciaire électronique peut accroître les risques pour la sécurité individuelle des personnes (...). Si ce facteur n'est pas pris en considération dans les systèmes donnant accès à l'information judiciaire par*

---

292. Notamment son article 4.1.

293. Respectivement aux articles 2 et 54.

294. C'est le cas, en France, depuis la délibération n° 01-057 de la Commission Nationale de l'Informatique et des Libertés (CNIL) du 29 novembre 2001 ayant recommandé l'occultation des noms et adresses des parties et témoins avant diffusion des décisions de justice. Au Québec, aucun texte normatif ne prévoit d'obligation générale d'occultation (ou caviardage), mais il est prévu que l'accès au dossier soit restreint dans certaines matières (art. 16 du Code de procédure civile québécois). La SOciété QUébécoise d'Information Juridique (SOQUIJ), organisme public chargé depuis sa création par une Loi *constituant la Société Québécoise d'Information Juridique (SOQUIJ)* (L.R.Q. 1977, c. S-20), de collecter puis diffuser les décisions de justice rendues par les juridictions québécoise) a adopté une politique de caviardage des « renseignements personnels ou sensibles dans tout type de décisions » qui incluent, notamment, les adresses postales et courriel des individus, leur date de naissance et toute une série de numéros (de téléphone, d'assurance sociale, de passeport, de compte en banque...) et le remplacement des noms et prénoms des individus par leurs initiales pour les majeurs, et les lettres X, Y et Z pour les mineurs (voir « Politique sur le caviardage », 10 juin 2011, disponible en ligne à <https://soquij.qc.ca/a/legacy_old/documents/file/corpo_politiques/politique-sur-le-caviardage.pdf?_ga=2.106337728.2138111378.1656524723-1242627657.1656524723>). *CanLII*, la plateforme de diffusion du droit en ligne canadienne, ne prévoit quant à elle pas de système de caviardage ou de pseudonymisation supplémentaire aux exigences légales et aux retouches déjà réalisées par les organismes lui ayant transmis les décisions (pour le Québec, la SOQUIJ).

voie électronique, les risques pourraient être plus grands qu'ils ne le sont dans le monde traditionnel de l'imprimé, en raison de la facilité avec laquelle toute personne ayant accès à Internet peut obtenir l'information. » [295]

Le discours doctrinal français n'exprime pas d'autre inquiétude lorsqu'il souligne qu'il « existe également des risques d'exploitation des données personnelles [et] d'atteintes à la vie privée » [296], risques particulièrement sensibles dans la mesure où, contrairement à « une partie de l'*open data* classique », les données visées par l'*open data* des décisions de justice sont non seulement des « données dont la diffusion est particulièrement mal vécue par les personnes identifiées » mais encore des surtout des données dont l'occultation, sans parler de l'anonymisation, est extrêmement complexe [297].

122 **Une gestion complexe de l'équilibre entre transparence et protection de la vie privée.** Cette complexité est intrinsèque au contenu des décisions de justice : il s'agit en effet de décrire tous les éléments d'un litige, en particulier ceux qui doivent faire l'objet d'une qualification juridique qui déterminera ensuite le sens de la décision prise. Or, non seulement « le traitement de données qui ne sont pas *a priori* identificatoires peut néanmoins mener à l'identification des personnes » [298], mais c'est d'autant plus facilement le cas lorsque ces données sont nombreuses et variées dans leur nature. C'est précisément le cas d'une décision de justice. Ainsi, « dès lors que, par exemple, dans une décision portant sur un licenciement, il est fait état dans une petite commune du nom du commerce et de la fonction du salarié, il paraît facile pour celui qui y vit de retrouver l'identité du salarié mis en cause » [299]. Leur suppression, pour autant, n'en est pas rendue plus simple : non seulement les cas aussi simples sont rares, rendant la délimitation des informations susceptibles d'être croisées difficile *a priori*, mais il ne s'agit pas en plus de « réduire la qualité des données disponibles » [300] en éliminant « l'essentiel du contenu des décisions (...) [qui] deviendraient inintelligibles » [301]. Au-delà, et ce constat vaut d'ailleurs à la fois pour les bases de données jurisprudentielles et pour les outils de justice prédictive, supprimer un nombre trop important d'éléments conduit, virtuellement, à rendre leur réutilisation si ce n'est impossible, du moins inutile [302]. La même recherche d'un équilibre entre deux principes contraires,

---

295. Jo Sherman, *op. cit.*, p. 10.

296. Patricia Pomonti, *op. cit.*, p. 197.

297. Anne Debet, « Données personnelles, droit à l'oubli et droit à l'information du public », *JCP*, supplément au nº 9, 2017, 34, p. 34.

298. Pierre-Luc Déziel, Karim Benyekhlef et Ève Gaumond, « Repenser la protection des renseignements personnels à la lumière des défis soulevés par l'IA. Document de réponse aux questions posés par la Commission d'accès à l'information du Québec dans le cadre de la consultation sur l'intelligence artificielle », rapport du Laboratoire de Cyberjustice et de l'Observatoire international sur les impacts sociétaux de l'IA et du numérique, 2020, p. 7.

299. Stéphanie Mauclair, « L'open data des décisions de justice », *RJPF*, nº 6, 2020, 11, p. 12.

300. Thibault Douville et Loïs Raschel, « Numérique et diffusion de la décision. L'open data des décisions de justice », in Loïs Raschel et Corinne Bléry (dir.), *Vers une procédure civile 2.0*, Dalloz, 2018, 49, p. 54.

301. Marie Dochy, *La dématérialisation des actes du procès civil*, Dalloz, 2021, p. 310.

302. Ce que reconnaissent d'ailleurs Guillaume Deroubaix, « L'édition juridique et la diffusion du droit. La problématique particulière de la diffusion de la jurisprudence », *JCP*, supplément au

d'une part la transparence de la justice et d'autre part la protection des données personnelles et de la vie privée des individus [303], se retrouve d'ailleurs au sein du discours québécois. Ainsi, « quand bien même peu nombreux sont ceux qui argumenteraient contre un meilleur accès à la justice (…), la question se pose d'à quel moment un meilleur accès devient trop d'accès » [304], dans la mesure où « l'ouverture massive des décisions de justice pour des raisons technologiques et des raisons de transparence ne doit pas faire obstacle à des droits fondamentaux tels que le droit à la vie privée » [305]. Si ce risque est traité en tant que tel, sans nécessaire lien avec de potentielles conséquences plus larges, les deux discours s'accordent cependant sur le fait qu'un équilibre *déséquilibré* pourrait effectivement avoir des effets à plus long terme et, en premier lieu, celui d'impliquer la création d'une forme de *casier judiciaire* virtuel [306]. Ici l'on s'interroge, « est-il acceptable qu'un employeur puisse vérifier si un candidat à l'embauche a connu des litiges civils ou des condamnations pénales ? » [307], tandis que là on souligne le risque de voir des tiers adopter des « comportements intimidants voire menaçants, allant jusqu'au vol d'identité » [308] vis-à-vis des individus dont l'identité serait, d'une manière ou

n° 9, 2017, 92, p. 93, Solën Guézille et Antoine Chatain, « Justice prédictive : entre fantasme et réalité », *Experts*, n° 135, 2017, 4, p. 5 ou par Lêmy Godefroy, Frédéric Lebaron et Jacques Lévy-Vehel, *op. cit.*, p. 66. Il faut en effet rappeler que les moteurs de recherches des bases de données jurisprudentielles basées sur l'*open data* exploitent les données factuelles présentes au sein des décisions – et que ce sont ces données factuelles qui peuvent conduire à l'identification des parties dont l'identité serait, pourtant, dissimulée. Du côté des outils de justice prédictive, le constat est encore plus clair ; sans ces données, pas de traitement quantitatif et donc pas de résultats statistiques ou probabilistes concernant le contentieux visé.

303. Équilibre que l'on retrouve d'ailleurs mentionné dans, par exemple, Pascale Deumier, « La jurisprudence d'aujourd'hui et de demain », *RTD civ.*, 2017, 600, p. 605, Sarah Torricelli-Chrifi, « Nouvelles technologies, nouvelle ère : vers une désintermédiation du droit ? », in Hélène Simonian-Gineste et Sarah Torricelli-Chrifi (dir.), *Les professions (dé)réglementées. Bilan et perspectives juridiques*, Presses de l'Université Toulouse 1 Capitole, 2019, 299, pp. 302-303 ou Frédéric Alhama, « Vers une plus grande accessibilité des décisions rendues par les juridictions administratives », *RFDA*, 2019, 695, p. 706.

304. « *Although few would argue against better access to justice, [it] raises the question of how much access is too much* », Nicolas W. Vermeys, « Privacy v Transparency: How Remote Access to Court Records Forces Us to Re-examine Our Fundamental Values », in Karim Benyekhlef, Jane Bailey, Jacquelyn Burkell et Fabien Gélinas (dir.), *EAccess to Justice*, University of Ottawa Press, 2016, 123, p. 124.

305. « *The massive opening of legal decisions for transparency and technological reasons must not hinder the fundamental rights such as the right to privacy* », Tristan Allard, Louis Béziaud et Sébastien Gambs, « Online publication of court records: circumventing the privacy-transparency trade-off », *Prépublication ArXiv*, 2020, disponible en ligne à <http://arxiv.org/abs/2007.01688>.

306. L'expression est d'ailleurs utilisée dans Alexis Chabert, « Justice prédictive et évolution du métier d'avocat », *JCP*, supplément au n° 44-45, 2019, 67, p. 68, Kévin Castanier, « L'open data judiciaire, quelle effectivité pour les plaideurs ? », *Revue juridique de l'Ouest*, n° 3, 2018, 77, p. 81 ou Guillaume Leguevaques, *op. cit.*, p. 327.

307. Jean-Paul Jean, « Penser les finalités de la nécessaire ouverture des bases de données de jurisprudence », *op. cit.*, p. 12 et, dans le même sens, Fabrizio Papa Techera, « Les données de justice ne sont ni suffisamment, ni facilement accessibles », *La Revue du digital*, 23 septembre 2020, disponible en ligne à <https://www.larevuedudigital.com/les-donnees-de-justice-ne-sont-ni-suffisamment-ni-facilement-accessibles/>

308. « *Individuals (…) can subsequently engage in intimating or even threatening behaviour, if not identity theft* », Karen Eltis, « The Judicial System in the Digital Age: Revisiting the Relationship between Privacy and Accessibility in the Cyber Context », *McGill L.J.*, vol. 56, n° 2, 2011, 289, pp. 295-296.

d'une autre, traçable au sein des décisions diffusées. D'un côté de l'Atlantique on s'inquiète de l'idée d'un possible « profilage algorithmique de la personne » [309] et, de l'autre, de la possibilité de « constituer des mégabases de données contenant des profils d'individus pour les revendre aux (...) établissements de crédit, aux bailleurs, aux agences immobilières ou encore aux sociétés d'assurance » [310].

123 **Des outils questionnant les contours traditionnels de la protection des données à caractère personnel.** Outre cette réactivation inévitable de questionnements préexistants [311], les outils de justice algorithmique tendent aussi à provoquer des questionnements quant à une reconfiguration, une redéfinition des contours des notions de vie privée et de la protection des données personnelles. Nous avons déjà évoqué l'une de ces redéfinitions vis-à-vis des données (ou informations) non directement identificatoires par elles-mêmes mais susceptibles de le devenir par recoupement, mais les outils de justice algorithmique soulèvent aussi des questionnements quant aux personnes pouvant se réclamer d'un droit à la dissimulation de certains éléments au sein des décisions les concernant. C'est notamment le cas des personnes morales, absentes de toute mesure de protection dans les deux ordres juridiques [312], dans les différentes versions des lois annonçant l'*open data* et dans leurs décrets d'application. Ainsi, « l'exclusion des personnes morales du champ de la protection de la vie privée et des données à caractère personnel n'est pas sans difficulté » [313], pour au moins deux raisons avancées par les deux discours. La première nous ramène finalement à la problématique initiale de la protection des personnes physiques puisqu'à « partir de l'identification de la société, il est possible de retrouver le nom » de son dirigeant [314] ; la seconde a trait à un effet *dissuasif* que la publicité des jugements visant les entreprises

309. Karim Benyekhlef, « L'IA et nos principes de justice fondamentale », *Policy Options Politiques*, 15 février 2018, disponible en ligne à <https://policyoptions.irpp.org/fr/magazines/february-2018/lia-et-nos-principes-de-justice-fondamentale/>. Dans le même sens, Simon Du Perron et Karim Benyekhlef, « Les algorithmes et l'État de droit », Document de travail n° 27, Laboratoire de Cyberjustice, 2021, p. 36. On retrouve d'ailleurs cette inquiétude au sein du discours français, voir Lamia El Bouchtioui et Valeria Loscri, « La « de-anonymization » : une atteinte à la vie privée ? Quelle protection pour les utilisateurs de la nouvelle technologie », *Convergences du droit et du numérique*, Université de Bordeaux, 2019, 147, p. 154, disponible en ligne à <https://hal.inria.fr/hal-02195921>.

310. Benjamin Ricou, « La protection des données personnelles contenues dans les décisions du juge administratif », in Pierre Bourdon (dir.), *La communication des décisions du juge administratif*, LexisNexis, 2020, 57, p. 65.

311. La question de l'équilibre précaire à trouver entre publicité de la justice et/ou des décisions de justice et protection de la vie privée des individus visés par ces décisions n'a en effet pas attendu ces outils pour s'exprimer de manière particulièrement sensible au Québec – nous y reviendrons en *infra*, voir § 150 et suiv.

312. Ce qui implique leur absence totale des dispositifs créés par les textes successifs ayant posé le principe d'*open data* des décisions de justice, de leur décret d'application et, plus globalement, des dispositifs de protection des données à caractère personnel puisque le RGPD vise bien les personnes *physiques* – il en va de même du régime canadien et québécois, ce qui est d'ailleurs souligné dans Pierre-Luc Déziel, Karim Benyekhlef et Ève Gaumond, *op. cit.*, p. 8.

313. Marie Dochy, *La dématérialisation des actes du procès civil*, *op. cit.*, p. 302.

314. *Ibid.* Dans le même sens, Fabien Drey, « Notation des avocats, algorithmes et open data des décisions de justice : les liaisons dangereuses », *Village de la Justice*, 14 août 2019, disponible en ligne à <https://www.village-justice.com/articles/spip.php?page=imprimer&id_article=32216>

pourrait avoir sur leur recours à la justice. L'effet serait lié à la possibilité d'avoir accès à une « cartographie du contentieux des entreprises », ce qui pourrait alors conduire ces mêmes entreprises à « vouloir éviter une décision de justice qui sera consultable facilement par un grand nombre de personnes et d'adversaires potentiels » [315]. C'est d'ailleurs aussi au niveau des personnes dont les données à caractère personnel pourraient ou devraient être protégées que l'on voit apparaître une première spécificité du discours français — l'intervention des personnels de justice dans le débat. Nous reviendrons plus précisément sur cette spécificité plus avant (voir *infra* § 193 et suiv.), mais l'on peut dès à présent souligner que les inquiétudes françaises se logent tant à un niveau sécuritaire qu'à un niveau plus théorique, voire culturel. Plus généralement, et pour en revenir à la redéfinition des contours de la protection des données à caractère personnel et de la protection de la vie privée des individus visés par les décisions de justice diffusées et traitées, aucun des deux discours n'ignore que la nature particulière du *contenant* de ces données impose une nouvelle réflexion sur les moyens à effectivement mettre en œuvre pour garantir l'équilibre complexe entre diffusion des décisions de justice, et donc transparence de l'activité judiciaire, et garantie du régime de protection de ces données. Ainsi, la réflexion se situe sur le plan tant technique qu'organisationnel lorsque, d'un côté, chercheurs comme institutions s'attachent à penser et à mettre en place les outils, eux-mêmes construits à partir de technologies d'intelligence artificielle, pour permettre l'automatisation des occultations considérées nécessaires [316] et que, de l'autre, le reste du discours envisage le « parcours » et l'organisation généraux de ces processus. Si les atermoiements du législateur ont conduit le discours français à creuser puis abandonner le principe d'une analyse préalable du risque de réidentification [317], c'est pour ainsi dire exclusivement par

---

315. Alexis Chabert, *op. cit.*, p. 68. Au sein du discours canadien et québécois, on voit alors apparaître la notion d'embarras (« *embarrassment* », notamment dans Karen Eltis, « The Judicial System in the Digital Age: Revisiting the Relationship between Privacy and Accessibility in the Cyber Context », *op. cit.*, p. 301) ou d'inconfort (Pierre Trudel, « Moteurs de recherche, déférencement, oubli et vie privée en droit québécois », *Lex Electronica*, n° 81, 2016, 89, p. 111) – y compris lorsqu'il s'agit de balayer ces sentiments comme des justifications pertinentes à un caviardage renforcé.

316. Ainsi, côté québécois, la réflexion académique fonctionne à plein pour développer des outils permettant d'assurer à la fois une limitation des risques de réidentification des individus dont l'identité est caviardée et une conservation de l'intelligibilité des données, voir, par exemple, Tristan Allard, Louis Béziaud et Sébastien Gambs, *op. cit.* ou, plus anciennement, voir les travaux menés par Frédéric Pelletier, Guy Lapalme et Luc Plamondon, not. « L'assistant d'anonymisation NOME », présentation faite lors des *Journées Internet pour le droit*, 3-5 novembre 2004. Côté français, c'est la Cour de cassation et la Chancellerie elles-mêmes qui ont conduit les recherches les plus prometteuses par l'intermédiaire du programme Entrepreneurs d'intérêt général ; le défi Open Justice, soutenu dans le cadre de la troisième promotion du programme (2019), a ainsi conduit à un second défi Logiciel d'Anonymisation d'une Base Enrichie Labellisée (LABEL) dans le cadre de la promotion suivante (2020). L'outil est aujourd'hui opérationnel et mis en œuvre au niveau de la Cour de cassation, voir, à ce sujet, « L'open data des décisions de justice », *Cour de cassation*, disponible en ligne à <https://www.courdecassation.fr/la-cour-de-cassation/demain/lopen-data-des-decisions-judiciaires>.

317. Cette analyse était prévue par la Loi *pour une République Numérique* et n'a pas été réitérée par la Loi n° 2019-222 du 23 mars 2019 *de programmation 2018-2022 et de réforme pour la justice*.

le biais de la pseudonymisation et de l'occultation d'éléments au sein des décisions de justice que ce processus est envisagé. Le discours québécois apparaît, à cet égard, plus varié dans ses réflexions, quand bien même le principe du caviardage occupe la majorité du discours [318]. On trouve cependant à ses côtés d'autres biais : le contrôle d'accès à certaines décisions [319], les restrictions de publication [320] et, élément propre au système de diffusion des décisions de justice canadien, les restrictions de collecte et de réutilisation [321]. En d'autres termes, les axes de réflexion réactivés ou simplement renouvelés par l'intervention des outils de justice algorithmique et leur demande accrue en données judiciaires se retrouvent, dans toute leur variété, au sein des deux discours doctrinaux.

B. Des enjeux liés au (dys)fonctionnement technique des outils de justice algorithmique

124 **Boîte noire, opacité et apprentissage automatique.** Cette similarité des enjeux relevés par chacun des discours se poursuit à des échelles plus larges, et notamment en ce qui concerne le fonctionnement des outils eux-mêmes. Ainsi, les technologies spécifiques déployées par les outils de justice algorithmique sont le support de deux séries d'inquiétudes : celles reliées au fonctionnement desdites technologies, et celles reliées à leurs potentiels *dys*fonctionnements. Ces outils sont, nous l'avons vu, tous construits sur des algorithmes d'apprentissage automatique mettant en œuvre des techniques de reconnaissance du langage naturel afin d'analyser les données qu'ils stockent et de les restituer à leurs utilisateurs selon leurs critères de recherche — qu'il s'agisse de restituer des décisions de justice

---

318. Outre les expérimentations mentionnées à la note précédente, voir Pierre Rudel, « Moteurs de recherche, déréférencement, oubli et vie privée en droit québécois », *op. cit.*, p. 111 ou Marc-Aurèle Racicot, « The Open Courts Principle and the Internet: Transparency of the Judicial Process Promoted by the Use of Technology and a Solution for a Reasoned Access to Court Records », *R. du B.*, n° 66, 2006, 333, p. 367.

319. Soit en général (les décisions ne seraient accessibles que par des catégories d'acteur déterminées, ou dans un temps limité, ou à un rythme contraint, voir Tristan Allard, Louis Béziaud et Sébastien Gambs, *op. cit.*, pp. 1-2) soit en faisant varier les *modes* d'accès : seules certaines catégories d'acteur pourraient avoir accès à certaines information librement, tandis que d'autres devraient passer par des voies contraintes (géographiquement ou technologiquement, voir Nicolas W. Vermeys, « Privacy v Transparency: How Remote Access to Court Records Forces Us to Re-examine Our Fundamental Values », *op. cit.*, p. 135). À noter que ces mesures relèvent de la politique de diffusion des décisions de justice plus que de leur réutilisation par les outils de justice algorithmique ; pour autant, elle en affecte nécessairement l'efficacité.

320. Solution évoquée par Tristan Allard, Louis Béziaud et Sébastien Gambs, *op. cit.*, pp. 1-2 pour être immédiatement rejetée. À noter d'ailleurs que jusqu'à la décision Cons. const., 21 mars 2019, n° 2019-778 DC, *Loi de programmation 2018-2022 et de réforme pour la justice*, c'était cette solution qui était adoptée pour les décisions rendues en chambre du conseil – suite à la censure prononcée par le Conseil en raison de la généralité de cette restriction de la diffusion au seul dispositif, aucune disposition n'est pas venue remplacer le mécanisme initial.

321. Nous reviendrons sur ce système lorsque nous traiterons des mécanismes effectivement mis en place pour se saisir des enjeux technico-juridiques des outils de justice algorithmique, mais nous pouvons dès à présent indiquer que le site CanLII ne permet pas le référencement direct des décisions de justice qu'il diffuse sur les moteurs de recherche, et que le *data dredging* (c'est-à-dire la collecte massive de données) n'est pas permise par ses conditions d'utilisation et le système de licence sous lequel il opère.

intégrales, pour les bases de données jurisprudentielles, ou une synthèse d'une multitude de décisions de justice considérées comme pertinentes au regard de ces critères. Or, si le choix de ce type d'algorithme a pour lui de permettre à ces outils de fonctionner sans avoir à formaliser, d'une manière ou d'une autre, le raisonnement du juge, il a *contre lui* de constituer une « boîte noire ». L'expression se retrouve d'ailleurs au sein des deux discours [322] pour désigner la même problématique : « les algorithmes issus du paradigme de réseaux de neurones artificiels et l'apprentissage automatique (…) sont par définition opaques. » [323] Si l'expression tend à être utilisée de manière plus libérale par le discours français pour désigner le seul fait que les utilisateurs de ces outils n'en comprennent généralement pas le fonctionnement [324], elle est cependant intrinsèquement liée aux limitations de ces systèmes du point de vue de leur compréhensibilité *technique*, y compris par leurs concepteurs. Comme nous avons pu l'expliquer plus haut (voir *supra* § 29), les algorithmes d'apprentissage automatique supervisés sont construits à partir de boucles d'action et de rétroaction qui leur permettent, au fur et à mesure de leur entraînement et des corrections apportées par l'individu supervisant cet entraînement, de modifier leur fonctionnement de manière à se rapprocher au plus près des résultats souhaités. Or, cette adaptation de l'algorithme *après* sa programmation initiale a deux conséquences : la première, c'est que cette programmation initiale, c'est-à-dire le code source, ne renseigne pas sur le fonctionnement réel de l'algorithme passé la phase d'entraînement. La seconde, c'est que s'« il est possible d'observer les données d'entrée (*input*) [et] les données de sortie (*output*) » de ces systèmes, « on comprend mal le[ur] fonctionnement interne » [325] en raison de l'enchevêtrement des règles secondaires créées par l'algorithme [326]. Ainsi, et « contrairement aux systèmes d'IA raisonnant de façon logico-déductive, il n'est pas possible d'extraire un arbre de décision clair et logiquement cohérent » [327] de

322. Pèle-mêle, côté québécois, dans Simon Du Perron et Karim Benyekhlef, *op. cit.*, p. 22, Pierre-Luc Déziel, Hélène Zimmerman et Satchel Dell'olio Delpech, « Étude relatives à l'incidence des technologies de l'information et des communications sur la formation des juristes au Québec », Rapport au Ministère de la justice, 2020, p. 16, note 32 ou Jocelyn Maclure et Marie-Noëlle Saint-Pierre, « Le nouvel âge de l'intelligence artificielle : une synthèse des enjeux éthiques », *C.P. I.*, vol. 30, n° 3, 2018, 741, p. 757. Côté français, on peut retrouver l'expression dans, par exemple, Lêmy Godefroy, « L'office du juge à l'épreuve de l'algorithme », in Jean-Pierre Clavier (dir.), *L'algorithmisation de la justice*, Larcier, 2020, 111, p. 116, Eugénie Petitprez et Rodolphe Bigot, « Standard humain ou standardisation algorithmique de l'évaluation du dommage corporel ? », *Lexbase Avocat*, 7 mai 2020, p. 17 ou Florence G'sell, *Justice numérique*, Dalloz, 2021, pp. 97-98.

323. Jocelyn Maclure et Marie-Noëlle Saint-Pierre, *op. cit.*, p. 757.

324. On retrouve ce type d'utilisation de l'expression « boîte noire » dans, par exemple, Pascale Deumier, « La justice prédictive et les sources du droit : la jurisprudence du fond », *op. cit.*, p. 56 ou François Guéranger, « Réflexions sur la justice prédictive », *Gaz. Pal.*, 2018, n° 13, 15, p. 15. À noter, dès à présent, que cette utilisation libérale n'est ni anodine, ni sans lien avec l'importance relative accordée par le discours à ces questions par rapport à d'autres enjeux plus prospectifs.

325. Cédric Villani (dir.), « Donner un sens à l'intelligence artificielle : pour une stratégie nationale et européenne », Rapport au Premier ministre, 2018, pp. 140-141.

326. Mustapha Mekki, « Du numérisme juridique à l'humanisme numérique », in *Mélanges en l'honneur du doyen Didier Guével. Une approche renouvelée des Humanités*, LGDJ, 2021, 333, p. 348.

327. Jocelyn Maclure et Marie-Noëlle Saint-Pierre, *op. cit.*, p. 758.

ces outils. Cette notion d'opacité inhérente à ce type d'outil est ainsi soulignée dans les deux discours [328], soit pour elle-même [329], soit au regard de ses conséquences plus large [330].

125 **Biais de programmation et données biaisées.** L'une de ces conséquences est, d'ailleurs, un autre enjeu propre au type de système qui soutient les outils de justice algorithmique, et plus spécifiquement ceux de justice prédictive : le risque d'obtenir des résultats biaisés, soit par déformation des données d'entrée au moment de leur traitement, soit *du fait* de ces données d'entrée. Dans le premier cas, celui des biais de programmation, des données *a priori* fiables sont altérées, volontairement ou non, soit par des défaillances des informaticiens dans la programmation effective de l'algorithme [331], soit par le seul fait que ces informaticiens sont... des êtres humains. Ainsi, puisqu'ils « entraîne[nt] l'algorithme pour accomplir certaines tâches », ils opèrent toute une série de choix qui peuvent les conduire à transmettre au système « leurs croyances et valeurs » [332]. Dans le second cas, c'est la base de données sur laquelle est adossé l'algorithme qui est fautive. Parce que les « algorithmes prédictifs demandent de grandes quantités de données de bonne qualité », « des données non représentatives ou de mauvaise qualité aboutiront à des prédictions de mauvaise qualité et, potentiellement, biaisées » [333]. Là encore, les causes avancées sont variées : le fait que « les données reflètent inévitablement

---

328. Le terme même se retrouve dans Simon Du Perron et Karim Benyekhlef, *op. cit.*, p. 74 ou dans Karim Benyekhlef et Jie Zhu, *op. cit.*, p. 807 (on y retrouve aussi la notion d'« explosion combinatoire », c'est-à-dire l'hypothèse d'un nombre de paramètres faisant varier les résultats atteignant un nombre tel qu'il devient impossible de déterminer leur poids exact sur ces résultats). Du côté français, on le retrouve dans Samir Merabet, *Vers un droit de l'intelligence artificielle*, Dalloz, 2020, p. 259 ou dans Bénédicte Girard, « L'algorithmisation de la justice et les droits fondamentaux du justiciable », in Jean-Pierre Clavier (dir.), *L'algorithmisation de la justice*, Larcier, 2020, 181, p. 186.

329. C'est notamment le cas dans Jérôme Porta, « Algorithme et risque discriminatoire », in *Nouveaux modes de détection et de prévention de la discrimination et accès au droit: action de groupe et discrimination systémique: algorithmes et préjugés ; réseaux sociaux et harcèlement*, Société de législation comparée, 2020, 61, p. 74 ou Basile Darmois, *op. cit.*, p. 74.

330. Vis-à-vis, par exemple, des principes d'indépendance et d'impartialité (Simon Du Perron et Karim Benyekhlef, *op. cit.*, p. 74), ou du principes d'explicabilité inclus au sein du RGPD (Lêmy Godefroy, « L'office du juge à l'épreuve de l'algorithme », *op. cit.*, p. 116).

331. On retrouve ce risque mentionné dans Marie Dochy, *La dématérialisation des actes du procès civil*, *op. cit.*, p. 387, Édouard Rottier, « La justice prédictive et l'acte de juger : quelle prévisibilité pour la justice ? », *APD*, t. 60, 2018, 189, p. 191 ou Yannick Meneceur, *L'intelligence artificielle en procès*, *op. cit.*, pp. 98-99. Côté Québec, on le retrouve dans Simon Du Perron et Karim Benyekhlef, *op. cit.*, pp. 74-74.

332. Jocelyn Maclure et Marie-Noëlle Saint-Pierre, *op. cit.*, pp. 754-755. Dans le même sens, Leanne Soares, « Artificial intelligence in Canadian Law Libraries », *Can. L. Libr. Rev.*, vol. 45, n° 4, 2020, 16, p. 19 et, en France, Ariel Dahan, « Big data juridique et Justice algorithmique : y'a-t-il encore un juriste dans le prétoire ? », in Antoine Masson et Hugues Bouthinon-Dumas (dir.), *L'innovation juridique et judiciaire. Méthodologie et perspectives*, Larcier, 2019, 185, p. 208, Florence G'sell, *Justice numérique*, *op. cit.*, p. 95 ou Liane Huttner, *op. cit.*, § 9.

333. « *Predictive algorithms require a great deal of high-quality data, and data that are unrepresentative or of poor quality will result in poor, and potentially biased, predictions* », Jacquelyn Burkell, « The Challenges of Algorithmic Bias », cours donné à la *University of Western Ontario*, 2019, p. 4, disponible en ligne à <https://www.ajcact.org/en/publications/the-challenges-of-algorithmic-bias/>.

les biais qui existent dans la société » [334], la qualité défaillante de ces données [335] et l'exclusion ou, au contraire, l'inclusion de certaines d'entre elles [336] sont autant de facteurs pouvant induire des biais dans les résultats ensuite produits par les systèmes. Si, comme le reconnaît spécifiquement le discours québécois, « les biais sont incorporés dans les algorithmes *by design* », leur sont « consubstantiels » dans la mesure où il en va de leur fonction que de « donner du poids à certaines informations plutôt qu'à d'autres », ce fonctionnement biaisé ne devient un risque et n'est craint par les deux discours que dès lors qu'il « donne la capacité [aux systèmes] de discriminer à partir de facteurs qui ne devraient pas être pris en compte » [337]. Ces facteurs sont, précisément, ces « croyances et valeurs » qui peuvent être insérées dans les algorithmes ou extraites des données d'entrées et qui peuvent alors conduire à « reproduire et aggraver les discriminations » pré-existantes dans la société dans laquelle ces systèmes se déploient [338]. Là encore, la problématique est liée à la nature des algorithmes sur lesquels ils sont construits : puisque ces derniers sont entraînés pour exploiter, au sein des décisions, tout élément faisant effectivement varier son sens ou son contenu sera exploité, y compris s'il s'agit du genre, de l'âge, de la religion, de l'orientation sexuelle ou

---

334. Mathieu Papillon, « Des juges-robots au tribunal : entre fiction et appréhension », *RAD*, 3 juillet 2018, disponible en ligne à <https://www.rad.ca/dossier/intelligence-artificielle/94/des-juges-robots-au-tribunal-entre-fiction-et-apprehension>. Dans le même sens, Simon Du Perron et Karim Benyekhlef, *op. cit.*, p. 44.

335. Marie Dochy, *La dématérialisation des actes du procès civil*, *op. cit.*, p. 387, soit parce qu'elles ne sont plus à jour (Élise Mouriesse, *op. cit.*, p. 131), soit parce qu'elles ne sont pas représentatives (Théo Sentis, « Algorithmes et préjugés. Quels enjeux pour la justice prédictive ? », in Marie Marca-Bruns (dir.), *Nouveaux modes de détection et de prévention de la discrimination et accès au droit : action de groupe et discrimination systémique : algorithmes et préjugés ; réseaux sociaux et harcèlement*, Société de législation comparée, 2020, 83, pp. 87-88).

336. Jacquelyn Burkell, *op. cit.*, p. 4. Dans le même sens, Simon Du Perron et Karim Benyekhlef, *op. cit.*, p. 44 ou Vincent Orif, « Voyage du juge depuis Hypérion : entre une intelligence artificielle conseillère et conquérante, *op. cit.*, p. 139. Ce facteur spécifique était particulièrement souligné en France vis-à-vis du projet *DATAJUST* qui n'intégrait que certains types de décision (les arrêts d'appel rendus par les juridictions civiles et administratives, à l'exclusion des décisions de première instance et des arrêts d'appel rendus en matière pénale). Nous reviendrons sur le cas particulier de ce projet en *infra*, mais on retrouve cette idée dans, par exemple, Yannick Meneceur, « DataJust face aux défis de l'intelligence artificielle », *JCP*, n° 40, 2020, 1708, p. 1711 et Motahareh Fathisalout Bollon et Vincent Rivollier, « À propos de DataJust : justesse de l'outil numérique, juste indemnisation des victimes ? », *RLDC*, n° 184, 2020, 18, p. 21.

337. « *Bias is built into an algorithm by design. This is precisely its functions, in that 'in order for an algorithm to operate, it has to give weight to some piece of information over others' and this bias is 'intrinsic to the algorithm'. So the issue becomes one of degree – where in the line between acceptable biases in favor of given variables and unacceptable biases drawn? The latter being the ones that have the capacity to discriminate based on factors that should not be permitted* », Dessislav Dobrev, *Artificial Intelligence and the Law. A Comprehensive Guide for the Legal Profession, Academia and Society*, Thomson Reuters, 2021, p. 161 citant Louise Amoore, « Algorithms in decision-making », Rapport au Science and Technology Committee of the United Kingdom House of Commons, 2018, p. 18.

338. Yannick Meneceur, *L'intelligence artificielle en procès*, *op. cit.*, pp. 98-99. Dans le même sens, Jocelyn Maclure et Marie-Noëlle Saint-Pierre, *op. cit.*, pp. 755-756 ou Mathieu Papillon, *op. cit.*

de l'ethnicité d'une partie, l'outil pourrait alors réitérer des solutions discriminatoires [339]. Ce risque est particulièrement souligné, surtout au sein du discours français, par l'intermédiaire du scandale lié au logiciel américain de prédiction de la récidive COMPAS et à ses résultats discriminatoires vis-à-vis des individus afro-américains [340]. Dans tous les cas, c'est bien l'hypothèse de voir les résultats produits par l'algorithme biaisés d'une manière ou d'une autre qui inquiète les deux discours, soit vis-à-vis du risque d'accentuer des pratiques discriminatoires préexistantes, soit vis-à-vis du risque, plus « neutre » socialement, de voir des résultats faussés avoir un impact sur leurs utilisateurs [341].

126 **Internationalisation des flux et sûreté des données.** Dernière inquiétude partagée par les deux discours, la question de la sûreté des dispositifs informatiques, algorithmiques et, plus généralement, des réseaux de circulation des données traitées par les outils de justice algorithmique est interrogée de part et d'autre de l'Atlantique. Ainsi, et en France, le risque principalement souligné est celui relatif à l'exportation des données exploitées par les outils dans les serveurs d'entreprises dont « les sièges sociaux pourront être situés à l'étranger » et dont il « sera difficile de contrôler [l']activité » [342], et, plus généralement, relatif aux conséquences de leur exploitation commerciale. Ce sont alors la sécurité des données [343], la fiabilité de leur analyse et de leur potentielle transformation [344], et surtout leur utilisation finale à des fins de profilage [345] qui sont interrogées. Il faut néanmoins ici souligner que le traitement fait de ces questions par le discours québécois ne se déploie pas *directement* au sein de sa production relative aux outils de justice algorithmique, mais plutôt dans des ouvrages spécialisés prédatant largement l'apparition de

---

339. Par exemple, en proposant des indemnisations moindres, une prestation compensatoire plus haute ou prédisant des chances de succès de l'action en justice plus faible selon les caractéristiques du demandeur.

340. Par exemple, dans Liane Huttner, *op. cit.*, § 9, Marc Clément, « La décision juridictionnelle : numérisation des procédures et exploitation numérique », in *L'action publique et le numérique*, Société de législation comparée, 2021, 93, p. 97 ou Thierry Kirat et Antoine Louvaris, « Numérique, droit et justice », in Philippe Bance et Jacques Fournier (dir.), *Numérique, action publique et démocratie*, Presses Universitaires de Rouen et du Havre, 2021, 387, p. 396. COMPAS constitue en fait la porte d'entrée du discours français dans cette question spécifique des biais algorithmiques – ce qui a un impact sur la nature et le contenu du discours sur ce point, comme nous le verrons en *infra* § 186 et suiv.

341. Risque mentionné notamment dans Loïc Cadiet, « 'Les conditions de diffusion des décisions de justice représentent un enjeu essentiel de la mise en œuvre du projet de leur mise à disposition du public' », *JCP*, nº 7, 2018, 290, p. 295 ou Pascale Deumier, « La justice prédictive et les sources du droit : la jurisprudence du fond », *op. cit.*, p. 56.

342. Pierre Ladreit de Lacharrière, « Open Data des décisions de justice », *Ladreit de Lacharrière Avocats*, 6 juillet 2020, disponible en ligne à <https://www.ladreit-de-lacharriere-avocats.fr/droit-public/open-data-des-décisions-de-justice/>. Ce risque est aussi souligné dans Harold Épineuse et Antoine Garapon, « Les défis d'une justice à l'ère numérique de 'stade 3' », *Enjeux Numériques*, nº 3, 2018, 16, p. 19 ou Natalie Fricero, « Collecte, diffusion et exploitation des décisions de justice : quelles limites, quels contrôles ? », *JCP*, nº 7, 2018, 282, p. 283.

343. Jean-Marc Sauvé, « Le numérique et la justice administrative », *Enjeux Numérique*, nº 3, 2018, 44, p. 46.

344. Par exemple, dans Cécile Doutriaux, « La justice prédictive : mythe ou réalité ? », *Revue de la Gendarmerie Nationale*, nº 261, 2018, 101, pp. 104-105 et Ariel Dahan, *op. cit.*, p. 211.

345. À ce stade, il s'agit surtout du profilage des justiciables que nous avons déjà évoqué, voir Benjamin Ricou, *op. cit.*, pp. 64-65.

ces outils [346]. Une première raison de cette *délocalisation* du traitement pourrait être pratique, puisqu'il n'y a nul besoin de s'interroger sur la sûreté de la circulation internationale des données et leur traitement par des entreprises étrangères si les entreprises proposant des outils de justice algorithmique sont situées sur le sol canadien, voire québécois. Or, non seulement ce n'est pas le cas puisque certains des outils utilisés au Canada et au Québec sont proposés par des entreprises américaines [347], mais cette justification ne permettrait pas d'expliquer les inquiétudes françaises puisque l'essentiel des outils qui sont commercialisés en France le sont… par des entreprises françaises [348]. Réservons donc la recherche d'une explication à ce traitement particulier de ces questions liées à la sûreté des données traitées par les outils de justice algorithmique à plus tard dans nos développements, mais soulignons dès à présent qu'il constitue le premier signe d'une caractéristique du discours québécois qui ne fera qu'apparaître de manière plus évidente au fur et à mesure de notre analyse : sa réelle *technicité* sur le plan technologique et informatique.

127 **Des enjeux technico-juridiques similairement présents au sein des discours doctrinaux**. À ce stade, cependant, et même si les termes employés et les inquiétudes précises ne sont pas toujours strictement identiques, il faut admettre que les enjeux technico-juridiques soulevés par les outils de justice algorithmique et identifiés par les discours doctrinaux français et canadiens apparaissent essentiellement similaires, tant dans leur contenu que dans leur ampleur et leur quantité. Cette étendue similaire des enjeux technico-juridiques se double, au surplus, d'une importance substantielle, d'une *primordialité*, identique — quand bien même, nous le verrons, cette primordialité n'a pas les mêmes conséquences sur la manière dont chaque discours se saisit effectivement de ces enjeux.

§ 2. *DES ENJEUX TECHNICO-JURIDIQUES PRIMORDIAUX*

128 **Des enjeux doublement primordiaux**. Lorsque l'on parle d'enjeux primordiaux, on peut vouloir désigner deux caractéristiques à la fois proches et distinctes. S'il s'agit toujours de souligner l'importance que revêtent ces enjeux, il s'agira dans un cas de le faire d'un point de vue *chronologique*, objectif et, dans l'autre, d'un point de vue plus subjectif. Un enjeu peut ainsi être primordial parce qu'il est le *premier* à se manifester et parce qu'il affecte tous les autres enjeux qui l'entourent ou qui ont

---

346. On trouve ainsi une inquiétude similaire à celle exprimée dans le discours français relativement à l'exportation des données sur des serveurs étrangers dans Jo Sherman, « Cadre de politique de gestion de l'information judiciaire dans le monde numérique », Rapport pour le Conseil canadien de la magistrature, 2013, p. 14. Plus généralement, on pense à des ouvrages comme Karim Benyekhlef et Esther Mitjans (dir.), *Circulation internationale de l'information et sécurité*, Éditions Thémis, 2012, Karim Benyekhlef et Pierre Rudel (dir.), *État de droit et virtualité*, Éditions Thémis, 2009 ou à certaines des contributions insérées dans Karim Benyekhlef, Jane Bailey, Jacquelyn Burkell et Fabien Gélinas (dir.), *EAccess to Justice*, University of Ottawa Press, 2016.

347. Il suffit de penser aux services de LexisNexis (notamment *LEXIS ADVANCE QUICKLAW*) ou de Westlaw (notamment *WESTLAW EDGE*).

348. À l'exception de *JurisData Analytics*, commercialisé par LexisNexis.

vocation à l'entourer ; il peut aussi être primordial parce qu'il est, tout simplement, de *première* importance. Les enjeux technico-juridiques liés aux outils de justice algorithmique apparaissent primordiaux dans ces deux sens et ils sont d'ailleurs présentés comme tels au sein du discours, tant du point de vue des problématiques d'ordre *juridique* qui devront être réglées avant le plein déploiement des outils de justice algorithmique (**A**) que du point de vue des problématiques d'ordre *technique* qui continuent et continueront peut-être de faire obstacle à ce plein déploiement (**B**).

A. Des enjeux technico-juridiques porteurs de problématiques juridiques primordiales

129 **Une primordialité à double niveau.** Les deux niveaux de primordialité des enjeux technico-juridiques soulevés par les outils de justice algorithmique sont, bien sûr, intrinsèquement liés : c'est parce qu'ils revêtent une gravité et une importance certaines que leur gestion et leur prise en compte passent avant la gestion et la prise en compte d'autres enjeux qui n'interviendront qu'en aval de la mise en œuvre de ces outils, la manière dont ils sont effectivement gérés et pris en compte influant nécessairement sur leur déploiement. À cet égard, les deux discours ne manquent pas de souligner à quel point ces enjeux, dans leur diversité et leur ampleur, apparaissent fondamentaux : les questions posées sont « cruciales » [349] et la réflexion qu'elles commandent est « majeure » [350], « impérative » [351] pour éviter un « péril » [352] ou,

349. Karim Benyekhlef, « L'IA et nos principes de justice fondamentale », *op. cit.* ou Jean Lévy-Vehel, « L'office du juge : un éclairage via la modélisation mathématique », *Cah. just.*, 2020, 741, p. 745. Elles sont « épineuses » dans Karim Benyekhlef et Jie Zhu, *op. cit.*, p. 802, « inquiétantes » (« *worrisome* ») dans Nicolas W. Vermeys, « Privacy v Transparency: How Remote Access to Court Records Forces Us to Re-examine Our Fundamental Values », *op. cit.*, p. 129, « majeures » dans Bertrand Cassar, *La transformation numérique du droit*, *op. cit.*, p. 59 et elles placent les professions juridiques au bord d'un « précipice » dans Giuseppina Agostino, Avive Gaon et Carole Piovesan, « Leading Legal Disruption Editorial: a Vision for the Future of Artificial Intelligence », in Giuseppina Agostino, Avive Gaon et Carole Piovesan (dir.), *Leading Legal Disruption: Artificial Intelligence and a Toolkit for Lawyers and the Law*, Thompson Reuters, 2021, 1, pp. 9-10.

350. Karim Benyekhlef, « L'IA et nos principes de justice fondamentale », *op. cit.* particulièrement dans la mesure où des « auteurs ont exprimé d'importantes inquiétudes quant à la réutilisation des données judiciaires » (« *academics have expressed significant concerns about the secondary use of judicial information* », David Beauchemin, Nicolas Garneau, Ève Gaumond, Pierre-Luc Déziel, Richard Khoury et Luc Lamontagne, « Generating Intelligible Plumitifs Descriptions: Use Case Application with Ethical Considerations », in *Proceedings of the 13th International Conference on Natural Language Generation*, Association for Computational Linguistics, 2020, 15, p. 19). Si la réflexion est majeure, c'est parce que la « mutation technologique » sur laquelle elle porte l'est elle-même (Loïc Cadiet, « Retour sur l'open data des décisions de justice. À propos d'un signal faible des relations entre la justice et les mathématiques », in *Études en l'honneur du professeur Marie-Laure Mathieu. Comprendre : des mathématiques au droit*, Bruylant, 2019, 137, p. 142).

351. Karim Benyekhlef, Jie Zhu et Valentin Callipel, « La responsabilité humaine à l'épreuve des décisions algorithmiques », in Jean-Benoît Hubin, Hervé Jacquemin et Benoît Michaux (dir.), *Le juge et l'algorithme : juges augmentés ou justice diminuée ?*, Larcier, 2020, 153, p. 195, Kévin Castanier, *op. cit.*, p. 83, Guillaume Leguevaques, *op. cit.*, p. 323 ou Florence G'sell, *Justice numérique*, *op. cit.*, p. 136.

352. Ledy Rivas Zannou, *op. cit.*, p. 17 ou Bertrand Cassar, *La transformation numérique du droit*, *op. cit.*, p. 289. On trouve aussi la mention de « dangers » (Samir Merabet, « Hommage

à défaut, des « effets pervers » [353] liés à l'utilisation des outils de justice algorithmique. La quantité d'enjeux soulignés par les deux discours participe de cette idée de fondamentalité, ainsi d'ailleurs que l'importance au moins quantitative accordée à ces questions — notamment dans le discours français dont plus de la moitié des contributions abordent, étudient et analysent les questions technico-juridiques soulevés par ces outils [354]. Plus essentiellement, cependant, et au-delà de l'importance accordée à ces enjeux par les deux discours, ils reconnaissent aussi et surtout leur primordialité *chronologique* ; ainsi, comme le discours québécois l'affirme, « la question de l'accès aux données et du partage des données détenues par les autorités publiques est sans doute celle qu'il convient d'aborder le plus rapidement possible » [355]. Or, cette seule question impose elle-même d'autres réflexions préalables relatives à certains des enjeux identifiés par les deux discours et c'est bien pour cela que la « mise à disposition » des données « suscite des difficultés » [356]. Ces difficultés ont été particulièrement visibles en France, puisque ce sont, en partie, les hésitations et tergiversations relatives aux *conditions* de cette mise à disposition qui expliquent les cinq années qui ont séparé *l'annonce* de la mise en œuvre effective de l'*open data* judiciaire — nous y reviendrons.

130 **Des questionnements juridiques appelant une réponse technique**. Les questions à régler avant de pouvoir envisager l'intervention des outils de justice algorithmique sont alors aussi nombreuses que les enjeux précédemment identifiés : les questionnements relatifs à la garantie de la vie privée des individus mentionnés dans les décisions de justice et à la protection de leurs données à caractère personnel imposent ainsi que « toutes les mesures de confidentialité et d'anonymisation doivent être mises en place pour éviter des utilisations malveillantes des informations contenues dans les décisions » et ce n'est qu'« une fois anonymisées [que] les décisions pourront alors être diffusées » [357]. Or, ces mesures ne se limitent pas à la seule détermination des données à effectivement anonymiser ou pseudonymiser, mais incluent

---

posthume à l'abandon de DataJust : des principes directeurs de la justice numérique », *RPPI*, n° 1, 2022, 18, p. 19 ou Marianne Cottin, « L'open data des décisions de justice : un bouleversement de l'espace jurisprudentiel », », in Frédérique Ferrand, Jonas Knetsch et Martin Zwickel (dir.), *Le droit civil et la justice civile à l'ère de la numérisation en France et en Allemagne*, FAU University Press, 2020, 293, 301).

353. Simon Du Perron et Karim Benyekhlef, *op. cit.*, p. 30 ou Samir Merabet, « 'DataJust' et l'effet papillon. À propos du décret du 27 mars 2020 », *RPPI*, n° 2, 2020, 22, p. 23. On trouve aussi l'idée « d'effets perturbateurs » (« *disruptive effects* », Karim Benyekhlef, « Introduction », in Karim Benyekhlef (dir.), *AI and Law. A Critical Overview*, Éditions Thémis, 2020, 1, p. 1, de même dans Ermanno Calzolaio, « Intelligence artificielle et décisions de justice : dans une perspective comparatiste », *RLDC*, n° 175, 2019, 40, p. 42.

354. À hauteur, plus exactement, de 52 %, voir annexe 2.2.4, T.6 et G.12.

355. Karim Benyekhlef, « L'IA et nos principes de justice fondamentale », *op. cit.*

356. Solën Guézille et Antoine Chatain, « Justice prédictive : entre fantasme et réalité », *op. cit.*, p. 5.

357. Jean-Marc Lazard, « Justice prédictive : le fantasme d'une justice algorithmique », *Forbes*, 7 août 2020, disponible en ligne à <https://www.forbes.fr/politique/justice-predictive-le-fantasme-dune-justice-algorithmique/?cn-reloaded=1>. Dans le même sens, voir, par exemple, Hada Messoudi, « La dématérialisation de la communication des décisions du juge administratif », *op. cit.*, p. 37 ou Carole-Anne Vaz-Fernandez, *Big data et intelligence artificielle au service de la sécurité intérieure en France*, L'Harmattan, 2020, p. 179.

aussi la mise en place des *outils techniques* nécessaires pour parvenir à appliquer ces standards de protection. Comme le rappelle Éloi Buat-Ménard, il ne s'agit guère plus de pseudonymiser « des flux annuels de dizaines de milliers de décisions » mais des flux ayant vocation à atteindre l'exhaustivité — ce qui, à l'époque où il écrivait, rendait l'opération « hors d'atteinte » [358]. Il n'est pas anodin, à cet égard, que cette diffusion exhaustive n'ait véritablement été enclenchée et lancée qu'à partir du moment où *LABEL*, le logiciel d'anonymisation automatisée déployé par la Cour de cassation, a commencé à être opérationnel. Si, côté Québec, ces questions n'apparaissent guère au sein du discours relatif aux outils de justice algorithmique, c'est pour une raison d'ordre chronologique ; les questions liées aux processus de caviardage ont surtout été abordées à l'époque de la mise à disposition à titre exhaustif des décisions de justice au début des années 2000 [359], même si elles sont de nouveau soulevées périodiquement [360]. En revanche, outre leur contenu, la question plus générale des conditions et des restrictions de l'accès à ces données apparaît tout aussi nécessaire à aborder *avant* que des outils développés à titre commercial ne les exploitent puisqu'un « accès incontrôlé et sans condition à ces informations risque fort de déboucher sur une privatisation *de facto* des données publiques et rendre plus difficile leur utilisation par tous » [361]... Quitte, ce faisant, à perdre de vue l'objectif d'accessibilité accrue assigné à la mise à disposition du public des décisions de justice. Le même constat peut être tiré quant aux enjeux relatifs au fonctionnement des outils : le degré de souplesse ou, au contraire, de rigidité face à l'opacité des algorithmes et face au risque de voir les données ou leur traitement biaisés conditionnera

358. Éloi Buat-Ménard, « La justice dite 'prédictive' : prérequis, risques et attentes — l'expérience française », *Cah. Just.*, 2019, 269, p. 272. Voir aussi, par exemple, Jean-Paul Jean, « Propos introductifs », *JCP*, supplément au n° 9, 2017, 9, p. 10 ou Cécile Doutriaux, *op. cit.*, p. 103.

359. Avec notamment le déploiement de la plateforme CanLII en 2001 (voir, pour un panorama historique de ce déploiement, annexe 1). Plus généralement et à ce sujet, voir Luc Plamondon, Guy Lapalme et Frédéric Pelletier, « Anonymisation de décisions de justice », in Bernard Bel et Isabelle Martin (dir.), *XIe Conférence sur le Traitement Automatique des Langues Naturelles*, 2004, pp. 367-376 ou Frédéric Pelletier, Luc Plamondon et Guy Lapalme, « L'assistant d'anonymisation NOME », *op. cit.*

360. Ce sera notamment le cas à chaque fois que l'équilibre entre vie privée et transparence de la justice est réinterrogé. Un exemple récent est celui du contentieux qui a opposé, entre 2015 et 2017, *CanLII* et Globe24H, un site roumain de rediffusion de documents publics et notamment de décisions de justice rendues dans une variété de systèmes juridiques incluant le Canada. Alors que CanLII ne permet pas l'indexation des décisions qu'il diffuse sur les moteurs de recherche, Globe24h n'incluait pas ce type de restriction – et c'est précisément sur ce fondement qu'il a été considéré, dans un arrêt de la Cour fédérale de 2017, que ce site assurait une « visibilité inutile des renseignements personnels confidentiels des participants au système de justice » (*A. T. c. Globe24h.com*, 2017 CF 114, [2017] 4 RCF 310, pt. 76). Voir, à ce sujet, Teresa Scassa, « Balancing Privacy with Online Access to Court and Tribunal Decisions: Lessons for Open Government », *Teresa Scassa*, 16 mars 2015, disponible en ligne à <https://www.teresascassa.ca/index.php?option=com_k2&view=item&id=182:balancing-privacy-with-online-access-to-court-and-tribunal-decisions-lessons-for-open-government&Itemid=80>.

361. Karim Benyekhlef, « L'IA et nos principes de justice fondamentale », *op. cit.* Dans le même sens, voir Bertrand Cassar, *La transformation numérique du droit. Les enjeux autour des LegalTech*, Bruylant, 2021, pp. 289-290 et Malika Ongaro, *Le traitement des données à caractère personnel dans le cadre des procédures judiciaires*, thèse dactylographiée, Université de Bordeaux, 2021, p. 149.

nécessairement l'avenir d'outils exploitant ces technologies. À cet égard, et comme le relèvent les deux discours [362], les choix opérés par les législateurs et les pouvoirs réglementaires nationaux peuvent faciliter comme faire obstacle à leur déploiement, selon les exigences en matière de transparence, d'intelligibilité et de fiabilité qui sont ou seront imposées aux outils et à leurs concepteurs.

131 **Des réponses aux enjeux technico-juridiques conditionnant le déploiement des outils de justice algorithmique.** Ces questions doublement primordiales ont conditionné et, dans une certaine mesure, conditionnent toujours une seconde étape nécessaire au déploiement effectif des outils de justice algorithmique : la constitution effective des bases de données desquelles ils dépendent. Que l'on s'intéresse aux bases de données jurisprudentielles ou aux outils de justice prédictive, la condition *sine qua non* à leur fonctionnement demeure toujours l'accès aux bases exhaustives compilant les décisions de justice visées par l'*open data* judiciaire. C'est à partir de ces données qu'il sera possible d'assurer un accès direct aux décisions les plus pertinentes par un moteur de recherche intelligent ou de les utiliser pour construire un « corpus d'apprentissage suffisant » et rendre d'autant plus pertinentes les analyses statistiques ou probabilistes générées par les algorithmes dits prédictifs [363]. Sans ces bases de données, donc, pas d'outil — ou, en tout cas, pas d'outil ayant atteint leur plein potentiel puisque, comme le rappelle le discours, « les résultats fournis par la justice prédictive dépendent de la qualité des bases de données » [364]. Si cette qualité s'évalue en termes strictement substantiels au Québec puisque les outils de justice algorithmique déjà déployés sont essentiellement bâtis sur des bases de données privées historiquement construites sur un principe d'exhaustivité [365], elle continue et continuera aussi de se poser en termes quantitatifs en France tant que la mise à disposition des décisions du fond ne sera pas achevée [366]. De la même manière que cette mise à disposition a été retardée par les allers et retours du législateur concernant le contenu des données à mettre à disposition, l'opérationnalité totale des outils de justice algorithmique est nécessairement retardée par la quantité limitée de données actuellement accessible. C'est d'ailleurs bien pour cette raison qu'ils ne sont pas pleinement déployés

---

362. Voir, par exemple, Élise Mouriesse, *op. cit.*, pp. 131 et suiv., Aurore-Angélique Hyde, « Vers une cyberéthique de la justice 'prédictive' », *Dalloz IP/IT*, 2019, 324, p. 324 ou Patrice Cornille, « Justice prédictive : est-ce un oxymore ? », *Constr.-Urb.*, , nº 7-8, 2017, 1, pp. 1-2. Voir aussi, côté Québec, Simon Du Perron et Karim Benyekhlef, *op. cit.*, *passim*.

363. Cécile Bourreau-Dubois, « La barémisation de la justice : une approche par l'analyse économique du droit », GIP Mission de recherche Droit et Justice, 2019, p. 27

364. Marie Dochy, *La dématérialisation des actes du procès civil*, *op. cit.*, p. 387. Dans le même sens, voir par exemple Marc Clément, « La décision juridictionnelle : numérisation des procédures et exploitation numérique », *op. cit.*, p. 93 ou Ronan Pons, « Le droit et la discrimination algorithmique », in Céline Castets-Renard (dir.), *Union européenne et intelligence artificielle*, Presses de l'Université Toulouse 1 Capitole, 2019, 93, p. 99. Le même rappel se retrouve dans le discours québécois, voir par exemple Jocelyn Maclure et Marie-Noëlle Saint-Pierre, *op. cit.*, pp. 755-756.

365. On pense ici aux outils développés par LexisNexis et Westlaw et adossés à leurs bases respectives construites depuis la seconde moitié du XXᵉ siècle sur un principe d'exhaustivité, voir *infra* § 399 et annexe 1 pour un retour sur leur développement.

366. C'est-à-dire, à en croire le calendrier posé dans l'arrêté du 28 juin 2021, jusqu'au 30 septembre 2025.

et qu'ils ne le sont, en toute hypothèse, pas au niveau des juridictions en tant que telles [367]. C'est aussi face à ce constat que les premières réelles différences de traitement de ces enjeux technico-juridiques apparaissent entre les deux discours.

B. L'opérationnalité technique des outils de justice algorithmique, un enjeu à la primordialité ambivalente

132 **Promesses marketing, réalité technique**. Si la question de l'opérationnalité des outils de justice algorithmique se pose avec une acuité particulière en France compte tenu du retard accumulé en termes de diffusion des décisions de justice, elle se pose en fait bien plus généralement du point de vue de la *capacité même des outils* à atteindre les objectifs qui leur sont assignés par les entreprises qui les commercialisent. La question est alors non seulement celle de la mise en place des conditions préalables au déploiement de ces outils, mais encore celle, une fois ces conditions remplies, de la réalité de leurs capacités ou du réalisme tant de leurs concepteurs que des discours doctrinaux qui les traitent. La primordialité de ces questions n'est plus exactement la même que celles liées aux conditions préalables à l'apparition réelle des outils, puisqu'il ne s'agit pas de prendre acte que certains enjeux doivent être saisis avant d'autres mais plutôt d'admettre qu'il est possible que, du fait de certains autres enjeux, les outils de justice algorithmique n'aient, tout simplement, pas de perspectives de développement à court ou moyen terme. En d'autres termes, de même que les enjeux technico-juridiques sont eux-mêmes de nature primordiale, la question centrale qu'ils posent l'est tout autant : « les outils de justice [algorithmique] peu[vent-ils] vraiment fonctionner d'un point de vue technologique et logique ? » [368].

133 **Des outils de justice algorithmique aux ambitions dépassant encore leurs capacités**. Sur ce point, les deux discours sont assez réalistes et admettent qu'« avant même de s'interroger sur les enjeux politiques et moraux de ces outils (...), de se questionner sur les éventuels bénéfices ou effets néfastes, il faut se demander si ces technologies permettent de parvenir au résultat escompté » [369] à la fois du fait de la « complexité des raisonnements juridiques opérés » [370] et des limitations techniques des outils. Dans le premier cas, les discours soulignent la nature spécifique du raisonnement juridique, « intrinsèquement de nature parallèle dans la mesure où la réponse à une question peut influencer les questions ensuite posées » [371], ce

---

367. En dehors d'expérimentations ponctuelles, du type de celles menées au sein des cours d'appel de Rennes et de Douai au printemps 2017.

368. Robin Tible, « Note de lecture : Yannick Meneceur, 'Quel avenir pour la justice prédictive ? Enjeux et limites des algorithmes d'anticipation des décisions de justice' dans La Semaine Juridique Édition Générale n° 7, 12 février 2018 », *Blog du Laboratoire de Cyberjustice*, 2018, disponible en ligne à <https://cyberjustice.openum.ca/files/sites/102/notedelectureyannickmeceneur.pdf>. Dans le même sens et toujours au Québec, Jane Bailey et Jacquelyn Burkell, « Implementing technology in the justice sector: a Canadian perspective », *Can. J. L. & Tech*, vol. 11, n° 2, 2013, 253, pp. 257 et suiv.

369. *Ibid.*

370. Yannick Meneceur, *L'intelligence artificielle en procès*, *op. cit.*, p. 95.

371. « *Legal reasoning is an inherently parallel process in which the answer to one question may change which questions are subsequently asked* », Mark McKamey, « Legal Technology: Artificial Intelligence and the Future of Law Practice », *Appeal*, vol. 22, 2017, 45, p. 53.

qui empêche d'adopter une logique entièrement linéaire et justifie l'utilisation de techniques évitant d'avoir à « modéliser en amont la complexité » de ce raisonnement [372], ainsi que le contenu tout aussi spécifique des décisions de justice. Quand bien même le texte de ces décisions est relativement standardisé dans les informations transmises (textes applicables, faits pertinents), leur rédaction est bien plus diverse et « varie considérablement en termes de style, incluant la grammaire et le langage » [373] ainsi que les termes employés — ce qui ne simplifie pas l'office d'algorithmes programmés pour extraire certaines informations spécifiques à partir de leur formulation [374]. Ce constat tient à la fois au Québec et en France, mais pour des raisons différentes. Si les décisions de justice françaises ont tendance à être laconiques, *auctoritas brevitas* oblige [375], et à ne pas nécessairement intégrer toutes les informations recherchées par ces algorithmes, c'est plutôt la difficulté inverse qui se présente pour les décisions québécoises. Plus proches du « style » des décisions de justice de *common law*, ces dernières sont non seulement plus longues et fournies mais elles sont aussi d'autant plus marquées par l'individualité du ou des juges qui en sont à l'origine. Cette spécificité complexifie alors la question de la synonymie, de l'allotaxie et de l'annotation préalable des décisions constituant le jeu d'entraînement des algorithmes. Dans ces conditions, « des algorithmes basés sur du traitement de langage naturel peuvent apporter des résultats imprécis et, probablement, d'autant plus imprécis à mesure que la complexité de la question de droit augmente » [376], ce qui tend à exclure de leur portée des contentieux « complexes et faisant appel à un raisonnement juridique subtil, délicat, ardu et souvent tributaire d'un contexte socio-économique difficilement

---

372. Yannick Meneceur, « Numérique et prédiction de la décision. Vers une indispensable charte éthique de l'intelligence artificielle », in Corinne Bléry et Loïs Raschel (dir.), *Vers une procédure civile 2.0*, Dalloz, 2018, 59, p. 62. Dans le même sens, Vincent Berthet, « IA, l'erreur restera humaine ! », *La Tribune*, 22 septembre 2018, disponible en ligne à <https://www.latribune.fr/opinions/tribunes/ia-l-erreur-restera-humaine-791100.html> ou Marie Denimal, « 'Data just' ou la résurgence de la justice prédictive », *Village de la Justice*, 19 mai 2020, disponible en ligne à <https://www.village-justice.com/articles/data-just-resurgence-justice-predictive,35388.html>.

373. « *They vary considerably (...) in their writing style, including grammar and diction* », Benjamin Alarie, Anthony Niblett et Albert H. Yoon, « How Artificial Intelligence Will Affect the Practice of Law », *U. Toronto. L.J.*, vol. 68, n° 1, 2018, 106, p. 118.

374. Difficulté soulignée dans, par exemple, Ronan Guerlot, « La diffusion de la jurisprudence par la Cour de cassation et le développement de l'open data », *JCP*, supplément au n° 9, 2017, 68, p. 71.

375. Encore que cette affirmation ne fonctionne plus nécessairement dès lors que l'on s'intéresse aux décisions du fond, plus disertes que les arrêts d'appel et *bien plus* disertes que les arrêts des juridictions suprêmes... Qui, elles-mêmes, voient leur rédaction de plus en plus étoffée depuis deux *vade-mecum* publiés en 2018 par le Conseil d'État (« Vade-mecum sur la rédaction des décisions de la juridiction administrative », disponible en ligne à <https://www.conseil-etat.fr/Media/actualites/documents/2018/12-decembre/vade-mecum-redaction-decisions-de-la-juridiction-administrative>) et en 2019 pour la Cour de cassation (« Guide des nouvelles règles relative à la structure et à la rédaction des arrêts », disponible en ligne à <https://www.courdecassation.fr/acces-rapide-judilibre/comprendre-une-decision-de-la-cour/le-nouveau-mode-de-redaction-des>) prescrivant de nouvelles règles de rédaction des arrêts, notamment en style direct.

376. « *Algorithms relying on natural language process may yield imprecise results and, predictably, more so as the complexity of the legal question increases* », Benjamin Alarie, Anthony Niblett et Albert H. Yoon, « How Artificial Intelligence Will Affect the Practice of Law », *op. cit.*, p. 118.

encapsulable dans un algorithme » [377] et à les cantonner aux « cas simples » [378]... sauf à considérablement modifier et à standardiser la manière dont sont rédigées les décisions de justice. Le pas est donc ici facile à franchir vers, une nouvelle fois, les limitations intrinsèques à la manière dont fonctionnent ces outils. Parce que les outils de justice algorithmique nécessitent une quantité très importante de données pour atteindre des performances acceptables, leur contribution sera « nettement plus modeste » dans tout domaine « construit sur un nombre restreint et déterminé de décisions ou de textes » [379]. Si « un cercle vertueux lie (...) l'inflation informationnelle et l'intelligence artificielle juridique » puisqu'elle entraîne « la mise à disposition de plus en plus importante d'informations juridiques » [380], il n'est cependant pas assuré que cette quantité déjà massive d'informations soit un jour *suffisante*. D'une part parce que les décisions de justice ont une durée de vie annexée sur le cadre normatif auquel elles se rapportent ; si ce cadre change, c'est potentiellement l'ensemble des décisions rendues précédemment qui perdent leur pertinence et leur valeur pour le futur, et avec elles « les solutions apportées par [l]es outils » qui deviennent « inefficientes » [381]. D'autre part parce que la production annuelle des juridictions nationales a beau atteindre plusieurs centaines de milliers, voire quelques millions, de décisions, cette quantité reste inégalement répartie entre les types de contentieux et surtout relativement limitée si on la confronte avec les jeux de données véritablement *massifs* à partir desquels sont généralement entraînés et testés les algorithmes d'apprentissage automatique en dehors du monde du droit [382].

134 **Un constat unique, des conséquences différemment tirées par les discours doctrinaux**. Le constat, finalement, s'avère identique de part et d'autre de l'Atlantique : non seulement les conditions ne sont pas encore réunies pour voir se déployer ces outils, soit d'un point de vue technique, soit d'un point de vue juridique compte tenu des questions qu'ils soulèvent, mais il n'est, en plus, pas absolument certain que les outils tels qu'ils sont aujourd'hui conçus soient en mesure

---

377. Karim Benyekhlef et Jie Zhu, *op. cit.*, p. 797. Dans le même sens, en France, voir par exemple Stéphanie Lacour et Diana Piana, *op. cit.*, p. 55

378. Serge Abiteboul et Florence G'sell, « Les algorithmes pourraient-ils remplacer les juges ? », in Florence G'sell (dir.), *Le Big Data et le droit*, Dalloz, 2019, 21, p. 8 et, dans le même sens, Samir Merabet, *Vers un droit de l'intelligence artificielle*, *op. cit.*, p. 211.

379. « *Where a practice area (...) relies on a small and well-defined set of cases or statutes, the technology will make a more modest contribution* », Albert H. Yoon, « The Post-Modern Lawyer: Technology and the Democratization of Legal Representation », *U. Toronto. L.J.*, vol. 66, n° 4, 2016, 456, pp. 468-469. Dans le même sens, en France, voir par exemple Marie-Laure Benabou, « Manifeste pour des juristes incarnés et sensibles à l'heure de l'intelligence artificielle », in *Penser le droit de la pensée. Mélanges en l'honneur de Michel Vivant*, Dalloz, 2020, 715, p. 722.

380. Hugo Ruggieri, « La matière de l'algorithme de justice : l'open data des données juridiques », in Jean-Pierre Clavier (dir.), *L'algorithmisation de la justice*, Larcier, 2020, 33, p. 37.

381. Luca Scillato de Ribalsky, *op. cit.*, pp. 323-324.

382. On pense ici, par exemple, à la quantité de données d'entrainement de l'algorithme d'apprentissage automatique utilisé par Google pour suggérer des réponses courtes à des courriels reçus (*GOOGLE SMARTREPLY*, construit à partir de 238 millions de courriels)... Ou, exemple encore plus frappant, la quantité totale de données qui soutient l'algorithme de *GOOGLE BOOKS NGRAM*, un outil de visualisation dans le temps de l'utilisation de termes spécifiques et qui atteint les 460 *milliards* de documents.

de remplir leur office de manière véritablement performante dans les conditions propres au milieu de la justice. Sans évoquer dès à présent la manière dont ces enjeux technico-juridiques sont gérés par chaque ordre juridique, il faut cependant souligner que les deux discours n'attachent pas les mêmes conséquences à ce constat. La relative uniformité et unanimité jusqu'ici identifiées disparaissent dès lors qu'il s'agit, en effet, de prendre acte de tous ces questionnements préliminaires et de répondre à l'interrogation sous-jacente qu'ils soulèvent : comment faut-il se saisir des enjeux d'outils qui ne sont pas encore pleinement déployés et qui ne le seront peut-être pas avant plusieurs années ? Après tout, il est difficile de se saisir en plein de questions soulevées par les outils de justice algorithmique mais qui ne se posent pas encore véritablement tout en admettant, dans le même temps, que les approches utilisées sont « pour la plupart d'entre elles encore relativement loin de pouvoir être appliquées à de véritables décisions de justice » [383]. Yannick Meneceur n'écrit pas autre chose :

> « *sans remettre en cause l'intérêt de toutes les questions posées, chacune de ces critiques paraît considérer comme acquise la capacité des algorithmes d'apprentissage automatique à traiter correctement des décisions de justice (...) alors que de très sérieuses contestations peuvent être émises sur ce simple état de fait... et congédier toute autre forme de débat. Un peu comme si l'on argumentait passionnément des risques à ouvrir un œuf avec un marteau, alors que l'on pourrait simplement trancher la question en constatant que ce n'est pas l'outil adapté.* » [384]

Pour autant, c'est une chose de reconnaître le caractère très prospectif de tous les enjeux qui ne sont pas immédiatement matérialisés, mais c'en est une autre de ne pas les traiter. Après tout, certains outils sont *déjà* déployés sous une forme dégradée, sont donc *déjà* utilisés et donnent une certaine matérialité à ces enjeux. Pour autant, la réponse à ce constat se joue sur le terrain des proportions : accorder à des enjeux reconnus comme primordiaux une place primordiale n'empêche pas d'accorder une place, potentiellement mais pas nécessairement, plus réduite à des enjeux pour le moment secondaires. C'est ce choix qui a été opéré au sein du discours québécois qui, nous le verrons, accorde une place effectivement primordiale à ces enjeux et opère une forme de concentration *interne* autour de ces questions. Si Yannick Meneceur souligne ce paradoxe, cependant, c'est que le discours français ne prend pas la même voie. S'il n'est pas le seul à admettre que le débat pourrait, à ce stade, s'arrêter aux enjeux technico-juridiques, il n'est pas non plus le seul à « argumenter passionnément des risques d'ouvrir un œuf avec un marteau » après « avoir constaté que ce n'est pas l'outil adapté » [385]. En d'autres

---

383. « *Most [approaches] are still relatively far from being applied to real world judicial decisions* », Hannes Westermann, « Automating Reasoning with Previous Judicial Decisions », in Karim Benyekhlef (dir.), *AI and Law. A Critical Overview*, Éditions Thémis, 2020, 189, p. 191.

384. Yannick Meneceur, « L'intelligence artificielle, en peine pour traiter les mots de la justice », *AOC*, 24 février 2022, disponible en ligne à <https://aoc.media/analyse/2022/02/23/lintelligence-artificielle-en-peine-pour-traiter-les-mots-de-la-justice/>.

385. C'est ainsi le cas, par exemple, dans Anne Baux, « Le regard du juge administratif », in Pascale Idoux, Christophe Albiges et Laure Milano (dir.), *Numérique, droit et justice*, Éditions du CREAM, 2020, 87, p. 88, Boris Barraud, « Algorithmes et décisions de justice », in Gilles Rouet (dir.), *Algorithmes et décisions publiques*, CNRS Éditions, 2019, 79, p. 82 ou Samir Merabet, « Hommage posthume à l'abandon de DataJust : des principes directeurs de la justice

termes et pour le discours français, faire le constat de la primordialité des enjeux technico-juridiques n'implique pas nécessairement de leur accorder une place plus importante qu'à d'autres enjeux au sein des analyses menées.

135 **Des choix doctrinaux sans soutien juridique.** S'il s'agit là d'un choix, conscient ou non, de nature doctrinale, gardons-le à la fois de côté et à l'esprit dans la mesure où il est en effet révélateur de différences fondamentales entre les discours français et québécois que la manière dont chaque ordre juridique s'est saisi, se saisit ou compte se saisir de ces enjeux ne permet pas d'expliquer. Si les différences *juridiques* y sont tout aussi perceptibles que ces différences *doctrinales*, elles ne créent pas, par elles-mêmes, d'environnement juridique plus ou moins adapté à l'insertion et au déploiement de ces outils de justice algorithmique — et elles tendent donc, déjà, à mettre en difficulté notre hypothèse juridique.

Section 2. DES ENJEUX PEU CONTINGENTÉS CULTURELLEMENT

136 **Des enjeux technico-juridiques entraînant des réponses normatives nationales.** Les enjeux technico-juridiques identifiés par les discours doctrinaux français et québécois sont donc primordiaux, essentiellement parce qu'ils conditionnent non seulement le déploiement des outils de justice algorithmique mais encore la réalité des politiques de mise à disposition des données judiciaires au public. À cet égard, les autorités normatives nationales n'ont pas tardé à se saisir de certains d'entre eux et à leur apporter une réponse législative ou réglementaire. Si l'on suit le fil de notre hypothèse d'incompatibilité juridique, c'est au niveau de ces réponses que l'on est susceptible de trouver la source de ce qui impliquerait que le droit français soit moins, ou ne soit pas, adapté à la réception des outils de justice algorithmique — et, corrélativement, ce qui impliquerait que le droit québécois, lui, le soit.

137 **Des réponses normatives nationales largement conditionnées.** Il faut cependant demeurer prudent face à ces solutions *nationales*, dans la mesure où elles ne le sont finalement que très partiellement. Il apparaît, à cet égard, que la prise d'importance de ces enjeux a aussi entraîné leur régionalisation, en particulier sous l'égide de l'Union Européenne et du Conseil de l'Europe, et que ce cadre juridique en construction conditionne pour beaucoup la réponse normative des ordres juridiques français et québécois (**§ 1**). À cet égard, la marge de manœuvre de ces deux ordres juridiques et les différences, même importantes, qu'elle a permis de laisser apparaître n'apparaissent guère suffisantes pour identifier une quelconque *meilleure adaptation* du droit québécois à ces enjeux (**§ 2**).

numérique », *op. cit.*, p. 18 qui font, tous, le constat du paradoxe à traiter d'enjeux encore très hypothétiques face aux difficultés et aux enjeux présents, tout en poursuivant leur analyse au niveau de ces enjeux très hypothétiques.

§ 1. *Des réponses partiellement conditionnées par des choix politiques internationaux*

138 **Une gestion externalisée et internationalisée des enjeux du numérique.** Parce que les enjeux technico-juridiques sont en effet communs aux ordres juridiques qui réceptionnent les outils de justice algorithmique en particulier et les systèmes basés sur l'intelligence artificielle en général, leur gestion et leur réglementation sont déjà en partie *extérieures* aux ordres juridiques nationaux [386]. C'est ainsi le cas de l'ordre juridique français qui, du fait de sa participation à l'Union Européenne et au Conseil de l'Europe, se voit largement contraint par les mesures déjà adoptées ou en cours d'adoption au niveau régional (**A**). C'est aussi, plus indirectement, le cas de l'ordre juridique québécois qui, dans une mesure nécessairement inférieure, voit sa propre gestion de ces enjeux influencée de l'extérieur (**B**) — et en particulier influencée par le droit européen.

A. Un ordre juridique français contraint par l'européanisation des enjeux du numérique

139 **Des institutions européennes à l'avant-garde de la gestion des enjeux du numérique.** C'est un lieu commun que de souligner le degré exceptionnel d'intégration des ordres juridiques nationaux dans le cadre de l'Union Européenne ainsi que la coopération très poussée des États parties au Conseil de l'Europe. Le numérique constitue, à cet égard, un exemple particulièrement représentatif des efforts faits au niveau européen pour horizontaliser la gestion d'enjeux considérés, encore une fois, comme fondamentaux. Ainsi, dans ce domaine, le droit européen « endosse le rôle de locomotive, moteur d'un droit spécifiquement relatif aux données » [387] — et ce depuis bien avant l'adoption du RGPD puisque la construction d'une politique numérique commune européenne a été lancée dès 1981 sous l'égide du Conseil de l'Europe et dès 1995 sous celle de l'Union Européenne avec, respectivement, l'adoption de la *Convention pour la protection des personnes à l'égard du traitement automatisé des données à caractère personnel* et de la première directive relative à la protection des données personnelles [388]. Ces deux textes constituent non seulement les premiers textes internationaux à force contraignante, mais aussi le socle des législations nationales relatives à ces enjeux. La situation française apparaît à ce titre curieuse puisque si le législateur a pu devancer de quelques années ces initiatives européennes en adoptant dès 1978 la loi dite

386. Sans parler des systèmes de normalisation internationaux visant plus généralement tous les systèmes d'intelligence artificielle, type normes ISO publiées au sein du groupe ISO/IEC JTC 1/SC 42. Voir, à cet égard, « ISO/IEC JTC 1/SC 42. Intelligence artificielle », *ISO*, disponible en ligne à <https://www.iso.org/fr/committee/6794475.html>.

387. Bérangère Taxil, « Internet et l'exercice des droits fondamentaux », in *Internet et le droit international*, Pédone, 2014, 115, p. 130.

388. Directive 95/46/CE du Parlement européenne et du Conseil du 24 octobre 1995 *relative à la protection des personnes physiques à l'égard du traitement des données à caractère personnel et à la libre circulation de ces données.*

Informatique et Libertés [389], cette « avance » a été progressivement perdue au fil des années au point que ce soit en vérité aujourd'hui les institutions européennes qui se situent à l'avant-garde de la gestion des enjeux technico-juridiques posés par les différents outils de traitement automatisé de données [390]. Cette « dimension essentiellement européenne de la réglementation juridique » [391] de ces outils n'est pas, en soi, surprenante pour au moins deux raisons. La première tient au double objectif de l'Union Européenne rappelé tant dans la directive de 1995 que dans le RGPD : l'établissement et le fonctionnement du marché intérieur d'une part, incitant donc à la libre circulation des données d'un État membre à l'autre, et la protection des droits fondamentaux des individus relevant de la juridiction de l'Union Européenne, y compris dans leurs échanges avec des États tiers [392]. Les deux objectifs sont en fait, dans ce contexte, liés puisque l'hypothèse de différences entre États membres « quant au niveau de protection des droits et libertés de personnes (...) à l'égard des traitements de données à caractère personnel peuvent empêcher la transmission de ces données du territoire d'un État membre à celui d'un autre État membre » et, ainsi, « constituer un obstacle à l'exercice d'une série d'activités économiques à l'échelle » européenne [393] — et c'est précisément parce que la directive de 1995 n'avait pas permis d'empêcher « la fragmentation de la mise en œuvre de la protection des données dans l'Union » que le RGPD a été adopté [394]. La marchandisation des données personnelles constitue donc indéniablement la première raison pour laquelle ces enjeux ont rapidement été européanisés, que ce soit en soutien ou en conséquence d'un second impératif de protection de la personne [395]. Une seconde raison se rattache aux caractéristiques des données concernées, ainsi d'ailleurs que des outils les mobilisant ; « puisque les données personnelles sont par nature des informations appelées à circuler, il était inévitable de faire appel à d'autres modes de régulation plus adaptés que le cadre national. » [396]

140 **Un encadrement global des enjeux technico-juridiques des outils de justice algorithmique.** Cette européanisation de la réglementation de ces transferts et de l'utilisation de ces données s'est d'ailleurs, et plus récemment, doublée d'une européanisation des enjeux plus spécifiquement relatifs aux données *publiques*. Depuis une directive de 2003 relative à la réutilisation des informations du secteur public [397], la politique européenne en matière d'accès aux informations

389. Loi *relative à l'informatique, aux fichiers et aux libertés* (précitée). Cette loi a d'ailleurs partiellement inspiré le régime posé par la directive de 1995, notamment du point de vue de l'obligation faite aux États membres d'instituer une autorité de contrôle sur le modèle de la CNIL (art. 28).

390. Nous explorerons plus avant les facteurs qui expliquent cette perte d'avance et, d'une certaine manière, le *retard* pris par l'ordre juridique français quant à ces enjeux, voir *infra* § 649.

391. Rym Fassi-Fihri, *op. cit.*, p. 255.

392. Voir, pour les deux textes, leurs considérants préliminaires.

393. Considérant préliminaire n° 7 de la Directive 95/46/CE.

394. Considérant préliminaire n° 9 du RGPD.

395. Ce qui est d'ailleurs souligné dans Rym Fassi-Fihri, *op. cit.*, p. 255.

396. *Ibid.*

397. Directive 2003/98/CE du Parlement européen et du Conseil du 17 novembre 2003 *concernant la réutilisation des informations du secteur public.*

et données publiques et administratives et de réutilisation de ces données suit une logique progressive d'ouverture de plus en plus large [398], tout en demeurant cadrée par les textes assurant la protection des données à caractère personnel [399]. Cette politique d'accès aux données publiques ne vise pas explicitement les décisions de justice, mais elle ne les exclut pas pour autant et la Commission considère d'ailleurs même dans ses rapports relatifs aux systèmes judiciaires des États membres que leur diffusion participe de sa politique de données ouvertes, et soutient à ce titre toute initiative en ce sens [400]. Dans ce cadre, et avec le développement des outils de justice algorithmique se plaçant précisément dans une logique de réutilisation de ces données spécifiques, l'Union comme le Conseil de l'Europe se saisissent tous les deux de la déclinaison spécifique de ces enjeux soulevés par ces « outils et services d'intelligence artificielle s'appuyant notamment sur le traitement des décisions juridictionnelles et des données judiciaires » [401]. Le Conseil de l'Europe, par l'intermédiaire de sa Commission européenne pour l'efficacité de la justice (CEPEJ), a ainsi publié dès 2018 une série de principes relatifs à l'utilisation de l'intelligence artificielle dans les systèmes judiciaires [402]. Ces principes, essentiellement de nature éthique, ont vocation à « guider les décideurs politiques, les juristes et professionnels de la justice dans la gestion du développement rapide de l'IA dans les processus judiciaires nationaux » sans pour autant exercer une force normative contraignante [403] sur les États partis ou les entreprises commercialisant ces systèmes. Ils visent ainsi la plupart des enjeux identifiés par le discours doctrinal français : les risques de création ou

---

398. Jusqu'au dernier texte en date, la directive 2019/1024 du Parlement européen et du Conseil du 20 juin 2019 *concernant les données ouvertes et la réutilisation des informations du secteur public*. Ce texte prévoit, à ses articles 13 et suivants, un régime de diffusion particulier (à titre gratuit, en recourant à des interfaces de programmation d'application (API) et téléchargeables à la fois en masse et dans un format lisible par machine) pour des données jugées à « forte valeur ». La crise sanitaire ayant retardé les travaux d'établissement de la liste de ces données à forte valeur, il a fallu attendre une réunion du Comité en charge de cette question le 13 juin 2022 pour voir établi un descriptif précis du contenu des six catégories de données relevant de ce régime (données géospatiales, d'observation de la Terre et de l'environnement, données météorologiques, statistiques, données relatives aux sociétés et entreprises et données relatives aux moyens de mobilité), voir le Projet d'acte d'exécution relatif aux données à forte valeur, 13 juin 2022, disponible en ligne à <https://ec.europa.eu/transparency/comitology-register/screen/documents/082227/1/consult?lang=fr>.

399. Le RGPD aménage ainsi un équilibre entre « le droit d'accès du public aux documents officiels et le droit à la protection des données à caractère personnel », notamment à son article 86.

400. « Tableau de bord 2019 de la justice dans l'UE », communication de la Commission au Parlement européen, au Conseil, à la Banque centrale européenne, au Comité économique et social et au Comité des régions, 2019, p. 33, disponible en ligne à <https://eur-lex.europa.eu/legal-content/FR/TXT/PDF/?uri=CELEX:52019DC0198&from=EN>.

401. CEPEJ, « Charte éthique européenne d'utilisation de l'intelligence artificielle dans les systèmes judiciaires et leur environnement », 2018, p. 5.

402. Elle vise, à cet égard, explicitement les outils de justice prédictive (annexe 1 de la Charte éthique européenne d'utilisation de l'intelligence artificielle dans les systèmes judiciaires, pp. 61-63) ainsi que les bases de données jurisprudentielles (*ibid.*, pp. 25-26).

403. « Charte éthique européenne d'utilisation de l'intelligence artificielle dans les systèmes judiciaires », *Conseil de l'Europe*, disponible en ligne à <https://www.coe.int/fr/web/cepej/cepej-european-ethical-charter-on-the-use-of-artificial-intelligence-ai-in-judicial-systems-and-their-environment>.

de renforcement des discriminations, les risques plus techniques touchant à la qualité et à la sécurité ainsi qu'à leur intelligibilité, ainsi que la protection des droits fondamentaux des individus et notamment de leur droit à la vie privée. Cette Charte prescrit à cet égard non seulement un encadrement législatif ou réglementaire de ces outils, mais encore une « attention scrupuleuse à la nature des données en *open data* et à leur qualité » avant leur mise à disposition [404] ainsi que la « réalisation préalable d'une évaluation des risques de l'impact potentiel du traitement des données » qui « devrait permettre de prévoir la mise en œuvre de mesures appropriées, notamment dès la conception (*by design*) et par défaut (*by default*) destinées à atténuer les risques identifiés » [405]. Il a fallu attendre l'intervention de l'Union Européenne pour commencer à envisager l'adoption de règles contraignantes relatives à ces outils par l'intermédiaire de la proposition de règlement européen *établissant des règles harmonisées concernant l'intelligence artificielle* [406]. Parce qu'ils interviennent dans le domaine de la justice, ces outils y sont désignés comme des systèmes à haut risque [407] et sont donc potentiellement soumis à une série de contrôles et de procédures destinés, notamment [408], à identifier et mitiger les risques qu'ils présentent au moment de leur fonctionnement (titre III, art. 9) et au moment de la construction de leur base de données d'entraînement, de validation et de test (art. 10), ainsi qu'à une obligation d'intelligibilité minimale vis-à-vis de leurs utilisateurs (art. 11). Ils sont, en particulier, soumis au contrôle d'une autorité dite notifiante au sein de chaque État membre chargée d'imposer et d'assurer une veille sur le respect de ces obligations (art. 30 et suiv.). Ce règlement a vocation à être adopté en fin d'année 2023 [409].

---

404. Annexe 1 de la Charte éthique européenne d'utilisation de l'intelligence artificielle dans les systèmes judiciaires, p. 64.

405. *Ibid.*, p. 60.

406. COM/2021/206 final, transmise au Conseil et au Parlement le 21 avril 2021. La proposition a ensuite été modifiée à la fois par le Conseil (version du 25 novembre 2021, 2021/0106(COD)) et par le Parlement (version du 14 juin 2023, P9_TA(2023)0236), et, après une phase de trilogue compliquée, elle est doit désormais être officiellement adoptée par le Parlement et le Conseil, voir « Artificial Intelligence Act: deal on comprehensive rules for trustworthy AI », *Parlement Européen*, 9 décembre 2023, disponible en ligne à <https://www.europarl.europa.eu/news/fr/press-room/20231206IPR15699/artificial-intelligence-act-deal-on-comprehensive-rules-for-trustworthy-ai>.

407. Tels que visés par le considérant 40 et listés dans l'annexe III de la proposition de règlement. La version du texte adopté par le Parlement en a modifié l'esprit en n'imposant plus systématiquement à tous les types de systèmes mentionnés dans cette annexe des obligations spécifiques : elles peuvent désormais être écartées dès lors que le fournisseur du système parvient à démontrer qu'il « ne présente pas de risque important pour la santé, la sécurité, les droits fondamentaux ou l'environnement » (nouveau considérant 32 bis).

408. Entre autres exigences. Le titre III de la proposition de règlement établit l'intégralité du régime juridique qui a vocation à s'imposer aux fournisseurs, importateurs, distributeurs et utilisateurs de ces systèmes à haut risque.

409. Notamment sur la base de « bacs à sable » réglementaires (*sandbox*, prévus à l'article 53 de la proposition de règlement) proposés et mis en œuvre par certains États membres pour évaluer la faisabilité d'une entrée en vigueur en deux ans de ce règlement. Le premier de ces bacs à sable a démarré en Espagne en octobre 2022 en vue d'en publier les résultats au cours de la Présidence espagnole du Conseil, voir « Présentation du premier sas réglementaire sur l'intelligence artificielle », *Commission Européenne*, 27 juin 2022, disponible en ligne à <https://digital-strategy.ec.europa.eu/fr/news/first-regulatory-sandbox-artificial-intelligence-presented>. Il a aussi vocation à être accompagné de textes « annexes », dont une proposition de directive

141 **Une alternative ambivalente entre une totale compatibilité et une absolue incompatibilité.** En d'autres termes, les choix opérés par l'ordre juridique français seront et, dans une certaine mesure, sont déjà contraints par des choix opérés au niveau de l'Union Européenne et du Conseil de l'Europe en ce qui concerne la plupart des enjeux technico-juridiques soulevés par les outils de justice algorithmique — que ce soit au niveau des enjeux spécifiquement relatifs aux questions de vie privée et de protection des données à caractère personnel déjà largement encadrées par le RGPD ou au niveau des enjeux plus proprement techniques et technologiques. L'ordre juridique français n'est donc pas pleinement libre dans sa gestion de ces enjeux, ce qui peut vouloir dire deux choses, concernant notre hypothèse juridique. Si l'on persiste à considérer qu'il y aurait bien une incompatibilité d'ordre technico-juridique entre l'ordre juridique français et les outils de justice algorithmique, cela revient à considérer qu'il y aurait une incompatibilité *européenne* créée par le droit de l'Union et par celui du Conseil de l'Europe. Cette option paraît largement excessive compte tenu de l'objectif poursuivi par l'Union d'incarner un troisième acteur majeur du numérique aux côtés de la Chine et des États-Unis [410]. À l'inverse, donc, il est aussi possible de considérer que puisqu'il n'y a pas *a priori* d'incompatibilité européenne, il n'y a pas non plus d'incompatibilité proprement française — sauf à ce qu'elles se logent dans les rares espaces laissés à l'appréciation des législateurs nationaux.

B. Un ordre juridique québéco-canadien réceptionnant la réglementation européenne des enjeux technico-juridique

142 **Une intégration indirecte des règles relatives à la protection des données personnelles.** L'ordre juridique québécois apparaît alors comme une manière de départager entre ces deux options contraires, dans la mesure où sa position vis-à-vis de cette gestion européenne des enjeux technico-juridiques des systèmes basés sur le traitement de données personnelles est ambivalente, notamment sur le front de la protection de ces données personnelles. Si, bien sûr, il n'est pas soumis à une quelconque obligation *directe* de respect du droit de l'Union Européenne, le régime juridique québécois applicable à ces systèmes et aux données qu'ils traitent n'en est pas moins profondément et historiquement influencé par le droit européen. Les raisons en sont multiples et tiennent, pour beaucoup, au droit européen lui-même [411]. Il faut en effet se rappeler que, depuis la directive de 1995,

du 28 septembre 2022 *relative à l'adaptation des règles en matière de responsabilité civile extracontractuelle au domaine de l'intelligence artificielle* (actuellement en discussion devant le Conseil) et une série de textes plus spécifiques intervenant dans des secteurs déterminés. C'est le cas, notamment, d'un règlement *relatif à la sécurité générale des produits* adopté le 10 mai 2023 et devant servir de « filet de sécurité » pour tous les systèmes et produits qui n'entreront dans le champ d'application du règlement sur l'intelligence artificielle.

410. En témoignent les mesures de soutien à l'innovation insérés dans la proposition de règlement européen (titre V).

411. Outre le fait que les premiers textes adoptés par les institutions européennes étaient eux-mêmes inspirés de lignes directrices publiées par l'Organisation de Coopération et

les transferts de données du territoire de l'Union Européenne aux États tiers sont conditionnés par le niveau de protection des données personnelles assuré par ces États tiers, ce dernier devant être considéré comme « adéquat » [412]. Sans pour autant avoir un effet extraterritorial, cette condition posée aux transferts de données et, donc, à la préservation d'échanges commerciaux fondamentaux, a permis une certaine *exportation* des garanties européennes au sein des ordres juridiques étrangers désireux de poursuivre ces échanges de la manière la plus souple possible. Le droit européen est ainsi parvenu à « poser un nouveau standard global qui doit être atteint par toutes les juridictions qui souhaitent maintenir les flux transfrontaliers de données personnelles » [413]. Le Canada apparaît, à cet égard, comme l'un des États tiers s'étant approchés au plus proche du cadre européen dès cette première directive de 1995 au travers notamment de la loi fédérale *sur la protection des renseignements personnels et les documents électroniques* [414]. Son adoption reposait donc sur deux justifications : la première était qu'une telle législation « était considérée comme un levier pour établir une confiance et une assurance en matière de commerce électronique » et la seconde était, précisément, de « préserver des relations commerciales fondamentales avec l'Union Européenne » en s'assurant d'une compatibilité de la loi avec cette directive pour entrer dans le cadre de la protection « adéquate » prévue par son article 25 [415]. Cette logique s'est poursuivie avec l'adoption du RGPD et une démarche en cours de révision de la loi pour conserver ce niveau de protection « adéquat » [416], de sorte que le Canada est aujourd'hui l'un des seuls États tiers dont le droit national est considéré par la Commission Européenne comme assurant partiellement un niveau de protection « adéquat » et avec lequel les transferts de données peuvent être réalisés librement [417]. L'adaptation de la législation provinciale québécoise est, quant à elle,

---

de Développement Économique (OCDE) en 1980 sur la *protection de la vie privée et les flux transfrontières de données à caractère personnel*, et à vocation donc internationale.

412. Article 25 de la Directive 95/46/CE et article 45 du RGPD.

413. « *The EU's General Data Protection Regulation of 2016 (...) has set a new global standard – one which must be matched by those jurisdictions wishing to maintain transborder flows of personal data* », Teresa Scassa, « A Human Rights-Based Approach to Data Protection in Canada », in Elizabeth Dubois et Florian Martin-Bariteau (dir.), *Citizenship in a Connected Canada. A Research and Policy Agenda*, University of Ottawa Press, 2020, 173, p. 176.

414. Précitée.

415. « *Canada's motives in passing PIPEDA* [NDA : acronyme de la loi en anglais] *were twofold. First, it was viewed as a 'key lever' in establishing trust and confidence with respect to electronic commerce. (...) The second important reason for this legislation was in reaction to article 25 of the EU Privacy Directive and the concern to preserve very important trade relations with the EU* », Avner Levin et Mary Jo Nicholson, « Privacy Law in the United States, the EU and Canada: the Allure of the Middle Ground », *UOLTJ*, vol. 2, n° 2, 357, p. 379.

416. Voir, à ce sujet, Ignacio Cofone, « Propositions stratégiques aux fins de la réforme de la LPRPDE élaborées en réponse au rapport sur l'intelligence artificielle », *Commission à la protection de la vie privée*, 2020, disponible en ligne à <https://www.priv.gc.ca/fr/a-propos-du-commissariat/ce-que-nous-faisons/consultations/consultations-terminees/consultation-ai/pol-ai_202011/> dans le cadre de la consultation lancée quant à la modernisation de cette loi (projet de loi C-11 de 2020) abandonnée au stade de sa première lecture et remplacée, en juin dernier, par un projet de loi C-27.

417. Ce niveau de protection adéquat couvrant les activités dites commerciales (réalisées, précisément, dans le cadre de la loi fédérale *sur la protection des renseignements personnels et les*

allée plus vite puisque la révision de la loi *sur la protection des renseignements personnels dans le secteur privé* est intervenue dès le 21 septembre 2021 pour une mise en œuvre progressive à partir de septembre 2022 [418], le tout sous l'influence claire du RGPD [419].

143 **Une inspiration volontaire en matière de gestion des enjeux techniques des systèmes d'intelligence artificielle.** Cette influence européenne est perceptible au-delà des questions pour lesquelles le Canada a des intérêts d'ordre *économique* à s'aligner sur le régime européen. Ainsi, en matière de gestion des enjeux proprement techniques de ces outils de traitement de données personnelles, les yeux québécois et canadiens sont tournés sur l'avenir de la proposition de règlement européen sur l'intelligence artificielle. Si les réformes déjà adoptées prévoient, de manière analogue au RGPD, des limitations et des conditions applicables à certains traitements de données ayant pour effet ou pour risque de profiler ou discriminer des individus [420], il n'existe pas encore de cadre juridique général à l'utilisation de l'intelligence artificielle au Canada ou au Québec — et, donc, pas encore de cadre juridique général à l'utilisation des outils de justice algorithmique. Il faut à cet égard noter que le gouvernement

---

documents électroniques), à l'exclusion de tous les autres types de traitement (notamment pour les activités administratives, couvertes par la loi fédérale *sur la protection des renseignements personnels* (précitée)). Pour ces traitements spécifiques, c'est l'article 46 du RGPD qui s'applique : des « outils de transfert » doivent être mis en place sous la supervision de l'autorité de contrôle nationale pour assurer un niveau de protection équivalent à celui assuré par le droit de l'Union. C'est dans ce cadre que le *Privacy Shield*, accord négocié entre l'Union et le gouvernement fédéral américain, a été invalidé dans un arrêt de la CJUE du 16 juillet 2020, C-311/18, *Data Protection Commissionner c. Facebook Ireland Ltd et Maximillian Schrems* (dit Schrems 2) et qu'un nouvel accord a été négocié puis établi le 10 juillet 2023. Au sujet de cet ancien accord, voir Sylvain Longhais, *Le* Privacy Shield *: cadre juridique efficace ou accord politico-économique ?*, Mémoire de recherche, Université Aix-Marseille, 2019 et, au sujet de son invalidation, « *Privacy Shield* : Clap de fin pour l'accord transatlantique de transfert de données personnelles. Retour sur une saga juridique vieille de 20 ans », *Blog du Laboratoire de Cyberjustice*, 22 septembre 2020, disponible en ligne à <https://www.cyberjustice.ca/2020/09/22/blogue-privacy-shield-clapdefin/>.

418. Schématiquement, sont entrées en vigueur en septembre 2022 certaines obligations organisationnelles (obligation de désignation d'un responsable de la protection des données personnelles et de constitution d'un comité sur l'accès à l'information et la protection des renseignements personnels) et d'information sur la collecte et l'utilisation de certaines données personnelles (notamment biométriques ou à des fins commerciales). L'essentiel des modifications apportées à la loi entreront en vigueur en septembre 2023, pour ne finalement laisser que les obligations liées au droit à la portabilité des données pour septembre 2024. Le calendrier d'entrée en vigueur de la loi amendée est disponible sur un « espace évolutif » mis en ligne à la Commission d'accès à l'information (<https://www.cai.gouv.qc.ca/espace-evolutif-modernisation-lois/>).

419. Simon Du Perron, « Projet de loi 64 : une réforme à l'Européenne du droit à la protection des renseignements personnels », *Blog du Laboratoire de Cyberjustice*, 17 juin 2020, disponible en ligne à <https://www.cyberjustice.ca/2020/06/17/projet-de-loi-64-une-reforme-a-leuropeenne-du-droit-a-la-protection-des-renseignements-personnels/> ainsi que, du même auteur, « Projet de loi n° 64 : échos de la commission parlementaire », *Blog du Laboratoire de Cyberjustice*, 15 octobre 2020, disponible en ligne à <https://www.cyberjustice.ca/2020/10/15/projet-de-loi-n-64-echos-de-commission-parlementaire/>.

420. Notamment, dans le cas spécifique des rapports de crédit et de solvabilité, aux articles 19 et 19.1 de la loi québécoise *sur la protection des renseignements personnels dans le secteur privé*.

fédéral a déposé en juin 2022 [421] un projet de loi dit C-27 incluant, entre autres textes, une *loi sur l'intelligence artificielle et les données* ainsi qu'une réforme de l'ensemble des lois fédérales en matière de protection de la vie privée dans le domaine commercial globalement similaire à celle avancée en 2020. Le contenu de ce projet est remarquablement similaire à la proposition européenne : son objectif est de proposer un cadre général applicable à tout système basé sur l'intelligence artificielle tout en singularisant ceux des systèmes considérés à « incidence élevée » qui doivent faire l'objet d'une évaluation puis de mesures d'atténuation des risques qu'ils présentent (art. 8 et 9). Leurs fournisseurs doivent au surplus leur assurer une intelligibilité minimale (art. 10 à 11). Plus laconique que la proposition de règlement européen et renvoyant pour l'essentiel à des règlements d'application [422], il est difficile à ce stade de déterminer précisément à quel point cette loi dite *LIAD* en sera effectivement proche [423] — mais l'inspiration, quant à elle, est évidente et soulignée par tous les commentateurs de ce projet [424].

144 **Une gestion des enjeux technico-juridiques globalement conditionnée par l'extérieur**. Alors même que les situations juridiques du Canada et de la France vis-à-vis du droit européen sont diamétralement opposées, puisque l'un ne le réceptionne qu'indirectement et, surtout, *volontairement* tandis que l'autre est juridiquement contrainte à son respect, leur position vis-à-vis du droit européen spécifiquement relatif aux systèmes d'intelligence artificielle et à leurs enjeux technico-juridiques n'en demeure pas moins remarquablement similaire. Si cette position peut être amenée à évoluer avec l'adoption, de part et d'autre de l'Atlantique, de chaque projet et proposition de cadre normatif imposé à ces systèmes, il faut cependant admettre que la marge de manœuvre laissée à ou conservée par chaque ordre juridique apparaît relativement restreinte. À cet égard, l'alternative que nous avons identifiée se complexifie autant qu'elle se simplifie : puisque, du point de vue de ces enjeux, le droit français est et sera très largement conditionné par des choix opérés au niveau européen *et* que le droit canadien en général

---

421. À l'heure où nous écrivons, ce projet a fait l'objet d'une deuxième lecture qui a conclu à son renvoi en comité permanent de l'industrie et de la technologie le 24 avril 2023. Il est actuellement en train de recevoir les commentaires et mémoires des acteurs principaux du domaine.

422. C'est notamment le cas de la définition et du contenu exact de la catégorie des systèmes à « incidence élevée », ainsi que la définition du « préjudice sérieux » interdit par son article 4.

423. Elle s'en distingue d'ailleurs déjà sur deux points en excluant de son champ d'application les activités du secteur public (art. 3) et en n'établissant, à ce stade, aucune interdiction totale de traitement (la proposition européenne interdisant, quant à elle, toute une série de traitements à son article 5).

424. Voir, par exemple, Simon Hodgett, Kuljit Bhogal et Sam Ip, « Loi sur l'intelligence artificielle et les données du gouvernement du Canada : aperçu », *Osler*, 27 juin 2022, disponible en ligne à <https://www.osler.com/fr/ressources/reglements/2022/loi-sur-l-intelligence-artificielle-et-les-donnees-du-gouvernement-du-canada-apercu#:~:text=Le%2016%20 juin%202022%2C%20 le,loi%20sur%20l'intelligence%20artificielle> ou Max Jarvie, George R. Wray, Simon Du Perron, Catherine Labasi-Sammartino et Daniel Nicolas El Khoury, « Loi canadienne sur l'intelligence artificielle et les données: Impact pour les entreprises », *Lexology*, 27 juin 2022, disponible en ligne à <https://www.lexology.com/library/detail.aspx?g=54b0ca59-d50f-4c10-8a46-20450505210d>.

(et québécois en particulier) en est très fortement inspiré, alors deux possibilités émergent. Soit ces deux droits sont incompatibles avec les systèmes d'intelligence artificielle que sont les outils de justice algorithmique, soit aucun des deux ne l'est. Dans ce cas ils sont, donc, tous les deux compatibles avec eux. La première possibilité ne permet pas d'expliquer la relative neutralité de l'approche québécoise vis-à-vis de ces outils, nonobstant les difficultés et les enjeux qu'ils soulèvent — la seconde ne permet pas d'expliquer les tensions perceptibles au sein du discours français. Avant, cependant, de s'attaquer à cette alternative apparemment insoluble, il reste des espaces normatifs à inspecter, où des conceptions plus franchement nationales ont pu imprimer une gestion différenciée des enjeux technico-juridiques soulevés par les outils de justice algorithmique, quand bien même ces espaces apparaissent, à l'étude, trop réduits pour nous permettre de nous extraire de ce dilemme.

§ 2. *Des réponses interstitielles divergentes aux enjeux technico-juridiques*

145 **Une marge de manœuvre résiduelle**. Les ordres juridiques français et québécois sont, chacun à leur manière et chacun pour des raisons différentes, relativement contraints dans la manière dont ils se saisissent aujourd'hui et se saisiront demain des enjeux technico-juridiques soulevés par les outils de justice algorithmique. Ils le sont, à tout le moins, quant au sens général du cadre qui a vocation à s'imposer à ces outils en particulier et aux traitements automatisés de données à caractère personnel en général. S'il est encore tôt pour délimiter précisément les divergences qui viendront se loger dans le *contenu précis* de ce cadre et dans la *manière* dont il s'imposera, une partie des réponses que les deux ordres juridiques apportent ces enjeux apparaît déjà marquée par une conception différente de l'une des notions les plus fortement affectées par ces traitements : la notion de vie privée et le principe de sa protection. Nous avons déjà souligné à quel point l'équilibre entre protection de la vie privée et protection des données à caractère personnel et transparence de la justice et accès au droit est fondamental, non seulement compte tenu de l'importance des principes mis en tension mais encore et surtout du fait de l'impact de l'équilibre (ou du déséquilibre) établi par chaque ordre juridique sur les outils eux-mêmes. Or, si les enjeux du numérique « bouleversent les principes de verticalité et de territorialité pour laisser place à l'idée (...) [d'une] globalisation des droits » [425] et si le cadre européen à intention universalisante pose la nécessité de trouver un tel équilibre, son « interprétation reste plus ou moins située territorialement » [426] et, donc, plus ou moins affectée (**B, C**) par une compréhension préexistante et spécifique à chaque ordre juridique des principes qui composent cet équilibre précaire (**A**).

---

425. Rym Fassi-Fihri, *op. cit.*, p. 264.
426. *Ibid.*, p. 322.

A. Conception civiliste, conception de *common law* du droit à la vie privée

146 **Conception patrimoniale, conception extrapatrimoniale du droit à la vie privée.** Si l'impératif de protection des données à caractère personnel dépasse la seule question de la protection de la vie privée des individus à qui ces données se rapportent, elle constitue cependant, dans le contexte particulier des outils opérant des traitements automatisés de telles données, le pendant *opératoire* et *numérique* de ce principe de protection de la vie privée. Pour ce qui concerne les outils de justice algorithmique, ce principe est, comme nous l'avons vu plus haut, présent dans chacun des deux ordres juridiques (voir *supra* § 121 et suiv.). Ce pendant spécifique aux outils de traitement de données *judiciaires* de cette protection de la vie privée demeure cependant marqué par la manière dont la nécessité, voire la seule idée, de la protection de la vie privée des individus est conçue dans ces ordres juridiques. Ainsi, si ce droit à la vie privée des individus est conçu en France comme l'un des droits de la personnalité, possédé et garanti à tout être humain parce que consubstantiel à sa *qualité* d'être humain [427], il est conçu de manière plus complexe au Québec. Héritier d'une conception civiliste théoriquement proche de la conception française dans la mesure où le droit à la vie privée est visé, en tant que droit de la personnalité, par l'article 3 du Code civil québécois, l'ordre juridique québécois n'en demeure pas moins influencé par la conception de *common law* ayant cours dans le reste du Canada et au niveau fédéral. Or, là où la conception civiliste de la vie privée rattache la protection de la vie privée des individus « aux personnes et non aux propriétés » et la délimite « non par un espace ou une propriété mais par les besoins basiques de l'individu », eux-mêmes reliés à un principe d'autonomie morale et de dignité de la personne humaine [428], la conception de *common law* découle directement du principe de propriété. Parce que « la demeure de chacun est son château » [429], le droit à la vie privée s'entend comme le droit de ne pas voir un espace *territorialement délimité* envahi par quiconque ne bénéficierait pas d'un mandat en ce sens. À cet égard, et fondamentalement, le droit à la vie privée est reconnu en relation avec la notion proprement anglo-américaine de *trespass*, c'est-à-dire avec l'intrusion sans autorisation, et donc illégale, d'un tiers sur une

---

427. Au même rang que les différentes libertés civiles et d'autres droits plus spécifiques tels que le droit à la dignité dans ses différentes applications (par exemple en matière audiovisuelle, au titre de l'article premier de la loi n° 86-1067 du 30 septembre 1986 *relative à la liberté de communication*, dite *Loi Léotard*, ou en matière de bioéthique, au titre de la *Convention pour le protection des droits de l'Homme et la dignité de l'être humain à l'égard des applications de la biologie et de la médecine*), le droit à l'intégrité physique et, plus proche de la notion de vie privée, le droit à l'image.

428. « *Privacy attaches to persons rather than property (...). The civilian legal method (...) grasp[s] privacy as a zone of intimacy delineated not by space or ownership but by the basic needs of personhood. (...) The civilian notion of privacy relates to moral autonomy and as such is encompassed by human dignity* », Karen Eltis, « The Judicial System in the Digital Age: Revisiting the Relationship between Privacy and Accessibility in the Cyber Context », *op cit.*, pp. 313-314.

429. « *The house of every one is his castle* », *Peter Semayne v Richard Gresham* (1604) 77 ER 194.

propriété privée [430]. Si cette conception permet sans trop de difficulté de protéger les individus contre des hypothèses de remise en cause de leur vie privée intervenant dans le cadre d'intrusions physiques ou plus immatérielles [431], elle s'est avérée mal adaptée au développement d'une société mondiale de l'information [432]. Elle s'avère donc tout aussi incompatible avec une exigence de protection des individus face aux enjeux propres à la circulation numérique et en temps réel de l'information — et ce pour deux raisons.

147 **Protection de la vie privée à l'ère du numérique.** La première est, bien sûr, le caractère territorial de la protection accordée aux individus qui pose, mécaniquement, une difficulté dans le cadre d'un cyberespace caractérisé par son caractère aterritorial ; la seconde a plutôt trait à la manière dont un individu peut se prévaloir d'une violation de sa vie privée. Ce type d'action en justice s'intègre dans la catégorie des *torts*, c'est-à-dire des recours civils, qu'il existe un ensemble de *torts* spécifiques à la protection de la vie privée des individus comme aux États-Unis [433] ou qu'il soit nécessaire de se rapporter à des *torts* préexistants comme au Royaume-Uni [434]. Or, dans les deux cas, tout recours est construit sur une logique

---

430. Sur cette notion, voir Thomas W. Merrill, « Trespass, Nuisance, and the Costs of Determining Property Rights », *J. Legal. Stud.*, vol. 14, n° 1, 1985, pp. 13-48.

431. C'est à partir d'une logique de propriété privée que les juridictions américaines se sont saisis de la question de l'espionnage des courriels émis et reçus par des salariés par leur employeur : dans la mesure où c'est l'employeur qui possède les outils de travail mis à disposition des salariés, ils ne peuvent se prévaloir d'une quelconque *attente raisonnable* (« *reasonable expectation* ») de caractère privé de la correspondance électronique qu'ils peuvent entretenir grâce à ces outils, voir l'arrêt de principe *Michaels A. Smyth v The Pillsbury Company*, 914 F. Supp. 97 (E.D. Pa. 1996). Plus largement, le droit à la vie privée s'est initialement surtout développé vis-à-vis d'intrusions de *l'État* : c'est l'objet du quatrième amendement à la Constitution américaine de 1787 et celui de l'article 8 de la Charte canadienne des droits et libertés.

432. En témoignent les différentes sagas jurisprudentielles connues par le Royaume-Uni en matière de protection du droit à l'image de célébrités ou personnalités publiques, voir, par exemple, les affaires *Campbell v Mirror Group* (impliquant le mannequin Naomi Campbell) ou l'affaire *Douglas v Hello! Ltd* (impliquant les acteurs Michael Douglas et Catherine Zeta-Jones).

433. En l'occurrence, les *torts* de l'intrusion dans l'intimité (*intrusion upon seclusion*), de divulgation publique de faits privés embarrassants (*public disclosure of embarrassing private facts*), de divulgation de faits plaçant un individu sous un mauvais jour (*false light publicity*) et d'usurpation de noms ou de ressemblance (*appropriation of name or likeness*), reconstruits par William Prosser dans « Privacy », *Calif. L. Rev.*, vol. 38, n° 3, 1960, pp. 383-423 mais initialement conceptualisé dans le programmatique Louis D. Brandeis et Samuel D. Warren, « The Right of Privacy », *Harv. L. Rev.*, vol. 4, n° 5, 1890, pp. 193-220. Pour un retour sur le contenu de chacun de ses *torts* et sur leur actualité, voir Paul M. Schwartz et Karl-Nikolaus Peifer, « Prosser's Privacy and the German Rights of Personality: Are Four Privacy Torts Better than One Unitary Concept? », *Calif. L. Rev.*, vol. 98, n° 6, 2010, 1925, pp. 1937 et suiv.

434. Notamment le *tort* de nuisance privée (*private nuisance*) ou le recours en abus de confiance (*breach of confidence*) depuis un arrêt *Campbell v Mirror Group Newspapers* [2004] UKHL 22, nommé *tort* de mésusage d'informations privées dans ce contexte spécifique (*tort of misuse of private information*, notamment dans *Vidal-Hall v Google Inc* [2015] EWCA Civ 311). L'article 8 de la CEDH trouve aussi à l'appliquer dans le cadre d'une atteinte au droit à la vie privée des individus par l'État (effet direct) et a incité à l'exploitation de *torts* préexistants pour protéger la vie privée des individus dans leurs relations avec des personnes privées (effect indirect). À cet égard, voir Robert Walker, « The English Law of Privacy, an Evolving Human Rights », presentation à l'*Australasian Lawyers Society*, 25 août 2010, disponible en ligne à <https://www.supremecourt.uk/docs/speech_100825.pdf>.

d'attente raisonnable et/ou de déraisonnabilité de l'intrusion et de l'atteinte subie [435] et, donc, sur des standards particulièrement flous et mouvants dépendant du « contexte de l'atteinte supposée et des normes et coutumes sociales » [436]. Cette nature mouvante et floue des standards appliqués en *common law* en matière de protection de la vie privée tend, comme l'indique Karen Eltis, à créer une situation « particulièrement étrange » dans la mesure où les attentes sur lesquels ils se basent « s'érodent rapidement du fait, ironiquement, de l'accoutumance sociale à des atteintes répétitives » [437]. À cet égard, elle se modèle aux évolutions des intrusions et de l'exploitation des informations personnelles des individus dans un sens *a priori* défavorable à ces individus et c'est ce qui explique la mise en place de textes posant un régime spécifique à l'exploitation *numérique* et *automatisée* de ces informations dans les systèmes de *common law* [438]. Or, ces régimes n'en demeurent pas moins influencés par cette conception particulière de la vie privée des individus dans la mesure où ils sont tous construits sur une certaine vision *patrimoniale* des données à caractère personnel qui se retrouvent susceptibles d'être cédées ou vendues toutes les fois où leur *propriétaire* y consent [439].

148 **Une approche québécoise profondément mixte.** Les marqueurs de l'influence de cette conception de *common law* de la protection de la vie privée sur le régime québécois se retrouvent alors, notamment, dans la formulation de l'article 36 du Code civil québécois qui liste, de manière certes non exhaustive, une série d'hypothèses dans lesquelles une atteinte à la vie privée peut se produire : celle d'une intrusion physique dans un domicile, de l'interception et l'utilisation de

---

435. En droit américain, il s'agira d'une « intrusion déraisonnable dans l'intimité d'autrui susceptible de causer un dommage important à une personne raisonnable » (« *the unreasonable intrusion into the seclusion of another, if shown to be highly offensive to the reasonable person* », Karen Eltis, « Can the Reasonable Person Still Be 'Highly Offended'? An Invitation to Consider the Civil Law Tradition's Personality Rights-Based Approach to Tort Privacy », *UOLTJ*, vol. 5, n° 1-2, 2008, 199, pp. 208-209). En droit britannique, il s'agira aussi de démontrer que l'individu bénéficiait d'une attente raisonnable d'intimité (*reasonable expectation of privacy*), elle-même liée au fait qu'un devoir de confidence (*duty of confidence*) s'impose à toute personne recevant « une information dont il sait ou devrait savoir qu'elle est raisonnablement et justement susceptible d'être considérée comme confidentielle » (« *the law imposes a 'duty of confidence' whenever a person receives information he knows or ought to know is fairly and reasonably to be regarded as confident* », *Campbell v Miror Group Newspapers*, précité, pt. 13-14 (Nichols LJ).

436. « *The expectation-driven privacy test focusing on the context of the alleged intrusion and the social norms and customs that determine whether an expectation of privacy is reasonable* », Shaun B. Spencer, « Reasonable Expectations and the Erosion of Privacy », *San Diego L. Rev.*, vol. 39, 2002, 843, p. 854.

437. « [The situation] *is particularly awkward with said expectations rapidly eroding, ironically due to the social habituation to recurring intrusions* », Karen Eltis, « The Judicial System in the Digital Age: Revisiting the Relationship between Privacy and Accessibility in the Cyber Context », *op. cit.*, p. 311.

438. Pour le Canada fédéral, on pense aux différents textes précités et assurant une protection des données à caractère personnel des individus dans leurs relations avec l'État et d'autres personnes privées.

439. Le consentement de l'individu étant le socle des différentes législations et réglementations relatives à l'exploitation des données à caractère personnel, voir art. 5 à 9 du RGPD, art. 5, 45, 75 et 85 de la loi *Informatique et Libertés* pour la France, art. 6, 12 à 15 de la loi québécoise *sur la protection des renseignements personnels dans le secteur privé* et art. 6.1 ainsi que l'annexe 1 de la loi fédérale *sur la protection des renseignements personnels et les documents électroniques*.

communications privées, de la captation ou l'utilisation de l'image ou de la voix d'un individu se trouvant dans un lieu privé, de la surveillance de sa vie privée, de l'utilisation de son nom, de son image, de sa voix ou de sa ressemblance à d'autres fins que celle de l'information du public et de l'utilisation de ses écrits et autres documents personnels. Si ces hypothèses ne constituent que la codification d'une jurisprudence préexistante [440], il faut admettre qu'elles marquent une double influence exercée par le modèle de *common law* : non seulement, et substantiellement, les éléments de la liste correspondent à la fois aux *torts* américains et au régime anglais de protection de la vie privée en ce qu'elles conservent, de manière plus ou moins explicite, un ancrage spatial, mais *l'existence même* de cette liste s'insère dans une logique britannique de limitation des recours possibles à des situations bien déterminées [441]. Cette influence place le régime québécois dans une situation paradoxale, à la fois au sein même du Code civil et en dehors. Au sein du Code civil puisque si son article 3 établit que les droits de la personnalité sont « incessibles », son article 35 interdit toute atteinte à ce droit... sauf à ce que l'individu concerné « y consente ». L'approche est donc à la fois extrapatrimoniale (approche civiliste) [442] *et*, dans une certaine mesure, patrimoniale (approche de *common law*) [443]. La Charte québécoise des droits et libertés de la personne de 1976 renforce ce paradoxe en établissant, à son article 5, que « toute personne a droit au respect de sa vie privée », créant donc un droit à portée générale et absolue ouvrant un droit au recours tout aussi général et absolu [444].

149 **Une hybridation des conceptions européenne et française**. C'est de fait ce même paradoxe qui frappe les ordres juridiques européens et, donc, le régime français. Tout en maintenant une conception proprement civiliste, extrapatrimoniale de la protection de la vie privée [445], l'ordre juridique français a aussi

---

440. À cet égard, voir Pierre-Emmanuel Moyse, « Le droit au respect de la vie privée : les défis digitaux, une perspective de droit comparé : Canada », Service de recherche du Parlement européen, 2018, pp. 41 et suiv., disponible en ligne à <https://data.europa.eu/doi/10.2861/724251>.

441. Quand bien même, dans le cas québécois, il n'y ait aucune restriction ferme à cette liste explicitement non exhaustive. On peut aussi y voir là une trace d'un certain libéralisme britannique qui continue d'irriguer la compréhension et la manipulation des règles de droit, ainsi que le souligne *ibid.*, p. 44.

442. Ce que renforce, d'ailleurs, l'importance de la notion de *réputation*, notamment dans le cadre des actions en diffamation contre des articles de presse. Voir, à cet égard, Alexandre Lapalme, « Le libelle diffamatoire : une source aux potentialités multiples », *Histoire Engagée*, 6 septembre 2018, disponible en ligne à <https://histoireengagee.ca/chronique-darchives-le-libelle-diffamatoire-une-source-aux-potentialites-multiples/>.

443. Ainsi que le souligne Eric H. Reiter, « Personality and Patrimony: Comparative Perspectives on the Right to One's Image », *Tul. L. Rev.*, vol. 76, n° 3, 2002, 673, pp. 698-699.

444. L'article 49 de la Charte québécoise des droits et libertés de la personne [ci-après, Charte québécoise] établit ainsi que toute « atteinte illicite à un droit ou à une liberté reconnu par la présente Charte confère à la victime le droit d'obtenir la cessation de cette atteinte et la réparation du préjudice moral ou matériel qui en résulte ».

445. Encore que cette conception ait déjà commencé à être écornée, là encore du fait du développement de la société de l'information et d'une certaine tension entre marchandisation de l'image et maintien d'une sphère de vie privée, y compris au bénéfice de personnalités publiques. À ce sujet, voir Élodie Méchin, *Le droit patrimonial à la vie privée*, thèse dactylographiée, Université Jean Monnet Lyon 3, 2014.

accueilli *une forme* de conception plus patrimoniale de la vie privée au travers du RGPD et de la réglementation de la circulation, de l'usage et du traitement des données à caractère personnel dans la mesure où l'essentiel du régime posé au niveau européen repose sur la notion de consentement de l'individu à voir ses données à caractère personnel recueillies, traitées et réutilisées et, donc, cédées [446]. Si une conception « purement patrimoniale est rejetée » dans la mesure où la donnée à caractère personnel est toujours définie « par rapport à une personne physique », dans son prolongement et non comme un bien auquel elle ne serait liée que par un droit de propriété, le droit européen n'en diffuse pas moins une conception *partiellement* patrimoniale de ces données dans les ordres juridiques nationaux qui lui sont soumis [447]. La question de la nature exacte de ce régime hybride interroge, entre les partisans du maintien d'une approche extrapatrimoniale *éventuellement* mâtinée d'une patrimonialité partielle [448], ceux d'une approche pleinement patrimoniale [449] et ceux qui admettent le caractère binaire du droit à la vie privée dans sa dimension numérique [450]. Cette circulation et ce métissage de conceptions pourtant originellement opposées opèrent de manière ambivalente [451] sur la manière dont les ordres juridiques se saisissent des enjeux technico-juridiques des outils de traitement automatisé de données, et, donc, des outils de justice algorithmique. Elles participent en effet de la relative homogénéité qui s'est installée entre les approches européennes et québéco-canadiennes et peut donc, à première vue, confirmer l'idée d'une gestion globalement identique de ces enjeux de part et d'autre de l'Atlantique. Dans le même temps, cependant, ces deux conceptions continuent d'exercer une influence distincte sur les ordres juridiques dans lesquels elles ont prospéré et elles continuent de se manifester dans les espaces de liberté ménagés par des régimes juridiques pourtant similaires. C'est particulièrement le cas de la question complexe de l'équilibre à marquer entre protection de la vie privée et transparence de la justice, seul enjeu technico-juridique véritablement résolu à ce stade par les ordres juridiques québécois et français — et c'est donc particulièrement dans cet espace de liberté que se manifestent de vraies différences d'approche.

---

446. L'importance de cette notion, de son sens et de sa substance est soulignée par les deux articles du RGPD qui y sont consacrés (les articles 7 et 8), et par l'insistance du législateur européen sur la notion de consentement *libre*.

447. Rym Fassi-Fihri, *op. cit.*, pp. 127-128.

448. Voir, par exemple, Philippe Mouron, « Pour ou contre la patrimonialité des données personnelles », *Revue européenne des médias et du numérique*, n° 46-47, 2018, pp. 90-96.

449. C'est notamment le cas du *think tank* Génération libre, voir le rapport « Mes data sont à moi. Pour une patrimonialité des données personnelles », 2018, disponible en ligne à <https://www.generationlibre.eu/wp-content/uploads/2018/01/2018-01-generationlibre-patrimonialite-des-donnees.pdf>.

450. Voir, par exemple, Rym Fassi-Fihri, *op. cit.*, *passim*.

451. L'ambivalence de l'effet que peut avoir ce métissage sur les conceptions nationales de la vie privée a d'ailleurs, plus généralement, été pointée du doigt dans Jean-Louis Halpérin, « L'essor de la « privacy » et l'usage des concepts juridiques », *Droit et société*, vol. 61, n° 3, 2005, pp. 765-782. Il y est en particulier souligné que ce mimétisme « n'impliqu[e] pas pour autant la disparition des traditions nationales » (p. 782).

B. L'approche québécoise : un équilibre en faveur de la publicité de la justice

150 **Un équilibre proche de celui choisi par les systèmes de *common law*.** Compte tenu de l'attachement du Québec quant à son maintien au sein du grand système civiliste et compte tenu du fait qu'il est, effectivement, seul à « tente[r] de saisir le domaine de la vie privée dans sa généralité » dans sa Charte et dans son Code civil [452], on aurait légitimement pu s'attendre à ce que l'équilibre qu'il établit soit relativement similaire à celui qui s'est construit en France. Après tout, de part et d'autre de l'Atlantique, cet équilibre entre protection de la vie privée et transparence de la justice se construit sur la facette la plus complexe de la protection de la vie privée : celle qui se manifeste au travers d'activités publiques, dans un lieu public, et qui fait des informations personnelles ainsi divulguées partie intégrante de documents d'intérêt public. Or, ces deux caractéristiques constituent chacune, pour le régime québécois comme le régime français, une limite à la protection de la vie privée puisqu'elles la mettent en balance avec d'autres droits et principes à la fondamentalité similaire, en l'occurrence la liberté d'expression et, plus spécifiquement, la liberté de la presse [453]. La seconde est la moins contentieuse : dans un cas comme dans l'autre, le droit du public à l'information constitue une limite importante au respect de la vie privée, soit que ce droit abaisse « l'expectative de vie privée » à laquelle peut prétendre un individu [454], soit qu'il puisse légitimer une « atteinte portée à la vie privée » [455] dans la mesure où, dans les deux cas, l'information en question dépasse la seule satisfaction de la curiosité du public [456]. Il faut cependant admettre que cette exception joue essentiellement concernant des personnalités *publiques*, ce qui n'inclut donc pas des individus dont la seule

---

452. Pierre-Emmanuel Moyse, *op. cit.*, p. 45.

453. Tels qu'affirmé, côté Québec, notamment dans un arrêt *The Gazette (Division Southam inc.) c. Valiquette*, 1996 QC CA 6064, [1997] RJQ 30, p. 36. En France, le principe selon lequel « la liberté de la presse implique le libre choix des illustrations d'un débat général de phénomène de société sous la seule réserve du respect de la dignité de la personne humaine » (Cass. 2e ch. civ., 2 novembre 2004, no 03-15.397) et que « le droit au respect de la vie privée (…), d'une part, et le droit à la liberté d'expression, d'autre part, ont la même valeur normative » (Cass. 1e ch. civ., 21 mars 2018, no 16-28.741) impliquent qu'une « atteinte portée à la vie privée d'une personne publique (…) peut être légitimée par le droit à l'information du public » dans a mesure où « le sujet à l'origine de la publication en cause relève de l'intérêt général et si les informations contenues dans cette publication (…) sont de nature à nourrir le débat public sur ce sujet » (Cass. 1e ch. civ., 11 mars 2020, no 19-13.716).

454. Principe posé, notamment, dans un arrêt *Aubry c. Éditions Vice-Versa Inc.*, 1998 CSC 817, [1998] 1 RCS 591, pt. 57.

455. Cass. 1e. ch. civ., 11 mars 2020, précité.

456. Principe posé en des termes similaires par la Cour EDH (tel que rappelé dans CEDH [G.C.], 10 novembre 2015, no 40454/07, *Couderc et Hachette Filipacchi Associés c. France*, pt. 99-100) et par la Cour Suprême du Canada (*Grant c. Torstar Corp.*, 2009 CSC 61, [2009] 3 RC 640, pt. 105) : pour la première, « s'il existe un droit du public à être informé (…), des publications ayant pour seul objet de satisfaire la curiosité d'un certain lectorat (…) ne sauraient (…) passer pour contribuer à un quelconque débat d'intérêt général pour la société » tandis que pour la seconde « la simple curiosité ou l'intérêt malsain sont insuffisants » pour caractériser un « intérêt public » susceptible de justifier une atteinte à la vie privée d'individus, même évoluant dans la sphère publique.

notoriété serait tirée d'une action en justice [457]. C'est alors à ce stade que la question du *contexte* de la divulgation des informations privées contenues dans les décisions de justice traitées par les outils de justice algorithmique prend une importance particulière — ainsi qu'une coloration différente dans chaque ordre juridique.

151 **Approche territoriale et publicité de la justice.** Parce que le régime de protection de la vie privée québécois affirme, tout à la fois, la nature incessible du droit à la vie privée tout en restreignant les hypothèses d'atteinte à ce droit à l'expression du consentement de l'individu visé, la question de la situation dans laquelle cette atteinte a lieu est saisie sous ce prisme du consentement. En d'autres termes, on « s'attache à vérifier si la situation correspond à un consentement, exprès ou implicite, de la part de la personne concernée » ou, plus précisément, à une *renonciation* à son droit à la vie privée [458]. À cet égard et alors que la conception civiliste de la protection de la vie privée est déspatialisée puisqu'elle s'attache à l'individu, le régime québécois la spatialise au moins partiellement dans la mesure où si « les intérêts de vie privée [ne sont] pas sujets à une limite géographique stricte, en ce sens qu'ils s'arrêteraient aux murs du foyer » [459], le fait de se présenter au sein d'un prétoire et de solliciter une décision de justice tend à faire disparaître, dans la quasi-totalité de cas, toute expectative de vie privée [460]. Ainsi, « toute personne qui s'adresse à un tribunal de droit commun (…) est assujettie aux principes et aux règles qui s'y appliquent, dont celui du caractère public des dossiers et des débats » [461] et, une fois les débats clos, à la publicité de la décision qui en découle — que les informations incluses à la décision soient intimes ou qu'elles ne le soient pas. L'équilibre entre la protection de la vie privée des justiciables impliqués dans un procès et visés par une décision et le droit du public à l'information dans son volet judiciaire, c'est-à-dire le principe fondamental de

---

457. Notamment parce que si la notoriété d'une personnalité ne lui retire pas tout droit à la vie privée, elle peut cependant influer sur l'équilibre à trouver entre vie privée et liberté d'expression, au même titre que son comportement antérieur (Cass. 1e ch. civ., 21 mars 2018, précité et *Grant c. Torstar Corp*, précité).

458. Pierre Rudel, « Le droit à la vie privée en droit civil québécois », présentation lors du Congrès de l'ICAJ, 17 octobre 2014, disponible en ligne à https://ciaj-icaj.ca/wp-content/uploads/documents/import/2014/885.pdf%3Fid%3D651%261509613448, p. 41.

459. *Syndicat des travailleuses et travailleurs de Bridgeston/Firestone de Joliette (C.S.N.) c. Trudeau*, 1999 GC CA 13295, [1999] RJQ 2229.

460. En dehors des situations de huis-clos (d'office en matière familiale au titre de l'article 13 du Code de procédure civile québécois ou sur demande d'une partie) et d'éventuelles ordonnances de non-publication imposées par le juge, soit d'office, en matière pénale, dans le cadre de crimes sexuels et dans tous les cas où un mineur est impliqué (art. 486.4 du Code criminel), soit sur demande d'une partie en toute matière. Des grilles d'analyse ont été construites pour évaluer la nécessité d'imposer une ordonnance de non-publication, notamment en matière pénale dans *Dagenais c. Société Radio-Canada*, 1994 CSC 39, [1994] 3 RCS 835, p. 878 (l'ordonnance est nécessaire pour écarter un risque réel et important que le procès soit inéquitable, lorsqu'aucune autre mesure ne peut écarter ce risque et lorsque ses effets bénéfiques sont plus importants que ses effets préjudiciables) et, dans le même sens, en matière civile dans *Sierra Club du Canada c. Canada (Ministre des Finances)*, 2002 CSC 41, [2002] 2 RCS 522, pt. 53 puis familiale dans *Droit de la famille – 072307*, 2007 QCCS 4462 (CanLII).

461. *Guay c. Gesca ltée*, 2013 QC CA 343, [2013] RJQ 342, pt. 73.

publicité de la justice, est donc un équilibre facile à déterminer : il est en faveur du second [462]. Rien de surprenant à cela, en vérité : dans un système juridique de nature mixte comme celui du Québec, l'accès aux décisions de justice revêt une importance capitale pour au moins deux raisons. La première, commune à tous les ordres juridiques, demeure l'intérêt juridique indéniable à avoir accès aux normes judiciaires en tant que normes d'interprétation et d'application des règles de droit en vigueur, notamment pour les professionnels du droit. La seconde tient de la conception particulière qu'entretiennent les systèmes de *common law* quant au principe de publicité de la justice. Dans la mesure où ces systèmes sont construits à titre essentiel sur l'activité judiciaire, sa publicité revêt une importance capitale puisqu'elle sert le double objectif d'éducation du public et d'accroissement de la responsabilisation de la justice en lui « donnant l'opportunité d'avoir un droit de regard et de critique sur le processus judiciaire » [463]. C'est tout le sens de l'aphorisme selon lequel la justice ne doit pas seulement être rendue, mais être *vue* lorsqu'elle est rendue [464], ainsi que celui de l'idée selon laquelle le principe de publicité est le « sceau d'une société démocratique et [la] pierre angulaire de la *common law* » [465]. Quand bien même le Québec est bien un système mixte, il demeure entouré de provinces et surplombé par un État fédéral de *common law* et reçoit donc, par capillarité ou tout simplement via la Constitution canadienne, toute l'importance de cette publicité. Or, si elle vise d'abord et fondamentalement la publicité des *audiences*, elle se poursuit directement dans la publicité et l'accès aux *documents* judiciaires, que ce soit les registres [466] mais aussi et surtout les décisions de justice elles-mêmes. À cet égard, limiter l'accès à ces registres ou aux décisions revient à abaisser le niveau de publicité de la justice dans son ensemble.

152 **Protection de la vie privée des individus et obscurité pratique**. Pour autant, et quand bien même le principe d'une publicité totale a constamment été réaffirmé, sa véritable réalisation a dû attendre la diffusion *en ligne* de ces décisions et documents et, ainsi, la suppression de l'*obscurité pratique* qui les entourait [467].

---

462. En témoigne une succession d'arrêts en ce sens, voir, notamment, *A.G. (Nova Scotia) c. MacIntyre*, 1982 CSC 14, [1982] 1 RCS 175, *Sierra Club du Canada c. Canada (Ministre des Finances)*, précité, ou, plus récemment, *Dis Son Nom c. Marquis*, 2022 QC CA 841 (CanLII).

463. « *To enhance judicial accountability by providing opportunities to the public to scrutinize it and put forward criticisms of the judicial process. (...) Second, it has an educational purpose* », David Beauchemin, Nicolas Garneau, Ève Gaumond, Pierre-Luc Déziel, Richard Khoury et Luc Lamontagne, *op. cit.*, p. 15.

464. « *Justice must not only be done, but must also be seen to be done* », *R (Ex Parte McCarthy) v Sussex Justices* [1924] 1 KB 256.

465. *Vancouver Sun (Re)*, 2004 CSC 43, [2004] 2 RCS 332.

466. Pour ce qui concerne le Québec, il s'agira des *plumitifs*, c'est-à-dire les registres publics où sont listés les dossiers judiciaires en cours de traitement au sein des différentes juridictions québécoises. Ils intègrent toutes les données relatives à l'affaire (identité des parties, juridiction compétente, détails concernant les faits et la nature du litige, étapes de la procédure) et ils ne sont pas, à ce stade, anonymisés ou caviardés. Ils ne sont pas non plus librement accessibles en ligne (la SOQUIJ y donne accès dans le cadre d'un abonnement), mais le sont sur place, aux greffes des tribunaux québécois.

467. L'obscurité pratique (*practical obscurity*) désigne le phénomène particulier qui touche toute donnée théoriquement publique, mais dont les conditions d'accès et de compréhension sont

Il est à cet égard intéressant de constater que les principales mesures prises pour assurer une protection minimale des individus dont les informations personnelles sont incluses dans les décisions versées au sein des outils de justice algorithmique consistent à recréer cette obscurité pratique [468] ou, à tout le moins, à complexifier *certains* usages possibles de ces décisions. Ainsi, les décisions diffusées par *CanLII* ne sont pas ordinairement indexées sur les moteurs de recherche [469], ce qui complique toute tentative de *data scraping* (collecte de données automatisées), et les termes et conditions d'utilisation de la plateforme interdisent d'ailleurs explicitement toute pratique visant à « télécharger en vrac ou systématiquement des documents » [470]. Si leur réutilisation n'est pas interdite, elle est donc, encore à ce jour, sérieusement complexifiée — ce qui assure certes une protection contre les éventuels croisements de données attentatoires à la vie privée des individus, mais surprend compte tenu de l'importance accordée à une publication aussi large que possible des décisions de justice, tant en termes quantitatifs que qualitatifs. La situation est cependant en passe de changer avec l'élaboration, en avril 2021, de *guidelines* adressées aux juridictions canadiennes qui souhaiteraient autoriser le téléchargement de masse de leurs décisions [471]. En d'autres termes, quand bien même l'équilibre opéré par les juridictions canadiennes et québécoises tend à privilégier le principe de publicité de la justice à celui de la protection de la vie privée des individus, ce second impératif est cependant réintégré au stade des conditions techniques de la diffusion des décisions et réintroduit donc un enjeu technico-juridique pour les entreprises de *Legaltech* qui souhaiteraient les exploiter.

C. L'approche française : l'importance de la protection de la vie privée des individus

153 **La protection de la vie privée des individus comme frein à l'*open data* judiciaire.** Pourtant cet enjeu n'existe pas en France : la mise en œuvre de l'*open*

---

telles qu'elle demeure néanmoins globalement méconnue. Voir, à cet égard, Nicolas W. Vermeys, « Privacy v. Transparency: How Remote Access to Court Records Forces Us to Re-Examine Our Fundamental Values », *op. cit.*, p. 129.

468. Outre les hypothèses de caviardage mentionnées plus haut, voir *supra* § 121.

469. À l'usage, nous avons cependant pu constater deux limites à cette affirmation : la première vise les décisions et arrêts très connus, auxquels il est possible d'accéder directement via une recherche Google ; la seconde concerne le site *CanLII CONNECTS* qui, lui, fait l'objet d'une indexation sur les moteurs de recherche. Cette seconde limite n'est cependant que partielle dans la mesure où seul un résumé et une analyse courte de la décision est diffusé sur *CanLII CONNECTS*, à charge pour l'utilisateur de cliquer sur le lien lui donnant accès à la base *CanLII*.

470. Voir <https://www.canlii.org/fr/info/conditions.html#prohibitions>. Ce n'est pas le cas de la SOQUIJ, qui propose des services de téléchargement en masse aux professionnels mais se réserve cependant « le droit d'interdire (…) le téléchargement massif des informations diffusées sur son site, y compris les décisions de justice », voir <https://soquij.qc.ca/a/fr/politiques/conditions-generales-utilisation-sites-internet-soquij/>.

471. Jo Sherman (dir.), « Guidelines for Canadian Courts. Management of Requests for Bulk Access to Court Information by Commercial Entities », *Policy Paper* rédigé pour le Conseil Canadien de la Magistrature, 2021, disponible en ligne à <https://cjc-ccm.ca/sites/default/files/documents/2021/Bulk%20Access%20to%20Court%20Info%20-%20Guidelines%202020-12_EN%20Final%20-%20One%20PDF.pdf>.

data des décisions de justice inclut la mise à disposition de jeu de données de masse, mises à jour périodiquement, gratuites et librement réutilisables [472]. Ce contraste peut surprendre parce que force est de constater que l'équilibre choisi en France entre publicité de la justice et protection de la vie privée des individus n'est pas, tant s'en faut, celui choisi au Québec : « égalité, accès au droit, liberté d'information, transparence sont passés au second plan, derrière leurs antagonistes traditionnels : vie privée, sécurité individuelle. » [473] Ce constat, émis en 2019 alors que les décrets d'application de la *Loi pour une République Numérique* n'étaient toujours pas parus, a été nuancé par la publication de la *Loi de programmation pour la Justice 2018-2022* et la disparition de l'exigence d'une analyse préalable des risques de réidentification au profit d'un régime binaire de pseudonymisation et d'occultation [474]. Dans le fond, cependant, il n'en demeure pas moins vrai que si l'*open data* judiciaire français a été retardé, c'est en grande partie en raison des difficultés posées par cet équilibre inversé. Si l'équilibre choisi par l'ordre juridique québécois a pour lui d'avoir relativement *simplifié* la diffusion des décisions de justice et de rendre envisageable la diffusion des registres et dossiers judiciaires, celui choisi par l'ordre juridique français soulève une variété de questionnements qui ont constitué autant de nouveaux enjeux technico-juridiques à résoudre avant qu'une telle diffusion ne soit enclenchée. Ainsi, affirmer le principe selon lequel il serait nécessaire d'occulter tous les éléments qui, s'ils étaient diffusés, seraient susceptibles de porter atteinte *au respect de la vie privée* des individus visés par les décisions implique un travail préalable à la diffusion des décisions extrêmement important, même à considérer qu'une liste de ces éléments puisse être établie [475]. Autrement dit, compte tenu de l'ampleur quantitative des

---

472. Sur l'API *JUDILIBRE* de la Cour de cassation (disponible sur le portail *PISTE*, voir <https://api.gouv.fr/les-api/api-judilibre>) ainsi que sur une plateforme spécifiquement créée à cet effet par le Conseil d'État, *OPEN DATA JUSTICE ADMINISTRATIVE* (disponible à <https://opendata.justice-administrative.fr/>), tous les deux prévus par l'article 7 du décret n° 2020-797 du 29 juin 2020 *relatif à la mise à disposition du public des décisions des juridictions judiciaires et administratives*.

473. Guillaume Hannotin, *op. cit.*, p. 574.

474. Une occultation de principe pour les noms et prénoms des personnes physiques mentionnés dans le jugement, ainsi qu'une occultation éventuelle d'éléments supplémentaires « de nature à porter atteinte à la sécurité ou au respect de la vie privée » de ces mêmes personnes (art. 33 de la Loi *de programmation 2018-2022 et de réforme pour la justice*).

475. C'est le sens des deux rapports successivement rendus à la Cour de cassation concernant ces occultations complémentaires des arrêts de cassation, puis d'appel : outre les noms et prénoms occultés d'office, il est prévu de faire varier l'occultation de l'intégralité des numéros identifiants (type numéro de sécurité sociale, de compte bancaire ou de téléphone), des données géographiques (adresse, parcelle cadastrale) et des dates civiles (type date de naissance) selon la nature du contentieux, établie à partir de la nomenclature des affaires civiles mise en place au niveau de la Cour de cassation. Est alors envisagé de remédier à la problématique soulignée plus haut concernant les personnes morales *dans certains contentieux* (notamment prud'homal et matière de redressement et liquidation judiciaire). Il faut cependant noter que ce rapport ne vise pas l'hypothèse d'éléments non-identifiants par eux-mêmes, mais identifiants par recoupement. Voir, pour le premier, « Open Data : occultations complémentaires », *Cour de cassation*, 10 février 2021, disponible en ligne à <https://www.courdecassation.fr/toutes-les-actualites/2021/02/10/open-data-occultation-complementaire?date_du=&date_au=&thematique%5B41%5D=41&items_per_page=10&sort_bef_combine=created_DESC&sort_by=created&sort_order=DESC&page=1> et, pour le second, « Open Data des décisions judiciaires. Recommandations relatives aux occultations complémentaires », rapport du

données à traiter, il a fallu non seulement mener une réflexion de fond sur les éléments devant être occultés, sur l'impact de cette occultation sur l'intelligibilité des décisions ensuite diffusées et, donc, sur leur réutilisation ainsi que sur les moyens à mettre en œuvre pour réaliser cette occultation [476], mais encore et surtout des expérimentations pour *automatiser*, au moins en partie, ce processus [477]. Le délai de quatre ans qui a séparé la première affirmation de la mise en œuvre de l'*open data* judiciaire et la publication de ses normes d'application, ainsi que celui de presque dix ans qui s'établira entre cette première affirmation et l'achèvement de l'*open data* judiciaire s'explique en partie [478] par l'ampleur du chantier nécessaire à cet équilibre spécifique.

154 **Un équilibre déterminé par des préconceptions nationales.** On peut, comme pour le Québec, relier le choix de cet équilibre à la manière dont le droit à la vie privée est conçu en France ; parce qu'il s'attache primordialement à l'individu en tant qu'individu et n'est pas rattaché à *certaines* activités menées dans *certains* lieux pouvant être admises comme impliquant une *attente* (ou une expectative) de vie privée, ce droit à la vie privée apparaît moins aisément mis de côté par la nature publique d'un procès. Cette tension est ressentie et exprimée plus directement au sein du discours doctrinal français qu'au sein de son homologue québécois — c'est d'ailleurs, parmi les enjeux technico-juridiques, celui qui est systématiquement exprimé dès lors que cette catégorie d'arguments est mobilisée [479]. Il faut

---

Groupe de travail avec les cours d'appel pour le Service de documentation, des études et du rapport de la Cour de cassation, 13 juillet 2021, disponible en ligne à <https://www.courdecassation.fr/toutes-les-actualites/2021/07/13/open-data-et-cours-dappel-occultation-complementaire>.

476. C'était le sens du premier rapport Cadiet, même si ce dernier portait sur la mise en œuvre de la première version de l'*open data* judiciaire (c'est-à-dire celui reposant sur le régime posé par la Loi *pour une République Numérique* de 2016). C'est aussi le sens de toute la portion du discours français qui s'intéresse en tout ou partie à ces enjeux spécifiquement reliés à l'équilibre entre vie privée et publicité des décisions de justice.

477. C'est aujourd'hui chose faite avec l'outil *LABEL*, voir *supra* § 123.

478. En partie, puisqu'il s'agit aussi, pour les décisions du fond de l'ordre judiciaire, de transformer tous les processus de rédaction et d'archivage des décisions : alors qu'était affiché, dès 2018, l'objectif de « passer en format numérique natif les chaînes des décisions civiles et pénales » (Gaëlle Marraud des Grottes, « Arnaud Mazier, chef de service des SIC (DSI), ministère de la Justice : 'ce que l'on vise, c'est passer en format numérique natif les chaînes des décisions civiles et pénales' », *Actualités du droit*, 22 octobre 2018, disponible en ligne à <https://www.actualitesdudroit.fr/browse/tech-droit/start-up/16910/arnaud-mazier-chef-de-service-des-sic-dsi-ministere-de-la-justice-ce-que-l-on-vise-c-est-passer-en-format-numerique-natif-les-chaines-de-decisions-civiles-et-penales>), force est de constater que l'objectif n'était pas encore rempli à l'annonce du calendrier (voir, à cet égard, Emmanuel Barthe, « Open data des décisions de justice : le calendrier est publié… », *Precisement.org*, 5 mai 2021, disponible en ligne à <https://www.precisement.org/blog/Open-data-des-decisions-de-justice-le-calendrier-est-publie.html>.

479. Ce qui s'exprime par des expressions telles que « le premier enjeu se situe dans les risques élevés d'atteinte à la vie privée » (Lêmy Godefroy, Frédéric Lebaron et Jacques Lévy-Vehel, *op. cit.*, p. 61), suscitant des « craintes très fortes » (Corinne Bléry et Loïs Raschel, « Vers une procédure civile 2.0 ? », *D.*, 2018, 504, p. 504). « La protection des données personnelles et de la vie privée » constitue « l'une des principales problématiques » soulevées par les outils de justice algorithmique (Boris Barraud, « L'algorithmisation de l'administration », *RLDI*, n° 150, 2018, 42, p. 47) et la « condition indispensable de l'ouverture de la jurisprudence est d'assurer la protection de la vie privée » (Chantal Arens, « 'La justice doit être accessible et la Cour de cassation s'engage à relever le défi en utilisant les potentialités des technologies appliquées au droit' », *JCP*, n° 13, 2020, 628, p. 629).

aussi admettre que, contrairement à l'approche holiste de la publicité de la justice entretenue au Québec, la publicité de la justice se conçoit de manière bien plus composite en France. Si la diffusion des décisions de justice et leur exploitation participent de ce principe [480] tout aussi fondamental de ce côté-ci de l'Atlantique que de l'autre [481] et sous-tendu par les mêmes exigences libérales [482], la version « minimale » assurée jusqu'ici était considérée comme suffisante. Puisque l'un des objectifs de la publicité de la justice dans son versant décisionnel est de donner accès à la portion du droit interprétée, voire créée par les juges, la diffusion de celles des décisions qui sont considérées comme représentatives de ce droit créé et interprété suffisait à remplir cet objectif tout en perpétuant l'idée « qu'un excès d'information tue l'information, qu'il faut sélectionner les jugements les plus intéressants et ne pas publier les décisions dénuées de valeur ajoutée juridique » [483]. Si nous reviendrons plus avant sur les raisons de ce choix maintenu environ vingt ans de plus qu'au Québec et au Canada [484], il n'en participe pas moins de cette approche composite de la publicité de la justice. Une partie du discours doctrinal français insiste alors sur cette distinction : la *publication* (ou diffusion) des décisions de justice participe effectivement de la *publicité* de la justice, mais sans pour autant l'incarner. Ainsi, « l'obligation posée par ce principe est satisfaite par l'accès 'physique' de tout citoyen à la salle d'audience (...) [et] par l'inscription du jugement au greffe du tribunal et sa parution dans les recueils officiels » [485]. Si une diffusion plus large des « décisions de justice [en] format électronique ne peut donc que faciliter cette publicité », elle n'est pas *nécessaire* à sa garantie [486] — la

---

480. Ainsi que souligné, par exemple, dans Natalie Fricero, « Collecte, diffusion et exploitation des décisions de justice : quelles limites, quels contrôles ? », *op. cit.*, p. 282, Bruno Mathis et Hugo Ruggieri, « L'open data des décisions de justice en France. Les enjeux de la mise en œuvre », in Jean-Benoît Hubin, Hervé Jacquemin et Benoît Michaux (dir.), *Le juge et l'algorithme : juges augmentés ou justice diminuée ?*, Larcier, 2019, 197, p. 201, Thomas Perroud, Pierre Bourdon, Lucie Cluzel-Métayer et Olivier Renaudie, « L'open data ou comment accomplir (enfin !) la promesse de la publicité de la justice », *Dalloz actualité*, 12 octobre 2020 ou Sébastien Hourson, « La jurisprudence augmentée », *Dr. adm.*, n° 8-9, 2022, 3, p. 4.

481. Encore que c'est le principe de publicité des *débats* qui est le plus explicitement garanti par les articles 16 et 6 de la DDHC tel que rappelé dans Cons. const., n° 2019-778 DC du 21 mars 2019 (précité), pt. 102. Il est, plus généralement, rapporté aux exigences du procès équitable, voir, par exemple, CEDH, 14 novembre 2000, n° 35115/97, *Riepan c. Autriche*, pt. 27.

482. Ainsi rappelle-t-on que « la disponibilité des décisions de justice (...) vise à répondre à plusieurs objectifs. Le premier est l'information et la protection des tiers. (...) Le deuxième est d'ordre démocratique : la connaissance par les citoyens des décisions de justice leur permet de s'assurer du fonctionnement de l'État de droit. (...) Le troisième est un objectif de connaissance du contenu des décisions » (Vincent Rivollier, « L'open data des décisions de justice : pas tout, pas tout de suite », *D.*, 2020, 1626, p. 1626, dans le même sens, Thomas Perroud, Pierre Bourdon, Lucie Cluzel-Métayer et Olivier Renaudie, *op. cit.*).

483. Jean de Codt, « Juger avec un algorithme et juger l'algorithme », in Jean-Benoît Hubin, Hervé Jacquemin et Benoît Michaux (dir.), *Le juge et l'algorithme : juges augmentés ou justice diminuée ?*, Larcier, 2019, 107, p. 108. Dans le même sens, Jacques-Henri Stahl, « 'Open data' et jurisprudence », *Dr. adm.*, n° 11, 2016, pp. 1-2 ou Pierre-Yves Gautier, « Le filtre intellectuel apporté par la doctrine à l'analyse des décisions de jurisprudence est source de gain de temps pour tous », *JCP*, n° 3, 2020, 86, p. 87.

484. Voir *infra* § 395 et suiv.

485. Yannick Meneceur, « Pour une distinction affirmée entre les régimes de publicité et de publication », *op. cit.*, p. 31.

486. *Ibid.*

limiter, la complexifier ou la retarder pour protéger la vie privée et les données personnelles des individus visés par les décisions ne constituent donc pas une atteinte au principe de publicité de la justice dans son ensemble.

155 **Deux équilibres aux problématiques propres.** Autrement dit, si la manière de concevoir le droit à la protection de la vie privée d'une part et le principe de publicité de la justice d'autre part influent indéniablement sur l'équilibre choisi par chaque ordre juridique, ni l'un ni l'autre de ces équilibres n'est sans présenter de difficultés techniques ou juridiques. Par conséquent, la manière dont les ordres juridiques québécois et français se saisissent de cet enjeu spécifique crée, en bout de course, des problématiques effectivement différenciées, mais il n'en ressort pas que l'un de ces ordres juridiques serait *spécifiquement* plus adapté à l'immixtion des outils de justice algorithmique dans les processus judiciaires du fait d'un tel choix — et *vice versa*. Ils sont simplement confrontés à des questionnements de nature différente ainsi qu'à une temporalité décalée, il faut bien l'admettre. S'il nous reste à déterminer pourquoi la question de la diffusion *exhaustive* des décisions de justice est la seule pour laquelle un tel décalage temporel existe, le constat n'en reste pas moins clair : l'espace de liberté normative sur laquelle les ordres juridiques français et québéco-canadien ont déjà légiféré a beau être indéniablement marqué par toute une série de préconceptions et logiques propres, elle n'est pas suffisante pour constituer une *incompatibilité* technico-juridique en mesure de justifier les tensions émaillant le discours français.

CONCLUSION DU CHAPITRE 1

156 **L'échec de l'hypothèse d'incompatibilité technico-juridique.** Notre hypothèse d'une incompatibilité d'ordre technico-juridique reposait sur deux prémisses ; la première était celle d'une inadaptation du régime juridique français aux enjeux soulevés par les outils de justice algorithmique génératrice de problématiques qui, et c'est là la seconde prémisse, ne se manifestent pas au sein de notre ordre juridique de référence — l'ordre juridique québécois. Ce premier temps de notre analyse nous amène, à cet égard, à une conclusion sans appel : ni l'une ni l'autre des prémisses n'est vraie.

157 **Des enjeux technico-juridiques similaires.** Il s'avère en effet que les problématiques technico-juridiques soulevées par les outils de justice algorithmique sont présentes, dans toute leur ampleur quantitative et qualitative, dans les deux ordres juridiques. Les deux discours doctrinaux, dans des proportions certes parfois divergentes, les relèvent et les analysent de manière convergente. C'est alors la seconde de nos deux prémisses qui apparaît, déjà à ce stade, en difficulté : parce que ces enjeux sont communs à tous les ordres juridiques qui réceptionnent les technologies, techniques et apports des outils de justice algorithmique, l'ordre juridique français n'est pas placé, *a priori*, dans une situation d'une quelconque particularité à leur égard. Ce n'est donc pas à ce premier niveau que se situe une incompatibilité spécifiquement française.

158 **Une gestion comparable des enjeux technico-juridiques.** Cette incompatibilité ne se situe pas non plus à un niveau normatif puisque, dans une large mesure, les règles déjà imposées (ou en passe de l'être) aux systèmes d'intelligence artificielle et de traitement automatisé de données personnelles sont largement conditionnées par une régulation européenne à visée internationale. Les régimes juridiques français et québécois ont donc vocation à demeurer relativement similaires en tant qu'ordres juridiques de réception de ces règles européano-internationales. Ce constat n'est pas altéré par les marges de manœuvre ménagées à ces ordres juridiques en ce qui concerne la mise en œuvre effective de ces règles. Ainsi, si les divergences de gestion des enjeux technico-juridiques génèrent elles-mêmes des problématiques et questionnements propres à chaque ordre juridique, il n'en ressort pas que l'un soit plus ou moins adapté que l'autre à la pénétration des outils de justice algorithmique au sein de ses processus judiciaires et parajudiciaires. Il convient, certes, de demeurer prudent avec cette affirmation ; la manière particulière dont chaque ordre, système et culture juridique se saisit des principes mis en tension par les outils de justice algorithmique *peut* plus fortement influencer la mise en œuvre effective de la réglementation envisagée au niveau européen et national et modifier les données de notre hypothèse. Au stade actuel, cependant, rien dans la gestion de ces enjeux par l'ordre juridique français et québécois ne laisse apparaître de « meilleure » ou de « moins bonne » gestion en termes de déploiement et de réussite future des outils de justice algorithmique.

159 **Changement de regard.** Nous voilà donc ramenée à notre alternative : puisqu'il n'y a pas d'incompatibilité spécifiquement française, soit les deux ordres juridiques français et québécois sont incompatibles avec les outils de justice algorithmique, soit ni l'un ni l'autre ne l'est. Or, l'un comme l'autre des choix échouent à expliquer d'une part la spécialisation ainsi que la neutralité du discours québécois quant à ces enjeux et d'autre part les tensions du discours français. En fait, pour résoudre cette alternative apparemment insoluble, il faut garder à l'esprit que notre hypothèse d'incompatibilité nous vient directement du *discours* doctrinal français. En d'autres termes, si les deux prémisses de cette hypothèse s'avèrent fausses et que nous ne pouvons pas, du point de vue strictement juridique, choisir l'une ou l'autre des branches de notre alternative, c'est sans doute plutôt du côté des discours doctrinaux qu'il faut porter le regard. C'est bien en effet à ce niveau que les véritables différences apparaissent entre un discours doctrinal québécois presque tout entier concentré sur la gestion de ces enjeux technico-juridiques et un discours doctrinal français qui n'y accorde qu'une attention minimale — au profit d'autres enjeux, et d'une potentielle autre incompatibilité.

Chapitre 2

Un traitement doctrinal néanmoins révélateur d'une différence de maturité des discours

> « *Il n'y a aucun doute qu'une vraie révolution (...) a déjà commencé, Mais quant à savoir si elle atteindra son plein potentiel de notre vivant...* » [487]

160 **Un traitement opposé de problématiques similaires**. Les discours doctrinaux québécois et canadiens sont, donc, révélateurs des problématiques et d'enjeux similaires que soulèvent les outils de justice algorithmique de part et d'autre de l'Atlantique. Ce seul constat suffit à faire échouer notre hypothèse juridique dans son pendant le plus technique ; il ne suffit cependant pas à expliquer la différence de *traitement* de ces enjeux qui n'en demeure pas moins perceptible dans chaque discours. Mettons donc de côté cette hypothèse le temps de se pencher non plus sur l'argumentaire des discours mais sur la manière dont ils se saisissent tous les deux de ces problématiques et enjeux identiques. Ce changement d'angle est alors révélateur non pas de difficultés *technico-juridiques*, mais d'un *intérêt* porté à ces questions de nature très différente.

161 **Une expertise et une concentration québécoise autour des enjeux technico-juridiques**. Les enjeux technico-juridiques occupent en effet une place prépondérante, si ce n'est parfois exclusive, au sein du discours québécois (**Section 1**). Cette *concentration* autour de ces enjeux est double, puisqu'elle est à la fois

487. « *There is no doubt that a true revolution (...) has already begun, but whether or not it will reach its fullgrowth in our lifetime is another question* », Perry Meyer, « Jurimetrics: the Scientific Method in Legal Research », *Can. B. Rev.*, vol. 44, n° 1, 1966, 1, p. 24.

quantitative *et* qualitative, et elle peut être ramenée à la spécificité de sa structuration externe autant qu'interne. La synthèse de toutes ces caractéristiques baigne le discours québécois d'une aura de technicité *technologique* qui lui permet de se saisir de ces enjeux de manière non seulement dépassionnée, mais encore et surtout dans une optique opérationnelle de gestion pour ainsi dire *interne* des problématiques soulevées.

162 **Des enjeux instrumentalisés par le discours doctrinal français**. Confronté à une approche très opérationnelle de ce type d'enjeux, le discours doctrinal français laisse apparaître, quant à lui, une démarche diamétralement opposée. Si ces enjeux technico-juridiques ne sont, tant s'en faut, pas ignorés, ils sont mobilisés dans une optique bien déterminée — et ce n'est pas celle de leur gestion technique. Ils constituent, en fait, une passerelle vers d'autres enjeux de nature plus *juridique* voire *juridictionnelle* sur lesquels le discours français se déploie bien plus volontiers et apparaissent, à cet égard, comme des éléments accessoires et *instrumentalisés* (**Section 2**) de l'approche française des outils de justice algorithmique.

Section 1. UN APPROFONDISSEMENT QUÉBÉCO-CANADIEN LIÉ À UNE STRUCTURATION SPÉCIFIQUE DU DISCOURS

163 **Un discours québécois héritier de recherches anciennes**. La structuration du discours québéco-canadien, et d'ailleurs plus spécifiquement le discours québécois, apparaît dans toute sa spécificité lorsqu'il est confronté à celle du discours français. Alors que ce dernier est apparu, en tout cas à première vue [488], de nulle part à partir du moment où les outils de justice algorithmique ont acquis une certaine consistance au sein du paysage juridique français, le discours québécois relatif à ces outils s'inscrit dans la continuité explicite de recherches anciennes, spécialisées et structurantes. Or, cette structuration particulière imprime une marque visible sur la manière dont ce discours se saisit des enjeux technico-juridiques.

164 **Une priorisation informée par une expertise particulière**. Le discours doctrinal québécois apparaît ainsi tout entier concentré autour de ces enjeux spécifiques (**§ 1**). Cette concentration n'est pas, en fait, uniquement liée au fait que le discours déploie une expertise technique que l'on ne retrouve pas au sein du discours français (**§ 2**). Elle est aussi, plus généralement, liée à une conscience marquée de la *chronologie* du développement présent et futur de ces outils et à une priorisation de ces enjeux sur ceux, considérés plus lointains et donc moins pressants, qui emportent l'intérêt du discours doctrinal français.

---

488. Nous reviendrons sur cette première impression *partiellement* fausse plus loin dans nos développements, voir *infra* § 641 et suiv.

§ 1. *Une concentration du discours québéco-canadien sur les questions technico-juridiques*

165 **Le centre de gravitation du discours québécois.** Le cœur névralgique du discours québéco-canadien se situe indéniablement, à tout le moins à ce stade de son développement, au niveau des enjeux technico-juridiques soulevés par les outils de justice algorithmique. Outre le fait que cette concentration est perceptible à un niveau strictement quantitatif (**A**), elle est aussi et surtout revendiquée. Ainsi, si ces enjeux technico-juridiques occupent une telle place au sein de ce discours, c'est parce qu'il leur octroie lui-même une place spécifique, *première*, au sein de son analyse (**B**).

A. Une concentration des écrits autour des enjeux technico-juridiques

166 **Une focalisation québéco-canadienne autour des thématiques d'ordre technique.** Quand bien même l'on peut trouver, au sein du discours québéco-canadien, des écrits cherchant à traiter de manière générale les enjeux soulevés par les outils de justice algorithmique [489], il faut admettre que l'essentiel des contributions qui le composent se concentre autour d'enjeux bien déterminés et, surtout, de nature technico-juridique. Ainsi, qu'il s'agisse d'expliciter le processus de *création* d'outils [490], de proposer des biais techniques pour résoudre certains de ces enjeux [491], de rendre compte d'expérimentations de l'application des technologies à des questions juridiques [492] ou de construire des méthodologies d'analyse et de déploiement de ces technologies [493], le discours relatif aux outils de justice algorithmique tend à concentrer son étude sur leurs aspects les plus techniques. Cette

---

489. Du côté du Canada anglophone, voir, par exemple, Dessislav Dobrev, *op. cit.* ou Florian Martin-Bariteau et Teresa Scassa (dir.), *Artificial Intelligence and the Law in Canada*, LexisNexis, 2021. Du côté du discours strictement québécois, voir, par exemple, Ledy Rivas Zannou, « Le couple justice et technologies : lune de miel ou lune de fiel ? », *Lex Electronica*, nº 24, 2019, pp. 1-19 ou Karim Benyekhlef et Simon Du Perron, *op. cit.*

490. Comme ce sera le cas, par exemple, dans David Beauchemin, Nicolas Garneau, Ève Gaumond, Pierre-Luc Déziel, Richard Khoury et Luc Lamontagne, *op. cit.* (développement d'un outil d'explicitation des plumitifs) ou dans Benjamin Alarie, Anthony Niblett et Albert H. Yoon, « Using Machine Learning to Predict Outcomes in Tax Law », *CBLJ*, vol. 58, 2016, 232, pp. 232-233 (développement d'un outil d'aide à la décision en matière fiscale, préfigurant l'outil *BLUE J LEGAL*).

491. C'est ainsi le cas dans Tristan Allard, Louis Béziaud et Sébastien Gambs, *op. cit.* qui propose une méthodologie pour assurer une protection minimale des informations personnelles contenues dans les décisions de justice ainsi que les dossiers et registres de procédure.

492. On retrouve cette démarche notamment dans Hannes Westermann, Vern R. Walker, Kevin D. Ashley et Karim Benyekhlef, « Using Factors to Predict and Analyze Landlord-Tenant Decisions to Increase Access to Justice », in *Proceedings of the Seventeenth International Conference on Artificial Intelligence and Law – ICAIL '19*, ACM Press 2019, pp. 133-142 en matière de droit du logement. L'expérimentation était menée dans le cadre du projet *JusticeBot* sur lequel nous reviendrons plus loin (voir note 495).

493. Voir, par exemple, Benoît Aubert, Gilbert Babin et Hamza Aqallal, « Providing an Architecture Framework for Cyberjustice », *Laws*, vol. 3, nº 4, 2014, pp. 721-743 ou François Sénécal et Karim Benyekhlef, « Groundwork for Assessing the Legal Risks of Cyberjustice », *Can. J. L. & Tech.*, 2009, vol. 7, nº 1, pp. 41-56.

focalisation se poursuit d'ailleurs au sein des nombreux rapports commandés par les différentes institutions provinciales et fédérales et produits par les laboratoires de recherche investis dans ce domaine [494] — quand ces mêmes institutions ne financent pas directement le développement d'applicatifs et logiciels auprès des mêmes structures de recherche [495]. C'est là, en fait, une première différence avec le discours doctrinal français : au-delà du strict nombre de contributions écrites qui mobilisent, à quelque niveau et avec quelque intensité que ce soit, ces thématiques, le discours doctrinal québéco-canadien en général et québécois en particulier est, au surplus, surtout constitué de contributions qui ne traitent *que* de ces thématiques… voire parfois *d'une seule* de ces thématiques [496].

---

494. On trouve ainsi, entre autres, des rapports portant sur le dépôt électronique de documents, leur format et les standards à leur appliquer (voir Nicolas W. Vermeys et Emmanuelle Amar, « Le dépôt technologique des documents », Rapport pour le ministère de la Justice du Québec, 2016 ou Nicolas W. Vermeys et Sara Couture, « Étude relative aux standards et formats de documents technologiques contenus dans un dossier judiciaire », Rapport pour le ministère de la Justice du Québec, 2019) ainsi que des rapports portant plus spécifiquement sur la protection des renseignements personnels, y compris en dehors des seuls outils de justice algorithmique (voir Pierre-Luc Déziel, Karim Benyekhlef et Ève Gaumond, *op. cit.*), ainsi que sur l'ouverture des données publiques (le Laboratoire de Cyberjustice de l'Université de Montréal faisant partie des organismes sollicités dans le comité en gouvernement ouvert du Québec pour les années 2021 et 2022, voir Secrétariat du Conseil du Trésor, « Comité en gouvernement ouvert : dévoilement des organismes de la société civile sélectionnés », *Quebec.ca*, 19 mai 2021, disponible en ligne à <https://www.quebec.ca/nouvelles/actualites/details/comite-en-gouvernement-ouvert-devoilement-des-organismes-de-la-societe-civile-selectionnes/>).

495. C'est ainsi le cas, depuis 2020, du développement du projet *JusticeBot* auprès du Tribunal administratif du logement du Québec sur financement, notamment, du Ministère de l'Économie et de l'Innovation québécois (voir « Nouvelle subvention de recherche pour mettre l'intelligence artificielle au service des acteurs juridiques pour promouvoir les droits des locataires et des propriétaires au Québec », *Blog du Laboratoire de Cyberjustice*, 15 octobre 2020, disponible en ligne à <https://www.cyberjustice.ca/2020/10/15/nouvelle-subvention-de-recherche-pour-mettre-lintelligence-artificielle-au-service-des-acteur-juridiques-pour-promouvoir-les-droits-des-locataires-et-des-proprietaires-au-quebec-2/>). C'est aussi le cas, depuis 2021, d'un projet de mise en place d'un outil en matière d'égalité et d'équité salariale mené par la Commission canadienne des droits de la personne et construit sur la base du logiciel *PARLe* (*Plateforme d'Aide au Règlement des Litiges en ligne*) développé par le Laboratoire de Cyberjustice à partir de 2015 (voir « Nouvelle plateforme pour régler en ligne les différends relatifs à l'équité salariale dans les milieux de travail sous réglementation fédérale ! », *Blog du Laboratoire de Cyberjustice*, 13 janvier 2021, disponible en ligne à <https://www.cyberjustice.ca/2021/01/13/nouvelle-plateforme-pour-regler-en-ligne-les-differends-relatifs-a-lequite-salariale-dans-les-milieux-de-travail-sous-reglementation-federale/>). Le projet *PARLe* avait d'ailleurs, lui-même, fait l'objet d'un financement public de la part de l'Office de protection du consommateur (OPC) du Québec depuis 2016, voir « PARLe. Transformer l'expérience judiciaire avec la résolution en ligne des litiges », Présentation de l'outil PARLe, disponible en ligne à <https://www.cyberjustice.ca/files/sites/102/Livret_LABOCJ_PARLe_FR-3.pdf>.

496. On pense par exemple, et c'est là sans doute le seul point de ressemblance entre les deux discours, à la question de la protection de la vie privée et des données à caractère personnel (voir, par exemple, les travaux de Pierre-Luc Déziel)… encore que si l'on pousse l'analyse, comme nous le ferons en suivant, sur ce qui est *effectivement* écrit, cette ressemblance disparaît. On pense par ailleurs aux questions de normalisation des outils des systèmes informatisés (voir, pour un article plus ancien, Fabien Gélinas, « Interopérabilité et normalisation des systèmes de cyberjustice », *Lex Electronica*, vol. 10, n° 3, 2006, pp. 1-11 et, plus récemment, Benoît Aubert, Gilbert Babin et Hamza Aqallal, *op. cit.*) ou de structuration des données judiciaires (Hannes Westermann, Vern R. Walker, Kevin D. Ashley et Karim Benyekhlef, *op. cit.* ou Hannes Westermann, Jaromir Savelka, Vern R. Walker, Kevin D. Ashley et Karim Benyekhlef, « Computer-Assisted Creation of Boolean Search

167 **Des projets de recherche imprégnés par cette concentration.** À cet égard, et au-delà des écrits, ce sont plus généralement des projets de recherche qui se concentrent autour de l'appréhension et de la gestion des enjeux technico-juridiques soulevés par les outils de justice algorithmique. Il faut en effet souligner une caractéristique importante de la manière dont le discours québécois (en particulier) se structure : ce dernier gravite, à la fois historiquement [497] et depuis sa réactivation avec l'apparition des outils de justice algorithmique, essentiellement autour de projets de recherche d'ampleur plus ou moins importante. Si tous ces projets n'ont, ou n'avaient, pas tous une dimension exclusivement technique [498], ils laissent cependant tous apparaître une focalisation particulière autour des enjeux technico-juridiques des outils, technologies et défis sur lesquels ils se concentrent ou se concentraient. Ainsi, si l'on se limite au projet AJC mené par le Laboratoire de Cyberjustice et à ses seize chantiers, quatre ont une portée directement technique, voire opérationnelle [499], tandis que cinq autres ont ou vont avoir vocation à conduire à la mise en œuvre de nouveaux outils, créés ou améliorés dans le cadre de ces chantiers [500]. Cette focalisation sur la construction et le fonctionnement technique des outils, ainsi que sur les défis que ce fonctionnement soulève du point de vue de la faisabilité technologique *et* juridique de leur déploiement, est d'ailleurs assumée et revendiquée par les chercheurs qui animent ce projet. C'est là son socle, en même que temps que son objectif fondamental : à partir

---

Rules for Text Classification in the Legal Domain », in Michal Araszkiewicz et Victor Rodriguez-Doncel (dir.), *Legal Knowledge and Information Systems*, IOS Press, 2019, pp. 123-132).

497. Le Laboratoire de Cyberjustice de l'Université de Montréal doit sa création à des projets de recherche successifs : le projet *CYBERTRIBUNAL*, mené à partir de 1996, puis les projet *eResolution* et *ECODIR* à partir de 2000 et 2001 ont amené les équipes qui les menaient, et notamment Karim Benyekhlef, à concevoir un laboratoire spécialisé sur l'importation des technologies informatiques puis d'intelligence artificielle en droit. C'est dans ce contexte qu'il a été inauguré en 2010. Pour un retour sur l'histoire du laboratoire, voir Laboratoire de Cyberjustice, *A Tale of Cyberjustice*, 2020, disponible en ligne à <https://www.cyberjustice.ca/files/sites/102/CJ-LAB-A-Tale-of-Cyberjustice-Final.pdf> ainsi qu'annexe 1. Nous reviendrons plus en détails sur les projets mentionnés plus avant, voir *infra* § 238.

498. Pour prendre l'exemple des projets menés par le Laboratoire de Cyberjustice, certains d'entre eux ont plutôt permis de réaliser les analyses préparatoires à d'autres projets de recherche de plus grande ampleur, et sont donc de nature plus préparatoire qu'immédiatement opérationnelle. On pense, par exemple, aux projets « Vers une cyberjustice » et « Droit algorithmique » menés respectivement de 2011 à 2018 et de 2017 à 2019 qui ont tous les deux préfigurés les travaux du projet AJC démarré en 2018 et s'achevant en 2024. Voir, pour plus de précisions sur ce projet, « Présentation », *AJC-ACT*, disponible en ligne à <https://www.ajcact.org/ajc/presentation/>.

499. On pense aux chantiers 12 (dont l'objectif est d'établir des grilles et méthodologies en vue d'établir des indicateurs de qualité et performance des outils de justice algorithmique), 14 (focalisé sur les questions relatives aux interactions entre ces outils et la protection de la vie privée des individus et de leurs données à caractère personnel), 15 (focalisé sur les aspects de cybersécurité et de fiabilité des algorithmes mobilisés dans ces outils) et 16 (visant à établir une feuille de route de déploiement et de pilotage de l'insertion de ces outils dans les processus judiciaires).

500. C'est le cas des chantiers 1 et 2 (travaillant tous les deux sur l'applicatif *JusticeBot* et sur l'ajout de modules supplémentaires), 4 (visant la mise en œuvre d'un contrat intelligent, ou *smart contract*, fondé sur des chaînes de blocs, *blockchains*), 5 (visant l'analyse du déploiement de l'applicatif *PARLe* au niveau de l'OPC) et 6 (visant l'analyse du Tribunal de l'Autorité du Secteur des Condominiums (TASC) de l'Ontario et du *Civil Resolution Tribunal* (*CRT*) de Colombie-Britannique, deux juridictions entièrement dématérialisées).

d'une approche dite « pragmatique », participer « à l'élaboration d'un cadre de gouvernance juridique de l'IA », permettre « l'expérimentation et l'implantation de technologies innovantes pour la justice » et élaborer des outils susceptibles de s'intégrer dans les milieux juridiques, judiciaires et parajudiciaires [501]. Ainsi, au-delà d'un axe sociojuridique s'attachant aux enjeux les plus politiques, éthiques et juridico-juridictionnels [502], le projet AJC est aussi et surtout fondé sur un axe dit technojuridique, lui-même construit sur trois piliers : « une méthodologie de recherche appliquée ; la simulation, l'usage ou le développement de prototypes logiciels utilisant l'IA au service des acteurs judiciaires ; l'utilisation de données d'algorithmes et de logiciels développés par les partenaires AJC » [503]. Cette approche double est d'ailleurs celle sur laquelle s'est bâti, depuis sa conceptualisation, le Laboratoire de Cyberjustice lui-même puisque les axes sociojuridique et technojuridique du projet AJC sont *d'abord* ceux du Laboratoire. Tandis que le premier a vocation à répondre à la question *pourquoi* [504], le second a vocation à répondre à la question *comment* ; « comment adapter ces technologies pour les incorporer dans les prétoires et les processus judiciaires (...) ? quels types d'outils technologiques peuvent réussir à rendre le système juridique plus accessible ? » [505]. Rien de surprenant, donc, à ce que plus de la moitié des chantiers du projet AJC s'inscrivent explicitement dans cette dynamique et traitent principalement de ces thématiques — et, avec eux, les écrits finalement produits par les chercheurs impliqués.

B. Une priorisation assumée des enjeux technico-juridiques

168 **Une priorisation implicite mais structurante**. Le constat est d'autant moins surprenant qu'une idée-force irrigue le discours doctrinal québécois dans son analyse des outils de justice algorithmique : celle d'une priorisation forte de *certains* enjeux par-dessus d'autres. Si nous avons déjà souligné la double primordialité de ces questions au sein des deux discours, c'est-à-dire la primordialité *chronologique* autant qu'une primordialité plus *substantielle* des interactions créées ou réactivées par ces outils, il faut ici souligner un paradoxe. Ainsi, ce n'est pas parce qu'elle est exprimée au travers des mêmes termes qu'elle est conçue de manière identique ; plus encore, ce n'est pas parce que les deux discours l'affichent qu'ils en tirent les mêmes conséquences. À ce titre, des deux discours, c'est bien le

501. « Présentation », *AJC-ACT*, *op. cit.*

502. Qui est, d'ailleurs, lui-même bâti sur une logique profondément opérationnelle et technique : l'étude de cas est, ainsi, l'instrument de base de cet axe. Voir, pour une présentation de cette méthodologie, « Une justice pour le XXIe siècle », Présentation du projet AJC, 2020, disponible en ligne à <https://ajcact.openum.ca/files/sites/160/2020/01/AJC-De%cc%81pliant_FR_-220120.pdf>.

503. *Ibid.*

504. En l'occurrence, « pourquoi les juridictions n'utilisent-elles pas plus d'outils technologiques ? » (« *why aren't the courts using more technology?* », Laboratoire de Cyberjustice, *A Tale of Cyberjustice*, *op. cit.*, p. 28).

505. « *How can technology be adapted to be incorporated into courtrooms and court processes (...)? What types of technological tools will succeed in making the legal system more accessible?* », *ibid.*

discours québécois qui tire les conséquences les plus importantes de l'idée selon laquelle les réponses à certains des questionnements d'ordre technico-juridique conditionnent, ou conditionneront, soit la possibilité même soit le bon déploiement des outils de justice algorithmique. Quand bien même cette idée n'apparaît pas explicitement au sein des *écrits* qui constituent ce discours, elle informe autant qu'elle sous-tend néanmoins sa concentration autour de ces enjeux spécifiques.

169 **Enjeux techniques et pénétration des technologies**. Si elle n'est pas explicitée dans les écrits, cependant, cette idée-force n'en est pas autant entièrement implicite. Elle est, en effet, exprimée lors de conférences, lors de cours ou à l'occasion de la présentation des travaux menés par les différents groupes de recherche sur un registre parfois informel : avant de s'interroger sur l'impact de ces outils sur les processus judiciaires, le système juridique ou la société dans son ensemble, il faut encore et tout d'abord s'assurer, premièrement, que ces outils *ont*, ou sont susceptibles d'acquérir, une véritable consistance et, secondement, que les *acteurs* sont susceptibles de les utiliser [506]. Or, ces deux questions préalables commandent deux types d'approches complémentaires qui, dans cette optique, ont vocation à précéder et modeler toute analyse supplémentaire de nature prospective. La première commande ainsi, dans la continuité de notre propos, la concentration du discours québécois autour des enjeux technico-juridiques que nous tâchons ici de décrire : puisque ces enjeux sont *premiers* ne serait-ce que chronologiquement, alors c'est sur eux que l'essentiel des analyses doit se concentrer. Si cette concentration n'exclut pas forcément toutes les autres thématiques, et notamment les enjeux plus juridictionnels que ces outils soulèvent, elle ne leur laisse qu'une place réduite, voire accessoire — en tout cas à ce stade.

170 **Une connaissance des résistances du milieu judiciaire**. La seconde question préalable, celle du réel potentiel d'utilisation des outils, est de nature un peu plus hybride et fait écho à des remarques que l'on retrouve au sein du discours *français*. On y souligne, çà et là, le contraste parfois brutal entre des discussions et des analyses du *principe* de voir des technologies d'intelligence artificielle s'insérer dans le processus judiciaire et le fonctionnement du droit en général et le *fait* que « la révolution numérique ne s'est pas encore produite dans le domaine judiciaire », que « les tablettes électroniques ne remplacent que lentement les épaisses chemises poussiéreuses » et que les questions qui s'y posent tiennent bien plus du « renouvellement du matériel informatique des tribunaux » et de la numérisation des dossiers et des décisions de justice [507]. Le constat de ce contraste est rendu d'autant plus facile que la crise sanitaire liée au coronavirus covid-19 a jeté une lumière crue sur l'échec, ou au moins le retard accusé par les juridictions, en matière de numérisation « simple » [508]. Or, si ce constat n'a, comme nous le verrons, qu'un

---

506. Ce type de propos a ainsi pu être tenu lors de la présentation introductive de Karim Benyekhlef lors de l'École d'été du Laboratoire de Cyberjustice le 6 juin 2022.

507. Boris Barraud, « Algorithmes et décisions de justice », *op. cit.*, p. 82.

508. Comme souligné dans Samir Merabet, « Hommage posthume à l'abandon de DataJust : des principes directeurs de la justice numérique », *op. cit.*, p. 18. Un retour sur cette période de crise sanitaire révélatrice du retard accusé par le milieu judiciaire vis-à-vis de sa transition

impact réduit sur l'analyse produite par le discours doctrinal français, toutes les conséquences en sont tirées par le discours québécois — et tout d'abord, pour ce qui nous intéresse ici, d'un point de vue strictement technique. Ainsi, à la question du « *pourquoi* la mise en réseau est si lente à intégrer la justice ? » à laquelle le Laboratoire de Cyberjustice réserve son approche sociojuridique, la réponse est, elle-même, double : une réponse du même acabit, construite sur la conscience des résistances intrinsèques au milieu et aux acteurs de la justice [509], mais aussi et surtout une réponse technique construite à partir de l'échec, au cours de la première décennie des années 2000, des Systèmes Intégrés d'Information de Justice (SIIJ), particulièrement au Québec [510]. Si les technologies, sur le plan exclusivement technique, étaient « là », elles n'étaient pas pensées pour s'intégrer efficacement aux processus judiciaires déjà en place : les systèmes proposés étaient « trop ambitieux, trop lourds, trop peu modulaires », la transformation imposée était brutale et ne « donnait pas le temps aux acteurs de se faire aux outils » et le processus tout entier n'impliquait pas, ou trop peu, ces mêmes acteurs [511].

171 **Une connaissance comme héritage d'une approche historiquement spécialisée.** La concentration du discours québécois sur les enjeux technico-juridiques est donc construite sur cette double volonté de prioriser ces enjeux spécifiques, à la fois pour eux-mêmes et compte tenu de la nécessité de modeler les technologies,

numérique a aussi été fait au Québec, voir, par exemple, la webconférence organisée par le Laboratoire de Cyberjustice, le juge Clément Samson et l'avocat Paul-Matthieu Grondin, « Retour d'expérience sur la tenue des audiences virtuelles en temps de pandémie », 22 juin 2020, disponible en ligne à <https://www.youtube.com/watch?v=rs1wFJPIJcM> et, pour un résumé écrit, Jie Zhue, « Retour sur l'expérience judiciaire en temps de pandémie : quelle technologisation de notre justice ? », *Blog du Laboratoire de Cyberjustice*, 6 août 2020, disponible en ligne à <https://www.cyberjustice.ca/2020/08/06/quelle-technologisation-de-notre-justice/>. Pour un panorama de ce retard en France, voir Camille Bordère, « Le numérique et la justice de crise, le révélateur d'une transition numérique fantasmée », in Marie Padilla et Kieran Van Den Bergh (dir.), *La crise sanitaire de la covid-19 au prisme de l'interdisciplinarité juridique*, IFJD & LGDJ, 2022, pp. 241-253.

509. Dont on trouve une expression claire du côté du discours canadien anglophone : « la culture de la pratique juridique ralentira le rythme de l'intégration [des technologies] bien plus que ne l'espèrent les optimistes. (…) Sans doute la majorité de la profession ignore-t-elle largement les technologies juridiques ou ne s'y intéresse qu'à un niveau symbolique pour rassurer leur clientèle. Même ceux qui s'y intéressent sincèrement ont l'air de ne vouloir numériser que les pratiques existantes, en d'autres termes, de numériser pour le seul principe de numériser » (« *the culture of legal practice will slow the pace of integration well beyond the predictions of legal technology optimists. (…) Arguably, most of the legal profession is largely ignoring legal technology or engaging it in a merely symbolic sense in order to reassure clients. Even those who earnestly engage legal technology seem to only want to digitize current workflows, in other words, to 'pave the cow path'* »), voir Mark McKamey, *op. cit.*, p. 55.

510. Le premier projet de SIIJ ayant été lancé en 1999, puis remplacé par un autre projet TOJ (Transformation Organisationnelle de la Justice) en 2012, lui-même remplacé en 2018 par un nouveau projet Modernisation de la Justice. Jusqu'au coup brutal d'accélérateur qu'a constitué la crise sanitaire, le tout était, de l'avis des acteurs et des auteurs, un échec retentissant, voir, à cet égard, Pierre Noreau, « Réforme de la justice et théorie du changement », *RJT*, vol. 54, n° 1-2-3, 2020, pp. 54-104 ainsi que Kathryne Lamontagne, « Front commun pour la modernisation de la justice », *TVA Nouvelles*, 27 septembre 2017, disponible en ligne à <https://www.tvanouvelles.ca/2017/09/27/front-commun-pour-une-modernisation-de-la-justice>.

511. Propos tenus par Karim Benyekhlef lors de la présentation introductive de l'École d'été du Laboratoire de Cyberjustice le 6 juin 2022.

même performantes, aux besoins, aux difficultés ainsi qu'aux résistances des acteurs susceptibles de les réceptionner. Plus encore, cependant, ce « sens des priorités » particulièrement important au sein de ce discours n'est pas lié, ou pas seulement, à une sensibilité spécifiquement québécoise quant à ces questionnements ; il est lié à la seconde facette de cette concentration, facette de nature plus substantielle soutenant un discours non seulement focalisé autour de ces enjeux technico-juridiques mais démontrant au surplus une réelle expertise et une technicité quant à leur maniement. En d'autres termes, si le discours québécois donne une telle priorité aux aspects les plus techniques des outils et s'il manifeste une telle connaissance des résistances et des difficultés d'intégration de leurs technologies au sein du milieu judiciaire, c'est parce qu'il est construit sur une expertise et sur des connaissances juridiques, sociopolitiques et techniques dont il est l'héritier. En ce sens, les outils de justice algorithmique ne sont, pour ce discours québécois spécialisé, que le dernier des objets sur lesquels il porte son attention.

§ 2. *Une expertise québéco-canadienne sur les questions technico-juridiques*

172 **Une concentration du discours québécois orchestré par sa spécialisation technique**. L'expertise québéco-canadienne quant aux questionnements de nature technico-juridique irrigue autant qu'elle est elle-même entretenue par la concentration de l'analyse sur ces questionnements. Ainsi, de même qu'elle informe, justifie et facilite cette concentration puisqu'elle s'exprime au travers d'équipes de recherche à la fois diversifiées et spécialisées, cette expertise est constamment renforcée par les travaux, expérimentaux *et* opérationnels, menés par ces mêmes équipes (**B**). Plus généralement, d'ailleurs, cette spécialisation des équipes et des recherches constitue l'héritage d'une structuration ancienne de ce discours et des unités qui le soutiennent (**A**). Cette continuité en ligne directe des recherches relatives à la pénétration des technologies informatiques et d'intelligence artificielle constitue l'un des points caractéristiques du discours québécois — et un de ses points de divergence les plus importants avec le discours français.

A. Une expertise comme héritage d'un discours ancien

173 **Un discours construit par sédimentation**. En matière de développement d'une expertise particulière dans le domaine des outils de justice d'abord informatique avant d'être, aujourd'hui, algorithmique, le Laboratoire de Cyberjustice de l'Université de Montréal constitue un exemple topique et représentatif du haut niveau de spécialisation des recherches menées au sein du discours doctrinal québécois. Comme nous l'avons souligné plus tôt, si cette structure est officiellement relativement récente puisqu'elle a été fondée en 2010, elle ne constitue que la formalisation d'équipes, de programmes et de projets de recherche non seulement préexistants mais encore *anciens*. Avant le Laboratoire, c'était en effet l'Université de Montréal elle-même qui constituait le socle institutionnel d'une succession ininterrompue de recherches menées depuis 1968, soit les premières heures des

interactions entre le jeune outil informatique et le droit — et ces recherches étaient déjà elles-mêmes de nature opérationnelle puisqu'il s'agissait de construire une des premières bases de données juridiques de la province et, plus largement, de l'État canadien [512]. Si les recherches dédiées à cette première base ont été assez rapidement stoppées pour des raisons de rentabilité [513], elles sont néanmoins poursuivies sur le terrain général de la diffusion des décisions de justice en ligne [514] ainsi que sur un *nouveau* terrain — celui des systèmes experts, des outils d'aide à la décision et des solutions d'*Online Dispute Resolution.* C'est en particulier ce domaine qu'investissent les recherches menées au sein des équipes spécialisées de la faculté de droit de l'Université de Montréal au travers des projets successifs menés depuis le milieu des années 1990 [515] au sein du Centre de Recherches en Droit Public (CRDP) et de ses différentes composantes [516]. Le Laboratoire de Cyberjustice est l'héritier direct de ces projets et de ces équipes, d'autant plus d'ailleurs qu'il intègre toujours une partie des chercheurs qui en faisaient partie — et notamment son actuel directeur [517]. S'il apparaît donc comme l'exemple parfait de cette continuité des recherches en matière d'informatique, puis d'intelligence artificielle, et de droit, il n'en constitue pas moins l'illustration de la *règle* et non de l'exception ; ainsi, les recherches québécoises menées en dehors de

---

512. Il s'agissait du projet *DATUM* (*Documentation Automatique des Textes juridiques*) mené sous la direction d'Ejan Mackaay. Voir, pour une présentation du projet, Ejan Mackaay, « SOQUIJ, Société Québécoise d'Informatique Juridique », *RJT*, vol. 11, n° 1-2, 1976, pp. 9-20.

513. C'est-à-dire en 1979, voir John N. Davis, « The Digital Storage, Retrieval and Transmission of Case Reports in Canada: a Brief History », in Martha Foote (dir.), *Law Reporting and Legal Publishing: a Canadian History*, Canadian Association of Law Library/Association Canadienne des Bibliothèques de Droit, 1997, 139, p. 152.

514. Au travers de l'équipe de recherche LexUM menée par Daniel Poulin et rattachée au CRDP de l'Université de Montréal qui a démarré en 1993 la diffusion en ligne et à titre gratuit des arrêts de la Cour Suprême, voir Daniel Poulin, « Free Access to Law in Canada », *LIM*, vol. 12, n° 3, 2012, pp. 165-172. C'est cette même équipe qui a, un an plus tard, développé le site internet de la même Cour Suprême (Daniel Poulin, « Le monde canadien de l'information juridique : du recueil au Web. Défis politique, juridique, économique et technique », in ADIJ (dir.), *L'information juridique : contenu, accessibilité et circulation. Défis politique, juridique, économique et technique*, Éditions du Juris-Classeur, 1998) et qui, en 1999, assurait la diffusion en ligne d'une dizaine de bases de données incluant les textes législatifs de dix des treize provinces et territoires canadiens. C'est aussi l'équipe LexUM, avant son *spin-off* et sa transformation en entreprise privée, qui a soutenu le développement du premier logiciel d'anonymisation automatique (*NOME*) en collaboration avec le Laboratoire de Recherche Appliquée en Linguistique Informatique (RALI) de la même Université de Montréal (Frédéric Pelletier, Luc Plamondon et Guy Lapalme, « L'assistant d'anonymisation NOME », *op. cit.*).

515. Voir *infra* § 238, ainsi qu'annexe 1 pour leur chronologie.

516. L'architecture institutionnelle du Laboratoire de Cyberjustice le plaçant non comme une structure entièrement autonome du CRDP, mais comme une équipe de recherche formalisée *intégrée* au CRDP. Ainsi, le directeur actuel du CRDP, Nicolas Vermeys, est aussi le directeur adjoint du Laboratoire de Cyberjustice.

517. Karim Benyekhlef, qui a donc dirigé les projets *CYBERTRIBUNAL*, *eResolution*, *ECODIR*, mais aussi, au travers de projets, de collaborations ponctuelles ou d'une proximité institutionnelle, Fabien Gélinas (désormais en poste au sein de la faculté de droit de l'Université McGill, mais ayant participé au projet *eResolution* et participant aujourd'hui au projet AJC), Vincent Gautrais (désormais titulaire de la Chaire L. R. Wilson sur le droit des technologies de l'information et du commerce électronique, elle-même héritière des projets *eResolution* et ECODIR et ayant participé au projet *CYBERTRIBUNAL*) ou Pierre Trudel (toujours en poste au sein du CRDP après avoir été premier titulaire de la Chaire L. R. Wilson).

l'Université de Montréal [518] comme celles menées en dehors du Québec [519] sont elles-mêmes anciennes et sont elles-mêmes marquées par l'expertise technique qui continue d'irriguer le discours actuel.

174 **Une construction sédimentaire tant immatérielle que matérielle.** Ce constat intrigue et nous ramène immanquablement au discours français ; est-il, lui aussi, héritier de recherches plus anciennes ? Il faudrait pour cela qu'il y ait, effectivement, *eu* ce type de recherches en France. Et c'est le cas : il y a bien eu, en parallèle parfait des recherches menées au Canada et au Québec, des recherches menées en France quant à la mobilisation de l'outil informatique puis de l'intelligence artificielle en droit [520]. Elles étaient même d'ailleurs menées *en lien direct* avec les recherches québécoises [521]. Dans ces conditions, l'interrogation demeure ; si le discours doctrinal québécois s'est construit dans la continuité directe et explicite de ces recherches, qu'en est-il du discours français ? Si nous nous attacherons à l'analyse des causes comme des conséquences de ce constat plus loin dans nos développements (voir *infra* § 650), il faut dès à présent souligner que cette construction historique est un caractère propre au discours québécois — ou, plutôt, que la *non*-construction historique du discours français lui est spécifique. Or, quel que soit l'angle par lequel on se saisit de cette caractéristique, elle n'est dans tous les cas pas anodine, bien au contraire. Ainsi, côté face, le discours québécois s'est établi sur des bases solides posées par deux générations de chercheurs. Or, ces fondations ne sont pas seulement immatérielles. L'existence de pôles autour desquels continuent de se déployer les principaux projets de recherche n'est ainsi pas sans conséquence sur la technicité du discours ; outre le fait que ces projets bénéficient nécessairement de l'expertise développée sur plus de cinquante ans de recherche, ils bénéficient aussi de *structures* physiques pour les porter et les supporter, tant

---

518. On pense notamment à celles menées au sein de l'Université du Québec à Montréal (UQÀM) : initiées par Jean Goulet dès les années 1960 (voir, par exemple, « Revalorisation du droit et jurimétrie », *C. de D.*, vol. 9, n° 1, 1967-1968, pp. 9-36), elles ont notamment conduit à la création du Groupe de Recherche en Informatique et Droit (GRID) et à des travaux, à la fin des années 1980, sur des systèmes experts et des agents conversationnels tels que le projet *LOGE-EXPERT* mené notamment par Claude Thomasset (voir « La transformation d'un savoir juridique en capsules informatiques: le cas de Loge-expert », in Claude Thomasset, René Côté et Danièle Bourcier (dir.), *Les sciences du texte juridique. Le droit saisi par l'ordinateur*, Édition Yvon Blais, 1993, pp. 243-263).

519. L'exemple le plus important est celui de la *Queen's University* de Kingston (Ontario) qui a mené, en parallèle de l'Université de Montréal, les premières expérimentations en matière de construction de bases de données juridiques informatisées au travers du projet *Queen's University Institute for Computing and Law* (*QUIC/LAW*, mené à partir de 1968). Suite à son abandon en 1973 faute de financement, les recherches sont poursuivies par une société nouvelle, QL Systems, devenu Quicklaw à la fin des années 1990 et rachetée par LexisNexis quelques années plus tard. Pour une chronologie des évolutions de la société, voir Simon Chester « The birth of Quicklaw », *Slaw*, 25 janvier 2007, disponible en ligne à <http://www.slaw.ca/2007/01/25/the-birth-of-quicklaw/> et annexe 1.

520. Si nous reviendrons bien plus précisément sur ces recherches plus loin (voir *infra* § 557), nous pouvons dès à présent renvoyer à notre annexe 1 pour leur panorama.

521. Ce qu'atteste la participation des chercheurs d'une des structures françaises spécialisées sur ces questions à un niveau spécial de la *Revue Juridique Thémis* publiée par l'Université de Montréal – nous renvoyons le lecteur à la bibliographie du présent volume pour référence.

au plan financier [522] que technique [523]. Ces pôles sont donc attractifs tant pour les chercheurs que pour les financeurs institutionnels ou privés, et c'est pour cette raison qu'ils concentrent l'essentiel de la recherche dans le domaine des outils de justice algorithmique [524]. Cette caractéristique constitue donc un élément d'explication de la nature relativement ramassée du discours québéco-canadien autour des activités et projets menés par le Laboratoire de Cyberjustice en particulier.

175 **Une construction historique et sédimentaire manquant au discours doctrinal français.** Côté pile, cette (non-)caractéristique constitue aussi un élément d'explication de la nature beaucoup plus éclatée territorialement *et* individuellement du discours doctrinal français. Sans pôles de recherche sur lesquels se bâtir [525], le discours français s'est établi sans socle spécifique [526] et, pour l'essentiel, sans *expertise* préexistante. Insistons dès à présent : il ne s'agit pas nécessairement d'un jugement de *valeur* sur le contenu du discours. Indiquer qu'il n'y avait pas, à l'origine du discours, de spécialistes français directement impliqués ne signifie pas que de tels spécialistes ne se sont pas construits au fil des années, du discours et de leurs recherches [527]. En revanche, cette absence

---

522. Et, plus généralement, au plan partenarial compte tenu des pratiques en matière de financement de la recherche au Canada – voir *infra* § 591.

523. On pense, sur le plan le plus matériel, à des salles de serveur, du matériel informatique suffisamment sophistiqué, des licences auprès de logiciels, etc. Sur un plan plus large, on pense aussi à l'accès à des expertises *humaines* par la construction d'équipes multidisciplinaires – on y reviendra.

524. Que ce soit d'ailleurs au niveau provincial, national voire, d'une certaine manière, internationale : le projet AJC regroupe ainsi certes des chercheurs québécois non montréalais (par exemple, Jean-François Roberge de l'Université de Sherbrooke, directeur du chantier 5, ou Karine Gentelet de l'Université du Québec en Outaouais, directrice du chantier 11) mais aussi des chercheurs venus des provinces anglophones (par exemple, Jacquelyn Burkell de la *Western University* (Ontario), directrice du groupe de travail 3, ou Benjamin Alarie, chercheur associé à la *University of Toronto* et fondateur associé de *BLUE J LEGAL*) et de l'international. Citons, pêle-mêle, Kevin Ashley (*University of Pittsburgh*), David Tait (*Western Sydney University*) ou Mireille Hildebrandt (*Vrije Universiteit Brussel*).

525. En tout cas initialement, et outre les pôles de recherche sur le droit du numérique *en général*. Les structures qui ont supporté les recherches menées entre les années 1970 et 1990 ayant disparu au tournant du second millénaire, il n'y avait pas d'unité de recherches toute désignée pour constituer un centre névralgique des recherches françaises à partir du moment où elles ont été relancées. La situation a, bien sûr, évolué depuis 2016 puisque plusieurs équipes de recherche ont été constituées, notamment au sein de la faculté de droit de Chambéry autour du projet SRDC (Standardisation de la Réparation du Dommage Corporel, dirigé par Christophe Quézel-Ambrunaz dans le cadre de l'Institut Universitaire de France) et de la revue *Jurimétrie* ou au sein d'HEC Paris (suite à la mise en place d'un partenariat entre l'école, la Cour de cassation et l'école Polytechnique en matière d'intelligence artificielle). On peut aussi rappeler, au niveau des institutions publiques, le programme Entrepreneur d'Intérêt Général lancé en 2016 et dont l'objectif est de permettre à des savoir-faire venus du privé d'intégrer la fonction publique pour assurer une circulation de leur expertise – notamment en matière informatique et en *data science*. Pour un retour sur les structures disparues et les raisons pour lesquelles elles ne se sont pas maintenues, voir *infra* § 650 ainsi qu'annexe 1.

526. En dehors, bien sûr, de ceux des chercheurs impliqués qui sont personnellement spécialisées en intelligence artificielle et droit – ou qui ont connu les premières recherches.

527. Au contraire, d'ailleurs. On pense ici, par exemple, à des chercheurs tels que Yannick Meneceur, Boris Barraud, Bruno Deffains ou Florence G'Sell qui ont pu développer une expertise sur ces questions au fil de leur analyse des outils de justice algorithmique. On pense aussi à d'autres profils tels que celui de Marie Dochy, Samir Merabet ou Bertrand Cassar qui se sont spécialisés dans ces questions au cours de leurs travaux de thèse – ce qui fait donc d'eux des spécialistes *ab*

de socle institutionnel, substantiel et individuel a (eu) un impact direct sur la manière dont le discours doctrinal français envisage, dans sa grande majorité, des enjeux technico-juridiques — gardons donc cette caractéristique en tête pour la suite de notre analyse.

B. Une expertise vectrice d'une approche opérationnelle des enjeux technico-juridiques

176 **Une expertise mobilisée directement au sein des recherches québécoises.** Pour ce qui concerne toujours le discours doctrinal québécois, cette construction sédimentaire et, pour ainsi dire, historique est directement à l'origine à la fois d'un intérêt particulier pour les enjeux technico-juridiques soulevés par les outils de justice algorithmique, mais aussi et surtout d'une aptitude particulière à s'en *saisir*, à y apporter et des solutions techniques ainsi d'ailleurs qu'à développer des prototypes d'outils nouveaux. Cette aptitude passe, ainsi, par tout un spectre d'écrits allant de la démonstration d'outils *créés* par les chercheurs [528] à l'inventaire des solutions existantes [529], en passant par des comptes-rendus expérimentaux [530] et des travaux menés auprès des acteurs de la justice et de la *Legaltech* [531]. Elle passe aussi, et surtout, par ces prototypes. L'outil *JusticeBot* en constitue l'exemple type, puisque sa construction et son développement

initio. On pense, finalement, aux magistrats impliqués dans la mise en œuvre effective de l'*open data* judiciaire, tels qu'Estelle Jond-Nécand (au niveau de la Cour de cassation) ou Pierre-Yves Martinie (au niveau du Conseil d'État).

528. Benjamin Alarie, Anthony Niblett et Albert H. Yoon, « Using Machine Learning to Predict Outcomes in Tax Law », *op. cit.* en constitue un exemple topique puisque c'est au travers de cet article qu'est officiellement présenté les technologies qui donneront naissance à l'outil *BLUE J LEGAL* (un outil basé sur des algorithmes prédictifs appliqués à la matière fiscale) au travers d'un partenariat avec Thompson Reuters. C'est aussi le cas des articles et présentations menés quant à l'outil *JusticeBot*, notamment par Hannes Westermann.

529. Les travaux d'inventaires constituent l'un des livrables-type du projet AJC. On en trouve notamment en matière d'outils de prévention des conflits pour les citoyens (Callipel Valentin, Karl L. Branting, Les Jacobs et Trevor Farrow (dir.), « Inventaire des outils d'intelligence artificielle favorisant la prévention des conflits pour les citoyens », Inventaire pour le chantier 1 AJC, 2018, disponible en ligne à <https://ajcact.openum.ca/files/sites/160/2020/03/Cyberjustice-Labs-Crunchbase%e2%84%a2-1-2.pdf>) ou d'outils ayant vocation à être mobilisés dans un cadre judiciaire (Jena McGill et Amy Salyzyn, « Judging by Numbers: How Will Judicial Analytics Impact the Justice System and its Stakeholders ? », *Dalhousie L. J.*, vol. 44, n° 1, 2021, pp. 250-284 dans le cadre du chantier 10).

530. Voir, par exemple, David Beauchemin, Nicolas Garneau, Ève Gaumond, Pierre-Luc Déziel, Richard Khoury et Luc Lamontagne, *op. cit.* Le plus souvent, cependant, ces « points d'étape » quant aux expérimentations menées par les chercheurs, notamment ceux rattachés au Laboratoire de Cyberjustice, sont réalisés à l'occasion de présentations orales plus ou moins formalisées. Voir, par exemple, Hannes Westermann, « Increasing Access to Justice by Using Artificial Intelligence to Interpret Case Law », Présentation lors de la conférence « jeunes chercheurs » organisée par la Chaire LexUM du 4 mars 2020.

531. Voir, par exemple, Pierre-Luc Déziel, Hélène Zimmerman et Satchel Dell'Olio Delpech, *op. cit.*, Jane Bailey et Jacquelyn Burkell, *op. cit.* ou Benjamin Alarie, Anthony Niblett et Albert H. Yoon, « How Artificial Intelligence Will Affect the Practice of Law », *op. cit.*

sont tout entiers assurés par les chercheurs du Laboratoire de Cyberjustice et par les chercheurs de certains des chantiers du projet AJC. *JusticeBot* est un *chatbot* (c'est-à-dire un agent conversationnel) construit sur la base d'un arbre de choix, initialement dans le domaine du droit au logement puisqu'il a été créé dans le cadre d'un partenariat avec le Tribunal administratif du logement québécois et l'Aide juridique de Montréal et Laval [532]. Si seule cette version du *JusticeBot* est accessible en ligne à l'heure où nous écrivons ces lignes [533], deux autres parcours sont en cours de conception en matière de droit de la consommation et de droit de la protection des données [534], de même que deux modules complémentaires. Ce sont, en fait, ces modules complémentaires qui font actuellement l'objet des expérimentations les plus techniquement poussées puisqu'il s'agit de développer un algorithme de traitement du langage naturel capable, en amont de l'utilisation du *JusticeBot*, de reformuler une interrogation utilisateur en langage naturel vers une qualification juridique [535] et, en aval, de proposer à ces mêmes utilisateurs des résumés des décisions pertinentes générés automatiquement [536].

177 **Une approche opérationnelle, prototypale et plurale.** Si cet outil n'est pas, à proprement parler, un outil de justice algorithmique [537], il apparaît cependant comme l'illustration de l'opérationnalité directe des recherches menées au sein du discours doctrinal québécois. On y retrouve en effet tout ce qui fait l'expertise particulière de ce discours : une pluralité de chercheurs spécialisés dans une pluralité de

532. Voir « Nouvelle subvention de recherche pour mettre l'intelligence artificielle au service des acteurs juridiques pour promouvoir les droits des locataires et des propriétés au Québec », *Blog du Laboratoire de Cyberjustice*, 13 mai 2020, disponible en ligne à <https://www.cyberjustice.ca/2020/05/13/nouvelle-subvention-de-recherche-pour-mettre-lintelligence-artificielle-au-service-des-acteur-juridiques-pour-promouvoir-les-droits-des-locataires-et-des-proprietaires-au-quebec/>.

533. Au lien suivant : <https://justicebot.ca/question/%231/>.

534. Le premier était, à l'été 2022, suffisamment avancé pour pouvoir faire l'objet d'une présentation auprès de l'OPC québécois. Le second, quant à lui, était conçu pour être au moins partiellement opérationnel dans l'optique de l'entrée en vigueur de la nouvelle version de la Loi québécoise *sur la protection des renseignements personnels dans le secteur privé*.

535. L'utilisateur ayant la possibilité de formuler comme il le souhaite sa problématique dans un champ laissé libre, à charge pour le module d'ensuite lui proposer plusieurs problématiques supposées correspondre à son interrogation. Ce module était en phase de test à l'été 2022.

536. Ces résumés étant construits sur le modèle des résumés proposés par la SOQUIJ. « Résumé de cas » est le plus ambitieux des deux modules, ainsi que celui sur lequel le travail de programmation et de préparation est le plus important. Sur ces deux modules ainsi que sur le fonctionnement précis de *JusticeBot*, nous renvoyons aux travaux d'Hannes Westermann puisque leur développement constitue le cœur de ses recherches doctorales, voir *Using Artificial Intelligence to Increase Access to Justice*, thèse dactylographiée, Université de Montréal, 2023.

537. L'outil ne proposant, à ce stade de son développement, aucun outil d'évaluation quantitative ou à dimension prédictive des informations transmises par l'utilisateur sur sa situation. Non seulement ce choix est délibéré, mais il n'est en plus pas innocent relativement à l'angle de vue adopté par le discours doctrinal québécois lorsqu'il s'intéresse aux problématiques plus juridictionnelles soulevées par les outils de justice algorithmique – nous y reviendrons en *infra* § 282 et suiv.

disciplines [538], un travail dès l'origine collectif [539], une démarche partenariale auprès des institutions publiques et professions juridiques intéressées par le projet et une approche incrémentale et construite sur un recueil de *feedback* permanent [540]. Il est en cela l'héritier des outils développés non seulement *avant* la mise en place du Laboratoire de Cyberjustice [541], mais aussi et surtout des différents outils développés *depuis* cette mise en place, notamment la plateforme *PARLe*, l'*Interface de Salle d'Audience* (ISA), la *GREFFE ÉLECTRONIQUE* et le *TRIBUNAL VIRTUEL* [542].

178 **Une expertise affectant la tonalité générale du discours québéco-canadien.** En ce sens, la concentration du discours doctrinal québéco-canadien autour des enjeux technico-juridiques soulevés par les outils de justice algorithmique correspond à cette expertise spécifique — et le ton adopté par le discours en est alors nécessairement affecté. Parce qu'au moins une partie, si ce n'est d'ailleurs l'essentiel, de ces enjeux est connue et traitée depuis que les premières recherches en informatique puis intelligence artificielle et droit ont démarré [543], leur réactivation du fait de l'apparition et du développement des outils de justice algorithmique ne crée pas, en elle-même, de nouveauté pour ce discours spécialisé. Si, bien sûr, la nature spécifique des technologies et des objectifs qu'ils poursuivent commandent de repenser ces enjeux (c'est là toute la justification de la mise en place des projets

---

538. Le projet *JusticeBot* implique en effet l'intégralité des chercheurs rattachés au Laboratoire, ce qui inclut donc les juristes mais aussi trois chercheurs en informatique qui travaillent sur tous les aspects du projet (son architecture interne et l'applicatif de développement de nouveaux parcours, *Justice Creator* ainsi que les deux modules expérimentaux qui ont vocation à y être rattachés). Les chantiers du projet AJC qui portent en tout ou partie sur *JusticeBot* impliquent aussi des chercheurs non juristes : Kevin D. Ashley, chef du chantier 2, est ainsi un informaticien spécialisé dans l'application des technologies d'intelligence artificielle en droit (tout comme Randy G. Goebel, Karl Branting ou Leïla Kosseim).

539. Tout en demeurant le cœur des recherches doctorales d'Hannes Westermann, les doctorants, postdoctorants et titulaires du Laboratoire participent directement au développement de *JusticeBot* – et particulièrement au développement de ses parcours complémentaires en matière de droit de la consommation (notamment Sébastien Méeus, Rémi Slama et Mark Likhten) et de la protection des données personnelles (notamment Sébastien Méeus, Sylvain Longhais et Tan Jinzhe).

540. *JusticeBot* recueille en effet des informations clé quant à la manière dont il est utilisé : case cliquée, temps de connexion, pourcentage de complétion des parcours, retour en arrière… qui servent à l'amélioration du système et à une analyse de fond du comportement des utilisateurs sur ce type de plateforme.

541. Nous renvoyons ici aux outils *CYBERTRIBUNAL*, *eResolution* et *ECODIR* (voir *supra* § 167 et annexe 1).

542. Nous reviendrons plus loin sur la plateforme *PARLe*, voir *infra* § 167. Pour les autres logiciels, voir leur présentation sur le site du Laboratoire à <https://www.cyberjustice.ca/logiciels-cyberjustice/nos-logiciels/>.

543. En témoignent des articles, jusqu'ici peu voire pas cités, qui se saisissent des enjeux que nous avons identifié *bien avant* l'apparition des outils de justice algorithmique, voir, par exemple, Karim Benyekhlef et Pierre Trudel, « Analyse des risques pour la protection des renseignements personnels dans le SIIJ », Rapport pour la Commission d'Accès à l'Information, 2003 ou Frédéric Pelletier, « Diffusion de la jurisprudence sur internet au Canada et protection des identités », *LPA*, n° 194, 2005, pp. 37-39 (en matière d'interactions entre les systèmes d'informatisation de la justice et les bases de données jurisprudentielles et la protection de la vie privée des individus), Karim Benyekhlef et Esther Mitjans (dir.), *Circulation internationale de l'information et sécurité*, Éditions Thémis, 2012 (en matière de sécurité et sûreté des stockages et transferts de données) ou Jane Bailey et Jacquelyn Burkell, *op. cit.* (en matière de modernisation et de pénétration des technologies au sein du système judiciaire).

de recherche dans lesquels le discours québécois est impliqué), elle n'entraîne pas de réaction spécifiquement défensive au sein du discours. Dans la mesure où notre premier temps de réflexion nous a permis d'exclure que cette approche plus technique que réactive et plus opérationnelle que défensive puisse s'expliquer par une incompatibilité spécifiquement française ou, à l'inverse, une *compatibilité* spécifiquement québécoise, il est plus probable que cette expertise et cette appétence spécifiques quant aux questions les plus techniques posées par les outils de justice algorithmique en constituent une piste d'explication. Une piste en deux temps, en fait ; cette spécialisation du discours, qui tend donc à le modeler autour des enjeux les plus pressants et les mieux connus, tend aussi, par un effet retour, à en techniciser l'approche et, ce faisant, à la *neutraliser* — au sens d'une absence de tension particulièrement perceptible. L'effet indirect de cette approche spécialisée est, en effet, de ne pas entraîner le discours québécois sur la piste d'une impossibilité *totale* de voir ces technologies se développer au sein du système juridique, judiciaire et parajudiciaire. Après tout, il a contribué et contribue toujours à ce qu'elles s'y développent, dans les conditions qu'il juge les plus propices et les moins attentatoires aux principes fondamentaux avec lesquels ces outils interagissent.

179 **Une tonalité distincte révélatrice d'approches opposées.** La différence d'approche que les discours doctrinaux français et québécois réservent aux enjeux technico-juridiques n'est donc pas anodine et apparaît bien comme la conséquence d'une structuration distincte de ces deux discours [544]. Cette structuration emporte avec elle une priorisation des enjeux tout aussi distincte qui entraîne donc, côté discours québéco-canadien, une concentration du discours autour d'eux et, côté discours français, leur traitement élusif, accessoire si ce n'est d'ailleurs *ancillaire*. À cet égard, et face à une approche de ces enjeux fondée sur une conscience de leur primordialité et une expertise quasi historique, l'approche française tend à se saisir de ces questionnements à titre introductif avant de se pencher sur d'autres problématiques, qui font, quant à elles, l'objet d'une concentration comparable à celle du discours québécois.

Section 2. UNE INSTRUMENTALISATION DE L'ARGUMENT TECHNOLOGIQUE PAR LE DISCOURS FRANÇAIS

180 **Une concentration doctrinale française ?** Mis face au discours doctrinal québéco-canadien, le discours français relatif aux outils de justice algorithmique n'apparaît pas, en tout cas à première vue, si différent. Après tout, ce sont 52 % des contributions qui le composent qui s'attachent à l'analyse d'au moins *un* des enjeux technico-juridiques que nous avons identifiés — difficile d'en déduire qu'il les ignore ou s'en désintéresse. On pourrait même d'ailleurs considérer que si concentration québéco-canadienne il y a autour de ces enjeux, cette concentration

544. Les conséquences de cette structuration sont d'ailleurs bien plus importantes si on s'attache à en suivre les linéaments – ce que nous ferons en *infra* § 540 et suiv.

a toutes les chances de se retrouver aussi au sein du discours français. Après tout, notre hypothèse d'incompatibilité juridique n'est-elle pas liée à des tensions perceptibles en son sein ?

181 **Paradoxe quantité/qualité.** À mieux y regarder, cependant, c'est surtout un paradoxe qui transparaît du discours français. Si, quantitativement, il est certain que le discours français *n'ignore pas* ces enjeux technico-juridiques, la réponse doit être plus nuancée dès lors que l'on se place du point de vue de ce qui est *dit* de ces enjeux. Le miroir québéco-canadien apparaît ici précieux, puisque c'est dans son reflet que l'approche presque exclusivement *juridique* que le discours français réserve à ces enjeux se révèle avec le plus d'acuité (**§ 1**). Alors que nous avons déjà pu souligner qu'il s'agit là de la conséquence de l'attachement moindre des recherches actuelles à leurs prédécesseuses, il s'agit aussi et surtout de l'effet direct de la place que le discours accorde à ces enjeux — une place, somme toute, accessoire (**§ 2**) voire transitoire, au profit d'autres enjeux sur lesquels il se concentre bien plus clairement.

§ 1. *Une approche française des questions technico-juridiques exclusivement juridique*

182 **Une focalisation inversée.** Quand bien même les enjeux technico-juridiques soulevés par les outils de justice algorithmique ne sont pas plus ignorés par le discours français que par le discours québéco-canadien, cette similarité d'*intérêt*, en tout cas d'apparence, n'est pas suivie d'une similarité de *manière de se saisir* de ces enjeux. À l'étude, il apparaît en effet que le discours français se penche sur ses enjeux de la même manière qu'il se penche sur *d'autres* enjeux — c'est-à-dire de manière essentiellement, si ce n'est exclusivement, *en droit*. Cette orientation de l'analyse est premièrement perceptible pour ce qui concerne la double question de la remise en cause de la vie privée des personnes dont les informations personnelles sont mentionnées dans les décisions de justice constituant le socle des outils de justice algorithmique et, partant, de celle de l'occultation de ces décisions (**A**). Elle l'est aussi, et peut-être surtout, pour ce qui concerne les autres enjeux plus *techniques* encore, auxquels le discours français réserve un traitement ambigu (**B**).

A. L'atteinte potentielle à la vie privée des individus, enjeu à la matérialité technique évanescente

183 **Un argumentaire à l'homogénéité apparente.** L'enjeu spécifique que constituent les risques soulevés par les outils de justice algorithmique vis-à-vis du droit à la vie privée et à la protection des données à caractère personnel des individus visés par les décisions de justice que ces outils traitent est l'un des enjeux technico-juridiques les plus traités. Rien de surprenant à cela dans la mesure où il a, comme on a pu le constater plus haut (voir *supra* § 153), retardé la mise en l'œuvre de l'*open data* de ces décisions de justice, condition *sine qua non* du déploiement réel de ces outils. Cet argument a d'ailleurs cela de spécifique qu'il a réuni, autour de lui, une sorte de *concentration dans la concentration* — autrement dit, un

discours doctrinal spécifiquement relatif à la protection de la vie privée des individus dans le contexte de cet *open data* s'est déployé et ce discours ne recoupe qu'imparfaitement celui que nous étudions dans le cadre de cette thèse puisqu'il réunit des contributions qui ne traitent parfois *que* de cet enjeu [545]. Autrement dit, le discours doctrinal français *dans son ensemble* apparaît tout à fait conscient de l'importance de cet enjeu spécifique, que ce soit du point de vue des outils de justice algorithmique ou du point de vue plus général de la protection d'un droit fondamental. Si le point de vue effectivement adopté dépend des contributions et varie entre la volonté d'une ouverture la plus large possible, et donc d'une occultation minimale [546], à une ouverture beaucoup plus restreinte et à une occultation extensive [547], en passant bien sûr par des positions plus nuancées [548] voire une absence de position perceptible [549], il faut cependant souligner que l'argumentaire amenant à ces points de vue est, quant à lui, d'une grande homogénéité.

184 **Des enjeux techniques à la technicité mal connue**. Cette homogénéité s'exprime, à l'inverse du discours doctrinal québécois, sur un registre singulier. Alors même que les difficultés d'ordre technique qui ont émaillé la résolution progressive de cet enjeu spécifique ne sont pas ignorées et sont d'ailleurs visées par le discours [550]

---

545. Voir, par exemple, Bénédicte Fauvarque-Cosson, « La diffusion de la jurisprudence en Europe : jusqu'où anonymiser les décisions de justice ? », *JCP*, supplément au n° 9, 2017, pp. 56-63, Jérémy Jourdan-Marques, « Délivrance des décisions de justice et vie privée : quand «ceinture et bretelles» rime avec danger », *Dalloz Actualité*, 4 octobre 2019 ou Christophe Bigot, « Anonymisation, données sensibles et droit à l'information : à la recherche d'un équilibre entre la protection des données personnelles et la liberté de l'information dans le domaine judiciaire », *Légipresse*, 2021, pp. 71-80.

546. Voir, par exemple, Jérémy Jourdan-Marques, *op. cit.*, Vincent Rivollier, « L'Open Data des décisions de justice : pas tout, pas tout de suite », *op. cit.* ou Thomas Perroud, Pierre Bourdon, Lucie Cluzel-Métayer et Olivier Renaudie, *op. cit.*

547. Voir, par exemple, Yannick Meneceur, « Open Data des décisions de justice. Pour une distinction affirmée entre les régimes de publicité et de publication », *op. cit.*, Jean-Paul Jean, « Penser les finalités de la nécessaire ouverture des bases de données de jurisprudence », *op. cit.* ou Kévin Castanier, *op. cit.*, pp. 80 et suiv.

548. Voir, par exemple, Anne Debet, *op. cit.*, Laëtitia Janicot, *op. cit.* ou Thibault Douville et Loïs Raschel, « Numérique et diffusion de la décision. L'open data des décisions de justice », *op. cit.*, p. 54.

549. C'est notamment le cas lorsqu'il s'agit simplement de s'interroger sur « comment concilier cette publicité accrue des décisions de justice et la protection des données personnelles ou celle, encore, de la vie privée des personnes citées », voir Bruno Pireyre, « Allocution d'ouverture », *op. cit.*, p. 4 et, dans le même sens, Sonia Desmoulin-Canselier et Daniel Le Métayer, *Décider avec les algorithmes. Quelle place pour l'Homme, quelle place pour le droit ?*, Dalloz, 2020, pp. 178 et suiv. ou Jean de Codt, *op. cit.*, pp. 204 et suiv.

550. Souvent, d'ailleurs, pour expliquer ou éclairer le *retard* accusé par l'*open data* des décisions de justice en France, voir, par exemple Ronan Guerlot, *op. cit.*, pp. 70-71, Benoît Plessix, « Illegal Tech », *op. cit.*, p. 2 ou Natalie Fricero, « Collecte, diffusion et exploitation des décisions de justice : quelles limites, quels contrôles ? », *op. cit.*, p. 283. C'est aussi le cas lorsqu'il s'agit de souligner que trouver un équilibre entre protection de la vie privée et publicité des décisions de justice est rendu d'autant plus compliqué que l'intelligibilité de ces décisions est inversement proportionnelle à la quantité d'éléments qui y sont occultés, voir Anne Baux, *op. cit.*, p. 88, Ronan Guerlot, *op. cit.*, pp. 70-71 ou Bruno Mathis et Hugo Ruggieri, *op. cit.*, p. 217. De plus rares contributions soulignent la difficulté purement technique du processus d'anonymisation, voire de la mise en place de l'architecture logiciel nécessaire à son déploiement, voir, par exemple, Thibault Douville, « Open Data des décisions de justice, cinq ans après : état des lieux et perspective », *Légipresse*, 2021, 49, pp. 57-58.

et alors même que la question de la réidentification des personnes dont l'identité a pourtant été occultée est un risque largement souligné [551], les moyens *techniques* par lesquels ces enjeux se matérialisent ou sont susceptibles d'être gérés ne sont que rarement exposés [552], encore plus sporadiquement explicités [553] et sont, le plus fréquemment, tout simplement ignorés [554]. En d'autres termes, les raisons techniques pour lesquelles l'occultation des décisions de justice est un procédé complexe et, à l'inverse, les procédés susceptibles d'y parvenir n'apparaissent qu'à la lointaine marge du discours doctrinal, de même d'ailleurs que les différents procédés par lesquels une réidentification *indirecte*, par recoupement de données, est effectivement possible. À l'inverse, les passages en revue, propositions, critiques ou simples descriptions des obligations *juridiques* imposées afin de réduire ces risques constituent le cœur des contributions qui s'attachent à leur analyse [555]. De même que la concentration du discours québéco-canadien autour de ces enjeux et de leurs aspects les plus techniques peut s'expliquer par la manière dont il est structuré et par la manière dont il s'exprime, cette focalisation exclusivement juridique peut similairement s'expliquer par une composition du discours français beaucoup plus uniforme, l'écrasante majorité des auteurs qui y interviennent étant des juristes (praticiens ou non) naturellement plus portés à aborder les aspects qui constituent le cœur de leur expertise, tout comme elle peut s'expliquer par sa *forme*. Le fait que le discours doctrinal français soit essentiellement constitué d'écrits courts et réactifs émanant non de programmes de recherche spécifiques mais de l'analyse plus ou moins ponctuelle d'auteurs

---

551. Parmi de (très) nombreux exemples, voir Fabien Drey, *op. cit.*, Estelle Jond-Nécand, « Conciliation de l'ouverture des données et de la protection de la vie privée : la mise en œuvre de l'open data », *Légipresse*, 2021, 63, *passim*, Anaïs Coletta, *op. cit.*, pp. 280 et suiv. ou Paolo Giambiasi, *op. cit.*, pp. 122-123.

552. On parle de « croisements avec d'autres données accessibles en ligne » (Paolo Giambiasi, *op. cit.*, pp. 122-123 ou, dans le même sens, Loïc Cadiet, « 'Les promesses d'une justice dite prédictive reposant sur des décisions de justice déjà rendues sont à tempérer (...) En quelque sorte, c'est le rétrospectif qui fait le prédictif !' », *op. cit.*, p. 14) ou de « recoupement » d'informations (Pierre Ladreit de Lacharrière, *op. cit.* ou Benjamin Ricou, *op. cit.*, p. 70).

553. On trouve le plus souvent des contributions qui précisent quels *types* d'information peuvent être recoupés : « une date de naissance, couplée avec un lieu de naissance, permet ainsi l'identification de la personne concernée » (Marcel Moritz et Mathieu Cunch, « Labellisation et certification des traitements de DACP : enjeux juridiques et techniques », in *Convergences du droit et du numérique*, Université de Bordeaux, 2019, 166, p. 166) ou le « nom de l'employeur, la dénomination de la société que telle ou telle personne dirige, des éléments de vie privée des personnes physiques compris dans les faits comme une particularité physique, la possession de tel ou tel bien spécifique ou encore telle ou telle composition du foyer familial » (Benjamin Ricou, *op. cit.*, p. 70). On trouve plus rarement encore quelques contributions qui indiquent que ce sont des « techniques d'identification dynamiques qui croisent de multiples bases de données » qui entraîneront la manifestation de ce risque (Anne Baux, *op. cit.*, p. 88).

554. Le risque est alors simplement mentionné, sans lien particulier avec les moyens techniques nécessaires à sa matérialisation, voir, par exemple, Antoine Garapon, « Impacts sur le service public de la justice », in Predictice (dir.), *Guide de la justice prédictive*, 2018, 38, p. 45, Jean-Paul Jean, « Propos introductifs », *op. cit.*, p. 9 ou Ronan Guerlot, *op. cit.*, p. 71.

555. Voir, par exemple, Natalie Roret et Gilles Accomando, *op. cit.*, pp. 5-6, Boris Barraud, « L'algorithmisation de l'admnistration », *op. cit.*, p. 14 ou Ronan Pons, *op. cit.*, *passim*.

individuels [556] rend beaucoup moins aisément réalisable une étude approfondie des aspects les plus techniques de ces enjeux. Le nombre réduit, en tout cas à ce stade, de structures universitaires supportant des équipes de recherches multidisciplinaires et la progressive formation d'experts sur ces questions spécifiques ne permet pas, au surplus, de compenser cette homogénéité du discours, de sorte que l'analyse de ces enjeux conduit l'absolue majorité des auteurs à des conclusions en termes de régulation, que ce soit à un niveau éthique [557] ou juridique [558], national [559] ou international [560], ou en termes d'interactions avec les normes préexistantes et notamment avec le RGPD [561].

185 **Une juridicité du discours aux conséquences doubles**. Sans que ce constat ne doive être conçu comme une critique en soi de la manière dont le discours français se saisit de cette interaction particulière entre les outils de justice algorithmique et la protection de la vie privée et des données personnelles des justiciables, il a cependant plusieurs conséquences directes sur le discours lui-même. La première est l'obsolescence d'une partie des contributions qui, au sein ou en dehors du discours relatif à ces outils, s'attachaient à cette analyse du fait de la modification

---

556. C'est-à-dire que sont très majoritaires les articles de revue (241 contributions), les chapitres d'ouvrage collectif constituant des actes de colloques (139) et les billets de blog et autres sites internet (28). Une exception notable reste, bien sûr, les rapports de recherche publiés sous l'égide, notamment, de l'ancien GIP Mission de recherche Droit et Justice devenu l'IERDJ ou de ceux rendus sur commande du gouvernement ou de juridictions – voir, pour la composition exacte de notre corpus, l'annexe 2.1.

557. Que l'on revienne sur la Charte éthique rédigée par la CEPEJ (Yannick Meneceur, *L'intelligence artificielle en procès*, *op. cit.*, pp. 310 et suiv. ou Anne Tercinet, *op. cit.*, p. 32), que l'on prescrive de nouvelles normes éthiques (Philippe Le Tourneau (dir.), *Droit de la responsabilité et des contrats*, 12ᵉ éd., Dalloz, 2020, p. 38) ou que l'on doute de leur efficacité (Bruno Mathis, « Du mythe de la justice prédictive au contrôle des décisions de justice », *Liberté, libertés chéries*, 22 octobre 2021, disponible en ligne à <http://libertescheries.blogspot.com/2021/10/les-invites-de-llc-bruno-mathis-du.html>).

558. On parle de mettre en place une « obligation de transparence des algorithmes » (Jean de Codt, *op. cit.*, p. 111 ou Marie Dochy, *La dématérialisation des actes du procès civil*, *op. cit.*, p. 387) et on évoque une hypothétique « obligation d'utiliser le même logiciel prédictif devant quelque juridiction que ce soit » (Mustapha Mekki, « Les fonctions de la responsabilité civile à l'épreuve du numérique : l'exemple des logiciels prédictifs », *op. cit.*, p. 681).

559. On compare notamment les régimes applicables aux plateformes de règlement des litiges en ligne, et notamment le mécanisme de certification facultatif qui a été mis en œuvre dans ce cadre, et un potentiel régime similaire applicable aux autres outils de *Legaltech* (Thomas Andrieu, « La renaissance du juge ? », *JCP*, supplément au nº 51, 2018, 63, p. 64) et on analyse en détail le régime actuellement applicable à l'*open data* des décisions de justice (Thibault Douville, « Open Data des décisions, cinq ans après : état des lieux et perspective », *Légipresse*, 2021, pp. 49-61).

560. On discute, par exemple, de la pertinence (ou non) du contenu de la proposition européenne de règlement sur l'intelligence artificielle (Gaëlle Marti, « Justice et intelligence artificielle : de la promesse de l'aube aux liaisons dangereuses ? », *RPPI*, nº 1, 2022, 22, p. 24).

561. On rappelle l'exigence d'« explication personnalisée et [de] maîtrise du traitement algorithmique » imposée par la loi nº 2018-493 du 20 juin 2018 *relative à la protection des données personnelles* (Lêmy Godefroy, « L'office du juge à l'épreuve de l'algorithme », *op. cit.*, p. 116), on revient sur le régime d'occultation préalable obligatoire et facultatif (Guillaume Aupy et Sébastien Platon, « Logique juridique et logique mathématique : quelles convergences ? », in *Convergences du droit et du numérique*, Université de Bordeaux, 89 pp. 89-90 ou Estelle Jond-Nécand, *op. cit.*, p. 66) et on analyse la manière dont les outils de justice algorithmique sont effectivement soumis au RGPD (Lêmy Godefroy, « Le code algorithmique au service du droit », *D.*, 2018, 734, pp. 735-736 ou Eugénie Petitprez et Rodolphe Bigot, *op. cit.*, p. 9).

du régime juridique de l'*open data* des décisions de justice entre la *Loi pour une République Numérique* de 2016 et la *Loi de programmation pour la justice 2018-2022* [562]. La seconde est plus substantielle et tient à la matérialité des risques soulignés par le discours. La seule lecture des contributions qui craignent, par exemple, les risques de réidentification des individus au travers des informations non occultées au sein des décisions de justice ne suffit pas à saisir pleinement la signification *pratique* de cette limite à la protection de la vie privée de ces individus. C'est alors la distinction entre *danger* et *risque* qui est brouillée. Pour le dire plus crûment, que le danger (c'est-à-dire le dommage potentiel) existe, c'est entendu ; mais à quel niveau de *risque*, c'est-à-dire de probabilité que ce danger se manifeste, se situe-t-on ? Si les motivations qui peuvent pousser des individus ou des entreprises à se lancer dans une telle réidentification sont listées par le discours [563], la *faisabilité* technique du procédé n'est, quant à elle, pas exposée [564] — ce qui ne permet pas de réaliser une sorte de bilan coût/avantage pour ces individus et entreprises, et, donc, d'évaluer la *réalité* de ce risque. Que l'on s'entende : la probabilité de manifestation d'un risque n'a pas à atteindre un certain seuil pour justifier que le discours doctrinal s'y intéresse. Pour autant, la relative méconnaissance des conditions dans lesquelles ce risque en particulier est susceptible de se produire (mais aussi, plus généralement, *tous* les risques d'ordre technico-juridiques) ainsi que des limites techniques et financières en mesure de le freiner ou de le mitiger en obscurcit l'analyse à plusieurs égards. Le premier de ces égards tient aux distinctions peut-être nécessaires entre différentes catégories de décisions de justice en fonction du domaine dans lequel elles interviennent. Si on peut concevoir l'intérêt pour certaines personnes et/ou organisations de *profiler* des concurrents, des clients ou des employés dans des contentieux de type commercial

---

562. On pense ici à la suppression de l'obligation de mener une analyse du risque de réidentification des individus avant la diffusion des décisions de justice. L'obsolescence dont il est ici question n'est pas véritablement une obsolescence qualitative, mais plutôt une obsolescence de fait : la question *a été réglée*, de sorte que les interrogations soulevées, les critiques émises et les propositions avancées par le discours doctrinal n'ont plus qu'une valeur purement discursive et doctrinale, informant sur l'état de ce discours *ante* Loi *de programmation 2018-2022 et de réforme pour la justice*. Sur la notion même d'obsolescence des travaux juridiques, voir Guy Thuillier, « Obsolescence des travaux juridiques », in Denis Alland et Stéphane Rials (dir.), *Dictionnaire de la culture juridique*, PUF, 2003, pp. 1102-1103.

563. Par exemple, s'informer sur le passé contentieux d'une entreprise avant de contracter avec elle ou sur celui d'un employé avant de le recruter. Nous les avons relevées plus haut (voir *supra* § 122).

564. Alors même que des chercheurs ont pu prouver la facilité avec laquelle ce type de réidentification peut être opérée, y compris au sein de données cryptées – voir, par exemple et prédatant de quelques années les questionnements liés aux bases de données *juridiques*, Latanya Sweeney et Ji Su Yoo, « De-anonymizing South Korean Resident Registration Numbers Shared in Prescription Data », *Technology Science*, 29 septembre 2015, disponible en ligne à <https://techscience.org/a/2015092901/>. Le discours doctrinal français se limite, quant à lui, à indiquer que ce risque se matérialiserait par un « croisement des données recueillies dans la décision avec des éléments trouvés sur Internet et notamment des articles de presse » (Stéphanie Mauclair, *op. cit.*, p. 12), le tout rendu possible par « les faits eux-mêmes » (François Terré et Nicolas Molfessis, *Introduction générale au droit*, 14e éd., Dalloz, 2022, p. 532) et par la « simple perspicacité et habileté de celui qui sait croiser les données de toutes natures et de toutes sources » (Benjamin Ricou, *op. cit.*, p. 70).

ou prud'homal, on conçoit déjà moins bien l'intérêt de réidentifier des victimes de dommage corporel ou des individus engagés dans une procédure de divorce judiciarisé. En fait, ce risque spécifique de réidentification des individus est un des premiers marqueurs de l'une des caractéristiques principales du discours doctrinal français relatif aux outils de justice algorithmique : sa circularité et sa construction sur la base d'un maillage resserré d'autoréférence. Reprise de contribution en contribution, la mention de ce risque suffit à lui donner une substance suffisante dans le cadre de ce discours spécifique, sans nécessairement *interroger* sa qualité de *risque* [565]. Cette caractéristique ne concerne d'ailleurs pas exclusivement cette question de la réidentification potentielle des individus et, donc, l'atteinte à leur vie privée puisqu'elle se poursuit lorsqu'il s'agit des autres enjeux technico-juridiques soulevés par le discours doctrinal français.

B. Un traitement ambivalent des enjeux liés au fonctionnement des outils de justice algorithmique

186 **Le cas du logiciel COMPAS ; une référence inévitable.** L'analyse des enjeux technico-juridiques soulevés par les outils de justice algorithmique apparaît donc obscurcie dès lors que leur ampleur et leur matérialité effectives ne sont pas, ou peu, ou mal, connues et explicitées au sein du discours doctrinal français. Elle est aussi obscurcie lorsque, faute de l'expertise technique et des moyens matériels nécessaires pour mener une analyse personnelle des outils, le discours doctrinal fait référence à des expérimentations et analyses menées *à l'étranger* relativement à d'autres outils. Cette limite du discours doctrinal français se retrouve avec une particulière acuité quant au risque de voir les outils de justice algorithmique produire des résultats biaisés, voire discriminatoires. C'est en effet au travers du cas du logiciel COMPAS (*pour Correctional Offender Management Profiling for Alternative Sanctions*) que ce risque est saisi par le discours français. Or, sa mobilisation au sein d'un discours qui entend analyser des outils aussi spécifiques que ceux de justice prédictive dans le cadre particulier du droit français est source d'une multitude de problèmes, à la fois pratiques et théoriques. Le logiciel COMPAS est, tout d'abord, un logiciel de prédiction de la *récidive* construit sur un *questionnaire* rempli par le prévenu et conditionnant sa remise en liberté provisoire ; il ne fonctionne pas sur la base d'un traitement massif de décisions de justice ; il est, finalement, utilisé par des juridictions américaines. Ces trois caractéristiques n'empêchent pas le discours de soulever l'exemple du logiciel COMPAS et de l'analyse produite par *Pro Publica* pour souligner que « la justice

565. Après tout, et comme nous l'avons vu, l'atteinte (quand on considère la diffusion de ces décisions comme une *atteinte*) à la vie privée des individus visés par des décisions de justice ne constitue pas *automatiquement* ou *nécessairement* une violation inacceptable du droit à sa protection – c'est là la conception québéco-canadienne de l'équilibre entre vie privée et diffusion des décisions de justice. Cette question n'est, cependant, pas soulevée en tant que telle au sein du discours doctrinal français au-delà des éventuelles contributions considérant que c'est la publicité des décisions de justice qui doit prévaloir sur la protection de la vie privée des individus... Ce qui, de fait, ne répond pas formellement à la question de savoir s'il y a véritablement *atteinte* à cette vie privée.

prédictive a été remise en cause comme étant trop discriminatoire » [566] y compris d'ailleurs lorsqu'est reconnu que « ce type de logiciel ne doit pas être confondu avec (…) ce que l'on appelle justice prédictive » [567]. Plus fréquemment, cependant, l'on passera de l'analyse des outils de justice prédictive à celle de ce logiciel sans transition particulière [568]. Le cas de ce logiciel est en fait séduisant puisqu'il permet, en citant cette analyse, de souligner que la prise en compte de données d'apparence anodine (dans ce cas précis, l'adresse de résidence des prévenus) est susceptible d'entraîner l'apparition de biais, ici racistes [569], et de constituer un argument couperet, suffisant en lui-même pour démontrer à la fois la réalité et l'ampleur du risque discriminatoire.

187 **Le cas du logiciel COMPAS ; une référence contestable.** Pourtant ce seul exemple n'est *pas* suffisant ; outre le fait que cette analyse a été contestée et contredite par d'autres articles subséquents ainsi que par l'entreprise commercialisant le logiciel COMPAS [570], les multiples différences qui séparent ce logiciel des outils de justice algorithmique rendent contestable toute transposition automatique de ses conclusions. Tout d'abord parce que COMPAS n'est *pas* un outil d'apprentissage automatique mais un outil de *calcul*, bâti sur une formule mathématique certes alimentée par les réponses du prévenu et par des scores préalablement attribués à ces réponses mais n'interrogeant pas directement une base de données — le type de biais susceptible d'affecter ce logiciel ne correspond pas à ceux susceptibles d'affecter les outils de justice algorithmique [571]. Ensuite parce qu'une telle

---

566. « Le numérique, accompagner et sécuriser l'homme, la révolution digitale et le droit », rapport du 117e Congrès des notaires de France, 2021, p. 23.

567. Marc Clément, « La décision juridictionnelle : numérisation des procédures et exploitation numérique », *op. cit.*, p. 97). De manière plus neutre, le discours peut aussi indiquer que les outils similaires à COMPAS sont des outils d'évaluation du « risque de récidive » (Yannick Meneceur, « Jurimétrie : l'aléa judiciaire dirigé », *Les Temps Électriques*, 22 avril 2022, disponible en ligne à <https://lestempselectriques.net/index.php/2022/04/22/jurimetrie-lalea-judiciaire-dirige/#_ftnref19>), ce qui n'empêche pas pour autant d'en exploiter l'exemple.

568. C'est notamment le cas dans Florence G'sell, « L'automatisation des décisions de justice, jusqu'où ? », *Enjeux Numériques*, n° 3, 2018, 48, p. 50, Liane Huttner, *op. cit.*, § 9, Gérard Haas et Stéphane Astier, *op. cit.*, p. 46 ou Christian Byk, « Vers une réformation numérique de la justice : conflit ou dialogue de normativité ? », *RRJ*, n° 2, 2020, pp. 703-705.

569. L'analyse de Pro Publica ayant démontré que le risque de récidive était significativement accru pour les populations vivant dans certaines zones géographiques, c'est-à-dire, en l'occurrence, les populations afro-américaines. Alors même que le questionnaire du logiciel n'inclut pas explicitement la détermination de la catégorie ethnique du prévenu, la mention de l'adresse de résidence suffit à *réidentifier* cette catégorie. Pour l'article dans son intégralité, voir Julie Angwin, Jeff Larson, Surya Mattu et Laurent Kirchner, *op. cit.*

570. Voir, par exemple, James Austin, Sarah L. Desmarais et John Monahan, « Open Letter to the Pre-Trial Justice Institute », *The Probation Officers Professional Association of Indiana*, 13 décembre 2020, disponible en ligne à <https://www.gopopai.org/open-letter-to-the-pretrial-justice-institute/> ou Anthony W. Flores, Christopher T. Lowenkamp et Kristin Bechtel, « False Positives, False Negatives, and False Analyses », *Federal Probation*, vol. 80, n° 2, 2016, pp. 38-46. Pour la réponse de NorthPointe, entreprise commercialisant COMPAS (devenue Equivant), voir William Dietrich, Christina Mendoza et Tim Brennan, « COMPAS Risk-Scale: Demonstrating Accuracy Equity and Predictive Parity », *Northpointe*, 8 juillet 2016, disponible en ligne à <https://www.documentcloud.org/documents/2998391-ProPublica-Commentary-Final-070616.html>.

571. Pour rappel, les outils de justice algorithmique sont quant à eux susceptibles d'être victimes de biais du fait de leur base de données (incomplète, de mauvaise qualité), de leur codage initial ou de leur apprentissage (non ou mal supervisé, ce qui donnerait des résultats non

transposition fait l'économie d'un « retour à soi », en l'occurrence, aux décisions de justice française et au contexte dans lequel elles sont exploitées. Reprenons en effet l'objectif poursuivi par les outils de justice algorithmique : fournir à l'utilisateur *soit* un ensemble de décisions similaires à sa situation *soit* une synthèse statistique ou probabiliste de ces décisions similaires dans des domaines comme la réparation des dommages corporels, l'attribution d'une prestation compensatoire, la rupture de relations commerciales ou le licenciement sans cause réelle et sérieuse. À considérer que les outils de justice algorithmique sont susceptibles d'être biaisés, il s'agirait alors d'attribuer des résultats plus défavorables à certains justiciables qu'à d'autres — encore faut-il pouvoir les distinguer grâce au contenu des décisions de justice préalablement occultées, seules données d'apprentissage de ces outils. Or, il n'est pas évident que ce contenu soit suffisant pour qu'ils puissent reconstruire des catégories susceptibles d'entraîner ce type de discrimination : puisque les informations directement identifiantes du type adresse postale, numéro de sécurité sociale ou nom et prénom sont occultés, comment reconstruire, par exemple, la catégorie ethnique du justiciable ? Sa confession religieuse ? Ses opinions politiques ? S'il faut admettre d'autres types de catégories apparaissent plus aisément reconstructibles, soit parce qu'elles ont vocation à ne *pas* être occultées (la mention du sexe, par exemple, ou de l'âge d'une victime), soit parce qu'elles n'apparaissent que dans certains cas (l'orientation sexuelle dans le cadre d'une procédure de divorce, par exemple), il faut encore analyser les décisions de justice dans lesquelles ces informations apparaissent pour déterminer si, effectivement, il y a un risque de reproduire des discriminations préexistantes [572] — or, en tout cas à l'heure où nous écrivons ces lignes, aucune étude de ce type n'a été menée. En d'autres termes, l'analyse du discours doctrinal français souffre ici de la même limite que celle relative au risque de réidentification : le *danger* existe et est souligné par le discours, mais la matérialité de ce *risque* dans le cadre spécifique des outils de justice algorithmique français n'est pas précisée, faute de pouvoir la quantifier. Le discours s'attache alors plus aisément à souligner que ce type de discrimination est, bien sûr, prohibé [573] et à prescrire des obligations de contrôle, de certification ou

---

désirés à l'origine). Dans le cas de COMPAS, il s'agit plutôt d'un *choix* du programmeur au moment de l'attribution d'un score à une zone de résidence plutôt qu'à une autre : c'est parce que le choix a été fait de refléter le taux de récidive moyen d'un quartier majoritairement occupé par une population afro-américaine, y compris lorsqu'il est plus haut que celui d'un quartier majoritairement occupé par une population blanche, que le biais est apparu. Ce type de biais était plus susceptible de se produire dans le cas particulier de l'outil *DATAJUST* puisqu'il était conçu à partir, certes, de l'exploitation d'une base de données d'apprentissage, mais aussi et surtout d'un travail de structuration de cette base à partir du choix de critères d'analyse. Faute d'aboutissement du projet, cependant, aucune conclusion spécifique ne peut en être tirée.

572. Par exemple, le fait qu'une femme reçoive une indemnisation moindre ou plus importante qu'un homme pour un dommage corporel similaire (ou une personne âgée plutôt qu'une personne plus jeune) ou le fait que les prestations compensatoires fixées dans le cadre d'un divorce soient plus hautes ou plus basses pour un couple de même sexe que pour un couple de sexe opposé. De telles analyses ont, en fait, pu être menées il y a plusieurs décennies dans le cadre de recherches sur lesquelles nous reviendrons plus avant ; nous renvoyons ici à notre bibliographie générale.

573. Par exemple dans Aurore-Angélique Hyde, « Droit et intelligence artificielle : quelle régulation du marché pour des outils de justice prévisionnelle dignes de confiance ? Projet de

d'audit pour en limiter le risque [574] — sans, donc, expliciter la manière dont un tel contrôle pourrait être réalisé, à quel coût et avec quelles difficultés techniques.

188 **Une « boîte noire » méconnue**. Cet appel à la mise en œuvre d'obligations *juridiques* de contrôle *a priori* et *a posteriori* résonne d'ailleurs avec une certaine ironie vis-à-vis d'un autre enjeu technico-juridique soulevé par les outils de justice algorithmique — celui lié à l'opacité de son fonctionnement et, corrélativement, au déficit de transparence des algorithmes qui les irriguent. Dans la mesure où cette opacité est liée à la manière dont ces algorithmes fonctionnent et qu'elle implique l'impossibilité, une fois la phase d'entraînement passée, d'expliquer le fonctionnement réel de l'outil en dehors du codage initial, imposer une obligation de contrôle *a posteriori* apparaît relativement vain [575]. Plus généralement, le traitement de cet argument tiré de la « boîte noire » sur laquelle sont construits les outils de justice algorithmique est d'autant plus marqué par l'approche exclusivement juridique du discours doctrinal français dans la mesure où, lorsqu'il n'est pas seulement mentionné au même titre que les autres enjeux technico-juridiques [576], il n'est développé qu'au regard de ses conséquences *juridiques* sur, d'une part, le principe du contradictoire [577] et, d'autre part, sur le droit au recours [578].

---

recherche, GIP Mission de recherche Droit et Justice (déc. 2020-mars 2023) », *JCP*, nº 6, 2021, 262, p. 264, Gaëlle Marti, *op. cit.*, p. 24 ou Jérôme Porta, *op. cit.*, p. 77.

574. Par exemple dans Marc Clément, « La décision juridictionnelle : numérisation des procédures et exploitation numérique », *op. cit.*, pp. 97-98, Anne Baux, *op. cit.*, p. 93, Jean de Codt, *op. cit.*, p. 111 ou Eugénie Petitprez et Rodolphe Bigot, *op. cit.*, p. 25. C'était aussi l'une des recommandations principales du premier rapport Cadiet, voir la recommandation nº 20 de Loïc Cadiet, « L'Open Data des décisions de justice », *op. cit.*

575. Outre la question du secret industriel, qui ne s'appliquerait pas à des organismes de certification mais qui rendrait impossible l'explication au cas par cas des résultats produits par ces outils. Cette relative vacuité de l'imposition d'un « principe de transparence » est ainsi soulignée dans Anaïs Coletta, *op. cit.*, pp. 84-86,

576. Ce qui concerne l'essentiel des contributions. Pour des exemples topiques, voir Mustapha Mekki, « Du numérisme juridique à l'humanisme numérique », *op. cit.*, p. 348, Samir Merabet, « Hommage posthume à l'abandon de DataJust : des principes directeurs de la justice numérique », *op. cit.*, p. 20 ou Gaëlle Marti, *op. cit.*, p. 25.

577. Nous reviendrons plus loin sur le traitement réservé à ce principe par le discours doctrinal français (voir *infra* § 247), mais nous pouvons ici indiquer que l'opacité inhérente au fonctionnement des outils de justice algorithmique dégraderait voire rendrait impossible, le débat contradictoire sur ses résultats puisque ces derniers ne sont pas explicables au-delà de leurs références aux décisions à partir desquels ils ont été construits. C'est le sens de Gustavo Cerqueira, « Fondamentalisation du droit et justice prédictive deux phénomènes à prendre en compte pour la connaissance du droit étranger », in Gustavo Cerqueira et Nicolas Nord (dir.), *La connaissance du droit étranger. À la recherche d'instruments de coopération adaptés*, Société de législation comparée, 2021, 165, p. 170, Thierry Kirat et Antoine Louvaris, *op. cit.*, p. 396 ou Yannick Meneceur, « Numérique et prédiction de la décision. Vers une indispensable charte éthique européenne de l'intelligence artificielle », *op. cit.*, p. 69.

578. Le raisonnement est ici similaire à celui relatif à la dégradation du débat contradictoire : le droit au recours serait dégradé par le fait qu'il serait impossible de contester les fondements d'une décision prise au regard d'un outil de justice algorithmique, puisque ses résultats ne sont pas explicables, voir, par exemple, Thibault Douville, « Le juge en ligne », in Jean-Pierre Clavier (dir.), *L'algorithmisation de la justice*, Larcier, 2020, 123, pp. 141-142 ou Eugénie Petitprez et Rodolphe Bigot, *op. cit.*, pp. 25-26. Il faut cependant noter qu'il s'agit là de prendre pour acquis qu'une décision *pourrait* être prise sur le fondement direct d'un tel outil – ce qui est, de fait, loin d'être acquis. On trouve aussi, notamment dans Samir Merabet, *Vers un droit de l'intelligence artificielle*, *op. cit.*, p. 223 ou Julie Chaput, *La collégialité dans le procès civil*, thèse

189 **Une approche juridique et accessoire.** Cette approche *presque* exclusivement juridique [579] du discours doctrinal français apparaît donc comme le miroir inversé de la concentration technique du discours québéco-canadien. Elle constitue, à cet égard, un premier élément en mesure d'éclairer les tensions perceptibles au sein du discours doctrinal français ; c'est parce que ce discours ne se saisit qu'indirectement des risques technico-juridiques des outils de justice algorithmique, soit par l'intermédiaire d'analyses menées à l'étranger, soit par le biais de leurs conséquences potentielles sur le procès que sa tonalité générale apparaît plus alarmiste. Le raisonnement est, à leur égard, inversé : parce que le discours doctrinal français ne mène pas les expérimentations susceptibles de quantifier la probabilité et l'ampleur *réelles* des risques technico-juridiques, et donc d'en tirer des conclusions quant à leurs conséquences sur la tenue du procès, c'est à partir de l'*importance potentielle de ces conséquences* qu'est évaluée l'*importance* du risque — peu importe, à cet égard, qu'il soit plus ou moins susceptible de se produire. Cette inversion de l'analyse est centrale au discours doctrinal français parce qu'elle révèle qu'au-delà de cette approche uniquement juridique, fondée sur l'analyse d'une régulation future ou existante, il ne réserve à ces enjeux technico-juridiques qu'une place accessoire : celle d'une forme d'introduction, menant à d'autres enjeux à la fois mieux connus et plus craints.

§ 2. *Un pan du discours français relativement accessoire*

190 **Des enjeux technico-juridiques demeurés à la périphérie du discours doctrinal français.** L'absence initiale, au sein du discours doctrinal *juridique* français, d'une expertise quant aux enjeux technico-juridiques soulevés par les outils de justice algorithmique n'avait pas *nécessairement* vocation à perdurer — et cela d'autant plus que, comme nous l'avons vu, des spécialistes des outils de justice algorithmique sont progressivement apparus au sein de ce discours. Pour autant, et à peu d'exception près [580], ces spécialistes de ces outils n'ont pas, dans le même temps, construit une véritable expertise *technique* relative à ces derniers. Cette dernière continue d'émaner, quand elle se manifeste effectivement, de « non-juristes » intervenant soit seuls, soit aux côtés des acteurs plus *traditionnels* du

dactylographiée, Université de Pau et des Pays de l'Adour, 2019, p. 35, l'idée que le même outil puisse être mobilisé en première instance comme en appel, rendant tout recours inutile.

579. Il faut en effet souligner que le degré d'exclusivité de cette approche dépend des contributions ; comme nous l'avons indiqué, outre les chercheurs en informatique qui peuvent intervenir directement au sein du discours (tels qu'Aurélie Jean ou Jean Lassègue, par exemple, ainsi que dans une moindre mesure les représentants des entreprises de *Legaltech*) et dont les contributions adoptent une approche globalement plus technique que le reste du discours, certains *juristes* ont construit une expertise technique au fur et à mesure de leur implication au sein de ce discours. C'est ainsi le cas de Yannick Meneceur, notamment dans le cadre de son ouvrage *L'intelligence artificielle en procès*, *op. cit.*

580. On pense par exemple au cas particulier de Primavera de Filippi, juriste de formation mais spécialiste reconnue à l'international en matière, notamment, de *blockchain*.

discours doctrinal [581]. Si, là encore, la situation s'explique tant par des raisons institutionnelles que par, plus prosaïquement, la difficulté de construire une telle expertise personnelle en quelques années, il faut cependant souligner une certaine résonance entre cette absence d'expertise interne et la concentration du discours à un niveau plus juridique que technique concernant ces enjeux technico-juridiques. De fait, et sans aller jusqu'à parler de franc *désintérêt* du discours doctrinal français vis-à-vis de ces enjeux, le contraste avec la focalisation très technique du discours québéco-canadien met en lumière la place *qualitative* finalement réduite qui est accordée à ces enjeux par ce discours français. En fait, cette place réduite se caractérise plus exactement par une *absence* de singularisation de ces enjeux (**A**) mobilisés au même titre que toutes les autres problématiques soulevées par les outils de justice algorithmique et permettant d'ancrer le discours dans une approche sceptique, voire critique. Cette *accessoirisation*, voire d'ailleurs cette *instrumentalisation*, des enjeux technico-juridiques entraîne alors le discours doctrinal français sur une voie qu'il emprunte plus volontiers et dont les premiers éléments sont déjà perceptibles au sein de ce premier sous-discours (**B**).

A. Un traitement des enjeux technico-juridiques peu singularisé

191 **L'exception *DATAJUST*.** Ne soyons pas homogénéisante à outrance dans notre analyse : parce que des chercheurs spécialisés en informatique et en intelligence artificielle interviennent au sein du discours doctrinal français, même sporadiquement, une attention spécifique demeure accordée aux enjeux technico-juridiques. Elle n'est, de fait, que d'autant plus visible qu'elle est rare. Lorsqu'elle est effectivement accordée par des juristes, que ce soit académiques ou praticiens, c'est dans deux situations-types. La première, déjà évoquée, est celle de contributions rédigées en collaboration avec ces chercheurs eux-mêmes spécialisés [582] ; la seconde est celle du cas spécifique de l'outil *DATAJUST*. Dans

581. C'est le cas, donc, d'Aurélien Jean, docteure en physique mécanique travaillant aujourd'hui en modélisation numérique (notamment appliquée à la médecine). Elle est surtout connue du grand public pour ses travaux de vulgarisation en matière d'intelligence artificielle et c'est à ce titre qu'elle est intervenue à plusieurs reprises au sein du discours doctrinal relatif aux outils de justice algorithmique, particulièrement dans le cadre d'un rapport pour la Fondation Jean Jaurès (Adrien Basdevant, Aurélie Jean et Victor Storchan, *Mécanisme d'une justice algorithmisée*, Fondation Jean Jaurès, 2021). Elle est aussi intervenue seule dans un ouvrage *Les algorithmes font-ils la loi ?*, *op. cit.* C'est aussi le cas de Daniel le Métayer, chercheur rattaché à l'INRIA et intervenu au sein du discours avec Sonia Desmoulins-Canselier (*Décider avec les algorithmes. Quelle place pour l'Homme, quelle place pour le droit ?*, *op. cit.*) ou de Fabrice Muhlenbach, maître de conférence en informatique au sein de l'Université Jean Monnet Saint-Étienne (« Intelligence artificielle et droit : démystification des techniques d'IA employées dans le milieu juridique », *JCP*, supplément au n° 44-45, 2019, pp. 47-52).

582. On retrouve ce cas de figure dans les ouvrages précédemment cités (voir *supra* note 581), ainsi que dans des contributions plus ponctuelles telles que Samuel Benisty, « Justice digitale. Révolution graphique et ruine institutionnelle ? », in Samuel Benisty (dir.), *Varia autour de Justice digitale. À propos de l'essai coécrit par Antoine Garapon et Jean Lassègue*, PUAM, 2021, pp. 12-27. C'est aussi le cas, quand bien même leur nature est particulière, des contributions rédigées par les acteurs de la *Legaltech* et qui ont pour elles d'être irriguées par l'expérience de l'entreprise.

la mesure où la quasi-totalité des contributions portant sur cette *expérimentation* [583] ont été publiées dans les semaines ou les mois qui ont suivi la publication du décret autorisant le traitement de données à son origine [584], il n'y avait guère que les aspects et choix techniques sous-tendant l'outil à analyser (outre, bien sûr, les habituels enjeux plus juridictionnels sans spécificité particulière). Et elles l'ont effectivement été, d'ailleurs plus fréquemment sur un plan technique que dans le reste du discours [585], quand bien même et l'analyse se situait toujours *surtout* sur un plan juridique de compatibilité et conformité aux règles applicables à ce type de traitement de données [586]. Pour autant il faut souligner la mention d'éléments généralement mis de côté par le discours et relatifs à la phase d'apprentissage d'un outil fonctionnant sur la base d'un algorithme d'apprentissage automatique supervisée : le *choix* des données d'apprentissage, leur *contenu*, leur *ampleur* à la fois quantitative et temporelle, leur annotation et structuration… Ces questionnements sont, à juste titre, fondamentaux puisque c'est de leurs réponses que dépend la matérialisation d'un certain nombre des enjeux technico-juridiques que nous avons identifiés et, notamment, celui de l'apparition de biais, d'erreurs ou d'approximations dans les résultats ensuite produits par l'outil en phase de fonctionnement — ce que n'ont pas manqué de souligner ces contributions [587]. Dans le cadre de cet outil spécifique dont il n'était connu, à l'époque de son lancement, que les éléments techniques mentionnés dans le décret autorisant l'expérimentation, ces questions étaient donc les seules « prises » que le discours doctrinal pouvait trouver… Quitte à en oublier que, nature expérimentale du projet oblige, il n'était pas absolument acquis qu'un outil opérationnel en découle [588].

---

583. La précision est, en fait, fondamentale – particulièrement pour comprendre l'interruption du projet avant qu'il ne soit opérationnel. Pour un retour sur cet abandon, voir Camille Bordère et Frédérique Boulanger, « DataJust, l'heure du bilan en France », *Blog du Laboratoire de Cyberjustice*, 25 octobre 2022, disponible en ligne à <https://www.cyberjustice.ca/2022/10/25/datajust-lheure-du-bilan-en-france/>.

584. C'est-à-dire sur la fin d'année 2020 et le début d'année 2021. Quelques contributions ont pu être rédigées et publiées en 2022 à titre « posthume »… Ou à titre de bilan.

585. Une analyse des choix et du fonctionnement techniques de ce qui devait devenir l'outil *DATAJUST* a ainsi été réalisée dans, par exemple, Yannick Meneceur, « Datajust face aux limites structurelles de l'intelligence artificielle », *Les Temps Électriques*, 19 juin 2020, disponible en ligne à <https://lestempselectriques.net/index.php/2020/06/19/datajust-face-aux-limites-structurelles-de-lintelligence-artificielle/> et « DataJust face aux défis de l'intelligence artificielle », *op. cit.*

586. C'est particulièrement le cas dans Motahareh Fathisalout Bollon et Vincent Rivollier, *op. cit.* ou dans Alexandra Bensamoun et Thibault Douville, « Datajust, une contribution à la transformation numérique de la justice », *JCP*, n° 19, 2020, pp. 907-910.

587. Voir, par exemple, Samir Merabet, « 'DataJust' et l'effet papillon. À propos du décret du 27 mars 2020 », *op. cit.*, p. 25 ou Sylvia Goudenege-Chauvin, « Dommages corporels et justice prédictive : un amour impossible ? », *Village de la justice*, 27 janvier 2022, disponible en ligne à <https://www.village-justice.com/articles/dommages-corporels-justice-predictive-amour-impossible,41472.html>.

588. Cet « oubli », volontaire ou non, est perceptible au sein des contributions qui analysent ce projet *comme s'il* devait nécessairement aboutir à un outil dont l'utilisation serait elle-même nécessairement imposée aux magistrats, aux avocats et aux parties. En cela, cette portion du discours n'est pas très différente du reste des contributions traitant des outils de justice algorithmique : la posture est, essentiellement, *prospective*. Nous reviendrons sur cette question plus avant, voir *infra* § 245 et suiv.

192 **L'exception qui confirme la règle.** Cette microconcentration momentanée (et contrainte) ne constitue alors qu'un révélateur de plus du peu de place laissée habituellement à ces questions, y compris lorsqu'elles permettraient d'éclairer plus précisément des enjeux pourtant soulignés. Elle permet aussi, et surtout, de souligner que ce n'est pas une absolue méconnaissance du fonctionnement des outils qui explique cette place limitée, puisque les mêmes auteurs ont pu intervenir au sujet de *DATAJUST* comme, plus généralement, au sujet d'autres outils de justice algorithmique. Or, s'il ne s'agit pas de méconnaissance ou de mécompréhension, de quoi s'agit-il ? Encore une fois, pas de désintérêt complet, mais peut-être plutôt de hiérarchisation des intérêts. Le traitement des enjeux technico-juridiques n'est pas tant parcellaire qu'il est plutôt *classique*, non singularisé par rapport au reste du discours. Parce que le discours doctrinal français a pour caractéristique principale d'être circulaire et autoréférentiel, c'est-à-dire d'évoluer en vase clos où chaque nouvelle contribution s'intègre dans un tissu resserré de citations et de renvois, les enjeux soulevés par les outils de justice algorithmique le sont généralement en lien avec des écrits passés les ayant eux-mêmes étudiés — et ainsi de suite, le réseau de références se densifiant avec les années. Cette caractéristique, couplée au format relativement court adopté par la plupart des contributions, tend à expliquer un traitement rapide de la plupart de ces enjeux, soit pour pouvoir tous les couvrir dans une seule contribution [589], soit pour plutôt se concentrer sur un enjeu, ou un type d'enjeu particulier [590] qui n'entre que rarement dans la catégorie des enjeux technico-juridiques [591]. Dans le cadre de ce traitement globalement horizontalisé et homogène de la pluralité des problématiques portées par les outils de justice algorithmique, le fait que les enjeux technico-juridiques ne se manifestent pas sur une temporalité identique aux autres enjeux, notamment ceux sous-tendus par les interactions entre ces outils et les règles applicables au procès, n'a qu'un impact secondaire sur la manière dont ils sont analysés. Ils sont certes généralement analysés en premier, mais ils pourraient, de fait, tout aussi bien ne pas l'être ; ils ne sont que des enjeux « parmi d'autres », des difficultés qui doivent être réglées *au même titre que toutes les autres*, quand bien même toutes ces autres ont vocation à ne pas se matérialiser si ces *premières* difficultés ne sont pas résolues. Faute d'être singularisés par le discours lui-même, ces enjeux technico-juridiques ont beau être *présentés* comme primordiaux dans les deux sens du terme, ils ne *se présentent pas* comme tels ou, tout du moins, n'*apparaissent pas* comme tels dans l'essentiel du discours. Si cette seule absence de singularisation

---

589. Voir, par exemple, des contributions comme Élise Mouriesse, *op. cit.*, Basile Darmois, *op. cit.* ou celles rédigées par Laura Viaut (voir annexe 2.1 pour leur liste).

590. Ce sera le cas de contributions comme Hervé Croze, « Justice prédictive. La factualisation du droit », *op. cit.*, Djamila Larabi, « La procédure civile à l'ère du numérique », in Najet Brahmi, Vincent Égéa et Filali Osman (dir.), *La procédure civile dans les pays de l'Union pour la Méditerranée. Approche comparée et internationale MENA & OHADA*, Bruylant, 2020, pp. 103-126 ou Jean-Baptiste Prévost, « Justice prédictive et dommage corporel : perspectives critiques », *Gaz. Pal.*, n° 4, 2018, pp. 43-49.

591. Outre les contributions, déjà mentionnées, qui portent spécifiquement leur attention sur les interactions entre outils de justice algorithmique et protection de la vie privée et des données à caractère personnel des individus.

contribue à l'accessoirisation de ces enjeux spécifiques, elle est au surplus redoublée par une *instrumentalisation* ou, sur une tonalité plus neutre, un *détournement* de certains de ces enjeux pour les mener sur le terrain de prédilection du discours doctrinal français : les enjeux juridico-juridictionnels.

B. Des enjeux technico-juridiques comme passerelle discursive

193 **La question des données d'identité des magistrats.** Si l'approche générale du discours doctrinal français pour ce qui concerne les problématiques technico-juridiques est une approche fondamentalement juridique, s'y surajoute une tendance à mobiliser ces enjeux dans un angle spécifique — cet angle étant, systématiquement, celui de ramener l'enjeu choisi à son impact sur le procès. Les deux problématiques tirées de l'opacité des algorithmes d'apprentissage automatique et de leurs biais sont ainsi, et comme nous l'avons déjà souligné, ramenées à la question du contradictoire et de sa dégradation ; mais ces deux enjeux ne sont pas les seuls à faire l'objet de cette forme d'instrumentalisation. C'est aussi et surtout le cas des interactions entre les outils de justice algorithmique et la protection de la vie privée et des données à caractère personnel des individus visés par les décisions de justice quand lesdits individus sont des magistrats [592]. Nous avons laissé de côté cet aspect très spécifique de cette interaction précisément parce qu'il est, en tant que tel, absolument propre au discours doctrinal français — tellement propre [593] que le seul fait que la question ait été soulevée puis réglementée par le pouvoir législatif provoque des réactions à l'étranger oscillant entre surprise [594], incompréhension [595] et critique franche [596].

194 **Les données d'identité des magistrats ; un enjeu théoriquement technico-juridique.** Compte tenu de la temporalité qui est la nôtre, revenir sur cette question peut sembler assez vain : elle a, de fait, été réglée par la *Loi de programmation 2018-2022 et de réforme pour la justice* qui a mis fin au débat et aux atermoiements du discours

---

592. De fait, la question s'est aussi posée concernant les autres professionnels de la justice tels que les fonctionnaires des greffes, les avocats et autres auxiliaires de justice ainsi qu'à d'autres professionnels éventuels (par exemple, des membres des forces de l'ordre) – elle n'a cependant pas suscité de débat spécifique concernant ces acteurs, mentionnés uniquement au renfort d'un argumentaire en faveur de l'occultation de l'identité des *magistrats* (voir, par exemple, Frédéric Alhama, *op. cit.*, p. 703 ou Aurore-Angélique Hyde, « Vers une cyberéthique de la justice «prédictive» », *op. cit.*, p. 325). À noter qu'une unique contribution se fait l'écho du CNB et réclame un régime identique à celui appliqué aux magistrats au bénéfice des avocats, voir Gérard Haas, *op. cit.*, pp. 296-297.

593. Propre d'ailleurs au point que cette réglementation n'existe qu'en France, ce qui est d'ailleurs souligné dans Guillaume Hannotin, *op. cit.*, p. 575.

594. Voir, par exemple, « France Bans Judge Analytics, 5 Years In Prison for Rule Breakers », *Artificial Lawyer*, 4 juin 2019, disponible en ligne à <https://www.artificiallawyer.com/2019/06/04/france-bans-judge-analytics-5-years-in-prison-for-rule-breakers/>.

595. Voir, par exemple, Eline Chivot, « French Law Banning Analytics About Judges Restricts Legitimate Use of Public Data », 9 juillet 2019, disponible en ligne à <https://datainnovation.org/2019/07/french-law-banning-analytics-about-judges-restricts-legitimate-use-of-public-data/>.

596. Voir, par exemple, Malcom Langford et Madsen Rask, « France Criminalises Research on Judges », *Verfassungblog*, 22 juin 2019, disponible en ligne à <https://verfassungsblog.de/france-criminalises-research-on-judges/>.

doctrinal français quant à la question de l'occultation (ou non) de l'identité des magistrats et des auxiliaires de justice au sein des décisions de justice qu'ils ont contribué à rendre… encore que [597]. Si le régime d'occultation appliqué aux « données d'identités des magistrats et des membres du greffe » correspond à celui d'une occultation *facultative* [598], s'y ajoute l'interdiction de mobiliser ces données d'identité à des fins d'évaluation, d'analyse, de comparaison ou de prédiction de leurs « pratiques professionnelles réelles ou supposées » [599]. Ces deux éléments n'ont rien d'anodin vis-à-vis du discours doctrinal puisque c'est au moins en partie *à cause* ou *grâce* à lui que ces dispositions ont vu le jour. Le régime d'occultation facultative applicable aux données d'identité des magistrats est en effet à la fois une réponse à l'imprécision de l'article 21 de la *Loi pour une République Numérique* de 2016 qui ne précisait ni les individus inclus dans la catégorie des « personnes concernées » qui devaient voir la protection de leur vie privée assurée, ni les conditions dans lesquelles cette protection se déployait et une réponse à toute une partie du discours doctrinal de l'époque qui réclamait, justement, l'occultation du nom des magistrats. De manière assez inhabituelle pour ce discours, les opinions exprimées étaient en fait très polarisées [600] : si, pour des raisons tenant à une forme de transparence de la justice [601], le discours des avocats [602] et une partie du discours académique étaient

---

597. Cette forme de compromis entre les tenants de et les opposants à l'anonymisation des magistrats ne satisfaisant, de fait, ni les uns ni les autres ; les uns parce que la position de principe demeure le maintien du nom des magistrats au sein des décisions (voir, par exemple, Laëtitia Janicot, *op. cit.*, 82), les autres rejetant l'interdiction de traitement des données d'identité des magistrats sur le fondement, notamment, de la liberté d'expression ou de la liberté académique (voir, par exemple, Anaïs Coletta, *op. cit.*, pp. 286-288 ou Hugo Ruggieri, *op. cit.*, p. 41). Si le débat ne se manifeste plus de manière aussi visible, c'est donc plutôt parce qu'il a été vidé de son « utilité » par la mise en place de ce régime – pertinent ou non.

598. C'est-à-dire mis en œuvre uniquement lorsqu'il y a risque de porter atteinte à leur sécurité ou au respect de la vie privée (art. 33 de la Loi *de programmation 2018-2022 et de réforme pour la justice*). Si la première condition est relativement claire, la seconde l'est en revanche beaucoup moins – particulièrement dans le cadre d'un discours doctrinal qui tend à considérer la simple présence de l'identité des parties au sein des décisions mises en ligne comme une atteinte à leur droit à la vie privée (ce qui est d'ailleurs souligné dans Vincent Rivollier, *op. cit.*, p. 28).

599. *Ibid.* À ce sujet, voir l'article qui est spécifiquement consacré à cette infraction : Guillaume Zambrano, « Justice algorithmique : les algorithmes comme outils pour la codification de la jurisprudence », in Gustavo Cerqueira, Hugues Fulchiron et Nicolas Nord (dir.), *« Insécurité juridique » : l'émergence d'une notion ?*, Société de Législation Comparée, 2022, pp. 213-224.

600. Tellement, d'ailleurs, qu'alors même que sa lettre de mission n'incluait pas la question de l'occultation de l'identité des magistrats, le premier rapport Cadiet a néanmoins tenu à y consacrer une part de son analyse sans pour autant trancher entre les deux positions, voir Loïc Cadiet, « L'open data des décisions de justice », *op. cit.*, pp. 44-51.

601. Soit en tant que telle puisqu'elle implique « que le juge statue à visage découvert » (Guillaume Hannotin, *op. cit.*, p. 575 et, dans le même sens, Anaïs Coletta, *op. cit.*, pp. 280-281), soit parce que la connaissance de l'identité des magistrats est susceptible de constituer une information pertinente pour la compréhension des décisions de justice (Franck Marmoz, « Justice prédictive, de la fiction à la réalité, quelles conséquences pour les professions du droit ? », présentation lors du colloque *Intelligence artificielle et droit*, Université Alger I, 2018, p. 7, disponible en ligne à < https://hal-univ-lyon3.archives-ouvertes.fr/hal-02086767>).

602. Une enquête IFOP commandée par *Doctrine.fr* a ainsi révélé que 87 % des avocats interrogés s'opposaient au principe de cette occultation, voir IFOP, « Les avocats et la justice : défis et challenge à venir », Présentation des résultats du sondage IFOP pour Doctrine, juin 2019, disponible en ligne à <https://www.dalloz-actualite.fr/sites/dalloz-actualite.fr/files/resources/2019/06/sondage_ifop_pour_doctrine___les_avocats_et_la_justice.pdf>.

fortement opposés à cette occultation, le discours des magistrats [603] et une autre partie du discours académique la défendaient ardemment. La justification tenait alors à l'idée que « la personne du magistrat doit s'effacer derrière l'institution » [604], à « l'absence de pertinence du nom des juges » [605] ainsi qu'au risque de voir « attirer à leur encontre des critiques personnelles, malveillantes et injustifiées » [606], voire une menace à leur sécurité physique [607]. Plus fondamentalement, cependant, c'est bien le risque de « profilage » des magistrats qui était pointé du doigt — et pour cause. C'est en effet l'une des premières problématiques d'ordre technico-juridique à s'être « matérialisée », avant même d'ailleurs que ne soit proclamé l'*open data* des décisions de justice par la *Loi pour une République Numérique*. On pense ici à l'article publié par Michael Benesty, révélant que l'outil *SUPRA LEGEM* qu'il développait alors permettait de mettre en lumière des variations considérables dans l'émission d'obligation de quitter le territoire français (OQTF) en fonction des juridictions et, surtout, des magistrats qui les présidaient, mis en cause nommément [608]. C'est ce dernier point, au-delà des défauts méthodologiques de l'analyse, qui a entraîné une levée de boucliers chez les magistrats et au sein d'une partie du discours doctrinal académique [609], pour une raison soulignée par Marcel Moritz et Thomas Léonard : « au regard de l'état embryonnaire des outils de 'justice prédictive', ce premier usage semble avoir donner le sentiment aux magistrats que le principal risque réside dans l'éventuelle stigmatisation individuelle de chacun d'entre eux. » [610] Plus généralement et au-delà de cette hypothèse d'identification « à charge », pouvoir rapporter à des juges identifiés le sens général de leurs décisions, et ainsi pouvoir, à tort ou à

---

603. C'est ainsi 77 % des magistrats interrogés dans le cadre de l'analyse de Lêmy Godefroy, Frédéric Lebaron et Jacques Lévy-Vehel, *op. cit.* qui étaient favorables à « l'anonymat des magistrats » (p. 105).

604. Kévin Castanier, *op. cit.*, p. 85 et, dans le même sens, Laëtitia Janicot, *op. cit.*

605. François Terré et Nicolas Molfessis, *op. cit.*, p. 535.

606. Natalie Fricero, « Collecte, diffusion et exploitation des décisions de justice : quelles limites, quels contrôles ? », *op. cit.*, p. 283 et Céline Béguin-Faynel, « L'open data judiciaire et les données personnelles : pseudonymisation et risque et ré-identification », *APD*, t. 60, 2018, 153, p. 170.

607. Par exemple, Loïc Cadiet, « L'open data des décisions de justice », *op. cit.*, p. 47, François Terré et Nicolas Molfessis, *op. cit.*, p. 535 ou Raphaël Déchaux, « L'évolution du service public par l'open data. Retour sur l'exigence de publication des décisions de justice », *RFDC*, n° 1, 2021, pp. e1-e43.

608. Michael Benesty, « L'impartialité de certains juges mise à mal par l'intelligence artificielle », *Medium*, 18 avril 2016, disponible en ligne à <https://medium.com/@supralegem/l-impartialit%C3%A9-de-certains-juges-mise-%C3%A0-mal-par-l-intelligence-artificielle-ee089170ddd3>.

609. Décrite, vue de l'étranger, dans Malcom Langford et Madsen Rask, *op. cit.* Pour des exemples de cette levée de bouclier voir, côté discours académique, Florence G'sell, *Justice numérique*, *op. cit.*, p. 144 ou Scarlett-May Ferrié, « Les algorithmes à l'épreuve du procès équitable », *op. cit.*, p. 7. Ce sont les magistrats administratifs, directement visés par l'analyse de M. Benesty, qui ont réagi le plus *violemment* à ses conclusions voir, par exemple, Marc Clément, « Jurisprudence 2.0 », *Telos*, 21 avril 2016, disponible en ligne à <https://www.telos-eu.com/fr/societe/justice-et-police/jurisprudence-20.html>, ainsi que l'analyse faite de cette réaction dans Marcel Moritz et Léonard Thomas, « Outils de 'justice prédictive'. Enjeux et cartographie sociologique des professionnels concernés », Rapport final de recherche, GIP Mission de recherche Droit et Justice, 2020, pp. 115 et suiv.

610. *Ibid.*, p. 115.

raison, leur attribuer des opinions, préférences et inclinaisons s'oppose frontalement à une conception française profondément institutionnelle et régalienne de la justice faisant obstacle à une quelconque reconnaissance de l'individualité des juges qui y opèrent [611]. Quoi qu'il en soit, ce « moment » structurant de l'apparition du discours doctrinal relatif aux outils de justice algorithmique a laissé une marque au sein de ce discours, qui continue non seulement de mentionner cette analyse [612] mais encore de craindre ce risque de profilage et de « *name and shame* » [613], ainsi qu'une trace normative — le double régime posé par la *Loi de programmation 2018-2022 et de réforme pour la justice* [614].

195 **Les données d'identité des magistrats et l'ambivalence de l'analyse doctrinale française**. Pour autant que cette problématique ait été « réglée » par le législateur et le pouvoir réglementaire, cependant, le fait même qu'elle ait été soulevée est révélateur à plusieurs titres. Révélateur sur la manière dont le discours s'est construit — sédimentairement, chaque contribution s'appuyant sur celles publiées précédemment, y compris et surtout pour y réagir ; révélateur, aussi, sur la manière dont ce discours se saisit des enjeux technico-juridiques. Quand bien même il y est question de « profilage », là encore, les moyens techniques à mettre en œuvre pour le réaliser ne sont pas plus détaillés que pour ce qui concerne la réidentification des individus visés par les décisions de justice. Ce silence n'est pas sans raison. De fait, quand on s'intéresse d'un peu plus près à cette question, il apparaît *déjà* possible de connaître précisément les magistrats siégeant dans telle ou telle juridiction, voire d'ailleurs au sein de *quelle* chambre de *quelle* juridiction — une base de données en ce sens existe déjà, alimentée par la base *OPEN DATA* entretenue par la Direction de l'Information Légale et Administrative (DILA) [615]. Occulter l'identité d'un ou plusieurs magistrat(s) ayant rendu une décision n'a donc qu'un intérêt limité, compte tenu de la facilité d'accès à la liste des magistrats siégeant dans chaque juridiction [616]. Cette étape technique de l'analyse est mise de côté au bénéfice de celle des enjeux

---

611. Nous reviendrons sur les soubassements systémiques de cette conception en *infra* § 446.

612. Voir, par exemple, Yannick Meneceur, *L'intelligence artificielle en procès*, *op. cit.*, pp. 96-97, Vincent Berthet, « Prédire et juger », *op. cit.*, pp. 92-93 ou Raphaël Déchaux, *op. cit.*, p. e22. Elle l'est aussi de parfois de manière indirecte, lorsqu'il s'agit simplement de préciser que le risque de réutilisation illicite est particulièrement important « en matière de droit des étrangers » (Yann Paquier, *Le principe de transparence des traitements algorithmiques : de l'étude juridique d'un enjeu démocratique*, Université de Caen Normandie, 2021, p. 158).

613. L'expression est d'ailleurs utilisée dans Anaïs Coletta, *op. cit.*, p. 288

614. Ce que soulignent, d'ailleurs, des contributions comme Marie Dochy, *op. cit.*, p. 307, Vincent Rivollier, *op. cit.*, p. 26 ou Pascale Deumier, « L'open data des magistrats : une petite histoire législative », *RTD civ.*, 2019, 72, p. 74. À noter, par ailleurs, que la mention du nom du juge dans les décisions de référé du Conseil d'État a tout simplement disparu, que ce soit sur *LÉGIFRANCE* ou sur la base *ARIANE* (comme noté dans Marc Clément et Isabelle Sayn, « L'utilisation de l'IA dans le système judiciaire », in Paul Christian et Daniel Le Métayer (dir.), *Maîtriser l'IA au service de l'action publique*, Berger Levrault, 2022, 27, p. 31).

615. Ce qui n'a rien d'étonnant, puisque les décrets de nomination sont publiés au Journal Officiel. Pour accéder à cette base de données publique et gratuite, voir <https://www.steinertriples.ch/ncohen/data/nominations_JORF/>.

616. La suite des opérations dépend alors de « recoupements de données » afin de déterminer quel(s) magistrat(s) ont effectivement rendu une décision – la logique est la même que pour la réidentification des individus.

dérivés de cette problématique : or, ces enjeux sont eux-mêmes révélateurs du point de focalisation réel du discours doctrinal français quand il s'agit d'analyser les outils de justice algorithmique susceptible de mobiliser ces décisions de justice, occultées ou non. Qu'il s'agisse de la conception « française » de la justice comme entité impersonnelle et collective, décidant au nom du peuple français dans son ensemble ou d'un risque de profilage pouvant mener au surprenant et encore plus hypothétique risque de « *forum shopping* » (c'est-à-dire à des manœuvres des justiciables afin de choisir « leur » juridiction en fonction de la manière dont ses magistrats jugent) [617], l'argumentaire du discours doctrinal français gravite autour de l'activité du juge et, plus encore, autour de la *conception* traditionnelle de cette activité.

196 **Un détournement d'enjeux symptomatique du véritable cœur du discours doctrinal français.** C'est en effet bien de cela qu'il s'agit dans les deux cas : quand bien même le nom des magistrats est toujours apparu dans les décisions de justice, un pas est franchi dès lors que l'on postule que ce nom puisse être une donnée *intéressante*, si ce n'est pertinente [618]. Il s'agit en effet d'admettre non seulement que les magistrats sont des individus, ce qui n'est guère contestable, mais que cette individualité joue en plus *un rôle* dans leur prise de décision. On en revient ici à la conception « française » d'une justice impersonnelle, mais on recentre aussi et surtout l'analyse sur des interactions qui n'ont plus grand-chose à voir avec les enjeux technico-juridiques soulevés par les outils de justice algorithmique, qu'il s'agisse de discuter de la manière dont ces outils affectent une *conception de la justice*, voire peut-être simplement *du juge*, ou de la manière dont ils dégradent le *fonctionnement* de cette justice. Ce détournement de l'analyse des enjeux technico-juridique est ainsi celui qui sous-tend le passage de la question des biais induits ou subis par les outils de

---

617. Ce risque est, de fait, l'un des éléments du discours doctrinal français le plus étrange puisqu'il est construit sur l'idée selon laquelle il serait *possible* aux justiciables de choisir leur juge en fonction de leurs intérêts. Or, les hypothèses dans lesquelles il est possible de choisir une juridiction plutôt qu'une autre sont, en droit interne, extrêmement rares : il est théoriquement possible de déroger aux règles de compétence territoriale de la juridiction en droit commercial dès lors que ce choix est stipulé dès la rédaction du contrat aménageant les relations commerciales (art. 48 du Code de procédure civile français, la logique est la même en matière de contrats administratifs, voir art. R. 312-11 du Code de procédure administrative) ou, plus généralement, lorsqu'il fait recours à une convention d'arbitrage, soit préalablement à l'apparition du litige, soit postérieurement (mais il ne s'agit plus de choisir sa juridiction, par définition). Pour toutes les autres hypothèses, le principe de compétence territoriale s'impose aux parties avec une marge de manœuvre plus ou moins importante (voir, par exemple, art. 46 du Code procédure civile ou, de manière encore plus restreinte, art. R. 312-2 du Code de procédure administrative) – cette marge de manœuvre étant cependant déterminée par des éléments qui ne peuvent généralement pas être modifiés dans l'optique d'un litige (le lieu où est advenu un fait dommageable, un lieu de livraison, le lieu de résidence habituel d'un foyer…). En d'autres termes, et malgré le nombre important de contributions qui mentionnent ce risque (voir, par exemple, Bertrand Cassar, *La transformation numérique du droit*, *op. cit.*, pp. 109-110, Stéphanie Mauclair, *op. cit.*, p. 12 ou Olivier Leurent, « La justice prédictive vue par le juge judiciaire », *AIJC*, n° 35, 2019, 581, p. 583), sa matérialisation est, à droit constant, pratiquement impossible – ce que ne souligne qu'une seule contribution, voir Frédéric Alhama, *op. cit.*, p. 703.

618. Ce qui est d'ailleurs parfois explicitement souligné ; « il ne faut pas oublier que l'identification des personnes mentionnées par une décision de justice, parties, tiers, juges ou parquetiers, peut avoir un intérêt pour le journaliste, l'arrêtiste, le sociologue ou l'anthropologue » (Guillaume Hannotin, *op. cit.*, p. 575).

justice algorithmique à leurs conséquences sur le principe du contradictoire et l'égalité des parties, sans passer par l'analyse du *risque réel* de voir advenir ces conséquences. C'est aussi sans doute ce détournement qui justifie en partie la mobilisation de l'exemple du logiciel *COMPAS*, dans la mesure où il constitue effectivement un raccourci commode pour passer du constat technique aux conséquences juridiques. En d'autres termes, non seulement le traitement de ces enjeux technico-juridiques se borne à un traitement très *juridique* et, de fait, assez peu singularisé vis-à-vis du reste de l'analyse produite quant aux outils de justice algorithmique, mais il occupe *en plus* une fonction précise au sein du discours : celle de « tremplin » vers, précisément, ce *reste de l'analyse* qui concentre l'attention du discours doctrinal français. Ce positionnement ancillaire des enjeux technico-juridiques peut alors, selon l'angle adopté, apparaître à la fois comme la cause ou la conséquence de l'*intérêt* limité que leur porte ce discours doctrinal ; la cause dans la mesure où, faute de tirer toutes les conséquences de ces problématiques pourtant essentielles à ce stade du développement des outils [619], le fait de les traiter *ou non* n'a guère de conséquence sur le reste de l'analyse. Dans ce contexte, et puisque le discours entretient précisément cette idée de simultanéité et de parallélisme d'enjeux qui se situent pourtant sur des plans disciplinaires, techniques et temporels distincts, il n'apparaît pas nécessaire à un discours essentiellement *juridique* d'insister sur ceux de ces enjeux qu'il maîtrise le moins. C'est d'ailleurs aussi en cela que le caractère accessoire de l'analyse de ces enjeux est aussi la conséquence de l'intérêt limité du discours doctrinal : il n'apparaît pas *non plus* nécessaire de modifier une approche qui *fonctionne* depuis quatre, cinq ou six ans.

197 **Des enjeux technico-juridiques aux enjeux juridico-juridictionnels**. Pour autant, l'on peut s'interroger : si le discours doctrinal français n'accorde qu'un intérêt limité et transitoire aux enjeux technico-juridiques et s'il n'est pas en mesure, compte tenu de son approche essentiellement juridique, de véritablement saisir leur matérialité ou leur potentiel de matérialisation, comment expliquer les tensions qui le parcourent et l'idée d'incompatibilité entre le droit français et ces outils ? Le fait que ces enjeux et leur traitement ne constituent qu'un « tremplin » vers d'autres enjeux de nature distincte vide cette interrogation de son paradoxe. Ce n'est pas sur le plan *technique* ou *technico-juridique* que ces outils sont incompatibles avec le droit français ; ils ne sont pas, *par nature*, insusceptibles d'être développés au sein du droit français, ou même seulement *moins* susceptibles de l'être qu'au Québec ou au Canada. Pour autant que l'incompatibilité pointée du doigt par le discours français puisse prendre source à un niveau technique, ce n'est donc pas à ce premier niveau qu'elle se loge. Il ne reste alors plus qu'à suivre la piste ouverte par ce discours lui-même : celui d'une incompatibilité d'ordre juridico-juridictionnelle, tenant à l'*impact* que le fonctionnement technique des outils de justice algorithmique est susceptible d'avoir sur la tenue d'un procès.

---

619. Que ce soit, si l'on considère le développement optimal de ces outils impossible à un niveau technique, juridique ou technico-juridique, en arrêtant l'analyse à ce stade ou, si on le considère possible, de concentrer l'analyse sur la manière dont ce développement est envisageable – c'est là, nous l'avons vu, le choix du discours doctrinal québéco-canadien.

Conclusion du chapitre 2

198 **Un paradoxe apparemment insoluble.** Nous avons achevé l'analyse de la première partie de notre hypothèse d'une incompatibilité juridique sur un échec et, surtout, sur un paradoxe apparemment insoluble. En l'absence d'une incompatibilité d'ordre technico-juridique entre les outils de justice algorithmique et, d'une part, le droit français et, d'autre part, le droit québécois, rien ne permettait d'expliquer pourquoi le traitement que chaque discours réserve aux enjeux technico-juridiques soulevés par les outils de justice algorithmique emprunte une tonalité et démontre d'une technicité si différente. En d'autres termes, quand bien même nous avions pu démontrer qu'il n'y avait *pas* d'incompatibilité, nous n'avions pas pu déterminer pourquoi le discours français le *laisse entendre* tandis que le discours québécois n'en donne aucun signe. C'est désormais chose faite, une fois notre focale déplacée sur ces discours *en tant que discours.*

199 **Un discours doctrinal québéco-canadien marqué par sa spécialisation.** Il est en effet apparu que le discours doctrinal québéco-canadien qui se présentait déjà d'une relative neutralité quant à ces enjeux leur accorde une place prépondérante — ou, à tout le moins, une place à la hauteur de l'importance qu'il leur attribue. Au-delà du fait que cette place se traduit sur le plan quantitatif, elle se traduit surtout sur le plan qualitatif : parce que, sur le plan structurel, le discours québéco-canadien est un discours fondamentalement pluridisciplinaire et spécialisé, l'analyse qu'il propose des enjeux technico-juridiques soulevés par les outils de justice algorithmique est une analyse elle-même spécialisée et profondément technique. Cette technicité participe d'une certaine *neutralité* [620] du discours, qui s'attache à cet égard à la recherche de solution technique ou à la vérification d'hypothèses concernant ces enjeux, mais elle participe aussi et surtout d'une singularisation de ces enjeux ; à cet égard, leur caractère doublement primordial se reflète directement dans la manière dont ils y sont traités.

200 **Un discours doctrinal français en image inversée au discours québéco-canadien.** Or, c'est dans ce miroir québéco-canadien que se révèle l'approche française — celle-là même qui nous a menée sur la piste d'une incompatibilité juridique, déployée sur un plan technico-juridique. Plus qu'une réflexion, c'est en fait une *image inversée* que l'on discerne à travers ce miroir. Là où le discours québéco-canadien se caractérise par sa technicité à un niveau technologique et informatique, le discours français se caractérise par sa technicité *juridique* ; là où le discours québéco-canadien singularise ces enjeux au point de souvent ne traiter qu'eux, le discours français ne leur accorde pas une place distincte des autres arguments — quand il ne leur accorde pas une place *inférieure* aux autres arguments. De fait, et au-delà de cette technicité quasi exclusivement juridique, le cœur de la

---

620. À ce stade, au sens faible du terme (c'est-à-dire comme n'exprimant *a priori* pas d'opinion spécifique quant au caractère souhaitable, désirable ou bénéfique des outils). Nous explorerons plus précisément cette impression de *neutralité* plus loin dans nos développements, voir *infra* § 603 et suiv.

spécificité de l'approche française des enjeux technico-juridiques réside bien dans la place particulière qu'elle leur octroie : celle d'une passerelle ou, plus exactement, d'un *tremplin* vers le traitement non des conséquences immédiates de ces problématiques techniques, mais vers leurs conséquences à plus long terme sur le fonctionnement de la justice et du procès à l'occasion duquel les outils de justice algorithmique ont vocation à être mobilisés.

201 **Un paradoxe finalement résolu**. Voilà, donc, la résolution de notre paradoxe : puisque ni l'un ni l'autre des ordres juridiques que nous étudions n'est incompatible avec les outils de justice algorithmique à un niveau technico-juridique, la différence de tonalité perceptible entre chacun des deux discours est à relier à la manière dont ils se saisissent des problématiques technico-juridiques, ainsi qu'à l'importance qu'ils leur accordent. Si ces différences n'ont rien d'anodin, elles en disent bien plus long sur chaque discours que sur l'état de *préparation* de l'ordre juridique au développement de ces outils et elles nous permettent, dès à présent, d'apercevoir ce qui est considéré comme le cœur problématique de ces outils. Elles nous permettent aussi de déterminer que, pour le discours doctrinal français, ce cœur est moins constitué des *enjeux* technico-juridiques que de leurs conséquences juridico-juridictionnelles plus lointaines.

Conclusion du titre I

202 **Le versant technico-juridique de l'hypothèse d'incompatibilité juridique**. Notre première hypothèse, celle tenant à une incompatibilité d'ordre *juridique* entre le droit français et les outils de justice algorithmique, correspond aussi au premier des sous-discours relatifs à ces outils. Cette hypothèse comme ce sous-discours étant tous deux de nature duale, il s'agissait, pour commencer, d'analyser le *premier* de leur versant : le versant technico-juridique. La validation de notre hypothèse d'incompatibilité *technico-juridique* tenait donc à deux conditions cumulatives : premièrement, au constat d'une inadaptation du régime juridique français aux enjeux soulevés par les outils de justice algorithmique rendant impossible ou, à tout le moins, particulièrement complexe leur développement national et, secondement, à l'absence de telles difficultés au sein de l'ordre juridique nous servant de *produit de contraste*, l'ordre juridique québécois.

203 **Une incompatibilité technico-juridique inexistante**. L'analyse de chaque ordre juridique et de leurs interactions avec les enjeux technico-juridiques soulevés par les outils de justice algorithmique nous a permis de démontrer que ni l'une, ni l'autre de ces conditions n'est remplie. L'ordre juridique français n'est pas placé dans une situation d'une quelconque spécificité vis-à-vis de ces enjeux ; ils n'y sont pas moins fondamentaux qu'au sein de l'ordre juridique québécois et, si les choix opérés de part et d'autre de l'Atlantique relativement à leur régulation peuvent effectivement diverger, ils n'ont pas pour conséquence de faire varier la *compatibilité* de chaque ordre juridique avec ces outils. Tout juste peut-on souligner que des choix différents entraînent des problématiques différentes, sans qu'elles ne puissent être considérées comme des obstacles au développement des

outils dans l'un mais pas dans l'autre ordre juridique. À ce stade de notre analyse, cependant, un paradoxe demeurait : si ni l'un ni l'autre des ordres juridiques n'est incompatible avec les outils de justice algorithmique, pourquoi seul le discours doctrinal français nous a menée sur la piste d'une telle incompatibilité ?

204 **Des enjeux technico-juridiques comme révélateur de la structuration distincte des discours doctrinaux français et québécois.** Puisque nous n'avons pas pu valider le premier versant de notre hypothèse juridique, l'analyse aurait pu s'arrêter là — mais il s'agissait cependant de résoudre ce paradoxe apparemment insoluble. Pour ce faire, notre regard devait se porter non plus sur chaque ordre juridique et ses interactions avec les enjeux technico-juridiques identifiés par chaque discours, mais sur *ces discours eux-mêmes*. À cet égard, c'est véritablement la confrontation de ces discours qui a permis de révéler non seulement la spécificité de chacun d'entre eux, mais surtout de déterminer la source réelle de cette idée d'incompatibilité n'émanant que du discours doctrinal français. Le fait que l'absence d'incompatibilité d'ordre technico-juridique n'ait guère d'impact sur la tonalité générale du discours français s'explique alors par la manière dont ce discours se saisit des enjeux qui sont rattachés à ce versant technico-juridique des outils de justice algorithmique : c'est parce qu'ils sont bien moins traités *pour eux-mêmes* que pour les conséquences à moyen à long terme qu'ils sont susceptibles d'avoir. Or, ces conséquences ne sont pas tant de nature technico-juridique qu'elles sont de nature juridictionnelle. Le fait que leur matérialisation effective dépende très largement du réel déploiement des outils de justice algorithmique n'est alors pris en compte qu'à la marge du discours — rien de surprenant à cela, de fait, lorsque ces questions d'ordre juridictionnel constituent le véritable cœur argumentatif du discours doctrinal français.

205 **De l'hypothèse d'une incompatibilité technico-juridique à celle d'une incompatibilité juridictionnelle.** Prenons donc acte de l'échec du premier versant de notre hypothèse d'incompatibilité juridique, et suivons le discours doctrinal français là où il opère véritablement sa propre concentration : au niveau des problématiques juridico-juridictionnelles soulevées par les outils de justice algorithmique, c'est-à-dire au niveau de l'impact que ces outils sont susceptibles d'avoir sur les règles et principes fondamentaux encadrant la tenue d'un procès.

Titre II

L'AMBIVALENCE DES PROBLÉMATIQUES JURIDICTIONNELLES

> « *Finalement, (...) les différences ne sont peut-être pas fondamentales et, derrière les nuances, chacun se retrouve avec un objet identique.* » [621]

206 **Un traitement des problématiques juridictionnelles essentiellement prospectif.** Si la première des deux prémisses de notre hypothèse juridique s'avère défaillante, elle ne nous permet cependant pas de rejeter intégralement cette hypothèse — en tout cas, pas encore. Ce premier échec nous amène en effet à l'une des raisons pour lesquelles l'analyse des problématiques technico-juridiques des outils de justice algorithmique est si particulière au sein du discours français : la question de l'articulation de ces outils avec les principes, les règles de droit et, plus globalement, l'intégralité du régime juridique entourant le fonctionnement de la justice est *la* question essentielle à laquelle le discours français s'attache à répondre. Après tout, c'est cet axe argumentatif, bien avant tous les autres, qui nous a interrogée et c'est lui qui laisse entrevoir la plus grande tendance à l'unanimité, puisqu'il recouvre les arguments les plus fréquemment mobilisés par le discours [622]. Cette concentration du discours doctrinal français autour de ces enjeux n'est cependant pas anodine, particulièrement dans

---

621. Jacques Vanderlinden, *Comparer les droits*, Klower Éditions Juridiques Belgique & Story-Scientia, 1995, p. 311.

622. Il intègre en effet les qualités et bénéfices à retirer de ces outils, tous très mobilisés par le discours (l'apport en connaissance du droit est ainsi mobilisé à hauteur de 71 % du discours, la diversification des modes de règlement des litiges l'est à hauteur de 53 % et l'apport en prévisibilité pour le droit l'est à hauteur de 69 %) ainsi que leurs principaux défauts (spécifiquement leur

la mesure où les enjeux technico-juridiques sur lesquels il ne s'attarde guère *ne sont pas* réglés et qu'en toute hypothèse, les outils *ne sont pas* pleinement déployés. Elle revient en effet à postuler, d'une part, que ces problématiques seront réglées d'une manière ou d'une autre (ce qui confirme qu'il n'y a pas d'incompatibilité réelle entre les outils et l'ordre juridique français) et, d'autre part, que les outils *seront* déployés au sein des prétoires. Il serait trop lourd de constamment rappeler cet élément dans notre analyse, mais permettons-nous cependant de nous répéter une dernière fois : ni l'un, ni l'autre de ces éléments primordiaux à l'analyse n'est évident. En cela, « la démarche surprend (...) en ce qu'elle pose un échafaudage intellectuel sur du sable. Il ne suffit pas de dire que le risque final pour le justiciable, voire pour le juge, consiste en une atteinte de ses droits fondamentaux. Encore faut-il que le contexte dans lequel celle-ci se produirait soit plausible »[623]. Le caractère prospectif de l'analyse française couplé à des crispations indéniables dans le traitement de ces problématiques juridictionnelles est alors révélateur de tensions plus profondes que celles visant les seuls principes fondamentaux de la justice.

207 **Des problématiques peu présentes au sein du discours québécois**. C'est d'autant plus indéniable que si l'on touche ici au cœur de l'argumentaire français, l'on se tient en fait à la lointaine périphérie de l'argumentaire canadien. À première vue, cette différence de traitement des enjeux juridictionnels pourrait tendre à confirmer notre hypothèse juridique, au moins sur ces aspects : puisque le discours canadien ne s'attache pas à l'analyse des contradictions entre les outils de justice algorithmique, c'est peut-être tout simplement parce que ces contradictions n'existent pas. Si ces contradictions n'existent pas, c'est donc qu'il y a bien une incompatibilité juridique spécifique française sur ce point. À l'étude, cependant, cette idée pourtant séduisante ne tient pas.

208 **Une harmonisation des principes fondamentaux de la justice et des enjeux juridictionnels des outils de justice algorithmique**. Il apparaît en effet que chacun des principes et des enjeux soulevés par le discours français se retrouvent, certes moins souvent et de manière moins polémique, au sein du discours québécois. Au surplus, et d'une manière similaire aux problématiques technico-juridiques, ces principes fondamentaux de la justice et les risques que font peser sur eux les outils de justice algorithmique apparaissent largement partagés d'un ordre juridique à un autre — précisément parce que, dans les domaines visés par ces outils, l'encadrement juridique du procès s'est largement harmonisé à l'international (**Chapitre 1**).

209 **Une harmonisation révélatrice d'un traitement français marqué par les tensions**. Cette similarité des problématiques ne fait, encore une fois, que souligner à

« effet performatif », mobilisé à hauteur de 65 % et le risque qu'ils font peser pour l'indépendance et impartialité des magistrats, mobilisé à hauteur de 46 %).

623. Bruno Mathis, « Du mythe de la justice prédictive au contrôle de réutilisation des décisions de justice », *Liberté, libertés chéries*, 22 octobre 2021, disponible en ligne à <http://libertescheries.blogspot.com/2021/10/les-invites-de-llc-bruno-mathis-du.html>.

quel point leur traitement est distinct dans chaque discours — et, surtout, nous met sur la voie de tensions bien plus profondes au sein du discours doctrinal français (**Chapitre 2**). Ces tensions, articulées sur des axes argumentatifs spécifiques et spécifiquement ancrés autour de la figure du juge, n'ont cependant plus grand-chose à voir avec le régime juridique de l'activité juridictionnelle à proprement parler et nous conduisent alors à notre seconde hypothèse systémique.

Chapitre 1

Des principes et enjeux fondamentaux en partage

> « *L'idéal commun à atteindre par tous les peuples et toutes les nations.* » [624]

210 **La globalisation des droits fondamentaux, un mouvement connu.** La globalisation des droits est un thème classique du droit comparé [625] : que l'on souscrive ou non à une globalisation totale de pans entiers du droit, qu'on l'admette possible ou irréalisable ou que l'on considère qu'une telle globalisation soit souhaitable ou qu'elle soit dangereuse, l'aspect de cette globalisation le moins discuté et le mieux accepté est celui visant les droits fondamentaux. C'est en tout cas le cas lorsque l'on s'en tient à des systèmes juridiques proches géographiquement et/ou culturellement [626]. Cette globalisation des droits fondamentaux est d'autant plus facilement admise en matière de droits rattachés au *procès*, particulièrement au procès non pénal. L'accélération de la mobilité internationale, des personnes comme des capitaux, des services et des marchandises, a en effet sous-tendu un

---

624. Préambule de la Déclaration Universelle des Droits de l'Homme de 1948.

625. Voir, à ce sujet, Marie-Claire Ponthoreau, « Trois interprétations de la globalisation juridique. Approche critique des mutations du droit public », *AJDA*, 2006, pp. 20-25.

626. La notion de proximité culturelle est à entendre de manière bien plus large et bien plus englobante que la notion de culture *juridique* : il s'agit-là plutôt de souligner une proximité dans la construction historique, sociale et économique d'ensembles de pays bien plus large. On pourra alors, si l'on veut être extrêmement général et donc nécessairement caricatural, opposer un « bloc occidental » à un « bloc oriental », quitte à ensuite redécouper ces blocs en ensembles plus petits et plus cohérents. Quoi qu'il en soit, il s'agit là d'admettre que le thème de la globalisation des droits fondamentaux repose sur une conception universaliste de ces droits aujourd'hui contestée *depuis* certains des ordres juridiques qui auraient vocation à en être destinataires, voir, par exemple, Edna Raquel Hogemann, « Human Rights Beyond Dichotomy Between Cultural Universalism and Relativism », *The Age of Human Rights Journal*, n° 14, 2020, pp. 19-36 (où il est particulièrement souligné que cet universalisme constitue plutôt une projection d'une conception européocentriste des droits fondamentaux) ou Cekli Setya Pratiwi, « Bridging the Gap Between Cultural Relativism and Universality of Human Rights: Indonesia Attitudes », *JILS*, vol. 5, n° 2, 2020, pp. 459-477.

certain nombre d'initiatives visant à assurer une égalisation, même minimale, des standards procéduraux applicables au procès dans les États (ou les organisations internationales, et particulièrement les organisations *européennes*[627]) investis dans cette globalisation. Dans le cadre spécifique à notre étude, cette globalisation est susceptible de mettre sur un pied d'égalité les ordres juridiques français et québécois quant à la manière dont ils conçoivent les principes fondamentaux applicables à la justice. Or, cette convergence aurait pour conséquence indirecte d'affaiblir d'office l'hypothèse d'une incompatibilité juridico-juridictionnelle proprement française. Il s'agira donc ici de vérifier si une telle convergence existe bien avant, le cas échéant, d'en tirer les éventuelles conséquences vis-à-vis des outils de justice algorithmique.

211 **Une universalisation des problématiques juridictionnelles**. Cette universalisation des principes fondamentaux de la justice se vérifie ainsi depuis plusieurs dizaines d'années, quand bien même demeurent des spécificités irréductibles. Sans nécessairement s'opposer à cette égalisation, elles impliquent une mise en œuvre distincte de ces principes d'un ordre juridique à un autre (**Section 1**). Dans le cas présent, cette égalisation des standards juridictionnels se double d'une similarité des problématiques soulevées par les outils de justice algorithmique de part et d'autre de l'Atlantique, et ce malgré l'opposition théorique des systèmes juridictionnels français et québécois (**Section 2**).

Section 1. UNE UNIVERSALISATION DES PRINCIPES FONDAMENTAUX DE LA JUSTICE

212 **Des principes fondamentaux de la justice marqués par le mouvement de globalisation juridique**. Si certains enjeux et certains domaines juridiques sont rétifs à une quelconque forme d'égalisation ou d'uniformisation internationale, que ce soit par leur forte dimension culturelle ou en raison de divergences initiales trop importantes, ce n'est pas, *a priori*, le cas des droits et libertés liés au procès non pénal. Quand bien même l'on ne peut pas affirmer que ces droits et libertés n'ont aucun fondement culturel ou historique et qu'ils ne charrient aucune valeur extra-juridique, il faut cependant admettre que, dans ce domaine, les effets de la circulation juridique et des efforts d'harmonisation sont particulièrement perceptibles.

213 **Une égalisation non synonyme d'absolue similarité**. Cette universalisation suit alors deux mouvements apparemment contradictoires : elle est généralement peu contestée et, à l'inverse, assez aisément constatable (**§ 1**), tout en réservant un espace pour une compréhension, une appréhension et une mise en œuvre des droits et libertés du procès propres à chaque ordre juridique (**§ 2**).

---

627. Tel que souligné, dans le cadre administratif, dans Thomas Perroud et Petros-Orestis Katsoulas, « Les apports du droit comparé », in Karl-Henri Voizard et Jacques Caillosse (dir.), *Le droit administratif aujourd'hui. Retours sur son enseignement*, Dalloz, 289, p. 290.

§ 1. *UNE CONVERGENCE PEU CONTESTÉE DES PRINCIPES FONDAMENTAUX DE LA JUSTICE*

214 **Circulation normative et globalisation juridique**. La globalisation juridique constitue un processus « pluriel, car complexe et diffus » [628]. Les expressions pour désigner ce processus sont d'ailleurs nombreuses et largement synonymes : on peut ainsi parler de « circulation » [629], de « mondialisation » [630] ou d'« internationalisation » [631] pour désigner, dans tous les cas, « un phénomène d'échanges et d'imitations réciproques lié aux interactions entre les systèmes juridiques » [632], interactions elles-mêmes motivées par « des contacts de plus en plus proches entre un grand nombre d'États à un niveau juridique, politique, économique et culturel » et qui impliquent, *in fine*, « de plus en plus de processus de réformes nationaux adoptant une approche comparative, qu'elle soit explicite ou implicite » [633]. D'autres usages de l'expression tendent à lui donner le sens d'un développement d'un corpus de règles à vocation transnationale, autonome du droit international classique et qui constituerait un « droit global » — ce n'est pas en ce sens, cependant, que nous entendrons cette expression [634]. Si l'on se limite à la globalisation juridique comme processus d'échanges et d'imitations, il faut admettre que les modalités exactes de ces échanges et de ces imitations sont elles-mêmes prises dans un réseau d'actions et de rétroactions lié à la nature des éléments dont la circulation est étudiée. Ainsi, la circulation de règles formelles n'obéira pas aux mêmes logiques que celle d'une « théorie doctrinale, une pratique juridique (…) une méthode juridique ou même une terminologie particulière » [635], de même que la circulation volontaire et autonome d'éléments juridiques ne connaîtra pas les mêmes modalités d'organisation que la circulation *imposée*, par l'entremise notamment des organisations internationales et leur activité normative. En retour, ces différentes modalités de réception des éléments juridiques mis en circulation influenceront la manière dont ils s'intégreront ensuite dans leur ordre juridique de destination. En cela, il n'y a sans doute pas *une* globalisation juridique, mais *autant*

---

628. Marie-Claire Ponthoreau, « Trois interprétations de la globalisation juridique. Approche critique des mutations du droit public », *op. cit.*, p. 21.

629. Comme dans Léa Dubois, « Propos introductifs sur la circulation des modèles normatifs : tentatives de définitions », in Léa Dubois, Paul Bourgues et Camille Montagne (dir.), *La circulation des modèles normatifs*, Presses Universitaires de Grenoble, 2017, pp. 21-31.

630. *Ibid.*, p. 24.

631. Cornelius H. Van Rhee, « Harmonisation of Civil Procedure: an Historical and Comparative Perspective », in Xandra E. Kramer et Cornelius H. Van Rhee (dir.), *Civil Litigation in a Globalising World*, TMC Asser Press & Springer, 2012, 36, p. 46.

632. Léa Dubois, *op. cit.*, p. 21.

633. « *Internationalization and globalization mean closer contact between a large number of States in the legal, political, economic and cultural spheres, and this will result in an ever growing number of* relevant *foreign procedural models in national reform projects that adopt a comparative approach, either explicitly or implicitly* », Cornelius H. Van Rhee, *op. cit.*, p. 46.

634. Cette définition particulière se retrouve, par exemple, dans Macario Alemany, « Les juristes face à la globalisation », Guillaume Tusseau (trad.), *Les Annales du droit*, n° 7, 2014, 9, pp. 16-17. C'est aussi ce sens que l'on retrouve dans des ouvrages comme Jean-Bernard Auby, *La globalisation, le droit et l'État*, 3e éd., LGDJ, 2020.

635. *Ibid.*, p. 22.

de globalisations juridiques qu'il y a de processus de diffusion, de circulation et de réception, et imaginer étudier ce phénomène dans l'absolu relève probablement soit de la sursimplification, soit d'un travail d'une ampleur qui dépasse très largement notre ambition ici. Au-delà des modalités de circulation et de réception propres à chaque type d'élément juridique diffusé et reçu, il faut aussi se garder de tomber dans le piège de la surexposition. Ainsi, si la visibilité du thème de la globalisation juridique s'est accrue à travers les années et notamment par l'entremise du développement des organisations internationales régionales très fortement intégrées [636], ce sont autant de mouvements contraires qui tendent à remettre en cause l'idée d'une circulation sans entrave du droit à un niveau international ou simplement régional [637]. En d'autres termes, « la visibilité du phénomène est peut-être trompeuse » et les mutations constatées dans ce cadre de ce processus peuvent ne se limiter « qu'aux seules règles de droit positif » [638] — c'est-à-dire ne constituer que des emprunts déracinés, des éléments juridiques « pour ainsi dire surgelés et emballés, pour pouvoir traverser le temps, l'espace et le contexte » [639] et ainsi prêts pour l'exportation et pour l'importation. Puisque ce processus « demande certainement, si on veut le comprendre, de multiplier les approches » [640] et parce que l'on ne peut espérer naviguer entre ses différents écueils qu'en limitant considérablement la focale adoptée, nous admettrons ici ne proposer qu'une unique approche de la globalisation juridique, celle des droits et libertés liés au procès et,

---

636. On pense, notamment, au développement paradigmatique de l'Union Européenne et du Conseil de l'Europe, voir, sur ce double sujet de la globalisation juridique et des organisations européennes, Jean-Marc Sauvé, « L'Europe dans la globalisation du droit », intervention orale à l'occasion du Congrès inaugural de l'Institut Européen du Droit, 1er juin 2011, disponible en ligne à <https://www.conseil-etat.fr/publications-colloques/discours-et-interventions/l-europe-dans-la-globalisation-du-droit#:~:text=%2D%20L'organisation%20de%20la%20globalisation,respect%20des%20cultures%20juridiques%20nationales> ou Thierry Delpeuch, « Une critique de la globalisation juridique de style civiliste. État des réflexions latines sur la transnationalisation du droit à partir du *Dictionnaire de la globalisation* », *Droit et société*, vol. 82, nº 3, 2012, pp. 733-761.

637. Pour ne prendre qu'un exemple, les conséquences normatives de la sortie du Royaume-Uni de l'Union Européenne (le « Brexit ») témoignent du *rejet* de l'harmonisation européenne d'un certain nombre de domaines juridiques – et, notamment, ceux du droit social, du droit de l'environnement ou du droit agricole. Voir, à cet égard, Boris Barraud, « Du réseau à la pyramide ? Le Brexit comme laboratoire de la renationalisation du droit », *Observatoire du Brexit*, 28 février 2017, disponible en ligne à <https://brexit.hypotheses.org/406>.

638. Marie-Claire Ponthoreau, « Trois interprétations de la globalisation juridique. Approche critique des mutations du droit public », *op. cit.*, p. 21.

639. « *Shock-frozen and packaged, so to speak, for the transgressing of time, space, and context* », Günter Frankenberg, « Constitutional transfer: the IKEA theory revisited », *I•CON*, vol. 8, nº 3, 2010, 564, p. 571. Par cette expression imagée, Günter Frankenberg entend désigner un triple processus de désubstantialisation des éléments juridiques lors de leur « exportation » à l'étranger : ils sont alors « réifiés en tant que produits commercialisables, puis formalisés, c'est-à-dire débarrassés de leur signification contextuelle, et, finalement, idéalisés en tant que signifiant ce qu'ils sont censés signifier et fonctionnant tel qu'ils sont censés fonctionner » (« *The items to be transferred are, first, reified as marketable commodities, then formalized, that is, stripped of their contextual meanings, and, finally, idealized as meaning what they are meant to mean and functioning in the way they are meant to function* », *ibid.*).

640. Marie-Claire Ponthoreau, « Trois interprétations de la globalisation juridique. Approche critique des mutations du droit public », *op. cit.*, p. 21.

plus spécifiquement encore, qu'une approche visant spécifiquement la circulation de ces droits et libertés entre les ordres juridiques français et québéco-canadien.

215 **La circulation juridique des principes fondamentaux de la justice, un phénomène multiforme.** Étudiée sous ce prisme spécifique des principes fondamentaux de la justice, la globalisation juridique apparaît toujours comme un phénomène multiple. En cela, ce prisme d'analyse constitue, au sein du thème plus général de la globalisation juridique, un microcosme particulièrement intéressant : l'on y retrouve toutes les échelles territoriales (internationales, régionales et nationales), tous les vecteurs (normatifs ou non normatifs) et toutes les modalités de réception (contraintes ou volontaires). Plus encore, les éléments juridiques en circulation lorsqu'il s'agit de la globalisation des droits fondamentaux du procès sont eux aussi multiples et connaissent des processus d'exportation et de réception variés. C'est donc tout d'abord aux principes que nous nous intéresserons (**A**) avant d'en étudier les modalités de circulation (**B**).

A. Les principes fondamentaux de la justice, un objet à contenu variable

216 **Principes fondamentaux de la justice et règles de procédure contentieuse.** Si l'on s'intéresse à ces éléments en particulier avant de s'intéresser aux modalités de leur circulation, on constate globalement deux grands ensembles d'éléments juridiques en circulation : les *principes fondamentaux de la justice* à proprement parler [641], et, plus généralement, les règles rattachées aux différents types de procédure contentieuse auxquels ces principes ont vocation à s'appliquer [642]. Si ces deux ensembles entretiennent évidemment des liens synecdochiques, ils ne sont cependant pas de même nature et ne sont d'ailleurs pas considérés identiquement par les discours doctrinaux étudiant leur circulation. Ainsi, les principes fondamentaux de la justice, comme indiqué dans nos propos introductifs (voir *supra* § 68-69), ont non seulement la double caractéristique d'être axiologiquement et juridiquement fondamentaux mais aussi celle d'être formulés ou conçus [643] de manière

641. C'est-à-dire, pour ce qui nous concerne ici, le principe d'accès au juge, les principes d'impartialité et d'indépendance et le principe d'égalité des parties. Même si les composantes de la sécurité juridique (principes d'accessibilité, d'intelligibilité, de prévisible et de stabilité) ne constituent pas des principes liés à l'activité juridictionnelle à titre spécifique, nous les évoquerons en parallèle de ces principes fondamentaux de la justice dans la mesure où elles sont mobilisées, au sein du discours relatif aux outils de justice algorithmique, simultanément à ces principes.

642. Puisque nous limitons ici l'approche aux procédures non pénales, on parle ici essentiellement des règles de procédure civile, des règles de procédure administrative contentieuse, ainsi que toutes les règles de procédures encadrant les litiges qui ne tomberaient pas dans l'une ou l'autre de ces catégories (ce qui, en France, concerne par exemple le contentieux prud'homal, les procédures collectives ou le contentieux commercial pour se limiter aux domaines visés par les outils de justice algorithmique).

643. Cette précision est importante dans la mesure où ces principes ne sont explicitement formulés que dans les ordres juridiques qui contiennent des déclarations des droits. Si la diffusion de ce mode de protection des droits et libertés fondamentaux fait aussi l'objet d'un processus de circulation et de diffusion, il faut souligner qu'il n'est pas endogènes tous les systèmes juridiques qui incluent ce type de déclaration aujourd'hui. Ainsi, les périodiques tensions britanniques

générale et abstraite et de n'être donc directement appliqués qu'en tant que norme de référence [644]. Ce sont les règles de procédure contentieuse qui se chargent d'en assurer la manifestation pratique lors des différents types de procès. À cet égard, tant que l'on s'en tient aux principes, on admet sans véritable difficulté qu'ils « pourraient avoir (...) une origine, une positivité et une vocation assez universelles » [645], tout simplement parce qu'il faut admettre qu'on en retrouve la manifestation au sein de l'essentiel des ordres juridiques. Dès qu'il s'agit des règles de procédure, cependant, le ton change : « la procédure civile est souvent vue comme une discipline marquée par les particularismes nationaux » [646], particularismes qui rendent toute perspective d'harmonisation « irréalisable » [647]. À cet égard, jusqu'aux plus fervents défenseurs d'une égalisation des règles de procédure contentieuse l'admettent, « l'harmonisation des règles de procédure a fait bien moins de progrès [que d'autres domaines]. Elle a été ralentie par le postulat que les systèmes procéduraux nationaux sont trop ancrés dans leur propre histoire politique et leurs traditions culturelles pour permettre la réduction ou la réconciliation des différences entre ces systèmes » [648]. L'idée d'un « modèle unique de Code de procédure civile » apparaît alors non seulement improbable, mais encore non souhaitable et tout simplement impossible [649].

217 **Une procédure administrative contentieuse peu affectée par les tentatives d'harmonisation**. Il n'aura d'ailleurs pas échappé au lecteur que, jusqu'ici, nos propos ne concernent que la procédure civile. C'est en fait pour une raison simple : si, comme nous le verrons, des initiatives formalisées existent pour inciter à l'harmonisation des règles de procédure civile, aucune initiative de ce type n'existe

---

vis-à-vis de l'appartenance du Royaume-Uni au Conseil de l'Europe et à la CEDH émanent du caractère exogène de ce type de déclarations générales, garantissant des droits qui dépendent, historiquement, de l'interprétation judiciaire. Voir, sur cette tension, Marie Padilla, *Droit public et doctrine publiciste au Royaume-Uni : regard critique sur un objet à reconstruire*, thèse dactylographiée, Université de Bordeaux, 2021, pp. 99 et suiv. [ci-après, *Droit public et doctrine publiciste au Royaume-Uni*] et Anne Cousson, *Droits de l'Homme au Royaume-Uni entre 1998 et 2010 : entre politique nationale et droit international*, thèse dactylographiée, Université Sorbonne Nouvelle Paris 3, 2016.

644. Soit qu'il s'agisse de contester une décision de justice rendue à l'issue d'un processus qui n'aurait pas respecté ces principes, soit qu'il s'agisse de confronter ces principes avec des règles de droit qui les remettraient en cause (dans le cadre de recours en conventionnalité ou en constitutionnalité, selon le fondement des principes).

645. Myriam Pierrat et Vincent Bolard, « Introduction », in Myriam Pierrat et Vincent Bolard (dir.), *Les principes directeurs du procès en droit comparé à l'aune de la pensée de Motulsky. Journées multilatérales de l'Association Henri Capitant*, Dalloz, 2019, 1 p. 4.

646. *Ibid.*

647. Frédérique Ferrand, « Les 'Principes' relatifs à la procédure civile transnationale sont-ils autosuffisants ? De la nécessité ou non de les assortir de 'Règles' dans le projet ALI/UNIDROIT », *Unif. L. Rev.*, n° 4, 2001, 995, p. 995.

648. « *Harmonization of the law of procedure has made much less progress. It has been impeded by the assumption that national procedural systems are too deeply embedded in local political history and cultural tradition to permit reduction or reconciliation of differences between legal system* », Geoffrey C. Jr. Hazard, « Civil litigation without frontiers: harmonization and unification of procedural law », *Derecho PUCP*, n° 52, 1999, 575, p. 577.

649. Frédérique Ferrand, « The French Approach to the Globalisation and Harmonisation of Civil Procedure », in Xandra E. Kramer et Cornelius H. Van Rhee (dir.), *Civil Litigation in a Globalising World*, TMC Asser Press & Springer, 2012, 335, p. 337.

en matière administrative. Quand bien même la question est discutée au niveau de l'Union européenne [650], elle n'est, pour ainsi dire, jamais abordée à un niveau international. Il est difficile d'établir pourquoi exactement un tel projet n'est pas imaginé mais on peut se hasarder à avancer plusieurs facteurs. Les propositions d'harmonisation de la procédure civile (incluant, généralement, les contentieux commerciaux) sont essentiellement justifiées par la multiplication des échanges internationaux entraînant avec eux une multiplication des *litiges* internationaux ; il s'agit en effet de réduire « les coûts et les troubles » liés à ces litiges en « réduisant les différences entre les systèmes juridiques de manière à ce que des 'règles du jeu' similaires ou identiques s'appliquent où que les parties se trouvent » [651]. L'idée est alors qu'en réduisant ces différences « l'harmonisation pourrait aussi réduire le coût des transactions puisque les parties à des transactions internationales auraient une meilleure idée des risques et du coût des procédures judiciaires encourues » [652]. Les litiges internationaux de nature administrative demeurant de nature essentiellement nationale [653], une telle justification n'existe pas en matière de contentieux administratif. Plus encore, la diversité des formes de justice

---

650. Certains auteurs reconnaissant qu'à l'étude, les procédures administratives contentieuses européennes demeurent profondément distinctes (Mariolina Eliantonio, « Europeanisation of Administrative Justice? The Influence of the ECJ's Case Law in Italy, Germany and England », 2010, disponible en ligne à <https://www.researchgate.net/publication/309548649_Europeanisation_of_Administrative_Justice_The_Influence_of_the_ECJ's_Case_Law_in_Italy_Germany_and_England>) et qu'il n'est d'ailleurs, dans l'état actuel des choses, pas nécessaire de les harmoniser puisqu'elles respectent toutes les standards procéduraux minimaux imposés par la Cour de Justice (Mariolina Eliantonio, « The Future of National Procedural Law in Europe: Harmonisation vs. Judge-Made Standards in the Field of Administrative Justice », *Maastricht Faculty of Law Working Paper*, n° 8, 2008, disponible en ligne à <https://papers.ssrn.com/sol3/papers.cfm?abstract_id=1317748>). D'autres auteurs soulignent qu'une telle harmonisation n'est, en tout état de cause, pas possible au-delà de « dénominateurs communs » (« *common denominators* », Jürgen Schwarze, « The Europeanization of national administrative law », in Jürgen Schwarze (dir.), *Administrative Law Under European Influence*, Sweet and Maxwell, 1996, 789, p. 832)… ce qui nous ramène à nos principes fondamentaux de la justice.

651. « *The costs and distress resulting from legal conflict can be mitigated by reducing differences in legal systems, so that the same of similar 'rules of the game' apply no matter where the participants may find themselves* », Antonio Gidi, Geoffrey Hazard, Michele Taruffo et Rolf Stürner, « Introduction to the Principles and Rules of Transnational Civil Procedure », *NYU J. Int'l L. & Pol.*, vol. 33, n° 3, 2001, 769, p. 769.

652. « *Harmonization might also reduce transaction costs, since the parties to international legal transactions might have somewhat of a better sense of the risks and costs of litigation they face* », Geoffrey Miller, « The Legal-Economic Analysis of Comparative Civil Procedure », *Am. J. Comp. L.*, vol. 45, n° 4, 1997, 905, p. 917.

653. À deux exceptions notables près. Il faut en effet admettre que l'internationalisation des contrats de commande publique implique des hypothèses plus nombreuses de contentieux administratif dits internationaux puisqu'impliquant des personnes morales de droit étranger, voire d'ailleurs des cas exceptionnels d'arbitrages internationaux impliquant des personnes publiques françaises et des personnes morales de droit étranger ; voir, pour leur régime juridique, TC, 17 mai 2010, n° C.3754, *Insern* et CE ass., 9 novembre 2016, n° 388806, *Fosmax*. Plus généralement, et de manière particulièrement aiguë en France, le respect du droit européen transite aussi, si ce n'est plus, fréquemment par les juridictions administratives ; soit qu'il s'agisse de contrôler la correcte transposition de directives par l'entremise d'actes administratifs (hypothèse de CE ssr., 28 septembre 1984, n° 28467, *Confédération nationale des sociétés de protection des animaux de France et des pays d'expression française*), soit qu'il s'agisse de contrôler la conventionalité d'actes administratifs au regard du droit de l'Union, sans lien nécessaire de transposition (hypothèse de CE ass., 3 février 1989, n° 74052, *Compagnie Alitalia*).

administrative rend ce type de projet non seulement compliqué à mettre en œuvre, mais encore compliqué à seulement imaginer [654]. Pour finir, les liens entretenus entre ce type de justice spécifique et les activités étatiques, voire régaliennes, peuvent constituer autant de freins d'ordre culturel ou psychologique à l'idée d'une harmonisation de cette justice. La distinction que nous avons marquée entre principes fondamentaux de la justice et règles de procédure contentieuse retrouve cependant ici sa pertinence dans la mesure où le particularisme des modes de fonctionnement et, donc, des procédures administratives contentieuses nationales, n'emporte et ne peut pas emporter de violations à ces principes fondamentaux que dans la mesure où ils sont, à un niveau normatif, fondamentaux. À partir du moment où ces principes se diffusent d'un ordre juridique à un autre, ils se retrouvent donc mis en œuvre que des initiatives d'harmonisation des procédures contentieuses existent ou non.

B. Circulation normative et principes fondamentaux de la justice

218 **Instruments internationaux et circulation verticale des principes fondamentaux de la justice.** À ce titre, la distinction entre procédure administrative contentieuse et procédure civile n'est, en fait, pas si marquée. Si l'on se penche sur les vecteurs de cette harmonisation, l'on constate en effet que, quels qu'ils soient et même lorsqu'ils poursuivent pourtant l'objectif d'atteindre les règles procédurales, ils ne parviennent guère à dépasser les principes fondamentaux. Ainsi, si l'on procède de manière *descendante*, on peut noter deux types de vecteurs de circulation normative et d'harmonisation de ces principes fondamentaux : des vecteurs normatifs et des vecteurs doctrinaux. Les premiers, assez classiques, passent par différents traités internationaux auxquels sont partis un nombre important d'État, ainsi que par le droit des organisations internationales régionales. On pense ici particulièrement, sous l'égide de l'ONU, à la Déclaration Universelle des Droits de l'Homme (DUDH) de 1948 et au Pacte international relatif aux droits civils et politiques (PIDCP) de 1966, entré en vigueur en 1976, qui prévoient, respectivement à leur article 10 et 14, le respect du principe fondamental d'accès à un juge respectant les principes d'indépendance et d'impartialité. Tant la France que le Canada sont parties à ces deux textes à la valeur juridique variable [655]. Il faut

---

654. Lorsque la forme même qu'adoptent les systèmes de justice administrative, et donc la manière dont cette justice est conçue et comprise, varient d'un exceptionnalisme assumé (cas français) à une défiance historique progressivement atténuée (cas britannique), en passant par des systèmes d'éclatement de quasi-juridictions (cas américain et canadien), il apparaît d'office compliqué d'imaginer une harmonisation des règles de procédure applicables à toutes ces formes de justice administrative.

655. La DUDH, adoptée en tant que résolution de l'Assemblée Générale des Nations Unies, n'a créé aucune obligation juridique dans le chef des États signataires. Le PIDCP, quant à lui, est contraignant : son article 2 impose que les « États parties s'engagent à prendre (...) les arrangements devant permettre l'adoption de telles mesures d'ordre législatif ou autre propres à donner effet aux droits reconnus dans le présent Pacte qui ne seraient pas déjà en vigueur » et sa quatrième partie institue un organe de surveillance du respect de ses dispositions (le Comité des droits de l'Homme). Pour autant, il faut admettre que sa portée en droit interne est limitée :

néanmoins admettre qu'en termes de normativité et de pénétration au sein des ordres juridiques, c'est encore la CEDH et sa Cour qui ont le plus puissamment contribué non seulement à diffuser les principes fondamentaux de la justice, mais à leur donner une substance et un sens plus précis qu'une simple proclamation de principe. On retrouve tous nos principes soit dans le texte de la Convention, soit dans la jurisprudence de sa cour, tous nos principes : droit à un juge [656], principe d'indépendance et d'impartialité [657], égalité des parties [658] et les différentes composantes du principe de sécurité juridique [659]. La proximité et l'interpénétration des systèmes de la Convention et de l'Union européenne impliquent d'ailleurs que ces principes soient réitérés en droit de l'Union [660], au-delà des régimes procéduraux imposés à certains types de litiges [661]. Ces mécanismes, cependant, n'assurent une harmonisation contraignante qu'au niveau de leurs États parties

premièrement parce que les principes qu'il pose étaient, déjà à l'époque de son entrée en vigueur, présents au sein des ordres juridiques ou imposés par d'autres traités internationaux, et secondement parce que son invocabilité directe est parfois limitée, voire refusée. Ce sera le cas en France sur le fondement de la doctrine de l'effet direct développé par le Conseil d'État dans un arrêt CE ass., 11 avril 2012, n° 3223326, *GISTI et FAPIL* et appliqué au PIDCP dans un arrêt CE ssr., 26 septembre 2005, n° 248357, *Association Collectif contre l'handiphobie*.

656. Droit prévu, dans une rédaction similaire à celle de la DUDH et du PIDCP, à son article 6. La notion de « tribunal » est cependant une notion autonome, définie de manière matérielle de façon à englober des organes quasi-juridictionnels (CEDH [plé], 22 octobre 1984, n° 8790/79, *Sramek c. Autriche*), des juridictions arbitrales (CEDH, 2 octobre 2018, n° 40575/10 et 67474/10, *Mutu et Pechstein c. Suisse*) ou des juridictions ordinales (CEDH [plé], 10 février 1983, n° 7299/75; 7496/76, *Albert et Le Compte c. Belgique*).

657. Là encore prévu à l'article 6 et garanti par la Cour dans ses aspects objectifs comme subjectifs, voir CEDH [G.C.], 6 novembre 2018, n° 55391/13, 57728/13 et 74041/13, *Ramos Nunes de Carvalho e SÁ c. Portugal*.

658. Principe considéré comme découlant de la notion d'équité mentionnée à l'article 6 (CEDH [G.C.], 19 septembre 2017, n° 35289/11, *Regner c. République Tchèque*) et impliquant que « chaque partie se voie offrir une possibilité raisonnable de présenter sa cause dans des conditions qui ne la placent pas dans une situation de net désavantage par rapport à son adversaire » (CEDH [G.C.], 7 juin 2001, n° 39594/98, *Kress c. France*).

659. Ces composantes ne sont pas directement reliées à un article spécifique, mais plutôt aux modalités de *limitation* des droits prévus par la Convention. Ainsi, les droits pouvant être limités, conditionnés ou bornés ne peuvent l'être que dans la mesure où ces limites, conditions et bornes sont « prévues par la loi » : c'est au niveau de cette notion que se situent les différentes exigences liées à la sécurité juridique sont l'accessibilité et la prévisibilité de la « loi » au sens très large de toute norme applicable (CEDH [G.C.], 28 mars 1990, n° 10890/84, *Groppera Radio A.G. et autres c. Italie*, dans le cadre des limitations à la liberté d'expression prévue à l'article 10), de même pour son intelligibilité qui recoupe une idée de précision (de manière à ce que le citoyen puisse « régler sa conduite », CEDH [plé.], 26 avril 1979, n° 6538/74, *Sunday Times c. Royaume-Uni*, pt. 49, là encore en matière de liberté d'expression).

660. Notamment au sein du chapitre VI de la Charte des Droits Fondamentaux de l'Union Européenne (ayant acquis la même force normative que les traités européens avec le Traité de Lisbonne de 2007) : droit à un recours effectif (art. 47), principe d'indépendance et d'impartialité (art. 47), égalité des armes (rattachée à cet article 47 dans un arrêt CJUE [G.C.], 6 novembre 2012, n° C. 199/111, *Europese Gemeenschap c. Otis NV et autres*) et principes rattachés à la sécurité juridique (en l'occurrence, clarté, prévisibilité et accessibilité dans un arrêt CJUE, 15 mars 2017, n° C-528/15, *Al Chodor*).

661. Ainsi, et à titre d'exemple, la directive 2004/48/EC (en matière de litige relatif aux droits de propriété intellectuelle) uniquement dans le cadre de litiges transfrontaliers, des règlements européens tels que le règlement n° 861/2007 instaurant une procédure uniforme en matière de recouvrement de petites créances incontestées ou la directive 2008/52/EC en matière de médiation civile et commerciale.

— ce qui exclut, nécessairement, le Canada. À côté de ces mécanismes normatifs, cependant, on trouve le projet que nous avons déjà évoqué : l'initiative ALI/UNIDROIT. Mené à l'origine par Geoffrey Hazard et Michele Taruffo, le projet UNIDROIT visait à « proposer à l'adoption des États des règles de procédure civile transnationale applicables aux litiges du commerce international » [662]. Si le projet était donc explicitement construit autour de ce type spécifique de litige [663], il a néanmoins conduit à « tenter de formuler des normes de procédure civile qui seraient intelligibles et acceptables dans tous les systèmes juridiques modernes » au travers de « compromis entre les solutions qui avaient pu évoluer dans les différents systèmes » ; l'objectif était alors de « trouver des similarités fondamentales, c'est-à-dire des mécanismes qui, sous une formulation ou une autre, répondent aux nécessités basiques que tout système procédural moderne doit assurer » [664]. Le résultat de ce projet est les Principes ALI/UNIDROIT de procédure civile transnationale édictés en 2006 intégrant les principes fondamentaux de la justice que nous avons identifiés [665] ainsi que des principes plus spécifiques à la procédure civile (le principe dispositif, par exemple, ainsi que la maîtrise du litige par les parties à l'article 10). Même si l'ambition était, à l'origine, celle de créer une forme de *code commun* de procédure civile [666], la réalisation finale a bien plus en commun avec une déclaration de principes fondamentaux qu'avec un corpus de règles de procédure, de sorte d'ailleurs que l'une des critiques qui lui a immédiatement été adressée est celle de « répéter le contenu de l'article 6(1) de la CEDH tel qu'interprété par la Cour européenne des Droits de l'Homme » [667]. L'ambition revue à la baisse du projet corrobore notre

---

662. Frédérique Ferrand, « Les 'Principes' relatifs à la procédure civile transnationale sont-ils autosuffisants ? De la nécessité ou non de les assortir de 'Règles' dans le projet ALI/UNIDROIT », *op. cit.*, p. 995.

663. Tout en prévoyant, dans son champ d'application, de pouvoir être mobilisés dans « la plupart des autres litiges de nature civile » et de pouvoir « constituer le fondement de futures réformes des règles nationales de procédure » (Principes ALI/UNIDROIT de procédure civile transnationale, 2006, disponible en ligne à <https://www.unidroit.org/fr/instruments/procedure-civile/ali-unidroit-principles/>).

664. « *In the American Law Institute (ALI)/UNIDROIT project of* Principles and Rules of Transnational Civil Procedure *we have endeavored to formulate norms of civil procedure that would be intelligible and acceptable in all modern legal systems. (...) In an immediate sense, the Reporters and the advisers have been searching for compromises between the solutions that have evolved in the various systems. However, in a larger sense, we have been searching for fundamental similarities, i.e., the mechanisms which, in one formulation or another, respond to basic necessities that must be accommodated in any modern procedural system* », Geoffrey Hazard, « Fundamentals of Civil Procedure », *Unif. L. Rev.*, n° 4, 2001, 753, p. 753.

665. Le principe 1 prévoit ainsi l'indépendance et l'impartialité « du tribunal et de ses membres » et le principe 3, « l'égalité procédurale des parties » (qui inclut, dans une certaine mesure, un droit d'accès au tribunal compétent). Les principes reliés à la sécurité juridique n'y sont pas mentionnés, ce qui n'a rien de surprenant compte tenu de l'objectif de ce projet.

666. La première version du projet dressait une liste de règles parfois très détaillées – rapidement contestée, cette première version a ensuite laissé place à celle que l'on retrouve aujourd'hui : une série de principes déclinés en plusieurs « sous-principes », n'incluant plus ces règles initiales, voir Frédérique Ferrand, « Les 'Principes' relatifs à la procédure civile transnationale sont-ils autosuffisants ? De la nécessité ou non de les assortir de 'Règles' dans le projet ALI/UNIDROIT », *passim*.

667. *Ibid.*, p. 996.

distinction entre principes fondamentaux et règles de procédure contentieuse : les dernières restent en dehors des ambitions harmonisatrices qui font plutôt la part belle aux premiers. Quant à établir la force de pénétration de ces principes ALI/UNIDROIT, elle est difficile à évaluer — particulièrement dans la mesure où, encore une fois, ces principes sont imposés par le droit international et les droits constitutionnels des ordres juridiques.

219 **Processus interne, élaboration de déclarations de droits et circulation horizontale des principes fondamentaux de la justice.** C'est d'ailleurs là le dernier des vecteurs d'une harmonisation de ces principes fondamentaux de la justice : la volonté des autorités normatives nationales. Pour ce qui concerne les rapports entre la France et le Canada, c'est sans doute là le vecteur le plus efficace dans la mesure où il s'agit toujours d'une démarche autonome des différents organes susceptibles de niveler le sens et le contenu de ces principes (lorsqu'ils sont déjà présents) ou de les proclamer (lorsqu'ils ne le sont pas encore). En règle générale, cette convergence passe, notamment au Canada, par la mise en place de « nouvelles » déclarations de droits ; à cet égard, si la Charte canadienne des droits et libertés constitue généralement le bon exemple de cette convergence dans la mesure où tant sa rédaction [668] que son interprétation [669] font appel à des sources internationales, et notamment au droit de la CEDH, elle n'est cependant pas ici le texte le plus pertinent. La Charte ne garantit en effet explicitement le respect des principes fondamentaux de la justice que sont l'indépendance, l'impartialité et, au sens large, les valeurs du

---

668. Les inspirations internationales de la Charte canadienne sont alors multiples : DUDH, PIDCP, Convention EDH sont les principales, voir Errol P. Mendes, « Interpreting the Canadian Charter of Rights and Freedoms: Applying International and European Jurisprudence on the Law and Practice of Fundamental Rights », *Alta. Law Rev.*, vol. 20, n° 3, 1982, 383, pp. 383-385.

669. Pour deux raisons essentielles : la première, c'est la similarité de certains procédés employés par la Charte et la Convention EDH et notamment la limitation possible des droits via des mesures « prévues par la loi », qui a entraîné au Canada le développement d'une jurisprudence assez proche de la jurisprudence européenne en termes de qualités nécessaires du droit. Ainsi, dans un arrêt *Greater Vancouver Transportation Authority c. Fédération canadienne des étudiantes et étudiants – Section Colombie-Britannique*, 2009 CSC 31, [2009] 2 RCS 295, la Cour Suprême canadienne a rappelé, à travers la citation de HOGG Peter, *Constitutional Law of Canada*, 5e éd., Carswell, vol. 2, 2007, p. 122 que « l'exigence qu'un droit soit restreint par une règle de droit reflète deux valeurs fondamentales (…). Premièrement, pour faire obstacle aux mesures arbitraires ou discriminatoires des représentants de l'État, toute mesure attentatoire à un droit doit être autorisée par une règle de droit. Deuxièmement, le citoyen doit être raisonnablement en mesure de savoir ce qui est interdit afin d'agir en conséquence. Une règle de droit respecte ces deux valeurs lorsqu'elle remplit deux conditions : (1) elle est suffisamment accessible au citoyen et (2) elle est formulée avec suffisamment de précision pour que le citoyen puisse se comporter en conséquence et elle offre des repères à celui qui l'applique » (pt. 50). En l'absence de telles clauses de limitation au sein du *Bill of Rights* américain, la jurisprudence européenne apparaît plus directement pertinente. La seconde raison est la nécessité ressentie, surtout dans les premiers temps de l'application de cette Charte, de trouver un appui à une pratique interprétative encore exogène au Canada : voir, à cet égard, Guy Tremblay, « La Charte canadienne des droits et libertés et quelques leçons tirées de la Convention européenne des droits de l'Homme », *C. de D.*, vol. 23, n° 4, 1982, pp 795-806 et Lise Brun, *La Cour suprême du Canada et les sources non-nationales : étude empirique de l'ouverture sur le monde et du repli national dans l'interprétation des droits fondamentaux*, thèse dactylographiée, Université de Bordeaux et Université de Montréal, 2023.

procès équitable (qui recoupent l'égalité des parties) qu'en matière pénale [670] ; de l'aveu même des juridictions canadiennes, « il n'existe aucun droit constitutionnel à un procès civil régi par de telles règles » [671]. Cela ne signifie pas, bien sûr, que ces règles n'existent pas ; elles ne sont simplement pas garanties au sein de la Constitution fédérale. À la manière britannique, elles le sont cependant par le juge [672] et, au niveau provincial par plusieurs autres biais. Si l'on se limite au cas québécois, la Charte des droits et libertés de la personne de 1976 garantit ainsi, sans restriction de domaine, le droit à une audience « impartiale par un tribunal indépendant et qui ne soit pas préjugé » [673] ; cette Charte ayant valeur « quasi constitutionnelle (...),

---

670. Ainsi, au titre de son article 11, « tout inculpé a le droit (...) [à] un tribunal indépendant et impartial à l'issue d'un procès public et équitable ».

671. *Colombie Britannique c. Imperial Tobacco Canada Ltée*, 2005 CSC 49, [2005] 2 RCS 473, pt. 76, confirmé dans *Imperial Tobacco Ltée c. Québec (Procureure générale)*, 2015 QC CA 1554 (CanLII). Cette affirmation peut bien sûr et à plus forte raison être étendue au procès administratif.

672. Pour l'essentiel, ces principes fondamentaux sont reliés à la doctrine qui, y compris après l'adoption de la Charte, se déploie à partir du préambule de la *Loi Constitutionnelle* du 29 mars 1867 affirmant que la Constitution canadienne « repos[e] sur les mêmes principes que celle du Royaume-Uni ». En matière d'établissement et de garantie des droits et libertés, en effet, le Canada a longtemps suivi la ligne tracée par le Royaume-Uni – tant d'un point de vue substantiel que du point de vue de leur mode de garantie. Ainsi, « jusqu'à l'adoption de la Déclaration des droits canadienne en 1960, les principes du droit constitutionnel britannique définissaient et protégeaient les droits et libertés canadiens », c'est-à-dire le *Rule of Law* d'une part, et la souveraineté parlementaire d'autre part (« *Until the enactment of the Canadian Bill of Rights in 1960 (...), the principles of the English constitutional defined and protected Canadian civil liberties* », Walter S. Tarnopolsky, « The Historical and Constitutional Context of the Proposed Canadian Charter », *Law Contemp. Probl.*, vol. 44, nº 33, 1981, 169, p. 171). En d'autres termes, outre d'éventuelles déclarations des droits provinciales (par exemple, la Charte québécoise), les droits et libertés canadiens étaient garantis soit par la loi, soit par l'intermédiaire de l'activité judiciaire. Ainsi, avant l'adoption de la Charte canadienne, on retrouve la formulation des principes fondamentaux de la justice essentiellement dans la jurisprudence : le principe (et le test pour en assurer le respect) d'impartialité a ainsi été notamment reformulé dans un *Committee for Justice and Liberty c. L'Office national de l'énergie*, 1976 CSC 2, [1978] 1 RCS 369, p. 372, tandis que le principe d'indépendance a vu ses différentes composantes garanties par la loi (notamment l'indépendance *financière* des magistrats, voir *Loi sur les juges*, L.R.C. (1985), ch. J-1) tout en étant reconnu comme principe général *du fait* de la continuité établie avec la Constitution britannique (*R. c. Beauregard*, 1986 CSC 24, [1986] 2 RCS 56, pt. 26-31). Il en va de même pour le principe d'accès au juge, relié à la *Magna Carta* de 1215 établissant à son article 40 que « nous ne vendrons à personne, nous ne refuserons ou ne différerons pas le droit ou la justice ». Ce lien explique d'ailleurs qu'une partie des décisions relient ce principe à celui du *Rule of Law*, dont le respect ne peut être assuré que dans la mesure où un accès à l'organe qui le garantit est possible (c'est, en substance, l'objet de *The British Columbia Government Employees' Union c. Colombie Britannique (Procureur général*), 1988 CSC 3, [1988] 2 RCS 214, pp. 299-230). La situation du principe d'égalité des parties est un peu plus complexe dans la mesure où, si l'on retrouve le *contenu* de ce principe dans la jurisprudence canadienne, on le retrouve sous une forme distincte : on évoque alors le principe *audi alteram partem*, elle-même incluse dans les « principes de justice naturelle », qui impose non seulement la règle du contradictoire (l'expression signifiant, littéralement, *écouter l'autre partie*) mais encore un contradictoire *équilibré* (voir, à cet égard, en matière administrative, *Alliance des Professeurs Catholiques de Montréal c. Commission des Relations de Travail du Québec*, [1953] 2 RCS 140). De même, les différents principes participant de la sécurité juridique sont historiquement garantis : l'intelligibilité/clarté du droit (*Saumur c. Ville de Québec*, 1953 CSC 3, [1953] 2 SCR 299, p. 333) comme la prévisibilité/stabilité du droit (*R. c. Walker*, 1939 SCC 2, [1939] SCR 214, p. 219).

673. Article 23 de la Charte des droits de la personne de 1976.

ses articles 1 à 38 ont préséance sur les autres lois québécoises » [674], ce qui donne donc valeur fondamentale à ces deux principes d'impartialité et d'indépendance. Cette Charte québécoise, comme la Charte canadienne, apparaît par ailleurs internationalisée tant dans sa rédaction [675] que dans son interprétation [676] et s'inclut donc dans les processus de circulation normative décrits jusqu'ici. Un peu plus bas dans la hiérarchie normative, le Code de procédure civile québécois prévoit, à son article 17, « le principe de la contradiction » et l'interdiction, pour les tribunaux de « fonder leurs décisions sur des moyens que les parties n'ont pas été à même de débattre ». Quant à elle, la *Loi sur la justice administrative* prévoit, successivement, le respect des principes d'impartialité [677], du contradictoire [678] et de l'égalité des parties [679] ainsi d'ailleurs que le principe d'intelligibilité, appliqué aux décisions rendues [680] — assurant ainsi le respect des principes qui ne sont pas érigés, en matière administrative et civile, à un rang constitutionnel ou quasi constitutionnel. Plus généralement, les réformes en matière de procédure civile québécoise ont fait appel à des sources étrangères au droit québécois, notamment des sources de *common law* et des sources françaises, assurant alors un équilibre particulier entre « la figure du juge passif, du juge-arbitre qui regarde de haut (…) le bras de fer entre les parties » et celle du « juge actif, spécialiste de la gestion des conflits, qui n'hésite pas à s'asseoir à la même table qu'elles pour régler les problèmes » [681].

220 **Circulation textuelle, circulation substantielle**. À cet égard, il faut admettre que, jusqu'ici, nous nous sommes contentée d'une approche presque exclusivement textualiste de la circulation des principes fondamentaux de la justice ; cette première étape, nécessaire, ne permet que de vérifier la présence de ces principes dans les ordres juridiques français [682] et canadiens. Il s'agit désormais, dans la mesure où les outils de justice algorithmique affectent directement la *mise en œuvre pratique de ces principes*, de confronter leurs modalités d'application et de garantie. En d'autres termes, il s'agit de passer du niveau des *principes* à celui des

---

674. *Québec (Commission des droits de la personne et des droits de la jeunesse) c. Bombardier Inc. (Bombardier Aéronautique Centre de formation)*, 2015 CSC 39, [2015] 2 RCS 789, pt. 30.

675. Il est ainsi régulièrement rappelé que les initiateurs du premier projet de Charte québécoise (le projet « Crépeau-Scott ») se sont tant inspirés des textes onusiens récents (notamment le PIDCP) que de la CEDH (voir, par exemple, Alain-Robert Nadeau, « Introduction », *R. du B.*, hors-série, 2006, 1, p. 5). Par ailleurs, le rapport édité à l'issue de ce projet, reproduit en annexe du hors-série mentionné ci-avant, mentionne, article par article, les sources qui l'ont inspiré : on retrouve la Convention EDH citée, notamment, sous l'article 26 qui dispose, dans une rédaction identique à la Charte québécoise, « toute personne a droit, en pleine égalité, à une audition publique et impartiale de sa cause par un tribunal indépendant et non préjugé, qu'il s'agisse de la détermination de ses droits et obligations ou du bien-fondé de toute accusation portée contre elle » (p. 579).

676. Voir, par exemple, Madeleine Caron, « L'utilisation du droit international aux fins d'interprétation et d'application de la Charte des droits et libertés de la personne du Québec », *SQDI*, vol. 1, pp. 307-317.

677. Art. 9.

678. Art. 10.

679. Art. 12.

680. Art. 13.

681. Daniel Jutras, « Culture et droit processuel : le cas du Québec », *McGill L.J.*, vol. 54, 2009, 273, p. 283.

682. Voir, pour leur garantie dans l'ordre juridique français, *supra* § 69.

règles de procédure afin de déterminer si, malgré les différences parfois importantes, la mise en œuvre de ces principes n'en transforme pas le sens au point que ce qui peut à première vue ressembler à des points communs ne confirme l'hypothèse d'une incompatibilité juridique *française* face à ces outils.

§ 2. *Des modalités d'application des principes fondamentaux de la justice toujours nuancées*

221 **Ressemblances textuelles, dissemblances d'application.** Parler de convergence des principes fondamentaux de la justice entre la France et le Canada rencontre, une fois que l'on dépasse la seule recherche des *principes* en tant que tels au sein chaque ordre juridique, un obstacle majeur : la nature de chaque système juridictionnel. On dépasse ici la seule distinction entre système accusatoire anglo-américain et système inquisitorial français pour au moins deux raisons. La première, c'est que cette distinction est moins prégnante dans la mesure où l'on se situe du point de vue des procédures contentieuses *non pénales* ; la seconde, c'est que si c'est cette distinction qui est la mieux connue et la plus visible à un niveau macroscopique, elle est elle-même informée par toute une série de préconceptions relatives à la justice qui ne s'arrêtent pas au seuil de la procédure pénale. Ainsi, les points communs entre les procédures civiles et administratives canadiennes, et spécifiquement québécoises, et françaises ne doivent pas dissimuler ces préconceptions et leurs effets sur la manière dont les principes fondamentaux de la justice sont mis en œuvre dans chaque système juridictionnel. On peut ainsi admettre que de part et d'autre de l'Atlantique le procès civil soit la chose des parties et que le juge n'y occupe qu'une place secondaire et que la procédure administrative québécoise s'est progressivement rapprochée des standards continentaux avec la mise en place d'un Tribunal administratif québécois (TAQ) [683], et reconnaître que, dans le même temps, ces deux affirmations puissent ne pas être *comprises* de la même manière au Québec et en France. En gardant ce besoin de nuance en tête, nous reviendrons d'abord sur ceux des principes que les deux ordres juridiques partagent de la manière la plus consensuelle, les composantes de la sécurité juridique d'une part et le droit d'accès au juge d'autre part (**A**), pour ensuite souligner les particularités qui singularisent l'approche québécoise de la justice (**B**) et ses conséquences sur la mise en application des principes fondamentaux de la justice (**C**).

A. Le cas particulier des composantes de la sécurité juridique et du droit d'accès au juge

222 **Les composantes de la sécurité juridique, des valeurs intrinsèques au système juridique québécois.** Pour s'en tenir, préalablement, aux principes les plus

---

683. La mise en œuvre du TAQ dans le cadre de la *Loi sur la justice administrative*, RLRQ, J-3 de 1996 constitue la dernière étape d'un processus enclenché au début des années 1970 et qui, au travers de plusieurs rapports, a progressivement conduit à la juridictionnalisation et à la formalisation de la justice administrative, voir, à cet égard, Yves-Marie Morissette, « Rétrospective et prospective sur le contentieux administratif », *R.D.U.S.*, vol. 39, n° 1-2, 2008-2009, pp. 1-70.

généraux que sont les différentes exigences liées à la sécurité juridique et, un peu plus spécifiquement, le droit d'accès au juge, il faut souligner que ce n'est pas à ce niveau que les plus grandes différences sont perceptibles. Ainsi, et comme nous l'avons vu, les différentes exigences liées à la sécurité juridique sont garanties dans leur globalité de manière proche en France comme au Canada ; on retrouve des exigences de clarté, d'intelligibilité, d'accessibilité et de stabilité tant au sein du droit français [684] que du droit québécois et canadien. Outre-Atlantique, ces valeurs ont d'abord été reliées à la doctrine du précédent (*stare decisis*) et au principe fondamental du *Rule of Law*. Chacun à leur manière, ces deux socles essentiels des systèmes de *common law* commandent en effet une stabilité et une évolutivité contrôlée de la norme, qu'elle soit jurisprudentielle pour la doctrine du précédent, ainsi qu'a pu le reconnaître la Cour Suprême du Canada en la reliant à la nécessité de limiter les revirements de jurisprudence [685], ou plus généralement toute norme pour le principe du *Rule of Law*. Héritage britannique, ce principe protéiforme tend à être rapproché du principe de primauté du droit, particulièrement dans la mesure où c'est ainsi qu'il est traduit au Québec, et il prescrit, en termes très généraux, aux « autorités gouvernementales et administratives le devoir d'agir en conformité avec des normes claires, précises, accessibles » [686]. Il emporte donc, par nature, ces valeurs de clarté, de précision et d'accessibilité, ce qu'encore une fois la Cour Suprême du Canada a explicitement reconnu [687]. Ce n'est que plus récemment que ces valeurs ont été rattachées à un principe général et autonome de sécurité juridique [688].

223 **Un droit d'accès au juge conçu de manière indirecte.** Quant au droit d'accès au juge, il est, de part et d'autre, garanti de manière plus subtile qu'un absolu droit à saisir un juge : en France, le droit *d'accès au juge* s'incarne bien plus dans un droit au *recours*, qui n'a pas forcément à être juridictionnel ou à être juridictionnel *dès le départ* [689], et la situation est similaire au Canada et au Québec. La manière de

---

684. Portées essentiellement, on le rappelle, par la jurisprudence du Conseil constitutionnel et celle du Conseil d'État, voir *supra* § 69.

685. *R. c. Bernard*, 1988 CSC 22, [1988] 2 RCS 833, pt. 28. Dans la mesure où nous reviendrons de manière détaillée sur cette doctrine (voir *infra* § 310 et suiv.), contentons-nous à ce stade d'indiquer que dans la mesure où elle est au fondement de l'activité judiciaire canadienne, elle infuse l'activité judiciaire québécoise quand bien même elle n'est pas *formellement* imposée aux juges québécois.

686. Luc B. Tremblay, « La théorie constitutionnelle et la primauté du droit », *McGill L. J.*, vol. 39, 1994, 101, p. 133.

687. *Renvoi relatif à la sécession du Québec*, 1998 CSC 893, [1998] 2 RCS 217, p. 257. Pour un retour plus détaillé sur le contenu exact du *Rule of Law*, notamment britannique, voir Marie Padilla, *Droit public et doctrine publiciste au Royaume-Uni*, *op. cit.*, pp. 157 et suiv.

688. Particulièrement à partir du début des années 1990, au cours desquelles la sécurité juridique devient un « objectif du droit », critère d'application du principe de primauté du droit (*Domtar Inc. c. Quebec (Commision d'Appel en matière de Lésions Professionnelle)*, 1993 CSC 106, [1993] 2 RCS 756, pp. 799-800 et p. 787).

689. Voir *supra* § 69. C'est ce qui permet au législateur d'imposer des hypothèses de recours préalables obligatoires (notamment en matière administrative, dans les conditions prévues aux articles L. 412-1 du Code des relations du public et l'administration), voire des hypothèses de médiation préalable obligatoire (en matière civile, telles que prévues par l'article 750-1 du Code de procédure civile français pour des litiges d'une valeur inférieure à 5 000 € ou ayant trait à des actions en bornage, à des troubles de voisinage et à des servitudes, et, en matière

concevoir ce *droit au recours* est cependant différente, pour des raisons que nous allons établir plus avant ; à ce stade, on peut cependant affirmer que la perception des modes alternatifs de règlement des différends (MARDs) est bien plus positive outre-Atlantique qu'en France, où leur mobilisation reste faible malgré les politiques d'incitation successives [690]. À cet égard, le « droit au juge » est, au Canada et au Québec, originellement conçu de manière ancillaire comme la condition *sine qua non* de la garantie des droits intégrés aux différentes Chartes fédérales ou provinciales [691], tout en reconnaissant que les MARDs peuvent et doivent occuper une place au côté du juge [692]. Nous reviendrons sur cette place spécifique attribuée au MARD dans l'ordre juridique québécois dans la mesure où elle est à la fois la cause et la conséquence d'une approche spécifique du procès, notamment civil. Il faut en effet d'abord revenir aux procédures contentieuses applicables au Québec afin d'en souligner toute la spécificité et ne pas tirer de conclusions hâtives de certaines similarités *d'apparence*.

B. Un système contentieux québécois néanmoins empreint de spécificités

224 **Le cas particulier de la justice administrative québécoise.** La situation de la procédure administrative québécoise est éclairante de ces dissemblances profondes qui se dissimulent derrière ces similarités d'apparence. Ainsi, si les commentateurs québécois ont pu écrire que la création du TAQ « pourrait (…) rappeler la situation française ou allemande » [693] et que « le droit canadien [s'est] peu à peu soustrait

---

administrative, telles que prévues par l'article L. 213-11 du Code de justice administrative pour des recours formés par certains agents publics et pour des recours formés à l'encontre de décisions individuelles prises par Pôle Emploi).

690. Si ces modes tendent à se développer, ils demeurent cependant mal aimés. C'est particulièrement en matière administrative, où le nombre de médiations volontaires n'atteint, sur l'année 2021, que 1 852 sur les 278 893 affaires traitées (même s'il faut noter une progression assez impressionnante puisque, depuis la généralisation du dispositif de médiation administrative avec la Loi n° 2016-1547 du 18 novembre 2016 *de modernisation de la justice du XXIe siècle*, la progression des médiations atteint 3119 % entre 2017 et 2018 (de 16 à 515 médiations par an), avant de doubler entre 2018 et 2019 (de 515 à 1017 médiations par an) et entre 2020 et 2021 (927 à 1852 médiations par an), voir « Retour sur 5 années de médiation administrative », *Conseil d'État*, 28 mars 2022, disponible en ligne à <https://www.conseil-etat.fr/actualites/retour-sur-5-annees-de-mediation-administrative#:~:text=En%202021%2C%201%20852%20m%C3%A9diations,%C3%A0%20la%20demande%20du%20juge>). De tels chiffres n'existent pas du côté de la juridiction judiciaire, mais les réticences des justiciables comme de leurs conseils à s'engager dans une résolution non judiciaire de leurs différends sont épisodiquement rappelées au sein du discours doctrinal, voir, par exemple, Jean-Jacques Martel, « MARD, si on l'osait ? », *AJDI*, 2017, p. 633 (en matière immobilière) ou Thomas Coustet, « Médiation : et si les réticences étaient culturelles ? », *Dalloz actualité*, 16 juillet 2018.

691. *The British Columbia Government Employees' Union c. Colombie Britannique* (Procureur Général), précité, pts. 24 et suiv., ce qui a pu conduire la Cour Suprême du Canada à rejeter une clause d'arbitrage privé dans un contrat de consommation (*Seidel c. Telus Communications Inc.*, 2011 CSC 15, [2011] 1 RCS 531).

692. C'était le cœur de l'opinion dissidente émise dans l'arrêt *Seidel c. Telus Communications Inc.* précité, voir, notamment, pt. 54 et suiv.

693. Patrice Garant, « Différentes approches à la réforme de la justice administrative », *Rev. Adm.*, vol. 53, n° 3, 2000, 72, p. 80.

à l'influence anglaise », c'est pour, aussitôt après, affirmer que « nous ne nous rallierons jamais à la conception française du droit administratif » [694]. À lire la *Loi sur la justice administrative*, la juridictionnalisation de la justice administrative semble parachevée : l'on y garantit l'indépendance et l'impartialité des membres qui composent le tribunal [695], la loyauté des débats, leur caractère contradictoire et la mise à égalité des parties au procès [696] et un organisme, le Conseil de la justice administrative, est chargé de contrôler le respect de ces garanties fondamentales par le TAQ [697]. Certes, la justice administrative québécoise ne se limite toujours pas à cette seule « juridiction » puisque le TAQ n'a pas de compétence de principe dans tous les domaines pouvant relever du droit administratif, de sorte que le Tribunal est entouré de quinze organismes quasi juridictionnels : par exemple, et pour ne citer que les quasi-juridictions spécialisées les plus connues, le Tribunal administratif du logement [698], la Régie de l'énergie [699] ou le Tribunal des droits de la personne [700]. On peut y voir le reliquat du modèle britannique de justice administrative [701], mais ce n'est pas en cela que le modèle québécois se distingue toujours

---

694. Yves-Marie Morisette, *op. cit.*, p. 8.

695. Art. 38. Cette indépendance et impartialité sont traduites par un principe d'exclusivité des fonctions (art. 71), par une interdiction de tout conflit d'intérêt (art. 69-70), par la possibilité de demander la récusation d'un membre (art. 143-144) et par un régime d'inamovibilité et d'irresponsabilité le temps du mandat (art. 86).

696. Art. 9-13 (pour toute procédure administrative de type juridictionnelle), et art. 100, 104, 105, 132 et 142 pour ce qui concerne spécifiquement le TAQ.

697. Art. 177.

698. Appelée Régie du logement jusqu'à un amendement de 2019 de la *Loi sur la Régie du logement*, 1979 c. 48, cette quasi-juridiction a compétence en matière de litiges relatifs aux baux de logement dont la valeur est inférieure à 85 000 $. Si l'organisme est de nature administrative d'un point de vue formel, son chef de compétence vise donc bien des litiges entre personnes privées.

699. Instituée par la *Loi sur la Régie de l'énergie*, 1996, c. 61, la Régie est un organisme mixte puisqu'elle a principalement compétence, au titre de l'article 31 de cette loi, pour fixer les tarifs de transport, de distribution et de fourniture de l'électricité et du gaz naturel et pour contrôler les différents opérateurs du marché. Elle est aussi compétente pour examiner les litiges opposants ces opérateurs aux consommateurs, et c'est dans ce cadre que la Régie est considérée comme un tribunal administratif.

700. Le Tribunal des droits de la personne est à la fois un organisme spécialisé et un organisme transversal, puisque son chef de compétence est construit autour des articles 10, 10.1, 48 et 86 de la Charte québécoise (interdiction des discriminations, du harcèlement, de l'exploitation des personnes âgées et handicapées et conditions de mise en place de « programmes d'accès à l'égalité » (c'est-à-dire des mesures correctives de type discrimination positive)). Son intervention est d'ailleurs directement prévue par la Charte québécoise, amendée en 1990 de manière à y ajouter une partie VI.

701. Pour un retour sur ce modèle, voir Marie Padilla, *Droit public et doctrine publiciste au Royaume-Uni*, *op. cit.*, pp. 190 et suiv et pp. 396 et suiv. ainsi que Thomas Perroud, *La fonction contentieuse des autorités de régulation en France et au Royaume-Uni*, *op. cit.*, pp. 287 et suiv. On se limitera ici à rappeler que le modèle britannique de justice administrative est, encore aujourd'hui, marqué par le principe d'unité juridictionnelle et son antagonisme, hérité d'Albert Venn Dicey, avec le modèle dualiste français. La plupart des auteurs tend à considérer que le Canada en général et le Québec en particulier sont restés sur cette ligne jusqu'aux années 1970, voir Yves-Marie Morissette, *op. cit.*, pp. 5 et suiv. Ce n'est qu'assez récemment que les aménagements consentis avec le développement de l'État providence et de la réglementation exécutive ont donc impliqué la création d'un système de justice administrative composite au Royaume-Uni : une division spécialisée de la *High Court* dans les litiges administratifs et les procédures d'appel contre des décisions rendues par des organismes publics ou des quasi-juridictions (*Administrative Court*) accompagnée par, précisément, toute une série de quasi-juridiction

à un niveau essentiel du modèle français. L'utilisation du terme « Tribunal » pour désigner cette « juridiction » n'est pas anodine dans un système juridictionnel encore imprégné du système britannique : un *tribunal* n'est pas une *Cour de justice*. La *justice* administrative, aussi juridictionnalisée et formalisée qu'elle puisse désormais être au Québec, n'est pas considérée comme relevant du pouvoir judiciaire : elle relève encore du pouvoir exécutif [702]. La conséquence principale de ce retranchement de la justice (ou de la quasi-justice) administrative au pouvoir judiciaire est sa soustraction au champ d'application des articles des Chartes canadiennes et québécoises visant *l'activité* judiciaire : ainsi, puisque « les tribunaux administratifs ne sont pas des cours de justice, leurs membres ne font pas partie de l'ordre judiciaire et les garanties d'indépendance et d'impartialité institutionnelles n'ont pas à être identiques à ceux des secondes », de sorte que « le contenu particulier des exigences d'indépendance et d'impartialité institutionnelles applicables aux tribunaux administratifs (...) varie en effet selon la volonté du législateur et selon l'ensemble des fonctions du tribunal en cause » [703]. C'est précisément pour cette raison que les principes de procédure à respecter sont indiqués pour chaque organisme, ainsi que la manière dont ces principes sont mis en œuvre et garantis ; leur niveau de garantie est donc susceptible de varier selon les activités exactes de l'organisme, son degré de proximité avec le politique et la part de son activité considérée comme relevant de l'activité juridictionnelle. Si le TAQ se situe au niveau le plus élevé en termes de garanties puisque son activité est exclusivement juridictionnelle [704], le standard appliqué est, volontairement, très large : il s'agit de s'assurer, *in concreto*, que les garanties appliquées sont en mesure « de distancer les tribunaux administratifs des autres organes de la branche exécutive » [705]. En d'autres termes, et pour en revenir à l'égalisation des principes fondamentaux de la justice et particulièrement des principes d'impartialité et d'indépendance, leur

---

spécialisées (dont, notamment, des *tribunals* en matière fiscale ou en matière de litiges relatifs à des décisions prises par différents types d'organismes publics ou parapublics). À noter que, comme d'ailleurs au Canada, la nature « administrative » de ces quasi-juridictions n'est pas liée aux matières traitées mais à la nature de l'organisme.

702. Voir, par exemple, *Association des juges administratifs de la Commission des lésions professionnelles c. Québec (Procureur général)*, 2013 QC CA 1690 (CanLII), pt. 24 et, dans le même sens mais du point de vue de la Cour Suprême du Canada, *Ocean Port Hotel Ltd. c. Colombie-Britannique (General Manager, Liquor Control and Licensing Branch)*, 2001 CSC 52, [2001] 2 RCS 781, pt. 24.

703. *Association des juges administratifs de la Commission des lésions professionnelles c. Québec (Procureur général)*, précité, pt. 25. Il faut cependant préciser, comme l'indique d'ailleurs la Cour Suprême du Canada dans un arrêt cité suite à ce paragraphe, que le fait qu'une « juridiction », quel que soit son nom, « ne soit pas assujettie à la norme [en l'occurrence] d'indépendance la plus élevée par application du principe constitutionnel non écrit de l'indépendance juridictionnelle » n'implique pas qu'elle ne doive pas « agir de façon impartiale et satisfaire à une norme d'indépendance relativement élevée » (*Bell Canada c. Association canadienne des employés de téléphone*, 2003 CSC 36, [2003] 1 RCS 884, pt. 31).

704. Ses membres sont ainsi les seuls membres de tribunaux administratifs à être nommés « durant bonne conduite » (c'est-à-dire à vie, sauf faute de nature à remettre en cause la poursuite de leurs fonctions ou démission volontaire) au titre de l'article 28 de la *Loi sur la justice administrative*.

705. *Association des juges administratifs de la Commission des lésions professionnelles c. Québec (Procureur général)*, précité, pt. 24.

garantie *n'est pas assurée* à un niveau fondamental (au sens formel du terme) en matière administrative. Elle l'est au niveau législatif au sein de chaque acte instituant chaque tribunal administratif, en référence évidemment aux principes de justice naturelle insérés dans les Chartes canadiennes et québécoises mais sans que ces derniers ne trouvent à s'appliquer directement [706]. Le contraste avec la situation française est évident — la procédure administrative contentieuse française répond aux mêmes exigences que toute autre procédure judiciaire puisqu'elle *est* une procédure de nature judiciaire au regard de la Constitution française [707] comme au regard de l'article 6 § 1 de la Convention EDH, et elle respecte donc les principes d'indépendance [708], d'impartialité [709] et d'égalité des parties [710].

225 **Des justices civiles marquées par des conceptions opposées de l'activité judiciaire.** Le cas de la justice administrative est particulier, mais il est représentatif de la manière dont un mouvement qui pourrait s'apparenter à une égalisation peut voir sa mise en œuvre effective affectée par ce qui était *déjà là* — en l'occurrence, les restes d'une conception britannique du droit administratif et de sa justice. La situation de la justice civile (et plus largement non pénale) est un peu plus subtile, mais, en matière de mise en œuvre des principes fondamentaux de la justice d'abord identifiés en France avant d'être identifiés au sein de l'ordre juridique

---

706. Ce qui n'empêche pas des contestations régulières, notamment vis-à-vis des modes de nomination ou de la longueur des mandats des membres de ces tribunaux. L'arrêt *Association des juges administratifs de la Commission des lésions professionnelles c. Québec (Procureur général)*, précité, a ainsi été rendu suite à la contestation, par l'association regroupant les membres de la Commission des lésions professionnelles (un tribunal administratif), de la restriction temporelle de leur mandat à cinq ans (au lieu de pouvoir le conserver « durant bonne conduite »).

707. La justice administrative a ainsi été reconnue comme un des ordres de juridictions français dans Cons. const., 22 juillet 1980, n° 80-119 DC, *Loi portant validation d'actes administratifs*, pt. 6. Cette indépendance est ainsi garantie vis-à-vis des autres pouvoirs (c'était l'objet de cette décision) sur un plan financier (qui se manifeste par le bénéfice, pour la justice administrative et financière, d'une mission budgétaire spécifique, la mission « Conseil et contrôle de l'État », non dépendante du ministère de la justice puisque rattachée aux services du Premier ministre, voir Michel Bouvier (dir.), « Quelle indépendance financière pour l'autorité judiciaire ? », Rapport au Premier Président de la Cour de cassation et au Procureur général près cette cour, 2017, pp. 110 et suiv.) comme statutaire. Le statut des membres du Conseil d'État (art. L. 131-1 et suiv. du Code de justice administrative) comme des autres magistrats administratifs (art. L. 231-1 et suiv.) sont en effet des statuts dérogatoires aux statuts de la fonction publique d'État.

708. *Ibid.*, au titre d'un PFRLR tiré, notamment, de la Loi du 24 mai 1872 *portant réorganisation du Conseil d'État.*

709. Au titre de sa décision du 24 octobre 2014, n° 2014-423 QPC, *M. Stéphane R. et autres*, le Conseil constitutionnel considère que les principes d'impartialité et d'indépendance, tirés de l'article 16 DDHC, « sont indissociables de l'exercice de fonctions juridictionnelles » (pt. 9). Dans la continuité de la décision *Loi portant validation d'actes administratifs*, ces principes s'imposent donc à la procédure administrative contentieuse qui les met en œuvre au travers d'un régime de déclaration d'intérêt préalable à l'entrée en fonction des magistrats administratifs (art. L. 231-4-1 et suiv. du Code de justice administrative), un régime d'incompatibilité de fonctions (dans le temps, art. L. 231-5 et suiv., ou simultanément, art. L. 231-7 et suiv.) et d'une procédure d'abstention et de récusation (art. L. 231-4-3, L. 721-1 et R. 721-1 et suiv.).

710. Ainsi qu'affirmé, notamment, dans un arrêt CE sec., 10 octobre 2014, n° 349560, pt. 2 et à l'article L. 5 du Code de justice administrative. Le respect de ce principe d'égalité des parties et du principe du contradictoire est assuré par une procédure de communications entre parties prévue aux article R. 611-1 et suiv. du Code de justice administrative. Comme en matière civile, le respect de ces principes est garanti par et s'impose au juge administratif.

canadien et québécois, elle est aussi porteuse de particularismes hérités de la nature particulière du système juridictionnel québécois. On peut ainsi admettre que le fonctionnement général du procès non pénal est, dans ses grandes lignes, relativement similaire de part et d'autre de l'Atlantique puisqu'il s'agit toujours pour le juge de laisser aux parties le contrôle de leur litige et de ne faire que les assister et, éventuellement, les conduire à une démarche de conciliation [711]. Dans le même temps, cependant, il faut aussi admettre que la *manière* dont cette démarche est menée demeure imprégnée par une conception plus générale de ce que doit être l'activité judiciaire. Ainsi, la manière de concevoir le rôle du juge au sein du prétoire affecte la manière dont chacune des deux procédures civiles aménage la mise en œuvre des principes fondamentaux garantis par leur ordre juridique. Parce que « le Québec est un pays de tradition judiciaire hybride (...) très inspiré par la *common law* » [712], c'est une conception anglo-américaine de la justice qui irrigue le système juridictionnel québécois — au point, d'ailleurs, que l'on puisse écrire qu'en dehors de « quelques exceptions importantes, le droit judiciaire (recours, procédure, preuve) est, dans son essence, le même à travers le Canada » [713]. Du point de vue de la conception générale de l'activité judiciaire, la différence entre le modèle anglo-américain dont est imprégné le Québec et le modèle civiliste dont est imprégnée la France se joue, principalement, au niveau du *but* du procès. Quand, d'un côté, l'on considère le droit et le procès comme l'une des multiples formes de résolution pacifique des conflits sociaux à égalité avec les divers modes privés de résolution [714], et, de l'autre, le droit et le procès comme l'instance par laquelle se concrétisent des « idées fondamentales de justice » et, plus généralement, l'ensemble des normes juridiques elles-mêmes conçues comme les garde-fous et les règles de conduite de la société en général [715], le fonctionnement du processus judiciaire ne peut pas être exactement le même, même lorsqu'il s'agit de donner une place prépondérante aux parties et à leur litige.

C. Une mise en application circonstanciée de principes communs

226 **Indépendance et impartialité du juge en matière civile ; arbitre et « bouche de la loi »**. Pour commencer par ces principes, et puisqu'il s'agit toujours de

---

711. Le principe dispositif est au cœur des deux procédures (art. 4-5 du Code de procédure civile français et art. 10 du Code de procédure civile québécois), tout comme la maîtrise de l'introduction et de la fermeture de l'instance (art. 1er du Code de procédure civile français et art. 19 du Code de procédure civile québécois). Du côté du juge, sa mission d'assistance (art. 3 du Code de procédure civil français et art. 9-10 du Code de procédure civile québécois) ainsi que sa mission conciliatrice (art. 21 du Code de procédure civile français pour son principe et art. 127 et suiv. pour sa mise en œuvre, et art. 9 du Code de procédure civile québécois pour son principe et art. 161 et suiv. pour sa mise en œuvre) se retrouvent dans chaque procédure.

712. Sylvette Guillemard, « Vérité judiciaire et stare decisis en droit privé québécois », *Clio @ Themis*, n° 19, 2020.

713. Stéphane Beaulac et Jean-François Gaudreault-DesBiens, *Droit civil et common law : convergences et divergences*, Éditions Thémis, 2017, p. 40.

714. Rolf Stürner, « Procédure civile et culture juridique », *RIDC*, vol. 56, n° 4, 2004, 797, p. 822.

715. *Ibid.*, pp. 822-823.

recourir aux services d'un tiers pour contribuer à la résolution d'un litige que des parties ne parviennent pas à résoudre elles-mêmes, l'indépendance et l'impartialité de ce tiers sont aussi fondamentales dans l'un [716] comme l'autre [717] des systèmes judiciaires et mis en œuvre par les mêmes biais, sans pour autant être conçues de la même manière. Du côté de la justice québécoise, le juge opère pour « rétablir la paix sociale » ; il « écoute et, par-dessus tout, évalue l'attitude des témoins » [718]. Pour ce faire, « le rôle du juge n'est pas de découvrir ce qu'il pourra considérer comme 'la vérité' mais d'agir comme un arbitre impartial. On dit souvent, sans ambages, que le procès est un jeu mené selon des règles dont le juge est le garant » [719]. Dans la mesure où la justice n'est considérée, d'un point de vue anglo-américain, que comme l'un des biais par lesquels régler un litige interpersonnel, le juge a pour seule mission de s'assurer que chaque partie sera en mesure de se défendre et de faire valoir ses intérêts — intérêts nécessairement antagonistes et mobilisés au travers de « tous les moyens conflictuels possibles » [720] sur lesquels nous reviendrons. Les principes d'indépendance et l'impartialité constituent alors la garantie que le juge ne mobilisera pas les règles de procédure

---

716. Ainsi, l'indépendance de la justice civile française est assurée par l'indépendance financière de la juridiction judiciaire dans son ensemble, et ce même si, contrairement à la justice administrative et financière, la juridiction judiciaire voit son budget dépendre de celui de la Chancellerie. Un rapport à ce sujet a été rendu afin de corriger cette situation (Michel Bouvier, *op. cit.*), en proposant notamment d'isoler les crédits attribués à l'activité judiciaire et ceux attribués à l'*administration* judiciaire et de doter le Conseil Supérieure de la Magistrature d'une compétence d'avis en matière budgétaire. Elle est aussi assurée, à un niveau statutaire, par le statut spécial des magistrats judiciaires, distinct du statut du reste de la fonction publique d'État et prévu par l'ordonnance n° 58-1270 du 22 décembre *portant loi organique relative au statut de la magistrature* qui organise un régime d'incompatibilité de fonctions (dans le temps et simultanément, art. 8 et suiv.). Sa nature *organique* lui permet de bénéficier du contrôle de constitutionnalité obligatoire prévu à l'article 61 de la Constitution. L'impartialité, quant à elle, est conçue tant de manière objective que subjective : des procédures de récusation et d'abstention sont prévues en cas de risque de conflit d'intérêt, que ces conflits soient réels ou qu'ils puissent être soupçonnés, voir art. 339 et suiv. du Code de procédure civile français.

717. L'indépendance de la justice est considérée, au Canada, comme dépendant de trois facteurs : l'inamovibilité (les juges y sont nommés « jusqu'à bonne conduite » (art. 86 de la *Loi sur les tribunaux judiciaires*) et jusqu'à l'âge de leur retraite (c'est-à-dire soixante-dix ans, art. 92.1)) et ne peuvent être démis de leurs fonctions que sur rapport de la Cour d'appel (art. 95)), la sécurité financière (surtout en matière de rémunération des juges, la question faisant l'objet de nombreux articles au sein de la loi précitée) et l'indépendance administrative qui protège les tribunaux des ingérences du gouvernement. Ces trois composantes sont par ailleurs garanties au sein de la Constitution canadienne puisqu'on retrouve, au sein du VII de la Loi constitutionnelle de 1867, des exigences relatives au processus de nomination (art. 96-98), à la durée des fonctions des juges (art. 99) et, surtout, aux modalités de leur rémunération dépendant *exclusivement* du pouvoir fédéral (qui n'est donc pas celui qui les nomme, art. 100). L'impartialité objective et subjective de ces juges est, encore une fois, assurée par un régime de récusation et de déport prévu aux articles 201 et suiv. du Code de procédure civile québécois.

718. Sylvette Guillemard, *op. cit.*

719. « *The role of the judge is not to discover what he may conceive to be 'the truth' but to act as an impartial arbiter. It is often said, without apology, that litigation is a game played according to rules of which the judge is umpire* », Stephen M. Waddams, *Introduction to the Study of Law*, 4e éd., Toronto Carswell, 1992, p. 123.

720. François Côté, « Réforme de la procédure civile, vers une réaffirmation des principes civilistes », in Louise Lalonde et Stéphane Bernatchez (dir.), *Le nouveau Code de procédure civile du Québec. « Approche différente » et « accès à la justice civile » ?*, *Revue de Droit de l'Université de Sherbrooke*, 2014, 154, p. 159.

contentieuse ou, dans le cas spécifique du Québec, ses pouvoirs de gestion [721], à l'encontre ou au bénéfice de l'une ou l'autre des parties. Quoi qu'il en soit, c'est parce que cette « conception de la justice s'entend plus largement, plus inclusivement et plus extensivement » [722] que « la médiation et la conciliation (...) jouissent d'une image très positive et ont été intégrées au processus judiciaire lui-même » [723], le juge ayant toujours vocation à parvenir, avant [724] ou pendant la procédure contentieuse [725], à rétablir le dialogue entre les parties. Du côté de la justice française, à partir du moment où le recours au juge n'a pas pour but unique de conduire les parties au règlement de leur litige mais intègre aussi celui d'assurer le maintien de l'ordre social tel qu'il s'incarne dans les règles de droit qu'il contribue à matérialiser, son impartialité et son indépendance ne remplissent pas la même fonction. S'il s'agit toujours, bien sûr, d'assurer que chaque partie sera traitée de la même manière et qu'aucune ne sera spécifiquement avantagée ou désavantagée, il s'agit aussi et surtout de s'assurer que le droit préexistant se verra appliqué, y compris aux dépens des parties. L'impartialité et l'indépendance du juge peuvent alors se retourner contre les parties dans la mesure où elles servent de manière primordiale l'application égale et équitable des normes applicables au litige. À cet égard, tout mode de règlement non judiciaire apparaît au moins en partie suspicieux ; « une transaction qui ne s'éloigne pas trop de ce qu'offrirait une application du droit (...) semble acceptable » mais en revanche « une solution du litige lointaine de ce que dicterait la loi (...) est considérée souvent comme une espèce de déni de justice » [726], justement parce qu'elle nie la mission ordonnatrice du droit et de l'activité judiciaire. Cette dimension n'est, bien sûr, pas absente de l'activité judiciaire québécoise puisque dès lors qu'un litige est réglé par un juge, la décision rendue donne « des repères sur ce qu'est un comportement acceptable

---

721. C'est le cas spécifique du Québec dans la mesure où les pouvoirs de gestion d'instance mis à la disposition du juge y sont particulièrement importants depuis l'entrée en vigueur du nouveau Code de procédure civile en 2016. Ce « pouvoir d'intervention accru » ne doit cependant pas être surévalué : il s'exprime principalement dans les différentes phases préparatoires et ne touche pas au contenu des demandes formulées par les parties, voir Sylvette Guillemard, *op. cit.*

722. Ledy Rivas Zannou, *op. cit.*, p. 1.

723. Daniel Jutras, *op. cit.*, p. 282.

724. Plusieurs phases peuvent permettre au juge de pousser les parties à la négociation *avant* le début du procès en tant que tel. C'est le cas des conférences de gestion (art. 153 et suiv. du Code de procédure civile québécois) et préparatoire à l'instruction (*pre-trial conference*, prévue à l'art. 179). Ces deux phases sont non obligatoires et peuvent être décidées d'office par le juge ou demandées par les parties. Si la première a surtout pour objectif de permettre au juge de prononcer les éventuelles mesures nécessaires à l'organisation de l'instance et si la seconde poursuit l'objectif d'assurer l'égale information des parties quant aux pièces et aux preuves qu'elles entendent produire lors de l'instance, elles peuvent toutes les deux conduire à stopper la procédure contentieuse en permettant aux parties de s'entendre. Cette possibilité est d'ailleurs explicitement prévue en matière de conférence de gestion à l'article 156. Ces deux phases peuvent ensuite déclencher l'ouverture d'un autre type de conférence, la conférence de règlement à l'amiable (art. 161 et suiv.).

725. Il est explicitement prévu que chaque partie puisse avancer, réitérer et accepter des offres de règlement du litige (art. 215-219) une fois l'instance démarrée, et que les parties peuvent, y compris en dehors du tribunal, transiger pour mettre fin à leur litige à n'importe quelle étape du contentieux (art. 220).

726. Rolf Stürner, *op. cit.*, pp. 822-823.

et sur la nature et les limites de la loi » [727], mais elle est absolument centrale du point de vue de la justice française et elle entretient d'ailleurs l'échec relatif de la promotion des modes alternatifs de règlement des différends en matière civile [728].

227 **Égalité des parties et contradictoire en matière civile ; la justice comme arène des parties.** Cette manière de concevoir l'activité judiciaire et la position du juge en son sein influence aussi et surtout la manière dont est conçu le principe d'égalité des parties et la logique du contradictoire ; « tant la *common law* que le droit civil reconnaissent que les parties doivent être entendues pour que justice soit véritablement rendue, mais de façons différentes et ultimement irréconciliables quant à la manière d'y parvenir » [729]. Ainsi, si la position d'arbitre du juge québécois réclame de sa part des pouvoirs de gestion *formelle* de l'instance, elle réclame, d'un point de vue *substantiel* et une fois l'instance effectivement démarrée, une posture passive. Cette posture est d'ailleurs aussi à relier à l'institution fondamentale, même si aujourd'hui généralement abandonnée, du jury populaire ; « si l'on considère (...) le jury comme l'institution fondamentale d'une structure démocratique, il va de soi que cette partie du tribunal soit nécessairement limitée à un rôle passif » qui se limite à le protéger des manipulations des avocats (rôle d'arbitre du juge) tout en se gardant de lui-même l'influencer [730]. Ainsi, si le juge a théoriquement le pouvoir d'intervenir lors de l'audience, notamment lors de la présentation des preuves et l'audition des témoins [731], ce type d'intervention est limitée quantitativement [732] mais aussi et surtout qualitativement. Aux dires de la Cour d'appel du Québec, ces pouvoirs ne « l'autorise[nt] pas à s'immiscer dans le débat » [733]. La conséquence de cette passivité est double : d'une part, et sauf à ce qu'une injustice causée par « une erreur ou [une] omission d'une partie » apparaisse et soit signalée par le juge [734], « les parties conservent de choix de mettre en œuvre ou non les

---

727. Annick Poitras et Katarina Daniels, « Magistrature et intelligence artificielle : demain, qui jugera qui ? », *Blogue du Comité Recherche et législation du Jeune Barreau de Montréal*, 10 avril 2019, disponible en ligne à <https://www.blogueducrl.com/2019/04/magistrature-et-intelligence/>.

728. Et ce alors même, d'ailleurs, que chaque nouvelle réforme de la justice s'attache à promouvoir ces modes alternatifs. Cette promotion passe, comme pour la justice civile québécoise, par la délégation au juge de compétences importantes en matière d'incitation au règlement non contentieux : le juge est ainsi lui-même compétent pour concilier les parties (art. 21 du Code de procédure civile français) ou pour déléguer cette compétence à un conciliateur (art. 821-827). Il est aussi compétent pour inciter les parties à avoir, de leur propre chef, recours à la médiation ou à la conciliation (art. 127), et, dans le cas contraire, pour les y contraindre (art. 128). Elle passe aussi par des *obligations* de recours préalable à un mode alternatif de règlement du différend avant la saisine d'un juge, comme vues précédemment (voir *supra* § 223).

729. François Côté, *op. cit.*, p. 190.

730. Rolf Stürner, *op. cit.*, p. 821.

731. Le juge québécois est alors compétent pour interroger les témoins (art. 280 du Code de procédure civile québécois) ainsi que pour signaler d'éventuelles lacunes dans la preuve ou la procédure (art. 268).

732. Voir, notamment, Sylvette Guillemard, *op. cit.*

733. *Droit de la famille — 16436*, 2016 QC CA 376 (CanLII), pt. 21 reprenant un arrêt plus ancien *Technologie Labtronix c. Technologie micro contrôle inc.*, 1998 QC CA 13050, [1998] RJQ 2312, p. 39. La discussion portait alors sur les dispositions de l'ancien Code de procédure civile demeurées inchangées avec la recodification.

734. *Droit de la famille*, arrêt précité, pt. 21.

droits dont elles disposent et le choix des moyens pour y parvenir » [735]. C'est là la conception particulière de l'égalité des parties et du contradictoire qui en découle : à partir du moment où les parties sont mises en position de présenter leurs preuves et de prendre connaissance des preuves adverses et à partir du moment où elles sont susceptibles de les discuter au sens propre du terme, c'est-à-dire oralement, égalité et contradictoire sont considérés respectés. L'instrument phare de ces échanges est alors la procédure très anglo-américaine de la divulgation, ou *discovery*, conçue au Québec de manière particulière [736] : les parties sont contraintes de divulguer à l'avance tous les éléments de preuves qu'elles invoqueront à l'audience [737], à charge pour la partie adverse d'ensuite identifier, « au moyen d'un interrogatoire préalable, les [autres] éléments de preuve que possède l'autre partie et présenter ensuite une requête pour l'obtenir » [738]. La place du juge dans ce processus demeure celle de l'arbitre et non de l'acteur proactif. En d'autres termes, c'est par le principe du contradictoire et des échanges oraux librement menés par les parties qu'est conçue l'idée d'égalité de parties, peu importe à cet égard que cette égalité ne soit pas, en fait, réelle. C'est aussi surtout par ces échanges que se manifeste la vérité judiciaire : « on considère que 'la vérité' est la plus susceptible d'émerger de la confrontation de deux prétentions contraires (…), les forces de la demande d'une partie sont opposées à celles de la partie opposée et, par l'intermédiaire de ce duel, le juge ou le jury doit arriver à une décision juste. » [739] C'est là la deuxième conséquence de cette manière de concevoir l'activité judiciaire : non seulement la vérité judiciaire n'est pas la vérité absolue, mais elle *n'a pas* à l'être et elle ne *cherche pas* à l'être. Il est admis et normal qu'un procès conduise à une forme de résolution du litige qui ne permette pas de faire émerger de manière exacte les torts respectifs des parties.

228 **Égalité des parties et contradictoire en matière civile ; la justice comme espace contrôlé par le juge.** Cette logique n'est, encore une fois, pas celle de la justice civile française. L'égalité des parties et la mise en œuvre du contradictoire sont, là encore, consubstantielles à la procédure sans pour autant être maniées de la même manière et dans le même but. Le juge civil est ainsi le maître de la

735. Daniel Jutras, *op. cit.*, p. 285.

736. Dans les autres États (et les autres provinces canadiennes) appliquant cette procédure de la divulgation/*discovery*, cette dernière se décompose en deux étapes : la transmission par chaque partie d'un document résumant ceux qu'elle a en sa possession, l'obligation de communication visant l'intégralité des documents en relation avec le litige, puis la transmission de tous les documents demandés par la partie adverse, y compris lorsqu'ils ne sont pas désignées nommément, voir, par exemple, Geoffrey Hazard, « Discovery and the Role of the Judge in Civil Law Jurisdictions », *Notre Dame L. Rev.*, vol. 73, n° 4, 1998, pp. 1017-1028.

737. Art. 20 du Code de procédure civile québécois.

738. Stéphane Beaulac et Jean-François Gaudreault-DesBiens, *op. cit.*, p. 50, au titre des articles 221 (interrogatoire préalable) et 251 (obligation de communication) du Code de procédure civile québécois. Cette communication est néanmoins subordonnée au caractère pertinent du document vis-à-vis du litige (art. 20 et 221), caractère contrôlé par le juge.

739. « *It has been assumed that 'the truth' is most likely to emerge from a contest of two competing arguments. In Canada's courts, the strengths of one lawyer's claim are pitted against the strengths of the opposing claim, and, in the process of this duel, the judge or jury is to arrive at a just decision or verdict* », Neil Boyd, *Canadian Law: an Introduction*, 6e éd., Nelson, 2015, p. 147.

procédure dès l'instant où les parties l'ont saisi et jusqu'à ce que l'instance achève sur une décision ou sur un désistement ; toutes les missions qui sont laissées à la maîtrise des parties sont alors entièrement maîtrisées par le juge. Si les faits sont apportés par les parties, c'est au juge de leur « donner ou restituer leur exacte qualification (…) sans s'arrêter à la dénomination que les parties auraient proposée » [740] et, plus important encore, c'est aussi à lui de rechercher toute explication ou tout élément de fait nécessaire à la solution du litige auprès des parties [741] et de mettre en œuvre d'éventuelles mesures d'instruction en ce sens [742]. En d'autres termes, et alors qu'un juge québécois statuant en matière civile n'a que la capacité de signaler des lacunes ou des erreurs dans la présentation des faits, le juge civil français a la capacité de les *rectifier* de son propre chef, voire d'ailleurs de dépasser la présentation des parties s'il l'estime nécessaire. Ainsi, « dans le système civiliste, la fonction fondamentale d'exploration et de tri de la preuve est réalisée par le juge. Il a besoin de connaître les faits nécessaires à la solution du litige, mais uniquement ceux-là. La question posée par le juge civiliste n'est pas 'quelles preuves doivent être connues pour comprendre toute l'affaire' mais 'de quelles preuves ai-je besoin pour rendre ma décision' » [743]. Dans ce cadre dominé par le juge, les principes de contradiction et d'égalité des parties s'imposent par son intermédiaire : c'est lui qui est garant autant qu'il est contraint par le principe du contradictoire [744] qui lui impose de mettre les parties en situation de discuter non seulement des éléments qu'elles ont apportés, mais encore des éléments qu'il a lui-même contribué à faire émerger. Ce contradictoire est cependant conçu de manière plus restrictive dans la mesure où il ne portera que sur les éléments de faits jugés pertinents pour la résolution finale du litige et que, sous l'effet des pouvoirs d'instruction aux mains du juge lui-même, « la règle du débat contradictoire (…) tourne alors autour de la *qualification* des preuves et arguments de droit (…) plutôt que leur *découverte* » [745]. Si la vérité judiciaire qui en ressortira n'est peut-être pas reflet de la vérité absolue, le juge civil français a néanmoins les pouvoirs et

---

740. Art. 12 du Code de procédure civile français, sans d'ailleurs que cette qualification (ou requalification) n'ait à être soumise à la discussion des parties comme réaffirmé, suite à la recodification de 2007, par la Cour de cassation (CCass. plé., 21 décembre 2007, n° 06-11343, tout en précisant que ce n'est que vis-à-vis des faits et actes litigieux rapportés par les parties que cette obligation joue, et non contre d'éventuels autres faits et actes litigieux non rapportés).

741. Art. 8 du Code de procédure civile français. Pour ce faire, le juge (en l'occurrence, de la mise en l'état) peut entendre d'office les parties (art. 784). Il peut aussi rechercher ces éléments auprès du conseil des parties (art. 765).

742. Art. 10 du Code de procédure civile français.

743. « *In contrast, in the civil law system, the critically important function of exploring and sifting evidence is performed by the judge. The judge needs to know the facts necessary to decide the case, but needs to know only that much. The civil law judge's inquiry is not 'What evidence should be heard to understand the whole case?' but 'What evidence do I require to reach a justifiable decision?'* », Geoffrey Hazard, « Discovery and the Role of the Judge in Civil Law Jurisdictions », *op. cit.*, p. 1022.

744. Art. 16 du Code de procédure civile français. Le contradictoire dépasse, bien sûr, la seule procédure orale : c'est sous la supervision du juge que les échanges de conclusions et de pièces entre parties doivent se réaliser, notamment lors de la phase de mise en état où un calendrier précis peut être établi par le juge (art. 781).

745. François Côté, *op. cit.*, p. 160.

compétences nécessaires pour outrepasser les éventuelles stratégies ou faiblesses des parties pour faire émerger l'ensemble des faits nécessaires de son propre chef. En d'autres termes, tandis que le juge civil français a le devoir de faire émerger une vérité *judiciaire* aussi proche que possible de la vérité *absolue* parce qu'il a aussi le devoir de mettre en œuvre les règles substantielles du droit civil, qu'elles bénéficient ou non aux parties, le juge québécois n'a, en matière civile, que le devoir de s'assurer que les parties ont la capacité d'opposer leurs arguments et de prendre acte de l'argumentaire le plus convaincant — et d'ailleurs, si possible, les inciter à régler leur litige en dehors de son prétoire et donc, potentiellement, en marge des règles substantielles du droit civil québécois.

229 **Une fondamentalité des principes d'organisation de la justice inchangée**. Le fossé entre convergence des *principes fondamentaux* et particularismes dans leur mise en œuvre apparaît, à ce stade, évident. Si les vocables se retrouvent indéniablement de part et d'autre de l'Atlantique et si le niveau de garantie de ces principes apparaît généralement comparable, la mise en pratique des exigences liées à la sécurité juridique et des principes fondamentaux de la justice que sont les principes d'accès au juge, d'indépendance, d'impartialité et d'égalité des parties répond ainsi à des conceptions distinctes de l'activité judiciaire, de ses missions exactes et de la manière dont elles s'articulent avec d'éventuelles autres modes de résolution des différends. Pour distinctes que ces conceptions puissent être et pour circonstanciés que puissent être les biais par lesquels elles influencent le respect de ces principes fondamentaux, cependant, il apparaît aussi clairement qu'ils n'en demeurent pas moins *fondamentaux* aux deux égards que nous avons identifiés : quant aux modalités de leur garantie, et quant à leur positionnement *aux fondements* de chaque système juridictionnel. C'est cet équilibre complexe entre, d'une part, une convergence des *principes*, de leur garantie et de leur fondamentalité au Québec et en France et, d'autre part, le maintien de spécificités réelles dans leur *mise en œuvre* qu'il faut garder en tête alors que nous en revenons aux interactions et aux problématiques soulignées par chaque discours entre ces principes et les outils de justice algorithmique. Ainsi, si les différences de mises en œuvre de ces principes influent nécessairement sur le contenu exact des problématiques soulevées par les outils de justice algorithmique, elles n'influent cependant pas sur *l'existence* de ces problématiques et sur le sens des interactions identifiées entre ces principes fondamentaux de la justice et ces outils. Il s'avère néanmoins que, de manière à ce stade peu intuitive, la manifestation commune de ces problématiques au sein de chaque ordre juridique n'emporte pas un traitement identique ou même similaire par les deux discours québécois et français.

Section 2. Des problématiques identiques soulevées par l'outil algorithmique

230 **Des interactions indéniables entre principes fondamentaux de la justice et outils de justice algorithmique**. Dans la mesure où les outils de justice algorithmique s'adressent de manière explicite aux acteurs de la justice, ils ne peuvent

qu'interagir, d'une manière ou d'une autre, avec les principes fondamentaux qui les encadrent. Ainsi, et puisqu'ils ont vocation à être intégrés à la pratique professionnelle des magistrats ou des auxiliaires de justice que sont les avocats, ils ont naturellement vocation à interagir avec les règles qui régissent et délimitent ces pratiques. Leur similarité de part et d'autre de l'Atlantique nous amène alors à imaginer une similarité non seulement de ces interactions, mais encore de la manière dont elles sont abordées par chacun des discours.

231 **Un traitement contrasté d'interactions pourtant similaires**. Si chacun des discours souligne des convergences, des frictions voire des contradictions entre principes fondamentaux de la justice et outils de justice algorithmique de manière effectivement assez similaire (**§ 1**), il faut admettre que la manière dont ces convergences et frictions sont mobilisées au soutien ou à l'encontre de ces outils apparaît très contrastée (**§ 2**). Cette approche contrastée, frappante dès lors que l'on confronte les deux discours, ne semble pas pouvoir être expliquée au regard des seules différences de mises en pratique de ces principes identifiés précédemment.

§ 1. *DES INTERACTIONS SIMILAIRES ENTRE PRINCIPES FONDAMENTAUX DE LA JUSTICE ET OUTIL DE JUSTICE ALGORITHMIQUE*

232 **Des interactions quantitativement centrales au sein du discours français.** Alors que les outils de justice algorithmique n'interagissent pas qu'avec les principes fondamentaux de la justice et interagissent surtout, et dans un premier temps, avec les différents niveaux de régulation technique applicables aux traitements de données, il faut admettre que ces interactions spécifiques constituent le cœur de l'argumentaire français. Cette concentration sur les effets d'une intégration de ces outils aux processus judiciaires et parajudiciaires se révèle particulièrement visible lorsqu'il s'agit de se pencher sur ceux des arguments qui sont, statistiquement, les plus mobilisés par le discours français : les quatre items les plus fréquemment identifiés au sein du discours ont trait aux principes fondamentaux de la justice. C'est ainsi le cas, dans un ordre décroissant de mobilisation, de l'apport en sécurité juridique (mobilisé, sur son volet d'accessibilité à l'information juridique, par 71 % des contributions et, sur son volet de prévisibilité, par 69 % des contributions), la crainte d'un « effet performatif » (mobilisé par 65 % des contributions, nous y reviendrons en *infra* § 256 et suiv.) et l'incitation à la diversification des modes de règlement des litiges (mobilisée par 53 % des contributions) [746]. Pour ces quatre

---

746. Ce qui, par ailleurs, ne signifie pas que les autres arguments reliés à ces principes fondamentaux ne sont mobilisés qu'à la marge. Ainsi, l'impact des outils de justice algorithmique sur l'impartialité et l'indépendance des magistrats et des juridictions occupe 46 % des contributions, tandis que la question de la fermeture du prétoire et celle de la violation du principe d'égalité des parties occupent respectivement 23 et 14 % des contributions. Pour un rappel de ces chiffres, voir annexe 2.2.4, T.6 et G.12.

arguments auxquels on peut ajouter celui relatif aux risques pesant sur les principes d'impartialité et d'indépendance, on peut d'ailleurs aussi noter que seules douze contributions intégrées à notre corpus font l'impasse totale sur ces cinq arguments, soit 2,5 % de leur nombre total [747]. En d'autres termes, au sein du discours doctrinal français relatif aux outils de justice algorithmique, 98,5 % des contributions s'intéressent à au moins une des interactions existant entre les outils de justice algorithmique et les principes fondamentaux de la justice.

233 **Des interactions en partage**. Cette entrée en matière quantitative confirme donc notre impression initiale : l'essentiel du discours doctrinal français est effectivement consacré à l'exposition, à l'analyse et, parfois, à l'inquiétude vis-à-vis des effets que ces outils seraient susceptibles d'avoir sur les principes de sécurité juridique, d'impartialité, d'indépendance, d'égalité des parties et d'accès à la justice. Dans la mesure où ces principes sont mis en œuvre au sein de l'ordre juridique québécois, certes sous une forme propre, il n'est pas surprenant de voir, ici aussi, ces principes mobilisés et analysés à l'aune de l'intervention des outils de justice algorithmique [748]. Ainsi, et de part et d'autre de l'Atlantique, la tension essentielle demeure celle d'« assurer que l'outil algorithmique reflète les principes de justice fondamentale » [749], en permettant à la justice d'à la fois « s'adapte[r] aux exigences contemporaines d'efficacité, de rapidité, de transparence et d'équité » [750] et de « demeurer garante des principes fondamentaux » [751] puisque « la garantie d'une justice de qualité se mesure à l'aune du respect des principes fondamentaux qui commandent son administration » [752]. Cette tension gouverne alors l'analyse de chacune des interactions identifiées entre chaque principe et les outils de justice algorithmique, certaines partagées plus largement (**A**) que d'autres (**B**).

A. Des interactions similairement relevées

234 **Impartialité, indépendance et outils de justice algorithmique ; la crainte de mécanismes d'influence**. Ces craintes commencent par les principes

---

747. Pour 63 qui en mentionnent au moins un, 106 qui en mentionnent au moins deux, 117 qui en mentionnent au moins trois, 92 qui en mentionnent au moins quatre et 96 qui les mobilisent tous (soit, respectivement, 13, 22, 24, 19 et 20 % des contributions). Par soucis de clarté, nous n'avons pas intégré des arguments quantitativement plus marginaux tels que le risque de déjudiciarisation et l'atteinte au principe d'égalité des parties.

748. À noter que nous ne reprendrons pas le contenu précis et exact de chacune de ces interactions : nous nous contenterons d'en résumer les points saillants et de faire référence à quelques-unes des contributions qui y font référence. Pour trouver une synthèse de ces interactions, le lecteur pourra se référer aux contributions qui en dressent le tableau presque exhaustif : par exemple, Élise Mouriesse, « Quelle transparence pour les algorithmes de justice prédictive ? », *APD*, t. 60, 2018, pp. 125-145, Valérie-Laure Benabou, *op. cit.* ou Christian Byk, *op. cit.*

749. Karim Benyekhlef, « L'IA et nos principes de justice fondamentale », *op. cit.*

750. Xavier Leonetti, *Smartsécurité et cyberjustice*, PUF, 2021, p. 88.

751. Hélène Cazaux-Charles, « Rencontre », *Regards Croisés de l'ANA-INHESJ*, n° 3, 2018, 9, p. 10.

752. Ledy Rivas Zannou, *op. cit.*, p. 13.

d'impartialité et d'indépendance. Si nous mentionnons ces principes ensemble, c'est parce que, pour l'essentiel, aucun des deux discours ne les distingue véritablement lorsqu'il s'agit de les confronter aux outils de justice algorithmique. Les deux principes sont d'ailleurs utilisés de manière interchangeable pour s'opposer à des phénomènes identiques et des expressions médianes comme « impartialité structurelle » [753], « indépendance personnelle » [754] ou « indépendance d'esprit » [755] viennent renforcer cette impression de traitement indifférencié. Si l'on part des phénomènes confrontés à ces principes plutôt que des vocables utilisés, il s'agit toujours de souligner des risques de pression au conformisme [756] et des risques de voir se déployer un système d'influence [757] du fait des outils de justice algorithmique. Cette pression et ces influences seraient intrinsèquement liées à la manière dont ces outils fonctionnent. Puisque les outils de justice algorithmique sont programmés pour proposer, selon les outils, la ou les décisions rendues les plus proches de l'espèce traitée ou un ensemble de moyennes, d'estimations et de probabilités tirées de l'analyse quantitative de ces mêmes décisions, ils proposeraient une forme de « préjugement » [758] ou à tout le moins un ensemble d'informations susceptibles d'avoir un impact sur le raisonnement du juge qui aura pu « se forger une opinion de l'affaire avant de la juger » [759]. Ainsi, qu'il utilise directement l'outil ou se voie soumettre ses résultats par l'intermédiaire des dossiers et pièces transmis par les parties, « le juge pourrait avoir à sa disposition un outil élaborant un projet de jugement ou d'arrêt dont il pourrait ensuite s'inspirer » [760] — ou, au moins, un projet d'évaluation et de quantification de certains des faits du litige, dans la mesure où aucun outil ne propose à l'heure

753. Élise Mouriesse, *op. cit.*, p. 136.

754. Thibault Douville, « Le juge en ligne », *op. cit.*, p. 142.

755. Soraya Amrani-Mekki, « L'obsolescence programmée du juge ? Propos introductifs », *op. cit.*, p. 11.

756. Crainte que l'on retrouve, par exemple et au sein du discours français, dans Vincent Vigneau, « Faudra-t-il encore des juges ? », *Annales Médico-psychologiques*, 2021, 51, p. 54, Basile Darmois, *op. cit.*, p. 58 ou Isabelle Sayn, « Des modes algorithmiques d'analyse des décisions de justice, pour quoi faire ? », *Management & Datascience*, vol. 5, n° 2, 2021. On retrouve cette même idée au sein du discours québécois dans, par exemple, Annick Poitras et Katarina Daniels, *op. cit.* ou Karim Benyekhlef et Jie Zhu, « À l'intersection de l'ODR et de l'intelligence artificielle : la justice traditionnelle à la croisée des chemins », *Lex Electronica*, vol. 25, n° 3, 2018, 789, p. 810.

757. Crainte que l'on retrouve, par exemple et au sein du discours français, dans Magali Bouteille-Brigant, « Pour un transjuridisme ? », *APD*, t. 60, 2018, 297, p. 303 ou Marie Dochy, *La dématérialisation des actes du procès civil*, *op. cit.*, p. 382. On retrouve cette même idée au sein du discours québécois dans, par exemple, Ledy Rivas Zannou, *op. cit.*, p. 15 ou Karim Benyekhlef et Simon Du Perron, *op. cit.*, p. 73.

758. Expression utilisée, par exemple, dans Élise Mouriesse, *op. cit.*, p. 136, dans Magali Bouteille-Brigant, « Pour un 'transjuridisme' ? », *op. cit.*, p. 302 ou dans Thierry Le Bars, « Conclusion générale », in Jean-Pierre Clavier (dir.), *L'algorithmisation de la justice*, Larcier, 2020, 201, p. 204.

759. Vincent Orif, « Voyage du juge depuis Hypérion : entre une intelligence artificielle conseillère et conquérante », *op. cit.*, p. 144.

760. Laurent Gamet, « Justice prédictive et droit social », *Les Échos*, 12 juin 2018, disponible en ligne à <https://www.lesechos.fr/idees-debats/cercle/justice-predictive-et-droit-social-133392>.

où nous écrivons de décision « clé en main » [761]. Or, c'est lorsque l'inspiration possible devient une force contraignante que les principes d'indépendance et d'impartialité sont mobilisés pour souligner le risque que « les magistrats n'osent pas rendre une décision contraire aux courants jurisprudentiels dominants de peur d'être critiqués » [762] et que, « pour rester dans la moyenne d'un score, le juge modifi[e] plus ou moins consciemment sa façon d'aborder un dossier » [763]. Ce jeu d'influence et de pression plus ou moins conscientes serait alors d'autant plus problématique lorsque l'on prend en compte les faiblesses techniques des outils, et notamment « la propension des algorithmes à perpétuer une discrimination systémique lorsqu'on leur fournit des données représentatives des biais présents dans la société » [764]. Si les principes d'impartialité et d'indépendance sont mobilisés pour souligner d'autres risques, et notamment ceux, déjà abordés, liés au *profilage* des magistrats [765], ils sont donc surtout utilisés de manière interchangeable [766] comme repoussoirs face à cette capacité d'influence et de pression des outils de justice algorithmique sur le juge qui remettrait en cause sa liberté d'appréciation [767]. Sous cette forme, et à première vue, c'est bien plus le principe d'impartialité qui est mis en cause puisqu'il s'agit bien de souligner le risque de voir la *personne* du juge mise sous influence du fait non d'une entité extérieure à la justice, mais d'une série d'informations soumises à son appréciation avant sa prise de décision. L'effet est alors composite, mais c'est essentiellement celui de voir des juges qui « s'alignent systématiquement sur le résultat produit par les algorithmes et reproduisent indéfiniment le droit déjà existant sans jamais le faire évoluer » [768] qui est souligné. On parle alors, selon les auteurs, d'effet

---

761. Et ce quelles que soient les craintes exprimées à l'endroit d'un nouveau type d'outil dit *génératif*, type *ChatGPT*. Voir, à cet égard, Élise Duval, « ChatGPT : un juge colombien tranche une affaire à l'aide du logiciel d'intelligence artificielle », *Libération*, 3 février 2023.

762. Bénédicte Girard, *op. cit.*, p. 188.

763. Marc Clément, « La décision juridictionnelle : numérisation des procédures et exploitation numérique », *op. cit.*, p. 105.

764. Karim Benyekhlef et Simon Du Perron, *op. cit.*, p. 74

765. On en retrouve la mention dans, par exemple, Olivier Leurent, « La justice prédictive vue par le juge judiciaire », *op. cit.*, p. 583, Xavier Leonetti, *op. cit.*, p. 121 ou dans Marie Dochy, *La dématérialisation des actes du procès civil*, *op. cit.*, pp. 304-305.

766. Est ainsi opposé à ce phénomène le principe d'indépendance, côté québécois, dans Annick Poitras et Katarina Daniels, *op. cit.* ou Claude Gauvreau, « Justice et algorithmes et des conséquences à en tirer », *Actualités UQAM*, 11 juin 2018, disponible en ligne à <https://www.actualites.uqam.ca/2018/justice-algorithmes-peuvent-ils-faire-bon-menage> et, côté français, Florence G'sell, *Justice numérique*, *op. cit.*, p. 135 ou Antoine Gitton, « Intelligence artificielle à l'âge de la covid 19, pour passer du laboratoire à la République. L'indépendance du juge en question » *RLDC*, n° 173, 2020, 32, p. 32. On trouvera, à l'inverse, le principe d'impartialité mobilisé dans les mêmes conditions dans Karim Benyekhlef et Simon Du Perron, *op. cit.*, pp. 73-74 ou dans Élise Mouriesse, *op. cit.*, p. 136 et Thierry Le Bars, « Conclusion générale », *op. cit.*, p. 204.

767. Expression que l'on retrouve côté québécois (par exemple, dans Ledy Rivas Zannou, *op. cit.*, p. 15 ou dans Claude Gauvreau, *op. cit.*) comme côté français (par exemple, dans Bernard Stirn, « Premières réflexions sur le juge administratif et le droit prédictif », *APD*, t. 60, 2018, 217, p. 220 ou dans Sonia Desmoulin, « Le diable se cache-t-il dans les détails ? Réflexions à propos du traitement automatisé de données à caractère personnel 'DataJust' », in Jean-Pierre Clavier (dir.), *L'algorithmisation de la justice*, Larcier, 2020, 143, p. 155).

768. Florence G'sell, *Justice numérique*, *op. cit.*, p. 135.

« moutonnier » [769], « cristallisant » [770] ou « figeant » [771]. À noter, cependant, que ces influences sont, beaucoup plus rarement, conçues de manière positive ; parce que les outils de justice algorithmique seraient le vecteur d'une « objectivisation algorithmique » [772] et ne seraient pas eux-mêmes susceptibles d'influences extérieures, ils auraient comme potentiel effet de « permettre au juge de réfléchir de manière un peu plus impartiale » [773], voire d'assurer une transparence qui « favorise l'impartialité » [774]. Quoi qu'il en soit, nous reviendrons plus en détail sur cette idée d'un « juge sous influence » lorsque nous reviendrons sur l'argument qui se greffe généralement sur cette crainte de voir son impartialité remise en cause, l'argument tiré de « l'effet performatif » des outils de justice algorithmique (voir *infra* § 256 et suiv.).

235 **Impartialité, indépendance et outils de justice algorithmique ; un nouveau pouvoir de fait ?** À mieux y regarder, cependant, la tendance des deux discours québécois et français à mêler ensemble les principes d'impartialité et d'indépendance lorsqu'il s'agit de souligner ces risques d'influence est plus signifiante qu'il n'y paraît. Si on s'attache une nouvelle fois à ce qui est décrit et craint, une partie des contributions dépasse la seule description du jeu d'influence qui pèserait sur les juges *du fait des résultats produits par les outils* et souligne plutôt celui lié aux « intérêts d'entreprises, de sociétés ou d'autres groupes de pression », particulièrement dans le cadre des « partenariats publics-privés » [775]. À la différence du précédent axe d'inquiétude, ces contributions centrent leur argumentaire sur le principe d'indépendance — et à raison. Là où le principe d'impartialité impose et garantit aux *juges* eux-mêmes une posture d'objectivité minimale vis-à-vis des affaires qu'ils ont à juger et s'exprime à ce titre en interne, « l'indépendance s'exprime en externe, par rapport à d'autres pouvoirs que le pouvoir judiciaire, celui de l'exécutif et du législatif bien sûr, mais aussi *tout pouvoir de fait* » [776] et c'est bien de cela

---

769. Par exemple dans Ledy Rivas Zannou, *op. cit.*, p. 13 ou Karim Benyekhlef et Jie Zhu, *op. cit.*, pp. 809-810 et, dans le discours français, Sarah Torricelli-Chrifi, « Nouvelles technologies et normativité : une recherche méthodologique », in *Rencontres multicolores autour du Droit. Mélanges en l'honneur du Professeur Deen Gibirila*, Presses de l'Université Toulouse 1 Capitole, 2021, 861, p. 869 ou Guillaume Leguevaques, *op. cit.*, p. 315. Dans le même thème, on trouve l'idée d'un « panurgisme judiciaire » dans Boris Barreau, « Algorithmes et décisions de justice », *op. cit.*, p. 95 ou Zoé Jacquemin, « Vices et vertus de la justice prédictive en droit de la responsabilité civile », in Nathalie Blanc et Mustapha Mekki (dir.), *Le juge et le numérique*, Dalloz, 2019, 121, p. 128.

770. Par exemple, dans Luca Scillato de Ribalsky, *L'avocat face à la justice du XXIe siècle*, thèse dactylographiée, Université Aix-Marseille, 2020, p. 325 ou Bertrand Cassar, *La transformation numérique du monde du droit*, *op. cit.*, p. 259.

771. Par exemple, dans Karim Benyekhlef, *op. cit.* ou dans Marie-Odile Diemer, « Les nouvelles alternatives de la justice administrative en France : justice prédictive et justice amiable », *RBPP*, vol. 9, n° 1, 2019, 473, p. 477.

772. Marc Clément, *op. cit.*, p. 104.

773. Mathieu Papillon, *op. cit.*

774. « *Transparency favors impartiality* », Daniel Poulin, « Free Access to Law in Canada », *op. cit.*, p. 169.

775. Karim Benyekhlef et Simon Du Perron, *op. cit.*, p. 72.

776. Serge Guinchard *et al.*, *Droit processuel*, Dalloz, 2021, p. 876. L'italique est le nôtre.

qu'il s'agit. Ce pouvoir de fait [777] serait alors, d'abord, celui de « personnels extérieurs [aux juridictions] », les entreprises de *Legaltech*, « parce que la confection des logiciels est généralement le fait de [ces] prestataires » [778]. Reposant sur « un excès de dépendance à la technologie et à ceux qui la contrôlent » [779], cet argument demeure intrinsèquement lié à celui selon lequel le juge deviendrait lui-même dépendant de l'outil et en constitue la conséquence plus générale : si les juges devaient se mettre à suivre les résultats produits par ces outils alors, par extension, la juridiction se place sous l'influence externe de l'entreprise ayant produit l'outil et deviendrait « l'exécutrice » de ses instructions. Dans la mesure où les outils demeurent, nous l'avons vu, imparfaits et porteurs de potentiels biais, les enjeux apparaissent effectivement préoccupants dans des ordres juridiques où l'indépendance des juridictions constitue une norme cardinale et constitutionnelle... Encore faut-il garder à l'esprit qu'à ce stade de leur développement, aucun de ces outils n'a encore intégré les prétoires du côté des magistrats. Nous reviendrons sur cette nuance et sur son importance pour comprendre l'écart dans le traitement de cette question par les discours québécois et français — tout comme nous reviendrons sur le second pouvoir de fait identifié, ce n'est pas anodin non plus, par le seul discours français. Il y est craint de voir apparaître un pouvoir de fait des juges sur les juges puisque les résultats produits par les outils le sont à partir de décisions précédemment rendues par d'autres juges qui, par cet intermédiaire, se trouveraient en position d'exercer une influence sur leurs collègues [780].

236 **Sécurité juridique et outils de justice algorithmique ; une approche française contradictoire**. L'insistance d'une partie du discours français sur cette influence exercée par les juges sur leurs collègues constitue un paradoxe intéressant. Absente du discours québécois, cette inquiétude apparaît en contradiction avec une autre interaction identifiée cette fois-ci de part et d'autre de l'Atlantique : l'apport en sécurité juridique, dans ses composantes essentielles que sont l'accessibilité au droit d'une part, et la prévisibilité du droit d'autre

---

777. L'expression est d'ailleurs explicitement mobilisée dans Didier Cholet, « La justice prédictive et les principes fondamentaux du procès civil », *op. cit.*, p. 231.

778. Élise Mouriesse, *op. cit.*, pp. 135-136. Dans le même sens, voir par exemple Samir Merabet, *Vers un droit de l'intelligence artificielle*, *op. cit.*, pp. 222-223 ou Liane Huttner, *op. cit.*, § 7.

779. Comité consultatif des juges européens, « Justice et technologies de l'information », avis n° (2011)14, 9 novembre 2011, pt. 34 tel que cité par Marie Dochy, *La dématérialisation des actes du procès civil*, *op. cit.*, p. 373. Dans le même sens, voir Thierry Tuot (dir.), « Intelligence artificielle et action publique : construire la confiance, servir la performance », Étude à la demande du Premier ministre, 2022, p. 303.

780. Que ce pouvoir de fait soit qualifié de pression (dans, par exemple, Scarlett-May Ferrié, « Les algorithmes à l'épreuve du droit au procès équitable », *Procédures*, n° 4, 2018, 4, p. 6 ou Béatrice Bruguès-Reix et Ashley Pacquetet, « La justice prédictive : un 'outil' pour les professionnels du droit », *APD*, t. 60, 2018, 279, p. 284) ou de surveillance (dans, par exemple, Jean-Marc Sauvé, « Mot d'accueil », in Ordre des avocats au Conseil d'État et à la Cour de cassation et Ordre des avocats au Conseil d'État et à la Cour de cassation (dir.), *La justice prédictive. Actes du colloque du 12 février 2018 organisé par l'ordre des avocats au Conseil d'État et à la Cour de cassation à l'occasion de son bicentenaire en partenariat avec l'Université Paris Dauphine PSL*, Dalloz, 2018, 7, p. 8 ou Hada Messoudi, « Open Data et amélioration du dialogue des juges au sein de la juridiction administrative ? », *RGD e.*, n° 7, 2018, p. 12).

part. C'est, en effet, le fait d'accéder sous une forme ou une autre aux décisions des autres juges qui assurerait ce gain en sécurité juridique relevé par une grande majorité d'auteurs français comme québécois. Les deux apports s'y retrouvent de manière similaire : on note ainsi au Québec que « la promesse des outils d'intelligence artificielle pour les professionnels du droit est double », puisqu'elle « vise d'une part, à faciliter leur travail et d'autre part, à réduire l'aléa judiciaire » [781], la facilitation du travail des praticiens étant liée à « la contribution possible des nouvelles technologies (...) sur le plan de l'accès à l'information juridique » [782]. La contradiction est perceptible quand, tout en craignant des effets d'influence sur le juge, le discours français se réjouit de voir les outils de justice algorithmique être « à même d'améliorer la sécurité juridique de certains aspects du droit » et de « contribuer à améliorer la connaissance du droit » [783]. Or, cet « effet d'harmonisation qui renforcerait la prévisibilité de la décision de justice et, par voie de conséquence, la sécurité juridique » [784] n'est que le versant positif de ce jeu d'influence supposément causé par les outils de justice algorithmique ; comment les juges pourraient-ils être poussés à s'aligner avec « une jurisprudence convergente » [785] si l'accès aux « moyenne[s] statistique[s] » et aux « tendances jurisprudentielles de leurs collègues » [786] n'avait pas un effet incitatif... Et donc une influence ? La contradiction est d'ailleurs perceptible sur le plan quantitatif : si 46 % des contributions s'inquiètent de ce jeu d'influence, plus de la moitié d'entre elles (62 % de ces 46 %) soulignent l'apport potentiel des outils de justice algorithmique en matière de sécurité juridique. Cette proportion grimpe à 75 % pour les contributions qui ne mentionneraient que l'apport en *prévisibilité* du droit, puisque c'est bien à ce niveau que le paradoxe se loge [787]. Cette forme de contradiction interne est ainsi visible, mais ne se retrouve pas au sein du discours québécois. À ce stade de nos développements, cependant, il faut admettre que ce double apport en accès et en connaissance du droit d'une part, et en prévisibilité et harmonisation du droit d'autre part est, une fois encore, une interaction commune et communément soulignée par les deux discours.

---

781. Ledy Rivas Zannou, *op. cit.*, p. 11.

782. Pierre-Luc Déziel, Hélène Zimmerman et Satchel Dell'olio Delpech, *op. cit.*, p. 19. Dans le même sens, voir par exemple Annick Poitras et Katarina Daniels, *op. cit.* ou Daniel Poulin, « Free Access to Law in Canada », *op. cit.*, pp. 168 et suiv. C'est d'ailleurs aussi le cas pour le discours canadien non québécois, voir par exemple Benjamin Alarie, Anthony Niblett et Albert H. Yoon, « Using Machine Learning to Predict Outcomes in Tax Law », *op. cit.*

783. Magali Bouteille-Brigant, « Pour un 'transjuridisme' ? », *op. cit.*, p. 301.

784. Éloi Buat-Ménard, « La justice dite 'prédictive' : prérequis, risques et attentes — l'expérience française », *op. cit.*, p. 275.

785. Marie-Aimée Peyron, « Le Barreau de Paris à l'aune des nouvelles technologies », *Comm. com. électr.*, n° 7-8, 2019, 1, p. 1.

786. Vincent Vigneau, « Le passé ne manque pas d'avenir. Libres propos d'un juge sur la justice prédictive », *op. cit.*, p. 1097, cité notamment dans Anaïs Gayte-Papon de Lameigné, Pierrick Legrand et Jacques Lévy-Vehel, « La modélisation de l'indemnisation du préjudice corporel. Un exemple de 'justice quantitative' au service de l'équité », in Florence G'sell (dir.), *Le big data et le droit*, Dalloz, 2020, 45, p. 51.

787. Voir annexe 2.2.4, T.7.

B. Des interactions au traitement plus localisé

237 **Égalité des parties et outils de justice algorithmique ; une interaction plus située.** Il faut cependant noter que la similarité des interactions n'est pas toujours aussi absolue entre les deux discours. Ainsi, pour ce qui concerne les risques juridiques identifiés au regard du principe d'égalité des parties, il faut noter que si cet argument est quantitativement relativement marginal au sein du discours français puisqu'il ne mobilise que 14 % des contributions, il n'apparaît, au sein du discours québécois, que de manière indirecte. On le trouve mentionné, en tant que tel, lorsqu'il s'agit de lister les risques juridiques des systèmes informatisés [788] mais lorsque la rupture d'égalité des parties à un procès est mentionnée, ce n'est pas au regard des principes fondamentaux de la justice mais plutôt du principe d'égalité plus général. Ainsi, et de manière singulière, les outils de justice algorithmique sont évalués vis-à-vis du principe d'égalité tel qu'il est garanti par les différentes Chartes canadiennes : lorsqu'il est craint, comme au sein du discours français [789], que les outils de justice algorithmique soient surmobilisés par les parties puissantes (que ce soit les gouvernements, les entreprises privées ou, tout simplement, la partie avec le plus de moyens financiers) [790], ou lorsqu'il est craint de voir les résultats de l'outil discriminer particulièrement l'une des deux parties, c'est bien au regard des articles 15 de la Charte canadienne et 10 de la Charte québécoise [791], et non au regard des différents régimes procéduraux applicables aux différents types de litiges et juridictions. Compte tenu de la manière dont l'organisation d'un procès est conçue au Québec, il n'y a en fait rien de surprenant à cela : l'organisation d'une procédure pleinement contradictoire apparaissant comme la manière d'assurer que les parties sont *également* en mesure d'apporter des éléments pour défendre leur cause, y compris lorsqu'elles ne possèdent pas les mêmes *moyens* pour les apporter, l'intervention des outils de justice algorithmique n'apporte guère de nouveauté par rapport à la présentation d'experts commissionnés par chacune des parties ou par rapport à l'apport et l'échange de preuves personnelles. Si rupture d'égalité il y a, ce n'est donc pas au sein du tribunal lui-même — du moins tant qu'il remplit sa fonction d'arène contradictoire et impartiale, ce qui souligne alors pourquoi l'impact potentiel des outils sur l'impartialité du juge est aussi importante au Québec qu'en France. Du côté français, il faut admettre qu'en dehors de la question des disparités financières et, donc, de l'asymétrie dans l'utilisation d'un ou plusieurs outils de justice algorithmique, les inquiétudes relatives

788. Fabien Gélinas, *op. cit.*, p. 9.

789. On retrouve notamment cet argument sous cette forme spécifique dans Frédéric Alhama, *op. cit.*, p. 701, dans Harold Épineuse et Antoine Garapon, *op. cit.*, p. 18 ou dans Loïc Cadiet, Cécile Chainais et Jean-Michel Sommer, « La diffusion des données juridictionnelles et de la jurisprudence. Quelle jurisprudence à l'ère des données judiciaires ouvertes ? », 2 vol., vol. 1, Rapport à la première présidente de la Cour de cassation et au procureur général près la Cour de cassation, 2022, p. 110.

790. Comme souligné dans Simon Du Perron et Karim Benyekhlef, *op. cit.*, p. 76.

791. C'est d'ailleurs aussi au regard de la jurisprudence relative à ces articles qu'est « testée » l'hypothèse de leur mobilisation par des parties au procès discriminées par les algorithmes des outils de justice algorithmique – soit intentionnellement, soit du fait de biais involontaires intégrés à leur codage ou à leurs données d'entraînement. Voir, à cet égard, *ibid.*, pp. 48 et suiv.

au principe d'égalité des parties sont très peu, voire ne sont pas, explicitées. On trouvera alors simplement la mention d'une atteinte « aux principes directeurs du procès et principalement (...) à l'égalité des armes » [792], à laquelle s'ajoute parfois l'idée, étonnante, d'une atteinte au contradictoire [793]. Étonnante parce que, dans les faits et quand bien même la situation ne semble pas s'être manifestée au sein d'un prétoire, la question de l'asymétrie d'informations causée par le fait d'avoir ou non accès aux outils de justice algorithmique serait en toute vraisemblance réglée de l'exacte même manière que toute asymétrie d'information entre deux parties à un procès : par le contradictoire, conçu « à la française » et donc mené par le juge. Puisque certains auteurs y voient un dispositif correctif de l'asymétrie informationnelle que les outils de justice algorithmique installeraient entre les parties, nous reviendrons sur cette idée et en testerons l'opérabilité en suivant (voir *infra* § 247).

238 **Accès au juge, accès à la justice et outils de justice algorithmique ; une notion de justice entendue largement au Québec**. La dernière interaction entre principes fondamentaux de la justice et outil de justice algorithmique est celle de la problématique de l'accès au juge. Sur cet aspect, il faut de nouveau souligner une différence de taille entre les deux discours : si le discours français se saisit quantitativement assez peu de cet argument (à hauteur de 23 % des contributions), le discours québécois s'en saisit beaucoup plus, mais pas du tout sur le même ton. Là encore, une raison potentielle se situe dans la manière dont l'utilité du procès est conçue au Québec : dans la mesure où le droit au *juge* s'appréhende plus volontiers comme un droit *à la justice* conçue dans un sens très large et intégrant des modes non judiciaires de règlement des litiges, l'idée de voir ces outils encourager les justiciables à se détourner des prétoires n'est pas *nécessairement* un problème. Ainsi, « au-delà des chambardements qu'ils pourraient créer, ces outils très performants pourraient aussi permettre un meilleur accès à la justice (...) [et] jouer le rôle d'agent de première ligne et indiquer aux citoyens où commencer leurs démarches », démarches qui n'ont pas, elles-mêmes, à être de nature judiciaire [794] puisqu'ils permettraient « d'évaluer

---

792. Alain Bensoussan, « Procès 'intelligent' : quels outils prédictifs pour quelles règles du jeu ? », *Droit des technologies avancées. Figaro blog*, 25 octobre 2017, disponible en ligne à <https://blog.lefigaro.fr/bensoussan/2017/10/proces-intelligent-quels-outils-predictifs-pour-quelles-regles-du-jeu.html>). Dans le même sens, Marie-Cécile Lasserre, « La justice prédictive », *op. cit.*, p. 146 ou Eugénie Petitprez et Rodolphe Bigot, *op. cit.*, p. 11.

793. Par exemple, dans Demba Mbow, « Réflexion sur la digitalisation de la justice », *RLDI*, n° 177, 2021, 47, p. 51 ou dans Issiaga Diallo, « Les enjeux de la justice prédictive », Prépublication HAL, 2020, p. 5 disponible en ligne à <https://hal.archives-ouvertes.fr/hal-02563645>.

794. Même si certains auteurs considèrent que ces outils (ou leurs balbutiements, en l'occurrence) « deviennent nécessaires au système judiciaire », dans la mesure où « en matière civile, les délais et les coûts détournent les individus des juridictions alors que les affaires arrivant jusqu'au tribunal sont de plus en plus complexes » (« *The use of information technology is quickly becoming a necessity for the justice system. In civil cases, delays and costs are causing individuals to abandon the courts and cases that make it to trial are of ever-increasing complexity* », François Sénécal et Karim Benyekhlef, « Groundwork for Assessing the Legal Risks of Cyberjustice », *Can. J. L. & Tech.*, 2009, 41, p. 42). À cet égard, les outils sont considérés comme des forces *incitatrices* plus que comme des *obstacles* au recours éventuel au juge.

si la situation vécue par un citoyen mérite des démarches juridiques » [795]. Il faut alors, plus spécifiquement, ramener cette approche ouverte de la résolution des litiges aux recherches bien plus importantes en termes à la fois quantitatifs et qualitatifs menées sur le règlement *en ligne* des litiges ; parce que ces outils sont considérés comme la passerelle idéale vers les outils d'*ODR* (qui sont alors qualifiées d'*ODRAI* pour *Online Dispute Resolution assisted by Artificial Intelligence*), cette interaction avec le principe d'accès à la justice passe généralement par la mention d'outils déjà existants ou en cours de développement. Ainsi, le traitement d'outils de « justice prédictive » permet aux auteurs de rappeler qu'« un excellent terrain de déploiement de l'intelligence artificielle se retrouve dans la résolution en ligne des conflits de basse intensité », type d'outils que « l'utilisation d'algorithmes (...) pourrait faciliter » [796] – nous y reviendrons (voir *infra*). Le discours québécois se distingue alors fortement du discours français qui, pour sa part, ne reconnaît qu'assez timidement et marginalement l'idée que ces outils de justice algorithmique pourraient faciliter l'accès à la justice, en tant que telle [797]. Du point de vue de la conception ouverte du procès que l'on retrouve au Québec comme dans le reste de sphère de *common law*, on pourrait de nouveau considérer comme contradictoires les 35 % de contributions qui, tout en considérant que les outils de justice algorithmique ont pour potentiel effet d'amener les justiciables à avoir recours aux MARDs, considèrent aussi qu'ils peuvent avoir pour effet de le priver de son accès à la justice.

239 **Accès au juge, accès à la justice et outils de justice algorithmique ; la seconde contradiction de l'approche française**. En vérité, et là encore, il faut rappeler les difficultés rencontrées en France par ces MARDs qui ne sont pas (encore) considérés comme de véritables alternatives au recours au juge. C'est toute cette position ambivalente des praticiens comme du milieu académique que met en valeur le contraste entre, d'une part, la reconnaissance majoritaire (à hauteur de 53 %) de l'effet incitatif des outils de justice algorithmique à avoir recours à des MARDs, et cette crainte un peu plus minoritaire de voir ces mêmes outils *fermer* le prétoire aux justiciables. Cet effet incitatif est alors assez similaire à celui souligné par le discours québécois : en aidant à « évaluer les chances de succès d'un contentieux, [les outils] pourraient faciliter l'utilisation des modes amiables de résolution des différends. » [798] La logique est alors celle, selon que les résultats proposés par l'outil sont favorables ou défavorables à une partie, de la placer en

---

795. Mathieu Papillon, *op. cit.* Dans le même sens, Karim Benyekhlef et Jie Zhu, *op. cit.*, p. 796.

796. Claude Gauvreau, *op. cit.*

797. On trouve, à cet égard, assez peu de contributions pour évoquer l'interaction entre les outils de justice algorithmique et le principe d'accès au juge de manière positive. Pour l'essentiel, d'ailleurs, ces contributions relient cet effet « facilitateur » avec l'apport en sécurité juridique, dans son versant d'accessibilité et de connaissance du droit ; c'est ainsi le cas dans Bruno Deffains, « Le monde du droit face à la transformation numérique », *Pouvoirs*, vol. 3, n° 170, 2019, 43, p. 47, dans François Thévenot, *op. cit.*, p. 372 ou dans Frédéric-Jérôme Pansier, *IJudge, vers une justice prédictive*, *op. cit.*, p. 15.

798. Chantal Arens, « Propos introductifs », *Jour. Sociétés*, n° 48, 2017, 2, p. 4.

position de force dans le cadre de négociation ou de l'inciter à avoir recours à un règlement à l'amiable pour éviter de perdre un futur procès [799]. Dans les deux cas, l'outil de justice algorithmique apparaît autant comme un « épouvantail » [800] pour l'une des deux parties que comme le moyen de poser un « point de référence » autour duquel les négociations peuvent ensuite se tenir [801]. C'est généralement lorsque cette incitation à se tourner vers des modes amiables de résolutions des différends est considérée de manière négative que l'on retrouve, assez rapidement, l'idée que l'utilisation de ces outils « n'implique pas une amélioration de l'accès à la justice » puisqu'ils « sont utilisés pour développer les modes alternatifs de règlement des différends pour éviter le recours au juge, ce qui intéresse les pouvoirs publics » [802].

240 **Des interactions essentiellement communes, un traitement très contrasté.** Dans la mesure où les différences de traitement des interactions entre principes fondamentaux de la justice et outils de justice algorithmique au sein des discours doctrinaux québécois et français n'interviennent qu'au niveau d'arguments minoritairement mobilisés au sein du second, ces derniers ne paraissent, à cet égard, que peu susceptibles de nous permettre d'identifier de véritables incompatibilités d'ordre juridico-juridictionnel à même de valider notre première hypothèse selon laquelle le droit français serait spécifiquement incompatible avec ces outils. Au contraire, d'ailleurs, puisque les risques (ou les bénéfices) les plus habituellement soulignés au sein du discours français peuvent trouver leur reflet au sein du discours québécois sans pour autant, et c'est un point qu'il nous reste à élucider, que leur traitement puisse être considéré équivalent. Il apparaît en effet qu'une différence fondamentale de *mobilisation* de ces interactions soit perceptible au sein des deux discours, au-delà des aspects contradictoires que l'on ne retrouve qu'au sein du discours français. Or, c'est précisément cette manière de mobiliser ces interactions qui transmet, au sein du discours français, l'idée d'incompatibilité juridique que nous étudions ici ; il s'agit désormais de tenter d'expliquer cette différence de ton, d'apparence contradictoire avec le partage de ces problématiques.

---

799. On retrouve cette idée dans Bruno Dondero, « Justice prédictive : la fin de l'aléa judiciaire ? », *D.*, 2017, 532, p. 534, Luc Renaudin, « Le regard de l'avocat », in Pascale Idoux, Christophe Albiges et Laure Milano (dir.), *Numérique, droit et justice*, Éditions du CREAM, 2020, 67, p. 73 ou Vincent Berthet, in Vincent Berthet et Léo Amsellem (dir.), *Les nouveaux oracles. Comment les algorithmes prédisent le crime*, CNRS Éditions, 2021, 55, p. 91.

800. Image utilisée, notamment, dans Sylvie Lebreton-Derrien, « La justice prédictive. Introduction à une justice 'simplement' virtuelle », *APD*, t. 60, 2018, 3, p. 13.

801. Florence G'sell, *Justice numérique*, *op. cit.*, p. 126 et, dans le même sens, Soraya Amrani-Mekki, « Le point de vue d'une universitaire », in Ordre des avocats au Conseil d'État et à la Cour de cassation, *La justice prédictive – Actes du colloque du 12 février 2018 organisé par les avocats au Conseil d'État et à la Cour de cassation à l'occasion de son bicentenaire en partenariat avec l'Université Paris-Dauphine PSL*, Dalloz, 2018, 49, p. 60 ou Béatrice Bruguès-Reix et Ashley Pacquetet, *op. cit.*, p. 282.

802. Vincent Orif, « La profession d'avocat confrontée au développement des LegalTechs », *Droit et Patrimoine*, nº 298, 2020, 45, p. 49. Dans le même sens, Marie-Odile Diemer, *op. cit.*, p. 479 ou Samir Merabet, « 'DataJust' et l'effet papillon. À propos du décret du 27 mars 2020 », *op. cit.*, p. 24.

§ 2. *UNE MOBILISATION NÉANMOINS CONTRASTÉE DES PRINCIPES FONDAMENTAUX DE LA JUSTICE*

241 **Une inversion argumentative confirmée**. Le lecteur du précédent paragraphe n'aura pas manqué de noter que si les références à notre corpus français sont relativement variées, tant dans les auteurs que dans la période de publication de contributions citées, ce n'est pas vraiment le cas des références faites au discours québécois. Cette relative étroitesse quantitative du discours québécois est liée à des éléments que nous avons déjà pu souligner : le discours doctrinal québécois est, généralement, moins fourni que le discours doctrinal français pour des raisons à la fois techniques (il est le produit d'un nombre d'auteurs plus restreint) et historiques (liées à la manière dont il s'est progressivement structuré, nous y reviendrons en *infra*, voir § 540 et suiv.) et, pour ce qui concerne celui qui a trait aux outils de justice algorithmique, il est la conséquence de choix de recherches divergents des choix français. Il n'est pas, dans l'absolu, moins fourni que le discours français, mais il faut reconnaître que l'effet d'inversion que nous avons commencé à constater au regard des problématiques technico-juridiques se confirme ici. Le discours doctrinal québécois se désintéresse, à la fois qualitativement et quantitativement, des problématiques juridictionnelles, et la conséquence de ce désintérêt est une différence marquée de ton et de manière de se saisir de ces problématiques — ainsi qu'une quantité moindre de contributions *s'en saisissant*, tout simplement. En d'autres termes, si les interactions sont bien soulignées et qu'elles sont parfois sensiblement similaires à celles relevées au sein du discours français, non seulement elles ne font pas l'objet d'une quelconque concentration statistiquement mesurable, mais elles ne mobilisent pas non plus les ressorts argumentatifs et rhétoriques qui font toute la teneur polémique de leur analyse du point de vue français. Les raisons de ce traitement différencié sont à rechercher, en premier lieu, dans les caractéristiques du discours québécois (**A**) mais aussi, en second lieu, dans celles du discours français et, surtout, dans sa dimension essentiellement prospective (**B**).

A. Un discours québécois neutralisé

242 **Un pragmatisme québécois temporisateur**. On peut expliquer ce désintérêt relatif au discours québécois pour ces interactions de plusieurs manières. La première c'est que le discours actuel s'inscrit dans la continuité d'un discours lui-même établi sur un temps relativement long ; en d'autres termes, les questions juridiques et juridictionnelles posées par les différents outils informatiques intégrés à la pratique du droit ont déjà été identifiées, envisagées et traitées. Plus encore, et parce que « la difficulté première qui limite l'analyse et empêche de définir une architecture juridique pour les systèmes de cyberjustice est l'absence d'une méthode pour évaluer les risques légaux et juridictionnels » [803] et que la « métamorphose

803. « *The primary difficulty that limits such analyses and prevents a definition of the legal framework for cyberjustice systems is the lack of a theory for assessing legal and judicial risks* », François Sénécal et Karim Benyekhlef, *op. cit.*, p. 46.

du système judiciaire s'avère être un processus de longue haleine », en particulier lorsqu'il s'agit d'y intégrer les nouvelles technologies [804], les recherches québécoises ont développé une expertise particulière en matière de *freins* à la mise en place de ces technologies. « La résistance culturelle et psychologique au changement » [805] en fait bien sûr partie, mais aussi et surtout les freins *techniques* qui impliquent de rattraper un retard conséquent du point de vue de l'informatisation basique des juridictions [806]. En d'autres termes, parce que le discours actuel est bâti sur les acquis d'un discours plus ancien qui suit, depuis ses débuts, la difficile implémentation des technologies de l'information au sein des juridictions, le traitement du possible impact *sur* ces juridictions des dernières technologies en date est nécessairement en demi-teinte. On retrouve alors la conscience qu'il « y a toutes les raisons de penser que ces changements de *medium* vont affecter le droit en général et les droits en particulier » [807]. Ces changements s'articulent alors à la fois autour de l'ambivalence entre « la crainte légitime de mettre en péril certains acquis en matière de droits des justiciables » [808] et les apports espérés de ces outils en matière « d'identification et de compréhension des droits et devoirs » et de « stockage, préservation et diffusion de la connaissance du droit » [809]. C'est cette conscience qui amène le discours québécois à se saisir, comme la France, des enjeux liés à l'intégration d'outils d'intelligence artificielle au sein des prétoires — mais il n'est pas anodin que la mention des risques et des apports de ces outils spécifiques se fasse généralement *directement* en référence des travaux français. Ainsi, les risques relatifs à l'influence des outils sur les juges sont régulièrement reliés aux contributions françaises dans lesquelles ces risques sont développés [810], de même que ses apports, notamment en matière d'accès au droit et à la justice [811]. Pour autant, et c'est là peut-être une clé de compréhension de la différence de *traitement* de ces problématiques, les outils de justice algorithmique tels que ceux faisant l'objet d'une véritable concentration doctrinale en France ne font pas l'objet

---

804. Nicolas W. Vermeys et Karim Benyekhlef, « Premiers éléments d'une méthodologie de réformation des processus judiciaires par la technologie », in Daniel Le Métayer (dir.), *Les technologies de l'information au service des droits : opportunités, défis, limites*, Bruylant, 2010, 207, p. 236.

805. *Ibid.*

806. Voir *supra* § 244 et suiv.

807. « *We have every reason to think that this change in medium will affect law, in general, and rights, in particular* », François Sénécal et Karim Benyekhlef, *op. cit.*, p. 42.

808. Fabien Gélinas, *op. cit.*, p. 1.

809. « *New technologies will assist people in identifying and understanding their legal rights and duties and that information technologies will improve the capture, preservation, and dissemination of legal knowledge, resulting in improved access to justice* », Jane Bailey et Jacquelyn Burkell, « Implementing technology in the justice sector: a Canadian perspective », *op. cit.*, p. 254.

810. C'est, par exemple, le cas dans Annick Poitras et Katarina Daniels, *op. cit.* qui cite directement Chantal Arens, « Propos introductifs », *op. cit.*, dans Ledy Rivas Zannou, *op. cit.*, note 36 qui cite « La justice prédictive, ou quand les algorithmes s'attaquent au droit », *Paris Innovation Review*, 2017, disponible en ligne à <http://parisinnovationreview.com/article/justice-predictive-les-algorithmes-sattaquent-au-droit> ou Karim Benyekhlef et Jie Zhu, *op. cit.*, note 64 qui cite Antoine Garapon et Jean Lassègue, *Justice digitale*, PUF, 2018.

811. C'est, par exemple, le cas dans Ledy Rivas Zannou, *op. cit.*, notes 21, 22 et surtout 23 qui cite directement Sylvie Lebreton-Derrien, *op. cit.*

d'une analyse de type *prospectif* au Québec, précisément parce que la transition informatique et à plus forte raison numérique ou algorithmique de la justice y est perçue comme très insuffisante pour envisager leur intégration à court ou moyen terme [812].

243 **Un traitement québécois neutralisé**. L'absence d'une approche prospective au sein du discours québécois entraîne en fait la prolongation, au niveau de ces arguments juridictionnels, de l'approche très technique, voire empirique consacrée aux problématiques technico-juridiques. Ainsi, et pour prendre l'exemple d'une des interactions que nous avons soulignées, la question du déséquilibre induit par ces outils entre les parties est traitée, certes, au regard des outils de prédiction de la récidive pénale, mais surtout au regard de la réaction *véritable* des magistrats qui utilisent ces outils. Ce choix permet au discours québécois de souligner les techniques de mitigation mobilisées par ces juges à leur égard et de « court-circuiter » la logique de risque/apport que constitue la maîtrise de leur subjectivité et de leur arbitraire éventuel dans la mesure où cette maîtrise ne constitue qu'une « patine » [813]. Plus généralement, le discours s'articule autour de la recherche de solutions techniques à même de limiter et de maîtriser les risques qu'il identifie par ailleurs et, en particulier, celle de l'équilibre complexe entre une information juridique en mesure d'orienter le justiciable vers le bon type de mode de résolution des litiges, qu'il soit juridictionnel ou non, et le risque de l'inciter à délaisser l'organe juridictionnel [814]. Dans cette optique, le traitement fait de ces questions est alors nécessairement dépassionné, non seulement parce que les questions elles-mêmes sont classiques — n'écrit-on pas que « tout le débat actuel concernant la régulation des algorithmes n'est en quelque sorte qu'une répétition du débat entourant l'encadrement juridique du cyberespace à la fin des années 1990 » [815] ? — mais aussi et surtout parce qu'elles ne se posent pas aujourd'hui et ne se poseront pas dans un futur proche. Dans ce cadre, l'essentiel de l'analyse est consacré à les cerner, les évaluer et y apporter des solutions adaptées plutôt qu'à les dénoncer. Cette analyse *neutralisée* des outils n'emporte pas, cependant, une neutralisation de l'ensemble du discours portant, plus globalement, sur l'incursion des technologies algorithmiques dans la sphère juridictionnelle ou parajuridictionnelle : ainsi, il faut au contraire souligner que lorsque les outils de justice algorithmique sont évoqués, ils font fréquemment office de *plateforme* vers d'autres types d'outils

---

812. Si cette réflexion constitue la porte d'entrée du discours dans l'analyse menée sur ces outils, il faut admettre qu'elle n'est pas exprimée en tant que telle. Elle se retrouve de manière diffuse à travers certains exemples avancés ou certaines nuances apportées, de force qu'elle infuse le traitement de ces interactions de manière essentiellement implicite. On peut cependant souligner que certaines contributions soulignent, bien plus qu'en France, la donnée cruciale que constitue le *bon vouloir* des juridictions dans la réussite ou l'échec des initiatives ou expérimentations informatiques/algorithmiques en leur sein, voir par exemple Karim Benyekhlef et Simon Du Perron, *op. cit.*, p. 64 à propos de l'expérimentation menée aux Pays-Bas entre *HiiL*, *MODRIA* et les services juridiques néerlandais.

813. *Ibid.*, pp. 47-48.

814. C'est tout l'enjeu du projet *JusticeBot*, voir *supra* § 166.

815. Karim Benyekhlef et Simon Du Perron, *op. cit.*, p. 27.

qui bénéficient, eux, d'un traitement plus chargé axiologiquement. C'est, notablement, le cas des outils à destination des *justiciables* [816].

244 **Deux approches adverses de l'obstacle technique**. Or, cette absence d'approche prospective est ce qui, dans une large mesure, explique la différence de tonalité de l'analyse menée par les deux discours. Il faut en effet admettre que le réflexe temporisateur du discours québécois ne se retrouve pas au sein du discours français ; lorsque les auteurs français soulignent, ce qui n'est d'ailleurs pas habituel, que la « révolution numérique ne s'est pas encore produite dans le domaine judiciaire » [817], ils s'interrogent sur la pertinence « d'envisager la justice numérique par le prisme des systèmes automatisés de données » et admettent que « la priorité est sans doute ailleurs » [818], ce n'est pas pour clore ici le traitement des outils de justice algorithmique. C'est, au contraire, pour assurer que ces limites que le discours québécois conçoit comme dirimantes « ne doi[vent] pas nous dissuader d'anticiper l'avenir » [819]. Là encore, l'écho avec le caractère accessoire des enjeux technico-juridiques des outils résonne clairement. C'est parce que le discours français passe outre non seulement les limites et les résistances techniques aux outils au sein des juridictions mais encore la non-opérationnalité *et* le déploiement très limité des outils eux-mêmes qu'il est possible de voir se déployer un axe argumentatif basé essentiellement sur une extrapolation d'interactions *possibles* dans l'hypothèse où ils parviendraient un jour à s'insérer dans les prétoires. À ce titre, puisque les principes fondamentaux du procès sont communs aux deux ordres juridiques et que les mêmes interactions sont soulevées, certes pas dans les mêmes proportions, par les deux discours, c'est véritablement la manière de considérer l'obstacle technique qui influe sur la tonalité de leur traitement — bien plus, donc, qu'une incompatibilité juridique non soulevée par le discours québécois et, quoi qu'il en soit, de nature hypothétique. Les interactions sont là, certaines présentent certains risques dont les enjeux sont sensiblement identiques de part et d'autre de l'Atlantique, mais il n'y a qu'au sein du discours français qu'ils occupent à eux seuls presque tout l'espace de réflexion.

B. Une approche française essentiellement prospective

245 **Prospective française et impact sur le discours**. Il ne s'agit pas ici d'affirmer qu'une approche prospective de ces enjeux n'a pas lieu d'être : il en va après tout de l'office du discours doctrinal, ou en tout cas d'un certain office du discours doctrinal, que de se saisir de questions encore non réglées pour alerter sur leurs enjeux, avancer de potentielles pistes de réflexion ou proposer des axes de

---

816. Cette tension est ainsi au cœur du développement du *JusticeBot* voir *supra* § 166.

817. Boris Barraud, « Algorithmes et décisions de justice », in Gilles Rouet (éd.), *Algorithmes et décisions publiques*, CNRS Éditions, 2019, 79, p. 82.

818. Samir Merabet, « Hommage posthume à l'abandon de DataJust : des principes directeurs de la justice numérique », *op. cit.*, p. 18.

819. *Ibid.*

régulation [820]. Il s'agit cependant d'insister sur la part d'imagination, d'émulation collective et, finalement, de fantasme que comporte l'exercice d'extrapolation d'enjeux d'objets qui, à l'heure actuelle, *n'existent pas* sous leur forme finale. On ne peut véritablement se saisir de l'analyse des interactions entre les outils de justice algorithmique et les principes fondamentaux de la justice qu'en gardant à l'esprit cette double dimension prospective *et* collective, parce qu'elle lui est consubstantielle. Le discours français s'est déployé en même temps que les premières solutions de « justice prédictive » et alors que les toutes premières annonces relatives à l'*open data* jurisprudentiel étaient faites ; en d'autres termes, il est prospectif *par nature*, tandis que le discours québécois, quant à lui, est plus limité dans son ampleur et plus mesuré dans son approche précisément parce qu'il ne les devance pas. La dimension collective du discours n'est, quant à elle, rien d'autre que la marque quantitative et qualitative de la concentration doctrinale qui s'est opérée sur ces outils — ainsi que le carburant de cette approche prospective reprise d'auteur en auteur. Il est ainsi difficile de véritablement *répondre* à cet axe argumentatif, que ce soit pour valider ou invalider ses hypothèses, et ce n'est d'ailleurs pas l'objet de cette étude. On peut cependant revenir sur certaines des interactions soulignées par le discours français dans la mesure où elles illustrent particulièrement les effets de cette approche par anticipation entraînant avec elle l'idée d'une incompatibilité d'ordre juridique.

246 **Outils de justice algorithmique et MARDs**. La question de l'impact des outils de justice algorithmique sur l'utilisation des MARDs apparaît comme l'une des interactions les plus intéressantes à cet égard. Que cette interaction soit conçue dans un registre positif, pour lequel les outils élargiraient l'offre de règlement des litiges en facilitant l'organisation d'une négociation directe ou d'une médiation sur la base des résultats qu'ils fournissent, ou dans un registre négatif pour lequel, ce faisant, les outils *fermeraient* le prétoire aux parties, l'analyse fait, généralement [821], l'économie d'un regard sur l'état actuel de l'offre de MARD et de la structure des contentieux en France. Cette économie est particulièrement visible dans les contributions qui vont jusqu'à imaginer que « le législateur serait (…) tenté d'instituer une fin de non-recevoir liée aux faibles chances de succès » d'une action en justice [822], de conditionner l'attribution de l'aide juridictionnelle à des chances « minimales » de succès [823] voire d'« externaliser » certains contentieux [824]. Rien n'est certes impossible en droit, mais c'est néanmoins partir du principe que les

---

820. Encore qu'il faille admettre que flotte une certaine ironie sur le traitement *prédictif* d'outils parfois vilipendés parce qu'ils ont eux-mêmes une dimension… *prédictive*.

821. Mais pas systématiquement, voir par exemple Luc Renaudin, *op. cit.*, p. 75, Bernard Stirn, « Premières réflexions sur le juge administratif et le droit prédictif », *op. cit.*, p. 217 ou Florence G'sell, *Justice numérique*, *op. cit.*, p. 126 qui reconnaissent la difficulté de se projeter dans l'avenir et sur l'effet réel de ces outils du point de vue du contournement du juge.

822. Notamment dans Didier Cholet, « La justice prédictive et les principes fondamentaux du procès civil », *op. cit.*, p. 226.

823. Notamment dans Sorayan Amrani-Mekki, « Le point de vue d'une universitaire », *op. cit.*, p. 55.

824. Samir Merabet, « Hommage posthume à l'abandon de DataJust : des principes directeurs de la justice numérique », *op. cit.*, p. 20.

pouvoirs publics vont se saisir à plein de ces outils [825] au point de faire fi des obligations internationales pesant sur la France [826]. On peut, à ce stade, raisonnablement en douter. Si l'on met de côté ce type de crainte sans doute exagéré [827], on doit surtout rappeler que l'intérêt pour les MARDs et les mécanismes d'incitation à leur utilisation, pour ne pas parler d'obligation, n'ont pas attendu le déploiement des outils de justice algorithmique et que leurs progrès au sein (ou en marge) de la procédure civile et du contentieux administratif demeurent très lents. À ce titre, si l'affirmation de principe que les outils de justice algorithmique *pourraient* accélérer ces progrès n'est pas, dans l'absolu, dénuée de sens, elle devra être vérifiée en pratique si leur usage se démocratise effectivement. Elle devra d'autant plus l'être que les difficultés aujourd'hui rencontrées par les MARDs sont autant de nature culturelle que de nature psychologique, voire cognitive. Puisqu'elles reposent en partie sur un biais cognitif spécifique, le biais d'optimisme [828]. Ce biais peut, à un niveau général, se définir comme le fait pour des individus « de considérer des évènements négatifs comme moins susceptibles de leur arriver qu'à l'individu moyen, et des évènements positifs comme plus susceptibles de leur arriver qu'à l'individu moyen » [829] et se manifeste comme un décalage entre les risques ou les chances réels qu'un évènement se produise et la manière dont l'individu concerné les perçoit et les évalue. Dans le contexte qui nous intéresse ici, ce biais s'exprime dans la tendance des justiciables à croire que leurs chances de réussite au procès sont plus fortes que celles d'autres justiciables se trouvant dans la même situation, y compris une fois confrontés à des valeurs numériques et des moyennes chiffrées [830]. Parce

---

825. Ce qui n'a rien d'évident compte tenu de l'abandon du projet *DATAJUST* qui devait précisément marquer l'implication directe de l'État et de ses services dans la construction d'une offre de « justice prédictive ».

826. On pense ici notamment au principe tiré de l'arrêt CEDH, 9 octobre 1979, n° 6289/73, *Airey c. Irlande* selon lequel l'impossibilité de financer un procès faute d'aide juridictionnelle peut impliquer une violation de l'article 6 § 1 de la CEDH de nature à mettre en cause la responsabilité de l'État.

827. Ce que font d'ailleurs la plupart des contributions qui se situent bien plus dans le registre de la dissuasion que de l'obstacle normatif, voir, par exemple, Samir Merabet, « 'DataJust' et l'effet papillon. À propos du décret du 27 mars 2020 », *op. cit.*, p. 24, , Sylvie Lebreton-Derrien, *op. cit.*, Vincent Orif, « Voyage du juge depuis Hypérion : entre une intelligence artificielle conseillère et conquérante », *op. cit.*, p. 143 ou Yannick Meneceur, « Jurimétrie : aléa judiciaire dirigé », *op. cit.*

828. Originellement documenté dans Neil D. Weinstein, « Unrealistic Optimism About Future Life Events », *J. Pers. Soc. Psycho.*, vol. 39, n° 5, 1980, pp. 806-820. Sa version inverse, le biais de pessimisme, a aussi été documenté, notamment chez des individus souffrant de dépression clinique, voir Tali Sharot, « The Optimism Bias », *Curr. Bio.*, vol. 21, n 23, 2011, R941, p. R941.

829. « *People rate negative events as less likely to happen to themselves than to the average person and positive events as more likely to happen to themselves than to the average person* », Adam J. L. Harris et Ulrik Hahn, « Unrealistic Optimism About Future Life Events: a Cautionary Note », *Psychol. Rev.*, vol. 118, n° 1, 2011, 135, p. 135

830. L'inefficacité de ce type de mesures correctrices est ainsi documentée dans plusieurs domaines, et notamment le domaine médical (le fait d'informer, préalablement, les participants d'une étude de la prévalence de la maladie d'Alzheimer ne change pas l'estimation de leurs propres risques d'en souffrir), voir Tali Sharot, *op. cit.*, p. R943. La raison principale de l'inefficacité des mesures correctrices de ce biais d'optimisme est liée à la disponibilité supérieure de la cognition humaine aux informations *positives* qu'aux informations *négatives*, amenant donc les individus à ne pas tenir compte (ou à la marge) d'informations chiffrées négatives lors de leur autoévaluation

que ce biais est considéré comme l'un des « plus cohérents, prévalents et robustes documentés en psychologie et en économie comportementale » [831] et est difficile correctible, il pourrait donc aisément remettre en cause un quelconque effet incitatif des outils de justice algorithmique, en particulier pour celle des deux parties qui n'obtiendrait pas des résultats positifs. Si l'on peut donc raisonnablement concevoir que des chances de succès très faibles, voire nulles, puissent amenuir ce biais d'optimisme, il n'est pas absolument certain que cet effet soit absolu ou qu'il maintienne au-delà d'un certain pourcentage. En d'autres termes, l'argument apparaît fragile, même en admettant *a priori* la capacité de l'outil à exercer une influence sur le choix contentieux d'un justiciable, et il est d'ailleurs d'autant plus fragilisé qu'il est parfois mobilisé sous ses deux angles (positif et négatif) *simultanément* [832]. Il est donc à la fois l'un des marqueurs de l'approche essentiellement prospective *et* de l'impression de contradiction, ou plus exactement de « forme concessive » [833] que nous avons déjà pu souligner vis-à-vis de l'articulation entre les interactions relatives aux principes d'impartialité et d'indépendance et celles relatives aux composantes de la sécurité juridique.

247 **Asymétrie des parties, contradictoire et expertise**. Une deuxième interaction révélatrice de la démarche anticipatrice et, partant, fragile qui soutient l'argumentaire juridico-juridictionnel français est celle relative à l'asymétrie que les outils de justice algorithmique induiraient entre les parties. Comme indiqué précédemment, certains des auteurs qui s'inquiètent de cette rupture d'égalité soulignent en parallèle que, en admettant qu'effectivement les outils puissent avoir cet effet déséquilibrant, « il ne fait guère de doute que le principe du contradictoire impose que le justiciable soit informé en amont et puisse discuter le résultat obtenu (...) si l'outil est utilisé par l'autre partie » [834]. Dans ce contexte, « les résultats des MAAD peuvent contribuer à nourrir les échanges entre le juge et les parties au procès de sorte que ces derniers puissent débattre du contenu et des résultats des algorithmiques pour ne pas seulement 'subir' les résultats » [835] ce qui les rapprocherait « soit d'un rapport d'expertise non contradictoire, soit d'une consultation juridique » [836]. Ce réflexe de rapprochement d'un objet nouveau et d'un objet connu, ici généralement l'expertise puisque c'est elle qui est la facilement assimilée aux outils de justice algorithmique [837], n'a rien de spécifique à ce discours puisque c'est en général de cette manière que de nouveaux

---

(*ibid.*). En ce sens, le biais d'optimisme constitue un effet cognitif dérivé du *biais d'ancrage*, dont nous reparlerons plus précisément en *infra* § 268 et suiv.

831. « *It is one of the most consistent, prevalent, and robust biases documented in psychology and behavioral economics* », Tali Sharot, *loc. cit.*

832. Ce qui est donc le cas de 53 % des contributions qui soulignent cet effet incitatif à l'utilisation des outils de justice algorithmique à l'utilisation des MARDs.

833. Lêmy Godefroy, Frédéric Lebaron et Jacques Lévy-Vehel, *op. cit.*, p. 138.

834. Bénédicte Girard, *op. cit.*, p. 189.

835. MAAD signifiant, dans ce contexte, Modes Algorithmiques d'Analyse des Décisions, Lêmy Godefroy, Frédéric Lebaron et Jacques Lévy-Vehel, *op. cit.*, p. 92.

836. Emmanuel Poinas, *Le tribunal des algorithmes*, *op. cit.*, p. 123.

837. Voir, par exemple, Bénédicte Girard, *op. cit.*, p. 189, Valérie Lasserre, « Justice prédictive et transhumanisme », *op. cit.*, p. 320 ou Hodalo Prenam Beguedou, « La justice française sous l'emprise de la révolution numérique », in Giuseppe Grisi et Federica Rassu (dir.), *Perspectives nouvelles du droit. Thèmes, méthodes et historiographie en France et en Italie*, Romatre Press, 2020, 195, p. 201.

objets font l'objet d'une assimilation à peu de frais au sein de régimes juridiques préexistants [838]. Il est d'ailleurs pertinent : tout comme l'expert « ne doit pas rendre un avis qui serait artificiellement favorable à l'une des parties » [839] et doit présenter des garanties d'indépendance et d'impartialité semblables à celles du juge [840], les outils doivent être « transparent[s], fiable[s] et protecteur[s] de la personne » [841]. C'est cependant dans ces points communs que la pertinence de l'analogie entre les deux outils trouve aussi ses limites. Nous l'avons vu, transparence et fiabilité ne sont pas les qualités principales des outils de justice algorithmique, et leur défaut d'explicabilité rend le versement au contradictoire de ces outils difficile, voire impossible passé un certain stade. Dans la mesure où les résultats peuvent varier d'un outil à un autre sans qu'il ne soit vraiment possible, dans ces conditions, de savoir pourquoi, il faut admettre que la problématique est effectivement sensible et ne peut pas être entièrement ramenée à une analogie avec l'expert qui doit pouvoir expliquer les résultats, ainsi que la méthodologie, de son expertise [842]. La mise au contradictoire des résultats des outils de justice algorithmique ne pouvant donc véritablement porter que sur *les résultats, stricto sensu*, avancés par les outils, la tentative de rapprochement de l'expertise et de ces outils apparaît une fois encore comme un axe argumentatif assez faible. Ce n'est pas ici l'inquiétude exprimée par le discours qui est fragilisée, puisque l'on peut admettre avec lui que, dans des conditions de transparence limitées, l'asymétrie d'accès à l'information entre les parties ne puisse être qu'imparfaitement mitigée par le contradictoire, mais plutôt, précisément, cette possibilité d'en limiter les effets. Là encore, on peut y voir l'empreinte d'une approche globalement prospective qui tend parfois à la contradiction puisque, pour rappel, les risques technico-juridiques soulevés par les outils sont l'un des ensembles d'arguments les plus mobilisés par le discours [843] et entraînent les auteurs à cette conclusion ambivalente quant à un contradictoire tout à la fois dégradé et salutaire [844]. Plus largement, donc, cette question est à relier à l'ensemble des problématiques technico-juridiques rapidement mises de côté par le discours doctrinal français.

248 **Les faux-semblants des jeux d'influence pesant sur le juge**. Les deux interactions déjà traitées ont en commun de mobiliser un relatif petit nombre de contributions, en particulier celle relative au principe d'égalité des parties. Elles ont une valeur plus illustrative que statistique — mais ce n'est pas le cas d'une dernière interaction qui se

---

838. La signature électronique constitue un exemple paradigmatique de cette démarche. Tout le travail d'intégration de cet outil s'est bâti sur une logique de similarités et de dissemblances avec son équivalent classique – quitte, d'ailleurs, à lui imposer un régime bien plus restrictif que ce dernier. Voir, à cet égard, Thibault Douville, « Désordre dans le contentieux de la signature électronique », *D.*, 2022, pp. 121-122.

839. Olivier Leclerc, *Le juge et l'expert. Contribution à l'étude des rapports entre le droit et la science*, LGDJ, 2005, p. 212.

840. Les causes de récusation d'un expert étant les mêmes que pour d'un juge au titre des art. R. 621-6 du Code de justice administrative et 234 du Code de procédure civile français.

841. Valérie Lasserre, « Justice prédictive et transhumanisme », *op. cit.*, p. 320 et, dans le même sens, Jean-Marc Sauvé, « Mot d'accueil », *op. cit.*, p. 11.

842. Notamment au juge, au titre des art. R. 621-10 du Code de justice administrative et 241 du Code de procédure civile français.

843. À hauteur de 52 %.

844. Voir, à cet égard, *supra* § 247.

révèle être bien plus complexe qu'initialement imaginé, en particulier dans la mesure où c'est l'une de celles qui sont les plus partagées de part et d'autre de l'Atlantique. On pense ici à l'interaction, au caractère contradictoire déjà souligné, qui se déploie entre les outils de justice algorithmique et les principes d'impartialité et d'indépendance. Nous avions déjà commencé à aborder cette question mais l'intégralité de l'analyse proposée par le discours doctrinal français, ainsi d'ailleurs que celle du discours québécois lorsqu'il mentionne cette interaction, est à première vue, très prospective puisqu'elle repose sur la réussite des outils de justice algorithmique à au moins un de deux échelons : celui de leur déploiement au sein de la pratique avocate au point qu'ils soient *explicitement* mobilisés dans leurs conclusions écrites ou orales et puissent, donc, effectivement exercer une influence sur le juge, et celui de leur déploiement au sein des juridictions et de leur utilisation par les juges eux-mêmes. Qu'il s'agisse alors de souligner la remise en cause de l'impartialité ou de l'indépendance des juges, il s'agit une fois encore de prendre pour acquise la *possibilité même* que les outils de justice algorithmique puissent un jour exercer leur influence. Plus encore, et au regard de la question du principe d'indépendance à proprement parler, il nous faut ici rappeler que le second pouvoir de fait identifié par le discours français, celui des *juges sur le juge*, ne se retrouve pas au sein du discours québécois. À ce stade, on se contentera de souligner que si les auteurs qui s'inquiètent de cette influence soulignent qu'elle affecte le principe d'indépendance, ils s'arrêtent généralement à ce constat — à l'exception de Scarlett-May Ferrié qui apporte un éclairage intéressant en rappelant que le « procès équitable impose au juge une indépendance (...) qui implique, notamment, l'autonomie du juge par rapport à ses pairs » [845]. Or, ce n'est qu'un certain type d'influence externe au tribunal, mais interne à l'autorité judiciaire qui est prohibé explicitement : les instructions données par d'autres juges, ou les mesures permettant à un juge d'en influencer un autre [846], et non le « pouvoir de fait » exercé par une majorité de juge s'étant prononcée dans un sens sur ceux qui ne se sont pas encore prononcés. On serait en effet bien en peine de prohiber une pression exercée hors de la volonté de ceux qui en sont la cause — d'autant plus, d'ailleurs, que ce mécanisme d'influence des juges sur les juges n'est pas sans rappeler un mécanisme : celui du précédent. Si nous consacrerons de bien plus longs développements que ceux-ci à cette convocation de la notion de précédent au sein du discours, son intervention dans le seul discours français [847] nous met sur la piste de tensions propres à ce discours, inconnues du traitement québécois des outils.

249 **Des tensions plus profondes propres au discours français.** La première de ces tensions est liée au pivot des arguments autour desquels s'articule la majorité des

---

845. Scarlett-May Ferrié, *op. cit.*, p. 6.

846. C'est ainsi le sens de l'arrêt CEDH, 6 octobre 2011, n° 23465/03, *Agrokompleks c. Ukraine*, pt. 139 et, dans l'ordre juridique interne, de Cons. const., 20 janvier 1981, n° 80-127 DC, *Loi renforçant la sécurité et protégeant les personnes*, pt. 43.

847. Parfois d'ailleurs de manière directe et explicite, voir par exemple Estelle Jond-Nécand, « L'open data des décisions de justice par la Cour de cassation et ses incidences », in Bénédicte Bévière-Boyer et Dorothée Dible (dir.), *Numérique, droit et société*, Dalloz, 2022, 261, p. 270 ou Benoît Plessix, « La justice administrative et l'esprit du siècle », *Commentaire*, vol. 3, n° 179, 2022, 579, p. 586.

contributions et, ainsi, au pivot du discours tout entier : la *personne*, l'*office* et la *position* du juge, bref, le juge tout entier. Cette *concentration dans la concentration* se vérifie statistiquement [848] et apparaît d'autant plus clairement qu'elle ne se retrouve pas au sein du discours québécois. Elle se joue à la fois au niveau des craintes exprimées en termes d'impartialité et d'indépendance, mais encore et surtout à partir d'un « effet performatif » qu'auraient les outils de justice algorithmique et qu'ils exerceraient *sur* les juges. L'effet visé est le même : celui d'une influence qui serait, pour la première interaction, *reçue* et, pour la seconde, *émise* par les outils. Or cet « effet performatif » constitue la seconde des tensions propres au discours français, non seulement parce qu'elle constitue le troisième argument le plus mobilisé par le discours [849] mais surtout parce que sa mention, très rare au sein du discours québécois, est *systématiquement* accompagnée d'une citation directe d'une contribution française [850]. La tension n'est pas seulement quantitative, elle est aussi qualitative ; nous avons précédemment écrit qu'*à première vue* le traitement de cette influence sur le juge était par nature prospectif, puisqu'il repose sur l'admission *a priori* de l'incursion des outils au sein du prétoire. Or, si l'approche du discours *est*, effectivement, prospective, *elle n'a pas* à l'être et c'est là toute l'ambivalence dissimulée par la mobilisation de cet « effet performatif ». Si son intervention au sein de ce discours spécifique peut donner une impression de nouveauté, voire d'invention, il n'en est rien ; non seulement cet « effet performatif » n'a rien de nouveau, mais le phénomène qu'il entend désigner ne l'est pas plus. Il n'y a alors rien de nécessairement prospectif dans l'analyse d'un jeu d'influences déjà à l'œuvre, en particulier lorsque les outils de justice algorithmique ne le renouvellent pas nécessairement. Tout le sous-texte de cet « effet performatif » entre alors en résonance avec cette concentration du discours autour de la figure du juge, qui elle-même fait écho à ce *nouveau* pouvoir de fait des *juges sur les juges* et à l'apport, contradictoire, en prévisibilité du droit que ce pouvoir de fait apporterait au droit, le tout dans le vase clos que constitue le discours français. Tout cet ensemble nous permet alors de mettre le doigt sur un nœud propre à ce discours : l'idée d'une contrainte nouvelle pesant sur le juge.

Conclusion du chapitre 1

250 **Une incompatibilité juridique en souffrance**. La validation de notre hypothèse d'une incompatibilité juridique entre l'ordre juridique français et les outils de justice algorithmique, ou au moins de son versant juridictionnel suite à l'échec de son versant

848. Les deux interactions *négatives* qui mobilisent les justiciables plus que le juge, c'est-à-dire le risque de voir ces derniers se détourner volontairement ou non des prétoires et le risque d'asymétrie entre les parties au procès, sont mobilisées, à elles deux, par à peine plus de la moitié du nombre de contributions qui mobilisent d'une manière ou d'une autre l'idée d'un « effet performatif » exercé par les outils de justice algorithmique, voir annexe 2.2.4, T.6.

849. À hauteur de 65 %, et derrière l'apport en connaissance du droit (71 %) et l'apport en prévisibilité du droit (69 %).

850. C'est ainsi le cas dans Karim Benyekhlef et Jie Zhu, *op. cit.*, note 64, Karim Benyekhlef et Simon Du Perron, *op. cit.*, pp. 41-42, not. note 237 ou Ledy Rivas Zannou, *op. cit.*, notes 19 et 36.

technico-juridique, réclamait de pouvoir identifier un régime juridique distinct dans chacun des ordres juridiques ici traités du point de vue des principes fondamentaux de la justice mis en tension par les outils de justice algorithmique. C'est cette différence de régime juridique devait expliquer l'idée d'incompatibilité juridique qui émane du discours français mais ne se retrouve pas au sein du discours québécois.

251 **L'universalisation à géométrie variable des principes fondamentaux de la justice.** La nature particulière des principes fondamentaux de la justice les place, au sein des mouvements d'exportation et d'importation juridiques, à un niveau intermédiaire. Si on peut considérer qu'ils font partie des notions qui circulent le plus activement dans la mesure où elles y sont encouragées par l'intensification de la mondialisation économique, des échanges commerciaux et, donc, des litiges afférents, ils font aussi l'objet d'une réception différenciée selon la nature du système juridictionnel au sein desquels ils trouvent à s'appliquer. La confrontation du système inquisitorial français et du système essentiellement accusatoire québécois l'a ainsi révélée de manière particulièrement aiguë. Si on peut donc espérer retrouver à l'identique dans les deux ordres juridiques chacun des principes fondamentaux dont chaque discours étudie les interactions avec les outils de justice algorithmique, les différences fondamentales se situent au niveau de leur *mise en œuvre*. En d'autres termes, au Québec comme en France, chacun de ces principes encadrant l'activité judiciaire revêt une importance tout aussi fondamentale et impose, selon des biais certes distincts, la mise en place d'obligations, de contraintes et de garanties similaires.

252 **Des interactions similaires, un traitement spécifique.** Dans ce cadre, il n'y a donc rien de surprenant à voir les mêmes interactions soulignées par les deux discours. Si certaines de ces interactions ne se jouent pas en des termes identiques, notamment pour celles qui portent sur ceux des principes fondamentaux qui voient leur mise en application différer le plus d'un ordre juridique à un autre, il faut admettre que ces interactions-ci ne sont pas celles qui se situent au cœur du discours français — bien au contraire. Ce sont bien celles qu'il partage le plus largement avec le discours québécois qui mobilisent la plus grande part des contributions et qui occupent l'essentiel de l'espace de réflexion : celles qui ont trait à l'impact des outils de justice algorithmique sur les juges. Le *contenu* de ces interactions est alors aussi similaire que la place qu'elles occupent est, elle, diamétralement opposée puisque la figure du juge n'a rien de central dans l'argumentaire québécois.

253 **Effet performatif et juge, cœur des tensions du discours français.** En d'autres termes, la confrontation d'un discours français essentiellement prospectif avec un discours québécois pour ainsi dire neutralisé a permis de faire apparaître le cœur des tensions très spécifiques qui parcourent le discours français : un acteur spécifique, le juge, et l'« effet performatif » que lui feraient subir les outils de justice algorithmique. Faute de trouver la trace de ces deux tensions dans le discours québécois, nous tenons peut-être là une clé de compréhension de l'idée d'incompatibilité juridique qui l'irrigue et, plus encore, une manière d'échapper à notre hypothèse juridique en souffrance.

Chapitre 2

Un traitement doctrinal français révélateur de tensions plus profondes

> « *Si la cognition humaine fournit une perception entachée d'approximations, d'illusions et d'erreur, se pose (...) la question de sa suppléance.* » [851]

254 **Prospective, nouveauté... et fausse nouveauté**. L'hypothèse juridique que nous tentions jusqu'ici de tester apparaît déjà, à ce stade de notre étude, largement défaillante. Les enjeux technico-juridiques n'ont rien de propre à l'ordre juridique français et les interactions sur lesquelles le discours français se déploie et s'arcboute sont présentes au sein du discours québécois — mais sur un registre discursif très différent. La confrontation de ces discours nous a cependant permis de cerner le pivot des interactions qui, tout en étant celles les plus similairement relevées, sont aussi celles donnant lieu au traitement le plus distinct : la figure du juge et, plus spécifiquement encore, les effets que les outils de justice algorithmique sont susceptibles d'avoir sur lui. Centrale au sein du discours français, elle ne se situe, au sein du discours québécois, qu'à la périphérie du discours où elle n'est convoquée *que* pour souligner des interactions qui, la plupart du temps, sont explicitement tirées du discours français. Cette concentration du discours français autour de la figure du juge peut, encore une fois, être une marque de son approche prospective — le juge français n'a pas encore réceptionné les outils de justice algorithmique et n'est, *a priori*, pas sur le point de le faire. L'analyse ne peut cependant pas s'arrêter là, puisque si la dimension prospective du discours français est une clé de lecture importante pour expliquer sa crispation autour de *certains* arguments, elle n'est pas

---

851. Charles Tijus, « Processus de prise de décision, sans décision et sans temps de réponse », in François Jouen, Catherine Puigelier et Charles Tijus (dir.), *Décision et prise de décision. Droit et cognition*, Mare & Martin, 2017, 41, p. 44.

suffisante pour expliquer cette concentration qui lui est absolument propre. Suivre sans l'interroger le discours doctrinal dans sa démarche prospective, renforcée par un traitement décontextualisé *technologiquement*, serait alors prendre le parti d'ignorer que les enjeux gravitant autour de cette figure du juge ne sont pas aussi *nouveaux* que le discours français peut le laisser entendre.

255 **Performativité et vice premier des outils de justice algorithmique**. C'est alors au travers de ce qui singularise particulièrement cette concentration au sein du discours français que nous pouvons trouver la trace de ses enjeux réels : l'emploi d'un argument laissé de côté jusqu'à présent, « l'effet performatif » des outils de justice algorithmique (**Section 1**). Parent de l'interaction, négative, entre ces outils et les principes d'impartialité et d'indépendance, sa mobilisation ambiguë et collective apparaît comme un *paravent* doctrinal pour dissimuler l'enjeu réel de cette concentration du discours autour de la figure du juge : la *place* prépondérante que ces outils lui attribuent (**Section 2**).

Section 1. LES FAUX SEMBLANTS DE LA PERFORMATIVITÉ

256 **Un « effet performatif » singularisant et structurant le discours français**. S'il est un argument qui fait pratiquement consensus au sein du discours doctrinal français relatif aux outils de justice algorithmique, c'est bien l'argument tiré d'un « effet performatif » que les outils exerceraient sur ceux qui le manipulent et, en tout premier lieu, sur le juge. C'est d'ailleurs l'un des trois arguments qui singularisent ce discours tout entier vis-à-vis d'autres concentrations doctrinales, aux côtés de l'argument « *common law* » et de celui tiré de l'effet « factualisant » des outils, en tant qu'ils sont fondamentalement *propres* à ce discours tant d'un point de vue quantitatif que qualitatif.

257 **Les pensées et les impensés de l'« effet performatif »**. En cela, cet argument tiré d'un « effet performatif » fait indéniablement figure de pivot de l'analyse menée au sein du sous-discours juridique français. La mobilisation massive et structurante de cet argument ne le rend cependant pas moins ambigu, faute d'une définition claire, voire d'ailleurs d'une *idée* claire, de ce que cet « effet performatif » est et signifie (**§ 1**). À l'étude, l'« effet performatif » qui a soudainement fait son apparition au sein du discours portant *spécifiquement* sur les outils de justice algorithmique constitue la prise de conscience soudaine d'un ensemble de phénomènes aussi anciens que la figure du juge elle-même : des biais cognitifs liés à la prise de décision juridictionnelle et, plus généralement, à la prise de décision dans un contexte d'incertitude (**§ 2**).

§ 1. *LA PERFORMATIVITÉ COMME PIVOT AMBIGU DU DISCOURS FRANÇAIS*

258 **Une genèse facilement identifiable**. L'argument tiré d'un « effet performatif » exercé par les outils de justice algorithmique sur les acteurs du procès qui

l'utiliseraient et, en premier lieu, sur le juge, est un argument paradoxal à une multitude d'égards. Alors qu'il est généralement relativement difficile de retracer l'usage d'un terme, d'une expression ou d'un principe et d'ainsi pouvoir mettre le doigt sur *le* moment qui l'a initié, il est en fait très facile de le faire pour ce qui concerne cet argument. Ainsi, si l'expression « effet performatif » est utilisée pour la première fois au sein du discours en 2016 dans un article de Jérôme Dupré et Jacques Lévy-Vehel pour désigner un des risques propres à l'utilisation de barème, celui de « tendre à favoriser une uniformisation des pratiques qui est souvent dommageable » [852], c'est à partir de l'année suivante que l'expression trouve à s'appliquer directement aux outils au travers d'un article précurseur d'Antoine Garapon :

> « *un dernier risque — et non des moindres — est de voir cette justice prédictive se transformer en nouvelle norme, une sorte de normativité seconde, de voir en quelque sorte la norme d'application se substituer à la règle de droit elle-même. C'est ce que les sociologues appellent l'effet de performativité : la norme réalise ce qu'elle énonce et qui, en l'espèce, pousse à une uniformisation des pratiques. (...) Un juge peu courageux est tenté d'estimer que si la majorité de ses collègues tranche dans [un] sens, le moins dangereux pour lui est de les suivre. C'est l'effet « moutonnier » de la justice prédictive qui pousse au conformisme (...).* » [853]

Pour écrire les choses rapidement, *tout y est*, depuis les termes employés jusqu'à la tendance à employer des expressions alternatives pour filer la description de l'« effet performatif » en passant par celle à englober dans cet « effet » un ensemble composite de phénomènes, d'influences et d'impacts dont le dénominateur commun demeure toujours ce jeu d'influences que l'on retrouve aussi dans les interactions entre outils de justice algorithmique et principes d'indépendance et d'impartialité. Ainsi, si l'expression a été reprise d'auteur en auteur au point de parfois perdre son rattachement à ce premier article, elle l'a été d'une manière aussi éclatée formellement et matériellement que la manière dont elle était originellement décrite (**A**), ce qui rend particulièrement compliqué d'établir ce qui est, en fait, véritablement désigné par l'intermédiaire de cet argument (**B**).

A. Un incernable « effet performatif »

259 **Influence *émise* et influence *subie* ; mélange des genres.** Outre les contributions qui évoquent cet « effet performatif » sans lui donner un sens particulier [854], on en retrouve un certain nombre qui, tout comme ce premier article, désigne un ensemble disparate de phénomènes au travers de cet « effet performatif ». Ainsi,

---

852. Jérôme Dupré et Jacques Lévy-Vehel, « Les bénéfices de la justice prédictive », *La Tribune*, 24 février 2016, disponible en ligne à <https://www.latribune.fr/opinions/tribunes/les-benefices-de-la-justice-predictive-552597.html>.

853. Antoine Garapon, « Les enjeux de la justice prédictive », *op. cit.*, p. 52.

854. Ces contributions citent alors simplement la possibilité d'un « effet performatif » sans lui attribuer de sens ou de conséquences déterminés. Ce sera le cas, par exemple, dans Valérie-Laure Benabou, *op. cit.*, p. 722, Isabelle Desprès, « La perspective du justiciable », in Jean-Pierre Clavier (dir.), *L'algorithmisation de la justice*, Larcier, 2020, 165, p. 175, Marie-Cécile Lasserre, « La justice prédictive », *op. cit.*, p. 138 ou Jean-Marc Sauvé, « Le numérique et la justice administrative », *op. cit.*, p. 47.

il est indiqué qu'il « appartiendra au magistrat (...) de combattre toute tentative séduisante de performativité en devenant la bouche d'un algorithme, ou encore l'adoption d'une approche par mimétisme de ses pairs transformant la prévision en prophétie autoréalisatrice » [855], que « l'adhésion à ce nouveau modèle de prise de décision découle d'une performativité de l'algorithme, qui produit un effet d'uniformisation. C'est l'effet 'moutonnier' de la décision algorithmique » [856] et que « la justice prédictive pourrait devenir performative à partir du moment où les algorithmes s'appliqueraient directement au litige (...) [et] générer une sorte de normativité seconde » qui pousserait le juge à « se soumettre à la prédiction de l'algorithme » [857]. Ce sont sans doute ces contributions qui rendent la plus compliquée une démarche de délimitation du sens exact de cet « effet performatif » dans la mesure où elles traitent ensemble *l'effet* des outils (l'influence *émise*) et la *réception* (l'influence *subie*) de cet effet par le preneur de décision — le juge. C'est aussi pour cette raison que, comme nous l'avons indiqué plus haut, cet « effet performatif » intervient généralement juste avant, juste après ou en parallèle de l'interaction entre les outils de justice algorithmique et les principes d'indépendance et d'impartialité : l'« effet performatif » des outils est le biais par lequel ces deux principes seraient remis en cause. Pour autant, si le discours ne distingue pas toujours explicitement l'influence *émise* de l'influence *subie* (et ses conséquences), cette distinction se retrouve néanmoins dans les contributions de manière implicite selon la forme et le sens donné à cet « effet performatif ».

260 **Influence *émise* et prophétie autoréalisatrice**. L'accent est mis sur l'influence *émise* lorsqu'il est souligné que les outils de justice algorithmique exerceraient cet « effet performatif » parce que, selon, les contributions, ils *risqueraient* de se transformer en norme [858], *de créer* une norme, quelle que soit sa nature [859] ou *de devenir* impératifs [860] ou normatifs [861]. Ces outils, en énonçant un résultat, le feraient advenir [862] et certaines contributions relient cet « effet performatif » à l'idée qu'ils seraient en mesure de produire des « prophéties auto-réalisatrices ». Là encore, cependant, le discours brouille les pistes en mobilisant ce concept *à l'envers*. Développé en psychologie sociale, ce concept est relié à un théorème attribué à

855. Warren Azoulay, *op. cit.*, p. 605 et, dans le même sens, Boris Barraud, « L'algorithmisation de l'administration », *op. cit.*, p. 47 ou Vincent Berthet, « Prédire et juger », *op. cit.*, pp. 93-94.

856. Vincent Lemaire, *op. cit.*, p. 299.

857. Laura Viaut, « Les modèles mathématiques probabilistes au service de la justice quantitative », *LPA*, n° 33, 2021, 20, p. 21.

858. On retrouve cette idée dans Mustapha Mekki, « If code is law, then code is justice ? Droits et algorithmes », *Gaz. Pal.*, n° 24, 2017, 10, p. 13, Issiaga Diallo, *op. cit.*, p. 6 ou Samuel Benisty, « Justice digitale. Révolution graphique et ruine institutionnelle ? », *op. cit.*, p. 20.

859. Elle est une « valeur » dans Basile Darmois, *op. cit.*, p. 56, « issue du nombre » dans Alexandra Bensamoun et Thibault Douville, *op. cit.*, p. 910, « scientifique » dans Raphaël Déchaux, *op. cit.*, p. e-27.

860. Julien Bourdoiseau, « La réparation algorithmique du dommage corporel : binaire ou ternaire ? », *JCl. Responsabilité civile et Assurances*, n° 5, 2021, 7, p. 9.

861. Frédéric Rouvière, « La justice prédictive : peut-on réduire le droit en algorithmes ? », *Pouvoirs*, n° 178, 2021, 97, p. 101.

862. Philippe Le Tourneau (dir.), *Droit de la responsabilité et des contrats*, *op. cit.*, p. 38 et *Contrats du numérique. Informatiques et électroniques*, 12e éd., Dalloz, 2022, p. 821.

William Isaac Thomas et formalisé par Robert King Merton et qui établit que « si les hommes considèrent une situation comme réelle, alors elle devient réelle par ses conséquences » [863]. Ce théorème, connu sous le nom de théorème de Thomas, est structurant pour certains courants de la psychologie sociale [864] et a servi de base à l'élaboration du concept de prophétie autoréalisatrice qui en constitue, en fait, l'une des conséquences. Parce que les hommes règlent leur conduite sur ce qu'ils *perçoivent* comme la réalité, toute manipulation de cette réalité perçue influe, nécessairement, sur leur conduite. En cela, « la prophétie auto-réalisatrice est, au départ, une définition *fausse* d'une situation qui provoque un nouveau comportement qui rend cette conception originellement fausse *vraie* » [865]. Robert K. Merton illustre cette théorie par l'exemple très spécifique de la perception entretenue, aux États-Unis, par les syndicalistes blancs vis-à-vis des travailleurs afro-américains : justifiant leur refus d'admettre ces travailleurs dans leurs syndicats *parce que* ces derniers étaient considérés comme des briseurs de grève et, donc, des « traîtres à la classe ouvrière », ces syndicalistes ont en fait créé les conditions permettant à une situation originellement fausse de devenir vraie. En excluant des syndicats des travailleurs afro-américains qui ne parvenaient de toute façon pas à trouver d'emploi, les syndicats ont généré les conditions dans lesquelles ces mêmes travailleurs n'avaient *pas d'autre choix* que d'accepter les postes abandonnés par les grévistes [866]. Il avance aussi un exemple d'ordre économique, inspiré des jours noirs du Krach de 1929, où des rumeurs d'insolvabilité d'une banque enclenchent des comportements de ses clients qui, effectivement, la rendent insolvable [867]. Bref, le concept de prophétie autoréalisatrice a bien moins à voir avec la prophétie elle-même qu'avec les comportements qu'elle provoque : ce n'est pas la prophétie ou son agent créateur qui changent la réalité, mais bien le ou les individus qui y sont confrontés. Or, et pour en revenir au discours doctrinal français relatif aux outils de justice algorithmique, une partie des contributions mobilisent ce concept du point de vue *des outils* : ce sont eux qui « aurai[en]t un rôle de prophétie auto-réalisatrice, tordant le réel pour le faire correspondre à [leur] anticipation » [868] et, ce faisant, « diraient le droit » [869]. Cette idée de distorsion du réel *par* les outils est d'ailleurs présente sans invocation nécessaire du concept de prophétie autoréalisatrice puisque l'on retrouve plus généralement l'idée que « l'utilisation d'un modèle mathématique (…) dans un champ donné peut

863. « *If men define situations as real, they are real in their consequences* », William Isaac Thomas, *The Child in America. Behavior, Problems and Programs*, Alfred A. Knopf, 1938, p. 572.

864. Notamment les courants interactionnistes dont faisait partie l'École de Chicago dont « l'âge d'or » s'est étendu du début du XXe siècle aux années 1940 et, de manière plus indirecte, les courant fonctionnalistes qui s'y sont substituées à partir des années 1950.

865. « *The self-fulfilling prophecy is, in the beginning, a false definition of the situation evoking a new behavior which makes the originally false conception come true* », Robert K. Merton., « The Self-Fulfilling Prophecy », *The Antioch Review*, vol. 8, n° 2, 1948, 193, p. 195.

866. *Ibid.*, pp. 196-197.

867. *Ibid.*, p. 194.

868. Louis Larret-Chahine, « Le droit isométrique : un nouveau paradigme né de la justice prédictive », *APD*, t. 60, 2018, p. 293 ou Antoine Garapon, « Impacts sur le service public de la justice », *op. cit.*, p. 43.

869. Lêmy Godefroy, « L'office du juge à l'épreuve de l'algorithme », *op. cit.*, p. 112.

parfois dépasser la simple description pour modifier ce champ » [870], de sorte que les outils auraient une « utilisation prescriptive, qui force ou remplace la décision » [871] et promettraient donc « de faire acte juridictionnel » [872]. Or, qu'il s'agisse de cette mobilisation inversée du concept de prophétie autoréalisatrice ou de l'idée que les outils de justice algorithmique seraient, par eux-mêmes, normatifs, prescriptifs ou contraignants, il faut souligner que le discours n'est pas très disert sur les biais par lesquels cette influence *émise* s'exprimerait *en fait* — et pour cause. Dès lors qu'il s'agit de s'intéresser aux effets de cette influence, autrement dit à l'influence *subie*, l'on retombe en fait très largement sur ce qui est déjà par ailleurs craint au travers de l'interaction entre outils de justice algorithmique et principes d'impartialité et d'indépendance.

261 **Influence *subie* et variété des conséquences**. Il faut d'ailleurs admettre que la part du discours qui se situe du point de vue de cette influence *subie* est nettement plus prolixe et que les synonymes ou quasi-synonymes ne manquent pas pour qualifier la manière dont cet « effet performatif » et sa prophétie autoréalisatrice s'exerceraient et, en ce sens, la réponse est unanime : par le biais du juge. C'est ce dernier qui, influencé [873], mis sous pression [874], risquerait de se conformer aux résultats proposés par les outils [875]. C'est aussi *à cause* de ce dernier que cet « effet performatif » aurait pour conséquence d'« uniformiser les pratiques » [876] et

---

870. Jacques Lévy-Vehel et Jérôme Dupré, « Intelligence artificielle : quelle innovation pour la quantification de l'aléa judiciaire ? » *in* Antoine Masson et Hugues Bouthinon-Dumas (dir.), *L'innovation juridique et judiciaire. Méthodologie et perspectives*, Larcier, 2019, 173, p. 178.

871. Yannick Meneceur, *L'intelligence artificielle en procès*, *op. cit.*, p. 108.

872. Vincent Vigneau, « Faut-il encore des juges ? », *op. cit.*, p. 7.

873. Didier Cholet, « La justice prédictive et les principes fondamentaux du procès civil », *op. cit.*, p. 231, Cécile Bourreau-Dubois, « La barémisation de la justice : une approche par l'analyse économique du droit », *op. cit.*, p. 29, Florence G'sell, « Les progrès à petits pas de la 'justice prédictive' en France », *ERA Forum*, vol. 20, n° 5, 2020, 299, p. 288 ou Bruno Mathis, « La justice prédictive est compliquée mais pas dangereuse », *Village de la Justice*, 6 février 2018, disponible en ligne à <https://www.village-justice.com/articles/spip.php?page=imprimer&id_article=27118>.

874. Thierry Le Bars, « Conclusion générale », *op. cit.*, p. 207 ou Maher Dahmani et Sophie Vermeille, « Open data jurisprudentiel : une république numérique pour un droit prédictif et attractif », Rapport Droit et Croissance, 2017, p. 21.

875. Soraya Amrani-Mekki, « L'obsolescence programmée du juge ? Propos introductifs », *op. cit.*, p. 11, Valérie Malabat, *op. cit.*, p. 110, Franck Marmoz, « Justice prédictive, de la fiction à la réalité, quelles conséquences pour les professions du droit ? », Intervention à l'Université Alger 1, 2018, p. 5, disponible en ligne à <https://hal-univ-lyon3.archives-ouvertes.fr/hal-02086767> ou Vincent Orif, « Voyage du juge depuis Hypérion : entre une intelligence artificielle conseillère et conquérante », *op. cit.*, pp. 137-138.

876. Pierre Sirinelli et Stéphane Prévost, « Lettre à un ministère de la Justice 2.0 », *Dalloz IP/IT*, 2017, 245, p. 245, Ermanno Calzolaio, « Intelligence artificielle et décisions de justice : dans une perspective comparatiste », *op. cit.*, pp. 43-44, Jérôme Dupré et Jacques Lévy-Vehel, « Algorithmes et data : osons la justice 'quantitative' », *Les Échos*, 7 juin 2017 et « Les bénéfices de la justice prédictive », *Village de la Justice*, 19 février 2016, disponible en ligne à <https://www.village-justice.com/articles/spip.php?page=imprimer&id_article=21523>, Marie Danis, « Legaltech et justice prédictive », *in* André-Paul Bahuon et Jean-Jacques Pluchart (dir.), *Les défis des métiers du conseil, du chiffre et du droit*, Maxima, 2018, 181, p. 196,

de « congeler » [877] et de « figer » [878], « cristalliser » [879] la jurisprudence puisque les résultats produits par les outils sont non seulement « tournés vers le passé » [880] mais encore et surtout tournés vers les décisions d'autres juges [881]. C'est aussi dans cet axe qu'est mobilisée, *dans le bon sens*, la notion de prophétie autoréalisatrice — encore qu'elle ne soit pas beaucoup plus explicitée que l'« effet performatif » auquel elle est, selon les cas, accolée [882] ou tout simplement assimilée [883]. Dans cette perspective, l'« effet performatif » qu'auraient les outils de justice algorithmique n'a pas vraiment de contenu, de *substance*, en lui-même : il est juste le vecteur de toutes les influences qui ont en commun de fragiliser le respect des principes d'impartialité et d'indépendance par le juge qui serait confronté à ces outils. En d'autres termes, cet argument n'a en vérité pas de valeur ou de sens intrinsèques et ne peut être compris qu'en lien avec les différents phénomènes auxquels il est rapporté ; il est un outil discursif, un raccourci commode pour désigner tout ce qui a trait à l'exercice d'une influence d'une quelconque nature sur le juge sans avoir à expliciter si cette influence doit être reliée à l'*outil* lui-même ou plus largement au *processus de prise de décision* d'un juge confronté à des informations du type de celles transmises par les outils.

262 **Un « effet performatif » à l'opérationnalité limitée**. La nuance peut paraître ténue, dans la mesure où, dans un cas comme dans l'autre, le processus de prise de décision *serait* affecté mais elle est en fait importante : selon que l'« effet performatif » est, à titre premier, une influence *émise* ou une influence *subie*,

---

877. Soraya Amrani-Mekki, « L'obsolescence programmée du juge ? Propos introductifs », *op. cit.*, p. 11.

878. Jean-Baptiste Prévost, « La fabrique des données : à propos du codage numérique du droit et de ses limites », *op. cit.*, p. 85 et « Justice prédictive et dommage corporel : perspectives critiques », *op. cit.*, p. 48 ou Eugénie Petitprez et Rodolphe Bigot, *op. cit.*, p. 5.

879. Anaïs Coletta, *op. cit.*, p. 337 ou Raphaël Déchaux, *op. cit.*, p. e27, reprenant Jean-Marc Sauvé, « Mot d'accueil », *op. cit.*, p. 3.

880. Vincent Vigneau, « Faudra-t-il encore des juges ? », *op. cit.*, p. 54, Emmanuel Jeuland, « Intelligence artificielle et justice : une approche interhumaniste », *op. cit.*, p. 196 ou Mustapha Mekki, « Les fonctions de la responsabilité civile à l'épreuve du numérique : l'exemple des logiciels prédictifs », *op. cit.*, p. 673.

881. Tel que souligné dans Bruno Cathala, « Nous devons inventer notre propre modèle de motivation », *SSL*, n° 1882, 2019, 9, p. 10, Christophe Roquilly, « Justice prédictive, entre séduction et répulsion », *The Conversation*, 3 septembre 2019, disponible en ligne à <https://theconversation.com/justice-predictive-entre-seduction-et-repulsion-122805> ou Aurore-Angélique Hyde, « Vers une cyberéthique de la justice 'prédictive' », *op. cit.*, p. 327.

882. Dans Bernard Lamon, « Datajust : juste de la data ? », *Nouveau Monde avocats*, 29 mars 2020, disponible en ligne à <https://www.blog-nouveaumonde-avocats.com/datajust-juste-de-la-data>, Marie-Cécile Lasserre, « La justice prédictive », *op. cit.*, p. 144, Boris Barraud « Justice douce et justice prédictive : les algorithmes au service de l'amiable ? », in Catherine Tirvaudey (dir.), *Le rôle du juge en matière de MARD-PRD : regards croisés Québec, Suisse, France*, Presses Universitaires de Franche-Comté, 2020, 165, p. 175 ou Éloi Buat-Ménard, *op. cit.*, p. 274.

883. « La performativité désigne un phénomène de prophétie auto-réalisatrice » dans Louis Larret-Chahine, « L'éthique de la justice prédictive », *op. cit.*, p. 91, le risque présenté est celui « d'un effet performatif des énoncés ou de prophétie auto-réalisatrice » dans Marianne Cottin, « Jurisprudence et contentieux, une (r)évolution à attendre ? », *op. cit.*, p. 25 et « L'open data des décisions de justice : un bouleversement de l'espace jurisprudentiel ? », *op. cit.*, p. 302 et « la performativité (…) est souvent illustrée par l'image de la 'prophétie auto-réalisatrice' » dans Élise Mouriesse, *op. cit.*, p. 133.

les enjeux ne sont pas les mêmes. Si l'« effet performatif » est *d'abord* une influence émise, c'est dans les caractéristiques spécifiques de ces outils qu'il faut rechercher le sens, le fonctionnement et la cause de cette influence qu'ils peuvent alors exercer de leur « propre chef ». Ce n'est que dans un second temps que cette influence affecte nécessairement la prise de décision. Si, en revanche, cet « effet performatif » est *d'abord* une influence subie, ses causes, son fonctionnement et ses conséquences sont à rechercher *au niveau de la personne du juge* et de sa prise de décision. Le fait que l'influence émane d'un type spécifique d'outil n'a qu'une importance secondaire, voire subalterne, puisque l'émetteur de l'influence ne maîtrise de toute façon pas son processus de réception. Il faut alors reconnaître que la manière dont cet « effet performatif » est mobilisé par le discours ne constitue pas une très bonne base pour déterminer s'il relève du premier ou du second type d'influence. En cela, et d'une manière assez similaire aux problématiques technico-juridiques, cet « effet performatif » est un argument plus stratégique qu'opérationnel dans la mesure où sa seule utilisation ne suffit pas à comprendre ce que les auteurs dénoncent *en fait*.

B. À la recherche de la performativité

263 **Performativité austinienne et actes de langage**. Il faut donc une nouvelle fois prendre un peu de recul sur le discours pour ne pas laisser ses contradictions et son foisonnement internes brouiller la réflexion, et se pencher sur la notion même d'« effet performatif ». Nous l'avons dit plus tôt, ce n'est pas parce que ce concept est rarement expliqué ou ramené à ses origines qu'il est, en tant que tel, *nouveau* ou *novateur*. Il est construit sur le terme de « performativité », lui-même issu des travaux en linguistique de John Langshaw Austin dont le nom est assez rarement convoqué au sein du discours [884]. Pour saisir la notion de performativité austinienne, il faut la replacer dans le contexte dans lequel elle a été conçue, c'est-à-dire dans le cadre de la théorie des actes de langage et de l'ouvrage *How to do things with words* édité à partir des cours donnés par John L. Austin à Oxford puis Harvard entre 1951 et 1955. Parce que cet ouvrage n'est pas une monographie au sein de laquelle John L. Austin lui-même expose sa théorie de manière définitive, la notion de performativité y évolue au fur et à mesure qu'il la raffine. Ainsi, les premières mentions de performatifs, c'est-à-dire d'énonciations de type performatif, font référence à une catégorie bien déterminée d'énoncé : « Oui, [je le veux] (c'est-à-dire je prends cette femme comme épouse légitime) », « je baptise ce bateau le *Queen Elisabeth* », « je donne et lègue ma montre à mon frère » et

884. On le retrouve mentionné, notamment, dans Jean-Baptiste Prévost, « Justice prédictive et dommage corporel : perspectives critiques », *op. cit.*, p. 47 et *Penser la blessure*, *op. cit.*, p. 136 et Laura Viaut, « Droit et algorithme : réflexion sur les nouveaux processus décisionnels », *LPA*, nº 177-178, 2020, 8, p. 12, « Les fonctions de l'intelligence artificielle dans les décisions de justice », *LPA*, nº 261, 2020, 21, p. 22 et « L'évaluation des préjudices corporels par algorithmes », *LPA*, nº 107, 2021, 10, p. 11.

« je vous parie six pence qu'il pleuvra demain » [885]. Pour ces énoncés, « il semble clair qu'énoncer la phrase (dans les circonstances appropriées, évidemment), ce n'est ni *décrire* ce qu'il faut bien reconnaître que je suis en train de faire en parlant ainsi, ni affirmer ce que je fais : c'est le faire » [886]. Un performatif, c'est à l'origine un type d'énoncé qui réalise une action *par sa seule énonciation*, soit dans un contexte hautement réglementé soit dans un contexte social adapté, et qui s'oppose donc à un énoncé de type constatatif qui ne ferait que décrire, constater ou affirmer quelque chose. Ainsi, un officier d'état civil prononçant les mots « je vous déclare mari et femme » dans le cadre posé par les articles 165 et suivants du Code civil et dans le respect des conditions posées par les articles 143 et suivants du même Code ne décrit pas l'état du couple qui se tient devant lui : *il les marie* [887]. Le performatif est alors considéré « heureux », puisqu'il réalise effectivement une action. Il est considéré « malheureux » lorsque, faute du respect d'une ou plusieurs conditions (ici légales, mais pas nécessairement), le performatif *échoue* à réaliser son action [888]. Au fur et à mesure de ses cours et du détail des conditions de félicité ou d'échec des performatifs, John L. Austin finit par modifier sa théorie : les performatifs jusqu'ici décrits ne sont *qu'un* type de performatif, des performatifs *directs* ou *explicites* [889], qui coexistent avec tout un ensemble de performatifs indirects puisque *toute énonciation*, y compris celles qui sont *a priori* constatatives, lui apparaît susceptible de produire par elle-même une action ou d'entraîner la réalisation d'une action. Tout énoncé devient alors potentiellement performatif et, pour conserver cependant une valeur opératoire à la dichotomie entre *dire* et *faire*, une nouvelle distinction est avancée entre les différents « actes » performés lors de l'énonciation : l'acte locutoire, l'acte de *dire* quelque chose (« vous rendrez votre dissertation avant minuit ») ; l'acte illocutoire, l'acte effectué *en disant* quelque chose (exiger le rendu de la dissertation avant minuit) ; et l'acte perlocutoire, les actes *provoqués* par le fait de dire quelque chose (la réalisation de la dissertation, son rendu à temps) [890].

264 **De John L. Austin au discours ; les imprécisions de l'« effet performatif ».** La présente étude n'a pas l'ambition de proposer une lecture des travaux de John L. Austin, mais l'on peut partir de cette rapide synthèse pour revenir au discours relatif aux outils de justice algorithmique. La précision est peut-être évidente mais elle n'en est pas moins superflue : les performatifs austiniens sont des actes de

---

885. John Langshaw Austin, *Quand dire c'est faire*, LANE Gilles (trad.), Éditions du Seuil, 1998, p. 41.

886. *Ibid.*

887. Ou, si l'on veut être tatillonne et parfaitement exacte, il *enclenche* la procédure conduisant le couple à être marié. *In fine*, l'acte faisant foi reste l'acte de mariage dûment signé par les époux, l'officier d'état civil et les témoins.

888. Un exemple non juridique serait celui d'une promesse (« je promets de vous rendre ma dissertation avant ce soir minuit ») non tenue (la dissertation n'est pas rendue avant le soir, minuit) : J. Austin parle alors, pour cette classe d'échec, soit d'insincérité (le promettant n'a jamais eu l'intention de tenir sa promesse) soit de rupture (le promettant avait l'intention de tenir sa promesse mais ne l'a pas, en fait, tenue), voir *ibid.*, p. 69.

889. *Ibid.*, p. 97.

890. *Ibid.*, pp. 112-114.

langage, destinés à s'appliquer à l'énonciation *humaine*. Ils n'ont pas vocation, en tout cas pas à l'origine, à décrire d'autres phénomènes que ceux liés à cette énonciation. Cette dimension restrictive s'est certes étiolée avec la réutilisation de ses théories, mais il n'en demeure pas moins que cette dimension discursive et linguistique de la performativité lui est intrinsèque. Par ailleurs, l'expression même d'« effet performatif » apparaît trop large lorsqu'elle est confrontée à ces travaux : en admettant que les résultats produits par les outils de justice algorithmique puissent être assimilés à des énonciations, ils ne peuvent dans tous les cas pas être considérés comme des performatifs directs [891]. Ils tombent alors dans la deuxième acception de la performativité, c'est-à-dire comme des énoncés pouvant produire les trois types d'actes décrits précédemment. Là encore, cependant, il faut encore cerner de *quel type d'acte* le discours doctrinal souhaite parler lorsqu'il mobilise cet « effet performatif ». Nous retombons en fait ici sur la distinction que nous avons avancée entre influence *émise* et influence *subie* : selon la manière dont le discours se saisit de cet « effet performatif », il décrit en effet soit un acte *illocutoire*, soit un acte *perlocutoire*. Ainsi, lorsque ce sont les outils *eux-mêmes* qui agissent, produisent un effet sur le droit, leur « effet performatif » est un ensemble d'effets illocutoires : les outils agissent, par eux-mêmes, en produisant leurs résultats. Lorsque ce sont *les juges* qui modifient leur comportement *à cause* de ces résultats, l'« effet performatif » des outils est de nature perlocutoire : ils *provoquent* des actes, des actions ou des effets en produisant leurs résultats, mais ne les *réalisent* pas eux-mêmes. On se rapproche ici de la notion de prophétie autoréalisatrice, lorsqu'elle est mobilisée *dans le bon sens*.

265 **De J. Austin au discours ; tentative d'élucidation**. Il ne s'agit pas ici de faire de la police du langage, quoi qu'il faille néanmoins souligner que la notion de performativité ici mobilisée le soit de manière aussi imprécise alors même qu'elle est, par ailleurs, mobilisée dans le reste du discours doctrinal de manière parfois très proche de la théorie initiale de John L. Austin [892]. Il ne s'agit pas non plus de subodorer que l'intégralité des auteurs entendait appliquer parfaitement cette théorie et pas, plutôt, une version *réappropriée* de cette théorie, à l'instar de toute une « famille interdisciplinaire de travaux qui ont sorti de leur contexte les idées d'Austin et les ont exposées à de nouveaux contextes et de nouveaux objets » [893]. Il s'agit cependant de souligner que le flou qui flotte sur l'« effet performatif »

---

891. Quand bien même ils ne puissent probablement pas non plus être assimilés à des constatatifs.

892. C'est ainsi le cas dans des ouvrages comme Gérard Cornu, *Linguistique juridique*, Montchrestien, 1990, spé. p. 352 et Benoît Frydman, *Le sens des lois. Histoire de l'interprétation et de la raison juridique*, 3e éd., Bruylant, 2011, spé. pp. 567-568 (même s'il n'est ici question de la performativité « précoce » des premiers cours de J. Austin) ou dans des articles comme Christophe Grzegorczyk, « Le rôle du performatif dans le langage du droit », *APD*, t. 19, 1974, pp. 229-241 ou Nicolas Dissaux, « Langue de poids », *D.*, 2015, p. 2121.

893. « *Austin's initial insights about how words 'do' things, and the related concepts of performativity, have given birth to an interdisciplinary family of works, which have displaced Austin's ideas from their original setting to expose them to new contexts and objects* », Jean-Pascal Gond *et al.*, « What do we mean by Performativity in Organizational and Management Theory? The Uses and Abuses of Performativity », *International Journal of Management Reviews*, vol. 18, no 4, 2016, 440, p. 440.

tel que mobilisé par le discours ne permet pas de lui attribuer un sens précis. Il ne permet en fait que d'indiquer qu'il ne correspond ni à la théorie austinienne, ni à la plupart de ses réutilisations qui exploitent la notion de performativité dans des contextes de rapports d'humain à humain. Il s'apparente plutôt à la version abâtardie de la performativité qui tend, notamment au regard des sondages d'opinion, à considérer qu'est performative toute *information* qui influence le comportement de ceux qui y accèdent, ce qui revient à dire que la notion de prophétie autoréalisatrice correspond déjà sans doute plus à ce que l'« effet performatif » semble désigner que la performativité *stricto sensu*. Pour autant, cette notion de performativité n'est pas complètement inutile pour tenter de comprendre ce que cet outil rhétorique entend pointer du doigt, et surtout pour déterminer une fois pour toutes la nature du jeu d'influences qu'il décrit. Les conditions de félicité des performatifs listées par John L. Austin peuvent ainsi être exploitées ici dans la mesure où elles conditionnent la réussite de deux des trois actes de langage : celle de l'acte illocutoire, et celle *d'au moins une partie des actes perlocutoires*. Ainsi, qu'il soit direct ou qu'il ne soit pas, si le performatif est exprimé dans un cadre juridiquement réglementé, il ne pourra avoir de réalité illocutoire qu'à partir du moment où il est exprimé dans les conditions posées par ce cadre juridique : les mots prononcés par l'officier d'état civil ne « marieront » des individus que s'ils sont prononcés dans le respect des normes applicables. Si le performatif est malheureux et qu'il n'a donc aucune valeur illocutoire, il perdra *au moins une partie* de sa valeur perlocutoire : les individus ne seront pas unis par les liens du mariage et soumis à ses obligations si l'énoncé de l'officier d'état civil ne s'est pas prononcé dans le respect des normes applicables. Pour autant, *certains* des actes perlocutoires rattachés à l'énoncé peuvent demeurer : les invités présents lors de la cérémonie peuvent continuer de se comporter à l'égard des individus non mariés *comme s'ils étaient mariés*. Le performatif sera malheureux et perdra donc toute valeur illocutoire et seulement une partie de sa valeur perlocutoire, puisque ceux des effets qui ne sont pas directement liés à la réalisation de l'acte illocutoire pourront se maintenir.

266 De John L. Austin au discours ; réconciliation. Les outils de justice algorithmique ne sont pas des performatifs directs, c'est acquis. Au surplus, ils ne « s'expriment » dans aucun cadre juridique qui doterait leurs résultats d'une valeur juridique particulière ou leur attribuerait un ensemble de conséquences ; produire des résultats n'a donc, en l'état des choses, aucun effet direct. L'« énoncé » que ces résultats représentent a donc une valeur illocutoire identique à sa valeur locutoire, ou plutôt pas de valeur illocutoire du tout. En d'autres termes, tout le pan du discours qui décrit l'« effet performatif » de ces outils en termes d'influence *émise* s'inscrit soit dans une démarche *très* prospective, soit dans une perspective qui n'est plus du tout celle de la performativité, même *lato sensu*. Dans la mesure, cependant, où même ce pan de discours insiste sur les conséquences de cette influence, il rejoint en bout de course celui qui décrit cet « effet performatif » en termes d'influence *subie* — et donc en termes d'effets *perlocutoires* de l'« énoncé » que constituent les résultats produits par l'outil de justice algorithmique. Puisque ces effets *peuvent* se déployer et se maintenir sans que l'énoncé n'ait de valeur illocutoire, on parvient peut-être là à réconcilier l'« effet performatif » (en fait, la valeur perlocutoire) des outils de justice algorithmique avec la théorie austinienne… à larges frais, cependant, et en admettant beaucoup de choses qui ne vont pas de soi.

267 Performativité, psychologie cognitive et biais d'ancrage. Tout n'est pas perdu cependant, puisque ce faisant nous avons aussi réconcilié cet effet performatif [894] avec la notion de prophétie autoréalisatrice, et nous sommes désormais capables de résumer les craintes exprimées derrière lui : les résultats produits par les outils de justice algorithmique exerceraient une influence (normative, prescriptive, une pression) sur le juge qui y accèderait, le pousseraient à modifier son comportement et sa prise de décision (reproduire les résultats, s'y conformer) et, ce faisant, à modifier l'ordonnancement juridique dans son ensemble (en figeant, cristallisant, congelant la production jurisprudentielle). En d'autres termes, et si l'on met de côté la question de la nature des outils, leur effet performatif inquiète parce qu'il interroge sur l'influence que des éléments apportés de *l'extérieur* du prétoire peuvent avoir la prise de décision du juge ; plus généralement encore, il interroge sur l'effet que des *informations*, de nature numérique, statistique ou non, peuvent avoir sur un preneur de décision lorsque cette décision n'est pas entièrement prédéterminée par ailleurs. Tout ceci n'est pas plus nouveau ou novateur que la performativité elle-même. Ainsi, si l'effet performatif du discours relatif aux outils de justice algorithmique ne correspond que très mal à la performativité, c'est peut-être parce qu'elle désigne un autre phénomène. Débarrassons-nous donc de l'outil rhétorique de la performativité pour tourner le regard vers le domaine scientifique qui, plus que la linguistique ou la sociologie, s'intéresse aux processus de prise de décision dans l'incertitude : la psychologie cognitive et, plus encore, l'étude des heuristiques de jugement et du biais d'ancrage.

§ 2. *La « performativité » démasquée : biais cognitif et prise de décision juridictionnelle*

268 Psychologie cognitive et justice. Qu'on le veuille ou non, qu'on l'admette explicitement ou que l'on se contente de le faire tacitement, un juge est un individu humain. S'il a pour mission hautement spécifique et sensible de juger d'autres individus, le jugement qu'il opère demeure inséré dans un cadre de logiques, d'automatismes, de biais et de mouvements d'action et de rétroaction qui peut être étudié sous l'angle de la discipline scientifique qui entend décrire et comprendre ce cadre de réflexion, aussi appelé *heuristiques de jugement* : la psychologie cognitive. Une telle approche, bien sûr, ne peut ni se substituer ni remplacer une approche juridique de la prise de décision judiciaire dans la mesure où elle n'apporte ni ne crée de connaissances d'ordre juridique — elle peut, cependant, apporter un éclairage sur le sens, la mise en application et l'effet pratique des principes de droit qui régissent ce type de décision. Dans le cadre du discours relatif aux outils de justice

---

894. Qui perd désormais ses guillemets, puisque nous avons fini par le cerner.

algorithmique, cette approche permet surtout de recentrer l'analyse sur le cœur réel de l'argument tiré de l'effet performatif de ces outils : leur impact des résultats sur la prise de décision du juge et, donc, sur le processus cognitif de prise de décision en ce qu'il est nécessairement affecté par un certain nombre d'heuristiques (**A**) qu'ils peuvent eux-mêmes, potentiellement, affecter (**B**).

A. De la performativité à l'heuristique d'ancrage

269 **Heuristiques de jugement et prise de décision.** Ces heuristiques de jugement constituent des opérations mentales automatiques, rapides et intuitives qui peuvent aussi être qualifiées de raccourcis et qui simplifient la prise de décision humaine. Elles sont la conséquence d'une forme d'économie de moyens cognitifs. Décrites pour la première fois dans le domaine économique, elles contredisent l'idée généralement admise que l'humain est un individu rationnel cherchant à prendre des décisions rationnelles et optimales en prenant en considération l'ensemble des données du problème auquel il est confronté, en avançant qu'il tend, au contraire, à prendre ces décisions à partir d'une appréciation *partielle* de *certaines* de ces données [895]. Daniel Kahneman et Amos Tversky ont tiré toutes les conséquences de cette rationalité limitée des individus pour établir toute une série d'heuristiques applicables aux situations de jugement (au sens large) dans des situations d'incertitudes et gouvernant, et ce faisant biaisant, la prise de décision [896]. Ce sont aussi eux qui ont réintégré la question de ces heuristiques dans le champ de la psychologie cognitive et de la cognition sociale. Ils ont ainsi dégagé plusieurs heuristiques, notamment, et pour ne citer que les plus connues, les heuristiques de représentativité (plus un objet ressemble à un autre objet appartenant à une classe spécifique, plus on estime qu'il appartient lui aussi à cette même classe) [897], de disponibilité (plus un évènement est facile à se remémorer, plus on estime qu'il advient fréquemment) [898] et, pour ce qui nous intéresse ici, l'heuristique d'ancrage et d'ajustement. C'est sur cette dernière heuristique que nous nous concentrerons ici.

---

895. Herbert Simon, « A Behavioral Model of Rational Choice », *Q. J. Econ.*, vol. 69, nº 1, 1955, pp. 99-118. À noter qu'il n'y est pas question d'heuristique à proprement parler, mais simplement d'un ensemble de raccourcis, de simplifications et d'approximations qui créent les conditions d'une rationalité limitée (« *limited rationality* », p. 113) du preneur de décision. Herbert Simon dégage en fait une heuristique très spécifique au travers de ses travaux : l'heuristique de *satisficing* (ou principe du seul de satisfaction). Cette heuristique implique qu'au-delà d'un certain « coût » décisionnel (en apprentissage, en temps, en efforts cognitifs), le décideur cesse de poursuivre la décision optimale (la « meilleure » décision) et se contente d'une décision satisfaisante (une décision *suffisamment bonne*, pp. 104 et suiv.).

896. Notamment dans l'article programmatique Amos Tversky et Daniel Kahneman, « Judgment under Uncertainty: Heuristics and Biases », *Science*, vol. 185, 1974, pp. 1124-1131.

897. Amos Tversky et Daniel Kahneman, « Belief in the law of small numbers », in Daniel Kahneman, Paul Slovic et Amos Tversky (dir.), *Judgment under Uncertainty: Heuristic and Biases*, CUP, 1982, 23, pp. 23-24.

898. Amos Tversky et Daniel Kahneman, « Availability: A heuristic for judging frequency and probability », in Daniel Kahneman, Paul Slovic et Amos Tversky (dir.), *Judgment under Uncertainty: Heuristic and Biases*, CUP, 1982, 163, p. 164.

270 **L'heuristique d'ancrage et d'ajustement.** L'heuristique d'ancrage et d'ajustement implique que, lorsque des individus doivent prendre des décisions dans une situation d'incertitude [899],

> « *ces individus produisent une estimation en partant d'une valeur initiale qui est ajustée pour produire la réponse finale. Cette valeur initiale, ou ce point de départ, peut être suggérée par la formulation du problème, ou elle peut être le résultat d'une réflexion partielle. Dans les deux cas, l'ajustement est typiquement insuffisant. C'est-à-dire que des points de départ différents impliquent des estimations différentes, biaisées dans le sens des valeurs initiales. Nous appelons ce phénomène l'ancrage* » [900].

L'expérience classique démontrant les effets de cette heuristique et du biais cognitif est celle, assez connue, menée par Daniel Kahneman et Amos Tversky dès 1974 : des sujets devant estimer le nombre d'États africains membres de l'ONU devaient, au préalable, faire tourner une roue de la Fortune truquée pour, selon les groupes, indiquer un nombre faible (dix) ou fort (soixante-cinq). Les valeurs médianes attribuées par chaque groupe se sont alors avérées fortement ancrées selon la valeur initiale qui leur avait été attribuée, puisqu'elles s'élevaient à vingt-cinq États pour le groupe ayant reçu une ancre basse contre quarante-cinq pour celui ayant reçu une ancre haute [901]. Le même type d'expérience a ensuite pu être mené à partir d'autres valeurs initiales de manière à confirmer que ce biais d'ancrage est activé par n'importe quelle valeur, y compris lorsque cette dernière est, de manière évidente, non pertinente : des sujets ont été invités, par exemple, à estimer le nombre de médecins listés dans un annuaire après avoir été confrontés à leur propre numéro de sécurité sociale [902], à estimer leurs propres capacités à réaliser une tâche après avoir tiré au sort une carte indiquant une valeur numérique (haute ou faible) [903] ou à estimer le nombre de tâches qu'ils étaient capables d'accomplir après avoir été confrontés au numéro de l'expérience à laquelle ils participaient [904]. Dans les trois cas, y compris lorsque l'évaluation demandée

---

899. C'est-à-dire des décisions construites sur la base de données dont la réalisation, la réalité et la nature exacte est incertaine, y compris pour le décideur : ces décisions sont donc prises à partir de « croyances » (« *beliefs* »), d'évaluations, construites par le décideur lui-même, voir Amos Tversky et Daniel Kahneman, « Judgment under uncertainty: Heuristics and Biases », in Daniel Kahneman, Paul Slovic et Amos Tversky (dir.), *Judgment under Uncertainty: Heuristic and Biases*, CUP, 1982, 3, p. 3.

900. « *People make estimates by starting from an initial value that is adjusted to yield the final answer. The initial value, or starting point, may be suggested by the formulation of the problem, or it may be the result of a partial computation. In either case, adjustments are typically insufficient. That is, different starting points yield different estimates, which are biased toward the initial values. We call this phenomenon anchoring* », *ibid.*, p. 14.

901. *Ibid.*

902. Timothy D. Wilson, Christopher E. Houston, Kathryn E. Etling et Nancy Brekke, « Anchoring versus adjustment errors in judgment: The generalizability of anchoring effects », Working Paper, University of Virginia, 1994, tel que cité dans Karen E. Jacowitz et Daniel Kahneman, « Measures of Anchoring in Estimation Tasks », *P.S.P.B.*, vol. 21, n° 11, 1995, 1161, p. 1166.

903. Daniel Cervone et Philip K. Peak, « Anchoring, efficacy, and action: The influence of judgment heuristics on self– efficacy judgments and behavior », *J. Pers. Soc. Psycho.*, vol. 50, n° 3, 1986, pp. 492-501.

904. Fred Switzer et Janet A. Sniezek, « Judgment processes in motivation: Anchoring and adjustment effects on judgment and behavior », *Organ. Behav. Hum. Decis. Process.*, vol. 49, n° 2, 1991, pp. 208-229.

n'était pas de nature quantitative (notamment lorsqu'il s'agissait pour les sujets d'évaluer leurs capacités à réaliser une action) [905], leurs estimations ont été biaisées en direction de l'ancre à laquelle ils avaient été confrontés. En d'autres termes, le biais d'ancrage n'est pas lié à un effet de suggestibilité ou d'influence qualitative (le sujet « s'ancrerait » sur la valeur apportée parce qu'il la jugerait pertinente), mais à une incapacité à passer outre toute information apportée préalablement à la prise de décision, que cette dernière soit pertinente ou qu'elle ne le soit pas [906], ainsi qu'une incapacité à ajuster suffisamment son estimation dans le sens opposé à l'ancre. Plus encore, des études supplémentaires ont démontré que l'emprise de cette heuristique sur la prise de décision n'est que peu affectée par la motivation (personnelle ou professionnelle) du décideur à prendre la décision la plus exacte possible, en particulier lorsque l'ancre est *apportée* et non pas autogénérée [907] et, surtout, qu'elle ne l'est guère plus par l'expertise du décideur [908]. Finalement, le fait de prévenir des sujets de l'existence et du fonctionnement de ce biais, ainsi que l'instruction de s'en défaire autant que possible, n'a qu'un impact très limité sur sa réalisation [909]. En d'autres termes, et parmi tous les biais cognitifs qui peuvent affecter le jugement humain, « les effets d'ancrage sont parmi les plus robustes et les plus répandus » [910] et parmi les plus difficiles à contrer.

---

905. Ce qui a d'ailleurs pu être constaté dans d'autres études, qui ont pu démontrer que ni l'évaluation demandée au décideur, ni l'ancre à laquelle il est confronté n'ont à être de nature quantitative pour qu'un effet d'ancrage puisse être identifié : ainsi, lorsque des individus doivent reproduire le volume d'une musique, le fait de partir d'un volume initial faible ou fort influe sur leur estimation (et donc leur reproduction) du volume initial, voir Robyn A. Leboeuf et Eldar Shafir, « The Long and Short of It: Physical Anchoring Effects », *J. Behav. Dec. Making*, vol. 19, nº 4, 2006, pp. 393-406.

906. Daniel Kahneman, « On the study of statistical intuitions », in Daniel Kahneman, Paul Slovic et Amos Tversky (dir.), *Judgment under Uncertainty: Heuristic and Biases*, CUP, 1982, 193, p. 503.

907. L'ancre sera autogénérée lorsque le décideur aura une estimation préexistante des données du problème (soit parce qu'il a une expertise particulière dans le domaine, soit parce qu'il rapporte l'objet de son estimation à une classe plus large d'objets similaires, soit parce qu'il le rapporte à une information mieux connue). Ce n'est que dans ce cas qu'un décideur particulièrement motivé à prendre une décision la plus exacte possible sera en mesure de plus ajuster son estimation (et donc de réduire partiellement son ancrage), voir Joseph P. Simmons, Robyn A. Leboeuf et Leif D. Nelson, « The Effect of Accuracy Motivation on Anchoring and Adjustment: Do People Adjust from Provided Anchors? », *J. Pers. Soc. Psycho.*, vol. 99, nº 6, 2010, pp. 917-932,

908. Voir, par exemple et dans le domaine de l'immobilier, voir Gregory B. Northcraft et Margaret A. Neale, « Experts, amateurs, and real estate: An anchoring-and-adjustment perspective on property pricing decision », *Organ. Behav. Hum. Decis. Process.*, vol. 39, nº 1, 1987, pp. 84-97. Alors que les experts (des agents immobiliers expérimentés) et les amateurs (des individus ne travaillant pas dans le domaine de l'immobilier) avaient reçu le même dossier concernant la même maison, en dehors de l'estimation du bien (l'ancre), les deux groupes ont vu leurs propres estimations fortement biaisées en direction de cette valeur initiale. Les experts se sont d'ailleurs avérés moins susceptibles d'admettre (ou de comprendre) l'impact de cette valeur initiale sur leurs estimations.

909. Voir studies 5 et 6 dans Timothy D. Wilson et Nancy Brekke, « A New Look at Anchoring Effects: Basic Anchoring and Its Antecedent », *J. Exp. Psychol.*, vol. 125, nº 4, 1996, pp. 387-402.

910. « *Anchoring effects are among the most robust and ubiquitous psychological phenomena in judgment and decision making* », Thomas Mussweiler, Birte Englich et Fritz Strack, « Anchoring Effect », in Rüdiger F. Pohl (dir.), *Cognitive Illusions. A Handbook of Fallacies and Biases in Thinking, Judgment and Memory*, Psychology Press, 2004, 183, p. 196.

271 **Une heuristique investissant le milieu judiciaire.** Si l'on se place du point de vue d'un juge, cette heuristique d'ancrage et d'ajustement a de quoi inquiéter : est-il lui aussi influencé par n'importe quelle information auquel il serait confronté préalablement à sa prise de décision, autrement dit, à son jugement ? La réponse est positive, ainsi que l'ont démontré une série d'analyses portant spécifiquement sur l'activité judiciaire. Ainsi, comme pour tous les autres types d'experts, il a été démontré que des ancres déterminées aléatoirement et constituant donc des informations clairement non pertinentes peuvent influencer un verdict pénal (en l'occurrence, le nombre d'années d'emprisonnement prononcé par un juge [911]), l'interprétation d'un standard juridique [912] et la valeur de dommages et intérêts prononcés par un juge [913]. À l'inverse, ou plutôt dans la continuité de cet effet, il a aussi pu être démontré que le comportement des parties pendant un procès pouvait amener le juge à ajuster de manière plus importante son estimation et ainsi atténuer l'effet d'ancrage [914]. Si ces études ont pour limitation principale d'être menées en condition de « laboratoire » ou à partir de décisions déjà rendues [915] faute de pouvoir organiser ce type d'expérimentation en conditions réelles, elles n'en soulignent pas moins la nature très ordinaire de la prise de décision judiciaire, au moins d'un point de vue cognitif : même réalisée par un expert qui a une forte motivation personnelle et professionnelle à produire la décision la plus exacte possible, la décision judiciaire est sous l'emprise des mêmes biais cognitifs que les autres types de décision. Il faut cependant reconnaître que cette affirmation, et d'ailleurs toutes les études que nous avons pu mentionner jusqu'ici, n'ont qu'un écho limité en France : une seule thèse a ainsi été rédigée sur l'heuristique d'ancrage et d'ajustement en matière judiciaire [916] et elle ne l'a pas été par une

---

911. En l'occurrence, différents types d'ancre ont été proposés aux sujets (à la fois des juges professionnels et des non experts) avec un degré croissant de caractère aléatoire (une discussion avec un journaliste, puis des lancés de dés réalisés par les sujets eux-mêmes). Le verdict prononcé a, systématiquement, été biaisé en direction de l'ancre, y compris pour les juges professionnels. Plus encore, il a aussi été démontré que l'ancrage a aussi eu un effet sur la sensibilité des juges aux arguments en faveur (ancre faible) ou en défaveur (ancre haute) du défendeur, voir Birte Englich, Thomas Mussweiler et Fritz Strack, « Playing Dice With Criminal Sentences: The Influence of Irrelevant Anchors on Experts' Judicial Decision Making », *P.S.P.B.*, vol. 32, n° 2, 2006, pp. 188-200.

912. Yuval Feldman, Amos Schurr et Doron Teichman, « Anchoring Legal Standards », *J. Empir. Leg. Stud.*, vol. 13, n° 2, 2016, pp. 298-329.

913. Gretchen B. Chapman et Brian H. Bornstein, « The More You Ask For, the More You Get: Anchoring in Personal Injury Verdicts », *Applied Cognitive Psychology*, vol. 10, n° 6, 1996, pp. 519-540.

914. Notamment lorsque l'ancre est constitué par la demande initiale du demandeur, le fait pour le défendeur de proposer une contre-offre ou d'envisager des éléments non présentés par le demandeur peut mitiger l'ancrage du ou des juges, voir Gretchen B. Chapman et Eric J. Johnson, « Anchoring, Activation and the Construction of Values », *Organ. Behav. Hum. Decis. Process.*, vol. 79, n° 2, 1999, 115, p. 144 ainsi que Adam D. Galinsky et Thomas Mussweiler, « First Offers as Anchors: the Role of Perspective-Taking and Negociator Focus », *J. Pers. Soc. Psycho.*, vol. 81, n° 4, 2001, 657, pp. 665 et suiv.

915. C'est notamment le cas d'*ibid.* L'étude est alors menée à partir, selon les cas, des décisions mêmes lorsqu'elles sont suffisamment précises, ou à partir des décisions *et* des dossiers de procédure.

916. Béatrice Geyres, *Biais d'ancrage et ajustement dans les décisions judiciaires*, thèse dactylographiée, Université Toulouse 2 Le Mirail, 2009. Cette thèse se place sur les deux plans identifiés (à la fois sur le plan expérimental en conditions de « laboratoire », et sur le plan de l'analyse de décisions de justice déjà rendues).

juriste de formation. En fait, la situation de cette thèse est assez paradigmatique de la manière dont ces recherches sont menées en France : à l'écart du monde judiciaire et, plus largement, à l'écart du monde juridique [917]. Ce constat n'est pas, en soi, très surprenant dans la mesure où « les formulations de résultats en termes d'erreur ou de biais (…) n'ont pas quoi enthousiasmer les professionnels de la justice » [918] ou un discours doctrinal qui s'est toujours tenu à l'écart de ces approches (très) extrajuridiques [919]. Il n'en est cependant pas moins à déplorer dans la mesure où les analyses étrangères sont basées sur des systèmes judiciaires étrangers aux cadres procéduraux distincts du cadre français [920] et, pour l'essentiel, sur des analyses qui « ont le plus souvent négligé de prendre en compte l'aspect *juridique* » des processus étudiés [921].

B. Les résultats des outils de justice algorithmique, des ancres parmi d'autres

272 **Des outils susceptibles de créer des ancres.** Le constat d'une mobilisation marginale de la psychologie cognitive dans le domaine juridique est d'autant plus à déplorer dans le cadre de l'analyse que nous menons ici que la notion même de biais d'ancrage est, pour ainsi dire, absente du discours doctrinal français. Lorsqu'elle apparaît, elle n'est soit pas expliquée [922], soit elle l'est très succinctement comme « la difficulté à se départir d'une première information, même parcellaire, notamment quand il s'agit d'apprécier une situation chiffrée » [923]. Les études menées en matière de biais d'ancrage ne sont en fait véritablement exploitées que dans la thèse d'Anaïs Coletta [924] ainsi que dans un compte-rendu

---

917. C'est d'ailleurs un constat tiré dans *ibid.*, p. 98.

918. Rémi Finkelstein, « Des applications de la psychologie sociale dans le domaine judiciaire : nouvelles perspectives », *Psychologie française*, vol. 49, n° 4, 2004, 353, p. 353.

919. Ce qui n'est pas le cas de certains discours anglo-américains et notamment du discours américain à proprement parler : nous reviendrons sur sa (courte) aventure psychologique en *infra*, voir § 608 et suiv.

920. Ce que soulignent d'ailleurs les rares auteurs qui réagissent aux apports de ces recherches, voir Julien Goldslagier, « L'effet d'ancrage ou l'apport de la psychologie cognitive à l'étude de la décision judiciaire », *Cah. just.*, 2015, 507, pp. 527-528 (spé. la réponse du magistrat Alain Blanc).

921. Tel que souligné dans Patrick Hunout, « La psychologie sociale des décisions de justice : une discipline en émergence », *Déviance et société*, vol. 11, n° 3, 1987, 271, p. 272.

922. C'est le cas dans Yannick Meneceur, « Datajust face aux limites structurelles de l'intelligence artificielle », *op. cit.* et « Jurimétrie : l'aléa judiciaire dirigé », *op. cit.*

923. Yannick Meneceur, « DataJust face aux défis de l'intelligence artificielle », *op. cit.*, p. 1711, « L'IA dans la justice ne peut pas avoir réponse à tout », *Acteurs Publics*, 13 janvier 2022, disponible en ligne à <https://www.acteurspublics.fr/articles/yannick-meneceur-lia-dans-la-justice-ne-peut-pas-avoir-reponse-a-tout> et « L'intelligence artificielle, en peine pour traiter les mots de la justice », *op. cit.* De manière assez ironique, l'exemple apporté dans ces deux derniers articles ne correspond pas à un effet d'ancrage (« c'est ainsi qu'en période de soldes, nous sommes conduits à l'impression d'avoir une bonne affaire entre les mains si l'écart entre le prix barré et le prix affiché est important »). Dans Thierry Tuot (dir.), *op. cit.*, p. 303, l'explication est encore plus succincte : le biais d'ancrage serait la « difficulté à faire abstraction et à se distancier de sa première impression ».

924. Elle y consacre une vingtaine de pages, voir *op. cit.*, pp. 301-320.

d'expérimentation [925]. En d'autres termes, à ces très rares exceptions près, le discours relatif aux outils de justice algorithmique substitue bien une notion (celle de performativité) à une autre (celle d'ancrage). Il est en effet évident que les outils de justice algorithmique *sont* susceptibles de créer une ancre à l'égard du décideur qui aurait accès aux résultats qu'ils proposent, et en premier lieu au juge : après tout, et c'est particulièrement vrai pour les outils de justice prédictive [926], ils sont amenés à avancer des valeurs numériques en lien direct avec le litige en cours de jugement. Si ni l'une ni l'autre de ces caractéristiques n'est, nous l'avons vu, *nécessaire* à l'activation du biais d'ancrage, elles ne font que renforcer son effet. Parce que ce biais d'ancrage n'est pas lié au support de l'information reçue, le caractère direct ou indirect de l'utilisation de ces outils n'a, en revanche, pas d'effet sur son activation : le juge sera *ancré* par ces résultats, qu'il y accède directement en utilisant lui-même ces outils ou que ces résultats lui soient fournis par les parties et leurs conseils.

273 **Un effet performatif délimitant l'ampleur des craintes exprimées.** À ce stade, on peut légitimement s'interroger : était-il véritablement utile de se lancer à la poursuite de cet argument performatif si le phénomène qu'il désigne, certes sous un terme peu adapté, est bien susceptible de se produire ? En fait, le fait de mobiliser cette notion de performativité a des conséquences plus larges que celles d'éparpiller la manière dont le phénomène qu'elle désigne est présenté. Parce que cet effet performatif, dans le sens dans lequel il est mobilisé au sein du discours relatif aux outils de justice algorithmique, n'existe *qu'au sein de ce discours*, cette apparence de singularité de *l'argument* tend à se poursuivre au niveau du *phénomène* qu'il désigne. C'est en partie pour cette raison qu'il est parfois conçu comme une influence *émise* — parce qu'il serait intrinsèquement lié à ces outils et pas à la cognition humaine en général. Ainsi, cette substitution de termes ne constitue que la partie émergée des enjeux de cet argument : en employant cette notion, mal connue, de performativité et en la liant spécifiquement aux outils de justice algorithmique, le discours doctrinal français contribue aussi à la *borner* aux limites de ces outils et à ainsi ignorer l'ampleur réelle de la crainte qu'il exprime. Le fait que le biais d'ancrage ne soit pas affecté par le support de l'information servant d'ancre au processus de prise de décision est, en effet, à double tranchant. S'il implique effectivement que les résultats produits par les outils de justice algorithmique puissent constituer des ancres *dès lors que le juge en prend connaissance*, il implique aussi que le juge est *déjà* entouré d'ancres, comme

---

925. Expérimentation menée sur demande de l'ENM, auprès d'auditeurs de justice (2022) et de magistrats (2020-2021) sur la base d'un protocole expérimental élaboré par le Centre des Recherches Juridiques de l'Université de Grenoble. Ces deux expérimentations ont ainsi confirmé, avec des nuances entre le domaine civil et pénal, que les outils de justice algorithmique *produisent* des ancres et *enclenchent* un mécanisme d'ancrage, voir Étienne Vergès, « Le juge face à la boîte noire : l'intelligence artificielle au tribunal », *D.*, 2022, pp. 1920-1927 ainsi que Géraldine Vial, « Prise en main d'un outil d'intelligence artificielle par des auditeurs de justice : l'office du juge sous l'influence des algorithmes », *D.*, 2022, pp. 1928-1933.

926. C'est aussi vrai, de manière détournée, pour les bases de données jurisprudentielles en ligne ; les décisions qu'elles soumettent à leur utilisateur comme pertinentes au regard de sa recherche sont, elles-mêmes, porteuses d'ancres potentielles.

l'indiquent toutes les études de psychologie cognitive citées précédemment. La comparaison des outils de justice algorithmique avec le processus d'expertise déjà abordée précédemment redevient ici pertinente : les experts, comme ces outils, constituent des outils d'aide à la décision qui viennent éclairer la décision du juge en apportant des éléments auxquels il n'a pas accès. Il s'agit pour eux de proposer « des savoirs présentant des garanties de scientificité » dans des domaines dans lesquels le juge n'est pas spécialiste [927], et dans lesquels il n'est forcément en mesure de comprendre ou d'appréhender les faits [928]. Dans les deux cas, ce qui est produit n'est pas une décision de justice en tant que telle, mais des connaissances supplémentaires devant permettre au juge de prendre une telle décision — ce qui explique, d'ailleurs, que l'expert ne soit supposé intervenir qu'au seul niveau des faits, de leur détermination et de leur compréhension [929]. Or, cette *fiction juridique* du cantonnement de l'expert à la pure factualité ne résiste pas à l'étude, surtout si l'on admet que les outils de justice algorithmique peuvent constituer une ancre susceptible de biaiser la prise de décision judiciaire : si les résultats de ces outils sont susceptibles d'influencer le juge au point qu'il y perde son impartialité et sa liberté d'appréciation, que dire d'un expert judiciaire qui conclurait, par exemple, à l'existence d'une affliction mentale importante dans le cadre d'une expertise qui porterait sur les facultés mentales d'une personne mise en examen ?

274 **Des enjeux et interactions plus largement répandus**. La question de *l'effet normatif* de l'expertise est régulièrement soulevée, mais il faut admettre qu'elle ne l'est pas avec la force et l'unanimité avec laquelle l'effet performatif des outils de justice algorithmique est craint au sein du discours qui s'attache à leur analyse. Il faut surtout souligner que ce parallèle n'est pas présenté sous cet angle [930]. Les effets sont pourtant les mêmes et sont même, potentiellement, accentués : si les conclusions du psychiatre expert judiciaire vont dans le sens d'une grave affliction mentale, ce dernier ne se prononce certes pas sur la « culpabilité elle-même, encore moins sur sa sanction, mais sur l'existence d'une responsabilité pénale » [931], ce qui recoupe en grande partie une question de qualification juridique, et il y a donc « une frontière introuvable entre l'appréciation technique et la

---

927. Olivier Leclerc, *op. cit.*, p. 17.

928. Ainsi, et dès le XVIIIe siècle, « lorsque le point de droit qui divise les parties ne peut être éclairci & décidé que d'après les règles d'un autre, le juge qui ne peut les connoître a recours à des experts pour avoir leur avis », Eustache-Nicolas Pigeau, *La procédure civile du Châtelet de Paris et de toutes les autres juridictions ordinaires du royaume*, 2 t., t. 2, Veuve Desaint, 1787, p. 298.

929. Olivier Leclerc, *op. cit.*, p. 84.

930. Alors même que cette analogie se déploie plus volontiers sur le terrain des questions d'indépendance (en matière de création d'un « pouvoir de fait »), on la retrouve finalement assez peu sur le terrain de la « normativité » du rapport d'expertise. Elle l'est habituellement de manière indirecte comme par exemple dans Emmanuel Jeuland, « Justice numérique, justice inique ? », *op. cit.*, p. 194 (« la mise à jour des faits par algorithme ne devra jamais remplacer la décision du juge, pas plus qu'une expertise ne doit se substituer au juge ») et, dans le même sens, Liane Huttner, *op. cit.*, § 7 mais l'est parfois de manière plus approfondie. Ainsi, Didier Guével souligne que « déjà, en cas d'expertise judiciaire, le juge suit presque systématiquement l'avis de l'expert agréé (...). N'y-a-t-il pas un risque, même s'il est fin juriste, que le juge suive aveuglément la solution suggérée par l'intelligence artificielle ? » (« Intelligence artificielle et décisions juridictionnelles », *Quaderni Fiorentini*, vol. 1, nº 98, 2019, 51, p. 55).

931. Olivier Leclerc, *op. cit.*, p. 166.

qualification juridique » [932]. Dans un domaine plus proche de ceux qui intéressent les outils de justice algorithmique, si les conclusions d'un médecin expert judiciaire indiquent que les dommages corporels subis par une victime d'accident de la circulation atteignent un certain seuil ou le privent d'une certaine proportion de ses capacités physiques, il ne se prononce pas sur le montant des dommages et intérêts prononcés ensuite par le juge mais en conditionne l'appréciation. Ce n'est pas pour rien qu'une partie du discours considère que le contradictoire est une manière de corriger l'inégalité entre les parties que peut induire les outils, puisque c'est aussi le contradictoire qui permet, dans le cadre de l'expertise, d'atténuer la force de conclusions qui iraient dans le sens exclusif de l'une des deux parties [933]. En termes de psychologie cognitive, cette *atténuation* n'est rien de plus qu'un procédé destiné à permettre au juge d'ajuster sa décision, c'est-à-dire de réduire la force du biais d'ancrage induit par l'ancre (le rapport d'expertise ou le résultat produit par l'outil) [934]. Dans les deux cas, que le juge soit lié ou non par ces conclusions ne change rien : dès lors qu'il y a accédé, que les informations contenues dans ces conclusions soient de nature quantitative ou qualitative, le biais d'ancrage est activé, accentué par le fait que le juge n'a pas la compétence scientifique d'ajuster (seul) sa perception et que par le fait que l'expert est auréolé de ses propres compétences. Le risque de préqualification est un risque avéré de l'intervention d'un expert dans le cadre d'une procédure juridictionnelle [935], parfois décrié [936] mais globalement accepté parce que l'intervention de l'expert est nécessaire à la résolution de certains litiges et parce que l'on maintient la fiction du cantonnement de son intervention au domaine du fait [937]. Les mêmes conclusions pourraient être tirées vis-à-vis d'autres outils mobilisés par les juges dans le cadre de leur prise de décision, et notamment vis-à-vis des barèmes et référentiels, qu'ils soient officiels ou non [938]. Paradoxalement, d'ailleurs, si la notion de barème est

---

932. Danièle Bourcier et Monique De Bonis, *Les paradoxes de l'expertise. Savoir ou juger*, Institut Synthélabo, 1999, p. 23.

933. En des termes qui s'approchent parfois au plus près du fonctionnement de l'heuristique d'ancrage et d'ajustement. Ainsi, le second rapport Cadiet incite à favoriser la contradiction entre les parties en matière de discussion des décisions soumises à titre indicatif au juge parce que « chacun faisant valoir ses décisions et contestant la portée de celles qu'invoque son adversaire, le juge est d'emblée conduit à apprécier avec un œil critique la matière rendue disponible par l'*open data* (...) telle que traitée par d'éventuels algorithmes », Loïc Cadiet, Cécile Chainais et Jean-Michel Sommer, *op. cit.*, p. 105.

934. Voir *supra* § 271.

935. Au point que la Cour EDH prenne en compte le fait que l'expertise influence « de manière prépondérante » l'appréciation du juge pour lui appliquer, en partie, les exigences de l'article 6 § 1 de la CEDH (en particulier celles liées au contradictoire), voir Olivier Leclerc, *op. cit.*, pp. 354 et suiv.

936. À titre d'exemple, voir Paul Bensussan, « Expertise en affaires familiales : quand l'expert s'assoit dans le fauteuil du juge », *Ann. Med. Psychol. (Paris)*, n° 165, 2007, pp. 56-62.

937. C'est l'objet de l'article 238 alinéa 3 du Code de procédure civile ainsi que du principe consacré par le Conseil d'État selon lequel l'expertise « ne peut porter que sur des questions de fait, non sur des questions de droit, qui relèvent exclusivement du pouvoir d'examen du juge » (CE, 18 février 1955, n° 19449, *Société auxiliaire de distribution d'eau*).

938. Il a d'ailleurs été démontré que les plafonds d'indemnisation, en particulier lorsqu'ils sont posés par le législateur, constituent des ancres pour le meilleur... Et pour le pire : « en théorie, la logique derrière cet outil est de supprimer la part supérieure des indemnisations accordées et

mobilisée en tant qu'objet proche des outils de justice algorithmique dans leurs effets sur le pouvoir souverain d'appréciation du juge, elle ne l'est que rarement vis-à-vis de leur effet performatif [939] — ou, plus exactement, de leur potentiel d'ancrage [940]. Plus largement encore, n'importe quelle interaction entre le juge et son environnement, que ces interactions soient encadrées et prévues par les différentes règles de procédure [941] ou non [942], est susceptible d'enclencher cette heuristique et d'ainsi imprimer une marque sur sa prise de décision. De fait, le juge est pris au cœur d'un réseau d'influences extrêmement nombreuses au sein desquelles l'outil de justice algorithmique ne constituerait qu'un élément parmi d'autres.

275 **Des enjeux et interactions pourtant traités sans polémique.** Quoi qu'il en soit et même considérés d'un point de vue nécessairement prospectif, ces enjeux sont réels puisque placer un juge face aux résultats des outils de justice algorithmique correspond presque à l'expérience idéale pour mettre en lumière les conséquences de l'heuristique d'ancrage... mais ni plus, ni moins qu'en plaçant le même juge face aux conclusions d'un avocat, au rapport d'un expert ou face au numéro de rôle du litige qu'il entend régler. En d'autres termes, que le procédé soit volontaire ou non, l'emploi de la notion de performativité a pour conséquence essentielle de *ne pas permettre* à la majeure partie du discours de connecter les enjeux des outils de justice algorithmique d'un point de vue cognitif à ceux auxquels le juge est *déjà* confronté. La déconnexion plus générale des recherches en psychologie cognitive appliquée à la justice et des recherches en droit y est bien sûr pour quelque chose, mais il ne serait pas forcément nécessaire de les exploiter pour dénoncer les effets de l'heuristique d'ancrage sur le juge dans toutes les situations dans lesquels elle se manifeste — la notion de « performativité », de normativité ou tout simplement de risque porté aux principes d'impartialité et d'indépendance serait suffisante. Si ces notions sont parfois mobilisées et si tous ces dispositif (para)judiciaires sont parfois contestés sur ces fondements, ce n'est jamais avec la virulence avec laquelle les outils de justice algorithmique sont attaqués et ce n'est surtout jamais

---

d'ainsi abaisser leur montant. (...) Cette logique néglige le fait que ces plafonds fonctionnent comme une ancre (...) [et] peuvent involontairement élever le montant des indemnisations dans la mesure où ils concentrent leur élaboration autour d'eux » (« *Presumably, the rationale behind this tool is that the cap will cut off the upper end of the damages distribution and thus lower the amount of damages that are awarded. Behavioral researchers have shown, however, that this rationale overlooks the ability of caps to function as an anchor (...) [and] inadvertently bring about a rise in damage awards since they shift the entire distribution upward toward them* », Yuval Feldman, Amos Schurr et Doron Teichman, *op. cit.*, p. 305).

939. C'est cependant le cas dans, par exemple, Lêmy Godefroy, Frédéric Lebaron et Jacques Lévy-Vehel, *op. cit.*, pp. 54-55 ou Pascale Deumier, « Open Data. Une autre jurisprudence ? », *op. cit.*, p. 476. De manière assez surprenante, le fait qu'un barème « présente le risque de comporter un effet 'performatif' » est aussi une manière, pour certaines entreprise de *Legaltech* (on pense ici à *Case Law Analytics*) de considérer que « la justice quantitative présente un avantage » par rapport à eux (voir, par exemple, Jérôme Dupré et Jacques Lévy-Vehel, « Algorithmes et data : osons la justice 'quantitative' », *op. cit.* ou « Les bénéfices de la justice prédictive », *op. cit.*).

940. Nous étudierons de manière plus précise la mobilisation des barèmes par le discours doctrinal en *infra* § 505 et suiv.

941. Le contenu des plaidoiries, orales ou écrites, des avocats, par exemple.

942. N'importe quel type d'information, chiffrée ou non, auquel le juge aurait accès d'une manière ou d'une autre en dehors du strict cadre du litige et de la procédure applicable.

sur le ton d'une incompatibilité avec les principes fondamentaux qui entourent le procès et qui justifieraient, selon les cas, leur disparition ou leur très stricte régulation. Il n'en reste cependant pas moins vrai que parmi tous les phénomènes à même de placer le juge dans le cadre d'un biais d'ancrage, ce sont les outils de justice algorithmique qui provoquent ce soudain regain d'intérêt pour les mécanismes d'influence sur la prise de décision. À cet égard, notre questionnement doit nécessairement se décaler : qu'est-ce qui, dans ces outils, leur fonctionnement, leurs logiques ou leur contenu, les singularise au point de provoquer des questionnements qui sont d'ordinaire ignorés par le discours doctrinal français ?

276 **La singularité réelle des outils de justice algorithmique ; l'investissement du domaine du juge.** Il ne faut, en fait, pas rechercher ce point de singularité au niveau de l'argument tiré de l'effet performatif des outils de justice algorithmique ; le phénomène qu'il désigne n'a, on l'a vu, rien de singulier. Il faut plutôt partir à la fois de notre analogie avec l'expertise et de certains des autres arguments qui entourent et entretiennent des liens avec cet effet performatif, c'est-à-dire les interactions entretenues entre les outils et les principes d'indépendance et d'impartialité. Si la comparaison faite par le discours entre les outils de justice algorithmique et l'expertise était intéressante et au moins en partie pertinente du point de vue des similitudes qu'elle permet de souligner, elle l'est aussi du point de vue des *différences* qu'elle révèle : quel que soit le degré d'artificialité de la fiction selon laquelle l'expert n'intervient que dans le domaine du fait, ce dernier est appelé pour éclairer, décrire ou quantifier une donnée de fait nécessaire à la résolution litige. Au risque de préqualifier juridiquement ces faits en les décrivant, il intervient *dans tous les cas* dans un domaine extrajuridique par essence et, en toute hypothèse, *en dehors* des compétences du juge. S'il arrive que les questions posées aux experts soient trop larges et incluent des aspects juridiques, elles ne sont pas *censées* le faire — mais dans le cas des outils de justice algorithmique, la question posée *est* de nature juridique, dans le sens le plus pratique du terme. L'interrogation est en effet la suivante : comment le droit est-il appliqué aux cas similaires à celui qui se présente devant l'utilisateur ? La réponse de l'outil n'est alors pas une réponse de nature extrajuridique, mais une synthèse de *décisions de justice*, c'est-à-dire une synthèse de normes, même individuelles et concrètes. À cet égard, du point de vue prospectif entretenu par le discours doctrinal, non seulement ces outils s'insèrent dans la prise de décision judiciaire mais, contrairement à l'expertise, ils le font au niveau du *domaine d'expertise du juge*. Là où les enjeux d'impartialité, d'ancrage et d'influence peuvent être tolérés quand il s'agit d'une expertise ayant pour but de compenser l'impossibilité pour le juge d'être expert dans tous les domaines, il s'agit, avec les outils de justice algorithmique, d'admettre ces enjeux alors que les informations qu'ils apportent sont censées constituer le seul domaine dans lequel le juge est présumé *être* un expert ; l'application du droit à des cas concrets. La justification de cette concentration autour de la performativité des outils de justice algorithmique pourrait sans doute s'arrêter là, mais il y a plus. Que les enjeux en termes d'impartialité et d'indépendance soient moins acceptables dans la mesure où ils ne sont pas la conséquence d'un procédé indispensable est une chose, mais pas l'unique. Comme nous le verrons

plus loin dans notre analyse, les outils de justice algorithmique ne font que réactualiser une problématique bien plus ancienne, celle des outils d'aide à la décision que sont les tables de références, les barèmes ou les pratiques locales et qui ont, eux aussi, pour but d'intervenir au niveau de ce qui constitue théoriquement le domaine d'expertise du juge [943]. Or, ces procédés ont aussi et jusqu'à récemment fait l'objet d'un global désintérêt qui n'a rien en commun avec le traitement des outils de justice algorithmique.

277 **La singularité réelle des outils de justice algorithmique ; la focale des outils sur le juge.** Il faut alors souligner une seconde différence essentielle entre tous ces outils, expertises, barèmes, pratiques locales, et ceux de justice algorithmique. Ces derniers ne proposent pas leurs résultats à partir d'une modélisation du processus de réflexion d'un juge placé devant un cas à résoudre, à la manière des systèmes experts des années 1990, ou à partir d'une quelconque réflexion sur la nature de la prise de décision judiciaire ; ils proposent ces résultats à partir des seules *décisions déjà rendues par d'autres juges*, annotées de manière à faire ressortir des corrélations et des liens statistiques. C'est bien de cet élément, absolument propre aux outils de justice algorithmique, que découle l'idée qu'ils créeraient un nouveau pouvoir de fait *des juges sur les juges* ou importeraient le principe du précédent : la focalisation de ces outils sur la figure du juge d'un bout (la « matière première » de leur traitement) à l'autre (les destinataires *présumés* de leurs résultats) de leur fonctionnement. Cette focale identifiée par le discours français constitue alors sa spécificité la plus essentielle et est mise en lumière par cet effet performatif dont le juge serait à la fois la victime unique et l'instigateur. Parce qu'elle fait écho à une concentration du discours lui-même, elle apparaît alors comme une voie à suivre pour conjurer l'apparente incompatibilité juridique affichée par le discours et pour identifier ce qui, véritablement, se dissimule derrière cette mobilisation polémique de la figure du juge.

Section 2. La concentration du discours sur la figure du juge

278 **Une concentration de l'analyse et de la perception des outils de justice algorithmique.** L'analyse de l'effet performatif dénoncé par le discours doctrinal français a achevé de confirmer l'idée selon laquelle, si l'on va au bout des choses, les interactions qu'entretiennent les outils de justice algorithmique et qui mobilisent la majeure partie de ce discours français finissent toujours par revenir à la figure du juge — ce qui conduit ensuite à l'idée selon laquelle le juge lui-même constituerait à la fois l'*Alpha* et l'*Omega* de ces outils. En d'autres termes, non seulement le discours doctrinal lui-même apparaît, au travers des interactions qu'il traite, tout entier ramassé autour du juge, mais il entretient aussi cette concentration en alimentant l'impression que ces outils seraient *eux-mêmes* ramassés autour du juge.

943. Voir *infra* § 505 et suiv.

279 **Une concentration paradoxale**. Revenir au discours québécois, cependant, conjure cette impression. Cette concentration apparaît, exactement comme l'argument tiré de l'effet performatif qu'auraient les outils, propre au discours français (**§ 1**) et elle souligne donc l'effet de cadrage et de focalisation qu'exerce cette concentration sur la perception de ces outils par le discours français. Plus encore, et au-delà de son caractère propre à ce discours, cette concentration constitue en fait le nœud de son argumentaire, particulièrement autour de l'idée que ces outils ne feraient pas que graviter autour du juge, mais le contraindraient aussi (**§ 2**).

§ 1. *UNE CONCENTRATION PROPRE AU DISCOURS FRANÇAIS*

280 **Une concentration doctrinale française à interroger**. À ce stade de notre étude, nous ne pouvons nous empêcher d'être partagée entre deux idées. La première, c'est qu'il n'y a rien de surprenant à voir le discours doctrinal relatif aux outils de justice algorithmique se concentrer autour de la figure du juge ; après tout, dans la perspective prospective qui est la sienne, les enjeux soulevés ne sont pas moins fondamentaux, aux deux sens du terme, que les enjeux technico-juridiques. Les admettre *avant* l'insertion de ces outils dans le processus judiciaire est encore sans doute la meilleure manière d'avancer des pistes de régulation de ces problématiques qui, si elles venaient à se manifester sous la forme catastrophique qu'imagine le discours, constitueraient en effet autant de risques majeurs pour l'institution même d'une justice indépendante et impartiale. En ce sens, on peut effectivement souscrire à l'idée que ni la situation d'absolue impréparation des juridictions à cette immersion dans les technologies d'intelligence artificielle, ni la très large incertitude sur la possibilité même de la matérialisation des risques qui y sont liés « ne doi[vent] nous dissuader d'anticiper l'avenir » [944]. Pour autant, notre regard n'est pas exclusivement fixé sur le discours français et il est, en cela, méfiant par principe. Notre seconde idée est donc celle de l'interrogation. Pourquoi n'est-ce pas surprenant de voir le discours français se concentrer autour de la figure du juge ? Parce que cette concentration se justifie par elle-même, ou parce qu'elle y est si répandue qu'elle en devient inévitable ? S'il est en fait bien plus difficile qu'il n'y paraît de répondre à cette double question, c'est une nouvelle fois le discours doctrinal québécois qui nous permet d'y envisager une réponse : la concentration française autour de la figure du juge et des interactions avec les outils de justice algorithmique qui le concernent n'existe pas au sein d'un discours québécois qui, en vérité, s'en désintéresse assez largement (**A**). Le choix français d'opérer cette concentration, puisque c'en est un, n'en apparaît alors que plus clair — ainsi, d'ailleurs, que les fils à tirer pour tenter de l'expliquer (**B**).

---

944. Samir Merabet, « Hommage posthume à l'abandon de DataJust : des principes directeurs de la justice numérique », *op. cit.*, p. 18.

A. La figure du juge, figure secondaire du discours québécois

281 **Une absence de concentration québécoise *a priori* étonnante.** Il faut d'ores et déjà rappeler que l'on ne peut pas expliquer la différence de réaction du discours québécois par rapport au discours français à partir des seules différences d'organisation du système judiciaire au sein des deux États ; si, nous l'avons vu, ces différences peuvent expliquer des traitements distincts (voir *supra* § 221 et suiv.), elles n'en rendent pas moins fondamentaux des principes qui sont, de part et d'autre de l'Atlantique, garantis comme tels. Pour ce qui a plus spécifiquement trait à l'absence de concentration du discours québécois autour de l'impact des outils de justice algorithmique sur le juge et ceux des principes fondamentaux qui le concernent directement, ce constat est même renforcé. Il en va de la logique même du système accusatoire que d'imposer au juge l'impartialité et l'indépendance la plus totale, puisque c'est à ce prix qu'il peut incarner l'arbitre social qu'il doit représenter. À cet égard, ce n'est pas simplement pour des raisons de structuration de la recherche ou d'approche théorique du droit que les analyses portant sur les heuristiques de jugement dans le cadre de la justice sont les plus nombreuses, mais bien parce que la prise de conscience, la maîtrise et la mitigation du réseau d'influence qui entoure le juge est un enjeu majeur dans des systèmes judiciaires qui lui attribuent ce type de rôle. Comment, en effet, admettre qu'un juge donc la seule mission au sein de son prétoire est d'assurer le respect du contradictoire et la protection de l'impartialité des éventuels jurés puisse être aussi *facilement* influencé sans chercher à corriger ou limiter ce phénomène ? Comment l'admettre lorsque ce juge est, en plus, un agent essentiel du processus de création normative ? En d'autres termes, la nature accusatoire du système judiciaire québécois ne peut pas expliquer que le discours relatif aux outils de justice algorithmique n'opère pas une concentration « prétorienne » aussi marquée que le discours français – bien au contraire, même, puisqu'elle entraîne de nouveaux questionnements. Pourquoi, si l'indépendance et l'impartialité des juges sont si fondamentales dans un système judiciaire accusatoire comme celui du Québec, ces enjeux ne sont-ils pas plus marqués et ne justifient pas une réaction similaire à celle du discours français ?

282 **D'une concentration à l'autre : l'expertise technique du discours québécois comme piste d'explication.** Pour répondre à cette question il faut revenir, une fois de plus, sur ce qui fait la singularité du discours québécois par rapport au discours français : son expertise et, corrélativement, sa concentration *techniques*. Comme nous l'avons déjà constaté, discours québécois est tout entier construit sur la conscience du fossé qui sépare les avancées des technologies de l'information et de l'intelligence artificielle de leur pénétration effective au sein du monde du droit et, plus encore, au sein des juridictions [945]. Au-delà du fait que cette conscience

945. Conscience qu'il tire, pour rappel, du fait qu'il est l'héritier de recherches plus anciennes et menées, sans discontinuer, depuis l'apparition des technologies de l'information. Les chercheurs actuels ont donc travaillé avec les chercheurs d'hier, qui ont eux-mêmes connu l'échec des premières tentatives d'informatisation à marche forcée des juridictions, voir *supra* § 170.

précise du chemin qu'il reste à parcourir tend à *neutraliser* le traitement des problématiques non techniques liées à ces outils, elle amène aussi le discours à se concentrer sur les acteurs du droit les plus susceptibles de recevoir les apports de l'informatique et de l'intelligence artificielle que les juges — en l'occurrence, et selon les structures de recherche, les avocats ou les *citoyens* [946]. Les premiers font généralement l'objet d'un traitement spécifique au sein des structures de recherches du Canada de *common law* dans deux cadres distincts : l'élaboration de stratégie précontentieuse, à travers des outils que l'on peut rapprocher des outils de justice prédictive français comme *BLUE J LEGAL* [947], et la gestion de certaines étapes de la mise en état des litiges. Ce sont en vérité ces derniers outils qui sont les plus développés, que ce soit les applicatifs d'*E-Discovery* [948] ou les plateformes de gestion et d'échanges entre cabinets [949]. Si ce type d'outils destinés prioritairement aux professionnels du droit n'est pas ignoré du discours québécois [950], ce dernier a développé une expertise plus particulière sur les outils à destination des citoyens.

---

946. L'utilisation du terme de citoyen et non de justiciable comme au sein du discours français n'a rien n'anodin : au sein du discours québécois, l'individu n'est pas exclusivement saisi en tant qu'acteur de la justice et n'est pas, habituellement, qualifié de *justiciable* dans le cadre du discours relatif aux outils de justice algorithmique.

947. Voir Benjamin Alarie, Anthony Niblett et Albert H. Yoon, « Using Marching Learning to Predict Outcomes in Tax Law », *CBLJ*, vol. 58, n° 3, 2016, p. 232-254. L'outil *BLUE J LEGAL* est un outil construit sur des technologies d'apprentissage machine qui était, à l'origine, programmé pour répondre à une question spécifique en matière fiscale : la question d'établir sur un individu est un travailleur indépendant ou un employé, question fondamentale à la fois en matière fiscale (notamment vis-à-vis de l'établissement de l'impôt sur le revenu) et en droit du travail (notamment du point de vue de l'assurance chômage, perceptible ou non seulement la nature des fonctions préalablement occupées). Dans la mesure où la détermination du statut de travailleur indépendant ou d'employé est laissée à l'appréciation du juge à partir d'un faisceau d'indices, l'outil était conçu pour traiter une masse de décisions de justice ayant, précisément, statué sur ce point. Ses domaines d'actions se sont depuis élargis, tout en restant confinés à la matière fiscale. Pour un retour récent sur les fonctionnalités de l'applicatif, voir Rémi Slama, « L'intelligence artificielle en fiscalité, entre mythe et réalité », *Blog du Laboratoire de Cyberjustice*, 29 mai 2022, disponible en ligne à <https://www.cyberjustice.ca/2022/05/29/lintelligence-artificielle-en-fiscalite-entre-mythe-et-realite/>.

948. Ces outils sont construits sur le constant de la lourdeur exponentielle de la procédure de *discovery* à mesure que le nombre de documents transmis et reçus augmente et propose ainsi, généralement à partir d'algorithmes basés sur des technologies d'apprentissage supervisé et de reconnaissance du langage naturel, d'isoler les documents effectivement pertinents de ceux qui sont redondants, superflus ou tout simplement inutiles. Voir, à cet égard, Mark McKamey, « Legal Technology Artificial Intelligence and the Future of Law Practice », *Appeal*, vol. 22, 2017, 45, spé. pp. 49 et suiv. ou Gideon Christian, « Predictive Coding: Adopting and Adapting Artificial Intelligence in Civil Litigation », *R. du B.*, vol. 97, n° 3, 2019, pp. 486-525.

949. L'objectif étant toujours le même : déléguer à l'outil les tâches dites « ingrates », c'est-à-dire les tâches répétitives liées à la recherche de sources ou à la compilation de documents, aux outils informatisés ou algorithmisés, voir Shea Couson, « Normative Ethics and the Changing Face of Legal Technology: or How to Stay Relevant in a Transformed Profession », *The Advocate (Vancouver)*, vol. 75, n° 5, 2017, pp. 687-710.

950. Ils sont ainsi visés dans des revues québécoises (voir, par exemple, Stéphane Bernatchez, « De la démocratie par le droit à la dictature des algorithmes ? La théorie juridique à l'ère cybernétique », *Lex Electronica*, vol. 25, n° 3, 2020, 10, pp. 11 et suiv.), dans des rapports (voir, par exemple, Pierre-Luc Déziel, Hélène Zimmerman et Satchel Dell'olio Delpech, *op. cit.*, not. pp. 19 et suiv.) et font l'objet de plusieurs groupes de travail au sein du projet de recherche AJC/ACT mené par le Laboratoire de Cyberjustice (notamment le chantier 2 sur les « outils d'aide à la décision pour les professionnels du droit »).

283 **Un discours québécois focalisé sur la figure du *citoyen*.** Là encore, cette concentration presque *inverse* à celle du discours français s'explique par « l'hérédité » du discours québécois ; principalement articulé autour des projets de recherche menés par le Laboratoire de Cyberjustice, ces derniers sont nécessairement marqués par de plus anciennes réalisations qui étaient toutes à destination non pas des professionnels du droit, mais à destination des entreprises [951] ou des individus [952]. À ce titre, les projets aujourd'hui conduits par le Laboratoire poursuivent ce même objectif de faciliter l'accès à la justice, comprise comme tout mode de « résolution des conflits » [953], incluant donc et à titre essentiel la justice *extra-judiciaire*. Si les premiers travaux menés à cet égard cherchaient, autant que possible, à poser les balises de ce qu'il était souhaitable de proposer aux justiciables pour simplifier leur accès à la résolution de leurs conflits [954], les travaux actuels en tirent les conséquences et développent désormais les outils susceptibles de corriger la tendance identifiée des citoyens à « renonce[r] très souvent à exercer un recours en cas de conflit de basse intensité en raison des coûts et des délais possibles, de la difficulté d'identifier le bon forum et les règles applicables, de la modestie du conflit au regard de la sophistication et de la solennité du système judiciaire, etc. » [955]. L'équilibre du discours est alors fondamentalement différent d'un discours français qui n'admet pas, ou alors à demi-mots, que les outils de justice algorithmique puissent éloigner le justiciable du prétoire. Ainsi, de même que « les services 'sur mesure' d'un avocat chevronné ne sont pas toujours nécessaires pour répondre aux

---

951. On pense ici aux réalisations de la fin des années 1990 en matière de plateforme d'*ODR* en ligne et notamment à l'outil *eResolution*, construit à partir du projet *CYBERTRIBUNAL* et accrédité par l'*Internet Corporation for Assigned Names and Numbers* (*ICANN*) et chargé de permettre la résolution des litiges en matière de noms de domaine, voir, à ce sujet, Emmanuel Létourneau, « Noms de domaine : la résolution des conflits sous la politique de règlement uniforme de l'ICANN », *Revue du droit des technologies de l'information*, vol. 2, 2000, disponible en ligne à <http://lthoumyre.chez.com/pro/2/ndm20001011.htm>).

952. On pense ici au projet *ECODIR* (*Electronic Consumer Dispute Resolution*) mené à partir des technologies *d'eResolution* et visant à proposer aux consommateur européens un mode de résolution en ligne des litiges en droit de la consommation, voir, à ce sujet, Alexandre Cruquenaire et Fabrice De Patoul, « Le développement des modes alternatifs de règlement des litiges de consommation : quelques réflexions inspirées par l'expérience ECODIR », *Lex Electronica*, vol. 7, n° 2, 2002. Plus récemment, on pense aussi à la suite *PARLe* développée depuis 2010. La suite *PARLe* est un écosystème à partir duquel ont été créés une série d'outils déployés au Québec (en matière de droit de la consommation), en Ontario (en matière de conflits en matière de logement) et en France (plateforme *MEDICYS*) visant tous la résolution en ligne des litiges, voir Nicolas W. Vermeys et Lanas Marie Fernanda Acevedo, « L'émergence et l'évolution des tribunaux virtuels au Canada – L'exemple de la Plateforme d'aide au règlement des litiges en ligne (PARLe) », *Revue Juridique de la Sorbonne*, n° 1, 2020, pp. 22-51.

953. C'est ainsi que le directeur du Laboratoire, le Professeur Karim Benyekhlef, a présenté la conception de l'accès à la justice qui irrigue les travaux qui y sont menés lors de l'École d'été du Laboratoire de Cyberjustice organisée du 6 au 11 juin 2022.

954. Les premiers travaux menés par le Laboratoire de Cyberjustice et par ses chercheurs visaient ainsi essentiellement à diagnostiquer les faiblesses de la justice formelle, à en repenser la symbolique et à délimiter « l'espace » de cette justice qui pouvait raisonnablement être investi par les technologies de l'information, voir, à cet égard, Nicolas W. Vermeys et Karim Benyekhlef, « Premiers éléments d'une méthodologie de réformation des processus judiciaires par la technologies », in Daniel Le Métayer (dir.), *Les technologies de l'information au service des droits : opportunités, défis, limites*, Bruylant, 2010, pp. 207-236 ou François Sénécal et Karim Benyekhlef, *op. cit.*

955. Karim Benyekhlef et Jie Zhu, *op. cit.*, p. 825.

besoins juridiques des justiciables expérimentant un conflit de basse intensité », « ces conflits gagnent à emprunter la voie du règlement en ligne afin d'accélérer leur traitement [et] de trouver une réponse rapide et peu coûteuse pour le justiciable » [956]. L'accès à la justice formelle, quant à lui, se trouverait finalement aussi facilité pour celles des affaires qui le *méritent* puisque cette voie « annexe » ouverte par les outils d'*ODR* permettrait de « désengorger les tribunaux et, ainsi, de permettre à ces derniers de consacrer plus de temps aux affaires complexes qui demandent une véritable expertise juridique » [957]. C'est là tout le cœur du projet *Justicebot* actuellement mené au sein du Laboratoire [958].

284 **Un discours québécois aux objets *temporairement* similaires au discours français.** Or, et même si cette approche particulièrement ouverte de l'accès à la justice n'est pas nécessairement surprenante dans un système juridique qui promeut la résolution amiable des litiges, elle ne fait qu'accentuer la tendance du discours québécois à ne pas vraiment porter l'essentiel de son attention sur la figure du juge. Ainsi, non seulement ce dernier n'est pas le destinataire des outils que les auteurs ce discours s'attachent à développer, mais ces outils visent, en plus, à l'éviter dans la plupart des cas. La manière *neutralisée* dont le discours québécois se saisit (ou plutôt *s'est* saisi [959]) des outils de justice algorithmique trouve ici une justification supplémentaire, et avec lui les références systématiques au discours français que l'on y trouve. Ces outils n'ont, finalement, été visés par le discours québécois que par capillarité avec le discours français et, une fois le constat fait de leur non-opérationnalité à court ou moyen terme, les recherches se sont de nouveau concentrées sur leur cœur historique.

B. La figure du juge, focale exclusive et excluante du discours français

285 **Une concentration française perceptible depuis *l'extérieur* du discours.** Face à ce discours québécois non seulement neutralisé mais qui, au surplus, se désintéresse assez largement d'un potentiel usage des outils de justice algorithmique par le juge, la concentration du discours français autour de cette thématique spécifique n'en apparaît que plus évidente. Cette concentration, en fait, est perceptible *en dehors même* du discours. Comme l'écrit Aurélien Rocher :

> « *trois catégories de legaltechs ont surtout bénéficié de [l']intérêt de la doctrine : les plateformes de mise en relation avec des avocats, les services fondés sur la blockchain, en particulier les smart contracts, et les solutions dites de justice prédictive (...). En dehors de ce pré carré de la recherche juridique fondamentale, tout un pan des legaltechs reste sous-exploité, voire ignoré, par la doctrine.* » [960]

---

956. Karim Benyekhlef et Simon Du Perron, *op. cit.*, p. 66.

957. *Ibid.*

958. Voir *supra* § 166.

959. Il faut bien admettre qu'à ce stade, il n'y a guère plus de publications québécoises relatives aux outils de justice algorithmique, et plus spécifiquement aux outils de justice prédictive. Le positionnement à la fois technique et thématique du Laboratoire de Cyberjustice n'y est pas pour rien – ainsi que sa position relativement critique vis-à-vis du discours français relatif à ces outils.

960. Aurélien Rocher, « Considérations d'épistémologie juridique sur les legaltechs », *RTD com.*, 2022, 13, p. 20.

Le pan qu'il évoque est constitué par les logiciels de gestion de cabinet et les logiciels de rédaction et d'analyse automatisée de documents qui « représentent pourtant la majorité des investissements actuels des départements juridiques et cabinets d'avocats » [961]. En fait, y compris dans les deux catégories de *Legaltech* effectivement traitées par le discours doctrinal qui n'ont pas de lien direct avec la justice, le juge n'est pas bien loin ; les plateformes de mise en relation avec les avocats n'ont reçu un certain intérêt qu'après que certaines d'entre elles aient été attaquées en justice par le CNB [962]. L'intérêt pour la blockchain, quant à lui, demeure confiné à certaines questions très spécifiques traitées par une part du discours doctrinal ultraspécialisée — ce qui n'a rien de surprenant compte tenu de la complexité de la thématique. En d'autres termes, le fait même que les outils de justice algorithmique aient provoqué une concentration doctrinale sur plusieurs années est, en soi, un marqueur de la concentration *interne* du discours sur la figure du juge. Ce n'est, après tout, pas un hasard que ces outils soient des outils de *justice* algorithmique, ou prédictive, ou quantitative.

286 **Une concentration française génératrice de silences ; les introuvables figures du justiciable et de l'avocat.** Au sein même du discours français, cette concentration est en fait perceptible par le biais des silences qui l'entourent ; le cœur du discours québécois et canadien, c'est-à-dire le justiciable ou les avocats, est pour ainsi dire absent du discours français. Plus exactement, ils sont absents en tant qu'entités existant *hors du prétoire* : ainsi, lorsque la figure du justiciable [963] est convoquée par le discours français, c'est dans deux types de situations. Il l'est ainsi soit en tant qu'entité auxiliaire de son avocat, que ce dernier l'informe [964], l'incite à un règlement amiable [965] ou qu'ils se retrouvent finalement sur un nouveau pied d'égalité grâce aux outils [966], soit, et d'ailleurs le plus souvent, vis-à-vis de l'institution judiciaire dans son ensemble. Il constitue alors le support de certaines des interactions identifiées par le discours et, notamment, celle relative

---

961. *Ibid.*

962. On pense ici à la société Jurisystem responsable du site *Alexia.net* (auparavant, et avant sa condamnation, *Avocat.net*) dont le système de notation et de comparaison a été attaqué avec succès par le CNB jusqu'à la Cour de cassation (Cass. 1e ch. civ., 11 mai 2017, n° 16-13.669, confirmé sur renvoi par CA Versailles, 7 décembre 2018, reproduite à <https://www.legalis.net/jurisprudences/cour-dappel-de-versailles-1ere-ch-1ere-sec-arret-du-7-decembre-2018/>). Ce n'est, effectivement, qu'à partir de 2016 (année du début du litige) que des articles ont commencé à être rédigés sur ces plateformes – ainsi, une recherche sur la base de LexisNexis à partir des mots-clés « notation avocats » bornée au 31 décembre 2015 donne accès à soixante-deux articles dont la majorité est consacrée aux liens entre agences de notation (financière, ce qui n'a rien de surprenant dans le contexte de la crise financière de 2008 et de ses conséquences) et cabinets d'avocat.

963. Il n'est d'ailleurs pas anodin qu'il soit qualifié de *justiciable* et non de *citoyen* ou *d'individu* comme c'est le cas au sein du discours québécois – il s'agit, dès le départ, de saisir cet individu ou ce citoyen *dans ses rapports avec la justice*.

964. Par exemple, dans Philippe Le Tourneau (dir.), *Droit de la responsabilité et des contrats*, *op. cit.*, p. 38.

965. Par exemple, dans Sylvie Lebreton-Derrien, *op. cit.*, p. 13 ou Chantal Arens, « Discours d'ouverture du colloque 'Quelles professions réglementées du droit pour demain ?' », *op. cit.*

966. Par exemple, dans Fabien Drey, *op. cit.* ou François Terré et Nicolas Molfessis, *op. cit.*, p. 491.

à l'accès à la justice ; selon les situations, il serait donc soit la victime d'une fermeture plus ou moins indirecte du prétoire [967], soit le bénéficiaire d'une offre de modes de règlement de son litige plus ouverte [968], soit les deux à la fois [969]. Il est aussi le support des questionnements relatifs à la protection de sa vie privée dans le cadre d'une diffusion massive des décisions de justice — mais, là encore, le prisme est fondamentalement judiciaire. Lorsqu'il s'agit d'évoquer son sentiment vis-à-vis de l'outil, c'est toujours pour relier ce sentiment, positif ou négatif, aux acteurs de la justice [970] ou à l'institution de la justice elle-même [971]. Finalement, lorsqu'il est évoqué seul, c'est pour souligner qu'un « justiciable lambda » [972], « non averti et non formé aux subtilités du droit » [973], ne pourra guère mieux le comprendre grâce à ces outils. Du côté des avocats, le constat est similaire ; en dehors de quelques contributions qui s'attachent à analyser en détail l'impact des outils de justice algorithmique sur l'organisation et le fonctionnement des cabinets [974], le traitement de la figure de l'avocat dans le cadre du discours relatif aux outils de justice algorithmique se limite, lorsqu'il n'est pas fait au regard de ses rapports avec la justice, au constat d'une nécessaire adaptation des cabinets à ces outils [975], d'une facilitation du travail de l'avocat [976] ou, au contraire, d'un bouleversement de ce travail [977] confinant à la remise en cause de sa place au sein de la justice [978]. Encore une fois, c'est vis-à-vis de ses rapports avec cette justice que la

---

967. Par exemple, dans Édouard Rottier, *op. cit.*, p. 191, Georges Teboul, « La justice prédictive : ses évolutions et nos craintes », *LPA*, n° 74, 2019, 8, p. 8 ou Mustapha Mekki, « Les fonctions de la responsabilité civile à l'épreuve du numérique : l'exemple des logiciels prédictifs », *op. cit.*, p. 675 et 680.

968. Par exemple, dans Élise Mouriesse, *op. cit.*, p. 127 ou Nicolas Couturier, « Justiciable, contrat et procès : le droit civil et la procédure civile à l'heure de la révolution numérique », in Frédérique Ferrand, Jonas Knetsch et Martin Zwickel (dir.), *Le droit civil et la justice civile à l'ère de la numérisation en France et en Allemagne*, FAU University Press, 2020, 361, p. 372.

969. Par exemple, dans Bruno Deffains et Jean-Baptiste Thierry, « Transformation numérique. Pourquoi la fin doit justifier les moyens », *JCP*, n° 6, 2018, 228, p. 230 ou Vincent Orif, « Voyage du juge depuis Hypérion : entre une intelligence artificielle conseillère et conquérante », *op. cit.*, p. 143

970. Soit que cette relation soit dégradée (comme dans Basile Darmois, *op. cit.*, p. 53) ou renforcée (comme dans Fabien Drey, *op. cit.*).

971. Soit que, là encore, cette relation soit dégradée (comme dans Carole Vaz-Fernandez, *Big data et intelligence artificielle au service de la sécurité intérieure en France*, L'Harmattan, 2020, p. 122) ou renforcée (comme dans Vincent Rivollier, « Diffuser le nom des magistrats ou quelle conception de la justice en France ? », *JCP*, supplément au n° 44-45, 2019, 26, p. 30).

972. Benoît Plessix, « Vers une justice administrative prédictive ? », in AFDA (dir.), *Le droit administratif au défi du numérique*, Dalloz, 2019, 81, p. 85.

973. Magali Bouteille-Brigant, *op. cit.*, p. 303.

974. Voir, pour les exemples les plus fournis, Thierry Kirat et Antoine Louvaris, *op. cit.*, p. 387 et la thèse, au titre évocateur, de Luca Scillato de Ribalsky (*L'avocat face à la justice du XXIe siècle*, *op. cit.*).

975. Par exemple, dans Bénédicte Girard, *op. cit.*, p. 188 ou Marie-Aimée Peyron, *op. cit.*, p. 1.

976. Par exemple, dans Antoine Dusséaux et Hugo Ruggieri, « Doctrine.fr : l'intelligence artificielle au service du droit », *Enjeux Numériques*, n° 3, 2018, 81, p. 83.

977. Par exemple, dans Nathalie Roret et Gilles Accomando, « Avocats et magistrats en 2050 : quelle justice demain ? », *RPPI*, n° 2, 2021, 5, p. 6 ou Jean-Louis Hérin, « Préface », in François Jouen, Catherine Puigelier et Charles Tijus (dir.), *Connaissance artificielle et droit*, Mare & Martin, 2020, 23, p. 26.

978. Par exemple, dans Issiaga Diallo, « Les enjeux de la justice prédictive », *op. cit.*, p. 7 ou Georges Teboul, « La justice prédictive : ses évolutions et nos craintes », *op. cit.*, p. 9.

figure de l'avocat est mobilisée au sein de ce discours, que ce soit pour insister sur le fait que les outils de justice algorithmique constitueraient un élément supplémentaire d'élaboration d'une stratégie contentieuse *intra*-judiciaire [979] ou *extra*-judiciaire [980], ou simplement par le biais d'un traitement en commun des apports ou des dangers des outils pour les avocats *et* les juges [981]. Les interactions particulières qui pourraient sous-tendre l'intégration des outils de justice algorithmique au sein de la pratique des avocats, notamment du point de vue déontologique ou du point de vue de leur responsabilité professionnelle [982], sont donc mises de côté au profit de celles qui ont directement trait à la justice et, surtout, au juge. La situation des autres praticiens du droit, ceux qui n'ont qu'un rapport distant avec la justice, est à ce titre encore plus simple : ils ne sont mentionnés *qu'en passant* [983], au sein d'une expression parapluie de type « autres professionnels du droit » [984], ou au

---

979. Dans le cadre de la construction du dossier (Christine Hugon, « De la fascination de la règle à la justice prédictive », in *Études en l'honneur du Professeur Marie-Laure Mathieu. Comprendre : des mathématiques au droit*, Bruylant, 2019, 379, p. 389) et du choix de « tel fondement juridique plutôt que tel autre » (Isabelle Sayn, « Des outils d'aide à la décision aux décisions individuelles automatiques, quel régime juridique ? », *JCP*, supplément au n° 44-45, 2019, 15, p. 17), pour « anticiper la décision qui sera rendue et opter pour la meilleure stratégie » (Valérie Malabat, *op. cit.*, p. 107) et « identifier de meilleurs moyens à invoquer » (François Ancel, Sylvie Benoliel, Jean-Hyacinthe De Mitry, Carole Thomas-Raquin et Pierre-Yves Gautier, *op. cit.*, p. 430).

980. On en revient ici à la double question des MARDs et de l'accès à la justice ; du point de vue des avocats, il s'agit alors d'« inciter son client à se diriger vers une médiation plutôt que de s'engager dans un procès » (Patricia Pomonti, « Risques et avenir d'une justice virtuelle », *APD*, t. 60, 2018, 195, pp. 196-197) à partir de « chiffres plutôt surs quant aux chances de succès du dossier » (François Thévenot, *op. cit.*, p. 327).

981. C'est la construction des phrases qui est ici importante. Ainsi, avocats et magistrats sont souvent les sujets des mêmes verbes : par exemple, « les juges, les avocats (…) auraient accès à une information dans laquelle ils pourraient réellement 'naviguer' » (Yannick Meneceur, « Numérique et prédiction de la décision. Vers une indispensable charte éthique européenne de l'intelligence artificielle », *op. cit.*, p. 67) ou « les avocats comme les magistrats pourraient ainsi être tentés de s'inspirer (…) d'une décision » (Roseline Letteron, « L'accès numérique au droit », *Enjeux Numériques*, n° 3, 2018, 68, p. 69). Ils sont aussi souvent mentionnés ensemble en tant que complément direct ou indirect (et donc en tant que cible des outils) : ainsi, les outils « chamboulent certaines habitudes de (…) l'avocat, du magistrat et de tous les juristes » (Boris Barraud, « Justice douce et justice prédictive : les algorithmes au service de l'amiable ? », *op. cit.*, p. 165) ou « devien[nent] une aide à la décision pour (…) le juge, l'avocat » (POULARD Ghislain, « L'avocat à l'épreuve de l'algorithme », in Jean-Pierre Clavier (dir.), *L'algorithmisation de la justice*, Larcier, 2020, 73, p. 74).

982. À quelques exceptions près, voir, notamment, Stéphane Lataste, « Avocats et legaltechs : quelles responsabilités ? », *Gaz. Pal*, n° 40, 2017, pp. 44-46 ou Aurore-Angélique Hyde, « Avocat et intelligence artificielle : quelles obligations, quelles responsabilités ? Réflexion à partir d'une décision de la Cour supérieure de justice de l'Ontario du 22 novembre 2018 », *D.*, 2019, pp. 2107-2111.

983. On parlera ainsi d'aide à la décision « du juge, du conseil, du justiciable, de l'assureur, etc. » (Aurore-Angélique Hyde, « Vers une cyberéthique de la justice «prédictive» », *op. cit.*, p. 324) ou d'un bénéfice commun aux « éditeurs juridiques, (…) personnes physiques, en passant par les directions juridiques d'entreprises ou d'associations » (Bruno Mathis et Hugo Ruggieri, *op. cit.*, p. 200).

984. On la retrouve ainsi dans Thomas Andrieu, *op. cit*, p. 64 ou Jean-Louis Hérin, *op. cit.*, p. 26. On trouve aussi des expressions approchantes, comme « professions juridiques » (Yannick Meneceur, « Numérique et prédiction de la décision. Vers une indispensable charte éthique européenne de l'intelligence artificielle », *op. cit.*, p. 67), « praticiens et professionnels du droit » (Sandrine Vara, « Automatisation de l'évaluation des préjudices corporels », *Expertises*, n° 458, 2020, pp. 244-247) ou simplement « praticiens » (Loïc Cadiet, Cécile Chainais et Jean-Michel Sommer, *op. cit.*, p. 22).

sein de certaines situations spécifiques [985] alors même que l'immense majorité des entreprises de *Legaltech* s'adresse aux sociétés, à leurs services juridiques et aux avocats [986]. Même lorsque l'on se limite aux seules entreprises proposant des outils de justice algorithmique à proprement parler, il faut admettre que si elles s'adressent toutes aux cabinets d'avocat et aux « autres professionnels », aucune ne vise les magistrats [987].

287 **Une concentration française au centre de gravité restreint.** Et pourtant la concentration du discours doctrinal français autour de la figure du juge est bien là et elle infuse, de toute évidence, jusqu'au traitement des autres acteurs de la justice. Faut-il s'en étonner, quand on connaît l'histoire compliquée de la pensée juridique française avec la figure du juge ? Sans doute pas, et c'est bien pour cette raison que nous reviendrons sur cette *histoire compliquée* en suivant [988]. S'il n'y a pas forcément lieu de s'étonner, on a cependant toutes les raisons de le déplorer : cette concentration du discours autour de la figure du juge ne laisse qu'une place réduite aux interactions entre les outils de justice algorithmique et les principes fondamentaux de la justice qui ne le concernent pas directement [989] et masque, plus généralement, d'autres interactions qui restent ainsi largement méconnues du discours français, d'autres utilisations possibles des outils et, surtout, d'autres

---

985. Par exemple, l'intérêt spécifique des assureurs juridiques pour la connaissance des chances de succès d'une action en justice engagée par l'un de leurs assurés (Patricia Pomonti, *op. cit.*, p. 196) et celui des assureurs plus généraux pour « apprécier *ex post* l'évaluation de l'indemnité due à l'assuré voir, *ex ante*, s'en inspirer pour apprécier le risque et déterminer le montant de primes d'assurance » (Samir Merabet, « 'DataJust' et l'effet papillon. À propos du décret du 27 mars 2020 », *op. cit.*, p. 24). De même pour les services juridiques d'entreprises en matière de provisionnement, voir Bernard Lamon, « La profession d'avocat et la justice prédictive : un bel outil pour le développement du droit », *op. cit.*

986. Selon les chiffres de l'Observatoire des solutions *Legaltech* en France, mis à jour annuellement et disponible en ligne à <https://www.village-justice.com/articles/Les-start-up-droit,18224.html>. En 2022, 65 % des outils visaient les « entreprises en général », 59 % leurs services juridiques et 55 % les avocats. Il est d'ailleurs remarquable de constater que si 38 % visaient le « grand public », seulement 7 % visaient les magistrats. Ces chiffres sont en fait à confronter avec la répartition des services proposés : si les outils métiers et les plateformes de mise en contact représentent entre 17 et 35 % de l'offre en *Legaltech*, les outils de justice algorithmique (bases de données jurisprudentielles en ligne et justice prédictive) ne représentent qu'entre 3 à 12 % des outils commercialisés.

987. Le site de Predictice est ainsi modelé sur les bénéfices, pour les avocats, à retirer de l'utilisation de ces outils : optimisation des recherches juridiques, possibilité d'offrir une prestation complémentaire à leurs clients (le calcul des probabilités de résolution d'un litige et le montant moyen des indemnités susceptibles d'être obtenues) et gain de productivité et de temps. Il en va de même de tous les autres sites des entreprises commercialisant des outils de justice prédictive, à l'exception de Case Law Analytics qui mentionne, après les cabinets d'avocats, les huissiers de justice, les assureurs, les experts-comptables, les directions juridiques d'entreprise et de la fonction publique, les notaires et les directions des ressources humaines, de Juri'Predis qui mentionne aussi les juristes d'entreprise et les commissaires aux comptes et de i-Praedico qui ajoute les assurances, mutuelles et courtiers. Doctrine.fr mentionne, au-delà des seuls avocats, les juristes d'entreprises.

988. Voir *infra* § 443 et suiv.

989. Soit que cette place soit à la fois réduite quantitativement et qualitativement, et on pense ici aux enjeux liés à l'égalité des parties (quand bien même, d'ailleurs, ces enjeux sont souvent traités au regard de l'intervention régulatrice du juge), soit que cette place ne soit réduite que d'un point de vue qualitatif – et on retombe ici sur les questions technico-juridiques qui, elles-aussi, ont tendance à graviter autour de la figure du juge.

outils potentiellement plus performants et opérationnels dès aujourd'hui. Si le discours québécois constitue alors un puissant révélateur de cette concentration absolument propre au discours français, ce sont les chiffres et nos développements qui en révèlent l'étroitesse. Ainsi, et comme nous l'avons vu, lorsqu'il s'agit de focaliser l'analyse sur les interactions entre les outils de justice algorithmique et le juge, il s'agit en fait de focaliser l'analyse sur *certaines* de ces interactions : sur celles relatives aux principes d'indépendance et d'impartialité et sur l'effet performatif de ces outils sur le juge. En d'autres termes, de même que ces deux arguments contribuent à faire graviter l'ensemble du discours autour de la figure du juge y compris lorsqu'il s'agit d'évoquer les autres acteurs du procès, ils conduisent aussi et surtout à réduire ce centre de gravité à une question, à un *nœud* argumentaire : celui de la crainte d'un juge sous contrainte.

§ 2. *L'IDÉE DE CONTRAINTE COMME NŒUD DE L'ARGUMENTAIRE FRANÇAIS*

288 **Une concentration du discours doctrinal français autour du seul *juge jugeant*.** Ce n'est pas tout de constater que l'argumentaire du discours doctrinal français se concentre sur la figure du juge — c'est un début, et un début qui ne manque pas d'interroger lorsqu'il est confronté au relatif désintérêt du discours doctrinal québécois. De la même manière qu'elle dissimule toute une série d'interactions entre les outils de justice algorithmique et l'ensemble de l'activité judiciaire et extra-judiciaire, cependant, cette concentration interne au discours peut aussi faire oublier au lecteur que ce ne sont pas *toutes les facettes* de la figure du juge qui en sont l'objet. Ainsi, tous les aspects du travail que mènent les magistrats en dehors du strict prétoire ne font pas l'objet de cette concentration. Certains, au contraire, ne reçoivent qu'une attention très ponctuelle [990] : *quid*, en effet, de l'intérêt (ou des risques) des outils de justice algorithmique dans la préparation des dossiers ? *quid* de leurs interactions avec les pouvoirs accordés au juge d'inciter à l'utilisation des MARDs [991] ? *quid* de leur éventuelle intervention dans la phase d'exécution et de suivi d'exécution du jugement ? On pourrait poursuivre cet inventaire à la Prévert longtemps, mais le fait est que le discours ne se focalise sur une facette de la figure du juge : le juge arrêtant une décision, prononçant une indemnité, arrêtant des seuils, bref, le *juge jugeant*. À cet égard, il est peu surprenant de voir cette concentration se manifester essentiellement au travers de l'effet performatif et des interactions relatives aux principes d'indépendance et d'impartialité : d'une part parce que ces deux arguments sont en fait les deux faces d'une même pièce, voire d'ailleurs la même face d'une même pièce vue de deux points de vue différents, et d'autre part parce que dès lors que l'on se concentre sur le *juge jugeant*, la question de l'intégrité de son processus de jugement apparaît essentielle. Or, ces deux

---

990. Voir, par exemple, Blandine Gardey de Soos, « Les nouveaux défis du magistrat 2.0 ou la création d'outils d'aide à la rédaction pour le juge civil », *JCP*, n° 28, 2017, pp. 1384-1388.

991. Outre les hypothèses de recours préalable obligatoire, on pense ici aux articles L. 213-8 et suiv. du Code de justice administrative et aux articles 127 et 127-1 du Code de procédure civile.

ensembles argumentatifs soulignent tous les deux le risque de voir cette intégrité atteinte voire dégradée par les outils. C'est spécifiquement le cas des phénomènes désignés par l'intermédiaire de l'argument tiré de l'effet performatif des outils, sous leur forme explicite ou sous la forme reconstruite que nous avons proposée plus haut (voir *supra* § 268 et suiv.). En d'autres termes, le discours doctrinal français relatif aux outils de justice algorithmique est certes concentré autour de la figure du juge, mais il l'est autour de la figure du *juge jugeant* et, plus encore, autour de l'intégrité de la prise de décision de ce *juge jugeant*. Or, si l'on souscrit à l'idée que ces outils sont effectivement susceptibles d'exercer une influence sur cette prise de décision, sous quelque forme, selon quelque modalité et avec quelque force que ce soit, cela revient à considérer qu'ils sont en mesure d'exercer un pouvoir de contrainte sur le juge. C'est bien là le cœur de l'argument tiré de l'effet performatif que ces outils exerceraient, et la notion de *contrainte* y apparaît d'ailleurs explicitement [992].

289 **La crainte d'un *juge jugeant* sous contrainte**. Encore une fois, de la même manière que la concentration sur les interactions spécifiques entre les outils et l'intégrité de la prise de décision judiciaire n'est pas surprenante dans la mesure où le discours est lui-même concentré autour de la figure du *juge jugeant*, elle n'est pas non plus surprenante lorsqu'elle est analysée au sein de son contexte plus général : le système judiciaire et, encore plus généralement, le système *juridique* français. Or, dans le contexte du système judiciaire français, les contraintes admises en droit sont non seulement très peu nombreuses, mais elles sont aussi conçues de manière aussi restrictive que possible — de même, d'ailleurs, que les contraintes admises en fait (**A**). C'est face à ce constat que la concentration du discours français autour de cette *nouvelle contrainte* émergeant du fait des outils de justice algorithmique prend tout son sens (**B**) et nous guide, peut-être, vers une nouvelle piste d'explication des tensions qui le parcourent.

A. L'admission très limitée de contraintes sur la prise de décision judiciaire

290 **L'appréciation des faits ; un espace de liberté accordé au juge du fond**. Si l'on se limite à une approche strictement juridique des contraintes pesant sur le juge, il est indéniable que l'ordre juridique français les réduit à leur absolu minimum. En dehors des textes juridiques applicables au litige pendant devant lui [993], le juge

---

992. Par exemple, dans Marie Dochy, « L'indépendance du juge face aux nouvelles technologies », *Revue Justice Actualités*, n° 26, 2021, 62, p. 62, Anne Baux, *op. cit.*, p. 96 ou Hada Messoudi, « La dématérialisation de la communication des décisions du juge administratif », *op. cit.*, pp. 36-37.

993. Que ce soit d'un point de vue substantiel ou d'un point de vue procédural. Ainsi, et selon les types de contentieux, le juge sera plus ou moins astreint au principe dispositif et à l'interdiction de l'*ultra petita* ; cette interdiction est ainsi plus souple en contentieux administratif au regard, classiquement, des moyens d'ordre public et, moins classiquement, des aménagements de l'office du juge administratif mis en place par le juge administratif lui-même. On pense notamment ici aux pouvoirs importants tirés de l'arrêt CE ass., 4 avril 2014, n° 358994, *Tarn-et-Garonne* qui permettent notamment au juge du contrat de prononcer une annulation là où lui est demandé une résiliation (voir, par exemple, CE ssr., 9 juin 2021, n° 438047 et 438054, *Conseil national des barreaux*).

français voit son office essentiellement délimité par les deux bornes classiques des articles 4 et 5 de Code civil : l'interdiction du déni de justice d'une part, et l'interdiction de disposer « par voie générale et réglementaire » d'autre part. Ce constat peut apparaître contradictoire, lorsque l'on a à l'esprit le mythe persistant du juge « bouche de la loi » ramené à Montesquieu [994] et supposé contraindre le juge à un rôle subalterne de pure application du droit ; il ne l'est qu'en apparence. Si le juge est en effet contraint d'appliquer les textes juridiques pertinents, il n'est effectivement contraint que par ce que ces textes prévoient — encore que l'on puisse bien sûr discuter du degré de contrainte effectivement exercé par ces textes et, corrélativement, du degré de liberté qu'ils aménagent [995]. Or, dans la plupart des domaines et dans tous ceux visés par les outils de justice algorithmique, les textes qui s'imposent prévoient certes des types de mesure selon la situation individuelle des justiciables sans pour autant évaluer la situation individuelle des justiciables à l'avance. C'est au juge de déterminer si les conditions d'application des textes applicables sont réunies de manière à, ensuite, en déclencher l'application et à éventuellement, lorsque ces mêmes textes le prévoient, la moduler selon la nature, le nombre et la force des conditions effectivement réunies. En d'autres termes, et même si d'aventure l'on souscrivait à l'idée que la contrainte exercée par les textes normatifs s'imposant aux juges dans la résolution des litiges est de nature *absolue*, elle est, dans tous les cas, partielle. Or, ces espaces de « liberté » aménagées aux juges sont exclusivement investis, sauf exception [996], par les juges du fond. Ce sont eux qui ont à « constater les faits » à l'exclusion de la juridiction suprême qui, à l'inverse, est incompétente « pour apprécier les preuves et réviser les constatations de fait de l'arrêt attaqué » [997]. La juridiction suprême de chaque ordre ne bénéficie donc pas de ces espaces de liberté consubstantiels à l'office des juges du fond, qui d'ailleurs ne se déploient *pas que* dans les interstices des textes applicables. Si, effectivement, « cette liberté donnée au juge du fond » porte sur la « qualification préalable à l'application de la règle de droit appropriée » des faits litigieux, elle amène aussi, surtout et préalablement, le juge à apprécier « souverainement la matérialité et l'exactitude des faits litigieux » [998]. Elle se poursuit ensuite, lorsque les textes applicables le permettent, dans la détermination des conséquences à tirer de ces faits établis et qualifiés ; l'évaluation des dommages et intérêts à attribuer à la victime d'un dommage corporel ou celle du montant d'une prestation compensatoire sont deux exemples de ce « deuxième temps » de l'espace de liberté des juges du fond. Les faits, leur constat, leur appréciation, leur détermination, leur

---

994. Nous reviendrons plus précisément sur ce mythe en suivant, voir *infra* § 443 et suiv.

995. Il s'agit là de débats de théorie du droit, ou plus exactement de théorie de l'*interprétation*, sur lesquels nous revenons de manière extensive plus loin dans nos développements (voir *infra* § 614-615).

996. Notamment pour le Conseil d'État où, outre ses hypothèses de compétence en premier et degré recours, il reste bien plus libre de décider de juger au fond les affaires dont il est saisi en appel ou en cassation que la Cour de cassation.

997. Jacques Boré et Louis Boré, « Pourvoi en cassation », *Répertoire de procédure civile*, 2022, § 291.

998. Florent Tap, *Recherche sur le précédent juridictionnel en France*, thèse dactylographiée, Université Toulouse 1 Capitole, 2019, p. 279.

qualification et leur quantification constituent donc à la fois le cœur de l'office des juges du fond et les bornes de l'espace au sein duquel ils se trouvent, en théorie, débarrassés de toute forme de *contrainte* [999]. En d'autres termes, il s'agit là de leur pouvoir souverain d'appréciation.

291 **L'appréciation des faits ; un espace de liberté *imposée* aux juges du fond**. Gare aux juges qui borneraient volontairement cet espace de liberté ; la Cour de cassation, particulièrement [1000], veille et censure les décisions qui mentionneraient de manière un peu trop explicite avoir été rendues en considération de barèmes (ou de tout autre outil d'aide à la décision) [1001] ou d'autres décisions rendues par d'autres juges du fond [1002]. Si ce terrain de non-contrainte est un terrain de liberté, c'est un terrain de liberté *contrainte*. L'importance à la fois juridique et symbolique de ce *pouvoir souverain des juges du fond* se retrouve d'ailleurs au sein du discours relatif aux outils de justice algorithmique [1003] qui manie ce principe comme un nouveau bouclier contre l'intervention de ces outils dans les processus judiciaires. Nous reviendrons en détail sur tout le paradoxe qui entoure la mobilisation de ce pouvoir souverain d'appréciation plus loin dans nos développements (voir *infra* § 475 et suiv.), mais il illustre cependant déjà le caractère fondamental de cette idée d'un juge non contraint, en fait et en droit, dans les espaces négatifs, *factuels*, ouverts par les textes juridiques qui s'imposent à lui.

292 **L'interprétation juridique ; un espace pluricontraint**. Ces espaces sont d'autant plus fondamentaux que, lorsqu'il s'agit de liberté *interprétative* du juge, la marge de manœuvre est théoriquement nettement plus restreinte. C'est particulièrement le cas pour les juges du fond qui se trouvent, dans ce domaine, sous le plein contrôle de leur juridiction suprême puisqu'il s'agit là de leur office : « les cours suprêmes, dans leur fonction de cassation, exercent un contrôle sur

---

999. Si ce n'est celle, pour les juges de première instance, du risque de la réformation en appel.

1000. On admettra ici ne pas avoir trouvé d'arrêt du Conseil d'État censurant, pour défaut de motivation, une décision qui ferait référence à un barème, à un outil d'aide à la décision, à une autre décision ou à un autre arrêt rendu par une juridiction administrative. Nous pouvons cependant rappeler qu'est censuré pour défaut de motivation tout arrêt ou décision qui ne motiverait *que* par référence à un autre document, y compris une autre décision ou un autre arrêt (CE ssr., 1er juillet 2009, no 318960).

1001. Voir, par exemple, Cass. 2e ch. civ., 22 novembre 2012, no 11-25.988 et Cass. 2e ch. civ., 28 mars 2019, no 18-14.364 au sujet de l'insertion de la mention de barèmes non officiels dans la motivation de deux arrêts d'appel.

1002. Y compris d'ailleurs lorsqu'il s'agit d'établir le constat et la qualification d'un fait à partir de décisions rendues précédemment et permettant, précisément, d'établir ce constat et cette qualification (voir, par exemple, Cass. comm., 6 mai 1991, no 89-13.131). Un juge qui motiverait la qualification d'un fait à partir d'une pratique généralisée au sein de plusieurs autres juridictions tomberait, ainsi, sous cette interdiction.

1003. Si nous renvoyons à nos propos consacrés à la question, on peut ainsi indiquer que l'on retrouve la mention de ce pouvoir souverain d'appréciation des juges du fond dans l'intégralité du discours : discours académique privatiste (par exemple dans Valérie Lasserre, « Justice prédictive et transhumanisme », *op. cit.*, p. 318), publiciste (par exemple dans Hada Messoudi, « Open Data et amélioration du dialogue des juges au sein de la juridiction administrative ? », *op. cit.*, p. 12), discours des avocats (par exemple dans Marie-Aimée Peyron, *op. cit.*, p. 1) et discours des magistrats (par exemple, dans Bernard Stirn, « Premières réflexions sur le juge administratif et le droit prédictif », *op. cit.*, p. 220).

la manière dont les juridictions du fond interprètent et appliquent le droit (…). L'objet du pourvoi, c'est le droit lui-même. » [1004] Or, et outre la menace planant sur les juges de voir leur décision censurée en raison d'une application ou d'une interprétation incorrecte du droit applicable, la fonction même de cassation de ces juridictions suprêmes a progressivement entraîné l'admission d'une autre source de contrainte : celle constituée par la jurisprudence de ces juridictions suprêmes. En matière interprétative, en effet, ce sont elles qui bénéficient de la plus grande liberté [1005] puisqu'elles se situent au plus haut niveau hiérarchique et qu'elles ne sont pas, elles-mêmes, susceptibles d'être censurées [1006]. Par capillarité, et puisque ce sont aussi elles qui « disposent de l'autorité hiérarchique nécessaire pour imposer » au reste de l'édifice judiciaire les interprétations qu'elles considèrent être les bonnes [1007], leurs arrêts bénéficient d'une autorité qui, tout en ne dépassant *juridiquement* pas les bornes de celle attachée à toute chose jugée, a progressivement acquis une force particulière *en fait* ou, plutôt, dans les marges des textes juridiques applicables auxquels ils se rapportent. Côté discours doctrinal, de multiples aménagements sont avancés pour expliquer cette force particulière de cette jurisprudence elle-même particulière mais quel que soit le truchement, quelles qu'en soient les justifications d'apparence et les justifications plus profondes à ce stade de nos développements [1008], la jurisprudence des cours suprêmes est tolérée en tant que force contraignante *de fait* [1009]. Elle l'est justement du fait de son contenu et de l'office des juridictions qui la créent :

> « *parce que le juge est dépourvu de tout pouvoir créateur, il ne peut que lire la loi ; dès lors, son interprétation prend les atours et les contours de la parole législative à laquelle il s'incorpore : transcendante, autoritaire, unique et ferme.* » [1010]

Et cela quand il ne crée pas, tout simplement, des régimes juridiques entiers dans les espaces négatifs ouverts non *au sein* des textes, mais *entre* les textes comme le fait régulièrement le Conseil d'État [1011]. Dans tous les cas, cette contrainte admise en fait ne joue qu'en matière interprétative, soit au même rang que le reste des textes applicables au litige soit en se « fondant » à ces textes — ce qui revient, dans ce second cas, à simplement intégrer l'interprétation prétorienne à l'autorité

1004. Évelyne Serverin, « Juridiction et jurisprudence : deux aspects des activités de justice », *Droit et société*, vol. 25, n° 1, 1993, 339, p. 345.

1005. Guy Canivet, « Activisme judiciaire et prudence interprétative. Introduction générale », *APD*, t. 50, 2007, 7, p. 14.

1006. Si l'on exclut les voies de recours extranationale qui ne constituent, en toute hypothèse, pas une forme de cassation.

1007. Évelyne Serverin, « Juridiction et jurisprudence : deux aspects des activités de justice », *op. cit.*, p. 345.

1008. Aménagement sur lesquels nous reviendrons en *infra* § 453.

1009. Avec, bien sûr, un écart notable entre la conception privatiste et administrativiste de cette jurisprudence ; là encore, nous renvoyons à nos développements ultérieurs.

1010. Pascale Deumier, « Création du droit et rédaction des arrêts par la Cour de cassation », *APD*, t. 50, 2007, 49, pp. 52-53.

1011. Voir, à cet égard, Sacha Sydoryk, « Le Conseil d'État et les normes générales et abstraites : perspectives constitutionnalistes », *RFDC*, vol. 4, n° 128, 2021, pp. e31-e51.

du texte préexistant. Elle ne change donc rien à notre constat : le juge français n'est considéré contraint, en fait et en droit, qu'en matière *juridique*, *interprétative*, et dans des conditions bien déterminées qui garantissent, en contrepartie, un espace de liberté aux juges du fond dans le domaine du fait.

B. Les outils de justice algorithmique, créateurs d'une *nouvelle* contrainte sur la prise de décision judiciaire

293 **Une contrainte *nouvelle* de nature algorithmique.** Dans ce contexte, l'intervention d'outils de justice algorithmique ne peut qu'inquiéter. Si l'on considère qu'ils sont, effectivement, susceptibles d'exercer une contrainte d'une quelconque nature sur les juges, cette contrainte est nécessairement problématique. Tout d'abord parce qu'elle s'exercerait sans habilitation juridique. On pourrait ici objecter, à juste titre, que ce n'est pas plus le cas de celle exercée par la jurisprudence des juridictions suprêmes dont on vient pourtant d'affirmer l'autorité *de fait*, mais il faut aussi admettre que ce n'est pas pour cette raison que le discours doctrinal relatif à ces outils s'arcboute sur la contrainte nouvelle qu'ils seraient susceptibles d'exercer. Au-delà de son apparition, c'est la nouveauté *substantielle* de cette contrainte qui concentre le discours. Cette nouveauté est doublement perçue par le discours au travers de deux caractéristiques de cette contrainte, et la première est sa nature *informatique*. Ainsi, « au moment où les matériels de stockage informatique permettent l'archivage d'un nombre toujours plus important de données, les outils de traitement de celles-ci deviennent de plus en plus performants » [1012] et, avec eux, le « traitement algorithmique » qu'ils proposent [1013]. Le risque ne serait donc pas seulement de faire peser une contrainte d'ordre normatif, performatif ou cognitif sur le juge, mais de faire de lui la « bouche qui prononce les paroles de l'algorithme » [1014], « de la machine » [1015] voire du « robot » [1016]. Le pas est d'ailleurs parfois franchi lorsqu'est évoquée l'idée d'un « juge robot » [1017], y compris d'ailleurs pour en conjurer l'hypothèse [1018] puisqu'il s'agit néanmoins

---

1012. Xavier Henry, « Le renouvellement de l'approche de la jurisprudence. À propos du site du Cerclab », *JCP*, nº 30-35, 2020, 1426, p. 1439.

1013. Philippe Le Tourneau, *Contrats du numérique. Informatiques et électroniques*, *op. cit.*, p. 821.

1014. Luca Scillato de Ribalsky, *op. cit.*, p. 327 et, dans le même sens, Warren Azoulay, *op. cit.*, p. 605.

1015. Djamila Larabi, *op. cit.*, p. 124.

1016. Bruno Pireyre, « Allocution d'ouverture », présentation lors du colloque « Un monde judiciaire augmenté par l'intelligence artificielle ? », 25 juin 2019, disponible en ligne à <https://www.courdecassation.fr/toutes-les-actualites/2019/06/25/un-monde-judiciaire-augmente-par-lintelligence-artificielle>, tel que cité dans Christian Byk, *op. cit.*, p. 705.

1017. On retrouve cette idée de « juge robot » crainte dans Didier Cholet, *op. cit.*, p. 227, Benoît Plessix, « Illegal Tech », *Dr. adm.*, nº 7, 2021, 1, p. 1, Louis Fériel, « L'avenir de la réparation du préjudice. À propos du rapport du Sénat du 22 juillet 2020 sur la réforme de la responsabilité civile », *RCA*, nº 2, 2021, 5, pp. 7-8 ou Daniel Mainguy, « Regard prédictif sur la justice prédictive », *Blog de Daniel Mainguy*, 14 mars 2017, disponible en ligne à <https://www.daniel-mainguy.fr/2017/02/regard-predicitf-sur-la-justice-predictive.html>.

1018. La figure du « juge robot » est ainsi qualifiée de « spectre » (Aurélien Rocher, *op. cit.*, p. 22), de « science-fiction » (Nathalie Roret et Gilles Accomando, *op. cit.*, p. 5 ou

d'insister sur cette dimension algorithmique de la contrainte exercée sur le juge et, au passage, de mobiliser cette figure du « juge robot » comme un repoussoir. La contrainte est donc non seulement inacceptable juridiquement parce qu'elle remet en cause les principes d'indépendance et d'impartialité du juge, mais elle est au surplus inacceptable techniquement puisqu'elle transite par l'outil, la machine, l'algorithme, bref, *le robot*. Peu importe, à cet égard, que cette origine informatique n'ait que peu d'impact sur la force de la contrainte effectivement exercée sur le juge : compte tenu du traitement rapide réservé aux questions relatives au fonctionnement de ces outils, le constat de cette origine se suffit à lui-même pour rajouter à l'inacceptabilité de leur influence. Et pourtant il faut déjà souligner à quel point cette idée de contrainte nouvelle *parce qu'informatique* est, en fait, trompeuse. Certes, les outils tels qu'ils sont aujourd'hui commercialisés et utilisés sont *nouveaux* dans le fonctionnement exact de leurs algorithmes, mais ils n'en sont pas moins les héritiers d'outils plus anciens et dont les enjeux étaient suffisamment similaires pour susciter le même type de réactions lorsqu'ils ont été développés. On pense ici tant aux premières bases de données informatisées qu'aux premiers systèmes experts, dont l'oubli généralisé au sein de *ce* discours doctrinal et du discours doctrinal plus général n'a rien d'anodin [1019].

294 **Une contrainte *nouvelle* de nature prétorienne.** Cette impression de *fausse nouveauté* se poursuit lorsqu'il s'agit de la deuxième caractéristique de la contrainte exercée par les outils de justice algorithmique soulignée au sein du discours : il ne s'agit plus tant de sa nature ou de la manière dont elle est exercée, mais de son *contenu*. Ici, le discours est à la fois disert et unanime : les « logiciels rendent visible ce qui pendant longtemps est resté invisible » [1020], « ce qui est habituellement caché », c'est-à-dire la production des juges du fond [1021]. Le lien de ce contenu des outils de justice algorithmique avec l'idée qu'ils pourraient exercer une contrainte sur les juges qui les utiliseraient peut apparaître ténu à première vue : quel rapport, en effet, entre le fait que des outils de justice algorithmique construits à partir de base de données exhaustive et intégrant donc mathématiquement une quantité bien plus importante de décisions et arrêts du fond contribuent à

Thierry Kirat et Antoine Louvaris, *op. cit.*, p. 386), de « fantasme » (Vincent Rivollier, Manon Viglino et Christophe Quézel-Ambrunaz, « Le retrait de DataJust, ou la fausse défaite des barèmes », *D.*, 2022, 467, p. 467, Eugénie Petitprez et Rodolphe Bigot, *op. cit.* ou Christine Hugon, *op. cit.*, p. 389) ou de « mythe » (Bertrand Cassar, *La transformation numérique du monde du droit*, *op. cit.*, p. 112).

1019. Nous reviendrons sur ces recherches en *infra*, voir § 645 et suiv.

1020. Soraya Amrani-Mekki, « L'obsolescence programmée du juge ? Propos introductifs », *op. cit.*, p. 11.

1021. Olivier Renaudie, « La jurisprudence administrative à l'ère du big et de l'open data », *op. cit.*, p. 72. Dans le même sens, Frédéric Rouvière, « La justice prédictive : peut-on réduire le droit en algorithmes ? », *op. cit.*, p. 100, Didier Cholet, « La communication des décisions du juge judiciaire : quelle singularité ? », in Pierre Bourdon (dir.), *La communication des décisions du juge administratif*, LexisNexis, 2020, 173, p. 183, Pascale Deumier, « La jurisprudence d'aujourd'hui et de demain », *op. cit.*, pp. 600 et suiv. ou Évelyne Serverin, « De l'informatique juridique aux services de justice prédictive, la longue route de l'accès du public aux décisions de justice dématérialisée », *op. cit.*, pp. 42-43.

leur « révélation » [1022], et la contrainte qu'ils sont, ensuite, susceptibles d'exercer ? C'est encore le discours lui-même qui établit ce lien le plus clairement lorsque, face à des outils bâtis sur cette portion de la production juridique, il exprime la crainte de voir le juge devenir « la bouche d'autres juges » [1023] et nous ramène ici au second « pouvoir de fait » identifié lorsqu'il s'agissait d'étudier les interactions entre ces outils et le principe, notamment, d'indépendance. Il nous ramène aussi à cette *fausse nouveauté* qui caractérise ces outils. Que l'on parle de pouvoir de fait, d'influence ou de contrainte, il ne s'agit d'un phénomène nouveau *que* parce qu'il est construit sur une portion du droit jusqu'ici *techniquement* méconnaissable mais qu'il ne crée pas pour autant. C'est la masse et la précision de cette portion du droit qui transformerait la seule *révélation* en contrainte [1024]. Or, non seulement le juge « n'a pas à se laisser influencer par un autre jugement », mais lorsque l'on admet une telle influence, c'est uniquement celle issue « d'un arrêt d'une cour supérieure ayant fixé la jurisprudence » [1025]. La voilà, la nouveauté : ce juge « bouche d'autres juges » ne serait plus seulement la bouche « des juges des juridictions suprêmes mais aussi des juges du fond » [1026]. La contrainte n'émanerait donc pas seulement de *robots*, mais de robots qui donnent à la production *judiciaire* ce pouvoir de contrainte ; mais encore de robots qui donnent à la production *judiciaire du fond* ce pouvoir ; mais, finalement, d'un pouvoir de contrainte qui, compte tenu de la nature des informations apportées par les outils de justice algorithmique [1027], ne vise pas le domaine du droit, mais celui du fait.

1022. Le terme est employé dans, par exemple, Pascale Deumier, « Open Data. Une autre jurisprudence ? », *op. cit.*, p. 479, Loïc Cadiet, Cécile Chainais et Jean-Michel Sommer, *op. cit.*, p. 80, Liane Huttner, *op. cit.*, § 2 ou Aude Rouyère, « Éléments de conclusion », in AFDA (dir.), *Le droit administratif au défi du numérique*, Dalloz, 2019, 225, p. 232.

1023. Sylvie Lebreton-Derrien, *op. cit.*, p. 11.

1024. Ainsi, « l'accès à toute la jurisprudence des juges du fond va permettre de dégager par le nombre des solutions majoritaires qui pourront 'faire jurisprudence', c'est-à-dire être suivies par d'autres juges mêmes s'ils n'en ont pas l'obligation » (Emmanuel Jeuland, « Intelligence artificielle et justice : une approche interhumaniste », *op. cit.*, p. 213), voire d'ailleurs l'intention et c'est là qu'intervient l'idée de pression qui s'exercerait « inconsciemment sur le magistrat » et qui « impacte[rait] son pouvoir souverain d'appréciation » au point que « le juge pourrait perdre de son analyse *in concreto* du dossier et rendre une 'décision-type' pour un 'problème juridique-type' où les circonstances factuelles en équité n'auraient plus leur place dans la décision judiciaire » (Luca Scillato de Ribalsky, *op. cit.*, p. 327).

1025. Thierry Le Bars, « Conclusion générale », *op. cit.*, p. 207.

1026. Sylvie Lebreton-Derrien, *op. cit.*, p. 11.

1027. On doit en effet ici rappeler que, quels qu'ils soient, les outils de justice algorithmique sont conçus à la fois pour *fonctionner* à partir des données *factuelles* intégrées au sein des décisions qu'ils traitent et pour apporter une *information* du même ordre. Ainsi, si les textes juridiques applicables peuvent faire partie des critères de recherche au sein des bases de données de décisions sur lesquelles sont éventuellement greffés les algorithmes de justice prédictive, ce n'est que pour réduire le champ de la recherche. C'est à partir de critères factuels (caractéristiques des parties, du litige et de ses conséquences) que sont fournies soit les décisions les plus proches, soit une synthèse statistique ou probabiliste de ces décisions. À ce titre, si ces outils exercent effectivement une contrainte sur leur utilisateur, c'est essentiellement au niveau de ces éléments factuels : par exemple, la quantification d'une indemnisation au regard d'un certain type de dommage ou l'évaluation d'une prestation compensatoire au regard des conditions de vie d'un ménage. Dans les deux cas, on se situe là au niveau de cet espace de liberté « contrainte » dont doit bénéficier le juge du fond.

295 **Contrainte sur la prise de décision judiciaire et principes fondamentaux de la justice ; interrogations.** Tout est alors réuni pour expliquer que cette idée de voir apparaître une nouvelle contrainte à la fois algorithmique et prétorienne constitue le nœud argumentatif du discours doctrinal français. Il est compréhensible, même si l'approche est ici *très* prospective, qu'un discours doctrinal qui n'a pas entièrement réglé ses comptes avec une crispation historique autour de la figure du juge et autour de la nature de sa production juridique voie dans ce *potentiel* pouvoir de contrainte ou d'influence des outils un risque fondamental. Il est aussi compréhensible que ce risque soit saisi à partir des principes, eux-mêmes fondamentaux, qui régissent l'activité de justice et la prise de décision judiciaire. Pour compréhensible que ce réflexe puisse être, cependant, il n'empêche pas de s'interroger : sont-ce vraiment ces seuls principes fondamentaux qui justifient l'approche défensive du discours doctrinal français ? Nous l'avons vu, ces outils ne font, finalement, que s'intégrer dans des réseaux d'influence préexistants et qu'actionner des mécanismes cognitifs perpétuellement à l'œuvre au sein des prétoires. Or, non seulement ces réseaux d'influence et ces mécanismes cognitifs ne *font pas*, habituellement, l'objet d'une telle concentration et d'un tel intérêt doctrinaux en France [1028], mais alors qu'ils sont mieux connus et mieux appréhendés dans les discours doctrinaux de *common law* dont le discours québécois fait dans une certaine mesure partie, les outils de justice algorithmique ne réactivent pas ces questionnements. La structuration différente du discours québécois relatif à ces outils et son expertise technique contribuent à expliquer que la question de la potentielle contrainte exercée par ces outils ne soit pas adressée de manière aussi générale qu'en France. Si elle permet donc de comprendre la relative indifférence québécoise à son encontre, elle ne permet cependant pas de comprendre la concentration française — et les différences de structuration judiciaire entre les deux ordres juridiques n'aident pas plus.

296 **Contrainte sur la prise de décision judiciaire et principes fondamentaux de la justice ; une voie systémique ?** Mais si l'on en revient à la nature de cette nouvelle contrainte, de cette nouvelle influence qui s'ajoute à un réseau qui n'a jamais fait l'objet d'une telle *levée de boucliers* de la part du discours doctrinal, il y a bien quelque chose qui l'en distingue. Ce n'est pas n'importe quel type d'informations qui influencerait le juge à travers ces outils : ce sont les décisions *d'autres juges*. Or, si cet élément n'est pas relevé par le discours québécois, c'est peut-être parce qu'il n'a rien d'étonnant, de nouveau ou de révolutionnaire au sein d'un système juridique mixte. Au sein du discours français, cependant, ce gain en influence *des juges sur les juges* est résumé en un argument que nous n'avons pas encore abordé : l'argument « *common law* ». Cet argument intervient parfois en complément de celui lié à l'effet performatif des outils de justice algorithmique ou de celui lié aux interactions entre ces outils et les principes d'indépendance et

---

1028. Ce qui explique, d'ailleurs, pourquoi ces deux clés d'analyse sont pour ainsi dire absentes du discours doctrinal relatif aux outils de justice algorithmique.

d'impartialité [1029]. Il les redouble alors d'un enjeu d'ordre systémique : apparait ainsi l'idée d'un « tournant de civilisation » [1030], ou, de manière plus neutre mais non moins parlante, d'un rapprochement du fonctionnement du « système de droit civil avec [le] '*Stare Decisis*' pratiqué par les juridictions de *Common Law* » [1031] par l'intermédiaire de l'importation de la règle du précédent. N'est-ce pas en effet de cela qu'il s'agit, si les outils de justice algorithmique sont effectivement en mesure de doter les décisions rendues par d'autres juges d'une force de contrainte sur le *juge jugeant* ? N'est-ce pas précisément ce que l'on désigne par précédent, cette autorité accordée à la jurisprudence ? Notre première approche technico-juridique n'était, alors, peut-être pas la bonne ; peut-être que les enjeux ne sont ni de nature technique, ni de nature juridique et encore moins de nature juridictionnelle, mais bien de nature *systémique*.

Conclusion du chapitre 2

297 **Une piste d'analyse juridique *a priori* décevante**. La piste que nous avons tentée de suivre et d'explorer avec le discours français quant aux interactions apparaissant entre les outils de justice algorithmique et les principes fondamentaux de la justice peut donc apparaître décevante. Après tout, elle nous conduit à admettre que, de manière similaire aux enjeux technico-juridiques de ces mêmes outils, il n'y a rien ici qui soit propre à l'ordre juridique français et qui puisse justifier ou seulement expliquer la réaction de rejet du discours doctrinal à leur encontre. À y regarder de plus près, cependant, il y avait bien quelques fils à tirer de ce premier constat tiré de notre analyse de ces interactions — ces fils se logeaient à la fois dans les points névralgiques du discours français et dans les silences du discours québécois.

298 **Les non-dits de l'argument tiré de l'effet performatif des outils de justice algorithmique**. Le premier de ces fils était constitué par un argument non seulement spécifique au discours relatif aux outils de justice algorithmique, mais encore et surtout au discours *français* : l'argument tiré de l'effet performatif qu'auraient les outils de justice algorithmique sur leur utilisateur et, surtout, sur le juge. Or, que ce soit en s'employant à cerner ce que désigne le discours français lorsqu'il pointe du droit cet effet performatif ou en dépassant ce discours pour rattacher cet argument ambivalent au phénomène cognitif qu'il désigne véritablement, le cœur du problème reste le même et s'incarne tout entier dans l'impact de ces outils sur le juge. Le paradoxe est alors insoluble, puisqu'au travers de ces outils ce sont des jeux d'influence préexistants qui sont craints — et ce alors même que le discours doctrinal s'en désintéresse dans toutes les autres circonstances où ils sont à l'œuvre.

1029. À hauteur, respectivement, de 49 % et de 47 %, voir annexe 2.2.4, T.7.1, G.13.2.3 et G.13.2.4.

1030. Pierre-Yves Gautier, « Le filtre intellectuel apporté par la doctrine à l'analyse des décisions de jurisprudence est source de gain de temps pour tous », *op. cit.*, p. 87.

1031. Guy Canivet, « Préface », in Florence G'sell (dir.), *Le Big Data et le droit*, Dalloz, 2019, 9, p. 14.

299 **Une concentration équivoque du discours français autour de la figure du juge**. Ce fil, cependant, est plus généralement relié au cœur même du discours doctrinal français : la figure du juge. Généralement absente du discours doctrinal québécois, cette figure est, là encore, traitée de manière ambivalente puisque les interactions qui s'y rapportent se limitent à l'unique facette du *juge jugeant*. Plus encore, la conjonction des arguments relatifs à l'effet performatif que les outils de justice algorithmique exerceraient sur ce juge avec les interactions qu'il entretient, ensuite, avec les principes d'indépendance et d'impartialité nous ramène au cœur même du discours français, tout entier concentré sur la crainte d'une contrainte exercée par ces outils. Là encore, cependant, le paradoxe réapparaît dans la mesure où cette contrainte repose sur des mécaniques cognitives déjà à l'œuvre au sein du prétoire. Apparaît, dans le même temps, une voie de traverse lorsque l'on se penche sur le *contenu* et non sur le *contenant* ou *l'effet* exact de cette contrainte. Ce n'est, peut-être, pas tant le mécanisme de contrainte, et ainsi ses interactions d'ordre *juridiques* avec le droit français, qui expliquent ce mouvement défensif propre au discours français ; c'est peut-être bien plus le fait que cette contrainte donne une autorité *aux décisions des juges* et, donc, enclenche des interactions d'ordre *systémique*.

Conclusion du titre II

300 **Une hypothèse juridique déjà fragilisée**. Ce second axe de notre hypothèse juridique, d'ordre plus juridictionnel, devait nous permettre de *sauver* une piste d'analyse déjà amputée de sa part la plus technique. Elle était construite sur deux constats : le premier avait trait à la focalisation visible du discours doctrinal français autour des interactions des outils de justice algorithmique avec ce que nous avons qualifié de *principes fondamentaux de la justice* et justifiait, ainsi, d'en suivre la piste pour déterminer si elle pouvait justifier à elle seule le traitement défensif de ces outils. Le second, hérité de notre analyse des enjeux technico-juridiques portés par ces outils, était le traitement elliptique de ces enjeux par le discours français et, à l'inverse, la réelle expertise démontrée par le discours doctrinal québécois. Il s'agissait alors aussi de vérifier si cette inversion de traitement doctrinal se confirmait dans le traitement de ces interactions.

301 **Une horizontalisation partielle des principes fondamentaux de la justice**. Pour répondre à ces deux questions, il fallait tout d'abord s'assurer de retrouver, de part et d'autre de l'Atlantique, des *principes fondamentaux de la justice* similaires et donc susceptibles d'être affectés similairement par l'intervention des outils de justice algorithmique au sein du prétoire. Que ce soit au travers d'un phénomène de circulation normative ou au travers d'une transformation progressive des systèmes judiciaires vers un fonctionnement relativement harmonisé, il est apparu que les ordres juridiques français et québécois garantissent à un même niveau de fondamentalité les mêmes principes fondamentaux. Si leur mise en pratique apparaît nécessairement affectée par la manière dont chaque système judiciaire est organisé et conçu, elle n'en modifie cependant ni l'importance ni la logique interne. Tous

les éléments sont donc réunis pour qu'*a priori* l'intégration des outils de justice algorithmique provoque des réactions similaires au sein des discours français et québécois. Tout au plus pouvions-nous imaginer qu'elles soient modelées par la manière dont ces principes sont effectivement mis en œuvre et garantis au sein de chaque prétoire.

302 **Un traitement fortement différencié des interactions entre principes fondamentaux de la justice et outils de justice algorithmique**. Il faut cependant admettre que ce n'est pas ce que nous avons constaté au travers de notre analyse des interactions entre outils de justice algorithmique et principes fondamentaux de la justice telles qu'elles se déploient dans chaque discours. Si les interactions sont effectivement communes, ce qui est cohérent avec la présence égale de ces principes fondamentaux dans chaque ordre juridique et par leur garantie par chaque système judiciaire, leur traitement n'est, quant à lui, que difficilement comparable. Les crispations françaises se heurtent alors frontalement au traitement relativement neutralisé que le discours québécois réserve à ces interactions et la confrontation des deux discours révèle, en creux, toute la spécificité du traitement français. C'est en effet dans un espace de silence quasi total du discours québécois que l'on peut identifier le cœur argumentatif du sous-discours juridique français : la figure du juge et, plus encore, la figure du *juge jugeant sous contrainte*. La mobilisation exclusivement française de l'argument tiré d'un effet performatif que les outils de justice algorithmique exerceraient sur le juge qui utiliserait ou réceptionnerait leurs résultats est alors le marqueur de cette concentration autour la crainte d'un pouvoir de contrainte qu'ils seraient ainsi susceptibles d'exercer. Elle est aussi le révélateur du fait que ce sous-discours juridique enveloppe et dissimule sans doute des enjeux d'une nature différente, dans la mesure où ce pouvoir de contrainte se différencie sur un point essentiel de tous les autres jeux et phénomènes d'influence auquel le juge est constamment soumis. Il n'est en effet pas exercé par les outils de justice algorithmique de leur propre chef, mais bien à partir de *décisions* préalablement rendues par d'autres juges. En dernière lecture, donc, ce sont moins ces outils qui exercent une quelconque contrainte que les juges eux-mêmes, par leur intermédiaire.

303 **Contrainte des juges sur les juges et précédent judiciaire**. Or, si l'on continue de suivre le fil tissé par le discours doctrinal français, de ce constat découle l'utilisation d'une expression qui ne se retrouve pas au sein du discours québécois, et pour cause : le terme de *précédent judiciaire*, qui apparaît autant comme un aveu d'échec de notre hypothèse que comme une échappatoire vers une seconde hypothèse de nature différente.

CONCLUSION DE LA PREMIÈRE PARTIE

304 **Le double échec de l'hypothèse d'une incompatibilité juridique**. Au terme de ce premier temps de notre analyse, le bilan apparaît donc finalement aussi ambivalent que nos conclusions. Pour rappel, deux conditions cumulatives devaient être réunies pour que l'on puisse considérer que le sentiment d'incompatibilité qui accompagne la concentration doctrinale française à l'encontre des outils de justice algorithmique repose, effectivement, sur une incompatibilité d'ordre *juridique*. Il fallait, d'une part, pouvoir identifier les règles de droit au sein de l'ordre juridique français susceptibles de faire obstacle à la mise en place de ces outils et, d'autre part, il fallait s'assurer que ces règles ne sont pas présentes au sein de notre ordre juridique de référence — l'ordre juridique québécois. Ces deux conditions devaient donc être réunies dans les deux axes potentiels de notre hypothèse juridique ; l'axe technico-juridique puis l'axe juridictionnel. Dans les deux cas, cependant, il faut admettre l'échec de cette hypothèse.

305 **Des enjeux technico-juridiques pleinement partagés**. Il est en effet clairement apparu que les enjeux technico-juridiques reliés aux outils de justice algorithmique font partie intégrante d'enjeux qui, aujourd'hui, constituent les défis communs de tous les ordres juridiques nationaux ; ni la France ni le Québec ne constituent, à cet égard, une exception. Pour autant que leur manière de s'en saisir, d'en proposer une régulation et d'en limiter les conséquences puisse indéniablement varier, c'est bien plus essentiellement sous l'effet d'une régionalisation de ces enjeux que du fait de différences d'ordre juridique. En d'autres termes, si les enjeux sont réels et sont, à bien des égards, primordiaux, ils le sont d'une manière identique de part et d'autre de l'Atlantique et rien n'indique que l'un ou l'autre de ces ordres juridiques soit en meilleure posture pour s'en saisir. Déjà à ce stade, donc, cet axe de notre hypothèse juridique s'avère défaillant, mais il n'est pas inintéressant pour autant dans la mesure où cette primordialité des enjeux technico-juridiques n'a pas les mêmes conséquences, tant s'en faut, au sein des discours nationaux. Ainsi, alors que le discours doctrinal québécois déploie une expertise qui confine à une certaine forme de focalisation sur ces enjeux, le discours doctrinal français leur réserve quant à lui un traitement très *juridique*, et par conséquent généralement superficiel. Alors même que le futur des outils de justice algorithmique repose sur la gestion de ces enjeux, ces derniers ne font en fait l'objet que de propos rapides soulignant, déjà, une circularité du discours. Elle se confirme lorsque l'on s'ingénue à le suivre là où il se déploie véritablement : au niveau des interactions que ces outils entretiennent avec les *principes fondamentaux de la justice*.

306 **Des enjeux juridictionnels révélateurs de tensions plus profondes**. Là encore, cependant, le bilan est décevant : y compris lorsqu'elles sont effectivement de nature à interroger sur les risques de l'intégration des outils de justice algorithmique au sein des processus judiciaires, les interactions qu'ils entretiennent avec les principes fondamentaux de la justice n'ont rien de strictement français. Elles

ne révèlent donc pas d'incompatibilité juridique qui justifierait l'approche très polémique du discours doctrinal français à leur égard… en tout cas pas à première vue. Si le discours doctrinal québécois n'a pas permis d'identifier de quelconques principes *spécifiquement* français qui feraient obstacle à l'intégration des outils de justice algorithmique, ses silences et son traitement neutralisé de ces enjeux juridiques ont cependant permis de dresser deux constats. Le premier, c'est que ce n'est pas un quelconque régime juridique, juridictionnel ou procédural qui justifie cette approche québécoise des interactions entre outils et principes fondamentaux de la justice, mais qu'elle n'est que la conséquence de la concentration de ce discours autour des enjeux technico-juridiques considérés comme, effectivement, *primordiaux*. Par contraste avec ses silences, il a aussi permis d'identifier la figure maîtresse du discours doctrinal français : *le juge*, et plus spécifiquement encore, *le juge jugeant sous contrainte*. Cette figure, pour ainsi dire effectivement absente du discours québécois, concentre ainsi autour d'elle non seulement les arguments statistiquement les plus mobilisés par le discours français, mais encore une ligne argumentative qui lui est propre et qu'incarne la crainte d'un effet performatif des outils *sur le juge*. Il faut creuser encore un peu plus profondément pour, finalement, trouver ce qui singularise l'effet de *contrainte* de ces outils de tous les autres facteurs d'influence qui entourent le juge. La réponse se loge en effet dans le contenu de ces outils, dans ce qui leur permet de fonctionner et de proposer les résultats qu'ils avancent : les décisions *d'autres juges*.

307 **De la crainte d'un effet performatif des outils à la crainte de l'importation des logiques et clés de raisonnement de *common law*.** C'est à cette caractéristique des outils de justice algorithmique que nous ramènent nos analyses ; c'est en effet là que se loge la différence fondamentale entre ces outils et tous les autres outils d'aide à la décision déjà à la disposition du juge et déjà susceptibles d'exercer une influence sur sa prise de décision. Or, que l'idée d'admettre la prise d'autorité des décisions de justice rendues par d'autres juges apparaisse inacceptable n'a rien de surprenant dans un système juridique français qui défend, depuis une vingtaine d'années, sa nature *civiliste* face aux incursions d'un système de *common law* considéré comme conquérant. Après tout, c'est bien de cela qu'il s'agit lorsque des outils venus des systèmes juridiques qui y appliquent ces logiques et clés de raisonnement s'ingénient à donner une *épaisseur normative* à la jurisprudence ; « l'esprit de la *Common Law* fini[t] ainsi par s'immiscer par le biais de la robotisation », au point que « certaines de nos valeurs sûres disparaissent » [1032]. Pour reprendre d'autres mots écrits il y a déjà plus de soixante ans,

> « *d'un intérêt plus immédiat est le constat clair, tiré du sens des objections avancées et de l'atmosphère émotionnelle dans laquelle elles ont été faites, que même si les outils pouvaient être expurgés de leurs défauts spécifiques c'est bien le projet qu'ils incarnent qui corrompt les valeurs essentielles de notre (...) système juridique* » [1033].

1032. Didier Guével, « La technologie : un danger pour le Droit continental ? », *D.*, 2017, 2145, p. 2145.

1033. « *Of more immediate interest is the clear implication, drawn from the specific objections and the emotional atmosphere in which some of them were made, that even if the systems could be*

En d'autres termes, si notre hypothèse juridique a échoué, c'est parce que le sous-discours juridique français enveloppe et dissimule lui-même cette crainte *systémique* de voir le système civiliste, ses logiques et ses clés de raisonnement dégradés par une forme *d'invasion* du système de *common law* et de ses logiques et clés de raisonnement par l'intermédiaire des outils de justice algorithmique. À cet égard, ce discours qui « ne fait que redire ce qui a déjà été dit » constitue une « surface de traduction pour des pensées, des angoisses (...) plus ou moins conscient[e]s » [1034]. Ces angoisses systémiques s'incarnent, lorsqu'elles sont explicites, au sein d'un argument à la mobilisation suffisamment importante pour justifier que l'on suive la part du discours qui l'exploite [1035] et que l'on passe à notre deuxième hypothèse *d'incompatibilité systémique*.

308 **Une incompatibilité systémique à aborder avec prudence**. Avant cela, cependant, assurons-nous de rester prudente ; ce ne sont pas *n'importe quelles décisions de justice* qui gagneraient une épaisseur normative du fait des outils et la contrainte qu'elles seraient alors en mesure d'exercer ne vise pas *n'importe quel* domaine de la prise de décision du juge. Alors que le discours français le reconnaît par ailleurs, ces deux éléments ne semblent plus pris en compte lorsqu'il s'agit de craindre l'invasion des logiques et clés de raisonnement du *common law*. Ce n'est, nous le verrons, pas sans conséquence sur la détermination de la réalité de l'incompatibilité systémique. Plus encore, gardons aussi à l'esprit deux points d'importance sur les quelques mots que nous venons de citer. Le premier, c'est qu'ils ont été écrits par un auteur américain. Le second, c'est que le système juridique dont les valeurs essentielles seraient corrompues par les outils de l'époque... est le système de *common law*.

---

rid of their specific flaws the very undertakings themselves subverted the basic values of our (...) system », Reed Dickerson, « Some jurisprudential implications of electronic data processing », in Hans W. Baade (dir.), *Jurimetrics*, Basic Books, 1963, 54, p. 54.

1034. Pierre Legrand, « Au lieu de soi », *op. cit.*, p. 16.

1035. Sa mobilisation atteint ainsi 43 % du discours français.

Deuxième partie

LES FAUX SEMBLANTS DE L'INCOMPATIBILITÉ SYSTÉMIQUE

> « *Les réactions émotionnelles sont dangereuses car elles risquent d'obscurcir notre jugement (...) [et nous] empêcher d'admettre que l'influence étrangère révèle souvent des manques dans notre propre culture.* » [1036]

309 **Un échec en demi-teinte de notre première hypothèse**. L'analyse de notre premier sous-discours nous a conduit à rejeter l'hypothèse d'une incompatibilité d'ordre juridique propre à l'ordre juridique français. Que ce soit dans des termes technico-juridiques ou dans des termes plus processuels, les enjeux et les défis présentés par les outils de justice algorithmique se sont révélés identiques de part et d'autre de l'Atlantique. Si cette analyse nous a donc conduit à un échec, la similarité des problématiques rencontrées du fait de ces outils nous a cependant permis de souligner toute la spécificité du *traitement* de ces problématiques par le discours français.

310 **Une tension systémique émanant du discours**. La concentration de l'analyse sur la figure d'un juge d'une part, et sur la question de la contrainte que les outils de justice algorithmique feraient peser sur lui d'autre part, nous amène ainsi à la fois au deuxième de nos sous-discours et à notre deuxième hypothèse d'incompatibilité entre une facette du droit français et ces mêmes outils. La question posée est alors la suivante : « la France demeurera[-t-elle] encore un pays où est appliqué

1036. Mathias Reimann, « Droit positif et culture juridique. L'américanisation du droit européen par réception », Florence Barberousse (trad.), *APD*, n° 45, 2001, 61, p. 75.

le droit de nature romano-germanique (…) ? » [1037]. Le discours de réponse, plus théorique que le premier, a pour pivot toute une série d'arguments tournant autour de l'idée de l'importation, par l'entremise de outils de justice algorithmique, des logiques et des clés de raisonnement issues de la *common law* [1038]. La première de ces logiques, bien sûr, est celle qui nous a permis d'envisager cette deuxième hypothèse d'incompatibilité puisque c'est l'effet précédentiel des décisions de justice — autrement dit, l'effet de contrainte qu'exerceraient ces outils sur les juges qui s'en saisiraient [1039]. Suivent une série de références alimentant notre hypothèse que ce sous-discours spécifique peut être analysé comme l'expression d'un rejet d'ordre systémique, bien qu'essentiellement implicite ou inconscient. Cet *imaginaire* de *common law* génère ainsi des parallèles entre l'impact des outils de justice algorithmique sur le raisonnement ou la pratique judiciaire et la manière dont les juges de *common law* raisonnent et pratiquent effectivement leur office: importation de la technique du *distinguishing* [1040] et de l'obligation de justifier tout « écart, ou au contraire [toute] coïncidence » avec les moyennes produites par les outils [1041], importation d'une démarche « casuistique » [1042], personnalisation [1043] ou accroissement du rôle du juge [1044], idée selon laquelle les outils seraient adaptés, par nature, au système de *common law* [1045] et plus largement, la crainte directement exprimée de voir ces logiques issues du *common law* « envahir » l'espace juridictionnel français [1046].

311 **Une reconstruction doctrinale de deux systèmes juridiques**. Notre hypothèse d'une incompatibilité d'ordre systémique se jouent donc à un autre niveau que

1037. Luca Scillato de Ribalsky, *op. cit.*, p. 328.

1038. Argument soulevé dans au moins une de ses dimensions dans 43 % des contributions.

1039. Que le mot « précédent » apparaisse explicitement, voir par exemple Pierre-Yves Gautier, « Open data des décisions de justice : quel enjeu pour la doctrine ? », *Légipresse*, 2021, 81, p. 84, ou qu'il s'agisse de souligner la place plus (ou trop) importante que les outils accorderaient à la jurisprudence en tant que source de droit, voir par exemple Mustapha Mekki, « Les fonctions de la responsabilité civile à l'épreuve du numérique : l'exemple des logiciels prédictifs », *op. cit.*, p. 680.

1040. Le terme apparaît parfois au sein même des contributions, comme dans Cyril Nourissat, *op. cit.*, p. 1490.

1041. Aurore-Angélique Hyde, « Vers une cyberéthique de la justice 'prédictive' », *op. cit.*, p. 328.

1042. Terme employé, par exemple, dans Warren Azoulay, *op. cit.*, p. 605.

1043. Voir, par exemple, Vincent Rivollier, « Diffuser le nom des magistrats ou quelle conception de la justice en France ? », *op. cit.*, pp. 29-30.

1044. Cet accroissement se joue non plus seulement au niveau juridique, mais au niveau politique et social, voir par exemple Frédéric Rouvière, « Open et Big Data : l'évolution du concept de jurisprudence », *RTD civ.*, 2020, 491, p. 492.

1045. Qu'elle se joue en termes chronologiques (les outils sont nés au sein des systèmes de *common law*), voir par exemple Élise Mouriesse, *op. cit.*, p. 126, ou qu'elle se joue en termes de « familiarité » de la *common law* vis-à-vis de la démarche des outils, voir par exemple Lêmy Godefroy, Frédéric Lebaron et Jacques Lévy-Vehel, *op. cit.*, p. 56.

1046. On craint en effet un « un véritable changement de nature de l'ensemble de notre système juridique » dans Magali Bouteille-Brigant, *op. cit.*, p. 304 et on souligne le risque de voir « le sous-marin de la *common law* américaine (…) [venir] éradiquer les derniers décombres de la tradition romaniste » dans Frédéric Zénati-Castaing, « La jurisprudence révélée », in Loïc Cadiet, Cécile Chainais et Jean-Michel Sommer, « La diffusion des données juridictionnelles et de la jurisprudence. Quelle jurisprudence à l'ère des données judiciaires ouvertes ? », 2 vol., vol. 2, Rapport à la première présidente de la Cour de cassation et au procureur général près la Cour de cassation, 2022, 178, p. 190.

celle d'une incompatibilité d'ordre juridique. Le problème ne se situe en effet plus en termes d'articulation impossible ou spécifiquement difficile entre un corpus de normes juridiques déterminées et un ensemble de nouveaux objets juridiques. Il se situe entre les logiques et les clés de raisonnement du système juridique français et celles qu'importeraient les outils de justice algorithmique voire, plutôt, entre ces logiques et ces clés de raisonnement *telles qu'elles sont reconstruites* par le discours doctrinal, puisqu'« user de modèles juridiques étrangers comme repoussoirs présuppose qu'on en donne une représentation quelconque, laquelle peut-être plus ou moins conforme à la réalité » [1047].

312 **Retour sur les conditions de validité de l'hypothèse systémique**. Tester notre deuxième hypothèse d'incompatibilité implique donc de confronter à notre tour l'imaginaire de *common law* mobilisé par les discours doctrinaux français et étrangers aux marqueurs systémiques ici opposés. Pour rappel, cette incompatibilité sera vérifiée si trois conditions sont réunies : les outils de justice algorithmique sont *effectivement* porteurs de marqueurs systémiques de *common law*, ces marqueurs correspondent *effectivement* aux logiques et aux clés de raisonnement de *common law* et le système civiliste ne peut *effectivement* s'en accommoder sans avoir à changer ses propres logiques et clés de raisonnement.

313 **Une réduction systémique trompeuse**. Encore une fois, cependant, il faut se rendre à l'évidence : aucune de ces trois conditions n'est remplie. Il apparaît en effet que, d'une part, l'exploitation de cet imaginaire de *common law* pour se saisir du fonctionnement de ces outils est non seulement contestable compte tenu du fonctionnement même de ces outils, mais elle l'est encore au regard des réelles conditions de leur réception par les systèmes juridiques basés sur la *common law*. Cette réception chaotique a, en définitive, bien plus en commun avec la manière dont ces outils sont aujourd'hui reçus au sein du droit français qu'avec l'adéquation essentielle et naturelle avancée par le discours doctrinal français [1048]. Elle conduit donc à l'échec de nos deux premières conditions de vérification de l'hypothèse systémique (**Titre I**).

314 **Une réduction systémique révélatrice**. Puisque notre hypothèse selon laquelle les outils de justice algorithmique charrieraient avec eux les logiques et les clés de raisonnement du système de *common law* ne tient pas à l'analyse, l'idée que l'outil remettrait en cause les logiques et clés de raisonnements civilistes devient elle-même douteuse. Faute de retrouver une telle crispation d'ordre systémique au sein d'un discours doctrinal québécois qui est pourtant, par essence, particulièrement sensible aux questions de concurrence des systèmes juridiques, il apparaît finalement que ce sous-discours systémique est encore une fois révélateur d'une série d'impensés du système juridique *français*, plus qu'il n'est révélateur d'enjeux systémiques propres aux outils (**Titre II**).

1047. Jean-François Gaudreault-DesBiens, *Les solitudes du bijuridisme au Canada*, *op. cit.*, p. 59.

1048. On peut en effet lire, par exemple, que « *l'essor de la justice prédictive semble* a priori *plus 'naturel' dans un système de* common law », voir Bruno Deffains et Baller Stéphane, « Intelligence artificielle et devenir de la profession d'avocat : l'avenir est présent ! », *RPPI*, 2017, 1, p. 6, note 16.

Titre I

LA FAUSSE ÉVIDENCE DE L'AUTOMATIQUE COMPATIBILITÉ DES RAISONNEMENTS DE *COMMON LAW* ET DES OUTILS ALGORITHMIQUES

« *Ainsi la tradition de* common law *occupe, par rapport à la tradition juridique romaniste, un 'espace négatif'.* » [1049]

315 **Une double évidence d'adaptation des outils au système**. Notre hypothèse systémique est sous-tendue, pour une part, par l'idée perçue au sein du discours selon laquelle les outils de justice algorithmique se trouveraient d'autant plus adaptés aux systèmes de *common law* (notamment, mais pas seulement, à celui des États-Unis) qu'ils en sont originaires. L'idée s'arrête cependant à cette affirmation initiale, réduisant l'outil à ses origines géographiques et tirant de ces origines anglo-saxonnes l'idée que des instruments développés au sein d'un système sont, d'une part, nécessairement imprégnés de ses logiques et clés de raisonnement et, d'autre part, parfaitement adaptés à son fonctionnement. C'est de cette double évidence qu'est ensuite tiré le constat, qui constitue d'ailleurs le deuxième élément sous-tendant notre hypothèse et cette idée d'incompatibilité, selon lequel un outil né au sein des systèmes de *common law* viendrait nécessairement se heurter aux logiques et aux clés de raisonnement du système civiliste.

316 **L'évidence trompeuse d'une adaptation théorique**. Si cette double réduction peut apparaître séduisante en ce qu'elle simplifie considérablement la question

1049. Pierre Legrand et Geoffrey Samuel, « Brèves épistémologiques sur le droit anglais tel qu'en lui-même », *op. cit.* p. 44.

éminemment complexe de la circulation des normes [1050] et repose sur une certaine logique intuitive, l'analyse de chacun de ses tenants et aboutissants révèle le degré important d'artificialité de cette compatibilité entre outils de justice algorithmique et système de *common law* considérée pratiquement automatique du seul fait de l'origine de ces outils. Ainsi, revenir sur le fonctionnement tant des outils de justice algorithmique eux-mêmes que du système de *common law* permet de rendre compte du caractère excessif de la réduction observée au sein du discours français (**Chapitre 1**). À ce stade, il convient d'indiquer qu'un premier *pas de côté* est nécessaire puisque ce retour plus théorique est réalisé à partir de l'expérience québécoise mais sera aussi élargi aux expériences américaines et britanniques. Chacun de ces systèmes spécifiques constitue une mise en application particulière des logiques et des clés de raisonnement du système de *common law*, et plus encore *de l'univers juridique de common law*, ce qui implique donc des degrés divers dans le respect (ou l'irrespect) des principes-clés de ce système par les outils de justice algorithmique. À cet égard, ici plus encore qu'ailleurs, l'exemple québécois se présente comme une interface. Parce qu'il est situé au carrefour du système de *common law* et du système civiliste, la tension entre une réception facilitée par sa part de *common law* et une incompatibilité dérivée avec sa part civiliste qui aurait théoriquement dû se manifester au Québec au moment de la réception de ces outils ne s'y est pas produite selon ces termes.

317 **L'évidence dissimulatrice d'une réception sans difficulté**. Cette particularité de chaque expérience du système de *common law* s'avère d'autant plus pertinente lorsqu'il s'agit de revenir sur leur réception des outils de justice algorithmique. Cette réception apparaît en effet particulièrement révélatrice des effets délétères de « l'écran doctrinal » dressé à partir du constat de l'adaptation automatique des outils au système. Dissimulée derrière l'évidence affichée d'une telle adaptation, cette réception chaotique et complexe apparaît en fait comme une véritable clé de compréhension de l'évolution récente des logiques et clés de raisonnement du système de *common law*, des défis qu'il a rencontrés et rencontre toujours aujourd'hui et, plus encore, de ceux rencontrés par le système juridique civiliste français lui-même (**Chapitre 2**). Un second *pas de côté* est ici nécessaire, lié au décalage temporel de réception, dans certains des systèmes de *common law*, des outils de justice d'abord informatique avant d'être algorithmique — décalage temporel qui ne s'oppose pas, nous le verrons, à une similarité surprenante entre les réceptions anglo-américaines de ces outils *hier* et celle du système civiliste français *aujourd'hui*.

1050. Voir, sur ce sujet, les contributions réunies dans Paul Bourgues et Camille Montagne (dir.), *La circulation des modèles normatifs*, Presses Universitaires de Grenoble, 2017, dans Association Henri Capitant des amis de la culture juridique française (dir.), *La circulation du modèle juridique français*, Litec, 1993 ou, plus proche encore de notre thématique, dans Ruth Sefton-Green et Laurence Usunier (dir.), *La concurrence normative. Mythes et réalités*, Société de législation comparée, 2014.

Chapitre 1

Une réduction excessive du système de *common law*

> « *La* common law *lui apparaît (...) comme l'un de ces rosiers qui, dépourvus de tuteurs, traînent au ras du sol des fleurs admirables.* » [1051]

318 **Une double réduction de la question systémique.** Le parallèle plus ou moins implicitement fait entre la manière les outils de justice algorithmique fonctionnent et les logiques et les clés de raisonnement du système de *common law*, en plus d'être un marqueur de plus de la nature circulaire du discours doctrinal français [1052], témoigne d'une méconnaissance assez large de ces logiques et clés de raisonnement. Sauf exception, ce parallèle n'est perceptible que sur une part très limitée des caractéristiques du raisonnement de *common law*, au compte desquelles apparaissent surtout la contrainte normative exercée par les précédents (la doctrine du *stare decisis*) et le « pouvoir » accordé au juge de « créer du droit ». C'est donc finalement une double réduction qui est appliquée à la question des rapports entre *common law* et outils de justice algorithmique : non seulement il est imaginé une symétrie quasi parfaite entre leurs deux fonctionnements, mais ils sont eux-mêmes ramenés à deux points très spécifiques et, en fait, caricaturaux.

1051. Jacques Vanderlinden, « À propos des catégories du droit ou propos décousus d'un juriste arboricole contemplant un jardin de roses rampantes », *RCLF*, vol. 2, n° 2, 1998, 301, p. 307.

1052. Le sous-discours systémique, plus encore d'ailleurs que le sous-discours juridique, s'exprime au sein d'un maillage doctrinal resserré où les arguments qui s'y déploient sont repris d'auteur en auteur jusqu'à créer un tissu complexe de citations et de reprises. Un aperçu de ce réseau de citations est particulièrement visible au sein des diverses thèses intégrées à notre corpus, voir par exemple Marie Dochy, *La dématérialisation des actes du procès civil*, *op. cit.*

319 **Une méconnaissance des logiques et des objectifs de chaque élément.** Cette réduction dissimule alors non seulement les logiques diamétralement opposées du raisonnement de *common law* tel qu'il s'exprime au travers de la doctrine du précédent et du fonctionnement des outils de justice algorithmique (**Section 1**), mais encore les objectifs contradictoires que l'un comme l'autre poursuivent (**Section 2**).

Section 1. DES OUTILS ALGORITHMIQUES AUX LOGIQUES STRICTEMENT INVERSES

320 **Une analogie quantitativement et qualitativement limitée.** La place limitée qu'occupe le sous-discours systémique, au plan quantitatif, au sein du discours doctrinal relatif aux outils de justice algorithmique implique mécaniquement une limitation de l'ampleur de l'analyse proposée. Le parallèle dressé entre raisonnement de *common law* et fonctionnement de l'outil de justice algorithmique ne repose pas habituellement sur une analyse de ce raisonnement de *common law*, et en particulier de la doctrine du précédent. L'analogie est opérée, posée, parfois rapidement illustrée, mais elle n'est pas nécessairement singularisée du reste de l'analyse : au sein du discours, elle est un argument parmi d'autres et elle ne bénéficie donc pas un traitement plus approfondi.

321 **Un contresens originel.** Cette limitation de l'analyse produit pourtant un contresens qui fausse, dès le départ, cette lecture des rapports entre la doctrine du précédent au fondement du raisonnement de *common law* et les outils de justice algorithmique. Ainsi, la lecture lissée, anhistorique et a-géographique perceptible au sein du discours français de la doctrine du précédent (**§ 1**) dissimule la dimension hiérarchique, sélective et réflexive de cette doctrine (**§ 2**), ce qui, en retour, dissimule à la majeure partie de ce même discours que les outils de justice algorithmique sont eux-mêmes basés sur des logiques strictement inverses (**§ 3**).

§ 1. *UNE LECTURE FRANÇAISE ANHISTORIQUE ET A-GÉOGRAPHIQUE DE LA DOCTRINE DU PRÉCÉDENT*

322 **Une généralisation du discours à nuancer.** Parler d'une méconnaissance des logiques et des clés de raisonnement du *common law* peut donner l'impression d'une totale ignorance, de la part des auteurs français, du fonctionnement de ce système juridique. Cette impression, en plus d'être fausse, est aussi particulièrement injuste : que ce soit au sein de ce discours spécifique ou plus largement au sein du discours doctrinal général, des spécialistes du système de *common law* produisent et diffusent des analyses de droit anglo-saxon, y compris dans sa dimension systémique [1053]. Ce serait ainsi mettre de côté les apports fondamen-

---

1053. Il suffit, pour s'en convaincre, de se reporter aux nombreuses thèses soutenues sur les différents systèmes juridiques relevant du *common law*. Si l'on retrouve plus généralement des

taux de la doctrine comparatiste française [1054], par exemple, ainsi que des auteurs français engagés dans des études de droit étranger [1055]. Il ne s'agit donc pas de faire injure aux expertises indéniablement présentes au sein du paysage doctrinal français, ni d'ailleurs à l'enseignement universitaire qui assure une connaissance au moins générale du fonctionnement des différents systèmes juridiques [1056].

323 **Une généralisation tenant sur deux axes.** Il s'agit plutôt de souligner que si le système juridique de *common law*, ses logiques et ses clés de raisonnement sont globalement connus et compris des auteurs français, ils le sont généralement au prisme d'un imaginaire de *common law* fait de « grandes lignes » (**A**) de la doctrine du précédent (on y trouve d'ailleurs là une première réduction) [1057]. Ces grandes lignes se réduisent elles-mêmes essentiellement à deux axes : d'une part, le principe d'une contrainte exercée par les décisions de justice et, d'autre part, le pouvoir normatif exercé par le juge lui permettant de « créer du droit ». Or ce sont ces grandes lignes qui donnent au discours sa teneur à la fois ahistorique et a-géographique (**B**).

A. Une lecture du système de *common law* à partir de « grandes lignes »

324 **Un juge créateur de droit, un droit judiciaire contraignant.** Ainsi, que l'on s'intéresse au discours doctrinal français général ou à ce discours spécifique, les références explicites au système de *common law* s'articulent autour de ces

---

thèses adoptant un angle moins systémique et plus substantiel en droit privé (voir, par exemple Alexis Downe, *La gestion du risque contractuel par le contrat : étude du droit français à la lumière du droit anglais*, Presses de l'Université Toulouse Capitole, 2020 en droit britannique ou Mathias Houssin, *La subordination de créance. Analyse de la subordination à l'preuve de la procédure collective*, LGDJ, 2018 en droit américain), on trouve plus volontiers des thèses de droit public adoptant cet angle systémique. Pour des thèses plus ou moins récemment soutenues, voir, par exemple, Marie Padilla, *Droit public et doctrine publiciste au Royaume-Uni*, *op. cit.* en droit britannique ou Idris Fassassi, *La légitimité du contrôle juridictionnel de la constitutionnalité des lois des États-Unis*, Dalloz, 2017.

1054. Pour ne citer qu'eux et pour ne s'intéresser qu'au cas américain, les différents ouvrages, manuels et articles rédigés par les Professeures Élisabeth Zoller et Wanda Mastor constituent ainsi le socle fondamental de la diffusion, en France, du droit américain. On peut à ce titre citer, en guise d'exemple, les différentes éditions de Élisabeth Zoller, *Les grands arrêts de la Cour Suprêmes des États-Unis*, Dalloz, Grands arrêts, 2010.

1055. On peut ici penser à la thèse d'Aurélie Duffy, *La protection des droits et libertés au Royaume-Uni : recherche sur le Human Rights Act 1998 et les mutations du droit constitutionnel britannique face aux exigences de la Convention européenne des droits de l'homme*, LGDJ, 2007.

1056. Que ce soit au travers d'enseignements de droit comparé en tant que tel, ou au travers d'enseignements plus généraux sur les grands systèmes de droit.

1057. Quand, d'ailleurs, ces « grandes lignes » sont explicitées. On trouve aussi des mentions d'une « culture du précédent jurisprudentiel » dont la signification ne peut être que reconstruite compte tenu des propos qui suivent et qui interrogent sur « comment concilier justice prédictive et *imperium* du juge » et sur l'acceptation par ce même juge de l'idée de « s'effacer devant des résultats statistiques établissant des tendances ». Tout ceci revient à nos « grandes lignes », mais de manière implicite. Voir, pour cette illustration, Pierre-Randolph Dufau, « Justice prédictive : les professionnels du droit face à l'intelligence artificielle », *IT for Business*, n° 2224, 16, p. 16. Dans d'autres contributions, on souligne qu'il risque d'y avoir une « officialisation de la pratique du précédent », sans expliciter ce que cette pratique serait et comment cette officialisation se produirait, voir Christian Byk, *op. cit.*, p. 696.

deux axes. Il s'agira, selon le propos de l'auteur, de souligner à quel point « la distance est grande qui sépare le *common law* et le droit romano-germanique » [1058] en rappelant que le « droit français ignor[e] le précédent obligatoire » [1059] qui ne peut donc contraindre « les juges eux-mêmes » [1060] puisqu'il en va de la « tradition juridique française exprimée par l'interdiction des arrêts de règlement » [1061], ou de souligner au contraire qu'un rapprochement avec la « démarche (...) des juges de *common law* (...) conduit à donner une autorité aux précédents » [1062]. Lorsque la focale se décale de la décision prise par le juge vers le juge lui-même, il s'agira de rappeler que le juge de *common law* est un « juge créateur de droit » [1063] et qu'accepter un quelconque rapprochement avec lui implique de lui accorder un « rôle qui n'est, dans le système juridique français, pas le sien » [1064].

325 **La pratique du *distinguishing*, spécificité du discours sur la justice algorithmique.** Il convient cependant de relever une spécificité du discours relatif aux outils de justice algorithmique, puisqu'à ces deux éléments (la contrainte exercée par les décisions de justice et le pouvoir normatif du juge) est fréquemment associée une troisième caractéristique : la pratique du *distinguishing* ou de la distinction [1065]. Cet élément est un corollaire à la contrainte exercée par la décision de justice, puisque cette technique est, pour le juge de *common law*, la seule manière de se défaire de l'obligation d'appliquer un précédent. Dans la mesure où il est considéré que les outils de justice algorithmique importeraient les caractéristiques systémiques du *common law*, il s'agit alors de craindre que la seule manière pour un juge français de se défaire de la contrainte exercée par les résultats proposés par ces outils serait, comme un juge mis face à un précédent, de se lancer dans une démarche de distinction et d'ainsi « motiver dans sa décision les raisons éventuelles qui l'amèneraient à s'écarter » [1066] de ces résultats. Nous reviendrons en *infra* [1067] sur cette technique et ramènerons, pour les besoins de nos développements, cet axe argumentatif à l'élément contraignant du précédent.

1058. Frédéric Zénati, « L'évolution des sources du droit dans les pays de droit civil », *D.*, 2002, 15, p. 15.

1059. Évelyne Serverin et Antoine Jeammaud, « Concevoir l'espace jurisprudentiel », *RTD civ.*, 1993, 91, p. 91.

1060. Nader Hakim, *L'autorité de la doctrine civiliste française au XIXe siècle*, LGDJ, 2002, p. 331.

1061. Pierre Drai, Yves Chartier et Daniel Tricot, « Cour de cassation et doctrine », *Droits*, n° 20, 1994, 107, p. 116.

1062. Didier Cholet, « La justice prédictive et les principes fondamentaux du procès civil », *op. cit.*, p. 234.

1063. François Terré, « Un juge créateur de droit ? Non merci ! », *APD*, t. 50, 2007, pp. 305-311.

1064. Bruno Dondero, « Justice prédictive : la fin de l'aléa judiciaire ? », *op. cit.*, p. 536.

1065. Soit explicitement, comme dans Ermanno Calzolaio, *op. cit.*, p. 44, soit implicitement en indiquant que le juge serait mis en position de « justifier sa décision de manière plus affirmée et surtout plus circonstanciée », voir Vincent Lemaire, *op. cit.*, p. 299.

1066. Soraya Amrani-Mekki, « L'obsolescence programmé du juge ? Propos introductifs », *op. cit.*, p. 11.

1067. Voir § 335 et suiv.

326 **Un spectre précédentiel persistant.** Du côté des références implicites, il est habituel de croiser, au détour d'articles, des termes qui relèvent du vocabulaire du *common law* pour néanmoins parler du droit français. C'est particulièrement le cas de la notion de « précédent » judiciaire, qui apparaît mentionnée sans toujours s'accompagner d'une mention de son système d'origine [1068]. Y compris dans ce silence, cependant, son *spectre* n'est jamais bien loin. C'est d'ailleurs ce qu'explique Florent Tap : la notion de précédent, même détachée de son système d'origine, est « le plus souvent associée, même de façon simplement intuitive, aux systèmes de *common law*. Elle est en effet quasi exclusivement employée pour désigner *la création de droit par le juge dans ces systèmes, qui sont présentés comme reconnaissant une valeur obligatoire aux précédents* » [1069]. En ce sens, même lorsque la notion de précédent est utilisée dans un cadre purement interne et alors que son usage se répand depuis les juridictions suprêmes elles-mêmes, l'acculturation du terme n'est jamais totale. Avec ou sans référence, directe au *common law*, cette exploitation de la nation de précédent contribue donc à une perception française lissée, voire anhistorique et a-géographique du système de *common law*. En relèverait ainsi tout système dans lequel « la jurisprudence est obligatoire, c'est-à-dire [un] système dans [lequel] le juge crée du droit » [1070]. À cet égard, tout élément nouveau qui impliquerait une prise d'autorité, voire de normativité, de la jurisprudence d'une part, et un gain de pouvoir normatif du juge d'autre part impliquerait nécessairement un rapprochement avec le système de *common law* tout entier. À partir du moment où l'un des points mobilisant le plus le discours demeure, précisément, un effet de contrainte exercé par les décisions de justice sur les juges et, par voie de conséquence, *des juges sur les juges* [1071], les deux conditions essentielles se trouvent remplies et le parallèle apparaît naturel.

1068. Et ce à la fois dans le discours doctrinal général et dans ce discours spécifique. Ainsi, dans le premier, le terme de « précédent » peut désigner, selon les auteurs, un type spécifique de jurisprudence qui, pour le meilleur ou pour le pire, exercer une certaine autorité (le spectre du *common law* est alors d'autant plus proche) : Chloé Phos-Phalippon, par exemple, qualifie de précédent « les décisions de justice mobilisées par le juge au stade du choix de la solution à apporter dans le litige en cause », tout en se gardant d'y accoler l'idée d'une force obligatoire (« La référence aux précédents de la juridiction », in Pascale Deumier (dir.), *Le raisonnement juridique. Recherche sur les travaux préparatoires des arrêts*, Dalloz, 2013, 33, 36). Il peut aussi s'agir de revenir à la « figure abhorrée du précédent obligatoire » (Pascale Deumier, « Création du droit et rédaction des arrêts par la Cour de cassation », *op. cit.*, p. 67) ou de s'intéresser au « poids de l'autorité » lui octroyant sa dimension contraignante (Marianne Saluden, *Le phénomène de la jurisprudence. Étude sociologique*, thèse dactylographiée, Université Paris 2, 1983, p. 8 [ci-après, *Le phénomène de la jurisprudence*]). Dans le discours relatif aux outils de justice algorithmique, le subterfuge est moins subtil : il s'agira toujours, par la mention du précédent, de revenir sur la dimension contraignante que prennent les décisions de justice sous l'effet de ces outils : « le précédent n'est pas loin », parce que « de l'information on passe alors à la reproduction » (Soraya Amrani-Mekki, « L'obsolescence programmée du juge ? Propos introductifs », *op. cit.*, p. 11).

1069. Florent Tap, *op. cit.*, p. 14. L'italique est le nôtre.

1070. *Ibid.*, pp. 16-17.

1071. Voir *supra* § 234 et suiv. Pour rappel, la mobilisation de cet aspect occupe 46 % des contributions.

B. Des « grandes lignes » contribuant à dé-historiciser et à dé-localiser le discours

327 **Une lecture historiquement située.** Si l'on s'attache en effet à une description généralisante du fonctionnement de la doctrine centrale à ce raisonnement de *common law*, soit la doctrine du précédent, il faut admettre que ses deux éléments constitutifs particulièrement mobilisés par le discours français sont effectivement au cœur de ses logiques et clés de fonctionnement. « Le devoir des juges et des juridictions est de suivre les précédents établis, d'adhérer au droit existant ; en d'autres termes, d'administrer le droit, *jus dicere* ; et pas de légiférer, *jus facere orjus dare* » [1072], ce qui implique que « les juridictions inférieures sont considérées contraintes de suivre les décisions des juridictions supérieures » [1073], ainsi que leurs propres décisions, et il s'agit bien toujours pour ces juridictions inférieures de « donner la même réponse à des questions juridiques que les juridictions supérieures ou les Cours antérieures » [1074]. De même, « l'idée que les juges 'font' bien le droit » [1075] quelle que soit, par ailleurs, la manière ou le prétexte sous lequel ils le font, est aujourd'hui inhérente au fonctionnement du système de *common law*. De deux choses l'une, cependant : si cette double idée de pouvoir normatif du juge et de contrainte exercée par les décisions est *aujourd'hui* inhérente au système, elle ne l'est que depuis relativement peu de temps à l'échelle de son histoire. La théorie déclaratoire (*declaratory theory*) selon laquelle le juge de *common law* « découvre » un droit immanent, présent mais encore non formalisé, et ne le « crée » donc pas n'a été abandonnée qu'au XIXe siècle [1076]. La conséquence

---

1072. « *It is the duty of judges and courts to follow established precedents, to adhere to existing law; in other words, to administer the law,* jus dicere*; and not to legislate,* jus facere orjus dare », Daniel H. Chamberlain, *The Doctrine of Stare Decisis: Its Reasons and Extent*, Baker Voorhis, 1885, p. 6.

1073. « *Lower courts are regarded as bound to follow decisions of higher courts* », Patrick S. Atiyah et Robert S. Summers, *Form and substance in Anglo-American law: a comparative study of legal reasoning, legal theory, and legal institutions*, Clarendon Press, 2002, p. 118.

1074. Frederick Schauer, *Penser en juriste. Nouvelle introduction au raisonnement juridique*, Stefan Goltzberg (trad.), Dalloz, 2018, p. 41.

1075. Duncan Fairgrieve et Horatia Muir-Watt, *Common Law et tradition civiliste*, PUF, 2006, p. 26.

1076. Telle que dégagée par Blackstone (*Commentaries on the Law of England*, 2 vol., vol. 1., J.B. Lippincott Co, 1893 (1e éd. 1765), p. 69) avant d'être contestée par des auteurs par ailleurs très critiques à l'endroit du fonctionnement du *common law* de manière générale, comme Jeremy Bentham qui, dès le XVIIIe siècle écrivait notamment dans *Truth* versus *Ashhurst; or, Law as It Is, Contrasted with What It Is Said to Be* que, dans le cadre de la théorie déclaratoire, les juges font le droit « exactement comme un homme fait du droit pour son chien. Quand votre chien fait quelque chose de répréhensible, vous attendez qu'il le fasse et vous le punissez pour ça. C'est ainsi que vous faites le droit pour votre chien : et c'est ainsi que les juges font le droit pour vous et moi. Ils ne diront pas préalablement ce qui *ne doit pas être fait* — ils ne permettent même pas de le savoir : ils attendent là jusqu'à ce que quelque chose qui *n'aurait pas être fait* soit fait, et ils punissent son auteur » (« *just as the man makes law for his dog. When your dog does anything you want to break him of, you wait till he does it, and then beat it for it. This is the way you make laws for your dog: and this is the way the judges make law for you and me. They won't tell a man beforehand what it is he* should not do *– they won't so much as allow of his being told: they lie by till he has done something which they say he should not* have done, *and then they hang him for it* », in John Bowring (dir.), *The Works of Jeremy Bentham*, vol. V, Simkin, Marshall & Co., 1843, p. 235). La critique a ensuite été reprise par John L. Austin qui considérait la théorie déclaratoire comme un

de l'abandon de ce mythe, qui permettait de « légitimer l'espace de ce pouvoir créateur » [1077] et de maintenir l'idée que ce n'était pas le juge, en tant qu'acteur du système juridique, qui faisait acte de jurislation, est précisément la rigidification de la contrainte exercée par les décisions passées. C'est en effet aussi à partir du XIXe siècle que la doctrine du *stare decisis* s'est montrée la plus stricte, avec comme point culminant un arrêt de la *House of Lords* établissant l'effet obligatoire des décisions passées non seulement sur les juridictions inférieures, mais encore sur la *House of Lords* elle-même : « un arrêt de cette Chambre, une fois rendu sur un point de droit, contraint ensuite cette Chambre, et il est impossible de soulever cette même question comme si elle constituait une *res integra* et pouvait être rediscutée et de demander à la Chambre de renverser sa propre décision » [1078]. Par ailleurs, cette double idée d'un juge doué du pouvoir normatif *normal*, par opposition au pouvoir normatif *anormal* du législateur, et d'une contrainte générale et absolue des décisions de justice a perdu en force depuis lors : d'une part parce que la part législative du droit de *common law* a grandi sous les mêmes influences que le reste du monde, restreignant d'autant la part de droit de pure origine judiciaire et allant jusqu'à parfois inverser l'équilibre normatif historique [1079], et d'autre part parce qu'il n'a guère fallu plus de soixante-dix ans à la *House of Lords* pour revenir sur sa jurisprudence dans un *practice statement* de 1966 reconnaissant qu'« une adhésion trop rigide au précédent peut conduire à des injustices dans des espèces

---

obstacle à la compréhension de la réalité de la prise de décision judiciaire, du particulier (le cas) vers le général (le principe de droit créé à l'occasion du traitement de ce cas, et s'applique donc de manière rétroactive aux faits de ce cas). L'admission de la création de la règle *alors même qu'elle est appliquée* s'est vue opposer l'obstacle d'« une fiction enfantine employée par nos juges, selon laquelle le droit judiciaire ou le *common law* n'est pas créé par eux, mais par quelque chose de miraculeux que personne n'a créé et qui, je suppose, existe depuis la nuit des temps, et qui n'est que de temps en temps *déclaré* par les juges » (« *a childish fiction employed by our judges, that judiciary or common law is not made by them, but is a miraculous something made by nobody, existing, I suppose, from eternity, and merely de clared from time to time by the judges* », *Lectures on Jurisprudence, or the Philosophy of Positive Law*, 4e éd., vol. 2, Murray, 1873, p. 655). Mathieu Devinat considère d'ailleurs que la même transition peut être observée au Canada, voir *La règle prétorienne en droit français et canadien. Étude de droit comparé*, thèse dactylographiée, Université de Montréal et Faculté de droit et de science politique d'Aix-Marseille, 2001, pp. 123 et suiv. [ci-après, *la règle prétorienne en droit français et canadien*].

1077. Duncan Fairgrieve et Horatia Muir-Watt, *op. cit.*, p. 26.

1078. « *A decision of his House once given upon a point of law is conclusive upon this House afterwards, and (...) it is impossible to raise that question again as if it was* res integra *and could be reargued, and so the House be asked to reverse its own decision* », *London Street Tramways Co Ltd v London CC* [1898] AC 375.

1079. Dès 1908, Roscoe Pound écrivait que « la production excessive de législations à tous les échelons » n'était pas « la moindre des caractéristiques du droit américain » (« *not the least caracteristic of American law today [is] the excessive output of legislation in all our jurisdictions* », « Common Law and Legislation », *Harv. L. Rev.*, vol. 21, n° 6, 1908, 383, p. 383), tandis qu'Alan Watson soulignait « l'énorme prolifération des textes législatifs » au cours du XXe siècle, tant au Royaume-Uni qu'aux États-Unis et au Canada (« *the enormous proliferation of statutes* », « The Future of the Common Law Tradition », *Dalhousie L. J.*, vol. 9, n° 1, 1984, 67, p. 70). Les raisons de cette prolifération sont connues et communes à une grande partie des États, y compris hors sphère *common law* : le développement de la régulation administrative (particulièrement dans les États anglo-saxons), le développement de l'État providence et, pour le Royaume-Uni, l'intégration aux Communautés puis à l'Union Européenne ont contribué au développement du droit législatif.

spécifiques ainsi que restreindre de manière indue le correct développement du droit », et proposant donc, « tout en considérant les décisions de cette Chambre comme normalement contraignantes, de s'en départir quand il est jugé juste de le faire » [1080]. Si le degré de contrainte exercé sur les juridictions inférieures n'a, quant à lui, pas été affaibli par ce *practice statement*, on considère néanmoins que cet assouplissement a marqué un retour à une pratique du précédent « relativement moins stricte que la version qui opérait plus tôt dans le siècle » [1081].

328 **Une lecture géographiquement limitée.** La compréhension du précédent perceptible dans le discours doctrinal français est donc bien, pour revenir à l'analyse de Florent Tap, une compréhension anhistorique puisqu'elle diffuse la description d'une réalité à la fois récente et passée de la doctrine du précédent : elle ignore la souplesse relative de la période pré-XIXe siècle et ne tient pas compte des assouplissements opérés à partir de la deuxième moitié du XXe siècle. Elle est aussi agéographique, puisque de la même manière que la doctrine du précédent a varié dans le temps, elle varie de manière sensible selon le système effectivement étudié. Or, alors que le système américain se distingue très largement du système britannique sur les deux points qui résument le *common law* au sein du discours français, « nos auteurs se focalisent sur l'Angleterre » et « la situation juridique des États-Unis reste sinon ignorée, du moins secondaire » [1082]. Ainsi, et par exemple, les juridictions supérieures américaines n'ont jamais été juridiquement contraintes de « suivre leurs propres décisions, même si, en pratique, elles le font le plus ordinairement » [1083], de même que les juridictions canadiennes [1084]. Si le principe même de la doctrine du *stare decisis* est respecté en ce qu'il s'agit toujours de ne pas modifier le droit existant plus qu'absolument nécessaire [1085], la

---

1080. « *Too rigid adherence to precedent may lead to injustice in a particular case and also unduly restrict the proper development of the law. (...) [We propose therefore,] while treating former decisions of this House as normally binding, to depart from a previous decision when it appears right to do so* », Practice Statement [1966] 3 All ER 77.

1081. « *Somewhat less strict than the version which operated earlier in this century* », Patrick S. Atiyah et Robert S. Summers, *Form and substance in Anglo-American law: a comparative study of legal reasoning, legal theory, and legal institutions*, *op. cit.*, p. 119. Cela dit, et de même que la rigidité de la pratique du précédent varie de système à système et, au sein de chaque système, d'époque en époque, elle varie aussi de domaine à domaine. Le droit public britannique est ainsi marqué par une appréhension relativement souple des précédents applicables, ce que l'on peut notamment relier à l'importance des deux principes plus fondamentalement politiques que juridique ou jurisprudentiel (au sens français du terme) de *parliamentary sovereignty* et de *Rule of Law*.

1082. Sylvain Soleil, *Aux origines de l'opposition entre systèmes de common law et de droit codifié. Les controverses anglo-américaines des années 1820-1835*, Société de législation comparée, 2021, p. 239

1083. « *Courts of last resort are not bound to follow their own previous decisions, though they will in practice do so in most ordinary circumstances* », Patrick S. Atiyah et Robert S. Summers, *Form and substance in Anglo-American law: a comparative study of legal reasoning, legal theory, and legal institutions*, *op. cit.*, p. 118.

1084. Au point d'ailleurs d'amener certains auteurs canadiens à considérer que le seul précédent véritablement contraignant au Canada est le précédent de type vertical, voir par exemple Debras Parkes, « Precedent Unbound – Contemporary Approaches to Precedent in Canada », *Man L.J.*, vol. 32, n° 1, 2006, pp. 135-162.

1085. *Stare decisis* étant la forme courte d'une locution latine plus longue, *Stare decisis et non quieta movere*, qui peut être traduit de manière littérale par « s'en tenir à ses décisions et ne pas déranger la quiétude ».

différence entre les postures anglaises, américaines et canadiennes se joue bien plus sur une question d'attitude générale vis-à-vis des règles encadrant le degré de contrainte exercé par les décisions rendues ultérieurement que sur le contenu de ces règles finalement relativement similaire. De même, et relativement cette fois-ci à l'idée d'un juge créateur de droit, il convient de rappeler que si la part de droit législatif a notablement crû au sein de tous les systèmes juridiques, la part de droit législatif en Amérique du Nord est bien plus importante qu'au Royaume-Uni [1086]. La place laissée à la figure du juge dans l'édifice normatif américain et canadien s'est donc réduite (au moins sur le plan strictement juridique [1087]) pour plusieurs raisons qui tiennent, notamment, à la forme fédérale des États américains et canadiens. L'existence d'une superposition des ordres juridiques et des centres de décision politique entraînent une production normative *formelle* plus importante que celle d'un État, même régional, qui conserve un unique Parlement souverain [1088]. La réduction opérée par le discours français est donc non seulement située chronologiquement, mais elle l'est encore géographiquement ; elle tend à ne finalement décrire de manière générale que la pratique *britannique* de la doctrine du précédent telle qu'elle s'est déployée entre le *XIX*ᵉ *et le XX*ᵉ *siècle* [1089].

1086. Par ailleurs, le développement de « l'État administratif » (*Administrative State*) américain s'est manifesté par la multiplication d'agences disposant d'un pouvoir normatif délégué (celui d'émettre des *regulations*), voir à cet égard Susan E. Dudley, « Milestones in the Evolution of the American State », *Dædalus*, vol. 150, nº 3, 2021, pp. 33-48. La même évolution s'est manifestée au Canada avec deux spécificités : la place de l'État et de ses services au sein de cette organisation fédérale a toujours été plus importante que chez son voisin du sud et, à côté des agences de régulation « à l'américaine » se sont aussi développées des sociétés de la Couronne (*Crown Corporations*), forme juridique à mi-chemin entre le monopole public et l'agence administrative, voir à cet égard Alan C. Cairns, « The Past and Future of the Canadian Administrative State », *U. Toronto L.J.*, ,vol. 40, nº 3, 1990, pp. 319-361.

1087. Sur le plan politique, la figure du juge demeure toujours aussi centrale – particulièrement aux États-Unis et particulièrement vis-à-vis de la *Supreme Court of the United States* (*SCOTUS*). L'activisme ou, au contraire, le retrait politique de la *SCOTUS* s'est toujours jouée sur le registre de la place donnée au précédent et il n'est pas anodin que la décision *Dobbs v Jackson Women's Health Organization*, nº 19-1392, 597 U.S. ___ (2022) ait été l'occasion de revenir sur une lecture particulièrement rigide du précédent… quand bien même il s'est agi de *revenir sur le précédent* que constituait *Roe v Wade*, 410 U.S. 113 (1973).

1088. Il ne s'agit pas pour autant d'en tirer la conclusion que la figure du juge américain ou canadien en serait ressortie affaiblie ; simplement qu'en termes purement normatifs, l'autorité du droit créé par ces juges joue dans des termes plus *interprétatifs* que *créatifs* en tant que tels. Patrick Atiyah et Robert Summers précisent ainsi qu'un précédent peut être créé sur des questions « d'interprétation constitutionnelle et législative » (« *precedents can also be made on points of constitutional and statutory interpretation* », *Form and substance in Anglo-American law: a comparative study of legal reasoning, legal theory, and legal institutions*, *op. cit.*, p. 115).

1089. Ce qui n'a, en soi, rien de surprenant dans la mesure où ce nivellement se retrouve aussi dans la plupart des manuels, traités ou ouvrages généraux relatifs soit au droit comparé, soit aux grands systèmes de droit. Ainsi, les variations historiques du fonctionnement du système de *common law* britannique sont rarement évoquées, au profit d'une description de son fonctionnement classique (celui que l'on retrouve ici). Quant aux variations d'un système à un autre, si elles sont mises en lumière dans la plupart des ouvrages traitant des grands systèmes (à des degrés différents dans, par exemple, Gilles Cuniberti, *op. cit.*, René David, Camille Jauffret-Spinosi et Marie Goré, *op. cit.* ou Michel Fromont, *Grands systèmes de droit étrangers*, Dalloz, 2018) sans que ces systèmes ne soient vraiment *comparés* (exception faite de Raymond Legeais, *op. cit.*), les manuels de droit comparé évoquent généralement les « systèmes », les « pays » ou les « droits » de *common law* de manière indifférenciée, même lorsqu'il est fait mention des États que

329 **Une compréhension nivelée du système de *common law*.** Au-delà du caractère lissé de cette lecture doctrinale, cette dernière tend au surplus à niveler les deux manières de se saisir le précédent de *common law*. En réduisant le *common law* à la doctrine du précédent, elle fond ensemble la *doctrine* du précédent et *l'instrument technique*, la règle, du même nom, et ainsi réduit la chose à ses effets ou, plus précisément, la théorie à son pendant juridique positif. Or, si, dans un sens très large, on peut vouloir désigner les logiques et clés de raisonnement de *common law* au travers de la *doctrine* du précédent [1090], le raccourci est autrement plus problématique quand il s'agit de résumer le *common law* à la *règle* du précédent. Il s'agit alors de résumer le fonctionnement de tout un système à la contrainte exercée par une part spécifique de sa production normative, ce qui contracte donc tout le système autour du seul *instrument* du précédent [1091] — comme s'il était possible de réduire le système civiliste à, par exemple, la seule activité du législateur et au degré de contrainte exercé par les textes législatifs. Outre le fait que cette lecture est par ailleurs parcellaire, c'est précisément au sein de la dualité entre la *doctrine* du précédent et l'*instrument technique* qu'il constitue au sein de cette doctrine que l'on peut identifier les véritables points caractéristiques des logiques et des clés de raisonnement de *common law*.

§ 2. *UNE DOCTRINE DU PRÉCÉDENT HIÉRARCHIQUE, SÉLECTIVE ET RÉFLEXIVE*

330 **Doctrine et instrument technique du précédent ; mentions rapides.** Ce nivellement de la théorie et de son application pratique est d'autant plus surprenant que des indices de la complexité réelle de la doctrine et de la règle du précédent se nichent déjà au sein du discours relatif aux outils de justice algorithmique. On trouve déjà, dans certains écrits, les marqueurs d'une compréhension plus globale et technique des logiques et clés de raisonnement du *common law* : on souligne alors que « toutes les décisions ne constitu[ent] pas des précédents » [1092] puisque leur autorité spécifique n'est « dans les pays de *common law*, [que] celle

regroupe cette catégorie (c'est le cas, notamment, dans Stefan Goltzberg, *Le droit comparé*, PUF, 2018). D'autres manuels n'évoquent que le cas anglais pour décrire le système de *common law*, soit explicitement (Pierre Legrand, *Le droit comparé*, PUF, 2016) soit implicitement (Catherine Haguenaud-Moizard, *Introduction au droit comparé en 10 thèmes*, Dalloz, 2018, en évoquant notamment exclusivement les juridictions britanniques et en réservant le traitement des États-Unis à des questions très spécifiques comme le contrôle de constitutionnalité (pp. 247-251)).

1090. Cette dernière pouvant alors désigner cet ensemble d'attitudes générales vis-à-vis, donc, des *règles* entourant le principe du *stare decisis*.

1091. Voir, par exemple et au sein de ce discours spécifique, Lêmy Godefroy, Frédéric Lebaron et Jacques Lévy-Vehel, *op. cit.*, p. 56 pour qui la « doctrine du précédent » implique que « les litiges doivent être tranchés dans le même manière quand leurs faits sont les mêmes » et au sein du discours doctrinal général, et Frédéric Zénati, « L'évolution des sources du droit dans les pays de droit civil », *op. cit.*, p. 15, qui postule que « l'esprit de la *common law* est en entier contenu dans le principe du précédent ».

1092. Évelyne Serverin, « De l'informatique juridique aux services de justice prédictive, la longue route de l'accès du public aux décisions de justice dématérialisées », *op. cit.*, p. 44.

de quelques arrêts de la Cour suprême » [1093] et qu'elle ne joue d'ailleurs que de manière « particulière » [1094]. Ces éléments font écho au discours doctrinal général : une même autrice écrit ainsi qu'il s'agit de « sélectionner une série de cas isolés qui auront force de loi » [1095] et rappelle que « l'objectif des publications est de dégager la solution acquise dans une espèce donnée, ce que les Anglais dénomment la *ratio decidendi* par opposition à l'*obiter dictum* » [1096]. Or, dans ces citations, on trouve déjà deux éléments manquant dans la lecture généralisante proposée par ces discours : premièrement, une distinction entre le précédent lui-même et les méthodes qui l'entourent (**A**), et deuxièmement, la mention d'une partie des éléments qui composent ces méthodes. En d'autres termes, une distinction entre l'instrument technique du précédent et la doctrine qui l'entoure, ou plus généralement le *common law* qui souligne l'artificialité de la symétrie dressée entre ce système et le fonctionnement des outils de justice algorithmique (**B**).

A. La *doctrine* du précédent comme méthodes d'identification d'un *instrument technique*

331 **Doctrine et instrument technique du précédent ; une distinction nécessaire.** Cette distinction est fondamentale pour se saisir pleinement, et au-delà des marqueurs présents dans le discours, du fonctionnement du système de *common law.* L'instrument technique et pleinement juridique du précédent découle en effet intégralement des méthodes qui l'entourent, et ces méthodes s'accommodent mal de cette lecture. L'instrument précédentiel n'est en aucun cas un *donné* dont il serait possible de se saisir à l'état « naturel » : il est profondément construit et est, en effet, la conséquence d'une méthode, d'une démarche intellectuelle, *sélective, réflexive* et *inductive.* Les effets juridiques justement rattachés à ce précédent dans le discours doctrinal français, à savoir son caractère contraignant et le pouvoir donné au juge de « créer » du droit à travers son édiction, sont conditionnés par cette démarche, que cette dernière soit suivie par le juge lui-même dans le cadre de sa prise de décision ou par le juriste étudiant un point de droit. Autrement dit, il n'y a pas d'instrument précédentiel sans méthode d'identification de cet instrument, pas de pouvoir normatif du juge et d'autorité contraignante du droit judiciaire sans cette méthode et, *a fortiori*, pas de *règle* du précédent sans *doctrine* du précédent. C'est pourtant à ce stade qu'il est le plus aisé d'opérer une certaine généralisation entre les différents ordres juridiques relevant du grand système de *common law*, puisque l'on ne se situe alors plus au stade des conséquences juridiques du précédent, mais au stade de son identification : or, c'est à ce stade que demeurent le plus de similitudes entre les diverses conceptions nationales.

1093. Didier Cholet, « La justice prédictive et les principes fondamentaux du procès civil », *op. cit.*, p. 234.

1094. Pascale Deumier, « La justice prédictive et les sources du droit : la jurisprudence du fond », *op. cit.*, p. 65.

1095. Évelyne Serverin, « De l'informatique juridique aux services de justice prédictive, la longue route de l'accès du public aux décisions de justice dématérialisées », *op. cit.*, p. 91.

1096. *Ibid.*, p. 93.

332 **Une méthode sélective et hiérarchique, des précédents peu nombreux.** « La doctrine du précédent dépend, dans son fonctionnement idéal, de l'existence d'un nombre confortable de précédents, mais pas trop nombreux. » [1097] À l'inverse, « un système de précédent n'est pas nécessaire quand très peu de décisions sont disponibles » [1098]. Ces deux phrases résument le degré important de sélectivité appliqué à l'identification d'un précédent. Cette sélectivité se joue à deux niveaux : au sein de l'intégralité des décisions rendues par les différents juges d'un ordre juridique donné, puis au sein même de chacune de ces décisions. Ainsi, va être considérée comme un précédent potentiel toute décision rendue par une juridiction supérieure, avec l'idée que plus la décision a été rendue à un niveau élevé de la hiérarchie judiciaire, plus cette dernière est susceptible de constituer un précédent — on fait bien entendu écho ici à l'idée de précédent *vertical* [1099]. Si cette première sélection n'est ni nécessaire ni suffisante au repérage précis des précédents [1100], elle permet un « écrémage » initial et une réduction du nombre de décisions devant faire l'objet d'une analyse *réflexive* et *inductive*. Elle passe d'ailleurs et historiquement par une sélection au niveau de la publication même de ces décisions [1101]. Ainsi, donc, « toutes les décisions ne constitu[ent] pas des précédents » [1102] et toutes les décisions ne sont pas amenées à contraindre les futurs juges, ce qui relativise déjà l'idée que, sous l'effet d'une influence systémique de *common law*, « la jurisprudence deviendrait linéaire et figée » [1103]. Une fois la quantité de décisions susceptibles de porter un précédent réduite, il s'agit désormais d'identifier, en leur sein même, ce qui a vocation à porter cette autorité contraignante. Cette part de la décision est qualifiée de *ratio decidendi* (raison de décider) par opposition à l'*obiter dictum* (dit en passant) qui « entoure » le *ratio decidendi* sans en faire partie et qui n'est pas doué de force obligatoire [1104]. Ne s'imposera donc aux juges des juridictions inférieures

---

1097. « *The theory of precedent depends, for its ideal operation, on the existence of a comfortable number of precedents, but not too many* », Grant Gilmore, « Legal Realism: Its Cause and Cure », *Yale L.J.*, vol. 70, nº 7, 1961, 1037, p. 1041.

1098. « *A system of precedent in unnecessary when there are very few cases that are accessible* », Ethan M. Katsh, *The Electronic Media and the Transformation of Law*, OUP, 1989, p. 44.

1099. Comme rappelé par Rodrigo Camarena Gonzalez, « From jurisprudence constante to stare decisis: the migration of the doctrine of precedent to civil law constitutionalism », *Transnatl. Leg. Theory*, vol. 7, nº 2, 2016, 257, p. 261.

1100. Elle n'est pas nécessaire dans la mesure où cette dimension hiérarchique, si elle influe effectivement sur l'autorité du précédent, n'est elle-même pas nécessaire à son identification, et elle n'est pas non plus suffisante puisqu'elle n'est que l'étape la plus formelle, de cette identification. Après tout, et comme le rappelle un auteur, « au moins en théorie, tous les jugements sont susceptibles de contenir quelque précédent » (« *at least in theory, each and any judgment may contain some precedent* », Roderick Munday, « Case Law and the Computer », *Y. B. L. Computers & Tech.*, vol. 1, 1984, 136, p. 137).

1101. Nous reviendrons plus précisément sur ce régime de publication en *infra*, voir § 382 et suiv.

1102. Évelyne Serverin, « De l'informatique juridique aux services de justice prédictive, la longue route de l'accès du public aux décisions de justice dématérialisées », *op. cit.*, p. 44

1103. Jade Chaput, *La collégialité dans le procès civil*, thèse dactylographiée, Université de Pau et des Pays de l'Adour, 2019, pp. 312-313.

1104. Ce qui n'empêche pas ces *obiter dicta* d'être doués d'une force persuasive, mais jamais plus, voir, au Royaume-Uni, *Ex Parte James Bell Cox* (1887) 19 QBD 307, aux États-Unis, l'arrêt

(ou de la même juridiction, selon le système) que ce *ratio decidendi*, le reste de la décision n'en constituant finalement que le support contextuel et argumentatif. Autrement dit, non seulement seuls certains jugements peuvent inclure un précédent, mais seule *une partie* de ces jugements le constitue véritablement — il ne s'agit donc pas d' « applique[r] d'office ces jugements » [1105].

333 **Une méthode réflexive, des précédents restreints.** C'est à ce stade qu'entre en jeu la dimension *réflexive* de la doctrine du précédent. Il s'agit d'établir les caractéristiques de ce *ratio decidendi*, et donc de l'instrument technique précédentiel à proprement parler, afin de pouvoir le singulariser au sein de chaque jugement. Ce *ratio decidendi* est ainsi « le principe de droit énoncé par le juge pour décider d'un cas », assorti des « faits particuliers » [1106] qui ont amené le juge à l'affirmer. Ces faits particuliers seront le pivot de la reproduction (ou non) de ce précédent dans les décisions subséquentes (voir *infra*). Plus encore, ce *ratio decidendi* intervient dans une décision « solennelle », c'est-à-dire une décision prise de manière « grave, formelle et délibérée » par la juridiction [1107]. Le principe de droit établi doit, au surplus, régler une question qui était « véritablement en jeu » dans l'espèce visée et qui a été « véritablement discutée » et « véritablement considérée » par la juridiction [1108]. Par opposition, constitue un *obiter dictum* toute part de la décision qui pourrait être « renversée sans changer la décision » finalement prise, puisque le *ratio decidendi* inclut tous les points de droits et de faits « nécessaires » à cette décision [1109]. Il s'agit donc bien de dégager « la solution acquise dans une espèce donnée (...) par opposition à l'(...)opinion judiciaire qui touche à des points de droit superflus pour le règlement de l'espèce » [1110]. Pour autant, et dans le discours qui nous intéresse, ce travail de caractérisation du *ratio decidendi* à partir de ces caractères substantiels est globalement ignoré, au profit de la crainte de l'importation, par l'entremise des outils de justice algorithmique, d'un mécanisme de « copié-collé » juridictionnel qui enfermerait le juge « dans une justice automatisée » [1111] et qui l'amènerait

---

Cohens v Virginia, 19 U.S. 264 (1821) et, au Canada, après un certain flottement (décrit dans Debras Parkes, *op. cit.*, pp. 138-139), *R. c. Henry* 2005 CSC 75, [2005] 3 RCS 609.

1105. Emmanuel Jeuland, « Quelques questions d'actualité sur l'office du juge en matière de droit à partir du droit comparé », *op. cit.*, p. 33.

1106. Donald Poirier, « La Common Law en français : outil d'assimilation ou de prise en charge ? », *RCLF*, vol. 1, nº 2, 1997, 215, p. 221.

1107. « *The decision which is entitled to rank as an authoritative precedent must be a solemn decision, which means that it must be a grave, formal, deliberate determination of the court* », Daniel H. Chamberlain, *op. cit.*, p. 7.

1108. « *In addition to this, or involved in it, is the idea that the question involved was, first, one really arising in the cause; next, that it was duly argued, and lastly, that it was duly considered by the court* », *ibid.*

1109. « *[The* ratio decidendi*] should include the propositions of law that are necessary for the decision, as opposed to mere* dicta, *which are propositions of law that could be negated without changing the result* », Karl L. Branting, « A Reduction-Graph Model of Ratio Decidendi », in Anja Oskamp et Kevin Ashley (dir.), *Proceedings of the Fourth international conference on Artificial Intelligence and Law*, ACM Press, 1993, p. 41.

1110. Évelyne Serverin, *De la jurisprudence en droit privé*, *op. cit.*, p. 91.

1111. Dominique Viriot, « La justice prédictive en droit social, opportunité ou danger », *Revue RH&M*, nº 75, 2019, disponible en ligne à <https://www.focusrh.com/actualites-rh/en-direct-de-rhm/la-justice-predictive-en-droit-social-opportunite-ou-danger-32556.html>.

à « copie[r] la solution proposée » [1112]. Plus encore, la simplicité relative de la présentation que nous venons d'en faire ne doit pas occulter la complexification et, partant, l'*humanisation* de la méthode précentielle par la place irréductible occupée par les individus en charge de la rédaction *et* de l'identification de ce *ratio decidendi* ; la qualité rhétorique et littéraire de la décision initiale, sa postérité et ses conséquences de moyen et long terme sont aussi agentes de sa nature précédentielle [1113] que les intentions, interprétations et relectures des juges postérieurs. Une même décision théoriquement porteuse d'un même précédent ne sera alors pas nécessairement convoquée de la même manière dans une future espèce A et dans une autre espèce B [1114]. Alors même que nous n'avons pas encore interrogé cette symétrie suggérée entre les caractéristiques de la doctrine du précédent et celles de l'instrument précédentiel, les craintes provoquées par cette symétrie apparaissent déjà déconnectées de leurs effets et de leurs conséquences réelles.

1112. Aurélie Coviaux, « Sans soin ni loi : l'inquiétant projet DataJust », *Gaz. Pal.*, n° 17, 2020, 83, p. 85.

1113. Il suffit d'avoir en tête le nombre d'arrêts rendus dans des contextes très spécifiques mais qui, du fait des thématiques traitées et de la qualité de leur rédaction, ont néanmoins connu un retentissement bien plus large. C'est notamment le cas de l'arrêt *R (Jackson) v Attorney General* [2005] UKHL 56 dont plusieurs *obiter dicta* ont longtemps servi d'avertissement à l'égard du Parlement : « la lecture classique et diceyenne du principe de *Parliamentary Sovereignty*, aussi pure et absolue qu'elle soit, peut être considérée désuète dans un Royaume-Uni moderne. (…) Dans des circonstances exceptionnelles portant atteinte au principe du *judicial review* ou au rôle habituel des juridictions, [la *Supreme Court*] pourrait considérer ces éléments si fondamentaux qu'un Parlement souverain agissant pour le compte d'une *House of Commons* laxiste ne pourrait les abolir » (« *The classic account given by Dicey of the doctrine of the supremacy of Parliament, pure and absolute as it was, can now be seen to be out of place in the modern United Kingdom. (…) In exceptional circumstances involving an attempt to abolish judicial review or the ordinary role of the courts, the [Supreme Court] may have to consider whether this is a constitutional fundamental which even a sovereign Parliament acting at the behest of a complaisant House of Commons cannot abolish* », Steyn L. J., pt. 102).

1114. Le fait de construire la notion de *ratio decidendi* sur les éléments *nécessaires* de la décision rendue introduit, dans sa recherche, une dimension profondément subjective ; comme le note Neil MacCormick, la précision est « admirable » mais « va bien trop loin » (« *(…) This is admirable. But the trouble is that it clearly extends too wide* », Neil MacCormick, *Rhetoric and the Rule of Law*, OUP, 2009, p. 158). La *nécessité* n'est pas un donné, en particulier dans la mesure où le sens et la signification d'une décision tendent à évoluer avec le temps. L'exemple fameux de l'arrêt *Donoghue v Stevenson* [1932] AC 562 est éclairant ; alors que la solution de la décision a, dans un premier temps, été réduite à son cadre spécifique (un producteur est responsable vis-à-vis des individus ayant subi un préjudice du fait de ses produits, y compris en l'absence de contrat direct), ce sont des arrêts successivement rendus une quarantaine d'années plus tard qui l'ont érigé en précédent général dans le cadre de l'imposition d'un *duty of care* en l'absence de texte. Cette évolution est notamment passée par un glissement du positionnement du *ratio decidendi* vers le *neighbour principle* développé par Atkins L. J. selon lequel tout individu doit « raisonnablement éviter tout acte ou omission raisonnablement susceptible de porter préjudice à un voisin », ce soit voisin étant tout individu « si directement affecté qu'il est raisonnable de les prendre compte » dans le cadre de la réalisation de cet acte ou de cette omission (« *You must take reasonable care to avoid acts or omissions which you can reasonably foresee would be likely to injure your neighbour. Who, then, in law, is my neighbour? The answer seems to be – persons who are so closely and directly affected by my act that I ought reasonably to have them in contemplation as being so affected when I am directing my mind to the acts or omissions which are called in question* »). À ce sujet, voir Richard Buxton, « How the Common Law is Being Made : Hedley Burne and other cautionary tales », *LQR*, vol. 125, n° 1, 2005, pp. 60-78.

B. Une méconnaissance des *méthodes* d'identification du précédent révélatrice de l'artificialité de sa mobilisation par le discours doctrinal

334 **Une méthode inductive, un raisonnement différentiel.** Cette déconnexion s'accentue d'autant plus quand il est question non plus seulement d'identifier le *ratio decidendi*, mais encore de le mettre en œuvre. La dimension *inductive* de la doctrine du précédent apparaît ici d'autant plus clairement qu'il aurait été, dès le début de notre présentation, plus exact de considérer que si « un précédent contraignant oblige une Cour inférieure à le suivre », cette contrainte pose plutôt une alternative : suivre le précédent, et donc appliquer le *ratio decidendi*, ou « procéder à un *distinguishing* » [1115] et en écarter l'application. C'est précisément cette technique qui mobilise une partie du discours relatif aux outils de justice algorithmique, puisqu'elle semble en mesure d'apporter une solution technique pour « esquiver l'incitation à suivre une tendance » [1116]. Cela dit, l'exploitation de cet outil n'en implique pas nécessairement une totale maîtrise. On peut en effet lire au sein du discours les mots suivants : « l'apport du logiciel dans sa version actuelle (...) est donc limité pour les magistrats, dont les décisions reposent en priorité sur une analyse précise des faits de chaque espèce, sans être liés par les précédents rendus en la matière. En effet, contrairement au système anglo-saxon, le système juridique français n'est pas bâti sur un système de précédent jurisprudentiel. » [1117] En creux, et au-delà de la contrainte exercée sur lui par le précédent, le juge de *common law* ne travaillerait pas lui-même en priorité sur l'analyse des faits de son espèce — et ce alors même que tout le principe du *distinguishing* réside dans une telle analyse. Il s'agit toujours pour le juge de se lancer dans un « processus à la fois analytique et inductif qui consiste à déterminer les caractéristiques pertinentes » tant de l'espèce traitée par le juge siégeant que de l'espèce ayant donné lieu à une ou plusieurs décisions antérieures [1118] afin, d'éventuellement, en tirer une conclusion de dissemblance. Ainsi, comme le présente schématiquement un auteur, il s'agit de « relever les conduites et les relations possédant les caractéristiques A, B, C, D, etc., et en l'absence desquelles » le précédent visé n'aura pas vocation à s'appliquer *automatiquement* [1119]. Or, que l'on parle de caractéristiques, de conduites ou de relation, les données-pivot de l'application ou non du précédent identifié sont de nature pleinement *factuelle*. C'est véritablement sur une analyse des faits de l'espèce pendante et de ceux inclus dans le *ratio decidendi* du précédent que va se jouer sa reproduction ou non, et c'est leur importance à tous les stades de la réflexion qui créent les conditions du déploiement d'une démarche inductive où « la comparaison et la différenciation des faits sont le moteur du

---

1115. Frederick Schauer, *op. cit.*, p. 61.

1116. Pascale Deumier, « La justice prédictive et les sources du droit : la jurisprudence du fond », *op. cit.*, p. 65.

1117. Philippe Rozec et Louise Thiebaut, « Intelligence artificielle : les limites de la justice prédictive », *Les Échos*, 2 novembre 2017.

1118. Donald Poirier, « La Common Law en français : outil d'assimilation ou de prise en charge ? », *op. cit.*, p. 218.

1119. *Ibid.*

raisonnement » [1120]. L'application de la règle plus ou moins générale contenue dans le *ratio decidendi* dépendra toujours et fondamentalement de l'établissement d'une similitude *factuelle* suffisante avec l'espèce pendante. Ce n'est ainsi que dans le cas où les caractéristiques factuelles du litige sont considérées suffisamment similaires que le précédent exercera une contrainte théoriquement totale sur le juge qui n'aura d'autre choix que de l'appliquer, y compris lorsqu'il le considère injuste ou inadapté. Dans le cas où le juge considère qu'il manque certaines caractéristiques sous-tendant l'application de la règle de droit énoncée par le précédent, il s'agira de « décider s'il faut ou non étendre les types de conduites et de relations donnant lieu à » l'application de cette règle [1121]. Ce n'est que dans le cas où les différences seront considérées trop importantes qu'il s'agira de distinguer (*distinguish*) l'espèce du précédent et de se libérer de sa contrainte pour se placer sous celle d'un autre précédent ou pour, éventuellement, en établir un nouveau. Cette démarche judiciaire inductive, intellectuelle et rhétorique s'oppose donc une fois de plus à l'imaginaire précédentiel identifié au sein du discours, en tout cas en ce qu'il est limité à l'idée d'une contrainte, générale et absolue exercée par les décisions de justice sur les juges [1122].

335 **Une dimension inductive et factuelle ambivalente**. Il faut néanmoins reconnaître que, sur ce point, d'autres contributions de notre corpus, spécifiquement celles qui mobilisent la technique du *distinguishing* comme une technique pour se défaire de la contrainte exercée par les outils de justice algorithmique, mobilisent aussi cette dimension inductive et factuelle. Ainsi, on rappellera qu'elle « se fonde sur une analyse détaillée des faits et sur l'interprétation des cas, permettant de

---

1120. Duncan Fairgrieve et Horatia Muir-Watt, *op. cit.*, pp. 31-32.

1121. Donald Poirier, « La Common Law en français : outil d'assimilation ou de prise en charge ? », *op. cit.*, p. 218. Sous réserve, bien entendu, de la possibilité pour la juridiction ayant émis le précédent en question de le renverser (*overrule*) et de les priver de force contraignante pour l'avenir. Cette possibilité demeure bien sûr encadrée et est exploitée de manière plus ou moins large par les juridictions suprêmes des différents ordres juridiques. Ainsi, si la *Supreme Court of the United Kingdom* (*UKSC*) bénéficie toujours des acquis du *practice statement* de 1966 (voir *supra*, § 328), le nombre de précédents véritablement renversés entre 1966 et 2010 (année de remplacement de la *House of Lords* en formation judiciaire par la *UKSC*) n'est que de vingt-et-un (Louis Blom-Copper, Brice Dickson et Gavin Drewry, *The Judicial House of Lords: 1876-2009*, OUP, 2009, pp. 128-144). La pratique beaucoup plus libérale des juridictions supérieures américaines (au-delà même de la *SCOTUS*) a entraîné le développement d'une pratique controversée conduisant les juridictions inférieures à prendre acte de l'affaiblissement d'un précédent et de la plus ou moins grande probabilité que ce dernier soit renversé en refusant de l'appliquer *avant même* que la juridiction supérieure n'ait eu l'occasion de le renverser (*anticipatory overruling*), voir Steven C. Bradford, « Following Dead Precedent: the Supreme Court's Ill-Advised Rejection of Anticipatory Overruling », *Fordham Law Rev.*, vol. 59, 1990-1991, pp. 39-90.

1122. Les mouvements de flux et de reflux des juridictions suprêmes américaines (l'arrêt *Dobbs v Jackson Women's Health Organization* (précité) constituant, une fois de plus, un exemple éclairant) et anglais (suivant l'évolution d'une Constitution plus ou moins politique ou juridique, voir à cet égard Marie Padilla, *Droit public et doctrine publiciste au Royaume-Uni*, *op. cit.*, pp. 71 et suiv.) sont représentatifs de la dimension rhétorique et finaliste de la doctrine du précédent. Dans la mesure où le juge reste l'agent primordial et ultime de l'identification, de l'interprétation, de l'extension ou de la négation d'un précédent, sa démarche demeure indexée à son propre positionnement (individuel en tant que juge et politique en tant qu'institution constitutionnelle) vis-à-vis de cette méthode et de la charge normative de chaque précédent.

valoriser la coïncidence (ou bien la non-coïncidence) des faits par rapport à ceux sur lesquels le juge doit statuer » [1123] et que c'est tout « l'art du contradicteur » que de « démontrer que le précédent utilisé par le demandeur ne correspond pas exactement à la situation de l'espèce qui doit être tranchée » [1124]. Cette dimension factuelle est d'ailleurs soulevée sans que ne soit explicitement citée la technique elle-même, puisque, plus largement, on relève que la « vision précédentielle du droit » convoquée par ces outils implique « dès l'origine un système de comparaison de faits » [1125]. Ce rappel de la part factuelle du *common law* n'est cependant pas neutre et prolonge l'argumentaire d'ordre défensif à l'égard du système civiliste français. On se réjouit ici que « la tradition civiliste en France limite *heureusement* cette culture du précédent, qui se baserait sur des faits passés pour juger d'une situation identique future » [1126] tandis qu'on craint là « l'altération de la qualité du jugement et, finalement, du droit dans son ensemble » qui passeraient par la « mutation invisible du raisonnement juridique de la déduction à la simple corrélation » de faits [1127]. Si cette « factualisation » du jugement et du droit est crainte sous le prisme systémique et participe donc du parallèle dressé entre les outils et le système de *common law*, elle la dépasse néanmoins largement — nous y reviendrons [1128].

336 **Une symétrie incomplète.** À l'étude, donc, notre hypothèse bâtie sur ce parallèle identifié au sein du discours semble partir sur de mauvaises bases. Il se déploie à partir de points qui correspondent certes en partie au fonctionnement du système de *common law*, au travers tant de la *doctrine* du précédent que de l'*instrument technique* du précédent, mais qui ne sont finalement que les seules *conséquences juridiques* d'une démarche dont l'essentiel des logiques et des clés de raisonnement ne sont pas parallèlement convoquées. Or la prise en compte et l'analyse de cette démarche seraient à même de « rassurer » et d'atténuer une partie des craintes de voir les outils de justice algorithmique transformer les décisions de justice en autant de règles « dictant aux magistrats leur pratique » [1129] tout en leur permettant de contourner « l'interdiction (...) de se prononcer par voie de disposition générale et réglementaire » [1130], dans la mesure où elle nuance ces deux conséquences en les conditionnant à la triple démarche que nous venons d'expliciter. Au-delà de cette question, la prise en compte des caractéristiques précises de la *doctrine* du précédent, et donc tant de la démarche de construction que d'application de l'*instrument technique* du précédent, est nécessaire pour vérifier si, véritablement, une symétrie existe avec le *fonctionnement* des outils de justice algorithmique et les *résultats* produits.

1123. Ermanno Calzolaio, *op. cit.*, p. 44,

1124. Frédéric-Jérôme Pansier, *IJudge, vers une justice prédictive*, p. 12.

1125. Mathieu Gaye-Palettes, *op. cit.*, p. 652

1126. Fabrizio Papa Techera, *op. cit.*

1127. Pascale Idoux, « L'ambivalence du développement des téléservices : de nouveaux services ou des services publics numérisés ? », *RDP*, nº 5, 2020, 1145, p. 1165-1166.

1128. Voir *infra* § 574 et suiv.

1129. Magali Bouteille-Brigant, « Pour un 'transjuridime' ? », *op. cit.*, p. 304.

1130. Jérémy Bensoussan, « La reconfiguration de la pratique contentieuse du fait de la preuve probabiliste », *RLDC*, nº 164, 2018, 55, p. 59.

337 **Une symétrie trompeuse.** Ce ne serait en effet le cas que dans la mesure où le résultat produit (le « précédent » comme instrument) le serait au travers d'un fonctionnement (le « précédent » comme doctrine) des outils conforme aux canons précédentiels tels qu'ils se déploient au sein des ordres juridiques. En d'autres termes, sauf à ce que la sélectivité, la réflexivité et l'induction impliquées par la méthode de *common law* soient assurées par les outils de justice algorithmique, cette symétrie ne tiendra plus qu'à l'éventuelle modification du poids normatif des décisions exploitées par ces outils, ainsi qu'à l'éventuelle concentration de l'analyse juridique sur un droit produit *par les juges*. Or, et à l'étude, il apparaît que ces outils inversent systématiquement chacune des trois caractéristiques de la *doctrine* du précédent, ce qui, par ruissellement, inverse aussi la nature même de *l'instrument* précédentiel.

§ 3. *UN OUTIL DE JUSTICE ALGORITHMIQUE INVERSANT LES LOGIQUES DU PRÉCÉDENT*

338 **Une tension systémique québécoise préexistante.** Dès lors que l'analyse du parallèle suggéré entre les outils de justice algorithmique et les logiques et clés de raisonnement du *common law* se décale du second objet au premier, une interrogation surgit. Ce parallèle, ou plutôt et souvent cette *crainte* d'un parallèle, est propre au discours doctrinal français. Rien de surprenant à cela, *a priori* : jusqu'ici, ces outils n'ont été réceptionnés que par des ordres juridiques relevant eux-mêmes du système de *common law*. Si une telle symétrie existe bien, pourquoi le système dans lequel « l'analyse de la production judiciaire passée pour trouver les solutions d'avenir » est « naturellement plus facile à intégrer » [1131] aurait-il besoin de la souligner ? Cette présentation, pourtant, est elle-même trop générale. Si l'ordre juridique canadien relève effectivement quasiment intégralement du système de *common law*, c'est oublier le Québec et son système de droit mixte. Or, nulle trace, au sein du discours québécois, de cette tension systémique alors même qu'elle y revêt des aspects existentiels (**A**). Cette absence n'est pas due au hasard, bien au contraire ; elle ne fait que souligner que, contrairement à ce que la symétrie postulée par le discours français suggère, les outils de justice algorithmique ne reproduisent pas les logiques du précédent de *common law* (**B**), qu'il soit conçu comme instrument technique ou comme ensemble de méthodes.

A. Une question systémique absente du discours doctrinal québécois

339 **Un enjeu systémique pourtant existentiel.** Nous n'avons guère besoin de le rappeler à ce stade, mais l'héritage colonial français continue à peser sur le système juridique québécois puisque son droit privé substantiel relève encore aujourd'hui d'une logique civiliste [1132]. Or, s'il est un élément ardemment défendu par la doc-

1131. Franck Marmoz, *op. cit.*, p. 10.
1132. Hors droit pénal, par opposition au droit processuel comme vu précédemment, voir *supra* § 94.

trine québécoise, c'est précisément le maintien et la survie de cette part civiliste ; un juge québécois n'écrivait-il pas, à l'adresse de ses compatriotes qui avaient tendance à importer trop des solutions issues des provinces de *common law*, « si vous respectez et aimez le droit civil, ne menacez pas sa préservation dans notre province en cherchant ailleurs des précédents à appliquer à vos espèces. Étudiez le droit civil dans ses codes et ses auteurs, ainsi que dans les décisions qui s'y rapportent » [1133] ?

340 **Une tension systémique au cœur de la pensée juridique québécoise.** Si la question systémique a atteint le reste de la sphère civiliste à l'occasion d'une démarche évaluative des systèmes juridiques [1134], « la sauvegarde de l'intégrité du droit civil constitue un thème dominant de la pensée juridique traditionnelle au Québec » [1135]. Cette « crainte d'une contamination du droit civil québécois par la *common law* » [1136] a pu varier selon les époques, mais elle a sous-tendu l'essentiel des controverses doctrinales qui ont pu émailler la pensée juridique québécoise. Mathieu Devinat souligne ainsi que, contrairement à la France où les termes du débat sont posés « à partir d'une réflexion sur les *sources du droit* », la question de la valeur normative de la jurisprudence se pose, au Québec, sous un angle systémique. « L'opposition des systèmes de droit civil et de *common law* occupe ainsi l'avant-plan de la discussion au Québec » [1137], impliquant donc que les deux aspects contentieux du débat étaient, principalement, l'importation de la règle du *stare decisis* au Québec dans sa forme la plus contraignante, opposée en ce sens à la possibilité de toujours pouvoir écarter une interprétation judiciaire dans une logique civiliste [1138] et, par ce biais, l'importation *du contenu* du droit des provinces de *common law*. C'est précisément ce que le juge Mignault dénonce dans la citation rappelée plus haut : l'importation volontaire de solutions de *common law* par l'intermédiaire du choix de précédents venus « d'ailleurs » [1139], ainsi d'ailleurs que leur importation contrainte du fait de l'activité jurisprudentielle de la Cour

---

1133. « *If you respect and love the civil law, do not endanger its preservation in our province by seeking elsewhere precedents to be applied in your cases. Study the civil law in the codes and in the authors, as well as in judicial decisions which are properly referable to it* », Pierre-Basile Mignault, « The authority of decided cases », *Can. B. Rev.*, vol. 3, n° 1, 1925, 1, p. 23.

1134. On pense ici à l'imposante réponse adressée au premier rapport *Doing Business* par l'Association Henri Capitant des amis de la culture juridique française, *Les droits de tradition civiliste en question. À propos des Rapports Doing Business de la Banque Mondiale*, 2 t., Société de législation comparée, 2006.

1135. Sylvio Normand, « Un thème dominant de la pensée juridique traditionnelle au Québec : la sauvegarde de l'intégrité du droit civil », *McGill L.J.*, vol. 32, n° 3, 1987, 559, p. 559.

1136. Mélanie Samson, « Le droit civil québécois : exemple d'un droit à porosité variable », in Vivian Grosswald Curran (dir.), *Porosités du droit*, Société de législation comparée, 2020, 219, p. 243.

1137. Mathieu Devinat, « La jurisprudence en droit civil : la mise en intrigue d'une controverse », in Stéphane Beaulac et Mathieu Devinat (dir.), *Mélanges en l'honneur de Pierre-André CÔTÉ*, Éditions Yvon Blais, 2011, pp. 285-286.

1138. Sylvie Parent, *La doctrine et l'interprétation du Code civil*, Éditions Thémis, 1997, pp. 175-176.

1139. Plus spécifiquement, c'est la démarche consistant à réaliser des « emprunts à la *common law* pour interpréter ou compléter le droit civil » qui est condamnée, voir Mélanie Samson, *op. cit.*, p. 220.

Suprême [1140]. À ce titre, et même si cette « forme de résistance » passe aujourd'hui par d'autres combats [1141], la protection de la singularité québécoise en matière juridique demeure un point clé de la pensée juridique locale au point de parfois conditionner la manière dont les juristes québécois eux-mêmes voient leur propre droit et leur propre système juridique [1142].

341 **Une tension systémique québécoise aujourd'hui atténuée.** Que ce mécanisme de défense plus ou moins inhérent à la pensée juridique québécoise soit aujourd'hui au moins partiellement dépassé, notamment depuis la seconde codification de 1991, et qu'il s'agisse plutôt désormais d'aménager des espaces d'échange entre *common law* et droit civil au sein du système juridique québécois est globalement admis [1143]. Les juristes québécois se sont néanmoins ralliés à l'appel des juristes français suite à la première publication du rapport *Doing Business* afin de défendre le système civiliste contre le principe d'évaluation économique des systèmes juridiques plaçant systématiquement en tête le système de *common law* [1144], alors même que, malgré son bijuridisme, le système juridique canadien se trouvait à la quatrième meilleure place du classement [1145]. Plus généralement, les juristes québécois interviennent toujours auprès de l'Association Henri Capitant *des amis de la culture juridique française* au même titre que d'autres anciennes colonies françaises, ou d'autres systèmes ayant réceptionné le droit français et ayant conservé en tout ou partie ses acquis systémiques [1146]. En d'autres termes, la tension systémique périodiquement découverte et redécouverte [1147] au sein de la doctrine française et qui trouve, au sein du discours qui nous occupe, une nouvelle résurgence

---

1140. Clarence J. A. Smith et Jean Kerby, *Le droit privé au Canada. Études comparatives*, 2e éd., Les Presses de l'Université d'Ottawa, 1987, p. 11.

1141. Notamment celui du rejet, ou à tout le moins de la réticence des juridictions québécoises à « reconnaître la primauté et l'autonomie des lois de protection des droits de la personne par rapport au droit commun » et notamment la Charte canadienne des droits et libertés de 1982 auquel le Québec n'a, pour rappel, adhéré ni originellement ni au cours des deux tentatives subséquentes de 1987 et 1992, voir Mélanie Samson, *op. cit.*, p. 220.

1142. C'est d'ailleurs tout le propos de Jean-François Gaudreault-DesBiens, *Les solitudes du bijuridisme au Canada*, *op. cit.*, voir plus spécifiquement pp. 131 et suiv.

1143. Voir, à cet égard, Benoît Moore, « Le droit civil au Canada », *Revue de l'ERSUMA*, numéro spécial, 2014, pp. 33-46, disponible en ligne à <https://revue.ersuma.org/no-special-idef-mars-2014/etat-reel-du-droit-civil-et-du/article/le-droit-civil-au-canada>.

1144. Voir la contribution de Jean-Louis Baudouin, in Groupe autres que le groupe français de l'Association Henri Capitant des amis de la culture juridique française (dir.), *Les droits de tradition civiliste en question. À propos des Rapports Doing Business de la Banque Mondiale*, 2 tomes, t. 2, Société de législation comparée, 2006, pp. 121-122.

1145. Banque Mondiale et Société Financière Internationale, *Doing Business in 2004: Understanding Regulation*, OUP, 2004.

1146. À titre d'exemple, les soixante-huitièmes journées d'étude de l'Association se sont tenues non seulement au Québec (Montréal et Québec) mais aussi à Ottawa, et ont donné lieu à la publication du soixantième volume des travaux de l'Association, voir Association Henri Capitant des amis de la culture juridique française (dir.), *La vulnérabilité*, Bruylant & LB2V, 2018.

1147. On peut citer, pêle-mêle et en dehors de la question de l'évaluation *Doing Business*, les réactions au projet de Code civil européen ou, de manière plus filée et sans doute moins retentissante, les résistances périodiques à certains arrêts rendus par la Cour. Ces résistances tiennent, à cet égard, autant au fond des décisions qu'à leur forme et leur force juridique jugées trop proche des décisions de *common law* – voir, par exemple, Bernard Edelman, « La Cour européenne des droits de l'homme : une juridiction tyrannique ? », *D.*, 2008, pp. 1946-1953.

est « un phénomène auquel les juristes québécois ont dû depuis longtemps s'adapter » [1148]. Ainsi, et pour en revenir à nos outils de justice algorithmique, l'on pourrait légitimement s'attendre à ce que la crainte doctrinale française de voir, par leur entremise, le système français civiliste être « contaminé » par le système de *common law* se retrouve au sein du discours québécois relatif à ces mêmes objets.

342 **L'absence d'un axe argumentatif systémique au sein du discours québécois relatif aux outils de justice algorithmique.** Or il n'en est rien — littéralement. Il n'est fait, au sein du discours doctrinal québécois, aucune mention de la dimension systémique des problématiques soulevées par les outils de justice algorithmique, y compris dans les contributions qui citent pourtant abondamment des travaux français [1149] ou qui les commentent [1150]. S'il est évident que les représentations schématiques de la pensée juridique québécoise manquent inévitablement les subtilités et les opinions des auteurs individuels et qu'il se trouve nécessairement des écrits qui ne s'inscrivent pas dans cette logique de défiance et de méfiance à l'égard du *common law*, on ne peut s'empêcher d'être surpris par le constat de l'absence *totale* de cet axe argumentatif. Il est toujours mal aisé de déduire quoi que ce soit du silence, mais en l'espèce il semble possible d'en rechercher les causes au sein même de cet axe argumentatif : quand bien même leurs relations seraient fluctuantes et basées sur un mécanisme de flux et de reflux, d'attraction et de rejet, l'ordre juridique québécois n'est pas isolé du *common law*. Il ne *peut* d'ailleurs pas l'être, premièrement parce qu'il est intrinsèquement bijuridique lui-même, puisque son droit public, son droit pénal et son droit processuel relèvent du système de *common law*, et deuxièmement parce que l'ordre juridique québécois demeure un ordre juridique *fédéré*, et donc soumis à un ordre juridique fédéral canadien lui-même sous l'influence majoritaire du *common law*. L'ordre juridique québécois ne peut donc faire l'économie d'une connaissance du fonctionnement du second système sur lequel il est basé, et ce même si son enseignement est réalisé en français par des enseignants québécois [1151] et souvent optionnel [1152]. C'est donc peut-être dans cette nécessaire expertise que se loge un début d'explication de ce silence systémique : après tout, nous avons déjà démontré que la symétrie dressée par le discours doctrinal français ignore une majeure partie des

---

1148. Olivier Moréteau, *Le juriste français entre ethnocentrisme et mondialisation*, Dalloz, 2014, p. 27.

1149. Voir par exemple Ledy Rivas Zannou, *op. cit.*

1150. Voir par exemple Robin Tible, « Note de lecture : Yannick Meneceur, 'Quel avenir pour la justice prédictive ? Enjeux et limites des algorithmes d'anticipation des décisions de justice' dans La Semaine Juridique Édition Générale n° 7, 12 février 2018 », 2018, disponible en ligne à <https://cyberjustice.openum.ca/files/sites/102/notedelectureyannickmeceneur.pdf>.

1151. Michel Giroux, « La place de la théorie dans l'enseignement de la Common Law en français », *RCLF*, vol. 5, n° 1, 2003, pp. 169-192.

1152. Ce qui, en fait, est le cas dans la plupart des universités québécoises, où l'enseignement du *common law* en premier cycle (baccalauréat) s'effectue au travers d'options à choisir (Université de Montréal, Université du Québec à Montréal (où l'option est d'ailleurs intégrée à la catégorie « droit international et cultures juridiques ») ou au travers d'un parcours de spécialisation (« concentration ») spécifique (Université de Laval et Université de Sherbrooke)). L'Université McGill, bilingue et revendiquant le bijuridisme de sa formation, est une exception puisqu'elle propose un enseignement tant de droit civil que de *common law* dès le premier cycle.

logiques et des clés de raisonnement de *common law*. Elle est déjà, à cet égard, douteuse. Décaler l'analyse sur les outils eux-mêmes ne fait que confirmer l'artificialité de cette symétrie, et ainsi, peut-être, expliquer le silence québécois sur cet axe argumentatif.

B. Des outils postulant une logique inverse à celles de la doctrine du précédent

343 **Une inversion parfaite de la doctrine du précédent.** Le fonctionnement des outils algorithmiques s'avère en effet le miroir parfait du fonctionnement de la doctrine du précédent. Là où la doctrine du précédent postule une démarche sélective, les outils algorithmiques fonctionnent à partir d'une logique quantitative ; là où l'appréhension du précédent de *common law* est réflexive et inductive, l'outil se base sur un traitement massif et horizontal. Cette opposition frontale a d'ailleurs pu, par le passé, être soulignée par des auteurs *français*, puisqu'il s'agissait alors de rappeler que la démarche d'ordre statistique telle qu'elle est aujourd'hui exploitée par ces outils « est tout à fait contraire à la notion de précédent. Cette dernière est une notion qualitative et non quantitative (…). Il n'est pas question d'affirmer que le nombre de décisions rendues dans un même sens n'a pas d'intérêt, mais cela ne correspond nullement à une approche statistique du précédent » [1153]. Plus étonnant encore, cette symétrie finalement inversée est discutée à foison au sein du discours puisque chacune des caractéristiques du fonctionnement des outils et des résultats qu'ils proposent est rappelée et étayée dans les divers écrits.

344 **Une matière première massive, un fonctionnement fondamentalement non sélectif.** Ainsi, le fonctionnement quantitatif des outils de justice algorithmique est largement repris par les auteurs, au point d'ailleurs que le champ lexical de la masse et la quantité soit mobilisé dans 52 % des contributions [1154]. Cette mobilisation s'exprime au travers des deux pans quantitatifs de ces outils, et, dans un premier temps, au travers de la nature de leur « matière première » [1155] : « la masse des décisions des juges du fond. » [1156] Les outils de justice algorithmique se basent en effet sur « le plus grand nombre possible de décisions » [1157], qu'ils en tirent des statistiques directes ou indirectes [1158]. La valeur des décisions traitées n'est pas une valeur individuelle, liée à des caractéristiques propres à chacune des décisions

1153. Jeanne Boucoulrechliev, « L'informatique face à la complexification du droit : facteur positif, négatif... Ou pervers », in Institut Fredrik R. Bull (dir.), *Droit et informatique. L'hermine et la puce*, Masson, 1992, 39, pp. 45-46.

1154. Soit 251 contributions en tout.

1155. Éloi Buat-Ménard, *op. cit.*, p. 282.

1156. Pascale Deumier, « La justice prédictive et les sources du droit : la jurisprudence du fond », *op. cit.*, p. 52.

1157. Serge Guinchard *et al.*, *Procédure civile*, 7e éd., Dalloz, 2021, p. 25.

1158. Par statistiques indirectes, on pense aux outils de type *CASE LAW ANALYTICS* qui intercalent une modélisation probabiliste entre la masse des décisions traitées et les résultats proposés. Pour une explication plus en détail du fonctionnement de ce type d'outil, voir nos propos introductifs.

ou à « l'intérêt particulier de telle ou telle donnée » [1159], mais une valeur liée à la quantité : c'est « la masse des données qui font la valeur » [1160], dans la mesure où « on ne fait pas une moyenne de dommages-intérêts avec trois ou quatre dossiers » [1161]. Cette caractéristique s'applique identiquement aux bases de données jurisprudentielles dans la mesure où elles sont basées sur l'*open data* des décisions de justice : qu'il s'agisse de mettre en forme cette masse de décisions par le biais de statistiques et de moyennes relatives à leur contenu ou par le biais d'une sélection des décisions les plus pertinentes relativement à la recherche précédemment effectuée, l'objectif est toujours de permettre un accès médiatisé à une « marée de décisions » [1162]. Sans sélection préalable, « toutes les décisions se valent » [1163]. En ce sens, si, comme la doctrine du précédent, l'outil algorithmique constitue une manière de se saisir d'une production jurisprudentielle pléthorique, il apparaît que la démarche de l'outil n'est pas sélective et hiérarchique comme l'est la doctrine du précédent. L'outil n'effectue en effet pas de « premier tri » quant aux décisions qu'il traite, puisqu'il a vocation à toutes les traiter — il ne s'agit pas de restreindre l'analyse à un petit nombre de décisions du fait de leurs caractéristiques externes propres, mais de « faire parler » cet « invraisemblable agrégat de millions de décisions numériques » [1164]. Contrairement à la doctrine du précédent qui postule une réduction nécessaire du nombre de décisions susceptibles de porter l'instrument technique précédentiel, l'outil de justice algorithmique est basé sur le postulat inverse : toutes les décisions sont pertinentes dans le cadre du traitement proposé.

345 **Un fonctionnement quantitatif, une approche pleinement horizontale des décisions de justice.** Or ce traitement n'est pas plus proche de celui avancé par la doctrine du précédent, et c'est là à la fois le deuxième pan quantitatif de ces outils et son autre point caractéristique. Si sa matière première est massive, son analyse en est le pendant puisqu'elle est elle-même quantitative. Qu'elle soit pleinement ou seulement en partie statistique, cette analyse a toujours pour objectif de repérer des « récurrences » [1165] et des « corrélations » au sein de la « base contenant des données massives » [1166] et d'en tirer, selon sa nature, des moyennes, des distributions probabilistes ou une hiérarchie de décisions jugées particulièrement pertinentes. Si le contenu de chaque décision appartenant à la base jurisprudentielle est

---

1159. Paolo Giambiasi, « L'ouverture des données publiques : un préalable à la justice prédictive. Tour d'horizon des politiques d'ouverture des données publiques », *APD*, t. 60, 2018, 117, p. 119.

1160. Jean-Baptiste Prévost, « La fabrique des données : à propos du codage numérique du droit et de ses limites », *op. cit.*, p. 82.

1161. Frédéric Rouvière, « La justice prédictive : peut-on réduire le droit en algorithmes ? », *op. cit.*, p. 102.

1162. Jean-Paul Jean, « À l'ère du numérique, ce que le criminel pourrait apprendre au civil en l'état », *D.*, 2019, 947, p. 955.

1163. Sonia Desmoulin, « Le diable se cache-t-il dans les détails ? Réflexions à propos du traitement automatisé de données à caractère personnel 'DataJust' », *op. cit.*, p. 154.

1164. Éloi Buat-Ménard, « La justice dite 'prédictive' : prérequis, risques et attentes — l'expérience française », *op. cit.*, p. 272.

1165. *Ibid.*, p. 274.

1166. Luc-Marie Augagneur, « D'où jugez-vous ? Un paradoxe entre justice prédictive et réforme de la motivation des décisions », *JCP*, n° 13, 2018, 582, p. 582.

donc exploité, ce n'est, encore une fois, pas pour y appliquer des méthodes d'ordre qualitatif telles que celles mobilisées par le juriste de *common law*. Les récurrences et les corrélations repérées le sont en effet à partir du texte des décisions, selon une logique graphique et sémantique [1167] : la présence de telle ou telle donnée, variable ou information est exploitée par l'outil au sein de chaque décision avant que chaque « analyse » individuelle ne soit compilée et permette à l'outil de générer un résultat général. Au-delà du fait que l'analyse n'est donc pas limitée à une portion très strictement délimitée de la décision et porte sur l'intégralité de son contenu, le caractère solennel ou unique de la décision, la clarté de la réponse donnée à la question de droit visée, sa nouveauté et, surtout, la position hiérarchique de la juridiction ayant rendu cette décision ne sont pas pris en compte. Sauf à ce que les outils eux-mêmes intègrent cette hiérarchie prétraitement [1168], « une décision de la Cour de cassation vaudrait autant qu'une décision de tribunal correctionnel » [1169] puisque leur traitement est « indifférencié » [1170]. Finalement, là où la doctrine du précédent est fondamentalement verticale, « le modèle découlant de la démarche algorithmique est horizontal » [1171]. Cette contradiction entre les logiques réflexives, sélectives, hiérarchiques et finalement qualitatives de la doctrine du précédent et le fonctionnement des outils algorithmiques est explicitement exposée par Isabelle Sayn : « nous serions ainsi confrontés à une construction horizontale du droit, *non pas sur le modèle du précédent* (trouver une décision comparable et s'y conformer), mais sur un modèle de type probabiliste (trouver les solutions habituellement données à ce type d'affaires et s'y conformer). » [1172] Or, si cette construction horizontale du droit inquiète le discours qui y voit une inversion de valeur entre qualité et quantité [1173], elle n'est guère plus naturelle au sein du système de *common law*.

1167. Graphique, puisqu'il s'agit de reconnaître des mots, des expressions, des phrases, voire éventuellement les relations grammaticales ou syntaxiques entre tous ces éléments, non pas à partir de leur signification mais à partir de leur graphie. L'aspect sémantique est surajouté à cette *fouille de texte* via la phase d'entraînement des algorithmes des outils qui leur permet d'élargir ce qui sera considéré comme relevant d'une catégorie (toutes les variations orthographiques d'un même terme, par exemple, ses synonymes ou ses manifestations concrètes s'il s'agit de repérer des noms ou des sommes, par exemple).

1168. Ce qui n'est ni fait ni envisagé à l'heure où nous écrivons.

1169. Valérie Malabat, *op. cit.*, pp. 108-109.

1170. Pascale Deumier, « La justice prédictive et les sources du droit : la jurisprudence du fond », *op. cit.*, p. 55. À noter, cependant, que cette indifférenciation dans le traitement des décisions composant la base jurisprudentielle de ces outils peut cependant être corrigée « manuellement » par l'utilisateur au travers des filtres qu'il peut appliquer à sa recherche. Ce sera notamment et assez naturellement le cas d'une recherche dans une base de données jurisprudentielles où il sera possible de restreindre les résultats aux seules décisions du fond, par exemple, ou à l'inverse aux seuls arrêts de la Cour de cassation ou du Conseil d'État.

1171. Olivier Tcherkessoff, « Justice prédictive. La justice sans les hommes ? Le point de vue du magistrat », in Yvonne Flour et Boyer Pierre-Louis (dir.), *Transhumanisme : questions éthiques et enjeux juridiques*, Académie catholique de France, 2020, 153, p. 157.

1172. Isabelle Sayn, « Connaître la production des juridictions ou prédire les décisions de justice ? », *Cah. Just.*, 2019, 229, p. 234. L'italique est le nôtre.

1173. Cette opposition quantitatif/qualitatif est largement soulevée, par exemple dans Hervé Croze, « Comment être artificiellement intelligent en droit », *JCP*, n° 36, 2017, 1498, p. 1499, Jean-Paul Jean, « À l'ère du numérique, ce que le criminel pourrait apprendre au civil en l'état »,

346 **Un « précédent algorithmique » modelé par une démarche quantitative, massive et horizontale.** Quant au « précédent algorithmique » ainsi créé [1174], il est lui-même d'une nature absolument opposée à celle de l'instrument technique qu'est le précédent de *common law*. Le premier est une synthèse d'un ensemble indistinct de décisions tandis que le second se limite non seulement à *une* décision, mais encore à une *partie strictement déterminée* de cette décision. Si le second comporte effectivement une part factuelle importante, c'est uniquement en ce que certains faits eux aussi strictement déterminés fondent la reproduction ou non de la *règle juridique* portée par le précédent ; le premier, quant à lui, n'a pas vocation à rappeler ou mettre en place une quelconque règle de droit. Il se contente de produire la description, parfois chiffrée, d'un état de fait *issu* de l'application d'une ou plusieurs règles de droit, quelle que soit leur nature par ailleurs. Quant à considérer que ce « précédent algorithmique » qui n'a finalement de précédent que le nom qu'on lui donne pourrait exercer une contrainte semblable à celle qu'exerce le précédent de *common law*, il convient de rappeler que cette contrainte est de nature juridique au sein de ce système et qu'elle s'impose de la même manière que s'imposent les autres normes, *puisque le précédent est lui-même une norme juridique* [1175]. La contrainte susceptible d'être exercée par les outils de justice algorithmique, quant à elle, peut toujours être qualifiée de normative, mais à moins que les ordres juridiques n'en consacrent la valeur juridique, elle ne joue qu'avec la même force que d'autres dispositifs *non normatifs* exerçant une influence plus ou moins forte sur le juge et, plus largement, le juriste [1176]. Tout ce qu'il reste, finalement, tant de la doctrine du précédent que de l'instrument technique qui en est issu, c'est la concentration de l'outil algorithmique sur les décisions de justice et, par extension, sur les juges qui les produisent aujourd'hui et qui réceptionneront demain cet outil.

---

op. cit., p. 954 ou Antoine Bolze, « Réflexions sur la notation des magistrats et des avocats par les algorithmes », in Jean-Pierre Clavier (dir.), *L'algorithmisation de la justice*, Larcier, 2020, 93, p. 105.

1174. Marie-Cécile Lasserre, « La justice prédictive », *op. cit.*, p. 145.

1175. Ce qui n'empêche pas, dans un second temps, de discuter sa nature exacte. C'est précisément ce qu'ont pu faire Ronald Dworkin ou Joseph Raz, notamment en distinguant les règles (*rules*) des principes (*principles*). Le premier considère que cette distinction reposait sur la *manière d'appliquer* ces règles et principes ; les unes s'appliquent sur une logique de « tout ou rien » (« *all-or-nothing* », Dworkin Ronald, « The Model of Rules », *U. Chi. L. Rev.*, vol. 35, n° 1, 14, p. 25) dès lors que les faits pertinents sont présents, tandis que les autres ne fournissent pas nécessairement toutes les conditions de leur application ou toutes les conséquences à tirer de leur application. À cet égard, les principes sont non seulement potentiellement contradictoires, mais ils n'ont pas non plus tous la même valeur. Leur articulation passe donc par des procédés intellectuels et rhétoriques mis en œuvre par les juges – ce qui nous ramène à la méthode inductive, réflexive et intellectuelle que ces mêmes juges mobilisent pour identifier et appliquer un précédent. Tout en conservant cette distinction, J. Raz (« Legal Principles and the Limits of Law », *Yale L.J.*, vol. 81, n° 5, 1972, pp. 823-854) a pu contester la séparation franche établie entre ces deux types de norme et la construire sur le degré de précision des conséquences de chacune : là où les règles « prescrivent des actes relativement précis », les principes « prescrivent des actions hautement imprécises » (« *rules prescribe relatively specific acts; principles prescribe highly unspecific actions* », p. 838). Dans les deux cas, le précédent en tant que norme tend à se rapprocher des modalités d'application d'un *principe* plus que celles d'une règle, faute pour le juge de trouver dans les décisions qui le précèdent l'ensemble des conditions d'application et des conséquences à tirer de leur reprise.

1176. Sur cet aspect, nous renvoyons à nos développements du Titre II de notre première partie, et plus spécifiquement aux § 268 et suiv.

347 **Une réduction doctrinale construite sur un socle minimal.** C'est là cependant un socle très fragile pour le parallèle entre ces outils et cette doctrine, tel qu'il est perceptible au sein du discours français. Suggérer qu'un outil exploitant des décisions de justice pourrait être, par ce seul fait et par une concentration sur la question de la contrainte qu'il pourrait possiblement exercer, une *émanation technologique* du *common law* constitue en effet finalement une réduction importante de la doctrine du précédent. Cette réduction a en plus l'effet pervers d'occulter non seulement les caractéristiques techniques de cette doctrine et de l'instrument technique précédentiels, mais encore de brouiller celles des outils. Alors même que ces caractéristiques sont connues et traitées au sein du discours, elles ne sont que rarement mises en relation avec ce parallèle pourtant parfois dressé dans les mêmes contributions [1177]. Le discours prend alors une tournure contradictoire, une part craignant l'importation de la doctrine du précédent et d'un « précédent algorithmique », tandis que l'autre souligne à quel point les outils *ne sont le vecteur ni de l'un, ni de l'autre.*

348 **Une hypothèse systémique elle-même fragilisée.** La fragilité de ce parallèle systémique se révèle donc en premier lieu dans la réalité du fonctionnement de ces outils. Notre hypothèse selon laquelle les logiques de *common law* véhiculées par ces outils s'opposeraient frontalement aux logiques civilistes du droit français, commence alors déjà à se fissurer puisque nos deux premières conditions de vérification (les outils sont effectivement porteurs de marqueurs de *common law* et ces marqueurs se retrouvent eux-mêmes effectivement au sein des différents ordres juridiques relevant du système de *common law*) sont en passe d'être écartées. Elles le sont d'autant plus qu'au-delà même des aspects techniques, méthodologiques et juridiques des outils de justice algorithmique et de la doctrine du précédent (ainsi que de son instrument technique du même nom), les *objectifs* poursuivis par ces deux techniques sont, encore une fois, diamétralement opposés.

Section 2. Des outils algorithmiques poursuivant un objectif contraire

349 **Des méthodes, des instruments juridiques et une analogie situés.** La méthode, la technique juridique n'existent pas dans un vide axiologique et épistémologique. Les juristes appliquent telle ou telle méthode et suivent telle ou telle logique pour une raison, qui peut être explicitée en termes eux-mêmes juridiques [1178] mais qui ne

1177. Un exemple parlant de ce paradoxe peut être trouvé dans Éloi Buat-Ménard, « La justice dite 'prédictive' : prérequis, risques et attentes — l'expérience française », *op. cit.*, où il est fait mention de la possibilité que le « système légicentrique [français] se teint[e] de *Common Law* » (p. 275) et, quelques lignes plus bas, que le traitement mené par les outils se base sur la seule « récurrence » de l'application de la règle de droit et non sur son analyse, et que la jurisprudence traitée par l'outil est « horizontale » et « quantitative » (*loc. cit.*).

1178. Au travers de standards dont tant la juridicité que le contenu précis sont, par ailleurs, mouvants. En France, on peut penser à l'OVC d'accessibilité et d'intelligibilité de la loi (Cons. const., décision nº 99-421 DC du 16 décembre 1999 précitée) en tant que composante du principe,

peut pas être ainsi épuisée. Ainsi, et de la même manière que les logiques et les clés de raisonnement du système civiliste français poursuivent des objectifs qui se sont déployés, existent et sont perpétués pour une multitude de raisons extrajuridiques [1179], les logiques et les clés de raisonnement du système de *common law* se déploient à partir de présupposés sur ce que *doit être* le champ juridique, ce que *doivent être* les normes qui le composent et plus généralement encore, ce à quoi *doit ressembler* le droit. Ces éléments, aussi extrajuridiques qu'ils puissent être, sont à la fois la genèse, la conséquence et le « carburant » de la *machinerie systémique* qui fonctionne telle qu'elle fonctionne à cause d'eux, pour eux et grâce à eux. En d'autres termes, étudier l'analogie entre le système de *common law* et les outils de justice algorithmique impose de dépasser la seule machinerie (traitée en *supra*) pour s'intéresser à au moins une partie de ce carburant systémique. Or, si la machinerie est elle-même dissemblable, c'est peut-être aussi parce que sa genèse, ses conséquences et son carburant, en d'autres termes son *univers juridique tout entier*, le sont aussi.

350 **Un objectif de régulation de la production normative**. À ce titre, la doctrine du précédent, ses méthodes et son objet principal (l'instrument technique du même nom) existent et se perpétuent parce qu'ils remplissent une série d'objectifs qui convergent tous autour d'une même idée : conserver un certain contrôle sur la production normative des juges et ainsi assurer l'existence d'un champ juridique, si ce n'est ordonné, du moins délimitable et navigable pour le juriste (**§ 1**).

351 **Un objectif de compréhension d'une production normative dérégulée**. Les outils de justice algorithmique se placent, quant à eux, en rupture totale vis-à-vis de cet objectif puisqu'ils ne peuvent pas exister dans un champ juridique restreint et contrôlé – bien au contraire, puisqu'ils ont été créés dans l'optique assumée de *contourner* les exigences méthodologiques et substantielles de la doctrine du précédent. Conçu pour fonctionner dans un environnement hostile à cette doctrine, à ses méthodes et à son instrument principal, l'outil de justice algorithmique se présente ainsi comme son alternative « moderne » (**§ 2**).

§ 1. *Une doctrine du précédent servant un objectif d'autolimitation*

352 **Une théorie aux fondements libéraux**. Prendre du recul sur la machinerie systémique que constituent à la fois la doctrine et l'instrument juridique du précédent

---

plus large, de sécurité juridique, consacré par le Conseil d'État comme principe général du droit (PGD) en 2004 dans l'arrêt CE ass., *KPMG*, précité. L'existence et la perpétuation de ce type de principe, qui régissent tant la production normative que ce qui est compris comme étant du « bon » droit (un droit clair, précis, accessible, intelligible et certain), constituent ainsi une des expressions de logiques sous-jacentes au système civiliste français (sur lesquels nous reviendrons en *infra*, voir § 442 et suiv.).

1179. Extrajuridiques en ce qu'elles ne s'expriment pas toutes en termes normatifs, tout en, comme mentionné dans la note précédente, créant les conditions de l'émergence de normes juridiques qui assurent le maintien d'un certain état du droit. Encore une fois, nous les détaillerons, dans le cas français, en *infra* § 442 et suiv.

permet d'embrasser l'univers dans lequel cette machinerie fonctionne, l'univers qu'elle contribue à perpétuer et l'univers qui lui permet de continuer elle-même de fonctionner. Ainsi, la doctrine du précédent anglo-saxonne poursuit un objectif précis, même s'il connaît plusieurs facettes : permettre le contrôle de la production jurisprudentielle et, plus précisément, permettre l'autolimitation de cette production (**A**). Cette autolimitation, tout en assurant un office de stabilisation de l'ordre juridique et de légitimation de l'office du juge placé sous son influence, a aussi pour conséquence de maîtriser l'ampleur du phénomène juridique en créant les conditions de sa réduction *quantitative* (**B**).

A. Une autolimitation assurant des fonctions stabilisatrices et légitimatrices

353 **Un enjeu politique et culturel**. À un niveau pleinement politique et culturel, l'enjeu de l'autolimitation portée par la doctrine du précédent apparaît dans toute son ampleur. Cette capacité à contrôler, maîtriser le phénomène juridique permet, plus largement, de limiter l'espace occupé par le droit en général — après tout, le système de *common law* s'est historiquement déployé dans les États dans lesquels les doctrines libérales sont nées. Que ce soit en termes économiques ou en termes politiques, ces théories libérales constituent elles-mêmes l'une des raisons extrajuridiques évoquées plus tôt qui informent, expliquent et sont elles-mêmes perpétuées par les méthodes et techniques juridiques qui ont cours dans un système juridique donné. Puisqu'il s'agit toujours d'assurer aux individus, dans leur vie économique comme dans leur vie sociale, une sphère de droits et de libertés au sein de laquelle l'État n'a pas vocation à s'immiscer, c'est non seulement l'ampleur de l'État lui-même qui doit être limitée [1180] mais encore l'instrument principal de cette immixtion – le droit. Tout ce qui n'est pas interdit étant permis [1181], l'intervention normative de l'État doit demeurer la plus restreinte possible et c'est précisément ce qu'a permis pendant plusieurs siècles la doctrine du précédent et ses méthodes, pour le meilleur et pour le pire [1182].

1180. Par la voie principale et historique d'une séparation des pouvoirs horizontale (la traditionnelle distinction des pouvoirs exécutif, législatif et judiciaire) et verticale (via la division territoriale du pouvoir, notamment au travers de la fédéralisation de l'État).

1181. C'est là finalement le cœur du premier principe que Albert V. Dicey rattache au *Rule of Law* : « nul ne peut être puni ou sanctionné physiquement ou financièrement à moins qu'une violation de la loi n'ait été établie au titre d'une procédure ordinaire par une juridiction ordinaire » (« *no man is punishable or can be lawfully made to suffer in body or goods except for a distinct breach of law established in the ordinary legal manner before the ordinary courts of the land* », *Introduction to the Study of the Law of the Constitution*, 10e éd., Macmillan Education, 1959 (1e éd. 1898), p. 188).

1182. On pense, notamment, aux heurts politiques, constitutionnels et juridictionnels qui ont entouré les réformes sociales interventionnistes du *New Deal* avancées par le président Roosevelt dans le cadre de la Grande Dépression des années 1930 ou à la lenteur avec laquelle un droit *public* propre aux activités *administratives* de l'État a pu, et est encore en train de, voir le jour au Royaume-Uni, voir à cet égard Marie Padilla, « La nature du droit anglais, pérennité d'une controverse doctrinale », in Johann Le Bourg et Clément Benelbaz (dir.), *De quelques grands débats doctrinaux. Réflexions sur l'intemporalité des controverses*, Université de Savoir Mont-Blanc, 2016, pp. 83-99.

354 **La fonction stabilisatrice de la doctrine du précédent.** Elle l'a permis parce qu'en délimitant les conditions dans lesquelles les juges peuvent se permettre de s'extraire de l'autorité d'une décision passée, la doctrine du précédent exerce comme fonction principale une « fonction stabilisatrice », « permettant une évolution mesurée qui préserve néanmoins la tradition [et] assure une médiation entre révolution et stagnation » [1183]. Quand bien même la nature et l'ampleur de cette fonction a connu des mouvements de flux et de reflux dans tous les systèmes de *common law*, elle poursuit essentiellement deux objectifs, ou plutôt un objectif double : celui de maîtriser « le processus de changement » [1184] et d'assurer qu'il se déroule de manière « mesurée et incrémentale » [1185], ce qui implique donc de borner la possibilité accordée au juge d'être l'initiateur de ce changement, et celui de perpétuer ce rôle du précédent comme « régulateur » [1186] de ce processus. Si ces deux objectifs peuvent sembler identiques, ils se déploient pourtant sur deux plans qui, tout en s'entretenant, demeurent distincts.

355 **Une stabilisation de l'office du juge.** Ainsi, cette fonction stabilisatrice de la logique d'autolimitation portée par la doctrine du précédent se déploie en premier lieu d'un point de vue juridique. Nous l'avons vu, les juges se trouvent sous la contrainte du précédent à moins de pouvoir s'en dégager au moyen des méthodes postulées par la doctrine du précédent elle-même. Ils opèrent ainsi, loin de l'idée caricaturale parfois véhiculée [1187], dans un univers de contraintes d'ordre juridique qui réduisent d'autant le pouvoir qu'il exerce. Avec l'émergence progressive du précédent hiérarchique contraignant tel qu'il est aujourd'hui compris, c'est finalement la marge de manœuvre du juge qui s'est restreinte dans la mesure où la sophistication progressive de la recherche et de la détermination de la règle juridique a tacitement réduit le « statut des coutumes, mœurs et du savoir local de la communauté » [1188] au profit d'un droit « formel » uniforme et cohérent. Nous l'avons vu, ce gain d'épaisseur normative de l'instrument précédentiel coïncide avec l'étiolement puis la disparition de la théorie déclaratoire qui, précisément, postulait l'absence de liberté créatrice des juges qui se contentaient d'être les « oracles vivants » d'un « droit qui existe déjà » [1189]. Il coïncide aussi, en dehors des frontières de *common law* et du côté français, avec les jeunes heures de la

---

1183. « *[Precedent] emerged as a vehicle for allowing measured change while preserving tradition. It mediated between revolution and stagnation. (...) Precedent's 'stabilizing function' became necessary (...)* », Richard J. Ross, « Communications Revolutions and Legal Culture: An Elusive Relationship », *Law Soc. Inq.*, vol. 27, n° 3, 2002, 637, p. 641.

1184. « *The process of change* », Ethan M. Katsh, *op. cit.*, p. 42.

1185. « *The idea of precedent is based on the idea of a measured, incremental pace of change within law* », Jonathan De Vries, « Legal Research, Legal Reasoning and Precedent in Canada in the Digital Age », *Advocates' Quarterly*, n° 48, 2018, 1, pp. 22-23.

1186. « *Precedent's role as a regulator of the pace of change* », Richard J. Ross, *loc. cit.*

1187. N'est-ce pas pour cette raison que François Terré pouvait s'exclamer « Le juge créateur de droit, comme dans les pays de *common law* ? Non merci ! » (« Un juge créateur de droit ? Non merci ! », *op. cit.*, p. 311) ?

1188. « *[It] tacitly reduced the status of custom, mores, and communities' local knowledge* », Richard J. Ross, *op. cit.*, p. 642.

1189. Élisabeth Zoller, « La Cour Suprême des États-Unis entre création et destruction du droit », *APD*, t. 50, 2007, 277, p. 279.

codification et d'une supposée *École de l'Exégèse* qui avait entretenu le mythe qui « continue à faire du juge la bouche de la loi » [1190]. Duncan Fairgrieve et Horatia Muir-Watt vont d'ailleurs jusqu'à considérer qu'une « certaine analogie fonctionnelle » peut être établie entre la théorie déclarative et ce mythe du juge « Montesquien », dans la mesure où ils poursuivent l'objectif contradictoire de « légitimer l'usage de ce pouvoir créateur et d'enfermer en même temps [le juge] dans le respect du passé » [1191]. Si l'on poursuit cette idée, il en va de même de la transformation de la doctrine et de l'instrument technique du précédent : il s'agit toujours de conditionner l'office du juge (l'expression de « pouvoir créateur » étant sans doute, vis-à-vis du mythe du « juge bouche de la loi », trop forte) à la perpétuation de normes passées, qu'elles soient d'origine juridictionnelle ou législative. Dans la perspective libérale anglo-saxonne, cette contrainte pesant sur le juge, agent primordial de la création normative, permet d'éviter le déploiement d'un quelconque pouvoir arbitraire conduisant au surplus à l'extension incontrôlée du champ juridique — extension qui, par nature, menace les sphères individuelles et économiques. Elle permet par ailleurs une stabilité de cette norme juridique minimale et, par conséquent, celle des relations sociales et économiques nouées sous son empire, tout en aménageant plus ou moins étroitement la flexibilité de cette même norme [1192]. Le rejet initial de la prise en importance quantitative et qualitative du droit législatif est d'ailleurs profondément lié à cet ensemble de méthodes et d'objectifs visant à mettre en place les conditions d'une autolimitation du juge et, en tout cas historiquement, de la production normative. Le droit législatif, tant par l'immédiateté et l'arbitraire, même démocratique, de sa mise en place que par le peu de cas fait de son « adaptation à la nature et à la disposition du peuple » auquel il a vocation à s'imposer ou des difficultés qu'il pourrait engendrer [1193], perturbe en effet la structure logique et l'intégrité d'un *common law* construit sur cette logique de construction sédimentaire et progressive [1194]. Il est,

---

1190. Duncan Fairgrieve et Horatia Muir-Watt, *op. cit.*, p. 26.

1191. *Ibid.*

1192. Quand bien même d'ailleurs l'équilibre entre flexibilité et rigidité n'a jamais été, tant s'en faut, facile à maintenir ou à conceptualiser, voir Sylvain Soleil, *op. cit.*, pp. 315 et suiv., spé. pp. 329-330. Elle demeure néanmoins, avec la limitation de l'intervention étatique, l'une des raisons pour lesquelles les premiers rapports *Doing Business* valorisaient à ce point les systèmes juridiques de *common law* par rapport aux systèmes civilistes, plus interventionnistes (et donc limitatifs) et plus rigides ; cette notion de flexibilité se retrouve dans la plupart des critères d'évaluation, notamment dans la possibilité pour un nouvel entrepreneur de ne pas avoir à accomplir toutes les formalités administratives dès la création de son entreprise (Banque Mondiale et Société Financière Internationale, *op. cit.*, p. 5), dans la facilité rencontrée, pour les entreprises, d'embaucher et de licencier (*ibid.*, pp. 5-6), dans le nombre de procédures permettant à une entreprise d'obtenir le paiement des créances qui lui sont dues (*ibid.*, p. 6), dans la facilité à obtenir un crédit (pp. 6-7) ou dans la facilité de fermer une entreprise (*ibid.*, p. 7).

1193. « *For the written Laws (...) are imposed upon the Subject before any Trial or Probation made, whether the same be fit and agreeable to the nature and disposition of the people, or whether they will breed any inconvenience or no* », John G. Pocock, *Ancient Constitution and Feudal Law: A Study of English Historical Thought in the Seventeenth Century*, CUP, 1957, p. 33, citant la préface de John Davies, *Irish Reports (Les Reports des Cases & Matters en Ley, Resolves & Adjuges en les Courts del Roy en Ireland)*, 1674.

1194. Brian Z. Tamanaha, « The Dark Side of The Relationship Between the Rule of Law and Liberalism », *N.Y.U. J.L. & Liberty*, vol. 3, 2008, 517, p. 526.

à cet égard, peu important que cette construction historique repose sur la volonté d'une part infinitésimale de la population nationale alors que l'intervention législative a pour elle d'être de légitimité démocratique, dans la mesure où les théories libérales ne sont pas à l'origine, et tant s'en faut, démocratiques [1195].

356 **Une légitimation de l'office du juge.** Plus encore, et c'est là le deuxième versant de sa fonction stabilisatrice, la formule moderne de la doctrine et de l'instrument technique du précédent se situe d'autant plus dans la continuité de la théorie déclaratoire en ce que leur objectif final est le même : perpétuer l'autolimitation des juges, certes, mais aussi afficher et rendre visible les contraintes qui pèsent sur eux puisque « le pouvoir exercé par l'élite non élue que constituent les juges est plus acceptable s'il est masqué. L'utilisation de techniques et d'expressions comme '*stare decisis*', '*persuasive*', '*bound*', '*holding*', et '*dictum*' poursuit cette fonction rhétorique » [1196]. Ainsi, et quelle que soit par ailleurs la réalité de cette contrainte, « le droit gagne de l'*apparence* de restrictions sur les juges » [1197]. La raison en est simple : le juge a longtemps été l'agent primordial de la création normative au sein du système de *common law*, admis dans toute son individualité et son *humanité* [1198]. Si lui-même

---

1195. *Ibid.*, pp. 517-518. Ce constat n'empêche cependant de pouvoir parler de démocratie libérale aujourd'hui, dans la mesure où les deux parties de ce qui peut, historiquement, ressembler à un oxymore se tempèrent l'une et l'autre (la part libérale en freinant l'arbitraire potentiel de la majorité, la part démocratique en atténuant la part élitiste des théories libérales), voir, par exemple, Chantal Mouffe, « Démocratie et libéralisme politique : est-il possible de les concilier ? », in *Questions au libéralisme*, Presses de l'Université Saint-Louis, 1998, pp. 15-26.

1196. « *The power exercised by judges as elite, nonelected officials is more acceptable to the public if it is masked. The retention of the categories and phrases* 'stare decisis', '*bound*', '*persuasive*', '*holding*' *and* 'dictum' *serves these rhetorical functions* », James Hardisty, « Reflections on Stare Decisis », *Ind. L. J.*, vol. 55, n° 1, 1979, 41, p. 65. Une fois encore, il n'est pas anodin que la question démocratique soit au cœur du mouvement de retrait de la *SCOTUS*. Pour justifier qu'elle outrepasse le précédent constitué par *Roe v Wade* (précité) malgré sa lecture très stricte de sa force normative, l'opinion majoritaire de *Dobbs v Jackson Women's Health Organization* rappelle que les « neuf juges non élus de cette Cour ne possèdent pas le pouvoir constitutionnel d'outrepasser un processus démocratique » (« *nine unelected Members of this Court do not possess the constitutional authority to override the democratic process* », p. 2305) et qu'ainsi elle « *laisse au peuple et à ses représentants élus* » le choix d'autoriser ou non l'avortement au sein de leur État (« the *Court's decision properly leaves the question of abortion for the people and their elected representatives in the democratic process* », *ibid.*). La logique est ainsi presque celle d'un *mal pour un bien* : aller à l'encontre de la principale borne opposée au pouvoir judiciaire (l'instrument précédentiel) pour le cantonner plus rigidement encore.

1197. « *The law gains from the* appearance *of restrictions on judges* », *ibid.*

1198. Il s'agit là, à l'inverse de la conception *institutionnelle* et *régalienne* de l'activité de justice en France (voir *infra* § 446), d'une conception beaucoup plus individuelle et personnelle des acteurs de la justice parfois qualifiée de « passion pour la pluralité et même de culte de la personnalité judiciaire individuelle » (« *passion about plurality and even the cult of individual judicial personnality* », Neil Andrews, « The Supreme Court of the United Kingdom and English Court Judgment », *University of Cambridge Research Paper*, n° 23, 2014, 1, p. 13). Cette conception sous-tend autant qu'elle est entretenue par le fait que les décisions de justice sont rendues au nom propre des juges les ayant rédigées, par la pratique des opinions séparées (dissidentes ou concurrentes) et par le mode de recrutement des juges (outre la question d'une éventuelle élection comme dans certains États fédérés américains, les juges sont essentiellement recrutés au sein du Barreau). Là encore, cette conception et ses conséquences varient selon le système juridique dans lequel on se situe, notamment en termes de pouvoir politique. À un niveau de généralité important, elle octroie un statut social et une (re)connaissance publique plus importante aux juges, ainsi qu'une liberté de ton au sein des décisions peu comparables à celle des juges français.

« *apparaît* être contraint par le droit, les justiciables et le public tendront à accepter eux-mêmes d'être contraints » [1199], à la fois par les normes déjà existantes et par celles qui ont vocation à être créées — l'affichage du précédent remplit ainsi, au travers de sa fonction stabilisatrice, une sous-fonction *légitimatrice* qui dépasse l'office du juge en tant que tel. Si les « oracles vivants » du droit se trouvent eux-mêmes sous sa contrainte, alors tout un chacun s'y trouve aussi. Par ailleurs, et alors que leur place réelle au sein du système tend à décroître tandis que s'élargit celle du droit législatif ou réglementaire, il s'agit de maintenir la légitimité d'un droit qui pourrait, sans ces contraintes et leurs effets secondaires (nous y arrivons), paraître archaïque, obscur et discrétionnaire [1200]. Si la fonction stabilisatrice de la doctrine du précédent joue donc indéniablement d'un point de vue juridique, elle poursuit son œuvre sur le plan de la légitimité politique du *common law*. Elle le fait donc certes par l'intermédiaire des contraintes qu'elle fait peser sur le juge, mais encore par ses effets « secondaires », c'est-à-dire ses effets en dehors du seul prétoire.

B. La sélectivité du *common law* comme outil de maîtrise du champ juridique

357 **Une sélectivité à deux visages.** Nous l'avons vu, une des caractéristiques de la doctrine du précédent est son caractère fondamentalement sélectif : seules certaines décisions, établies selon leurs caractéristiques formelles (la juridiction qui les a rendues) et matérielles (leur contenu effectif), ont vocation à être porteuses d'un précédent contraignant. Or, cette sélectivité participe de l'autolimitation juridictionnelle imposée par cette doctrine, dans la mesure où, non contente de limiter le pouvoir créateur des juges, elle limite par ailleurs celles de leurs décisions. Cette régulation, secondaire à l'effet de contrainte de l'instrument technique précédentiel, repose sur un régime de publication tellement étroitement lié à cette logique d'autolimitation et de sélectivité qu'il n'est pas possible de « détricoter » l'un de l'autre. Ce lien est si inextricable que certains auteurs considèrent que la prise progressive d'épaisseur normative du précédent s'est déroulée parallèlement au développement de l'imprimerie juridique au Royaume-Uni, c'est-à-dire aux alentours des XIIe et XIIIe siècles. Rien de surprenant à cela : « pour que les précédents exercent une autorité sur les avocats, il doit y avoir un moyen de transformer des accumulations de faits et d'arguments développés dans tous les litiges réglés par les juges en un corpus limité qui permette l'extraction de règles. Des versions identiques du recueil ainsi créé doivent ensuite être disséminées au sein de la profession. L'imprimerie a permis de remplir ces exigences. » [1201]

1199. « *To the extent that judges* appear *to be 'bound' by the law, litigants and the general public will tend to accept the law as 'binding' on themselves as well* », *ibid.*

1200. Ce qui est d'ailleurs le fond de la critique, historique, faite par J. Bentham dans son commentaire des *Commentaries on the Law of England* de William Blackstone, voir *A Fragment on Government*, 2e éd., Wilson & Pickering, 1823.

1201. « *For precedent to have authority among lawyers (...), there must be a way of redacting the welter of facts and arguments voiced in past legal disputes into a limited corpus that allows for the extraction of rules. Identical versions of this record must then be*

Ainsi, la publication (*reporting* au Royaume-Uni, *publication* aux États-Unis et au Canada [1202]) est historiquement limitée à « celles des décisions sélectionnées par les membres du barreau pour leur rectitude particulière et leur valeur exemplaire, ainsi qu'aux décisions identifiées pour leur utilité par un praticien ou un juge » [1203]. Cette publication sélective occupe donc une place complexe vis-à-vis de la machinerie précédentielle : elle est à son origine, puisqu'elle a pu véritablement se déployer à partir du moment où les progrès de l'imprimerie ont permis une diffusion rationalisée des décisions sélectionnées [1204], tout en constituant sa conséquence principale puisque la sélectivité de la publication s'est poursuivie bien après que les contingences pratiques limitant la *place disponible* dans les recueils aient disparu. À cet égard, Jonathan De Vries souligne que

> « *si la sélectivité était une conséquence du medium utilisé pour publier la jurisprudence (...), elle n'a jamais été considérée comme intrinsèquement problématique. Au contraire, la sélectivité a souvent été perçue comme essentielle au fonctionnement efficace du système de* common law *puisqu'elle permettait de contrôler le volume et la qualité des décisions disponibles* » [1205].

La sélectivité de la doctrine du précédent s'est donc insinuée dans les interstices des moyens techniques de diffusion du droit et, par un effet retour, la limitation de la publication a rétroagi sur cette doctrine en en permettant le déploiement *optimal* : peu de décisions disponibles parce que savamment sélectionnées, c'est l'assurance, pour le juge, de pouvoir mener à bien la méthode que la doctrine du précédent lui impose. C'est aussi celle, pour l'avocat ou pour le justiciable, de connaître le droit qui s'imposera au juge, quelle que soit sa démarche : le précédent « naturel », ou peut-être un précédent alternatif s'il *distingue* son espèce du

---

disseminated among the profession. Priting helped fulfill these requirements », Richard J. Ross, *op. cit.*, p. 640, citant les travaux d'Ethan Katsh, Ronald K. L. Collins et David M. Skover.

1202. Nous reviendrons sur les différences notables qui ont pu exister et se maintiennent aujourd'hui dans la manière dont les décisions de justice sont publiées dans ces différents ordres juridiques en *infra* § 350 et suiv.

1203. « *The reporting of decisions was limited to those cases selected by members of the bar for their particular rectitude and value as examples, and to cases noted for their utility by a practioner or a judge* », Robert C. Berring, « Legal Research and Legal Concepts: Where Form Molds Substances », *Calif. L. Rev.*, vol. 75, nº 1, 1987, 15, p. 22.

1204. Lee Faircloth Peoples note ainsi qu'avant le développement réel de l'imprimerie juridique, la pratique traditionnelle était celle de la citation « de mémoire » des décisions déjà rendues, alors même que l'imprimerie elle-même avait déjà vu le jour. Il a fallu attendre le XIIe siècle pour voir apparaître les *plea rolls*, c'est-à-dire l'archivage systématique du dispositif (et non des moyens) de chaque décision rendue, et le XIIIe siècle pour que soient publiés des *year books* et des *abridgements*, ancêtres des recueils de jurisprudence contenant le résumé de ces moyens. Ce n'est finalement qu'à partir du XVIe siècle qu'ont commencé à être compilés des recueils de jurisprudence de qualité très variable, rédigés et édités directement par des avocats. La situation ne fut véritablement rationalisée et prise en main par un *Incorporated Council on Law Reporting* qu'à partir de 1848, la publication des *Law Reports* (principal recueil aujourd'hui) ne démarrant sous son égide qu'en 1865. Sur ce point, voir *infra* § 383, l'annexe 1 ainsi que Lee Faircloth Peoples, « Controlling the Common Law: a comparative analysis of no-citation rules and publication practices in England and the United States », *Ind. Int'l & Comp. L. Rev.*, vol. 17, nº 2, 2007, 307, pp. 310 et suiv.

1205. « *While selectivity was a consequence of the medium used to report case law (...), it was never seen as inherently problematic. To the contrary, selectivity had often been seen as essential to the efficient operation of a common law legal system because it allows for control of the volume and quality of available case law* », Jonathan De Vries, *op. cit.*, p. 16. L'italique est le nôtre.

premier. Cette sélectivité de la publication comme pendant technique de la sélectivité de la doctrine du précédent permettait ainsi la mise en place d'un « oubli délibéré et institutionnel », c'est-à-dire d'un « processus permettant de séparer l'utile de l'inutile, et d'ensuite supprimer ou dévaluer ce dernier » [1206] pour éviter la prolifération de décisions trop nombreuses pour être traitées conformément à la doctrine du précédent [1207]. En d'autres termes, la doctrine du précédent a, au travers de la publication historiquement sélective qui l'accompagne, créé les conditions de sa propre survie : naturellement rétive à une masse de décisions qu'elle ne peut pas traiter à partir de ses logiques sédimentaires, progressive et finalement lente, elle permet d'éviter qu'une telle masse ne se forme en ne postulant la valeur juridique que de *certaines* décisions bien déterminées. L'équation est alors simple : « une décision sélectionnée pour être incluse dans un recueil de jurisprudence est utile. Les décisions inutiles ne sont pas publiées et sont, en pratique, oubliées. » [1208]

358 **Une maîtrise ambiguë du champ juridique.** La doctrine du précédent a donc rempli sa fonction stabilisatrice au travers de ces deux biais : l'autolimitation du juge qu'elle prône d'une part, et la légitimation et la rationalisation du champ juridique d'autre part. Elle y est parvenue au travers de la perpétuation de mythes et de croyances et, surtout, au travers de la limitation de la publication des décisions de justice qui apparaît, tout à la fois, comme consubstantielle à son développement, comme conséquence à son fonctionnement et comme *condition de son maintien*. Dans cet environnement contrôlé où les décisions sont conservées pour leur qualité ou oubliées pour leur trivialité, la doctrine du précédent a certes créé les conditions de son fonctionnement optimal, mais *a contrario* elle a aussi créé celles de son dysfonctionnement. Ainsi, si comme on l'a écrit « la doctrine du précédent dépend, dans son fonctionnement idéal, de l'existence d'un nombre confortable de précédents, mais pas trop nombreux » [1209], « lorsque le nombre de décisions publiées rejoint le nombre de grains de sable sur la plage, un système jurisprudentiel basé sur le précédent ne fonctionne pas et ne peut pas fonctionner » [1210].

1206. « *Deliberate, institutional forgetfulness – a process of separating out the useful from the useless and then either deleting or devaluing the latter* », Robin Widdison, « New Perspectives in Legal Information Retrieval », *Int'l JL & Info*, vol. 10, n° 1, 2002, 41, p. 48.

1207. Et alors même que, comme rappelé par la *Scottish Court of Session*, « l'autorité d'une décision dépend non pas de sa présence ou non dans un recueil, mais du fait que c'est une décision de justice » (« *The authority of a case depends not upon whether it is to be found in a series of reports but upon the fact that it is a judicial decision* », *Leighton v Harland & Wolff Ltd.* [1953] SLT, 34, p. 36 [Guthrie L.J.]). Cette tension qui point entre un « système juridique dans lequel, au moins en théorie, tout et chaque jugement est susceptible de contenir un précédent pertinent pour une future décision » (« *A legal system where, at least in theory, each and any judgment may contain some precedent for future décisions* », Roderick Munday, « Case Law and the Computer », *op. cit.*, p. 137) et un système qui, pourtant, réduit historiquement le nombre de décisions à partir desquels il fonctionne sera exploitée en *infra*, voir § 379 et suiv.

1208. « *A case that was selected for inclusion in the law reports was a useful case. Cases that were not useful were not reported and so, in effect, were forgotten* », Robin Widdison, *op. cit.*, p. 49.

1209. « *The theory of precedent depends, for its ideal operation, on the existence of a comfortable number of precedents, but not too many* », Grant Gilmore, « Legal Realism: Its Cause and Cure », *op. cit.*, p. 1041.

1210. « *When the number of printed cases becomes like the number of grains of sand on the beach, a precedent-based case-law system does not work and cannot be made to work* », *ibid.*

359 Une maîtrise dépassée du champ juridique. Or, c'est dans cet environnement déréglé qu'intervient l'outil de justice algorithmique avec l'objectif affiché non seulement de se déployer dans cet univers profondément différent de celui dans lequel a historiquement gravité la doctrine du précédent, mais encore de constituer une *alternative* à cette dernière. L'objectif poursuivi n'est alors plus la stabilisation et l'autolimitation des juges, bien au contraire.

§ 2. *Un outil algorithmique offrant une alternative à la doctrine du précédent*

360 Révolution technique et changement d'univers. « Chaque fois, dans l'histoire, que nous avons vécu une période d'inflation normative, une technique est venue rendre possible la connaissance et l'application des règles : le passage de l'oral à l'écrit avec la loi des Douze Tables, le passage des rouleaux au code sous forme de livre au début de notre ère. » [1211] Le passage d'une tradition juridique quasi orale à la rédaction sommaire des dispositifs, puis au résumé des moyens et enfin aux recueils de jurisprudence à proprement parler a constitué, dans les systèmes de *common law*, cette évolution technique accompagnant une évolution plus générale de l'ampleur du phénomène juridique *connaissable* [1212]. Si cette évolution a éventuellement pu freiner les *effets* de cette prise d'ampleur en parvenant à postuler et à obtenir la réduction du champ juridique *connu* à quelques décisions sélectionnées, elle n'a cependant pas pu freiner la marche de l'histoire — et l'arrivée d'une nouvelle technique, modelée précisément par cette prise d'ampleur. Or, si l'on suit Emmanuel Jeuland, la nouvelle technique ne peut pas, par nature, répondre aux mêmes objectifs que l'ancienne dans la mesure où elle a vocation à la remplacer, puisque mieux adaptée à l'évolution du phénomène juridique. Ignorée du discours doctrinal français, cette tension est au cœur de l'intervention des outils de justice algorithmique et de leurs prédécesseurs au sein des systèmes de *common law* (**A**) qui ont vu leur univers juridique heurté par celui révélé par ces outils. Or, la non prise en compte de ce « choc » dissimule le fait que ces outils n'importent rien de préexistant, mais sont les vecteurs d'une *proposition nouvelle* (**B**), concurrente à ce qui les précède – y compris dans les systèmes de *common law*.

A. Un « choc » des univers juridiques

361 Une analogie absente du discours doctrinal. Avant d'approfondir cette idée, il convient de souligner un paradoxe. Si l'analogie entre *common law* et outils de justice algorithmique est, nous l'avons vu, fréquemment dressée, elle ne dépasse pas le niveau technique du « fonctionnement de la machinerie » de chacune de ces deux techniques. Il n'est, ainsi, pas question d'établir que non seulement les

---

1211. Emmanuel Jeuland, « L'OUDROPO, et les mathématiques », in *Études en l'honneur du professeur Marie-Laure Mathieu. Comprendre : des mathématiques au droit*, Bruylant, 2019, 409, p. 416.

1212. Voir note 1204 et annexe 1.

outils de justice algorithmique importent les logiques et les clés de raisonnement du *common law*, mais qu'ils emportent aussi avec eux les mêmes objectifs et le même univers juridique [1213] que ceux postulés et maintenus par la doctrine et la règle du précédent. Cette limitation de l'argumentaire français apparaît paradoxale dans la mesure où elle n'empêche pourtant pas les auteurs de discuter des objectifs et de l'univers juridique des outils de justice algorithmique [1214]. Un parallèle, ou au contraire une distinction, aurait donc pu être dressé avec ceux du *common law* sans grands frais supplémentaires de recherches. Il est difficile, sans prétendre surinterpréter un silence, d'établir fermement pourquoi le parallèle démarré n'est pas poursuivi : on peut cependant avancer que la limitation de l'analogie à la part la plus opératoire des deux techniques est cohérente avec les développements eux-mêmes limités qui lui sont consacrés et qu'elle évite, au surplus, d'insérer une forme de contradiction interne au sein de l'argumentaire systémique [1215].

362 **Une analogie impossible**. Quoi qu'il en soit, le discours a en vérité été bien inspiré de ne pas poursuivre l'exploitation de l'imaginaire de *common law* au niveau des objectifs et de l'univers juridiques de chaque technique. Compte tenu de la manière dont il fonctionne, l'outil de justice algorithmique *ne peut pas* poursuivre les mêmes objectifs que la doctrine du précédent et en particulier pas celui de stabiliser le champ juridique et de porter une autolimitation des juges et de leur pouvoir. Il ne le peut pas puisque, miroir inversé parfait de la doctrine du précédent, il ne fonctionne de manière optimale *que* dans un environnement quantitatif, dans lequel les décisions de justice sont présentes en masse : les applicatifs de justice prédictive parce qu'ils fonctionnent, d'une manière ou d'une autre, sur une base statistique ; les bases de données jurisprudentielles parce que leur argument commercial premier est la *masse* de décisions qu'elles stockent et auxquelles elles donnent accès. Dans les deux cas, il ne s'agit pas d'opérer une sélection qualitative des décisions les plus pertinentes et intéressantes au regard de leur contenu afin d'en limiter le nombre et de rationaliser le champ juridique qu'elles constituent – bien au contraire.

363 **Un univers juridique originel inversé**. L'univers d'épanouissement de ces outils est donc l'univers inverse de celui créé, maintenu et exigé par la doctrine du précédent, même s'il remplit cette même triple fonction originelle, conséquentielle

---

1213. Ce qui n'implique pas, cependant, que les objectifs et l'univers juridiques des outils de justice algorithmique ne soient pas discutés pour eux-mêmes : ils le sont effectivement (voir *infra* § 574 et suiv.), mais pas au regard du système de *common law*.

1214. Nous avons traité de la part du discours spécifiquement centrée sur les effets *juridiques* des outils de justice algorithmique, et donc des objectifs d'harmonisation, de sécurité juridique et d'apport en connaissances du droit qu'ils portent, dans la première partie, et notamment dans son titre II, voir § 206 et suiv. Quant à leur univers juridique plus large, nous y arrivons.

1215. L'essentiel des auteurs reconnaissent en effet que l'apport potentiel le plus important de ces outils est une forme d'harmonisation et de sécurisation du droit juridictionnel (voir *supra* § 236 et suiv.). Dans la mesure où, nous venons de le voir, c'est aussi le cas de la doctrine de *common law*, il aurait été de toute façon difficile de soutenir que l'importation de ses logiques et clés de raisonnement pouvait, tout à la fois, octroyer au juge français un pouvoir normatif anormal et plus ou moins incontrôlable, *tout en poursuivant l'objectif* de rationaliser, limiter et stabiliser ce pouvoir.

et inhérente au fonctionnement de la « machinerie » de ces outils. Cet univers quantitatif est *originel* à ces outils puisque leur développement est à la fois concomitant et directement lié à la « détérioration des conditions » [1216] de connaissance du système juridique, c'est-à-dire au constat d'une « croissance annuelle exponentielle du nombre de décisions » [1217] rendues *accessibles* d'abord aux États-Unis [1218], puis au Royaume-Uni [1219], et enfin dans les *dominions* que sont, par exemple, la Nouvelle Zélande [1220] et le Canada [1221]. Nous insistons ici sur le choix du mot *accessibles* plutôt que *publiées*, la nuance étant importante : les pratiques de *publication* prescrites par la doctrine du précédent sont étrangères à ce phénomène, puisque cette croissance exponentielle est le fruit d'un circuit parallèle à cette publication. Nous devons alors ici introduire une notion spécifique et sur laquelle nous reviendrons en *infra*, qui est celle des décisions non publiées ou non rapportées (*unpublished/unreported decisions*) que l'on qualifierait en droit français de décisions inédites [1222]. C'est elle qui sous-tend l'essentiel de ce phénomène de *dérèglement* de l'univers juridique des systèmes de *common law*, puisque comme a pu l'écrire Mathieu Devinat, « il est probable que la résurgence de ces décisions inédites (...) soi[t] intimement liée à l'arrivée des banques de données

---

1216. « *Deteriorating conditions* », Roderick Munday, « Law Reports, Transcripts, and the Fabric of the Criminal Law – A Speculation », *J. Crim. L.*, vol. 68, n° 3, 2003, 227, p. 228.

1217. « *The yearly exponential growth in the number of cases* », Lee Faircloth Peoples, *op. cit.*, p. 319.

1218. Le début de cette explosion du nombre de décisions de justice accessibles est généralement daté à 1887 et à la mise en place du *National Reporter System* par la *West Publishing Company* offrant la publication exhaustive de toutes les décisions de justice rendues par toutes les juridictions des États fédérés américains, nous y reviendrons en *infra*, voir *loc. cit.*

1219. Les premières marques d'inquiétude vis-à-vis d'une production juridictionnelle déréglée se manifestent au Royaume-Uni à peu près à la même période, un auteur se lamentant de voir « le droit anglais dépasser les 312 000 décisions publiées » (« *the English canon comprised in excess of 312,000 reported cases* »), Roderick Munday, « Law Reports, Transcripts, and the Fabric of the Criminal Law – A Speculation », *op. cit.*, p. 227, citant Glanville Williams, *The Reform of the Law*, Gollancz, 1951, p. 15. Pour l'essentiel, cependant, les premières craintes doctrinales face à une *accessibilité* déréglée des décisions de justice remontent à la fin des années 1970 et notamment de l'introduction du système *LEXIS* au Royaume-Uni par la société *Butterworth Telepublishing Ltd.*

1220. Daniel Laster fait remonter le début de cette croissance dans la production et dans l'accessibilité des décisions de justice au début des années 1980, voir Daniel Laster, « Unreported judgments and principles of precedent in New Zealand », *Otago L. R.*, vol. 6, n° 4, 1988, 563, p. 563. À noter, cependant, que les déficiences de publication des décisions néo-zélandaises ont rendu ce « flot » de décisions plus acceptable (puisqu'il compensait ces déficiences), voir Donna Buckingham, « Blessing Judicial Wisdom: Law Reporting in New Zealand – a Digital State in the Sand », *Austl. L. Libr.*, vol. 19, n° 1, 2011, 24, p. 27.

1221. La situation canadienne, particulière vis-à-vis de la question de l'accessibilité et de la publication des décisions de justice, fera l'objet de développements plus spécifiques. On peut néanmoins ici indiquer que, contrairement au cas américain puis anglais mais similairement au cas néo-zélandais, le « flot » de décisions rendu disponible à partir des années 1980 a été plus salutaire que menaçant pour l'ordre juridique canadien, voir Jonathan De Vries, *op. cit.*, p. 20.

1222. Le vocable « décision non publiée » (*unpublished decision* ou *opinion*) est celui employé en droit britannique, et celui de « décision non rapportée » (*unreported decision* ou *opinion*) est celui employé en droit américain. L'expression « décision inédite » est parfois employée par des auteurs québécois (Mathieu Devinat, *La règle prétorienne en droit français et canadien*, *op. cit.*, p. 344). Pour simplifier notre propos et maintenir une distinction entre les décisions inédites « à la française » et ce phénomène propre au système de *common law*, nous n'utiliserons que l'expression « décision non publiée ».

informatisées » [1223], et donc aux prédécesseurs directs de nos outils de justice algorithmique. Ces banques de données informatisées, ainsi d'ailleurs que les premières expérimentations jurimétriques, ont en effet été développées aux États-Unis à partir des années 1950 [1224] suite au constat selon lequel « le juriste fait face à un fatras de documents qui va finir par le submerger. Il doit pouvoir bénéficier de meilleurs moyens de recherche pour le bien de ses propres compétences et performances professionnelles et pour celui de ses clients » [1225]. Or, ces meilleurs moyens de recherche, ce sont précisément ceux qui ont vu le jour pour « indexer ces décisions, collecter les citations subséquentes de ces décisions et offrir les citations complètes de toutes les décisions publiées » [1226] et ceux qui « distinguent de nouveaux *patterns* dans la totalité des décisions, *patterns* qui ne sont pas nécessairement révélés par les décisions publiées » [1227]. En d'autres termes, ils ont été développés pour s'intégrer dans un univers fait de *quantités non sélectionnées* de décisions.

364 **Une perpétuation d'un nouvel univers juridique**. Cet univers quantitatif est donc à la fois la conséquence et le principe même de ces outils. Ces systèmes informatisés, « à la capacité de stockage virtuellement illimitée contrairement à la publication papier, sont intervenus lorsque la croissance des recueils de décisions de justice a menacé de devenir ingérable pour les bibliothèques » [1228] et ont progressivement remplacé ces recueils physiques [1229]. Puisque ces outils se

1223. *Loc. cit.*

1224. Le *Data Processing and Computer Center* de la *University of Pittsburgh* est ainsi créé en 1955 et le développement du premier système de recherches juridiques automatisées *LITE* démarre dès 1960 au sein de ce laboratoire.

1225. « *The lawyer is faced with a morass of documents which will eventually inundate him. He must have a better means of research both for the sake of his professional skills and performance and also for the benefit of his client* », Diana Fitch McCabe, « Automated Legal Research », *Judicature*, vol. 54, n° 7, 1971, 283, p. 284.

1226. « *Tools that specialized in indexing cases, in collecting subsequent citations of cases, and in providing complete citations to reported cases all blossomed in the twentieth century* », Robert C. Berring, « Legal Research and Legal Concepts: Where Form Molds Substances », *op. cit.*, p. 22.

1227. « *Lawyers may be able more readily to descry new patterns in the totality of authorities, patterns that were not necessarily fully revealed in the reported cases* », Roderick Munday, « Law Reports, Transcripts, and the Fabric of the Criminal Law – A Speculation », *op. cit.*, p. 26

1228. « *Computerized systems, unlike print systems, have virtually unlimited storage capacity. They arrived on the scene when the growth of printed reporters threatened to become unmanageable for libraries* », Ethan M. Katsh, *The Electronic Media and the Transformation of Law*, *op. cit.*, p. 43.

1229. Que ce remplacement soit littéral ou qu'il se manifeste simplement par un désamour à l'égard du format papier, comme l'attestent un sondage mené en 2011 par l'*American Bar Association* auprès de mille avocats et analysé par Ellie Margolis et Kristen E. Murray, « Say Goodbye to the Books: Information Literacy as the New Legal Research Paradigm », *U. Dayton L. Rev.*, vol. 38, n° 1, 2012, 117, p. 125. En l'occurrence, 98 % des sondés indiquaient réaliser, en tout ou partie, leurs recherches juridiques en ligne et si seulement un peu plus de 2 % des sondés indiquaient ne plus avoir recours du tout à des ressources papier, celles qui demeurent employées sont systématiquement des ressources secondaires (traités, manuels, articles de doctrine). Il faut cependant noter qu'il a fallu attendre les années 1990 pour que les bases de données jurisprudentielles en ligne (notamment, pour le cas anglo-américain, Westlaw et LexisNexis) ne permettent de véritablement *accéder directement* au texte de la décision — avant cela, les outils permettaient de repérer les décisions pertinentes, à charge pour l'utilisateur, selon l'outil,

sont pérennisés et développés en s'améliorant au cours des décennies, ils sont devenus la voie d'accès principale au droit et ont ainsi rétroagi sur cet univers quantitatif originel en le perpétuant : si, en effet, ces outils ont été conçus pour pallier les limites des publications papier et donner un accès plus efficace à la multitude de décisions rendues disponibles, ils ont aussi eux-mêmes contribué à étendre cette multitude. « Il y a peu de doute sur le fait que la publication d'autant de décision a incité à la publication d'encore plus de décisions. Une fois le modèle de l'exhaustivité établi, le volume des décisions a d'autant plus rapidement grandi. » [1230] L'accroissement des capacités de stockage, l'amélioration des techniques de recherche automatisée et la généralisation de l'utilisation de ces outils jusqu'à ceux qui, aujourd'hui, font l'objet du discours que nous analysons n'ont fait que renforcer cette évolution. À ce titre, l'incompatibilité entre l'univers précédentiel classique et nos outils algorithmiques ne pourrait pas être plus évidente : contre un champ juridique valorisé pour la limitation de son ampleur formelle et matérielle, les outils de justice algorithmique entretiendraient aujourd'hui plutôt le champ juridique pléthorique qui a donné naissance et qui a sous-tendu le développement des outils qui les ont précédés, et dans lequel ils trouvent les masses d'informations qu'ils entendent traiter.

B. Une proposition alternative à des univers juridiques en perte de vitesse

365 **Une alternative à une sélectivité dépassée.** De cette incompatibilité des univers *qui* sous-tendent et *que* sous-tend la doctrine du précédent d'une part et les outils de justice algorithmique d'autre part découle une conséquence, au cœur même de la raison d'être de ces derniers : constituer une alternative à la première. Cette alternative s'exprime, premièrement, par un progressif changement de paradigme quant à la justification même de la sélectivité [1231] qui a suivi les étapes de l'évolution de l'univers juridique des systèmes de *common law*. C'est d'abord la justification pratique de la sélectivité qui a disparu : les limitations techniques de son outil principal, la publication écrite, ont disparu avec le développement de l'outil informatique puis algorithmique. Or, s'il est possible d'accéder à une quantité toujours croissante d'informations de manière toujours plus aisée et si l'outil

---

de s'en référer aux publications papiers (qui demeuraient donc nécessaires) pour accéder à leur texte intégral ou d'en demander communication à l'opérateur de la base, voir à cet égard Peter W. Martin, « Reconfiguring Law Reports and the Concept of Precedent for a Digital Age », *Vill. L. Rev.*, vol. 53, n° 1, 2008, 1, p. 19

1230. « *There can be little doubt that publication of so many decisions was an incentive for the publication of even more decisions. Once the pattern of comprehensiveness was established, the volume of cases published grew apace* », Robert C. Berring, « Legal Research and Legal Concepts: Where Form Molds Substances », *op. cit.*, pp. 21-22.

1231. Étant entendu que la remise en cause de la sélectivité en tant que telle via la mise à disposition de décisions non publiées n'a pas attendu l'émergence des outils informatiques et algorithmiques, puisque cette mise à disposition est à leur origine. Les questionnements sur le *principe* de cette sélectivité se sont cependant manifestés plus tard, avec cette émergence — il suffit, pour s'en convaincre, de prêter attention aux dates des publications qui interrogent ce principe dans un sens ou dans un autre.

informatique « et sa capacité à stocker et à classer des quantités importantes de données offrent la promesse d'une aide (...) à son utilisateur » [1232] et d'un panorama exhaustif qui ne lui était, auparavant, pas permis, au nom de quoi les juristes devraient-ils s'en priver ? Ce premier verrou dépassé, il ne restait finalement que la justification théorique de cette sélectivité pour s'opposer à la remise en cause de tout la machinerie précédentielle classique. Ce second verrou n'a pas été suffisant, en particulier parce que ces nouvelles techniques de mise à disposition indifférente de toutes les décisions disponibles ont, par contraste, souligné la dimension *subjective* de la réduction drastique des décisions disponibles, puisqu'elle reposait sur une évaluation, même guidée, de leur pertinence juridique [1233]. Le constat de cette subjectivité n'était pas nécessairement négatif [1234], mais il amenait néanmoins à questionner les limites imposées par les « indexeurs, abstracteurs et éditeurs » [1235] et la dépendance des juristes à leurs choix plutôt qu'à leur propre expertise. Or, dans l'univers juridique de ces outils, cette expertise ne peut plus suivre les canons de *l'ancien univers*, précisément parce qu'il ne s'agit plus d'un univers réduit, rationalisé et sélectionné : c'est alors là le niveau principal auquel ces nouveaux se présentent comme une *alternative* à la machinerie classique de la doctrine du précédent.

366 **Une alternative à une méthode obsolète**. Ces outils ont ainsi pour cet objectif non seulement affiché mais encore assumé d'assister le juriste en lui proposant une *alternative* aux méthodes classiques. Ainsi, Kevin Ashley pouvait rappeler en 2006 que « l'objectif des outils d'aide à la décision informatisés et basés sur des cas n'est pas nécessairement de modéliser le *stare decisis*, mais plutôt de modéliser les circonstances dans lesquelles il est raisonnable d'inférer que, puisqu'une juridiction a rendu une décision dans un cas similaire, la même (ou une autre) décision devra être rendue dans le problème en cours de traitement » [1236] — et c'est précisément ce fonctionnement corrélationnel et statistique sur la base de laquelle fonctionnent nos outils aujourd'hui. Il ne s'agit alors nécessairement plus d'élaborer et

---

1232. « *Computers, with the capacity to store and sort large amounts of data, offered some promise of relief, for the bulging paper sets and those who used them* », Robert C. Berring, « Chaos, Cyberspace and Tradition: Legal Information Transmogrified », *Berkeley Tech. L. J.*, vol. 12, n° 1, 1997, 189, p. 195.

1233. C'est, en particulier, ce qu'exprimait Diana Fitch McCabe lorsqu'elle soulignait que « tous les index et les digestes sont sujets à de sérieuses limitations intrinsèques incluant le fait qu'ils sont tous, à des degrés différents, subjectifs » (« *All indexes and digests are subject to serious inherent limitations, including the fact that all of them are to one degree or another subjective* »), Diana Fitch McCabe, *op. cit.*, p. 284.

1234. Ces choix constituant, pour certains auteurs, une forme de « contrôle qualité » (*quality control*), notamment Robert C. Berring, « Legal Research and Legal Concepts: Where Form Molds Substances », *op. cit.*, p. 22.

1235. Steven M. Barkan, « Can Law Publishers Change the Law? », *Legal Reference Services Q.*, vol. 11, n° 3-4, 1992, 29, p. 31.

1236. « *The goal of a computerized case-based legal assistant (...) is not necessarily to model* stare decisis, *but rather to model the circumstances under which it is reasonable to infer that because a court decided a similar precedent, the same (or a different) outcome should apply to a current problem* », Kevin D. Ashley, « Case-based reasoning », in Arno R. Lodder et Anja Oskamp (dir.), *Information Technology and Lawyers. Advanced Technology in the Legal Domain, from Challenges to Daily Routine*, Springer, 2006, 23, p. 35.

de perpétuer une série de méthodes et de techniques contraignant le juge et limitant le champ juridique : il s'agit au contraire d'user « d'algorithmes d'apprentissage automatique pour détecter des *patterns* dans les données d'anciennes décisions de justice qui peuvent ensuite être extrapolés pour prédire de futures décisions de justice » au travers de « l'analyse d'exemples multiples » [1237]. Les données à partir desquelles sont menées ces analyses « prédictives » sont alors de nature pleinement extrajuridiques : « elles vont du nom des juges qui ont pris les décisions et des cabinets d'avocat impliqués dans les contentieux à des informations attitudinales sur les juges, aux tendances historiques présentes dans ces décisions et à des *patterns* de faits stéréotypiques. » [1238] Elles sont à la base des premières analyses jurimétriques [1239], des premiers systèmes experts [1240] et, aujourd'hui, des outils de justice prédictive [1241]. L'analyse inductive, réflexive est bien loin, et l'on en revient alors à la machinerie que nous avons déjà évoquée, profondément différente de la machinerie du précédent ; et cela n'a rien de surprenant.

367 **Une alternative prescrite et questionnée.** « Si les juristes étaient eux-mêmes un peu plus prompts à l'introspection, ils seraient les premiers à voir les défauts consternants de leurs propres concepts et méthodes » [1242] — ainsi s'exprimait Lee Loevinger dans son article programmatique sur la jurimétrie. Les méthodes et les techniques avancées par les différentes générations d'outils basés sur les masses de décisions désormais accessibles ne l'ont jamais été de manière neutre : il s'agissait toujours de

---

1237. « *Such a method would involve using machine learning algorithms to automatically detect patterns in past legal scenarios that could then be extrapolated to predict outcomes in future legal scenarios (...) by analyzing multiple examples of past client data* », Harry Surden, « Machine Learning and Law », *Wash. L. Rev.*, vol. 89, 2014, 87, p. 103.

1238. « *The prediction techniques make use of different types of features represented in prior cases, ranging from names of judges deciding and law firms litigating cases of different types, to attitudinal information about judges, to historical trends in decisions, to stereotypical fact patterns* », Kevin D. Ashley, *Artificial Intelligence and Legal Analytics. New Tools for Law Practice in the Digital Age*, CUP, 2017, p. 107.

1239. Lee Loevinger interrogeait déjà, dans son article de 1949, la manière de prendre en compte ces mêmes critères dans une analyse jurimétrique, voir Lee Loevinger, *op. cit.*, pp. 484-488. Fred Kort, « Predicting Supreme Court decisions mathematically: a quantitative analysis of the 'right to counsel' cases », *Am. Political Sci. Rev.*, vol. 51, n° 1, 1957, pp. 1-12 met ainsi en œuvre une analyse jurimétrique sur un ensemble de décisions de la *SCOTUS* relative au droit à un avocat basé sur une série de critères exclusivement factuels (par exemple, la jeunesse et l'immaturité du défendeur, le fait, pour ce défendeur, d'avoir été incarcéré avec ou sans contact avec ses proches et sa méconnaissance du système judiciaire) auxquels il attribue une valeur numérique selon leur impact sur la prise de décision. La présence d'un critère emporte l'attribution de sa valeur numérique. La valeur prédictive du modèle proposé repose sur un système de points : au-dessus d'un total de 389,1 points obtenus par une décision, cette dernière était systématiquement en faveur du demandeur. Le juriste, connaissant les caractéristiques de sa propre affaire, peut donc lui-même réaliser ce calcul et prédire la réussite ou l'échec d'un futur contentieux.

1240. Le programme *Latent Damages* développé au Royaume-Uni sous la direction de Richard Susskind fonctionnait à partir d'un questionnaire recueillant tous les détails factuels de l'espèce soumise par l'utilisateur, sur des points comme la date des faits, le type de dommage subi ou la préexistence (ou non) d'une action en justice, voir David McClelland, « A Critique of the Latent Damage Expert System », *Inf. Commun. Technol. Law*, vol. 7, n° 1, 1998, pp. 15-30.

1241. Nous renvoyons ici à nos propos introductifs, voir *supra* § 35 et suiv.

1242. « *Were the lawyers themselves but slightly more introspective they would be the first to see the appalling shortcomings of their own concepts and methods* », Lee Loevinger, *op. cit.*, p. 456.

postuler, *voire de prescrire*, de nouvelles manières de penser et d'appliquer le droit, consciemment opposées à celles qui les précédaient. Ce caractère alternatif assumé se retrouve d'ailleurs encore aujourd'hui dans les argumentaires *marketing* des outils de justice algorithmique [1243]. À l'époque où cette alternative s'est présentée, les auteurs anglo-américains oscillaient entre l'idée selon laquelle l'autorité de la règle du précédent disparaîtrait ou, au contraire, s'accentuerait [1244], certains imaginant d'ailleurs que, tout en se maintenant, la règle du précédent basculerait d'une logique qualitative à une logique quantitative, liée à sa fréquence de citation et de réitération [1245]. Le débat se maintient d'ailleurs encore aujourd'hui. Ainsi, lorsque Peter Tiersma argue que la force de l'outil précédentiel ne tient peut-être déjà plus à ses caractéristiques *juridiques* (l'articulation entre le principe de droit posé et les faits spécifiques de l'espèce) mais plutôt à sa phraséologie, voire sa pure formulation verbale, il indique que la méthode de *common law* est passée d'un « raisonnement juridique à une lecture attentive » renforcée par les moteurs de recherche basés sur les correspondances entre les expressions recherchées et celles présentes au sein des décisions [1246]. Jonathan De Vries, quant à lui, note que l'émergence des outils permettant la mise à disposition exhaustive et immédiate des décisions de justice a eu pour effet de réduire le temps consacré à chacune d'entre elles, impliquant donc « une tendance plus marquée à questionner ou réexaminer d'anciens précédents, une tendance qui n'est pas nécessairement cohérente avec la théorie traditionnelle du précédent et du *stare decisis* » [1247]. Quoi qu'il en soit, il ne s'agit jamais pour ces outils de prétendre reproduire cette théorie traditionnelle mais bien de prendre acte de l'évolution de l'univers juridique du système concerné qu'ils ont contribué à révéler. Ce constat implique alors, *nécessairement*, une proposition de machinerie postulée comme mieux adaptée à ce nouveau monde.

368 **Un univers désenchanté**. Dans l'univers juridique des outils de justice algorithmique, c'est alors tant la « substance de droit » [1248] qui est affectée que les méthodes des praticiens qui y sont confrontés. La quantité d'informations disponible et ses facilités d'accès y sont valorisées bien au-delà de la « stabilité du droit

---

1243. En France, Louis Larret-Chahine, co-fondateur de l'entreprise Predictice et de l'outil du même nom considère ainsi que les outils de justice prédictive sont les manifestations de l'émergence d'un « troisième » système juridique, le système *isométrique* qui ne serait ni un système de *common law* ni civiliste, voir, par exemple, « Le droit isométrique : un nouveau paradigme né de la justice prédictive », *op. cit.*, pp. 287-295. Plus largement, l'argumentaire des différents outils présents en France ou dans le monde anglo-américain repose toujours sur une forme de *révolution du droit* et d'*amélioration* des pratiques.

1244. Steven M. Barkan, *op. cit.*, p. 31.

1245. Susan Brenner, « Of Publication and Precedent: An Inquiry into the Ethnomethodology of Case Reporting in the American Legal System », *DePaul L. Rev.*, vol. 49, n° 3, 1990, 461, spé. pp. 536-542.

1246. « *Legal reasoning to close reading* », Peter M. Tiersma, « The Textualisation of Precedent », *Notre Dame L. Rev.*, vol. 82, n° 3, 2006, 1187, pp. 1188-1189.

1247. « *An increased willingness to question or re-examine past precedents, a tendency not necessarily consistent with traditional theories of precedent or* stare decisis », Jonathan De Vries, *op. cit.*, p. 24.

1248. « *Technology affects the substance of law by presenting new problems and new conditions with which law must deal* », Carl F. Stover, « Technology and Law – A Look Ahead », *M.U.L.L.*, vol. 4, n° 1, 1863, 1, p. 3.

et de l'autorité des décisions précédentes » qui deviennent les premières victimes de ce changement de paradigme [1249]. Le juriste, libéré des barrières imposées par les éditeurs autrefois chargés du choix des décisions à publier, se trouve alors baigné dans un univers dans lequel « la possibilité de faire des recherches sans structure imposée expose ouvertement le mythe du *common law* et la beauté du *seamless web* au monde juridique entier. Le droit n['y] connaît pas de structure rationnelle sous-jacente en dehors de celle que les positivistes lui donnent » [1250]. Hardi serait celui qui y reconnaîtrait ne serait-ce que des traces de l'univers juridique, de la machinerie et des méthodes de la doctrine du précédent telle qu'elle s'est déployée jusqu'au bouleversement de ces trois composantes. L'on n'est plus ici dans un monde de droit policé, rationalisé, où les décisions sont peu nombreuses, soigneusement choisies et où la manière de les appliquer ou de les rejeter demeure qualitative, réflexive et prudente. Cet univers, fait de masses, de quantité et imposant une méthode elle-même modelée sur ces caractéristiques aux juristes qui ne voudraient pas se laisser dépasser n'est pas conçu comme un univers idéal — il est simplement celui que l'évolution des systèmes de *common law* a créé.

369 **Une analogie véritablement artificielle.** Si ces outils constituent donc indéniablement autant d'alternatives à la doctrine du précédent, l'artificialité de la réduction de l'un à l'autre (ou de l'autre à l'un) apparaît de manière plus aiguë encore que lorsqu'il n'était question que de leur fonctionnement respectif : les univers juridiques des outils de justice algorithmique et de la doctrine du précédent sont antagonistes, et le lien qui les lie n'est pas celui d'une compatibilité mais celui d'une *évolution contrainte*. Il y a donc bien incompatibilité, mais elle ne se trouve pas là où le discours doctrinal français semblait la placer ; elle se place même bien loin de ce qui est postulé, puisque les outils de justice algorithmique n'ont pas besoin du système civiliste français pour se heurter frontalement à des logiques systémiques opposées.

1249. Ethan Katsh écrit en effet dès 1989 qu'il serait « extrêmement imprudent de prétendre que la stabilité du droit et l'autorité des décisions passées demeureront inchangées dans de telles conditions » (« *It is extremely unwise to pretend that the stability of law and the authority of prior decisions will remain constant under such conditions* »), c'est-à-dire dans un monde où « l'ordinateur peut stocker des quantités incroyables d'information et peut aussi reproduire et réviser ce stock de manière plus impressionnante que n'importe quel autre *medium* » (« *the computer can store incredible quantities of information. It can also reproduce and revise stored material more impressively than any of the traditional media* »), voir *op. cit.*, p. 40 et p. 22.

1250. « *The ability to search without an imposed structure will nakedly expose the myth of the common law and the beauty of the seamless web to the general legal world. There is no underlying rational structure for the law other than what the positivists give it* », Robert C. Berring, « Legal Research and Legal Concepts: Where Form Molds Substances », *op. cit.*, p. 26. Cette citation mérite quelques précisions. L'expression *seamless web* est demeurée non traduite puisqu'elle correspond à une expression employée par l'historien du droit Frederic W. Maitland et reprise ensuite par Ronald Dworkin pour désigner la manière dont le droit, spécifiquement le droit anglo-américain, se construit et évolue de manière sédimentaire, progressive, de sorte que chaque modification et chaque mouvement interne à ce droit s'intègre sans rupture (sans couture, *seamless*) au sein d'un ensemble préexistant (un réseau de normes, *web*), réputé au surplus avoir « toujours été là » (ce qui nous renvoie à la théorie déclaratoire). Quant au terme « *positivists* », il ne désigne pas un groupe de juristes qui auraient adopté les théories positivistes à proprement parler (d'où qu'elles émanent), mais plutôt l'ensemble des juristes qui perpétuent les canons méthodologiques et épistémologiques issus de la doctrine du précédent dans son acception la plus traditionnelle. Ils auraient aussi pu, dans ce contexte spécifique, être désignés comme des *dogmatists*.

Conclusion du chapitre 1

370 **Un parallèle invalidé**. Le constat est sans appel : le parallèle que nous avons perçu au sein du discours doctrinal français entre les logiques et les clés de raisonnement du *common law* et le fonctionnement des outils de justice algorithmique n'est pas opératoire. Parce qu'il repose sur un imaginaire partiel et général du système de *common law* et de sa machinerie, il dissimule de fait tout l'antagonisme de cette machinerie avec celle des outils de justice algorithmique.

371 **Des univers juridiques incompatibles**. Plus encore, non seulement ces deux techniques ne se basent pas sur les mêmes logiques et clés de raisonnement, mais elles existent toutes les deux dans les univers profondément antagonistes qui leur ont donné naissance, qu'elles entretiennent et qu'elles conditionnent. Or, celui des outils de justice algorithmique constitue la synthèse des évolutions de l'univers ancien, celui de la doctrine du précédent telle qu'elle est traditionnellement comprise, et c'est précisément pour cette raison que leurs machineries respectives sont si opposées. Les deux aspects s'entretenant, la dégradation progressive des caractères de l'univers juridique d'épanouissement de la doctrine du précédent entraîne, par un effet de vases communicants, le renforcement de ceux de l'univers des outils de justice algorithmique.

372 **Une hypothèse systémique en souffrance**. Voilà, donc, les conditions de l'échec du premier critère de notre hypothèse systémique : les outils de justice algorithmique *ne sont pas* porteurs des logiques et des clés de raisonnement du *common law*, bien au contraire. S'ils sont l'émanation de quelque chose, c'est plutôt celle de l'univers juridique changé qu'ils ont révélé et qui leur a donné vie. C'est alors là une première bascule : dès lors que la première partie de l'affirmation selon laquelle *puisque* l'outil serait l'émanation du système de *common law*, les systèmes juridiques suivant ses logiques y seraient *donc* plus adaptés que le système civiliste français s'avère douteuse, sa seconde partie doit à son tour être interrogée. C'est particulièrement le cas dans la mesure où l'incompatibilité recherchées au sein du discours français apparaît sous un jour tout à fait nouveau puisqu'elle point déjà *au sein même du système qui est supposé être naturellement adapté à l'outil*.

373 **Une hypothèse systémique à infirmer**. À l'étude, donc, l'échec de cette hypothèse se poursuit dans la mesure où la réaction de la doctrine anglo-américaine, lorsqu'elle a été confrontée au développement de ces outils, se révèle remarquablement similaire à la rédaction perceptible dans le discours français.

Chapitre 2

Un système de *common law* mis face à des défis propres

> « *Les décennies à venir offrent au juriste anglais une perspective exaltante et franchement perturbante.* » [1251]

374 **Des outils comme réponse à une crise propre des systèmes de *common law*.** Si les outils de justice algorithmique ne correspondent ni à la machinerie du *common law*, ni à ses logiques et à son univers juridique, c'est précisément parce que ces outils ont été initialement développés alors que les premiers signes d'une crise du système de *common law* commençaient à se manifester. Nous les avons identifiés dans la modification profonde de l'univers juridique des systèmes de *common law*, vers un univers de quantité, d'exhaustivité et de dérèglement de l'accessibilité des décisions de justice – or, jusqu'ici, nous ne sommes que peu revenue sur les frictions inévitables que cette substitution d'un univers pour un autre a provoquées.

375 **Une crise, une solution, des défis**. Tous les changements radicaux emportent avec eux leur lot de frictions et de difficultés et, en l'occurrence, elles ont été légion au sein des systèmes de *common law* lorsque les premiers outils de justice algorithmique (qui, selon la période, pourraient être qualifiés d'outils de justice mathématique puis informatique) ont été développés. Il faut cependant demeurer prudent sur la chronologie de ces frictions, puisque ces dernières sont intervenues en réponse à une crise rencontrée par ce système *avant même leur développement* pour constituer une approche alternative et mieux adaptée aux effets de cette crise

---

1251. « *The decades to come offer the English lawyer a heady, and frankly disturbing, prospect* », Roderick Munday, « Law Reports, Transcripts, and the Fabric of the Criminal Law – A Speculation », *op. cit.*, p. 243.

que la méthode classique. Ainsi, les défis provoqués par ces outils correspondent finalement aux défis provoqués *par cette crise* elle-même.

376 **Une similarité surprenante des réactions doctrinales à ces défis**. Or c'est ici que se loge tout le paradoxe du discours doctrinal français : alors qu'est aisément affirmé que « le juge américain (...) accepterait davantage ce genre d'outils » que le juge français, et que « cette différence peut expliquer en partie le décalage entre nos deux cultures à l'égard de l'usage d'algorithmes dans l'appréciation et l'application de la loi » [1252], on ne peut s'empêcher d'être frappée par la similarité des réactions françaises avec celles exprimées à l'époque par les auteurs anglo-américains. Les points de tension, les solutions avancées, proposées et mises en place et les craintes exprimées apparaissent si ce n'est identiques, du moins remarquablement analogues puisque ces outils se sont révélés tout aussi incompatibles avec les systèmes de *common law* qu'avec le système civiliste français (**Section 1**).

377 **Une progressive disparition du discours systémique**. À ce titre, si le prisme systémique mobilisé au sein du discours doctrinal français se retrouve, dans ses grandes lignes, dans le discours anglo-américain de l'époque, la divergence de *destin* de ces discours n'en est que plus remarquable. Alors même que les défis, les difficultés et les incompatibilités sont similaires et que les réactions suivent la même logique, ce prisme systémique a fini par être abandonné par les auteurs des systèmes de *common law*, au profit d'une déconnexion progressive de l'analyse du système juridique et de celle de la réalité de son fonctionnement (**Section 2**).

Section 1. Des incompatibilités propres aux systèmes anglo-américains

378 **Théorie et pratique de la doctrine du précédent**. On l'a vu dans le chapitre précédent, la doctrine du précédent telle qu'elle est traditionnellement conçue repose sur des postulats spécifiques. C'est notamment le cas du postulat d'un univers juridique limité dans son ampleur et reposant sur une petite somme de décisions *publiées* et de celui de son autolimitation. Or, bien sûr, cette présentation classique est profondément datée et n'est que difficilement conciliable avec la réalité de la pratique de cette doctrine dans les systèmes juridiques anglo-américains.

379 **Une tension éternelle entre contrôle et dérèglement de la production juridictionnelle**. Ainsi, la tension persistante entre sélectivité des décisions de justice et accessibilité de plus en plus large à ces décisions préexistait au développement des outils de justice mathématique/informatique/algorithmique et était, essentiellement, résolue en faveur d'une sélectivité correspondant à celle prônée par la doctrine du précédent (**§ 1**). Le développement de l'édition juridique, particulièrement

1252. Aurélie Jean, *Les algorithmes font-ils la loi ?* Éditions de l'Observatoire, 2021, pp. 161-162.

aux États-Unis, a cependant semé les graines du développement de ces outils, qui ont eux-mêmes contribué à la transformation des univers juridique face à laquelle chacun des systèmes de *common law* a d'abord tenté de lutter (**§ 2**).

380 **Des outils parachevant l'évolution d'un univers juridique**. Ces outils sont intervenus au paroxysme de cette tension et ont contribué à faire pencher la balance du côté d'un « nouvel » univers juridique quantitatif, et ce d'autant plus facilement qu'ils ont permis à l'activité juridique et judiciaire de se maintenir en dépit de la transformation profonde de structuration du droit anglo-américain (**§ 3**).

§ 1. *UNE TENSION PERSISTANTE ENTRE ACCESSIBILITÉ ET SÉLECTIVITÉ DES DÉCISIONS JURIDICTIONNELLES*

381 **Un équilibre précaire**. Si l'on fait un pas de côté par rapport à nos outils de justice algorithmique et aux premiers outils développés à partir des sciences mathématiques puis informatiques, il apparaît évident que toute l'histoire des systèmes de *common law* a été celle d'un équilibre précaire. Cet équilibre se jouait entre une production juridictionnelle grandissante et l'univers juridique, restreint et contrôlé, postulé par la doctrine du précédent telle que traditionnellement conçue. Sa garantie passait par la mise en œuvre *pratique* de la sélectivité inhérente à cette doctrine, chaque système juridique ayant construit et intégré cette sélectivité pratique au sein de son architecture parajuridictionnelle : de manière décentralisée au Royaume-Uni (**A**), détournée aux États-Unis (**B**) et essentiellement défaillante au Canada (**C**).

A. Une sélectivité britannique de nature extrajudiciaire

382 **Une sélectivité décentralisée au Royaume-Uni**. Si la rationalisation de l'édition juridique britannique du milieu du XIXe siècle a profondément amélioré la qualité et la fiabilité de l'accès au droit [1253], elle n'a cependant pas remis en cause le modèle *décentralisé* de sélection des décisions à publier. Ainsi, dans les trois premières périodes de l'édition juridique identifiées par Michael Zander, la décision de publier ou non échappait au juge : que ce soit dans les *year books* publiés entre 1282 et 1537, dans les tout premiers recueils de résumés de décision (les *abridgments*) ou de décisions intégrales (les *nominate reports*, puisqu'ils portaient le nom de leur éditeur) entre 1537 et 1865 ou dans les recueils modernes dont le plus important, le *Law Report*, est publié par l'*Incorporated Council of Law Reporting* (*ICLR*) depuis 1865 [1254], les décisions à inclure dans les publications étaient choisies par l'éditeur lui-même. Si aucun recueil n'a jamais eu, à proprement parler, de monopole sur la publication des décisions de justice, ce sont bien les *Law Reports* qui bénéficient toujours d'un privilège de citation [1255]

1253. Voir note 1204, et plus généralement Lee Faircloth Peoples, *op. cit.*, pp. 310 et suiv.

1254. Michael Zander, *The Law-Making Process*, CUP, 2004, pp. 306-307.

1255. Ce qui n'a, à ce stade de la réflexion, rien de surprenant puisque l'*ICLR* est une émanation du Barreau encore aujourd'hui contrôlé par des avocats émanant des *Inns of Court* et du *General Council of the Bar*, voir *ibid.*

précisément parce que la politique de sélection menée correspond parfaitement aux canons postulés par la doctrine du précédent. Cette politique a d'ailleurs été fixée dès la création de l'*ICLR* et dès ses premières publications par l'un de ses membres fondateurs, Nathaniel Lindley (devenu, ensuite, *Master of the Rolls*), selon deux logiques : la première, « l'exclusion des décisions adoptées sans discussion et sans aucune valeur en tant que précédents, ainsi que celles qui ne constituent que la répétition de décisions déjà publiées » et la seconde, l'inclusion de « toutes les décisions qui introduisent, ou semblent introduire, une règle ou un principe nouveau ; toutes les décisions qui modifient matériellement une règle ou un principe existant ; toutes les décisions qui règlent, ou tendent matériellement à régler, une question sur laquelle le droit applicable est peu clair ; toutes les décisions qui, pour une quelconque raison, sont spécifiquement intéressantes » [1256]. On revient indéniablement ici aux logiques entourant l'identification des précédents *au sein même* des décisions, ce qui, sur le plan théorique, ne pouvait manquer de satisfaire la profession. Sur le plan pratique, cette sélection drastique opérée par l'*ICLR* représentait par ailleurs « un effort pour contrôler l'accroissement des décisions de justice » [1257], suivi par l'essentiel, si ce n'est l'intégralité, des autres éditeurs [1258], et assurant donc la permanence d'un univers juridique limité dans lequel avocats, juges et praticiens plus généraux de la justice pouvaient aller chercher les décisions jugées les plus pertinentes. Si, aujourd'hui, les juges ayant rendu les décisions publiées ont un droit de regard sur leur reproduction, ils demeurent néanmoins toujours en retrait de ce processus « d'oubli institutionnel » [1259] des décisions superflues menées par des *entreprises privées* [1260].

1256. « *Care should be taken to exclude from the reports those cases which passed without discussion and which were valueless as precedents and those which were substantially repetitions of what was reported already. On the other hand, he said care should be taken to include: all cases which introduce, or appear to introduce, a new principle or a new rule; all cases which materially modify an existing principle or rule; all cases which settle, or materially tend to settle, a question upon which the law is doubtful; all cases which for any reason are peculiarly instructive* », ICLR, « History », disponible en ligne à <https://www.iclr.co.uk/history/>.

1257. « *The Law Reports policy of selectivity represents an effort in England to control the growth of case law* », Lee Faircloth Peoples, *op. cit.*, p. 313.

1258. On distingue généralement les recueils semi-officiels qui bénéficient d'une certaine autorité de citation (parfois prescrite par les juges eux-mêmes, voir *infra*), qualifiés d'*authoritative law reports*, d'autres recueils moins importants. Au sein des premiers, on trouve en premier lieu les *Law Reports* dits « officiels » (publiés par l'*ICLR*, incluant les *Appeal Cases* (décisions de la *UKSC*, du *Privy Council*, et précédemment de la *House of Lords* et de la Cour de Justice de l'Union Européenne (CJUE)), les *Queen's Bench*, *Family* et *Chancery* (décisions de la *Court of Appeal* et, précédemment, de la CJUE, sur des affaires émanant du *Queen's Bench* et des formations *Chancery* et *Family* de la *High Court*, ainsi que, ponctuellement, des décisions de ces juridictions, de la *District Court* et des *tribunals*)), les *Weekly Law Reports* (publiés par l'*ICLR* à un rythme plus soutenu que les *Law Reports*) et les *All England Law Reports* (publiés par Butterworths puis LexisNexis depuis 1936 selon les mêmes critères de sélection que les *Law Reports*). Au sein des seconds, on retrouve un ensemble de recueils plus spécialisés, plus récents et/ou moins connus.

1259. « *Institutional forgetfulness* », Robin Widdison, *op. cit.*, p. 48.

1260. C'est indéniablement le cas de tous les éditeurs, à commencer par LexisNexis, mais c'est aussi vrai de l'*ICLR* qui, après avoir été une entreprise classique, est devenue une association caritative (*charity*) en 1970.

B. Une sélectivité américaine maîtrisée, puis abandonnée, par l'édition juridique privée

383 **Une décentralisation de la sélectivité détournée aux États-Unis.** Cette décentralisation de la sélection au niveau des éditeurs a été emportée par les colons anglais dans chacun des territoires sous domination britannique, avec un succès mitigé. Ainsi, et dans ce qui était devenu les États-Unis « au début du XIXe siècle, la publication des décisions de justice suivait le modèle anglais de publication par des éditeurs individuels » [1261]. À peu près au même moment que l'ancienne puissance coloniale, cependant, les mêmes difficultés sont apparues : cette pratique d'abandon de la sélection à des individus sans contrôle quelconque et sans organisation générale causait des « chevauchements, la même décision se retrouvant dans plusieurs recueils » [1262] et, à l'inverse, des lacunes dans la publication. La traçabilité des décisions était complexifiée par le fait qu'elles étaient alors citées non à partir de leur juridiction d'origine mais à partir du nom de l'éditeur qui les avait publiées [1263], alors même qu'en 1836 quatre cent soixante-treize de ces recueils étaient publiés [1264]. Si, au Royaume-Uni, les mêmes difficultés ont amené à la création de l'*ICLR* et à la rationalisation de la publication sous l'égide du Barreau lui-même, elles ont amené, aux États-Unis, à un chemin tout à fait différent : celui de la *West Publishing Company* (ci-après West) [1265]. Constatant les déficiences de l'édition juridique de l'époque, un éditeur basé dans le Minnesota, John Briggs West, commence à publier dès 1876 un recueil hebdomadaire et exhaustif des décisions rendues par les juridictions fédérées et fédérales locales, le *Syllabi*. Le recueil est renommé *North Western Reporter* en 1877 pour inclure les juridictions du Wisconsin voisin, puis en 1879 celles des cours suprêmes de l'Iowa, du Michigan, du Nebraska et du Dakota.

384 **L'édition juridique américaine, de la sélectivité à l'exhaustivité.** Les chemins britanniques et américains ont véritablement bifurqué à partir de 1888, une fois le débat entre l'exhaustivité de la publication des décisions de justice (menée par John B. West) et celui d'une sélectivité maintenue (menée par un autre éditeur, James E. Briggs) gagné par la première des deux options [1266], notamment avec la croissance du *National Reporter System* qui assurait alors la publication à visée exhaustive de toutes les décisions d'appel rendues au niveau national. Ainsi, et alors que « le modèle anglais de publication sélective était disponible » et « alors

---

1261. « *In the beginning of the Nineteenth Century, the reporting of decisions followed the English of reporting by individual reporters* », Erwin C. Surrency, *A History of American Law Publishing*, Oceana Publications, 1990, p. 28.

1262. « *[A practice] which often resulted in an overlap for the same decisions could be reported in several reports* », *loc. cit.*

1263. *Ibid.*

1264. Ethan M. Katsh, *op. cit.*, p. 45.

1265. Les développements historiques qui suivent sont tirés de Robert M. Jarvis, « John B. West: Founder of the West Publishing Company », *Am. J. Legal Hist.*, vol. 50, n° 1, 2008, pp. 1-22.

1266. Le contenu de ce débat a été publié un an plus tard dans James E. Briggs, « A Symposium of Law Publishers », *Am. L. Rev.*, vol. 23, n° 3, 1889, pp. 396-414.

que certains éditeurs promouvaient cette approche, elle n'a pas prévalu » [1267]. Toute sélection qui avait pu être auparavant opérée de manière plus ou moins artisanale s'est ainsi dissoute dans l'exhaustivité prônée et mise en place par la West. Comme l'écrivait John B. West lui-même en 1888, l'office principal des éditeurs juridiques américains devait être, et est devenu celui, « de permettre à la profession juridique d'examiner le droit américain sur n'importe quel sujet, aussi facilement, exhaustivement et économiquement que possible » [1268]. Les entreprises concurrentes ayant tenté d'introduire des recueils sélectifs ne proposant que les « perles » du droit américain ont toutes échoué au profit du *National Reporter System* [1269]. Rien de surprenant, donc, que ce soit aux États-Unis que le renversement d'univers juridique se soit produit en premier : en 1958 le *National Reporter System* de la West compile 108 000 pages de *National Reporter System* [1270], le même auteur précisant même qu'en 1961 10 408 volumes de recueils étaient nécessaires pour compiler toutes les décisions rendues depuis 1916 [1271], contre 630 nécessaires pour les cinq années séparant 1908 et 1913 [1272]. Alors même que la sélectivité maintenue au Royaume-Uni pouvait encore laisser espérer contrôler le flot continu des décisions rendues, l'exhaustivité de la publication américaine n'a fait que suivre l'accroissement quasi exponentiel des décisions : si en 1950 ce sont 21 000 décisions qui sont publiées sur l'année [1273], les seules cours d'appel fédérales rendent, en 1965, 5 771 décisions, 10 699 en 1970 et 17 784 en 1977 [1274].

C. Une édition juridique canadienne historiquement défaillante

385 **Un échec du modèle décentralisé au Canada**. Le modèle anglais a cependant connu un autre destin dans ses autres colonies. Ainsi, si l'édition juridique canadienne a rencontré à peu près simultanément les mêmes difficultés que l'édition juridique britannique et américaine, ces difficultés n'ont pas été résolues par l'apparition d'un acteur pratiquement monopolistique de l'acabit de l'*ICLR* ou de la West : au contraire, « l'édition juridique canadienne est demeurée une entreprise fracturée et non coordonnée ». « La publication des décisions était souvent

---

1267. « *The English model of selective reporting was available from competing concerns. (...) While some publishers promoted this concept, it did not prevail* », Robert C. Berring, « Legal Research and Legal Concepts: Where Form Molds Substances », *op. cit.*, p. 21.

1268. « *I believe it to be the principal business of American law publishers, to enable the legal profession to examine the American case law on any given subject, as easily, exhaustively, and economically as possible* », James E. Briggs, *op. cit.*, p. 401.

1269. C'était le cas de recueils comme les *American Reports* et les *American Decisions*, voir Lee Faircloth Peoples, *op. cit.*, pp. 318-319.

1270. John R. Brown, « Electronic Brains and the Legal Mind: Computing the Data Computer's Collision with Law », *Yale L.J.*, vol. 71, nº 2, 1961, 239, p. 251.

1271. *Loc. cit.*

1272. John B. Winslow, « Courts and the Papermills », *Ill. L. Rev.*, vol. 10, nº 3, 1915, 157, p. 158.

1273. J. Myron Jacobstein, Roy M. Mersky et Donald J. Dunn, *Fundamentals of Legal Research*, 6e éd., Fondation Press, 1994, p. 11.

1274. William L. Reynolds et William M. Richman, « The Non-Precedential Precedent – Limited Publication and No-Citation Rules in the United States Courts of Appeals », *Colum. L. Rev.*, vol. 78, nº 6, 1978, 1167, p. 1167.

limitée et sujette à des délais considérables et à des doublons dans les différents recueils et par les différents éditeurs » [1275], et alors même que le niveau de sélectivité était supposément le même que celui appliqué au Royaume-Uni, « compte tenu du degré de non-coordination et de fracture au sein de l'édition juridique nationale, il n'y a jamais eu de schéma ou de critères de publication unifiés » [1276]. Ainsi, si certains éditeurs appliquaient les mêmes standards de l'*ICLR*, d'autres leur préféraient un modèle plus proche de la West et assuraient une publication exhaustive des décisions des juridictions qu'ils couvraient [1277]. C'est précisément cette situation chaotique qui a causé, jusque dans les années 1970, une situation de graves lacunes dans la publication des décisions et qui a placé le Canada, à l'instar d'autres anciens *dominions* comme la Nouvelle-Zélande ou l'Australie, dans une situation particulière face à la crise qui, conséquence de l'exhaustivité de West, s'annonçait déjà dans les systèmes de *common law*.

386 **Une sélectivité originelle plus ou moins respectée.** Si la sélectivité décentralisée anglaise est ainsi le modèle originel à partir duquel ont évolué les systèmes issus de ses colonies, qu'elles aient entre-temps pris leur indépendance ou non, le résultat, au début du XXe siècle, est un tableau assez contrasté. Si une sélectivité intellectualisée, conceptualisée et, pour ainsi dire, *systémique* demeure garantie au Royaume-Uni, cette sélectivité est déjà abandonnée aux États-Unis et n'est parvenue jusqu'au Canada que sous une forme très dégradée, basée non sur une volonté des éditeurs mais sur une incapacité générale à mettre en place une édition juridique de qualité. En fait, à ce stade, les graines de l'univers juridique nouveau avaient déjà été plantées et ne demandaient qu'à germer — et elles ont germé, en effet, à partir du modèle d'exhaustivité prônée par la West. Certains auteurs vont jusqu'à considérer que l'impact de ce modèle anti-sélectif fut suffisamment important pour aller jusqu'à influencer le développement du droit américain [1278]. Loin d'être exagérée, cette affirmation peut être étendue puisqu'en vérité, les conséquences de cette publication exhaustive des décisions de justice aux États-Unis [1279] ont largement dépassé les frontières nationales.

1275. « *Canadian legal publishing remained a fractured and uncoordinated enterprise. (...) Reporting of decisions was often limited and subject to considerable delay and duplication of the same decisions across multiples series and publishers* », Jonathan De Vries, *op. cit.*, pp. 8-9.

1276. « *Given the nation's fractured and uncoordinated legal publishing industry, there was never a single framework or set of criteria for the reporting of decisions* », *ibid.*, p. 15.

1277. *Carswell* et *Canada Law Book* faisaient partie de la première catégorie, *Maritime Law Books* faisait partie de la seconde, voir *loc. cit.* et *infra* § 655.

1278. J. Myron Jacobstein, Roy M. Mersky et Donald J. Dunn, *op. cit.*, p. 12

1279. En vérité, et ainsi que le soulignent certains auteurs, il est difficile de dire si la publication était véritablement exhaustive aux premières heures des recueils de West, ne serait-ce que parce que les décisions ne se sont mises à « exister » que dans la mesure où elles étaient effectivement publiées. Ainsi, et même si l'exhaustivité de West était celle des décisions que les juridictions *voulaient bien voir publiées* (elles avaient toujours le moyen, au moins jusqu'aux années 1950, de faire disparaître celles qu'elles voulaient voir disparaître), ce « mythe » de l'exhaustivité a pris racine d'autant plus facilement que ces mêmes juridictions imposaient la citation des décisions telles qu'elles apparaissaient au *National Reporter System*, voir, sur cette question, Robert C. Berring, « Chaos, Cyberspace and Tradition: Legal Information Transmogrified », *op. cit.*, pp. 191 et suiv.

387 **L'exhaustivité américaine comme creuset d'une crise à venir**. Les outils informatiques sont ainsi nés de cette exhaustivité et de l'incapacité des systèmes juridiques à la résoudre dans le sens d'un *retour* à un univers juridique passé et sélectif. S'ils ont fini par donner naissance à nos outils de justice algorithmique, ils ont surtout contribué, bien avant cela, à confirmer la transformation de cet univers juridique vers des logiques profondément contraires à celui dans lequel les systèmes de *common law* avaient jusqu'alors baigné.

§ 2. *Des outils au cœur du dérèglement des systèmes juridiques de* common law

388 **Des réactions contrastées à la crise des sources**. Assez logiquement, les premières tentatives de rediscipliner le champ juridique déréglé par la publication exhaustive des décisions de justice se sont d'abord manifestées aux États-Unis (**A**) avant, avec un certain décalage temporel, d'être envisagées et mises en place de manière contrastées dans les autres systèmes de *common law*. Si le système judiciaire britannique s'est saisi avec rigueur du dérèglement de la diffusion et de l'accessibilité aux décisions de justice *en dehors* des cadres traditionnels (**B**), la défaillance historique de l'édition juridique canadienne a trouvé, dans ce dérèglement, un palliatif qui n'a donc pas poussé le système juridictionnel à prononcer de quelconque mesure correctrice (**C**).

A. Une réaction quasi-immunitaire du système de *common law* américain

389 **Les tentatives américaines de contrer le dérèglement de la diffusion des décisions ; les *unpublished opinions***. Dès 1898, les juridictions du New Jersey tentent de limiter la diffusion de certaines de leurs décisions en les qualifiant de *conclusions* et non d'*opinions* — en vain [1280]. Ce n'est cependant qu'à partir des années 1960 que des mesures commencent à être prises au niveau national pour restreindre la quantité de décisions publiées au travers, successivement, du développement de la catégorie des décisions *unpublished* (décisions non publiées) et de la pratique des *no-citation rules* (règles de non-citation). La *Judicial Conference*, l'organisation qui encadre et fait éventuellement évoluer les pratiques des juridictions fédérales américaines [1281], propose ainsi en 1964 que les juges des *Courts of Appeal* et des *District Courts* « n'autorisent que la publication des décisions qui ont une valeur précédentielle générale » [1282] afin de permettre

---

1280. Erwin C. Surrency, *op. cit.*, p. 57.

1281. L'analyse de chaque ordre juridique fédéré dépassant très largement les besoins de cette démonstration, on se limitera à l'ordre juridique fédéral qui, par la diversité des procédures et restrictions mises en place au sein de chaque circuit, se révèle représentatif de la diversité de ces mêmes procédures et restrictions telles qu'elles se sont manifestées au sein des ordres juridictionnels fédérés.

1282. « *The judges of the Courts of Appeal and District Courts authorise the publication of only those decisions which are of general precedential value* », « Report of the proceedings of the Judicial Conference of the United States », 16-17 mars 1964, p. 11, disponible en ligne à <https://www.uscourts.gov/sites/default/files/1964-03_0.pdf>.

une « réduction du volume des décisions de justice publiées », de « préserver un corpus cohérent de droit au niveau des juridictions fédérales et fédérées » [1283] et, corrélativement, de limiter la pratique des avocats « d'appuyer leurs arguments en ayant recours à une multitude de cas similaires », ce qui « avait pour effet d'allonger la durée des débats » et de contraindre « les juges à examiner un grand nombre de décisions avant de rendre leur jugement » [1284]. L'idée était alors de signaler aux éditeurs quelles décisions devaient être publiées (intégrées dans leurs recueils) et quelles décisions devaient tout simplement être abandonnées, *oubliées* — la sélectivité abandonnée moins d'un siècle plus tôt était de retour, ainsi d'ailleurs que la manière dont cette sélection devait s'opérer [1285]. À cette première règle, très critiquée et peu respectée dès les origines malgré le zèle de certaines juridictions [1286], s'est ajoutée en 1972 une autre mesure : les règles de non-citation.

390 **Les tentatives américaines de contrer le dérèglement de la diffusion des décisions ; les *no-citation rules*.** La *Judicial Conference* incite ainsi tous les circuits à mettre en place non seulement une réelle stratégie de restriction de la publication de leurs décisions pouvant aller jusqu'à leur diffusion dans des formats réduits, mais encore des règles restreignant la possibilité de citer les décisions non publiées. Encore une fois, la justification est plus pratique que juridique puisqu'il s'agit d'empêcher les avocats de mobiliser non seulement un grand nombre de décisions, mais encore et surtout de mobiliser des décisions *non accessibles* aux autres parties et à la juridiction [1287]. Six ans plus tard, la situation des juridictions fédérales est la suivante : les décisions non publiées sont réduites à leur dispositif avant d'être diffusées dans tous les circuits sauf le quatrième et sixième districts et le district fédéral mais aucun des circuits

---

1283. « *It has been argued that reduction in the volume of published judicial opinions is necessary to preserve cohesive bodies of legal doctrine in federal and state jurisdictions* », James N. Gardner, « Ninth Circuit's Unpublished Opinions: Denial of Equal Justice? », *Am. Bar Assoc. j.*, vol. 61, n° 10, 1975, 1224, p. 1224.

1284. Mathieu Devinat, *La règle prétorienne en droit français et canadien, op. cit.*, pp. 342-343.

1285. Des critères de publication ont en effet été établis en 1973. Ces standards frappent par leur similarité avec ceux de l'*ICLR*, puisqu'il s'agissait de ne publier que les décisions qui posent une nouvelle règle de droit ou altèrent ou modifient une règle existante, impliquent une question de droit d'intérêt public, critiquent le droit existant ou résolvent un conflit normatif apparent, voir Advisory Council for Appellate Justice, « Standards for Publication of Judicial Opinions », FJC Research Series n° 73-2, 1973, pp. 15-17.

1286. Ainsi, en 1971, 70 % des décisions rendues par la *Court of Appeal* du neuvième district (incluant, entre autres, les *District Courts* de Californie, de l'Arizona, du Nevada et d'Alaska) sont rendues en tant que décisions non publiées, voir David L. Walther, « The noncitation rule and the concept of stare decisis », *Marq. L. Rev.*, vol. 61, n° 4, 1978, 581, p. 583. La diffusion de ces décisions par des circuits plus ou moins officiels (par l'entremise d'entreprises spécialisées ou, plus simplement, via les avocats impliqués dans des contentieux précédents qui font eux-mêmes circuler les décisions rendues) n'a cependant pas cessé, ce qui a imposé à la *Judicial Conference* d'aller plus loin dans ses mesures. Quant aux critiques émises à l'encontre de cette pratique de *restriction de la publication*, nous les aborderons plus en détail en *infra*.

1287. Compte tenu, précisément, de l'obscurité des circuits de transmission des décisions non publiées.

n'applique exactement les standards de publication proposés en 1973 [1288] et six des treize circuits interdisent la citation des décisions non publiées, deux autres n'ayant posé aucune règle en ce sens et le dixième circuit autorisant la décision de ces décisions dans la mesure où des copies sont fournies aux parties et à la juridiction. Si ces règles ont soulevé de larges débats tout au long de la seconde moitié du XXe siècle jusqu'à leur disparition au début des années 2000 suite à une série contentieux contradictoires concernant leur constitutionnalité [1289], elles n'ont en vérité eu qu'un effet réduit sur l'explosion du nombre de décisions rendues *disponibles*, à défaut d'être publiées. Ces règles sont en effet intervenues au moment même où les premières bases de données jurisprudentielles voyaient le jour et, donc, au moment où l'une des (si ce n'est *la*) justifications principales de ces restrictions de publication et de citations perdait en puissance : il devenait de moins en moins difficile, coûteux et long d'accéder à ces décisions citées, au point qu'il était devenu possible de dire que « l'accessibilité aux décisions non publiées s'est tellement améliorée que le terme 'non publiée' n'est valable qu'en tant que terme consacré et pas comme description de leur facilité d'accès » [1290]. La distinction archaïque et franchement problématique du point de vue même de la logique du *common law* (nous y reviendrons, voir *infra* § 410 et suiv.) entre les décisions publiées et les décisions non publiées et néanmoins accessibles est alors devenue intenable, jusqu'à ce que la même *Judicial Conference* qui avait pourtant prôné cette distinction interdise, en 2003, les *no-citation rules* [1291].

391 **Un décalage temporel des réactions judiciaires en dehors des États-Unis**. Si cette tentative avortée d'arrêter le cours de l'histoire et de revenir à un univers juridique plus sélectif s'est ainsi assez rapidement avérée vaine aux États-Unis, elle ne s'est pas manifestée exactement à la même période dans les autres systèmes de *common law*. En fait, il a fallu attendre que, précisément, cette tentative échoue *à cause* des nouveaux systèmes informatiques qui déversaient leurs milliers de décisions sans difficulté et sans restriction pour que les systèmes britanniques et canadiens commencent à ressentir les effets de la crise américaine au sein de leur propre système.

1288. La plupart ajoutant des exceptions à ces règles, d'autres n'appliquant qu'un test très lâche reposant sur la probabilité que la décision rendue bénéficie aux juridictions, aux avocats ou aux justiciables (cinquième circuit). Ce résumé des mesures mises en œuvre dans les différents circuits est tiré de William L. Reynolds et William M. Richman, *op. cit.*

1289. Nous reviendrons en détail sur ces contentieux en *infra*, voir § 418. On peut cependant indiquer ici que ces règles se sont cependant progressivement assouplies à travers les années, au point qu'à partir des années 1990 les restrictions de citation n'ont virtuellement plus eu aucun effet compte tenu des exceptions toujours plus nombreuses qui leur ont été adjointes, voir à cet égard Arthur B. Spitzner et Charles H. Wilson, « The Mischief of the Unpublished Opinion », *Litig.*, vol. 21, n° 3, 1995, pp. 3-6.

1290. « *The availability of unpublished opinions has improved so much so that the term 'unpublished' is only accurate as a term of art, and not as a description of physical location* », Lee Faircloth Peoples, *op. cit.*, p. 321.

1291. Au travers d'une règle 31.2 ajoutée au *Federal Rules of Appellate Procedure*.

B. Une prise en charge du dérèglement de la diffusion du droit par les juridictions britanniques

392 ***Unreported decisions* et *no-citation rules* au Royaume-Uni ; premières réactions.** Ainsi, c'est parce que *LEXIS* est introduit en 1980 dans le marché juridique anglais et qu'il commence à diffuser dès son introduction des masses de décisions non publiées [1292] à leur tour diffusées par les avocats que les juridictions britanniques commencent à réagir à leur tour en mettant en place leurs propres techniques de conservation de l'univers juridique sélectif qu'était parvenu à maintenir l'*ICLR*. Les premières alertes judiciaires sont émises dès 1982 dans une série de décision soulignant que « la citation massive de décisions dans des affaires où la règle de droit pertinente a été clairement et autoritairement déterminée est d'une utilité limitée, sinon nulle, et doit être fermement découragée » [1293]. Un an plus tard, à l'occasion de la décision *Roberts Petroleum*, une première règle de non-citation des décisions non publiées (*unreported*, pour rappel, au Royaume-Uni) est proposée par Lord Diplock :

> « *le temps est venu d'adopter d'une pratique de refus de la citation de transcriptions de décisions non publiées de la* Civil Division *de la* Court of Appeal, *à moins que cette citation ait été autorisée préalablement (...). Une telle autorisation ne serait accordée qu'aux avocats assurant que cette transcription établit quelques principes de droit, pertinents quant à l'affaire pendante devant cette Chambre, qui s'imposerait à la* Court of Appeal *et dont la substance (...) ne serait pas trouvable dans un recueil général ou spécialisé.* » [1294]

En parallèle, la part de droit non publié mais applicable grandissait : si, en 1985, presque toutes les décisions de la *House of Lords* en formation judiciaire étaient officiellement publiées dans les *Law Reports*, ce n'était le cas que de 70 % des décisions de la *Civil Division* de la *Court of Appeal*, 10 % de sa *Criminal Division*, 33 % de celles de la *Family Division* de la *High Court*, 29 % de celles du *Queen's Bench* et 22 % de celles de la *Chancery Division* de la *High Court* et quelques décisions des *County Courts* [1295].

1292. En février 1983, soit moins de trois ans après l'introduction de *LEXIS* au Royaume-Uni, Roderick Munday recense 5 000 décisions non publiées diffusées sur ses bases, soit environ l'équivalent de soixante-dix volumes de *Law Reports*, voir Roderick Munday, « Case Law and the Computer », *op. cit.*, p. 136.

1293. « *Massive citation of authority in cases where the relevant legal principles have been clearly and authoritatively determined is of little or no assistance, and should be firmly discouraged* », *Pioneer Shipping v B.T.P. Trioxide* [1982] AC 724, pt. 751 (Roskill L.J.). Dans le même sens, voir l'intervention de Lord Diplock dans *Lambert v Lewis* [1982] AC 225, spé. pt. 274.

1294. « *The time has come when your Lordships should adopt the practice of declining to allow transcripts of unreported judgements of the Civil Division of the Court of Appeal to be cited on hearing unless leave is given to do so (...). Such leave should only be granted upon counsel giving an assurance that the transcript contains a statement of some principles of law, relevant to an issue in the appeal to this House, that his binding on the Court of appeal and of which the substance (...) is not to be found in one of the generalized of specialized series of reports* », *Roberts Petroleum Ltd. v Bernard Kenny Ltd.* [1983] 2 AC 192, p. 202.

1295. Peter Clinch, *Using a Law Library: a Student's Guide to Legal Research Skill*, 2e éd., Blackstone Press, 2002, pp. 102-103.

393 ***Unreported decisions* et *no-citation rules* au Royaume-Uni ; confirmation des mesures.** Applicable initialement uniquement devant la *House of Lords* en formation judiciaire, la règle posée dans *Roberts Petroleum* est rendue applicable à la *Court of Appeal* en 1996 au travers d'un premier *practice statement* [1296], confirmée et étendue à la *High Court* et à la *Crown Court* en 1998 [1297], confirmé de nouveau de 1999 [1298] et finalement étendue à la matière criminelle en 2002 [1299]. La mise en ligne du *British and Irish Legal Information Institute* (*BAILII*) en 2000, cependant, ne fait qu'aggraver la situation au point de faire réagir le juge Laddie à l'occasion d'une nouvelle affaire :

> *« de nombreuses références sont faites à des décisions non publiées obtenues depuis des bases de données juridiques ou depuis les archives mécaniques des juridictions. Ce n'est pas nouveau, mais la prolifération récente des bases de données informatisées a rendu ce phénomène de plus en plus fréquent et important (...). Aujourd'hui il n'y a plus de préselection. De larges quantités de décisions, bonnes ou mauvaises, à la publicité restreinte ou non, sont accessibles. (...) Une mauvaise décision de, disons, une juridiction de première instance, était auparavant enterrée par omission dans les recueils. Désormais on peut la déterrer pour supporter une action en justice qui, sans son encouragement, aurait été abandonnée à une calme mort. »* [1300]

Le *Practice Direction* de 2001, prenant acte de l'aggravation de la situation, explicite les catégories de décisions ne pouvant être citées qu'avec l'autorisation expresse de la juridiction : les décisions rendues lorsqu'une seule partie a participé au procès, les décisions d'autorisation d'interjeter appel ou d'examen préliminaire, les décisions des *County Courts*, « à moins qu'elle ne soit citée pour illustrer le montant moyen des dommages et intérêts accordés (a) ou, devant une autre *County Court*, pour démontrer un point de droit lorsqu'aucune décision rendue à un plus haut niveau d'autorité n'est disponible (b) » [1301]. À partir des années 2000, alternent alors des phases de prolifération des décisions et des réactions judiciaires : en 2003, toutes les décisions de la *Civil Division* de la *Court of Appeal* et de l'*Administrative Court* sont versées dans *BAILII* [1302] ; en 2010, de nouveau, une décision est l'occasion de rappeler que « des mesures fermes sont immédiatement

---

1296. Practice Statement (Court of Appeal: Authorities) [1996] 1 W. L. R. 854.

1297. Practice Statement (Supreme Court: judgments) [1998] 1 W. L. R. 825. Le *practice statement* précise que les décisions publiées doivent être citées à partir de leur publication aux *Law Reports*, confirmant le statut de publication semi-officielle du recueil.

1298. Practice Statement (Court of Appeal (Civil Division)) [1999] 1 W. L. R. 1027.

1299. Criminal Practice Direction [2002] 1 W. L. R. 2870.

1300. « *In this case reference was made to a number of unreported decisions which have been obtained from legal databases or from the mechanical recording department of the law courts. This is not new, but the recent growth of computerised databases has made it an ever more frequent and extensive occurrences. (...) Now there is no preselection. Large numbers of decisions, good and bad, reserved an unreserved, can be accessed. (...) A poor decision of, say, a court of first instance used to be buried by omission from the reports. Now it may be dug to support a cause of action or defence, which, without its encouragement, might have been allowed to die a quiet death* », *Michaels v Taylor Woodrow Dev. Ltd.* [2000] EWHC 178, [2001] 2 WLR 224, pt. 78-97.

1301. « *County Court cases, unless (a) cited in order to illustrate the conventional measures of damages in a personal injury case; or (b) cited in a County Court in order to demonstrate current authority at that level on an issue in respect of which no decision at a higher level of authority is available* », Practice Direction (Citation of Authorities) [2001] 1 WLR 1001, 6.2.

1302. « Case Law on BAILII »,<https://www.bailii.org/bailii/summary-cases.html>.

requises, au moins dans cette Cour, pour assurer que les appels peuvent être jugés sans d'excessives citations de décisions passées et largement factuelles (...). S'il n'est pas nécessaire d'inclure une décision dans l'ensemble des autorités citées, il est nécessaire de l'exclure. Cette approche sera fermement imposée » [1303]. Le dernier *practice direction* mis en place en 2012 et ensuite réitéré entérine ce principe de non-citation, tout en précisant la hiérarchie des recueils et en contraignant les avocats citant une décision à en apporter la transcription, quel que soit son statut de publication ou d'accessibilité [1304], et est régulièrement rappelé par les différentes juridictions [1305]. Si l'insistance des juridictions jusqu'à aujourd'hui est assez remarquable par sa constance, il convient cependant d'indiquer que, selon certains auteurs, « les juridictions semblent largement ignorer ces règles » et que dans le peu de décisions qui indiquent qu'un nombre inapproprié de décisions a été cité, « aucune n'impose de sanction ou de restriction sur les avocats pour ce comportement ; les juridictions se plaignent simplement de cette pratique » [1306].

C. Une réaction canadienne paradoxale

394 **Une situation canadienne particulière**. La situation est beaucoup plus contrastée du côté des *dominions*, et, pour ce qui concerne cette étude, du côté du Canada. Si, comme au Royaume-Uni, l'accroissement de la quantité de décisions accessibles mais non publiées a dû attendre le développement des bases de données informatisées [1307], cet accroissement n'a jamais conduit à une réaction judiciaire d'une ampleur similaire ou comparable. L'état de délabrement de l'édition juridique n'a jamais rendu nécessaire une quelconque tentative de sauvegarde d'une sélectivité faute, pour cette sélectivité, d'être considérée comme un élément à conserver et

1303. « *Firm measures are immediately required, at least in this court, to ensure that appeals can be heard without an excessive citation of or reference to many of its earlier, largely factual decisions (...). If it is not necessary to include a previous decision of the court, it is necessary not to refer to it* », *R v Erskine* [2009] EWCA Crim 1425, [2010] 1 WLR 183, pt. 74-76.

1304. Practice Direction (Citation of Authorities) [2012] 1 WLR 780 (toujours en vigueur à la date de rédaction de la présente thèse) et repris dans Criminal Practice Directions [2013] EWCA Crim 1631, [2013] 1 WLR 3164 ainsi que dans Criminal Practice Directions [2015] EWCA Crim 1567 (toujours en vigueur à la date de rédaction de la présente thèse).

1305. Voir, par exemple, *Keystone Healthcare Ltd. V Parr* [2019] EWCA Civ 1246, [2019] WLR 406, spé. pt. 26-27 (Lewison L. J.).

1306. « *It appears courts largely ignore the rules. (...) None of these cases impose any sanction or restriction on lawyers for this behaviour; rather, the courts merely complain about the practice* », Lee Faircloth Peoples, *op. cit.*, p. 350.

1307. Les recueils officiels et non officiels se substituant plus ou moins les uns aux autres sur toute la première partie du XXe siècle sans atteindre, comme nous l'avons vu, un état de couverture satisfaisant des différentes juridictions des différentes provinces. Voir, à ce sujet, l'exposé historique de Vivienne Denton, « Canadian Law Publishers: a Look at the Development of the Legal Publishing Industry in Canada », in Martha Foote (dir.), *Law Reporting and Legal Publishing: a Canadian History*, Canadian Association of Law Library/Association Canadienne des Bibliothèques de Droit, 1997, pp. 16-42. C'est précisément, d'ailleurs, l'insatisfaction des praticiens du droit qui a conduit aux premières expérimentations qui ont elles-mêmes conduit aux premières bases de données informatisées, notamment les projets *MINI-BIBLEX*, *DATUM* et *QUIC/LAW* dès 1968, voir à ce sujet Ejan Mackaay, « SOQUIJ, Société Québécoise d'Information Juridique », *op. cit.* et Philip Slayton, « La recherche documentaire électronique dans les sciences juridiques », Études pour le Ministère des Communications, 1974.

protéger. Il a pu être écrit, en effet, que « le piteux état de la publication des décisions de justice dans l'histoire canadienne impliquait que toute tentative d'imposer ce type de règles [de non-citation] aurait freiné ou abruti le développement du *common law*, d'autant plus dans de petites juridictions ou dans des champs juridiques où les décisions disponibles étaient peu nombreuses », de sorte que « quels que soient les torts causés par la citation de décisions non publiées, ils étaient probablement contrebalancés par le bénéfice d'avoir accès à plus de décisions, que ce soit pour le système juridique ou la société en général » [1308]. Les seules restrictions posées par les juridictions tiennent donc, encore aujourd'hui, à la limitation des décisions dont la transcription n'inclut pas, ou pas suffisamment clairement, la motivation [1309]. Il a ainsi été rappelé, en 2015, que le fait qu'une décision ne soit pas publiée (*unreported*) « n'est pas un facteur qui la dévalue. Toutes les décisions de cette juridiction [la Cour Suprême de l'Ontario] ont la même valeur précédentielle » [1310]. Dans la mesure où la sélectivité canadienne n'était pas une sélectivité intellectualisée mais la conséquence des limites qualitatives de son édition juridique, il n'a pas été question de voir se substituer un univers juridique nouveau à un univers juridique ancien, conceptualisé et encadré. C'est en cela que la situation canadienne est spécifique par rapport à la situation américaine et anglaise :

> « *le résultat final est que, alors que le système digital émerge en tant que forme principale de diffusion du droit, des systèmes comme l'Angleterre ou les États-Unis ont une véritable histoire de pratiques basées sur l'imprimerie sur lesquelles se baser. Alors que le numérique remplace l'imprimerie en tant que source d'information juridique, l'héritage de l'imprimerie laisse derrière lui une architecture intellectuelle qui peut agir comme un rempart contre les effets perturbateurs de la transition numérique du raisonnement juridique et du droit substantif. Ce type de rempart n'existe pas au Canada.* » [1311]

395 **Des réactions symboliques d'une crise systémique**. Cette variété de réactions face au dérèglement de l'univers juridique d'origine des systèmes de *common law*, que ce dérèglement ait été apporté par des pratiques préinformatiques ou, au

---

1308. « *One possible explanation for why Canada never developed no-citation rules is that the ramshackle nature of law reporting through much of Canadian history meant that any attempt to enforce such rules would hamper or stultify the development of the common law, particularly in smaller jurisdictions or in fields of law where available case law was thin on the ground. Whatever detriments may have been suffered by allowing citable case law to be available through sources other than printed law reports was likely outweighed by the benefits to the lgal system and society as a whole by having more case law available* », Jonathan De Vries, *op. cit.*, pp. 19-20.

1309. Voir, par exemple, *Scott v Benedict* [1884], 5 OR 1 (QB) ou *Madden v Madden* 1947 ON CA 49, [1947] OR 866, telles que citées par Jonathan De Vries, *op. cit.*, p. 19, note 57.

1310. « *The fact that the motion judge relied on an unreported decision of a Superior Court Judge is not a matter that undermines his decision. Every decision of this Court is of the same precedential value* », *Canadian Imperial Bank of Commerce v Berger*, 2015 ON SC 7728 (CanLII), pt. 8.

1311. « *The end result is that as the digital system emerges as the dominant form of legal information dissemination, jurisdictions like England and the United States have a significant history of print– based practice to fall back on. While digital may displace print as the source of legal information, the legacy of print leaves behind an intellectual architecture that can act as bulwark against the disruptive effects of the digital transition on legal reasoning and substantive law. No such bulwark exists in Canada* », Jonathan De Vries, *op. cit.*, p. 45.

contraire, par les développements qui ont *suivi* ces pratiques préinformatiques, témoigne d'un même mouvement : celui de l'évolution d'un univers juridique. Dans les ordres juridiques qui avaient conceptualisé, intellectualisé cet univers au point de, parfois, avoir construit tout le fonctionnement de leur système sur ses caractéristiques, il s'est alors agi de tenter de le protéger et le perpétuer *afin de perpétuer le système tout entier*, de peur qu'il succombe en même temps que son univers d'épanouissement — après tout, cet univers nouveau « diffère tellement » de celui dans lequel le système a été développé [1312]. L'histoire a prouvé que ces tentatives n'ont pas empêché un changement d'univers, quand bien même certaines d'entre elles se poursuivent encore aujourd'hui, mais leur seule existence est une donnée fondamentale à réintégrer dans notre analyse du discours doctrinal français. Les systèmes américain et britannique n'auraient pas eu à se débattre avec l'univers juridique postulé par l'ancêtre de nos outils de justice algorithmique *si le système de* common law *était par nature adapté à ces outils*. À la fois les héritiers et la conséquence d'une diffusion débridée de sources juridiques toujours plus nombreuses, leur intervention a, selon les systèmes, enclenché ou achevé la remise en cause des logiques traditionnelles du *common law* en enclenchant ou en achevant la transition d'un univers juridique à un autre.

396 **Les outils informatiques, à la fois mal et remède.** Or, et alors que cette transition se parachevait et aurait dû laisser sans recours les juristes qui y assistaient, ces outils se sont révélés être le véritable pivot du nouvel univers qu'ils avaient contribué à créer. Ils ont en effet permis, autant qu'ils ont imposé, un changement profond de méthode, de logiques et de clés de raisonnement.

§ 3. *DES OUTILS INTERVENUS DANS UN CONTEXTE DE CRISE DE LA DOCTRINE DU PRÉCÉDENT*

397 **Des outils ayant créé les conditions de leur prospérité.** « On peut argumenter que la recherche juridique assistée par ordinateur et d'autres nouvelles technologies constituent plus des réponses à nos difficultés de gestion de l'information que leurs causes. » [1313] Si on a pu, dans le paragraphe précédent, être plus nuancée que l'auteur de ces lignes sur le positionnement de ces technologies vis-à-vis de la crise subie par les systèmes de *common law*, il faut cependant reconnaître que les outils informatiques, puis algorithmiques, ont bénéficié d'un contexte plutôt favorable à leur développement dans la mesure où ils sont progressivement devenus indispensables. Si les juges (voir *supra*) et les chercheurs (voir *infra*) pouvaient certes se débattre avec les implications systémiques de l'explosion du nombre de décisions disponibles, les

---

1312. « *Finally I come back to the second part of my title, that is the need in the modern age to keep the doctrine of precedent within reasonable bounds, in a world which differs so much from the conditions in which it was developed* », Lord Carnwath, « Judicial Precedent – Taming the Common Law », *Oxford U. Commw. L.J.*, vol. 12, n° 2, 2012, 261, p. 262.

1313. « *It is arguable, furthermore, that computer-assisted legal research systems and other new technologies are better viewed as responses to our information management problems rather than as causes of them* », Steven M. Barkan, *op. cit.*, p. 33.

avocats et les autres praticiens de la justice, quant à eux, demeuraient en constante recherche d'outils pour faciliter leur travail. Les premiers fichiers de décisions mécaniques leur avaient donné le goût de l'exhaustivité ; il leur fallait désormais pouvoir dompter cette exhaustivité. Le développement continu des outils (**A**) et leur appropriation par les praticiens (**B**) ont mis en place les conditions de leur réussite, malgré et parfois contre les discours doctrinaux de l'époque.

A. Une montée en puissance ininterrompue des outils

398 **Des bases de données toujours plus puissantes.** Dompter l'exhaustivité des décisions de justice, en d'autres termes mettre place les solutions techniques à une crise qu'ils avaient contribué à générer, c'est exactement ce que les premiers systèmes informatiques proposaient à ces praticiens. Le système *OBAR* [1314], ancêtre direct des bases de LexisNexis, était caractérisé dès ses origines par une combinaison de quatre fonctionnalités qui s'inscrivaient exactement dans cet objectif : une recherche en texte intégral, en temps réel, permettant la consultation de chaque document repéré et éventuellement la commande dudit document [1315]. Ces quatre caractéristiques représentaient, pour chacune d'entre elles, une évolution (si ce n'est une révolution) de la recherche juridique. Ainsi, avant ce système *OBAR*, la recherche en texte intégral conduisant à la consultation directe du document n'était pas possible, parce que prohibitive par son coût [1316] : elle passait par un système d'indexage, voire de résumés, qui ne permettait que d'identifier les textes potentiellement pertinents sans avoir accès à leur contenu. Ce type de recherche était, par ailleurs, toujours mené par une tierce personne [1317], pas par l'avocat lui-même sur un terminal personnel. La combinaison de ces quatre caractéristiques, mêlées au surplus à des investissements colossaux dès le lancement du système qui ont permis à la base de créer le plus gros fichier informatisé des États-Unis (de l'époque) [1318], a conduit à la réussite immédiate

1314. *Ohio Bar Automated Research*, du nom du premier partenaire (l'*Ohio State Bar Association*) du Professeur John Horty dans le développement d'une solution de recherche informatisée à but commercial à partir des recherches menées dans les années 1960 au sein de la *University of Pittsburgh*, voir à ce sujet William G. Harrington, « A Brief History of Computer-Assisted Legal Research », *Law. Libr. J.*, vol. 77, n° 3, 1984-1985, pp. 543-556.

1315. Voir, à cet égard, Diana Fitch McCabe, *op. cit.*, p. 283.

1316. Ce coût étant encore considéré prohibitif dix ans plus tôt, lors du lancement avorté d'un système de recherches de décisions de justice à partir de descripteurs par *Law Research Service*, voir John N. Davis, *op. cit.*

1317. C'était, encore une fois, le cas du concurrent *Law Research Service*, dont les bases ne pouvaient être interrogées qu'au travers d'un réseau de franchises. La communication avec ces franchises était ainsi téléphonique, chacune d'entre elles étant reliée à la base à l'aide d'un réseau de communication gérée, à l'époque, par la *Western Union*, voir *ibid.*

1318. Tina Batra Hershey et Donald Durke, « Pioneers in Computerized Legal Research: The Story of the Pittsburgh System », *Pitt. J. Tech. L. & Pol'y*, vol. 18, n° 1, 2018, p. 38, disponible en ligne à <http://tlp.law.pitt.edu/ojs/index.php/tlp/article/view/212>. À noter qu'au départ, ce fichier était un fichier législatif et réglementaire. Lorsque le système *LEXIS* est mis sur le marché en 1973, il donne accès, initialement, aux codes de l'État de l'Ohio et de New-York, *au US Code* ainsi qu'à quelques décisions de justice fédérale et fédérée en texte intégral, voir William G. Harrington, *op. cit.*, p. 533.

du système une fois commercialisé en 1973 sous son nouveau nom de *LEXIS*. William Harrington, partenaire du Professeur Horty depuis les premières heures du développement d'*OBAR*, note ainsi dix ans après cette commercialisation que son lancement « a été un succès et, à la fin de l'année 1973, quelques firmes majeures de New York — en plus, bien sûr, des firmes de l'Ohio qui avaient tenu le projet envers et contre tout —, réalisaient leurs recherches juridiques via Lexis » [1319]. L'exemple de Lexis fut suivi par la West qui, dès 1975, commercialise son propre système informatisé, *WESTLAW*, donnant accès à ses propres résumés de décisions de justice [1320]. Ces deux bases de données se sont modelées en fonction des besoins exprimés par les praticiens : inclusion d'un nombre toujours plus important de décisions [1321] pour suivre une production toujours exponentielle [1322], accompagnée des changements structurels [1323] nécessaires à la modernisation et au maintien des bases [1324], et, surtout, une fois devenu évident que les réactions judiciaires ne parviendraient pas à endiguer le phénomène de décisions non publiées, inclusion de ces dernières au même titre que les autres dans les diverses publications entretenues [1325]. Du côté canadien, il n'a pas été nécessaire d'attendre l'exportation de ces bases américaines puisque ce sont des projets locaux qui se sont chargés de répondre à l'appel des praticiens : *DATUM*

1319. « *The drive was successful, and by the fall of 1973, a few major New York firms – plus, of course, the Ohio firms that had hung in through thick and thin – were doing legal research with Lexis* », *ibid.*

1320. La West se refuse, au départ, à diffuser un nombre trop important de décisions en texte intégral de peur de mettre en danger ses propres publications papiers (*ibid.*, p. 20).

1321. Ainsi, et dès 1976, la base de données *LEXIS* donne accès à des décisions de justice fédérale avec une antériorité de cinquante-et-un ans pour la *SCOTUS*, trente-et-un ans pour les *Courts of Appeal* et seize ans pour les *District Courts*. Sa couverture des décisions de justice fédérée est plus parcellaire et plus maigre du point de vue de son antériorité, mais elle demeure exhaustive pour les années concernées (Peter W. Martin, *op. cit.*, pp. 19-20).

1322. En 1990, on dénombre plus de quatre millions de décisions qui rendues en tant que *publiées*, ce nombre augmentant, à partir de 1994, d'environ 130 000 décisions supplémentaires chaque année, voir J. Myron Jacobstein, Roy M. Mersky et Donald J. Dunn, *op. cit.*, pp. 11-12. À noter, bien sûr, que ces nombres déjà impressionnants n'incluent pas les décisions *non publiées* mais néanmoins accessibles…

1323. En l'occurrence, au travers de deux phénomènes connexes : d'une part, une concentration du marché dans les mains de ces deux acteurs principaux via le rachat progressif de toute une série d'éditeurs et par l'intégration de leurs publications dans les bases de données de chaque entreprise. Ce fut le cas, par exemple et pour Lexis, de la Michie Corporation (société spécialisée dans les codes et la législation des États fédérés), voir « The LexisNexis Timeline », 2003, disponible en ligne à <http://www.lexisnexis.com/anniversary/30th_timeline_fulltxt.pdf>. D'autre part, le rachat successif de Lexis et de West par, respectivement, Reed Elsevier en 1994 (marquant la naissance de LexisNexis) et par le groupe Thompson en 1996.

1324. Modernisation liée, d'une part et dès 1986, à la mise au point d'un algorithme de rétropropagation de gradient permettant d'envisager un début de transition d'une logique symbolique à une logique connexioniste de l'intelligence artificielle. Ce saut est d'ailleurs entrepris dès l'année suivante par des chercheurs comme Richard K. Belew, qui commence le développement d'un outil de recherche juridique en texte intégral basé sur une logique connexioniste, l'outil AIR (voir « A connectionist approach to conceptual information retrieval », in *Proceedings of the first international conference on Artificial intelligence and law – ICAIL '87*, Boston, ACM Press, 1987, pp. 116-126). Cette modernisation a aussi été rendue nécessaire par le développement du réseau Internet dès la seconde moitié des années 1980.

1325. Ainsi, et dès 2001, le *Federal Appendix* diffusé par la West inclut, sans distinction, à la fois des décisions publiées et non publiées, voir Lee Faircloth Peoples, *op. cit.*, p. 320.

(remplacé par la base de la SOQUIJ à partir de 1985 [1326]) au Québec et *QUIC/LAW* (sous contrôle de *QL Systems* à partir de 1973 [1327]) en Ontario, qui, d'ailleurs, s'est chargé de vendre une licence d'accès à ses bases à la West dès 1976. Ces deux bases ont suivi initialement la même trajectoire que les bases *LEXIS* et *WESTLAW* avec une prise progressive d'ampleur [1328], jusqu'à ce que, contrairement aux États-Unis où une telle entreprise a échoué [1329], une instance semi-publique ne vienne proposer une base de données semi-publique recoupant le contenu des différentes bases locales [1330].

399 **Une réussite pérenne**. Tant ces bases américaines, qui existent d'ailleurs toujours aujourd'hui à la fois dans les systèmes de *common law* et en France [1331], que les bases canadiennes ont ainsi réussi là où les expériences jurimétriques ont échoué : en assurant la transition avec la volonté explicite de « prédire les décisions judiciaires et le résultat de contentieux » de « l'ère de la jurimétrie » (telle que Kevin Ashley nomme la période courant des années 1950 aux années 1970), ces bases de données ont pris acte des difficultés ressenties par ces premiers outils à « expliquer leurs prédictions », notamment du point de vue de leur

1326. La base *DATUM* ayant été abandonnée en 1979 faute de rentabilité, ses bases ont été absorbées par la SOQUIJ. Voir, pour un retour historique sur ce système, Guy Tanguay et Daniel Boyle, « Annals of Quebec Case Law Reporting », in Martha Foote (dir.), *Law Reporting and Legal Publishing: a Canadian History*, [s. l.], Canadian Association of Law Library/Association Canadienne des Bibliothèques de Droit, 1997, pp. 92-105.

1327. Pour un retour historique sur ce système, voir John N. Davis, *op. cit.*

1328. Par exemple, c'est un rachat de capital qui a permis à QL Systems de diffuser le contenu des recueils papiers publiés par le *Canadian Law Information Council* (*CLIC*) à partir de 1978, jusqu'à parvenir à diffuser des décisions de toutes les provinces à partir de 1985 (Denis S. Marshall, « An Introduction to Canadian Legal Research », *Law. Libr. J.*, vol. 81, n° 3, 1989, 465, p. 484) et jusqu'à son déploiement progressif au niveau commercial des deux bases (*QL Systems* est rendue accessible aux étudiants de la *Queen's University* dès 1979, voir Simon Chester, « The birth of Quicklaw », Slaw, 25 janvier 2007, disponible en ligne à <http://www.slaw.ca/2007/01/25/the-birth-of-quicklaw/>) et un passage à une diffusion de texte intégral de l'essentiel des décisions diffusées dès 1989 (Denis S. Marshall, *op. cit.*, p. 473).

1329. L'*Administrative Office of U.S. Courts* a ainsi proposé, dès 1991, la création d'une base de données publique des décisions de justice, refusée dans la foulée par le Congrès, voir Xioahua Zhu, « Access to Digital Case Law in the United States: A Historical Perspective », communication dans le cadre du *World Library and Information Congress*, 78th IFLA general conference and assembly, 2012, disponible en ligne à <https://www.ifla.org/past-wlic/2012/193-zhu-en.pdf>. Aujourd'hui, la principale source d'information juridique gratuite aux États-Unis demeure le *Legal Information Institute* mis en place par la *Cornell University* en 1992.

1330. En l'occurrence, tout d'abord sous l'égide de l'Association du Barreau Canadien, en organisant un réseau donnant spécifiquement accès aux bases de QL Systems, de CAN/LAW (bases de données créées à partir des produits éditoriaux de la société *Canada Law Books*, réintégré dans les bases de QL Systems à partir de 1992) et de la SOQUIJ, le réseau CBA/NET (Denis S. Marshall, *op. cit.*, p. 486) puis, à partir de 1999, sous celle de la Fédération des Ordres Professionnels des Juristes du Canada en organisant une base de décisions de justice gratuites, *CanLII*, diffusée à partir de 2001.

1331. Nous l'avons vu, Lexis est entré sur le marché anglais en 1980 et, la même année, sur le marché français par l'intermédiaire de la société Téléconsulte (filiale de l'hebdomadaire *Le Point* et du groupe Hachette). La structuration préexistante du marché canadien a ralenti l'entrée de Lexis au sein du marché national, jusqu'au rachat de QL Systems, gestionnaire de la base *QUIC/LAW*, par LexisNexis Butterworths Canada en 2002 (Simon Chester, *op. cit.*).

« méthodologie statistique »[1332]. Elles se sont donc plutôt proposées « d'assister les praticiens du droit à générer des arguments pour ou contre le résultat potentiel »[1333] de leur action en justice, ce résultat potentiel étant déduit, à l'origine, non pas de statistiques mais plutôt des décisions repérées comme correspondant à la recherche effectuée.

B. Une appropriation progressive des outils par les praticiens

400 **Des outils de justice algorithmique modelés sur les besoins des praticiens.** Le « saut prédictif », autrement dit le début du développement des ancêtres des outils de justice prédictive, s'est construit précisément sur cette montée en puissance des bases de données pour répondre à un second besoin des praticiens : la masse des décisions de justice est certes devenue à la fois accessible et explorable, mais pas pour la seule cognition humaine. Comment, donc, dans ce nouvel univers quantitatif, prévoir l'issue d'une affaire sans avoir à consulter toutes les décisions rendues sur des faits similaires ? Si de premières expérimentations ont été menées dès le début des années 1970[1334], le développement d'outils d'aide à la décision remonte plus généralement à la fin des années 1980 : le système *LOGE-EXPERT*, développé à partir de 1988 au sein de l'Université de Montréal par le Groupe de Recherche en Informatique et Droit (GRID), permet ainsi, à partir d'une base de données de décisions de justice, de modéliser les chances de succès d'une action en justice en matière de reprise de possession[1335], tandis que le projet *VIRTUAL MAGISTRATE*, lancé en 1995 par le *National Center for Automated Information Research* (*NCAIR*), le *Cyberspace Law Institute* (*CLI*) et le *Villanova Center for Information Law and Practice*, propose un outil de transmission dématérialisée de plainte à un magistrat en matière de communications délictueuses sur des serveurs privés[1336]. Pour autant, et en dehors de multiples initiatives en matière d'*ODR* entre les années 1990 et le début des années 2000, il a fallu pour l'essentiel attendre le tout début des années 2010 pour voir apparaître les premiers outils de « justice

---

1332. « *In the 'Jurimetrics Era', the 1950s through 1970s, early efforts at building computerized case-based legal assistants focused on helping judges and advocates predict judicial decisions and the outcomes of legal disputes. The programs, however, could not adequately explain their predictions and the methods raised questions about statistical methodologies and unrepresentative samples* », Kevin D. Ashley, « Case-based reasoning », *op. cit.*, p. 23.

1333. Kevin Ashley parle de cette période, que nous venons de brosser, comme « l'ère du droit et de l'IA » (« *Later, in the 'AI and Law Era', the 1980s through the 1990s, efforts focused instead on helping legal practitioners generate arguments for and against a proposed outcome* »), *loc. cit.*

1334. Ejan Mackaay et Pierre Robillard décrivent ainsi, dès 1974, un programme informatique permettant, à partir de quarante-six descripteurs factuels portant sur soixante décisions, de calculer un taux de similarité ou de dissemblance entre ces décisions et une affaire pendante, de proposer la décision la plus proche et, ainsi, de déduire l'issue possible du contentieux (Ejan Mackaay et Pierre Robillard, « Predicting Judicial Decisions: the Nearest Neighbour Rule and Visual Representation of Case Patterns », *Datenverarbeitung im Recht*, t. 3, nº 3-4, 1974, pp. 302-331).

1335. Claude Thomasset, François Blanchard, Louis-Claude Paquin et Robert Dupuis, « Loge-expert, du prototype à l'expérimentation », in Actes du Congrès international Informatique et *droit de l'AQDIJ*, 1992, disponible en ligne à <http://lcpaquin.com/publi_pdf/AQDIJ.pdf>.

1336. Robert Gellman, « A Brief History of the Virtual Magistrate Project: the Early Months », disponible en ligne à <http://www.umass.edu/dispute/ncair/gellman.htm>.

prédictive » à proprement parler : *LEX MACHINA* à partir de 2010, *RAVEL LAW* à partir de 2012 et *LEGALRANK* (futur *ROSS INTELLIGENCE*) à partir de 2014.

401 **Une adaptation systémique praticienne en décalage avec les acquis théoriques.** En parallèle de cette évolution des outils, un décalage progressif s'est créé entre, d'une part, la pratique des avocats et praticiens de la justice sous-tendue précisément par ces outils devenus indispensables, et, d'autre part, la manière dont la doctrine du précédent continuait d'être décrite et prescrite. Ainsi, et alors que les prémisses préinformatiques de la crise des sources du droit se manifestaient déjà aux États-Unis au travers des pratiques éditoriales de la West, la présentation *académique* et *universitaire* du fonctionnement du système juridique demeurait celle, formelle et conceptuelle, développée par Christopher Colombus Langdell au sein de la faculté de Harvard [1337]. Christophe Jamin et Philippe Jestaz estiment d'ailleurs que ce formalisme maintenu envers et contre tout par l'école dite *langdelienne* a constitué, en parallèle de l'explosion des sources, une tentative *doctrinale* « d'en maîtriser le flux » [1338] en continuant de postuler que « les décisions qui sont utiles et nécessaires (...) constituent une proportion excessivement faible de toutes les décisions publiées. Leur grande majorité est inutile, pire qu'inutile, dans l'optique d'une étude systématique » [1339]. C'est précisément de la faillite de cette méthode et de la révélation que l'univers juridique de *common law* n'était plus cet univers « cohérent et logique tel que formulé par Langdell », mais bien « un large ensemble désorganisé et contradictoire » qu'est née la prise de conscience de ce décalage entre la présentation, largement fantasmée, d'une doctrine du précédent qui ne pouvait plus être appliquée et de la réalité du travail des praticiens de la justice « confrontés à d'énormes quantités de données disponibles et largement non assimilées » [1340]. Quand bien même, en effet, « les processus d'induction et de déduction se poursuivaient à mesure que les professeurs de droit tentaient de systématiser un droit de plus en plus complexe, la quantité de matériau brut était tout simplement trop importante », jusqu'à créer des « distinctions toujours plus détaillées — et bien souvent assez obscures — pour distinguer la quantité croissante de décisions rendues » [1341]. Il est commun, à ce titre, de lier l'apparition du mouve-

1337. Pour un retour précis sur les tenants et les aboutissants de cette « méthode langdelienne », voir, notamment, Grant Gilmore et Philip Bobbitt, *The Ages of American Law*, 2e éd., Yale University Press, 2014, pp. 46 et suiv.

1338. Christophe Jamin et Jestaz Philippe, *La doctrine*, *op. cit.*, p. 299.

1339. « *[T]he cases which are useful and necessary (...) bear an exceedingly small proportion to all that have been reported. The vast majority are useless, worse than useless, for any purpose of systematic study* », Christopher C. Langdell, *A Selection of Cases on the Law of Contracts*, Lawbook Exchange, 1999 (1e éd. 1871), p. VI.

1340. « *Now the legal researcher was confronted with enormous amounts of available and largely undigested data. The precedent that was available did not emerge from a coherent and cohesive pattern as formulated by Langdell, but instead as a large body, unorganized and contradictory* », Robert C. Berring, « Legal Research and Legal Concepts: Where Form Molds Substances », *op. cit.*, p. 22.

1341. « *Although the process of induction and deduction continued as law professors attempted to summarize ever more complex doctrine, the amount of raw material was simply too much (...). They created ever more detailed – and often quite obscure – distinctions to categorize the growing number of rulings* », Justin Zaremby, *Legal Realism and American Law*, Bloomsbury, 2014, p. XVII.

ment réaliste aux États-Unis à cette faillite, dans la mesure où le réalisme juridique américain « était, essentiellement, la démonstration que le système juridique et ses évolutions étaient devenus, de manière intolérable et impraticable, surchargés et complexes » [1342]. Robert Berring relie ainsi les efforts des « réalistes » (s'il est seulement possible d'en faire une école, ou même un groupe de pensée [1343]) et des chercheurs en jurimétrie à une seule et même question : « si les juges ne révèlent pas le grand schéma éternel, préexistant et cohérent du droit, *mais que font-ils* ? » [1344] Et la réponse venait toujours de nouvelles méthodes consistant à dégager justement ce que *fait vraiment le juge* afin, pour les « réalistes », de révéler la réalité du travail du juge dans toutes ses dimensions potentiellement extra, voire contra-juridiques et, pour les chercheurs en jurimétrie, partir de la réalité de son travail pour construire des modèles mathématiques, statistiques puis informatiques de prévision du sens de ses décisions [1345].

402 **Une similarité remarquable des tensions systémiques.** Ainsi, si les difficultés éprouvées par les systèmes de *common law* face aux évolutions avancées par les outils de justice algorithmique se sont exprimées plus tôt, voire *beaucoup plus tôt*, si elles ne se logent pas exactement au même niveau et si elles ne s'expriment pas selon les mêmes modalités qu'en France, il est indéniable que ces systèmes ont connu des problématiques similaires à celles qui semblent aujourd'hui prendre de l'ampleur au sein du système civiliste français. Elles se résument toutes à une même idée : la remise en cause non seulement de logiques anciennes, mais aussi de tout l'univers juridique dont semblait dépendre le système tout entier qui a progressivement conduit à une adaptation de ces logiques, de cet univers et, finalement, des systèmes individuels. C'est là tout l'objet, en France, de l'axe du discours portant à la fois sur une *factualisation* du droit et sur sa *massification* — nous y reviendrons — alors même que le discours français n'en est pour le moment qu'à l'étape du constat de cette remise en cause.

1342. « *Legal realism was essentially a demonstration that the sytem of law which had evolved in this country had become intolerably overburdened and unworkably complex* », Grant Gilmore, « Legal Realism: Its Cause and Cure », *op. cit.*, p. 1047. À noter que des auteurs comme Robert Berring supposent que si l'édition juridique américaine avait, comme l'édition juridique anglais et canadienne, conservé une logique de sélectivité, le « mythe d'une série de principes fondamentaux au fondement » (« *the myth of a greater underlying set of principles* ») du droit aurait pu se maintenir plus longtemps, « Legal Research and Legal Concepts: Where Form Molds Substances », *op. cit.*, p. 23.

1343. Les « réalistes » eux-mêmes insistant sur le fait qu'il n'a jamais existé ni d'école, ni de mouvement réaliste en tant que tel, voir Justin Zaremby, *op. cit.*, pp. XV.

1344. « *If judges are not revealing the pre-existing, timeless and coherent scheme of the law, just what* are *they doing?* », Robert C. Berring, « Legal Research and Legal Concepts: Where Form Molds Substances », *op. cit.*, p. 24.

1345. À noter, cependant, que cette dimension « prédictive » des méthodes d'analyse des décisions de justice n'est pas complètement absente de certaines thèses réalistes ou protoréalistes — et notamment celles d'Oliver W. Holmes, qui écrivait que le droit se résumait à « la prédiction de ce que les juridictions feront en fait, rien de plus prétentieux » (« *the prophecies of what the courts will do in fact, and nothing more pretentious* », « The Path of the Law », *H.L.R.*, vol. 10, 1897, 495, p. 461). Ainsi, « au cœur de la thèse réalise se trouve l'idée que les décisions sont prévisibles mais que les moyens de prédire ne résident ni dans les autorités juridiques reconnues, ni dans la manière dont les juges exposent leurs méthodes », Frederick Schauer, *Penser en juriste. Nouvelle introduction au raisonnement juridique*, Stefan Goltzberg (trad.), Dalloz, 2018, p. 139.

403 **Des réactions systémiques similaires**. Quoi qu'il en soit, il apparaît désormais clairement que l'hypothèse systémique portée par le discours doctrinal français relatif aux outils de justice algorithmique ne tient pas à l'analyse : ces outils n'importent pas les logiques et les clés de raisonnement du *common law*, pour la simple et bonne raison qu'il les a profondément fait évoluer et qu'il a soulevé, par ailleurs, une réaction non seulement judiciaire mais encore *doctrinale*. C'est là un dernier biais d'échec de notre hypothèse systémique : l'argument développé dans le discours français relatif à la remise en cause, par les outils de justice algorithmique, de tout un système juridique l'a aussi été au sein de la doctrine anglo-américaine de manière étonnamment similaire.

Section 2. Le prisme systémique comme approche abandonnée par les discours doctrinaux de *common law*

404 **Une crise totale**. Quand bien même nous n'en sommes pas encore au terme de notre analyse de l'hypothèse d'incompatibilité systémique portée par le discours doctrinal français, nous avons déjà pu assez clairement percevoir que l'idée d'une compatibilité naturelle entre système de *common law* et outils de justice algorithmique est plus que contestable. Nous avons en effet souligné à quel point la crise systémique que ces outils y ont engendré ou ont poursuivi est indéniable, notamment au travers des réactions judiciaires et juridiques qu'ils ont provoquées. Le système civiliste français, cependant, n'a pas atteint ce stade, de sorte que, pour le moment, les seules réactions d'ordre systémique sont celles du discours doctrinal.

405 **Un premier réflexe anglo-américain défensif**. C'est pourtant bien à ce niveau, celui des réactions doctrinales, que la similarité des situations anglo-américaines et française se fait la plus évidente. Il apparaît en effet que, pour les auteurs ayant connu l'apparition de cette crise et ses premières manifestations, le premier réflexe a été, comme en France, défensif face à des outils qui venaient saper de l'intérieur tout un système juridique (**§ 1**).

406 **Une disparition progressive de l'argumentaire systémique**. Néanmoins, et c'est là peut-être une clé de compréhension de notre hypothèse systémique, la permanence de ces outils, de leurs apports et des transformations dans leur système d'accueil n'ont pas été sans effet sur cet argumentaire défensif. Ils ont ainsi causé sa perte de vitesse et, plus tard, sa complète disparition, de sorte qu'aujourd'hui on peut avoir l'impression que tout est toujours allé pour le mieux dans le meilleur des mondes anglo-américains (**§ 2**).

§ 1. *Un premier réflexe de rejet systémique des technologies*

407 **Un réflexe systémique d'une nature variable**. Toute notre hypothèse systémique, on commence à le percevoir, est bâtie sur un procédé discursif pour ainsi

dire endémique au discours français : la dimension antagoniste du *common law* et sa valeur de repoussoir. Parce que toute connaissance du *common law* repose, en France et historiquement, sur la délimitation et l'admission de son altérité d'ordre quasi essentiel [1346], tout phénomène ou toute proposition émanant d'un système de *common law* est intrinsèquement marqué par cette altérité et cet antagonisme. À cet égard, tout argumentaire *contra* qui intègre, d'une manière ou d'une autre, le maniement du spectre du *common law* se suffit presque à lui-même : tout ce qui existe, tout ce qui fonctionne, tout ce qui *provient* d'un système de *common law* ne peut pas, parce qu'il émane d'un Autre absolu, exister ou fonctionner au sein du système civiliste français. L'habitude prise par les auteurs de systématiquement dévaluer le *common law* vis-à-vis du système civiliste français ne fait que renforcer cette altérité indépassable : « la répétition d'un vocabulaire dépréciatif (…) va, peu à peu, marquer l'identité du système anglais, vu de France » [1347], particulièrement dans la mesure où il est employé dans les premiers ouvrages en langue française qui proposent une lecture du droit outre-manche [1348]. Rideau, donc, et fin de l'histoire. Si ce procédé discursif irrigue toute notre hypothèse systémique, il soutient particulièrement l'idée que, pour ce qui concerne notre outil, la manière dont il est, ou a été, réceptionné dans l'un des systèmes ne *peut pas*, par principe, se reproduire dans l'autre. Il ne s'agit pas ici de la renverser entièrement et d'affirmer que, partout et dans tous les systèmes de *common law*, les auteurs de doctrine se sont inquiétés pour la survie de leur système juridique de la même manière et sous les mêmes formes ; ce serait, en fait, faire montre d'une généralisation que nous avons déjà condamnée. Les inquiétudes des auteurs sont en effet profondément liées à la manière dont les outils de justice informatique, puis algorithmique, se sont intégrés à leur univers juridique et ont contribué à le modifier et, à ce titre, il n'est pas surprenant que les auteurs américains ne réagissent pas de la même manière que les auteurs britanniques ou canadiens. La doctrine américaine a, en effet, connu les prémisses de cette crise des sources *avant même* l'arrivée de ces outils, qui n'en ont constitué que le prolongement et surtout la *facilitation* ; la doctrine

1346. Sylvain Soleil date la construction de cette narration sur l'altérité du *common law* à la première moitié du XIXe siècle, et à la tendance des auteurs de l'époque à étudier et rendre compte du *common law* britannique par le biais d'une démarche évaluative systématiquement à charge. Cette évaluation négative vise alors tant *le contenu* des normes intégrées au système que le principe même du système : le système français, quant à lui, sort systématiquement gagnant de toute confrontation, voir *op. cit.*, pp. 237 et suiv.

1347. *Ibid.*, p. 271. Sylvain Soleil évoque un « jeu de massacre » (p. 333) et souligne, dans les ouvrages de l'époque, l'utilisation d'expression comme « indigeste et verbeux », « informe et indigeste », « aussi prolixe que vague, incertaine », « obscurs et inintelligibles » (p. 272) pour qualifier le système de *common law*. Tout ceci, bien sûr, permet au passage de souligner toutes les qualités contraires du système civiliste tel qu'il est perçu par les auteurs de l'époque – et d'ailleurs toujours perçu aujourd'hui, voir not. *infra* § 681.

1348. Particulièrement Joseph Rey, *Des institutions judiciaires de l'Angleterre comparée avec celles de la France, et de quelques autres États anciens et modernes*, 2 t., Librairie de Jurisprudence, 1828, Alphonse-Honoré Taillandier, *Réflexions sur les lois pénales de France et d'Angleterre*, Warie, 1824 et Jonas Meyet, *Esprit, origine et progrès des institutions judiciaires des principaux pays de l'Europe*, 5 t., G. Dufour et Ed. d'Ocagne, 1823.

britannique les a, quant à elle, reçus sans vraiment les avoir *demandés* [1349] ; quant à la doctrine canadienne, elle s'en est pleinement saisie pour combler les lacunes de sa propre édition juridique. Difficile, donc, d'imaginer percevoir dans les écrits doctrinaux les mêmes éléments.

408 **Une dimension systémique néanmoins toujours présente.** À l'étude, cependant, deux éléments connexes apparaissent dans ces écrits publiés lors de la crise des sources aux États-Unis, au Royaume-Uni et au Canada : d'une part, ils font tous une place plus ou importante à la question de la sauvegarde du système juridique et, d'autre part, la manière dont cette sauvegarde est abordée est profondément liée à la manière dont chaque système a réceptionné les outils de justice informatique, puis algorithmique. À cet égard, les similarités que l'on peut identifier dans les discours américains et canadiens (**A**) font face à une réaction britannique plus spécifique et, peut-être étonnamment, plus proche de la réaction perceptible au sein du discours doctrinal français (**B**).

A. Une réaction doctrinale américano-canadienne en faveur de la diffusion des décisions de justice

409 **Un axe systémique plus ténu dans le discours canadien.** Ainsi, et si l'on part des systèmes chez qui cette dimension systémique peut apparaître la moindre évidente, l'on est obligée de constater qu'elle demeure bel et bien présente sous des formes certes particulières. Ainsi, chez les auteurs américains et canadiens, l'argument systémique n'est que peu employé *contre* les outils et cela n'a rien de surprenant. Dans le cas canadien, nous l'avons vu, le défi de la diffusion des décisions de justice n'était pas celui du maintien d'une sélectivité voulue et entretenue, mais plutôt celui d'une diffusion *efficace* de ces décisions *contre* une sélectivité plus contingente et subie qu'intellectualisée. Dans la mesure où « il n'y a que peu d'avocats ici qui n'admettraient pas que les moyens d'accès aux décisions de justice dans ce pays sont terriblement inadéquats » [1350], Adrian Popovici ironisait, juste quelques années avant les premières expérimentations informatiques : « alors qu'ailleurs le problème se pose de classer les publications judiciaires au moyen d'ordinateurs, en raison de la quantité surabondante de ces dernières, le problème en est un de carence au Québec. » [1351] Les premiers outils informatiques, suite notamment à l'opération Compulex [1352], étaient destinés à remédier à ce problème. Sauf à faire

---

1349. Ce qui, par ailleurs, rappelle assez précisément la situation de la réception française — en tout cas du point de vue du discours doctrinal.

1350. « *There can be but few lawyers here who would not agree that the means of access to judicial decisions in this country are woefully inadequate* », Léon Getz, « The State of Law Reporting in Canada », *Advocate (Vancouver)*, vol. 37, nº 3, 1979, 243, p. 245.

1351. Adrian Popovici, « Notes sur l'état inadéquat des recueils de jurisprudence au Québec », *R. du B.*, vol. 32, nº 2, 1972, 82, p. 95.

1352. L'opération Compulex était le nom d'un sondage diffusé à la fin 1971 à l'ensemble des avocats canadiens, dans le but d'identifier les carences de l'édition juridique (pour le contenu détaillé de ce sondage, voir Ejan Mackaay, « La documentation juridique au Québec de 1970 à 1980 —Une décennie d'innovation vue à travers un sondage », *Rev. Notariat*, vol. 84, nº 9-10, 1982, pp. 543-568, spé. pp. 545-547).

preuve d'un rare esprit de contradiction, il était donc difficile pour les auteurs de l'époque de, tout à la fois, rejeter les initiatives de publication plus extensive (qu'elles soient d'ailleurs informatisées ou non [1353]) tout en insistant sur l'importance de la publication des jugements pour le « système démocratique » canadien tout entier [1354].

410 **Un axe systémique détourné par le discours américain.** Du côté des auteurs américains, cependant, et compte tenu de la réaction rapide des juridictions, il n'aurait pas été surprenant de trouver des auteurs pour regretter les pratiques anciennes de sélection des décisions de justice — même si, encore une fois, la publication massive proposée par la West était elle aussi venue régler les problèmes de l'édition juridique de l'époque (voir *supra*). Force est de constater cependant que l'axe systémique du discours doctrinal américain de l'époque ne visait pas les outils ou le principe de publication exhaustive, mais, remarquablement, *les mesures judiciaires* qui ont tenté d'y faire barrage. Ainsi, lorsqu'il était question de protéger le système de *common law*, c'était contre les règles de non-citation parce qu'elles constituaient « un écart fondamental au concept de *stare decisis*, et ce concept est si profondément enraciné dans le *common law* qu'il ne devrait pas être altéré sans plus de réflexion, de débat et d'argumentation que la question n'en a provoqués » [1355]. Les auteurs contemporains de ces règles, peu sensibles à la justification pourtant elle-même systémique avancée par les juridictions et les organisations judiciaires, jugeaient ainsi que « les prémisses sur lesquelles ces règles sont basées sont sujettes à de sérieux questionnements et de puissants arguments peuvent être avancés contre leur principe même » [1356]. Ces arguments, pêle-mêle, étaient les suivants : alors que les « avocats apprennent depuis leur première semaine de cours l'importance des précédents et celle de trouver des décisions pour supporter leurs arguments de droit, c'est ce support que nous avons perdu » du fait des décisions de non-publication [1357] qui, en tant

---

1353. Puisqu'en parallèle des débuts compliqués des bases de données de décisions de justice, des initiatives plus locales et plus traditionnelles étaient mises en place. C'est notamment le cas de la SOQUIJ qui, avant d'absorber les bases de données de *DATUM* après sa faillite, se chargeait de la publication *papier* (et sous forme de micro-fiches) du droit québécois (voir, pour son historique, Ejan Mackaay, « SOQUIJ, Société Québécoise d'Information Juridique », *op. cit.*). Il convient de noter d'ailleurs que, jusqu'à la Déclaration de Montréal *sur l'accès libre au droit* de 2002, la SOQUIJ diffusait les décisions de justice québécoise sur une base *sélective* (en 1997, cette sélection était à hauteur de 20 % de toutes les décisions rendues sur l'année, voir *Wilson & Lafleur inc. c. SOQUIJ*, 2000 QC CA 8006, [2000] RJQ 1086, pt. 32).

1354. Adrian Popovici, « Notes sur l'état inadéquat des recueils de jurisprudence au Québec », *op. cit.*, p. 94.

1355. « *The no-citation rule is a fundamental departure from the concept of stare decisis and such a concept is so deeply rooted in the common law that it should not be altered without more thought, debate and argument than the issue has attracted to date* », David L. Walther, *op. cit.*, p. 592.

1356. « *The premises upon which the rules are based are subject to serious question, and powerful arguments can be advanced against the entire concept* », William L. Reynolds et William M. Richman, *op. cit.*, p. 1205.

1357. « *Lawyers are taught from the first week of law school the importance of precedent and finding case law support for legal arguments. It was that support that we lost* », Arthur B. Spitzer et Charles H. Wilson, « The Mischief of the Unpublished Opinion », *Litigation*, vol. 21, nº 4, 1995, 3, p. 3.

que telles, « semblent fondamentalement en conflit avec un système qui base son existence sur des décisions de justice largement accessibles et susceptibles, en théorie, d'être citées » [1358]. C'est finalement Gideon Kanner qui résume le mieux tous les reproches faits par les auteurs à ces tentatives judiciaires de maintenir les caractères passés de l'univers juridique du système américain :

> « *la règle du* stare decisis *ne peut pas opérer tant que les juridictions, tout en jugeant les mêmes faits, sont en mesure d'atteindre des résultats contraires à partir de théories diamétralement opposées, simplement en ne publiant qu'un de ces résultats et pas les autres (...). [Elle] implique que nous devons laisser une décision passée se maintenir et contraindre les affaires futures et similaires, ce qui signifie que la décision passée se maintient, pas que la décision passée se maintient ou non selon son mode de publication. Quand un justiciable peut citer une affaire passée concernant un point de droit litigieux, comment les juridictions — au nom du* stare decisis *— peuvent-elles refuser de l'étudier ?* » [1359]

Finalement, « si la justice doit être dispensée de manière équitable, des affaires similaires doivent être résolues similairement », mais « si nous ne savons pas qu'une affaire similaire a été résolue, on ne peut pas savoir si sa prochaine manifestation impliquera le même résultat » [1360]. À ce titre, l'essentiel des auteurs ne considérait pas les manœuvres défensives du système judiciaire comme des manœuvres de défense du système *juridique* : elles n'avaient pour but, à leur sens, que d'« alléger le poids de la recherche sur les avocats et les juges » [1361] et de satisfaire les plaintes d'une partie du Barreau et (surtout) de la magistrature face à un « océan de décisions » [1362]. Quant aux défenseurs de ces manœuvres, ils se limitaient, dans leurs dernières heures, à des juges plaidant pour leur maintien malgré les « problèmes systémiques » relevés par les auteurs, tout simplement parce qu'ils le considéraient « comme une part nécessaire mais pas nécessairement mauvaise de leur travail » [1363]. L'objectif n'était donc pas de sauvegarder la doctrine du précédent, que ces mesures

---

1358. « *These practices seem fundamentally in conflict with a system that bases its very existence on widely available judicial decisions that are presumptively citable* », Lee Faircloth Peoples, *op. cit.*, p. 307.

1359. « Stare decisis *cannot operate as a 'workable doctrine' as long as courts, while adjudicating sets of identical facts, are able to reach directly contrary results on diametrically opposed legal theories, by the simple expedient of publishing one set of results but not the other. (...) [It] means that we let the prior decision stand and control later, similar cases. That means that the prior decision stands, and not that the prior decision stands or falls depending on the medium of its publication. Certainly where a litigant can point to a prior adjudication of the very point in issue, how can the court-in the name of stare decisis-refuse to consider such precedent?* », Gideon Kanner, « The unpublished appellate opinion: friend or foe? », *Cal. St. B. J.*, vol. 48, nº 4, 1973, 386, pp. 445-446.

1360. « *If justice is to be dispensed even-handedly, similar cases must be decided similarly. But if we do not know that a similar case has previously been decided, we cannot know if the next incarnation produces a similar result* », Arthur B. Spitzer et Charles H. Wilson, *op. cit.*, p. 4.

1361. « *Easing the research burden on lawyers and judges* », James N. Gardner, *op. cit.*, p. 1225.

1362. « *Common law systems have employed these measures in part to satisfy a bench and bar who complain of drowning in a sea of cases* », Lee Faircloth Peoples, *op. cit.*, p. 307.

1363. « *Whereas academicians tend to see unpublished opinions as causing a variety of systemic problems, judges tend to see them as a necessary, and not necessarily evil, part of the job* », Boyce F. Martin, « In Defense of Unpublished Opinions », *Ohio St. L. J.*, vol. 60, nº 1, 177, pp. 178-179.

mettaient au contraire en péril, mais de rationaliser le fonctionnement de la justice — ironie du sort, ou continuation logique, ces mesures ont été supprimées précisément *parce qu'elles portaient atteinte* à la doctrine du précédent [1364].

411 **Des inquiétudes françaises introuvables au Canada et aux États-Unis**. À ce stade, donc, difficile de voir une quelconque résonance avec les craintes systémiques exprimées au sein du discours doctrinal français. Il n'y est pas question de célébrer l'arrivée des outils de justice algorithmique ou de craindre une restriction de leur utilisation, il est question d'une transformation « en profondeur [de] toute une tradition jurisprudentielle » [1365] et d'interrogations d'ordre quasi existentiel puisque les auteurs s'interrogent sur ce qu'ils seront « amenés à faire et à devenir » face à la « transformation radicale de leur 'logiciel' juridique » [1366] : « ne sommes-nous pas un système juridique de tradition romano-civiliste refusant la culture du précédent jurisprudentiel ? » [1367] Si le réflexe systémique s'est donc bel et bien manifesté dans les systèmes américains et canadiens, il ne s'est pas manifesté selon la logique défensive *contre l'outil* qui caractérise l'hypothèse d'incompatibilité systémique portée par le discours doctrinal français. En fait, et aussi étrange que cela puisse paraître [1368], c'est le discours doctrinal *britannique* dont le contenu rappelle le plus remarquablement le discours français.

B. Les inquiétudes systémiques britanniques, reflet paradoxal des inquiétudes systémiques françaises

412 **Un axe systémique pleinement défensif dans le discours britannique**. C'est encore au Royaume-Uni que la doctrine du précédent reste la plus « pure » [1369],

---

1364. Voir *infra* § 418.

1365. Julie Charpenet et Marina Teller, « L'innovation juridique au service de l'innovation économique et technologie. À propos de l'information juridique », in Antoine Masson et Hugues Bouthinon-Dumas (dir.), *L'innovation juridique et judiciaire. Méthodologie et perspectives*, Larcier, 2019, 135, p. 136.

1366. Aude Rouyère, « Conclusions », in Pierre Bourdon (dir.), *La communication des décisions du juge administratif*, LexisNexis, 2020, 215, p. 225.

1367. Pierre-Randolph Dufau, *op. cit.*, p. 16.

1368. Henri Lévy-Ullman n'écrivait-il pas que « dans le droit anglais, (...) nous ne sommes pas chez nous, *nous ne nous sentons pas chez nous*, comme nous nous sentons toujours un peu chez nous dans tous les droits, mêmes étrangers, qui ont subi la discipline du droit romain ; avec le droit anglais, nous n'arrivons pas à nous sentir dans notre maison, nous, des juristes ! » (*Comment un français d'aujourd'hui peut-il aborder utilement l'étude du droit anglais et du droit anglo-américain ?*, LGDJ, 1919, p. 11) ?

1369. Plus exactement, et dans la mesure où cette doctrine du précédent s'est propagée au sein des systèmes juridiques *depuis* le Royaume-Uni sans qu'il n'y ait de véritable effet retour de la part de ces systèmes « enfants » sur leur système « parent », ce sont surtout ces systèmes « enfants » qui ont chacun divergé dans des directions qui les ont conduits à réécrire cette doctrine du précédent. Le constitutionnalisme écrit, le fédéralisme ainsi que la progressive autonomisation juridico-culturelle des États-Unis les ont ainsi conduits à une version *plus souple* de cette doctrine (voir, à cet égard, Patrick S. Atiyah et Robert S. Summers, *Form and substance in Anglo-American law: a comparative study of legal reasoning, legal theory, and legal institutions*, *op. cit.*, pp. 1 et suiv.), tandis que c'est plutôt l'éloignement géographique, les contraintes de la vie coloniale ainsi que, plus pragmatiquement, l'accès difficile au droit britannique qui a fait de la doctrine du précédent canadienne une doctrine bien plus souple que celle que l'on retrouve

en partie grâce (ou à cause) du maintien d'une publication sélective des décisions de justice et de celui des règles, même symboliques, de limitation de l'emploi des décisions non publiées. À ce titre, l'environnement juridique et doctrinal britannique était bien plus susceptible de réagir négativement à l'installation d'outils bouleversant cette logique sélective que les systèmes américains et canadiens qui, respectivement, avait déjà abandonné cette sélectivité avant l'arrivée des outils de justice informatique puis algorithmique ou n'avait jamais connu une édition juridique de qualité, sélective ou non. C'est d'ailleurs exactement ce qui s'est produit. Au-delà des manœuvres défensives du système lui-même, incarné par ses principaux acteurs que sont les juridictions, il s'agit là de la manifestation doctrinale du changement d'univers juridique porté par les outils de justice informatique puis algorithmique que nous nous sommes jusqu'ici employée à décrire. Toute la spécificité britannique réside dans le fait que les inquiétudes exprimées par les auteurs de doctrine correspondent à celles exprimées par les juges et sont elles aussi l'écho d'une remise en cause générale de tout un fonctionnement historique du système de *common law* — là où les auteurs de doctrine américains et canadiens avaient déjà pris acte de sa disparition, pour s'en réjouir ou simplement tirer les conclusions logiques du *common law* « 2.0 ». Chez les auteurs comme, nous l'avons vu, dans les juridictions britanniques (voir *supra* § 393 et suiv.), la crainte est toujours la même : celle de voir « un système de publication du droit basé sur un trait de hasard et de sérendipité être menacé de remplacement par un système d'une efficacité débridée où toutes les décisions, mêmes triviales ou banales, peuvent être sauvées de l'oubli et invoquées par un avocat » [1370].

413 **Des craintes françaises et anglaises remarquablement similaires**. Or c'est précisément dans ce contenu, cette *crainte* fondamentale que le discours anglais est le plus proche du discours français. À l'étude, en effet, la similarité des deux discours est frappante : d'un côté de la Manche, il est craint que le système « ne s'étouffe sur sa propre fécondité », du fait d'un volume « terrifiant » de décisions disponibles que la disponibilité via les outils informatiques « ne fait que considérablement aggraver » [1371] ; de l'autre, on craint d'« être noyé sous une masse de décisions » [1372] qui « donne le vertige » [1373]. Ici on souligne que « la prolifération

---

encore aujourd'hui au Royaume-Uni (voir, à cet égard, Catherine Valcke, « 'Precedent' and 'Legal System' in Comparative Law. A Canadian Perspective », in Ewoud Hondius (dir.), *Precedent and the law. Reports to the XVIIth Congress International Academy of Comparative law*, Bruylant, 2007, 85, pp. 95 et suiv.).

1370. « *A system of law reporting which had a dash of potluck and serendipity about it threatens now to be replaced by a system of remorseless efficiency wherein every decision, no matter how trivial and trite in law, can be rescued from oblivion and prayed in aid by the lawyer* », Roderick Munday, « Case Law and the Computer », *op. cit.*, p. 139.

1371. « *The case-law system might choke upon its own fecundity (...). The volume of case law available to a lawyer now is dauting (...). What is crystal clear is that the ready availability of transcripts – now computer-generated – has considerably aggravated matters* », Roderick Munday, « Law Reports, Transcripts, and the Fabric of the Criminal Law – A Speculation », *op. cit.*, p. 228.

1372. Thibault Douville et Loïs Raschel, « Numérique et diffusion de la décision. L'open data des décisions de justice », *op. cit.*, p. 52.

1373. Pierre-Yves Gautier, « Open data des décisions de justice : quel enjeu pour la doctrine ? », *op. cit.*, p. 82.

des décisions de justice à une échelle sans précédent offre des perspectives loin d'être rassurantes » en ce qu'elle encourage « la citation obsessionnelle de décisions » [1374] et une « recherche idiote du précédent exact » [1375] ; là, on regrette un « appauvrissement » de la « recherche juridique » [1376], dans une conception de la justice qui ferait « prévaloir les antécédents déjà jugés (...) au détriment de (...) [l']analyse de droit » [1377] et qui, à terme, viendrait « atrophier, voire remplacer, les compétences juridiques » [1378]. Finalement, que ce soit pour le système de *common law* ou le système civiliste, « un système qui, soudainement, se trouve inondé par des décisions de justice doit faire des ajustements majeurs pour survivre » [1379], la sur-disponibilité des décisions créant, sur ce système, « une pression » [1380] qui pourrait, « si l'on n'y prend garde, transformer du tout au tout notre manière de penser » [1381] et, peut-être, causer « un tournant de civilisation » [1382]. Le lecteur sera libre d'essayer de distinguer l'argumentaire français de l'argumentaire britannique — quoi qu'il en soit, à la question « avons-nous (...) peur ? », la réponse est la même : « oui, sans doute. » [1383]

414 **Une crise ressentie comme telle par les auteurs anglo-américains**. Bien sûr, pour séduisante qu'elle soit, il faut savoir raison, et surtout nuance, garder quant à cette similarité. Les auteurs britanniques n'expriment en effet pas de crainte quelconque de voir un *autre* système juridique se substituer au leur et « l'envahir » par l'intermédiaire des outils de justice informatique puis algorithmique. Cette dimension de concurrence des systèmes est propre au discours doctrinal français [1384]. Pour autant, ces craintes britanniques quant à la survie et au maintien de leur système juridique constituent un écho, certes passé, aux craintes françaises. Elles confirment par ailleurs que la crise subie par les systèmes de *common law*

1374. « *The proliferation of case-law on an unprecedented scale offers a far from reassuring prospect (...). Blanket reporting has encouraged the obsessive citation of case-law* », Roderick Munday, « Case Law and the Computer », *op. cit.*, pp. 136-137.

1375. « *Unintelligent search for exact precedent* », Henry Slesser, *The Art of Judgment and Other Studies*, Steven and Sons, 1962, p. 28.

1376. Magali Bouteille-Brigant, « Pour un 'transjuridisme' ? », *op. cit.*, p. 305.

1377. Vincent Lemaire, *op. cit.*, p. 298.

1378. Basile Darmois, *op. cit.*, p. 51.

1379. « *A system which suddenly finds itself awash with reported case-law has to make major adjustements in order to survive* », Roderick Munday, « Case Law and the Computer », *op. cit.*, p. 137.

1380. « *This inevitable over-reporting creates such a strain on our precedent-based jurisdiction that surely it cannot be in the public interest* », Robin Widdison, *op. cit.*, p. 49.

1381. Stéphanie Lacour et Diana Piana, *op. cit.*, pp. 59-60.

1382. Pierre-Yves Gautier, « Le filtre intellectuel apporté par la doctrine à l'analyse des décisions de jurisprudence est source de gain de temps pour tous », *op. cit.*, p. 87.

1383. Aude Rouyère, « Conclusions », *op. cit.*, p. 225.

1384. Ce qui n'a rien de surprenant puisque, plus généralement, la notion de concurrence des systèmes juridiques demeure bien plus vivace dans les systèmes civilistes que dans les systèmes de *common law*, les premiers tendant à se considérer en position de faiblesse par rapport aux seconds. Cette crainte s'exprime par des contributions telles que celle déjà citée de Didier Guével, « La technologie : un danger pour le Droit continental ? », *op. cit.*, p. 2145, où l'on trouve, pèle-mêle, la crainte de voir le « droit global » qui s'installe ne tirer ses règles que du *common law* au détriment de celles des systèmes civilistes, la crainte de voir les nouvelles technologies importer les méthodes de recherches et la logique du précédent (tiens, tiens...) et la peur de voir les « valeurs sûres » du droit français « dispara[ître] (...) de manière subreptice ».

anglo-américains a été *ressentie* comme telle, au moins au Royaume-Uni et, selon des formes plus particulières et une temporalité décalée, aux États-Unis et au Canada. Il est d'ailleurs, déjà à ce stade, intéressant de noter que le parallèle que nous venons de dresser n'est pas inédit, loin de là. En parallèle de ces réactions dans les systèmes de *common law*, et alors que le système français parvenait, selon des biais sur lesquels nous reviendrons [1385], à éviter qu'une crise similaire ne se produise, des auteurs français soulignaient déjà que ces réactions « contre les précédents inédits de source informatique donnent une idée de la réalité du danger de voir la jurisprudence régresser à son stade rhétorique et pré-normatif », c'est-à-dire au stade d'un « déferlement déraisonnable de l'argument jurisprudentiel » [1386] y compris en France. Comment expliquer, donc, que le discours relatif aux outils de justice algorithmique n'en fasse pas mention ?

415 **Un axe systémique progressivement abandonné.** En fait, une partie de la réponse se loge peut-être dans le destin de cet argumentaire d'ordre systémique au sein des systèmes de *common law*. Si, en effet, une certaine proximité est indéniable entre les inquiétudes exprimées par le discours doctrinal français de ces dernières années et celles exprimées plus particulièrement par les auteurs britanniques au tournant des années 1990, il faut aussi noter, avec le recul temporel qui est le nôtre, que cette dimension du discours doctrinal anglo-saxon a progressivement disparu jusqu'à, aujourd'hui, ne plus se manifester que très sporadiquement.

§ 2. *Une progressive déconnexion des questions technologiques*

416 **Un phénomène autopoïétique**. Nos développements précédents ont permis, d'une part, de nuancer (voire de contredire) l'hypothèse systémique portée par le discours français et, d'autre part, de rendre compte de l'ampleur réelle de la crise subie par les systèmes de *common law* du fait d'une reconfiguration de leur univers juridique, à la fois causée et entretenue par un sur-accès aux sources juridictionnelles. Or, et nous avons déjà commencé à le percevoir compte tenu des décennies ayant connu cette progressive reconfiguration, la problématique du sur-accès aux sources juridictionnelles s'est autoalimentée. Aussi décrié et aussi combattu qu'il ait pu être par les systèmes juridiques eux-mêmes et les auteurs contemporains à sa prise d'ampleur, l'accès toujours plus large à un nombre toujours plus important de décisions a enclenché un cercle vicieux (ou vertueux, selon le point de vue adopté). L'augmentation continue du volume de décisions disponibles n'a fait qu'accentuer l'obsolescence des anciennes méthodes et rendre nécessaire leur évolution, empêchant donc jusqu'aux praticiens de la justice les plus réticents de s'y accrocher et leur imposant l'utilisation des nouveaux outils proposés — et, en premier lieu, des bases de données juridiques. Les technologies mobilisées au

1385. Voir *infra* § 662 et suiv.
1386. Frédéric Zénati, *La jurisprudence*, Dalloz, 1991, pp. 173-174.

soutien de cette croissance ininterrompue des sources de droit devenaient elles-mêmes progressivement obsolètes et insuffisantes pour traiter une masse de plus en plus importante et se sont donc raffinées, suivant les mouvements de flux et de reflux des évolutions techniques et emportant avec elles les praticiens qui les adoptaient d'autant plus facilement qu'elles étaient de plus en plus accessibles… et ainsi de suite jusqu'à la situation connue aujourd'hui puisque cette autopoïèse n'a pas pu être arrêtée par les tentatives du système de s'autopréserver de ses impacts. Ces tentatives, en effet, ont en commun d'avoir globalement échoué à faire obstacle à la transformation des univers juridiques des systèmes de *common law* (**A**). À cette mutation s'est alors greffée une mutation doctrinale partielle, voire contradictoire (**B**).

A. Des tentatives d'autodéfense systémiques vouées à l'échec

417 **Une dimension systémique opposée aux manœuvres de défense systémique américaines.** Cet échec est le plus remarquable aux États-Unis, où la fin des règles de non-citation couplées à la notion de décision non publiée a été sonnée certes par les plaintes des auteurs, mais encore et surtout *par les mêmes juges qui les avaient pourtant mises en place à l'origine.* Ainsi, ce sont deux décisions de justice *fédérale* qui ont causé la disparition de ces règles. La première, *Anastasoff v. United States*, conduit la *Court of Appeal* du huitième circuit à considérer la règle de non-citation *et* la nature non précédentielle des décisions non publiées inconstitutionnelles. De manière remarquable, l'inconstitutionnalité soulevée l'est bien sûr au regard de la Constitution de 1787 (en l'occurrence, de son article III et de la notion de « pouvoir judiciaire » confié aux juridictions) *mais aussi* au regard de la doctrine du précédent, considérée elle-même comme constitutionnelle :

> « *le fait de déclarer ou d'interpréter un principe général ou une règle de droit est inhérent à toute décision de justice (…) Cette déclaration de droit est contraignante dans la mesure nécessaire à la prise de décision et doit être appliquée dans les décisions impliquant des situations similaires (…). Ces principes, qui forment la doctrine du précédent, étaient bien établis et respectés lorsque cette nation fut fondée. Les Pères Fondateurs considéraient que ces principes dérivaient de la nature du pouvoir judiciaire et qu'ils limiteraient le pouvoir judiciaire délégué aux juridictions par l'article III de la Constitution. (…) Dans la mesure où [cette règle] nous permettrait d'éviter l'effet précédentiel de nos anciennes décisions, impliquant l'extension du pouvoir judiciaire au-delà des bornes de l'article III, [elle] est donc inconstitutionnelle.* » [1387]

1387. « *Inherent in every judicial decision is a declaration and interpretation of a general principle or rule of law (…). This declaration of law is authoritative to the extent necessary for the decision, and must be applied in subsequent cases to similarly situated parties (…). These principles, which form the doctrine of precedent, were well established and well regarded at the time this nation was founded. The Framers of the Constitution considered these principles to derive from the nature of judicial power, and intended that they would limit the judicial power delegated to the courts by Article III of the Constitution. (…) Insofar as [this rule] would allow us to avoid the precedential effect of our prior decisions, purports to expand the judicial power beyond the bounds of Article III, [it] is therefore unconstitutional* », *Anastasoff v U.S.*, 223 F.3d 898 (8th Cir. 2000), spé. I. (Juge Richard S. Arnold).

Cette décision, cependant, est contredite un an plus tard dans une décision *Hart v. Massanari* de la *Court of Appeal* du neuvième circuit, où une règle de non-citation et de restriction de la nature précédentielle d'une décision non publiée substantiellement similaire à celle du huitième circuit est non seulement maintenue mais considérée parfaitement constitutionnelle. La *Court of Appeal* considère ainsi que « *Anastasoff* exagère la situation. Les règles qui permettent aux *Courts of Appeal* de rendre des décisions non précédentielles ne les libèrent pas de toutes les règles de droit et des précédents (...). Elles constituent un effort pour maintenir la notion de précédent dans le contexte d'un système juridique moderne, qui a considérablement évolué depuis les premiers jours du *common law* et depuis l'époque où la Constitution a été adoptée » [1388]. Elle ajoute au surplus que l'interprétation faite de l'article III comme limitant les juridictions fédérales et intégrant une forme forte de l'autorité du précédent est à la fois inédite et elle-même exagérée, et qu'il relève de la responsabilité des juges de préserver un corpus de règles « cohérent et compréhensible, et pas le troubler avec un torrent inutile de décisions publiées » [1389]. Le résultat auquel cette décision débouche est donc l'inverse diamétral de celui d'*Anastasoff*, puisque la *Court of Appeal* considère que cet effort de gestion du précédent découle directement de l'article III de la Constitution [1390]. Cet échange juridictionnel est tout à fait représentatif de l'argumentaire *pro* et *contra* ces règles, et tout particulièrement du niveau distinct auquel chacun de ces argumentaires se situait — un niveau pragmatique pour le premier et systémique pour le second. C'est dans le cadre de ce débat élevé au niveau même des juridictions et de la disparition progressive des règles les plus restrictives [1391] que la décision d'interdire ces règles fut prise en 2006 par l'*Advisory Committee on Appellate Rules*, mettant donc fin à toutes les manœuvres défensives déployées par le système judiciaire américain.

418 **Un mouvement de fond interrompu**. Si la fin des manœuvres systémiques américaines est sans doute la plus remarquable, elle n'est que la version la plus visible d'un mouvement général dans les systèmes de *common law*, en particulier au Canada [1392]. Ainsi, et même si les règles de non-citation britanniques sont encore

---

1388. « *We believe that* Anastasoff *overstates the case. Rules that empower courts of appeals to issue nonprecedential decisions do not cut those courts free from all legal rules and precedents (...). Rather, it is an effort to deal with precedent in the context of a modern legal system, which has evolved considerably since the early days of common law, and even since the time the Constitution was adopted* », *Hart v Massanari*, 266 F. 3d 1155 (9th Cir. 2001), I (Juge Alex Kozinski).

1389. « *Judges have a responsibility to keep the body of law 'cohesive and understandable, and not muddy the water with a needless torrent of published opinion'* », *Hart v Massanari*, précité, III (citant Boyce F. Martin, *op. cit.*, p. 196).

1390. *Hart v Massanari*, précité, IV.

1391. Patrick Schiltz indique ainsi en 2005 que seuls quatre circuits interdisent sans exception la citation des décisions non publiées (le deuxième, septième, neuvième et le circuit fédéral), voir « Much Ado about Little: Explaining the *Sturm Und Drang* over the Citation of Unpublished Opinions », *Wash. & Lee L. Rev.*, vol. 62, nº 4, 2005, 1429, pp. 1430-1431.

1392. Les quelques décisions rendues sur la question de la valeur précédentielle ou non de décisions rendues concernent des *endorsements*, c'est-à-dire des inscriptions, usuellement rédigées à la main par un des juges siégeant, résumant les points clés du raisonnement suivi par la juridiction et de la décision prise à l'usage, théoriquement, des seules parties. La publication de ces *endorsements* n'est pas systématique, et la question de leur valeur juridique s'est donc

aujourd'hui en vigueur et sont encore périodiquement rappelées [1393], l'univers juridique des systèmes de *common law* a aujourd'hui achevé sa transition tant du fait de l'échec, officiel ou officieux, des manœuvres de protection judiciaires que du fait d'incitation *publique* à la diffusion la plus large possible des décisions de justice. Ainsi, et dès 1970, les initiatives publiques se sont multipliées et ont finalement suivi de près les initiatives privées. À cet égard, le Canada peut être considéré comme précurseur puisque le mouvement y démarre dès les années 1970 : ainsi, et avant l'élargissement de ce principe à toutes les juridictions fédérales en 1985 [1394], la *Loi sur la cour fédérale* de 1970 impose, en parallèle de la création de la juridiction, la publication d'une sélection de ses décisions dans les deux langues officielles [1395]. Les initiatives provinciales se multiplient alors avec, notamment, la mise en place de la SOQUIJ au Québec en 1977 [1396]. Finalement, un décret de 1996 pose le principe de libre disposition et de gratuité des textes législatifs et des décisions de justice de niveau fédéral [1397]. Malgré quelques contentieux, notamment au Québec [1398], cette mesure permettant dans un premier temps la diffusion libre des textes juridiques *fédéraux* ouvre la voie à une diffusion de *l'intégralité* des textes juridiques, y compris provinciaux [1399]. Le déploiement de la plateforme gratuite *CanLII* en 2001 et l'adoption de la Déclaration de Montréal *sur l'accès libre au droit* en 2002 achèvent ainsi la transition déjà bien entamée par le système canadien vers un accès exhaustif aux décisions de justice. En 2005, soit quatre ans

---

rapidement posée. Il a ainsi été affirmé par la cour d'appel de l'Ontario en 2001 que ce type de « décision » doit être considéré de la même manière qu'un jugement classique et est donc susceptible de constituer un précédent contraignant, « bien qu'il ne doive pas être utilisé pour supporter des principes généraux auxquels il ne fait pas spécifiquement référence » (« *[it] they should not be construed to support broad overarching principles which are not specifically addressed in [it]* », *R. v Timminco Ltd.*, 2001 ON CA 3494, [2001] OJ No. 1443, pt. 36). Cette interprétation a été confirmée à plusieurs reprises, notamment dans *R. v Singh*, 2014 ON CA 293, [2014] OJ No. 1858 et, encore plus récemment, dans *R. v Rajmoolie*, 2020 ONCA 791 (CanLII).

1393. Voir la décision précitée *Keystone Healthcare Ltd v Parr*.

1394. Loi *sur les cours fédérales*, L.R.C. 1985, ch. F-7.

1395. Loi *sur la cour fédérale*, S. C. 1970-71-72, c.1, sec. 58 (1) à (4).

1396. Loi *constituant la Société Québécoise d'Information Juridique* (SOQUIJ) (précitée), S-20.

1397. Décret TR/97-5 du 19 décembre 1996 *sur la reproduction de la législation fédérale*. Ce décret est particulièrement important dans la mesure où il constitue une exception au principe de *crown copyright* (droit d'auteur appartenant à la Couronne) censé couvrir « les œuvres préparées ou publiées par l'entremise, sous la direction ou la surveillance de Sa Majesté ou d'un ministère du gouvernement » (Loi *sur le droit d'auteur*, L.R.C. 1985, ch. C-42, sec. 12) permettant donc la diffusion libre et gratuite de documents relevant de ce *copyright*).

1398. Culminant notamment dans une décision *Wilson & Lafleur inc. c. SOQUIJ*, précité, où l'éditeur juridique privé Wilson & Lafleur contestait les coûts financiers et matériels d'accès aux décisions de justice québécoise ainsi que la sélection opérée par la SOQUIJ et limitant donc la quantité de décisions diffusées à titre onéreux. Si la fonction de « guichet » et de filtre de la SOQUIJ n'est pas considérée problématique dans ses rapports avec les particuliers, il lui est néanmoins imposé de rendre accessibles aux éditeurs juridiques l'intégralité des décisions qui lui sont transmises pour qu'ils opèrent leur propre sélection au seul coût correspondant à la reproduction, aux frais de livraison et d'entreposage de ces décisions. La plateforme *jugements.qc.ca* est déployée trois ans plus tard pour offrir un tel accès aux éditeurs et aux particuliers.

1399. Notamment au Québec avec la Loi *concernant le cadre juridique des technologies de l'information*, L.R.Q. 2001, ch. C1.1, étendant le principe du décret de 1996 au droit provincial québécois.

après son déploiement, *CanLII* connaissait une croissance d'environ 1 500 jugements par semaine [1400], nombre qui double en 2012 [1401], et atteint, début 2023, 3 118 968 décisions avec une antériorité allant de 1877 pour les plus anciennes à 2020 pour les plus récentes [1402].

419 **Une situation britannique contradictoire.** La situation britannique, quant à elle, est un peu plus subtile puisque si les règles de non-citation et de hiérarchisation des décisions susceptibles d'être citées demeurent toujours en vigueur, la même trajectoire d'élargissement de la diffusion des décisions de justice a été suivie. Ainsi, et en parallèle des différentes réitérations de ces règles, le ministère de la Justice a enclenché la diffusion de plus en plus de décisions de justice [1403] et qui les a libérées, comme au Canada, du poids du *crown copyright* [1404]. Ce sont même des juges qui ont supervisé la création de *BAILII* [1405].

420 **Une transition d'autant plus évidente aux États-Unis.** Si aucune structure (semi) publique américaine n'a vraiment vu le jour pour suppléer ou s'ajouter aux initiatives privées, il faut cependant noter l'apparition de textes et d'outils au début des années 2000 : ainsi, le *E-Government Act* de 2002 prévoit que les juridictions fédérales sont tenues de rendre disponibles « la substance de toutes les décisions écrites » rendues sur un site internet dédié [1406], un an après le déploiement de *PACER* (*Public Access to Court Electronic Records*), un outil en ligne payant donnant au public un accès aux registres, décisions et divers documents

---

1400. Véronique Abad et Ivan Mokanov, « Les défis de la publication de la jurisprudence et le modèle d'opération de IIJCan/CanLII », *Can. L. Libr. Rev.*, vol. 30, n° 1, 2005, 23, p. 23.

1401. Daniel Poulin, « Free Access to Law in Canada », *op. cit.*, p. 168.

1402. État des collections au 25 février 2023, voir <https://www.canlii.org/fr/collections.html>.

1403. En 1986, soit trois ans après *Robert's Petroleum*, le ministère de la Justice a rendu disponible l'équivalent de trente années de décisions de la *Court of Appeal* disponible sous forme de microfiches, voir Michael Zander, *op. cit.*, p. 313.

1404. Le principe de diffusion libre des sources du droit a été acté dans un *white paper* de mars 1999. Il est ainsi posé que, pour certaines catégories de documents juridiques, « aucune licence formelle ou spécifique ne sera nécessaire » (« *formal and specific licensing will not be necessary* », Minister for the Cabinet Office, « Future Management of Crown Copyright », mars 1999, pt. 5.1) incluant la législation primaire et secondaire (pt. 5.2). Les décisions de justice, toujours couvertes par le *crown copyright*, sont néanmoins placées sous licence de réutilisation depuis 2001 (*Click-Use Licence*, puis *Open Government Licence* depuis 2010).

1405. Le *Lord Justice* Henry Brooke faisait ainsi partie du comité exécutif de *BAILII* à sa création et il est, aujourd'hui encore, principalement géré par l'*Institute of Advanced Legal Studies* de la *University of London*, voir, pour la genèse du projet, « All About BAILII – part one: what it is and where it came from », Transparency Project, 16 décembre 2020, disponible en ligne à <https://www.transparencyproject.org.uk/all-about-bailii-part-one-what-it-is-and-where-it-came-from/>. Dès avril 2003, des mesures ont été prises pour que l'intégralité des décisions « substantielles » rendues par la *Civil Division* de la *Court of Appeal* et par l'*Administrative Court* soit diffusée sur *BAILII*, voir « Case law on BAILII », BAILII, disponible en ligne à <https://www.bailii.org/bailii/summary-cases.html>. Aujourd'hui, toutes les décisions accessibles sur *BAILII* sont librement disponibles, téléchargeables et rediffusables, voir « BAILII and the re-use of judgments as public legal information », Transparency Project, 1er octobre 2019, disponible en ligne à <https://www.transparencyproject.org.uk/bailii-and-the-re-use-of-judgments-as-public-legal-information/>.

1406. « *The substance of all written opinions* », *E-Government Act* 2002, 44 U.S.C., sec. 2, § 205(a)(5).

publiés par les juridictions fédérales [1407]. Les seules véritables initiatives de diffusion *gratuite* des sources de droit sont du fait de chercheurs et de fondations privées, généralement à but non lucratif : c'est particulièrement le cas du *Legal Information Institute* créé au sein de la faculté de droit de la *Cornell University* en 1992 [1408]. Ce fut ensuite le cas du déploiement, en 2007, de *public.resource.org* à l'initiative du Professeur Carl Malamud [1409], de celui, la même année, d'*ALTLAW* à l'initiative de Tim Wu et Stuart Sierra et sous l'égide de l'Université de Columbia et du Colorado [1410] ou de l'extension *ReCAP* développée par l'Université de Princeton [1411]. Ces initiatives constituent finalement les projets les plus aboutis de diffusion gratuite du droit, en particulier dans la mesure où le principe de diffusion exhaustive et gratuite défendu par la plateforme *public.resource.org* a été affirmé jusqu'à la *SCOTUS* [1412].

B. Une mutation doctrinale en demi-teinte

421 **Une transition systémique suivie d'une transition doctrinale.** Les systèmes de *common law* ont ainsi vu leur univers juridique évoluer sous l'influence de ces outils. Si, bien sûr, ils continuent d'évoluer et de se raffiner, cette évolution achevée a conduit à la disparition de la dimension systémique des discours

1407. Xioahua Zhu, *op. cit.*, p. 12.

1408. L'outil diffuse en priorité des sources législatives, à l'origine au niveau fédéral (*U.S. Code, Code of Federal Regulations, Federal Rule of Civil Procedure, Bankruptcy Procedure, Criminal Procedure*…). Aujourd'hui, il donne aussi accès au droit des États fédérés, principalement par renvoi aux sites locaux. Ce déploiement est particulièrement important dans la mesure où il a été le modèle de tous les *Legal Information Institute* ensuite créés (notamment, dans un ordre chronologique, *AustLII, BAILII* puis *CanLII*).

1409. Le site internet donne encore aujourd'hui accès à l'intégralité des arrêts des *Court of Appeal* fédérales depuis 1950 et ceux de la *SCOTUS* depuis 1880, et ce à titre gratuit.

1410. *ALTLAW*, un moteur de recherche en plein texte, a ainsi donné accès aux mêmes ressources que *public.resource.org* (les décisions des *Court of Appeal* fédérales et de la *SCOTUS*) jusqu'en 2010, date à laquelle *Google Scholar* a commencé à intégrer des décisions de justice à ses collections et à les diffuser, ce que les fondateurs du projet considèrent comme la marque de leur réussite, voir le communiqué archivé à l'adresse suivante : <https://web.archive.org/web/20100523204837/http://altlaw.org/>.

1411. L'extension, par un système de *peer to peer*, permet l'accès gratuit aux documents accessibles via *PACER*, voir « Firefox : une extension permet de consulter gratuitement les documents des tribunaux américains », *ZDNET*, 18 août 2009, disponible en ligne à <https://www.zdnet.fr/actualites/firefox-une-extension-permet-de-consulter-gratuitement-les-documents-des-tribunaux-americains-39704649.htm>. Cette extension est, encore aujourd'hui, disponible au téléchargement.

1412. *Georgia v public.resource.org, Inc.*, n° 18-1150, 590 U.S. __ (2020). La décision, rendue sur un contentieux démarré en 2013, concernait l'intégration de l'*Official Code of Georgia Annotated* au sein de la base de public.resource.org et, plus spécifiquement, l'extension de l'exclusion de *copyright* propre aux documents publics (*edicts of government*, cette exclusion datant d'une décision de la *SCOTUS Wheaton v Peters*, 33 U.S. 591 (1834)) à des « codes » intégrant du matériau non juridique en tant que tel (les annotations ajoutées par la *Code Revision Commission* de Géorgie). La Cour, à une majorité de 5-4, considère que l'intégralité de ce « code », annotations comprises, se voit étendre l'exclusion de *copyright* hérité de *Wheaton*… En partie parce qu'autoriser un État fédéré à imposer un *copyright* sur les documents juridiques mais non strictement normatifs produits par des juges ou des parlementaires impliquerait une probable violation du premier amendement (p. 18).

doctrinaux ; aux États-Unis parce que le phénomène condamné (les règles de non-citation) a tout simplement lui-même disparu et au Royaume-Uni parce qu'il ne s'agissait plus de craindre une transformation qui s'était déjà produite. Au Canada, l'absence de ce discours a facilité les choses — et l'on en revient, finalement, à la situation que nous avons décrite dans le cadre de notre analyse de l'hypothèse juridique portée par le discours doctrinal français [1413]. De la même manière que l'univers juridique de *common law* parachevait sa transition, les discours doctrinaux eux-mêmes ont changé d'angle au profit de la dimension plus opératoire qui caractérise particulièrement le discours québéco-canadien. L'implication particulièrement importante des universitaires dans le développement des technologies qui ont permis cette transition n'y est, bien sûr, pas pour rien. On peut donc lire au Canada, dès 1988, que « nous sommes désormais confrontés à cette réalité que nous avons trop d'informations à gérer. L'ordinateur deviendra le seul moyen par lequel réaliser notre mission de recherche et d'information » [1414]. L'approche est fataliste, mais elle est aussi catégorique : il n'y a pas d'autre choix possible.

422 **Une présentation inchangée des logiques et clés de raisonnement de *common law*.** À cet égard, la problématique technologique s'est progressivement séparée de la question de la transformation du système juridique, tout comme d'ailleurs la réalité du raisonnement juridique induit ou imposé par les outils de justice informatique puis algorithmique s'est déconnectée de la présentation classique du raisonnement juridique. C'est finalement la seconde qui est demeurée l'apanage d'une « doctrine » académique et qui a continuée à être enseignée — ainsi, d'ailleurs, qu'une partie des acquis *de l'ancien univers juridique*. Alors même que le précédent de *common law* a profondément changé de nature avec l'impact croisé de la crise des sources et des outils de justice algorithmique, il s'agit toujours d'insister sur « son impact à un niveau vertical » et de rappeler à quel point des « juges pouvant critiquer et douter des précédents des juridictions supérieures qui les contraignent (…) demeurent contraints quoi qu'il en soit » [1415]. Les auteurs continuent néanmoins de présenter la doctrine du précédent à partir de sa représentation historique : « se tenir aux règles établies dans des décisions passées » [1416], ce qui constitue non pas un choix mais « une absence totale de choix » toutes les fois où « la similitude entre la source et la cible est inévitable » et où « le juge est obligé d'arriver à la même conclusion dans le cas présent que dans le

1413. Voir *supra* § 163 et suiv.

1414. « *We are now confronted with the reality that we have too much information to deal with. The computer will become the only means to control the research and information function* », Denis S. Marshall, « The history of computer-assisted legal research in Canada », in Joan Fraser (dir.), *Law Librairies in Canada. Essays to honour Diana M. Priestly*, Carwell, 1988, 103, p. 115.

1415. « *The impact of precedent as a vertical matter (…). Judges are permitted to criticize and doubt the superior-court precedents that bind them, but they remain bound nonetheless* », Randy J. Kozel, « Stare Decisis as Authority and Aspiration », *Notre Dame L. Rev.*, vol. 96, n° 5, 2021, 1971, p. 1977.

1416. « *Standing by the rules established in prior case* », Jesse D. H. Snyder, « Stare Decisis Is for Pirates », *Okla. L. Rev.*, vol. 73, n° 2, 2021, 235, p. 249.

cas précédent » [1417]. Cette tendance se poursuit plus spécifiquement encore dans les manuels d'introduction au droit, ce qui peut apparaître relativement peu surprenant dans la mesure où ils ne sont pas le meilleur endroit pour verser dans de longs développements sur les déformations subies par la présentation traditionnelle du *common law*. Pour autant, que ce soit dans les manuels britanniques [1418], américains [1419] ou canadiens, et d'ailleurs spécifiquement dans ceux émanant du Canada *anglophone* [1420], l'on est frappée par le classicisme de la présentation faite du fonctionnement du *common law* et par l'absence totale de mention d'un quelconque écart entre cette présentation et la réalité de sa pratique. Cette déconnexion est, en fait, remarquable à deux égards : elle est, dans un premier temps, révélatrice de la déconnexion entre ces deux faces de la doctrine du précédent mais elle est aussi, à un niveau plus doctrinal, révélatrice d'une certaine conception de l'activité académique et de ses limites dans les systèmes de *common law* [1421].

423 **Un écart de plus en plus perceptible entre théorie et pratique du système.** Cet écart, en particulier au niveau de l'enseignement universitaire, n'est d'ailleurs pas passé inaperçu puisque des auteurs américains notaient, dès 2012, que l'enseignement des techniques de recherche juridique « des facultés de droit ont éprouvé des difficultés à suivre les changements » provoqués par « l'arrivée de bases de données juridiques électroniques (…) qui ont rendu la recherche juridique en ligne plus facile que jamais » [1422], en particulier en demeurant concentré sur la recherche papier. À cet égard, l'enseignement de ces techniques dans les systèmes de *common law* se concentre, encore aujourd'hui, sur la *manière de chercher et de*

1417. Frederick Schauer, *op. cit.*, p. 94.

1418. On peut ainsi lire, du côté britannique, des présentations historiques des évolutions de la doctrine du précédent (notamment sur la question de la transition de la théorie déclaratoire à l'acceptation du pouvoir normatif et des juges et concernant le poids des précédents sur la *House of Lords*), elle-même décrite de la manière tout à fait traditionnelle que nous avons nous-mêmes reprise aux § 331 et suiv. (Phil Harris, *An Introduction to Law*, 7e éd., CUP, 2007, pp. 199-208), voire des présentations qui insistent sur la distinction *qualitative* devant être faite entre le *ratio decidendi* et les *obiter dicta* au sein des décisions… Distinction qui a largement perdu de sa pertinence avec la crise de sources ayant rendu pratiquement impossible un tel travail qualitatif (Raymond Wacks, *Law: a Very Short Introduction*, OUP, 2008, p. 33).

1419. Cette présentation est d'ailleurs encore plus rapide et laconique dans les manuels d'introduction au système juridique américain, où elle se limite en général à rappeler le principe général du précédent (John M. Scheb et Hemant Sharma, *An Introduction to the American Legal System*, 5e éd., Wolters Kluwer, 2020, pp. 76-77) voire à simplement en rappeler la seule existence (Lawrence Friedman M. et Grant M. Hayden, *American Law: an Introduction*, 3e éd., OUP, 2017, p. 80).

1420. Les manuels canadiens incluent à peu près les mêmes éléments que leurs homologues britanniques et américains ; ainsi, si une distinction est dressée entre précédent autoritaire et précédent persuasif, elle ne tient qu'au niveau hiérarchique de la juridiction ayant rendu la décision (Sasha Baglay, *Introduction to the Canadian legal system*, Pearson, 2016, pp. 30-32).

1421. Nous reviendrons sur cette conception spécifique du discours doctrinal académique et sur ses effets sur sa structuration externe et interne en *infra*, relativement au discours doctrinal québécois qui en comporte les marqueurs essentiels, voir § 556 et suiv.

1422. « *The advent of free electronic databases (…) have made conducting legal research online easier than ever. (…) Law school legal research programs have struggled to keep up it with these changes* », Ellis Margolis et Kristen E. Murray, *op. cit.*, p. 118.

trouver des décisions – or, et comme l'écrivent les mêmes auteurs, « trouver n'est plus le vrai problème (…) ». La problématique est désormais celle de « l'évaluation attentive de la richesse d'information trouvée à chaque recherche » [1423]. Si la transition de ces enseignements aurait pu suivre de près celle du système tout entier, cela n'a pas été le cas, tant et si bien que le maintien d'un enseignement de la recherche juridique basé sur les sources écrites « crée une déconnexion entre [ces enseignements] et à la fois les professionnels du droit et les étudiants » [1424] qui, bien sûr, ne méconnaissent pas l'existence des outils de justice algorithmique [1425]. Si cette transition semble avoir été entamée, plus de la moitié des facultés de droit américaines continuait, en 2016, d'enseigner la recherche juridique à partir des publications écrites [1426] et les organismes professionnels soulignent les difficultés des jeunes avocats juste sortis des facultés à réaliser des recherches juridiques efficaces [1427].

424 **Un double phénomène d'invisibilisation**. Ce double phénomène d'abandon de la part systémique du discours relatif aux outils de justice informatique et, aujourd'hui, de justice algorithmique, et de déconnexion de la présentation du système de *common law* de son fonctionnement réel constitue un élément de réponse quant à la méconnaissance, au sein du discours doctrinal français, de la crise systémique pourtant bel et bien traversée par les systèmes de *common law*.

425 Faute de traces perceptibles dans les écrits actuels [1428] de cette crise, il est aujourd'hui facile d'imaginer que ces outils nés, développés et améliorés dans ces systèmes de *common law* s'y sont nécessairement facilement intégrés. Faute d'une connaissance aisée de l'impact que ces outils ont eu sur la présentation traditionnelle des logiques et des clés de raisonnement du *common law*, il est d'autant plus facile d'en tirer la conclusion qu'ils seraient en mesure d'importer ces logiques et ces clés de raisonnements telles qu'elles sont connues en France. La réalité, cependant, apparaît désormais plus complexe que cette présentation.

1423. « *Finding is no longer the chief challenge. (…) Legal research has shifted from a focus on how to find materials to careful evaluation of the wealth of information each search yields* », *ibid.*, p. 119.

1424. « *This approach creates a disconnect between the legal research course and both practicing lawyers and law students* », *ibid.*, p. 125.

1425. Ce que le sondage diffusé par les mêmes auteurs révèle particulièrement, voir *ibid.*, pp. 132-149.

1426. Plus précisément, 68 % de ces facultés, voir Caroline L. Osborne, « The State of Legal Research Education: a Survey of First-Year Legal Research Programs, or 'Why Johnny and Jane Cannot Research' », *Law Libr. J.*, vol. 108, n° 3, 403, p. 404.

1427. *Loc. cit.*

1428. Ce qui ne signifie pas que des auteurs ne s'attachent pas à décrire les difficultés causées par ces outils, notamment du point de vue, justement, de l'enseignement des techniques de recherche juridiques aux étudiants en droit. Cet aspect n'est simplement pas traité sous un angle systémique, voir, par exemple, Denitsa R. Mavrora Heinrich et Tammy Pettinato Oltz, « Legal Research Just in Time: A New Approach to Integrating Legal Research into the Law School Curriculum », *Tenn. L. Rev.*, vol. 88, n° 2, 2021, pp. 469-514.

Conclusion du chapitre 2

426 **Une double méconnaissance.** Si l'hypothèse systémique portée par le discours doctrinal français est révélatrice d'une méconnaissance du fonctionnement précis des systèmes de *common law*, elle est, au surplus, révélatrice d'une méconnaissance du véritable théâtre de réception des outils de justice informatique puis algorithmique par ces systèmes. Le discours ignore en effet les défis qui se sont présentés aux systèmes de *common law*, que ces défis se soient présentés *avant* ou *en parallèle* de l'intervention des outils.

427 **Une mise en souffrance indéniable des systèmes de *common law*.** Ainsi, les systèmes de *common law*, chacun à leur manière, ont été mis en souffrance par le dérèglement de leur univers juridique. Le passage d'un univers juridique restreint, sélectif, rationalisé à un univers juridique d'une ampleur toujours croissante, exhaustif et déréglé a immédiatement eu une influence sur la pratique et la compréhension du phénomène juridique. Cet impact s'est le plus clairement manifesté par des manœuvres défensives aux États-Unis et au Royaume-Uni pour tenter de préserver autant que possible les logiques et les clés de raisonnement de *common law* face à la transformation de leur univers de déploiement. Ces résistances, émanant en premier lieu des juridictions elles-mêmes, constituent un premier élément de démonstration de l'artificialité du raisonnement selon lequel, parce que « la justice prédictive est importée du système anglo-saxon », « le fait d'utiliser cette aide à la décision (...) amènerait le juge à statuer selon le système du précédent » [1429].

428 **Un sentiment doctrinal de crise.** Ces manœuvres de défense du système de *common law* se sont redoublées d'un discours *doctrinal* systémique qui, au moins au Royaume-Uni, s'avère remarquablement proche du discours français. Ainsi, non seulement crise il y a *effectivement* eu au sein de ces systèmes, mais cette crise a *en plus* été ressentie comme telle par au moins une partie de ses auteurs contemporains. À cet égard, et même si cet axe discursif s'est affadi avant de disparaître du fait de l'achèvement de la transition des systèmes de *common law*, cette proximité entre les réactions provoquées par les effets du développement des outils de justice informatique puis algorithmique achève, finalement, de contredire la première des prémisses de notre hypothèse systémique : les systèmes de *common law* n'étaient pas, naturellement ou automatiquement, plus adaptés à ces outils lorsqu'ils s'y sont développés.

Conclusion du titre I

429 **Une première prémisse discutée.** Notre hypothèse systémique, pour rappel, s'articule en deux grands temps construits sur la base des marqueurs systémiques identifiés au sein du discours doctrinal : premièrement, *parce que* les outils de justice

1429. Carole-Anne Vaz-Fernandez, *op. cit.*, p. 80.

algorithmique sont nés au sein des systèmes de *common law*, ils seraient imprégnés de leurs logiques et clés de raisonnement et seraient donc, par nature, parfaitement adaptés à ces systèmes. *Par conséquent*, et secondement, le système civiliste français serait par nature incompatible avec leur fonctionnement, leurs apports et leurs défis. Nous nous sommes, dans ce premier titre et au travers d'un élargissement temporel et géographique, attachée à analyser la première de ces deux prémisses.

430 **La première « fausse-évidence » ; une émanation très limitée du *common law*.** Cette analyse nous a permis d'établir que l'idée selon laquelle l'origine géographique des outils de justice algorithmique (et, avant eux, les outils de justice informatique) emporte automatiquement des conséquences d'ordre systémique est doublement artificielle et repose, en grande partie, sur l'exploitation d'un imaginaire de *common law* fait de méconnaissances et de mécompréhensions. Ainsi, les outils de justice algorithmique *ne sont pas* une émanation des logiques et des clés de raisonnement du *common law*, mais constituent au contraire une *alternative* aux logiques et clés de raisonnement traditionnelles des systèmes anglo-américains. Ils emportent avec eux des caractères spécifiques qui s'opposent tous, plus ou moins frontalement selon les systèmes juridiques, aux tenants et aux aboutissants de l'univers juridique anciens dans lequel les logiques et clés de raisonnement de *common law* se sont développées. Ils n'importent donc, au sein de leurs systèmes juridiques de réception, qu'une version presque caricaturale du *common law* : un poids normatif octroyé aux décisions de justice et une concentration sur la figure normative du juge.

431 **La seconde « fausse-évidence » ; la cause d'une véritable crise systémique.** Cette première « fausse évidence » se double d'une seconde : les outils de justice informatique puis algorithmique *ne sont pas* naturellement adaptés à leur système d'origine précisément parce que ces systèmes d'origine *n'étaient pas eux-mêmes adaptés* à l'univers juridique qui sous-tend ces outils. La crise qui a secoué les systèmes de *common law* au XXe siècle et a conditionné l'évolution de leur univers juridique est d'autant plus indéniable qu'elle s'est manifestée au niveau juridictionnel comme doctrinal. Le fait que cette crise ne soit plus perceptible aujourd'hui peut expliquer sa méconnaissance par le discours, mais elle ne signifie pas que les systèmes de *common law* ne l'aient pas traversée — ils l'ont seulement traversé quelques décennies plus tôt.

432 **Un résultat ambigu.** Voilà, donc, le résultat de notre analyse de la première prémisse de notre hypothèse systémique. Il n'en reste finalement pas grand-chose, si ce n'est qu'en effet, et indéniablement, les outils de justice algorithmique sont ancrés dans une perception générale du droit proche des systèmes de *common law* parce que gravitant autour de l'activité judiciaire : la focale est mise à la fois sur la contrainte exercée par des « précédents » et sur le juge qui en est l'auteur. Si cet élément était très insuffisant pour valider la première prémisse de notre hypothèse systémique, il constitue cependant un bon point de départ pour l'analyse de sa seconde prémisse plus proche du discours français : déjà fragilisée, elle constitue peut-être finalement un *paravent* plus artificiel qu'opératoire, dissimulant alors les véritables points problématiques des outils de justice algorithmique et une série d'impensés systémiques proprement français.

Titre II

L'ARGUMENT « *COMMON LAW* » COMME RÉVÉLATEUR DES IMPENSÉS SYSTÉMIQUES FRANÇAIS

> « *Fermons les écoutilles, et attendons les calmes.* » [1430]

433 **Un argument systémique non opératoire.** À l'issue de ce détour du côté des systèmes de *common law*, notre constat est donc sans appel : l'idée selon laquelle le système civiliste français ne serait pas compatible avec les outils algorithmiques parce qu'ils seraient eux-mêmes des émanations du système de *common law* n'est pas opératoire en tant que telle dans la mesure où il est censé être l'effet d'une cause que nous avons invalidée. Si les outils de justice algorithmique *ne sont pas* les émanations des systèmes de *common law*, alors pourquoi et dans quelle mesure exacte seraient-ils incompatibles d'un point de vue *systémique* avec le système civiliste français ? On pourrait être tentée d'abandonner dès à présent cette hypothèse systémique dans la mesure où elle ne tient déjà plus et passer à notre dernière hypothèse. Et pourtant.

434 **Un argumentaire systémique aux fondements classiques.** Ce n'est pas parce que notre hypothèse systémique n'est déjà plus opératoire qu'elle a perdu tout intérêt, précisément parce que la démonstration de son artificialité nous a permis de saisir le cœur du « problème systémique » que cette hypothèse dissimule. Ainsi, la manière dont le discours exprime, se saisit et s'emploie à démontrer ces enjeux systémiques est finalement aussi intéressante que ses arguments puisqu'au fond cette incompatibilité systémique est employée au renfort d'un traitement de l'outil finalement très classique. En d'autres termes, et comme on a déjà pu le souligner,

---

1430. Philippe Rémy, « Cent ans de chronique », *RTD civ.*, 2002, 665, p. 680.

l'axe argumentatif tiré du *common law* apparaît comme le biais commode et habituel par lequel exprimer des inquiétudes bien plus profondes et bien moins caricaturales qu'elles n'y paraissent – mais non moins compliquées à formuler explicitement. Tout revient alors finalement à deux des thèmes les plus traditionnels de la pensée juridique française : la place de la jurisprudence, que l'outil de justice algorithmique viendrait « hypertrophier » [1431] jusqu'à « entret[enir] une confusion entre les différents étagements normatifs » [1432], et la nature du raisonnement juridictionnel, qu'encore une fois les outils viendraient transformer en une « casuistique massifiée » [1433]. Ces lieux communs de la pensée juridique française sont donc finalement la porte d'entrée du discours dans cette hypothèse systémique ambivalente (**Chapitre 1**) et influent immanquablement sur la perception des outils de justice algorithmique qui le sous-tend et, en conséquence, sur la représentation de ces outils qu'il entretient et perpétue.

435 **Un argumentaire systémique révélateur des ornières du traitement des questions juridictionnelles**. Or, tenter de saisir les outils de justice algorithmique et leurs défis au travers de ces lieux communs fait tomber le discours dans des ornières inadaptées à ces outils qui, exactement comme la première prémisse de notre hypothèse systémique, occultent les enjeux véritables de ces outils une fois intégrés au sein du système civiliste français. Ces outils s'attachent en effet, comme ils ont pu le faire hier dans les systèmes anglo-américains, à combler un angle mort de la pensée juridique et du travail doctrinal : l'office des juges du fond (**Chapitre 2**). Ainsi, prétendre démontrer que le système civiliste français est incompatible à un niveau *systémique* avec ces outils à partir de lieux communs construits sur la figure des juges suprêmes ne fait que déformer son traitement et dissimuler leurs défis, enjeux et effets potentiels réels au point de ne pas permettre d'émettre de conclusion franche sur la seconde prémisse de notre hypothèse systémique.

1431. Cyril Nourissat, *op. cit.*, p. 1490.

1432. Jean-Baptiste Prévost, « La fabrique des données : à propos du codage numérique du droit et de ses limites », *op. cit.*, p. 85.

1433. Lêmy Godefroy, Frédéric Lebaron et Jacques Lévy-Vehel, *op. cit.*, p. 58, citant les propos de Jean Carbonnier dans un entretien de Anna de Vita, in Raymond Verdier, « Jean Carbonnier. L'homme et l'œuvre », Presses Universitaires de Paris Nanterre, 2012, 647, p. 650.

Chapitre 1

Un outil pensé au travers des lieux communs de la pensée juridique française

« *Ce mot de jurisprudence (...) doit être effacé de notre langue.* » [1434]

436 **Un traitement finalement très classique.** On est contrainte, à ce stade, d'admettre que pour des outils aussi « nouveaux », les outils de justice algorithmique connaissent un traitement doctrinal français remarquablement classique : saisis, dans leur dimension juridique, par une articulation de principes et de notions juridiques qui n'ont rien de particulièrement révolutionnaires (voir *supra*), leur traitement systémique n'en est pas moins familier. Ainsi, le discours relatif aux outils de justice algorithmique est une nouvelle fois l'occasion de ramener sur le devant de la scène des thématiques qui n'ont rien de nouveau : la sempiternelle question de la place de la jurisprudence dans l'ordre juridique français.

437 **Un débat historique réactivé.** À cet égard, l'argument « *common law* » semble se réduire, dans un premier temps, à une réactivation des débats doctrinaux sur le poids normatif attribué aux décisions de justice par les outils de justice algorithmique (**Section 1**) — bien que les données du débat soient, elles, profondément modifiées par ces outils.

438 **Un prisme de traitement déformant.** Si cette question est posée, et résolue, d'une manière *a priori* assez classique, le *phénomène* qui l'a soulevée n'est pas lui-même aussi classique. Les outils de justice algorithmique ne réactivent en effet pas seulement le débat classique de la normativité de la *jurisprudence* conçue dans son sens le plus qualitatif, mais aussi et surtout celui de la *définition* de la jurisprudence et de l'inclusion ou non de toute une part de la production juridictionnelle

---

1434. Intervention de Maximilien de Robespierre telle que consignée dans *Archives parlementaires de la Révolution française*, 1e série, t. xx, P. Dupont, 1884, p. 516.

qui n'y est pas traditionnellement incluse : la production juridictionnelle des juges du fond. Or, et parce que cette production juridictionnelle est globalement méconnue de la doctrine française, l'analyse proposée d'un outil qui se concentre pourtant sur *elle* est nécessairement déformée et tend à s'autojustifier (**Section 2**).

Section 1. UNE RÉACTIVATION DU DÉBAT SUR LE POIDS NORMATIF DE LA PRODUCTION JURIDICTIONNELLE

439 **Un lieu commun historique de la pensée juridique française**. S'il existe bien un sujet qui ne cesse d'agiter périodiquement le discours doctrinal, c'est très certainement la question éternellement reposée du poids normatif de la production juridictionnelle ainsi que ses multiples questions connexes. La jurisprudence est-elle une source de droit ? une autorité ? Doit-on lui reconnaître le moindre poids ? en droit ? en fait ? Le juge est-il producteur de droit, encore faut-il alors définir ce que l'on entend par droit ?

440 **Un débat reconvoqué**. Si ce débat est si aisément réactivé, c'est parce qu'il est au cœur de la construction de l'univers juridique du système civiliste français et de ses logiques et clés de raisonnement (**§ 1**). À cet égard, les outils de justice algorithmique réveillent l'ombre plusieurs fois centenaire du « juge, bouche de la loi » de Montesquieu (**§ 2**) au renfort d'une argumentation parfois toute entière tournée vers le premier et le plus grave des défauts de ces outils : leur concentration juridictionnelle (**§ 3**).

§ 1. *UN SYSTÈME CIVILISTE FRANÇAIS HÉRITÉ DE LA RÉVOLUTION*

441 **Univers juridique, logiques et clés de raisonnement**. S'employer à délimiter, en quelques lignes ou en quelques pages, tout un système juridique n'est pas plus simple lorsqu'il s'agit du système civiliste français que lorsqu'il s'agissait du système (ou des systèmes) de *common law*. Il est cependant possible, comme on a pu le faire pour ces derniers, de tirer de la manière dont il est compris et pensé par le discours doctrinal les points saillants de ce système juridique et d'identifier son environnement, son *univers juridique* tels qu'ils sont classiquement conçus et compris. C'est en effet à l'égard de ces logiques et de ces clés de raisonnement d'une part et de cet univers juridique d'autre part qu'il est possible d'établir si incompatibilité systémique il y a bel et bien entre le système civiliste français et les outils de justice algorithmique, et ce même si, à ce stade, nous savons déjà que cette incompatibilité ne se joue pas sur le même mode que l'habituelle *concurrence des droits*. À l'étude, il apparaît ainsi que c'est la période révolutionnaire, plus que toute autre, qui a imprimé ses marques tant dans les logiques et les clés de raisonnement que dans l'univers juridique traditionnellement perçu par le discours doctrinal français ; tant du point de sa conception légaliste du droit (**A**) que de la conception restrictive qu'elle entretenait de l'office du juge (**B**).

A. Une conception profondément légaliste du phénomène juridique

442 **Montesquieu et pseudo-Montesquieu.** Malgré l'aspect caricatural et par trop général de ce constat [1435], il faut admettre qu'à suivre la description faite du fonctionnement moderne du système civiliste français par le discours doctrinal, ce dernier s'est construit et modelé à partir des acquis révolutionnaires et de ceux issus des régimes postérieurs (et notamment le Premier Empire). À cet égard, « la Révolution a instauré une coupure radicale qui se révélera irréversible : celle du législatif et du judiciaire, de la loi et de son application » [1436]. Cette dichotomie s'est particulièrement exprimée au travers de ce que l'on appellera à partir de maintenant le *pseudo*-Montesquieu, c'est-à-dire d'une lecture opportuniste et absolutiste de *L'esprit des lois* par les révolutionnaires et postrévolutionnaires. Si l'on insiste sur cette épithète de *pseudo*-Montesquieu, c'est parce que cette interprétation avancée à partir de la fin du XVIIIe et début du XIXe ne peut pas être attribuée directement à son auteur théorique. Comme l'explique Guy Canivet, cette nécessité exprimée au lendemain de la Révolution que le juge demeure « la bouche qui prononce les paroles de la loi » [1437] a fait l'objet d'un « détournement de citation » [1438]. Il évoque ainsi en particulier Jacques-Joseph Garat-Mailla qui, en effet, prononce en 1801 un discours à l'occasion des débats sur le titre préliminaire du Code civil dans lequel il déclare qu'un « juge ne peut être, comme le dit Montesquieu, *que la bouche qui prononce les paroles de la loi* » pour s'opposer à ce qui deviendrait l'article 4 du Code civil (condamnant pour déni de justice un juge qui refuserait de se prononcer sous prétexte du silence, de l'obscurité ou de l'insuffisance de la loi). Cette citation sert donc un propos selon lequel « la justice de la société n'est et ne peut être que ce que prescrit la loi, que le texte même de la loi » [1439]. La phrase seule et tirée de son contexte est en effet séduisante pour qui souhaiterait, comme les révolutionnaires, « instaure[r] une coupure radicale » [1440] avec « la désastreuse jurisprudence des Parlements » [1441] ; elle est cependant profondément informée par l'objectif poursuivi par Montesquieu lui-même dans son ouvrage. Situé dans le sixième chapitre du onzième livre de son ouvrage consacré à *la Constitution d'Angleterre*, ce passage renvoie donc bien plus volontiers aux

---

1435. Ne serait-ce que parce que si la Révolution de 1789 a bien marqué une coupure historique, sociale, politique, culturelle et finalement juridique, elle n'a pas *tout* inventé. Ainsi, les bases du raisonnement juridique civiliste classique remontent jusqu'au droit romain ; voir, à cet égard, Imre Zajtay, « La permanence des concepts du droit romain dans les systèmes juridiques continentaux », *RIDC*, vol. 18, n° 2, 1966, pp. 353-363 ou Yves Gaudemet, « Tendances et méthodes en droit romain », *Revue philosophique de la France et de l'étranger*, t. 45, 1955, pp. 140-179.

1436. Évelyne Serverin, *De la jurisprudence en droit privé*, *op. cit.*, p. 68.

1437. Charles Louis de Secondat, baron de Montesquieu, *De l'esprit des lois*, t. 1, Nourse, 1772, p. 200.

1438. Guy Canivet, « Activisme judiciaire et prudence interprétative. Introduction générale », *op. cit.*, p. 9.

1439. Pierre-Antoine Fenet, *Recueil complet des travaux préparatoires du Code civil*, t. 6, Hyppolyte Tilliard, 1836, pp. 150-151.

1440. Évelyne Serverin, *De la jurisprudence en droit privé*, *op. cit.*, p. 68

1441. Guy Canivet, « Activisme judiciaire et prudence interprétative. Introduction générale », *op. cit.*, p. 16.

débats entourant la nature exacte du pouvoir du juge britannique, entre *oracle du droit* déclarant les composantes spécifiques d'un droit préexistant (théorie déclaratoire) et autorité normative à part entière concurrençant donc le Parlement [1442].

443 **Un univers juridique remodelé par les révolutionnaires de 1789 ; un système légaliste.** Au sortir des heurts de la Révolution au moins partiellement encouragés par la résistance des Parlements de province, cependant, ce contexte importait peu aux révolutionnaires pour qui la loi seule, produit direct de la volonté de la nation incarnée dans ses représentants, était en mesure de garantir et protéger les droits naturels des individus contre « une société inégalitaire dans laquelle les statuts sont trop nombreux et les conditions trop hétérogènes » [1443], c'est-à-dire la société d'ancien régime. Sa généralité répond « à des besoins très précis, à la nécessité de la Révolution elle-même : supprimer les distinctions entre les personnes ; la loi est dite générale, dans le sens de nationale. Il n'y a plus qu'une règle » [1444]. La première victime de cette « utopie panlégaliste » où la loi, générale et abstraite, est le seul instrument de l'égalité républicaine et « doit être la seule source du droit parce qu'elle seule procède de la volonté populaire » [1445], est ainsi la figure du juge « émasculé » [1446] auquel il a été prescrit « de devenir une machine à appliquer la loi » [1447] faisant partie intégrante de l'appareil étatique. Plus encore, le vocabulaire importe. *Le juge* français n'est pas *un* juge qui, à la manière du juge de *common law*, pense, réfléchit et agit en tant qu'individualité consciente et socialement construite – comment le pourrait-il, si on le considère réduit à n'être que le *conduit* par lequel une loi parfaite doit transiter ? À cet égard *tout*, dans la construction postrévolutionnaire de la justice, s'assure que *le juge* n'existe pas comme entité individuelle et que le terme puisse être utilisé de manière interchangeable avec celui de *justice* [1448] au sein d'un système nécessairement impersonnel.

444 **Un univers juridique remodelé par les révolutionnaires de 1789 ; synthèse.** Voilà, donc, les éléments de l'univers juridique d'épanouissement du système

---

1442. Voir *supra* § 328.

1443. Frédéric Zénati, *La jurisprudence*, *op. cit.*, p. 46.

1444. Maxime Leroy, *op. cit.*, p. 35.

1445. Philippe Jestaz, « Les sources du droit : le déplacement d'un pôle à l'autre », *RGD q.*, vol. 27, n° 1, 2016, 5 p. 12.

1446. *Ibid.*, p. 3.

1447. Florent Tap, *op. cit.*, p. 75.

1448. Ce *tout* allant de la robe judiciaire qui « instaure l'effacement de l'individualité du juge » (« La robe des magistrats : héritage et symbolique », *Cour de cassation*, 25 juillet 2022, disponible en ligne à <https://www.courdecassation.fr/toutes-les-actualites/2022/07/25/la-robe-des-magistrats-heritage-et-symbolique>) au régime de responsabilité dérogatoire des magistrats (l'action en responsabilité ne pouvant être actionnée que par l'État lui-même (art. 11-1 de l'ordonnance n° 58-1270 du 22 décembre 1958 *relatif au statut de la magistrature*) pour déni de justice ou faute lourde (art. L. 141-1 du Code de l'organisation judiciaire)), en passant par leur mode de désignation (par la voie du concours, c'est-à-dire la voie classique d'entrée au sein de la *fonction publique* faisant d'eux des fonctionnaires au statut certes spécial… mais toujours des fonctionnaires). On peut y ajouter le fait que les décisions de justice sont rendues « au nom du peuple français », de manière collégiale sans possibilité de rédaction d'opinion dissidente et on a alors tous les ingrédients de la conception pleinement *institutionnelle* d'une justice fondamentalement conçue comme un appareil régalien.

civiliste français : d'une part, « une primeur de la loi » [1449], « un légalisme » [1450] et, d'autre part, une minoration de « l'importance de la fonction judiciaire (...) rationnalis[ée] à l'excès » [1451]. Le premier fondement de cet univers juridique, son *légalisme*, joue à la fois sur les aspects les plus techniques du système juridique (l'organisation de ses sources) que sur ses aspects les plus théoriques, au compte desquels apparaît notamment une certaine *esthétique* du droit. Ainsi, « en assimilant le droit à la loi », le légalisme révolutionnaire « a entraîné une conception exclusiviste des sources du droit : ne peut alors être qualifié de droit que ce qui s'apparente, formellement et matériellement, à la loi » [1452] — réduction que n'a qu'accentuée le phénomène codificateur qui a, en effet, fait disparaître le concurrent principal de la loi en « abroge[ant] toutes les coutumes » et en « rédige[ant] cinq codes de lois » [1453]. Au-delà donc de l'importance juridique et culturelle de la loi formelle (les textes votés par la représentation nationale et exerçant une autorité législative), ce légalisme se poursuit dans un certain nombre de standards qui infusent l'univers juridique classique du système civiliste français : le droit, en général, correspond à « l'ambition de l'uniformité rêvée par les légistes révolutionnaires » [1454] ce qui impose une certaine manière, elle-même uniforme, de le penser et de l'appliquer. C'est précisément à cela que tient la « rationalité civiliste » traditionnellement opposée au « romanticisme du *common law* » [1455] : le système civiliste français, « où les règles se situent donc souvent à un niveau élevé de généralité », « entend procéder de principes généraux d'où se déduiront les solutions particulières », parce que raisonner à partir d'un unique « principe supérieur » généralisateur est la clé de l'égalité républicaine prônée par les révolutionnaires [1456]. La codification, encore une fois, n'a fait que renforcer cette structuration particulière du droit : « codifier son droit, c'est le rationaliser, l'ordonnancer, le hiérarchiser, le rendre accessible à tous » [1457] et c'est finalement la continuation de l'idéal « universel ou universalisable » porté par le droit postrévolutionnaire [1458]. Le raisonnement particulier qui en est induit est ainsi le premier des marqueurs systémiques baignés dans cet univers juridique français — un raisonnement juridique abstrait, dans lequel « on se soucie beaucoup moins » des

---

1449. Claire Vocanson, « Le texte », in Pascale Deumier (dir.), *Le raisonnement juridique. Recherche sur les travaux préparatoires des arrêts*, Dalloz, 2013, 11, p. 11.

1450. Nader Hakim, « Un essai de conceptualisation des fonctions de la doctrine et des juristes. L'introduction à l'étude du droit de Hyacinthe Blondeau », *RTD civ.*, 2008, 635, p. 639.

1451. Rémy Libchaber, *L'ordre juridique et le discours du droit. Essai sur les limites de la connaissance du droit*, LGDJ, 2013, p. 234.

1452. Florent Tap, *op. cit.*, p. 16.

1453. Philippe Jestaz, « Les sources du droit : le déplacement d'un pôle à l'autre », *op. cit.*, p. 12.

1454. Maxime Leroy, *op. cit.*, p. 230.

1455. Duncan Fairgrieve et Horatia Muir-Watt, *op. cit.*, p. 25.

1456. Bernard Audit, « Introduction », *APD*, n° 45, 2001, 7, p. 8.

1457. Association Henri Capitant des amis de la culture juridique française, *Les droits civilistes en question, à propos du rapport Doing Business de la Banque Mondiale*, 2 tomes, t. 2, Société de législation comparée, 2006, p. 81.

1458. Nader Hakim, « Droit privé et courant critique : le poids de la dogmatique juridique », in Xavier Dupré de Boulois et Martine Kaluszynski (dir.), *Le droit en révolution(s). Regards sur la critique du droit des années 1970 à nos jours*, LGDJ, 2011, 71, p. 78.

faits ou d'application effective du droit que « des principes » qui constituent « la partie noble du droit » [1459], qui part toujours de ces principes et tend d'ailleurs à y demeurer [1460], sauf à ce qu'il soit nécessaire de les concrétiser. Il s'agit alors là de l'office du juge.

B. Une conception restrictive de l'office et de la place du juge

445 **Un univers juridique remodelé par les révolutionnaires de 1789 ; un système de relégation du juge.** Cet office du juge, qui constitue aussi le second fondement de cet univers juridique dans la défiance réservée à la figure même du juge, a induit le premier des témoignages systémiques de cette « coupure radicale » entre une loi parfaite et une autorité d'application indigne de confiance : le syllogisme judiciaire, « résultat d'une méfiance envers le juge » [1461]. Articulé autour d'une majeure (la règle générale gouvernant sa résolution, et donc la loi) et d'une mineure (les faits, soit « le rapport particulier du sujet contentieux à *la vérité générale* ») pour en déterminer une conclusion (la décision à proprement parler, c'est-à-dire « la déclaration de ce que la loi ordonne au sujet contentieux »), « toute règle se présent[e] comme un *ordre* destiné à régler directement le comportement du citoyen, ordre que le juge se born[e] à retransmettre » dans les limites rigides d'un tel raisonnement [1462]. Puisque l'office du juge « comporte inévitablement une part d'interprétation », le syllogisme juridique est apparu comme la meilleure manière d'assurer que cette part d'interprétation demeure réduite à son strict minimum en « conservant la fonction du juge comme une fonction d'application mécanique de la loi » [1463] et sa figure comme celle d'un « serviteur » [1464]. Dans la continuité de la question interprétative, le syllogisme, tout comme la façade dépersonnalisante, collective et régalienne derrière laquelle s'effacent les individus qui concourent à l'activité de justice, constituent une entreprise de maîtrise et de dissimulation de la « part humaine et subjective » propre à chaque juge [1465] dont la « transparence assure son asservissement à la loi » [1466]. Ce syllogisme fait donc partie intégrante tant des logiques et clés de raisonnement du système civiliste français, dans la mesure où il constitue le raisonnement attribué et *prescrit* au juge, que de l'univers juridique dans lequel ce raisonnement gravite – ou, en tout cas, partie intégrante de

1459. *Ibid.*, p. 8.

1460. Henri Motulsky écrivait ainsi qu'« abstraction et généralisation » constituaient « les facteurs fondamentaux auxquels peuvent se ramener tous les procédés techniques d'élaboration du droit » puisque la règle elle-même « se crée par abstraction et généralisation », voir *Principes d'une réalisation méthodique du droit privé. La théorie des éléments générateurs des droits subjectifs*, Dalloz, 1991 (1e éd. 1948), pp. 16-17.

1461. Frédéric-Jérôme Pansier, *IJudge, vers une justice prédictive*, *op. cit.*, p. 12.

1462. Évelyne Serverin, *De la jurisprudence en droit privé*, *op. cit.*, p. 219.

1463. Jacques Chevallier, « Les interprètes du droit », *op. cit.*, p. 266.

1464. Wanda Mastor, *L'art de la motivation. Substance du droit*, Dalloz, 2020, p. 79. Là encore, les mots ont un sens ; en tant que fonctionnaire, même bénéficiant d'un régime spécial, il est serviteur de l'État.

1465. Pascale Deumier, « Contribution », in Loïc Cadiet, « L'open data des décisions de justice », *op. cit.*, 187, p. 193.

1466. Renaud Colson, *La fonction de juger. Étude historique et positive*, LGDJ, 2006, p. 81.

la description qui en est faite par le discours doctrinal. À cet égard, le syllogisme devient le « parangon du raisonnement juridique » [1467], un élément presque sacré [1468] qui assure le « triomphe » de la loi [1469] et de son empire, y compris dans l'espace de liberté intangible du juge dans son prétoire. Le droit seul, en effet, ne peut que difficilement contraindre le raisonnement individuel des juges et les empêcher d'interpréter [1470] — mais il peut cependant aménager les conditions dans lesquelles ces interprétations, si elles doivent intervenir, n'auront pas la capacité juridique de dépasser l'espèce jugée. C'est précisément ce qu'assurent l'interdiction faite au juge de « se prononcer par voie de disposition générale et réglementaire » à l'article 5 du Code civil en prohibant l'édiction d'arrêt dit de règlement, général et abstrait et s'imposant à toutes les juridictions inférieures, ainsi que la limitation de l'autorité de chose jugée au seul dispositif [1471]. Cette double limitation de la portée normative des décisions rendues par des juges en cantonne le pouvoir normatif au strict contentieux résolu et le réduit, ainsi, à cette fameuse « bouche qui prononce les paroles de la loi » puisqu'en effet, ne transite par lui que l'application effective d'une norme prédéterminée.

446 **Des logiques et clés de raisonnement modelé sur un univers juridique.** Voilà, donc, l'univers juridique du système civiliste français ainsi qu'il est compris par le discours doctrinal qui en émane : un environnement juridique imprégné d'une conception profondément *légale* du droit, au sein de laquelle la loi occupe tout entière l'espace normatif et l'espace de réflexion, qui *relègue* le juge à la périphérie de ce droit. Au législatif, la part noble du droit — et donc la loi, et au judiciaire sa part la plus triviale — son application. Flotte, dans cet univers juridique, une variété de logiques et de clés de raisonnement dont les plus saillantes seraient

---

1467. Christophe Jamin et Mikhail Xifaras, « Sur la formation des juristes en France. Prolégomènes à une enquête », *Commentaire*, n° 150, 2015, 385, p. 388.

1468. Duncan Fairgrieve et Horatia Muir-Watt, *op. cit.*, p. 31.

1469. Philippe Jestaz, « Repenser la définition du droit », in Baptiste Bonnet (dir.), *Traité des rapports entre ordres juridiques*, LGDJ, 2016, 225, p. 225.

1470. Non pas qu'une telle contrainte n'ait pas été imaginée — c'était tout l'office du référé législatif (remplaçant le référé royal mis en place par une ordonnance civile enregistrée au Parlement de Paris le 20 avril 1667) que de contraindre les juges à saisir le législateur lui-même en cas d'imprécision de la loi, dans l'optique précise de ne pas permettre aux juges eux-mêmes de « combler » cette imprécision. Introduit dès la loi des 16 et 24 août 1790 *sur l'organisation judiciaire*, ce référé législatif connaît des éclipses et des renaissances jusqu'à sa suppression définitive par une loi du 1er avril 1837 *relative à l'autorité des arrêts rendus par la Cour de cassation après deux pourvois* (qui lui substitue, d'ailleurs, la seule hypothèse où les motifs d'un arrêt de la Cour de cassation s'imposent à la juridiction de renvoi suite à un double pourvoi, encore aujourd'hui présente à l'article art. L. 431-4 du Code de l'organisation judiciaire), mais « ne fonctionnera jamais en raison de sa trop grande complexité » (Philippe Jestaz, « Les sources du droit : le déplacement d'un pôle à l'autre », *op. cit.*, p. 13).

1471. Ainsi, au titre des articles 1355 du Code civil (par construction jurisprudentielle, l'ironie n'échappera pas au lecteur, depuis un arrêt Cass plé., 13 mars 2009, n° 08-16.033) et 480 du Code de procédure civile, l'autorité de chose jugée ne s'attache qu'au dispositif. Ce principe est cependant périodiquement remis en cause pour revêtir les motifs constituant le « soutien nécessaire » de la décision de cette même autorité (ainsi, du côté du juge administratif, voir CE ssr., 9 mai 2005, n° 256912, *Société nouvelle de construction et de travaux publics* et, du côté du juge pénal, voir Cass, 2e ch. civ., 30 juin 2016, n° 14-25.070). En tout état de cause, cependant, ces motifs « soutiens nécessaires » de la décision ne valent que dans les mêmes conditions que le dispositif auquel ils sont rattachés — c'est-à-dire avec une triple identité des demandes.

donc, d'une part, l'empreinte profonde des standards légaux sur le raisonnement *juridique*, spécifiquement doctrinal, marqué d'abstraction, de systématisation et de rationalité et, d'autre part, le cantonnement du raisonnement *juridictionnel* dans « la froideur du syllogisme » [1472]. À cet égard, et puisqu'il est réduit à ce syllogisme, l'office du juge demeure un point aveugle historique du système civiliste, ou, plutôt, de la pensée juridique *sur* le système civiliste. Étant acquis désormais que l'incompatibilité d'ordre systémique entre les outils de justice algorithmique et ce système civiliste français ne se résume pas à une réapparition de la concurrence des droits, elle a vocation à intervenir au niveau de ces logiques et clés de raisonnement et de cet univers juridique. Incompatibilité systémique il y aura si, en effet, les outils de justice algorithmique apparaissent en mesure de remettre en cause cet univers profondément légaliste, ainsi que le raisonnement juridique et/ou le raisonnement juridictionnel qui en découle(nt). Ce ne sera le cas que si la présentation de cet univers et ces logiques et clés de raisonnement correspond encore au système juridique français tel qu'il se déploie dans son ombre.

447 **Un univers juridique sans cesse débattu**. La présentation idéale que nous en avons fait ignore, en effet, les remous de l'histoire et de la pensée juridique — elle ignore, en particulier, que l'empreinte du pseudo-Montesquieu demeure inchangée depuis la Révolution. Or, c'est précisément parce que cette empreinte est éternellement contestée, remise en cause et rediscutée que les outils de justice algorithmique provoquent aussi rapidement une réaction d'ordre systémique.

§ 2. *L'EMPREINTE DE MONTESQUIEU SUR UN DÉBAT SEMPITERNEL*

448 **L'indépassable conception d'un pseudo-Montesquieu**. « La postérité de cette doctrine révolutionnaire prescriptive visant à la mécanisation du jugement est considérable », écrit Florent Tap [1473]. Malgré, encore une fois, l'aspect caricatural et sans doute galvaudé de ce constat, il est indéniable que la conception pseudo-Montesquienne du juge n'a pas cessé, dans une certaine mesure, d'imprégner la manière dont le champ juridique est conçu (**A**), que ce soit de manière comparée ou dans une perspective interne. Sa pérennité et sa force d'inertie sont d'ailleurs d'autant plus visibles à chaque fois que le discours doctrinal tente d'échapper aux *ornières* que cette conception pseudo-Montesquienne représente (**B**).

A. Une conception pseudo-Montesquienne imprégnant l'ensemble du champ juridique

449 **La postérité du pseudo-Montesquieu ; perspective comparée**. Cette conception, pour historique et déformée qu'elle soit, exerce ainsi toujours son influence en dehors du strict *droit* français puisqu'encore aujourd'hui, le critère discriminant le système civiliste incarné par la France des systèmes de *common law*

1472. Wanda Mastor, *op. cit.*, p. 79.
1473. *Ibid.*, p. 78.

demeure au premier chef la place du juge et de sa production dans l'édifice juridique. Ainsi, les « deux grandes familles de droit [qui] se partagent les terres émergées (…) et s'implantent avec des bonheurs inégaux sur les autres continents » sont distinguées par Jean Foyer par « la place de la jurisprudence dans la formation du droit » à partir de laquelle « les deux familles se sont séparées » [1474]. C'est toujours de ce point que partent les distinctions faites entre les deux systèmes, et ce alors même que de part et d'autre des océans on relativise déjà la pertinence de cette séparation franche : si « la réalité ne correspond pas parfaitement à cette idée excessivement contrastée » [1475], « même aujourd'hui, le droit anglais peut et doit être qualifié de droit jurisprudentiel » [1476]. À cet égard, et la réduction est commode, là où le juge est puissant, on trouve le *common law*, ce qui permet donc de réduire sa présentation à cette triple idée grossièrement étrangère selon laquelle le droit pourrait être « fondé sur le cas, le juge et le procès » [1477], juge qui, dès lors, constituerait le « dépositaire et [l']interprète reconnu » de ce *common law* [1478] dans toute son individualité, son histoire et ses convictions personnelles. Nous l'avons vu, cette réduction du *common law* à ces deux éléments que sont le poids normatif des décisions de justice d'une part et le pouvoir créateur du juge d'autre part est très restrictive et n'épuise pas, tant s'en faut, la plus traditionnelle des présentations de ces systèmes (voir *supra* § 319 et suiv.). C'est néanmoins celle qui est entretenue par le discours doctrinal français et, à ce titre, ce dernier n'est que l'une des manifestations de cette postérité de la conception pseudo-Montesquienne du juge.

450 **La postérité du pseudo-Montesquieu ; perspective interne**. À un niveau plus interne, cependant, il est évident que la compréhension de l'office du juge et de sa production a évolué depuis le début du XIXe siècle, ne serait-ce que parce qu'il est passé d'une menace à un quasi-pouvoir, ou à un pouvoir qui ne dit pas son nom. Tout se joue, cependant, dans ce *quasi* qu'il est nécessaire d'ajouter, dans toutes les difficultés rencontrées sur le chemin de cette transformation [1479] et, surtout,

---

1474. Jean Foyer, *op. cit.*, p. 3.

1475. Guy Canivet, « Activisme judiciaire et prudence interprétative. Introduction générale », *op. cit.*, p. 7.

1476. John-Anthony Jolowicz, « La jurisprudence en droit anglais : aperçu sur la règle du précédent », *APD*, t. 30, 1985, 105, p. 105.

1477. Frédéric Zénati, « L'évolution des sources du droit dans les pays de droit civil », *op. cit.*, p. 15.

1478. Bernard Galonnier, « Le discours juridique en France et en Angleterre. Convergences et spécificités », *ASp*, n° 15-18, 1997, 895, p. 909.

1479. Il n'existe ainsi à ce jour toujours pas de *pouvoir judiciaire* constitutionnel. Il est éclairant à cet égard de revenir sur les discussions quant au choix de la qualification de pouvoir ou d'autorité au sein de la Constitution de 1958, révélatrices des ramifications de cette doctrine révolutionnaire plusieurs fois centenaire. Ainsi, on peut citer Pierre-Henri Teitgen qui déclarait à l'aube de la Ve République qu'« en France, il n'y a pas de pouvoir judiciaire mais une autorité judiciaire et elle est chargée d'appliquer la loi. On nous propose de hausser l'autorité judiciaire au rang de pouvoir, et parce qu'elle devient un pouvoir, on lui permet de contrôler la constitutionnalité des lois… C'est le gouvernement des juges… C'est du Montesquieu pur ! », voir Comité national chargé de la publication des travaux préparatoires de la République, « Projet de loi constitutionnelle modifiant l'article 90 de la Constitution déposé le 1er juin 1958 », in « Documents pour servir à l'histoire de l'élaboration de la Constitution du 4 octobre 1958 », t. 1, 1987, p. 148.

dans la manière d'aujourd'hui traiter sa place au sein de l'ordre juridique. Ainsi, que ce soit pour affirmer cette nature [1480] ou pour la contredire [1481], la production normative des juges, la « jurisprudence », est toujours une autorité et non une source ; lorsque l'on admet qu'elle pourrait être plus que cela, c'est sur un mode concessif. Ces concessions se jouent alors tant dans un sens que dans l'autre, soit qu'elles partent du constat que « la position jurisprudentielle n'est pas obligatoire » pour « immédiatement relativiser » cette règle générale « et le faire sans remord » [1482], soit qu'elles reconnaissent « l'importance considérable que revêt aujourd'hui la jurisprudence » mais s'interrogent sur cette « sorte de fascination » qu'exerce le phénomène jurisprudentiel et qui ne suppose rien de moins qu'un changement de centre de gravité « du côté du Quai de l'Horloge plutôt qu'au Palais du Luxembourg ou au Palais Bourbon » [1483]. Quant aux portions du droit français qui se sont émancipées de ces questionnements et les ont résolus en faveur d'une reconnaissance tant du pouvoir normatif du juge que du poids normatif de ses décisions, leur singularité est précisément liée à cette audace originelle. Cette spécificité est alors tout entière contenue dans une question et sa réponse : « qui donc a fait et encore le droit administratif ? » [1484], « la jurisprudence du Conseil d'État » [1485]. À cet égard, il apparaît assez peu important que cette réponse ne corresponde probablement qu'à la « première période » du droit administratif, celle où le « juge est conduit à bâtir de toutes pièces un système » [1486] puisque « de toute façon on n'avait pas le choix face au vide devant lequel le Conseil d'État s'est trouvé au XIXe siècle (...). Pour le droit administratif, il n'y avait guère que le choix entre être *tout jurisprudentiel* ou... *rien du tout* » [1487]. Quand bien même l'on reconnaît, là encore, que cette image d'Épinal est assez largement datée [1488] et que cette « empreinte infamante » [1489] n'apparaît plus qu'aujourd'hui que dans

---

1480. C'est notablement le cas des manuels d'introduction au droit, voir, par exemple, les développements sur le sujet dans Rémy Cabrillac, *Introduction générale du droit*, 10e éd., Dalloz, 2013, pp. 133-147.

1481. Par exemple, dans Philippe Jestaz, « 'Doctrine' vs sociologie. Le refus des juristes », *op. cit.*, p. 145 ou dans Pierre-Nicolas Barénot et Nader Hakim, « La jurisprudence et la doctrine : retour sur une relation clef de la pensée juridique française contemporaine », *Quaderni Fiorentini*, n° 41, 2012, 251, p. 289. Cette nature de « seule » autorité est contestée mais néanmoins rappelée.

1482. Pascale Deumier, « Création du droit et rédaction des arrêts par la Cour de cassation », *op. cit.*, p. 54.

1483. Philippe Brun, « Sources sulfureuses : remarques cursives sur l'office de la doctrine », *Mélanges en l'honneur de Philippe Jestaz. Libres propos sur les sources du droit*, Dalloz, 2006, 67, p. 70.

1484. Bernard Pacteau, *op. cit.*, p. 87.

1485. Gaston Jèze, « Collaboration du Conseil d'État et de la doctrine dans l'élaboration du droit administratif français », in *Le Conseil d'Etat : livre jubilaire, publié pour commémorer son cent cinquantième anniversaire, 4 Nivôse an VIII — 24 décembre 1949*, Sirey, 1952, 347, p. 347

1486. Mattias Guyomar, « Le chœur à deux voix : dissonances et résonances », in Ferdinand Mélin-Soucramanien et Fabrice Melleray (dir.), *Le Professeur Jean Rivero ou la liberté en action*, Dalloz, 2012, 91, p. 93.

1487. Bernard Pacteau, *op. cit.*, p. 87.

1488. Quand bien même on s'en inquiéterait, voir à cet égard Fabrice Melleray, « Le droit administratif doit-il redevenir jurisprudentiel ? Remarques sur le déclin paradoxal de son caractère jurisprudentiel », *AJDA*, n° 12, 2005, pp. 637-643.

1489. Frédéric Zénati, *La jurisprudence*, *op. cit.*, p. 75.

une dimension plus culturelle que juridique [1490], c'est finalement toujours par là que l'on commence la présentation du droit administratif [1491]. Ainsi, et même là où l'on pourrait considérer le spectre du pseudo-Montesquieu le plus faible, on revendique toujours cette singularité originelle qu'est « l'autorité intellectuelle du Conseil d'État » [1492].

B. Un étau pseudo-Montesquien contraignant les efforts de reconceptualisation

451 **Une ornière indépassable.** Tout se passe finalement comme si « toute la pensée » juridique devait « trébucher » sur la contradiction datant de François Gény entre la « vertu normative de la jurisprudence et son caractère non contraignant » [1493]. Le constat est établi par les auteurs eux-mêmes qui reconnaissent que « le sujet (…) est on ne peut plus classique » [1494], « régulièrement relancé » [1495] en dehors même du discours puisque chaque changement, chaque évolution frappant la pratique judiciaire est l'occasion de « remettre une pièce » dans la machine [1496] et

---

1490. Le destin de certains des codes administratifs est, à cet égard, révélateur de la tolérance remarquable des administrativistes face aux sursauts *contra legem* de leur juge, voir à cet égard Victor Haïm, « Délai raisonnable ou déni de justice ? », *AJDA*, 2021, pp. 2143-2148.

1491. Notamment, encore une fois, dans les manuels d'introduction au droit. C'est ainsi le cas dans François Terré et Nicolas Molfessis, *op. cit.*, p. 254 où l'on souligne que l'une des spécificités du droit « public » (en vérité, du droit administratif dans ce contexte) est « le particularisme des juridictions administratives » et surtout du Conseil d'État qui a « élaboré les règles applicables à l'administration ». C'est aussi ainsi que se termine la rapide présentation du droit administratif dans Jean-Luc Aubert et Éric Savaux, *Introduction au droit et aux thèmes fondamentaux du droit civil*, 18e éd., Sirey, 2021, p. 45 : le développement du droit administratif s'est fait sous « l'influence déterminante du Conseil d'État ». Il faut d'ores et déjà souligner, avant d'y revenir en *infra* § 551, que cette présentation est l'héritière de la stratégie de construction d'un droit administratif autonome par le discours doctrinal académique, alors en pleine structuration, qui s'attachait à son étude : de même qu'en droit privé la « nouvelle génération » d'auteurs au tournant des XIXe et XXe siècles s'est émancipée et légitimée par opposition à une « ancienne génération » d'auteurs et d'écrits, la (tentative de) captation du discours doctrinal de droit administratif par sa part académique est passée par une réécriture de la genèse de ce droit et une négation de tout ce qui avait pu être écrit précédemment. Voir, à cet égard, Mathieu Touzeil-Divina, *Dix mythes du droit public*, LGDJ, 2019, pp. 115 et suiv.

1492. Christophe Jamin et Philippe Jestaz, *op. cit.*, p. 203.

1493. Frédéric Zénati, *La jurisprudence*, *op. cit.*, p. 79.

1494. Philippe Malaurie, « La jurisprudence parmi les sources du droit », *Defrénois*, n° 6, 2006, 476, p. 476.

1495. Pascale Deumier, *Introduction générale au droit*, *op. cit.*, p. 323.

1496. Y compris des changements que l'on pourrait considérer purement esthétiques ou techniques, comme la numérotation des paragraphes des arrêts rendus par la Cour de cassation : ainsi, si l'on note que l'apport principal de cette numérotation sera la facilité de citation de passages précis des décisions, on note aussi qu'il contribuera peut-être à encourager la Cour elle-même à citer ses propres décisions passées et à fixer « quels motifs constituent le support nécessaire de sa précédente décision. Si cela peut être un facteur d'accroissement de la compréhension des arrêts, il n'en demeure pas moins qu'une telle pratique risquerait de figer la jurisprudence et de créer, incidemment, de véritables précédents se rapprochant des *ratio decidendi* de la *common law* », le revoilà donc. Plus généralement, ce changement de rédaction réactive la crainte d'une « éventuelle impérativité » des décisions, voir Solenne Hortala, « La réforme de la rédaction des décisions de la Cour de cassation. État des lieux », *JCP*, n° 37, 2020, 1537, p. 1541 et 1544.

de redémarrer la « guerre de positions » du pouvoir normatif du juge [1497]. Si cette question éternellement en suspens et jamais close [1498] témoigne de la permanence de la défiance révolutionnaire à l'égard du juge, et donc de la prégnance de l'univers juridique qui en est hérité, elle est aussi, d'un point de vue plus technique, la conséquence du fait qu'elle ne peut pas être résolue définitivement et fermement puisque, du strict point de vue juridique, la place de la jurisprudence constitue une « irrégularité juridique » [1499]. De ce strict point de vue juridique, voire d'ailleurs constitutionnel, la seule manière de résoudre la question de la normativité de la jurisprudence et, par conséquent, de la nature du pouvoir normatif du juge est d'interroger *l'habilitation* du juge à créer (ou non) des normes — encore que posée ainsi, la question demeure encore trop large. « Le juge est indiscutablement un organe habilité à la production de norme individuelle » et « il participe au processus de concrétisation des normes juridiques en étant habilité à trancher des litiges en faisant application des normes générales » [1500] ; on trouvera, à cet égard, assez peu à redire puisqu'il s'agit là de l'office le plus basique du juge. Chaque décision rendue par le juge est ainsi une norme individuelle et spécifique, contraignante puisqu'exécutoire et revêtue de l'autorité de chose jugée. La véritable question est donc celle de l'habilitation du juge à émettre *des normes générales* qui auraient vocation à s'appliquer (et donc à s'imposer) dans le futur. Là encore il faudrait être encore plus précis : que le juge, au cours de sa réflexion menée et posée sur papier, tire des enseignements généraux des textes applicables avant de les appliquer de manière individuelle au cas pendant est une conséquence logique de l'obligation de motivation. On ne peut donc pas répondre à la question de l'habilitation par le seul constat de la nécessaire création de ces enseignements, ou « règles », généraux dans le processus décisionnel — le problème est celui de la qualité *normative* attachée à ces règles générales. Posée ainsi, la question est insoluble, à moins qu'elle ne soit en vérité très aisément réglée : nous l'avons vu, et c'est là encore un héritage de la Révolution, le juge français *n'est pas* habilité par l'ordre juridique à établir des normes générales et abstraites qui viendraient s'ajouter à ce même ordre juridique au même titre que le droit législatif ou réglementaire [1501]. L'on se situe donc ici dans « le champ des idées pures » de Paul

1497. Denys de Béchillon, « Comment traiter le pouvoir normatif du juge », in *Mélanges en l'honneur de Philippe Jestaz. Libres propos sur les sources du droit*, Dalloz, 2006, 29, p. 29.

1498. Et ce quand bien même elle reçoit une réponse empirique et quantitative – les décisions ou arrêts *pèsent*, d'une manière ou d'une autre, sur la décision judiciaire. C'est ainsi le constat tiré, dans le contexte doublement limité des seules juridictions suprêmes et de « seulement » trois cent soixante de leurs arrêts, dans Guillaume Leroy, *La pratique du précédent en droit français : étude à partir des avis de l'avocat général à la Cour de cassation et des conclusions du rapporteur public au Conseil d'État*, thèse dactylographiée, Université d'Aix-Marseille, 2021.

1499. Florent Tap, *op. cit.*, p. 342.

1500. Charlotte Arnaud, *L'effet corroboratif de la jurisprudence*, Presses de l'Université Toulouse 1 Capitole, 2016, p. 28.

1501. Aucune trace de cette habilitation n'est trouvable au sein de la Constitution : il n'existe pas un duo d'article 24/34 bis qui disposerait, par exemple, que « les juges créent la jurisprudence » et que cette jurisprudence « fixe les règles concernant » certains domaines, spécifiques ou non. Si, nous y reviendrons, la notion d'habilitation implicite a pu être avancée (notamment par le truchement du législateur qui, en ne condamnant pas la jurisprudence, sanctionne son pouvoir normatif, voir Marcel Waline, « Le pouvoir normatif de la jurisprudence », in *La technique*

Esmein, celui dans lequel il faut répondre non [1502]. Comment faire autrement quand il est écrit dans le Code civil lui-même qu'il est « défendu aux juges de se prononcer par voie de disposition générale et réglementaire » [1503] ?

452 **Des tentatives vaines d'explication.** La question se pose donc alors qu'elle ne devrait, juridiquement, pas se poser : « si la jurisprudence est source du droit, aucune habilitation institutionnelle n'y est pour rien. » [1504] À la vérité, si ce débat persiste, c'est pour deux raisons liées l'une à l'autre [1505]. Premièrement, et pour reprendre les mots de Paul Esmein, elle se pose parce que l'essentiel des auteurs « considère[nt] la réalité des faits » [1506]. Quant à savoir *pourquoi* ils s'attachent à cette « réalité » particulière, c'est là la deuxième raison pour laquelle le débat persiste : parce qu'il faut justifier l'intérêt doctrinal pour ce phénomène jurisprudentiel, voire la « sorte de fascination » qu'évoque Philippe Brun [1507] qui conduit la doctrine à « s'agripper à la jurisprudence comme à une bouée » [1508]. Répondre sous le seul angle juridiquement valide revenant à nier l'intérêt non seulement de la jurisprudence, mais encore de toute la production doctrinale à son sujet, des voies de traverse ont dû être établies pour tenter de lui donner un statut, plus ou moins extrêmes selon les courants. S'il n'y a sans doute que la théorie réaliste de l'interprétation pour admettre « sans retenue, voire avec une certaine délectation » le pouvoir normatif du juge et la nature normative de la jurisprudence [1509], les options intermédiaires sont nombreuses : assimiler la nature de la jurisprudence à celle de la coutume [1510], la considérer comme agissant sur délégation législative

---

et les principes du droit public. Études en l'honneur de George Scelle, 2 t., t. 2, LGDJ, 1950, 612, p. 627), l'on est contrainte de souscrire à l'interprétation de Florent Tap : puisque la place accordée à la jurisprudence est une irrégularité juridique, « elle ne saurait être consacrée par une norme du système » (*op. cit.*, p. 342).

1502. Paul Esmein, « La jurisprudence et la loi », *RTD civ.*, 1952, 17, p. 19.

1503. Art. 4 du Code civil de 1804.

1504. Christian Atias, « Une crise de légitimité seconde », *Droits*, n° 4, 1986, 21, p. 31.

1505. Voire trois raisons, si l'on considère que l'intégralité de la construction et de la « culture » du droit administratif repose sur cette irrégularité juridique que constitue le phénomène jurisprudentiel.

1506. *Loc. cit.*

1507. Philippe Brun, *op. cit.*, p. 70.

1508. Christian Atias, « D'une vaine discussion sur une image inconsistante : la jurisprudence en droit privé », *RTD civ.*, 2007, 23, pp. 23.

1509. Denys de Béchillon, *op. cit.*, p. 31, encore qu'une version jusqu'au-boutiste de la TRI impliquerait de nier un quelconque effet de contrainte d'une quelconque norme sur le juge. Une version plus modérée, cependant, et développée notamment au travers de la théorie des contraintes juridiques, intègre les normes juridiques (en tant que « structures linguistiques ») dans un ensemble plus large de contraintes extrajuridiques entourant l'interprète (pour un retour général sur cette théorie, voir Michel Troper, Véronique Champeil-Desplats et Christophe Grzegorczyk (dir.), *Théorie des contraintes juridiques*, LGDJ, 2005, et, spé,. Michel Troper et Véronique Champeil-Desplats, « Proposition pour une théorie des contraintes juridiques », 11, p. 12).

1510. Soit que la jurisprudence constitue « un droit coutumier de nouvelle formation » (Marcel Planiol, *Traité élémentaire de droit civil*, 11 éd., t. I, LGDJ, 1928, p. 7), soit qu'elle devienne une sorte de coutume judiciaire par l'adhésion des juridictions autres que celle ayant rendu la décision (Jacques Maury, « Observations sur la jurisprudence en tant que source du droit », in *Le droit privé français au milieu du XXe siècle. Études offertes à George Ripert*, LGDJ, t. I, 28, p. 43), soit, encore, que la jurisprudence soit un « propulseur de la coutume » (François Gény, *Méthode d'interprétation et sources en droit privé positif : essai critique.*, t. 1, 2e éd. (1919), LGDJ, 2016,

implicite [1511], lui attribuer une autorité morale [1512] ou d'ordre factuel [1513] ou la lier, tout simplement, à la nature même de l'office du juge qui lui commande, en cas de nécessité, d'établir ses propres normes [1514]. Quoi qu'il en soit, et c'est sans doute la seule certitude de ce débat, il ne se trouvera que peu d'auteurs aujourd'hui pour considérer que la jurisprudence n'a, ou ne devrait avoir, aucune valeur juridique ou para, pseudo ou protojuridique. Quand bien même le spectre du pseudo-Montesquieu plane donc toujours au-dessus de ce « débat commun » de la pensée juridique française, l'univers juridique du système civiliste français connaît donc déjà ici des aménagements.

453 **Un débat réactivé à plusieurs égards.** Dans ce foisonnement ininterrompu de théories plus ou moins juridiques et surtout plus ou moins développées, il n'est guère surprenant de voir réactivé un débat qui ne s'est donc jamais véritablement éteint. À cet égard, si les outils de justice algorithmique sont effectivement une problématique « nouvelle », leur fonctionnement importe peu — le débat reste le même, et c'est précisément pour cette raison que l'argument « *common law* » est un moyen si confortable de le résumer. Pour autant, et c'est là en vérité toute

---

pp. 50-51), soit, finalement, que la jurisprudence soit tout simplement assimilée à la coutume sans plus d'aménagement (Auguste Lebrun, *La coutume, ses sources, son autorité en droit privé*, LGDJ, 1932).

1511. Comme expliqué en note 1496, voir Marcel Waline, « Le pouvoir normatif de la jurisprudence », *op. cit.* Cette théorie a aussi été attribuée à Henri Dupeyroux (« Les grands problèmes du droit », *APD*, t. 1-2, 1938, pp. 7-84) dans Jacques Maury, *op. cit.*

1512. Expression employée, notamment, par Mathieu Disant pour ce qui concerne les décisions du Conseil constitutionnel (et, plus spécifiquement, des interprétations de la Constitution sous-tendant ces décisions, voir *L'autorité de la chose interprétée par le Conseil constitutionnel*, LGDJ, spé. pp. 751-757) ou dans Fanny Malhière, *La brièveté des décisions de justice*, Dalloz, 2018, not. p. 256.

1513. Le rôle normatif de la jurisprudence ne jouerait qu' « en fait » (Chloé Phos-Phalippon, *op. cit.*, p. 48), et cette « autorité de fait » s'exercerait nécessairement « en dehors de toute obligation juridique » (Pascale Deumier, « Jurisprudence », *Répertoire de droit civil*, Dalloz, § 90). Cette autorité serait elle-même un « phénomène judiciaire » (Christophe Grzegorczyk, « Jurisprudence : phénomène judiciaire, science ou méthode ? », *APD*, t. 30, 1985, 35, p. 40) « discutable dans son fondement constitutionnel mais (...) incontestable en pratique » (Tunc André, « La Cour de cassation en crise », *APD*, t. 30, 1985, 157, p. 159). À quelques exceptions près (notamment Pascale Deumier concernant « l'autorité de fait » ou Marianne Saluden concernant le « fait social » (*Le phénomène de la jurisprudence*, *op. cit.*)), il est intéressant de constater que cette position (ou cette absence de position) est attribuée par défaut à « la doctrine française » (Christophe Grzegorczyk, *loc. cit.*, Florent Tap, *op. cit.*, p. 347), « la majorité de la doctrine » (Chloé Phos-Phalippon, *loc. cit.*) voire à la « tradition juridique française » (Pierre Drai, Yves Chartier et Daniel Tricot, *op. cit.*, p. 116) plus qu'elle n'est véritablement défendue et intellectualisée.

1514. Le pouvoir normatif du juge serait donc fondé sur l'équilibre précaire entre les articles 4 et 5 du Code civil, et ce serait « le silence, l'obscurité ou l'insuffisance de la loi qui légitime[raient] la norme jurisprudentielle » (Xavier Lagarde, « Sur les revirements pour l'avenir », *APD*, 2007, t. 50, 2007, 77, p. 86). En d'autres termes, et dans cette conception, le pouvoir créateur du juge ne se manifesterait que dans le cas de « lacunes » laissées volontairement ou non dans la loi par le législateur (BACH Louis, « La jurisprudence est-elle, oui ou non, une source du droit ? (Tentative pour mettre fin à cette lancinante interrogation !) », in *Liber amicorum. Mélanges dédiés à la mémoire du Doyen Jacques Héron*, LGDJ, 2008, 47, pp. 52-53). Cette approche, cependant, ne dit rien de la nature exacte des « normes » ainsi créées — compensent-elles seulement ponctuellement la lacune ? demeurent-elles des « normes » à part entière jusqu'à une nouvelle intervention du législateur ?

la nouveauté véritable de ces outils, ils ne s'arrêtent pas à cette seule réactivation d'un nœud doctrinal classique ; ils en reconfigurent aussi profondément les données.

§ 3. *LE NOUVEAU POIDS DONNÉ À UNE CERTAINE PRODUCTION JURIDICTIONNELLE COMME « PREMIER DÉFAUT » DES OUTILS DE JUSTICE ALGORITHMIQUE*

454 **Le premier des défauts des outils de justice algorithmique.** Il est, à ce stade de notre analyse, presque inutile de rappeler que les outils de justice algorithmique sont tous basés au premier chef sur la portion du droit (quelle qu'en soit, de toute façon, sa nature théorique) produite par le juge [1515]. Le premier des apports fondamentaux de ces outils est précisément de révéler cette portion du droit dans toute son ampleur, à la fois quantitative et qualitative, pour le meilleur [1516] et pour le pire — et c'est ce *pire* qui concentre les attentions et réactive la narration classique du discours doctrinal français que nous nous sommes attachée à décrire. Si ces outils réinterrogent la question de la normativité « classique » de la jurisprudence (**A**), ils amènent aussi le débat bien plus loin que d'ordinaire en modifiant *les données* de ce débat : par la quantité d'information qu'ils entendent produire (**B**), et par la nature de cette portion du droit qu'ils proposent de rendre accessible (**C**).

A. Une réinterrogation de la normativité « classique » de la jurisprudence

455 **Un traitement classique d'une problématique classique.** Ainsi, effectivement, le problème systémique « du poids normatif de la jurisprudence » [1517] est réveillé par les outils de justice algorithmique, et il l'est au travers du risque d'une « vision précédentielle du droit » [1518]. Rien de nouveau sur cet aspect, nous avons déjà rendu compte de cet axe argumentatif plus tôt dans cette partie [1519] et dans la partie précédente [1520] : le défaut primordial des outils de justice

---

1515. Pour rappel, du côté des bases de données jurisprudentielles en ligne, le lien est assez évident (ces bases ont vocation à compiler, à terme, toutes les décisions de justice produites par les juridictions françaises). Du côté des outils de justice prédictive, quel que soit leur mode de fonctionnement exact, il s'agit toujours de se baser sur des décisions de justice déjà rendues pour en tirer une analyse de type statistique (l'analyse pouvant ensuite se poursuivre, selon les outils, en une analyse probabiliste compte tenu de la modélisation statistique obtenue, notamment chez *CASE LAW ANALYTICS*).

1516. En l'occurrence, l'apport en connaissance du droit qu'implique l'accès exhaustif aux décisions de justice.

1517. Isabelle Ballin, « La justice sera-t-elle prédictive ? », *Data Analytics Post*, 18 juillet 2019, disponible en ligne à <https://dataanalyticspost.com/la-justice-sera-t-elle-predictive/>.

1518. Mathieu Gaye-Palettes, *op. cit.*, p. 651.

1519. Voir *supra* § 440 et suiv.

1520. Voir *supra* § 288 et suiv.

algorithmique serait celui de poser, une nouvelle fois, la double question de « l'autorité [des] précédents » [1521] et de l'idée que les juges puissent « créer [d]es règles de droit par les décisions qu'ils rendent » [1522]. Ainsi, les outils modifieraient considérablement « la valeur normative de la jurisprudence » [1523] parce qu'ils « reconnai[traient] le pouvoir normatif du juge » [1524] jusqu'à ce que, « petit à petit, à force de décisions, la jurisprudence triomph[e] du droit textuel » [1525]. Il s'agit là en vérité de la crainte d'un « désordre normatif » [1526], causée par à la fois par la centralité (nécessaire) des décisions de justice dans le fonctionnement des outils de justice algorithmique et par la supposée prise d'épaisseur normative du fait de leur traitement ; les outils, ainsi, « confèrer[aient] aux décisions une place qu'elles ne possèdent pas dans la hiérarchie des normes » [1527] et affecteraient donc « le système normatif dans son ensemble (...) en raison de la place prépondérante que [cet outil] accorde à la jurisprudence » [1528], en allant d'ailleurs jusqu'à lui attribuer « une autorité, même factuelle » [1529]. On retrouve en vérité dans ce discours des éléments de langage assez habituels qui ne le singularisent pas, à ce stade, des micro-discours provoqués par d'occasionnelles décisions audacieuses ou au contraire timorées. Ainsi, si l'on ne prend qu'un exemple, les mêmes inquiétudes et critiques sont perceptibles chez Philippe Malaurie en 2006 à propos d'un arrêt *Gallopin* de la Cour de cassation de 2004 [1530] : la Cour « s'appuie maintenant sur ses propres règles », faisant de la jurisprudence « une règle autonome » et devenant donc « véritablement créatrice de droit » jusqu'à « priver d'effets une loi française ». La jurisprudence « devient alors supérieure à la loi » et « ne s'en prive pas », « il n'y a plus de sources supérieures ni inférieures », tout est « confus et brouillé », à commencer par les « hiérarchies » de ces sources [1531]. À cet égard, on ne peut que confirmer notre impression initiale : le traitement doctrinal de nos outils de justice algorithmique *est* classique, parce que les questionnements qu'ils soulèvent sont *eux-mêmes* classiques et correspondent à des tensions systémiques connues.

1521. Didier Cholet, « La justice prédictive et les principes fondamentaux du procès civil », *op. cit.*, p. 234.

1522. Adrien Basdevant, Aurélie Jean et Victor Storchan, « Mécanisme d'une justice algorithmisée », *op. cit.*, p. 13.

1523. Aurélie Coviaux, « Sans soin ni loi : l'inquiétant projet DataJust », *op. cit.*, p. 83.

1524. Coralie Richaud, « L'impact des algorithmes sur la rédaction des décisions de justice », in Fanny Malhière (dir.), *Comment rédiger une décision de justice au XXI*e *siècle ?*, Dalloz, 2018, 83, p. 84.

1525. Guillaume Leguevaques, *op. cit.*, p. 352.

1526. Mustapha Mekki, « Les fonctions de la responsabilité civile à l'épreuve du numérique : l'exemple des logiciels prédictifs », *op. cit.*, p. 680.

1527. Aurélie Coviaux, « Pour un guide des bonnes pratiques dans le traitement des données chiffrées de la réparation du préjudice corporel », *Gaz. Pal.*, n° 3, 2019, 77, p. 77.

1528. Samir Merabet, « 'DataJust' et l'effet papillon. À propos du décret du 27 mars 2020 », *op. cit.*, p. 22.

1529. Valérie Malabat, *op. cit.*, p. 109.

1530. En l'occurrence, l'arrêt Cass. plé., 25 octobre 2004, n° 03-11.238, *Muriel Galopin* qui a conduit à reconnaître qu'une libéralité (en l'occurrence, par testament) consentie à l'occasion d'une relation adultère n'est pas contraire aux bonnes mœurs, et n'est donc pas nulle sur ce fondement.

1531. Philippe Malaurie, « La jurisprudence parmi les sources du droit », *op. cit.*, *passim*.

B. Un débat reconfiguré par des aspects quantitatifs.

456 **La donnée « massive ».** Le débat ne s'arrête cependant pas là, puisque cet axe argumentatif est aussi l'occasion de rappeler que la jurisprudence est « de façon dominante (…) envisagée à travers les solutions de ses plus hautes instances : la Cour de cassation et le Conseil d'État » [1532] — or, « c'est cette focalisation sur [les hautes juridictions] qui pourrait être modifiée » [1533] par l'intervention de ces outils. Si tout le discours n'est pas aussi explicite sur cet aspect, il est en revanche indéniable que ces outils ont pour effet principal de donner un accès *massif* aux décisions de justice [1534] — accès qui dépasse donc largement la seule production des juridictions suprêmes qui, d'ailleurs, ne l'ignorent pas [1535]. Les outils de justice algorithmique concentrent leur analyse (statistique, à un bout ou l'autre de leur fonctionnement) sur des décisions de justice qui ont la mauvaise idée d'être *trop nombreuses* : ainsi, « les millions de décisions provenant des juridictions n'ont pas de statut théorique » et « l'injection d'une masse de décisions *non sélectionnées* » dans le système français « constitue une rupture » [1536]. Cette masse, qualifiée à l'envi d' « invraisemblable agrégat » [1537], d' « informe et confuse » [1538], de « brute et informe » [1539], de « trop-plein » [1540], de « marée » [1541] ou de « surcharge » [1542] ne correspond pas à ce qui est qualifié de *jurisprudence* au sein du discours doctrinal, à la fois général et spécifique à notre objet ; ce n'est donc pas de cette masse qu'il est normalement question dans le cadre du débat sur la normativité de la jurisprudence. Nous le verrons en *infra*, cette jurisprudence qui *pourrait*, pour une raison ou pour une autre, se voir reconnaître un effet normatif ne recoupe normalement que les décisions des juridictions supérieures — seules décisions « tolérées » par les arrangements imaginés par le discours doctrinal.

1532. Sarah Torricelli-Chrifi, « Nouvelles technologies et normativité : une recherche méthodologique », *op. cit.*, p. 869.

1533. Pascale Deumier, « Open Data. Une autre jurisprudence ? », *op. cit.*, p. 475.

1534. Pour rappel, le champ lexical de la « masse » est mobilisé dans 52 % des contributions du discours.

1535. Ce n'est après tout rien de moins que tout le sujet du second rapport Cadiet, voir Loïc Cadiet, Cécile Chainais et Jean-Michel Sommer, *op. cit.*

1536. Évelyne Serverin, « De l'informatique juridique aux services de justice prédictive, la longue route de l'accès du public aux décisions de justice dématérialisées », *op. cit.*, p. 43. L'italique est le nôtre, pour attirer l'attention du lecteur sur un nouveau point commun entre les discours anglo-américains et le nôtre.

1537. Éloi Buat-Ménard, « La justice dite 'prédictive' : prérequis, risques et attentes — l'expérience française », *op. cit.*, p. 272.

1538. Frédéric Alhama, *op. cit.*, p. 699.

1539. Loïc Cadiet, « Les promesses d'une justice dite prédictive reposant sur des décisions de justice déjà rendues sont à tempérer (...) En quelque sorte, c'est le rétrospectif qui fait le prédictif ! », *op. cit.*, p. 17. Dans le même sens, Benoît Plessix, « La justice administrative et l'esprit du siècle », *op. cit.*, p. 586.

1540. Benoît Plessix, « Vers une justice administrative prédictive ? », *op. cit.*, p. 92.

1541. Jean-Paul Jean, « Penser les finalités de la nécessaire ouverture des bases de données de jurisprudence », *op. cit.*, pp. 8-9.

1542. Loïc Cadiet, « 'Les conditions de diffusion des décisions de justice représentent un enjeu essentiel de la mise en œuvre du projet de leur mise à disposition du public' », *op. cit.*, p. 294.

457 **La question de l'exhaustivité.** À cet égard, les outils de justice algorithmique interviennent pour « bouscule[r] ces représentations traditionnelles du droit » en « portant à la connaissance » un ensemble de décisions absolument méconnues [1543] — l'on n'est alors plus très loin des inquiétudes anglo-américaines, lorsque le discours mentionne le risque de voir la jurisprudence se transformer, « d'une jurisprudence non plus qualitative (…) mais quantitative, car voulue exhaustive » [1544]. Rien de surprenant, donc à voir apparaître une première crispation causée par cette première spécificité de la concentration « jurisprudentielle », même sans, à ce stade, tenir compte du *contenu* des décisions que les outils de justice algorithmique ont vocation à rendre disponibles. Quel intérêt, en effet, à donner accès, directement ou par l'intermédiaire de synthèses statistiques, à autant de décisions quand les auteurs ne s'accordent déjà pas quant à la place que la fraction de décisions et d'arrêts disponibles devrait occuper dans l'ordre juridique ? S'il s'agit là encore d'un débat réactivé par les outils de justice algorithmique, c'en est un supposé clos depuis des décennies — celui du parti pris de la sélection contre celui de l'exhaustivité, réglé en faveur du premier [1545].

C. Un débat reconfiguré par des aspects qualitatifs

458 **Un débat doublement reconfiguré ; jurisprudence et décisions de justice.** Récapitulons. Les outils de justice algorithmique réactivent donc, jusqu'ici, un débat plusieurs fois centenaire et un débat plus récent mais supposé réglé. Au surplus, et au-delà des questionnements sur la normativité classique, *juridique*, de la jurisprudence, ces outils provoquent des questionnements sur une *nouvelle forme de normativité*, liée précisément à la quantité de décisions qu'ils mettent à disposition et/ou traitent. Les discussions sur la nature de la jurisprudence interrogent en effet, traditionnellement, sa place au sein de la hiérarchie des normes et au sein des sources *juridiques* ; ainsi, même lorsqu'il s'agit de considérer que la jurisprudence a une autorité *de fait*, c'est toujours pour lui octroyer une place *en droit*. Or, la quantité de décisions mobilisée ou diffusée par les outils de justice algorithmique sous-tend, certes, la possibilité d'attribuer à chaque décision individuelle une

---

1543. Pascale Deumier, « La justice prédictive et les sources du droit : la jurisprudence du fond », *op. cit.*, p. 52. Pour rappel, sur l'année 2019, en France et sur *LÉGIFRANCE*, aucune décision de tribunal administratif sur les 231 280 rendues n'est publiée pour 37 % des arrêts des cours administratives (13 283 sur 35 684) (Conseil d'État, « Bilan d'activité 2019 », 2020, disponible en ligne à <https://www.conseil-etat.fr/ressources/etudes-publications/bilan-d-activite>) quand, du côté de la juridiction judiciaire, ce ne sont encore une fois aucune décision de première instance (pour 1 253 666 décisions en matière civiles et 696 222 en matière pénale) et 0,3 % des arrêts d'appel (1 131 sur 230 488 en matière civile et 106 864 en matière pénale) qui sont publiés (Ministère de la Justice, « Les chiffres-clés de la justice », 2020, disponible en ligne à <http://www.justice.gouv.fr/art_pix/Chiffres_Cl%E9s_nov2020.pdf>).

1544. Éloi Buat-Ménard, « La justice dite 'prédictive' : prérequis, risques et attentes — l'expérience française », *op. cit.*, p. 272.

1545. Nous y reviendrons en détail plus avant (voir *infra* § 650), mais on peut néanmoins dès à présent indiquer que le contenu des bases de données publiques et librement accessibles en est une conséquence — en particulier dans la mesure où ce principe de sélection était seul inscrit dans les textes régissant leur fonctionnement jusqu'à la Loi *pour une République Numérique* de 2016 qui a rebattu les cartes de ce débat, voir annexe 1.

autorité particulière [1546], mais elle sous-tend aussi et surtout un nouveau type de normativité non juridique d'ordre technique, statistique — *quantitative*, encore une fois, et l'on en revient aux éléments qui nous avaient mis sur la piste de l'hypothèse systémique. La « normativité » de ces décisions, quel que soit le nom qui lui soit attribué au sein du discours, n'est pas individuelle mais collective et elle émerge du « traitement de[s] grandes masses » qu'elles constituent [1547], traitement qui, nous le savons, n'est pas d'ordre juridique mais d'ordre statistique. Au sein du discours, tous ces éléments convoquent quasi instantanément la figure de la *gouvernance par les nombres* [1548] sous toutes ses déclinaisons : « la loi parfaite du nombre » [1549], une « normativité par l'algorithme » [1550] qui serait donc « a-juridique » [1551] puisque « dicté[e] par des traitements automatisés de données » [1552] et qui contribuerait à créer, « parallèlement à l'ordre juridique », « un nouvel ordre de nature statistique » [1553]. Ce n'est donc pas une mais *deux* formes de normativité de la « jurisprudence » que les outils de justice algorithmique contribueraient à créer ou, à tout le moins, révéler. Contrairement à la première, cependant, cette normativité non juridique s'apparente comme une nouveauté indésirable, puisqu'elle concurrence la normativité juridique classique, au cœur de l'univers juridique du système civiliste français, de la loi [1554], mais aussi de la jurisprudence elle-même, en tout cas conçue d'une manière plus traditionnelle que celle traitée et diffusée par ces outils [1555]. À cet égard, donc, c'est sans doute moins la *jurisprudence* révélée par ces outils que *tout ce qui n'est pas de la jurisprudence* qui inquiète le discours.

1546. Ou à chaque « lignée » de décisions particulière, selon la définition de jurisprudence retenue et selon que la jurisprudence désigne une « série de jugements successifs » (Marianne Saluden, « La jurisprudence, phénomène sociologique », *op. cit.*, 191) ou une décision particulière revêtue d'une autorité spécifique du fait de différents facteurs (matériels, hiérarchiques, circonstanciels…).

1547. Paolo Giambiasi, *op. cit.*, p. 119.

1548. Ce qui constitue, d'ailleurs, une référence plus ou moins directe aux travaux d'Alain Supiot, *op. cit.*

1549. Benoît Plessix, « Vers une justice administrative prédictive ? », *op. cit.*, p. 91

1550. Jean-Baptiste Racine, « La résolution amiable des différends en ligne ou la figure de l'algorithme médiateur », *op. cit.*, p. 1704.

1551. Isabelle Sayn et Marianne Cottin, « Présentation », *JCP*, supplément au n° 44-45, 2019, 5, p. 5. Cette idée de normativité sans droit est aussi identifiable dans Antoine Garapon, « Le jugement judiciaire aux prises avec de nouvelles 'formes de vérité' : marché, calcul, numérique », *Archives de Philosophie*, vol. 2, t. 83, 2019, 275, p. 286.

1552. Boris Barraud, « Le droit en datas : comment l'intelligence artificielle redessine le monde juridique », *RLDI*, n° 164 et 165, 2019, 49, p. 51.

1553. Motahareh Fathisalout Bollon et Vincent Rivollier, *op. cit.*, p. 23.

1554. Ce qui s'exprime particulièrement clairement dans Jean-Baptiste Prévost, « La fabrique des données : à propos du codage numérique du droit et de ses limites », *op. cit.*, p. 85 : « les corrélations statistiquement observées deviennent des règles supplantant le droit et tout particulièrement l'autorité hiérarchique des textes de loi », mais aussi, par exemple, dans Guillaume Leguevaques, *op. cit.*, p. 352 (« une fois la décision du juge (…) codée et mise en machine, elle obtient exactement la même force normative qu'une loi »).

1555. Par exemple, dans Sarah Torricelli-Chrifi, « Nouvelles technologies et normativité : une recherche méthodologique », *op. cit.*, p. 869 (« l'algorithme pourrait se placer au même rang que la jurisprudence »).

459 **Un discours révélateur des axes classiques de la réflexion systémique française.** Le traitement de ces outils n'est donc peut-être pas si classique — ou, en tout cas, les questions qu'ils posent ne sont pas celles auxquelles le discours doctrinal répond habituellement par le biais de diverses théories et aménagements. Les craintes spécifiques aux outils exprimées au sein du discours sont la marque de la redéfinition des termes des questionnements jurisprudentiels habituels, liée précisément à la quantité et à la nature des décisions de justice exploitées par les outils. Si la permanence de ces questionnements nous a mis sur la piste de notre hypothèse systémique et informe l'emploi de l'argument tronqué de « *common law* », c'est la redéfinition de ses termes fondamentaux qui, à ce stade, s'avère aussi importante sinon plus que le débat lui-même. En effet, dans la mesure où le discours doctrinal semble avoir intégré la modification des données de la problématique jurisprudentielle par ces outils, il était concevable de le voir se modeler autour de ces nouvelles données afin d'en embrasser les enjeux et défis spécifiques. De fait, de la même manière que l'apparition de ces outils a fait réapparaître les ornières théoriques du discours doctrinal français concernant le *statut théorique* de la jurisprudence, elle rend aussi particulièrement visible la compréhension partielle et biaisée du phénomène jurisprudentiel entretenue par ce même discours doctrinal dans la mesure où elle entraîne un traitement biaisé des outils.

Section 2. UNE OPPOSITION INÉVITABLE DES LOGIQUES ALGORITHMIQUES ET JURIDICTIONNELLES

460 **Une conception spécifique de l'activité juridictionnelle.** Nous l'avons vu, les différents biais et les différentes théories qui aménagent, historiquement, une place à la jurisprudence au sein de l'univers juridique du système civiliste français sont liés au développement de l'*étude* de cette jurisprudence entre la fin du XIXe siècle et le XXe siècle — à cet égard, la pratique doctrinale a précédé la théorie. En cela, la manière dont cette étude était réalisée à l'époque, tant d'un point de vue théorique que du point de vue pratique de l'accès aux décisions étudiées, a déteint sur la conception plus générale de l'activité juridictionnelle qui s'est déployée au sein de la production doctrinale.

461 **Une compréhension informant profondément le discours.** Cette conception est basée sur la part de la production jurisprudentielle historiquement analysée par les auteurs, c'est-à-dire celles des juridictions suprêmes (**§ 1**) et repose ainsi sur des postulats spécifiques qui ont contribué (et contribuent encore aujourd'hui) à rendre *tolérables* l'étude et la mobilisation des décisions de ces juridictions. Ici encore, cependant, les outils de justice algorithmique apparaissent comme des perturbateurs de cette compréhension historique et en bousculent les fondements sans que le discours, pourtant, ne se défasse de ses postulats et ses *a priori*. En creux, donc, le discours révèle par ses angles morts l'empreinte réelle de cette conception historique (**§ 2**).

§ 1. *Une tolérance historique pour la jurisprudence des cours suprêmes*

462 **Un héritage centenaire.** On considère généralement que le début de l'intérêt marqué des auteurs pour la jurisprudence date de la fin du XIXe siècle et des premières années du XXe siècle — c'est-à-dire ce *moment 1900* [1556] qui « marque la fin d'une époque » [1557], celle des commentateurs de l'Exégèse [1558], et le début du renouvellement des méthodes scientifiques et, plus spécifiquement, des méthodes juridiques. La conception très spécifique (et restrictive) de la jurisprudence nouvellement prise pour objet d'étude par les auteurs de ce mouvement (**A**) porte loin, puisqu'elle continue, encore aujourd'hui, d'imprégner la manière dont la jurisprudence est définie, conçue et localisée (**B**).

A. La jurisprudence, outil d'un projet épistémologique et méthodologique

463 **Le moment 1900 et son projet jurisprudentiel.** Le cœur du projet jurisprudentiel porté par ce « moment 1900 » s'articulait sur deux bases : de part et d'autre de la *summa divisio* alors naissante, il s'agissait d'abord de prendre acte du vieillissement du Code civil et de l'insuffisance de son commentaire pour embrasser une société qui, elle-même, était en plein changement, et de démarrer une entreprise d'analyse et « d'enseignement raisonné du droit administratif » [1559] en plein foisonnement. Pour ce faire, parmi d'autres méthodes prescrites [1560], l'étude attentive de la jurisprudence occupe une place essentielle parce qu'elle constitue une « fenêtre de choix sur le 'social' » [1561] dont la connaissance manque

---

1556. Voir, par exemple, Olivier Jouanjan et Élisabeth Zoller (dir.), *Le moment 1900 : critique sociale et critique sociologique du droit en Europe et aux États-Unis*, Éditions Panthéon-Assas, 2015.

1557. Christophe Jamin, « Le vieux rêve de Saleilles et Lambert revisité. À propos du centenaire du Congrès international de droit comparé de Paris », *RIDC*, vol. 52, n° 4, 2021, 733, p. 736.

1558. Si l'on se contentera, à ce stade, de cette image d'Épinal, il convient dès à présent d'indiquer qu'elle ne correspond que très partiellement à la réalité historique et bien plus volontiers à une réalité valorisant le courant suivant cette « école » de l'Exégèse — nous y reviendrons en *infra*, voir § 687.

1559. Édouard Laferrière, *Traité de la juridiction administrative et des recours contentieux*, 2 tomes, t. 1, Berger-Levrault et Cie, 1887, p. V.

1560. On pense à la méthode historique (plus ou moins inspirée de celle de Savigny et reprise, entre autres, dans Raymond Saleilles, « Quelques mots sur la méthode historique dans l'enseignement du droit », *Rev. int. enseignement*, t. 19, 1890, pp. 482-503), à la méthode comparée (notamment avancée par Édouard Lambert, voir « Une réforme nécessaire des études de droit civil », *Rev. int. enseignement*, t. 40, 1900, pp. 216-243) ou à l'importation des différentes écoles de pensées allemandes, notamment le trio *Begriffsjurisprudenz*, *Interessenjurisprudenz* et *Wertjurisprudenz* (respectivement jurisprudence des concepts, des intérêts et des principes) ou la *Freirechtsschule* (école du droit libre).

1561. Pierre-Nicolas Barénot, *Entre théorie et pratique : les recueils de jurisprudence, miroirs de la pensée juridique française (1789-1914)*, thèse dactylographiée, Université de Bordeaux, 2014, p. 424 [ci-après, *Les recueils de jurisprudence*]. Adhémar Esmein ne prescrit pas autre chose dans son article programmatique « La jurisprudence et la doctrine », *RTD civ.*, 1902, pp. 9-42.

cruellement aux civilistes et dont les soubresauts commencent à échapper au droit savant [1562], et parce qu'elle constitue la source essentielle du droit administratif [1563]. Cherchant à concurrencer la toute jeune discipline sociologique et à construire les limites d'un champ juridique dont l'étude appartiendrait tout entier aux juristes, le « projet jurisprudentiel » de la transition des XIXe et XXe siècles « se résume en trois propositions » qui tournent toutes les trois autour de la jurisprudence : « privilégier l'étude vivante et concrète de la jurisprudence ; dévoiler, expliquer et systématiser la jurisprudence de l'heure présente ; enfin, critiquer, guider et inspirer cette dernière » [1564] et ce tant du côté des privatistes que des publicistes. À partir de là, « l'étude des arrêts va tenir lieu de sociologie » [1565] parce que ces arrêts constituent « un 'droit vivant', un droit 'réel' et généralement réaliste, qui évolue sans cesse avec la société et ses besoins » [1566]. Le développement exponentiel du commentaire et de la note d'arrêt et, plus globalement, des études jurisprudentielles trouve son point de départ à ce moment historique précis [1567].

464 **Un projet jurisprudentiel à l'ampleur réduite : aspects pragmatiques**. L'étude de cette « jurisprudence », cependant, n'emporte pas l'étude de « la pratique quotidienne des juges et des avocats », de la « masse des décisions » mais celle, au contraire, d'« une fraction très élevée en hiérarchie et très réduite quantitativement de l'activité judiciaire » [1568] : les arrêts des juridictions suprêmes que sont la Cour de cassation et le Conseil d'État, pour la première et très pragmatique raison que ces arrêts étaient, à l'époque, les plus largement diffusés et aisément accessibles. Les outils de publication de ces décisions datent en effet de la fin du XVIIe siècle

---

1562. D'où l'expression de « juristes inquiets » proposée par Marie-Claire Belleau (reprise de Paul Cuche dans « À la recherche du fondement du droit : y'a-t-il un romantique juridique ? », *RTD civ.*, 1929, 28, spé. p. 57) pour qualifier les auteurs privatistes de l'époque, notamment François Gény, Raymond Saleilles, Julien Bonnecase, René Demogue, Édouard Lambert et Emmanuel Lévy (pour le droit privé) et Maurice Hauriou et Léon Duguit (pour le droit public). L'inquiétude de ces juristes serait liée à plusieurs changements sociaux plus ou moins liés mais concomitants : l'apparition de la solidarité sociale (liée aux travaux d'Émile Durkheim), la crainte du socialisme, la volonté de préserver une forme d'individualisme libéral contre les interventions étatiques, et, par la conjonction de ces trois phénomènes, la volonté de « sauvegarde[r] (...) l'édifice juridique, dont l'écroulement leur paraissait devoir menacer la paix intérieure (*leur* paix à l'intérieur) tout en s'ouvrant aux réalités socio-économiques », voir Marie-Claire Belleau, « Les juristes inquiets : classicisme juridique et critique du droit au début du XXe siècle en France », *C. de D.*, vol. 40, n° 3, 2005, 507, p. 512, note 6.

1563. En tout cas tel que les auteurs de l'époque sont en train de le construire – la *nature jurisprudentielle* du droit administratif constitue précisément le pivot de la prise d'autorité progressive du discours doctrinal *académique* de droit administratif au tournant des XIXe et XXe siècles, en particulier puisque cette nature jurisprudentielle justifiait, en tout cas sous leur plume, un besoin d'*ordonnancement*, de *systématisation* et de *canalisation* qui ne pouvait être rempli que par ce discours académique, voir Mathieu Touzeil-Divina, *op. cit.*, p. 147.

1564. Pierre-Nicolas Barénot, *Les recueils de jurisprudence*, *op. cit.*, p. 419.

1565. Philippe Jestaz, « 'Doctrine' vs sociologie. Le refus des juristes », *op. cit.*, p. 146

1566. Pierre-Nicolas Barénot, *Les recueils de jurisprudence*, *op. cit.*, p. 421.

1567. Bien que relativement indéterminé d'un point de vue chronologique, la transition s'étant réalisée de manière plus progressive que brutale.

1568. Évelyne Serverin, *De la jurisprudence en droit privé*, *op. cit.*, pp. 85-86.

pour la Cour de cassation [1569] et du tout début du XIXe siècle pour le Conseil d'État [1570] et assure donc, au moment de la transition méthodologique, une accessibilité relativement facile à leur production jurisprudentielle [1571]. Si cette première raison peut paraître triviale, il faut indiquer que le fait que cette logique de publication limitée ait perduré et ait été confirmée par le législateur et le pouvoir réglementaire à une époque où une voie différente aurait pu être adoptée [1572] est *aussi* une des raisons pour lesquelles une compréhension tronquée du phénomène jurisprudentiel se manifeste toujours aujourd'hui. Jusqu'à l'intervention de l'arrêté arrêtant le calendrier de mise en œuvre de l'*open data* des décisions de justice prévue par la *Loi de programmation pour la Justice 2018-2022*, il pouvait toujours être déclaré, en 2020 comme en 1993, que les arrêts des cours suprêmes « bénéfici[aient] d'un privilège de diffusion par l'aménagement institutionnel de divers canaux » officiels ou non, « ces canaux de communication [n'ayant] pas leur égal devant les juridictions du fond, pas même à l'égard des cours d'appel » dont la diffusion se jouait au hasard « des sélections effectuées par les ateliers régionaux de jurisprudence, les revues locales ou les cours suprêmes elles-mêmes » [1573].

465 **Un projet jurisprudentiel à l'ampleur réduite : aspects théoriques.** La seconde raison du choix des arrêts des cours suprêmes comme support de ce projet jurisprudentiel est plus théorique et tient à la fois au contenu de ces arrêts et aux logiques et clés de raisonnement du système civiliste français. Bien que critiques

---

1569. La publication principale de la Cour de cassation (à l'époque, le Tribunal de Cassation), le *Bulletin*, est ainsi créé par un arrêté du directoire du 28 vendémiaire an V sous le nom de *Bulletin officiel annuel* avant de prendre le nom de *Bulletin des arrêts de la Cour cassation* et d'être divisé en deux séries (civile et criminelle) par un arrêté du 2e jour complémentaire an VI. L'obligation de publication des décisions rendues par le Tribunal, puis par la Cour, de cassation est antérieure puisqu'elle date de sa création par un décret des 27 et 1er décembre 1790 *instituant un Tribunal de cassation et réglant sa composition, son organisation et ses attributions* (art. 22).

1570. L'ancêtre du *Recueil Lebon*, le *Recueil des arrêts du Conseil d'État ou ordonnances royales rendues en Conseil d'État sur toutes les matières du contentieux de l'administration*, est fondé en 1821 par un avocat au Conseil d'État, Louis Antoine Macarel sur la base d'une logique de publication exhaustive. Il est géré par plusieurs avocats successifs jusqu'à être pris en charge par le Conseil d'État en 1946. À cet égard, voir Jacques-Henri Stahl et Christine Maugüé, « Sur la sélection des arrêts du Recueil Lebon », *RFDA*, 1998, pp. 768-779.

1571. Ce qui ne signifie pas, cependant, que des recueils d'arrêts d'appel n'existaient pas. Ils étaient cependant généralement locaux, gérés par des petites sociétés d'édition ou directement par des avocats, et connaissaient des pratiques éditoriales variables (notamment du point de vue du recueil et de la sélection des arrêts pour publication). À cet égard, voir Pierre-Nicolas Barénot, *Les recueils de jurisprudence*, *op. cit.*, not. annexes.

1572. On évoque ici la période s'étendant du début des années 1970 au début des années 1990, soit la période phare de l'informatique juridique en France et de ses réalisations en matière de constitution de fichiers jurisprudentiels — période qui n'a laissé que des traces diffuses au sein du discours, comme nous le verrons en *infra*. Pour expliquer ce choix maintenu d'une logique de sélection hiérarchique des décisions de justice, on peut citer l'un des pionniers de ce courant qui écrivant, en 1978 et alors que les fichiers informatisés de jurisprudence connaissaient un développement rapide en France comme dans les systèmes anglo-américains qu'à « de rares exceptions près, [les professions] n'ont guère manifesté que la considération distinguée, la condescendante ironie ou l'effroi véhément » face aux propositions de diffusion plus large des décisions du fond (en l'occurrence, les arrêts d'appel), voir Pierre Catala, « Informatique et rationalité du droit », *APD*, t. 23, 1978, 295, pp. 320-321.

1573. Évelyne Serverin, « Juridiction et jurisprudence : deux aspects des activités de justice », *op. cit.*, p. 346.

des méthodes anciennes, les auteurs ayant porté ce projet étaient eux aussi imprégnés du poids du pseudo-Montesquieu, de son univers juridique et des logiques et clés de raisonnement qui en découlent. Les arrêts rendus par la Cour de cassation et le Conseil d'État, à cet égard, revêtaient une qualité essentielle pour ces auteurs baignés dans une conception générale et abstraite de la règle de droit et de sa compréhension : ils étaient, et demeurent aujourd'hui, des arrêts de cassation et donc, fondamentalement, *de droit* [1574]. Puisque « l'objet du pourvoi, c'est le droit lui-même » [1575], « les faits [ayant] été complètement déterminés, (...) appréciés souverainement par les juges du fond » [1576], le jugement rendu par ces juridictions en est un de contrôle de l'interprétation et de l'application de ce « droit » et l'arrêt rédigé a vocation à unifier, au sein d'un ordre judiciaire, cette interprétation et application — tout comme, avant lui, les articles du Code. Cette fonction d'unification est liée, d'une part, à la position hiérarchique de ces juridictions et, d'autre part, à la spécificité de leur office telle qu'elle s'exprime au travers des arrêts. Si, nous l'avons vu, le référé législatif a pu être imposé aux premières heures du Tribunal de cassation, il n'existe aujourd'hui plus de juridiction ou d'instance nationale habilitée à invalider les arrêts rendus par les juridictions suprêmes, de sorte que les interprétations contenues dans ces arrêts deviennent définitives à moins d'un revirement de jurisprudence par la juridiction elle-même [1577]. Que l'on appelle le phénomène « discipline contentieuse » [1578] ou tout simplement autorité hiérarchique, les juridictions du fond sont d'autant plus portées à « globalement sui[vre] » les « normes générales et abstraites » que constituent ces interprétations [1579] puisqu'elles risquent, dans le cas contraire, de voir leur interprétation divergente censurée. Quant à la manière dont cet office spécifique s'exprime au sein des décisions rendues, elle justifie aussi l'attachement immédiat des auteurs à ces arrêts : puisque ces juridictions ont pour mission de contrôler un *raisonnement juridique*, celui qu'elles mènent et qui est traduit dans la décision finale est détaché des faits de l'espèce qui a occasionné le pourvoi jusqu'à « isol[er] le

---

1574. À noter que cette justification fonctionne primordialement pour la juridiction judiciaire ; le Conseil d'État connaît un chef de compétence en premier et dernier ressort particulièrement important. Il faut cependant admettre que si les arrêts rendus dans ce cadre ont une vocation factuelle plus importante que ceux rendus en cassation, cette part plus importante de faits n'emporte pas la réduction de la part purement interprétative et autoritaire inhérente à la position hiérarchique du Conseil.

1575. Évelyne Serverin et Antoine Jeammaud, *op. cit.*, p. 92.

1576. Marianne Saluden, « La jurisprudence, phénomène sociologique », *op. cit.*, p. 197.

1577. Florent Tap, *op. cit.*, p. 132. Sauf, bien sûr, lorsqu'une validation législative intervient – notamment dans le cadre du contentieux des concours administratifs, lorsqu'il s'agit de maintenir les effets d'un concours dont les actes préparatoires ou les épreuves auraient été annulés par la juridiction administrative.

1578. Daniel Chabanol, « La prévention des divergences de jurisprudence au sein de la juridiction administrative », in Pascal Ancel et Marie-Claire Rivier (dir.), *Les divergences de jurisprudence*, Publications de l'Université de Saint-Etienne, 2003, 179, p. 179. Cette « discipline » serait propre à la juridiction administrative, compte tenu des occasionnelles résistances des juges du fond au sein de l'ordre judiciaire et, plus important encore, des désaccords entre chambres de la Cour de cassation — désaccords qui, par ailleurs, sont la cause du seul type d'arrêt rendu par la Cour de cassation dont les motifs sont revêtus d'une force normative *juridique* (les arrêts d'assemblée plénière, art. L. 431-4 du Code de l'organisation judiciaire).

1579. Florent Tap, *op. cit.*, p. 49.

fait du droit » [1580] et est suffisamment général pour pouvoir servir de référence pour le futur et il est surtout *prescriptif*, particulièrement quand une cassation est prononcée. Quant à l'*imperatoria brevitas* de ces arrêts de droit, elle assure une nouvelle fois la disparition de l'individualité des juges siégeant au sein de ces juridictions derrière une énonciation autoritaire et, donc, *pseudo-législative* de la norme posée [1581]. En d'autres termes, ce sont les « particularités techniques » de ces arrêts qui les rendent particulièrement adaptés à un projet jurisprudentiel qui visait à trouver de nouvelles règles en marge du Code ou dans le vide juridique des premières années du droit administratif : ils présentent les caractères d'abstraction et de généralité qui permettent leur « reproduction dans des situations équivalentes et peuvent fonder des déductions pour l'action » [1582]. C'est précisément ce qu'exprime Florent Tap lorsque, à la recherche d'un « précédent à la française » (ce qui, pour le besoin de notre cause, revient à parler de la jurisprudence) indique qu'il « a été pensé à travers la loi, dont il n'est que le pendant juridictionnel. Cette situation a produit un précédent de dimension législative, fruit paradoxal de la négation première de sa normativité (...). Il est formulé par la cour souveraine, seule créatrice de précédents dans le système français » [1583]. En d'autres termes, les arrêts des juridictions suprêmes se voient octroyer une place en droit, quelle qu'elle soit précisément, parce que leurs caractéristiques sont suffisamment proches de la loi pour suppléer ses imprécisions ou son absence, le tout sans bouleverser tout l'univers juridique construit autour de ses standards.

466 **Une admission facilitée du poids normatif de cette jurisprudence**. C'est spécifiquement cette nature particulière des arrêts des juridictions suprêmes qui a rendu relativement aisée l'admission de leur poids normatif : d'un point de vue technique, en posant une interprétation spécifique de la norme applicable, les arrêts de ces juridictions constituent une sorte de « substrat » de ces textes à plusieurs égards. C'est le cas quant à leur forme puisqu'elle « revêt les traits essentiels du droit législatif » [1584] et quant à leur valeur puisqu'ils finissent par en emprunter la nature législative ou réglementaire [1585]. Leur position hiérarchique permet de régler assez facilement le « paradoxe normatif » [1586] qui amène, malgré l'interdiction formelle imposée aux juges de « se prononcer par voie de disposition générale et abstraite », les juges du fond à respecter ces non-normes juridiques : « la

---

1580. Frédéric Zénati, *La jurisprudence*, *op. cit.*, p. 180.

1581. Juges dont le nom n'est, d'ailleurs, pas plus connu du grand public que ceux de leurs collègues d'appel et du fond (à l'exception éventuelle du président de la juridiction). Cet aspect n'a rien d'anodin – pour rappel, voir *supra* § 446.

1582. Évelyne Serverin et Antoine Jeammaud, *op. cit.*, p. 92.

1583. Florent Tap, *op. cit.*, p. 104. On note que c'est la *Cour* qui est souveraine... pas ses juges.

1584. Frédéric Zénati, *La jurisprudence*, *op. cit.*, p. 178.

1585. Ce qui, bien sûr, ne vaut pour le Conseil d'État que dans la mesure où il interprète effectivement des textes — pas dans les hypothèses où il construit de toute pièce une norme. Cette hypothèse, moins fréquente aujourd'hui, se présente cependant périodiquement. On peut alors penser à l'arrêt CE ass., 4 avril 2014, n° 358994, *Tarn-et-Garonne* ou à toute la lignée des arrêts CE ass., 13 juillet 2016, n° 387763, *Czabaj* et CE ass., 18 mai 2018, n° 414583, *CFDT Finances*.

1586. *Ibid.*, p. 49.

conformité du jugement avec les autres décisions vien[t] (…) de la contrainte. » [1587] L'admission de leur autorité officieuse ne change alors fondamentalement ni le raisonnement juridique au sens large (il demeure à un haut niveau d'abstraction et il demeure pleinement juridique) ni le raisonnement juridictionnel. La prise en compte de ces arrêts au rang des « textes » de référence ne constitue en effet finalement qu'un degré intermédiaire de règles générales et abstraites que le juge est en mesure d'articuler et d'appliquer au même titre que le reste des normes de référence [1588] : le syllogisme civiliste classique et ses logiques et clés de raisonnement sont alors saufs, puisque peu touchés par la nature juridictionnelle de la norme jurisprudentielle [1589].

B. La postérité du projet jurisprudentiel : délimitation et conception de l'objet *jurisprudence*

467 **Une première empreinte notionnelle de la réduction originelle de la jurisprudence.** C'est donc bien à partir des arrêts des juridictions suprêmes que se sont construites, d'une part, la compréhension du phénomène jurisprudentiel et, d'autre part, la compréhension du phénomène juridictionnel dans son ensemble. Dans cette version, en effet, le système était sauf puisque tant son univers légaliste et défiant à l'égard des juges que ses logiques et clés de raisonnement s'accommodent de cette jurisprudence très particulière. Ainsi, dès 1899, on peut lire sous la plume de François Gény que « la jurisprudence des tribunaux supérieurs domine les décisions des juges exposés à leur contrôle, ce qui, poussé jusqu'au bout par l'institution d'un Tribunal suprême unique, confère aux arrêts de ce tribunal une autorité de fait, avec laquelle nulle autre ne saurait rivaliser » [1590] et, en 1908, que si « théoriquement, l'interprétation de la Cour suprême n'a aucune valeur légale au-delà de l'affaire qui l'a motivée, (…) en fait, elle prend une valeur qu'il faut qualifier de législative » [1591]. Encore aujourd'hui lorsqu'il s'agit de parler de « jurisprudence », particulièrement dans le contexte du débat sur sa valeur normative, l'on en « réserve l'usage (…) au seul Conseil d'État » du côté du discours administrativiste [1592] et on la réduit « à la seule jurisprudence de la Cour de cassation » du côté du discours privatiste, conférant alors à cette seule Cour « un *quasi-monopole* dans l'élaboration du droit prétorien » [1593]. L'ensemble conduit à l'idée que « toutes les décisions ne

---

1587. Marianne Saluden, « La jurisprudence, phénomène sociologique », *op. cit.*, p. 192.

1588. Ce qu'admet d'ailleurs explicitement Vincent Vigneau, magistrat de la Cour de cassation : « une fois la jurisprudence de cassation fermement établie, elle a force de loi et peut constituer l'énoncé principal du syllogisme », c'est-à-dire sa majeure. Voir « Faudra-t-il encore des juges ? », *op. cit.*, p. 55.

1589. Celle-ci s'intégrant sans difficulté au sein de la majeure, puisqu'elle revêt les mêmes caractéristiques que le reste des normes qui la composent.

1590. François Gény, *Méthode d'interprétation et sources en droit privé positif : essai critique*, 2 tomes, t. 2, LGDJ, 2016 (2e éd. 1919), p. 10.

1591. Maxime Leroy, *op. cit.*, p. 177.

1592. Anne Jeannequin, « Peut-on parler d'une jurisprudence des cours administratives d'appel ? Réflexions à partir des vingt années de contentieux à la cour administrative d'appel de Douai », *RFDA*, 2019, 1047, p. 1047.

1593. Michel Boudot, *Le dogme de la solution unique*, *op. cit.*, pp. 197-198.

devraient pas être placées sur un pied d'égalité » [1594] et à une distinction franche entre « le contentieux brut (…) et ce produit raffiné qu'est la jurisprudence » [1595]. La notion de jurisprudence serait ainsi réservée à cette portion spécifique et très réduite de la production juridictionnelle tout comme, et par extension, la reconnaissance de sa valeur normative et du pouvoir normatif des juges : seule « la Cour de cassation (…) est bien une source non négligeable du droit, et il en va de même à plus forte raison pour le Conseil d'État, qui s'affranchit plus ou moins de la loi ordinaire » [1596]. Cette limitation drastique de l'ampleur de la jurisprudence est d'ailleurs rappelée à l'envi au sein du discours : ainsi, et par exemple, « une décision de la Cour de cassation ou du Conseil d'État n'a pas la même importance qu'un jugement ou qu'un arrêt d'appel » [1597] de sorte que « la jurisprudence, telle qu'elle est entendue aujourd'hui, est avant tout celle de la Cour de cassation » [1598] et que « l'enseignement du droit et la recherche juridique [sont] bien souvent fondés sur les seuls arrêts de la Cour de cassation et du Conseil d'État en qualité de sources du droit » [1599].

468 **Une seconde empreinte plus générale de la réduction originelle de la jurisprudence.** Si la délimitation de la notion de jurisprudence est donc toujours profondément marquée par cette concentration originelle du projet jurisprudentiel du tournant du XXe siècle, c'est aussi et surtout toute une conception de l'*activité* juridictionnelle qui s'est modelée sur les contours de cet objet restreint. Ainsi, réduire la jurisprudence, seule portion de la production juridictionnelle à se voir accorder une place au sein des sources du droit, à la seule production de la Cour de cassation et du Conseil d'État incite bien sûr, comme dit précédemment, à concentrer tant l'enseignement que la production doctrinale sur leurs arrêts — et, ainsi, à ne véritablement *connaître* qu'eux. Or, il faut l'admettre : la part des contentieux atteignant les juridictions suprêmes est extrêmement faible, ce qui implique donc une première sélection quantitative elle-même *extrêmement* stricte [1600]. Au-delà, c'est *parce que* l'office et la production de ces juridictions présentent des caractéristiques uniques qu'elles ont fait l'objet d'une étude immédiate : or, « à faire ressembler la jurisprudence à la loi » [1601] et à concentrer l'étude sur cette dernière,

---

1594. Youssef Guenzoui, « Un conflit de doctrines. Doctrine universitaire versus Doctrine de la Cour de cassation », *RTD civ.*, 2014, 275, pp. 275-276.

1595. Philippe Jestaz, *Les sources du droit*, 2e éd., Dalloz, 2015, p. 63.

1596. *Ibid.*, p. 110.

1597. Vincent Orif, « Voyage du juge depuis Hypérion : entre une intelligence artificielle conseillère et conquérante », *op. cit.*, p. 141.

1598. Éloi Buat-Ménard et Paolo Giambiasi, « La mémoire numérique des décisions judiciaires », *D.*, 2017, 1483, p. 1487.

1599. Franck Marmoz, *op. cit.*, p. 8.

1600. Ainsi, et déjà en 1992, « le juge du premier degré connaît de tout le contentieux judiciaire, et parmi les décisions qu'il va rendre, seule une minorité atteindra le second degré : 10,2 % des jugements du 1er degré font l'objet d'un appel ; 12 % des appels font l'objet d'un pourvoi en cassation ; en définitive, seulement 1,24 % des affaires traitées au 1er degré va en cassation » (Serge Bories, « De la jurimétrie à la juristique... Ou de la lettre au chiffre », in Institut Fredrik R. Bull (dir.), *Droit et informatique. L'hermine et la puce*, Masson, 1992, 175, p. 186). Ce qui était vrai à l'époque et pour la matière judiciaire peut être étendu aujourd'hui à la matière administrative.

1601. Frédéric Zénati, « La notion de divergence de jurisprudence », in Pascal Ancel et Marie-Claire Rivier (dir.), *Les divergences de jurisprudence*, Publications de l'Université de Saint-Etienne, 2003, p. 53-71, p. 59.

« la plupart des auteurs ont élaboré leurs théories sans un contact suffisant avec l'expérience effective de la justice » [1602], c'est-à-dire celle de toutes les juridictions dont la production se voit reléguée à la notion de contentieux. Cette déconnexion est donc à la fois d'ordre quantitatif *et* qualitatif : « en plaçant au sommet de la hiérarchie les arrêts de cassation comportant l'énoncé d'une règle, on ne procède pas seulement à une 'réduction' de la masse des décisions de référence, mais on définit des problèmes juridiques dignes d'intérêt. » [1603] Cinq ans avant la première proclamation de l'*open data* des décisions de justice, Xavier Henry pouvait ainsi écrire que la « conception majoritaire actuelle, centrée sur les arrêts publiés de la Cour de cassation, décrit un droit abstrait, idéal, où chaque arrêt vient immédiatement contribuer à l'évolution d'un système intellectuel global », cette vision « déform[ant] totalement » la compréhension de l'activité juridictionnelle [1604]. C'est pour mettre fin à ce prisme déformant à travers lequel le discours doctrinal français se saisit de la production juridictionnelle que de multiples auteurs ont appelé de leur vœu la mise à disposition des arrêts et décisions des juges du fond [1605] — en vain jusqu'à l'*open data* des décisions de justice.

469 **Des conceptions historiques bousculées par les outils de justice algorithmique.** C'est précisément au sein de cette double conception particulière que s'inscrivent les outils de justice algorithmique. Si, jusqu'à présent, l'accroc constitué par l'admission du poids normatif de la jurisprudence demeurait acceptable *du fait* de la nature particulière, quasi législative, de cette jurisprudence, ces outils n'offrent pas un accès à cette jurisprudence-ci et ne fonctionnent pas à partir de ses énoncés généraux et abstraits — bien au contraire.

§ 2. *L'EMPREINTE MARQUÉE D'UNE CONCEPTION TRONQUÉE DE LA JURISPRUDENCE SUR LE DISCOURS DOCTRINAL*

470 **Des outils de justice algorithmique nécessairement perturbateurs.** Dans cet univers juridique où l'admission du poids normatif de la jurisprudence repose

---

1602. Marianne Saluden, *Le phénomène de la jurisprudence*, *op. cit.*, p. 452.

1603. Évelyne Serverin, *De la jurisprudence en droit privé*, *op. cit.*, pp. 298-299. On exclut en effet presque automatiquement toutes les questions relatives aux évaluations d'ordre quantitatif (*quantum* de dommages et intérêts, délimitation des préjudices…) qui n'atteignent pas les juridictions de cassation.

1604. Xavier Henry, « Vidons les greffes de la République ! De l'exhaustivité d'accès aux arrêts civils des cours d'appel », *D.*, 2011, n° 38, 2609, p. 2612.

1605. L'argumentaire des pionniers de l'informatique juridique et de leurs soutiens dans leurs démarches de diffusion plus large des arrêts des cours d'appel tenait en effet à lever le voile sur « certains phénomènes globaux, naguère inaperçus » constitués « par-dessus tout [de] l'immense domaine du contentieux échappant au contrôle de la Cour de cassation » (Pierre Catala, « L'informatique et l'analyse du procès », *APD*, t. 39, 1994, 249, p. 250). La volonté exprimée à l'époque est celle de « révolutionner la connaissance de la norme juridique et en particulier de la norme jurisprudentielle » (Frédéric Zénati, *La jurisprudence*, *op. cit.*, p. 172) en remettant en cause « le postulat qu'il existerait (…) une jurisprudence noble » qui ne serait que celle des juridictions suprêmes (Emmanuel Gayat, « Pourquoi publier les décisions des juges du fond ? », *Droit Ouvrier*, 2002, 486, p. 487).

largement sur sa nature spécifique, l'approche des outils de justice algorithmique ne peut qu'apparaître perturbatrice. L'on y revient toujours, le traitement proposé par ces outils est un traitement non seulement quantitatif mais encore *factuel*, synthétisant donc les données *factuelles* qui se logent dans les décisions de justice qui constituent ses données d'entrée — c'est-à-dire, très majoritairement, les décisions du juge du fond [1606]. Or, dans cette conception jurisprudentielle restrictive, ces décisions n'ont ni statut, ni *utilité* théoriques. Si, en effet, l'on recherche au sein des décisions de justice des règles jurisprudentielles du type de celles produites par les juridictions suprêmes, il s'avère évident que « deux caractéristiques principales des juges du fond les empêchent de disposer d'un véritable office précédentiel : ils sont principalement juges du fait et n'ont qu'un ressort de compétence local » [1607]. Si cette seconde caractéristique est la contraposée de la position hiérarchique et nationale des juridictions suprêmes, c'est surtout la première sur laquelle insiste le discours : « pour correspondre à l'objet exploité par l'outil justice prédictive, seules intéressent leurs appréciations au fond [celles des juges du fond] et plus précisément celles qui mènent à des évaluations chiffrées. » [1608] Ainsi, au-delà du fait que ces outils se concentrent effectivement sur les décisions de justice, ils ne choisiraient pas les *bonnes décisions* puisque « l'hypertrophie de la jurisprudence » est celle où « les faits s'avèrent aussi décisifs que le droit » [1609]. Cette concentration *nouvelle* « ne sera pas neutre pour la conception de la jurisprudence » [1610] et irait, peut-être, jusqu'à « modifie[r] fondamentalement la notion de jurisprudence » [1611]. Il s'agirait alors d'une « véritable révolution » [1612] dans une compréhension verticale, hiérarchique et pleinement

---

1606. Cette concentration sur les décisions des juges du fond est aussi volontaire qu'inévitable : dans la mesure où les outils de justice algorithmique sont construits sur une logique de correspondance des caractéristiques factuelles entre une espèce et des décisions déjà rendues (que ce soit pour *chercher* ces décisions ou pour en proposer une synthèse statistique/distribution probabiliste), ils ont en effet tout intérêt à fonctionner à partir des décisions des juges du fond qui *contiennent* ces informations. Plus globalement, puisqu'ils ont vocation à réceptionner l'exhaustivité des décisions de justice, ils réceptionneront des proportions beaucoup plus importantes de décisions du fond que d'arrêts des juridictions suprêmes : sur l'année 2019, c'est en effet 3 962 466 décisions qui sont rendues par les juridictions judiciaires (civiles et pénales) et 277 180 par les juridictions administratives, dont, respectivement, 64 % de décisions de première instance, 11 % d'arrêts d'appel et 0,9 % d'arrêts de cassation et 83 % de décisions des tribunaux administratifs, 13 % d'arrêts de cours administratives d'appel et 4 % d'arrêts du Conseil d'État (chiffres tirés du bilan d'activité 2019 du Conseil d'État, *op. cit.* et des chiffres-clés de la justice 2020, *op. cit.*). Les pourcentages calculés pour la juridiction judiciaire n'atteignent pas 100 % du fait de la comptabilisation de décisions rendues par des juridictions et organes non intégrés dans le calcul (les chambres d'assises, par exemple).

1607. Florent Tap, *op. cit.*, p. 140.

1608. Pascale Deumier, « La justice prédictive et les sources du droit : la jurisprudence du fond », *op. cit.*, pp. 51-52.

1609. Cyril Nourissat, *op. cit.*, p. 1490.

1610. Chantal Arens, « La justice doit être accessible et la Cour de cassation s'engage à relever le défi en utilisant les potentialités des technologies appliquées au droit », *op. cit.*, p. 630. Cette déclaration est à relier au rapport commandé un an plus tard par la même Chantal Arens, en sa qualité de première présidente de la Cour de cassation, à Loïc Cadiet, Cécile Chainais et Jean-Michel Sommer (*op. cit.*).

1611. Aude Rouyère, « Conclusions », *op. cit.*, p. 232.

1612. Olivier Tcherkessoff, *op. cit.*, p. 157.

juridique de la jurisprudence — quand bien même, d'ailleurs, ce constat n'est pas toujours considéré comme problématique. Certains auteurs soulignent que cet accès est inévitable et « indispensable » pour avoir connaissance de certains phénomènes spécifiques échappant au contrôle des juridictions supérieures comme, par exemple, les « indemnisations accordées en réparation des dommages corporels » [1613] ou le « montant des dommages-intérêts en matière de préjudices autres que matériels » [1614]. Face à cette approche neutre, cependant, demeurent des réactions plus véhémentes telles que celle décrite par Isabelle Sayn selon laquelle puisque « ces décisions ne participent pas à la construction de la règle de droit », « il n'y a pas de raison que ces décisions soient mises à disposition du public » [1615]. Or, il ne s'agit là que de rejouer « ce débat plus ancien » [1616] quant à l'existence d'une jurisprudence du fond et, plus largement, quant à l'accès à cette potentielle « jurisprudence » d'une « nature beaucoup plus diverse » que la jurisprudence traditionnelle de droit [1617]. Pour ce faire, le discours mobilise rapidement la modélisation la plus communément utilisée du raisonnement du juge : le syllogisme juridique, supposément affecté par les outils de justice algorithmique (**A**) oubliant, peut-être un peu vite, que cet argument ne fonctionne guère plus lorsqu'il s'agit du raisonnement des juges qui rendent précisément les décisions traitées par les outils (**B**).

A. Le syllogisme comme pivot essentiel du discours doctrinal

471 **Un syllogisme juridique mis à mal ?** Le discours doctrinal se saisit donc de cette *nouvelle* diffusion de cette production juridictionnelle méconnue depuis cette conception hiérarchique, verticale et pleinement juridique de la jurisprudence. Pour autant, cette conception ne s'arrête pas à la seule catégorie des décisions diffusées mais se poursuit, nous l'avons vu, plus théoriquement du point de vue du *poids normatif* attribué à cette catégorie de décisions ou, du moins, toléré. Or, le « poids normatif » que les outils de justice algorithmique octroieraient, au sens du discours, aux décisions qu'ils traitent et analysent ne vise pas une quelconque règle de droit jurisprudentielle, générale et abstraite (de toute façon absente de l'essentiel de ces décisions), mais vise les données de faits. La neutralité relative du discours sur le seul aspect de mise à disposition de décisions jusqu'ici inédites disparaît dès lors qu'il s'agit d'évaluer la *pertinence* de ces outils, de leur traitement et des informations qu'ils diffusent. Le ton varie alors entre un scepticisme quant à la possibilité, pour « les algorithmes d'apprentissage automatique [d'être]

1613. Motahareh Fathisalout Bollon et Vincent Rivollier, *op. cit.*, p. 19.

1614. Philippe Jestaz, « Synthèse », in Nicolas Dissaux et Youssef Guenzoui (dir.), *Les habitudes du droit*, Dalloz, 2015, 127, p. 127.

1615. Position non partagée par l'autrice puisqu'elle est immédiatement nuancée au regard de leur future diffusion, voir Isabelle Sayn, « Connaître la production des juridictions ou prédire les décisions de justice », *op. cit.*, p. 233.

1616. Pascale Deumier, « La justice prédictive et les sources du droit : la jurisprudence du fond », *op. cit.*, pp. 61.

1617. Philippe Le Tourneau, *Contrats du numérique. Informatiques et électroniques*, *op. cit.*, p. 321.

en mesure de produire des résultats *pertinents* dans notre système juridique »[1618], une crainte de voir « l'utilisateur éprouve[r] des difficultés à retrouver, dans une masse informe de données, l'information *pertinente* qu'il recherche »[1619] et un rejet de ces outils qui risqueraient d'altérer « la qualité du jugement et, finalement, du droit dans son ensemble » en promouvant une « paresse intellectuelle »[1620] ou, plus techniquement, une « approche inductive, fondée davantage sur la corrélation, plutôt [qu'une] approche déductive, fondée sur la causalité »[1621]. C'est ici que se loge le premier signe de l'empreinte profonde laissée par cette conception jurisprudentielle limitée héritée tant du projet jurisprudentiel que l'univers juridique du système civiliste français : l'idée selon laquelle les outils de justice algorithmique, du fait tant de leur matériau de base que du traitement qu'ils leur appliquent, mettraient à mal le *syllogisme déductif* supposé constituer la base du raisonnement juridictionnel. Ce serait alors là véritablement le marqueur d'une incompatibilité systémique, puisqu'il s'agirait de mettre à bas l'une des logiques et clés de raisonnement centrales du système français. Cette idée, cependant, mérite un traitement en deux temps puisque si, en effet, le raisonnement induit par l'utilisation des outils *n'est pas* un raisonnement syllogistique et déductif, *le fait même* d'opposer ces deux types de raisonnement est révélateur de l'ornière dans laquelle le discours est coincé.

472 **Analogie, syllogisme et induction**. Il est en effet indéniable que les outils de justice algorithmique, intégrés à un raisonnement juridique ou juridictionnel, ne présupposent pas la tenue d'un raisonnement syllogistique et déductif mais plutôt, selon les auteurs, un raisonnement d'ordre *analogique* ou *inductif*. L'analogie est inhérente au fonctionnement de ces outils, puisqu'il s'agit de proposer, à partir de caractéristiques factuelles entrées par l'utilisateur, une série de résultats, soit que ces résultats soient des décisions de justice précédemment rendues sur la base de caractéristiques similaires, soit que ces résultats soient une synthèse du *contenu* de ces décisions. La logique d'un raisonnement par analogie étant celle d'« établi[r] une homologie ou une similitude de rapports entre deux couples de termes »[1622], sa structure est, classiquement, *A est à B ce que C est à D*, le premier couple étant la situation de base, le second la situation cible. Dans le cadre de nos outils, le raisonnement peut alors être le suivant : l'espèce (ou l'ensemble des espèces) B et l'espèce D (la situation contentieuse présente) sont considérées *suffisamment*

1618. Serge Abiteboul et Florence G'sell, *op. cit.*, p. 29. L'italique est le nôtre.

1619. Loïc Cadiet, « 'Les conditions de diffusion des décisions de justice représentent un enjeu essentiel de la mise en œuvre du projet de leur mise à disposition du public' », *op. cit.*, p. 294.

1620. Pascale Idoux, « L'ambivalence du développement des téléservices : de nouveaux services publics ou des services publics numérisés ? », *op. cit.*, p. 1165.

1621. Adrien Basdevant, Aurélie Jean et Victor Storchan, *op. cit.*, p. 33.

1622. Benoît Frydman, « Les formes de l'analogie », *RRJ*, 1995, nº 4, 1053, p. 1053. Kant lui-même est d'ailleurs cité pour rappeler qu'analogie « ne veut pas dire, comme on l'entend communément, une ressemblance imparfaite entre deux choses, mais bien la ressemblance parfaite de deux rapports entre des choses tout-à-fait dissemblables » (Emmanuel Kant, *Prolégomènes à toute métaphysique future qui pourra se présenter comme science*, Vrin, 1986 (1e éd. 1783), p. 137, cité à la note 3 d'*ibid.*).

proches parce qu'elles partagent un certain nombre de caractéristiques factuelles (si l'on prend l'exemple classique d'un accident de la circulation, les victimes sont du même genre, se trouvent dans la même catégorie d'âge, se trouvaient dans la même situation et ont souffert le même type de préjudice à l'occasion d'un accident intervenu dans des circonstances similaires). Si B a reçu comme solution (ou ensemble de solutions) A, alors D devrait, *logiquement*, recevoir une solution A', la solution C. Ce raisonnement par analogie est, par nature, distinct d'un raisonnement déductif qui, pour rappel, implique de subsumer une mineure (les faits d'une espèce) sous une majeure incarnée par toutes les règles qui gouvernent le raisonnement (les règles de droit) pour en déduire une conclusion (le dispositif d'une décision de justice, ou la décision à proprement parler). Il l'est pour deux raisons : faute, premièrement, précisément d'un mécanisme de subsomption — aucun détour n'est fait, dans le cadre de ces outils, par la ou les normes générales applicables, et faute, secondement, d'une portée *normative* — l'analogie ne conduit pas à tirer des règles générales applicables en dehors du rapport situation de base/situation cible, mais à faire progresser le raisonnement « du connu vers l'inconnu » [1623]. C'est pourtant à partir de cette analogie encouragée par les outils que les auteurs craignent l'apparition d'une logique inductive à proprement parler, c'est-à-dire la version inversée du raisonnement déductif. Puisque les outils de justice algorithmique révèlent que l'espèce (ou l'ensemble des espèces) B reçoit une solution (ou un ensemble de solutions) A, *alors* ce n'est pas seulement l'espèce D mais l'ensemble des espèces similaires qui *doivent* recevoir une solution A' identique ou très similaire à la solution A, la solution C (tel que A = A' = C). La généralisation de C la transforme alors en norme à portée générale, induite de la donnée d'ordre factuelle que constitue la solution A : *puisque B reçoit A, et puisque D est susceptible de recevoir A' = C, alors tout D' recevra A'*. Ce passage d'un rapport individuel à un rapport général et, surtout, d'un rapport logique à un rapport normatif est lié, au sein du discours, à la portée normative attribuée aux outils de justice algorithmique : c'est parce que les auteurs considèrent ces outils en mesure de *contraindre*, d'une manière ou d'une autre [1624], leur utilisateur que « l'on passe (…) d'une logique déductive (…) à une logique inductive, fondée sur l'analyse statistique et la généralisation » [1625] des solutions individuellement rendues dans chaque espèce. Dans cette optique, la résolution du litige ne se fonderait plus sur l'application d'une norme générale et abstraite à une situation factuelle déterminée, mais sur « l'application particulière qui aura été faite d'une norme par d'autres juges » [1626], étendue à l'espèce présente sur la base d'une similarité *de faits*. Non seulement, à cet égard, la « norme » créée par les outils de justice algorithmique serait inductive, mais elle serait encore factuelle, basée sur des données factuelles *et elle induirait un raisonnement non juridique* et, donc, la dégradation de tout un système civiliste français, logiques, clés de raisonnement et univers juridique compris. Rien d'étonnant à voir le discours

---

1623. *Ibid.*, p. 1054.
1624. Voir *supra* § 288 et suiv.
1625. Primavera De Filippi, *op. cit.*, pp. 57-58.
1626. Samir Merabet, « 'DataJust' et l'effet papillon. À propos du décret du 27 mars 2020 », *op. cit.*, p. 25.

craindre que ces outils ne soient porteurs d'« une transformation de fond, jusque dans la fonction du jugement et de la production du droit » [1627] en le *factualisant*.

B. Le syllogisme, pivot paradoxal et révélateur du discours doctrinal

473 **Un traitement paradoxal du syllogisme judiciaire.** Nous reviendrons plus avant sur cet argument, très spécifique, mais dès à présent il faut constater que s'il est mobilisé de manière assez moyenne par l'intégralité du discours (mobilisation de l'ordre de 30 %), il l'est de manière disproportionnée par la part *académique* de ce discours. Cette focalisation académique correspond en fait à ce premier marqueur de la compréhension spécifique du phénomène jurisprudentiel historiquement entretenu par le discours doctrinal français — tout simplement parce qu'opposer le raisonnement analogico-inductif proposé par les outils de justice algorithmique au raisonnement syllogistique et déductif « propre au droit français réalisé par un avocat ou un juge » [1628] est révélateur d'une conception tronquée du phénomène juridictionnel dans son ensemble. Si l'on peut arguer que le raisonnement des juges suprêmes peut sans doute être simplifié sous une forme syllogistique [1629] et qu'à cet égard, les outils de justice algorithmique apparaissent effectivement comme une force perturbatrice, cette appréciation ignore un élément que certains auteurs admettent explicitement : les « méthodes des juristes [sont] cannibalisée[s] par l'exposé des méthodes d'interprétation et, accessoirement, l'art du décryptage des arrêts des juges du droit » [1630]. En d'autres termes, lorsqu'est affirmé que la « particularité de l'intervention du juge réside (...) dans le mode de raisonnement qu'il met en œuvre », c'est-à-dire le « syllogisme judiciaire » [1631], c'est surtout la compréhension du mode de raisonnement *du juge suprême* qui est généralisée, en tout cas telle qu'elle est esthétisée par du discours doctrinal [1632]. C'est là en fait tout le paradoxe de cet angle du discours, puisque si les auteurs admettent que les « ressorts et [les] tendances » de la justice du fond sont « mal connus du fait du sur-intérêt » porté aux juridictions suprêmes [1633] et qu'ainsi les outils de justice algorithmique « vont permettre de restituer la jurisprudence des juges du fond aujourd'hui mal connue » [1634], le constat de l'incompatibilité systémique dressé entre l'outil et le système civiliste français l'est *à partir* de cette « mal-connaissance ».

1627. Vincent Lemaire, *op. cit.*, p. 298.

1628. Serge Abiteboul et Florence G'sell, *op. cit.*, p. 30.

1629. La majeure demeurant toujours la norme de référence, la mineure étant alors l'interprétation proposée par la juridiction inférieure et la conclusion, la décision de valider ou non cette interprétation.

1630. Pascale Deumier, « La justice prédictive et les sources du droit : la jurisprudence du fond », *op. cit.*, p. 66.

1631. Laurence Pécaut-Rivolier et Stéphane Robin, « Justice et intelligence artificielle, préparer demain », *Dalloz actualité*, 2020.

1632. Il va en effet de soi que cette présentation est, de l'avis même d'une partie de ce discours, bien plus esthétique qu'elle n'est opératoire. Voir, à cet égard, Pascale Deumier, « Présentation », in Pascale Deumier (dir.), *Le raisonnement juridique. Recherche sur les travaux préparatoires des arrêts*, Dalloz, 2013, pp. 1-9.

1633. Pascale Deumier, « La jurisprudence d'aujourd'hui et de demain », *op. cit.*, p. 606.

1634. Florence G'sell, *Justice numérique*, *op. cit.*, p. 134.

474 **Un paradoxe renforcé par le traitement du pouvoir souverain d'appréciation des juges du fond.** Ce traitement paradoxal se poursuit et s'illustre plus remarquablement encore lorsqu'il s'agit de s'intéresser non plus à la nature des décisions diffusées, au raisonnement que cette diffusion induierait ou à la normativité de cette diffusion *mais à ce qui est effectivement normé* — « le pouvoir souverain d'appréciation des juges du fond » [1635]. Insister sur les risques que présenteraient des outils dont le pouvoir normatif, si on l'admet, porte non sur l'interprétation de la majeure du syllogisme [1636] mais sur la mineure, voire d'ailleurs la conclusion de ce syllogisme dans sa dimension la plus factuelle, c'est en effet, cette fois-ci, admettre la nature particulière de l'office de ces juges et en tirer les conséquences. Il est indéniable que ce pouvoir d'appréciation constitue la seule marge de manœuvre théoriquement octroyée du juge du fond, puisqu'il se trouve sous la contrainte juridique des normes applicables d'une part, et sous la contrainte hiérarchique et plus ou moins juridique de la jurisprudence classique d'autre part. Puisque ni l'une ni l'autre de ces contraintes ne portent sur les faits qui sont soumis aux juges du fond, sur leur appréciation ou sur les conséquences cette fois-ci juridiques qu'ils doivent en tirer [1637], ce pouvoir souverain d'appréciation constitue effectivement la liberté contrainte évoquée en *supra* (voir § 291) : « les magistrats confrontés à une préconisation doivent exercer pleinement leur fonction juridictionnelle » [1638] qui se résumerait alors presque à ce pouvoir souverain d'appréciation puisqu'il « préserve la qualité de la justice » [1639] et en constitue « l'essence » [1640] et la « clé de voûte » [1641]. Il s'agit en effet du cœur de l'office du juge du fond que de « se prononcer sur les questions de fait, comme le montant d'une indemnisation, selon son appréciation souveraine des circonstances propres à l'espèce : force probante, qualification ou encore 'appréciations d'ordre quantitatif' » [1642] — mais il s'agit aussi du cœur des

---

1635. Théo Sentis, *op. cit.*, p. 90. Cet argument se retrouve très largement dans le discours puisqu'il est l'un des marqueurs de l'argument tiré de la perte d'impartialité et d'indépendance du juge (mobilisé à hauteur de 46 %). On le retrouve ainsi, et à titre d'exemple, dans Eugénie Petitprez et Rodolphe Bigot, *op. cit.*, p. 6, dans Hodalo Prenam Beguedou, *op. cit.*, p. 200 ou chez Christiane Féral-Schuhl, *Cyberdroit*, 8e éd., Dalloz, 2020, p. 717.

1636. Ce qui est le cœur de l'office unificateur alloué aux juridictions suprêmes : « la recherche d'uniformité domine l'application de la règle de droit au nom de l'égalité devant la loi » (Pascale Deumier, « La justice prédictive et les sources du droit : la jurisprudence du fond », *op. cit.*, p. 62). Il ne pourrait en être autrement puisque « la Haute juridiction, si elle est garante de l'unification de l'interprétation du *droit*, ne connaît pas en principe *du fond* des affaires » (Théo Sentis, *op. cit.*, p. 90).

1637. À l'exception, bien sûr, des barèmes légaux dont le respect s'impose aux juges. On pense ici, notamment, au barème applicable à l'indemnisation prononcée par le juge en cas de licenciement sans cause réelle ou sérieuse (art. L. 1235-3 du Code du travail).

1638. Isabelle Sayn, « Des outils d'aide à la décision aux décisions individuelles automatiques, quel régime juridique ? », *JCP*, supplément au n° 44-45, 2019, 15, p. 21.

1639. Marie Dochy, *La dématérialisation des actes du procès civil*, *op. cit.*, p. 391.

1640. Sarah Torricelli-Chrifi, « Nouvelles technologies, nouvelle ère : vers une désintermédiation du droit ? », *op. cit.*, p. 305.

1641. Claude Grellier, « La motivation des décisions judiciaires obéit-elle à une rigueur juridique ? », in François Jouen, Catherine Puigelier et Charles Tijus (dir.), *Décision et prise de décision. Droit et cognition*, Mare & Martin, 2017, 57, p. 59.

1642. Pascale Deumier, « La justice prédictive et les sources du droit : la jurisprudence du fond », *op. cit.*, p. 62

outils de justice algorithmique, et en particulier des outils de justice prédictive et de leur ambition de « modéliser la décision du juge et anticiper sa décision » fondée non pas sur la « nature intrinsèque des choses », mais sur une « quantité de choses » [1643]. Là où la logique du pouvoir souverain d'appréciation des juges du fond est une logique de « singularité » [1644] et d'« individualisation » [1645], celle des outils de justice prédictive est au contraire une « approche par des moyennes » [1646] dont l'objectif assumé est à la fois de constituer un « outil de facilitation » de l'estimation des données factuelles par le juge (s'il en est l'utilisateur) [1647] et de limitation des « incertitudes liées à l'activité de jugement » [1648] pour les autres acteurs du procès. L'on en revient ici à l'un des points indéniablement problématiques des outils de justice algorithmique d'un point de vue purement juridique et d'ailleurs à l'un des points problématiques intervenant dans tous les ordres juridiques réceptionnant ce type d'outils [1649]. Il ne s'agit donc pas de revenir sur nos propos, mais au contraire de souligner la différence de traitement de cet apport/risque des outils (normer le seul espace de liberté explicitement reconnu aux juges) et de celui de son impact sur le raisonnement juridictionnel d'un point de vue plus théorique. Toute la spécificité de l'office des juges du fond est en effet mobilisée pour articuler la crainte de voir disparaître cet espace de liberté quant à l'appréciation et à la quantification des faits puisqu'il est alors nécessaire de reconnaître que la part des faits y est importante, si ce n'est *prépondérante*. On ira jusqu'à dire que, pour le juriste français, « ce n'est pas du droit puisque cela relève de l'appréciation souveraine des juges du fond » [1650]. De manière plus neutre, défendre ce pouvoir souverain d'appréciation des juges du fond revient à admettre que « leur rôle est de trancher des litiges concrets et non de produire des normes générales de jugement ou de faire évoluer le droit » [1651], et ce à partir « des données de faits que lui soumettent les parties, à travers un débat contradictoire nourri par les pièces du dossier » [1652]. C'est

1643. Vincent Vigneau, « Faudra-t-il encore des juges ? », *op. cit.*, p. 52.

1644. Bernard Stirn, « Premières réflexions sur le juge administratif et le droit prédictif », *op. cit.*, p. 220. Cette logique de singularité est aussi rappelée, par exemple, dans Théo Sentis, *op. cit.*, p. 91 et dans Frédéric Rouvière, « La justice prédictive : peut-on réduire le droit en algorithmes ? », *Pouvoirs*, n° 178, 2021, 97, p. 103.

1645. Sonia Desmoulin, « Le diable se cache-t-il dans les détails ? Réflexions à propos du traitement automatisé de données à caractère personnel 'DataJust' », *op. cit.*, p. 155. Voir aussi Pascale Idoux, « L'ambivalence du développement des téléservices : de nouveaux services publics ou des services publics numérisés ? », *op. cit.*, p. 1165, Théo Sentis, *op. cit.*, p. 91 ou Pascale Deumier, « Open Data. Une autre jurisprudence ? », *op. cit.*, p. 475.

1646. Frédéric Rouvière, « La justice prédictive : peut-on réduire le droit en algorithmes ? », *op. cit.*, pp. 103-104.

1647. Olivier Tcherkessoff, *op. cit.*, p. 158.

1648. Isabelle Sayn, « Des outils d'aide à la décision aux décisions individuelles automatiques, quel régime juridique ? », *op. cit.*, p. 21.

1649. Ce qui était l'objet de notre première partie, voir *supra* § 234.

1650. Philippe Jestaz, « Synthèse », *op. cit.*, p. 139. Il est d'ailleurs assez remarquable de constater que, lorsque se tenaient les premiers débats sur la pertinence de publier les décisions du fond, les auteurs qui leur reconnaissaient un intérêt le reconnaissaient « pour le sociologue du droit », pas pour le juriste. Voir, à cet égard, Pascal Ancel, « Le Dalloz, source du droit ? », *RRJ*, n° 1, 2006, 453, p. 459.

1651. Florent Tap, *op. cit.*, p. 140.

1652. Claude Grellier, *op. cit.*, p. 59.

aussi admettre, comme le fait un certain nombre d'auteurs, que le raisonnement du juge n'est pas réductible au seul syllogisme [1653] ; et ainsi apparaît déjà le paradoxe, quand la mise en danger de ce syllogisme est précisément l'un des axes de notre hypothèse systémique. Si « l'objet propre de la jurisprudence du fond » c'est « le pouvoir souverain des juges du fond » [1654] et que l'on reconnaît que son office ne se réduit pas au syllogisme, comment imaginer que leur raisonnement soit le même que celui des juges du droit ?

475 **Un traitement fondamentalement biaisé**. Et si ce raisonnement n'est pas le même que celui des juges du droit et que l'on admet que jusqu'ici, seule la jurisprudence des juridictions supérieures « est relativement bien connue et peut être présentée de façon organisée et méthodique » au contraire de celles « des juges du fond, ceux qui sont chargés de l'application concrète de la loi à une situation de fait », comment établir la pertinence de ces outils ? Comment établir l'adéquation du raisonnement qu'ils postulent avec celui des acteurs du droit auxquels ils s'adressent si ce n'est à partir des logiques et des raisonnements qui ont véritablement cours à ce niveau de la hiérarchie judiciaire ? Il est en effet évident que des outils qui proposent des synthèses d'éléments factuels pris en compte au sein des décisions de justice n'ont aucune chance d'intéresser, dans la réalisation de leur office, les juges des juridictions suprêmes ou les avocats qui y plaident [1655] : ils ne peuvent, à cet égard, qu'intéresser les acteurs des décisions qu'ils traitent — ceux de la justice du fond. Le serpent se mord ici la queue, tout comme, d'ailleurs, notre hypothèse systémique. La justice du fond n'est pas, ou mal, connue des auteurs parce que les décisions de justice qu'elle produit sont longtemps demeurées difficiles d'accès et, donc, largement méconnues ; ses standards, dont on imagine qu'ils sont profondément différents des standards qui sous-tendent l'univers juridique du système civiliste français, sont donc eux aussi méconnus. Les outils de justice algorithmique se proposent de remédier à ces difficultés d'accès et d'ouvrir une « fenêtre » sur cette part du droit, dont ils reproduisent et perpétuent d'ailleurs les standards. Pour évaluer la pertinence ou, au contraire, les risques d'un tel accès et pour évaluer l'impact des outils sur la justice à laquelle ils sont destinés

---

1653. L'argument selon lequel le raisonnement judiciaire n'est pas modélisable informatiquement puisqu'il ne se réduit pas au syllogisme se retrouve ainsi fréquemment au sein du discours — alors même, d'ailleurs, que les outils de justice algorithmique n'ont pas vocation à modéliser *le raisonnement* mais certains éléments de la *décision* rendue. Voir, par exemple, Yannick Meneceur et Clementina Barbaro, « Intelligence artificielle et mémoire de la justice : le grand malentendu », *Cah. Just.*, 2019, 277, pp. 278-279 ou Samir Merabet, *Vers un droit de l'intelligence artificielle*, *op. cit.*, p. 215.

1654. Pascale Deumier, « La justice prédictive et les sources du droit : la jurisprudence du fond », *op. cit.*, p. 62.

1655. Ce qui ne veut pas dire que ces magistrats n'y trouveraient absolument aucune utilité. Ces outils sont en effet à même de transmettre des informations précieuses quant à l'application, au niveau local, de règles posées à un niveau national, ainsi que d'évaluer les degrés de dissemblance ou de ressemblance des standards appliqués dans tel ou tel ressort. C'est par ailleurs ce que soulignent les auteurs de ce discours lorsqu'ils indiquent qu'« en accédant aux décisions rendues par les juges du fond, la Haute juridiction peut aisément repérer leurs évolutions, notamment les éventuelles résistances, ou encore les difficultés d'application des lois nouvelles » (Marie Dochy, *op. cit.*, p. 292).

(la justice du fond) les auteurs devraient, théoriquement, se baser sur ses standards pour contrôler leur respect par ces outils. Faute de les connaître, cependant, les auteurs ne peuvent que se baser sur les standards quasi législatifs des juridictions suprêmes, par nature, donc, opposés à ceux de la justice du fond. Ainsi, tant le discours que l'hypothèse systémique s'autoentretiennent en justifiant une crispation d'ordre systémique, et ce alors même que les logiques et clés de raisonnement mobilisées par les auteurs et opposées aux outils *ne sont pas celles potentiellement mises en souffrance par ces outils*. Discours et outils se situent sur des plans non pas opposés mais parallèles, de sorte qu'ils ne se rencontrent, en fait, pas.

476 **Une hypothèse systémique à reconfigurer ?** La véritable tension systémique démontrée par le discours n'est donc pas celle d'une remise en cause de l'office ou du raisonnement des juges, puisqu'en toute hypothèse les auteurs ne se placent pas du point de vue de l'office ou du raisonnement des juges qui ont vocation à réceptionner ces outils, mais celle d'une ***compréhension*** *du phénomène jurisprudentiel compatible avec l'univers juridique du système civiliste français*. Aude Rouyère parle, à cet égard, d'« une approche partielle et singulière de la matière » [1656]. C'est là toute la particularité de la dimension systémique du discours, et en particulier de la mobilisation de l'imaginaire des systèmes de *common law* : le changement de la nature théorique de la jurisprudence et du raisonnement juridictionnel est *exactement* ce qui, au sein des systèmes de *common law*, a enclenché la crise systémique qui a donné naissance à ces outils et qui a, *in fine*, conduit à l'évolution de tout un univers juridique. Toutes les caractéristiques de cette crise sont là : le passage du qualitatif au quantitatif, de la sélection à l'exhaustivité, d'un raisonnement pleinement juridique à un raisonnement factuel… Le contexte de ces enjeux, bien sûr, est différent, mais les enjeux eux-mêmes sont identiques et ne sont que décalés dans le temps. Les outils de justice informatique, puis algorithmique, ayant contribué à cette évolution de l'univers juridique des systèmes de *common law*, le même destin doit-il être prophétisé pour l'univers juridique français, ou cet univers juridique a-t-il *déjà* évolué, à l'ombre de la conception jurisprudentielle tronquée entretenue par la pensée juridique française ?

CONCLUSION DU CHAPITRE 1

477 **Légalisme et défiance à l'égard du juge**. S'il est encore un peu tôt pour savoir si l'univers juridique du système civiliste français correspond encore à la description que le discours doctrinal en fait, l'on peut déjà tirer un premier bilan de notre analyse du discours français et de son traitement de l'incompatibilité systémique. Nous avons ainsi pu, dans ce chapitre, établir ce qui constitue l'univers juridique ainsi que les logiques et clés de raisonnement du système juridique français : un environnement juridique très particulier, tiré des acquis révolutionnaires et postrévolutionnaires, profondément légaliste, défiant à l'égard du juge et qui se traduit

---

1656. Aude Rouyère, « Conclusions », *op. cit.*, p. 215.

par un raisonnement juridique empreint des standards de la loi révolutionnaire (générale, abstraite, à portée universelle et universalisante) et par un raisonnement juridictionnel contraint par le traditionnel syllogisme déductif. C'est donc à l'égard de ces éléments que notre hypothèse systématique a pu commencer à être testée dans sa dimension interne française.

478 **Un débat plusieurs fois centenaire réactivé.** À l'évidence, ce discours tend à réduire cette incompatibilité systémique à des problématiques très classiquement traitées par la pensée juridique française — en l'occurrence, la double problématique du poids normatif de la jurisprudence et du pouvoir normatif attribué aux juges. Ces deux éléments sont d'ailleurs ceux auxquels se résume l'argument « *common law* » et il est indéniable que sa concentration « jurisprudentielle » constitue le premier des défauts de ces outils de justice algorithmique. La masse des décisions révélées, l'intérêt concentré des outils sur ces dernières et le postulat même selon lequel des informations pertinentes pourraient être tirées de la seule analyse des décisions de justice apparaissent donc ainsi comme autant d'éléments perturbateurs d'un univers juridique légaliste, voire panlégaliste. Ils ne le sont cependant pas différemment et pas plus que chaque occasion de raviver ce débat ce qui, à cet égard, ne permet pas de vérifier notre hypothèse systémique sur cette seule réactivation d'un débat préexistant.

479 **Des données systémiques traitées de manière biaisée.** En vérité, c'est *derrière* ce débat ici réactivé que se dissimulent les véritables spécificités d'ordre systémique des outils de justice algorithmique. Les outils de justice algorithmique n'ont pas vocation à traiter la *jurisprudence* telle qu'elle a été conceptualisée au tournant des XIXe et XXe siècle, c'est-à-dire la production quasi législative des juridictions suprêmes. Or, c'est de cette jurisprudence que tant les auteurs que le système civiliste français s'accommodent le mieux, justement parce qu'elle ne constitue que la continuité des standards législatifs qui sous-tendent leur univers juridique. Dans la mesure où ce sont les décisions du fond qui font l'objet du traitement proposé par les outils de justice algorithmique, à partir et selon leurs propres standards, c'est à partir de l'office et des standards applicables aux juges du fond que leur impact systémique devrait être évalué. Parce que les auteurs se saisissent de ces outils depuis leur compréhension du phénomène jurisprudentiel et judiciaire, faute de *connaître* ces standards propres à la justice du fond, le discours doctrinal révèle deux choses : premièrement, que si incompatibilité systémique il y a, elle se joue au niveau de la notion même de jurisprudence et, deuxièmement, que l'argument « *common law* » dissimule en fait un véritable angle mort de ce discours spécifique et du discours doctrinal français dans son ensemble.

480 En d'autres termes, et à ce stade, les outils de justice algorithmique en révèlent bien plus sur les impensés systémiques du discours français que ce dernier ne démontre une véritable incompatibilité d'ordre systémique entre ces outils et le système civiliste français.

Chapitre 2

Un silence révélé et révélateur pesant sur l'office des juges du fond

« *Les juges ne jugent pas, et ne peuvent pas juger, leurs affaires en droit ; l'idée même est une illusion.* » [1657]

481 **Une hypothèse systémique liée à la justice du fond.** Plus qu'il ne démontre, à ce stade, d'incompatibilité d'ordre systémique entre les outils de justice algorithmique et son système civiliste, le discours doctrinal français est en fait bien plus révélateur *de ses propres angles morts*. Son traitement de ces outils au travers de débats anciens et, surtout, au travers du seul prisme des juges suprêmes biaise son approche et déconnecte le discours de son objet : ces outils ne visent pas à donner accès à la production jurisprudentielle des juges de droit et ils ne visent pas non plus à intervenir à ce niveau de la hiérarchie judiciaire. Ils visent, au contraire, à donner accès aux décisions de la justice du fond, à s'insérer dans les procédures juridictionnelles de ce niveau et à les faciliter, tant du point de vue des juges eux-mêmes que des acteurs du procès. C'est donc précisément ces interventions et cette facilitation (ambitionnée, si ce n'est encore réalisée) qui devraient être interrogées pour déterminer si oui ou non ces outils se heurtent à une incompatibilité systémique avec le système civiliste français. Si ces outils sont adaptés, ou susceptibles d'être adaptés, à l'office des juges du fond, alors notre hypothèse systémique tombera ; s'ils apparaissent inadaptés et inadaptables à cet office sans le modifier profondément, alors en effet une telle incompatibilité s'oppose au déploiement de ces outils.

1657. « *Judges not only do not but cannot decide cases by law; the very concept is an illusion* », Philip Mechem, « The Jurisprudence of Despair », *Iowa L. Rev.*, vol. 21, n° 4, 1936, 669, p. 671.

482 **Une justice du fond méconnue.** De deux choses l'une, cependant : cette question de la réelle adaptation des outils de justice algorithmique à l'office des juges du fond n'est pas traitée, précisément parce que le discours s'en saisit depuis le seul office véritablement connu — celui des juges suprêmes. L'incompatibilité y est évidente, toutes les logiques de leur office étant renversées par l'outil [1658], mais elle ne dit rien de leur impact véritable sur le raisonnement juridique et juridictionnel mené par les juges qui ont vocation à véritablement le réceptionner. Or, si l'office du juge constitue un point aveugle de la description des logiques et des clés de raisonnement du système juridique français, l'office du *juge du fond* en constitue la part la plus obscure. Se lancer dans une telle analyse, cependant, tend à révéler deux séries d'éléments, tant sur les outils que sur la réflexion systémique française.

483 **Des impensés systémiques dissimulant l'ambition des outils.** Il apparaît en effet que si les spécificités inhérentes à l'office des juges du fond sont généralement peu connues du discours doctrinal, les outils de justice algorithmique sont quant à eux modelés *autour* de ces spécificités, de sorte qu'ils semblent en mesure de correspondre à certains besoins de ces juges (**Section 1**). Au surplus, ces outils ne constituent en fait que la « continuation algorithmique » d'outils déjà présents dans ces prétoires, dont les enjeux et les risques d'ordre systémique se manifestent déjà à l'ombre des impensés du discours doctrinal (**Section 2**).

Section 1. Des spécificités inhérentes à l'office des juges du fond généralement ignorées

484 **Un silence quant à l'office des juges du fond dépassant les bornes du discours.** Le constat tiré dans le cadre de ce discours selon lequel l'absence de traitement spécifique de l'office des juges du fond entraîne une approche biaisée des problématiques liées aux outils de justice algorithmique dépasse ce seul cadre : la concentration du discours doctrinal sur la portion la plus juridique, mais aussi la moins représentative, de la production jurisprudentielle provoque un silence général quant aux standards et aux logiques propres à la justice du fond.

485 **Un silence paradoxal.** Ce silence cache d'ailleurs souvent un désintérêt lorsque le discours se refuse à « profiter » de l'opportunité présentée par les outils de justice algorithmique pour recentrer leur approche sur les juges qui ont vocation à effectivement réceptionner ces outils (**§ 1**). Ce choix est d'autant plus dommageable que ces outils sont présentés comme de potentielles réponses aux exigences des juges du fond (**§ 2**).

1658. Voir *supra* § 471 et suiv. Le raisonnement juridictionnel des juges suprêmes, quasi exclusivement juridique par construction et logique juridictionnelles, ne peut en effet s'accommoder d'outils dont les logiques, les apports et les analyses sont essentiellement d'ordre factuel.

§ 1. *UNE PRODUCTION DOCTRINALE SE DÉSINTÉRESSANT DES SPÉCIFICITÉS DES JURIDICTIONS DU FOND*

486 **Une réduction massive de la connaissance des décisions de justice.** « Que sait-on du travail quotidien des juges ? Que sait-on, non pas des arrêts longuement commentés ou des jugements qui défraient la chronique, mais des décisions souvent répétitives qui tranchent des litiges entre particuliers en cherchant autant l'équité que la rigueur juridique ? » Rien, ou si peu, « en dehors d'une vérité statistique qui n'aborde ni le fond, ni les représentations que s'en font les juges ou le public » [1659]. Il s'agit bien sûr d'un procès d'intention trop absolu que d'imaginer que l'intégralité du discours *ne sait rien du travail quotidien du juge* [1660]. Après tout, « les juristes ont la perception intuitivement qu'il n'existe pas une mais deux jurisprudences, l'une officielle, comportant toutes les caractéristiques de la règle de droit, l'autre incertaine, méconnue et de nature douteuse, que l'on rencontre au contact de la pratique judiciaire » [1661] — ou, aujourd'hui et surtout demain, contact des outils de justice algorithmique. Comment pourrait-il en être autrement, dans la mesure où ils ne peuvent pas ignorer que la jurisprudence « officielle » ne concerne qu'une fraction infinitésimale de la production, et donc de l'activité, juridictionnelle ? Pourtant, « et quelle que soit leur qualité intrinsèque », les décisions qui constituent tout le reste de cette activité juridictionnelle « n'entrent pas dans la sphère de création jurisprudentielle » [1662] et demeurent donc, pour l'essentiel, non seulement méconnues mais encore méconnaissables et, avec elles, toutes les spécificités de l'office des juges qui les ont rendues (**A**). Le système juridique civiliste français, qui pourtant les intègre au même titre que les spécificités de l'office des juges suprêmes, voit ainsi s'établir un véritable point aveugle dans sa propre description (**B**).

A. Un office des juges du fond aux spécificités multiples

487 **Un contentieux méconnu et méconnaissable.** Toute la particularité de ce silence, c'est qu'il ne peut pas être simplement ramené à des difficultés d'accès aux décisions

---

1659. Antoine Garapon, Sylvie Perdriolle, Boris Bernabé *et al.*, « La prudence et l'autorité. L'office du juge au XXIe siècle », Ministère de la Justice, 2013, p. 17.

1660. Ce serait faire injure aux travaux menés historiquement par certains laboratoires sur ces questions, l'on pense ici particulièrement au Centre de Recherches Critiques sur le Droit (le CERCRID, rattaché au CNRS en tant qu'UMR 5137 ainsi qu'aux facultés de droit de l'Université Jean Monnet de Saint Étienne et de l'Université Lumière Lyon 2). Son rattachement historique au courant critique ainsi que la relative méconnaissance des travaux menés à partir de méthodes quantitatives et empiriques ne sont pas un hasard (voir, à ce sujet, *infra* § 650). Plus généralement, et c'est l'un des bénéfices indéniables à la concentration juridictionnelle du discours relatif aux outils de justice algorithmique, des études portant spécifiquement sur la justice du fond se développent de plus en plus à partir, notamment à l'initiative de l'ancien GIP Mission de recherche Droit et Justice devenu en 2022 Institut des Études et de la Recherche sur le Droit et la Justice (IERDJ) ou de centres de recherche ; on pense ici au déploiement d'une liste de diffusion « Université et Justice » destinée à faciliter une « recherche appliquée » sur la justice au sein du forum Thémis-Homes à l'initiative du Centre François Gény de l'Université de Lorraine.

1661. Frédéric Zénati, *La jurisprudence*, *op. cit.*, p. 177.

1662. Évelyne Serverin, « Juridiction et jurisprudence : deux aspects des activités de justice », *op. cit.*, p. 346.

— même si, bien sûr, faute de « canaux privilégiés de diffusion » [1663], leur connaissance s'est longtemps jouée au hasard des échanges avec les acteurs de la justice du fond ou au hasard des affaires médiatisées. Le discours doctrinal, en effet, n'ignore pas certains des traits caractéristiques de ces décisions qui en rendent le traitement complexe du point de vue du raisonnement juridique construit et maintenu depuis l'installation du système civiliste français. Jean-Bernard Auby ne pourrait l'exprimer plus clairement : « le goût que nous avons pour la systématisation, pour la conceptualisation, a un corollaire, qui est l'assez faible intérêt que nous éprouvons pour les études (…) qui pourrai[ent] porter sur la jurisprudence d'un tribunal administratif particulier. » [1664] Ce goût n'est autre que celui prescrit notamment par François Gény mais plus largement installé depuis le tournant du XIXe et XXe siècle de « dégager du fonds commun de la nature des choses [d]es règles objectives », y compris et surtout à partir de la jurisprudence redécouverte [1665]. Il est aussi plus largement issu de cette place fondamentale de la loi comme *standard du droit* au sein de l'univers juridique du système civiliste français. Il se retrouve, sous une forme similaire, du côté de la doctrine administrativiste qui, elle aussi, veut « induire du raisonnement du juge des éléments de systématisation du droit », ce qui passe par la « concrétisation des principes qui gouvernent la matière » [1666]. Or, « il est bien malaisé de systématiser [ces] décisions — qui sont, d'ailleurs, conçues pour ne l'être pas » [1667] pour toute une série de raisons justement liées à leurs traits caractéristiques : elles constituent un « monceau de décisions » [1668], locales, impermanentes et expérimentales [1669], rétives à la systématisation parce que cette systématisation vise « ceux des éléments des décisions qui sont susceptibles de qualification, de généralisation et non à ceux qui relèvent du fait » [1670]. Dont acte — et il n'est pas anodin que l'essentiel des références ici citées date des années 1990 ou du début des années 2000, puisque c'est aussi à cette période que la première tentative de voir ces décisions diffusées plus largement aurait pu, comme dans les systèmes de *common law*, aboutir. À cet égard, les difficultés d'accès à ces décisions sont à la fois la cause initiale et la conséquence, sur le long terme, de ce désintérêt. Il n'est pas non plus anodin que, lorsque des décisions du fond sont exploitées dans la production doctrinale, c'est soit « par défaut » [1671], soit pour traiter d'espèces remarquables pour leur qualité (ou leur

1663. *Loc. cit.*

1664. Jean-Bernard Auby, « Les spécificités de la doctrine administrativiste française », in AFDA (dir.), *La doctrine en droit administratif*, LexisNexis Litec, 2010, 33, p. 35

1665. François Gény, *op. cit.*, t. 1, p. 151.

1666. Sébastien Hourson, « Jean Rivero, annotateur », *RFDA*, 2009, 1039, p. 1047.

1667. Christian Atias, *Épistémologie juridique*, PUF, 1985, p. 85.

1668. Michelle Gobert, « Le temps de penser de la doctrine », *Droits*, n° 20, 1994, 97, p. 104.

1669. Jacques Léger, « Introduction », in Jacques Léger et Jean-Marie Pontier (dir.), *Juridiction administrative. Diffusion de sa production*, PUAM, 2011, 9, p. 13.

1670. Christian Atias, *Épistémologie juridique*, *op. cit.*, p. 85.

1671. Faute d'arrêt rendu sur la question par les juridictions suprêmes. Ce choix « par défaut » est particulièrement souligné par le discours administrativiste, qui indique ainsi que la jurisprudence des cours administratives d'appel ne vaut (et donc n'existe, sous ce terme) que pour autant et pour aussi longtemps que le Conseil d'État n'est pas intervenu. Voir, à cet égard, Anne Jeannequin, *op. cit.*, ou Fabrice Melleray, « La possibilité d'une jurisprudence locale », *AJDA*, 2021, pp. 2504-2506.

absence de qualité), leurs faits ou leur médiatisation. À ce titre, elles ne sont pas plus représentatives du quotidien des juges que celles des juridictions suprêmes.

488 **L'office des juges du fond, un office contraint par un *magma normatif*.** Une autre conséquence de ce silence, celle qui nous intéresse ici, est celle décrite de manière ironique par un avocat au Conseil : « le déroulement du procès en tant que tel ne devrait pas intéresser le professeur. Pas plus que son traitement, sauf s'il peut contribuer à éclairer telle ou telle solution, car il s'agit là de préoccupations en apparence du moins trop éloignées de l'analyse du droit positif, expurgé de la situation de fait. » [1672] C'est précisément ce que le discours a révélé au travers du traitement biaisé de l'impact systémique des outils de justice algorithmique. C'est d'un traitement spécifique de la manière dont la justice du fond fonctionne et, plus précisément, de la manière dont le juge du fond raisonne, rend ses décisions et des contraintes spécifiques qui pèsent sur lui que nous n'avons pas pu déterminer si incompatibilité systémique il y a vraiment. Ainsi, et alors que des ouvrages entiers sont consacrés au raisonnement mené par « le juge », ce juge n'inclut pas le juge du fond [1673]. Tous ces éléments, cependant, se conjuguent pour créer un office du juge très particulier qui, à ce titre, a vocation à recevoir ces outils de manière tout aussi particulière. Chacun de ces éléments est pourtant connu d'au moins une partie du discours doctrinal, notamment le « magma » juridique dans lequel sont pris les juges [1674] constitué de phénomènes divers et variés tels que « l'inflation législative, la parcellisation des droits » [1675], « une certaine *perte de prestige de la loi* » [1676], « la multiplication des textes législatifs mal rédigés (...), l'empilement des niveaux normatifs et de la complexité des litiges transnationaux » [1677]. Ce magma normatif est d'autant moins perceptible qu'il est constitué de sources certes accessibles, mais aussi d'éléments plus dissimulés — au premier rang desquels interviennent, donc, les décisions des juges du fond. Or, et de manière presque contre-intuitive, ces décisions du fond ne sont pas mieux connues de ceux qui les rendent qu'elles ne le sont du reste des acteurs du droit ; bien au contraire,

---

1672. Philippe Blondel, « La Cour de cassation », in CERCRID (dir.), *Les juridictions suprêmes, du procès à la règle*, Publications de l'Université de Saint-Étienne, 1991, 69, p. 76.

1673. C'est notamment le cas de l'ouvrage dirigé par Pascale Deumier, *Le raisonnement juridique. Recherche sur les travaux préparatoires des arrêts*, Dalloz, 2013. Cette concentration n'est évidemment pas, en soi, problématique : il s'agit d'un choix éditorial et théorique qui se justifie pleinement puisque l'ouvrage avait vocation à « étudier le raisonnement mené face à une question de droit importante, inédite ou soulevant une difficulté particulière », ce qui correspond bien sûr à l'office des « juridictions de droit » (« Présentation », in *ibid.*, 1, p. 5). Il s'agit plutôt de souligner que ce type d'ouvrage n'existe pas en ce qui concernant la justice du fond — si l'on exclut, bien sûr, les thèses qui s'intéressent de plus en plus fréquemment à cette portion du droit, tant en droit privé (par exemple, Romain Montagnon, *La justice de proximité en France*, thèse dactylographiée, Université Jean Monnet, 2011) qu'en droit public (par exemple, Pierre-Olivier Parguel, *Le président du tribunal administratif*, thèse dactylographiée, Université Lyon 2 Lumière, 2005 (menée, notamment, à partir d'un questionnaire transmis aux présidents de tous les tribunaux administratifs)).

1674. Dominique Bureau et Nicolas Molfessis, « L'asphyxie doctrinale », in *Études à la mémoire du Professeur Bruno Oppetit*, LexisNexis Litec, 2010, 45, p. 71.

1675. Michel Boudot, « Le slogan sécuritaire : rapport final du Xe Congrès de l'Association Internationale de Méthodologie Juridique », *La Revue du Notariat*, vol. 110, 2008, 715, p. 726.

1676. Antoine Garapon, Sylvie Perdriolle, Boris Bernabé *et al.*, *op. cit.*, p. 50.

1677. *Loc. cit.*

et encore aujourd'hui [1678]. « Malgré l'effort de lecture réalisé par les magistrats, malgré les réunions organisées par le président, certains textes, certains arrêts restent inaperçus », puisque « seule une quantité statistiquement négligeable ce qui a été jugé au tribunal ou à la Cour sera connue de l'extérieur » [1679]. En d'autres termes, et faute de services de documentation et de recherches véritablement développés au sein de ces juridictions, non seulement l'information est difficile d'accès parce que pléthorique, mais elle est aussi difficile d'accès parce qu'elle *circule mal*, de sorte que l'idéal d'« œuvre collective qui impose une obligation de cohérence à la charge des juges dont on attend qu'ils assurent aux citoyens sécurité juridique [et] égalité de traitement » devient difficile à atteindre [1680].

489 **L'office des juges du fond, un office pluricontraint**. Tous ces éléments constitutifs de ce magma normatif sont connus parce qu'ils sont aussi les éléments constitutifs du thème classique de la *crise du droit*, thème régulièrement réveillé pour, justement, craindre ses effets sur le champ juridique dans son ensemble. Ses effets sur l'office des juges du fond, en revanche, sont peu détaillés — alors même que c'est à ce niveau qu'ils sont ressentis le plus brutalement. Rien de surprenant à cela, et encore une fois ces éléments ne sont pas inédits : puisque plusieurs millions de décisions sont rendues chaque année et que leur absolue majorité est rendue par les juges du fond, ces derniers se trouvent nécessairement sous la pression constante du « contentieux de masse » et de ses « enjeux de temps, de quantité, de flux » [1681]. Les études menées au sein de ces juridictions et les entretiens menés auprès des magistrats en poste au sein des juridictions du fond font mention « constamment (...) de stocks à réduire, de retards à rattraper ou d'absences à combler » [1682]. Si ces impératifs n'ont certes rien de juridique, ils informent néanmoins la manière dont les juges du fond sont contraints de traiter les contentieux dont ils sont saisis ; la petite part du discours émanant de magistrats du fond ne dit d'ailleurs pas autre chose [1683]. Ils ont beau être de plus en plus connus [1684], ces enjeux sont très rarement reliés à leur influence sur la prise de décision des juges du fond.

1678. C'est en tout cas ce que constate le second rapport Cadiet, voir Loïc Cadiet, Cécile Chainais et Jean-Michel Sommer, *op. cit.*, pp. 130 et suiv.

1679. Marianne Saluden, *Le phénomène de la jurisprudence. Étude sociologique*, *op. cit.*, p. 257.

1680. Vincent Vigneau, « Faudra-t-il encore des juges ? », *op. cit.*, p. 53.

1681. Isabelle Sayn, Vanessa Perrocheau, Yann Favier *et al.*, « Les barèmes (et autres outils d'aide à la décision) dans le fonctionnement de la justice », Rapport final de recherches, GIP Mission de recherche Droit et Justice, 2019, p. 7.

1682. *Ibid.*, p. 307.

1683. Jean Antolini note ainsi que « l'accélération des procédures de jugement » et le « recul de la formation collégiale » exercent une pression sur l'office du juge, de sorte que le raisonnement de ce dernier n'a plus grand-chose à voir l'idée selon laquelle les magistrats administratifs du fond construiraient leur raisonnement sur « les tables du *Lebon* en invoquant le dieu Odent » (« Le regard de l'avocat », in Pascale Idoux, Christophe Albiges, Laure Milano (dir.), *Numérique, droit et justice*, Éditions du CREAM, 2020, 79, p. 81).

1684. Notamment par la prise de parole publique croissante des magistrats, par l'intermédiaire de leurs organisations syndicales ou de leurs institutions de tutelle (le Conseil Supérieur de la Magistrature, notamment) ou directement lors de grèves ou manifestations. Voir, « L'appel des 3000 », *Le Monde*, 23 novembre 2021 qui souligne le niveau de déshumanisation d'ores et déjà imposé à la justice.

490 **L'office des juges du fond, un office profondément factuel.** Cette prise de décision est pourtant particulière par nature puisque « l'activité du premier juge tend principalement à 'dégrossir' les faits » qu'il est le premier (ou le deuxième) à connaître [1685]. Si cet office est évidemment connu du discours dans la mesure où il constitue le support de ce *pouvoir souverain d'appréciation* des juges du fond menacé par les outils de justice algorithmique, son fonctionnement exact, lui, « n'est pas vraiment perceptible au juriste » [1686]. Ce sera néanmoins le cas, bien sûr, si ce dernier a accès, d'une manière ou d'une autre, aux décisions rendues ou aux magistrats eux-mêmes ou s'il est lui-même magistrat intervenant à ce niveau de la hiérarchie judiciaire. Dans ce cas, les conclusions sont claires : « la grande majorité de la doctrine se voile la face lorsqu'on évoque un nombre considérable de procès qui sont tranchés *en fait* », puisque « dans notre prétoire et de nos jours, plus de deux litiges sur trois sont tranchés *en fait* » [1687]. De manière peut-être plus neutre, d'autres auteurs dont l'attention s'est portée sur ces juges et sur leurs décisions indiquent qu'au minimum « les difficultés de fait sont (...) bien plus nombreuses dans le quotidien du juge que les difficultés de droit » [1688] de sorte que si « le droit certes n'est pas totalement absent, (...) il est second. Les décisions des premiers juges sont d'abord et parfois exclusivement des décisions de pur fait » [1689]. Or, cette nature spécifique n'entre plus en ligne de compte dès lors qu'il s'agit de rendre compte du raisonnement mené par ces juges : il demeure « un raisonnement déductif à partir d'une règle écrite et générale » [1690], alors que « nulle part le raisonnement judiciaire ne consiste en un syllogisme dont la loi serait la majeure » [1691]. Si le regard se détourne, c'est alors sans doute aussi parce qu'à trop regarder la manière dont *les juges* du fond s'assurent d'effectivement « dégrossir » les faits, on risquerait de commencer à percevoir les marques de l'expérience, des sensibilités, des intérêts et des doutes de ces juges plus aisément que lorsqu'ils s'emploient à réappliquer des solutions établies plus haut dans la hiérarchie judiciaire – en un mot, on risquerait de voir *au travers de la transparence* assuré par le syllogisme judiciaire [1692].

1685. Marianne Saluden, *La phénomène de la jurisprudence*, *op. cit.*, p. 551.

1686. *Loc. cit.*

1687. Théodore Ivainer, *L'interprétation des faits en droit*, LGDJ, 1988, pp. 7-8.

1688. Marianne Saluden, *La phénomène de la jurisprudence*, *op. cit.*, p. 551. À noter, cela dit, que la distinction entre difficultés dites de fait et difficultés dites de droit n'est pas si claire (à moins que l'on admette que la difficulté de fait résulte d'une difficulté de *compréhension* ou *d'accès* au cadre factuel du litige, mais ce n'est généralement pas ce qui est visé) ; après tout, une difficulté de fait découle d'une difficulté de droit. Qu'il s'agisse d'hésiter entre plusieurs qualifications juridiques (la difficulté de fait découle, alors, d'une difficulté de délimitation des concepts juridiques applicables) ou d'hésiter dans l'évaluation d'un dommage ou de la valeur d'un préjudice (il s'agira alors de parvenir à concrétiser un principe de réparation (intégral) tout en respectant d'autres principes parfois contradictoires (individualisation de la réparation, égalité devant la loi...)). Une « difficulté de fait », donc, ce n'est rien de plus qu'une difficulté de droit qui se loge au niveau des modalités de *concrétisation* d'un énoncé juridique.

1689. Marianne Saluden, « La jurisprudence, phénomène sociologique », *op. cit.*, p. 195.

1690. Florence G'sell, *Justice numérique*, *op. cit.*, pp. 133-134.

1691. Marianne Saluden, *Le phénomène de la jurisprudence*, *op. cit.*, p. 82.

1692. Renaud Colson, *op. cit.*, p. 81.

B. Un point aveugle de la pensée juridique française

491 **Une production doctrinale détachée de la justice du fond.** Ce désintérêt doctrinal pour cette « masse immergée » du contentieux [1693] a donc ce premier impact automatique de s'autoentretenir. Faute d'un tel intérêt partagé, ces décisions sont demeurées méconnues et méconnaissables puisque non publiées jusqu'à aujourd'hui, rendant donc l'investissement en temps et en effort considérable pour qui souhaiterait mener une étude de ces dernières. Son second impact, cependant, dépasse la seule sphère doctrinale puisqu'elle atteint les juges du fond eux-mêmes. À en revenir à la définition de *doctrine*, en effet, il apparaît que la tâche essentielle de ce discours spécifique est de produire de la *connaissance* sur son objet — en effet, « n'est-ce pas un défi à l'intelligence et aux lois de l'observation que de soustraire à l'étude la quasi-totalité du réel que l'on affirme connaître ? » [1694] Dans la mesure où le projet jurisprudentiel portait en lui l'objectif d'informer et, surtout, de *maîtriser* les juges dont il commençait à admettre la capacité normative [1695], « le défi » mentionné au début des années 1990 par Marie-Anne Frison-Roche et Serge Bories se poursuit au-delà même de la seule pertinence d'une étude restreinte à « un nombre infime de décisions (...) [qui] ne peu[t] dès lors être représentati[f] de la masse du contentieux dont [il est extrait] » [1696]. Qui d'autre, en effet, que les auteurs de doctrine pour informer continuellement des magistrats pris dans ce magma normatif qu'ils ont vocation à discipliner ? Qui pour en avoir le temps et la hauteur de vue ? « Cependant (...) une question se pose alors : à force de vouloir regarder les choses de trop haut, ne finit-on pas par ne plus rien voir du tout ? » [1697] À défaut de ne plus rien y voir, il apparaît inévitable qu'une production doctrinale très majoritairement concentrée sur la production des juridictions suprêmes ne fournisse pas une information adaptée aux juges du fond. Non seulement les arrêts des juridictions suprêmes bénéficient d'un privilège de diffusion les rendant faciles d'accès pour les juridictions inférieures (y compris par le biais des intranets de l'administration judiciaire), mais les synthèses réalisées à partir de ces décisions sont des synthèses du droit *en droit*, et non du droit *en fait*, « en action » [1698]. Déclenchant alors une micro-controverse, l'avocat Christophe Bigot soulignait en 2005 que « pour être lus et *utilisés*, les travaux universitaires doivent apporter

---

1693. Marie-Anne Frison-Roche et Serge Bories, « La jurisprudence massive », *D.*, 1993, 287, p. 287.

1694. *Ibid.*, p. 287.

1695. Pierre-Nicolas Barenot n'écrit pas autre chose lorsqu'il rappelle que « l'approche de la jurisprudence » issue de ce projet jurisprudentiel « n'est ni statistique, ni informationnelle » puisque « les professeurs entendent (...) maîtriser et sélectionner les faits socio-judiciaires pour les transformer en 'faits juridiques' », et non simplement « dégager les orientations du droit positif devant les tribunaux » (*Les recueils de jurisprudence*, *op. cit.* pp. 427-428). Il s'agit là en vérité d'une prise de contrôle, si ce n'est de la capacité normative des juridictions, du moins de celui de la *prise d'épaisseur normative* de la production jurisprudentielle de la soustraire « autant que possible à l'arbitraire » (Raymond Saleilles, « Droit civil et droit comparé », *RIE*, t. 61, 1911, 5, p. 20).

1696. *Loc. cit.*

1697. Nicolas Dissaux, « La technique juridique dans la pensée de René Demogue », *RIEJ*, vol. 56, n° 1, 2006, 57, pp. 63-64.

1698. Lêmy Godefroy, « L'office du juge à l'épreuve de l'algorithme », *op. cit.*, p. 121.

une clarification du droit *positif* (...) et malheureusement, pour toucher à ce but, on ne peut plus (...) tracer un trait sur l'impressionnante matière juridique inédite émanant des juges du fond » [1699]. Or, « la multiplication de cette matière nécessite ô combien des analyses, études voire une sélection pour clarifier et mettre en perspective des sources judiciaires désordonnées » et « ce rôle n'est aujourd'hui qu'insuffisamment tenu » [1700]. Et ses contradicteurs d'avancer au contraire que « l'attention que portent les magistrats français, *qui disent le droit*, aux productions doctrinales dément à elle seule » l'idée que la production doctrinale ne serait pas utile aux juges [1701]. En fait, les deux assertions ne sont pas contradictoires : la production doctrinale, dans sa forme classique, peut être directement utile à des juges et ne pas l'être à d'autres. En l'occurrence, une production doctrinale de « pur droit », visant, tant en droit privé qu'en droit public la « recherche des principes qui seraient en germe » au sein de la jurisprudence [1702] afin, chez les administrativistes notamment, de « renfermer dans un cadre publiciste la somme des principes juridiques organisant l'univers administratif » [1703], ne peut répondre qu'à une demi-part des difficultés que les juges du fond ont à résoudre. Ces juges confrontés à des questions factuelles qui ne remontent pas habituellement, ou pas du tout, jusqu'aux juridictions suprêmes peuvent donc recevoir ces synthèses pleinement juridiques — mais ils ne peuvent sans doute pas s'en contenter dans le cadre de leur office. C'est précisément ce que souligne Marc Clément dans le discours relatif aux outils de justice algorithmique : « il est nécessaire que le droit utilisé par les professionnels ne soit pas qu'une collection de textes et de décisions juridictionnelles mais qu'il intègre des analyses et des mises en perspectives. » [1704] Ce constat n'emporte pas celui de la vacuité de la production doctrinale, mais celui de la spécialisation de son auditoire : puisqu'elle s'attache à synthétiser, systématiser et organiser la *jurisprudence*, elle ne s'adresse vraiment qu'aux juridictions qui la produisent qui, plus naturellement, sont portées à la prendre en compte [1705]. Cette réponse est donc décalée de la question posée au niveau de la justice du fond puisqu'elle est basée sur la réception de la production doctrinale par la justice du

---

1699. Christophe Bigot, « Réflexions d'un avocat sur la professionnalisation des études de droit », *D.*, 2005, 1724, p. 1724. Les italiques sont les nôtres.

1700. *Ibid.*

1701. Son article a en effet reçu une réplique immédiate au titre évocateur, voir Pierre-Yves Gautier, Jean-François Cesaro et Fabrice Leduc, « Peut-on cesser d'accabler les universités ? », *D.*, 2005, 2332, p. 2332.

1702. Philippe Jestaz et Christophe Jamin, « Préface », in Eugène Gaudemet, *L'interprétation du Code civil en France depuis 1804*, La Mémoire du Droit, 2002 (1e éd. 1935), 1, p. 28.

1703. Bernardo Sordi, « Sur la valeur normative de la doctrine juridique dans le système administratif », *Droits*, vol. 60, nº 2, 2014, 169, p. 188.

1704. Marc Clément, « Algorithmes au service du juge administratif : peut-on en rester maître ? », *AJDA*, 2017, 2453, p. 2460.

1705. C'est spécifiquement le cas du Conseil d'État, du moins dans la représentation que véhiculent les auteurs de leurs rapports avec la juridiction suprême. L'office spécifique des rapporteurs publics et le soin porté à la rédaction de leurs conclusions (qualifiées, pour rappel, de *doctrine organique*) facilitent, encouragent et permettent le développement d'un échange (unilatéral) entre le Conseil et les auteurs. Voir, à cet égard, Gilles Pelissier, « L'utilisation de la doctrine universitaire dans les conclusions des rapporteurs publics », in Jacques Caillosse et Olivier Renaudie (dir.), *Le Conseil d'État et l'Université*, Dalloz, 2015, pp. 189-198.

droit — ce qui n'est pas sans rappeler le traitement, identiquement décalé, des enjeux des outils de justice algorithmique. Quoi qu'il en soit, et à quelques exceptions très spécifiques près, la production doctrinale française classique *n'informe pas* les juges du fond et ne peut pas constituer le support de leur office faute de prendre en compte ses spécificités.

492 **Des initiatives contraires pourtant importantes.** Cela dit, le fait de s'adresser à un auditoire réduit constitue indéniablement un choix, comme le serait la position inverse. À ce titre les auteurs de doctrine n'*ont pas*, nécessairement, à s'adresser aux juges du fond au travers de leurs écrits, pas plus qu'ils *n'ont* à s'intéresser à leur office et à leurs décisions. Dans ce contexte, on peut souscrire à l'idée que la conception de l'office du juge véhiculée par cette concentration sur la jurisprudence des juridictions suprêmes est « le fruit d'un immense effort pour *ne pas penser* la réalité de ce que font les juges » [1706]. Cette situation demeure pourtant surprenante dans la mesure où tous ces phénomènes et toutes ces caractéristiques propres à la justice du fond sont connus du discours français et sont même, dans notre sous-discours spécifique, exploités dans le but de la protéger. Elle l'est d'autant plus qu'il serait exagéré d'affirmer que *l'intégralité* du discours français ne saisit pas aujourd'hui, ou n'a pas saisi hier, les multiples opportunités de se pencher sur cette part du droit produit par les juridictions. Ainsi, et les références que nous avons jusqu'ici citées en sont la preuve, certains courants doctrinaux se sont donnés pour objectif de renverser la hiérarchie doctrinale habituelle et de porter, et d'attirer, l'attention sur les juridictions du fond et leur office. C'est, par exemple, le cas du courant de la *sociologie juridique*, menée notamment par Georges Gurvitch [1707] puis J. Carbonnier [1708] et perpétuée, pour ce qui concerne nos thématiques, au travers de thèses qu'ils ont dirigées ou influencées [1709] — ce qui n'a rien d'étonnant, puisque l'objectif affiché de ce courant était d'« étudier la réalité sociale pleine du droit, en partant de ses expressions sensibles et extérieurement observables, dans des conduites collectives effectives » [1710], la justice du fond étant l'une d'entre elles [1711]. L'essor de ce courant et sa progressive disparition sont intrinsèquement liés à l'essor et à la disparition d'un autre courant : celui de *l'informatique juridique*. Ce mouvement a conduit les auteurs à aller jusqu'à affirmer que « l'évolution des banques de données juridiques » vers

---

1706. Antoine Garapon, Sylvie Perdriolle, Boris Bernabé *et al.*, *op. cit.*, p. 16.

1707. Voir not. Georges Gurvitch, *Éléments de sociologie juridique*, Aubier, 1940.

1708. Jean Carbonnier, *Sociologie juridique*, Armand Colin, 1972.

1709. C'est notamment le cas de la thèse de doctorat de Marianne Saluden déjà citée de nombreuses fois et réalisée sous la direction de Jean Carbonnier (*Le phénomène de la jurisprudence*, *op. cit.*) ou de celle d'Évelyne Serverin (*De la jurisprudence en droit privé*, *op. cit.*, complétée ensuite par une série d'articles poursuivant cette démarche de sociologie juridique, voir, par exemple « Les recueils d'arrêts et la jurisprudence. Pour une approche informationnelle du système juridique », *Procès*, 1979, pp. 1-49). En droit administratif, on peut citer le cas de Théodore Ivainer qui, sans s'en réclamer lui-même, est intégré à ce mouvement par Jean Carbonnier dans la préface de sa thèse (*op. cit.*).

1710. Georges Gurvitch, « Éléments de sociologique juridique. Extraits », *Droit et société*, n° 4, 1986, 341, p. 344.

1711. Voir, pour une proposition en ce sens, Évelyne Serverin, « Les recueils d'arrêts et la jurisprudence. Pour une approche informationnelle du système juridique », *op. cit.*, pp. 20 et suiv.

une mémorisation et une diffusion d'un nombre croissant de décisions du fond au détour des années 1980 et 1990 « donne une seule et même information : le raisonnement juridique n'est pas déductif » et à admettre que si « certains d'entre nous le savaient, (…) bon nombre de juristes français (…) pensent, enseignent et disent » l'inverse [1712]. Ces deux courants se sont en effet construits sur les apports des premiers fichiers, puis des premières bases de données, de décisions de justice pour mettre en lumière « le petit droit » des prérogatives individuelles, du « vécu juridique », par opposition au « grand droit (…) des règles abstraites et impersonnelles » [1713]. Ces premières applications informatiques ont en effet permis, à partir des années 1970, « d'analyser le comportement des acteurs (parties, avocats, magistrats), de localiser la source des contentieux (selon la matière, selon les lois), d'étudier leur typologie (par région, par population, par âge), d'évaluer leur durée moyenne ou extrême, de comparer les résultats de la première instance et de l'appel, d'apprécier l'influence des experts sur les juges, etc. » [1714]. Elles ont ainsi « largement bénéfici[é] » à la sociologie juridique en permettant aux chercheurs de « mettre en relief certaines imperfections ou paradoxes de notre système juridique » [1715] et d'ainsi établir une « phénoménologie judiciaire » [1716]. C'était là en tout cas l'ambition de ces bases de données [1717], matérialisée par des thèses soutenues entre les années 1980 et le début des années 2000 et exploitant à la fois les techniques jurimétriques [1718] et la méthode sociologique [1719].

493 **Des initiatives disparues**. Si ces initiatives ont donc bien existé, il n'en reste aujourd'hui que peu de choses, à la fois dans le discours relatif aux outils de justice algorithmique et dans le discours français en général de sorte que « cet intérêt doctrinal (…) pour les décisions des juridictions du fond connaît des limites persistantes » [1720]. Il est donc indéniable que l'apparition de ces outils a pu, çà et là, réveiller le souvenir de ces initiatives et raviver l'intérêt porté à ces décisions et à ces juges [1721] — pour autant, faute pour le discours français d'avoir

---

1712. Christian Mouly, « « L'apport de l'informatique juridique à la connaissance du raisonnement juridique », in *Actes du colloque « Apports de l'informatique à la connaissance du droit », Montpellier, 10 et 11 mars 1989*, Annales de l'IRETIJ, 1989, 139, p. 140.

1713. Pierre Catala, *Le droit à l'épreuve du numérique. Jus ex Machina*, *op. cit.*, pp. 213-214.

1714. Pierre Catala, « L'informatique et les sources du droit », in *Actes du colloque « Apports de l'informatique à la connaissance du droit », Montpellier, 10 et 11 mars 1989*, Annales de l'IRETIJ, 1989, 273, p. 275.

1715. Jean Leclercq, *op. cit.*, p. 19.

1716. Pierre Catala, « L'informatique et les sources du droit », *loc. cit.*

1717. Pierre Catala insistait ainsi sur le fait que la base de données créée par l'IRETIJ avait vocation à « alimenter toute autre étude de jurimétrie, de sociologie juridique ou de de droit pur », voir Pierre Catala, « I.R.E.T.I.J. Institut de Recherches et d'Études pour le Traitement de l'Informatique Juridique », *RJT*, vol. 11, nº 1-2, 1976, 21, p. 24.

1718. Nous renvoyons à notre bibliographie générale pour ces thèses.

1719. C'est notamment le cas de la thèse déjà citée d'Évelyne Serverin, *De la jurisprudence en droit privé*, *op. cit.*

1720. Loïc Cadiet, Cécile Chainais et Jean-Michel Sommer, *op. cit.*, p. 56.

1721. Notamment chez ceux, mais surtout *celles* qui faisaient partie de ces courants : c'est notamment toujours le cas d'Évelyne Serverin. Pour d'autres auteurs, l'apparition des outils a été l'occasion *d'imaginer* des alternatives aux méthodes traditionnelles qui permettraient de se saisir de « l'exhaustivité » des décisions de justice : c'est le cas de la méthode de synthèse de l'acquis

assimilé et perpétué ces initiatives et cet intérêt, la situation actuelle se trouve être la même que celle qui les a vus naître. On ne peut alors que souscrire à l'étonnement de Xavier Henry : « l'engouement actuel pour la jurisprudence prédictive est assez surprenant si on le mesure au désintérêt quasi originel de la doctrine pour l'analyse systématique des décisions du fond. » [1722] Autrement dit, tout comme hier les courants nés de l'apparition des premiers fichiers et des premières bases de données de décisions de justice ont tenté de renverser le poids historique de la compréhension limitée de l'office du juge en offrant des techniques d'analyse et d'étude de la justice du fond et de sa production, les outils de justice algorithmique proposent, aujourd'hui, leurs propres modes de connaissance de cette portion du droit toujours aussi méconnue ainsi que, peut-être, un support technique manquant aux juges du fond.

§ 2. *Un outil algorithmique susceptible de combler les silences de l'analyse doctrinale*

494 **Des objectifs poursuivis par les outils proches des difficultés rencontrées par la justice du fond**. Le traitement de l'hypothèse systémique par le discours relatif aux outils de justice algorithmique est, on l'aura compris, paradoxal. Si nous avons déjà décliné plusieurs des facettes de ce paradoxe, il revient finalement toujours au même mécanisme : des éléments qui sont connus, voire revendiqués, par le discours ne sont pas reliés de manière à en tirer des conclusions effectives quant à la compatibilité ou à l'incompatibilité de ces outils avec le système civiliste français. Nous avons déjà vu que c'était le cas de l'office spécifique du juge du fond, qui ne peut donc pas être ramené à celui des juges suprêmes – or, c'est aussi le cas des outils eux-mêmes. Il aurait en effet été possible d'expliquer le traitement biaisé de leurs enjeux systémiques par une méconnaissance, par le discours, du juge visé par ces outils ; après tout, aucune entreprise de *Legaltech* n'a jamais déclaré clairement ne viser *que* la justice du fond. Cette justification n'aurait pas été suffisante pour expliquer le fait que la quasi-intégralité du discours se soit placée exclusivement du point de vue des logiques applicables aux juridictions suprêmes, mais elle aurait constitué une première piste. En fait, le discours a là encore *conscience* que les outils ne s'adressent pas à ces juges parce qu'il en connaît les *objectifs*. Or, ces objectifs épousent les difficultés ressenties par les juges du fond : des difficultés d'accès direct et rapide aux informations pertinentes, d'autant plus lorsque les juges statuent seuls, qui entraînent une particulière lourdeur du processus de

---

jurisprudentiel (SAJ) proposée par Bruno Dondero dans « Pour un droit plus systémique : vers la fin des notes de jurisprudences ? », *D.*, 2020, pp. 292-297 et mise en œuvre dans « Le degré d'identification du bénéficiaire effectif : synthèse de l'acquis jurisprudentiel », *JCP E*, n° 36, 2020, pp. 21-27. Plus généralement, certains auteurs, soit parce qu'ils ont déjà travaillé sur le raisonnement juridictionnel (c'est notamment le cas de Pascale Deumier) ou parce qu'ils ont participé à des projets de recherche auprès des magistrats du fond (on pense ici à Lêmy Godefroy) proposent des lectures plus proches de la réalité de leur office.

1722. Xavier Henry, « Le renouvellement de l'approche de la jurisprudence. À propos du site du Cerclab », *op. cit.*, p. 1439.

recherche (**A**)[1723]. Le paradoxe est alors d'autant plus fort lorsque, à côté de cette correspondance théorique, on est bien en peine de trouver une portion du discours qui la confirme ou l'infirme, ou qui à tout le moins convoque le juge du fond à l'appui de son analyse des outils (**B**).

A. Outils de justice algorithmique et difficultés de la justice du fond

495 **Une solution technique d'information *a priori* pertinente**. Ces trois objectifs sont alors clairement identifiés par le discours. Ainsi, avec ces outils, il s'agit d'abord de « fournir aux magistrats et aux services judiciaires une information horizontale sur les affaires par les cours d'appel »[1724] et, plus généralement, d'« offrir une source d'information précieuse » afin de leur « permettre d'adapter et rationaliser leur action »[1725]. Puisque non seulement le temps mais encore les moyens d'information rapide, synthétique et modelés sur leur office manquent à ces juges, les outils de justice algorithmique constitueraient *a priori* « une aubaine » puisqu'ils permettraient « au juge de bénéficier d'une vision totale, schématisée voire graphique du contentieux existant » et qui, au contraire de la production doctrinale classique, « résulte de toute la pratique juridique de l'ensemble des juges » et pas seulement de grands arrêts des juridictions suprêmes ou d'espèces remarquables au fond[1726]. Il s'agirait alors d'attirer leur attention « sur des sources ignorées jusqu'alors en dépit de [leur] expérience », ces sources ignorées étant, bien sûr, le contentieux souterrain désormais accessible[1727]. On note d'ailleurs qu'en « redonn[ant] du poids aux décisions prises par les juges du fond », ces outils contribuent à leur « redonner du poids »[1728]. Reconnaître l'intérêt, pour le juge, de recevoir ce type d'information instantanée, agglomérée et « prête à l'emploi » revient ainsi à reconnaître que *ce juge* n'est pas le juge du droit — puisque le contenu de cette information profondément factuelle ne correspond pas à son office. En revanche, il est effectivement concevable que ce type d'informations puisse présenter un intérêt pour les acteurs de la justice du fond, et au premier chef aux juges intervenant à ce niveau. Après tout, puisque les principales difficultés qui émergent devant lui sont des difficultés de faits, des outils qui en proposent soit la synthèse (sous forme statistique ou probabiliste), soit, à partir de ces faits, les décisions rendues sur les espèces les plus proches pourraient répondre à un impératif non seulement d'information, mais encore de collégialité parfois perdue.

1723. Qui est, d'ailleurs, de plus en plus souvent « externalisé » auprès d'agents contractuels, notamment de juristes assistants (dont la création remonte à la Loi *de modernisation de la justice du XXIe siècle* (précitée)), notamment depuis un recrutement massif lors de la seconde moitié de 2021 lié aux difficultés causées par la crise sanitaire liée au coronavirus « covid-19 ».

1724. Évelyne Serverin, « De l'informatique juridique aux services de justice prédictive, la longue route de l'accès du public aux décisions de justice dématérialisées », *op. cit.*, p. 35.

1725. Serge Abiteboul et Florence G'sell, *op. cit.*, p. 16.

1726. Benoît Plessix, « Vers une justice administrative prédictive ? », *op. cit.*, p. 89.

1727. « Le numérique, accompagner et sécuriser l'homme, la révolution digitale et le droit », *op. cit.*, p. 21.

1728. Malika Ongaro, *op. cit.*, p. 148.

496 **Un moyen de rompre la solitude du juge.** La « solitude du juge » [1729] est certes une solitude liée à l'office qui est le sien [1730], mais elle est aussi liée aux difficultés de circulation des informations *entre* les juridictions et à la multiplication des hypothèses de décision rendue à juge unique [1731]. Dans les deux cas, le discours s'accorde assez largement sur l'idée que les outils de justice algorithmique, en passant outre ces difficultés de circulation et en permettant à un juge unique d'accéder aux décisions précédemment rendues par ses collègues, permettraient une forme de « collégialité élargie » [1732] qui romprait l'isolement des magistrats et leur permettrait « d'être mieux informé[s] », certes, mais encore d'être « moins intuitif[s] » [1733]. Ce serait là leur deuxième objectif. Ainsi, « la diffusion du travail de tous et de chacun » tendrait à mettre fin à « l'ignorance du travail d'autrui » [1734] — et offrirait donc aux juges « une information exploitable » nécessairement proche de leur office, puisque basée sur les décisions que d'autres juges auront rendues précédemment, que ce soit au niveau du « ressort territorial ou étendu à l'ensemble du territoire national » [1735]. Si l'accès à cette information agglomérée est aussi le support d'inquiétudes concernant, une fois encore, leur poids normatif potentiel [1736], elle s'avère cependant fondamentale à partir du moment où l'on admet, en parallèle, que l'apport en sécurité juridique de l'outil de justice algorithmique constitue une de ses principales qualités. C'est précisément au travers de cette collégialité élargie « algorithmiquement »

1729. Expression généralement utilisée au regard du juge d'instruction, mais employée au sein de ce discours de manière plus générale, par exemple dans Soraya Amrani-Mekki, « L'obsolescence programmée du juge ? Propos introductifs », *op. cit.*, p. 11 (reprise dans Corinne Bléry et Loïs Raschel, « Vers une procédure civile 2.0 ? », *op. cit.*, p. 504), dans Benoît Plessix, « Vers une justice administrative prédictive ? », *op. cit.*, p. 89 ou dans Bertrand Louvel, *op. cit.*, p. 6, Elle est aussi employée pour désigner le cas plus spécifique du juge unique par exemple dans Carole-Anne Vaz-Fernandez, *op. cit.*, p. 77.

1730. La contradiction est alors perceptible entre *un juge* supposé s'effacer derrière l'institution nécessairement collective et la situation de solitude dans laquelle se trouve ce juge – c'est d'ailleurs peut-être une clé de lecture de la relative ignorance doctrinale quant à cette solitude puisque l'admettre revient, en bout de course, à admettre que ce sont toujours un ou quelques juges déterminés qui sont en charge de chaque décision.

1731. Elles sont, dans le cadre du contentieux administratif, décrites à l'article R. 222-13 du Code de justice administrative (par exemple, en matière de pension, de consultation et communication de documents publics ou de permis de construire). En procédure civile, il faut distinguer les hypothèses où le juge unique intervient de plein droit (au titre de l'article R. 212-8 du Code de l'organisation judiciaire, par exemple en matière d'accident de la circulation ou, en matière civile et commerciale, pour tout litige d'une valeur inférieure à 10 000 euros) et les hypothèses où il est désigné par le président de la juridiction (art. 212-9 du Code de l'organisation judiciaire, en toute matière sous réserve des exceptions fixées à l'article L. 212-1 du même code, c'est-à-dire en matière disciplinaire ou d'état des personnes).

1732. Cette idée de collégialité élargie s'inscrit plus largement dans l'argument détaillé plus haut (§ 236) selon lequel les outils de justice algorithmique serait le vecteur d'une connaissance élargie du droit. Pour rappel, cet argument est mobilisé à hauteur de 71 % des contributions.

1733. Benoît Plessix, « Vers une justice administrative prédictive ? », *op. cit.*, p. 89.

1734. Bertrand Louvel, *op. cit.*, p. 6.

1735. Lêmy Godefroy, « L'office du juge à l'épreuve de l'algorithme », *op. cit.*, p. 121, ainsi que Lêmy Godefroy, Frédéric Lebaron et Jacques Lévy-Vehel, *op. cit.*, p. 59.

1736. Cette collégialité élargie serait ainsi le vecteur d'une « perte de liberté » pour les juges, qui se trouveraient influencés par leurs collègues (Antoine Bolze, « Réflexions sur la notation des magistrats et des avocats par les algorithmes », *op. cit.*, p. 107) — on y revient toujours.

que « les solutions seraient plus prévisibles, ce qui renforcerait la sécurité juridique et, plus unifiées sur le territoire, ce qui renforcerait l'égalité entre les justiciables » [1737]. Comment, en effet, espérer que des juges puissent unifier leurs appréciations factuelles s'ils ne connaissent pas les standards appliqués au même niveau de la hiérarchie judiciaire par leur ressort, voire leur propre juridiction par le passé ?

497 **Un outil de facilitation des recherches juridiques.** Dernier objectif des outils de justice algorithmique, et dernière difficulté particulièrement rencontrée par les juges du fond, « faciliter les recherches » [1738] et « allége[r] le temps qu'on consacre à la lecture des sources » [1739]. C'est encore là finalement l'objectif le plus direct et le plus explicite de ces outils, puisqu'il est leur premier argument marketing : l'optimisation des recherches juridiques apparaît en effet, parmi les bénéfices à retirer de ces outils, en tout premier sur leur site internet [1740]. Il s'agit là finalement de la conséquence logique des deux premiers objectifs poursuivis par ces outils. S'ils fournissent effectivement une information synthétique, prête à l'emploi et pertinente qui, au surplus, apparaît susceptible de pallier les difficultés de circulation de l'information juridique entre et au sein même des juridictions, alors, bien sûr, « le travail de la justice pourrait ainsi être allégé et les juges seraient déchargés des tâches les plus chronophages » [1741]. Les outils de justice algorithmique seraient alors des « aide[s]-auxiliaire[s] » qui faciliteraient le travail du juge [1742] en lui épargnant d'avoir à fouiller *artisanalement* dans le magma normatif qui l'entoure.

B. Cherchez le juge du fond

498 **La figure du juge, à la fois omniprésente et grande absente des discours.** À lire cette partie du discours, difficile donc de voir où se trouveraient les enjeux et les risques qui sous-tendent notre hypothèse systémique – difficile aussi de voir apparaître le juge du fond comme entité distincte de celle du « juge » qui, elle, est largement mobilisée. À ce titre, il faut garder un certain recul à la fois sur les objectifs poursuivis par les outils et sur le constat de l'adaptation naturelle des outils de ces outils à l'office des juges du fond, et ce pour plusieurs raisons. La première, la plus prosaïque, tient à ce qu'à ce jour et pour rappel, aucun de ces outils ne vise *directement* le juge comme utilisateur potentiel [1743]. Si le discours des acteurs de la *Legaltechs* demeure (sans doute volontairement) flou sur les acteurs destinés à

1737. Bénédicte Girard, *op. cit.*, p. 186.

1738. Marie-Odile Diemer, *op. cit.*, p. 477.

1739. Valérie-Laure Benabou, *op. cit.*, p. 717.

1740. C'est ainsi le cas, dès la page d'accueil des sites des entreprises et éditeurs commercialisant les outils *PREDICTICE, CASE LAW ANALYTICS, JurisData Analytics, JURI'PREDIS* et de *LegalMetrics*. C'est aussi le cas, là encore depuis la page d'accueil de leur site, de *Doctrine.fr* et *PAPPERS JUSTICE*.

1741. Boris Barraud, « Justice douce et justice prédictive : les algorithmes au service de l'amiable ? », *op. cit.*, p. 170.

1742. Frédéric-Jérôme Pansier, *IJudge, vers une justice prédictive*, *op. cit.*, p. 98.

1743. À l'exception, bien sûr, de l'outil *DATAJUST*... En tout cas jusqu'à son abandon.

utiliser leurs outils [1744], leur communication « officielle » vise toujours et exclusivement les acteurs *para*judiciaires que sont, en premier lieu, les avocats [1745], puis, éventuellement, les autres professions réglementées et les juristes d'entreprises. Les juges, même du fond, sont absents à la fois de leur communication officielle et de leur clientèle et à une exception notable près, ces outils *ne sont pas utilisés par des magistrats*. Ils le sont certes, et de plus en plus, par les avocats. À cet égard, la seule manière dont les juges réceptionnent effectivement ces outils ne peut être qu'éventuellement indirecte, par l'intermédiaire des mémoires des avocats ou de leurs interventions orales le cas échéant. Ainsi, toute discussion de l'adaptation des outils à l'office des juges du fond ne peut que reposer sur une extrapolation à la fois de ce que *serait* leur usage par les juges et de leur capacité à effectivement correspondre à leur office.

499 **L'introuvable office des juges du fond**. Or, si l'on met de côté les conclusions générales quant à l'office du « juge » comme entité générale et non différenciée que nous avons jusqu'ici détaillées, il faut admettre que cette analyse précise de l'adaptation de l'office du juge *du fond* au fonctionnement des outils de justice algorithmique est pratiquement introuvable. Lorsque la justice du fond est explicitement mentionnée, en effet, c'est toujours *soit* pour souligner la nature particulière des décisions mises à disposition [1746] et pour s'en féliciter ou s'en inquiéter, *soit*, on l'a vu, pour s'inquiéter de l'impact des outils sur leur pouvoir souverain d'appréciation [1747]. Ce n'est jamais, ou si peu, pour s'interroger sur l'intégration, possible ou non, facile ou non, des outils dans leur office plus général [1748]. En fait, la seule hypothèse d'intégration concrète visée par le discours est aussi la

---

1744. Il l'est d'autant plus que l'entreprise Predictice a donné accès à ses bases aux cours d'appel de Douai et de Rennes au printemps 2017 — certes à la demande de la Chancellerie. Plus généralement, les interventions, au sein de ce discours, des acteurs de la *Legaltech* renforcent cette ambiguïté dans la mesure où, comme le reste du discours, elles tendent à se concentrer sur la figure du juge, voir, par exemple, Louis Larret-Chahine, « Le droit isométrique : un nouveau paradigme né de la justice prédictive », *op. cit.* ou Jacques Lévy-Vehel, « L'office du juge : un éclairage via la modélisation mathématique », *op. cit.*

1745. Voir *supra* § 286.

1746. Par exemple, et si l'on exclut les contributions qui se concentrent sur cet aspect (on pense ici, par exemple, à Évelyne Serverin, « De l'informatique juridique aux services de justice prédictive, la longue route de l'accès du public aux décisions de justice dématérialisées », *op. cit.*, la plupart des contributions de Pascale Deumier ou Raphaël Déchaux, *op. cit.*), dans Olivier Renaudie, « La jurisprudence administrative à l'ère du big et de l'open data », *op. cit.*, p. 100, Philippe Briand, « L'auxiliaire de justice et l'algorithme : un concours d'intelligence », in Jean-Pierre Clavier (dir.), *L'algorithmisation de la justice*, Larcier, 2020, 53, p. 55 ou Marie Dochy, *op. cit.*, p. 382.

1747. Nous renvoyons ici à nos développements précédents, voir *supra* § 475 et suiv.

1748. C'est cependant, et notablement, le cas du rapport rédigé par Jacques Lévy-Vehel, Lêmy Godefroy et Frédéric Lebaron pour le GIP Mission de recherche Droit et Justice, en particulier parce qu'il a conduit ses auteurs à réaliser un sondage auprès de juges du fond (en tout soixante-six, tous présidents de leur juridiction d'appel ou de grande instance) et à recueillir leurs opinions quant à ces outils. Il faut noter, cependant, qu'une seule des vingt-quatre questions visait l'intégration de ces outils dans le processus judiciaire, voir Lêmy Godefroy, Frédéric Lebaron et Jacques Lévy-Vehel, *op. cit.*, spé. p. 99. C'est aussi le cas du rapport, rendu au même GIP, par Marcel Moritz et Thomas Léonard qui, quant à eux, se sont basés sur des entretiens semi-directifs réalisés auprès, notamment, de huit magistrats, dont six juges du fond (voir Marcel Moritz et Thomas Léonard, *op. cit.*). En dehors de ces contributions très spécifiques, la figure du juge du fond n'est employée qu'à titre d'exemple de phénomènes plus généraux, sans être singularisée *en tant que juge du fond* : dans Didier Guével, « Intelligence artificielle et décisions

seule expérimentation menée « en conditions réelles » au printemps 2017 dans les cours d'appel de Douai et de Rennes à partir de la version *beta* de l'applicatif *PREDICTICE*. Cette expérimentation s'est avérée peu concluante puisqu'elle a conduit les magistrats à la conclusion que l'outil « méritait d'être sensiblement amélioré, et ne présentait pas en l'état de plus-value pour les magistrats qui disposent déjà d'outils de grande qualité d'analyse de la jurisprudence de la Cour de cassation et des cours d'appel » [1749]. Il était ainsi reproché à l'applicatif de ne pas suffisamment distinguer les catégories d'informations compilées et de fausser ses propres résultats [1750]. Bien que le communiqué final de cette expérimentation ait mentionné de possibles expérimentations futures, aucune n'a été organisée avec *PREDICTICE* ou un autre applicatif depuis lors — ce qui n'empêche pas cette première et dernière expérience d'être utilisée comme repoussoir par le discours, depuis 2017 et jusqu'à aujourd'hui. Or, l'insistance du discours quant à cette expérimentation ratée perd, pour chaque année qui s'écoule, de sa pertinence : si l'on pouvait assez pertinemment considérer en 2017, suite à cette expérimentation, que l'outil n'était pas adapté à la pratique juridictionnelle, la rapidité des évolutions technologiques et *surtout* la mise sur le marché ultérieure de cet applicatif rendent caduques ces affirmations, du moins aussi longtemps qu'une nouvelle mise en situation n'aura pas eu lieu. Ainsi, et au sein du discours, l'expérimentation de Rennes et Douai apparaît comme un argument couperet : quels que soient les bénéfices à retirer que ces outils, l'échec de l'un d'entre eux dans une de ses premières versions résume, finalement, tous les défauts que l'on peut leur trouver [1751]. L'expérimentation prend même des allures d'argument d'autorité quand il s'agit, à travers elle, de confirmer les doutes et le scepticisme déjà exprimés au sein de chaque contribution ; ainsi, « ces résultats [décevants] ont permis de confirmer qu'en l'état actuel du droit et des technologies, la 'robotisation de la justice' portait atteinte au principe d'examen particulier du dossier » [1752], peu importe, à cet égard,

---

juridictionnelles », *op. cit.*, p. 55, le juge du fond est employé à titre d'exemple pour interroger sur la capacité de résistance du « juge de demain » face aux outils.

1749. Communiqué du ministère de la Justice et de la première présidence de la cour d'appel de Rennes, 9 octobre 2017, disponible en ligne à <https://www.dalloz-actualite.fr/sites/dalloz-actualite.fr/files/resources/2017/10/communique_de_presse_9_oct._2017.pdf>.

1750. Le premier président de la cour d'appel de Rennes, Xavier Ronsin, indiquait ainsi que l'applicatif ne distinguait pas, en matière d'indemnisation pour cause de licenciement sans cause réelle et sérieuse, entre des salaires de cadre et d'ouvrier, voir Thomas Coustet, « L'utilisation de l'outil Predictice déçoit la cour d'appel de Rennes », Dalloz Actualité, 16 octobre 2017.

1751. On retrouve cet argument « couperet » notamment dans (et dans un ordre croissant de date) Guillaume Leguevaques, *op. cit.*, p. 347 (2018), Sarah Torricelli-Chrifi, « Nouvelles technologies, nouvelle ère : vers une désintermédiation du droit ? », *op. cit.*, p. 304 (2019), Boris Barraud, « Justice douce et justice prédictive : les algorithmes au service de l'amiable ? », *op. cit.*, p. 168 (2020), Xavier Leonetti, *op. cit.*, p. 120 (2021) ou Yannick Meneceur, « Jurimétrie : l'aléa judiciaire dirigé », *op. cit.*, (2022). Cet argument peut être retrouvé, et c'est d'autant plus remarquable, dans des contributions rédigées par des publicistes — faute, bien sûr, d'une telle expérimentation auprès des juridictions administratives (voir, par exemple, Hada Messoudi, *op. cit.*).

1752. Nelly Notto-Jaffeux, « Le traitement des différends par les legaltechs, service innovant ou « braderie du droit » ? », in Frédérique Ferrand, Jonas Knetsch et Martin Zwickel (dir.), *Le droit civil et la justice civile à l'ère de la numérisation en France et en Allemagne*, FAU University Press, 2020, 161, p. 163.

que *l'état actuel des technologies* ne soit plus le même depuis trois ans [1753]. Ainsi, et si la part publiciste du discours peut baser ses extrapolations sur des logiciels déjà déployés au sein des juridictions administratives [1754], la part privatiste, quant à elle et faute d'applicatif similaire [1755] n'a que cette expérimentation comme appui concret et pratique, même si aujourd'hui obsolète, à son argumentation [1756].

500 **Les introuvables magistrats du fond.** Ainsi, tant ce discours que nos propres propos manquent d'un appui solide et concret — qu'en est-il, cependant, de la part du discours émise par des magistrats, et notamment ceux du fond ? Un certain nombre d'entre eux se sont en effet directement exprimés dans le cadre de ce discours [1757] ; leurs opinions, impressions et analyses quant à l'impact de ces outils sur leur propre office seraient alors particulièrement pertinentes et pourraient constituer cet appui solide et concret dont nous manquons pour déterminer si oui ou non ces outils de justice algorithmique sont adaptés à leur office. De deux choses l'une, cependant : si, et c'est un élément remarquable du discours, la part des contributions rédigées par des magistrats est plus importante

---

1753. Ce qui n'est d'ailleurs explicitement admis que dans une unique contribution, voir Gérard Haas et Stéphane Astier, *Intelligence artificielle. Enjeux éthiques et juridiques*, ENI, 2021, p. 50.

1754. L'applicatif *SKIPPER*, déployé au sein de la juridiction administrative, repose en effet déjà sur un traitement statistique afin, entre autres, de trier les données statistiques des flux de dossiers, de mettre en lumière les mesures d'instruction à mettre en place (notifications aux parties, régularisation des requêtes) et, plus important encore et au travers d'une de ses applications (*JURADINFO*), *SKIPPER* permet d'identifier les contentieux de masse et de proposer la suspension de leur traitement le temps qu'une concertation entre les juridictions concernées soit organisée et l'une d'entre elles désignées pour toutes les traiter, ainsi que d'enclencher la procédure d'avis contentieux de l'article L. 113-1 du Code de justice administrative. L'applicatif repose donc déjà sur une analyse du langage, même si cette dernière est limitée à une analyse par mots-clés. Si l'existence de cet applicatif est connue et parfois mobilisée pour illustrer l'impact (ou l'absence d'impact) des outils de justice algorithmique sur l'office du juge administratif, son fonctionnement et son exploitation réelle par les magistrats du fond ne sont, eux, que peu connus, voir notamment Jean-Baptiste Duclercq, « Les algorithmes en procès », *RFDA*, 2018, 131, pp. 133-134.

1755. Notamment dans la mesure où les logiciels métier de la juridiction judiciaire (et spécifiquement de la chaîne civile) sont datés. Le déploiement de *PORTALIS*, applicatif censé remplacer l'applicatif obsolète *WinCi* est ainsi régulièrement repoussé, tandis que si les données collectées par l'applicatif *CASSIOPÉE* sont effectivement exploitées statistiquement par un Système d'Information Décisionnelle et statistique (SID), ce SID n'est pas lui-même accessible depuis l'applicatif et ne peut donc pas être consulté par les magistrats. Quant au projet *DATAJUST*, son abandon moins de deux ans après son lancement n'augure guère de changement de la situation à court ou moyen terme.

1756. Le rapport rendu en octobre 2020 pour le CNB aurait pu combler ce vide, ne serait-ce que du point de vue des avocats : sa phase 4 consistait en effet en un test de tous les applicatifs pour cinq domaines (rupture de relations commerciales établies ; licenciement sans cause réelle et sérieuse ; divorce accepté avec prestation compensatoire ; accident de la circulation type Loi *Badinter* ; vol avec effraction et violences, description du protocole pp. 7-8). La consultation commandée par Sopra-Steria et annexée au rapport revient en effet sur les performances des outils (ce qui lui permet, notamment, de noter le degré de correspondance entre recherche/résultats, (pp. 64-66), d'établir que leurs algorithmes sont, intrinsèquement, peu biaisés même si les données qu'ils traitent le sont (pp. 66-68)) mais pas l'intérêt (ou l'absence d'intérêt), dans le cadre de la pratique professionnelle des avocats, que peuvent présenter ces outils. Voir, à cet égard, Groupe de travail Legaltech, « Legaltech du domaine de la jurimétrie. Préconisations d'actions », Rapport présentée à l'Assemblée générale du CNB, 9 octobre 2020.

1757. En tout, vingt-trois (voir annexe 2.2.1, T.3).

que dans le discours doctrinal général [1758], le nombre de magistrats s'exprimant effectivement demeure faible et absolument non représentatif de l'intégralité des magistrats du fond français [1759]. On ne peut donc pas considérer ces deux dizaines de magistrats comme des « porte-parole » de leurs milliers de collègues, d'autant plus que le contenu de ces contributions varie non seulement formellement [1760], mais surtout matériellement. Tous les magistrats du fond ne sont pas fondamentalement opposés à ces outils [1761], mais ils ne sont pas non plus tous enthousiastes à l'idée de les réceptionner [1762]. Ce sous-discours n'est cependant pas fondamentalement différent du discours des autres magistrats, ou d'ailleurs du discours dans son ensemble, ce qui est à la fois décevant et peu surprenant. Décevant parce que cette reprise des arguments déjà mobilisés dans le reste du discours implique qu'aucune des contributions rédigées ne creuse la question qui nous occupe ici, c'est-à-dire l'adaptation *ou non* des outils de justice algorithmique à l'office des juges du fond — en tout cas pas plus que le reste du discours. Peu surprenant ensuite parce que ces contributions s'inscrivent dans un discours qui leur préexiste et les encadre dans un maillage resserré d'arguments classiques et de thématiques habituelles, de sorte que ces contributions, qui *pourraient* être de nature différente, restent structurées par ce maillage et en suivent les linéaments classiques [1763]. Quant aux études statistiques dans certains rapports, notamment

---

1758. Pour rappel, elle représente 17 % des contributions constituant notre corpus, contre 8 % du discours général (voir annexe 2.2.2, T.4 et G.4).

1759. Si l'on se base sur les chiffres collectés sur la base de données de la CEPEJ, on dénombre, toutes juridictions confondues, 5 228 magistrats professionnels au fond et 1 880 magistrats professionnels en appel, soit en tout 7 108 (voir <https://public.tableau.com/app/profile/cepej/viz/QuantitativeDataFR/Tables>).

1760. Que ce soit en termes de volume (trois monographies, huit chapitres au sein de publications collectives, quatorze articles de revue, trois billets de blogs et un discours retranscrit) ou en termes de partage de la rédaction : un certain nombre de ces articles sont ainsi rédigés avec des universitaires et il est alors difficile de déterminer où commence le propos du magistrat et où termine celui de l'universitaire (Thibault Douville et Loïs Raschel, « Numérique et diffusion de la décision. L'open data des décisions de justice », *op. cit.*).

1761. L'expérimentation de Douai et de Rennes est ainsi, au minimum, le signe de la curiosité de certains magistrats. Xavier Ronsin s'était exprimé en ce sens avant l'organisation de cette expérimentation sur le blog de *Doctrine.fr*, voir Nicolas Bustamante, « 'Un logiciel ne remplacera jamais un juge' Interview de Xavier Ronsin, 1er président de la CA Rennes », *Blog Doctrine.fr*, 29 mars 2017. Ainsi, si certains considèrent ces outils comme le prolongement de logiques et de techniques déjà à l'œuvre (Jean Antolini, *op. cit.*, Marc Clément, « Algorithmes au service du juge administratif : peut-on en rester maître ? », *op. cit.* ou Isabelle Defarge, « La justice prédictive : le point de vue d'un magistrat », *Revue des juristes de sciences po*, nº 17, 2019, pp. 141-146), d'autres les conidèrent comme un moyen de combattre leur propre ignorance et de faciliter le travail de recherche (François Ancel, Sylvie Benoliel, Jean-Hyacinthe De Mitry *et al.*, « Sybille ou les prédictions relatives au juge national », *Légipresse*, nº 363, 2018, 428, p. 429, Thomas Cassuto, « La justice à l'épreuve de sa prédictibilité », *AJ Pénal*, 2017, 334, p. 335 ou Thibault Douville et Loïs Raschel, « Numérique et diffusion de la décision. L'*open data* des décisions de justice », *op. cit.*).

1762. D'autres magistrats expriment ainsi des inquiétudes analogues au reste du discours, voir Anne Baux, *op. cit.*, pp. 87-98, les différentes contributions de Chantal Arens (avant son accession au poste de Première Présidente de la Cour de Cassation), d'Emmanuel Poinas ainsi que certaines des contributions de M. Clément (notamment « Droit, numérique et pratiques professionnelles : quelle influence sur la façon de juger ? », *JCP*, supplément au nº 44-45, 2019, pp. 64-66), voire rejettent en bloc les outils (c'est le cas de Gilles Sainati, *op. cit.*, et de Olivier Tcherkessoff, *op. cit.*).

1763. Toujours peut-on cependant noter une tendance plus forte à considérer que même si « pression » sur l'office du juge il y a, cette pression demeurera limitée puisque,« certes

auprès du GIP Mission de recherche Droit et Justice, les mêmes limites sont identifiables : si l'on s'intéresse spécifiquement au rapport de Lêmy Godefroy, Jacques Lévy-Vehel et Frédéric Lebaron, la part des magistrats ayant répondu sur l'ensemble des magistrats contactés (et, à plus forte raison, sur l'ensemble des magistrats français) est faible [1764] et la plupart des statistiques déduites d'entretiens ou de questionnaires ne font que confirmer ces divergences d'opinions quant aux *défauts* de l'outil [1765]. Élément intéressant, cependant, les statistiques relatives à l'opinion de ces magistrats sur le principe des outils révèlent en revanche une majorité très large d'opinions favorables de l'ordre de 85 % [1766]. Cette expression des magistrats du fond est donc à la fois précieuse et trop rare pour en tirer des conclusions générales, et elle ne peut donc pas assurer un appui solide sur lequel répondre à notre hypothèse systémique.

501 **L'impasse de l'hypothèse systémique**. On peut ici reprendre les mots de Pierre Catala : « de nos jours, une justice accablée de charge accueillerait plus volontiers que naguère tout secours qui soulagerait son fardeau, fût-il informatique. » [1767] On peut, du moins, l'imaginer. Il est possible de se représenter, en effet, que les outils de justice algorithmique seraient en mesure de s'intégrer dans l'office spécifique du juge du fond et de lui apporter le soutien technique dont il manque sans le révolutionner. On ne peut cependant guère aller plus loin dans l'affirmation faute d'avoir accès aux résultats d'une expérimentation plus récente en conditions réelles et faute, pour un nombre suffisant de juges, d'avoir explicité les effets possibles de ces outils sur leur office. Seule une étude d'ampleur menée auprès de ces juges visant cette question précise permettrait de déterminer, à ce stade préliminaire, la manière dont ces outils s'intégreraient dans les prétoires

---

l'évolution jurisprudentiel pourrait se faire plus lente mais elle se fera » (Anne Baux, *op. cit.*, p. 96, dans le même sens, Xavier Leonetti, *op. cit.*, Patricia Pomonti, *op. cit.*, pp. 195-198, François Thévenot, *op. cit.* ou Isabelle Defarge, *op. cit.*) ou, à tout le moins, une tendance à reconnaître qu'il est « difficile de se prononcer sur la portée réelle de ces nouveaux outils » dans la mesure où ils demeurent en « phase de développement et de déploiement » (Marc Clément, *op. cit.*, p. 100).

1764. 30,5% des présidents de cour d'appel et 34,38 % des présidents de tribunaux de grande instance ont ainsi répondu. Ramenés au nombre total de magistrats en France tel qu'établi précédemment (voir note 1759), ces soixante-six magistrats ne représentent que 0,9 %.

1765. Ainsi, « l'effet performatif » des outils est craint par 40 % des répondants à leur questionnaire et relativisé par les 60 % restants dans la mesure où ces outils ne constitueraient qu'une « simple aide à la décision » (Lêmy Godefroy, Frédéric Lebaron et Jacques Lévy-Vehel, *op. cit.*, p. 93), ce qui va dans le même sens que notre note précédente. C'est aussi le cas lorsqu'est rappelée la tendance des juges à considérer que ces outils « constituent une donnée parmi d'autres », « utile au procès lui-même » dans la mesure où ils fournissent un « élément de départ » (p. 99).

1766. Lêmy Godefroy, Frédéric Lebaron et Jacques Lévy-Vehel, *op. cit.*, p. 91. Ce constat a été réitéré dans les comptes rendus des expérimentations menées par l'Université de Grenoble et par l'ENM auprès d'auditeurs de justice et de magistrats en format : en matière civile, c'est-à-dire la matière essentiellement visée par les outils actuellement commercialisés, ce sont 80 % de magistrats en poste qui considèrent « ce type d'outil utile » (avec une pointe à 89 % pour ceux des magistrats qui faisaient partie du groupe travaillant *avec* l'outil) et entre 91 et 94 % des auditeurs de justice qui expriment des « opinions favorables » (Étienne Vergès, *op. cit.*, p. 1926).

1767. Pierre Catala, *Le droit à l'épreuve du numérique. Jus ex Machina*, *op. cit.*, p. 181.

qu'ils ont vocation à servir [1768] — et de déterminer, donc, si incompatibilité systémique il y a vraiment. Avant de capituler et de reconnaître que l'on ne peut ni valider ni infirmer notre hypothèse systémique, il nous reste pourtant une toute dernière piste, un élément de comparaison fondamental avec nos outils de justice algorithmique : celle des aménagements déjà mis en place par les juges du fond pour pallier leurs difficultés et surtout leurs points communs avec les enjeux de ces outils.

Section 2. UNE MÉCONNAISSANCE DES AMÉNAGEMENTS DÉJÀ EN PLACE

502 **La préexistence d'outils d'aménagement de la prise de décision du juge du fond**. Qu'ils soient adaptés ou non à son office, le juge du fond n'a en vérité pas attendu l'apparition des outils de justice algorithmique pour faire face aux enjeux propres à son office ainsi qu'à la nécessité de trouver des aménagements pour réaliser au mieux ses fonctions dans les conditions pluricontraintes qui sont les siennes. Ainsi, historiquement, les juridictions du fond ont mis en place une série d'outils non algorithmiques, voire parfois d'ailleurs non informatiques, afin de rationaliser le règlement des litiges au niveau de chaque juridiction et, au sein de ces juridictions, à un niveau plus individuel dans le silence de leur prétoire et à l'ombre des études historiquement peu nombreuses à leur sujet.

503 **Des pratiques informant la réception des outils de justice algorithmique**. Ces pratiques, cependant, (re)commencent à être connues du discours doctrinal général à l'aune du regain d'intérêt de certains auteurs pour leur existence et leur impact. Si leur mise en place demeure, à l'exception de ces initiatives nouvelles, globalement ignorée (**§ 1**), les enjeux de ces aménagements « artisanaux » s'avèrent remarquablement similaires à ceux des outils de justice algorithmique (**§ 2**). La prise en compte de ces aménagements et de leur impact sur l'office des juges du fond apparaît donc comme un aperçu de l'impact potentiel de ces outils et, ainsi, un élément de réponse à notre hypothèse systémique déjà en souffrance.

§ 1. *UNE MISE EN PLACE LOCALE D'OUTILS D'AIDE À LA DÉCISION GLOBALEMENT IGNORÉE*

504 **Le dilemme de la justice du fond**. Les juges du fond sont, quotidiennement, confrontés à un dilemme qui leur est propre : conserver et mettre en œuvre de manière pleine et entière leur pouvoir souverain d'appréciation, au risque de

1768. Étude qui aurait pu être menée à l'occasion de cette recherche doctorale mais qui n'a pas pu aboutir pour des raisons tenant autant à des contraintes structurelles (liées à la limitation de la possibilité de réaliser des stages en juridiction en parallèle d'un contrat de recherche) qu'à des contraintes contextuelles (liées à la situation sanitaire et à ses conséquences sur l'organisation de telles enquêtes d'ampleur).

mettre en péril la stabilité de leur production normative, ou s'insérer dans des mouvements imposant ou proposant des cadres à leur prise de décision de manière à stabiliser et harmoniser cette production, au risque de ne plus *rendre à chacun le sien*. Parce que ce dilemme est insoluble et que la justice du fond ne reçoit guère d'aide pour parvenir à s'en saisir (**A**), c'est à elle, avec les moyens qui sont les siens, de tenter d'aménager un équilibre toujours précaire entre ces deux tendances fondamentalement adverses (**B**).

A. L'insoluble dilemme des juges du fond

505 **L'équation impossible posée aux juridictions du fond.** Parmi les problématiques principales rencontrées par les juges du fond, le difficile équilibre à trouver entre leur pouvoir souverain d'appréciation et une nécessaire stabilité de leur production normative garantissant les différentes facettes de la sécurité juridique [1769] est l'une des plus complexes. Elle l'est en particulier parce qu'elle met en balance des impératifs antagonistes : « une volonté d'assurer la cohérence de l'action des juridictions, d'uniformiser certaines pratiques juridictionnelles et de favoriser le règlement non contentieux des litiges ; et, dans le même temps, le souci de ne pas altérer [son] pouvoir souverain d'appréciation » [1770] qui, pourtant, « suppose que le juge ait toute liberté pour trancher le litige en fonction des données concrètes présentées devant lui » [1771]. À cet égard, tout aménagement faisant pencher la balance d'un côté remet en cause les principes défendus ou garantis par l'autre : admettre que de ce pouvoir souverain d'appréciation doit découler la possibilité pour ces juges de « juger comme ils l'entendent » [1772], c'est risquer de voir « l'incohérence des décisions observées » susciter une « perte de crédibilité » des magistrats [1773] ou, à tout le moins, une certaine « iniquité horizontale » [1774] entre les décisions rendues selon les juridictions ou selon les juges. À l'inverse, « réduire l'incertitude liée à l'application d'une loi générale et abstraite à une situation concrète » [1775] de quelque manière que ce soit revient à « resserr[er] le maillage normatif » [1776] et à réduire « l'espace des possibles » [1777], entraînant donc au passage un « risque d'atteinte portée à la réparation intégrale du préjudice et à son appréciation *in concreto* » [1778], c'est-à-dire au pouvoir souverain d'appréciation des juges du fond. L'équation est, à cet égard, pratiquement « insoluble » et

---

1769. Notamment en termes de prévisibilité du droit, ce qui nous renvoie à nos développements en *supra*, voir § 236.

1770. Stéphane Gerry-Vernières, « La barémisation de la justice. Rapport de synthèse », GIP Mission de recherche Droit et Justice, 2019, p. 14.

1771. *Ibid.*, p. 13.

1772. Isabelle Sayn, Vanessa Perrocheau, Yann Favier *et al.*, *op. cit.*, pp. 7-8.

1773. Stéphane Gerry-Vernières, *op. cit.*, p. 15.

1774. Cécile Bourreau-Dubois, *op. cit.*, p. 15.

1775. Isabelle Sayn, Vanessa Perrocheau, Yann Favier *et al.*, *op. cit.*, p. 36.

1776. *Ibid.*, p. 7.

1777. *Ibid.*, p. 350.

1778. Pierre Delmas-Goyon, « Le juge du XXIe siècle. Un citoyen acteur, une équipe de justice », Rapport au Ministère de la Justice, 2013, p. 94.

le choix, « impossible » [1779]. En théorie, l'on pourrait considérer que cet équilibre pourrait être atteint sans aménagement particulier, au bénéfice de recherches régulières sur les décisions rendues par une juridiction, son ressort ou le ressort voisin. En pratique, cependant, les contraintes pesant sur les juridictions du fond rendent inenvisageable un travail de recherche d'une telle ampleur. « À l'heure où la justice doit faire face à un contentieux de masse avec des moyens limités » [1780], où les enjeux principaux sont ceux de « temps, de quantité, de flux » et où « le temps pris pour la délibération » [1781] sur un dossier est du temps pris sur tous les autres et où la situation est franchement « critique » [1782], il s'agit bien plus de juger *vite* que de prendre le temps nécessaire pour réaliser une véritable « analyse approfondie et circonstanciée » de chaque dossier [1783]. Il ne s'agit pas tant ici d'un choix que d'une contrainte issue de phénomènes divers et variés qui se conjuguent pour aggraver, chaque année, la situation des prétoires : « préoccupations managériales pénétr[ant] les juridictions » [1784], « massification progressive du contentieux » [1785] et, surtout, décorrélation des recrutements et des moyens financiers accordés à la justice par rapport à cette massification [1786]. Dans cette situation au bas mot difficile, de l'aménagement du prétoire dans un but de « simplification et rationalisation du travail juridictionnel » [1787] dépend *l'efficacité* des juridictions du fond, notamment en termes de délai de traitement [1788] et, *in fine*, l'opinion publique quant à son activité.

506 **Le peu de secours de la jurisprudence des juridictions suprêmes**. Or, cet aménagement et cette rationalisation du prétoire ne sont pas assurés par les voies classiques de la hiérarchie judiciaire de la même manière que celle de l'application et l'interprétation des normes applicables au litige : si la jurisprudence des cours suprêmes joue généralement son rôle unificateur et stabilisateur puisqu'elle est

---

1779. Pascale Deumier, « La justice prédictive et les sources du droit : la jurisprudence du fond », *op. cit.*, p. 63.

1780. Stéphane Gerry-Vernières, *op. cit.*, p. 13.

1781. Isabelle Sayn, Vanessa Perrocheau, Yann Favier *et al.*, *op. cit.*, p. 307.

1782. *Ibid.*, p. 341.

1783. *Ibid.*, p.

1784. Stéphane Gerry-Vernières, *op. cit.*, p. 13.

1785. Yannick Meneceur, « Règlement en ligne des litiges : (re)faites entrer le juge ! », *JCP*, supplément au n° 51, 2018, 40, p. 41.

1786. Ainsi, et selon les derniers chiffres de la CEPEJ (datant de 2020), le budget de la justice française, en pourcentage de son PIB, se situe non seulement à l'avant-dernière place de son groupe (de 33 000 à 40 000 PIB/habitant), mais aussi à la quarante-et-unième place (sur quarante-six) de l'ensemble des États analysés, dépassé par, notamment, l'Azerbaïdjan (dont le PIB/habitant plafonne à un peu plus de 4 000 €) ou le Bosnie-Herzégovine (dont le PIB/habitant n'atteint pas les 5 000 €), voir <https://public.tableau.com/app/profile/cepej/viz/BudgetFR/GDPBudget>. En matière de nombre de juges, la France se situe à la trente-quatrième place (sur quarante-quatre) de l'ensemble des États analysés avec 11,2 juges pour 100 000 habitants, voir <https://public.tableau.com/app/profile/cepej/viz/QuantitativeDataFR/Tables>.

1787. Isabelle Sayn, Vanessa Perrocheau, Yann Favier *et al.*, *op. cit.*, p. 100.

1788. Efficacité déjà jugée préoccupante par la CEPEJ spécifiquement en matière civile et commerciale (la France reçoit un « avertissement »). En matière administrative, la situation est jugée « normale » et, faute de données relatives au délai de traitement des affaires, aucune évaluation n'est proposée de la situation en matière pénale, voir <https://public.tableau.com/app/profile/cepej/viz/EfficiencyFR/Efficiency>.

« reçue par les juridictions du fond dans la majorité des cas », « la crainte de la cassation [étant] le commencement de la sagesse des juges du fait » [1789], elle ne joue précisément que dans le domaine du droit — avec une spécificité propre à la juridiction administrative, qui pousse au plus fort ce rôle unificateur et stabilisateur. Il est ainsi habituel, lorsque sont comparés les deux ordres de juridiction, de considérer qu'il existe, « au sein de la juridiction administrative, davantage que dans l'ordre judiciaire, une forte 'discipline contentieuse' » [1790] dont découle « une absence de résistance à l'égard de la position de la cour souveraine » [1791]. Que les auteurs relient cette particulière *obéissance* des magistrats administratifs du fond à « leur formation d'administrateur » [1792], à une « tradition », ou à une forme particulière d'« ascèse » propre au juge administratif, le résultat est le même : alors qu'il arrive périodiquement de voir des juges du fond de l'ordre judiciaire (voire, d'ailleurs, des juges suprêmes [1793]) faire acte de résistance face à la jurisprudence de leur juridiction suprême [1794], un tel évènement ne se produit pratiquement jamais au sein de l'ordre administratif [1795]. Quoi qu'il en soit, cette discipline contentieuse administrative tout comme l'occasionnelle (in)discipline des juridictions judiciaires n'ont qu'un impact réduit sur l'équilibre à trouver entre individualisation et standardisation des appréciations factuelles [1796].

507 **Une équation nécessairement réglée par les juridictions du fond**. Ces appréciations factuelles sont constituées de tous les éléments décidés en dernier ressort par les juridictions du fond, en appel ou en première instance, et qui ne font plus l'objet d'une discussion en cassation : les *quanta* d'indemnisation, l'évaluation de certaines sommes à verser (par exemple, l'évaluation des pensions alimentaires), l'évaluation et la catégorisation des préjudices… Cette tension entre une individualisation systématique, à la fois coûteuse en temps et porteuse d'une potentielle inégalité entre juridictions et au sein même des juridictions, et un nivellement basé sur des critères plus ou moins rationnels, plus rapide à mettre en place et

---

1789. Jean Foyer, *op. cit.*, p. 6.

1790. Florent Tap, *op. cit.*, p. 286.

1791. *Ibid.*

1792. Daniel Chabanol, *op. cit.*, p. 179.

1793. Ça sera notamment le cas dans l'hypothèse de conflits, ou de divergences, entre les chambres de la Cour de cassation. On peut notamment évoquer la question de la qualification de travail dissimulé telle que mise en lumière dans Jean-Yves Frouin et Valérie Malabat, « Définition du travail dissimulé : dialogue ou opposition des chambres sociale et criminelle ? », *JCP S.*, n° 47, 2014, pp. 1-6.

1794. Le phénomène, cependant, est peut-être parfois surinterprété : « il (…) semble qu'il existe un profond décalage entre les vues théoriques de la doctrine — qui parle d'opposition au texte ou à la jurisprudence — et la pratique judiciaire qui les a simplement ignorés, faute d'avoir eu le temps nécessaire à leur assimilation » (Marianne Saluden, *Le phénomène de la jurisprudence*, *op. cit.*, pp. 265-266.

1795. Bien qu'à l'égard de Florent Tap, *op. cit.*, p. 286 et de Daniel Chabanol, *ibid.* on puisse évoquer le destin de l'arrêt CE sec., 20 février 1953, n° 9772, *Société Intercopie*. Cet arrêt, fixant la date de cristallisation du débat contentieux à la date d'expiration des délais de recours, s'est vu opposer un certain nombre de tentatives de résistance de la part des juridictions du fond (notamment une décision du TA Lyon, 9 décembre 1998, n° 9703703, *Masson*, avant que la décision soit renversée en appel, CAA Lyon, 21 décembre 2000, n° 99LY00668, *ANPE c. Masson*).

1796. En dehors, bien sûr, de l'hypothèse d'arrêts rendus par le Conseil d'État lorsqu'il est saisi en premier ressort.

brutalement égalitaire ne peut ainsi pas être réglée au travers d'autres décisions que celles des juridictions qu'elle traverse. Faute, encore à ce jour, d'un accès aux décisions de justice rendue par l'intégralité des juridictions du fond et d'un traitement de ces décisions à fins d'harmonisation, ces juridictions ne peuvent pas se baser sur une initiative nationale, et il ne leur reste donc plus que la possibilité d'aménager elles-mêmes leur office [1797]. Or, « si le juge est apte à faire preuve de mesure au cas par cas, il est très mal à l'aise lorsqu'il lui est demandé d'appliquer ce concept de façon générale et abstraite » [1798]. C'est en particulier le cas parce que pour établir un référentiel ou un barème, il faut *faire des choix* : « préciser des critères de décisions » et, corrélativement « écart[er] d'autres critères », de sorte que ces outils ne sont « jamais neutres » [1799]. Dans la mesure où ces aménagements ont vocation, pour le futur, à conditionner les appréciations factuelles des magistrats, en admettre non seulement la création mais encore la diffusion par les juges eux-mêmes revient à admettre qu'ils puissent « normer » leur propre office ainsi, potentiellement, que celui de leurs collègues. C'est aussi admettre qu'une « remise en question même très partielle du rôle du juge » qui se trouve simultanément accru et limité [1800]. Accru, puisqu'il s'agit de transformer une démarche profondément individuelle, concrète et spécifique en « norme », certes factuelle mais de portée nécessairement plus générale, abstraite et globalisante [1801] ; limité puisque, bien sûr, cette « norme » visant à apporter une aide à la décision agit *nécessairement* sur l'office du juge qui la reçoit, même volontairement. C'est là le fond de nos développements précédents sur la force du biais d'ancrage pesant sur tout décideur, y compris les juges (voir *supra* § 268 et suiv.).

1797. Il convient cela dit de rappeler l'existence d'outils proposés depuis le niveau national : c'est le cas, notablement, de la nomenclature Dintilhac mise en place suite au rapport rendu en 2005 par le groupe de travail chargé d'élaborer une nomenclature des préjudices corporels (présidé par Jean-Pierre Dintilhac, à l'époque président de la deuxième chambre civile de la Cour de cassation) et dont l'emploi a été, si ce n'est prescrit, du moins vivement encouragé par une circulaire de la Direction des Affaires Civiles et du Sceaux du 22 février 2007, n° 2007-05, *relative à l'amélioration des conditions d'exercice du recours subrogatoire des tiers payeurs en cas d'indemnisation du dommage corporel*. Tout d'abord rejetée par l'ordre administratif au profit de la nomenclature établi dans un avis CE sec., 4 juin 2007, n° 303422 et 304214, *Lagier et Guignon*, la nomenclature Dintilhac a fini par être adoptée et reprise les juridictions administratives depuis, notamment, un arrêt CE, 10 décembre 2015, n° 374038, *Janot* et ses conclusions indiquant « qu'il vous appartiendra (...) de vous référer désormais à la nomenclature dite 'Dintilhac' ». Cette nomenclature se limite cependant à catégoriser et délimiter les préjudices corporels patrimoniaux et extra-patrimoniaux ; si elle harmonise leur traitement, elle ne touche pas à la question de *l'appréciation* de ces préjudices. Il faut, pour cela, regarder du côté des référentiels : celui de l'Office Nationale d'Indemnisation des Accidents Médicaux pour la juridiction administrative, et celui dit Mornet du côté de la juridiction judiciaire — bien qu'à cet égard, les études sur lesquelles nous allons ici revenir indiquent que si ce référentiel constitue une base, « tous les magistrats n'utilisent pas le même outil, certaines cours l'ayant adapté, d'autres utilisant des référentiels désuets », cette désuétude étant d'autant plus rapide que le référentiel Mornet est, quant à lui, régulièrement mis à jour (Pierre Januel, « Quand les magistrats bricolent leurs barèmes », *Dalloz Actualité*, 17 septembre 2019). Il faut aussi ajouter, en matière familiale, le barème diffusé par la Chancellerie en matière de contribution à l'entretien de l'enfant.

1798. Vincent Vigneau, « Faudra-t-il encore des juges ? », *op. cit.*, p. 52.

1799. Isabelle Sayn, Vanessa Perrocheau, Yann Favier *et al.*, *op. cit.*, p. 7.

1800. *Ibid.*, p. 36.

1801. Vincent Vigneau, « Faudra-t-il encore des juges ? », *op. cit.*, p. 53,

B. Un équilibre nécessaire et nécessairement *bricolé*

508 **Le grand bricolage des juridictions du fond.** Difficile ou non à admettre, l'existence de ces outils et de ces aménagements demeure attestée par les études menées au sein des juridictions du fond — que ces études soient récentes ou qu'elles ne le soient pas. Ainsi, dès les années 1980 et leurs études jurimétriques et sociologiques, « presque tous les juges [...] admettent » que des « 'fourchettes' — ou limites extrêmes d'une estimation — existent » [1802], pour les mêmes raisons d'ailleurs qu'aujourd'hui : « être logique avec soi-même » [1803]. Plus encore, avec l'intervention de l'informatique documentaire puis de l'informatique de gestion, c'est tout un monde d'« outils de comparaison et d'approche globale » permettant « d'obtenir une appréciation plus homogène » qui s'est ouvert aux juridictions ». Si, à l'époque, certains auteurs estimaient que leur généralisation serait non seulement possible mais encore souhaitable, ils notaient aussi que les « rejets purs et simples de la technique ont beaucoup freiné les initiatives » en ce sens [1804]. Freiné, mais pas annihilé. Ainsi, et en matière administrative spécifiquement, les magistrats disposent de dispositifs « informatiquement très intégrés » intégrant des trames de jugements, des banques de motivation-type qui peuvent émaner de l'ordre ou des magistrats eux-mêmes, et dont la diffusion passe par des listes de diffusion internes [1805]. Du côté de la juridiction judiciaire, cependant, si une partie des outils est informatisée [1806], ce n'est pas le cas de tous — notamment dans la mesure où, lorsqu'ils sont développés pour l'usage personnel d'un magistrat, ils « ne ser[ont] le plus souvent pas ou peu formalisé[s] » [1807]. L'étude la plus récente et la plus large a ainsi dénombré cent vingt-deux barèmes [1808], dont soixante-quinze en matière pénale qui sortent du cadre de notre étude. Les quarante-sept autres ont été identifiés au sein des juridictions civiles et commerciales [1809]. Ces instruments sont à la fois des nomenclatures et des référentiels ou barèmes, remplissant deux fonctions différentes : dresser des catégories dans le cadre d'une ou plusieurs normes générales, d'une part, et, d'autre part, « quantifier ou chiffrer une somme d'argent ou donner un étalon pour prononcer une sanction » [1810].

1802. Marianne Saluden, *Le phénomène de la jurisprudence*, *op. cit.*, p. 273.

1803. *Ibid.*, p. 283.

1804. Jean Leclercq, *op. cit.*, p. 55-56.

1805. Isabelle Sayn, Vanessa Perrocheau, Yann Favier *et al.*, *op. cit.*, pp. 33 et 41-42.

1806. C'est le cas, notamment, du seizième outil identifié dans *ibid.*, voir annexe, ID 16. Toutes nos références futures à des outils sont faites au regard des annexes de ce rapport.

1807. *Ibid.*, p. 24.

1808. Au sein de trente juridictions, à raison de une à trois juridictions retenues par type de structure (alors classées selon leur taille et leur volume de contentieux).

1809. Nous visons ici l'étude de Isabelle Sayn, Vanessa Perrocheau, Yann Favier *et al.*, *op. cit.* Alors qu'elle devait, à l'origine, inclure les juridictions administratives, le rapport final indique que « les prises de contact envisagées auprès des tribunaux administratifs qui avaient été sélectionnés sont demeurées infructueuses » (p. 9). Les éléments précités et concernant la juridiction administrative ne constituent que des éléments « exploratoires » (*loc. cit.*). Nous devons donc admettre, faute d'avoir nous-même réalisé une telle étude, ne pouvoir fournir d'éléments aussi précis du point de vue de la juridiction administrative : les développements qui suivront concerneront donc exclusivement la juridiction judiciaire.

1810. Stéphane Gerry-Vernières, *op. cit.*, p. 13.

Leurs natures diverses, ainsi d'ailleurs que leurs appellations [1811], sont liées à leurs *sources* tout aussi diverses : loi et décret [1812], circulaire [1813], référentiel d'une institution publique [1814], table publiée par ou dans des revues [1815] ou aucune source identifiable [1816]. La même diversité est identifiée au niveau de « l'importance de leur diffusion » parfois qualifiée d'« aléatoire » [1817] et des biais par lesquels cette diffusion est assurée : orale [1818], listes de discussion et de diffusions [1819], sites internet gérés par des magistrats eux-mêmes... Ces derniers ne s'accordent pas sur leur intérêt, leur nécessité ou leurs risques, soulignant le phénomène « d'adhésion/répulsion » [1820] que provoquent ces outils et qu'il faut relier tant à la tension qui les a vus naître qu'aux problèmes critiques auxquels ils répondent, même imparfaitement. L'ambivalence est alors partout dans les comptes-rendus d'entretiens, révélant que si « certains magistrats reconnaissent que l'utilisation de barèmes (...) fait gagner du temps (...) [et a] l'avantage d'harmoniser les décisions de justice, (...) on constate la crainte d'une perte de leur pouvoir souverain d'appréciation » [1821]. De plus, « les réponses divergent sur d'autres points : l'utilisation systématique

---

1811. On trouve des « modalités d'appréciation » (voir annexe, ID 7, 14, 49), « barèmes » (ID 8, 23, 27, 37, 56), « recueils méthodologiques communs » (ID 11), « tables de référence » (ID 18, 19), « simulateurs » (ID 20), « éléments de détermination » (ID 22), « référentiels » (ID 24, 25), « méthodes » (ID 45) et des « outils » (ID 44).

1812. C'est le cas d'une table établie en matière de saisie sur rémunération à partir de la Loi n° 91-650 du 9 juillet 1991 *portant réforme des procédures civiles d'exécution* et de son décret d'application n° 92-775 du 31 juillet 1992 *instituant de nouvelles règles relatives aux procédures civiles d'exécution* (voir annexe, ID 31). C'est aussi, bien sûr, le cas du barème obligatoire issu de la Loi n° 2016-1581 du 23 novembre 2016 *portant fixation du référentiel indicatif d'indemnisation prévu à l'article L. 1235-1 du Code du travail* (licenciement sans cause réelle ou sérieuse, voir annexe, ID 37), ou au barème de capitalisation en matière de prestation compensatoire issu du décret n° 2004-1157 du 29 octobre 2004 *pris en application des articles 276-4 et 280 du Code civil et fixant les modalités de substitution d'un capital à une rente allouée au titre de la prestation compensatoire* (voir annexe, ID 43).

1813. C'est le cas de la table de référence relative à la fixation de la contribution à l'entretien de l'enfant, diffusée dans une circulaire DACQ du 12 avril 2010, 187-07/C1/3-10/AJ (voir annexe, ID 18).

1814. C'est le cas d'un outil basé sur celui appliqué par la commission de surendettement (voir annexe, ID 8), ou d'un référentiel établi par l'ENM en matière d'indemnisation du préjudice corporel en 2016 (ID 24).

1815. C'est, notablement, le cas de l'outil disponible sur la plateforme *ARPÈGE* en matière d'indemnisation des dommages corporels (capitalisation et calcul du déficit fonctionnel permanent) dont le calcul est basé sur des tables publiés par la *Gazette du Palais* en 2013 (voir annexe, ID 13). C'est aussi le cas de calculs de la prestation compensatoire proposé dans un article publié à l'*AJ Famille* en 2014 (ID 45).

1816. C'est le cas du neuvième outil identifié dans *ibid.*, en matière d'établissement de la contribution à l'entretien des enfants. Le document explicite le mode de calcul de la contribution, sans faire référence à un quelconque texte ou une quelconque pratique (voir annexe, ID 9). Il en va de même pour un outil en ligne établi par le vice-président du tribunal de grande instance de Toulouse en 2014 (ID 44). Certains des outils incluent des tableaux formalisés, sans indiquer leur source (ID 10).

1817. Isabelle Sayn, Vanessa Perrocheau, Yann Favier *et al.*, *op. cit.*, p. 40 et 100.

1818. *Ibid.*, p. 24.

1819. Stéphane Gerry-Vernières, *op. cit.*, p. 15. Voir, à ce sujet, Liza Veyre, « Les listes de discussion entre magistrats : vers une nouvelle forme de création et d'unification de la jurisprudence ? », *JCP*, n° 27, 2017, pp. 1336-1339.

1820. Isabelle Sayn, Vanessa Perrocheau, Yann Favier *et al.*, *op. cit.*, pp. 7-8.

1821. *Ibid.*, p. 96.

des barèmes (…) apparaît nécessaire pour les uns, néfaste pour les autres » [1822], de sorte qu'une approche « fortement défendue par certains, heurte pour d'autres une conception plus individualiste du travail du juge » [1823]. Rendant compte des études produites sur ce thème, Pierre Januel va jusqu'à qualifier ces outils et leur mise en place de « grand bricolage » [1824].

509 **Une étude récente rendue nécessaire par l'émergence des outils de justice algorithmique**. À cet égard, « quelles que soient les réticences des acteurs et actrices » de la justice, « les résultats globaux de [cette] enquête indiquent (…) la présence incontestable de ces outils d'aide à la décision dans toutes les juridictions investiguées » [1825], ce que ne font que confirmer les autres études menées récemment sur ces outils [1826]. Elles sont cependant récentes puisqu'elles datent toutes d'un appel à projet lancé par le GIP Mission de recherche Droit et Justice au début de l'année 2016. Si le champ de recherche n'était, bien sûr, pas complètement déserté [1827], il faut admettre que l'essentiel des analyses de terrain ayant permis de rendre compte d'aménagements locaux datait précisément de l'époque de l'informatique juridique [1828]. On ne peut s'en étonner à ce stade de nos réflexions, puisque ce silence spécifique n'est qu'une des multiples facettes du désintérêt plus général du discours doctrinal français pour les juges du fond. Plus spécifiquement, cependant, la question des aménagements mis en place de manière individuelle ou semi-individuelle ne peut trouver de réponse que dans la mesure où l'on admet toutes les conséquences du fait que l'activité judiciaire est

---

1822. *Ibid.*, p. 100.

1823. Isabelle Sayn, « Connaître la production des juridictions ou prédire les décisions de justice ? », *op. cit.*, p. 236.

1824. Pierre Januel, « Datajust : un algorithmique pour évaluer les préjudices corporels », *Dalloz actualité*, 1er avril 2020.

1825. Isabelle Sayn, Vanessa Perrocheau, Yann Favier *et al.*, *op. cit.*, p. 295.

1826. Notamment Stéphane Gerry-Vernières, *op. cit.*, Cécile Bourreau-Dubois, *op. cit.* et Loïc Cadiet, Cécile Chainais et Jean-Michel Sommer, *op. cit.*, pp. 46 et suiv. (à propos, notamment, des listes de diffusion et des « bibles de majeurs »).

1827. En dehors de la concentration doctrinale causée par l'apparition du barème légal en matière d'indemnisation du licenciement sans cause réelle et sérieuse, il faut admettre que la production doctrinale sur la question des barèmes est surtout constituée de notes et de commentaires d'arrêts (c'est, à tout le moins, ce qui ressort d'une recherche faite sur les bases de données de Dalloz et de LexisNexis). On peut néanmoins mentionner, par exemple et parmi les analyses les plus générales, Jean-Claude Bardout, « Le juge et les comptes tout faits de M. Barrême. Autorité, limites et conditions d'emploi des barèmes dans le procès civil », *JCP*, n° 48, 2011, pp. 2365-2373, l'ouvrage dirigé par Isabelle Sayn (co-autrice de l'un des rapports cités précédemment), *Le droit mis en barèmes ?*, Dalloz, 2014 et, pour partie, le rapport rendu au ministère de la justice par Antoine Garapon, Sylvie Perdriolle, Boris Bernabé *et al.*, *op. cit.*

1828. Par exemple, du côté des thèses, Abdelahak Ben-Yellès, *Analyse typologique du mécanisme de règlement judiciaire, de liquidation et de mise en faillite dans les sociétés en difficulté*, thèse dactylographiée, Université de Montpellier, 1982, Martine Bourrié-Quenillet, *L'indemnisation des proches d'une victime décédée accidentellement. Étude d'informatique juridique*, thèse dactylographiée, Université de Montpellier, 1983 ou Jean-Philippe Challine, *Le divorce pour faute avant et après 1975 : approche quantitative d'un phénomène judiciaire*, thèse dactylographiée, Université de Montpellier, 1983. Plus généralement, Serge Bories, « L'informatisation des données judiciaires et doctrinales : une contribution à la connaissance et à la recherche juridique », *Documentaliste — Sciences de l'information*, vol. 40, n° 4-5, 2003, 272, spé. pp. 276 et suiv. ou Pierre Catala, « L'informatique et l'analyse du procès », *op. cit.*

fondamentalement individuelle, bien avant de devenir collective, et que chaque juge appréhende, gère et analyse les espèces versées à son contrôle de la manière *qu'il considère* être la plus pertinente, la plus efficace ou *la moins dommageable*. Or, comment expliquer les différences de perception, construction, mise en œuvre et diffusion de ces outils bricolés, si ce n'est en reconnaissant une fois pour toute que la *personne* du juge, sa personnalité, ses accointances, ses intérêts et désintérêts, bref, son *individualité* joue un rôle dans la manière dont il exerce ses fonctions [1829] ? Ainsi, il est indéniable que tant la publication de ces rapports que *l'apparition*, dans le champ juridique français, des outils de justice algorithmique ont jeté une certaine lumière sur ces procédés. Cette lumière reste pourtant limitée dans la mesure où si l'existence de ces outils est reconnue, admise et considérée comme un quasi-acquis de la pratique, elle demeure passée sous silence par l'essentiel de la production doctrinale et par les juges eux-mêmes. S'ils en reconnaissent l'existence en entretien, « ils demeurent confinés aux pratiques professionnelles et ne sont pas diffusés au-delà (...) ; ils restent absents de la production juridictionnelle » faute de référence directe à leur utilisation [1830]. Or, cette lumière apparaît d'autant plus nécessaire que les enjeux de ces outils *d'hier* sont remarquablement similaires à ceux des outils *de demain* ou, à tout le moins, à ceux identifiés par le discours. Ne pas les prendre en compte au stade de leur étude revient à se priver d'un élément de comparaison fondamental — d'autant plus qu'une fois n'est pas coutume, cette comparaison ne dessert pas nécessairement les outils de justice algorithmique.

§ 2. *Une similarité des enjeux entre aménagements locaux et outils de justice algorithmique*

510 **Comparaison analogique, comparaison différentielle**. Confronter les analyses faites des aménagements locaux produits par les juridictions du fond et celles faites des outils de justice algorithmique révèle très rapidement la proximité de certains de leurs enjeux (**A**), autant d'ailleurs que les problématiques propres des aménagements locaux (**B**).

A. Une proximité indéniable des enjeux propres aux deux groupes d'outil

511 **L'ambivalence de la figure du barème au sein du discours**. Il est remarquable que la figure du barème soit mobilisée de manière ambivalente par le discours relatif aux outils de justice algorithmique. Elle est ainsi un autre de ses repoussoirs : « les bases de données prédictives ne sont que des barèmes d'indemnisation plus complexes et plus sophistiqués (...) et cette sophistication supplémentaire n'en

1829. Là encore, ce n'est pas pour rien que les premières analyses de ce type d'aménagements ont été menées au sein de mouvements doctrinaux propices à ce type d'admission.

1830. Isabelle Sayn, Vanessa Perrocheau, Yann Favier *et al.*, *op. cit.*, p. 350.

éradique pas moins la dimension qualitative du travail du juge »[1831], d'autant plus que leur utilisation a démontré « qu'ils ne sauraient épuiser le sens de la loi »[1832]. À l'extrême inverse du spectre argumentatif, la figure du barème est au contraire employée pour souligner l'intérêt de ces outils qui « permettr[ont] d'améliorer la qualité et l'efficacité du service public dans tous les domaines concernés par les barèmes »[1833] en remplissant « peut-être mieux la fonction instrumentale et managériale généralement assignée au barème »[1834] dans la mesure où ils « rend[ent] compte de ce qui a été jugé par l'ensemble des magistrats et s'actualise[nt] au fur et à mesure de la mise à jour de la base de données »[1835], ce qui leur assure une pertinence accrue. De manière un peu plus neutre, cependant, l'essentiel des contributions mentionne la figure du barème pour la rapprocher des outils de justice algorithmique. Il s'agit alors d'indiquer que, puisque « les outils algorithmiques (…) ne sont qu'une nouvelle forme de barème »[1836], la proximité des deux types d'outils implique que « le débat, connu pour les barèmes, ne devra pas être pensé différemment avec les outils développés dans le cadre de l'open data » : « ici comme là, il ne doit s'agir que d'outils »[1837]. À cet égard, ils « ont les mêmes finalités (…) et posent les mêmes difficultés »[1838] : gagner « en harmonisation et en prévisibilité »[1839], d'une part, et, d'autre part, l'habituel trio de remise en cause de l'individualisation des décisions/du pouvoir souverain des juges du fond impliquant une rigidification de la jurisprudence, la remise en cause de l'indépendance et de l'impartialité des juges et une tendance à la déjudiciarisation.

512 **Des outils d'aide à la décision aux enjeux similaires**. Les analyses faites des outils que sont les barèmes, les référentiels et les tables d'indemnisation ne disent d'ailleurs pas autre chose : les enjeux en termes d'impartialité, d'indépendance, de contrainte sur le juge et, potentiellement, de déjudiciarisation sont strictement les mêmes que ceux présentés par les outils de justice algorithmique. Ainsi, les barèmes présentent le même « risque d'une inopportune *focalisation* des juges » que les outils de justice algorithmique et impliquent le même risque de voir le juge « distrai[t] de sa propre expérience professionnelle, (…) empêch[é] de se laisser inspirer par son *sens de la justice* » par l'influence des chiffres qu'ils

---

1831. Jean-Baptiste Prévost, *Penser la blessure : un éclairage philosophique sur la réparation du préjudice corporel*, *op. cit.*, p. 138.

1832. Yannick Meneceur et Clementina Barbaro, « Intelligence artificielle et mémoire de la justice : le grand malentendu », *op. cit.*, p. 283. Dans le même sens, Frédéric Rouvière, « Peut-on penser l'indemnisation par barème ? », *RDT*, 2021, pp. 634-641 et Yannick Meneceur, « L'IA dans la justice ne peut avoir réponse à tout », *op. cit.*

1833. Antoine Garapon, « Impact sur le service public de la justice », in *Guide de la justice prédictive*, Predictice, 2018, 38, p. 40.

1834. Cécile Bourreau-Dubois, *op. cit.*, p. 311)

1835. Louis Larret-Chahine, « Le droit isométrique : un nouveau paradigme né de la justice », *op. cit.*, p. 294.

1836. Bénédicte Girard, *op. cit.*, p. 189.

1837. Loïc Cadiet, « 'Les conditions de diffusion des décisions de justice représentent un enjeu essentiel de la mise en œuvre du projet de leur mise à disposition du public' », *op. cit.*, p. 295.

1838. Bénédicte Girard, *op. cit.*, p. 189.

1839. Pascale Deumier, « La jurisprudence d'aujourd'hui et de demain », *op. cit.*, p. 605.

proposent [1840] — remettant donc en cause tant son pouvoir souverain d'appréciation que son impartialité, et l'on en revient ici à nos propos relatifs au biais d'ancrage. La question de la normativité induite de ces dispositifs constitue le prolongement de ce biais d'ancrage identiquement activé par les barèmes et autres aménagements judiciaires et les outils de justice algorithmique : si l'habituelle mention de leur « effet performatif » a naturellement attendu le déploiement du discours sur les seconds, il est fait mention du risque de voir les barèmes « renseignés de décisions basées sur [leur] échelle (...) n'être représentatifs que d'eux-mêmes » [1841]. Ainsi, « les barèmes, les systèmes experts et les MAAD ont en commun de comporter un effet performatif » [1842] et même si « un tel référentiel intégré dans un logiciel » interroge sur sa capacité à devenir « encore plus normatif que les barèmes existants » [1843], cette « autorité indicative est déjà connue, et débattue, autour des barèmes avec lesquels les algorithmes présentent 'une forme de filiation' » [1844]. C'est d'autant plus vrai qu'avant même l'apparition de cette utilisation particulière de l'« effet performatif » (voir *supra* § 256 et suiv.), les auteurs travaillant sur les barèmes et référentiels indiquaient que l'un de leurs dangers demeurait celui de « leur voir attribuer un caractère obligatoire » [1845] et de voir « l'abandon de tout réel pouvoir du juge » [1846]. Quant au risque de voir les prétoires désertés du fait de ces dispositifs, là encore, rien de neuf : avant même l'apparition des outils de justice algorithmique dans le discours doctrinal français, on notait déjà que les barèmes, référentiels et autres outils d'aménagement de la justice du fond étaient déjà considérés comme un moyen de « désengorger les juridictions » en favorisant « la multiplication des accords » évitant la saisine initiale d'un juge, ou, en cas de saisine d'un juge, de « favoriser l'adhésion à la décision (...) en offrant un point de comparaison » et d'ainsi éviter des appels trop nombreux [1847]. Cet effet est ainsi étendu, presque tel quel, aux outils de justice algorithmique, à la fois pour le meilleur et pour le pire : « à partir du moment où le barème vous indiquera que vous pouvez prétendre à une somme (...) la négociation sera rapide avec l'assureur et il y aura une médiation rapidement conclue » [1848], au risque de « se priver des données jurisprudentielles qui sont indispensables à la pertinence » de ces outils [1849]. En d'autres termes, non seulement

---

1840. Sylvie Lebreton-Derrien, *op. cit.*, pp. 10-11.

1841. Yannick Meneceur, « Numérique et prédiction de la décision. Vers une indispensable charte éthique européenne de l'intelligence artificielle », *op. cit.*, p. 67.

1842. Lêmy Godefroy, Frédéric Lebaron et Jacques Lévy-Vehel, *op. cit.*, p. 54.

1843. Sonia Desmoulin, « Le diable se cache-t-il dans les détails ? Réflexions à propos du traitement automatisé de données à caractère personnel 'DataJust' », *op. cit.*, p. 155.

1844. Pascale Deumier, « Open Data. Une autre jurisprudence ? », *op. cit.*, p. 476, reprenant des propos tenus par Isabelle Sayn lors des auditions menées par la Mission Open Data.

1845. Antoine Garapon, Sylvie Perdriolle, Boris Bernabé *et al.*, *op. cit.*, p. 40.

1846. Stéphanie Porchy-Simon, « L'utilisation des barèmes en droit du dommage corporel au regard des principes fondamentaux du droit de la responsabilité civile », in Isabelle Sayn (dir.), *Le droit mis en barèmes ?*, Dalloz, 2014, 201, p. 210.

1847. Isabelle Sayn, « Les barèmes dans le fonctionnement du droit et de la justice », in Isabelle Sayn (dir.), *Le droit mis en barèmes ?*, Dalloz, 2014, 1, pp. 8-9.

1848. Bernard Lamon, « Datajust : juste de la data ? », *op. cit.*

1849. Alexis Chabert, *op. cit.*, p. 68.

« la décision judiciaire [était] déjà équipée de dispositifs qui s'appuient d'une façon ou d'une autre sur l'informatique » [1850] et « les juges utilisaient déjà des outils d'analyse de la jurisprudence avant l'avènement de la justice » algorithmique [1851], mais en plus les enjeux de tous ces outils sont les mêmes. En cela, barèmes et outils de justice algorithmique constituent un même combat.

B. Des outils d'aide à la décision « artisanaux » souffrant de défauts propres

513 **Des outils locaux et individuels.** Même combat, vraiment ? En fait, et au-delà du parallèle efficace entre des outils qui, indéniablement, poursuivent les mêmes objectifs et présentent des risques similaires, un certain nombre de caractéristiques propres aux aménagements mis en place dans les juridictions du fond constituent autant de caractéristiques qui les distinguent des outils de justice algorithmique. C'est, précisément, l'apport des études publiées en 2019 — or, au-delà de leur caractère spécifique, ces caractéristiques sont liées au caractère « artisanal » de ces outils. Ces outils sont en en effet locaux, parfois individuels, non harmonisés, ils connaissent une utilisation et une diffusion aléatoires et ils font surtout l'objet d'une dissimulation au stade du procès. Nous avons commencé à aborder ces points, mais il apparaît qu'« au-delà de[s] outils communs à une large échelle géographique, des pratiques plus ou moins institutionnalisées, propres à chaque cour d'appel, à chaque juridiction voire à chaque magistrat existent » [1852]. Elles constituent l'essentiel des outils « facultatifs et issus de la pratique [qui] circulent dans les juridictions » [1853] et, ainsi, l'essentiel des outils compilés dans l'annexe que nous avons déjà citée. Ce fait n'est d'ailleurs pas nouveau, puisque Marianne Saluden le notait déjà en 1983 : « en première instance, nous n'avons trouvé que des fichiers propres à un magistrat. » [1854] Ce caractère individuel est en fait lié à une certaine réticence de la part des juges qui élaborent ces outils, voire à la « crainte que leur démarche soit interprétée comme attentatoire à l'indépendance des magistrats » auxquels ils pourraient les transmettre [1855] — et, ainsi, à une absence de concertation, y compris dans le cadre de réunions qui, pourtant, pourraient « constituer le cadre adapté à une mise au point collective de ces barèmes » [1856]. Ces difficultés de circulation de ces informations, liées à une « grande pudeur sur l'activité concrète » de chaque magistrat, informent en vérité une autre caractéristique particulièrement problématique de ces outils [1857] : leur totale absence d'harmonisation.

1850. Christian Licoppe et Laurence Dumoulin, « Le travail des juges et les algorithmes de traitement de la jurisprudence. Premières analyses d'une expérimentation de 'justice prédictive' en France », *Droit et société*, vol. 3, 2019, 535, p. 552.

1851. Vincent Berthet, « Prédire et juger », *op. cit.*, p. 92.

1852. Isabelle Sayn, Vanessa Perrocheau, Yann Favier *et al.*, *op. cit.*, p. 62.

1853. Isabelle Sayn, « Des outils d'aide à la décision aux décisions individuelles automatiques, quel régime juridique ? », *op. cit.*, p. 18.

1854. Marianne Saluden, *Le phénomène de la jurisprudence*, *op. cit.*, p. 256.

1855. Isabelle Sayn, Vanessa Perrocheau, Yann Favier *et al.*, *op. cit.*, p. 25.

1856. *Ibid.*, pp. 310-311.

1857. *Ibid.*, p. 312.

514 **Une absence totale d'harmonisation.** Le voile de secret qui recouvre les outils aménageant le prétoire des juridictions du fond rend non seulement leur diffusion aléatoire, mais elle rend surtout *le contenu* de cette diffusion aléatoire. Ainsi, malgré la présence de certains des fichiers contenant ces outils sur les intranets de la justice, leur diffusion est non seulement non harmonisée mais elle est encore inégale selon les sites [1858], eux-mêmes consultés de manière inégale par les magistrats. Or, la conséquence de cette confusion générale se constate à la consultation des dispositifs effectivement utilisés : certains sont très anciens [1859], certains ne sont pas à jour et, plus problématique encore, *plusieurs versions* d'un même référentiel circulent au sein des différentes juridictions [1860]. Quand bien même il ne serait pas surprenant que « l'élaboration d'une nouvelle version » de ces outils ne soit pas « nécessairement connue immédiatement » dans la mesure où les barèmes et leurs circuits de diffusion demeurent « officieux » [1861], il s'avère néanmoins problématique de voir différentes juridictions appliquer des versions multiples d'un même document, voire des versions datées, *alors même que leur objectif est d'assurer « l'harmonisation des décisions »* [1862]. Si l'on admet que ces outils vont conditionner, dans une certaine mesure ou une mesure certaine, les standards appliqués par chaque juridiction, cette diffusion inégale et incohérente ne permet pas d'atteindre cet objectif primordial. Et cela, bien sûr, ne concerne que les hypothèses où les documents ont vocation à atteindre toutes les juridictions : la situation est bien évidemment encore plus contrastée lorsqu'il s'agit d'outils établis de manière individuelle et transmis au travers de rapports eux-mêmes individuels.

515 **Le poids du silence.** Cette diffusion aléatoire et non harmonisée est liée, on l'a dit, à la pudeur qui entoure ces outils. Si cette pudeur tient à une certaine culture de l'individualisme, de l'autonomie et à une certaine « solitude du juge », on peut aussi sans doute la relier au fait que ces aménagements constituent finalement l'aveu, individuel et collectif, de l'incapacité des magistrats à se saisir pleinement de leur pouvoir souverain d'appréciation pour assurer une pleine individualisation de chaque décision rendue quand bien même « les outils d'aide à la décision sont une réalité dans le travail actuel » de ces magistrats [1863]. Cette culture du secret ne s'arrête cependant pas à la diffusion ou à la connaissance de ces outils, puisqu'elle atteint le prétoire lui-même ; c'est là la seconde caractéristique problématique de ces outils. Toutes les études menées sur des cohortes de décisions « montre[nt] que

---

1858. *Ibid.*, p. 47.

1859. Toujours au regard de l'annexe d'*ibid.*, on trouve ainsi des documents datant de 2011 (le référentiel indicatif régional de l'indemnisation du préjudice corporel, ID 25) ou de 2010 (des « éléments de détermination de l'indemnisation de préjudices corporels et moraux » propres à une cour d'appel dont le nom a, bien sûr, été dissimulé, ID 22).

1860. On trouve ainsi au moins deux versions du référentiel Mornet : une version de 2015 (ID 57, 21) et une version de 2017 (ID 26) alors même qu'il est mis à jour annuellement. C'est aussi le cas de la table de référence relative à la fixation de la contribution à l'entretien de l'enfant dont la mise à jour est, encore une fois, annuelle, et qui circule pourtant sous sa version de 2010 (ID 18) et sous sa version de 2016 (ID 19).

1861. Isabelle Sayn, Vanessa Perrocheau, Yann Favier *et al.*, *op. cit.*, p. 65.

1862. *Ibid.*, p. 52. L'italique est le nôtre.

1863. *Ibid.*, p. 305.

finalement la voie retenue par les juges du fond est celle du silence » [1864], les juges « ne motiv[ant] pas leurs décisions sur ce terrain alors même qu'ils utiliseraient un barème » [1865]. La raison de l'absence totale de mention de l'utilisation d'un barème, d'un référentiel ou d'une table est ici double : côté face, selon la manière dont elle est faite, la *mention* de l'utilisation de tels outils peut en effet être censurée par la juridiction suprême [1866] ; côté pile, et paradoxalement, en l'absence d'une motivation incluant ces barèmes, la même juridiction laisse les magistrats choisir librement l'outil à employer [1867]. Il n'est, à cet égard, pas surprenant de voir certains d'entre eux justifier leur « refus de mentionner le barème dans le corps de la décision » par leur « conviction que la Cour de cassation s'opposerait à une telle mention » [1868] — surtout dans la mesure où elle n'impose pas non plus qu'il soit versé au contradictoire [1869]. Or, de deux choses l'une. Si ces outils sont supposés constituer une « source de clarification du débat judiciaire, de prévisibilité et sécurité juridique pour les parties, d'égalité de traitement des justiciables » et, en constituant un point de référence à ramener à la décision effectivement prise par le juge, sont censés « favorise[r] son acceptation et son exécution » et

---

1864. Stéphane Gerry-Vernières, *op. cit.*, p. 18. C'est, notamment et dans le cadre de cette étude, le cas de la table de référence relative à la contribution à l'entretien de l'enfant par une cohorte de décisions de deux cours d'appel rendues durant l'année 2016.

1865. Isabelle Sayn, « Les barèmes dans le fonctionnement du droit et de la justice », *op. cit.*, p. 12.

1866. C'est, notamment, le cas dans Cass. 2e ch. civ., 22 novembre 2012, n° 11-25.988, au regard d'un arrêt d'appel ayant mentionné qu'il « convient de rester dans les limites de certains barèmes » : la Cour avait alors jugé qu'« en statuant ainsi par référence à des barèmes, sans procéder à l'évaluation du dommage en fonction des seules circonstances de la cause », la cour d'appel avait violé le principe de réparation intégrale. *A contrario*, dans Cass. crim., 26 juin 1984, n° 83-94.581, la Cour admettait l'évaluation de l'incapacité permanente partielle au regard d'un barème parce que cette évaluation n'avait pas impliqué, pour la cour d'appel, de se « prononcer par voie de disposition générale et réglementaire, mais a au contraire tenu compte des données concrètes de l'espèce, auxquelles elle s'est expressément référée ». L'équilibre entre la mention autorisée ou censurée d'un barème est ainsi mince, ce que démontre un troisième arrêt Cass. 1e ch. civ., 23 octobre 2013, n° 12-25.301 qui a prononcé la cassation d'un arrêt d'appel motivant la contribution à l'entretien de l'enfant à partir de la table de référence précitée. La difficulté réside alors dans le fait que, en appliquant cette table de référence, la juridiction d'appel avait nécessairement pris en compte « les facultés contributives des parents de l'enfant et les besoins de celui-ci » (puisque ces deux éléments sont eux-mêmes pris en compte par la table). C'est pourtant sur le fondement d'une *absence* de prise en compte de ces éléments qu'une censure a été prononcée. Plus récemment, cependant, la position de la Cour semble s'être durcie puisque ce n'est plus seulement le fait de ne pas suffisamment prendre en compte les circonstances propres au litige qui est censuré, mais le fait de fixer une appréciation « non sur la base des seuls critères » énoncés par la loi applicable qui entraîne la cassation (Cass. 2e ch. civ., 28 mars 2019, n° 18-14.364). Comme l'indique Isabelle Sayn, ce type de décision demeure rare puisque la Cour de cassation tend, lorsqu'elle le peut, à se défausser de la question de la licéité de l'utilisation explicite d'outils d'aide à la décision — ce que démontre un dernier arrêt Cass. 1e ch. civ., 23 février 2011, n° 09-17.422 (Isabelle Sayn, « Les barèmes dans le fonctionnement du droit et de la justice, *op. cit.*, p. 12, notes 32 à 34).

1867. Le choix d'un outil plutôt qu'un autre est ainsi, assez ironiquement, considéré comme relevant de « l'appréciation souveraine de la cour d'appel », Cass. 2e ch. civ., 13 décembre 2018, n° 17-27.821.

1868. Isabelle Sayn, Vanessa Perrocheau, Yann Favier *et al.*, *op. cit.*, p. 69.

1869. Cass. crim., 5 avril 2016, n° 15-81.349, tel que souligné, par exemple, dans Vincent Rivollier, Manon Viglino et Christophe Quézel-Ambrunaz, « Le retrait de DataJust, ou la fausse défaite des barèmes », *op. cit.*, p. 468.

décourager l'appel, comment espérer qu'ils puissent remplir ces objectifs sans qu'ils ne « soient connus des parties, qu'ils aient pu être éventuellement discutés et contestés devant le juge » [1870] ? Comment, au surplus, mitiger les effets du biais d'ancrage subi par les magistrats si ces derniers n'ont pas la phase contradictoire pour ajuster leur appréciation [1871] ? Au-delà, on ne peut toujours espérer limiter l'impact de ce silence dans les prétoires par la connaissance préalable de ces outils par les justiciables et leur conseil ; lorsque ces outils d'aide à la décision sont formalisés, ce qu'ils ne sont pas systématiquement, ils ne sont librement accessibles que lorsqu'ils émanent de la Chancellerie, du législateur ou des juridictions suprêmes. Le reste des outils n'est pas nécessairement diffusé auprès des avocats exerçant dans le ressort du reste des juridictions [1872] — il faudrait encore, pour cela, que le *ressort* lui-même en ait connaissance ! En d'autres termes, si le voile pudique qui les entoure a peut-être permis, pendant un temps, de détourner l'attention tant des justiciables et de leur conseil que du discours doctrinal quant à leur existence, leur quantité et leur « capacité considérable à orienter les actions » [1873], leur étude plus approfondie ainsi que l'apparition des outils de justice algorithmique contribuent à déchirer ce voile. Elles contribuent aussi à interroger sur le maintien de l'idée selon laquelle « un barème officieux semble devoir être considéré comme un simple fait documentaire » qui n'a donc pas à figurer au sein de la motivation des décisions qui ont été construites sur son fondement [1874]. À cet égard, l'obligation de transparence prescrite aux outils de justice algorithmique selon laquelle les magistrats seraient dans « l'obligation d'informer les justiciables de l'usage qui a été fait d'un tel outil et de placer dans le débat les informations relatives aux conditions de fabrication et d'utilisation de cet outil » irait *plus loin* que l'obligation de transparence pesant aujourd'hui sur les mêmes magistrats lorsqu'ils « recourent à un barème traditionnel » [1875].

516 **Des outils de justice algorithmique rebattant les cartes**. Ainsi, et peut-être ironiquement, la comparaison menée entre ces outils d'aide à la décision « artisanaux » et ceux que constitueront peut-être demain les outils de justice algorithmique ne s'avère pas nécessairement préjudiciable aux seconds. Le « contrôle qualité » réclamé concernant les outils de justice algorithmique, tant du point de vue du fonctionnement de leurs algorithmes que des données d'entrée, pourrait en vérité bénéficier aux outils d'aide à la décision déjà existants et mettre fin à leur cacophonie en leur étendant ce « contrôle qualité » [1876] et, surtout, en mettant fin à la culture du secret qui les entoure. Les outils de justice algorithmique ont en

1870. Jean-Claude Bardout, *op. cit.*, p. 2373.

1871. Sur la possibilité même de mitiger les effets d'un biais d'ancrage, voir *supra* § 271.

1872. Isabelle Sayn, Vanessa Perrocheau, Yann Favier *et al.*, *op. cit.*, en rend compte, spé. p. 73.

1873. Isabelle Sayn, « Les barèmes dans le fonctionnement du droit et de la justice », *op. cit.*, p. 12.

1874. Jean-Claude Bardout, *op. cit.*, p. 2373.

1875. Isabelle Sayn, « Des outils d'aide à la décision aux décisions individuelles automatiques, quel régime juridique ? », *op. cit.*, p. 20.

1876. Isabelle Sayn, « Des modes algorithmiques d'analyse des décisions de justice, pour quoi faire ? », *op. cit.*.

effet pour eux d'être des outils en ligne, accessibles depuis une unique plateforme pour tous les acteurs de la justice qui viendraient à les utiliser ; leur connaissance est donc, par principe, ouverte à tous ceux qui ont accès à la plateforme [1877]. Il ne serait pas possible de voir circuler *plusieurs versions* de cette plateforme, assurant à cet égard l'égale information des magistrats qui l'utiliseraient et des justiciables ; si les appels à la transparence de leur utilisation et à leur versement dans le contradictoire devaient aboutir [1878], il ne serait pas non plus possible de les voir employés sans discussion préalable. Sans verser dans l'angélisme et doter les outils de justice algorithmique de toutes les vertus, les deux différences principales qui subsistent entre les deux catégories d'outils d'aide à la décision demeurent l'obscurité et le chaos relatif dans lequel baignent toujours les aménagements locaux et qui influent, sans contrôle possible, sur l'office des juridictions du fond et le fait que les outils de justice algorithmique auront au moins réussi à alerter sur les risques propres à leur mise en œuvre, que ces risques soient réels ou non. Une telle alerte n'a pas été sonnée concernant les aides à la décision « artisanales » en dehors des études récentes que nous avons ici exploitées. Pourtant, du point de vue des effets de ces aides à la décision, c'est comme si chaque juridiction avait développé ses propres outils protoalgorithmiques et les utilisait sans bruit — et il a fallu attendre 2019 pour voir le discours doctrinal s'interroger : « peut-on ou doit-on laisser les magistrats 's'en débrouiller' et continuer à en faire, seuls, leur affaire alors que avons constaté une accumulation d'outils hétéroclites, de facture incertaine, déployés au niveau local ou sur un territoire plus large ? » [1879].

517 **Une piste d'analyse prometteuse**. Ainsi, si ces aménagements locaux étaient mieux connus, ils constitueraient un socle solide pour tester les effets que des outils d'aide à la décision peuvent avoir sur la justice du fond. Ils constitueraient

---

1877. L'outil *DATAJUST* avait, à cet égard, vocation à être mis à disposition du public une fois sa phase de construction et d'essai achevée, voir « DataJust », Justice.fr, 9 septembre 2020, disponible en ligne à <https://www.justice.fr/donnees-personnelles/datajust>. Il entendait même pallier l'absence d'un référentiel unique, fiable et facile d'accès. Sur ce point, les réactions provoquées par l'annonce de l'abandon de ce projet, généralement laudatrices voire célébratoires, sont assez révélatrices de la méconnaissance des aménagements déjà existant au sein des prétoires – ainsi, d'ailleurs, que des outils déjà commercialisés par des entreprise de *Legaltech* : difficile, en effet, de voir en quoi l'abandon d'*un* projet (le seul de nature publique à ce jour) constituerait la victoire de la justice ou de l'État de droit quand les effets de ce projet sont strictement les mêmes que ceux rattachés aux outils d'aide à la décision artisanaux et aux autres applicatifs de justice prédictive... C'est d'ailleurs le sens de Vincent Rivollier, Manon Viglino et Christophe Quézel-Ambrunaz, *op. cit.* ou de Laurent Bloch, « DataJust : sans fleurs ni couronnes », *JCl. Responsabilité civile et Assurances*, n° 3, 2022, pp. 1-2.

1878. À noter, cependant, des appels *inverses* pour éviter la personnalisation de la justice : on trouve ainsi des contributions proposant que les données, notamment celles de l'*open data* des décisions de justice, ne soient « accessibles [qu']aux seules juridictions » (Samir Merabet, « La digitalisation pour une meilleure justice », *JCP*, n° 1, 2022, 12, p. 14). Dans ce cas, bien sûr, la situation des outils de justice algorithmique serait tout aussi obscure que celle des outils d'aide à la décision « artisanaux » – mais il faut admettre que ce n'est pas vers une restriction d'accès que se dirige la politique de l'*open data*. On trouve aussi des contributions qui considèrent une transparence au moment du jugement inopportune parce que contraire à la jurisprudence de la Cour de cassation et parce que trop lourde à mettre en place : le maintien du silence serait, à cet égard, « plus simple à mettre en œuvre » (Anaïs Coletta, *op. cit.*, p. 315).

1879. Isabelle Sayn, Vanessa Perrocheau, Yann Favier *et al.*, *op. cit.*, p. 350.

aussi un anti-exemple pour les outils de justice algorithmique, qui présentent en vérité les caractéristiques leur permettant d'éviter les écueils dans lesquels eux sont, au contraire, tombés. La solution apparaît trop facile, presque magique. S'il a fallu attendre 2019 pour voir des études systématiques menées sur l'aménagement réel des juridictions du fond, c'est cependant *toujours* pour la même raison : pour connaître les aménagements cachés de l'office des juridictions du fond, il faut encore connaître, étudier et exploiter cet office ; pour connaître, étudier et exploiter cet office, il faut encore y avoir accès ; pour y avoir accès, il faut encore que les décisions de justice qu'ils produisent soient elles-mêmes accessibles… Et il faut, surtout, que les auteurs s'en saisissent.

518 **Une piste d'analyse inexplorée**. Nous avons donc ici trouvé une piste d'analyse de notre hypothèse systémique. Une piste, certes, mais pas encore une réponse. Trois études, même plus larges que tout ce qui a pu se faire avant elles, ne peuvent guère suffire à tirer des leçons générales quant à l'adaptation des outils de justice algorithmique à l'office des juges du fond, et elles peuvent d'autant moins suffire à valider ou invalider l'hypothèse selon laquelle ces outils remettraient en cause les outils et clés de raisonnement du système civiliste. Nous voici donc arrivée à une impasse — ce qui ne signifie cependant pas que notre analyse s'arrête ici.

CONCLUSION DU CHAPITRE 2

519 **Une hypothèse systémique biaisée par son traitement**. La contraposée d'un discours profondément marqué par l'empreinte d'une conception tronquée du phénomène jurisprudentiel et de l'activité judiciaire est, assez logiquement, de voir ce discours aussi profondément marqué par son *silence* quant à la production et à l'office des juridictions qui ne font pas partie de cette conception, c'est-à-dire les juridictions du fond. Si, pour l'essentiel du discours doctrinal général, la concentration de l'analyse et du discours relatif au système civiliste français sur les juridictions suprêmes, leur office et leurs standards n'a pas d'impact particulier, le discours relatif aux outils de justice algorithmique souffre de cette approche biaisée, à la fois dans la pertinence de son traitement et dans les conclusions qui en sont tirées.

520 **Une approche de la justice du fond paradoxale**. Il en souffre d'autant plus que l'approche de la réalité de l'office des juges du fond est, en fait, profondément paradoxale. Parce que la nature pluricontrainte de cet office est de plus en plus *politiquement* connue dans la mesure où l'essentiel des contraintes qui pèsent sur les juges du fond peuvent être reliées à la situation de surcharge et de sous-financement des juridictions, il aurait été concevable que cette nature spécifique de leur office soit ramenée à son fonctionnement, lui aussi nécessairement spécifique — or, ce n'est pas le cas. C'est d'autant moins le cas qu'au-delà de son désintérêt pour les juridictions du fond, la production doctrinale majoritaire *ne s'adresse pas* en tout non plus à ces juges, les laissant donc, pour ainsi dire, seuls dans leur office. Si l'on peut imaginer que, compte tenu de leurs caractéristiques et des objectifs qui leur sont assignés, les outils de justice algorithmique puissent

apparaître comme un soutien technique à l'office particulier des juges du fond, l'absence de traitement de cette question au sein du discours et l'absence de signe franc d'une adaptation réelle de l'un à l'autre ne permettent ni de valider, ni d'invalider notre hypothèse systémique à ce stade. Elles ne permettent que de confirmer que si incompatibilité systémique il y a, cette dernière ne se loge pas là où le discours la place mais précisément *là où le discours ne va pas*.

521 **Les outils d'aide à la décision artisanaux comme voie de traverse**. Il apparaît cependant que l'impasse dans laquelle s'est logée cette hypothèse systémique n'est pas sans recours, dans la mesure où la lumière crue soudainement jetée sur les juges du fond a déjà commencé à révéler *une partie* de la réalité de leur office. C'est sans doute là une des qualités indéniables des outils de justice algorithmique que d'avoir encouragé plus avant ce déplacement du regard. Ainsi, l'existence d'outils d'aide à la décision « artisanaux », développés dans le silence et dans l'obscurité de chaque prétoire, constitue un élément de comparaison précieux avec ces « nouveaux » outils. Cette comparaison n'est d'ailleurs pas entièrement absente du discours, même si là encore, la réalité contrastée de ces outils « artisanaux » demeure encore mal connue. Cette comparaison, que nous n'avons que commencé à établir, semble constituer un point de départ pertinent à l'analyse de notre hypothèse systémique ; il s'agira, pour le discours doctrinal, d'en tirer les fils pour établir si oui ou non les outils de justice algorithmique apparaissent en mesure de remettre en cause les logiques et clés de raisonnement du système civiliste français *avec lesquelles ils entrent en contact*.

Conclusion du titre II

522 **Une hypothèse systémique limitée à la justice du fond**. Toute la complexité de l'approche française de l'hypothèse systémique réside en fait dans cette précision : les outils de justice algorithmique ne peuvent remettre en cause que les logiques et les clés de raisonnement systémiques *avec lesquelles ils entrent en contact*. Les caractéristiques propres aux outils, les informations qu'ils traitent, les objectifs qu'ils poursuivent — tout, dans ces outils, implique que si leur déploiement doit un jour avoir lieu au sein des juridictions, il aura lieu au sein des juridictions *du fond*, primordialement concernées par les appréciations quantitatives et factuelles que ces outils ont vocation à simplifier. Or, ce constat n'est manifestement pas celui depuis lequel s'exprime le discours français.

523 **Un discours décalé par rapport à son objet**. Le discours français relatif aux outils de justice algorithmique et, plus spécifiquement, à l'hypothèse de leur incompatibilité systémique avec les logiques et les clés de raisonnement du système civiliste français se déploie d'abord depuis des questionnements habituels qui masquent les autres débats que l'intervention des outils de justice algorithmique réouvrent. Ce serait, notamment, le cas de la *nature même* de la jurisprudence qui se trouverait bouleversée par l'injection des masses de décisions diffusées ou traitées par les outils de justice algorithmique. Privilégiant la quantité à la « qualité », le fait au droit, visant un pouvoir souverain d'appréciation qui ne devrait pas être normé,

les outils sont ainsi considérés inutiles, voire dangereux, parce qu'ils remettraient en cause deux des logiques et des clés de raisonnement du système civiliste : la dimension syllogistique du raisonnement judiciaire, déformée par sa réception de l'outil, et une certaine conception légaliste, voire hyper légaliste, du droit en général et de la jurisprudence en particulier. C'est bien à ce niveau que le discours manque sa cible ; on peut admettre que, de manière schématique, le raisonnement des juridictions suprêmes puisse se ramener à un syllogisme d'une nature particulièrement abstraite et on peut admettre que les décisions qu'elles rendent, influencées par leur office et ce raisonnement particulier, puissent partager des caractéristiques avec la loi. Cela ne signifie cependant pas que c'est à ce niveau que les outils de justice algorithmique interviennent. D'une certaine manière, le discours le reconnaît d'ailleurs lui-même toutes les fois où il mentionne leur impact sur ce pouvoir souverain d'appréciation... *des juges du fond.* Si incompatibilité systémique il y a effectivement, elle ne peut donc pas se loger là où le discours la place intuitivement.

524 **Des logiques et clés de raisonnement souterraines**. Elle se loge donc là où il la place sans la placer, à un niveau souterrain de la pensée doctrinale : le prétoire et l'office des juges du fond. Si, bien sûr, ce prétoire et cet office des juges du fond *font partie intégrante* du système juridique français, ses logiques et ses clés de raisonnement restent peu traitées par le *discours* portant sur ce système juridique — de sorte qu'en vérité, nous n'avons pas les clés d'analyse nécessaires pour évaluer la pertinence, l'adaptation et, surtout, la *compatibilité* des outils de justice algorithmique avec la justice du fond. Seules des études de terrain permettraient de valider ou d'invalider de manière définitive notre hypothèse systémique, que ces études impliquent l'utilisation de ces outils seuls ou qu'elles conduisent à comparer l'impact et les enjeux de ces outils avec l'impact et les enjeux des outils d'aide à la décision « artisanaux » qui se multiplient d'ores et déjà au sein des juridictions. Comment, en effet, affirmer que les outils de justice algorithmique seraient en mesure de remettre en cause les logiques et les clés de raisonnement du système civiliste français telles qu'elles se manifestent au niveau des juridictions du fond si ces logiques et ces clés de raisonnement ne sont pas maîtrisées ?

525 **Quelle réalité systémique pour quel discours ?** Cette question et nos développements jusqu'à présent nous amènent en fait à une autre question : comment espérer avoir une compréhension exacte du système civiliste français si sa réalité au fond, c'est-à-dire *l'essentiel de sa réalité contentieuse*, reste baignée dans un silence global ?

Conclusion
de la deuxième partie

526 Incompatibilité systémique et concurrence des droits. La deuxième de nos hypothèses, celle d'une incompatibilité d'ordre systémique entre ces outils d'une part, et les logiques et les clés de raisonnement du système civiliste d'autre part, s'avère bien constituée d'une série de rideaux de fumée, d'imaginaires, et, finalement, *d'impensés* qui brouillent non seulement l'analyse de cette hypothèse, mais encore celle des outils eux-mêmes. Cette hypothèse était, en effet, porteuse de deux sous-hypothèses : la première était celle d'une réactivation de la thèse de la concurrence des droits, les outils de justice algorithmique apparaissant, à cet égard, comme autant de « chevaux de Troie » du système de *common law* qui arriverait finalement à *ses fins* en envahissant le système civiliste français et en désagrégeant son « identité profonde » [1880]. La seconde était, et c'est aussi la conséquence de la première sous-hypothèse, que ces outils porteurs des logiques et des clés de raisonnement du *common law* seraient *nécessairement* incompatibles avec les logiques et les clés de raisonnement du système civiliste français. À cet égard, et pour rappel, nous avons déterminé que trois conditions devaient être réunies pour valider cette hypothèse systémique : les outils de justice algorithmique devaient être *effectivement* porteurs de marqueurs systémiques de *common law* correspondant *effectivement* aux logiques et aux clés de raisonnement de ce système et le système civiliste français ne devait *effectivement* pas pouvoir s'en accommoder sans avoir à modifier ses propres logiques et clés de raisonnement.

527 Les faux semblants de la concurrence des droits. L'analyse des deux premières conditions nous a menée à une double conclusion : non seulement les outils de justice algorithmique ne sont porteurs que d'une version *caricaturale* des marqueurs systémiques de *common law*, mais ces marqueurs systémiques ne suffisent pas à couvrir l'intégralité des logiques et des clés de raisonnement de *common law*. En les réduisant à quelques marqueurs caricaturaux (la place de la jurisprudence et du juge dans la création du droit), le discours français dissimule autant qu'il ignore la crise traversée par les systèmes de *common law* que sont les systèmes canadiens, américains et anglais *du fait des prédécesseurs*, informatiques ou non, de ces outils. Or, à l'étude, cette crise apparaît remarquablement similaire avec celle que le discours français décrit aujourd'hui — elle est simplement décalée dans le temps et, avec elle, l'évolution de chaque univers juridique concerné. À cet égard, la sous-hypothèse de réactivation de la concurrence des droits ne peut être considérée validée ; les outils de justice algorithmique sont porteurs de leur propre « machinerie » qui n'était pas, à l'origine, celle des systèmes anglo-américains. Si le système civiliste devait être incompatible systémiquement vis-à-vis de quelque chose, ce serait donc vis-à-vis de *cette* machinerie — et pas de celle de *common law*.

1880. Loïc Cadiet et Cécile Chainais, « Quelle jurisprudence à l'ère des données judiciaires ouvertes ? », *JCP*, n° 34, 2022, 1501, p. 1503.

528 **Les errements de l'incompatibilité systémique**. Privée du support confortable que constitue l'altérité essentielle du *common law*, l'analyse de notre hypothèse systémique ne s'est pas avérée plus heureuse : au-delà des marqueurs argumentatifs identifiés au sein du discours, nous ne sommes pas parvenue à établir si oui ou non les outils de justice algorithmique sont incompatibles à un niveau systémique avec les logiques et les clés de raisonnement du système civiliste français… pour la simple raison que *les logiques et les clés de raisonnement confrontées à ces outils ne sont pas vraiment traitées*. Alors même qu'elles font partie intégrante du système civiliste français, leur nature, leurs spécificités et leurs interactions avec le reste du système restent baignées dans un silence doctrinal global, non quant au système lui-même *mais quant à sa compréhension*. En d'autres termes, si cette hypothèse systémique nous a conduite dans une impasse, elle nous a néanmoins permis d'établir deux choses : la première, c'est que si incompatibilité systémique il y a, elle ne se manifeste ni de la manière ni au niveau suggérés par le discours ; la seconde, c'est que le problème n'est alors peut-être pas aussi systémique qu'il est *culturel*.

529 **Une crise en devenir ?** La crise des systèmes de *common law* anglo-américains que nous avons décrite était en effet une véritable crise systémique : le raisonnement juridique et judiciaire s'est vu, à tous les échelons, profondément affecté et c'est à partir des effets des outils documentaires, puis informatiques et enfin algorithmiques que cette crise a été identifiée. En France, le raisonnement judiciaire des juridictions qui ont, peut-être, vocation à recevoir ces outils de justice algorithmique *n'est pas traité* précisément parce que la compréhension du système civiliste français *est biaisée* — tout autant, d'ailleurs, que la présentation que nous en avons faite. Ainsi, peut-être que le système civiliste français va traverser une crise similaire à celle traversée par les systèmes anglo-américains mais il est, à ce stade, impossible de discerner ne serait-ce que les contours de cette crise.

530 **Crise systémique, crise d'une représentation systémique**. Si l'on en revient à ce qui, au regard du discours, serait en crise, l'on en revient à l'image d'Épinal que constitue notre présentation du système civiliste français : un univers juridique imprégné d'une conception profondément légale du droit, où les standards de la loi idéale se retrouvent partout, du raisonnement juridique au raisonnement judiciaire en passant par la conception de la jurisprudence et des sources du droit. Un système qui serait, avant-hier, hier comme aujourd'hui, tout entier fait d'un droit général et abstrait, pensé et appliqué de manière systématique et pleinement juridique. La description de ce système, cependant, n'intègre pas des éléments que nous n'avons qu'effleurés : la nature réelle de l'office des juges du fond et la certaine mesure ou, plutôt, la mesure certaine dans laquelle cet office est *l'inverse exact* de cette présentation idéale parce que l'univers juridique dans lequel leur office se déploie *n'est déjà plus* celui de cette présentation. Il est déjà celui, désenchanté, qui a orchestré la crise systémique des systèmes de *common law* ; il est déjà massif, factuel et chaotique, et il entraîne déjà la massification et la « factualisation » de l'office de ces juges. Se pourrait-il qu'en vérité ce discours, et peut-être d'ailleurs le discours doctrinal français dans son ensemble, ignorent les réelles logiques et clés de raisonnement de son propre système ? Se pourrait-il,

si l'univers du système civiliste français *a déjà commencé à changer* dans un sens similaire à celui des systèmes de *common law*, que la description qui en est faite n'ait pas suivi ce changement ? Se pourrait-il, alors, que la crise provoquée par l'outil de justice algorithmique ne soit pas celle d'un système qui ne correspond déjà plus à sa compréhension traditionnelle, mais plutôt celle de cette compréhension traditionnelle ?

531 **Une troisième hypothèse doctrinale**. Dans ce cas, peut-être que la victime véritable de cette crise n'est pas le juge suprême, bien loin de l'impact des outils de justice algorithmique, ou le juge du fond déjà pluricontraint et déjà aux prises avec un univers juridique qui n'a pas attendu ces outils pour se manifester, ou même d'ailleurs les autres acteurs de la justice dont le discours se désintéresse de toute façon largement. Cette victime, c'est alors peut-être plutôt le discours même qui véhicule cette représentation du système français datée et biaisée, *le discours doctrinal français*.

Troisième partie

LES NON-DITS DU DISCOURS FRANÇAIS ET L'HYPOTHÈSE D'UNE INCOMPATIBILITÉ CULTURELLE

> « *Le monde mental des juristes est peuplé des fantômes du monde réel, que l'on prendra facilement pour des réalités tangibles du même nom.* » [1881]

532 **Un double échec**. Récapitulons. Jusqu'ici, nous avons démontré que le *droit français* n'est pas incompatible avec les outils de justice algorithmique sur un plan strictement juridique — ou, à tout le moins, qu'il ne l'est pas plus que le reste des ordres juridiques réceptionnant ces outils. Nous avons aussi démontré que le *système civiliste français*, dans l'état dans lequel se trouvent sa connaissance et sa description, ne peut pas être considéré plus incompatible avec ces outils qu'avec ceux qui ont déjà envahi les prétoires et qu'on ne peut, en fait, pas vraiment tirer de conclusions franches quant à cette incompatibilité. En d'autres termes, nous avons éliminé toutes nos hypothèses jusqu'ici, sans néanmoins pouvoir déterminer ce qui, au sein du champ juridique français, peut justifier les tensions perceptibles au sein du discours. Si ce ne sont pas les règles du droit français, si ce ne sont pas non plus, ou pas assez clairement, ses logiques et ses clés de raisonnement et si le juge présenté comme la victime première de ces outils n'est pas le juge qui a vocation à les utiliser, que reste-t-il ?

1881. Rémy Libchaber, « Le juriste et ses objets : trois exemples de construction en droit privé », *Enquête*, n° 7, 1999, 251, p. 253.

533 **Évolution des univers juridiques, prise de conscience doctrinale.** Il reste ce qui est apparu *vraiment* en souffrance lors de nos analyses : un *univers juridique* spécifique, fait d'une série de logiques, de standards et de représentations auxquels se heurteraient les outils de justice algorithmique. On peut cependant s'interroger : dans le cadre de notre analyse de la crise systémique traversée par les systèmes de *common law* anglo-américains, nous avons pu déterminer que cette crise avait été consubstantielle à un changement d'univers juridique et à un renversement de ses logiques. Pourquoi, donc, avoir repoussé l'hypothèse systémique si tout en revient à cet univers juridique civiliste français ? En fait, le décalage temporel de la crise systémique de *common law* n'est pas lié à une *avance* quelconque de ces systèmes en matière d'édition juridique puis en matière d'informatique et d'intelligence artificielle appliquées au droit : il est lié à un décalage de la *prise de conscience* de l'évolution de l'univers juridique qui constituait le théâtre de cette crise. Nous l'avons vu, les discours doctrinaux anglo-américains ont rapidement pris acte de ce changement de paradigme de sorte qu'en dehors des présentations les plus classicistes et académiques, la réalité de la pratique et de la vie du droit dans ce nouvel univers est admise. Si résistance il y a pu y avoir, et si résistance il y a toujours certainement, elle n'a suffi ni à ralentir ce mouvement, ni à en dissimuler l'effet sur le champ juridique. Si la crise systémique subie par les systèmes de *common law* est connue et connaissable, c'est ainsi parce qu'elle l'a d'abord été par *leurs propres discours doctrinaux*. Or, c'est cette prise de conscience qui manque au discours doctrinal français pour nous permettre de délimiter et d'identifier une quelconque crise systémique, et ce alors même que l'univers juridique du droit français a changé en parallèle de celui des systèmes de *common law*. L'état du prétoire et de l'office des juridictions du fond en est un signe évident — tout comme, d'ailleurs, les alertes régulièrement sonnées par le discours doctrinal lui-même.

534 **L'univers culturel propre au discours doctrinal français.** Comment, cependant, le discours doctrinal français serait-il parvenu à ignorer ce renversement d'univers juridique aussi longtemps quand les discours anglo-américains n'y sont pas parvenus ? Comment y serait-il parvenu au point qu'il soit aujourd'hui difficile d'établir dans quelles mesures exactes l'évolution de l'univers juridique français affecte vraiment les logiques et les clés de raisonnement du système juridique ? Il y est parvenu au travers d'un travail en grande partie inconscient de relégation des marqueurs de cette évolution au ban de ce qui est considéré comme devant faire l'objet d'une analyse juridique ; nous avons vu un premier exemple de cette démarche au travers du désintérêt historique pour la justice du fond et ses décisions. Ce désintérêt ne constitue pas qu'un obstacle à l'analyse des outils de justice algorithmique : il a aussi, et profondément, informé l'échec des initiatives françaises qui auraient probablement pu permettre à l'ordre juridique français de se maintenir « au niveau » technique des systèmes de *common law* en termes d'innovation dans les domaines informatiques et documentaires puis en matière d'intelligence artificielle appliquée au droit. Ces initiatives n'ayant laissé qu'une trace très diffuse sur le discours

doctrinal, ce dernier est parvenu à grands frais à maintenir sur pied une *représentation* du droit français déconnectée la réalité de sa pratique et de sa production. Ce faisant, le discours doctrinal français a pu continuer d'ignorer ce décalage entre son univers culturel construit et entretenu et celui qui se déploie dans son ombre.

535 **Des outils de justice algorithmique comme dernière secousse d'un univers juridique changé**. Les outils de justice algorithmique ne constituent que la dernière manifestation de ce décalage, de cette *crise du droit* qui aurait pu depuis longtemps déjà saper les fondements méthodologiques, épistémologiques et esthétiques de cet univers culturel doctrinal de la même manière qu'il a peut-être déjà sapé ceux des acteurs de ce « nouvel » univers juridique encore aujourd'hui mal connu. C'est ce qui se joue au travers de l'argument très particulier lié à l'effet « factualisant » de ces outils sur le champ juridique — tant dans ce qu'il signifie que dans la manière dont il est mobilisé. Cet argument est en effet à la fois statistiquement et fondamentalement un argument doctrinal dans le sens le plus restrictif du terme, c'est-à-dire un argument *académique*, émanant de la même portion du discours doctrinal général que celui qui est parvenu à garder à distance son univers culturel de l'univers juridique qui l'entoure pourtant. Voici donc notre dernière hypothèse : le discours portant sur les outils de justice algorithmique et sa concentration doctrinale complexe constituent une forme de prise de conscience tardive du vase clos, de l'univers doctrinal fermé, dans lequel la pensée juridique française évolue depuis plus d'un siècle. À cet égard, plus qu'un défi nouveau ou un ennemi à abattre à ce stade de leur développement, les outils de justice algorithmique se présentent bien plus comme un prétexte ou, plus exactement, comme *un révélateur*.

536 **Une confrontation nécessaire des discours doctrinaux**. Ce sous-discours est ainsi le seul qui soit véritablement propre au discours doctrinal français, parce que les enjeux qu'il soulève sont eux aussi propres à cet univers culturel doctrinal français. Cette spécificité, une fois n'est pas coutume, sera rendue d'autant plus visible par une confrontation entre les discours doctrinaux français et québécois, et ce tant à un niveau structurel qu'à un niveau plus substantiel. Alors même que le discours doctrinal québécois se réclame d'une nature *civiliste* et d'une proximité avec le discours français et alors même qu'il en partage effectivement certaines caractéristiques, le discours français se singularise indéniablement sur autant d'aspects qui informent notre troisième sous-discours culturel et doctrinal. Cette singularité nous permettra donc de valider les deux prémisses de notre hypothèse : non seulement le discours doctrinal français évolue dans un univers culturel particulier, mais cet univers souffre en effet de l'apparition des outils de justice algorithmique.

537 **Un discours doctrinal français à la structuration spécifique**. Ainsi, les interactions entre chacun des discours sont, premièrement, influencées par leur structuration propre. À cet égard, le discours doctrinal français relatif aux outils de justice algorithmique a beau présenter des spécificités remarquables au regard du discours doctrinal plus général, sa structuration demeure profondément

informée par sa construction historique. Cette construction a, en retour, des effets sur le contenu de ce discours spécifique que ne subit par le discours canadien (**Titre I**).

538 **Un discours doctrinal français défendant son propre univers culturel**. Cette structuration particulière de chacun des discours se double, au surplus, d'une appréhension distincte du phénomène juridique dans son ensemble — chaque discours, à ce titre, évolue dans son propre univers culturel doctrinal, que cet univers soit ou non semblable à celui dans lequel baigne l'ordre juridique dans son ensemble. Là encore, les irréductibles particularismes du discours doctrinal français informent la manière dont se déploie ce discours spécifique et, plus encore, la manière dont il reçoit les enjeux culturels des outils de justice algorithmique et la manière dont ils les rejettent, contrairement au discours québécois (**Titre II**).

Titre I

UNE INTERACTION ENTRE STRUCTURATION DOCTRINALE ET OUTILS DE JUSTICE ALGORITHMIQUE CULTURELLEMENT CONDITIONNÉE

> « *Percevoir, c'est décider ce que l'on veut voir.* » [1882]

539 **Un recul nécessaire sur les discours doctrinaux relatifs aux outils de justice algorithmique**. Tester notre dernière hypothèse culturelle et doctrinale impose, donc, de prendre de nouveau du recul sur le discours doctrinal français, en particulier tel qu'il s'exprime au sein du discours relatif aux outils de justice algorithmique. Ce n'est en effet qu'ainsi que nous pourrons valider ou non cette hypothèse selon laquelle cette concentration doctrinale serait liée à la remise en cause d'un univers culturel spécifique au discours doctrinal français — puisqu'il faut encore, et tout d'abord, démontrer que cet univers culturel lui est bien spécifique. À cet égard, le discours doctrinal québécois apparaît encore une fois comme l'instrument d'une telle mise en perspective, puisqu'il est à la fois suffisamment similaire au discours français pour ne pas entraver la comparaison et suffisamment singulier pour néanmoins agir comme *le produit de contraste* nécessaire à la révélation de cette spécificité du discours doctrinal français.

540 **Un recul révélateur de la spécificité du discours doctrinal français**. Cette position interstitielle était déjà celle du *droit*, puis du *système* québécois, et elle se poursuit ici du point de vue plus spécifique de la structuration de son discours doctrinal. Alors que nos précédentes comparaisons ont pu nous conduire à identifier

---

1882. Alain Berthoz, *La décision*, Odile Jacob, 2003, p. 194.

des différences fondamentales du point de vue strictement juridique et systémique, elles n'avaient cependant pas permis d'identifier, au regard de nos outils de justice algorithmique, de défis spécifiques au *droit français* au sens large. Ici, cependant, des interactions particulières peuvent être identifiées entre la structuration particulière de chacun de discours et les outils de justice algorithmique, du point de vue externe comme interne, et elles tendent, déjà à ce stade, à confirmer notre piste culturelle et doctrinale.

541 **Une structuration externe informant le traitement des outils de justice algorithmique**. La structuration *externe* des discours doctrinaux, c'est-à-dire tant leur composition que leur place au sein de l'ordre juridique, apparaît en effet profondément conditionnée par une certaine conception *par* le discours de *sa* propre place (**Chapitre 1**). De ce point de vue, le discours canadien et le discours français sont différemment affectés par l'objet spécifique sur lequel porte le discours relatif aux outils de justice algorithmique ; si le premier demeure fidèle à sa structuration classique, les particularités du second révèlent, en creux, celles du discours français plus général.

542 **Une structuration interne informant le *rejet* des outils de justice algorithmique**. Identiquement, la structuration *interne* des discours doctrinaux apparaît différemment affectée par les outils de justice algorithmique (**Chapitre 2**). L'office que chacun des discours s'est historiquement assigné et qui se manifeste tant du point de vue des méthodes mobilisées que des objectifs poursuivis par chacun d'entre eux, s'accommode ainsi plus ou moins facilement de la *machinerie* de ces outils. Les indices forts d'une tension méthodologique au sein du discours français confirment ainsi la spécificité du discours doctrinal français — ainsi que la spécificité de ses interactions et de son rejet des outils de justice algorithmique.

Chapitre 1

Une interaction conditionnée par des champs doctrinaux structurellement opposés

> « *Le champ doctrinal est un champ de bataille.* » [1883]

543 **Des sous-discours doctrinaux inclus dans un champ doctrinal préexistant**. Les discours doctrinaux relatifs aux outils de justice algorithmique sont, en tant que tels, des sous-discours inclus dans les discours doctrinaux nationaux et dont ils ne sont que l'émanation sur un objet particulier. Ils occupent ainsi une position ambivalente au sein de cet ensemble plus large, d'un point de vue quantitatif comme d'un point de vue historique : s'ils sont conditionnés par les modes habituels d'expression de ce discours, ils sont aussi en mesure de *rétroagir* sur ces modes habituels ou à tout le moins de les révéler de manière plus précise s'ils s'en écartent. En première lecture, ils devraient donc, en théorie, être représentatifs de la manière dans ce discours national se structure en France et au Québec ; voir intervenir les acteurs traditionnels de cette production *juridique* spécifique dans les formes que ces interventions connaissent habituellement ; exclure ceux des acteurs de l'ordre juridique qui n'interviennent, à l'inverse, pas dans cette production.

544 **Des sous-discours représentatifs de leur champ doctrinal**. Dans une certaine mesure, cette idée se confirme : les structurations distinctes des discours doctrinaux français et canadiens se manifestent bien au sein de leur sous-discours relatif aux outils de justice algorithmique, chacune porteuse d'une certaine conception

---

1883. Frédéric Audren et Catherine Fillon, « Louis Josserand ou la construction d'une autorité doctrinale », *RTD civ.*, 2009, 39, p. 76.

de ce que doit être la composition d'un discours doctrinal, chacune influant sur la manière dont ce discours se saisit de ces outils (**Section 1**).

545 **Le sous-discours français et ses particularismes**. Le discours doctrinal français présente cependant des spécificités par rapport à la production doctrinale plus générale que ne présente pas son homologue canadien — pour la simple et bonne raison que ces spécificités les rapprochent autant qu'elles les distinguent lorsqu'on les ramène à la structuration habituelle du champ doctrinal français (**Section 2**).

Section 1. Des discours révélateurs de structurations doctrinales culturellement déterminées

546 **Une structuration externe révélatrice de la construction historique de chaque discours doctrinal**. Avant même de s'intéresser au contenu des contributions qui les composent, la structuration externe des discours doctrinaux est révélatrice d'une certaine conception de ce que discours doit être et, plus encore, de ceux qui doivent pouvoir y prendre part. Elle est ainsi la première des manifestations visibles de la manière dont chacun des discours s'est construit, des remous de son histoire et des choix opérés par ceux qui ont participé à sa construction. À cet égard, chacun des discours relatifs aux outils de justice algorithmique est nécessairement révélateur, au moins dans une certaine mesure, de cette structuration et, partant, du regard que chaque discours porte sur lui-même.

547 **Des sous-discours structurés de manière inversée**. Cette structuration apparaît ainsi clairement dans un discours doctrinal français qui, y compris relativement à ces outils, demeure monopolisé par les contributions d'origine académique (**§ 1**). Elle apparaît aussi de manière inversée dans un discours doctrinal canadien dont la composition historiquement diverse et hétérogène se manifeste de manière particulièrement évidente lorsqu'il s'agit de traiter des outils de justice algorithmique (**§ 2**).

§ 1. *Un discours doctrinal français monopolisé par le champ académique*

548 **Une structuration particulière du discours doctrinal relatif aux outils de justice algorithmique**. Jusqu'ici, nous nous sommes surtout intéressée au contenu du discours — ce qui n'a rien de surprenant puisque c'est tout d'abord ce contenu qui nous a mise sur la piste de sa nature particulière. Cela étant, si c'est bien sûr à partir de *ce qui est dit* que nous avons pu tester nos différentes hypothèses, *ce qui est dit* est nécessairement conditionné par *qui* le dit. À cet égard, la structure externe de ce discours spécifique ne le différencie pas, à première vue, du discours doctrinal plus général : la part de contributions d'origine académique y apparaît

très fortement majoritaire [1884]. Cette captation du discours par les contributions d'origine académique se vérifie ainsi tant du point de vue des écrits [1885] que du point de vue des auteurs du discours [1886], ce que facilite le fait qu'une grande partie des contributions intégrées à ce discours sont compilées dans des actes de colloques, séminaires ou conférences — en d'autres termes, des évènements « universitaires par excellence » [1887]. Cet aspect du discours est donc l'un de ceux qui tendent à s'autoentretenir puisque la quantité abondante de contributions d'origine académique implique, par voie de conséquence, leur reprise quantitativement plus importante dans les écrits d'origine non-académique. Cette concentration académique passe aussi par une concentration *juridique*, dans la mesure où ce discours est aussi capté par un discours académique *de droit* qui ne laisse qu'une place limitée à un discours académique plus large, qui intégrerait d'autres disciplines [1888]. Sur tous ces points, donc, le discours relatif aux outils de justice algorithmique est somme toute assez classique : il est la conséquence d'une démarche historique d'exclusion, de part et d'autre de la *summa divisio*, des discours non-académiques du discours doctrinal français (**A**), que cette exclusion se soit effectivement produite ou non (**B**).

A. L'exclusion des *tiers* non-académiques comme ligne de mire historique

549 **Une construction historiquement excluante du discours doctrinal français.** Le discours relatif aux outils de justice algorithmique est classique en ce qu'il constitue l'émanation d'un discours doctrinal français plus général lui-même monopolisé par le champ académique — et ce depuis plus d'un siècle. Cette captation s'est faite progressivement depuis la seconde moitié du XIXᵉ siècle et est liée au projet jurisprudentiel que nous avons déjà évoqué (voir *supra* § 464 et suiv.). La transformation des méthodes qui a précédé et accompagné ce projet a entraîné la transformation de la structuration d'un discours doctrinal auparavant plus diversifié vers une « satellisation des autres auteurs » [1889] et, en premier lieu,

1884. Tout comme, d'ailleurs, le discours sur l'informatique juridique. Si l'on exclut Lucien Mehl, conseiller d'État, et Henriette Mignot, épouse Mehl, notaire et chercheuse au sein du CRIDON de Lyon, la quasi-intégralité de la recherche et des écrits produits en matière d'informatique juridique en France l'a été par des universitaires réunis dans des laboratoires de recherche spécialisés : l'IRETIJ de Montpellier (pour Pierre Catala, Michel Bibent, Martine Bourrié-Quenillet ou Serge Bories, par exemple), l'Institut de Recherche en Informatique Juridique (IRIJ) de Sceaux (pour Jean-Paul Buffelan), l'Institut d'Études Juridique (IEJ) d'Aix (pour Edmond Bertrand) et, plus généralement, le CNRS (pour Danièle Bourcier et Évelyne Serverin notamment).

1885. 284 contributions sur les 486 au total émanent du discours académique, soit 58 %.

1886. Les auteurs du discours académique sont au nombre de 175 (sur les 322 auteurs du discours dans son intégralité), soit 54 %.

1887. Pour rappel, on retrouve quarante-quatre actes de colloque au sein de ce discours. On peut aussi noter les six *Mélanges* et *Liber Amicorum*.

1888. Ces autres disciplines étant, par ordre d'importance quantitative, l'économie, l'informatique et la sociologie.

1889. Patrick Morvan, « La notion de doctrine (à propos du livre de MM. Jestaz et Jamin) », *op. cit.*, p. 2421.

des praticiens du droit et notamment des avocats. Ce mouvement a ainsi démarré avec la première codification qui a vu se créer une véritable *doctrine académique* qui « entendait assurer sa domination au sein de la sphère juridique par une interprétation logique et cohérente » de ces premiers codes, et notamment du Code civil [1890]. Ce premier courant, reconstruit *a posteriori* comme celui de *l'École de l'Exégèse* par les auteurs ayant mené ce projet jurisprudentiel, a ainsi contribué à marquer une distinction entre les différents acteurs du discours doctrinal : à la « doctrine » dans son sens le plus restreint, c'est-à-dire aux professeurs, « la connaissance et la diffusion de la connaissance du droit » [1891] dans sa forme la plus « abstrait[e] et conceptuel[le] » [1892] et au « tiers praticien » [1893] « la littérature de la jurisprudence » et les annotations de recueil [1894], avec tout le mépris à l'égard de ces praticiens que cela impliquait [1895]. La fracture entre ces deux cercles n'est alors allée qu'en s'aggravant, notamment avec la création, d'un côté du schisme, du concours d'agrégation en 1855 [1896] et, de l'autre, de la patente des avocats instaurée cinq ans plus tôt [1897]. Si ce schisme enclenche, déjà à l'époque, la concentration du discours doctrinal *habituel* autour de l'École plutôt qu'autour du Palais et de ses acteurs, elle initie une rengaine qui ne cessera plus de résonner périodiquement au sein même de ce discours : celle de la rupture entre cette École et ce Palais. Aux jeunes heures de la codification, cette rengaine se joue sur les modalités de la production doctrinale ; Pierre-Nicolas Barénot a ainsi pu démontrer que les recueils ou répertoires de jurisprudence ont constitué, pendant au moins la première partie du XIXe siècle, le « refuge » des *arrêtistes* — des avocats, donc [1898] — et qu'ils sont demeurés éloignés de la production doctrinale dite *académique*, elle-même caractérisée par sa distance maintenue avec les « routines de la pratique et des épiphénomènes du Palais » [1899]. La production doctrinale académique demeure essentiellement concentrée sur la réflexion théorique et le commentaire du Code civil, et si la jurisprudence n'est pas complètement méconnue puisqu'elle constitue

---

1890. Annick Perrot, « La doctrine et l'hypothèse du déclin du droit », in CURAPP (dir.), *La doctrine juridique*, 1993, 181, p. 195.

1891. Nader Hakim, *L'autorité de la doctrine civiliste française au XIXe siècle*, *op. cit.*, p. 71.

1892. Vicent Forray et Sébastien Pimont, *Décrire le droit... Et le transformer. Essai sur la décriture du droit*, *op. cit.*, p. 245.

1893. Pierre-Nicolas Barénot et Nader Hakim, *op. cit.*, p. 261.

1894. Pierre-Nicolas Barénot, *Les recueils de jurisprudence*, *op. cit.*, p. 11.

1895. Annick Perrot, *loc. cit.* Reprenant les termes d'André-Marie-Jean-Jacques Dupin, Pierre-Nicolas. Barénot rappelle ainsi la piètre opinion des professeurs pour le travail de ces arrêtistes qui ne constitueraient qu'« une branche de revenu, une spéculation, un négoce » (*De la jurisprudence des arrêts à l'usage de ceux qui les font, et de ceux qui les citent*, Baudouin Frères, imprimeurs-libraires, 1822, pp. 85-86, cité dans *Les recueils de jurisprudence, op. cit.*, p. 74).

1896. Statut du 20 décembre 1855 *sur l'agrégation des Facultés*, publié au Bulletin administratif de l'instruction publique, t. 6, n° 72, pp. 304-317.

1897. Loi du 18 mai 1850 *sur les patentes*.

1898. Et ce alors même que l'essentiel des professeurs de l'époque avait pu exercer au Barreau et quand bien même, d'ailleurs, la connaissance actuelle de ces auteurs spécifique soit limitée aux « figures de proue » qu'étaient Jean-Baptiste Sirey, Désiré Dalloz, Jean-Esprit-Marie-Pierre Lemoine, Antoine-Auguste Carette et, plus encore, Alexandre-Auguste Ledru-Rollin, voir Pierre-Nicolas Barénot, *Entre théorie et pratique : les recueils de jurisprudence, miroirs de la pensée juridique française (1789-1914)*, *op. cit.*, spé. p. 12.

1899. *Ibid.*, p. 68.

« un élément parmi d'autres pour comprendre le code » [1900] et la mise en action des dispositions qu'il contient [1901], elle n'est ni étudiée, ni même analysée pour elle-même [1902]. Elle ne constitue que les illustrations particulières de théories et de commentaires préexistants. À ce stade, cependant, le champ doctrinal n'est pas *capté* par la production académique ; aussi dédaignable fût-elle à ses yeux, la production praticienne remplissait, jusqu'à la seconde moitié du XIXe siècle, un office qu'elle-même ne remplissait pas en renseignant directement les praticiens en quête d'une « information », et non d'une réflexion ou d'une « pensée » juridique [1903], spécifiquement sur la jurisprudence. À cet égard, tant que chaque groupe d'auteur pouvait revendiquer l'analyse d'une part de la production juridique, le discours doctrinal demeurait lui-même double ; pour que l'École l'emporte définitivement sur le Palais, il fallait donc qu'ils se rencontrent et le projet jurisprudentiel fut le théâtre de cette (dernière) rencontre.

550 **La difficile construction du discours doctrinal administrativiste.** Ce projet jurisprudentiel a d'autant plus été ce théâtre dans le champ doctrinal administratif que, contrairement au champ doctrinal privatiste-civiliste [1904], ce dernier incluait certes des praticiens mais encore *et surtout* des juges — chose inimaginable du côté du discours privatiste qui, s'il admettait la parole praticienne, ne réservait aucun espace à celle des magistrats. La *discipline* droit administratif ne s'est institutionnalisée en tant que telle, et avec elle son discours doctrinal, qu'au prix de ce qui fut qualifié d'errements universitaires [1905] et éditoriaux [1906], jusqu'à ce

1900. *Ibid.*, p. 69.

1901. L'expression est issue de la préface de l'ouvrage *De la vente* rédigé par Raymond-Théodore Troplong (3e éd., 1837), reproduite dans le « Choix de préfaces de Troplong et présentation » publié par Philippe Rémy, *RHFD*, no 18, 1997, 189, p. 208.

1902. Ce que souligne aussi Sylvain Bloquet, notamment au regard du *Cours de code Napoléon* de Claude-Étienne Delvincourt (2 vol., Gueffier, 1813) ou au regard du *Cours élémentaire de droit civil* d'Eustache-Nicolas Pigeau (2 vol., Delestre-Boulange, 1822), voir « Alexandre Ledru-Rollin. Coup d'œil sur les praticiens, les arrêtistes et la jurisprudence (1837). Introduction », *Historia et ius*, no 12, 2017, 1, pp. 5-6.

1903. Pierre-Nicolas Barénot, *Les recueils de jurisprudence*, *op. cit.*, p. 11.

1904. Que nous qualifierons aussi, et plus généralement, de discours privatiste puisque le discours doctrinal civiliste de l'époque aura servi de creuset pour les (futurs) discours disciplinaires plus spécifiques au sein du droit privé.

1905. Jacques Chevallier souligne ainsi la place fluctuante réservée à cette discipline au cours de la première moitié du XIXe siècle, notamment au travers de la création, de la suppression et de la réhabilitation des chaires de droit administratif, tout d'abord à Paris puis dans les universités de province (« Ce qui fait discipline en droit », in Frédéric Audren et Ségolène Barbou des Places (dir.), *Qu'est-ce qu'une discipline juridique ?*, LGDJ, 2018, 47, p. 56, note 31).

1906. L'essentiel de la production « doctrinale » (ou prédoctrinale ?) de droit administratif du XIXe siècle pouvant être considéré plus proche des recueils de jurisprudence et des répertoires des praticiens décrits en droit privé que des manuels et traités des professeurs — c'est ce qui ressort, notamment, de Christophe Jamin et Fabrice Melleray, *Droit civil et droit administratif. Dialogue(s) sur un modèle doctrinal*, Dalloz, 2018, spé. pp. 3-6. La disqualification de cette production faisait d'ailleurs partie, exactement comme en droit privé, de la stratégie de légitimation des jeunes auteurs administrativistes du tournant des XIXe et XXe siècles, notamment par Maurice Hauriou (« De la formation historique du droit administratif depuis l'an VIII », *RGA*, no 44 et 45, 1892, pp. 385-403 et pp. 15-28) puis par ses successeurs (notamment Achille Mestre), voir Mathieu Touzeil-Divina, *op. cit.*, pp. 120-122. Benoît Plessix, quant à lui, démontre qu'au-delà de cette pratique stratégique, la production doctrinale du XIXe siècle doit être confrontée non au type de production doctrinale initiée par ces jeunes auteurs, mais à celle qui lui précède à laquelle les

qu'enfin « Laferrière vi[enne] » et avec lui « l'ordre et (...) la méthode » [1907]... Mais Édouard Laferrière était conseiller d'État, comme d'ailleurs tous ceux qui l'avaient précédé et avaient pu avant lui, avec plus ou moins de postérité, poser les bases d'une future littérature scientifique en droit administratif [1908]. L'École, à cet égard, est apparue suffisamment longtemps après le Palais pour ne pas parvenir à véritablement la concurrencer une fois structurée et à, pour ainsi dire, *exister* en tant que telle. Il faut ici garder à l'esprit qu'il a fallu, pour le discours doctrinal académique, attendre la décennie 1890 pour se voir doter d'une légitimité agrégative [1909] et pour voir les premiers ouvrages *proprement académiques* publiés, notamment par Maurice Hauriou [1910]. En d'autres termes, lorsque ce discours doctrinal académique s'est effectivement structuré et s'est donné pour mission d'étudier ce droit administratif fait par le Conseil d'État [1911], ce dernier, déjà, opérait à l'inverse de son homologue privatiste. Il se plaçait en effet non pas un pas devant, *mais un pas derrière* la figure du praticien et surtout de celle du juge : « dès lors qu'elle reconnaît (...) que le droit administratif est un droit prétorien », l'École ne peut « qu'admettre l'importance » du Palais [1912] qui, après tout, demeure « mieux placé que quiconque » pour connaître le droit qu'il crée [1913]. À cet égard, le discours doctrinal administrativiste apparaît tout aussi double que le discours doctrinal privatiste — mais cette dualité ne répond ni au même équilibre, ni aux mêmes modalités de division. Avec la constitution progressive de la discipline *universitaire* du droit administratif, le Palais s'est progressivement retiré du discours doctrinal pour n'y laisser, finalement, que d'éventuelles interventions ponctuelles

---

« vieux » auteurs « sont restés entièrement fidèles » (Benoît Plessix, *L'utilisation du droit civil dans l'élaboration du droit administratif*, Éditions Panthéon Assas, 2003, pp. 347 et suiv., spé. p. 373).

1907. Gaston Jèze, « Notes de jurisprudence. De l'utilité des études théoriques de jurisprudence pour l'élaboration et le développement de la science du droit public. Rôle du théoricien dans l'examen des arrêts des tribunaux », *RDP*, 1914, 311, p. 315.

1908. Fabrice Melleray note ainsi que les « pères fondateurs » de la discipline, c'est-à-dire les premiers titulaires de la première chaire de droit administratif à Paris, étaient tous membres du Conseil d'État — ou, à tout le moins, avocats (c'était particulièrement le cas de Louis Antoine Macarel, qui, après avoir vu sa nomination à la même chaire rejetée, a créé son propre recueil... le futur *Recueil Lebon*), voir Christophe Jamin et Fabrice Melleray, *op. cit.*, p. 15.

1909. Arrêté du 23 juillet 1896 *portant réorganisation de l'agrégation des facultés de droit.*

1910. Maurice Hauriou, *Précis de droit administratif contenant le droit public et le droit administratif*, Libraire du recueil général des lois et arrêts du journal du palais, 1892. Ce qui, au passage, souligne l'intérêt qu'il pouvait trouver à disqualifier les écrits qui l'avaient précédé et à les reléguer à des « pures compilations indigestes ou bien des traités sans valeur » – bref, de « mauvais » ouvrages (« De la formation historique du droit administratif depuis l'an VIII », *op. cit.*, n° 44, p. 391).

1911. Maurice Hauriou, *Précis de droit administratif contenant le droit public et le droit administratif*, *op. cit.*, p. VIII.

1912. Christophe Jamin et Fabrice Melleray, *op. cit.*, p. 16. La publication régulière des conclusions des rapporteurs publics du Conseil d'État constitue une part importante de ces interventions, ainsi d'ailleurs qu'une participation des magistrats administratifs à l'ouvrage phare de la discipline : les *Grands arrêts de la jurisprudence administrative*.

1913. Gaston Jèze, « Collaboration du Conseil d'État et de la doctrine dans l'élaboration du droit administratif français », *Le Conseil d'État : livre jubilaire, publié pour commémorer son cent cinquantième anniversaire, 4 Nivôse an VIII — 24 décembre 1949*, Sirey, 1952, 347, p. 349.

au milieu d'un discours rapidement capté par l'École [1914]. Cette dualité propre au discours administrativiste se joue de manière plus interne au discours académique [1915] lui-même et dans la perception qu'il entretient de sa place au sein du droit administratif, notamment vis-à-vis de la production jurisprudentielle. En fait, la spécificité de ce discours se révèle plus évidente lorsqu'elle est confrontée à l'évolution du discours doctrinal privatiste. Si cette évolution l'a conduit à la même concentration académique du discours sur le plan structurel, elle l'a surtout conduit, à l'inverse du discours doctrinal administrativiste, à une *domination substantielle* de ce discours.

B. La réussite contrastée du projet d'exclusion des tiers non-académiques des discours doctrinaux

551 **Une satellisation achevée du tiers praticien au tournant des XIXe et XXe siècles.** C'est en effet lorsque le discours académique, *professoral*, de droit privé s'ouvre à la jurisprudence qu'il achève de rejeter « hors du champ scientifique » les « arrêtistes du Palais et leurs recueils » [1916]. L'analyse prônée par les auteurs impliqués dans ce *projet jurisprudentiel* diffère alors « sensiblement de la pratique des annotateurs de recueils » [1917], dans la mesure où s'il s'agit pour le discours académique de prendre « la jurisprudence pour son principal objet d'étude » pour acquérir « une sève rajeunie et des floraisons nouvelles » [1918], il ne s'agit pas pour autant d'« accumuler les décisions de justice pour venir en aide aux praticiens » (ce qui était l'objet de ces recueils et de ces annotations) [1919]. L'objectif, nous l'avons dit, est de revivifier l'étude d'un droit qui, lorsque ramené exclusivement à un Code civil désormais centenaire, s'avère dépassé par l'évolution de la société dans son ensemble et par l'apparition de savoirs nouveaux — au premier lieu, le savoir sociologique. Dans un mouvement à la fois de défense et d'accroissement de son autorité, le discours doctrinal académique se charge donc de poser les bornes de sa discipline pour en exclure les disciplines émergentes et d'y réintégrer l'analyse d'une part du droit qu'il avait jusque-là dédaignés *dans les conditions que le discours pose lui-même.* Ces conditions, nous en connaissons déjà une partie : ce projet jurisprudentiel ne vise que les arrêts rendus par la Cour de cassation, dont la nature particulière n'impose en fait pas de révolutionner les méthodes appliquées par le discours académique quelques

---

1914. On pense ici à quelques traités historiques, et notamment à celui de Raymond Odent (*Contentieux administratif*, les Cours de droit, 1981) ou, à l'heure actuelle, à des chroniques plus habituelles au sein de *l'AJDA*.

1915. La technicisation du discours doctrinal de droit administratif n'est pas seulement passée par sa captation (seulement partielle) par un groupe académique spécialisé : elle s'est aussi faite au travers d'une fermeture progressive de la focale d'analyse. Ainsi que le décrivent Thomas Perroud et Petros-Orestis Katsoulas, la bascule des deux siècles a entraîné « une certaine 'nationalisation' du droit administratif français et une fermeture progressive à l'égard de l'adoption de l'argument comparé » (*op. cit.*, p. 298).

1916. Pierre-Nicolas Barénot, *Les recueils de jurisprudence*, *op. cit.*, p. 199.

1917. Évelyne Serverin, *De la jurisprudence en droit privé*, p. 116.

1918. Adhémar Esmein, « La jurisprudence et la doctrine », *op. cit.*, p. 11

1919. Christophe Jamin et Philippe Jestaz, *La doctrine*, *op. cit.*, p. 99

décennies plus tôt [1920]. Quant au reste de ces conditions, elles tiennent à la méthode mobilisée pour se saisir de ces arrêts : puisque « le magistère de la doctrine juridique est situé dans sa contribution à la compréhension de l'ordonnancement général des règles du droit positif et, le cas échéant, à l'amélioration dudit ordonnancement » [1921], il va s'agir alors d'intégrer la source (ou la non-source) jurisprudentielle nouvelle à cet ordonnancement de manière à la « fondre en une harmonie d'ensemble, faite d'équilibre et de compromis » [1922] — l'harmonie propre au travail mené par le discours doctrinal *académique*. Une fois l'intérêt de la jurisprudence démontré, le discours « entend jouer le rôle de coordinat[eur] de ces décisions » [1923] comme hier il jouait le rôle de coordinateur de la compréhension du Code. À cet effet, la méthode qui a rendu possible ce déplacement « d'un pôle à un autre » [1924] en droit privé et qui a permis la prise d'ampleur du discours académique administrativiste, c'est la dogmatique juridique. Si nous reviendrons plus en détail sur le *contenu précis* de cette méthode, on peut dès à présent noter qu'elle repose sur des « procédures de simplification, de systématisation et de mise en cohérence » des données juridiques [1925], jurisprudence comprise, permettant au discours d'en « dégager un enseignement qui, sans [lui], serait difficilement perceptible » [1926] et de défendre les « principes essentiels du système juridique » [1927]. Elle reprend, en d'autres termes, les grandes lignes de l'univers juridique de l'époque construit autour des standards de généralisation, d'abstraction et d'esthétique de la loi. Cette dogmatique reconstruite autour de la jurisprudence se raffine tout au long du dernier tiers du XIXe siècle et, surtout, au tournant des XIXe et XXe siècles autour d'auteurs encore aujourd'hui célébrés comme, du côté du droit privé, Joseph-Émile Labbé puis Marcel Planiol, et, du côté du droit administratif, Maurice Hauriou puis Gaston Jèze. Elle est, de fait, l'arme du discours académique de droit privé pour exclure définitivement le *tiers praticien* du champ doctrinal parce que, méthode élaborée par les professeurs, ces derniers « en maîtrisent le développement » [1928]. C'est à partir d'elle que

1920. Quand bien même, d'ailleurs, tout le projet jurisprudentiel est construit en opposition à ces méthodes — nous y reviendrons, voir *infra* § 595 et suiv.

1921. Philippe Brun, « Les habitudes de penser de la doctrine », in Nicolas Dissaux et Youssef Guenzoui (dir.), *Les habitudes du droit*, Dalloz, 2015, 83, p. 87.

1922. Raymond Saleilles, « Droit civil et droit comparé », *op. cit.*, p. 22.

1923. Nader Hakim, *L'autorité de la doctrine civiliste française au XIXe siècle*, *op. cit.*, p. 240.

1924. Philippe Jestaz, « Les sources du droit : le déplacement d'un pôle à un autre », *op. cit.*

1925. Valéry Crombez, *op. cit.*, p. 70.

1926. Frédéric Zénati, *La jurisprudence*, *op. cit.*, p. 251.

1927. La définition se complète ainsi : la dogmatique serait « cet esprit de méthode et de généralisation, cet ordre et cet arrangement systématique, qui contribuent à la science et qui en rendent l'initiation plus puissante et efficace », Charles Demolombe, *Cours de Code Napoléon*, 2e éd., 2 volumes, vol. 1, Librairie générale, 1860, pp. V-VII. Le fait que ce soit un auteur de l'*ancienne garde* qui apporte une définition de la dogmatique souligne à quel point les méthodes ont peu évolué avec l'intégration de la jurisprudence parmi les portions du droit analysées.

1928. Maryvonne Hecquard-Théronet Nader Hakim, « La contribution de l'université à l'élaboration de la doctrine civiliste au XIXe siècle », *Les Facultés de Droit inspiratrices du droit ? Actes du colloque des 28 & 29 octobre 2004*, Presses de l'Université des Sciences Sociales de Toulouse, 2005, 15, p. 24

« l'arrêtisme praticien » est « systématiquement dévaloris[é] » [1929], au point de le faire disparaître des colonnes des revues créées pour l'occasion [1930]. Le discours doctrinal académique, désormais *discours doctrinal* à lui tout seul, a en effet créé les conditions de sa « domination du champ juridique » [1931] en imposant des méthodes que « les représentants de la doctrine, les théoriciens du droit, les juristes d'école » [1932] sont les seuls à pouvoir mobiliser. Qui d'autre, en effet, que le discours *académique* peut avoir la hauteur de vue nécessaire pour « appréhender le système juridique dans son ensemble » [1933], en assurer l'alimentation par les solutions juridiques nouvelles et occuper une « position de relais entre le droit tel qu'il est et le droit tel qu'il est connu » [1934] ? Du côté du discours académique administrativiste, Gaston Jèze ne dit pas autre chose lorsqu'il affirme que « les professeurs apparaissent jouir, dans le travail de systématisation du droit administratif, d'un avantage sur le juge », « pressé par le temps, par les évènements », dans la mesure où « le théoricien, au contraire, a plus de loisir pour se livrer aux analyses juridiques fécondes » de la jurisprudence administrative [1935]. Si cette *évidence* a permis l'évincement du discours praticien au sein du discours doctrinal de droit privé devenu seul détenteur et seul émetteur de la parole *sur* le droit, elle n'a cependant pas permis d'inverser l'équilibre *déséquilibré* du discours doctrinal administrativiste.

552 **La figure ambivalente du Conseil d'État au sein du discours doctrinal administrativiste.** « Alors qu'à la charnière du XXe siècle les professeurs de droit privé ont fini par occuper seuls le devant de la scène, ce n'est pas (et ce ne sera jamais) le cas en droit administratif. » [1936] La tardiveté de la construction d'un discours académique concurrent de celui de la figure omnipotente et omniprésente du Conseil d'État, l'office particulier des commissaires du gouvernement d'hier et des rapporteurs publics d'aujourd'hui et la déférence *essentielle et originelle* du discours académique à l'égard de la figure prétorienne constituent trois éléments d'explication du maintien d'une dualité d'émetteurs au sein du discours sur le droit administratif [1937]. Ce constat tient toujours aujourd'hui, quand bien même le *discours doctrinal* dans ses formes les plus classiques est tout aussi quantitativement et qualitativement contrôlé par le discours académique qu'en droit privé [1938]. Le discours praticien, qualifié pour l'occasion de *doctrine organique* [1939], connaît

---

1929. Pierre-Nicolas Barénot, *Les recueils de jurisprudence*, *op. cit.*, p. 199.

1930. En premier lieu la *Revue Trimestrielle de Droit Civil* dont les fondateurs avaient marqué la vocation jurisprudentielle, voir Christophe Jamin, « Les intentions des fondateurs », *RTD civ.*, n° 4, 2002, pp. 646-655.

1931. Annick Perrot, *op. cit.*, p. 196.

1932. Raymond Saleilles, « Droit civil et droit comparé », *op. cit.*, p. 22.

1933. Nader Hakim, *L'autorité de la doctrine civiliste française au XIXe siècle*, *op. cit.*, p. 166.

1934. Christian Atias, *Épistémologie juridique*, *op. cit.*, p. 41.

1935. Gaston Jèze, « Collaboration du Conseil d'État et de la doctrine dans l'élaboration du droit administratif français », *op. cit.*, p. 349.

1936. Christophe Jamin et Philippe Jestaz, *La doctrine*, *op. cit.*, p. 119.

1937. *Ibid.*

1938. Ainsi, « le modèle professoral ne s'écarte pas de celui de droit privé », *ibid.*, p. 202.

1939. Notamment dans Jean-Jacques Bienvenu, « Remarques sur quelques tendances de la doctrine contemporaine en droit administratif », *Droits*, n° 1, 1985, 153, p. 155.

simplement des voies d'expression qui n'ont pas leur pareille en droit privé : pour ne citer qu'elles, conclusions des rapporteurs publics, accès permanent aux manifestations scientifiques propres au discours académique [1940] et surtout capacité de résistance aux théories élaborées par ce discours académique — voire capacité de destruction à l'occasion d'un arrêt ou d'un autre. Difficile, à cet égard, de ne pas reprendre les mots de Jean Rivero : « née sur les genoux de la jurisprudence » [1941], la doctrine, ou plutôt le discours académique, ne peut qu'admettre que les 'principaux architectes' de son droit demeurent « les hommes du Palais Royal » [1942], « car qui mieux que les membres du Conseil d'État [pour] analyser et faire comprendre l'œuvre créatrice » de leur institution [1943] ? Le constat demeure alors même qu'elle n'est que « peu suivie » par ce Palais Royal « dans ses constructions théoriques » [1944]. Il faut dire que si, du fait de la méthode dogmatique élaborée, appliquée et perpétuée par les deux discours académiques, s'est « instaur[ée] une incompatibilité structurelle entre l'École et le Palais » [1945], cette incompatibilité se fait d'autant plus visible que le Palais administratif n'a jamais pu être vraiment rejeté au ban du discours doctrinal académique. Finalement, hier comme aujourd'hui, « le Conseil d'État verrouille un système » autant qu'il *incarne*, fondamentalement, ce système [1946]. Face à ce constat, on peut s'interroger : comment tolérer la parole du juge, nécessairement individuelle, lorsque ce dernier est supposé se fondre au sein de l'appareil régalien de la justice ? La contradiction n'est, en fait, que d'apparence. Lorsque *le juge* administratif trouve à s'exprimer au sein du discours doctrinal de droit administratif, c'est dans deux contextes bien distincts : soit en tant que représentant du Palais, et en ce cas il n'est que la *bouche qui prononce ses paroles* [1947], soit à titre individuel pour exprimer des positions et

---

1940. Il suffit, à cet égard, de s'en rapporter aux jurys d'agrégation en droit public ou, plus habituellement, aux intervenants de colloque, séminaires, *workshop* ou conférences en droit administratif pour s'en convaincre. Plus spécifiquement, on peut aussi se rapporter au *contenu* des travaux réalisés et notamment au contenu des *thèses* de droit administratif : au titre d'une analyse statistique des thèses soutenues entre 2008 et 2014, Olivier Renaudie constatait ainsi que les thématiques traitées par le plus grand nombre de ces thèses étaient, notamment, le droit des actes (9,8 % des thèses recensées sur la base de données du CNU et sur la plateforme *theses.fr*), le contentieux administratif (7,5 %) et la responsabilité administrative (4,2 %), soit trois domaines dominés par la jurisprudence du Conseil d'État, voir « La thèse en droit administratif : éléments statistiques », *RFDA*, 2016, pp. 1073-1077.

1941. Jean Rivero, « Jurisprudence et doctrine dans l'élaboration du Droit administratif », *op. cit.*, p. 23.

1942. Pierre-Nicolas Barénot, *Les recueils de jurisprudence*, *op. cit.*, p. 460.

1943. Benoît Plessix, *L'utilisation du droit civil dans l'élaboration du droit administratif*, *op. cit.*, p. 62.

1944. Yves Poirmeur et Emmanuelle Fayet, « La doctrine administrative et le juge administratif. La crise d'un modèle de production du droit », in CURAPP (dir.), *Le droit administratif en mutation*, PUF, 1993, 97, p. 105.

1945. Frédéric Zénati, *La jurisprudence*, *op. cit.*, p. 265.

1946. Pierre Legendre, *Trésor historique de l'État en France. L'administration classique*, Fayard, 1992, p. 544.

1947. Ce sera le cas lorsque *le juge* se chargera du commentaire d'une décision ou d'un arrêt rendu par une juridiction administrative (ou, à plus forte raison, par la sienne), ou, dans le cas spécifique des interventions dans des manifestations scientifiques, lorsque ladite manifestation a lieu au sein d'une juridiction et que l'un de ses juges est chargé de son introduction ou de sa synthèse. Le colloque sur la justice prédictive organisé par l'Ordre des avocats au Conseil d'État

opinions personnelles, et il ne sera alors pas rare de voir apparaître en prolégomène que les propos tenus sont « personnels » [1948] et il ne sera dans tous les cas jamais question de se *revendiquer* juge. En toute hypothèse, d'ailleurs, ces interventions du Palais au sein du discours de l'École ne changent rien à la conception *institutionnelle et régalienne* de la justice, y compris par les publicistes [1949]. En bref, la situation issue du développement du discours académique de droit administratif apparaît finalement comme le miroir inversé de la situation du discours praticien au sein du discours doctrinal privatiste lors de la première moitié du XIXe siècle. C'est, ici, le Palais qui peut se permettre d'éprouver « peu d'enthousiasme pour la réflexion fondamentale » menée par le discours de l'École [1950], voire d'en contester ouvertement la pertinence [1951]. Elle est néanmoins paradoxale, puisque le discours académique et ses méthodes n'en occupent pas moins l'essentiel de l'espace discursif du droit administratif — cette captation, cependant, n'implique pas une captation d'autorité déontique, scientifique ou juridique. Elle n'implique que la captation *d'un certain type de discours*, d'un *certain savoir* fondé sur *une certaine méthode* et sur « l'ésotérisme du langage, la subtilité des concepts, la complexité des procédures, l'hermétisme des rituels » [1952] — la captation, finalement, « de la citadelle qu'[il] a édifiée » [1953] sans parvenir, au contraire du discours académique privatiste, à en faire la citadelle de *tout le droit*. Rappeler à l'envi que « tant qu'il ne fût ni étudié ni enseigné, le droit administratif n'existait pas » et qu'il doit donc cette existence à « un corps de doctrine suffisamment homogène » ne change rien à la situation concurrentielle du discours doctrinal administrativiste [1954].

553 **Une transmission en circuits fermés des discours académiques.** « La doctrine a élaboré une systématisation logique du droit, puis elle a tenté de la maintenir » [1955], et le discours doctrinal actuel en est l'héritier, notamment du point de vue de sa structuration. La production doctrinale est une production massivement académique,

---

et à la Cour de cassation en 2018 en est un bon exemple, voir *La justice prédictive. Actes du colloque du 12 février 2018 organisé par l'ordre des avocats au Conseil d'État et à la Cour de cassation à l'occasion de son bicentenaire en partenariat avec l'Université Paris Dauphine PSL*, Dalloz, 2018, Dalloz, 2018.

1948. Mattias Guyomar, « Le point de vue du juge », in *ibid.*, 97, p. 97.

1949. Il suffit, pour s'en convaincre, d'admettre la constante actualité des débats quant à la nature de *pouvoir* ou d'*autorité* de la justice chez les constitutionnalistes. Voir, à cet égard, les contributions au dossier annuel de 2022 de la revue *Commentaire*, et notamment celles d'Olivier Beaud (« Brefs prolongements », n° 177, 2022, pp. 24-26), de Michel Troper (« Un pouvoir à la recherche d'une fiction », n° 178, 2022, pp. 255-259) et de Serge Sur (« Pour un pouvoir judiciaire », n° 178, 2022, pp. 291-296).

1950. Jean-Bernard Auby, « Les spécificités de la doctrine administrativiste française », *op. cit.*, p. 37.

1951. C'est tout le fond de l'échange entre le conseiller d'État Bernard Chenot (« La notion de service public dans la jurisprudence économique du Conseil d'État », *EDCE*, 1950, pp. 77-83) et Jean Rivero (« Apologie pour les faiseurs de système », *D.*, 1951, pp. 99-102).

1952. Jacques Chevallier, « Changement politique et droit administratif », in CURAPP (dir.), *Les usages sociaux du droit*, PUF, 1989, 293, p. 308.

1953. Annick Perrot, *op. cit.*, p. 192.

1954. Benoît Plessix, *L'utilisation du droit civil dans l'élaboration du droit administratif*, *op. cit.*, p. 313.

1955. *Ibid.*, p. 192.

au point que l'on puisse sans ambages affirmer qu'« il existe deux sortes 'd'auteurs' du recueil Dalloz, bien distincts : les universitaires (...) et l'équipe rédactionnelle » [1956] et au point que des revues que l'on a pu considérer comme plus « professionnelles » et plus proches de la pratique n'en sont pas moins captées par le discours académique [1957]. Si cette captation n'est pas aussi achevée en droit administratif qu'elle ne l'est en droit privé pour toutes les raisons que nous avons pu soulever, elle a cependant un effet direct sur le *contenu* du discours — effet que nous nous contenterons, à ce stade, d'évoquer. Avec la satellisation du discours praticien en droit privé et la « coupure assez profonde entre les facultés de droit et (...) le Conseil d'État » d'où émane la doctrine organique [1958], l'approche académique de l'office de la doctrine et de ses méthodes a nécessairement été peu renouvelée ; les auteurs d'hier ont formé les auteurs d'aujourd'hui aux méthodes professées par ceux d'avant-hier et ces méthodes ont elles-mêmes échappé à l'essentiel des perturbations qui auraient pu émaner du point de vue *interne*, praticien. Ainsi, « notre enseignement juridique est de facture doctrinale » [1959], assuré par les mêmes professeurs qui se sont faits les garants uniques d'une certaine représentation du droit et des méthodes nécessaires à son étude, de sorte que cette « matrice disciplinaire » infuse encore et toujours le discours de ceux des anciens étudiants qui deviennent à leur tour acteurs du discours doctrinal [1960]. Les individualités et les courants contraires en sont d'autant plus remarquables qu'ils n'ont pas, jusqu'ici, affecté cette matrice disciplinaire et cette structuration académique, universitaire et, en un mot, *professorale* du discours doctrinal.

554 **Le microscopique reflet d'une histoire doctrinale**. Le discours doctrinal relatif aux outils de justice algorithmique apparaît donc dans la continuité de cette construction exclusiviste du discours doctrinal français. Plus précisément, il apparaît dans la continuité d'un discours contrôlé par le discours académique dans la mesure où il conditionne matériellement et substantiellement le discours praticien [1961] et laisse apparaître en creux les spécificités de chacun des discours disciplinaires [1962]. Tout microscopique qu'il puisse être, il est donc la version miniature

---

1956. Pierre-Yves Gautier, « Les auteurs du recueil Dalloz », *RRJ*, n° 1, 2006, 445, p. 445, avant certes d'ajouter, deux pages plus loin, « qu'il y a aussi des avocats, des magistrats » (p. 447).

1957. Si l'on prend les deux revues généralistes que sont la *Gazette du Palais* et la *Semaine Juridique, édition générale*, les proportions sont ainsi remarquables et s'établissent, respectivement, à 41-12-32 et 74-5-10 (discours académique, discours des magistrats, discours des avocats), voir annexe 2.2.2, G.6 et G.7.

1958. Jean-Bernard Auby, « Les spécificités de la doctrine administrative française », *op. cit.*, p. 37.

1959. Christophe Jamin, « Les habitudes d'enseigner », *op. cit.*, p. 94.

1960. Christophe Jamin, « Un modèle original : la construction de la pensée juridique française », 2004, conférence à la Cour de cassation, p. 6, disponible en ligne à <https://www.courdecassation.fr/venements_23/colloques_4/2004_2034/acceder_texte_conference_8268.html>.

1961. Par l'invitation de ces praticiens aux journées d'étude, colloques, conférences et séminaires qui constituent le cœur de ce discours, et par le caractère structurant et circulaire du discours dans lequel ces praticiens interviennent.

1962. Nous pensons ici notamment à la place plus importante réservée à la parole *doctrinale* du juge au sein du discours administrativiste. Ainsi, ce sont treize juges administratifs (toutes juridictions confondues) qui sont intervenus au sein du discours relatif aux outils de justice algorithmique (soit, sur le total des cinquante-deux magistrats, 25 % de l'effectif total). Si

d'un phénomène plus large — en tout cas à première vue. Ce constat, assez naturel, peut d'ailleurs être étendu au discours doctrinal québéco-canadien qui, lui aussi, apparaît dans la continuité parfaite de sa propre construction historique.

§ 2. *UNE HÉTÉROGÉNÉITÉ HISTORIQUE DU DISCOURS CANADIEN*

555 **Un discours canadien relatif aux outils de justice algorithmique remarquablement diversifié**. Lorsqu'on le compare au discours français relatif aux outils de justice algorithmique, le même discours canadien et plus spécifiquement québécois laisse apparaître une structure extrêmement diversifiée. Il suffit, à cet égard, de se reporter à la manière dont sont structurés les projets de recherche menés dans les laboratoires locaux, et notamment celui de Cyberjustice de Montréal. Si, et c'est déjà un fait notable, les chercheurs qui y sont intégrés et qui dirigent les groupes de travail ne sont pas tous québécois ni même canadiens [1963], ils ne sont au surplus pas tous enseignants-chercheurs en droit. À leurs côtés, on trouve des avocats [1964], des informaticiens et *data scientists* [1965], des représentants des entreprises de *Legaltech* [1966] et des enseignants-chercheurs de disciplines extrajuridique : des politistes [1967], des sociologues [1968], un physicien [1969], des professeurs d'informatique [1970], de sciences de l'information [1971] ou de philosophie [1972]. C'est sans compter, bien sûr, les interventions plus ponctuelles des partenaires institutionnels que sont les juridictions et quasi-juridictions québécoises, le Conseil de la Magistrature et le Barreau du Québec et les entreprises privées. Face à une telle diversité, on pourrait s'inquiéter : comment espérer pouvoir analyser la structuration du discours doctrinal québécois si ce sous-discours relatif aux outils de justice algorithmique est composé en quasi égale mesure de non-québécois et de québécois, de juristes et de non-juristes ? Nous avons, après tout, rejeté de notre propre corpus les contributions rédigées par des non-français précisément parce qu'elles auraient brouillé notre analyse du discours doctrinal plus général. Cette diversité, cependant, est potentiellement

---

l'on reprend les chiffres de la CEPEJ précédemment exploitées (voir note 1759), les juges administratifs représentent 18 % des effectifs globaux de la justice française (ils étaient ainsi, en 2020, 1 343 contre 6 179 magistrats de l'ordre judiciaire). Ils sont, en proportion, plus nombreux à intervenir au sein de ce discours que les magistrats de l'ordre judiciaire.

1963. On trouve, à cet égard, des Français, des Hollandais, des Italiens, des Japonais, des Espagnols, des Américains, des Australiens et des Belges.

1964. C'est le cas de Valentin Callipel, avocat au barreau de Paris et de Montréal, ou d'Harold Épineuse, tous deux de formation universitaire *française*.

1965. On pense ici à Karl Branting,

1966. Marco Giacolone, pour Seraphin.legal

1967. On pense ici à Les Jacobs (*University of York*)

1968. On pense ici à Christian Licoppe (Telecom ParisTech).

1969. On pense ici à Alexei Grinbaum (CEA-Larsim).

1970. Notablement Kevin Ashley (*University of Pittsburgh*) ou Philippe Langlais (Université de Montréal).

1971. On pense ici à Vincent Larivière (Université de Montréal).

1972. On pense ici à Paul Dumouchel (Université du Québec à Montréal et de Ritsumeikan).

révélatrice de celle du discours doctrinal québécois plus largement et elle dissimule, par ailleurs, qu'elle est organisée *par* des québécois. L'équipe de direction scientifique des projets de recherche du laboratoire de Cyberjustice est ainsi composée quasi exclusivement d'enseignants-chercheurs canadiens et, parmi eux, d'une majorité de québécois. Or, cette structuration particulière et peut-être un peu déstabilisante pour le chercheur français est bien le reflet d'une structuration spécifique du discours doctrinal québécois en particulier, et canadien — voire anglo-américain — en général : une structuration héritée d'une construction complexe (**A**), qui n'a jamais pu conduire à une émancipation du discours doctrinal académique québécois (**B**).

A. La construction complexe d'un discours doctrinal académique

556 **Un discours doctrinal québécois à la construction chaotique**. Pour mixte que soit le droit québécois, son discours doctrinal, quant à lui, partage peu de caractéristiques avec le discours doctrinal privatiste français. Il est ainsi constitué, et c'est une caractéristique perceptible au sein du discours, d'une production limitée et diffuse tant d'un point de vue quantitatif que qualitatif. Alors même que ce discours n'est que le prolongement contemporain d'une ligne doctrinale ininterrompue depuis les premières recherches en informatique juridique et en jurimétrie, il ne laisse pas apparaître un foisonnement semblable au discours français — simplement la constitution d'un sous-groupe spécialisé au sein des acteurs du discours doctrinal général. Plus généralement, la production doctrinale québécoise apparaît limitée du point de vue de l'ampleur des *sujets* traités et de son influence sur le champ juridique plus général. Tous ces éléments sont à rapprocher des conditions de son apparition, de sa construction et de sa formalisation, dont le dénominateur commun reste *la difficulté*. On a pu constater au travers de la construction du discours doctrinal de droit administratif que ce dernier s'est véritablement développé à partir du moment où son *enseignement* s'est institutionnalisé : c'est en effet à la condition de voir l'enseignement d'une discipline organisé et formalisé qu'une catégorie déterminée de juristes (praticiens ou non) peut trouver le support institutionnel pour se donner comme mission d'organiser les modalités de la dissémination de connaissances propres à cette discipline. Cette dissémination de connaissances ne pouvant se limiter aux seuls enseignements *ex cathedra*, elle passe aussi par l'édition d'ouvrages et de documents qui vont progressivement poser les bornes de la discipline et en formaliser les socles fondamentaux, et ainsi naît un discours doctrinal [1973]. Or, pour le cas québécois, la tardiveté de l'institutionnalisation de l'enseignement *du droit en général* a nécessairement eu pour effet de ralentir la construction d'un discours doctrinal juridique à part entière : « les premières facultés de droit apparaissent en

1973. Si l'on considère le *Traité de la juridiction administrative et des recours contentieux* d'Édouard Laferrière comme l'acte de naissance du droit administratif (à l'instar de Fabrice Melleray reprenant le doyen Georges Vedel, voir Christophe Jamin et Fabrice Melleray, *op. cit.*, p. 5), il faut noter que ce traité fut construit à partir du cours de doctorat donné par Laferrière. Tous les traités et manuels qui l'ont précédé étaient d'ailleurs construits de la même manière.

1848 (McGill) puis 1852 (Laval) » [1974] et 1878 (Montréal), avant que ne s'y ajoutent en 1954 l'université de Sherbrooke et, en 1973, le Département des sciences juridiques de l'UQÀM [1975]. Si les futurs candidats à l'examen du Barreau suivaient bien sûr une formation, elle était organisée « à travers la cléricature et à travers des formations juridiques non universitaires » — donc praticiennes [1976]. La permanence de l'application du droit français d'Ancien Régime « n'avait pas favorisé l'émergence d'une littérature juridique canadienne » [1977], qui d'ailleurs souffrait d'importantes difficultés d'ordre technique [1978]. Elle avait, au contraire, placé le droit canadien dans une position de relative dépendance vis-à-vis du discours doctrinal *français* au point d'ailleurs que le mouvement codificateur qui a amené à l'édiction du Code civil du Bas-Canada de 1866 était partiellement motivé par les difficultés d'accès à ces « lois et coutumes », « ni réimprimées ni commentées » et donc de plus en plus difficiles d'accès [1979]. Si la situation a pu commencer à évoluer à partir de cette première codification, notamment parce qu'elle a encouragé le développement d'éditeurs spécialisés [1980], le Code de 1804 a néanmoins « servi de modèle à la rédaction » [1981] du Code de 1866 de sorte que des théories développées au sein du discours doctrinal français ont été incorporées au droit civil québécois par réception [1982]. C'est véritablement à partir de la seconde codification de 1994 et de l'édiction du Code civil du Québec que le discours doctrinal français est « mis à distance » parce que « des pans complets du droit québécois ont été réformés et, par le fait même, se sont éloignés du modèle français et ce, d'autant plus que les rédacteurs du nouveau code ont trouvé leur inspiration dans des sources beaucoup

---

1974. David Gilles, « Des traités français aux manuels québécois : écrire et enseigner le droit privé, en amont et en aval du Code civil du Bas-Canada (1866) », in Anne-Sophie Chambost (dir.), *Histoire des manuels de droit. Une histoire de la littérature juridique comme forme du discours universitaire*, LGDJ, 2014, 301, p. 302.

1975. John E. C. Brierley, « Quebec Legal Education since 1945: Cultural Paradoxes and Traditional Ambiguities », *Dalhousie L.J.*, vol. 10, nº 1, 1984, 5, p. 8.

1976. David Gilles, « Des traités français aux manuels québécois : écrire et enseigner le droit privé, en amont et en aval du Code civil du Bas-Canada (1866) », *loc. cit.*

1977. David Gilles, *Essais d'histoire du droit. De la Nouvelle-France à la Province de Québec*, Les Éditions Revue de Droit, 2014, p. 351.

1978. Sylvio Normand, « La littérature du droit comme élément structurant du champ juridique québécois : une perspective historique », *op. cit.*, p. 5. Il s'agit surtout de souligner les difficultés à « convaincre un imprimeur de faire paraître l'ouvrage ».

1979. *Acte pour pourvoir à la codification des lois du Bas-Canada qui se rapportent aux matières civiles et à la procédure*, L. C. 1865, c. 41, préambule.

1980. L'éditeur Amédée Périard est alors le premier, à partir de 1882 (d'abord en tant qu'intermédiaire avec des maisons d'édition étrangères avant de devenir éditeur à part entière), à se spécialiser dans l'édition juridique avant d'être remplacé, après le rachat de son activité en 1893, par les éditeurs Camille Théoret et Patrick Whiteford. Le rachat de leur activité au décès de Camille Théoret en 1905 par Théophile Lafleur et Wilfrid J. Wilson (pour son épouse Adèle Martin) signe le début des éditions Wilson & Lafleur, encore aujourd'hui éditeur juridique principal au Québec. Pour un retour sur cette lignée d'éditeurs, voir Sylvio Normand, « Une lignée d'éditeurs-libraires montréalais, spécialisés en droit, au tournant du siècle », *Cahiers de la Société bibliographique du Canada*, vol. 31, nº 1, 1993, pp. 7-55.

1981. Mathieu Devinat et Édith Guilhermont, « La réception des théories juridiques françaises en droit civil québécois », *R.D.U.S.*, vol. 42, nº 3, 2012, 459, p. 463.

1982. Quoi que cette réception se soit faite par le prisme de la compatibilité de ces théories avec le droit québécois — leur assimilation n'était, à cet égard, pas rendue automatique du seul fait de leur élaboration au sein du droit français, voir *ibid.*

plus diversifiées que pour le code précédent » [1983]. Cette mise à distance correspond aussi, à un niveau plus général, à l'aboutissement de la « lente émergence d'une doctrine juridique québécoise autonome » [1984].

557 **Une portée limitée du discours *académique*.** Par doctrine juridique, Mathieu Devinat et Édith Guilhermont entendent ici le discours doctrinal *académique* ; son autonomisation reprend ainsi la même logique que celle du discours académique français. Ses modalités, néanmoins, sont très différentes puisque le groupe académique n'a jamais été le groupe dominant du champ juridique, précisément parce que son institutionnalisation en tant que groupe spécialisé dans l'enseignement et la recherche juridique a été retardée par l'absence de facultés de droit à part entière. Ainsi, et y compris après la mise en place de ces facultés, « l'enseignement du droit était essentiellement perçu comme devant viser [des] fins [professionnelles] » [1985], ce qui doit être relié à la mainmise conservée par le Barreau sur le *contenu* de cet enseignement [1986]. Ainsi, « le droit n'a jamais relevé — en tout cas jusqu'à très récemment — de la vie universitaire traditionnelle et (...) l'enseignement du droit a toujours été, pour ainsi dire, la créature des praticiens » [1987], ce qui a longtemps entretenu l'idée que le droit serait « une filière professionnelle dont la culture de recherche est peu développée » [1988]. Ce contrôle de l'École par le Palais, pour reprendre un vocabulaire doctrinal français, a ainsi considérablement ralenti la constitution d'un discours académique à part entière, avec ses propres voies d'expression, ses propres méthodes et ses propres objectifs. De fait, l'essentiel des auteurs date le début de cette autonomisation à la période de l'après-guerre tant d'un point de vue structurel que d'un point de vue substantiel. Ainsi, c'est à partir des années 1950 que s'établissent les premières revues universitaires : 1951 pour la revue *Thémis*, 1952 pour le *McGill Law Journal* et 1954 pour les *Cahiers de droit de l'Université de Laval* [1989]. L'arrivée des

1983. Sylvio Normand, « La réception de la doctrine française au Québec », in Didier Cholet et Sylvio Normand (dir.), *Droit québécois — droit français : inspirations mutuelles*, Éditions Yvon Blais & Société de Législation Comparée, 2019, 11, p. 18.

1984. Mathieu Devinat et Édith Guilhermont, « La réception des théories juridiques françaises en droit civil québécois », *op. cit.*, p. 500.

1985. Mathieu Devinat et Édith Guilhermont « Enquête sur les théories juridiques en droit civil québécois », *R.J.T.*, vol. 44, n° 2, 2010, 7, p. 44.

1986. Mainmise décrite par Catherine Valcke dans des termes fort peu élogieux : le contrôle conservé par le Barreau du Québec sur le contenu de la formation juridique a ainsi, selon elle, contribué à perpétuer l'idée que l'enseignement du droit devait servir la « formation de juristes civilistes compétents », quitte à ce que ce « package » d'enseignement s'avère d'une qualité « discutable » (« *A major effect has been that the average law student in Quebec has come to prefer – and thus obtain from law faculties – educational packages of questionable quality from the perspective of forming competent civilian jurists. (...) The Bar Association's contribution to legal education in Quebec has been detrimental* », Catherine Valcke, « Legal Education in a Mixed Jurisdiction: the Quebec Experience », *Tul. Eur. & Civ. L.F.*, vol. 10, n° 61, 1995, 61, p. 68).

1987. John E. C. Brierley, *op. cit.*, p. 42.

1988. Michelle Cumyn et Mélanie Samson, « La méthodologie juridique en quête d'identité », in George Azzaria (dir.), *Les cadres théoriques et le droit*, Éditions Yvon Blais, 2013, 57, p. 57.

1989. La *Thémis*, fondée à l'origine par des étudiants a été prise en main par la faculté de droit de Montréal en 1966 et a été renommée, pour l'occasion, *Revue juridique Thémis* (Roderick A. MacDonald, « Understanding Civil Law Scholarship in Quebec », *Osgoode Hall L.J.*, vol. 23, n° 4, 1985, 573, pp. 596-597).

professeurs de carrière date de la même période [1990] et, avec eux, les premiers « grands manuels » locaux que sont « les célébrissimes *Obligations* de Jean-Louis Baudouin (1970) et un ouvrage référence, le *Traité de droit administratif* de René Dussault (1974) » [1991]. Avec cette structuration sont aussi venues des méthodes et techniques sur lesquelles nous reviendrons plus avant et qui ont permis la construction d'une « véritable science juridique québécoise » [1992]. Il s'agit du « positivisme scientifique — par opposition au positivisme pratique qui avait caractérisé l'époque précédente de l'avocat-professeur » [1993]. Il s'impose parce qu'il apparaît « comme rupture avec le passé, comme garantie d'un ancrage scientifique de la production doctrinale du droit et comme promesse d'une systématisation moderne du droit québécois » [1994]. Au-delà de la nouveauté qu'il constitue, il apparaît aussi en même temps que deux autres phénomènes conjoints : la sélection des professeurs par le biais d'un doctorat scientifique et la professionnalisation de la carrière d'enseignant-chercheur. En d'autres termes, ce qui s'est produit en France au cours du XIXe siècle s'est produit avec un siècle de retard au Québec, sans jamais permettre au discours académique ainsi créé de véritablement prendre une place comparable à celle du discours français, que ce soit aux côtés du discours praticien (discours administrativiste) ou, à plus forte raison, *au-dessus* de lui (discours privatiste). Le discours doctrinal québécois ne l'ignore d'ailleurs pas et admet que « l'universitaire n'a pas un statut comparable à celui de son homologue français » et qu'il ne bénéficie donc pas de « l'aura particulière reconnue à la doctrine qui émane surtout des professeurs » [1995]. Cette relégation est d'ailleurs connue de longue date, puisque dès les années 1980 Roderick MacDonald soulignait que la recherche en droit « n'est pas encore parvenue à se faire sa place au sein des disciplines savantes », inféodée qu'elle demeurait aux *desiderata* des praticiens qui « demeurent peu intéressés par des travaux non-analytiques » menés de manière plus fondamentale et non empirique [1996]. Ce dernier pronostiquait, compte tenu des difficultés qui se présentaient, une période de gestation « d'encore dix à quinze ans » [1997]. Si, nous le verrons, ces dix à quinze ans ont en effet permis au discours académique québécois de déployer des méthodes spécifiques et alternatives

---

1990. Les années 1950, selon Mathieu Devinat et Édith Guilhermont, « Enquête sur les théories juridiques en droit civil québécois », *op. cit.*, pp. 44-5.

1991. Jean Goulet, « La naissance de l'enseignement universitaire du droit au Québec », *RGD q.*, vol. 30, n° 3, 1999-2000, 425, p. 438. Sont ensuite mentionnés d'autres auteurs comme Léo Ducharme, Patrice Garant ou Andrée Lajoie.

1992. Bjarne Melkevik, « Penser le droit québécois entre culture et positivisme : quelques considérations critiques », *op. cit.*, p. 13.

1993. Stéphane Bernatchez, « La doctrine juridique, un obstacle à la théorie du droit ? », in George Azzaria (dir.), *Les cadres théoriques et le droit*, Éditions Yvon Blais, 2013, 7, p. 8.

1994. Bjarne Melkevik, *loc. cit.*

1995. Sylvio Normand, « La réception de la doctrine française au Québec », *op. cit.*, p. 15.

1996. « *The profession itself is rarely interested in non-analytical work, and academic lawyers have not yet succeeded in carving out their niche as a learned discipline* », Roderick A. MacDonald, *op. cit.*, p. 607.

1997. « *Another ten to fifteen years* », *ibid.* Trente ans après le début de la structuration de ce discours académique, il mentionne ainsi la petite taille de la communauté universitaire, l'intérêt principalement porté au projet de révision du Code civil du Bas-Canada, l'attraction du droit public et la demande majoritaire pour des ouvrages à dimension pédagogique (p. 8).

à une forme de dogmatique adaptée à son champ juridique, elles n'ont cependant pas permis d'inverser la tendance et de permettre à l'École de capter pour elle le discours doctrinal québécois qu'elle partage toujours, en termes de prestige, avec le « professionnel et, parmi les professionnels, à l'avocat » [1998]. En d'autres termes, « le champ de la recherche en droit au Québec n'a pas atteint une pleine autonomie, et apparaît plutôt comme entretenant des relations de dépendance avec (...) le champ de la pratique du droit » [1999].

B. Une autonomisation du discours doctrinal académique jamais complétée

558 **Un discours doctrinal québécois de facture fondamentalement anglo-américaine.** Ces méthodes n'ont pas permis une autonomisation réelle du discours québécois parce que ses conditions d'apparition, de construction et de formalisation de son sous-discours académique sont bien plus proches de celles des discours académiques anglo-américains que du discours français. Ainsi, et c'est là encore un fait admis par les auteurs québécois, « au Québec, à l'instar des États où prévaut la tradition de *common law*, le juge domine, par sa stature, la communauté juridique » ; « il est sans mal que par certains traits sa littérature juridique (...) soit le reflet » de la place particulière que la figure prétorienne y occupe [2000]. Cette pénétration *insidieuse* d'une structuration doctrinale plus proche du *common law* que du système civiliste est à relier avec la manière dont la pratique judiciaire se structure au Québec [2001]. En effet, et parce qu'historiquement, systémiquement et culturellement le droit de *common law* « émerge de la pratique judiciaire », son enseignement lui aussi « serait mieux assuré par la pratique, de sorte que l'apprentissage professionnel a longtemps été la seule forme d'enseignement du droit dans les systèmes de *common law* » [2002]. Si l'institutionnalisation d'un enseignement du droit au sein des facultés n'est pas propre au Québec [2003], elle

1998. Louis Baudouin, Renaud de Bottini, Roger Comtois *et al.*, *Quelques aspects du droit de la province de Québec*, Éditions Cujas, 1963, p. 213.

1999. Julie Paquin et Christelle Landheer-Cieslak, « La recherche en droit au Québec : jalons pour une approche sociologique », in Thierry Tanquerel et Alexandre Flückiger (dir.), *L'évaluation de la recherche en droit. Enjeux et méthodes*, Bruylant, 2015, 181, p. 194.

2000. Sylvio Normand, « La réception de la doctrine française au Québec », *op. cit.*, pp. 14-15.

2001. Nous avons déjà abordé cette structuration plus haut (voir *supra* § 221 et suiv.), mais nous pouvons ici rappeler que la structure des juridictions et de la pratique juridictionnelle québécoise sont de facture anglo-américaine, tant du point de vue de la construction de carrière des magistrats, de leur nomination et de leur position au sein du prétoire que d'un point de vue plus procédural et organisationnel. Dans la mesure où cette structuration est opposée à celle qui a cours dans les systèmes civilistes, et surtout dans le système français, il n'est pas surprenant que transitent par elles des éléments d'ordre plus culturels — et, particulièrement, la place de la figure du juge dans le discours doctrinal.

2002. « *The fact that the common law emerged from judicial practice suggests that its teaching would similarly be best effected through practice, and so professional apprenticeship was once the only form of legal education available in common-law jurisdictions* », Catherine Valcke, « Legal Education in a Mixed Jurisdiction: the Quebec Experience », *op. cit.*, p. 79.

2003. Il s'est ainsi opéré au Royaume-Uni dans le courant de la seconde moitié du XVIIIe siècle (1750 pour Oxford, 1800 pour Cambridge, bien qu'il faille attendre la seconde moitié du XXe siècle pour voir l'enseignement universitaire trouver un « peu de crédit et de succès » (Marie Padilla,

n'a pas conduit à faire des études de droit des études *académiques* au sens noble du terme [2004]. Plus encore, et cet aspect informe les difficultés de construction d'un véritable discours académique au Québec, la place occupée par le juge au sein des systèmes de *common law* est si grande qu'elle laisse, corrélativement, un espace très limité à l'intervention d'un discours professoral. Si « le style de jugement de *common law* présente évidemment beaucoup de similitudes ou de points communs avec le jugement en droit civil québécois » [2005] et qu'à ce titre « chaque jugement explique en détail toutes les raisons de décider qui ont été envisagées, retenues ou rejetées » [2006], notamment pour l'intégrer à une lignée de précédents déjà existants ou, au contraire, pour l'en distinguer, alors, d'une certaine manière, la systématisation du *common law* passe par la « voie prétorienne » [2007]. C'est donc son travail qui « se rapproche (...) de celui de la doctrine française » [2008] et phagocyte les éventuelles velléités de reprise de ce travail par le discours académique québécois. Quel intérêt, en effet, à commenter des jugements qui s'autocommentent et à systématiser un ensemble de

---

Droit public et doctrine publiciste au Royaume-Uni, *op. cit.*, p. 242)). Aux États-Unis, il a fallu attendre la seconde moitié du XIXe siècle pour qu'un enseignement institutionnalisé du droit voit véritablement le jour, sous l'impulsion des barreaux et de leur volonté de relever le niveau de la profession juridique. On date le début d'un véritable essor de l'enseignement universitaire du droit aux États-Unis à 1870, avec l'arrivée de Christopher C. Langdell en tant que doyen de la faculté de droit d'Harvard (voir, à cet égard, Stevens Robert, *Law School. Legal Education in America from the 1850s to the 1980s*, The University of North Carolina Press, 1983, pp. 35 et suiv.). Pour le reste des provinces canadiennes, le chemin a été encore plus long et à peu près aussi chaotique que celui emprunté par l'enseignement québécois, puisqu'il a parfois fallu attendre le début du XXe siècle pour voir apparaître des facultés de droit dans certaines provinces (1912 pour le *Department of Law* de l'Université de l'Alberta, 1913 pour le *College of Law* de l'Université de la Saskatchewan, 1941 pour la *Manitoba Law School*, par exemple) et que leur structuration, leur financement et l'élaboration de leur programme d'enseignement sont demeurés des enjeux de tensions avec les associations professionnelles locales. Ces tensions ont parfois conduit ces facultés à abandonner leurs programmes d'enseignement à plein temps (*full-time*). Ce fut le cas, notamment de la *Manitoba Law School* à partir de 1927. À ce sujet, voir Wesley W. Pue, « Common Law Legal Education in Canada's Age of Light, Soap and Water », *Man. L.J.*, vol. 24, 1995, pp. 654-688. Plus généralement, le développement de l'enseignement universitaire du droit dans les provinces de *common law* a été ralenti par la permanence, jusqu'à la seconde moitié du XXe siècle, de deux modèles concurrents d'enseignement : un enseignement universitaire « à l'américaine » précédant une période d'apprentissage pratique et un enseignement pseudo-universitaire entièrement maitrisé par le Barreau local, voir John P. S. McLarent, « The History of Legal Education in Common Law Canada », in Roy J. Matas et Deborah J. McCawley, *Legal Education in Canada*, Federation of Law Societies of Canada/Fédération des professions juridiques du Canada, 1987, 111, pp. 120 et suiv.

2004. Il n'est, à cet égard, pas anodin que, dans la plupart des universités américaines et canadiennes de *common law*, un cursus de droit ne puisse pas être suivi en première intention : le suivi d'un premier cursus universitaire est ainsi nécessaire pour entrer dans une *law school* (littéralement, école de droit). Voir, à cet égard, Catherine Valcke, « Legal Education in a Mixed Jurisdiction: the Quebec Experience », *op. cit.*, p. 80.

2005. Jean-Louis Baudouin, « L'art de juger en droit civil : réflexion sur le cas du Québec », *C. de D.*, vol. 57, n° 2, 2016, 327, p. 335.

2006. Christian Atias, *Savoir des juges et savoir des juristes. Mes premiers regards sur la culture juridique québécoise*, *op. cit.* p. 22.

2007. David Gilles, *Essais d'histoire du droit. De la Nouvelle-France à la Province de Québec*, *op. cit.*, pp. 87-88.

2008. Valéry Crombez, *op. cit.*, p. 196.

jugements qui s'est déjà autosystématisé ? Pour les critiquer, éventuellement, mais « les critiques, à quoi serviraient-elles ? (...) Et sur quelle base critiquer ? Sur ce que le tribunal a mal compris un précédent ? Mais c'est l'interprétation du tribunal qui prévaudra » [2009]. « Ce n'est pas dire qu'il n'y ait pas de critiques », puisque bien sûr, il y en a ; mais « la doctrine laisse parler les juges » [2010]. « Au Québec », écrit ainsi Catherine Valcke, « le vide laissé par les professeurs a été comblé par les juges » [2011]. Dans le cadre québécois, toutes ces vérités absolues doivent, bien sûr, être nuancées : après tout, ce n'est pas pour rien que, « dans l'espace symbolique » de ce discours académique « on n'en a (...) que pour le droit civil » [2012]. Ainsi, bien sûr, on souligne que si les décisions de droit privé québécois « ressemblent, formellement, à des jugements de *common law*, (...) elles tentent d'imiter, substantiellement, l'*arrêt* continental » [2013] et conservent des caractéristiques propres [2014]. On rappelle aussi qu'« en droit civil, on enseigne traditionnellement que seule la législation, dont les codes, et la coutume sont de véritables sources de droit à caractère obligatoire » et que le juge n'est pas, ainsi, un agent normatif à portée générale ou abstraite [2015]. Quel que soit le contenu de ce discours et quelles que soient ses similarités de contenu avec le discours doctrinal français, cependant, les marqueurs spécifiques du discours académique québécois correspondent à ceux du discours académique de *common law* (difficultés d'installation, production limitée quantitativement et qualitativement et place secondaire parmi les acteurs du droit).

559 **Le discours jurimétrique comme discours structurant**. À cet égard, l'approche informatique, *jurimétrique* du droit a constitué un des vecteurs de l'autonomisation difficile du discours académique québécois : ainsi que le note Jean Goulet, « en 1967, apparaît dans le monde du droit une nouveauté à peu près totale, soit la création d'équipes de recherche, de recherche dirigée vers l'inédit, vers le progrès,

---

2009. David Pugsley, « Rapport britannique », in Association Henri Capitant des amis de la culture juridique (dir.), *Les réactions de la doctrine à la création du droit par les juges*, Economica, 1982, 97, p. 101.

2010. *Ibid.*, p. 102.

2011. « *In Quebec, the void that resulted from the scholars' idleness was filled by the judges* », Catherine Valcke, « Legal Education in a Mixed Jurisdiction: the Quebec Experience », *op. cit.*, p. 98.

2012. Jean-François Gaudreault-DesBiens, *Les solitudes du bijuridisme au Canada*, *op. cit.*, p. 130.

2013. « *Many private law decisions in Quebec formally look like* common law *judgments but substantively seem to imitate the continental* arrêt », Roderick A. MacDonald, *op. cit.*, p. 584.

2014. Jean-Louis Baudouin, « L'art de juger en droit civil : réflexion sur le cas du Québec », *loc. cit.*

2015. Avant d'ajouter que cette « conception traditionnaliste a peu à peu céder du terrain face à celle, plus réaliste, qui attribue à la jurisprudence un rôle créateur » et d'admettre que « le milieu juridique québécois est un milieu propice à l'utilisation de la jurisprudence comme source du droit » (Adrian Popovici, « Dans quelle mesure la jurisprudence et la doctrine sont-elles source de droit au Québec ? », *RJT*, vol. 8, n° 2, 1973, 189, pp. 190-191). Plus généralement, et quelle que soit la position de principe du discours doctrinal québécois, il admet lui-même ne pas s'interroger de manière aussi *tendue* sur la nature de la jurisprudence et, donc, du juge que le discours français ; c'est l'objet de *ibid.* et de Mathieu Devinat, « La jurisprudence en droit civil : la mise en intrigue d'une controverse », *op. cit.*

vers ce qui bouleverse les acquis traditionnels » [2016]. Si ces équipes sont bien celles qui ont ensuite mené les recherches qui conduiraient à l'élaboration de fichiers, de bases de données, d'outil d'aide à la décision et dont ont émergé les groupes de recherches actuels, elles ont aussi *et surtout* creusé un sillon dans lequel tout le reste de la recherche québécoise s'est ensuite inscrit ; « la recherche prend véritablement son envol dans nos facultés par la création des équipes de Québec et de Montréal à qui on doit chez nous l'implantation de l'informatique juridique contemporaine, mais qu'on appelait alors jurimétrie. » [2017] Ainsi, et alors que la communauté académique juridique dépassait difficilement la centaine de professeurs dans les années 1980 [2018], les équipes qui travaillaient sur les projets jurimétriques de la faculté de droit de l'Université de Laval impliquaient cent vingt-cinq personnes dix ans plus tôt [2019]. La recherche en informatique juridique québécoise a donc été structurante à plus d'un titre ; elle a structuré son propre avenir, bien sûr, en assurant une continuité jamais brisée entre chacun des groupes de recherches qui l'ont animée, mais elle a aussi structuré toute la recherche académique québécoise. L'action et la rétroaction des discours doctrinaux, académiques ou non puisque les acteurs du discours relatif à l'informatique juridique étaient tout aussi diversifiés hier qu'ils le sont aujourd'hui [2020], est ainsi remarquable. Si le discours actuel relatif aux outils de justice algorithmique constitue, du point de vue de sa structuration, le reflet de la structuration du discours doctrinal canadien, ce dernier a aussi été profondément influencé par les jeunes heures de ce sous-discours. En d'autres termes, ce discours fait partie intégrante d'un discours doctrinal plus large, dont il reproduit la structuration et la diversité.

560 **Deux émanations de deux discours à néanmoins différencier**. De part et d'autre de l'Atlantique et suivant des modalités très différentes, les sous-discours doctrinaux relatifs aux outils de justice algorithmique apparaissent comme la version miniature du discours doctrinal plus large dans lequel ils s'intègrent. Ils sont alors tous les deux l'occasion d'identifier à quel point les discours doctrinaux québécois et français sont distincts, tant dans leur histoire que dans leur construction et, aujourd'hui, dans leur structuration. À y regarder de plus près, cependant, le

---

2016. Jean Goulet, « La naissance de l'enseignement universitaire du droit au Québec », *op. cit.*, p. 435.

2017. *Ibid.*

2018. Roderick A. MacDonald, *op. cit.*, p. 608

2019. Jean Goulet, « La naissance de l'enseignement universitaire du droit au Québec », *op. cit.*, p. 435.

2020. Jean Goulet lui-même, avant de devenir directeur du laboratoire de jurimétrie de la faculté de droit de Laval, était bibliothécaire de cette faculté ; le projet *MINI-BIBLEX* visant à constituer une bibliothèque juridique de base sur microfiches, était piloté par le Barreau du Québec (Ejan Mackaay, « SOQUIJ, Société Québécoise d'Information Juridique », *op. cit.*, pp. 12-13) ; le projet *CBA/NET* donnant accès à différentes bases informatisées de jurisprudence était piloté par l'Association du Barreau canadien (Denis S. Marshall, *op. cit.*, p. 486) ; les laboratoires et groupements de recherches intègrent, historiquement, des chercheurs dans des disciplines extrajuridiques (pour ne prendre que quelques exemples, le Groupe de Recherche en Informatique et Droit (GRIP) de l'UQÀM intégrait des informaticiens (notamment Pierrot Péladeau, spécialisé dans l'évaluation sociale des systèmes informatiques), tout comme l'équipe de recherche puis chaire de recherche LexUM (on pense ici à Luc Plamondon ou Guy Lapalme)) ainsi que des praticiens (la même chaire inclut des avocats et notaires, comme, par exemple, Bertrand Salvas).

sous-discours *français* relatif aux outils de justice algorithmique présente certaines particularités que révèlent en fait les mêmes statistiques que celles qui nous ont permis d'établir que sa structuration est similaire à celle du discours général – or, ces particularités tendent à le rapprocher de la composition diversifiée du discours québécois et tendent, ce faisant, à souligner à quel point ce sous-discours français constitue une *irrégularité* au sein du discours doctrinal français.

Section 2. **DES SPÉCIFICITÉS DU DISCOURS FRANÇAIS RÉVÉLATRICES D'UN DISCOURS PARTICULIER**

561 **Des sous-discours reflétant plus ou moins fidèlement leur champ doctrinal.** Nous l'avons vu, chacun des discours nationaux relatifs aux outils de justice algorithmique constitue le reflet miniature des dynamiques structurelles du discours plus large dans lequel ils s'inscrivent. Ce constat n'a rien de surprenant, mais il nous a permis de distinguer ces deux discours doctrinaux et d'en souligner les points caractéristiques — le principal étant le degré de diversité ou d'uniformité dans la composition de ces discours. Si le sous-discours canadien ne présente que peu de spécificités propres au regard du discours plus général, il apparaît cependant que le sous-discours français n'est pas *exactement* structuré comme le reste du champ doctrinal.

562 **Les spécificités ambivalentes du sous-discours français.** Cette différence de structuration apparaît en fait ambiguë et ambivalente : si les proportions apparaissent respectées entre chaque discours (académique d'une part, praticien d'autre part), la place exacte qu'ils occupent l'un comme l'autre apparaît notablement différente de la place qu'ils occupent habituellement (**§ 1**). L'inhabituelle diversité structurelle du discours français relatif aux outils de justice algorithmique ne se prolonge cependant pas dans la manière dont ces outils sont traités, c'est-à-dire, à une exception près, avec une particulière homogénéité (**§ 2**).

§ 1. *LA QUESTION AMBIGUË DE LA REPRÉSENTATIVITÉ DU DISCOURS*

563 **Un sous-discours reflétant la captation académique du discours doctrinal.** Le discours doctrinal français relatif aux outils de justice algorithmique est indéniablement un discours réduit d'un point de vue quantitatif. À l'échelle de la production doctrinale générale, il constitue même un épiphénomène : alors qu'il s'étend sur sept années, il n'atteint pas toujours le nombre de contributions publiées *annuellement* dans chacune des trois revues dont l'analyse bibliométrique nous a permis de déterminer les contours de la structuration du discours doctrinal français [2021]. Dans la mesure, cependant, où ce discours s'étale sur plusieurs années

---

2021. Ce nombre oscille, pour la *Semaine Juridique*, entre 617 et 692, pour le *Recueil Dalloz*, entre 398 et 435 et pour la *Gazette du Palais*, entre 291 et 375. Pour rappel, notre corpus atteint 486 contributions.

et a vu intervenir une pluralité indéniable d'auteurs, il était concevable qu'il soit représentatif du discours doctrinal général sur cette même période. C'est d'ailleurs ce qui est ressorti de l'analyse que nous venons d'achever, avec une nuance importante — si, dans sa structuration globale, ce sous-discours reflète la captation académique du discours doctrinal, il faut cependant souligner qu'il apparaît néanmoins plus hétérogène que le discours général (**A**), en particulier du point de vue de l'intervention de magistrats en son sein (**B**).

A. Un sous-discours à la représentativité ambivalente

564 **Une composition exacte révélant toute la particularité de la structuration du sous-discours français**. Si l'on se rapproche de la structuration tant du discours doctrinal général que du sous-discours relatif aux outils de justice algorithmique, la représentativité du second par rapport au premier doit être nuancée. Ainsi, si la répartition des discours académique et praticien répond à une logique de 72/28 sur la période 2017/2022 au sein de nos trois revues « témoin », ce sous-discours, quant à lui, est structuré sur une répartition en 59/41. Si l'on va encore plus loin dans la précision, les 28 % du discours général occupés par le discours praticien sont divisés entre 15 % d'écrits émanant d'avocats, 5 % émanant d'autres praticiens [2022] et 8 % émanant de magistrats ; du côté de ce sous-discours, les 41 % de contributions émanant du discours praticien sont divisés en 17 % d'écrits émanant de magistrats, 15 % émanant d'avocats et 12 % émanant d'autres intervenants [2023]. Non seulement, donc, la place occupée par le discours praticien au sein du sous-discours doctrinal relatif aux outils de justice algorithmique est presque une fois et demi supérieure à la place qu'il occupe au sein du discours général, mais il est aussi lui-même structuré de manière complètement différente puisque la proportion de contributions rédigées par des magistrats y est plus de deux fois supérieure aux proportions habituelles.

565 **Une structuration diversifiée à la représentativité ambivalente**. La composition de notre sous-discours apparaît donc plus diversifiée qu'elle ne l'est généralement, au point d'apparaître presque égalitaire entre contributions d'origine académique et contributions d'origine praticienne. Si cette structuration particulière respecte la construction du discours doctrinal français autour du discours académique dans la mesure où ce dernier reste majoritaire, elle apparaît *a priori* tout à la fois *plus* et *moins* représentative : plus représentative de la structuration du champ juridique [2024], et moins représentative de la structure du discours doctrinal.

2022. Par « autres praticiens », nous entendons, par exemple, les notaires, huissiers, greffiers, fonctionnaires territoriaux ou étatiques, directeurs juridiques voire assureurs juridiques.

2023. Au sein desquels on note, spécifiquement, les contributions d'Antoine Garapon : magistrat de formation, il était cependant mis en disponibilité auprès de l'Institut des Hautes Études sur la Justice (IHEJ) de 2004 à 2020 en tant que secrétaire général. Plus généralement, on trouve, parmi ces praticiens non magistrats et non-avocats, des acteurs du monde de la *Legaltech*.

2024. Ce champ étant lui-même structuré, selon les derniers chiffres disponibles pour chacun de ces groupes, sur la base d'une répartition en 84-9-7 (avocats, magistrats, enseignants-chercheurs). Il faut bien sûr prendre en compte le fait que si les avocats sont ultra-majoritaires,

Si expliquer cette structuration particulière est un exercice périlleux [2025], on peut cependant s'aventurer à identifier des facteurs peu quantifiables individuellement mais qui peuvent sans doute l'éclairer. Ainsi, et à titre liminaire, les thématiques au cœur de ce sous-discours sont susceptibles d'avoir un double effet incitatif : celui d'inciter d'autant plus les organisateurs des manifestations scientifiques à y convier des praticiens du droit qu'ils sont directement concernés par les outils (puisqu'ils en sont les utilisateurs potentiels), et celui d'inciter ces praticiens du droit à répondre positivement à ces invitations et à s'impliquer individuellement dans le discours puisque ces outils jettent une lumière nouvelle sur leurs missions. Il y a plus, cependant, puisque toutes les thématiques théoriquement proches de l'activité praticienne et juridictionnelle n'entraînent pas *automatiquement* une mobilisation accrue des premiers concernés.

B. Une intervention remarquable des magistrats au sein du discours

566 **Une intervention praticienne explicable à plusieurs égards.** De manière plus pratique, les juridictions ont été directement impliquées dans l'essor de ces outils ; au niveau de leur première expérimentation, bien sûr, au sein des cours d'appel de Rennes et de Douai [2026], au niveau de la mise en œuvre de l'*open data* nécessaire à leur déploiement complet [2027] et au niveau du projet *DATAJUST* [2028]. Cette implication directe, là encore, incite à convier les magistrats en charge de ces

---

ils n'ont pas vocation à occuper une place prépondérante au sein du discours doctrinal. Voir, pour les chiffres relatifs au nombre d'enseignants-chercheurs en droit la note de la Direction Générale des Ressources Humaines de l'Enseignement Supérieur et de la Recherche (DGRH ESR), « Les personnels enseignants de l'enseignement supérieur, de la Recherche et de l'Innovation. Année 2020 », n° 9, 2021, disponible en ligne à <https://www.enseignementsup-recherche.gouv.fr/sites/default/files/2021-11/Note%20DGRH%20n9%20 Octobre%202021_Ann%C3%A9e%202020.pdf>, pour les chiffres relatifs aux avocats, « Les chiffres clés de la profession d'avocat », CNB, 2022, disponible en ligne à <https://www.cnb.avocat.fr/fr/les-chiffres-cles-de-la-profession-davocat> et, pour les chiffres relatifs aux magistrats, les tableaux de données précités établis par la CEPEJ sur la base des données transmises par les États membres du Conseil de l'Europe en 2018 disponibles en ligne à <https://public.tableau.com/app/profile/cepej/viz/CEPEJ-Explorerv2020_1_0FR/Tables>.

2025. D'autant plus périlleux que seule la différence de proportion des contributions occupée par le discours des magistrats entre le discours général et le sous-discours que nous étudions s'approche, sans l'atteindre, du seuil de dépendance statistique ($p = 0,07$, donc supérieure au seuil de 0,05), impliquant qu'il a, statistiquement, un lien faible entre le discours étudié et la part de contributions rédigées par des magistrats. Ce n'est pas le cas de la différence de proportion de contributions occupée par le discours académique ($p = 0,2$) ou de celle occupée par le discours des avocats ($p = 1$, ce qui correspond à un résultat nul), ce qui signifie qu'il n'y a pas de lien entre le discours étudié et la part de contributions rédigées par des universitaires ou des avocats.

2026. Voir *supra* § 500.

2027. Le Conseil d'État et la Cour de cassation sont ainsi responsables de la publication des décisions rendues par les juridictions qu'elles surplombent au titre des articles 1er et 4 du décret n° 2020-797 du 29 juin 2020 *relatif à la mise à disposition du public des décisions des juridictions judiciaires et administratives*.

2028. Le projet était ainsi mené par une équipe pluridisciplinaire intégrant à la fois des magistrats, une équipe de *data scientists* issus du secrétariat général de la Chancellerie et une équipe de juristes annotateurs qui en supervisaient le travail.

dossiers autant qu'elles les encouragent à intervenir directement au sein du discours. Plus généralement, le mode habituel d'expression de ce discours passe, nous l'avons vu, par des contributions relativement courtes et réactives disséminées dans tous les modes de publication d'articles [2029] — l'investissement en temps y est donc moindre que dans les plus rares monographies consacrées aux outils de justice algorithmique [2030]. Le dernier facteur qui peut sans doute éclairer la part plus importante de praticiens et *surtout* de magistrats au sein de ce discours particulier tient à son origine même : si l'on considère la genèse du discours et que l'on se reporte à la structuration année par année du discours, on constate que ce sont les *praticiens* qui sont à l'origine de la concentration doctrinale que nous nous attachons à analyser. Si cette origine praticienne voire prétorienne ne nous était pas inconnue puisque nous avions déjà noté que tant le premier article *marquant* que la première monographie sur nos objets ont été rédigés par Antoine Garapon, ancien magistrat, elle se vérifie cependant aussi d'un point de vue strictement quantitatif [2031].

567 **La place ambiguë des magistrats dans le discours.** Quelles que soient finalement les raisons qui poussent les magistrats à intervenir plus fréquemment dans le discours doctrinal relatif aux outils de justice algorithmique, il faut pousser l'analyse statistique encore plus loin pour souligner toute la particularité de cette intervention. La structure du discours des magistrats confirme en effet ce que nous avons déjà souligné plus haut : non seulement le discours ne traite pas les questions liées à l'impact des outils sur l'office des juges du fond, mais ces derniers sont eux-mêmes peu nombreux à s'exprimer directement, *y compris* au sein de leur propre groupe. Ainsi, le discours des juges du fond ne représente que 35 % du discours des magistrats [2032], les 65 % restants étant occupés par le discours des juges exerçant dans les juridictions suprêmes et internationales. Or, non seulement ce *déséquilibre* n'est pas présent au sein du discours général [2033] mais il inverse, au surplus, les proportions attendues puisque les magistrats les moins nombreux et les moins susceptibles de recevoir les outils de justice algorithmique s'expriment deux fois plus, en proportion, que les magistrats les plus

2029. On dénombre ainsi 139 contributions à des ouvrages collectifs, 241 articles de revue, 13 articles publiés dans la presse généraliste, 5 présentations faites lors de conférences ou séminaires et mises en ligne et 28 billets postés sur des blogs ou des sites internet.

2030. À l'exclusion des manuels et des thèses faisant une place plus ou moins grande aux outils de justice algorithmique, on dénombre treize thèses et quatorze monographies.

2031. Ainsi, et de manière très éphémère, la proportion de contributions émanant du discours praticien a été supérieure à la proportion de contributions émanant du discours académique sur la première année de déploiement de ce discours, voir annexe 2.2.4, G.14.

2032. Et 6 % du discours dans son ensemble.

2033. Au sein de nos trois revues et sur la période visée, les 8 % de contributions émanant du discours des magistrats se divisent en part égale entre les juges œuvrant dans les juridictions suprêmes et les juges du fond (voir annexe 2.2.2, T. 4). Cet équilibre est déjà, en soi, un déséquilibre compte tenu du nombre de juges du fond rapporté aux juges des juridictions suprêmes : les données de la CEPEJ (*op. cit.*) indiquent ainsi que pour 351 juges exerçant dans les juridictions suprêmes, 6 926 exercent dans les juridictions du fond. Occuper la moitié du discours des magistrats tout en ne constituant que 5 % des effectifs totaux des magistrats peut donc difficilement être considéré comme un équilibre.

nombreux et les plus concernés. Là encore, des pistes d'explication peuvent être avancées : le discours des magistrats des juridictions suprêmes pénètre historiquement plus facilement les voies d'expression habituelles du discours doctrinal français [2034] ; l'essentiel des grandes manifestations scientifiques qui ont lancé le discours ayant eu lieu à Paris, ces magistrats étaient donc *sur place* [2035] ; ce sont, nous l'avons dit, ces juridictions qui sont chargées de la mise en œuvre de l'*open data* et qui sont les plus proches des organes décisionnaires relativement au développement et à l'insertion d'outils de justice algorithmique au sein des juridictions ; ce sont aussi ces magistrats qui sont, à la fois d'un point de vue médiatique et politique, plus à même d'exprimer des positions tranchées. À l'inverse, les magistrats du fond, particulièrement au sein de la juridiction judiciaire, interviennent moins habituellement au sein du discours doctrinal, sont moins disponibles pour intervenir lors de manifestations scientifiques et sans doute moins enclins à s'exprimer au risque d'engager leur *fonction* plus que leur individualité et, pour l'essentiel, n'ont de toute façon pas réceptionné ces outils.

568 **Une hétérogénéité du sous-discours français à interroger**. À cet égard, la structuration précise et chiffrée du discours apparaît de plus en plus ambiguë : si elle est plus diverse qu'habituellement et n'est donc pas représentative du champ doctrinal général, elle n'atteint pas un degré de diversité suffisant pour être représentative du champ *juridique* général. Faute de pouvoir identifier les raisons précises qui justifient cette structuration inhabituelle au sein du discours doctrinal français, on peut néanmoins noter que cette diversité la rapproche, toutes choses égales par ailleurs, de la structure du discours québécois — ce qui, en creux, souligne sa spécificité ainsi que celle du discours doctrinal général. Cette différence de structuration ne change cependant rien à sa polarisation autour du discours académique qui demeure dominant sur le plan quantitatif comme qualitatif. C'est un autre élément remarquable de ce discours ; alors que l'on aurait pu imaginer qu'une composition diverse puisse être le vecteur d'un *contenu* lui aussi diversifié, la polarisation habituelle du discours doctrinal français autour du discours académique se poursuit à ce second niveau. Le discours se trouve donc à la fois hétérogène et homogène, représentatif et non représentatif… et donc de plus en plus *extra-ordinaire*.

2034. Pour une variété de raisons qui tiennent à la proximité de ces juridictions avec l'École, particulièrement en droit administratif mais aussi en droit privé par l'intermédiaire des conférences organisées *par* ces juridictions, par le statut de professeur invité accordé à certains de ces magistrats, par leur plus grande disponibilité comparée à celle des magistrats du fond ainsi qu'à la proximité substantielle du discours de ces magistrats et du discours académique — nous y reviendrons, ce discours en est une illustration frappante.

2035. On pense ici, notamment, au colloque organisé par l'Ordre des avocats au Conseil d'État et à la Cour de cassation (*La justice prédictive – Actes du colloque du 12 février 2018 organisé par l'ordre des avocats au Conseil d'Etat et à la Cour de cassation à l'occasion de son bicentenaire en partenariat avec l'Université Paris-Dauphine PSL*, Dalloz, 2018) ou au colloque organisé, à plus forte raison, à la Cour de cassation à l'occasion de la première loi sur l'*open data* des décisions de justice (« La jurisprudence dans le mouvement de l'*open data* », *JCP*, supplément au n° 9, 2017).

§ 2. *Une homogénéité statistique à interroger*

569 **Hétérogénéité des auteurs, homogénéité du discours.** Puisque la composition du discours doctrinal relatif aux outils de justice algorithmique est relativement diversifiée, l'on aurait pu s'attendre (ou espérer) voir apparaître une certaine hétérogénéité du *contenu* des contributions selon qu'elles émanent du discours académique ou praticien. À ce stade, cependant, il est déjà devenu assez évident que ce n'est pas le cas : ce discours se caractérise au contraire par une grande homogénéité de ton et de contenu. Si ce constat se trouve au fondement de la présente étude, il s'agit désormais d'en rendre compte et, surtout, de tirer les fils de ce que cette homogénéité (**A**) et ses limites (**B**) révèlent sur les différents groupes animant le discours.

A. Une homogénéité globale du discours

570 **Des arguments mobilisés de manière plus ou moins homogène** Ainsi, si l'on reprend les statistiques tirées de notre analyse quantitative et que l'on s'intéresse à l'homogénéité de la mobilisation des onze arguments qui ont fait l'objet d'un relevé systématique, on peut distinguer trois catégories d'arguments qui ne reprennent qu'imparfaitement le triptyque identifié en introduction (voir *supra* § 66). Ainsi, pour sept de ces arguments, les proportions sont respectées : la part de chaque sous-discours qui les soulève est à peu similaire et ils sont soulevés par chaque sous-discours selon la place qu'il occupe au sein du corpus. Ce constat s'étend au sein même du sous-discours praticien puisque les proportions entre discours des magistrats et discours des avocats sont respectées. Lorsque quelques points séparent la mobilité de ces arguments par chaque sous-discours de la place qu'ils occupent au sein du corpus, cette différence n'est pas statistiquement significative et ne dépasse pas le hasard [2036]. La situation est un peu plus particulière pour trois autres arguments. Alors qu'un *décrochage* de leur mobilisation entre le discours académique et le discours praticien suffisamment important pour atteindre le seuil de dépendance statistique peut être constaté, les très relatifs

2036. Pour rappel, la composition simplifiée du discours (qui n'inclut, par souci de clarté, ni le discours *Legaltech*, ni le discours des autres praticiens) s'articule comme suit : 61 % de contributions issues du discours académiques et 39 % de contributions émanant du discours praticien, incluant lui-même 53 % de contributions émanant du discours des magistrats et 47 % de contributions émanant du discours des avocats. Ainsi, et pour ne prendre que l'exemple le plus parlant et renvoyer à notre annexe 2.2.4, T.10, T. 11 et G.18 pour l'ensemble des items, la mobilisation de l'argument relatif à un apport en connaissance du droit est conforme à la composition du discours général (62 % des contributions qui mobilisent cet argument appartiennent au discours académique et 38 % appartiennent au discours praticien (56 % proviennent du discours des magistrats et 44 % du discours des avocats)). Il n'y a pas de lien statistique entre cet argument et les quelques pourcents qui séparent sa répartition entre les deux discours et la part qu'il représente du discours total ($p = 0,9$ pour le discours académique comme praticien et $p = 0,7$ pour le discours des avocats comme pour celui des magistrats). Ce lien statistique n'existe pas non plus sur le plan de l'écart de mobilisation de l'argument entre les deux discours, c'est-à-dire, pour le discours académique, 71 % et, pour le discours praticien, 67 % puisque $p = 0,4$.

écarts entre ces mobilisations et place occupée par chaque discours n'atteint pas la significativité [2037]. C'est le cas, dans un ordre croissant de décalage, de l'argument « *common law* » [2038], de l'argument relatif à la violation des principes d'impartialité et d'indépendance du juge [2039] et de celui relatif à l'effet « performatif » des outils de justice algorithmique [2040]. Dernier cas, encore plus spécifique, celui de l'argument relatif à l'effet « factualisant » de ces outils sur le « droit » : la disproportion évidente à l'œil nu est doublement confirmée sur le plan statistique [2041].

571 **Le cas particulier des arguments liés aux principes d'indépendance et d'impartialité et à l'effet « performatif » des outils de justice algorithmique.** Différentes explications peuvent être proposées pour ces quatre arguments. Les trois premiers, compte tenu de l'ambiguïté de leur significativité statistique, doivent être approchées avec prudence : si l'écart de mobilisation entre les deux discours est systématiquement significatif, ce n'est jamais le cas de l'écart entre leur répartition dans chacun des discours et la proportion qu'ils représentent au sein du corpus. Ainsi, il nous faut admettre qu'expliquer le décrochage de l'argument relatif à l'effet des outils de justice algorithmique sur les principes d'indépendance et d'impartialité apparaît compliqué. Il est possible que la sur-mobilisation de l'argument par le discours académique et, corrélativement, sa sous-mobilisation par le discours praticien s'explique par la plus grande proximité du second avec la justice du fond — ainsi, d'ailleurs, que l'utilisation déjà répandue d'une partie des outils de justice algorithmique dans les cabinets d'avocat [2042]. Que cette proximité

2037. Pour rappel, il est communément (et plus ou moins arbitrairement) admis que le lien de corrélation établi entre deux données (ici, le fait de faire partie ou non du discours académique *et* de mobiliser certains arguments) dépasse le hasard dès lors que $p \leq 0,05$. Cette valeur est calculée par notre logiciel de traitement de données (*Jamovi*).

2038. Mobilisé à hauteur de 43 % du discours général, 46 % du discours académique et 37 % du discours praticien (soit un écart de 9 points, $p = 0,04$). L'écart entre la répartition de la mobilisation de cet argument entre les discours académique et praticien et la proportion du discours total qu'ils représentent n'atteint quant à lui pas du tout le seuil de significativité puisque $p = 0,9$ (discours académique) et $p = 0,6$ (discours praticien), voir annexe 2.2.4, G.18.9.

2039. Mobilisé à hauteur de 46 % du discours général, 50 % du discours académique et 40 % du discours praticien (soit un écart de 10 points, $p = 0,03$). L'écart entre la répartition de la mobilisation de cet argument entre les discours académique et praticien et la proportion du discours total qu'ils représentent n'atteint quant à lui pas du tout le seuil de significativité puisque $p = 0,7$ (discours académique) et $p = 0,6$ (discours praticien), voir annexe 2.2.4, G.18.8.

2040. Mobilisé à hauteur de 65 % du discours général, 71 % du discours académique et 61 % du discours praticien (soit un écart de 10 points, $p = 0,02$). L'écart entre la répartition de la mobilisation de cet argument entre les discours académique et praticien et la proportion du discours total qu'ils représentent n'atteint quant à lui pas du tout le seuil de significativité puisque $p = 0,8$ (discours académique) et $p = 0,7$ (discours praticien), voir annexe 2.2.4, G.18.6.

2041. Mobilisé à hauteur de 30 % du discours général, 42 % du discours académique et 14 % du discours praticien (soit un écart de 28 points, $p < 0,001$). Cette fois-ci, l'écart (de l'ordre de 20 points) entre la mobilisation de cet argument entre les discours académique et praticien et la proportion du discours total qu'ils représentent s'approche du seuil de significativité pour le discours académique ($p = 0,08$) et l'atteint largement pour le discours praticien ($p = 0,005$). Sur le plan statistique, c'est donc bien plus *l'absence* de mobilisation de cet item par le discours praticien que la *sur*-mobilisation par le discours académique qui est significative.

2042. À ce stade, on pense ici surtout à l'outil *Doctrine*, même si les outils de justice prédictive sont de plus en plus utilisés par les cabinets d'avocat… en tout cas si l'on en croit son argumentaire marketing.

et cette connaissance d'au moins certains outils amènent les praticiens à relativiser les risques de partialité ou de rupture d'indépendance ou qu'elles les amènent à ne pas nécessairement vouloir insister sur ce point [2043], ces deux éléments sont, peut-être, en mesure d'éclairer la moindre mobilisation de cet argument. Pour ce qui concerne le cas de l'argument, d'ailleurs lié, tiré de l'effet « performatif » que ces outils exerceraient sur le juge, sa sur-mobilisation par le discours académique peut être reliée, plus largement, à sa genèse : la « performativité » de l'outil est l'un des arguments fondamentalement propres à ce discours qui, nous l'avons vu, a été développé dans son (ou plutôt *ses*) sens spécifique(s) exclusivement dans ce cadre. Il l'a ainsi d'abord été par le discours académique, avant que le discours praticien ne finisse par le reprendre de manière presque égale et dans des termes identiques [2044] ; c'est d'ailleurs là une des marques à la fois de la circularité, de l'autoentretien de ce discours *et surtout* de la capacité de captation des arguments originaires du discours académique. On peut aussi imaginer que cette (relative) sous-mobilisation soit liée à des stratégies discursives plus profondes [2045]. En tout état de cause, il faut admettre que ces deux arguments demeurent parmi les plus mobilisés dans les deux discours. Finalement, notre analyse de l'argument « *common law* » a révélé à la fois une méconnaissance du système de *common law* lui-même et une méconnaissance des logiques juridictionnelles qui ont vocation à recevoir ces outils qui sont donc susceptibles d'expliquer cet écart de mobilisation semi-significatif [2046]. Ce n'est d'ailleurs pas pour rien que cet argument est peu souligné au sein du discours des magistrats.

572 **Une homogénéité partielle témoignant de la circularité du discours doctrinal.** Concernant donc ces items, et malgré les nuances que nous venons de souligner, le constat est donc à la fois peu surprenant et décevant : peu surprenant puisque qu'il constitue notre postulat de départ, décevant parce qu'il aurait, sans doute, pu en être autrement. Cette mobilisation générale d'une série d'arguments identiques

---

2043. Lorsque de tels outils sont utilisés par des avocats, c'est toujours *dans le sens* de leur client — que ce soit en présentant une ou plusieurs décisions de justice déjà rendues allant dans son sens ou en mobilisant des statistiques. *Influencer* le juge est donc l'objectif poursuivi par les avocats, avec ou d'ailleurs sans ces outils. Cette proposition d'explication est d'ailleurs cohérente avec le fait que, de tous les sous-discours, celui des avocats mobilise le moins l'argument relatif aux principes d'indépendance et d'impartialité (à hauteur de 37 %, contre 46 % du discours des magistrats et du discours académique), voir annexe 2.2.4, T.8, T.9.2. et T.9.3.

2044. Nous renvoyons ici à la fois à nos propos sur la nature particulière de cet argument, voir *supra* § 256 et suiv., et à la variation de la mobilisation de cet argument par les deux discours, voir annexe 2.2.4, T.10.

2045. S'il ne s'agit là que d'une hypothèse que nous ne sommes pas en mesure de tester, il pourrait s'agir d'une manière de ne pas avoir à prendre en charge l'ensemble des questions psychologiques et cognitives reliées à cet argument et, en particulier, leurs conséquences sur la maîtrise réelle des praticiens du droit sur les déterminants de leur prise de décision (tels que traités en *supra* § 268 et suiv. et § 503 et suiv.). Cette hypothèse souffre au moins partiellement du fait que, tout en le mobilisant de manière plus importante, le discours académique ne prend guère plus en charge ces conséquences que le discours praticien – encore que la conscience de ces biais ne puisse dans tous les cas n'être, pour le discours académique, qu'indirecte.

2046. À noter, d'ailleurs, que le discours des magistrats le soulève peu (à hauteur de 39 % pour l'ensemble du discours des magistrats) et que cette mobilisation est encore inférieure au sein du discours des magistrats du fond puisqu'elle s'établit à 34 %.

correspond au phénomène déjà souligné de circularité et d'autoentretien du discours. Ce conditionnement de l'espace discursif a ainsi sans doute contribué à l'univocité du discours doctrinal relatif aux outils de justice algorithmique et contrebalancé sa structuration pourtant diverse en limitant l'espace des « possibles » dans le contenu même des contributions rédigées. Dans la mesure où il n'a fallu qu'un an pour que cette structuration à l'origine déséquilibrée en faveur du discours praticien se « rééquilibre » en faveur du discours académique [2047], il est difficile d'établir si oui ou non il y a eu, ou s'il aurait pu y avoir, un discours spécifiquement praticien.

B. Un argument spécifiquement académique

573 **Le cas particulier de l'argument tenant à l'effet « factualisant » des outils de justice algorithmique.** La question du dernier item restant, l'argument tenant à l'effet « factualisant » des outils de justice algorithmique, est de nature plus particulière encore. En valeurs absolues, ce ne sont en effet que quatre contributions issues du discours des avocats qui le mentionnent [2048] contre dix-sept contributions issues du discours des magistrats, dont dix émanent du discours des magistrats suprêmes et sept de celui des juges du fond. Or, parmi ces dix-sept mobilisations réparties dans seize contributions [2049], cinq sont faites en référence directe à l'article de Hervé Croze ayant « consacré » le terme de « factualisation » au sein du discours [2050], trois autres à l'idée d'un traitement indifférencié des données juridiques et non juridiques avancée par Antoine Garapon dès son article programmatique [2051] et quatre autres à la

2047. Voir annexe 2.2.4, G.14.

2048. Adrien Basdevant, Aurélie Jean et Victor Storchan, « Mécanisme d'une justice algorithmisée », *op. cit.*, p. 4, François Guéranger, *op. cit.*, p. 16, Myriam Quéméner, Frédérique Dalle et Clément Wierre, *Quels droits face aux innovations numériques ?*, Gualino, 2020, p. 62 et Luc Augagneur, « Le numérique, outil de simplification de la pratique du droit des affaires », *Droit et Patrimoine*, n° 323, 2022, 30, p. 32.

2049. L'ouvrage de Myriam Quéméner, Frédérique Dalle et Clément Wierre, *Quels droits face aux innovations numériques ?*, Gualino, 2020 étant répertorié, compte tenu des statuts respectifs des auteurs, à la fois au sein du discours des avocats et au sein du discours des magistrats

2050. C'est le cas de Adrien Basdevant, Aurélie Jean et Victor Storchan, « Mécanisme d'une justice algorithmisée », *op. cit.*, p. 4, Gilles Sainati, *op. cit.*, de Vincent Vigneau, « Le passé ne manque pas d'avenir. Libres propos d'un juge sur la justice prédictive », *op. cit.*, p. 1101, note 39 et « Faut-il encore des juges ? », *op. cit.*, p. 13 et de Christian Byk, *op. cit.*, p. 698.

2051. On pense ici à Antoine Garapon, « Les enjeux de la justice prédictive », *op. cit.* et plus spécifiquement au passage suivant : « le droit n'est qu'une information dont il faut tenir compte et rien d'autre. Tout le droit devient un fait et réciproquement n'importe quel fait, légitime ou non, devient normatif » (p. 49) qui a, précisément, provoqué la « théorisation » de cet argument tiré de l'effet « factualisant » des outils de justice algorithmique par Hervé Croze et Emmanuel Jeuland. Cette idée est ensuite reprise dans différentes contributions subséquentes d'Antoine Garapon dont, notamment, la postface de l'ouvrage (hors corpus d'analyse) de Adrien Van Den Branden, *Les robots à l'assaut de la justice*, Bruylant, 2019. Le passage originel est ainsi cité explicitement par Xavier Leonetti, *op. cit.*, p. 126 et indirectement par Emmanuel Poinas, *Le tribunal des algorithmes*, *op. cit.*, p. 116 (« le fait de prendre le parti « d'araser » la pyramide des décisions juridictionnelles revient à traiter le droit comme une

notion de « norme issue du nombre » développée par Éloi Buat-Ménard et Paolo Giambiasi [2052]. Il n'y a donc que quatre contributions qui exploitent de manière autonome cet argument tiré d'un effet « factualisant » des outils de justice algorithmique : deux qui évoquent la transformation du raisonnement juridique en raisonnement « casuistique » [2053], une qui emploie le terme de « factualisation » sans référence à une autre contribution [2054] et une dernière qui, sans faire de référence explicite à d'autres écrits, fait partie d'un ensemble de contributions rédigées par un même auteur qui a pu faire figurer ces références dans d'autres écrits [2055]. En d'autres termes, non seulement l'argument tiré de l'effet « factualisant » des outils de justice algorithmique est d'origine et de *nature*, au moins statistiquement, académique, mais il le demeure au moins en partie lorsqu'il est mobilisé par le discours praticien. Lorsqu'il est employé sans référence aux articles originels de Hervé Croze et Emmanuel Jeuland, il l'est en référence à d'autres travaux qui se sont, eux, chargés d'expliciter le, ou plutôt *les*, sens de cet argument. Il n'est pas anodin, à cet égard, que les auteurs de ces travaux soient Antoine Garapon, instigateur du discours, et deux magistrats issus de la Cour de cassation.

574 **Le(s) sens particulier(s) de l'argument tenant à l'effet « factualisant » des outils de justice algorithmique**. Cet effet « factualisant », donc, n'est véritablement explicité et pour ainsi théorisé que par le discours académique. Son sens minimal se passe d'explication, quoique : le « droit » deviendrait « factuel » — encore faut-il s'accorder sur ce que l'on entend par *droit*, par *factuel* et par le procédé qui conduit de l'un à l'autre. Or, le discours ne s'accorde sur aucune des parties de l'affirmation. Ainsi, le « droit » qui se « factualiserait » serait parfois le droit au sens strict : « il ne s'agit plus d'imposer des devoir-être à des être, afin de corriger les éventuels égarements nuisibles de ces être » [2056] puisque ces devoir-être (donc les normes juridiques) seraient constitués « des faits qui sont ici représentés

---

donnée parmi d'autre et non comme un élément spécifique (…) »), et sa réinterprétation dans la postface l'est explicitement dans Yannick Meneceur, *Les algorithmes en procès*, *op. cit.*, p. 111.

2052. Éloi Buat-Ménard et Paolo Giambiasi, *op. cit.*, p. 1487. L'expression « norme issue du nombre » se retrouve ainsi, telle quelle mais non sourcée, dans Yannick Meneceur, « Intelligence artificielle et justice : le grand malentendu », *Institut Sapiens*, 13 octobre 2020, disponible en ligne à <https://www.institutsapiens.fr/intelligence-artificielle-et-justice-le-grand-malentendu/> et sourcée dans « Justice et intelligence artificielle : la confiance naîtra d'une réglementation internationale », *Dalloz IP/IT*, 2021, 247, p. 249 ainsi que, plus indirectement, dans Guy Canivet, « Les facteurs de transformation du droit », *Enjeux Numériques*, n° 3, 2018, 38, p. 42 (« la réalisation numérique du droit serait déterminée par le nombre ») et Olivier Tcherkessoff, *op. cit.*, p. 158 (« face à la solution factuelle dégagée par le nombre, quelle sera la capacité de résistance du juge ? »).

2053. François Guéranger, *op. cit.*, p. 16 et Marc Clément, « La décision juridictionnelle : numérisation des procédures et exploitation numérique », *op. cit.*, p. 98.

2054. Myriam Quéméner, Frédérique Dalle et Clément Wierre, *loc. cit.*

2055. C'est le cas de Vincent Vigneau dans la dernière contributions qu'il a rédigé au sein de ce discours, « Justice algorithmique », in Gustavo Cerqueira, Hugues Fulchiron et Nicolas Nord (dir.), *« Insécurité juridique » : l'émergence d'une notion ?*, Société de législation comparée, 2022, 201, p. 209.

2056. Boris Barraud, « Le droit en datas : comment l'intelligence artificielle redessine le monde juridique », *op. cit.*, p. 52.

par les données recueillies et utilisées ensuite par les algorithmiques » [2057]... et seraient donc eux-mêmes des être. Cet effet se subdivise alors en deux hypothèses : soit les normes juridiques demeurent mais leur nature changerait puisque « l'algorithme juridique provoque une transformation de fond, jusque dans la fonction du jugement de la production du droit » [2058] et notamment en « pass[ant] de la causalité normative à la corrélation pratique » [2059], soit ce sont de nouvelles normes « issues du nombre » [2060] qui seraient créées au bénéfice d'une « nouvelle légalité numérique » [2061]. Dans les deux cas, ce serait autant les normes elles-mêmes qui se trouveraient remises en causes parce que *remplacées* ou *modifiées* directement par les outils de justice algorithmique que la manière de *concevoir* la nature particulière de ces normes. Plus souvent, en effet, ce n'est pas tant le droit comme norme que le droit comme *raisonnement* qui serait affecté par cet effet « factualisant » : puisque les algorithmes ne distinguent pas le fait du droit, « une distinction importante pour les juristes mais inopérante pour eux » [2062], « cette factualisation modifie le raisonnement juridique » [2063] voire « l'altère » [2064] en « privilégiant l'analyse des faits dans la réflexion » [2065], que ce raisonnement soit celui du juge [2066], de l'avocat [2067] ou du juriste en général [2068]. À cet égard, ce serait moins l'outil de justice algorithmique lui-même qui aurait un effet « factualisant » que le fait, pour un juriste, *d'accéder* aux informations produites par l'outil qui modifierait ensuite la manière dont il mènerait son raisonnement juridique. C'est donc toujours de ces outils que la « factualisation » émanerait, qu'elle transite ensuite par l'utilisateur ou qu'elle intervienne directement au sein du champ juridique. Ainsi, « la factualisation du droit résulte d'abord de la façon dont sont traitées les données par les logiciels de justice prédictive » [2069] — et donc du fonctionnement de ces outils de justice algorithmique. Ce n'est à ce stade qu'un rappel, mais qu'il s'agisse des bases de données jurisprudentielles ou des outils de justice prédictive, le cœur même de leur fonctionnement demeure les données *de fait* : c'est à partir

---

2057. Sarah Torricelli-Chrifi, « Nouvelles technologies et normativité : une recherche méthodologique », *op. cit.*, p. 870.

2058. Vincent Lemaire, *op. cit.*, p. 298.

2059. Boris Barraud, « Le coup de data permanent : la loi des algorithmes », *op. cit.*

2060. Éloi Buat-Ménard et Paolo Giambiasi, *op. cit.*, p. 1487.

2061. Yannick Meneceur, *L'intelligence artificielle en procès*, *op. cit.*, p. 111 citant la postface précitée d'Antoine Garapon.

2062. Stéphanie Lacour et Diana Piana, *op. cit.*, p. 51.

2063. Liane Huttner, *op. cit.*, § 10.

2064. Guy Canivet, « Les facteurs de transformation du droit », *op. cit.*, p. 41.

2065. Sarah Torricelli-Chrifi, « Nouvelles technologies, nouvelle ère : vers une désintermédiation du droit ? », *op. cit.*, pp. 299-300.

2066. Dans, par exemple, Gilles Sainati, *op. cit.* ou Carole-Anne Vaz-Fernandez, *op. cit.*, p. 80.

2067. Dans, par exemple, François Guéranger, *op. cit.*, p. 16 ou Jean Lassègue et Antoine Garapon, « Mythe de la délégation aux machines », in Alain Strowel et Christophe Lazaro (dir.), *Des véhicules autonomes à l'intelligence artificielle. Droit, politique et éthique*, Larcier, 2020, 207, p. 214.

2068. Dans, par exemple, Vincent Vigneau, « Faut-il encore des juges ? », *op. cit.*, p. 13 ou Antoine Garapon, « Les enjeux de la justice prédictive », *op. cit.*, p. 31.

2069. Didier Cholet, « La justice prédictive et les principes fondamentaux du procès civil », *op. cit.*, p. 233.

d'elles, notamment et notablement, que la recherche s'opère au sein des bases de données jurisprudentielles, tout comme c'est à partir d'elles que sont articulées les analyses statistiques et probabilistes. Les données de droit demeurent des données pertinentes de recherche ou d'analyse, mais elles ne sont finalement nécessaires que pour restreindre le nombre de décisions au sein desquelles sont recherchées les données de fait ou à partir desquelles sont élaborées les synthèses statistiques. Toutes les données remplissent donc la même fonction : d'une part, permettre une recherche aussi précise que possible dans un ensemble massif de décisions et d'autre part, affiner l'analyse automatisée du corpus des décisions considérées pertinentes. C'est alors bien cette fonction commune que le discours pointe du doigt lorsqu'il est craint que les outils de justice algorithmique mettent toutes ces données « sur un pied d'égalité » [2070] : « produisant des statistiques quant aux solutions retenues face à des éléments juridiques et factuels donnés, elles ne séparent pas les uns des autres et les abordent tous tels des faits » [2071]. Ce nivèlement passerait ainsi, bien sûr, par le fait, de mettre « sur le même plan » tous les éléments d'une décision « à partir du moment où ils déterminent la décision » [2072] : « la règle de droit, la jurisprudence, le contexte, la personnalité du juge, le temps qu'il fait, l'heure de passage et les millions de décisions des banques de données. » [2073] Or, horizontaliser les rapports entre fait et droit dans un contexte juridique ou juridictionnel, ce serait déjà *inverser* ces rapports [2074]. Ce serait déséquilibrer [2075], mélanger la *majeure* et la *mineure* du syllogisme [2076], le *sein* et le *sollen* et, donc, faire disparaître toute hiérarchie et toute différence de nature entre les deux. Dans certaines contributions, cette horizontalisation des informations contenues dans les décisions dépasse la seule question de la distinction fait/droit et rejoint celle du changement de nature de la jurisprudence. Il s'agit alors de souligner que les outils ne sont pas programmés pour prendre en compte le fait qu'« une décision de la Cour de cassation ou du Conseil d'État n'a pas la même importance qu'un jugement ou qu'un arrêt d'appel » [2077] et qu'à ce titre, ils contribueraient à remettre

---

2070. Mustapha Mekki, « Les fonctions de la responsabilité civile à l'épreuve du numérique : l'exemple des logiciels prédictifs », *op. cit.*, p. 680.

2071. Boris Barraud, « Les intelligences artificielles du droit », in Boris Barraud (dir.), *L'intelligence artificielle dans toutes ses dimensions*, L'Harmattan, 2020, 195, p. 201.

2072. Antoine Garapon, « Les enjeux de la justice prédictive », *op. cit.*, p. 31. Repris, en dehors du discours praticien, par Aude Rouyère, « Conclusions », *op. cit.*, p. 233 ou Didier Cholet, « La justice prédictive et les principes fondamentaux du procès civil », *op. cit.*, p. 233.

2073. Emmanuel Jeuland, « Intelligence artificielle et justice : une approche interhumaniste », *op. cit.*, p. 196, repris notamment dans Nathalie Bourgeois-de-Ryck, « Compte rendu des deux tables rondes », *Jour. Sociétés*, n° 48, 2017, 5, p. 6.

2074. Mustapha Mekki, « Les fonctions de la responsabilité civile à l'épreuve du numérique : l'exemple des logiciels prédictifs », *op. cit.*, p. 680.

2075. Aurélien Rocher, *op. cit.*, p. 23.

2076. Ce qui ne manque pas, d'ailleurs, de rendre paradoxal l'argument avancé dans certaines contributions que le raisonnement judiciaire ne pourrait de toute façon pas être modélisé sous forme de syllogisme (on retrouve cette idée dans Vincent Vigneau, « Le passé ne manque pas d'avenir. Libres propos d'un juge sur la justice prédictive », *op. cit.* et « Faudra-t-il encore des juges ? », *op. cit.*) ; à partir du moment où l'on admet que l'approche des outils est horizontalisante, nivelante, « factualisante », on admet aussi qu'il ne s'agit pas de reproduire ou de modéliser un syllogisme.

2077. Vincent Orif, « Voyage du juge depuis Hypérion : entre une intelligence artificielle conseillère et conquérante », *op. cit.*, p. 141.

en cause « la hiérarchie des précédents juridictionnels » [2078]. Le fonctionnement des outils de justice algorithmique aurait donc un double effet « factualisant ». Il s'exprimerait à la fois dans un effet d'ensemble touchant au droit et au raisonnement juridique mais aussi dans un effet plus spécifique propre à la *notion* de jurisprudence, n'intégrant que les arrêts quasi législatifs des juridictions suprêmes, qui serait « factualisée » par son nivellement avec les « décisions de fond, par essence factuelles » [2079].

575 **Quel est ce « droit » « factualisé » ?** En d'autres termes et en résumé, cet argument tiré de l'effet « factualisant » des outils de justice algorithmique repose sur les effets délétères qu'auraient ces outils à la fois sur le droit comme normes, soit que la normativité juridique soit entièrement remise en cause par une « normativité technique et algorithmique » [2080] « extra-légale » [2081], soit que cette normativité se trouve accolée, dans « le 'lieu vide de la loi' » que constitue le pouvoir souverain d'appréciation des juges du fond, à « des formes de normativité non juridique » qui viendraient la compléter ou la concurrencer [2082], mais aussi sur le droit comme ensemble de raisonnements et de notions métajuridiques. Dans les deux cas, il s'agit toujours de *dégrader* la nature pleinement juridique du « droit », en le dégradant par l'intérieur ou en en dégradant la place dans les raisonnements et les notions mobilisés par les acteurs du droit — le fait que la notion de *réalisme juridique* soit employée au renfort de cette argumentation ne doit alors rien au hasard [2083]. Or, s'il apparaît difficile à ce stade d'établir si oui ou non ces outils seront, une fois déployés, en mesure de remettre en cause la nature juridique *du droit dans son ensemble*, nous avons déjà, au travers de notre analyse, identifié les raisonnements et les notions *dégradées* par l'outil. On pense ici à la notion de jurisprudence (voir *supra* § 456 et suiv.) et à la conception particulière du raisonnement juridique et juridictionnel qui en découle (voir *supra* § 471 et suiv.) ; dans les deux cas, nous avons démontré qu'il s'agit non seulement de deux *constructions*, mais encore de deux constructions *partielles* qui n'ont ni la capacité ni même la vocation à décrire l'intégralité du phénomène juridique sur lequel elles sont bâties. La notion de jurisprudence n'épuise pas, tant s'en faut, la description et la conceptualisation de la production juridictionnelle, tout comme le raisonnement syllogistique ne correspond, de manière esthétisée et simplifiée, qu'au raisonnement de *certains* juges. C'est précisément pour cette raison que nous avons

---

2078. Guy Canivet, « Les facteurs de transformation du droit », *op. cit.*, p. 42 et, dans le même sens, Éloi Buat-Ménard et Paolo Giambiasi, *op. cit.*, p. 1487.

2079. Olivier Tcherkessoff, *op. cit.*, p. 157. Dans certaines contributions, ce passage par la « factualisation » de la notion de jurisprudence pour illustrer l'effet « factualisant » des outils de justice algorithmique n'est pas explicité : il s'agit alors uniquement d'indiquer que l'utilisation de ces outils « induirait une sorte de 'factualisation' du droit, qui amènerait le juge à statuer selon le système du précédent » (Carole-Anne Vaz-Fernandez, *op. cit.*, p. 80) et « nous rapprocherait du modèle anglo-saxon fondé sur le système de précédent » (Myriam Quéméner, Frédérique Dalle et Clément Wierre, *op. cit.*, p. 62).

2080. Jean-Baptiste Racine, « La résolution amiable des différends en ligne ou la figure de l'algorithme médiateur », *op. cit.*, p. 1705.

2081. Guilhem Julia, « Intelligence artificielle et droit », *op. cit.*, p. 32.

2082. Motahareh Fathisalout Bollon et Vincent Rivollier, *op. cit.*, p. 23.

2083. Nous reviendrons sur cette analogie plus avant, voir *infra* § 614-615.

rejeté notre hypothèse systémique : le fait que ces deux constructions soient mises en souffrance par l'arrivée des outils de justice algorithmique ne dit rien de l'état de « l'espace négatif » qui les entoure et qui est, lui, au contact direct de ces outils. Ce constat peut être rapproché de celui d'une méconnaissance maintenue de la justice du fond : comment savoir si le raisonnement juridictionnel serait « factualisé », dans la mesure où on ne sait pas évaluer à quel point il l'était *déjà* avant leur arrivée ? Comment savoir si le raisonnement juridique des acteurs du procès autre que les magistrats serait lui-même « factualisé » ou rendu « casuistique » dans la mesure où, là encore, on ne sait pas évaluer à quel point il l'est déjà ? Plus généralement, dans la mesure où la notion de jurisprudence n'a pas vocation à recevoir d'autres décisions que celles des juridictions suprêmes, pourquoi la considérer « factualisée » par la diffusion de toute une production des juridictions du fond... qui a toujours existé ?

576 **L'univers juridique du discours doctrinal académique en voie de « factualisation » ?** En d'autres termes, puisque les raisonnements et les notions potentiellement affectées par les outils sont dissimulés dans cet « espace négatif » de la pensée juridique, ce n'est pas eux qui sont visés par cet argumentaire tiré de l'effet « factualisant » de l'outil mais bien *leur compréhension.* La sous-mobilisation de cet argument lié à l'effet « factualisant » des outils par le discours praticien apparaît dès lors d'autant moins surprenante que cette compréhension n'est, en fait, pas nécessairement celle des praticiens. La dépendance statistique entre la mobilisation de cet argument et l'appartenance d'une contribution au discours académique rejoint ainsi la logique même de l'argument : c'est bien la manière dont le discours doctrinal académique comprend *le droit, ses raisonnements et ses notions* qui se trouve factualisée. Nous voilà donc mise sur la piste d'une incompatibilité non pas juridique ou systémique mais bien *culturelle* et, plus précisément encore, d'une incompatibilité entre les outils de justice algorithmique et l'ensemble de ce qui compose la *culture* de ce discours doctrinal académique : sa conception de son propre univers juridique, sa conception du phénomène juridique et sa conception de sa place au sein du phénomène juridique.

Conclusion du chapitre 1

577 **Des champs doctrinaux profondément nationaux**. Aussi naturellement que chaque ordre et chaque système juridique présente des traits saillants qui l'intègrent au sein de plus grands ensembles ou l'en excluent, il héberge aussi un discours doctrinal à la fois structuré par ces données et qui, lui-même, en structure la compréhension, la représentation et le fonctionnement. Si, à première vue, les liens historiques et la proximité juridique et systémique entre la France et le Québec auraient pu laisser penser à une proximité doctrinale, notre retour sur la structuration de leur(s) discours respectif(s) nous a permis de dresser un tableau un peu plus subtil, notamment lorsqu'il s'est agi de confronter cette structuration générale à celle de chaque sous-discours relatif aux outils de justice algorithmique.

578 **Des histoires de conquêtes, de flux et de reflux.** Si l'on peut résumer l'histoire des discours doctrinaux français et québécois à celle d'une autonomisation progressive du discours académique vis-à-vis du discours praticien et celle d'une tentative de « conquête » de l'espace discursif juridique, on ne peut cependant guère être plus précise puisque tout se joue ensuite dans *la réussite ou l'échec* de cette tentative. Si le discours doctrinal français est aujourd'hui pleinement capté par le discours académique, si ce n'est *substantiellement* au moins quantitativement pour le discours administrativiste, ce n'est pas le cas du discours doctrinal québécois. Les difficultés que son autonomisation a traversé du fait, notamment, d'une structuration tardive de l'enseignement universitaire du droit et d'une prépondérance maintenue du discours praticien au sein de cet enseignement, impliquent que le discours doctrinal québécois réponde aux standards et aux canons d'un discours de *common law*. Il apparaît, à cet égard, plus divers dans sa structuration faute pour le discours doctrinal académique d'être parvenu à en exclure le discours praticien. Ces deux structurations particulières se retrouvent ainsi au sein de chaque sous-discours relatif aux outils de justice algorithmique : le sous-discours québécois apparaît tout aussi diversifié que le champ doctrinal auquel il appartient, tandis qu'au sein du sous-discours français, le discours académique conserve une place majoritaire.

579 **Une singularité structurelle française ambivalente.** Derrière cette place majoritaire, cependant, se loge de réelles différences de structuration du discours français relatif aux outils de justice algorithmique que ne révèle pas le discours québécois. Cette singularité structurelle du discours français par rapport à son champ doctrinal général apparaît ambivalente à plusieurs égards *a priori* peu compatibles entre eux. Si la présence plus importante du discours praticien tend déjà à démontrer à quel point les questions soulevées par les outils de justice algorithmique sont particulières et suscitent, ainsi, des réactions elles-mêmes particulières, l'homogénéité *substantielle* du discours tend à contredire cette idée. Elle ramène même le discours vers une captation, si ce n'est quantitative, du moins *qualitative* par le discours académique dont la particulière circularité emporte avec elle le discours praticien. L'analyse de cette cohérence d'ensemble, cependant, révèle une dernière ambivalence lorsqu'il s'agit d'analyser les items qui ne sont précisément *pas* exploités de manière homogène et, parmi eux, celui qui l'est le moins : l'argument tiré de l'effet « factualisant » que les outils de justice algorithmique auraient sur le « droit ». La mobilisation de cet argument statistiquement déséquilibrée en faveur du discours académique contribue ainsi à la fois à l'idée qu'il y a bien quelque chose de problématique avec les outils de justice algorithmique, tout en orientant la recherche de ce *quelque chose* non pas du côté du discours praticien mais bien du discours académique. Pour suivre cette piste, il s'agit donc de dépasser la question de la structure *externe* du discours pour s'intéresser à la manière dont chaque discours doctrinal se structure d'un point de vue *interne*.

Chapitre 2

Une interaction conditionnée par une appréhension distincte du phénomène juridique

> « *L'imagination travaille, de la même façon qu'elle reconstitue un temple grec à partir de quelques fûts de colonne.* » [2084]

580 **Structuration externe, structuration interne des discours doctrinaux**. Au-delà de leur construction et de leur structuration externe opposées, les discours doctrinaux français et québécois se distinguent en termes de structuration *interne*, c'est-à-dire au regard de la conception que chaque discours a de lui-même. Cette structuration interne constitue un ensemble de valeurs et d'idées partagées au sein d'un discours doctrinal à ses deux niveaux d'existence : en tant que *partie d'un tout*, cette structuration interne des discours conditionne la place qu'occupe le discours doctrinal au sein du champ juridique et en tant que *tout autonome*, elle se compose d'une série de présupposés liés à une certaine manière de concevoir, appréhender et délimiter le phénomène juridique dans son ensemble. En d'autres termes, la structuration interne de chaque discours doctrinal informe à la fois son office et constitue un ensemble d'idées qui le fondent, l'informent et le bornent au sein de certaines limites.

581 **Une structuration interne de la place occupée au sein du champ juridique**. En l'occurrence, chaque discours national relatif aux outils de justice algorithmique se présente comme le miroir grossissant des lignes de force qui parcourent, en interne, chacun des discours doctrinaux [2085]. À leur analyse, l'opposition de

---

2084. Philippe Jestaz, « La jurisprudence, ombre portée du contentieux », *op. cit.*, p. 152.

2085. Tel que nous l'avons postulé en introduction et progressivement démontré sur le plan de la représentativité formelle (voir *supra* § 564 et suiv. et annexe 2.2.2) et substantielle (avec la

structuration externe que nous avons dégagée entre les discours doctrinaux français et québécois se maintient et se poursuit au niveau interne et informe la manière dont ils reçoivent les outils de justice algorithmique. Ainsi, au travers de chaque discours et de son traitement des outils, apparaît tout d'abord clairement l'idée que chaque discours doctrinal se fait de lui-même, de la place qu'il occupe au sein du champ juridique et, *surtout*, des missions qu'il se doit d'accomplir (**Section 1**).

582 **Une structuration interne de la compréhension du champ juridique**. Au-delà de cette structuration interne des discours doctrinaux vis-à-vis du reste du champ juridique, chaque discours est aussi révélateur, dans la manière dont il intègre et traite les problématiques des outils de justice algorithmique, des clés qu'il mobilise plus généralement pour *comprendre et appréhender* ce champ juridique. Ces manières spécifiques de se saisir du *droit* et de l'office que chaque discours doctrinal s'est attribué conditionnent la facilité ou, à l'inverse, les difficultés avec lesquelles sont appréhendés ces outils *nouveaux* (**Section 2**).

Section 1. Un office doctrinal distinct perceptible au sein des discours

583 **Des offices doctrinaux informés par la structuration externe de chaque discours**. De la même manière que le discours doctrinal général s'est constitué de manière opposée de part et d'autre de l'Atlantique et que cette structuration externe est, dans une mesure certaine, perceptible au sein des discours relatifs aux outils de justice algorithmique, ces derniers sont aussi marqués par une certaine conception des missions, des buts et des objectifs poursuivis par chaque discours doctrinal — en un mot, d'une certaine conception de *l'office doctrinal*. Rien de plus normal, en effet, puisque c'est un office que chaque discours s'est attribué et que sa structuration externe a contribué, au moins en partie, à cimenter.

584 **Des positionnements spécifiques vis-à-vis de la pratique**. Ainsi, si le discours québécois est révélateur d'un discours qui s'est construit autour de la pratique juridique pour, selon les cas, l'épouser ou s'en détacher (**§ 1**), le discours français souligne quant à lui non seulement l'autonomie, mais encore la position particulière qu'occupe le champ doctrinal vis-à-vis de la pratique. Ce sont donc véritablement toute la spécificité des objectifs et des méthodes du discours doctrinal français qui se révèlent en creux (**§ 2**).

présence de nœuds doctrinaux en son sein, tel que les tensions centenaires quant à la nature de la jurisprudence ou l'appréhension tronquée du système de *common law* pour ne revenir que sur ces exemples abordés en *supra* au sein de notre deuxième partie) du discours.

§ 1. *Le point de mire praticien du discours doctrinal canadien*

585 **Un sous-discours doctrinal opérationnel, expérimental et analytique.** Dans le prolongement de sa structuration diversifiée et de sa relative jeunesse, l'office du discours doctrinal québécois est conditionné par le milieu juridique dans lequel ce discours intervient. Ainsi, tout comme la structuration externe du discours relatif aux outils de justice algorithmique reflétait fidèlement la structuration externe du champ doctrinal plus général, on y identifie aussi sans difficulté la place qu'occupe le discours doctrinal au sein du champ juridique ainsi que les missions qu'il se donne. Nous avons déjà souligné la tendance de la production doctrinale québécoise, et d'ailleurs plus largement canadienne, à s'articuler autour de deux axes lorsqu'il s'agit de nos outils de justice algorithmique. Le premier tient à l'analyse de la manière dont les technologies du numérique et de l'intelligence artificielle imposent déjà une appréhension différente du phénomène *juridique* (et pas seulement juridictionnel). Cette orientation était d'ailleurs déjà *prédite* en 2016, un auteur estimant que le discours doctrinal « peut tenter d'adapter le droit aux nouvelles réalités sociales, par exemple en matière de technologies de l'information » [2086] — et c'est précisément ce que propose de faire une série d'auteurs à la fois québécois [2087] et, plus largement, canadiens anglophones [2088]. À l'autre bout du spectre, le second d'axe d'analyse nous ramène à ce qui fait véritablement la spécificité des discours canadien et québécois : une analyse pratique et technique, voire technologique pour la production doctrinale la plus expérimentale [2089], des outils. Cette approche conduit les auteurs à explorer de quelle manière et dans quelle mesure chaque outil apparaît en mesure de répondre aux problématiques rencontrées par chaque type de praticien, de s'intégrer à leur pratique et, le cas

---

2086. Sébastien Grammond, « La doctrine, une obligation ? », *Rev. Notariat*, vol. 118, nº 2, 2016, 311, p. 326.

2087. C'est l'un des axes de recherche du laboratoire de Cyberjustice que d'analyser les impacts multiples du numérique sur le droit, tant au niveau constitutionnel (Karim Benyekhlef et Simon Du Perron, *op. cit.* ou Stéphane Bernatchez, « De la démocratie par le droit à la dictature des algorithmes ? La théorie juridique à l'ère cybernétique », *Lex Electronica*, vol. 25, nº 3, 2020, pp. 10-33), qu'éthique (Jocelyn Maclure et Marie-Noëlle Saint-Pierre, *op. cit.*) ou plus symbolique (on pense ici au projet de recherche *Rituels de justice* ou au treizième chantier du projet AJC sur l'Éthique et problèmes socio-politiques de l'utilisation de l'IA et de l'autonomisation).

2088. On pense ici, notamment, à la recherche juridique portant plus largement sur la mise en place de microdirectives et de normes ultra-personnalisées, telle que menée par Benjamin Alarie (qui est d'ailleurs rattaché au laboratoire de Cyberjustice), Anthony Niblett et Albert Yoon (« Law in the future », *op. cit.*, « The path of the Law: Towards Legal Singularity », *op. cit.*) ou Brian Sheppard (« Warming up to Inscrutability: How Technology Could Challenge our Concept of Law », *op. cit.*). On peut aussi penser, dans la lignée d'auteurs américains, aux quelques écrits portant sur les effets de la numérisation du droit sur le raisonnement juridique : nous avons, notablement, beaucoup cité les travaux de Jonathan De Vries (« Legal Research, Legal Reasoning and Precedent in Canada in the Digital Age », *op. cit.*).

2089. On pense ici aux quatre logiciels développés sous l'égide du laboratoire de Cyberjustice : *PARLe*, *ISA*, *GREFFE ÉLECTRONIQUE* et le *TRIBUNAL VIRTUEL*, ou, pour des projets plus ponctuels, à David Beauchemin, Nicolas Garneau, Ève Gaumond, Pierre-Luc Déziel, Richard Khoury et Luc Lamontagne, *op. cit.* ou Aubert Benoît, Gilbert Babin et Hamza Aqallal, « Providing an Architecture Framework for Cyberjustice », *Laws*, vol. 3, nº 4, 2014, pp. 721-743.

échéant, les adaptations nécessaires à cette intégration [2090]. Indéniablement, et compte tenu de la diversité des enjeux, des outils et des technologies impliqués, le discours relatif aux outils de justice algorithmique se prête bien à une telle dispersion des approches. Il constitue à ce titre le miroir grossissant d'une pratique et d'un office plus général construit en même temps que le discours lui-même s'est structuré et formalisé, c'est-à-dire un office construit autour de la figure du praticien (**A**), modelé autour de lui (**B**) et aujourd'hui en recomposition (**C**) du fait de cette focalisation historique.

A. Le praticien au cœur du discours doctrinal québécois

586 **Le point de mire praticien du discours doctrinal québécois**. La place prépondérante du praticien dans ce discours, et plus spécifiquement du *juge*, ne laisse en effet qu'un espace discursif limité pour le reste du discours doctrinal. À cet égard, et nous y reviendrons lorsqu'il s'agira de décrire le discours doctrinal *français*,

> « *la place traditionnellement civiliste du juge et de la doctrine s'est renversée au Québec : alors que sur le continent la doctrine est l'agent réflexif qui construit le droit au travers d'un raisonnement abstrait et qui le réduit à une série de formules qui sont ensuite plus ou moins mécaniquement reprises par le juge, au Québec le droit est construit par les juges et ensuite compilé mécaniquement par la doctrine* » [2091].

En d'autres termes, ce « faible rôle de la doctrine (…) dans les sources du droit est certainement dû à [un] cadre juridique qui accorde à la magistrature un immense prestige ». Puisque c'est le « juge [qui] crée et commente en même temps le droit » [2092], le discours doctrinal n'a que peu d'intérêt à faire la même chose dans la mesure où, contrairement à lui, il ne joue aucun rôle normatif au sens strict. À cet égard, et de la même manière que sa structuration s'est faite dans les interstices de ce large espace occupé par le juge, son office s'est modelé *autour*, et non pas au-dessus, de ce *pouvoir judiciaire*. C'est en cela que le discours doctrinal classique québécois a pu être décrit comme un discours de « légitimation » d'un ordre préexistant [2093]. Identiquement, puisque l'édification du droit échoit, par

---

2090. Voir, pêle-mêle : Pierre-Luc Déziel, Hélène Zimmerman et Satchel Dell'olio Delpech, *op. cit.*, Nicolas W. Vermeys et Karim Benyekhlef, « Premiers éléments d'une méthodologie de réformation des processus judiciaires par la technologie », *op. cit.* ou Nicolas W. Vermeys et Sara Couture, « Étude relative aux standards et formats de documents technologiques contenus dans un dossier judiciaire », Ministère de la Justice du Québec, 2019.

2091. « *The traditional civilian roles of judge and scholar have come to be reversed in Quebec: whereas on the continent the scholar is the critical legal thinker who shapes the law through abstract reasoning and reduces it to a set of formulae that will then be applied somewhat mechanically by the judge, in Quebec the law effectively is shaped by judges and thereafter mechanically compiled by scholars* », Catherine Valcke, « Legal Education in a Mixed Jurisdiction: the Quebec Experience », *op. cit.*, p. 118.

2092. Pierre Lemieux, « Les réactions de la doctrine à la création du droit par les juges en droit administratif », in Association Henri Capitant des amis de la culture juridique française (dir.), *Les réactions de la doctrine à la création du droit par les juges*, Economica, 1982, 540, p. 541.

2093. Notamment dans Sylvio Normand, « La littérature du droit comme élément structurant du champ juridique québécois : une perspective historique », in Ysolde Gendreau (dir.), *La doctrine et le développement du droit*, Éditions Thémis, 2005, 2, p. 5-22.

construction et par tradition, aux juges, le discours a dû se construire, non sans heurts, *autour* et *à côté* de cette édification. Nous avons déjà vu que les difficultés de structuration du discours doctrinal sont liées à des difficultés de structuration d'un enseignement du droit universitaire, à la fois formellement (enseigné au sein de facultés) et matériellement, dans les « outils » par lesquels l'enseignement passe. Or, cette tension entre un enseignement *à l'anglo-saxonne*, technique et proche de la pratique, et un enseignement plus théorique *à la civiliste* émaille l'intégralité de la structuration externe comme interne du discours doctrinal. En dehors de l'enseignement, cette tension s'articule autour de la distinction, peu maniée au sein du discours doctrinal français mais connue des sciences expérimentales, mathématiques ou informatiques, entre *recherche fondamentale* et recherche *appliquée* [2094], voire, à suivre certains auteurs, entre ce qui *est* de la doctrine et ce qui *n'en est pas* [2095]. Si cette dernière distinction n'est pas absolument inconnue du juriste français puisque, nous l'avons vu, c'est parfois à partir d'un certain contenu que l'on peut définir *la doctrine* [2096], elle est néanmoins centrale dans un champ doctrinal qui se trouve aujourd'hui tiraillé entre l'office qu'il s'est historiquement attribué et un office aujourd'hui renouvelé précisément par ou à cause des nouveaux outils utilisés par ces praticiens. C'est à l'aune de ce renouvellement partiel que l'on peut lire, avant même les années 2000, des auteurs s'interroger sur ce qu'est la recherche en droit : « se borne-t-elle à la recherche/compilation ou à la recherche/synthèse de droit positif pour la composition des cours ? Et cette recherche constitue-t-elle une vraie recherche ? Doit-on en effet la snober pour lui préférer la Recherche fondamentale, l'authentique, celle qui fait reculer les limites de l'inconnu (...) ? » [2097]

587 **Un discours doctrinal structuré par l'enseignement du droit**. C'est donc d'abord autour de l'enseignement du droit que s'est structuré, d'un point de vue interne, le discours doctrinal. Les « outils [d']enseignement » déployés par le jeune discours académique portent alors bien sûr la trace de cette tension inhérente à l'enseignement du droit au Québec : « les ouvrages à destination des étudiants, cercle très restreint, faits par des professeurs-praticiens, prennent l'angle de la

---

2094. Il faut admettre qu'il n'est pas aisé de définir ces deux types de recherche lorsque l'on baigne soi-même dans un univers de recherche qui, pour l'essentiel, ne mobilise pas cette distinction. On se contentera d'indiquer, pour les besoins de notre cause, que l'on distingue généralement la recherche fondamentale et la recherche appliquée au niveau de l'objectif qu'elles poursuivent ; si la première ne poursuit généralement pas d'objectif précis, autre que de celui d'élaborer de nouvelles connaissances, la seconde est astreinte à des objectifs plus déterminés, à l'idée de « trouver de nouvelles solutions » à des questions, problématiques ou enjeux eux-mêmes déterminés (Jean-Marie Van Der Maren, *La recherche appliquée pour les professionnels*, De Boeck Supérieur, 3e éd., 2014, pp. 16-17). Cette distinction est particulièrement pertinente au sein des sciences de terrain, cliniques ou expérimentales ; la recherche fondamentale sera alors celle qui n'est pas *nécessairement* menée sur terrain, cliniquement ou expérimentalement.

2095. Pierre J. Dalphond, « La Doctrine a-t-elle un avenir au Québec ? », *McGill L.J.*, vol. 53, 2008, 517, p. 521.

2096. L'on renvoie ici à nos développements introductifs voir *supra* § 13.

2097. Jean Goulet, « La naissance de l'enseignement universitaire du droit au Québec », *op. cit.*, p. 434.

pratique. » [2098] Les premiers ouvrages proprement québécois de commentaire et d'exposé du premier Code civil ont ainsi immédiatement pris le parti de servir les besoins de la pratique professionnelle [2099], posant ainsi les bornes d'une production doctrinale au sein de laquelle on s'attache moins à « la rigueur et la profondeur de réflexion ou le caractère scientifique de l'analyse » et « bien davantage à la proximité de la pratique et l'utilité » — tant pour l'étudiant que pour le praticien qu'il deviendra [2100]. C'est là la « recherche appliquée doctrinale », celle qui « cherche à proposer des solutions raisonnées pour résoudre concrètement des situations conflictuelles » en demeurant « immédiatement pratique » [2101]. Il ne s'agit bien sûr pas d'imaginer qu'historiquement la production doctrinale québécoise se soit toujours limitée à une simple et totale description du droit applicable [2102], mais plutôt de souligner qu'elle a plus en commun avec la production traditionnelle de *common law* qu'avec la production traditionnelle civiliste, notamment française [2103]. Le paradoxe est ici remarquable : cet office de ***common law*** n'était pas seulement destiné à servir l'étudiant, mais aussi et surtout motivé par une volonté de *protéger* la nature proprement ***civiliste*** du droit privé québécois contre les incursions du *common law* fédéral ou provincial. Le discours doctrinal se devait « d'assurer la protection du droit civil en conservant sa physionomie au *Code* » [2104] et en barrant la route à toute *innovation*, particulièrement issue « de la législation fédérale et provinciale, afin d'empêcher, si possible, l'introduction dans nos lois de ces anomalies et de ces contradictions qui font le désespoir de nos jurisconsultes » [2105]. Modeler la production doctrinale autour du Code et s'en tenir à un devoir *d'information*, c'est donc d'une part se trouver une place dans un champ doctrinal monopolisé par la parole du juge, mais aussi, d'autre part, s'assurer que l'intégrité du Code elle-même est protégée des méthodes issues du *common law* [2106]

2098. David Gilles, « Des traités français aux manuels québécois : écrire et enseigner le droit privé, en amont et aval du Code civil du Bas-Canada (1866) », *op. cit.*, p. 303.

2099. Mathieu Devinat et Édith Guilhermont, « Enquête sur les théories juridiques en droit civil québécois », *op. cit.*, p. 44.

2100. David Gilles, « Des traités français aux manuels québécois : écrire et enseigner le droit privé, en amont et aval du Code civil du Bas-Canada (1866) », *op. cit.*, p. 312. Le lien entre enseignement du droit et facture de la production doctrinale est particulièrement souligné par Catherine Valcke, « Legal Education in a Mixed Jurisdiction: the Quebec Experience », *op. cit.*, pp. 94-95.

2101. Kristin Bartenstein et Christelle Landheer-Cieslak, « Pour la recherche en droit : quel(s) cadre(s) théorique(s) ? », in Thierry Tanquerel et Alexandre Flückiger (dir.), *L'évaluation de la recherche en droit. Enjeux et méthodes*, Bruylant, 2015, 83, p. 105.

2102. Alors même, d'ailleurs, que ce reproche lui a explicitement été fait par des auteurs qui vont jusqu'à déplorer que la production doctrinale québécoise civiliste « ne dépasse guère les références croisées aux articles du Code » (« *contemporary civil law scolarship consists in little more than cross-referencing codal articles* », David Howes, « The Origin and Demise of Legal Education in Quebec (or Hercules Bound) », *UNBLJ*, vol. 38, 1989, 127, p. 128).

2103. Ce que souligne, une fois encore, Catherine Valcke, « Legal Education in a Mixed Jurisdiction: the Quebec Experience », *op. cit.*, pp. 112-113.

2104. Sylvio Normand, « Un thème dominant de la pensée juridique traditionnelle au Québec : la sauvegarde de l'intégrité du droit civil », *op. cit.*, p. 564.

2105. Eusèbe Belleau, « La Revue du droit », *R. du D.*, 1922, 1, p. 3

2106. D'où, à cet égard, la prise retardée et plus limitée au Québec que dans les autres provinces canadiennes des mouvements « *Law and...* » que l'on peut relier à la crainte d'importer, avec ces approches venues surtout des États-Unis, des *logiques et des clés de raisonnement* et des critiques basées sur des interprétations personnelles [2107]. Ce double office est en fait assez cohérent : puisque le « dialogue entre doctrine et jurisprudence est plus franc au Québec » et que « les juges réfèrent ouvertement à la doctrine », s'adresser directement au praticien c'est aussi s'assurer que l'activité prétorienne ne viendra pas involontairement mettre en danger cette intégrité [2108].

B. Une aspiration à la pratique aux effets doubles

588 **Pragmatisme et conceptualisme.** Et pourtant c'est bien au discours doctrinal de *common law* que le discours doctrinal québécois emprunte la plupart de ses traits. Si nous reviendrons sur la plupart d'entre eux plus avant (voir *infra* § 603 et suiv.), nous pouvons cependant souligner dès à présent cette « aspiration à la pratique qui gouverne la doctrine québécoise » en fait partie [2109], quand bien même elle s'est faite de manière contrainte (par la structuration du champ juridique) et dans une perspective d'autodéfense. Cette « orientation pratique » [2110] a d'ailleurs eu une double conséquence que l'on retrouve, plus largement, au sein des discours doctrinaux de *common law* : côté face, intégrer un certain *pragmatisme* au sein même de la production doctrinale et, côté pile, intégrer une « méfiance latente » à l'égard des théories juridiques et des « démarche[s] spéculative[s] » [2111]. Or, si « l'essence de la doctrine », au sens des auteurs québécois, s'incarne vraiment dans « l'analyse critique des décisions des tribunaux à la lumière des grands principes sous-jacents à ces domaines du droit », dans le fait de dégager ces grands principes « écrits et non écrits du droit » [2112] au sein d'un « tissu analytique » et une « approche systématique » [2113], alors il n'y a rien de surprenant à voir cette *recherche*

---

propres au *common law* (Catherine Valcke, « Legal Education in a Mixed Jurisdiction: the Quebec Experience », *op. cit.*, p. 116). La proximité avec le discours doctrinal français n'est pas fortuite…

2107. La préface du manuel de Pierre-André Crépeau, *Les Codes civils, édition critique*, Chambre des Notaires de Montréal, 1986 est, à cet égard, remarquable : alors que le sous-titre de l'ouvrage est relativement explicite dans son intention *critique*, l'auteur désamorce dès la huitième page cette intention en rappelant que l'édition a été rédigée « dans le respect du texte législatif ainsi qu'il a été adopté (…). En effet nul, si ce n'est le Législateur lui-même (…) ne peut altérer un texte de droit même, comme c'est souvent le cas, avec la respectable intention de l'améliorer. Au mieux peut-on, dans une édition critique, attirer l'attention du lecteur sur des erreurs typographiques ou non qu'il peut contenir par des observations appropriées » (« *in full respect for the legislative texts as they have been enacted (…). Indeed, no one, except the Legislator himself (…) has the right to tamper with a text of law, even, as has often been the case, with the very commendable aim of improving it. At best, in a critical edition, one may draw the reader's attention by appropriate observations and symbols to typographical or other errors which it may contain* »). Il n'est pas anodin que l'ouvrage soit un ouvrage bilingue, visant donc à la fois le public québécois et le public canadien anglophone et, donc, de *common law*.

2108. Sylvio Normand, « La réception de la doctrine française au Québec », *op. cit.*, p. 15.

2109. David Gilles, « Des traités français aux manuels québécois : écrire et enseigner le droit privé, en amont et aval du Code civil du Bas-Canada (1866) », *op. cit.*, p. 318.

2110. Sylvio Normand, « La littérature du droit comme élément structurant du champ juridique québécois. Une perspective historique », *op. cit.*, p. 9 et pp. 13-14.

2111. Sylvio Normand, « La réception de la doctrine française au Québec », *op. cit.*, pp. 25 et 35.

2112. Pierre J. Dalphond, *op. cit.*, p. 521.

2113. Daniel Poulin, « Production et diffusion de l'information juridique au Québec », intervention orale lors de la conférence *Legal TI/IT Droit et Technologie de l'information de*

fondamentale mise de côté « au profit du bénéfice immédiat de trouver immédiatement ce que l'on croit chercher » [2114]. C'est, après tout et historiquement, en cela que consiste la mission que le discours doctrinal s'est donnée… voire imposée. Même lorsqu'il s'agit de déplorer une doctrine « prêt-à-porter » et d'appeler à plus de hauteur de vue, c'est pour souligner qu'à l'inverse « l'abstraction et la spéculation la [la doctrine] détachent des préoccupations de quelque auditoire potentiel que ce soit » [2115]. La tension est alors insoluble entre un discours qui aspire à plus de recherche fondamentale, à plus de « grands principes » et de systématisation et une tendance à l'ambivalence face, justement, à « des systèmes dont [il ne voit] pas précisément l'intérêt » puisqu'ils sont « sans attache avec le réel » [2116] et, donc, la pratique.

589 **Une remise en cause par les outils de justice informatique.** Puisque cette tension entre pragmatisme praticien et volonté théorique est aussi celle qui parcourt l'enseignement du droit au Québec, elle n'a rien de nouveau [2117]. Elle a cependant été renouvelée, et c'est là une autre conséquence de son orientation vers la pratique, par l'intervention des outils de justice d'abord informatique puis algorithmique. Ces outils, nous l'avons vu plus haut, ont été conçus pour répondre aux besoins des praticiens confrontés soit à une information pléthorique et difficilement maniable, soit à une information au contraire insuffisante. Dans les deux cas, les outils de justice informatique puis algorithmique ont pour but explicite, au moins dans les systèmes anglo-américains, de se mettre au service du praticien — exactement comme le discours doctrinal. Il ne s'est donc tant agi d'une *lutte d'influence* à proprement parler que d'un nouvel élément jouant pour une restructuration interne du discours doctrinal québécois, autrement dit, d'un renouvellement de son office. Ainsi, les mêmes auteurs qui déplorent l'orientation massivement pratique du discours doctrinal insistent aussi sur le fait que cette position n'est plus tenable face à une « prolifération des outils électroniques de recherche » qui constituait déjà en 2008 à la fois le premier, le troisième et le quatrième défi soulevés par Pierre Dalphond et auxquels le discours doctrinal devait faire face pour se construire un « avenir » [2118]. Si l'on suit ces trois défis, l'on en revient en fait aux effets de ces outils sur l'univers des systèmes juridiques dans lesquels ils ont connu une prospérité plus rapide qu'en France. Le premier défi

---

l'Association du Jeune barreau de Montréal (Centre Mont-Royal), 16 avril 2007, disponible en ligne à <https://lexum.com/wp-content/uploads/2016/10/2007-production-diffusion-information-juridique-quebec.pdf>.

2114. *Ibid.*

2115. Sébastien Grammond, *op. cit.*, p. 321.

2116. Sylvio Normand, « La réception de la doctrine française au Québec », *op. cit.*, p. 25.

2117. À ce sujet, John Brierley prédisait dès 1986 qu'« il y aura toujours une ambiguïté au Québec entre les aspects 'académiques' et 'pratiques' de l'enseignement du droit » dans la mesure où l'opposition même de ces expressions constitue une « vraie force (…) à l'œuvre quant à la manière dont on conçoit l'enseignement du droit » (« *there will continue to be an ambiguity in Quebec as between the 'academic' and the 'practical' aspects of legal education* (…). *[These terms] are, evidently, real forces at work in how people think about legal education* », « Quebec Legal Education since 1945: Cultural Paradoxes and Traditional Ambiguities », *op. cit.*, p. 44). On peut assez facilement étendre cette prédiction/ce constat à la production doctrinale.

2118. Pierre J. Dalphond, *op. cit.*, pp. 529-531.

identifié était ainsi la favorisation, par les outils de justice informatique/algorithmique, de l'utilisation de la jurisprudence aux dépens de la production doctrinale : il est d'ailleurs confirmé, quelque onze ans plus tard, par Sylvio Normand qui déplore la « marginalisation de la doctrine » et, corrélativement, « l'attrait pour la jurisprudence » [2119]. Cette marginalisation ne peut pas surprendre. Si l'essentiel du discours doctrinal s'attache à synthétiser l'état du droit pour le rendre accessible et utilisable par les praticiens, le raffinement progressif des bases de données jurisprudentielles ne peut que contribuer à rendre cette part du discours doctrinal *accessoire* et à la « court-circuit[er] par l'accès direct » qu'elles proposent à l'information juridique [2120]. Le filtre doctrinal a pu être nécessaire à une époque où les recueils de jurisprudence étaient défaillants et ne donnaient accès qu'à une part réduite et redondante de la production des juridictions ; il devient, sous sa forme la plus informative, redondant quand cet accès est permis de manière plus rapide par d'autres biais. C'est là que se loge le troisième et le quatrième défi : « le désir du praticien de trouver, toujours plus vite, la solution au cas en litige », qui, couplé à « l'accélération des changements sociaux », interrogent : « en pareil contexte, les ouvrages de doctrine ont-ils encore une place (...) ? À moins d'être mis à jour périodiquement (...) ils deviennent rapidement obsolètes. » [2121] En fait, ce ne sont pas *tous les ouvrages* dont la pertinence est questionnée. La distinction entre recherche fondamentale et recherche appliquée réapparaît alors, dans la mesure où cette remise en cause de la place et de la pertinence *des ouvrages de doctrine* vise bien « la doctrine plus générale qui sert de plus près les besoins de la pratique (...) sous le feu des tendances très fortes favorisant de nouveaux modèles de circulation de l'information » [2122]. À l'inverse, « la doctrine de recherche semble bien se porter et bénéficier des bouleversements technologiques » [2123], de sorte que si l'intérêt de la première décroît, l'intérêt de la seconde, quant à elle, croît. « Davantage ouvert à l'interdisciplinarité que par le passé » pour compenser la perte de popularité de sa production traditionnelle [2124], le discours doctrinal québécois a ainsi progressivement reconfiguré (et reconfigure d'ailleurs toujours aujourd'hui) son propre office autour des nouveaux besoins du champ juridique dans lequel il s'inscrit.

C. Une restructuration interne du discours doctrinal québécois

590 **L'ouverture aux sciences sociales**. Que l'on s'entende bien, cependant. Il ne s'agit pas, d'un extrême à un autre, de transformer un office proche du praticien en un office qui en serait totalement détaché, quitte à verser dans l'abstraction la plus totale. Il s'agit au contraire de prendre acte des formes multiples que peut prendre

---

2119. Sylvio Normand, « La réception de la doctrine française au Québec », *op. cit.*, p. 39.
2120. Mathieu Devinat, *La règle prétorienne en droit français et canadien*, *op. cit.*, p. 365.
2121. Pierre J. Dalphond, *op. cit.*, pp. 530-531.
2122. Daniel Poulin, « Production et diffusion de l'information juridique au Québec », *op. cit.*
2123. *Ibid.*
2124. Sylvio Normand, « Quelques observations sur la poétique de la doctrine », *C. de D.*, vol. 58, nº 3, 2017, 425, p. 452.

l'office praticien du discours doctrinal, au-delà d'une mission d'information brute qu'il est de moins en moins à même de remplir de manière optimale. Les deux formes principales de ce « changement dans l'orientation de la recherche juridique » [2125] s'incarnent ainsi principalement dans deux voies distinctes : la première est l'importation progressive et récente de méthodes développées depuis une trentaine d'années au sein des discours de *common law*, dans la mesure où ces dernières répondent aussi à un rejet des méthodes « positivistes », ou à tout le moins « analytique, exégétique et professionnalisantes » [2126]. Cette importation entraîne celle des différents « ismes » développés de l'autre côté de la frontière : « constructivisme, postmodernisme », « pragmatisme » [2127] et « approches issues de disciplines telles que la linguistique, la science politique, la sociologie, l'économie et l'anthropologie » constituent donc le premier levier par lequel « l'étude du droit a été davantage développé dans [une] perspective théorique » [2128]. Cette première voie, parfois qualifiée de « littérature d'engagement » [2129], est, sans doute, la plus théorique et la moins « pratico-pratique » des deux. Elle constitue ainsi surtout une voie de traverse *méthodologique* pour renouveler le discours doctrinal *sur* le droit et, donc, la manière dont le savoir juridique s'intègre aux sciences sociales. La réflexion porte alors moins sur les normes juridiques que sur leur agencement au sein d'une société plus large, depuis un point de vue décentré [2130]. Ces efforts de renouvellement des méthodes et des cadres théoriques de la recherche ne se font cependant ni sans heurts [2131] ni sans risques. Si une partie du discours doctrinal québécois s'est effectivement tourné vers ces approches extra-juridiques pour conjurer l'artificialisation progressive d'un discours trop proche de la pratique, l'ambivalence du destin de ces approches dans le reste du monde anglo-américain peut expliquer celle du reste du discours à leur égard : « au fur et à mesure que les universitaires [s'intéressent] à la relation entre le droit, les acteurs juridiques et la société, la recherche juridique [ressemble] de plus en plus à la recherche en sciences sociales. » [2132] Et c'était bien le but de certains des commentateurs du rapport Arthurs de 1981 qui prescrivait, précisément, une transformation de la production doctrinale canadienne en général et québécoise

---

2125. *Ibid.*

2126. « *Analytical, exegetical and professional writing predominated* », Roderick A. MacDonald, *op. cit.*, p. 598.

2127. Adrian Popovici, « Libres propos sur la culture juridique québécoise dans un monde qui rétrécit », *McGill L.J.*, vol. 54, n° 2, 2009, 223, p. 231.

2128. Stéphane Bernatchez, « La doctrine juridique, un obstacle à la théorie du droit ? », *op. cit.*, p. 10.

2129. Sylvio Normand, « La littérature du droit comme élément structurant du champ juridique québécois : une perspective historique », *op. cit.*, pp. 23 et suiv.

2130. À cet égard, voir Margarida Garcia, « De nouveaux horizons épistémologiques pour la recherche empirique en droit : décentrer le sujet, interviewer le système et 'désusbtantialiser' les catégories juridiques », *C. de D.*, vol. 52, n° 3-4, 2011, pp. 417-459.

2131. Ces difficultés sont décrites extensivement dans Kristin Bartenstein et Christelle Landheer-Cieslak, « Pour la recherche en droit : quel(s) cadre(s) théorique(s) ? », *op. cit.*

2132. Edwina Dunn, « Point de vue sur la spécificité des universitaires dans les facultés de droit : comparaisons franco-anglaises », *RIEJ*, vol. 62, n° 1, 2009, 33, p. 84, sur la base d'un constat tiré dans Geoffrey Wilson, « English Legal Scholarship », *M.LR.*, vol. 50, 1987, 818, p. 824, note 97 à propos du champ doctrinal britannique.

en particulier que de ne pas voir le droit devenir *une* discipline mais plutôt « mobiliser toutes les disciplines » [2133]. Que l'on considère la chose négative ou positive en soi n'est pas ici pertinent ; ce rapprochement n'est, dans tous les cas, ni innocent d'un point de vue financier ni inoffensif d'un point de vue doctrinal. Dans la mesure où, et c'est là un point qui ancre un peu plus le discours doctrinal québécois dans un cadre de *common law*, le financement de la recherche « se fait en comité multidisciplinaire, dont les membres sont issus du droit *et* des sciences sociales », la mobilisation de méthodologies et de cadres d'analyse dépassant le seul droit est un moyen d'éviter « les écueils qui guettent l'évaluation » des projets qui y sont soumis et de garantir leur financement [2134]. Plus largement, cependant, il faut garder à l'esprit que ce fameux *positivisme empirique* québécois était aussi un moyen de se prémunir d'une remise en cause, par l'extérieur, des spécificités juridiques, méthodologiques et *culturelles* du droit privé québécois. Dans ce contexte, la transformation du discours doctrinal *sur* le droit québécois en « interdiscipline, située dans l'espace entre le droit et les autres disciplines », voire en « champ de connaissance éclaté, tributaire d'une variété d'autres disciplines » [2135] ne peut que séparer ceux qui voient dans cette « littérature riche et diversifiée » ce « qui fait honneur à la culture juridique québécoise » [2136] de ceux qui, au contraire, y voient « la disparition d'une culture juridique » [2137]. On serait tentée d'y voir là un parallèle avec le discours doctrinal français, à ceci près que les forces centrifuges qui ont jusqu'ici permis de repousser ces approches à la marge du champ doctrinal n'ont pas (encore) subi de plein fouet les effets de la reconfiguration de l'espace juridique lié aux outils de justice algorithmique — nous y reviendrons.

591 **Un discours servant *autrement* le praticien.** Dans une perspective plus *neutre* théoriquement, cependant, il n'est pas anodin que notre sous-discours relatif aux outils de justice algorithmique apparaisse comme le miroir grossissant du second biais par lequel cette évolution du discours doctrinal s'opère. Tout comme la jurimétrie a eu un effet sur la structuration *externe* du discours en encourageant la constitution d'équipes de recherche diversifiées et actives, son installation dans le discours doctrinal québécois a aussi contribué à sa restructuration *interne*. Les deux dimensions de ce discours que nous avons relevées à l'entrée de ces propos, c'est-à-dire sa dimension expérimentale et sa dimension plus analytique, soulignent deux axes supplémentaires par lesquels le discours doctrinal québécois a non seulement conservé mais encore accru sa plus-value et, finalement, sa raison d'être face à l'installation des outils de

---

2133. « *It must not become a discipline. It must draw from all of the disciplines* », André Lajoie, « The prognosis for research in law school », in *Proceedings of the National Conference on Law and Learning*, 1983, 126, p. 127.

2134. Kristin Bartenstein et Christelle Landheer-Cieslak, *op. cit.*, p. 115.

2135. Edwina Dunn, *op. cit.*, p. 85.

2136. Bjarne Melkevik, « Penser le droit québécois entre culture et positivisme : quelques considérations critiques », *op. cit.*, p. 14.

2137. Pierre J. Dalphond, *op. cit.*, p. 529. Dans le même sens, Sylvio Normand, « La réception de la doctrine française au Québec », *op. cit.*, p. 39.

justice algorithmique dans le champ juridique québécois. C'est fut ainsi le cas du développement des solutions techniques, voire technologiques en l'occurrence, aux problématiques *causées* par ces outils et de la conceptualisation de leur intégration au sein de la pratique et des adaptations nécessaires de cette pratique *et* des outils. À ce titre, ce discours est paradigmatique de l'évolution d'une partie du discours doctrinal général au Québec vers une production opérationnelle, voire expérimentale, demeurant tournée vers le praticien dans une fonction de *support* et plus d'information pure [2138].

592 **Une restructuration interne incomplète**. Cette restructuration interne du discours doctrinal québécois n'est donc pas totale puisqu'elle n'abandonne pas totalement son point de mire premier (le praticien) [2139], mais elle est néanmoins perceptible au sein du discours relatif aux outils de justice algorithmique qui constitue donc bien, à cet égard, son miroir grossissant. À sa manière, c'est aussi le cas du sous-discours français qui révèle, en contrepoint, son insularité non seulement par rapport à d'autres discours doctrinaux, mais encore et surtout par rapport au reste de son propre champ juridique.

§ 2. *UNE DOCTRINE FRANÇAISE AUX OBJECTIFS ET MÉTHODES PROPRES*

593 **Un discours doctrinal maître de sa place forte**. Indéniablement, la différence de structuration externe des discours doctrinaux français et québécois se reflète dans une différence encore plus marquée de structuration interne. Comment pourrait-il en être autrement, dans la mesure où, contrairement au discours doctrinal et, à plus forte raison, au discours doctrinal *académique* québécois, le discours doctrinal français est parvenu à se créer un espace propre d'existence duquel le « tiers praticien » a été, qualitativement dans le discours privatiste et quantitativement dans le discours administrativiste, chassé ? Dans la mesure où le discours doctrinal français est *maître en son château*, il n'est pas borné dans des interstices laissés ouverts par des praticiens occupant le centre de la scène juridique et il n'est pas non plus inféodé à ces derniers qui, en retour, ne conditionnent pas sa subsistance, sa pertinence et sa raison d'être. C'est donc, pleinement, le discours doctrinal qui a construit son propre office (**A**) et l'a maintenu à partir de sa propre conception de lui-même, mais aussi et surtout grâce aux méthodes et aux objectifs qu'il s'est attribué (**B**).

2138. Si la thématique du numérique dans son ensemble, hors le cas des outils de justice algorithmique, est elle-même paradigmatique, on peut identifier d'autres thématiques qui font l'objet de ce type d'approches : c'est ainsi le cas notable de la thématique de la normativité parajuridique et du pluralisme juridique (voir, par exemple, Roderick A. MacDonald, « L'hypothèse du pluralisme juridique dans les sociétés démocratiques avancées », *R.D.U.S.*, vol. 33, nº 1-2, 2002-2003, pp. 135-152).

2139. Cette ambiguïté durable est particulièrement soulignée dans Julie Paquin et Christelle Landheer-Cieslak, *op. cit.* puisqu'elle contribue à l'autonomisation incomplète du discours doctrinal académique que nous avons décrit plus tôt, voir *supra* § 559 et suiv.

A. Une construction endogène du discours doctrinal français

594 **Un office doctrinal conçu contre le passé**. L'office doctrinal français est un héritage de l'époque de construction du discours doctrinal et de son univers juridique, tel que nous avons déjà pu le décrire : une pensée légicentriste héritée de la Révolution qui a instauré cette « coupure radicale » déjà évoquée entre non seulement le législatif et le judiciaire, mais encore entre la loi et son application [2140] et qui n'a fait que se renforcer et s'essentialiser avec la première codification [2141]. Il repose alors pleinement sur les intentions des architectes de la transition entre le XIXe et le XXe siècles et sur leur volonté de rompre avec ceux qui, pourtant, ont contribué à structurer un discours doctrinal académique pleinement autonome et positionné en surplomb du champ juridique : l'École de l'Exégèse. Telle que *présentée*, cette *école* est celle pour qui « le rôle exclusif du juriste consiste à expliquer les textes de loi », c'est-à-dire ceux du *Code*, l'explication devant elle-même « être extrêmement modeste » [2142]. On ne peut s'empêcher, d'ailleurs, d'y voir une proximité avec l'office historique du discours doctrinal québécois : il s'agit bien en effet de s'en tenir au « Code civil [qui] fournit la solution directe ou limite la solution possible » et à ses articles pour « en tirer le sens exact (…) et la portée précise » afin de « prévoir toutes les hypothèses et dégager les conséquences qui étaient contenues en germe » au moyen d'un « échafaudage de syllogismes » [2143]. Nous l'avons vu, la jurisprudence n'était pas pleinement absente de ce travail puisqu'elle était insérée comme autant d'exemples de mise en application des dispositions et des syllogismes issus du Code. Mais ce travail, borné par le Code qu'il s'attache à commenter et à systématiser, ne pouvait pas se poursuivre indéfiniment, d'une part parce que les « échafaudages », les systèmes et les « règles d'interprétation s'étaient figé[s] et étaient appliqué[s] sans imagination » [2144] et, d'autre part, parce que ce même Code avait vieilli. Raymond Saleilles n'écrivait pas autre chose :

> « *la fiction était de croire, non pas à proprement parler que la loi suffisait à tout — tout le monde sait qu'il n'est aucune loi codifiée qui puisse embrasser et prévoir tout l'ensemble des rapports juridiques — mais que la jurisprudence et la doctrine, en interprétant la loi (...) ne faisaient que tirer les conclusions logiques qu'eût acceptées le législateur (...). Qu'on ait cette prétention aux époques tout à fait voisines de la mise en œuvre du Code civil, (...) rien n'était plus justifié. Mais depuis le milieu social a changé du tout au tout...* » [2145]

2140. Voir *supra* § 442 et suiv. et Évelyne Serverin, *De la jurisprudence en droit privé. Théorie d'une pratique*, *op. cit.*, p. 68.

2141. Frédéric Audren et Jean-Louis Halpérin, *La culture juridique française*, CNRS Éditions, 2013, p. 37.

2142. Henri Batiffol, « La responsabilité de la doctrine dans la formation du droit », *RRJ*, n° 2, 1981, 175, p. 176.

2143. Adhémar Esmein, « La jurisprudence et la doctrine », *op. cit.*, pp. 5-6.

2144. Christian Atias, « La doctrine française (droit privé) 1900-1930 », *op. cit.*, p. 195.

2145. Raymond Saleilles, « Préface », in François Gény, *Méthodes d'interprétation et sources en droit privé positif*, *op. cit.*, pp. XIV et suiv.

Mais pas le Code, ni d'ailleurs la *méthode* exégétique désormais « ressentie comme un carcan » [2146]. C'est là toute la justification du projet jurisprudentiel, de vouloir mettre à bas une *école* faite de « commentateurs simplement habiles à gloser le texte du Code civil » pour la remplacer par une nouvelle école à même de rendre à la pensée juridique « sa créativité et sa richesse » [2147]. Que la description faite de cette *École de l'Exégèse* soit injuste et trompeuse à bien des niveaux n'importe guère : le projet jurisprudentiel, la captation du discours doctrinal par le discours académique et l'élaboration de l'office propre à ce discours privatiste sont construits sur une supposée rupture avec les méthodes anciennes et avec la place occupée par ce discours dans le champ juridique ancien [2148].

595 **Un office doctrinal bâti sur un univers juridique précis.** Ce projet jurisprudentiel est particulièrement, et paradoxalement [2149], construit sur une donnée spécifique de l'univers juridique dans lequel baigne le discours doctrinal : l'empreinte maintenue de la loi en tant que *standard* de généralité, d'abstraction et, pour ce qui nous intéresse ici, de *systématicité* sur le droit en général. Or, la garantie de cette systématicité est la clé de voûte de l'office du discours doctrinal parce qu'elle le place « dans une position éminente : elle l'autorise 'non seulement à établir les chaînons nécessaires entre les productions juridiques singulières et à les ramener à certains principes communs', 'à produire de grandes synthèses donnant à l'ordre juridique son unité', 'en le plaçant sous l'empire de la rationalité' mais encore à rappeler à l'ordre tous les producteurs de droit qui méconnaîtraient la logique juridique dont elle se veut la garante » [2150]. Cette mission d'ordonnancement du droit est ainsi au cœur du renouvellement du discours académique privatiste et de la transformation du discours administrativiste au détour du XXe siècle, puisque c'est ainsi que ces discours justifient leur existence et leur maintien *contre* les nouvelles sciences sociales, en d'autres termes, qu'ils « redorent le blason de la science juridique » [2151]. Elle est d'autant plus importante qu'elle intègre désormais l'analyse d'une jurisprudence jusqu'ici délaissée à un discours praticien qui la pratiquait « jusqu'à l'abus et d'une façon décousue et fragmentée » jusqu'à « perdre de vue l'unité des théories juridiques » [2152]. Or, si l'analyse de cette jurisprudence constitue le biais par lequel le discours doctrinal se renouvelle d'un point de vue

---

2146. Christian Atias, « La doctrine française (droit privé) 1900-1930 », *op. cit.*, p. 195.

2147. Nader Hakim, *L'autorité de la doctrine civiliste française au XIXe siècle*, *op. cit.*, pp. 9-10.

2148. Cette *manipulation* de l'École de l'Exégèse par les juristes de la fin du XIXe et début du XXe siècles a été particulièrement mise en lumière dans Philippe Rémy, « Éloge de l'Exégèse », *Droits*, n° 1, 1985, pp. 113-123 avant d'être reprise dans de nombreux travaux, dont *ibid.*, les travaux, communs et individuels, de Philippe Jestaz et Christophe Jamin.

2149. C'est là un des aspects sur lesquels la relecture de l'École de l'Exégèse est la plus trompeuse, dans la mesure où le projet jurisprudentiel se tient dans la droite continuité de l'office que le discours académique privatiste s'était attribué — nous y reviendrons.

2150. Alain Bernard et Yves Poirmeur, « Doctrine civiliste et production normative », *op. cit.*, p. 138, citant Jacques Chevallier, « L'ordre juridique », in CURAPP (dir.), *Le droit en procès*, PUF, 1983, 7, pp. 11-12.

2151. Nader Hakim, « Le miroir de l'autorité : l'instrumentalisation de l'autorité dans la doctrine contemporaine », *RHFD*, n° 27, 2007, 459, p. 463.

2152. François Gény, *op. cit.*, t. 1, p. 3.

méthodologique, cette analyse doit s'intégrer à cette mission d'ordonnancement et de systématisation du droit existant : « si la loi garde son statut primordial, l'adjonction des autres 'sources du droit' à l'ordre juridique oblige (...) à réfléchir à un réordonnancement et à une mise en ordre du droit prétorien. » [2153] Et c'est alors qu'entre en scène la méthode qui sert cette entreprise : la *dogmatique juridique.*

B. Une maîtrise maintenue des méthodes servant une construction endogène

596 **La dogmatique comme instrument de réalisation de la mission ordonnatrice du discours doctrinal.** Si Max Weber la présente comme une « systématisation logique [qui] résulte de besoins intellectualistes des théoriciens du droit et des docteurs formés par eux » [2154], la méthode dogmatique est l'instrument premier tant du bannissement du « tiers praticien » du discours doctrinal que du déploiement de l'office que le discours doctrinal académique s'est assigné. Pour s'intégrer à un ordre juridique tout entier bâti sur le mythe originel de la loi générale, abstraite, égalitaire et globalisante, « la jurisprudence [doit] dépasser l'espace étroit du Palais pour entrer sur la scène de la production rationnelle de *principes* », scène dont l'espace est occupé par le professeur [2155]. Ces principes, à la fois sous-tendus et créés par cette approche qu'ils conditionnent autant qu'elle les conditionne ne sont rien de moins que des propositions « foncièrement induite[s], abstraite[s], générale[s], source de nouvelles déductions et distinctes, par [leur] degré de généralité, des règles de droit dont il[s] s'indui[sent] » [2156]. Si leur *dégagement* constitue l'objet des nouvelles notes d'arrêt ayant remplacé l'arrêtisme praticien, ces principes rétroagissent sur l'exercice en formant le filtre par lequel ces notes se saisissent de futurs arrêts. Ces commentaires tendent ainsi à « *systématiser* les éléments juridiques fournis par les arrêts » [2157] afin, à terme, « par la synthèse des décisions qu'apportent les arrêts » [2158], de rationaliser *a posteriori* « l'ensemble et [de] décréte[r] l'unité et la cohérence du droit passé » [2159]. Cette dogmatique est présente de part et d'autre de la *summa divisio* : bien sûr au sein du discours doctrinal privatiste, où l'on conceptualise depuis lors cette construction d'un « système harmonique » fait des « matériaux bruts » offerts désormais par la loi et la jurisprudence [2160], mais aussi au sein du discours doctrinal administrativiste. Si le mot dogmatique est peu écrit, le fond est commun : « la fonction essentielle que s'assigne la doctrine administrativiste française est de 'triturer' intellectuellement le plus habilement possible le droit positif. » [2161] À cet effet, le discours

2153. Michel Boudot, *Le dogme de la solution unique*, *op. cit.*, p. 135.
2154. Max Weber, *Sociologie du droit*, PUF, 1986, p. 202.
2155. Évelyne Serverin, *De la jurisprudence en droit privé*, *op. cit.*, p. 117.
2156. Patrick Morvan, *Le principe de droit privé*, Éditions Panthéon Assas, 1999, p. 26.
2157. *Ibid.*, p. 182.
2158. Jean Carbonnier, *Sociologie juridique*, PUF, 1978, pp. 195-196.
2159. Michel Boudot, *Le dogme de la solution unique*, *op. cit.*, p. 7.
2160. Adhémar Esmein, *op. cit.*, pp. 15-17.
2161. Jean-Bernard Auby, *op. cit.*, p. 35.

« localise les sources du droit administratif, les analyse, les systématise », et cet « effort de généralisation » se double au surplus d'un besoin de « base solide » qui puisse attester de l'existence, de l'*authenticité* d'un droit administratif en tant que « corps unique et 'constitué' » [2162]. Cette dogmatique, en d'autres termes, encapsule l'essentiel de la mission que les discours doctrinaux académiques se sont donnée au tournant du XXe siècle : « comprendre et faire comprendre (au sens courant du terme) les textes, décisions et concepts (…) mais aussi comprendre au sens étymologique (*cum-pre-hendere* : rassembler, englober), c'est-à-dire de structurer l'univers juridique en lui donnant une cohérence logique. » [2163]

597 **Un office et une méthode maniés et contrôlés par le discours doctrinal.** D'un côté comme de l'autre, les trois pôles principaux de cette méthode sont donc l'abstraction, la certitude et la déduction qui correspondent tous les trois à la fois aux qualités autrefois reconnues à la loi et à l'idéal de l'univers juridique construit à partir d'elle [2164], au point que chaque *fait juridique* qui passe à son tamis finit par lui-même recevoir ces qualités. C'est particulier ainsi qu'une jurisprudence qui, par son mode de production, partageait déjà un certain nombre de caractères avec la loi se trouve intégrée à ses côtés dans le système ainsi créé et entretenu. Parce qu'il faut bien souligner cet élément : le système est *créé et entretenu par le discours*, ce n'est pas un donné dont il s'agirait de prendre conscience et de formaliser. A-t-on besoin, à cet égard, de rappeler la métaphore pâtissière de Philippe Jestaz et Christophe Jamin ? La dogmatique permet au discours doctrinal, comme la cuisine au pâtissier, d'« élaborer une pâte pour enrober les cerises (classer les solutions normatives) et faire de tout son clafoutis (le système) » [2165]. C'est là le vecteur du magistère particulier du discours doctrinal français, qui n'a pas son pareil, tant s'en faut, outre-Atlantique : il peut se targuer, dans la mesure où il maîtrise pleinement les conditions d'élaboration de la *connaissance du droit positif*[2166], de l'avoir *créé* — au moins dans sa forme finale. Ce n'est pas pour rien que le discours doctrinal, au moment même où il octroie à la jurisprudence la qualité *d'autorité*, en profite pour s'octroyer la même place au sein des sources du droit. Cette autorité va, notamment du côté du discours administrativiste, jusqu'à permettre d'affirmer que le droit administratif est « un droit doctrinal, voire un droit doctrinaire » où « la doctrine est consubstantielle au droit (…) comme 'faiseuse de systèmes' » [2167]. À cet égard, la figure du praticien n'est pas complètement absente de l'autojustification du discours doctrinal. S'il ne s'agit pas d'accepter d'être inféodé à ses besoins, que d'ailleurs on ne s'aventure pas vraiment à

2162. Théodore Fortsakis, *Conceptualisme et empirisme en droit administratif français*, LGDJ, 1987, p. 30 et 93.

2163. Philippe Jestaz, « Déclin de la doctrine ? », *Droits*, n° 20, 1994, 85, p. 89.

2164. Julien Boudon, « La méthode juridique selon Adhémar Esmein », in Nader Hakim et Fabrice Melleray (dir.), *Le renouveau de la doctrine française. Les grands auteurs de la pensée juridique au tournant du XXe siècle*, Dalloz, 2009, 263, p. 264.

2165. Christophe Jamin et Philippe Jestaz, « L'entité doctrinale française », *op. cit.*, p. 171.

2166. Souligné, notamment, dans Jean Carbonnier, *Sociologie juridique*, *loc. cit.*, Michel Van de Kerchove et François Ost, *op. cit.*, p. 27 ou Rémy Libchaber, « Le juriste et ses objets », *op. cit.*, p. 2.

2167. Maryse Deguergue, « Doctrine universitaire et doctrine organique », *op. cit.*, p. 41.

identifier, il s'agit cependant de le servir selon les propres termes du discours. Et de souligner que « son existence se justifie par un besoin de la pratique » puisque « les juges n'ont pas le choix : ils ne peuvent connaître ni utiliser la jurisprudence sans les docteurs » [2168]. Le discours doctrinal est ainsi « le seul outil de 'simplification du droit' et de 'sécurité juridique' » [2169], puisque quel autre organe du champ juridique pourrait remplir la mission de perpétuer un édifice désormais centenaire qui assure la survie d'un univers juridique légaliste, si ce n'est par le contenu de ses sources, du moins par ses standards ? Certainement pas le « tiers praticien », lui qui « a besoin qu'on l'aide à y voir clair » [2170] chaque décennie un peu plus puisque le droit se dégrade autour de l'édifice et entraîne des « temps d'incohérence et de confusion » [2171]. *Imperatoria brevitas* oblige, il ne s'agit pas non plus de s'en remettre, comme au Québec ou plus largement dans les systèmes de *common law*, à la rationalisation du champ juridique proposée par les juges ; au contraire, même, puisque c'est dans l'espace vacant laissé par la brièveté de leurs décisions que peut se déployer l'office de systématisation du discours [2172]. Ce n'est pas pour rien que, vu de l'étranger, on peut déclarer que « les professeurs font en France ce que les juges font en Angleterre » [2173]. En conceptualisant leur office et des méthodes « dont il appartient à la science seule de définir les procédés et de fixer les lois » [2174] autour d'un idéal de cohérence, d'abstraction, de systématisation et de sûreté, les discours doctrinaux ont en vérité posé les conditions de leur propre justification autant qu'ils se sont assurés d'occuper l'entièreté du champ discursif. En véhiculant au travers de leur production l'univers juridique qui a justifié leur déploiement, ils véhiculent les valeurs et idéaux qu'ils s'attachent en parallèle à garantir. Remettre en cause ces valeurs et ces idéaux tels que garantis par le discours doctrinal revient alors à remettre en cause *la facture du droit français*, en même temps que la raison d'être du discours lui-même.

598 **Un office éclairant la réception des outils de justice algorithmique.** Cet office spécifique, construit, perpétué et justifié par le discours doctrinal lui-même, se reflète immanquablement dans le discours relatif aux outils de justice algorithmique. Bien sûr, il ne s'agit pas d'y élaborer une *théorie de la justice algorithmique* — quoique

---

2168. Frédéric Zénati, *La jurisprudence*, *op. cit.*, p. 248 et 252.

2169. Pierre-Yves Gautier, « Doctrines du passé et de l'avenir », *op. cit.*, p. 1044.

2170. Pierre-Yves Gautier, « Le droit sans doctrine ? », *op. cit.*, p. 404.

2171. Pierre-Yves Gautier, « Doctrines du passé et de l'avenir », *op. cit.*, p. 1045.

2172. Y compris là où, par ailleurs, le juge intervient pour expliciter lui-même ses arrêts, c'est-à-dire particulièrement en matière administrative. Le Conseil d'État bénéficie en effet d'un espace protégé, *la chronique de jurisprudence*, pour expliciter sa position dans un nouvel arrêt. De deux choses l'une cependant : la publication de ces chroniques ne fait pas obstacle au déploiement du travail doctrinal sur cet arrêt et elle n'en a, en toute hypothèse, pas l'objectif puisqu'elle « n'a pas été pensée et envisagée à l'attention des universitaires » qui interviendront *à côté* de cette chronique. Voir, à cet égard, Olivier Renaudie, « La chronique de jurisprudence à l'AJDA. Le point de vue de l'universitaire », in Jacques Caillosse et Olivier Renaudie, *Le Conseil d'État et l'Université*, Dalloz, 2015, 153, p. 155.

2173. « *Leading academics do in France what judges do in England* », Jean-Louis Goutal, « Characteristics of Judicial Style in France, Britain and the U.S.A. », *Am. J. Comp. L.*, vol. 24, n° 1, 1976, 43, p. 64.

2174. François Gény, *op. cit.*, t. 1, pp. 4-5.

la relative modestie théorique qui imbibe ce discours particulier n'est pas anodine. Le propre de l'office d'un discours doctrinal qui s'assure de maintenir en l'état un édifice juridique dont il a hérité et qu'il a vocation à ensuite transmettre à ses héritiers n'est pas nécessairement de construire de nouveaux édifices à chaque nouveau phénomène juridique, mais bien *d'intégrer* ces phénomènes dans l'édifice existant. C'était précisément l'objet du projet jurisprudentiel et de la méthode dogmatique que de permettre de perpétuellement alimenter l'existant avec le nouveau, de préparer « ou, tout au moins [de jalonner], par le mouvement scientifique de la doctrine » « les innovations », hier jurisprudentielles et aujourd'hui technologiques, afin qu'elles « ne constituent, pour les intéressés, ni surprise, ni arbitraire » [2175]. Il s'agit donc toujours de « soumettre toutes les innovations juridiques (...) à la moulinette des principes et du système », puisque « n'est juridiquement acceptable (...) que la nouveauté qui ne heurte pas frontalement les principes (...) ni l'ordonnancement harmonieux du système » [2176]. Voilà donc finalement la raison qui explique sans doute le mieux pourquoi, de tous les sous-discours, le discours académique est celui qui se saisit le plus *classiquement* des nouveautés que constituent les outils de justice algorithmique [2177]. Il s'en saisit ainsi comme le « gardien du temple » [2178] qui a vocation à les recevoir, et s'assure ainsi de leur compatibilité avec toutes les colonnes qui le soutiennent : juridiques et systémiques, bien sûr, mais encore avec les des colonnes qu'il a lui-même montées et qu'il s'attache à perpétuer. C'est peut-être à ces colonnes, celles faites des valeurs sur lesquelles tout l'édifice a été monté, de l'univers juridique qui en a vu la première édification et qui continue de conditionner la taille de chaque nouvelle pierre ajoutée à l'épistyle, qu'il est fait référence lorsqu'il s'agit de craindre l'effet « factualisant » des outils de justice algorithmique, en particulier lorsque cet effet vise un « raisonnement » [2179]. Puisqu'il n'est, nous l'avons démontré plus haut (voir § 577), pas le raisonnement des acteurs qui sont susceptibles de recevoir ces outils et puisque cet argument est un argument profondément *académique* c'est alors peut-être plutôt à son raisonnement propre qu'il faudrait ramener cet effet. Ainsi, lorsqu'il est craint de voir les outils modifier le « raisonnement intellectuel » du juge [2180], ce serait bien *la manière doctrinale de penser* le raisonnement intellectuel du juge qui serait visée ; lorsqu'il est indiqué que « la justice prédictive peut ainsi entraîner une factualisation du droit » [2181], ce serait plutôt *la manière doctrinale de penser* le droit qui serait affectée.

2175. Raymond Saleilles, « École historique et droit naturel d'après quelques ouvrages récents », *RTD civ.*, 1902, 80, p. 104.

2176. Christophe Jamin, « La doctrine : explication de texte », *op. cit.*, p. 227.

2177. Y compris d'un point de vue statistique, voir annexe 2.2.4, T.10.

2178. Expression attribuée à Pierre Catala dans Christophe Jamin et Mikhail Xifaras, *op. cit.*, p. 387.

2179. Ce que l'on retrouve, notamment, dans Didier Cholet, « La justice prédictive et les principes fondamentaux du procès civil », *op. cit.*, p. 233, Emmanuel Jeuland, « Intelligence artificielle et justice : une approche interhumaniste », *op. cit.*, p. 196, Liane Huttner, *op. cit.*, § 10 ou Sarah Torricelli-Chrifi, « Nouvelles technologies, nouvelle ère : vers une désintermédiation du droit ? », *op. cit.*, p. 306.

2180. Didier Cholet, *ibid.*

2181. Emmanuel Jeuland, « Intelligence artificielle et justice : une approche interhumaniste », *op. cit.*, p. 196.

599 **Une structuration interne liée à une certaine conception du *droit*.** Compte tenu de la structure de cet argument, cette hypothèse n'aurait en fait rien de surprenant. L'office de chaque discours doctrinal, c'est-à-dire à la fois la place que chaque discours considère occuper au sein du champ juridique ainsi que les missions qu'ils se donnent dépendent plus largement d'une certaine compréhension du phénomène juridique dans toutes ses facettes. C'est à partir de cette conception initiale du droit que les discours doctrinaux se sont structurés d'un point de vue interne comme externe ; or, c'est aussi précisément là que semble se loger la double explication de la différence de ton perceptible entre le discours doctrinal québéco-canadien et le discours doctrinal français, ainsi que celle de la distinction, nécessaire, entre les parts praticienne et académique qui composent le discours français relatif aux outils de justice algorithmique.

Section 2. UNE COMPRÉHENSION DISTINCTE DU PHÉNOMÈNE JURIDIQUE INFLUANT SUR LA RÉCEPTION DE L'OUTIL DE JUSTICE ALGORITHMIQUE

600 **Action et rétroaction des discours doctrinaux sur le champ juridique**. Les discours doctrinaux et leur structuration externe comme interne sont immergés dans un champ juridique qui se déploie autour d'eux et qui, du fait de toutes ses caractéristiques, les modèle et les conditionne. Le déploiement de ces discours n'est cependant pas sans effet sur ce champ juridique. Si la caractéristique principale d'un discours doctrinal demeure sa nature *métajuridique* et son incapacité, faute d'habilitation, à modifier, ajouter ou retrancher au discours *juridique*, il n'est pas nécessaire d'être producteur de normes pour en altérer la substance ou *le sens*. Chaque discours doctrinal embrasse autant qu'il diffuse une certaine compréhension du phénomène juridique au travers de son office et de la place qu'il occupe en son sein.

601 **Une tension théorique ?** Plus encore que le seul office du discours doctrinal plus général auquel ils appartiennent, les discours relatifs aux outils de justice algorithmique révèlent aussi et surtout cette compréhension particulière du phénomène juridique, soit que celle-ci ne soit finalement pas (ou plus) mise en tension par les outils de justice algorithmique (**§ 1**), soit qu'au contraire et en dernière lecture, elle apparaisse comme la source de toutes les tensions jusqu'ici identifiées (**§ 2**).

§ 1. *UNE APPARENTE NEUTRALITÉ THÉORIQUE DU DISCOURS CANADIEN*

602 **Neutralité et positionnement théorique**. Sans que cela ne constitue une appréciation positive ou négative en soi, il faut admettre qu'aucune théorie du droit spécifique, ni d'ailleurs aucune conception ou manière de concevoir le droit

en général, n'est directement perceptible au sein du discours québécois relatif aux outils de justice algorithmique. C'est le corollaire d'une approche directe, expérimentale, empirique et globalement très concrète que de ne laisser qu'une place réduite à l'explicitation ou à la démonstration de présupposés théoriques spécifiques, y compris lorsque le contenu des contributions est plus abstrait ou théorique. Compte tenu des tensions d'ordre épistémologiques que l'on perçoit au sein du discours français, cependant, on ne peut affirmer que cette *neutralité* québécoise soit liée à une quelconque *neutralité* de la thématique ; après tout, il s'agit là d'un truisme, aucune thématique n'est neutre en soi. Le fait qu'il s'agisse d'étudier et d'analyser des outils techniques, voire technologiques, n'y change rien et les analyses moins juridiques que sociologiques, éthiques voire psychologiques que proposent le discours québécois le démontrent bien. Plus généralement, l'intégration par le droit de phénomènes nouveaux réactive des questions perpétuelles sur *ce qu'est le droit* : le droit est-il un instrument de régulation parmi d'autres, ou doit-il être le premier d'entre eux ? A-t-il vocation à régir et borner les phénomènes nouveaux, ou doit-il leur aménager un espace de déploiement plus lâche ? Doit-il les encourager ou au contraire les contenir ? A-t-il même un sens *a priori*, ou n'est-il qu'un instrument modelable à l'envi selon les *besoins* ou surtout les *velléités* du moment ? Est-il, finalement, censé modeler quoi que ce soit d'autre que lui-même ? S'il est bien sûr rare de lire les réponses explicites à ces questions au sein d'un discours doctrinal, ou à tout le moins au sein de *tout* un discours doctrinal, la manière dont il se saisit des phénomènes n'en demeure pas moins informative. En l'occurrence, pour ce qui concerne cette « manière québécoise » de recevoir les outils de justice algorithmique, c'est bien toute une conception du phénomène juridique qui est à l'œuvre derrière cette « neutralité » apparente (**A**), conception d'autant plus importante que c'est aussi celle qui, généalogiquement, est à l'origine des outils de justice algorithmique (**B**).

A. Neutralité et positionnement théorique du discours doctrinal québécois

603 **Neutralité et pragmatisme du discours doctrinal québécois**. En fait, parler de *neutralité*, notamment axiologique, est trompeur : être *neutre* est déjà une prise de position théorique vis-à-vis de l'objet traité. C'est déjà admettre, *a priori*, que l'objet peut être traité de manière *neutre*, et donc que le droit *peut* s'en saisir d'une manière ou d'une autre — reste à savoir comment et avec quelles difficultés. C'est donc aussi admettre que le droit ne contient lui-même rien qui, encore une fois *a priori*, lui empêcherait de recevoir cet objet. Ce peut même aller jusqu'à *ne pas penser* que le droit *puisse* contenir quoi que ce soit qui l'en empêcherait. Or, ce n'est pas être neutre qu'adopter cet ensemble de points de vue, même inconsciemment : c'est être *pragmatiste*, au sens théorique du terme [2182]. Rappelons ici une

2182. Le terme « pragmatiste » est sciemment préféré à « pragmatique » pour différencier son usage courant de la philosophie du même nom. Les pragmatistes eux-mêmes ne prétendent pas développer une pensée « neutre » : ils considèrent simplement que les « arrière-pensées et les

nouvelle fois que si le droit québécois est de nature mixte et que son discours, particulièrement en droit privé puisque c'est là que la part de droit civil est la plus palpable, se réclame de cette nature, il emprunte néanmoins une grande partie de sa structuration externe et interne à son voisin de *common law*, justement parce que sa compréhension du phénomène juridique en est proche. Les auteurs québécois ne disent d'ailleurs pas autre chose, en particulier lorsqu'il s'agit de contraster cette approche du droit avec celle véhiculée par le discours doctrinal français. C'était vrai hier, puisqu'alors que le discours français « se rattache aux vastes traités exégétiques afin de bâtir une doctrine savante », « la doctrine pédagogique québécoise est marquée (...) par un fort pragmatisme » [2183], et ça l'est encore aujourd'hui : « majoritairement francophones à 80 pour cent, les Québécois sont avant tout des Américains du Nord. Dans le domaine juridique, le pragmatisme fait partie de la tradition québécoise » [2184], « on ne saurait aisément nier ce qui relève de l'évidence » [2185]. Quant à identifier ce que ce pragmatisme désigne, avant même de s'interroger sur ce qu'il désigne *en droit*, il vaut mieux encore s'en remettre à l'un de ceux qui l'ont conceptualisé, Charles Sander Peirce [2186].

604 **Pragmatisme et instrumentalisme du *common law*.** L'ambition de notre propos n'est pas de proposer une lecture de la philosophie pragmatiste, en général ou en droit, mais on peut cependant admettre de manière schématique que le pragmatisme philosophique désigne une méthode dont le but primordial est « d'atteindre une clarté de pensée » qui dépasse celle héritée de la pensée cartésienne [2187]. Il ne s'agit pas d'une doctrine « ou d'une tentative de déterminer une quelconque vérité des choses », mais seulement d'une « méthode de détermination des significations des mots difficiles et des concepts abstraits » [2188] habituellement résumée par une

---

effets indirects de la pratique d'une méthode pragmatique relèvent d'autres questionnements » (« *As to the ulterior and indirect effects of practising the pragmatistic method, that is quite another affair* », Charles S. Peirce, « Pragmatism and Pragmaticism », in Charles Hartshorne et Paul Weiss (dir.), *The Collected Papers of Charles Sanders Peirce*, vol. VII-VIII, Harvard University Press, 1931, p. 271).

2183. David Gilles, « Des traités français aux manuels québécois : écrire et enseigner le droit privé, en amont et en aval du Code civil du Bas-Canada », *op. cit.*, p. 317.

2184. Adrian Popovici, « Libres propos sur la culture juridique québécoise dans un monde qui rétrécit », *op. cit.*, p. 231. Dans le même sens, David Deroussin, « Comment forcer une identité nationale ? La culture juridique française vue par la doctrine civiliste au tournant des XIXe et XXe siècles », *Clio @ Themis*, n° 5, 2012, § 19, disponible en ligne à <https://publications-prairial.fr/cliothemis/index.php?id=1744>.

2185. Sylvio Normand, « La littérature du droit comme élément structurant du champ juridique québécois : une perspective historique », *op. cit.*, p. 9.

2186. La paternité du pragmatisme revient en fait plus généralement aux membres du « Club Métaphysique » de Cambridge, nommé ainsi pour moquer les approches métaphysiques de l'époque, et composé, le plus notablement, de Charles S. Peirce, William James et John Dewey (qui, plus tard, a fondé l'École de Chicago). Ce « club » était majoritairement composé de scientifiques de disciplines expérimentales ou mathématiques, mais il incluait aussi des juristes, dont Oliver W. Holmes.

2187. « *A method of reaching a clearness of thought of higher grade* », Charles S. Peirce, « How to Make our Ideas Clear », *Popular Science Monthly*, vol. 12, 1878, 286, p. 289.

2188. « *[It is] no attempt to determine any truth of things. It is merely a method of ascertaining the meanings of hard words and of abstract concepts* », Charles S. Peirce, « Pragmatism and Pragmaticism », *op. cit.*, p. 270.

« maxime pragmatiste » : « considérer quels effets susceptibles d'avoir une portée pratique l'objet de notre considération est en mesure de produire. La conception de tous ces effets est alors la conception complète de cet objet. » [2189] La pensée pragmatiste est une pensée empirique, voire expérimentale, qui tend à réduire une chose à ses effets et rejette toute conception *a priori* des objets portés à sa connaissance. À cet égard, on peut souscrire à l'idée selon laquelle « le pragmatisme est (...) peut-être davantage une attitude intellectuelle, un état d'esprit, une épistémologie, donc une *réflexion critique sur les moyens d'accéder à la connaissance*, qu'une philosophie véritable » [2190] et de programme qui dépasse largement les bornes des disciplines dans lesquels ses pères évoluaient. C'est particulièrement vrai dans la mesure où cette pensée pragmatiste a conditionné l'évolution de la pensée scientifique du tournant du XIXe et du XXe siècles, y compris au sein des sciences humaines et, pour ce qui nous concerne, du droit. Elle y a en effet trouvé un terrain propice, dans la mesure où, avant même que cette pensée pragmatiste ne soit conceptualisée, la compréhension du phénomène juridique anglo-saxonne ne versait pas dans dans la métaphysique et relevait bien plus d'un certain utilitarisme. Là où « le droit représenté sous forme de propositions abstraites donne prise à l'idée selon laquelle il forme un système holistique avec des instruments d'évaluation propre » et amène à développer une préconception de ce qu'est, et donc doit être, le droit [2191], un droit caractérisé par sa dispersion, son orientation libérale, sa construction toujours partielle et sa genèse conflictuelle et particulière tend au contraire à se voir réduit à sa fonction instrumentale. Si, en effet, les « règles de droit sont conçues essentiellement comme des instruments — des moyens d'atteindre des fins » [2192], alors, dans cette perspective, le seul élément théorique qui doit être déterminé n'a pas tant trait à leur forme ou à leur fond, mais bien plus au contenu de ces fins. Similairement, et sauf à ce que ces fins changent, le seul évènement qui peut venir disqualifier ou menacer une règle n'est que l'hypothèse où son « application (...) à un cas particulier ne s'avère pas être un instrument satisfaisant pour atteindre ses fins ou entre en conflit avec d'autres buts importants » [2193] et qui commandera sa modification. Sans préconception de ce que ces règles doivent être ou de ce à quoi elles doivent ressembler, elles ont vocation à évoluer afin d'épouser les phénomènes qui se présentent à elles selon des fins qui n'ont elles-mêmes rien de rigide. S'il ne s'agit pas ici de nier la rationalité interne des systèmes de *common law*, il s'agit de rappeler que les termes de

---

2189. « *Consider what effects, that might conceivably have practical bearings, we conceive the object of our conception to have. Then, our conception of these effects is the whole of our conception of the object* », Charles S. Peirce, « How to Make our Ideas Clear », *op. cit.*, p. 293.

2190. Boris Barraud, *Le pragmatisme juridique*, L'Harmattan, 2017, p. 22-23.

2191. Duncan Fairgrieve et Horatia Muir-Watt, *op. cit.*, p. 33. Jean-François Gaudreault-DesBiens la qualifie de « surdétermination » des concepts et de leur intégrité « au détriment des faits » que la tradition civiliste impliquerait (*Les solitudes du bijuridisme*, *op. cit.*, p. 60). S'il nuance immédiatement cette affirmation, cette dernière demeure représentative de la conception du système civiliste entretenue au sein des systèmes de *common law*.

2192. « *Rules are conceived essentially as instruments – as means to sound goals* », Patrick S. Atiyah et Robert S. Summers, *Form and substance in Anglo-Americain Law*, *op. cit.*, p. 93.

2193. *Ibid.*

cette rationalité sont toujours recomposés par les agents de la sédimentation qui les construit — les juges. Si les discours doctrinaux n'en ont pas moins tenté d'en proposer une lecture *extérieurement* rationnelle [2194], il n'y avait en fait qu'un pas à franchir entre cet utilitarisme systémique et une appréhension véritablement *pragmatiste* du droit. Or, de la même manière qu'une règle de droit demeure acceptable tant qu'elle remplit les fonctions qu'on lui a attribuées, un discours doctrinal conçu comme essentiellement *informatif* demeure acceptable tant qu'il *informe* — ce qu'il a fait, jusqu'à la crise rencontrée par les systèmes anglo-américains au cours de la première moitié du XXe siècle.

605 **Pragmatisme et réalisme juridique**. Nous avions déjà évoqué cette genèse plus haut (voir § 389 et suiv.) ; l'explosion des sources jurisprudentielles au sein des systèmes anglo-américains a fait évoluer tout un univers juridique. Ce changement d'univers juridique a ainsi non seulement reconfiguré la pratique juridique, mais encore et surtout la manière de concevoir le droit au sein du discours doctrinal. C'est à l'occasion de cette crise, contemporaine d'ailleurs à l'émergence de la pensée pragmatiste, que cette dernière a dépassé les frontières disciplinaires et poussé le discours doctrinal d'abord américain à « sauter le pas » entre utilitarisme et pragmatisme. Si aujourd'hui on peut voir des auteurs évoquer la notion de pragmatisme juridique pour regrouper toute une série d'approches du droit qui correspondent de loin en loin à la « maxime pragmatiste », on ne trouve pas, à l'époque en tout cas, formellement d'école pragmatiste juridique. On trouve, en revanche, les différents mouvements rattachables au réalisme juridique et à la *sociological jurisprudence* qui, précisément, « définissent le droit par ses résultats, par l'observation de l'expérience, d'où la prééminence des 'règles réelles' (*real rules*) sur les 'règles sur le papier' (*paper rules*) ». [2195] En fait, il est assez difficile de mieux décrire ces mouvements dans la mesure où ils n'ont guère d'unité interne. La *sociological jurisprudence*, initiée par Roscoe Pound, se situe à mi-chemin entre le pragmatisme de William James et un utilitarisme social proche des théories de Jhering teinté d'une approche positiviste Comtienne et elle diverge du réalisme juridique dans la mesure où son approche des *paper rules* demeure idéaliste : le droit reste un instrument du progrès social, l'outil permettant de réconcilier « le besoin de stabilité et le besoin de changement » [2196]. L'approche réaliste ne peut alors que contraster puisque le point commun de tous les sous-mouvements qu'elle englobe, des premières lignes d'Oliver W. Holmes aux plus nihilistes qu'on ira jusqu'à qualifier de « doctrine du désespoir » [2197] en passant par des approches plus modérées, demeure un profond *scepticisme* à l'égard du droit compris comme ensemble de *paper rules*. Si elles ne sont pas systématiquement disqualifiées comme inutiles,

---

2194. On pense ici, à des périodes très éloignées, aux efforts de (ou aux appels à une) systématisation d'un Jeremy Bentham ou d'un Christopher Langdell (voir *supra* § 328 et § 402).

2195. Wanda Mastor, *op. cit.*, pp. 88-89.

2196. « *A task of the law is the reconciliation of the need for stability with the need for change* », James A. Gardner, « The Sociological Jurisprudence of Roscoe Pound », *Vill. L. Rev.*, vol. 7, n° 1, 1961, 1, p. 14.

2197. On pense ici à l'article de Philip Mechem, *The jurisprudence of despair*, *op. cit.*

superflues, voire ineptes [2198], ces règles de droit, *le droit* tel qu'il était jusque-là traditionnellement conçu, sont considérées insuffisantes pour espérer expliquer le *fonctionnement* du droit. En d'autres termes, le conceptualisme et l'abstraction de l'approche développée jusque-là sont considérés inutiles à la pratique puisque « les propositions générales ne règlent pas les affaires concrètes » [2199]. Suivant alors le programme tracé par les pragmatistes qui avaient pu s'intéresser au droit, celui d'admettre que la seule véritable connaissance du droit ne peut qu'être celle de son application [2200], chaque réaliste a développé sa propre approche du droit et de sa connaissance à partir de ce postulat commun selon lequel, au maximum, « il n'y aurait pas de dichotomie entre la création du droit et son application » [2201] ou, au minimum, cette dichotomie ne serait pas épistémologiquement dirimante.

B. Pragmatisme, réalisme, jurimétrie et outils de justice algorithmique

606 **Des liens *généalogiques* entre outils de justice algorithmique et réalisme juridique.** Ce détour par le réalisme juridique ne constitue pas (seulement) une parenthèse théorique, et ce pour au moins deux raisons. La première est qu'il n'est lui-même pas absent du discours relatif aux outils de justice algorithmique : il est même, pour une partie du discours français, le support de l'argument tiré de l'effet « factualisant » des outils de justice algorithmique. Si nous reviendrons plus loin sur ce parallèle dressé entre une approche réaliste qui n'existe plus en tant que mouvement formalisé [2202] et une forme de résurgence technologique de ses présupposés, on peut déjà admettre à ce stade que ces présupposés partagent des points communs avec cet effet « factualisant » des outils de justice algorithmique. C'est

---

2198. Ce qui fut le cas dans les travaux, notamment, de Wesley Sturges. Alors même qu'il a finalement peu écrit, son principal ouvrage consistait en la compilation sur un peu plus de mille pages de décisions *contradictoires* rendues en matière d'opération de crédits (*Cases and Materials on the Law of Credit Transactions*, West Publishing Company, 1930). Outre l'intérêt pédagogique de l'ouvrage, son objectif était de démontrer qu'il n'était possible de déduire ni de la législation applicable ni de précédentes décisions rendues l'issue d'un litige, ainsi qu'il avait déjà pu l'exposer lors de son commentaire d'un ouvrage sur un sujet similaire (voir « Book Review. Cases on Mortgage », *Harv. L. Rev.*, vol. 40, n° 3, 1927, pp. 510-515).

2199. « *General propositions do not decide concrete cases* », Opinion dissidente d'Oliver W. Holmes dans *Lochner v. New York*, 198 U.S. 45, 76 (1905).

2200. Parmi les pragmatistes, John Dewey est celui qui s'est intéressé le plus directement à l'application de la pensée pragmatiste au droit. Voir, notamment, John Dewey, « My Philosophy of Law », in *My Philosophy of Law: Credos of Sixteen American Scholars*, Boston Law Books, 1941, pp. 73-85.

2201. Boris Barraud, *Le pragmatisme juridique*, *op. cit.*, p. 56.

2202. Ainsi le discours doctrinal américain peut-il considérer, alors que le mouvement à proprement parler « a été arrêté par la Deuxième guerre mondiale » (David F. Parlett, « Être juriste universitaire aux États-Unis. Sur la fabrique d'un sacerdoce », in Pascal Mbongo et Russel L. Weaver (dir.), *Le droit américain dans la pensée juridique contemporaine. Entre Américanophobie et Américanophilie*, Institut Universitaire Varenne, 2013, 361, p. 370), que « nous sommes tous réalistes désormais » (« *we are all realists now* », attribué à Walter Gelhorn pour la première fois dans Beryl Harold Levy, « Book Review », *U. Pa. L. Rev.*, vol. 109, 1961, 1045, p. 1047). Ce « cliché » de la pensée juridique américaine renvoie à la fois à la pérennité des approches héritées du mouvement réaliste (on pense ici aux *Critical Legal Studies*) mais aussi, et plus largement, à un impossible « retour en arrière » conceptuel.

ainsi le cas de l'atténuation de la distinction entre être et devoir-être dans l'analyse du droit, la réduction de ce « droit » à « ce que décident les tribunaux » [2203], et, surtout, la prise en compte, au sein des décisions de ces tribunaux, de tout « ce qui est déterminant dans la prise de décision » [2204]. Or, et avant de véritablement revenir sur ce que ce parallèle peut signifier d'un point de vue français, il n'est pas anodin du point de vue des outils eux-mêmes. C'est là la seconde raison pour laquelle le réalisme juridique constitue un biais d'analyse pertinent pour expliquer pourquoi les tensions méthodologiques et épistémologiques perceptibles au sein du discours français sont absentes du discours québécois : cette résurgence technologique du réalisme juridique ne date pas de *ces* outils. Si le droit se réduit à son application, tout le travail du juriste revient à la célèbre déclaration d'Holmes : prédire « ce que les tribunaux feront en fait, et rien de plus prétentieux » [2205].

607 **Outils de justice informatique et behaviorisme**. L'une des voies envisagées par certains réalistes et empruntées par leurs successeurs était en effet une voie d'ordre *psychologique* : la personnalité du juge, les jeux d'influence multiples qui pèsent sur lui lors de sa prise de décision et l'identification de ces déterminants sont alors les éléments principaux de la connaissance *réelle* du droit [2206]. Or, cette approche réaliste psychologique a rencontré, du côté de la jeune discipline psychologique, son courant dominant à l'époque : le behaviorisme. À rebours des approches dites *mentalistes* concentrées sur la question de la conscience et des états mentaux, l'approche behavioriste postule que la psychologie est une science expérimentale, dont l'objet est « la prédiction et le contrôle du comportement » à partir de l'analyse des liens entre les *stimuli* (évènements extérieurs) et les réponses induites (comportements) [2207]. À terme, une analyse psychologique aboutie doit permettre de « déduire le *stimuli* d'une réponse ; la réponse du *stimuli* » [2208]. La marque du pragmatisme est là encore visible, puisqu'il s'agit bien d'un programme scientifique visant à construire tout le champ disciplinaire de la psychologie autour de ce qui est *observable*, voire quantifiable. Ainsi, la rencontre des approches les plus psychologiques héritées du réalisme juridique avec ce behaviorisme a permis le développement d'une branche à part entière de la jurimétrie dans son sens historique, c'est-à-dire l'ensemble des disciplines visant à étudier, de manière empirique, les phénomènes juridiques par l'application de méthodes issues des sciences mathématiques, informatiques ou

2203. Paul Amselek, « Le 'juridique' se réduit-il au 'judiciaire' ou 'juridictionnel' ? », in *Écrits de droit public, financier et constitutionnel. Mélanges en l'honneur de Michel Lascombes*, Dalloz, 2020, 3, p. 10.

2204. Frederick Schauer, *op. cit.*, p. 139.

2205. « *What the courts will do in fact, and nothing more pretentious* », Oliver W. Holmes, *op. cit.*, p. 461.

2206. C'est ainsi notamment le cas chez Benjamin Cardozo (*The Nature of the Judicial Process*, Yale University Press, 1921) ou chez Jerome Frank (*Law and the Modern Mind*, Brentano's, 1930).

2207. « *Its theoretical goal is the prediction and control of behavior* », John B. Watson, « Psychology as the Behaviorist Views It », *Psychological Review*, vol. 20, 1961, 158, p. 158. Cet article marque le début de l'approche behavioriste.

2208. « *In a system of psychology completely worked out, given the response the stimuli can be predicted; given the stimuli the response can be predicted* », *ibid.*, p. 167.

expérimentales. En l'occurrence, le behaviorisme juridique constituait l'un des trois pôles de cet ensemble, aux côtés de l'analyse des logiques symboliques et de la mise en mémoire et du repérage d'information au moyen de l'informatique naissante [2209]. Cette fusion des présupposés réalistes, des analyses psychologiques empiriques et, bientôt, des technologies informatiques repose sur deux postulats. Le premier est que l'acte judiciaire constitue un « comportement social » répondant à certains *stimuli* que l'on peut identifier « en se lançant dans l'analyse fouillée et quantifiée des attitudes et des votes des juges » [2210] et à partir desquels on peut donc *prédire*, à la manière de Holmes, ce que les tribunaux feront. Le second postulat est que cette identification des *stimuli* ne peut se faire qu'à partir d'hypothèses formalisées et « d'outils de définition et de quantification » — en cela, les behavioristes vont plus loin que « l'approche intuitive des *Legal Realists* » [2211]. Si les premières recherches et les premières méthodes de recueil, quantification et analyse des informations repérées dans les décisions n'étaient pas informatisées et se basaient donc sur les disciplines mathématiques et statistiques [2212], les capacités grandissantes et la banalisation des premiers ordinateurs ont rapidement capté les recherches behavioristes. En d'autres termes, et malgré une période de prospérité assez courte au sein de la psychologie scientifique, ses applications au droit constituent l'un des piliers sur lesquels s'est bâti le développement des outils de justice informatique et, plus tard, algorithmique. Il s'agissait en effet déjà, en 1968, de relever des « micro-descripteurs » dans les décisions afin d'en tirer des enseignements à la fois rétrospectifs et prospectifs [2213] et on envisageait d'utiliser les modèles créés pour « prédire des variables continues, telles que des sentences, le quantum de dommages accordé, les montants des pensions alimentaires » [2214]. Le développement des bases de données informatisées de décisions de justice et leur accolement avec des outils de recherche et d'analyse n'ont jamais véritablement cessé de poursuivre ce but hérité du réalisme juridique et, avant lui, de la méthodologie

---

2209. Céline Pelletier, « Les jeux de Cour », *RJT*, vol. 6, n° 1, 1971, 157, pp. 160 et suiv.

2210. Valérie Mayer-Brimont, *Les Cours Suprêmes Nord-Américaines et l'Interprétation des Droits de l'Individu : un modèle heuristique*, thèse dactylographiée, Université Paris 1 Panthéon Sorbonne, 1993, p. 337.

2211. *Ibid.*, p. 340. Cette idée était déjà présente dans l'article programmatique de Lee Loevinger, *op. cit.*

2212. Ce qui n'a pas cependant pas empêché les premières analyses behavioristes de se baser sur une approche mathématique (notamment basée sur l'algèbre booléenne, qui servirait bientôt de base aux moteurs de recherche) et statistique. C'était ainsi le cas des travaux de Fred Kort, Stuart Nagel ou, plus notablement, Glendon Schubert sur la *SCOTUS*, voir *Quantitative Analysis of Judicial Behavior*, The Free Press, 1960. Les différentes techniques développées incluaient, chez Glendon Schubert par exemple, l'identification de « blocs » de juges votant régulièrement ensemble à l'aide d'échelles de Guttman (ou scalogrammes, voir par exemple « Judicial Attitudes and Voting Behaviour: the 1961 Term of the United States Supreme Court », *Law and Contemporary Problems*, vol. 28, 1961, pp. 100-142).

2213. Reed Lawlor, « Fact Content Analysis of Judicial Opinions », *Jurimetrics Journal*, t. 9, 1968, pp. 107-130.

2214. Ejan Mackaay, « Jurimétrie, informatique juridique, droit de l'informatique : un résumé de la littérature », *RJT*, vol. 6, n° 3, 1971, 3, p. 14, citant, notamment, Roger Hood, *Sentencing in Magistrates' Courts: a Study in Variations of Policy*, Stevens & Sons, 1962.

pragmatiste. Le discours français ne se trompe donc pas quand il souligne la proximité des thèses réalistes et des outils de justice algorithmique.

608 **La jurimétrie comme porte d'entrée des logiques réalistes.** Or, et en dehors de l'impact de cet héritage sur les outils eux-mêmes, cette assimilation des présupposés réalistes et pragmatistes au travers de leur développement continu a nécessairement eu un effet sur les champs juridiques et les discours doctrinaux qui y ont participé. À cet égard, si le réalisme juridique n'a pas connu le même succès au Canada [2215], les approches behavioristes ont quant à elles atteint le Québec qui s'en est emparé en même temps qu'il s'est saisi, plus largement, des approches jurimétriques [2216]. Cette réception différenciée peut étonner, mais on peut tenter de l'expliquer à partir de la crise des sources qui a donné naissance au réalisme juridique : nous l'avons vu, le Canada n'a pas subi cette « crise » de la même manière que son voisin américain puisque la surabondance de sources de droit publiées ou diffusées est venue régler une autre crise préexistante *de manque* de source (voir § 395). La pensée juridique canadienne n'a donc pas subi de choc transformateur de la même manière que la pensée juridique américaine au point de tomber dans les travers nihilistes reprochés à certains réalistes [2217]. En revanche, le courant jurimétrique et ses dimensions informatiques et psychologiques y ont trouvé un public intéressé dans la double mesure où une approche empirique des décisions des tribunaux demeure pertinente dans un système qui, nous l'avons vu, partage le syncrétisme *pragmatiste* des systèmes de *common law* et où, malgré l'absence de *crise* à proprement parler, il n'en fallait pas moins trouver des moyens efficaces et pertinents de structurer l'information juridique nouvellement

---

2215. Certains auteurs notent qu'un « réalisme et un pragmatisme fort semblable à celui du droit américain » a pu se déployer, notamment en droit administratif (ce qui est n'est anodin, compte tenu de la nature de *common law* du droit administratif québécois), au détour des années 1970 (Yves-Marie Morissette, « Rétrospective et prospective sur le contentieux administratif », *R.D.U.S.*, vol. 39, nº 1-2, 2008-2009, 1, p. 7), mais plus généralement, et y compris au Canada anglophone et de *common law*, on considère que « la pensée juridique canadienne est demeurée généralement peu affectée par les discours post-réalistes » (« *Canada's legal academy has been largely unaffected by post-realist discourse* », Frederick C. Decoste, « Book Review », *Case W. Res. J. Int'l L.*, vol. 23, 1990, 323, p. 323).

2216. On pense notamment aux travaux d'Ejan Mackaay, avant que cet intérêt pour l'analyse sociopsychologique des décisions ne prenne la voie de l'analyse économique du droit (voir, par exemple, Ejan Mackaay, « La logique du flou en droit : une réflexion sur les recherches sur la 'prédiction des décisions judiciaires' », *RJT*, vol. 11, nº 1-2, 1976, pp. 209-240. Plus globalement, voir Jean Goulet, « Revalorisation du droit et jurimétrie », *op. cit.* ou Francine Tremblay-Portugais, « Applicabilité de la théorie des structures et des grilles à la jurisprudence québécoise », *RJT*, vol. 11, nº 1-2, 1976, pp. 57-70. Certains travaux de ce type ont d'ailleurs été commandés par des organismes publics, ce fut ainsi le cas d'un rapport de Peter R. Russell, « The Supreme Court of Canada as a Bilingual and Bicultural Institution », rapport à la Commission royale sur le Bilinguisme et le Biculturalisme, Imprimeur de la Reine, 1969 (le rapport visait à étudier l'hypothèse d'un « bloc » de vote canadien-francophone). Plus largement, des rapports ont été commandés *sur* ces approches, voir Philip Slayton, « La recherche documentaire électronique dans les sciences juridiques », *op. cit.*

2217. Nihiliste étant utilisé ici dans un sens proche du non-cognitivisme et du scepticisme des valeurs. C'est notamment le cas de la position d'un Wesley A. Sturges, que Gilmore Grant décrit comme « lugubre » (« *bleak* ») et « remarquablement proche des romans les plus désespérés de Franz Kafka » (« *strinking resemblance to the more despairing novels of Franz Kafka* », voir *The Ages of American Law*, *op. cit.*, p. 105).

diffusée [2218]. Ainsi, et de la même manière que les structures de recherche qui ont encadré ces premières recherches se sont maintenues dans le temps, leurs apports sont encore aujourd'hui rappelés au sein du discours actuel sur les outils de justice algorithmique [2219].

609 **Une compatibilité épistémologique entre discours doctrinal québécois et outils de justice algorithmique.** Le discours doctrinal québécois, par sa proximité géographique et épistémologique avec le système de *common law* et sa pensée juridique, partage donc avec les outils de justice algorithmique un legs commun dans la manière dont il conçoit le droit : un legs fait d'empirisme, de pragmatisme, d'une conception instrumentale et opératoire de la règle de droit et, plus encore, d'un *syncrétisme* méthodologique qui emprunte autant que nécessaire mais sans forcément le revendiquer aux disciplines extrajuridiques. Cet héritage a construit les outils de justice algorithmique autour des besoins des praticiens du droit sans *a priori* épistémologique [2220] et il a structuré au niveau externe comme interne le discours doctrinal québécois. C'est ainsi cette conception instrumentale, utilitariste et pragmatiste qui a longtemps justifié la concentration praticienne de la production doctrinale québécoise, tout comme d'ailleurs elle continue de justifier la place prépondérante du « tiers praticien » au sein du discours. Si le droit est, fondamentalement, le moyen d'atteindre certaines fins, alors la parole des acteurs qui le modèlent autour de ces fins est d'autant plus pertinente et importante pour déterminer son contenu à un instant *t*. Sa connaissance pratique et empirique est donc, au moins historiquement, l'objet du discours doctrinal ; lorsqu'il décide de s'en extraire, c'est au profit d'approches elles-mêmes syncrétiques. À cet égard, son absence de réaction spécifique, sa *neutralité*, constitue moins une posture théorique spécifique aux outils de justice algorithmique que la conséquence d'une relative adaptation des conceptions du droit qui le sous-tendent avec celles qui sous-tendent ces outils. Elle n'empêche d'ailleurs pas le discours d'émettre des critiques ou de souligner des tensions, mais ces critiques et ces tensions n'émanent pas d'une certaine théorie du droit et ne peuvent s'y ramener [2221]. Ce positionnement théorique du discours québécois, construit sur des bases similaires à celui qui a sous-tendu le développement des outils de justice algorithmique, n'est donc pas moins marqué parce qu'il n'est pas explicitement affirmé au sein de ce discours spécifique.

610 **Compatibilité québécoise, incompatibilité française ?** Au contraire, dans la mesure où cette *neutralité* contraste de manière évidente avec les tensions apparentes du discours français. L'innocuité des outils de justice algorithmique du point de vue épistémologique pour le discours doctrinal québécois révèle ainsi

---

2218. Et cela sans évoquer les questions plus propres au Québec de la structuration du discours doctrinal académique en parallèle de l'intégration de ce mouvement.

2219. Ainsi, « la vision attitudinale ou béhavioriste du raisonnement judiciaire laissera une place dérisoire aux considérations strictement juridiques. (…) Une décision judiciaire reflète moins le texte de la loi ou l'autorité du précédent qu'elle n'incarne les convictions des décideurs individuels », Karim Benyekhlef, Jie Zhu et Valentin Callipel, *op. cit.*, pp. 179-180.

2220. Ou, plutôt, avec l'*a priori* de ne pas en avoir.

2221. Voir, par exemple, certaines des conclusions de Karim Benyekhlef et Simon Du Perron, *op. cit.*, p. 85 ou Stéphane Bernatchez, *op. cit.*

à quel point le discours doctrinal français est quant à lui émaillé de ces tensions et semble nous rapprocher de plus en plus de ce qui peut expliquer cette concentration doctrinale *spécifiquement* française, voire spécifiquement *doctrinale*, sur les outils de justice algorithmique. Si la *neutralité* québécoise révèle ainsi une similarité de positionnement théorique, les tensions françaises tendent quant à elle à révéler une conception du droit tout aussi marquée — si ce n'est pas un *aveu théorique* explicite, tout du moins implicite [2222] — et particulièrement affectée par l'intervention des outils de justice algorithmique.

§ 2. *Des indices forts d'une tension épistémologique française*

611 **L'argument « réalisme juridique » ; un argument à la fois pivot et repoussoir**. Le rapprochement effectué par une partie du discours entre le réalisme juridique et les outils de justice algorithmique n'est pas seulement révélateur des soubassements théoriques de ces outils. Il révèle aussi en creux à la fois les causes et les conséquences de la globale imperméabilité du discours doctrinal français aux thèses réalistes ou, plus largement, à une quelconque forme de *pragmatisme juridique*. À cet égard, cette proximité soulignée entre outils et réalisme inclut, comme pour l'argument « *common law* », une dimension de repoussoir ; de la même manière que l'outil *serait* porteur des logiques et des clés de raisonnement de *common law*, il serait aussi porteur d'une conception du droit étrangère, différente, voire opposée à celle qui a cours en France. Le discours français propose ainsi une certaine *lecture* de ce réalisme, intéressante à plus d'un titre. Le premier de ces titres est son caractère dispersé ; cette lecture ne peut en fait qu'être elle-même reconstruite en suivant les socles sur lesquels se déploie cette mobilisation du réalisme juridique. Parce qu'elle est employée comme un repoussoir, chacun de ces socles constitue un point problématique des outils et, en contrepoint, un élément étranger à la conception du droit à l'œuvre au sein du discours doctrinal français (**A**). C'est là précisément le second titre auquel cette lecture du réalisme juridique proposée par ce discours est éclairante : miroir inversé de la conception du droit véhiculée au sein du discours doctrinal français, c'est à travers elle que nous pourrons finalement déterminer ce qui explique les tensions perceptibles en son sein du discours (**B**).

A. L'argument « réalisme juridique » comme résumé quintessentiel des défauts des outils

612 **Un argument symbiotique**. En réalité, l'argument tiré d'une analogie entre les outils de justice algorithmique et les thèses réalistes est un argument symbiotique. Il n'intervient jamais de manière autonome, de sorte qu'il est systématiquement exploité au renfort d'un autre argument ; il n'est pas anodin, bien sûr, ce soit le

---

2222. Éric Millard, « L'aveu théorique comme préalable au travail juridique savant », communication lors du VIe Congrès de l'AFDC, 10 juin 2005, disponible en ligne à <https://halshs.archives-ouvertes.fr/halshs-00009961/document>.

plus habituellement le cas de l'effet « factualisant » des outils, y compris d'ailleurs lorsque le terme n'est pas employé explicitement. Ainsi, le socle principal de cette analogie est aussi celui de cet effet « factualisant » : la disparition de la « distinction tranchée du fait et du droit permettant la constitution d'un jugement à partir d'une norme collectivement instituée par le droit comme texte » [2223]. La disparition de cette distinction se joue alors selon la même partition que celle jouée par la « factualisation » du droit, puisqu'elle passerait tout d'abord par le traitement que les outils de justice algorithmique font subir aux décisions de justice. Ainsi, « l'idée de base est de repenser la jurisprudence comme une donnée à traiter (...) dans un angle 'non juridique', dans la veine du mouvement du réalisme juridique » [2224], puisque « la justice prédictive se rattache à une théorie réaliste du droit où tout est fait et tout est au même niveau : le passé d'un juge, la position majoritaire des autres juges, la décision de première instance et celle de la Cour de cassation » [2225]. Comme postulé par une partie du réalisme juridique, « les données juridiques n'ont plus aucune spécificité particulière » [2226] par rapport à « tous les facteurs extrajuridiques, qu'ils soient individuels, collectifs et institutionnels, qui entourent l'évènement qu'est le prononcé d'une décision de justice » [2227] ; au contraire, même, puisque ce sont bien les facteurs les plus nombreux. C'est bien sur des données « hors des sources du droit » [2228] que se fondent les corrélations à partir desquels les outils « affirme[nt] à un justiciable, pour des faits apparemment identiques, que telle solution a tel pourcentage de chance d'être adoptée » [2229], participant donc de l'effet « factualisant » des outils et de leur rapprochement des logiques réalistes elles-mêmes construites sur la prise en charge de ces données du non-droit. On retrouve alors ici encore la question ambivalente de la *nature* des décisions prises en compte. À cet égard, l'intention d'analyser « les décisions judiciaires dans leur ensemble (...) et non individuellement » [2230] sur la base d'un *open data* composé essentiellement de décisions *factuelles* puisque rendues par les juridictions du fond contribuerait à ce nivellement de la part de droit et de fait qui composent cet ensemble de décisions Plus encore, et la symbiose se fait ici plutôt avec l'argument « *common law* », parce que ces outils s'appuient exclusivement sur les décisions de justice, « on peut y voir le triomphe d'une perspective réaliste en droit où ce qui compte est moins le droit et son sens que la décision du juge » et

---

2223. Antoine Garapon et Jean Lassègue, « Justice digitale deux ans après », in Samuel Benisty (dir.), *Varia autour de Justice digitale. À propos de l'essai coécrit par Antoine Garapon et Jean Lassègue*, PUAM, 2021, 103, p. 108.

2224. Lêmy Godefroy, Frédéric Lebaron et Jacques Lévy-Vehel, *op. cit.*, p. 13.

2225. Emmanuel Jeuland, « L'OUDROPO, et les mathématiques », *op. cit.*, p. 413 et, dans les mêmes termes, « Intelligence artificielle et justice : une approche interhumaniste », *op. cit.*, p. 196.

2226. Antoine Garapon et Jean Lassègue, « Justice digitale deux ans après », *op. cit.*, p. 108.

2227. Basile Darmois, *op. cit.*, p. 57.

2228. Frédéric Rouvière, « La justice prédictive : peut-on réduire le droit en algorithmes ? », *op. cit.*, p. 103.

2229. Benoît Plessix, « Vers une justice administrative prédictive ? », *op. cit.*, p. 100.

2230. Loïc Belleil et Jacques Lévy-Vehel, « Sur la modélisation des décisions de justice », in Jean-Pierre Clavier (dir.), *L'algorithmisation de la justice*, Larcier, 2020, 23, p. 26.

où « il n'existe pas de droit qui s'imposerait au juge » [2231]. Finalement, cette analogie entre outils de justice algorithmique et logiques réalistes se « détache » le plus des autres arguments quand elle est menée sur le plan méthodologique, à moins qu'elle ne constitue davantage leur *continuité* sur ce plan particulier. Il s'agit alors de relever que « la tradition réaliste, très forte aux États-Unis, en était venue à considérer que le droit pouvait tout à fait dépendre du petit déjeuner du juge » et que le « *big data* n'est pas très loin d'une position similaire » [2232] à plusieurs égards. Les divergences perceptibles au sein de ce *big data*, jusqu'ici ignorées puisque n'atteignant pas les juridictions suprêmes et leurs arrêts, seraient premièrement susceptibles de « révéler que la diversité des décisions ne tient pas qu'à la diversité de cas (…) mais à celle de ceux qui les jugent » et « il y aurait dans cette révélation un basculement sensible de notre système du côté réaliste de la force, celui qui assume que la décision de justice est déterminée par la personnalité des juges autant, si ce n'est plus, que par la règle de droit » [2233]. Plus encore, et au-delà du fait que le principe même de prédire une décision de justice à partir de toutes les autres correspond au programme Holmesien tel qu'il est généralement véhiculé, admettre que cette prédiction peut se déployer sur les éléments *factuels* de cette décision « conduit à scruter la relation de cause à effet entre les motifs (inavoués) des juges et la solution qu'ils privilégient », quitte à considérer la décision comme « une activité politique » [2234] que l'on peut analyser « par le biais des sciences sociales » [2235]. Or, ce biais impliquerait de mettre de côté l'analyse *juridique* du raisonnement *juridique*, avec toutes les spécificités que cette approche implique d'ordinaire, au profit de logiques externes et de mesures statistiques qui peuvent certes « s'avérer utiles »… « pour la sociologie judiciaire ». [2236]

613 **Le miroir inversé de la représentation doctrinale du droit : le réalisme à la française**. Comme une conclusion, le discours souligne finalement à quel point « ces progrès peuvent avoir un prix, qui n'est pas seulement, qui n'est pas d'abord monétaire mais 'culturel' (…), avec les changements d'habitude que cela peut entraîner » [2237] et que ces outils promeuvent « une nouvelle représentation du droit positif » [2238] tout en semblant « pointer en négatif tout ce qui demeure proprement humain dans le raisonnement juridique : évaluer la qualité d'une argumentation, élaborer une stratégie, imaginer et construire un problème juridique, maîtriser et réviser les concepts juridiques » [2239]. Tout ceci est, en effet, proprement humain —

2231. Samuel Ferey, « Analyse économique du droit, Big Data et justice prédictive », *APD*, t. 60, 2018, 67, p. 79.

2232. *Ibid.*, pp. 79-80.

2233. Pascale Deumier, « Open Data. Une autre jurisprudence ? », *op. cit.*, p. 479.

2234. Frédéric Rouvière, « La justice prédictive : peut-on réduire le droit en algorithmes ? », *op. cit.*, p. 106.

2235. *Ibid.*, p. 100.

2236. Basile Darmois, *op. cit.*, p. 57.

2237. Jean-Marie Pontier, « Une nouvelle source d'interrogations et de réflexion à propos de la juridiction administrative : la diffusion de sa production », in Jacques Léger et Jean-Marie Pontier (dir.), *Juridiction administrative. Diffusion de sa production*, PUAM, 2011, 15, p. 78.

2238. Luca Scillato de Ribalsky, *op. cit.*, pp. 317-318.

2239. Frédéric Rouvière, « La justice prédictive : peut-on réduire le droit en algorithmes ? », *op. cit.*, p. 106.

mais n'est-ce pas au surplus proprement français ? À mieux y regarder, en effet, ce n'est pas tant le contenu du raisonnement juridique dans l'absolu qui est *pointé en négatif*, puisqu'il faudrait encore pouvoir l'identifier, que la représentation que le discours doctrinal s'en fait. Il n'est pas anodin, à cet égard, que les critiques adressées aux outils de justice algorithmique depuis cette proximité avec les thèses réalistes ressemblent à s'y méprendre à celle qui sont adressées à la version du réalisme qui a atteint le discours doctrinal français : la théorie réaliste de l'interprétation (TRI) initialement développée par Michel Troper avant d'être reprise, approfondie et partiellement repensée par ses continuateurs [2240]. En fait, la TRI constitue bien plus, comme son nom l'indique, une théorie de l'*interprétation* juridictionnelle qu'une théorie du droit à proprement parler [2241]. Selon que l'on adopte une lecture plus ou moins extensive de cette théorie, cette dernière entraîne des conséquences plus ou moins *destructrices* du point de vue de l'ordre juridique [2242]. Soit, dans une conception maximale et probablement exagérée, la TRI implique qu'il « n'existe pas de normes juridiques qui s'imposent à l'interprète » [2243] puisque ce dernier est, *in fine*, « l'auteur de la norme qu'il est chargé d'appliqué » [2244] ; elle a ainsi pu être qualifié de théorie *anarchiste* [2245]. Dans une conception plus raisonnable mais non moins relativiste, la TRI implique plutôt que, quel que soit les sens que l'on peut attribuer aux textes, la recherche *a priori*

2240. Notamment Arnaud le Pillouer ou Véronique Champeil-Desplats, dans des ouvrages comme Michel Troper, Véronique Champeil-Desplats et Christophe Grzegorczyk (dir.), *Théorie des contraintes juridiques*, *op. cit.*

2241. La TRI se situe en effet en deçà d'une théorie du droit, dans la mesure où elle ne fournit pas elle-même de mécanisme explicatif ou définitionnel sur le phénomène juridique. En revanche, elle se greffe sur une approche positiviste du droit et une lecture des travaux de Hans Kelsen en ce qu'elle considère comme juridique les énoncés produits selon les procédures fixées par l'ordre juridique lui-même. Si elle partage avec le normativisme néo-kelsénien un certain nombre de cadres de pensée fondamentaux (la distinction entre interprétation authentique et interprétation doctrinale, notamment), elle s'en distingue sur la place accordée à l'énoncé juridique. Alors que, pour la TRI, l'interprétation est nécessairement une « fonction de la volonté », de sorte que c'est l'interprétation qui attribue un sens auparavant inexistant à l'énoncé (Michel Troper, « Une théorie réaliste de l'interprétation », *Revista Opinião Juridica*, vol. 4, n° 8, 2006, 301, pp. 303 et suiv.), le normativisme conçoit non seulement l'existence mais aussi la *possibilité* d'établir un cadre de significations pour chaque type d'énoncé. La distinction se joue alors fondamentalement dans les conséquences de l'acte d'interprétation ; puisque pour la TRI, l'interprétation (authentique) seule fixe le sens de l'énoncé, non seulement elle ne peut pas être considérée comme *violant* l'énoncé mais elle délimite aussi le champ d'un potentiel acte de connaissance du droit en créant l'espace dans lequel une telle connaissance peut se concevoir. Pour le normativisme, au contraire, une concrétisation normative qui ne pourrait être intégrée au sein de ce cadre de significations sera considérée comme une violation de l'énoncé sur le fondement duquel elle se déploie et son existence n'épuisera pas son espace d'analyse.

2242. Olivier Jouanjan parle ainsi d'« œuvre de destruction de la science du droit » pour désigner le projet réaliste, voir « Faillible droit », *Revue européenne des sciences sociales*, n° 119, 2000, 65, p. 74.

2243. Xavier Magnon, *Théorie(s) du droit*, *op. cit.*, p. 154.

2244. Michel Troper, « La liberté de l'interprète », in Gilles Darcy, Véronique Labrot et Mathieu Doat (dir.), *L'office du juge*, Sénat, 2006, 28, p. 29.

2245. C'est en tout cas le sens du propos de Xavier Magnon, *Théorie(s) du droit*, *op. cit.*, p. 153 ainsi que la question posée dans Charles-Édouard Sénac, « La théorie réaliste de l'interprétation est-elle une théorie anarchiste ? », in Chloé Bertrand, Raphaël Brett, Flore Pulliero et Noé Wagener (dir.), *Droit et anarchie*, L'Harmattan, 2013, pp. 103-118.

de ces derniers n'est ni pertinente ni utile dans la mesure où l'interprète aura le dernier mot au moment où il en fixera librement le sens [2246]. Si cette seconde conception peut sembler n'être que la conclusion doctrinale de la première, elle n'implique cependant pas le même constat d'inexistence du *droit*. Elle implique plutôt que si le contenu des énoncés dispositionnels, leur rédaction, *peut* affecter l'interprétation du juge, ce n'est qu'aux côtés de tout un ensemble d'autres facteurs et éléments de nature diversement factuelle et qualifiés de contraintes juridiques. Réaliste, la théorie l'est alors bien aux dires mêmes de son créateur : « le réalisme juridique prétend concevoir le droit comme un objet empirique et non comme un ensemble d'entités idéales dotées d'une valeur obligatoire. Cet objet empirique est formé de manifestations de volonté telles qu'elles apparaissent notamment dans les décisions judiciaires. » [2247] Elle se base, parallèlement, sur les mêmes présupposés pragmatistes que le réalisme américain : puisque la réalité du phénomène juridique se joue lors de l'interprétation des énoncés qui, avant cette interprétation, n'ont pas de sens identifiable, alors il s'agira *d'observer* ces actes d'interprétation au travers des décisions de justice et d'ainsi en déduire, à un instant *t*, le sens attribué aux énoncés interprétés. Les termes employés pour désigner cette forme de réalisme « à la française » ne peuvent alors qu'évoquer ceux employés pour craindre nos outils ; par sa théorie « dangereuse » [2248], Michel Troper a « ébranlé » le *statu quo* [2249]. Pourtant, et quelle que soit la force des mots mobilisés à son égard, l'impact direct de la TRI sur le discours doctrinal demeure largement marginal — mais encore faut-il ici distinguer sa réception par le discours publiciste de sa réception par le discours privatiste.

614 **Le miroir inversé de la représentation doctrinale du droit : la réception ambivalente du réalisme à la française**. Côté publiciste, outre l'hypothèse d'une ignorance pure et simple de la théorie [2250], on peut identifier essentiellement deux types de réception : une réception *critique* et une réception *implicite*. La première est la mieux connue puisque c'est elle qui a été le théâtre d'échanges nourris entre Michel Troper lui-même et plusieurs auteurs [2251], ainsi que de réactions allant

2246. Ainsi qu'exposé dans Arnaud Le Pillouer, « Indétermination du langage et indétermination du droit », *Droit et Philosophie. Annuaire de l'Institut Michel Villey*, vol. 9, n° 1, 2017, pp. 19-43.

2247. Michel Troper, « Le réalisme et le juge constitutionnel », *C.C.C.*, n° 22, 2007, 125, p. 125.

2248. Étienne Picard, « Contre la théorie réaliste de l'interprétation juridique », in Gilles Darcy, Véronique Labrot et Mathieu Doat (dir.), *L'office du juge*, Sénat, 2006 42, p. 42.

2249. Stéphane Rials, « La démolition inachevée. Michel Troper, l'interprétation, le sujet et la survie des cadres intellectuels du positivisme néoclassique », *Droits*, n° 37, 2003, 49, p. 50.

2250. Par construction difficile à étayer : on ne peut pas déduire de l'absence de mention de la TRI dans un ouvrage, un article ou une contribution orale la méconnaissance, par son auteur, de la théorie entière. Tout juste peut-on en tirer la conclusion qu'il ne s'en réclame, *a priori*, pas.

2251. On pense ici aux échanges par articles interposés initiés par Otto Pfersmann, « Contre le néo-réalisme juridique. Pour un débat sur l'interprétation », *RFDC*, n° 50, 2002, pp. 279-334 suivi par Michel Troper, « Réplique à Otto Pfersmann », *RFDC*, n° 50, 2002, pp. 335-353 et clos par Otto Pfersmann, « Une théorie sans objet, une dogmatique sans théorie. En réponse à Michel Troper », *RFDC*, n° 52, 2002, pp. 759-788. Ces échanges synthétisent les niveaux d'oppositions principaux de la théorie normativiste et de la TRI : l'indétermination totale des textes, l'inefficacité de la critique de fond [2252] aux interrogations [2253], en passant par l'expression de craintes quant aux conséquences de sa théorie [2254] ou, au contraire, d'une forme de frustration quant à son « inachèvement » [2255]. D'un point de vue qualitatif, cette forme de réception est donc la plus *importante*. Outre que c'est de cette réception-ci que l'on peut tirer les enseignements les plus substantiels, c'est aussi et surtout celle qui a entraîné la reconfiguration relative de la TRI par son créateur et ses continuateurs au travers d'une théorie des contraintes juridiques (TCJ) [2256], encore que cette reconfiguration ne se soit pas faite sans critique, interne ou externe à la théorie [2257]. De l'autre côté du spectre, le second type de réception est, à dire

---

de l'interprétation doctrinale à régler ou limiter cette indétermination, l'interprétation comme acte de seule volonté et la position intégralement créative de l'interprète/concrétisateur.

2252. C'est l'objet de Étienne Picard, « Contre la théorie réaliste de l'interprétation juridique », *op. cit.*, pp. 47-48 que de reprocher à la théorie, premièrement, d'abandonner la définition du droit à « tout ce que disent les autorités de dernière instance à cet effet habilitées, quelles qu'en soient les conditions » et, en particulier, quel que soit leur degré de *liberté* prise avec les textes applicables. Est aussi adressé le reproche de ne donner au droit « d'autre existence que celle du *fait* dans la mesure où la validité même de ses normes (...) ne dépen[d] au fond que de circonstances matérielles » (les contraintes juridiques).

2253. C'est le propos de Olivier Jouanjan, « Une interprétation de la théorie réaliste de Michel Troper », *Droits*, n° 37, 2003, pp. 31-48.

2254. Conséquences aussi bien doctrinales (Otto Pfersmann considère ainsi d'abord que que la TRI est négatrice de toute science du droit, voire de toute doctrine ou dogmatique, « Contre le néo-réalisme juridique », *op. cit.*, p. 297, puis reconfigure sa critique en considérant que quand bien même la TRI admet la *possibilité* d'un discours scientifique sur le droit, ce dernier n'est pas *possible*, « Une théorie sans objet, une dogmatique sans théorie. En réponse à Michel Troper », *op. cit.*, pp. 768-777) que visant plus largement l'ordonnancement juridique dans son ensemble. C'est le cœur de la critique émise par Étienne Picard que de souligner que c'est « bien la ruine du droit dans son ensemble qu'une telle théorie justifie *a priori* » (« Contre la théorie réaliste de l'interprétation juridique », *op. cit.*, p. 75).

2255. C'est tout le propos de Stéphane Rials, *op. cit.* qui reproche à la TRI sa « modération » (p. 59), son positionnement au « juste milieu » d'un spectre allant des cadres intellectuels dits « néoclassiques » d'une part (c'est-à-dire, globalement, les relectures des travaux de Hans Kelsen) jusqu'aux mouvements proprement désenchantés, angoissés – en un mot, *nihilistes* (pp. 68-69). Parce que la TRI sauve, d'une certaine manière, les présupposés ordonnés et hiérarchisés du système de production des normes, « patatras », le « formidable mouvement (...) engagé » s'arrête (p. 76).

2256. Il s'agissait alors de répondre à l'ambiguïté créée par le socle théorique de la TRI (« Les acteurs juridiques sont libres d'interpréter les énoncés juridiques » et, donc, « ont le pouvoir d'agir selon leurs caprices », Véronique Champeil-Desplats et Michel Troper, « Introduction », in Michel Troper, Véronique Champeil-Desplats et Christophe Grzegorczyk, *Théorie des contraintes juridiques*, *op. cit.*, 1, p. 1) et par le constat empirique que « ces acteurs n'usent pas de ce pouvoir n'importe comment et qu'ils n'en font pas n'importe quoi » (*ibid.*). La TCJ repose alors sur l'idée que le « resserrement » des *possibles* ouverts à ces acteurs juridiques pourtant libres « n'est dû ni à des obligations juridiques au sens classique de ce terme, ni à une simple volonté d'auto-limitation d'un pouvoir discrétionnaire, mais qu'il est le produit de contraintes », elles-mêmes correspondant à des « situation[s] de fait » dans lesquelles ledit acteur « est conduit à adopter telle solution ou tel comportement plutôt qu'une ou un autre en raison de la configuration du système juridique » (Véronique Champeil-Desplats et Michel Troper, « Proposition pour une théorie des contraintes juridiques », *op. cit.*, p. 11). Les contraintes juridiques sont donc un ensemble de mécaniques institutionnelles, juridiques par contexte mais non par nature.

2257. L'ajout de cette théorie-corollaire est alors interprétée comme une inflexion de la TRI elle-même (Stéphane Rials, *op. cit.*, p. 59), comme un « instrument d'auto-justification » ayant pour objet de « fermer la construction sur elle-même » et « d'assurer sa propre cohérence » (Étienne Picard, « Contre la théorie réaliste de l'interprétation juridique », *op. cit.*, p. 90) ou comme *ratant* son objectif de constituer une « troisième voie » entre l'approche psychologique et normative de la décision juridique (Otto Pfersmann, « Critique de la théorie des 'contraintes

vrai, paradoxal. À la lecture du discours doctrinal de droit public, on peut en effet soutenir que, en dehors des débats menés par des théoriciens, « les conclusions de la TRI ont été assez largement acceptées, quoique parfois partiellement et le plus souvent implicitement » [2258]. L'idée selon laquelle le juge crée « effectivement des normes juridiques générales, soit en interprétant les normes générales existantes du système, soit en venant combler d'éventuelles lacunes de ce dernier, réelles ou supposées » [2259] trouve en effet un environnement favorable en droit public, au sein duquel la « matrice disciplinaire » [2260] demeure un droit administratif qui a depuis longtemps admis cette *anomalie juridique* qu'est le pouvoir normatif général du Conseil d'État. Toute l'ambiguïté de cette réception est, cependant, d'être *implicite* : si elle est quantitativement le type de réception le plus important, il est aussi difficile de s'en saisir et, surtout, d'en donner la paternité à la TRI. Que le discours doctrinal de droit public soit, d'une manière ou d'une autre, *réaliste lato sensu* ou accorde une place prépondérante au juge et à ses décisions – admettons. De là, cependant, à considérer que ce pouvoir normatif implique le nivellement des règles de droit formelles au même niveau qu'un ensemble disparate de contraintes juridiques et, ainsi, à en nier la nature spécifique juridique, il y a cependant un fossé qui n'est pratiquement jamais franchi en dehors des bornes de la TRI elle-même. La situation est encore plus claire du côté du discours doctrinal privatiste au sein duquel la TRI est réceptionnée avec un « silence proprement étourdissant » : « parcourons les chapitres des introductions au droit que ces derniers [les privatistes] consacrent à l'interprétation (…) rien du tout sur la théorie réaliste de l'interprétation. » [2261] La concentration du discours doctrinal privatiste

---

juridiques' », in Michel Troper, Véronique Champeil-Desplats et Christophe Grzegorczyk, *Théorie des contraintes juridiques*, *op. cit.*, 123, p. 142).

2258. Florent Tap, *op. cit.*, p. 95. Ce constat est d'ailleurs confirmé par l'analyse empirique de la production doctrinale de droit constitutionnel de 2008 à 2018 (incluant 2 216 contributions écrites). Seules 5 contributions se réclamaient explicitement de la TRI (soit 0,23 %) pour 540 identifiées comme relevant d'un réalisme dit « intuitif » (soit 24,4 %) et 1 187 identifiées comme relevant du « paradoxe pseudo-réaliste » (soit 54,6 %). Pour un retour sur ces chiffres ainsi que ce qui est entendu par réalisme « intuitif » et « paradoxe pseudo-réaliste », voir Sacha Sydoryk, *La doctrine constitutionnelle. Étude des discours de connaissance du droit constitutionnel contemporain français*, Presses de l'Université Toulouse Capitole, 2023, pp. 120-137.

2259. Florent Tap, *op. cit.*, p. 95.

2260. Voir Louis Favoreu, « L'évolution de la doctrine depuis 1945 », *Rev. Adm.*, numéro spécial, 1997, pp. 18-23.

2261. Christophe Jamin, « La doctrine : explication de texte », *op. cit.*, p. 229. Ce constat correspond, en fait, à celui que tire plus généralement Albane Geslin quant aux manuels d'introduction du droit : « l'auteur de manuels ne s'implique que rarement *explicitement* dans les débats doctrinaux et théoriques dont il fait état, notamment l'opposition positivistes/ jusnaturalistes » (« Cartographier l'autre monde [du droit] à partir des ouvrages d'introduction au droit », in Manon Altwegg-Boussac (dir.), *Introduire au droit. Regards critiques sur un enseignement*, IFJD, 2021, 111, p. 121, l'italique est le nôtre). Cette absence de prise de position n'empêche pas, *a priori*, de néanmoins offrir un panorama théorique incluant la TRI. C'est sans compter sur « un choix, au moins implicite » fait par les auteurs de ces manuels : « celui d'une orientation épistémologique retenue parmi d'autres, et même contre elles (…), cette manière positiviste de concevoir et de décrire la juridicité » (Jacques Caillosse, « Introduire au droit ? Oui, mais pour y faire quoi ? », in *ibid.*, 129, p. 135). Si nous transformerions « positiviste » par « dogmatique » dans la mesure où il ne s'agit pas d'un positivisme *pensé et revendiqué comme tel*, cette position minimale consistant à « exposer cet objet déjà là qu'on appelle le droit » sans

sur la jurisprudence peut alors apparaître comme un élément de contradiction, mais il faut cependant admettre qu'elle prédate largement la TRI et qu'elle ne peut pas véritablement lui être imputée — d'autant plus, d'ailleurs, que lorsqu'elle est évoquée au sein de ce discours, c'est assez rarement dans sa lecture rationnelle [2262]. La plénitude des acquis de la TRI n'a donc pas été assimilée au sein du discours doctrinal français pour des raisons qui ne peuvent que rappeler les critiques adressées aux outils de justice algorithmique : « le réalisme tel qu'on le conçoit en France déçoit par ses excès. Le désir de tout ramener au juge, sans tenir compte de l'existence de règles préalables ou d'autres forces créatrices du droit, ne convainc guère » [2263] et « la consultation des manuels de droit civil laisse apparaître un certain embarras des auteurs devant une idée si radicalement contraire au principe fondateur du droit français, le principe de la souveraineté nationale » et son pendant opératoire, le légicentrisme [2264]. Le peu d'emprise de la TRI sur le champ doctrinal français, à l'exclusion éventuellement du discours doctrinal *théoricien*, ainsi d'ailleurs que sur le discours que nous étudions n'est, en fait, pas surprenant puisqu'il constitue le deuxième échec des thèses réalistes en France. Il faut en effet admettre que cette théorie n'a été conceptualisée que relativement tard par rapport au mouvement réaliste américain qui n'a, quant à lui, pas atteint le discours doctrinal français ; « au même moment, les professeurs de droit français préféreront prolonger l'empire d'un droit abstrait conceptuel » [2265], passant donc au travers du premier « moment réaliste » au tournant du XXe siècle [2266].

B. L'argument « réalisme juridique » comme outil de reconstruction d'une culture juridique doctrinale

615 **Reconstruction du contenu d'une culture juridique doctrinale.** À cet égard, et compte tenu de la manière dont est mobilisée leur comparaison avec les logiques réalistes, les outils de justice algorithmique apparaissent comme un troisième « moment réaliste ». Il s'agit, de nouveau, d'imaginer une conception du droit qui ferait la part belle non pas à la jurisprudence, mais à l'ensemble des décisions de justice ; non pas à la part juridique de ces décisions, mais à leur part factuelle ; non pas au raisonnement juridique mais à une analyse extrajuridique, syncrétique et empirique. Par un effet miroir, se révèle alors la conception du

---

chercher à le « faire advenir (...) par un travail d'élimination ou de dissociation » (*ibid.*) ne laisse qu'une place réduite aux *autres* épistémologies ou théories, TRI comprise.

2262. Ainsi, lorsque Rémy Libchaber évoque la version du réalisme « très limitée » que l'on trouve en France, c'est en soulignant à quel point elle est « proche de la caricature » et « si facile à critiquer » (*L'ordre juridique et le discours du droit. Essai sur les limites de la connaissance du droit*, *op. cit.*, p. 71).

2263. *Ibid.*, p. 75.

2264. Élisabeth Zoller, « La Cour Suprême des États-Unis entre création et destruction du droit », *op. cit.*, p. 281.

2265. Vicent Forray et Sébastien Pimont, *Décrire le droit... Et le transformer. Essai sur la décriture du droit*, *op. cit.*, p. 245.

2266. Christophe Jamin, « La doctrine : explication de texte », *op. cit.*, p. 231. Nous reviendrons sur ce premier échec plus avant, voir *infra* § 689.

droit qui sous-tend la structuration interne comme externe du discours doctrinal français et qui correspond à l'univers juridique au sein duquel cette structuration s'est formalisée : une conception *légaliste*, si ce n'est dans les sources de la juridicité, du moins dans les standards de compréhension de cette juridicité ; une conception exclusivement *juridique*, facilitée par ce légalisme, qui rejette au ban de l'analyse les éléments extrajuridiques ; une conception, finalement, *interne* qui analyse le droit en droit, depuis le droit pour le magnifier et lui permettre de demeurer conforme à ce qu'il est *censé être*. Cette conception qui supporte autant le discours doctrinal que ce dernier lui permet de survivre ; elle constitue ainsi d'abord « ce que Kuhn appelle une matrice disciplinaire », « une vision du droit et, conséquemment, l'adhésion à certains présupposés représentés comme constitutifs du concept de droit » qui finissent par constituer un *consensus* [2267] ou, plus précisément encore, un socle commun. Ce socle commun c'est cette *culture* qui paierait le prix de l'arrivée des outils de justice algorithmique, ce « réseau, dense mais circonscrit (...) caractérisé par des catégories de pensée, une culture matérielle, un champ de forces politiques et institutionnelles, toute une série d'intérêts personnels » qui s'est imposé comme « un canon ou un standard (...) dont les membres partagent, à un moment donné, une même manière de procéder et des paradigmes communs » [2268]. En d'autres termes, l'univers juridique qui entourait le discours doctrinal à l'époque où il s'est structuré s'est cristallisé dans et autour de cette structuration et *la culture commune* qui s'est alors construite s'est autonomisée de son évolution. Cette cristallisation s'opère sans nécessairement que le discours doctrinal en soit toujours conscient puisque cette culture doctrinale a beau avoir été construite, elle est désormais véhiculée et entretenue à tous les étages de la formation de ceux qui produisent ce discours. Ces acteurs sont « les produits (plus ou moins purs) du type d'enseignement juridique qu'ils ont reçu » [2269] et des différentes étapes qui jalonnent leur parcours professionnel, de la rédaction de thèse à l'agrégation, puisque tout cet ensemble a lui-même conditionné le parcours de leurs prédécesseurs qui, aujourd'hui, le perpétuent [2270]. Cette culture est alors faite d'un ensemble de « préconceptions habitant l'esprit des juristes [qui] font naître une (...) sorte d'anticipation de l'ordonnancement juridique : une présomption de ce que cet ordre devrait être » [2271] et elle assure son autopoïèse dans la mesure où le discours doctrinal s'emploie à ce qu'en effet, l'ordre juridique conserve ses traits essentiels.

2267. Louise Lalonde, « Du balcon aux coulisses de la scène ? Une approche métathéorique réflexive des discours de la doctrine juridique », *RIEJ*, vol. 68, n° 1, 2012, 49, p. 58.

2268. Frédéric Audren, Anne-Sophie Chambost et Jean-Louis Halpérin, *Histoires contemporaines du droit*, Dalloz, 2019, p. 262.

2269. Christophe Jamin, « Les habitudes d'enseigner », *op. cit.*, p. 94.

2270. Les débats nés de la proposition de suppression de la leçon de 24 heures au sein des épreuves de l'agrégation de droit public témoignent de l'enracinement de ces « jalons » qui sont aussi disciplinaires qu'ils sont culturels. Voir, notamment, Jean-François Cesaro et Pierre-Yves Gautier, « L'amélioration du concours d'agrégation ne passe pas par son édulcoration », *Le Monde*, 17 janvier 2022 et, en réponse, Antoine Corre-Basset, « Nous autres juristes devons abandonner notre prétention au savoir général », *Le Monde*, 27 janvier 2022.

2271. Vicent Forray et Sébastien Pimont, *Décrire le droit... Et le transformer. Essai sur la décriture du droit*, *op. cit.*, p. 261.

616 **Une culture juridique doctrinale cristallisée.** Or, « les traits ainsi prêtés au système juridique français (…) correspondent peut-être à ceux qu'il présentait au début du XIXe siècle, au sortir de la Révolution. Mais, pour une bonne part, ils ne reflètent plus ses caractères actuels » [2272]. La déconnexion des évolutions connues par l'univers juridique du système civiliste français et des traits de la culture doctrinale n'est pas *a priori* un problème ; après tout, c'est tout l'office d'un discours disciplinaire que de contribuer à structurer la connaissance des phénomènes étudiés selon des standards qui n'ont pas nécessairement de compte à rendre à la *réalité*. En revanche, passé un certain degré de déconnexion, les options s'avèrent limitées : soit, comme les discours doctrinaux de *common law* à l'époque de la crise des sources, ce sont les évolutions de l'univers juridique qui priment et qui emportent avec elle un renouvellement culturel du discours doctrinal ; soit ce renouvellement n'intervient pas et le décalage va en s'agrandissant. Nous l'avons vu, le mouvement réaliste est une des réactions doctrinales à la crise des sources causée puis maîtrisée par l'intermédiaire des outils de justice informatique puis algorithmique. L'échec de son importation en France par deux fois est alors révélateur de la voie choisie par le discours doctrinal : « tout se passe comme si, après le déclin de l'exégèse, tous les juristes français s'étaient accordés sur une méthode. (…) Connaître le droit serait un exercice sans difficulté particulière, dès lors que seraient respectées les règles d'une méthode désormais parfaitement au point. » [2273] Faute d'une véritable crise dans les mêmes termes que celle subie par les systèmes anglo-américains pour remettre brutalement en cause cette culture du discours doctrinal et la confronter à l'évolution de l'univers juridique qui l'entoure, c'est alors une forme de cercle vicieux qui semble s'être enclenchée : cette culture « se dresse, en fait, contre la pleine considération, et, ainsi, contre la possibilité de reconnaître » qu'autour d'elle, les choses ont changé [2274]. Il ne s'agit pas ici de prétendre que cette culture et ces canons doctrinaux n'ont jamais été remis en cause : la TRI, ainsi que d'autres courants plus ou moins minoritaires constituent autant de propositions alternatives à cette culture plusieurs fois centenaire [2275]. De même qu'il ne faut pas minimiser ces initiatives, il ne faut cependant pas non plus les surinterpréter. Les secousses qu'elles ont pu provoquer n'ont perturbé la « manière française de présenter le droit » et de l'analyser [2276] qu'à la marge et pour un temps généralement défini par l'apparition puis la disparition des structures qui les hébergeaient et des individus qui les dynamisaient.

2272. Bruno Oppetit, « L'hypothèse de déclin du droit », *Droits*, n° 4, 1986, 9, p. 15.

2273. Christian Atias, *Épistémologie juridique*, *op. cit.*, p. 90.

2274. Vicent Forray et Sébastien Pimont, *Décrire le droit… Et le transformer. Essai sur la décriture du droit*, *op. cit.*, pp. 103-104.

2275. On peut évoquer le mouvement critique du droit, construit notamment sur la base du marxisme, particulièrement actif entre les années 1970 et 1980 autour de la revue *Procès* et de l'Association Critique du Droit (pour un passage en revue de ce mouvement, voir Martine Kaluszynski, « Sous les pavés, le droit : le Mouvement Critique du droit ou quand le droit retrouve la politique », *Droit et société*, vol. 76, 2010, pp. 523-541) ou l'épistémologie juridique portée par Christian Atias (voir l'ouvrage du même nom, *op. cit.*). Plus proche de notre objet, cependant, on peut aussi et surtout évoquer le courant d'informatique juridique qui, lui aussi, se rapprochait indéniablement d'une forme de réalisme juridique ; nous y reviendrons, voir *infra* § 665 et suiv.

2276. Christophe Jamin et Philippe Jestaz, *La doctrine*, *op. cit.*, p. 9.

617 **Les secousses des outils de justice algorithmique**. Or, à l'analyse à la fois de l'argument tiré de l'effet « factualisant » des outils de justice algorithmique et celui tiré de leur proximité avec les thèses réalistes, ces outils semblent propager de « nouvelles » secousses au travers de cette culture doctrinale et en particulier de sa compréhension du phénomène juridique. Cette représentation héritée du XIXe siècle d'un droit fait de normes juridiques, générales et abstraites construites sur le modèle de la loi et susceptibles d'être ordonnées rationnellement au moyen de méthodes raisonnées semble attaquée de front par chacune des caractéristiques des outils relevées à l'occasion de ces deux arguments. Les normes juridiques, générales et abstraites seraient marginalisées par l'importance que les outils donnent, au contraire, à la part factuelle qui se loge au sein des décisions qu'ils traitent ; le modèle législatif, par une analyse concentrée sur *la mauvaise jurisprudence* ; son ordre rationnel par le désordre de la *masse* rendue accessible et par les contradictions qui s'y logent ; les méthodes raisonnées employées pour conserver cet ordre par l'approche externe et surtout extrajuridique que ces outils postuleraient ; leur pertinence par l'intérêt que cette approche présenterait. On trouve là à la fois un élément d'explication de la concentration statistique *académique* autour de ces arguments, mais aussi et surtout un début de confirmation de notre hypothèse culturelle et doctrinale : le discours doctrinal perçoit bien, au sein des outils de justice algorithmique, des caractères qu'il considère incompatibles avec *sa* conception historique du droit français. Sa réaction immédiate et générale n'est pas autant défensive qu'elle est *immunitaire* : repousser les secousses épistémologiques provoquées par les outils de justice algorithmique ne relève pas simplement du poids des habitudes, mais de la protection d'une *culture commune* qui ne peut être remise en cause sans questionner la raison d'être du discours doctrinal dans son ensemble puisque « le propre de cette doctrine serait d'être l'organe spécialisé de [la] mise en cohérence du système juridique » [2277] et dans la conservation des standards, des canons, *des lunettes* déformantes qui constituent sa culture juridique propre.

CONCLUSION DU CHAPITRE 2

618 **À la poursuite des indices d'une tension épistémologique**. Le constat selon lequel, contrairement au discours doctrinal québécois, le discours doctrinal français relatif aux outils de justice algorithmique laisse transparaître des spécificités statistiquement mesurables nous a mise sur la piste d'un *quelque chose* chez ces outils qui justifierait une telle différence de structuration. Ainsi, et de même que chaque discours doctrinal national (ou, pour le Québec, *provincial*) voit sa structure externe influencée par le champ et l'univers juridiques dans lesquels il baigne, chaque discours doctrinal se structure, d'un point de vue interne, en fonction de la place qu'il est parvenu à occuper en leur sein. Cette structuration interne, faite à la fois d'un positionnement et d'un office spécifiques et d'une

---

2277. Alain Supiot, « Ontologie et déontologie de la doctrine », *D.*, 2013, 1421, p. 1423.

représentation particulière du phénomène juridique, est ainsi autant conditionnée qu'elle est elle-même conditionnante pour le discours doctrinal général, le reste du champ juridique et, pour ce qui nous concerne, la réception des outils de justice algorithmique.

619 **Des offices construits de manière opposée réagissant différemment aux outils de justice algorithmique.** L'opposition des discours français et québécois sur le plan de leur structuration externe se poursuit indéniablement au plan interne, et, dans un premier temps, dans le positionnement et l'office que chacun de ces discours s'est choisi (ou s'est vu imposer). Tandis que l'optique praticienne du discours québécois influence toujours, malgré son recalibrage, la manière dont le discours doctrinal se saisit des phénomènes nouveaux selon une opposition marquée entre recherche appliquée et recherche fondamentale, la méthode dogmatique française et ses objectifs de rationalisation, systématisation et clarification du champ juridique explique en partie la circularité et la polarisation du discours autour de principes qu'il manie déjà classiquement. L'apparition de la notion de « factualisation » du droit par l'intermédiaire de ces outils tend, à cet égard, à souligner que tant cet office que la conception du droit entretenue par le discours doctrinal se heurtent aux logiques qu'ils véhiculeraient et dont ils seraient issus.

620 **Des secousses réalistes plus ou moins ressenties.** Le rapprochement des logiques véhiculées par ces outils et de celles au cœur des thèses réalistes constitue alors un biais d'analyse particulièrement intéressant puisqu'il permet d'éclairer à la fois l'absence de crispation au sein du discours québécois et, à l'inverse, les tensions perceptibles au sein du discours français. Si le discours doctrinal québécois n'a pas réceptionné les thèses réalistes de la même manière que son voisin américain, sa conception profondément opératoire et instrumentale, *pragmatiste* du droit est liée à sa proximité à la fois géographique, historique et juridictionnelle avec le système de *common law* et il réceptionne ainsi sans guère de difficulté un outil qui a, comme héritage, cette même conception du droit. Cette conception, cependant, semble frontalement s'opposer à celle sur laquelle s'est construit le discours doctrinal français et qui constitue le fond véritable de sa propre culture juridique — la mobilisation des arguments liés à l'effet « factualisant » et de ceux liés au réalisme juridique soulignent alors chacun des points sur lesquels ces deux conceptions s'entrechoqueraient. Les secousses provoquées par ces outils et leurs effets sur le discours français semblent alors confirmer qu'il y a bien là une incompatibilité proprement française d'ordre non pas juridique ou systémique mais bien *culturelle*, voire épistémologique.

CONCLUSION DU TITRE I

621 **La singularité de l'univers culturel doctrinal français, première prémisse de l'hypothèse culturelle et doctrinale.** Afin de valider, ou tout du moins de ne pas *immédiatement invalider* notre hypothèse d'une incompatibilité d'ordre culturel et doctrinal entre les outils de justice algorithmique et le *droit français*, ou plutôt sa représentation doctrinale, il nous fallait démontrer que le discours doctrinal

français évolue dans un univers culturel propre. Il s'agissait alors de confronter, sur tous les aspects de leur structuration externe et interne, de leur construction à leur formalisation en passant par leur justification, les discours doctrinaux français et québécois à la fois entre eux, mais aussi entre leur manifestation générale et le discours relatif aux outils de justice algorithmique en tant qu'il s'inclut plus ou moins parfaitement en leur sein. Si cette double confrontation laisse apparaître de véritables différences susceptibles d'éclairer la manière dont chaque discours réceptionne ces outils, alors nous pouvons considérer la première prémisse de notre hypothèse validée.

622 **Des discours structurés de manière opposée au niveau externe**. C'est précisément ce qui ressort de ce premier axe d'analyse des discours doctrinaux québécois et français. À tous les niveaux de leur structuration, à commencer par leur structuration externe, chaque discours apparaît profondément conditionné par la structuration plus large du champ et de l'univers juridique dans lesquels ils évoluent. Ainsi, et alors que la part académique du discours doctrinal français est parvenue à repousser, soit totalement soit d'un point de vue strictement quantitatif, le « tiers praticien » au ban du discours doctrinal de manière à pourvoir virtuellement le réduire à un discours *académique*, le discours doctrinal québécois laisse apparaître des traces de sa proximité avec les discours doctrinaux de *common law*. À cet égard, tant son discours doctrinal général que son discours relatif aux outils de justice algorithmique font la part belle à la parole praticienne, soit que ces derniers y interviennent directement, soit qu'ils s'agissent de s'en remettre à cette parole exprimée ailleurs — et en particulier au sein des décisions de justice. Face à cette émanation « parfaite » de la structuration du discours québécois au sein de sa part relative aux outils de justice algorithmique, les divergences de construction françaises détonnent. Elles nous alors ont mise sur la voie du lieu spécifique où se logerait la véritable incompatibilité que le discours français identifie au travers de deux arguments spécifiques : l'argument lié à l'effet « factualisant » des outils et l'argument tiré de leur proximité avec les thèses réalistes.

623 **Une structuration interne révélée par les discours relatifs aux outils de justice algorithmique**. Ces deux arguments et la disproportion manifeste de leur mobilisation par la part académique du discours ont alors reporté notre attention sur la structuration interne des discours doctrinaux, puisque c'est bien à ce niveau que se logent le positionnement et les missions que les discours s'attribuent, et surtout la *conception du droit* qui sous-tend l'ensemble du discours. Là encore, on ne peut nier que les discours français et québécois s'opposent en de nombreux points. Là où le discours québécois n'est pas (encore) parvenu à s'autonomiser du « tiers praticien » qu'il s'emploie toujours à servir malgré sa reconfiguration, le discours doctrinal français est parvenu à se construire non seulement une place et une *raison d'être* spécifique au sein du champ juridique, mais surtout son propre univers culturel. Or, c'est cet univers culturel, cette *conception du phénomène juridique*, qui semble entrer en résonance avec les outils de justice algorithmique. Si nous avons démontré qu'ils ne sont pas porteurs des logiques et des clés de raisonnement du *common law*, ils sont bien porteurs d'une certaine conception du droit. Resté globalement inchangé depuis sa cristallisation à partir d'un univers

juridique passé, l'univers culturel doctrinal français se révèle dans toute sa spécificité lorsqu'il est confronté aux outils de justice algorithmique par le discours lui-même.

624 **De la singularité de l'univers culturel français à sa mise en souffrance par les outils de justice algorithmique**. C'est ainsi que nous pouvons considérer que cette première prémisse de notre hypothèse, l'existence d'un univers culturel doctrinal proprement français, remplie. Cet univers culturel doctrinal peut donc constituer le support d'une incompatibilité d'ordre épistémologique, si, au-delà des tensions perceptibles au sein du discours, les outils de justice algorithmique apparaissent véritablement en mesure de remettre en cause cet univers tel qu'il s'y exprime.

625 C'est là la seconde prémisse de notre hypothèse, qu'il s'agit désormais d'analyser.

Titre II

UN DISCOURS DOCTRINAL FRANÇAIS RÉVÉLATEUR D'UNE CRISE EXISTENTIELLE PROPRE

> « *Un ordre imposé aux choses, permettant de maîtriser (...) le réel à la fois mouvant et chaotique.* » [2278]

626 **Des outils en mesure de remettre en cause tout un univers culturel doctrinal ?** À ce stade de notre analyse, nous avons fait le tour des arguments et éléments soulevés au sein du discours français relatif aux outils de justice algorithmique. Leur synthèse, faite des enjeux réels de certains d'entre eux et de la part de fantasme, d'exagération ou d'instrumentalisation de certains autres, révèle qu'en dernière lecture il y a bien en effet une tension qui couve sous ce discours spécifique — elle ne se manifeste cependant pas dans les conditions et aux niveaux explicitement désignés par le discours. Ce qui se joue finalement avec l'apparition de ces outils dans le champ juridique français, c'est une tension de nature épistémologique et existentielle visant le *discours doctrinal* lui-même. Il s'agit alors, par des voies argumentatives et discursives plus ou moins directes, de souligner la contribution de ces outils à la remise en cause des méthodes *traditionnelles* du discours doctrinal français, dans leurs logiques et dans leur raison d'être, des objets *traditionnels* de son étude en leur en substituant d'autres et, surtout, de *son univers culturel.* Il nous reste donc à déterminer si, en effet, les outils de justice algorithmique ouvrent bien une fenêtre sur un univers juridique changé — et si cet univers juridique lui-même remet bien en cause les présupposés épistémologiques du discours doctrinal. Le cas échéant, nous aurons trouvé les enjeux véritables de ces outils ou,

---

2278. Jean-Louis Bilon et Vincente Fortier, *Acquisition et application des connaissances juridiques : modélisation par l'intelligence artificielle*, Lavoisier-Hermès, 1997, p. 50.

à tout le moins, ceux de ces enjeux qui justifient les tensions qu'ils suscitent au sein du discours doctrinal français : la remise en cause non pas du droit français dans sa dimension la plus normative ou dans sa dimension systémique, mais dans sa représentation doctrinale.

627 **Les répliques d'une crise passée**. Il faut l'admettre : au sein du discours, « tout se passe comme si [les outils de justice algorithmique] déchirai[ent] le voile d'ignorance » [2279] que l'univers culturel doctrinal constitue aujourd'hui autour du discours qui s'est construit sur son fondement, révélant alors la réalité de l'univers *juridique* du système civiliste français. Or, pour un discours qui s'est mis au service d'une certaine conception du droit et de sa garantie, admettre que cette conception ne correspond pas à la manière dont il se manifeste au sein du champ juridique revient à remettre en cause le discours doctrinal lui-même. Selon le degré de décalage identifié, il s'agit en effet soit d'admettre que le discours étudie, analyse et décrit un phénomène qui n'existe pas soit d'admettre qu'il n'étudie, n'analyse et ne décrit que la part réduite du phénomène juridique qui correspond à cette conception. Dans ce cas, le discours « est en contradiction avec son propre objectif, c'est-à-dire qu'[il] ne sert pas notre savoir » [2280]. On peut difficilement considérer que les outils de justice algorithmique seuls puissent venir détruire tout un discours doctrinal. En revanche, il est envisageable que les secousses provoquées par ces outils constituent les répliques de secousses passées qui auraient pu, elles, mettre à bas l'univers culturel du discours doctrinal français. C'est, après tout, précisément ce qui s'est produit au sein des systèmes anglo-américains ; les premières secousses provoquées par les outils de justice informatique ont provoqué une reconfiguration de la production doctrinale. L'exemple québécois est, à cet égard, représentatif de cette transition. Or, jusqu'ici, nous n'avons pas évoqué la situation française en parallèle de cette *crise des sources*, donnant ainsi l'impression qu'elle n'a pas eu cours et qu'elle ne se manifeste qu'aujourd'hui, par l'intermédiaire de nos outils : en fait, cette crise des sources concomitante au développement des premiers outils informatiques *s'est produite* en France. Toute une série de nouvelles techniques et méthodes ont alors été proposées afin de remodeler les modalités de connaissance du droit. Qu'il n'en reste que peu de choses est révélateur de l'inertie de l'univers culturel doctrinal, aujourd'hui de nouveau remis en cause.

628 **La réactivation du thème de la *crise du droit* spécifique au discours français**. Cette remise en cause n'est propre ni à cette première crise des sources ni aux outils de justice algorithmique ; c'est tout l'objet d'un thème récurrent de la production doctrinale française, celui de la *crise du droit*. Les secousses de ces outils se manifestent selon les mêmes termes que cette crise du droit régulièrement dénoncée par le discours doctrinal français : une dégradation progressive des

---

2279. Marc Clément, « Algorithme au service du juge administratif : peut-on en rester maître ? », *op. cit.*, p. 1457 reprenant l'image de John Rawls (sans nécessairement en reprendre le sens originel) dans *A Theory of Justice*, Belknap Press, 1971.

2280. Natalino Irti, *Le nihilisme juridique*, Anne-Marie Bertinotti et Paolo Alvazzi Del Frate et Nader Hakim (trad.), Dalloz, 2017, p. 60.

éléments constitutifs qui délimitent la compréhension doctrinale du phénomène juridique et qui se verraient directement affectés par nos outils. Ce renouvellement de ce thème classique apparaît propre au discours doctrinal français, dans la mesure où le discours québécois a déjà enclenché sa transition pour s'adapter au système juridique qu'il s'attache à analyser — soulignant, en contrepoint, à quel point le discours doctrinal français est parvenu jusqu'ici à maintenir ses méthodes, ses automatismes et ses raisonnements (**Chapitre 1**).

629 **Un outil révélateur des limites d'un *statu quo* centenaire**. Ce maintien à travers le temps et contre la réalité de l'univers juridique du système civiliste français des fondements épistémologiques et méthodologiques du discours doctrinal semble alors trouver, avec les outils de justice algorithmique, un obstacle de taille. Le constat tient, quand bien même ce ne sont pas tant les outils eux-mêmes que les méthodes qu'ils postulent et le droit auquel ils donnent accès qui contribuent à mettre le discours doctrinal face à ses propres limites (**Chapitre 2**) et face à l'éventualité de ne plus pouvoir maintenir très longtemps le *statu quo* que constitue son univers culturel propre.

Chapitre 1

Les outils algorithmiques comme dernière manifestation du thème de la crise du droit

> « *Bref, les algorithmes renouvellent des questions existentielles sur le droit et son raisonnement.* » [2281]

630 **Un thème doctrinal dissimulé derrière des enjeux systémiques**. Le thème de la *crise du droit* est un thème récurrent au sein du discours doctrinal français, presque aussi vieux que le discours lui-même et qui suit toujours les mêmes lignes de force : dégradation générale de la qualité des normes, tant en termes de fond qu'en termes de forme, multiplication effrénée de leur nombre, perte de contrôle de la production normative et, plus généralement perte progressive des qualités intrinsèques au droit seraient autant de défauts du droit moderne. Or, et comme d'ailleurs beaucoup d'auteurs ont pu l'écrire, cette crise du droit est bien moins une crise du droit comme ensemble de normes, du droit positif, que celle d'un *modèle* du droit, d'une *représentation* de ce droit, sur lequel le discours base sa *vision* du droit, son office à son égard et, *in fine*, sa raison d'être. Dissimulée derrière l'idée d'une crise *systémique* qui, en vérité, s'est *déjà produite*, cette rhétorique doctrinale est alors réactivée, dans des termes plus ou moins spécifiques, par le discours relatif aux outils de justice algorithmique.

631 **Des outils nés d'une *crise du droit***. Cette réactivation est assez naturelle dans la mesure où ces outils sont eux-mêmes l'émanation d'une évolution des modalités de connaissances du phénomène juridique qui a pu être identifié comme l'une de

---

2281. Frédéric Rouvière, « La justice prédictive : peut-on réduire le droit en algorithmes ? », *op. cit.*, p. 104.

ces *crises du droit*. Construits à partir de cette crise dans l'optique de la discipliner (**Section 1**), ils sont indéniablement marqués par ses caractères — qu'ils soient admis par les discours doctrinaux qui les réceptionnent aujourd'hui ou non.

632 **Des bornes culturelles plus ou moins fissurées**. C'est en fait à ce niveau que tout se joue dans les discours. Ce phénomène de fond qui a construit les outils de justice algorithmique n'est pas forcément ignoré du discours doctrinal français, mais il n'était, jusqu'à aujourd'hui, pas parvenu à atteindre son *univers culturel*. L'ignorance maintenue par le discours français des effets de cette évolution se heurterait alors frontalement à la fois aux outils mais aussi, à la comparaison, à la transition déjà amorcée par le discours doctrinal québécois (**Section 2**).

Section 1. Des outils nés d'une transformation du phénomène juridique

633 **Des outils modelés par le contexte de leur apparition**. La naissance comme les objectifs poursuivis par les outils de justice algorithmique sont tout entiers conditionnés par le contexte de leur apparition ; cette *crise du droit*, ce *déclin du droit*, qui transforme un droit réputé rationnel, dont la somme des règles *connues* est suffisamment limitée pour être maîtrisée, en un droit irrationnel, massif, quantitativement et qualitativement impossible à connaître, comprendre et maîtriser. En d'autres termes, ou dans des termes déjà employés, ils sont tout entiers conditionnés par leur naissance à l'aube d'une évolution des univers juridiques. Si cette évolution tient désormais de l'évidence dans les systèmes anglo-américains (voir *supra* § 417 et suiv.), elle ne s'est pas moins produite au sein du système civiliste français, à l'ombre de l'univers culturel de son discours qui n'en a pas tiré toutes les conséquences.

634 **Des outils comme miroir grossissant d'un changement d'univers juridique**. Et pourtant tout dans leur existence est conditionné par ce constat d'une évolution de l'univers juridique ; ils constituent alors le meilleur miroir grossissant des caractéristiques de ce magma normatif (**§ 1**) et des aménagements méthodologiques et épistémologiques nécessaires à sa compréhension et à sa maîtrise (**§ 2**).

§ 1. *Des outils nés du magma normatif*

635 **La rationalité, valeur cardinale des systèmes juridiques**. Quelle que soit la manière dont elle est conçue, la valeur de *rationalité* est consubstantielle à la construction historique des différents systèmes juridiques, qu'ils relèvent de la sphère civiliste ou de la sphère de *common law*. Cette rationalité apparaît comme l'instrument autant que comme le point cardinal d'un ordonnancement juridique dont le but commun est toujours de constituer l'armature des sociétés dans lesquelles il se déploie. Or, et parce qu'elle est construite sur des présupposés communs au titre desquels on retrouve la *clarté*, une certaine idée de *simplicité* et

de *continuité* (**A**), cette rationalité est rétive à toute idée de masse, de contradiction et de chaos. C'est pourtant, précisément, à partir de ces idées que sont construits les outils de justice algorithmique (**B**) et, avant eux, les outils de justice informatique.

A. Rationalité civiliste, rationalité de *common law*

636 **Un légalisme français doublement *essentiel*.** Le *légalisme* qui constitue l'univers juridique de la période postrévolutionnaire et qui constitue aujourd'hui l'univers culturel du discours doctrinal répondait, à l'origine, à deux exigences. Nous l'avons vu : les traits caractéristiques de la loi révolutionnaire, et ainsi du légalisme qui en a été hérité, « répondai[ent] à des besoins très précis, à la nécessité de la Révolution elle-même : supprimer les distinctions entre les personnes ; la loi est dite générale, dans le sens de nationale. Il n'y a plus qu'une règle » [2282]. L'instrument législatif s'est ainsi modelé autour du *projet* révolutionnaire d'établissement d'une société sans privilège et basée sur une égalité pleine et entière entre citoyens [2283]. Ainsi, chacun de ses caractères primaires apporte un élément à ce projet : sa généralité « constituait un progrès, une amélioration de la technique juridique » puisqu'elle l'éloignait des particularismes et des incohérences du droit d'Ancien Régime [2284], tout comme son uniformité par laquelle « sera réalisée l'égalité de tous les hommes devant la loi cette égalité que le XVIIIe siècle a tant désiré » [2285]. « La clarté, la pureté et la neutralité du langage » utilisé visait donc cette uniformité d'application en assurant, d'une part, sa pleine compréhension par tous les hommes qu'elle vise également [2286] et, surtout, en créant les conditions dans lesquelles ce *nouveau droit* serait susceptible de solidement contraindre *la justice* chargée de l'appliquer. Si la rédaction de la Déclaration des Droits de l'Homme et du Citoyen en constitue un exemple remarquable, il est tout aussi notable que cette nature particulière de la loi se soit manifestée dans toute son ampleur au sein d'une œuvre *post*révolutionnaire et impériale : le Code civil. Les idéaux révolutionnaires d'égalité et d'uniformisation de la société, aussi déformés qu'ils aient pu être par les révolutionnaires eux-mêmes, sont alors loin puisque le projet du Code n'est pas, tant s'en faut, un projet égalitariste [2287]. Il s'agit bien au contraire de remettre en place une certaine conception de la société fondée sur la propriété foncière, de nature patriarcale, bourgeoise, individualiste et économiquement libérale, mise à mal par le droit révolutionnaire et issue d'une « raison

---

2282. Maxime Leroy, *op. cit.*, p. 35.

2283. Encore faut-il se rappeler que cette catégorie de *citoyens* n'incluait, dans sa modalité essentielle d'exercice qu'est le vote, ni les individus trop pauvres pour payer le cens, ni *bien sûr* les femmes…

2284. Maxime Leroy, *op. cit.*, p. 34.

2285. *Ibid.*, p. 40.

2286. Pascale Deumier, « Création du droit et rédaction des arrêts par la Cour de cassation », *op. cit.*, p. 50.

2287. En témoignent l'incapacité juridique des femmes ainsi que la hiérarchie posée entre le maître et son salarié réintroduite à l'article 1781, voir, à cet égard, André Castalo, « L'histoire juridique de l'article 1781 du Code civil : 'le maître est cru sur son affirmation' », *RHDF*, vol. 55, n° 2, 1977, pp. 211-237.

naturelle, en tant qu'elle gouverne tous les hommes » [2288] — même cette raison naturelle était déjà celle qui guidait l'égalitarisme révolutionnaire [2289]. Or, et quel que soit le sens que l'on peut lui donner, la société qu'on peut la considérer prescrire ou les règles que l'on peut lier à son contenu, ce principe même d'une « raison naturelle » est issu des Lumières et de la croyance profonde en l'esprit rationnel et éclairé de l'homme. En tant que produit de ce même homme, parce que créé, mobilisé et étudié par lui, le droit *post*révolutionnaire est donc le produit de cette rationalité humaine et se doit donc, lui-même et par sécrétion, d'être rationnel et éclairé. Si son contenu a ainsi pu varier en fonction des conceptions politiques du moment, sa forme, quant à elle, n'a fait que se raffiner puisqu'après tout « le juriste (...) n'échappe pas à cette fascination » pour ce « trait le plus caractéristique de la rationalité occidentale » qu'est « son souci de symétrie, d'ordre et de cohérence » [2290]. Le Code apparaît, à cet égard, comme l'accomplissement de cette rationalité naturelle appliquée au droit puisqu'il contribue, par son ordonnancement et son *exhaustivité*, à incarner et à perpétuer ce « droit moderne » dans toute la plénitude de ses caractéristiques : il « vise à être suffisamment cohérent, complet, clair et précis pour guider quiconque entend respecter le droit » [2291] et pour respecter une double exigence de complétude et de compatibilité des règles de droit [2292]. Toutes les conditions étaient donc réunies pour que la loi, imprégnée de toutes ces caractéristiques et de toutes ces qualités, constitue le prisme essentiel de construction d'un discours doctrinal qui s'est aussitôt considéré comme le « relai » de cette nature intrinsèque du droit. « Le Code civil avait offert à des générations d'interprètes l'outil approprié pour exercer leur fonction de 'systématisation'. Fonction à la fois instrumentale et symbolique, car elle entretient la *croyance* en la rationalité du droit, qui tend à 'reconstruire le droit comme un ensemble cohérent, intégré, monolithique, dont tous les éléments se tiennent et s'emboîtent harmonieusement'. » [2293] Aucune surprise à voir « l'exigence de systématisation paraît[re] inscrite au cœur du phénomène juridique » [2294] — ou, en tout cas, inscrite au cœur de la *représentation doctrinale* du phénomène juridique. Aucune surprise non plus à ce que les méthodes du discours doctrinal soient

---

2288. Article 1er du projet de livre préliminaire du Code civil, reproduit dans Pierre-Antoine Fenet, *Recueil complet des travaux préparatoires du Code civil*, t. 2, Hyppolyte Tilliard, 1827.

2289. Jean-François Niort le rappelle : la légalisation du divorce, la suppression de l'autorité exclusivement paternelle et l'égalité conjugale reposaient elles-mêmes sur « la voix impérieuse de la raison », voir « Droit, idéologie et politique dans le code civil français de 1804 », *RIEJ*, vol. 29, n° 2, 1992, 85, p. 89.

2290. Jacques Lenoble et François Ost, *Droit, mythe et raison. Essai sur la dérive mythologique de la rationalité juridique*, Publications des Facultés universitaires Saint-Louis Bruxelles, 1980, p. 125.

2291. Frederick Schauer, *op. cit.*, p. XI.

2292. Antoine Jeammaud, « L'ordre, une exigence du droit ? », in Pascal Ancel et Marie-Claire Rivier (dir.), *Les divergences de jurisprudence*, Publications de l'Université de Saint-Étienne, 2003, 15, p. 17.

2293. Mirelle Delmas-Marty, *Pour un droit commun*, Seuil, 1994, p. 215, citant Jacques Chevallier, « Les interprètes du droit », *op. cit.*, p. 276.

2294. Jacques Chevallier, « L'ordre juridique », *op. cit.*, p. 11.

elles-mêmes faites de « traitement[s] systématique[s] » [2295], d'études « savante[s], raisonnée[s] et construite[s] » [2296] afin de produire une « connaissance scientifique » du droit qui « prétend[e] à la neutralité » [2297].

637 **Une rationalité anglo-américaine conçue de manière sédimentaire et dynamique.** Si le légalisme conçu comme un ensemble de standards conceptualisant le droit en un ensemble rationnel, général, cohérent et systématisé apparaît comme propre à la France, cela ne signifie pas pour autant qu'il n'y ait de rationalité qu'en droit français. Nous l'avons vu plus tôt (voir *supra* § 637 et suiv.), la rationalité anglo-américaine est simplement de nature distincte ; à rebours de l'idée selon laquelle le droit de *common law* ne serait qu'une « masse informe de décisions individuelles » [2298] née du « désordre de la réalité sociale et économique » [2299], il faut en effet se souvenir que la règle du précédent ainsi, d'ailleurs, que sa doctrine « promeut une série de valeurs liées à la stabilité (...) en favorisant intrinsèquement l'accord et la cohérence » [2300]. Cette cohérence, cependant, ne se pense ni au travers d'un « ordre juridique complet et rationnel » [2301], ni au travers d'un quelconque « besoin de constructions rationnelles » pour s'en saisir [2302]. De l'aveu même des juristes qui y baignent, « même si le droit peut apparaître irrationnel, chaotique et particulier à l'extrême, si l'on creuse suffisamment et que l'on sait ce que l'on recherche, alors il devient vite évident que le droit est un corps de règle intrinsèquement cohérent et unifié » [2303]. C'est là tout l'effet de la doctrine du précédent. Parce que le droit de *common law* « se pense comme un flux » « développé de façon progressive et syncrétique » [2304], il est lui aussi, *par nature*, le produit continu d'une raison humaine plus incarnée puisque c'est elle qui guide l'agent opératoire de ce système : *le juge* conçu dans son individualité. Si le sentiment de raison peut être satisfait par un exposé rationnel, systématique et cohérent reconstruit *a posteriori* [2305], il peut aussi l'être par la construction continue du tissu juridique par les juges qui « en commentant les arrêts de leurs devanciers

---

2295. Frédéric Rouvière, « La justice prédictive : peut-on réduire le droit en algorithmes ? », *op. cit.*, p. 98.

2296. Christophe Jamin et Philippe Jestaz, *La doctrine*, *op. cit.*, p. 157

2297. Alain Bernard et Yves Poirmeur, « Doctrine civiliste et production normative », *op. cit.*, p. 135.

2298. Clarence J. A. Smith et Jean Kerby, *op. cit.*, p. 146.

2299. Olivier Moréteau, *Le juriste français entre ethnocentrisme et mondialisation*, *op. cit.*, p. 27.

2300. Frederick Schauer, *op. cit.*, p. 47.

2301. Michel Guénaire, « La *common law ou* l'avenir d'une justice sans code », *Le Débat*, n° 2, 2001, 49, p. 50.

2302. Philippe Jestaz et Christophe Jamin, « L'entité doctrinale française », *op. cit.*, p. 171.

2303. « *Although law may appear to be irrational, chaotic and particularistic, if one digs deep enough and knows what one is looking for, then it will soon become evident that the law is an internally coherent and unified body of rules* », David Sugarman, « Legal Theory, the Common Law Mind and the Making of the Textbook Tradition », in William Twining (dir.), *Legal Theory and Common Law*, Blackwell, 1986, 26, p. 26.

2304. Duncan Fairgrieve et Horatia Muir-Watt, *op. cit.*, p. 24.

2305. En particulier au sein d'un système juridique qui ne conçoit l'activité de justice, à un niveau à la fois fondamental et technique, qu'au travers d'un prisme institutionnel, collectif et, surtout, étatique – voir *supra* § 446.

les agencent, les coordonnent par le moyen des 'distinctions', et en même temps situent leur propre décision dans l'ensemble » [2306]. Les Lumières ne sont donc pas si loin. Le « système », au sens plus général du terme, est alors perceptible au sein de chaque décision en tant qu'elle s'inscrit dans la continuité d'une autre et aménage la possibilité des suivantes. C'est là toute la métaphore du *seamless web* que de considérer le droit comme un réseau jamais interrompu de solutions juridiques particulières mais imbriquées plus ou moins étroitement les unes dans les autres dans leur construction même [2307]. « Alors même qu'il serait théoriquement possible de rassembler les solutions consacrées par le droit anglais de source judiciaire sous forme d'un exposé systématique » [2308], le droit de *common law* continue de ressembler, perçu de l'extérieur et depuis l'habitude de trouver le droit exposé de manière ordonnée *en parallèle* de sa production, à un avatar de ce que serait un droit qui n'aurait pas connu les Lumières ou la Révolution de 1789 — en d'autres termes, à une forme de chaos primordial. L'index de ce chaos [2309] est pourtant perpétuellement construit par ceux-là mêmes qui le produisent, il ne l'est simplement pas en des termes généraux faits de principes et de généralisations abstraits. Tout ce *pragmatisme*, ou plutôt toute cette dimension instrumentale et opératoire, se situe dans une aversion pour la mise en ordre *a posteriori* au profit d'une posture pratique par principe. Et certains auteurs de souligner à quel point ce pragmatisme peut être relié à une « sorte d'élitisme qui refait surface de temps à autre » dans ces systèmes de *common law* et qui se construit sur cette idée que la *structure profonde* du droit anglo-américain n'est accessible qu'à qui sait déjà où la chercher [2310]. La rationalité du *common law* ne peut donc se penser depuis celle du système civiliste français, en tout cas pas sans se départir de l'idéal classiciste d'une harmonie esthétique et symétrique immédiatement perceptible.

638 **Des rationalités rétives à la masse et au chaos**. Parce que ces deux types de rationalité demeurent le produit d'une certaine *raison humaine*, que cette dernière soit conçue dans toutes ses facultés d'abstraction ou qu'elle soit plutôt conçue dans sa capacité à articuler entre eux des éléments concrets, ils sont intrinsèquement conditionnés par les *capacités* de cette raison humaine. C'est précisément

---

2306. Clarence J. A. Smith et Jean Kerby, *op. cit.*, p. 146.

2307. Ce n'est pas non plus un hasard si une autre métaphore, celle du roman à la chaîne (*chain novel*), a été développée par Ronald Dworkin pour comparer le processus de création normative des juges de *common law* à celui de la rédaction d'un *roman à la chaîne*, c'est-à-dire d'un roman écrit par un groupe d'auteurs écrivant les uns à la suite des autres, « chaque auteur devant interpréter les chapitres précédents afin d'en écrire un nouveau, qui est ensuite ajouté à ce que l'auteur suivant reçoit, et ainsi de suite » (« *each novelist in the chain interprets the chapters he has been given in orer to write a new chapter, which is then added to what the next novelist receives, and so on* »). Voir, à cet égard, *Law's Empire*, Harvard University Press, 1986, pp. 229 et suiv.

2308. Duncan Fairgrieve et Horatia Muir-Watt, *op. cit.*, p. 23.

2309. Thomas Holland ne présentait-il pas le *common law* comme « un chaos indexé » (« *chaos with a full index* », *Essays on the Form of Law*, Butterworth, 1870, p. 171) ?

2310. « *It seems to be, indeed, that the pragmatic traditions of English law have close connections with a sort of elitism which surfaces from time to time in our legal system* », Patrick S. Atiyah, *Pragmatism and Theory in English Law*, *op. cit.*, p. 144. Ce n'est finalement rien de moins que la description peu charitable du *common law* faite par Jeremy Bentham.

pour cette raison qu'autant la doctrine du précédent que la dogmatique doctrinale se présentent comme des pratiques éminemment sélectives. Il s'agit en effet, et dans les deux cas, de limiter l'appréhension du phénomène juridique à celles de ses manifestations qui ont une valeur exemplaire. Il s'agit aussi, et encore une fois dans les deux cas, d'abandonner tout le reste de ses manifestations à cet « oubli délibéré et institutionnalisé » [2311] qui fait suite à la sélectivité traditionnelle du *common law* et à celle du discours doctrinal français. Ni l'une ni l'autre de ces rationalités n'est donc compatible avec une quelconque masse, faute de pouvoir humainement s'en saisir. La *masse*, pourtant, c'est exactement ce que l'évolution des sociétés a apporté : une production normative de plus en plus soutenue et de moins en moins contrôlée, que ce soit de la part du législateur ou des juges. Si ce phénomène a pu rester souterrain quelques décennies parce qu'il était techniquement difficile, voire impossible, d'en prendre connaissance [2312], ce sont les évolutions des techniques documentaires et des technologies informatiques qui ont fini par le révéler dans toute son ampleur. Nous voilà, donc, revenue à la crise des sources qui a secoué les systèmes anglo-américains au milieu du XXe siècle et a contribué au bouleversement de l'univers juridique de ces systèmes. Nous avons cependant jusqu'ici sciemment ignoré la situation de la France face à cette même crise — alors même, pourtant, que les changements y sont identiques.

B. Des outils témoins de la mise à mal de la rationalité des systèmes juridiques

639 **Une crise générale du phénomène juridique.** Les manifestations de cette crise sont indéniablement distinctes d'un système à l'autre, voire d'ailleurs d'un *État* à un autre — pour autant, le constat qui en découle est toujours le même. Quel que soit le facteur déclenchant ou aggravant, il s'agit toujours de constater que l'élargissement du champ juridique connu apporte avec lui sa dégradation. Au sein des systèmes anglo-américains, nous avons vu qu'elle se manifestait par un bouleversement des équilibres normatifs et des méthodes juridictionnelles du fait de l'accroissement de la part du droit produit par l'autorité réglementaire ou le Parlement et de l'explosion de l'accessibilité aux décisions de justice qui faisaient jusqu'ici l'objet de *l'oubli institutionnel* évoqué précédemment [2313]. En France, cette dégradation se joue sur le thème d'une *magma-ification* et d'une *déjuridification* du phénomène juridique sous l'effet de plusieurs phénomènes interconnectés. Côté juridique, « l'inflation législative, tant au plan interne qu'international ou européen » [2314], la « prolifération des procès » [2315], le « développement

---

2311. « *Deliberate, institutional forgetfulness* », Robin Widdison, *op. cit.*, p. 48.

2312. À l'exception d'alerte ponctuelle, voir, par exemple, Christophe Éoche-Duval, « Un 'mal français' : son 'é-norme' production juridique ? », *RDP*, n° 2, 2022, pp. 421-456.

2313. Voir *supra* § 358.

2314. Christophe Jamin, « Un modèle original : la construction de la pensée juridique française », *op. cit.*, p. 6.

2315. Jean-Paul Buffelan, « Les progrès de l'informatique en France », *Systema*, n° 1, 1972, 15, p. 15.

ininterrompu et apparemment irrésistible de la réglementation » [2316], la « lutte féroce pour les espaces juridiques » entre un droit civil en danger et la « menace immédiate du droit communautaire » [2317] ; côté métajuridique, « la multiplication de branches de plus en plus spécialisées qui se recoupent et qu'il faut concilier ou combiner » [2318] puisque « plus aucun individu n'est capable de maîtriser le droit dans son entier » [2319]. Le droit *connu* devient un magma [2320], une « profusion de règles versatiles, (…) [une] anarchie des sources productrices de normes » [2321] qui, au surplus, a perdu de sa *nature juridique même*. L'« extension quantitative » des normes « coïncide avec la dissolution de la substance proprement juridique des règles » pour, là encore, toute une variété de raisons plus ou moins liées [2322]. Pour le droit législatif et réglementaire, « la destruction des formes politiques classiques » implique que « la généralité de la loi tend à faire place à des prescriptions personnalisées, individualisées » [2323] elles-mêmes construites à partir de « normes définies et imposées par d'autres disciplines : la médecine, la biologie, la psychologie ou, bien sûr, l'économie » [2324]. Les codifications elles-mêmes sont « sans âme, réglementaires (donc aussitôt dépassées que promulguées), incohérentes » aux dépens des « principes généraux et [du] bon sens judiciaire dans [leur] adaptation aux cas particuliers » [2325]. La justice même contribue à cette dégradation de la nature *juridique* du droit en attribuant au fait « un rôle de plus en plus décisif dans l'élaboration de la solution du litige, en lieu et place de la loi » : par l'entremise de l'expertise, « le droit est recherché dans le fait tel qu'il est interprété par un consultant autorisé et non plus dans la science des normes juridiques » [2326]. Bref, « ces innovations qui se succèdent depuis près de deux siècles et qui s'accélèrent et s'intensifient dans la période contemporaine semblent traduire une rationalité nouvelle (…), celle d'un système dans lequel le droit n'est plus abstrait ni contraignant, mais factuel et rhétorique, voire négociable » [2327].

2316. Danièle Lochak, « Les usages du savoir juridique », in Marc Guillaume (dir.), *L'état des sciences sociales*, La Découverte, 1986, 327, p. 330.

2317. Travely Benjamin, « Quel code deux cents ans après ? », *Defrénois*, n° 6, 2006, 483, pp. 490-491.

2318. Mirelle Delmas-Marty, *Pour un droit commun, op. cit.*, p. 215.

2319. Rémy Libchaber, *L'ordre juridique et le discours du droit. Essai sur les limites de la connaissance du droit, op. cit.*, p. 371.

2320. Le terme est employé, par exemple, dans Christophe Jamin et Philippe Jestaz, *La doctrine*, *op. cit.*, p. 304 ou dans Dominique Bureau et Nicolas Molfessis, « L'asphyxie doctrinale », *op. cit.*, p. 71.

2321. Frédérique Granet, « Perturbations dans la hiérarchie des normes juridiques », in *Le droit privé à la fin du XXe siècle. Études offertes à Pierre Catala*, LexisNexis, 2001, 40, pp. 46-47.

2322. Danièle Lochak, *op. cit.*, p. 330.

2323. Samuel Benisty, « Justice digitale. Révolution graphique et ruine institutionnelle ? », *op. cit.*, p. 18.

2324. Danièle Lochak, *loc. cit.*

2325. Jacques Dupichot, « L'adage 'Da mihi factum, dabo tibi jus' », in *Mélanges offerts à Jean-Luc Aubert. Propos sur les obligations et quelques autres thèmes fondamentaux du droit*, Dalloz, 2005, 425, p. 426.

2326. Frédéric Zénati, « L'évolution des sources du droit dans les pays de droit civil », *op. cit.*, p. 22.

2327. *Ibid.*

640 **Des outils issus des recherches menées au milieu d'un changement d'univers juridique**. Alors même que tous ces constats ont, selon les sources, entre cinquante et dix ans, ce n'est pas un hasard si tout ceci nous ramène à la double idée de factualisation et de massification et au discours relatif aux outils de justice algorithmique. Ces derniers sont, après tout, les descendants d'autres outils qui constituaient les pures émanations de cette transformation du droit et surtout des modalités de sa connaissance. Ce qui était vrai, à cet égard, au sein des systèmes anglo-américains l'était tout autant en France à l'exacte même période : dès 1958, le nouvel outil informatique apparaît comme une solution technique pour saisir les évolutions du phénomène juridique [2328]. Nées de ce début de crise, les premières recherches en *informatique juridique documentaire* avaient pour but explicite d'« offrir (...) les moyens adéquats pour remplir [d]es fonctions nécessaires à une société où le temps s'accélère et qui devient insensiblement celle de l'information » [2329] : celles de discipliner l'information juridique mais, plus fondamentalement encore, celle de *permettre l'accès* à cette dernière et de la stocker, pour pléthorique et massive qu'elle puisse être [2330]. C'est en partie pour cette raison qu'y compris en France, de manière peut-être contre-intuitive au départ, ce sont les *décisions des juges du fond* qui ont été choisies comme objet des premières expérimentations : la situation de ces décisions représentait en effet la synthèse même des déséquilibres de plus en plus prégnants au sein du champ juridique français. « Lacunaire et cloisonnée », la documentation juridique ne parvenait pas à suivre une « masse d'information [qui] ne cessait de croître » [2331] ; alors même que la jurisprudence était conçue comme une forme de droit vivant, « le caractère souvent sélectif de la publication des décisions ne permet[tait] pas de [le] connaître » [2332], puisque « la jurisprudence des juridictions du fond n'é[tait] publiée, donc connue, que dans une infime proportion » [2333]. Parallèlement, et alors que la production de ces décisions ne faisait qu'augmenter, leurs modes de publication tendaient à régresser ou à restreindre de plus en plus la somme publiée [2334]. En d'autres termes, choisir comme objet d'expérimentation les décisions des juges du fond revenait à ne prendre aucun risque (la situation ne pouvait guère être pire) et à s'assurer de pouvoir régler *n'importe quelle autre problématique*, puisque *tout*, de la collecte à la restitution, en passant par le stockage et la mise en place de protocole de recherche, restait à faire.

2328. On pense ici au tout premier article européen (et français) publié sur la question de l'informatique appliquée au domaine juridique : Lucien Mehl, « Automation in the Legal World. From the Machine Processing of Legal Information to the 'Law Machine' », *in Mechanisation of Thought Processes*, vol. 2, Her Majesty's Stationery Office, 1958, pp. 755-787.

2329. Serge Bories, « Pierre Catala et l'informatique juridique », in Rémy Cabrillac (dir.), *Hommage à Pierre Catala*, Dalloz, 2013, 61, p. 62.

2330. Pierre Catala, *Le droit à l'épreuve du numérique. Jus ex Machina, op. cit.*, p. 28.

2331. Michel Bibent, *L'informatique appliquée à la jurisprudence*, thèse dactylographiée, Université de Montpellier, 1976, p. 2.

2332. *Ibid.*, p. 3.

2333. Pierre Catala, *Le droit à l'épreuve du numérique. Jus ex Machina, op. cit.*, p. 28.

2334. Michel Bibent, *L'informatique appliquée à la jurisprudence*, op. *cit.*, p. 2.

La construction des tout premiers outils de justice informatique français s'est donc faite autour d'un phénomène largement souterrain — tout comme les premiers outils de justice informatique anglo-américains.

641 **Des outils déjà modelés par un univers juridiquement transformé**. À cet égard, l'apparition des technologies de l'information, puis de l'informatique en tant que telle, a permis d'envisager un nouveau mode de gestion des flux juridiques. De part et d'autre de l'Atlantique, cependant, les outils créés sont demeurés la conséquence d'une hybridation des besoins d'information des juristes et des exigences (mais surtout des limitations) de l'informatique confrontées aux données à stocker. Si ces limitations intrinsèques des outils ont conditionné certains choix techniques, ces mêmes choix ont aussi conditionné l'*appréhension* des données stockées et désormais accessibles. Puisque l'objectif était de donner accès à une part du droit jusqu'ici méconnue mais particulièrement marquée par les défauts postmodernes du phénomène juridique, ces outils ont donné accès à une masse grandissante de règles *magmatiques*, contradictoires, irrationnelles et *factuelles*. Autrement dit, les premiers outils de justice informatique, comme aujourd'hui les outils de justice algorithmique, donnaient à voir des normes qui ne correspondaient pas au modèle idéal d'un droit cohérent, systématique, complet et général et les quelques auteurs qui pouvaient s'intéresser à ces outils, en dehors de ceux qui réalisaient ces expérimentations, le reconnaissaient : la connaissance qu'ils produisent, « loin de révéler une réalité univoque, retranscrira les divergences des juges dans toute leur étendue. Le plus souvent, ce n'est pas une certitude qui en résultera pour l'usager, mais un surcroît d'embarras » [2335] face à toutes les contradictions et à toute la réalité de la pratique judiciaire ainsi mises en lumière. Le raccourci entre la nature des outils et la nature des normes auxquelles ils donnaient accès était alors aussi facile à l'époque qu'aujourd'hui. De la même manière qu'aujourd'hui les outils de justice algorithmique sont craints pour leur effet « factualisant » sur le droit comme norme et sur le droit comme ensemble de raisonnements, tout en admettant que c'est surtout la part du droit auquel ils donnent accès et qu'ils traitent qui est de nature plus *factuelle* que la part du droit habituellement connue, ces anciens outils se voyaient opposer des arguments liés à l'« appauvrissement du travail d'analyse, [la] substitution du quantitatif au qualitatif, [au] risque de sclérose » [2336] et au risque de rendre le droit « anarchique » [2337] en renvoyant « un écho plus ample de l'activité des juridictions » sans déterminer « si la connaissance exhaustive de l'ensemble des décisions juridictionnelles est un préalable à la connaissance du droit et, subsidiairement, si elle lui est au moins utile » [2338]. C'est comme si, en vérité, tout avait déjà été dit : du « conformisme juridictionnel » [2339] à la « sclérose du droit » [2340] en

2335. Frédéric Zénati, *La jurisprudence*, *op. cit.*, p. 173.

2336. Xavier Linant de Bellefonds, *L'informatique et le droit*, 2e éd., PUF, 1985, p. 78.

2337. Jean-Louis Meunier, « Évolution et perspectives de l'informatique documentaire juridique », *Gaz. Pal.*, no 2, 1985, 648, p. 651.

2338. Hervé Croze, « Le droit malade de son information », *Droits*, no 4, 1986, 81, p. 87.

2339. Bernard Farret, *Le choc judiciaire. La justice face au défi informatique*, Éditions des Parques, 1985, p. 57.

2340. Alain Chouraqui, *L'informatique au service du droit*, PUF, 1974, p. 47.

passant par l'« atomisation de la connaissance du fait juridique réduit à l'état de 'donné' » [2341] et la « massification de l'information » [2342], les outils de justice informatique et les recherches qui ont conduit à leur développement semblent déjà avoir provoqué le même discours. On y trouve même l'idée (ou la crainte) que pourrait apparaître la notion de précédent au sein du droit français [2343]. Là encore, cependant, ce sont bien les effets d'une *crise du droit* qui sont craints au travers d'outils qui ne faisaient qu'agrandir l'espace du droit connaissable.

642 **Quel univers juridique aujourd'hui ?** Mais alors on s'interroge. Si cette *crise du droit*, chronologiquement parallèle à celle subie par les systèmes anglo-américains, s'est manifestée en France selon des logiques semblables et a provoqué un même réflexe de développements d'outils informatiques visant à la dompter, *où sont-ils tous passés ?* Les outils, bien sûr, mais surtout la crise elle-même : nous avons vu que si les outils de justice informatique n'ont créé ni la crise, ni le changement d'univers juridique qu'elle a impliqué au sein des systèmes de *common law*, ils ont largement contribué à en permettre la prise de conscience et, *in fine*, l'adaptation générale du système. Comment se fait-il, donc, que cette transformation générale *du discours doctrinal* ne se soit pas produite en France et que des outils, certes basés sur des technologies différentes, provoquent des réactions identiques à celles que le discours doctrinal exprime régulièrement au regard des évolutions générales du droit ? Il faut, déjà à ce stade et avant de revenir plus précisément sur ce décalage, admettre que contrairement aux systèmes de *common law*, on ne peut comprendre l'articulation de cette *crise du droit* qu'en déconnectant la transformation de l'univers juridique français de sa prise de conscience. S'il a certes fallu plusieurs décennies pour les discours doctrinaux anglo-américains se saisissent pleinement des transformations subies par l'univers juridique de leur système, cette prise de conscience est aujourd'hui globalement achevée — c'est bien pour cela que les tensions spécifiques au discours français ne s'y retrouvent pas. À l'inverse, c'est précisément *parce que* l'univers juridique français a évolué à l'ombre du discours doctrinal que l'on serait, à ce stade, bien en peine d'exactement quantifier cette évolution. C'est aussi précisément pour cette raison que l'axe argumentatif lié à la « factualisation » du droit, celui lié à sa « massification » ou celui lié à l'importation des logiques du réalisme juridique se rapprochent fortement, dans leur contenu et dans les craintes qu'ils véhiculent, des défauts imputés au droit *moderne* depuis une cinquantaine d'années. Alors que l'on commence à percevoir tous les enjeux infra et ultra-doctrinaux du décalage temporel du discours réceptionnant ces outils, on commence aussi à apercevoir l'artificialité de l'impression

---

2341. Danièle Bourcier, « Neutralité et arbitraire dans les systèmes experts juridiques », in Université Paris I – Panthéon Sorbonne (dir.), *Le droit, l'informatique et l'arbitraire. Actes du colloque d'EPICURE du jeudi 7 décembre 1989*, Publications de la Sorbonne, 1991, 45, p. 59.

2342. Frédéric Rouvière, « Qualité de l'informatique et diffusion informatique du droit », *RRJ*, n° 5, 2006, 2745, p. 2746.

2343. L'idée est, par exemple, crainte dans *ibid.*, p. 2757, simplement mentionnée dans Jean-Paul Buffelan, *Introduction à l'informatique juridique*, Librairie du Journal des notaires et des avocats, 1975, p. 274, et contestée dans Jean Leclercq, *op. cit.*, p. 59.

de nouveauté qui entoure nos outils — ils n'ont de nouveauté que leur forme et les technologies sur lesquelles ils se basent, pas leurs enjeux ou la part de droit qu'ils révèlent.

643 **Des outils doublés d'un programme de recherche adapté à un univers juridique changé**. Parce qu'en France spécifiquement et pour des raisons qu'il reste à élucider, outils documentaires et informatiques comme recherche en informatique juridique ne sont pas parvenus à poursuivre leur entreprise de mise en lumière des caractères postmodernes de l'univers juridique français, c'est finalement l'univers juridique tout entier qui est demeuré largement méconnu dans son fonctionnement réel et non idéalisé. Ces premiers outils étaient pourtant en mesure, en France comme dans les systèmes de *common law*, de le maîtriser et de la discipliner, parce que ces outils n'ont pas été établis dans un vide théorique absolu. Parce qu'en parallèle des recherches anglo-américaines la recherche française établissait ses propres méthodes, ses propres programmes de recherches et sa propre épistémologie du « droit » nouveau, ces outils apparaissaient en position de dompter ce droit issu de l'évolution de l'univers juridique ou, à tout le moins, d'apporter des techniques construites *autour* de cet univers juridique.

§ 2. *DES OUTILS VISANT À DISCIPLINER UN MAGMA JURISPRUDENTIEL*

644 **Des systèmes construits sur des lignes de force similaires**. Pour indéniablement distincts que soient les logiques, les clés de raisonnement et les discours doctrinaux qui évoluent et sous-tendent chaque système, les lignes de force de leur univers juridique idéal sont néanmoins, on l'a vu, relativement similaires. Dans tous les cas, et même si le sens et les manifestations de chacun de ces qualificatifs sont profondément influencés par les systèmes dans lesquels ils se déploient, il s'agit toujours de déployer une étude qualitative, hiérarchique et, donc, sélective, des décisions de justice basée sur la recherche de leur cœur « juridique » afin d'en permettre la remobilisation ou l'intégration dans un ensemble plus large de règles déjà posées. Que cette étude soit la conséquence du fonctionnement de la *pratique* du droit (notamment de la manière dont les juges structurent leur prise de décision ainsi que leur rédaction) reproduite ensuite par un discours doctrinal ou qu'elle soit toute entière captée par un discours doctrinal extrêmement professionnalisé et concentré autour de l'Université, elle répond dans tous les cas à des canons méthodologiques particuliers et à une certaine épistémologie du droit qui correspondent autant à l'univers juridique qui les entoure qu'à la nature même des analyses qu'elles cadrent. L'ensemble ainsi créé apparaît, au moins vu de l'extérieur, comme une œuvre rationnelle, quelle que soit la conception de la rationalité véhiculée, cohérente avec ses propres fondements, solide et durable, voire identitaire, au double sens inclusif et exclusif que le terme veut revêtir. Le diable, ou pour ce qui nous concerne les spécificités systémiques, se logeant dans les détails, c'est bien la manière dont ces études sont menées au sein de chaque ordre juridique qui permet de les *inclure* dans l'un ou l'autre des grands systèmes. C'est aussi ainsi, vu de l'intérieur des systèmes, que l'on peut *singulariser*

une pensée, une méthodologie voire une épistémologie du droit particulière et distincte des autres. Or, s'il y a bien une chose que les outils de justice informatique à leur époque ou les outils de justice algorithmique aujourd'hui ne prétendent pas faire, c'est reproduire cette ce travail. Bien au contraire, le développement de ces outils n'est pas basé uniquement sur le constat d'une évolution de l'univers juridique connu de chaque système, mais aussi et surtout sur la nécessité de concevoir et de mettre en œuvre de nouvelles méthodes et de nouvelles épistémologies à même de se saisir du phénomène juridique révélé dans toutes ses *nouvelles* spécificités. Les chercheurs d'hier ne disaient pas autre chose lorsqu'ils insistaient sur le fait que « l'informatique juridique est une science nouvelle » qui « inclut une réflexion à la fois épistémologique et théorique sur le droit » [2344], « des méthodes d'observation empruntant aux sciences exactes ses outils » [2345] tout en rappelant que ces méthodes nouvelles n'ont « aucune prétention à se substituer aux méthodes de raisonnement propres aux sciences juridiques » [2346] et qu'elles n'atteignent donc « pas l'essence du droit et ne tent[ent] pas de le faire » [2347]. Indirectement, le discours actuel le reconnaît aussi ; « c'est bien là l'une des plus importantes (et spectaculaires) ambitions du *big data* : réaliser de la *prédictibilité* par un traitement de masse, sans même essayer de modéliser (…) des règles de gestion en miroir du raisonnement humain » [2348] puisqu'il ne « s'agit pas de copier le raisonnement (par exemple juridique) d'un humain » [2349]. À cet égard, « l'accès à cette masse considérable d'informations pourrait être de nature à modifier les méthodes de recherche en sciences sociales *s'appliquant à étudier quantitativement les pratiques judiciaires* » [2350], quand bien même ces méthodes ne dépasseraient pas l'objectif « modeste » « d'identifier les critères factuels sur lesquels se fondent les magistrats pour rendre leurs décisions, puis de calculer la distribution de probabilité des issues possibles » [2351]. En d'autres termes, la construction des outils de justice informatique hier et des outils de justice algorithmique aujourd'hui, repose toute entière sur une double démarche : celle de maîtriser une information juridique (**A**) et d'ensuite la mobiliser pour en tirer de nouvelles connaissances (**B**). Le destin de cette double démarche apparaît alors d'autant plus paradoxal que son caractère holiste n'a pas empêché son oubli général par le discours doctrinal français (**C**).

2344. Patricia Hassett, Christophe Roquilly et Danièle Bourcier, « Droit et intelligence artificielle : une révolution de la connaissance juridique », in Danièle Bourcier, Patricia Hassett et Christophe Roquilly (dir.), *Droit et Intelligence artificielle*, Romillat, 2000, 9, pp. 9-10.

2345. Serge Bories, « Les décisions de justice à l'aune de la jurimétrie ou proposition pour une analyse du contenu de la communication », *op. cit.*, p. 18.

2346. *Ibid.*, p. 18.

2347. Jean Goulet, « La jurimétrie et le vol erratique du papillon blanc », in *Savoir innover en droit, concepts, outils, systèmes. Hommage à Lucien Mehl*, La documentation française, 1999, 99, p. 100.

2348. Yannick Meneceur, « Numérique et prédiction de la décision. Vers une indispensable charte éthique européenne de l'intelligence artificielle », *op. cit.*, p. 62.

2349. Laurence Pécaut-Rivolier et Stéphane Robin, *op. cit.*

2350. Bruno Jeandidier, Jean-Claude Ray et Julie Mansuy, « Analyses quantitatives de décisions de justice en matière de prestation compensatoire dans une perspective de justice prédictive », *JCP*, supplément au n° 44-45, 2019, 41, p. 41. L'italique est le nôtre.

2351. Jacques Lévy-Vehel, « L'office du juge : un éclairage via la modélisation mathématique », *op. cit.*, p. 745.

A. Maîtriser la masse

645 **Des recherches et outils visant à maîtriser une masse d'information juridique.** Comment pourrait-il en être autrement, dans la mesure où c'est l'un des acquis des recherches en informatique juridique que de démontrer à quel point le raisonnement juridique, que ce soit le raisonnement *juridictionnel* ou celui du discours doctrinal, ne peut être modélisé que dans des circonstances très spécifiques ? [2352] Dès le début de la conceptualisation des outils de justice informatique et plus tard des outils de justice algorithmique, il s'agissait principalement d'adapter les manières traditionnelles d'approcher et de se saisir du droit au phénomène juridique mis en lumière et sa nature changée. Cette tentative de conceptualiser de nouveaux cadres méthodologiques autour du droit n'est, en cela, pas spécifique aux démarches jurimétriques ou d'informatique juridique puisque, en parallèle, nous l'avons vu, toute une variété *d'autres cadres* sont avancés depuis d'autres disciplines que l'informatique [2353]. C'est en revanche son objectif premier, la *gestion de la masse*, qui singularise les méthodes liées aux outils de justice informatique puis algorithmique [2354]. Pour discipliner la masse contradictoire du droit désormais accessible, de nouveaux codes sont alors mobilisés pour, dans un premier temps, conceptualiser les nouveaux instruments qui doivent permettre, dans un second temps, à l'utilisateur d'obtenir les informations précises et techniques qu'il recherche. C'est, encore une fois, ce qui ressort de l'argumentaire tant des chercheurs de l'époque que des constats tirés aujourd'hui par le discours relatif aux outils de justice algorithmique : l'alpha et l'oméga des recherches en informatique juridique résidaient dans cet objectif de rendre « exploitables les richesses contenues dans les jugements et arrêts » [2355] une fois leur stockage permis par les améliorations progressives des techniques documentaires puis informatiques [2356]. Il s'agissait donc de mettre « la puissance de l'ordinateur au service

---

2352. En droit, ces circonstances sont celles de décisions contraintes par une succession de critères mutuellement exclusifs – ce qui explique la relative réussite de systèmes experts en matière de droit de la nationalité ou en matière de police du bruit… jusqu'à ce que les systèmes experts développés ne prennent des proportions d'une ampleur incontrôlable. L'échec de ces outils construits sur une logique symbolique (celle qui conduit les programmeurs et développeurs à tenter d'approcher au plus près du raisonnement *effectivement* mené et de le reproduire au moyen de règles formelles), y compris dans les domaines non-juridiques, a d'ailleurs été la cause du second hiver de l'intelligence artificielle. Voir, pour le domaine du droit, Danièle Bourcier, « Neutralité et arbitraire dans les systèmes experts juridiques », in Université de Paris I – Panthéon Sorbonne (dir.), *Le droit, l'informatique et l'arbitraire. Actes du colloque d'EPICURE du jeudi 7 décembre 1989*, Publications de la Sorbonne, 1991, pp. 45-59 ou Michel Bibent, « Aide à la décision en droit français de la nationalité », *op. cit.*

2353. Qu'il s'agisse de l'approche sociologique du droit et de ses variantes nationales (*social legal studies*, *sociological jurisprudence*, sociologie du droit), de l'approche économique du droit, des courants critiques (*critical legal studies*) ou des différents courants *law and…* ou droit et…

2354. Même si certaines des approches théoriques susmentionnées peuvent partir du *constat* de cette masse. Elle ne sert alors que de tremplin à des propositions d'angles d'analyse nouveaux et décentrés du seul droit.

2355. Bernard Farret, *op. cit.*, p. 66.

2356. Pour rappel, les toutes premières initiatives de mise en mémoire de décisions de justice ont conduit à leur stockage sous forme de cartes perforées (initiative du CRIDON de Lyon puis de l'IEJ d'Aix-en-Provence, à partir respectivement de 1962 et 1966) avant que les stockages

du juriste submergé par la masse des sources formelles » [2357], puisque « les outils traditionnels de documentation ne permettent plus de maîtriser le maquis juridique » [2358], à partir d'outils de recherches basés sur des descripteurs intégrés aux décisions (indexation automatique) ou reconstruits (indexation manuelle) [2359]. À cet égard, une large partie des travaux menés par les structures de recherches ayant développé les fichiers était consacrée à l'établissement des outils nécessaires à leur exploration, et notamment à établissement de thesauri, nécessaires à la navigation au sein des fichiers [2360]. Ce sont ces outils qui ont ensuite permis d'envisager « la possibilité d'accès à chaque descripteur contenu dans le fichier » [2361] et de mettre en place les « techniques perfectionnées » à même d'« extrair[e] des produits et des services inédits » des bases de données créées [2362] avec l'objectif fondamental d'aider les juristes par les ordinateurs [2363].

---

ne soient partiellement informatisés à partir de 1968 (création du *SYstème de DOcumentation National Informatisé* (*SYDONI*) par le CRIDON, permettant l'interrogation informatisée d'un fichier de décisions reproduites intégralement sur microfiches et dont la démonstration publique se tient en 1972 pour une ouverture aux professions juridiques en 1978) puis entièrement informatisés à partir du milieu des années 1970 (1976 pour la base *JURIDOC*, 1980 avec l'arrivée sur le marché français de *LEXIS*), voir annexe 1.

2357. Xavier Linant de Bellefonds, *op. cit.*, p. 73.

2358. Jacques Guilhem, *Le bruit en informatique juridique*, thèse dactylographiée, Université de Bordeaux, 1973, p. 48.

2359. À noter qu'en général, la première option était employée pour des bases de données en texte intégral (c'est le cas, historiquement, des bases *LEXIS*) tandis que la seconde était mise en œuvre dans le cadre des bases de données regroupant des décisions de justice sous forme d'abstracts (des résumés ultra concentrés des informations contenues dans chaque décision) – c'était le cas de l'essentiel des bases françaises depuis les premières expérimentations menées par l'IEJ d'Aix-en-Provence, en particulier des premières bases publiques (par exemple, celle supportée par le SDE de la Cour de cassation à partir de 1972) et de celles montées et entretenues par l'IRETIJ de Montpellier (*JURISDATA* à partir de 1971, *JURINPI* à partir de 1972 et *JURIDOC* à partir de 1976). Ce n'est qu'avec la transformation de la diffusion du droit en service public à partir de 1997 (et la disparition ou le rachat des bases de données issues des structures de recherches publiques) que les abstracts sont définitivement abandonnés.

2360. Un thesaurus est un répertoire de termes constituant l'ensemble des mots-clés à partir desquels la recherche au sein d'un fichier est ensuite effectuée. L'objectif est de le rendre aussi synthétique et général que possible afin de limiter les risques de silence (pas de résultat obtenu) ou de bruit (trop de résultats parasites obtenus), en particulier en limitant les hypothèses de synonymie au profit d'un terme en particulier (on parle d'équivalence), en hiérarchisant les termes les uns par rapport aux autres (terme générique et terme spécifique) et en associant, éventuellement, certains termes. Compte tenu du vocabulaire propre à chaque domaine du droit, plusieurs thesauri ont été créés pour couvrir l'intégralité des domaines couverts par les différents fichiers mis en place : voir, par exemple, Annie Mazel, « Thésaurus du droit du divorce et de la séparation de corps », Étude réalisée pour l'IRETIJ de Montpellier, 1974, Pierre Catala, « Constitution d'un thesaurus en droit social (en vue de l'automatisation de la documentation juridique) », Étude réalisée pour le Ministère de la Justice, 1975, Georges Ravoux, « Thesaurus du droit du bail », Étude réalisée pour l'IRETIJ de Montpellier, 1974 ou Jean-Louis Bilon, « Thesaurus du droit de la construction », Étude réalisée pour l'IRETIJ de Montpellier, 1974.

2361. Serge Bories, « L'informatique juridique comme instrument de formation et de culture du juriste », *RJT*, vol. 11, n° 1-2, 1976, 357, p. 386.

2362. Pierre Catala, « Le fichier national informatisé de la jurisprudence française (dixième anniversaire) », *JCP*, n° 40, 1995, 3873.

2363. Michel Bibent, *L'informatique appliquée à la jurisprudence*, *op. cit.*, p. 175.

Les techniques employées relevaient alors de la statistique [2364], de la probabilité [2365], de la communication [2366] et, bien sûr, de l'informatique et de la naissante intelligence artificielle [2367].

B. Créer de la connaissance

646 **Des recherches et outils à la dimension prométhéenne indéniables**. Il y avait donc, indéniablement, une dimension prométhéenne dans ces recherches qui visaient, explicitement, à apporter au milieu juridique non seulement un accès à des informations inconnues et maîtrisées jusqu'alors, mais surtout les moyens d'y naviguer et d'en tirer le plus grand bénéfice. Cet aspect des recherches *universitaires* des années 1960 à 1990 n'est pas absent des outils de justice algorithmique : « la justice prédictive, comme outil d'exploitation de cette masse de décision, permet de les porter à la connaissance (…). Il s'agit dès lors de rendre *visible* une source » de droit [2368], premièrement, et ensuite de proposer toute une panoplie de techniques et d'outils permettant « de classer, de sélectionner, d'ordonner », bref, de maîtriser cette source [2369] : « chaînage des décisions » [2370], exploitation de la « masse des données judiciaires pour (…) aider à chiffrer le montant des dommages et intérêts en fonction d'un certain nombre de critères » [2371], en d'autres termes offrir un « traitement quantitatif [qui] recèle des utilisations bien plus larges pour une meilleure maîtrise du droit dans son ensemble » [2372]. Cette dimension prométhéenne des recherches en informatique juridique hier et des outils de justice algorithmique

---

2364. Serge Bories, « À la rencontre du droit vécu (l'étude des masses jurisprudentielles : une dimension nouvelle des phénomènes socio-judiciaires) », *JCP*, n° 45, 1985, 3213.

2365. C'était notamment le cas d'outils de filtrage syntaxique permettant de calculer des degrés de proximité sémantique et d'ainsi indexer automatiquement des données textuelles (ce qui permettait d'éviter une indexation manuelle à partir de thesauri), voir Alexandre Andreewsky, « L'interrogation en langage naturel des bases de données textuelles », in *Savoir innover en droit, concepts, outils systèmes. Hommage à Lucien Mehl*, La documentation française, 1999, pp. 181-185

2366. Serge Bories, « L'informatisation des données judiciaires et doctrinales : une contribution à la connaissance et à la recherche juridique », *op. cit.*

2367. Quand bien même, pour l'essentiel, la recherche française n'employait ni l'expression ni les concepts qui en étaient tirés (pour une exception notable, voir Danièle Bourcier, *La décision artificielle, le droit, la machine et l'humain*, *op. cit.*). La raison est assez simple : en dehors des recherches relatives aux systèmes experts, la manière dont les bases de données de décisions de justice étaient construites en France impliquait des moteurs de recherche relativement *simples* (le stockage était limité, le texte dans lequel rechercher, raccourci, et les indexations de mots-clés étaient réalisés manuellement). Il n'était donc pas, en tout cas au départ, nécessaire de développer des moteurs de recherche puissants capables de brasser des décisions en format intègre (*full text*) comme c'était le cas aux États-Unis à la même période, voir, par exemple, Richard K. Belew, *op. cit.*

2368. Pascale Deumier, « La justice prédictive et les sources du droit : la jurisprudence du fond », *op. cit.*, p. 52.

2369. Jean-Baptiste Prévost, *Penser la blessure : un éclairage philosophique sur la réparation du préjudice corporel*, LGDJ, 2018, p. 134.

2370. Bruno Deffains, « L'impact économique des legaltechs sur le marché du droit », *Enjeux Numériques*, n° 3, 2018, 20, p. 26.

2371. Thierry Wickers, « L'intelligence artificielle et la justice. Les applications possibles et le cadre de déploiement », *CDE*, n° 4, 2019, 33, p. 35.

2372. Pascale Deumier, « La justice prédictive et les sources du droit : la jurisprudence du fond », *op. cit.*, p. 52.

aujourd'hui se poursuit lorsqu'il n'est plus seulement question des techniques utilisées, mais des domaines du droit visé : il faut en effet admettre que ces recherches, ces outils et ces techniques se sont portés principalement vers des domaines peu investis par la production doctrinale. Les raisons de ce peu d'investissement nous sont connues, puisque ces domaines ont tous en commun de tourner autour de la part la plus évaluative, et donc la plus factuelle, de l'activité des juges saisis au fond ; ainsi, c'est un mélange de dissimulation volontaire et involontaire de cette part de l'activité judiciaire qui a conduit le discours doctrinal à, quantitativement, peu y porter son analyse [2373]. Or, l'une des *secousses* qui ont pu agiter le contenu habituel du discours doctrinal s'incarne justement dans l'intérêt nouveau porté à cette part de l'activité judiciaire. L'un des verrous à son étude, sa dissimulation *involontaire* par l'insuffisance des modes traditionnels de diffusion des décisions de justice, était en effet en train de sauter puisque ce sont les décisions du fond qui faisaient l'objet des efforts de stockage et de diffusion d'une part, et de maîtrise et mise en relation d'autre part. Encore une fois, il n'y avait rien à perdre et tout à gagner à investir ce domaine du fait judiciaire : l'informatique juridique ne partageait son objet qu'avec la sociologie juridique, l'accompagnait plus qu'elle ne la concurrençait et elle était alors en mesure de se constituer une utilité et, plus encore, une *légitimité* au sein du discours doctrinal. En déployant les outils techniques et les méthodes d'analyse susceptibles de se saisir d'une part méconnue du droit et en s'attelant à en tirer de la connaissance et des analyses, l'informatique juridique s'attachait à construire et justifier son champ d'études pour se construire et se justifier *en tant que discipline*. Ce champ d'études disparate couvrait alors la réception des règles de droit par les juridictions ou par les justiciables ainsi que leur degré de résistance ou, à l'inverse, d'effectivité [2374] ou, plus techniquement, l'évaluation de la réparation des préjudices corporels [2375], des pensions alimentaires et compensatoires [2376] voire du divorce en tant que tel [2377], ainsi que, un peu plus tard dans les

---

2373. Voir *supra* § 485.

2374. Serge Bories, « À la rencontre du droit vécu (l'étude des masses jurisprudentielles : une dimension nouvelle des phénomènes socio-judiciaires) », *op. cit.* et Serge Bories, « Les décisions de justice à l'aune de la jurimétrie ou proposition pour une analyse du contenu de la communication », *op. cit.*, p. 19.

2375. Notamment dans le domaine des accidents de la circulation, voir par exemple Michel Bibent, *L'informatique appliquée à la jurisprudence*, *op. cit.*, Edmond Bertrand, « Une expérience aixoise : de la documentation à l'informatique juridique à l'informatique », *JCP*, nº 1, 1968, 2195 ou Martine Bourrié-Quenillet, « Droit et intelligence artificielle : mythes, limites et réalités », *op. cit.* (à propos du système *INFOVIC*, destiné à apporter « une assistance aux accidentés du travail, de la route, victimes d'attentats, etc. » et à « informer les victimes de leur droit à indemnisation », p. 13). Plus généralement, Edmond Bertrand et Pierre Catala (dir.), « L'informatique appliquée à la jurisprudence des cours d'appel », Étude réalisée pour l'IRETIJ de Montpellier, 1973.

2376. Annie Mazel, « Pension alimentaire et pratique judiciaire d'appel en matière de divorce », *RJT*, vol. 11, nº 1-2, 1976, pp. 311-334, Pierre Catala, Serge Bories, Xavier Birbès, Martine Fabre et Jacqueline Gros, « Analyse par approche socio-démographique et économique de la pension économique en cas de divorce », 2 t., Étude réalisée pour l'IRETIJ de Montpellier, 1976

2377. Soit qu'il soit question d'étudier les *causes* des divorces pour faute (Pierre Catala, « Unité ou complexité », in Institut Fredrik R. Bull (dir.), *Droit et informatique. L'hermine et la puce*, Masson, 1992, 3, p. 16) ou sa pratique effective (Jean-Philippe Challine, *Le divorce pour faute avant et après 1975 : approche quantitative d'un phénomène judiciaire*, thèse dactylographiée, Université de Montpellier, 1983).

recherches, la mise au jour des règles tacites appliquées par les juridictions dans des domaines précis [2378]. Dans tous ces domaines, la méthode était la même : grâce aux fichiers stockant des décisions jusqu'ici inédites et explorées à l'aide des outils de recherche déjà mentionnés, l'analyse se déployait certes au niveau normatif *juridique*, mais sans « négliger le fait et le concret » [2379]. C'est à partir des éléments factuels qualifiés et quantifiés dans chacune des décisions stockées qu'étaient mis en lumière des phénomènes instinctivement connus mais impossibles d'accès jusque-là : divergence dans l'évaluation des taux d'ITT entre juridictions, divergence dans l'indemnisation des préjudices corporels ou non (variant parfois, pour des caractéristiques similaires, avec un facteur douze [2380]), impact des certaines caractéristiques factuelles des litiges sur cette indemnisation [2381], sur l'attribution de pensions [2382] ou sur la valeur d'un point d'ITT [2383]… Leur interprétation était, par la suite, avancée par les chercheurs mais surtout laissée aux disciplines extrajuridiques, compte tenu de la nature extrajuridique de ces constats [2384]. Dans tous les cas, et il faut sans doute ici laisser la parole à l'un des chercheurs de ce mouvement, il faut souligner que tout en ne prétendant pas s'y substituer, les méthodes et les objectifs de ces recherches

> « *se démarquent très nettement de ceux présidant à la démarche exégétique pure, si familière aux auteurs de la doctrine juridique : il ne s'agit plus de dégager, à partir de jurisprudences choisies sur des critères qualitatifs avérés, et donc électifs*

2378. Notamment, pour Danièle Bourcier, *La décision artificielle, le droit, la machine et l'humain*, *op. cit.*, pp. 168 et suiv., le domaine de la police municipale à partir d'un corpus d'arrêts du Conseil d'État.

2379. Edmond Bertrand, *op. cit.*

2380. Tel que rapporté par Edmond Bertrand et Pierre Catala, *op. cit.*, p. 114.

2381. La thèse de Martine Bourrié-Quenillet révèle ainsi qu'en matière d'indemnisation des proches d'une victime décédée accidentellement, non seulement le degré de proximité familiale joue sur l'indemnisation (ce qui n'a rien de surprenant) mais qu'au surplus, différents critères sont pris en compte par les juges en fonction du type de relation familiale entretenue entre la victime et son proche, voir *L'indemnisation des proches d'une victime décédée accidentellement. Étude d'informatique juridique*, *op. cit.*

2382. Les travaux d'Annie Mazel révélant, quant à eux, plusieurs types de variables jouant sur l'octroi et la valeur de la pension alimentaire attribuée à l'un des deux ex-époux suite à un divorce. Elle a ainsi dégagé en tout trente-sept variables à la foi continues (durée du mariage, âge des époux, âge des enfants, écart d'âge entre enfants du couple, prétentions des parties, revenus des époux, charges…) et discrètes (nombre d'enfants encore à charge, par exemple). Elle révèle aussi que « ni la faute du mari, ni les besoins de la femme ne paraissent fonder, en fait, l'évaluation d'une pension » qui demeure, sauf exception, conditionnée par les revenus du mari au point de lui être proportionnelle. Voir, pour un résumé des apports principaux de ces travaux, « Pension alimentaire et pratique judiciaire d'appel en matière de divorce », *op. cit.*

2383. L'âge de la victime, par exemple, tend à faire décroître la valeur d'un point d'ITT tandis que sa valeur croît avec la croissance du taux d'ITT plus général, voir Pierre Catala, *Le droit à l'épreuve du numérique. Jus ex Machina*, *op. cit.*, pp. 146 et suiv.

2384. En prenant l'exemple d'un seul article (André-Jean Arnaud, « Autopsie d'un juge. Étude sémiotique de la jurisprudence aixoise en matière de divorce », *APD*, t. XIX, 1974, pp. 197-228), on le retrouve cité dans des travaux de sociologie (Jean Kellerhals et Pierre-Yves Troutot, « Divorce et modèle matrimoniaux. Quelques figures pour une analyse des règles de l'échange », *R. franç. sociol.*, vol. 23, nº 2, 1982, pp. 195-222) et de linguistique (Nicole-Marie Fernbach, « Bibliographie de jurilinguistique comparée », Bulletin mensuel du Bureau des traductions, vol. 17, nº 7-8, 1984, pp. 1-11), y compris à l'étranger (Laurence Chapuis, *Argumentation dans le discours judiciaire : analyse linguistique des arrêts de la Cour de cassation*, thèse dactylographiée rédigée en français, Universidad Rey Juan Carlos, 2012).

et élitistes, des principes de droit qui serviront de modèles pour s'appliquer à de futures espèces ; cette dernière démarche, essentiellement philologique et l'étroit terrain contentieux sur lequel elle fonde ses observations, ne peut, bien évidemment, rendre compte de la réalité judiciaire puisque la majeure partie du contentieux reste immergée sur les rayonnages des greffes des juridictions et échappe, de ce fait, à tout type d'investigation. » [2385]

C'est précisément ce vide qu'entendaient remplir les recherches en informatique juridique [2386].

647 **Des outils à la dimension prométhéenne cependant incidente**. Là encore, le parallèle avec les outils de justice algorithmique est facile puisqu'ils se situent dans l'exacte continuité de ces travaux. Les domaines du droit visés sont, peu ou prou, exactement les mêmes : « droit de la responsabilité civile », et plus spécifiquement évaluation des dommages et intérêts [2387], « affaires familiales » [2388], « indemnité de rupture de contrat de travail, prestation compensatoire » [2389], « surendettement, baux d'habitation » [2390]... en une expression, les « domaines engendrant des contentieux de masse » [2391]. Si la justification originelle de cette concentration sur ces domaines tenait à l'exploration de la masse nouvellement révélée de décisions et à la volonté de l'exploiter à son maximum, certes dans la perspective expresse de voir cette exploitation servir le praticien [2392] mais aussi dans celle, plus proprement théorie et doctrinale, de créer de la connaissance sur des domaines méconnus, il faut admettre que celle des outils de justice algorithmique est un peu plus pragmatique. Il s'agit, dans la perspective des entreprises de *Legaltech* qui les développent, d'y trouver la *masse* de décisions nécessaire au fonctionnement fiable et robuste des algorithmes sur lesquels les outils sont basés précisément parce que les techniques qu'ils mobilisent ne sont pas les mêmes que celles mobilisées par les recherches en informatique juridique [2393]. En fait, la coïncidence entre les domaines visés par ces recherches et les outils de justice algorithmique est plutôt fortuite : si

---

2385. Serge Bories, « Les décisions de justice à l'aune de la jurimétrie ou proposition pour une analyse du contenu de la communication », *op. cit.*, p. 19.

2386. À noter d'ailleurs que les recherches françaises ne se distinguaient pas des recherches anglo-américaines qui évoluaient dans des domaines similaires et, surtout, similairement complexifiés par la part importante occupée par les critères factuels dans la prise de décision finale : pour rappel, l'outil anglais *LATENT DAMAGES* visait la modélisation et l'aide à la décision en matière de de dommages corporels différés, l'outil canadien *LOGE-EXPERT* visait le droit de la reprise de possession et l'outil américain *TAXMAN* évoluait en droit fiscal.

2387. Zoé Jacquemin, *op. cit.*, p. 126.

2388. Hélène Cazaux-Charles, *op. cit.*, p. 10.

2389. Franck Marmoz, *op. cit.*, p. 6.

2390. Boris Barraud, « L'algorithmisation de l'administration », *op. cit.*, p. 44.

2391. Bernard Lamon, « La profession d'avocat et la justice prédictive : un bel outil pour le développement du droit », *D.*, 2017, 808, p. 808. Encore une fois, rien de spécifique aux outils de justice algorithmique français : *LEX MACHINA*, un outil américain, visait ainsi à l'origine le contentieux massif des brevets et l'outil canadien *BLUE J LEGAL*, le domaine fiscal.

2392. Et les chercheurs de souligner à quel point « la connaissance de la jurisprudence de la Cour appelée à connaître [d'un] litige » est importante pour le praticien du droit (Edmond Bertrand et Pierre Catala, *op. cit.*, p. 115).

2393. Jérôme Dupré et Jacques Lévy-Vehel, « Algorithmes et data : osons la justice 'quantitative' », *op. cit.*

le contentieux de masse, incluant suffisamment de descripteurs factuels, s'était trouvé ailleurs, alors, sans doute, ces outils l'auraient-ils suivi. À cet égard, si l'aspect prométhéen de construction d'un nouveau savoir juridique à partir d'un phénomène méconnu n'est pas complètement absent, il est néanmoins secondaire par rapport à cette nécessité technique d'assurer que les résultats obtenus ne l'auront pas été à partir d'une quantité non représentative de décisions, pour les outils de justice prédictive, ou que le nombre de décisions est lui-même insuffisant pour les bases de données jurisprudentielles. En d'autres termes, le « saut analytique », de même que le « saut prédictif », est « laissé entre les mains de l'utilisateur » [2394], à charge pour lui d'en tirer soit les informations utiles à sa pratique, soit de construire une analyse juridique ou extrajuridique du domaine visé à partir des résultats obtenus.

C. L'oubli d'une démarche holiste

648 **Des recherches et des outils poursuivant une démarche entière**. Les recherches d'hier et les outils d'aujourd'hui s'inscrivent donc, volontairement ou non, directement ou non, dans une démarche holistique. Nés du constat d'une évolution des modalités de connaissance, et, donc, du contenu connu de l'univers juridique, ils ont à la fois permis de concevoir les techniques nécessaires à sa prise de connaissance et celles nécessaires à sa maîtrise et à son analyse, avant de leur adjoindre une méthode d'analyse visant spécifiquement les domaines et espaces dans lesquels cette transformation se fait la plus visible. Bien sûr, de part et d'autre, les méthodes (et donc les résultats) sont calqués sur les exigences propres à l'informatique et sur la nature des données traitées ; l'analyse est quantitative, factuelle, pratique et pragmatique puisqu'elle traite une part du droit massive, contradictoire et elle-même factuelle à l'aide d'outils de stockage et de techniques de recherche correspondant à ces caractéristiques, abandonnant au passage l'étude du *droit en droit* à d'autres types d'analyse. Jusqu'ici, cependant, nous avons évoqué ces recherches et nos outils comme deux mouvements parallèles, qui rempliraient les mêmes objectifs sans pour autant se rencontrer — presque d'ailleurs comme s'ils se déployaient non seulement à deux périodes différentes, mais aussi dans deux *vases clos* distincts. L'image est parlante et elle correspond, en fait, à la manière dont les deux discours interagissent ; pas du tout, ou si peu. Alors même qu'au terme de ce retour sur ces recherches, l'on ne peut se départir de l'impression que le match des outils de justice algorithmique a déjà été joué et a déjà conduit à la prise de conscience de la réalité souterraine de l'univers juridique du système français, il faut admettre que le discours doctrinal créé autour de l'informatique juridique n'était pas, tant s'en faut, moins microscopique que le discours concentré sur les outils de justice algorithmique. Toutes les conditions étaient en fait réunies pour que toute sa réalité pratique ne soit pas vue, et donc connue.

2394. Mathieu Gaye-Palettes, *op. cit.*, p. 639.

649 **L'oubli des recherches en informatique juridique.** Ces conditions étaient réunies dans la mesure où, nous l'avons vu, le discours doctrinal ne porte pas traditionnellement son regard sur la part du droit visée par ces recherches, c'est-à-dire la production quotidienne du droit, et elles l'étaient surtout parce que les recherches en informatique juridique n'ont jamais atteint *le cœur* du discours doctrinal français. Pour être plus exacte, si certains des fichiers constitués ont posé les bases d'outils encore aujourd'hui utilisés [2395] et qu'en cela on peut y voir une certaine pérennité de la partie la plus opérationnelle de ces recherches, leur *contenu*, leurs *méthodes* et les *connaissances* qu'elles ont produites n'ont, quant à eux, pas survécu à la disparition des structures qui les hébergeaient [2396] et à la reprise en main du secteur de la diffusion de l'information juridique par les pouvoirs publics [2397], c'est-à-dire

---

2395. C'est en particulier le cas de la base *JURISDATA* ; construite à l'origine sur la base d'un partenariat entre l'IRETIJ de Montpellier et les Éditions Techniques (devenues ensuite les Éditions Jurisclasseur), un jeu de rachats successifs (Reed Elsevier ayant, en 1993 et 1994, racheté les Éditions Jurisclasseur en France puis Lexis aux États-Unis) a induit son intégration aux bases *LEXISNEXIS-JURISCLASSEUR* à partir de 2005. Les abstracts qui la composaient sont toujours accessibles au sein des bases de LexisNexis. Cette même base est aussi à l'origine de la base *JOFR* (qu'elle alimentait en décisions de juridictions du fond), elle-même à l'origine de *LÉGIFRANCE*.

2396. Il faut souligner ici les difficultés que nous avons éprouvées à non seulement dater, mais encore comprendre la manière dont les structures de recherche ont progressivement disparu. Si certaines d'entre elles n'ont pas, en tant que telles, disparu, leurs activités se sont recentrées : ainsi, si les CRIDON continuent de fournir un service de documentation et de recherche juridique aux notaires, ils sont adossés à des éditeurs privés (Wolters Kluwer et Lexbase) et n'hébergent plus de recherche appliquée à proprement parler. D'autres, et notamment le Bureau Informatique créé par Lucien Mehl, ont connu plusieurs restructurations avant de disparaître : en l'occurrence, après être devenu le guichet unique centralisant les différents fichiers et bases nationales, le Centre National d'Information Juridique (CNIJ), cette structure a disparu avec la transformation de la diffusion du droit en service public (voir note suivante). Pour toutes les autres, comme l'IRIJ de Sceaux ou l'équipe de recherche de l'IEJ d'Aix-en-Provence, on ne peut que déduire de leur disparition des organigrammes des Universités leur disparition en tant que structures autonomes. Le cas de l'IRETIJ est un peu plus particulier, puisque, compte tenu de ses liens avec le CNRS (l'Institut était une Unité de Recherche Associée, URA 0964), il n'a jamais « disparu » : il a, dans le cadre des politiques de restructuration menées par le CNRS au cours de la décennie 1990, été fusionné avec d'autres structures (l'Institut des Anciens Pays de Droit Écrit, l'Équipe de Recherche Créations Immatérielles et l'Institut des Droits Européens des Droits de l'Homme avant son autonomisation en 2005) pour créer l'UMR 5815 *Dynamiques du droit*, dissoute le 1er janvier 2022. Avec cette restructuration institutionnelle est venue une restructuration des recherches menées et un éloignement du cœur historique des recherches de l'IRETIJ. C'est aussi la seule structure pour laquelle nous sommes parvenue à entrer en contact avec une ancienne chercheuse, Madame Vincente Fortier, directrice de l'UMR de 2009 à 2013 après avoir été responsable d'une des équipes de recherche (justice et litigiosité) rattachée à cette structure de 2001 à 2009. C'est à elle et aux précieuses informations qu'elle a accepté de nous transmettre que nous devons *l'histoire* de la restructuration de l'IRETIJ.

2397. Cette reprise en main progressive s'est déroulée sur plus de vingt ans : si le décret n° 89-940 du 24 octobre 1984 *relatif au service public des bases et banques de données numériques* avait pris acte de la multiplicité des bases de données juridiques et judiciaires en organisant un système de « guichet unique » (le CNIJ) chargé de coordonner et de diffuser à titre commercial trois de ces bases en particulier (*SYDONI*, *JURISDATA* et la base *CNIJ*) au travers d'une série de concession, les chevauchements de ces trois bases ont entraîné, dès 1985, leur cantonnement dans des domaines spécifiques (respectivement sur les données encyclopédiques, les décisions du fond et les textes législatifs et arrêts des cours suprêmes). Ce cantonnement, favorable à la base *JURISDATA* qui conservait la pleine maîtrise de la sélection et de la diffusion des décisions des juridictions du fond, a cependant entraîné la disparition de la base *SYDONI* faute de parvenir à assurer sa transition de base de *sources* à une base encyclopédique et faute de parvenir à sécuriser

aux années 1990. Si on trouve encore des articles rédigés par les mêmes chercheurs au détour des années 2000 [2398], voire d'ailleurs jusqu'en 2017 [2399], l'essentiel de ces recherches s'est donc étiolé à mesure que les chercheurs demeurés en poste recentraient leurs recherches sur d'autres domaines. En d'autres termes, et les difficultés que nous avons éprouvées à accéder aux résultats, documents, rapports et productions de ces recherches en témoignent, il y a eu un phénomène *d'oubli*, si ce n'est un phénomène d'ignorance maintenue, à l'égard des recherches menées en informatique juridique. C'est de cet oubli qu'émerge l'idée émaillant le discours que les outils de justice algorithmique seraient les *créateurs* d'une *crise* du droit en cours, quand ils sont en fait les lointains héritiers d'outils développés pour se saisir d'une crise déjà passée — la même que celle qui a secoué les systèmes de *common law*.

650 **Un oubli à éclairer**. Il nous reste encore, cependant, à expliquer cet oubli. S'il est, à une échelle purement doctrinale et interne, dommageable d'avoir perdu les acquis d'un mouvement de recherche passé, les effets de cet oubli de l'informatique juridique dépassent, et de très loin, cette seule échelle. Il constitue en effet, en tant que tel, *l'une des secousses* d'un phénomène d'une plus large ampleur ; il y en a eu d'autres avant lui [2400], et le discours doctrinal relatif aux outils de justice algorithmique semble en constituer une nouvelle. Ce phénomène, dont la conséquence la plus importante a été de dissimuler non seulement les logiques exactes d'une *crise du droit* déjà bien entamé, mais encore ses effets précis sur la réalité du système juridique français, s'est donc bâti sur une sorte de capacité de résistance du discours doctrinal à la prise en charge du décalage entre sa compréhension du phénomène juridique et sa pratique effective, déployée à l'ombre de ses travaux. Parvenant donc, jusqu'ici, à se tenir à l'écart de cette réalité pratique, le discours doctrinal

---

ses financements (voir, à cet égard, les conclusions tirées dans Pierre Leclercq, Louis Barbet et Jean-Éric Schoetl, « Rapport de mission sur les bases de données juridiques », Rapport au Premier Ministre, 1983 avant même la mise en place du guichet unique). Le décret nº 93-415 du 22 mars 1993 *modifiant le décret nº 84-940 du 24 octobre 1984 modifié relatif au service public des bases et banques de données juridiques*, tout en supprimant le CNIJ et en transférant ses missions à la Direction des Journaux Officiels (DJO), maintient les principes de guichet unique, de diffusion par voie de concession et de diffusion à titre commerciale, ce que confirme le décret nº 96-481 du 31 mai 1996 *relatif aux bases de données juridiques* qui crée le service public des bases de données juridiques. Le discours d'Hourtin de 1997 renverse la situation puisqu'une partie du contenu des bases coordonnées par la DJO est rendue disponible gratuitement dès 1998 sur la première version du site *LÉGIFRANCE* ; le reste des données, et notamment les décisions des juridictions du fond, restent pour quelques années encore diffusées à titre commercial sur une base *JURIPRO*. Leur recueil, stockage et diffusion est cependant pris en main par la Chancellerie avec une circulaire DSJ nº 2000-69 B du 27 mars 2000, BO Justice nº 77, *Base de données relative à la jurisprudence des cours et tribunaux* au sein d'une base *JURIDICE* (future *JURICA* et *JURINET*) diffusée à partir de 2002 sur la seconde version de *LÉGIFRANCE*. Le fonctionnement par concession étant abandonné dès le décret nº 2002-1064 du 7 août 2002 *relatif au service public de la diffusion du droit par l'internet*, les acteurs non gouvernementaux de la diffusion du droit sont doublement marginalisés et perdent leur indépendance au profit des bases privées (*JURISDATA*) ou des bases publiques.

2398. Notamment rédigés par Serge Bories, professeur à l'Université de Montpellier et l'un des chercheurs les plus actifs de la période phare de l'IRETIJ.

2399. C'est le cas, particulièrement remarquable, d'un article de Éric Négron, Serge Bories et Jérémias Da Silva, « À la recherche d'une justice perdue ? », *JCP*, nº 26, 2017, pp. 1246-1249.

2400. On pense ici au premier « moment réaliste » décrit plus bas (voir *infra* § 689) et dans Christophe Jamin, « La doctrine : explication de texte », *op. cit.*, p. 231.

français n'a pas encore commencé sa véritable mue, et en particulier celle de son univers culturel. C'est à ce niveau qu'il se distingue des discours doctrinaux étrangers, notamment du discours québécois, qui ont pris acte de tous ces changements il y a plusieurs décennies et ont déjà, ou sont en train, de se recomposer. Les outils de justice algorithmique apparaissent donc bien non pas comme les *créateurs* d'une crise, mais comme la *réplique* de ses manifestations jusqu'ici ignorées.

Section 2. UNE PRISE DE CONSCIENCE DOCTRINALE À GÉOMÉTRIE VARIABLE

651 **Fenêtres sur crise.** Les outils de justice algorithmique, tout comme leurs ancêtres les outils de justice informatique ou, de manière plus lointaine encore, l'évolution des standards de publication des décisions de justice, n'ont pas créé de *crise du droit*, pas plus qu'ils ne sont directement responsables du changement d'univers juridique qui a pu s'opérer dans chaque champ juridique depuis le début du XXe siècle. Ils sont, en revanche, *la fenêtre ouverte* sur la nature effective du phénomène juridique telle qu'elle s'exprime en dehors de sa description standardisée. Encore faut-il, cependant, que cette fenêtre soit restée ouverte à l'époque où elle est apparue.

652 **Une force de résistance plus ou moins importante des champs doctrinaux.** C'est là en vérité une clé de compréhension des spécificités de la réception française de ces outils : la force de pénétration *très* différente de l'aperçu donné par les premiers outils, documentaires ou informatiques, sur l'état du champ juridique. Si le discours doctrinal québécois a réceptionné voire subi de plein fouet cet aperçu et ses conséquences sur sa culture juridique propre et sa conception du phénomène juridique faute de pouvoir les ignorer (**§ 1**), le discours doctrinal français est parvenu, à grands frais sans doute, à maintenir son univers culturel propre en dépit des propositions successives de mutation méthodologique et épistémologique (**§ 2**).

§ 1. *UNE MUTATION DÉJÀ AMORCÉE DE L'UNIVERS CULTUREL DOCTRINAL QUÉBÉCOIS*

653 **Une mutation facilitée par le renouvellement des outils de diffusion du droit.** Si l'univers culturel doctrinal québécois a déjà pu amorcer sa mutation, c'est à la faveur de sa position privilégiée au plus proche de l'épicentre du mouvement de renouvellement des outils de diffusion du droit – son voisin américain (**A**). La transformation non seulement relativement précoce mais encore *rapide* des modes de diffusion du droit au Québec a ainsi pu entraîner avec elle la transformation de l'univers culturel du discours doctrinal qui en était le témoin (**B**).

A. Une rénovation précoce des outils de diffusion du droit

654 **L'échec initial de la rénovation de l'édition juridique canadienne.** S'il ne faut pas la surévaluer, la proximité géographique entre le Canada et les États-Unis se

double d'une proximité temporelle et substantielle dans la confrontation de leur système avec l'évolution des outils de publication des décisions. Il ne s'agit pas là de contredire nos précédents propos : c'est bien avec le développement des outils informatisés que les difficultés d'accès aux sources ont été réglées. Mais il faut cependant admettre que la réussite de la West aux États-Unis a entraîné, de manière à peu près simultanée, des *tentatives* successives de mise en œuvre d'un système de publication plus ou moins similaire au Canada [2401]. Contrairement à la West, cependant, les éditeurs canadiens n'ont pas immédiatement fait le choix d'une couverture exhaustive nationale des décisions rendues par les juridictions canadiennes, de sorte que jusqu'à la seconde moitié du XXe siècle et le développement des fichiers informatisés, une logique de sélectivité *à l'anglaise* était de mise au Canada. Sans même prendre en compte les créations et suppressions successives des recueils provinciaux et les problèmes, déjà notés, de lacunes et de chevauchements dans la publication des décisions, les principaux recueils fédéraux présentaient le double défaut d'être à la fois très sélectifs et, pour certains, de limiter leur publication à *certaines* provinces et à *certaines* juridictions au sein de ces provinces. Ainsi, en 1965, le *Maritime Provinces Report* (limité, comme son nom l'indique, à la publication des décisions rendues dans les provinces atlantiques) ne publiait qu'un unique volume annuel incluant une cinquantaine de décisions, tandis que le *Dominion Law Reports*, tout en couvrant l'intégralité des provinces, ne publiait qu'une poignée de décisions de chacune [2402]. La naissance de l'éditeur *Marime Law Book* en 1969 dans l'optique de mettre en œuvre un système basé sur le *National Reporter System* de la West permettant la publication exhaustive de toutes les décisions de toutes les provinces aurait pu marquer une transition tardive vers une logique de publication *à l'américaine* [2403] — la relative petite taille du marché de l'édition juridique, les coûts de production très élevés et une préférence maintenue pour les recueils locaux, mêmes de qualité variable, n'ont cependant pas permis à *Maritime Law Book* de s'imposer comme la West a pu s'imposer aux États-Unis [2404]. À cet égard, l'édition juridique québécoise

---

2401. Alors que les premières publications de la West remontent à 1876 (avec la publication du *Syllabi*), celles des principaux éditeurs canadiens, Canada Law Book et Carswell, remontent respectivement à 1855 et 1872.

2402. Eric Appleby, « The Changing Availability of Case Law », Slaw, 2 novembre 2012, disponible en ligne à <http://www.slaw.ca/2012/11/02/the-changing-availability-of-case-law/>.

2403. Maritime Law Book reproduisait, en l'adaptant, le système de numérotation thématique de la West. La recherche au sein des recueils était en effet rendue plus rapide par l'utilisation de combinaisons de chiffres déterminées par la thématique de chaque décision (le code 5855 correspondant ainsi à une thématique de droit pénal, et plus spécifiquement à toutes les affaires de cambriolage), voir Gary P. Rodrigues, « The Passing of Maritime Law Book – the End of an Era », Slaw, 22 août 2016, disponible en ligne à <http://www.slaw.ca/2016/08/22/the-passing-of-maritime-law-book-the-end-of-an-era/>.

2404. Neil A. Campbell, « A Survey of Canadian Legal Bibliography », in Martha Foote L. (dir.), *Law Reporting and Legal Publishing in Canada: a History*, Canadian Association of Law Library/Association Canadienne des Bibliothèques de Droit, 1997, 1, p. 9. Il faut cependant reconnaître à Maritime Law Book des réalisations importantes, et notamment celle d'avoir publié le premier (et le seul) recueil bilingue de décisions provinciales, ainsi que celle d'avoir été le premier éditeur à ne pas imposer de copyright sur le texte des décisions qu'il diffusait, voir Gary P. Rodrigues, *ibid.*

constitue un exemple des défauts de l'insularité de la publication du droit au Canada lors de la première moitié du XXe siècle [2405].

655 **La pleine réussite de l'informatisation.** Si cette synchronicité du développement de l'édition juridique ne s'est pas soldée par une synchronicité de la *réussite* des projets qu'elle portait, la situation s'est cependant normalisée avec l'apparition des technologies de l'information. Le parallélisme est alors frappant : les projets *MINI-BIBLEX*, *DATUM* et *QUIC/LAW* sont lancés en 1968, soit un an après la première démonstration publique de la base issue des travaux menés par John Horty à l'Université de Pittsburgh. Ce parallélisme temporel s'est maintenu à travers les années, et notamment lors de la transition des bases informatisées aux bases accessibles en ligne : LexUM s'est mis à diffuser ses bases sur internet en 1993, un an après que le *Legal Information Institute* de la *Cornell University* a commencé à diffuser des arrêts de la *SCOTUS* en ligne [2406]. Au-delà de la coïncidence temporelle, les techniques et les logiques employées dans la réalisation de ces projets étaient remarquablement similaires, ce qui contraste bien sûr avec les difficultés initiales de l'édition juridique canadienne à choisir un modèle de publication des décisions de justice. Ainsi, l'un des « traits essentiels » que partagent les États-Unis et le Canada est la « recherche du texte intégral dans la très grande majorité des cas », au contraire des recherches européennes et surtout françaises basées sur le stockage d'abstracts, voire de listes de références [2407]. Ainsi, « QUIC/LAW, (...) MODUL à l'Université Laval à Québec et DATUM à l'Université de Montréal (...) admett[ent] le texte intégral » [2408]. À l'exception notable de la SOQUIJ jusqu'à l'intégration de ses bases au sein de *CanLII*, cette diffusion en texte intégral se doublait d'une diffusion exhaustive : c'était là tout l'apport initial du passage de l'édition papier à la diffusion informatisée, et en particulier des bases *CAN/LAW* et de QL Systems que de « rendre disponible le texte intégral des arrêts récents de la Cour Suprême » et de « stocker le texte intégral des décisions des juridictions supérieures de toutes les provinces à l'exception du Québec dans un délai de deux semaines » [2409]. Il n'est pas anodin que la SOQUIJ ait été la seule structure à conserver le principe d'une diffusion sélective des décisions de justice jusqu'au début des années 2000, et on ne peut, en ce sens, qu'être tentée par un rapprochement avec les choix méthodologiques réalisés en France. Après tout, jusqu'à 2016, la diffusion des décisions de justice *du fond* française était elle aussi conditionnée par une démarche sélective et

---

2405. Voir, à ce sujet, Adrian Popovici, « Notes sur l'état inadéquat des recueils de jurisprudence au Québec », *op. cit.* La place occupée, lors du demi-siècle suivant, par la SOQUIJ illustre quant à elle plutôt l'insularité *culturelle* et *linguistique* du Québec par rapport au reste du Canada, voir Daniel Poulin, « Production et diffusion de l'information juridique au Québec », *op. cit.*

2406. Pour rappel, cependant, et contrairement au Canada et au reste de la sphère anglo-américaine, aucune base publique non rattachée à une Université n'a été mise en place aux États-Unis sur le modèle d'*AustLII*, *BAILII* ou *CanLII*.

2407. Jacques Guilhem, *op. cit.*, p. 27.

2408. *Ibid.*

2409. « *Both provide the full text of recent Supreme Court of Canada decisions. In addition, QL loads the full text of superior court decisions from all provinces except Quebec within two weeks of the decisions' being handed down* », Denis S. Marshall, *op. cit.*, p. 474.

n'était contestée qu'à la marge, y compris d'ailleurs par les chercheurs impliqués dans les recherches en informatique juridique [2410]. Ce rapprochement est en fait particulièrement intéressant dans la mesure où, comme le champ juridique français, le champ juridique québécois est parvenu un peu plus longtemps que le reste du Canada et *beaucoup* plus longtemps que les États-Unis à tenir à distance les effets de la transformation de son univers juridique au travers de cette sélectivité au moins partiellement maintenue [2411]. Il est remarquable, à cet égard, que les argumentaires défendant cette sélectivité soient très similaires à ceux qui, en parallèle, déploraient *sa perte* dans le reste des systèmes de *common law* (voir *supra* § 413 et suiv.) et qui, aujourd'hui, craignent sa disparition en France : la sélectivité assurée par la SOQUIJ était conçue comme un rempart à « l'inondation par l'information » [2412], protégeant ainsi un système qui ne pourrait plus « tolérer cette expansion à partir du moment où l'on aura libre accès à ce puit sans fond que sera devenue la jurisprudence, confronté à une masse d'informations si considérable qu'on aura peine à s'y retrouver » [2413]. Le ver était pourtant déjà dans le fruit, puisqu'en parallèle les mêmes auteurs ajoutaient que, faute d'aller plus loin dans la diffusion des décisions, « on risque en s'arrêtant là de provoquer une paralysie tout aussi grave que l'excès contraire » [2414]. Îlot de sélectivité au milieu d'un système de publication des décisions qui avait déjà passé le cap de l'exhaustivité, le système de la SOQUIJ finit assez rapidement par être mis en difficulté par les actions en justice successives des éditeurs privés pour obtenir un accès non filtré aux décisions de justice québécoises et, en parallèle, par la mise en place de *CanLII* et la volonté exprimée tant par ses parties prenantes que par ses fondateurs d'aller au-delà des « efforts locaux » et de constituer une « ressource commune » à toute la communauté juridique et sur le long terme, de « tout diffuser » [2415] du droit. Ce système n'a donc pas survécu au passage à l'an 2000 puisque, dès décembre de cette même année, la plateforme *jugements.qc.ca* est mise en place pour donner aux éditeurs privés (et à *CanLII*) un accès exhaustif aux décisions rendues par les juridictions québécoises [2416]. Sept ans plus

---

2410. Nous y reviendrons en *infra*, voir *infra* § 665 et suiv. : ce choix de la sélectivité couplé à celui d'une diffusion par voie d'abstract n'a pas été sans conséquence sur la pérennité des recherches françaises.

2411. Particulièrement dans la mesure où la SOQUIJ constituait le « guichet unique » par lequel accéder aux décisions de justice québécoises. Si elle-même n'en sélectionnait qu'une quantité plus ou moins limitée pour diffusion sur ses propres bases, elle assurait l'accès au reste des décisions stockées pour les éditeurs privés à titre onéreux et commercial. Il a fallu attendre la décision précitée de 2000, *Wilson & Lafleur c. SOQUIJ*, pour que ces coûts soient réduits aux seuls coûts engendrés par leur reproduction, leur livraison et leur entreposage.

2412. Ejan Mackaay, « SOQUIJ, Société Québécoise d'Informatique Juridique », *op. cit.*, p. 12.

2413. Philip Slayton, « La recherche documentaire électronique dans les sciences juridiques », *op. cit.*, p. 28.

2414. Ejan Mackaay, « SOQUIJ, Société Québécoise d'Informatique Juridique », *op. cit.*, p. 12.

2415. Bertrand Salvas, « The CanLII Project », *Can. L. Libr.*, vol. 25, n° 4, 2000, 184, pp. 184-185.

2416. Daniel Poulin, « Production et diffusion de l'information juridique au Québec », *op. cit.*, p. 11. La plateforme est ensuite ouverte au public, dans un format enrichi, à partir de 2003.

tard, on reconnaît assez facilement qu'à « la fin des années 90 (...), la diffusion de la jurisprudence demeur[ait] lacunaire » et que la position monopolistique de la SOQUIJ entraînait plus de difficultés que d'avantages, au point que « le Québec, d'abord lent à saisir l'occasion que lui offrait de rendre son droit accessible, a par la suite fait un bon rattrapage » [2417]. Depuis le déploiement du projet *CanLII*, l'objectif est clair : « étendre les collections autant que possible. » [2418]

656 **La transition décalée mais achevée du système de diffusion québécois.** Par conséquent, même si c'est en « grattant les planchers, s'accrochant aux portes, pas à pas, toujours semble-t-il à contrecœur » [2419], le système québécois de diffusion *public* des décisions de justice a fini par s'aligner non seulement avec celui des opérateurs privés, mais encore avec celui des provinces et de l'État voisin. Il faut donc se garder de rapprocher trop fortement les situations française et québécoise, et ce pour au moins deux raisons. La première, c'est qu'à la même période on réaffirmait, en France, le principe de sélection des décisions du fond avant publication [2420] et on réservait l'exhaustivité des décisions d'appel à des bases de données non publiques [2421]. *A priori*, la situation n'était pas très différente de celle entretenue par la SOQUIJ — à ceci près qu'en parallèle, les initiatives paragouvernementales, et notamment universitaires, étaient non seulement en train de péricliter, mais entretenaient surtout elles-mêmes des bases sélectives, même si elles l'étaient déjà

Si la SOQUIJ n'a pas disparu, opère toujours sur la même base légale et réalise toujours, pour ses propres bases, une sélection des décisions à publier, elle exerce au côté de *CanLII* et des bases privées, sans situation de monopole et sans position particulièrement dominante.

2417. *Ibid.*, p. 4 et 7.

2418. Bertrand Salvas, *op. cit.*, p. 185.

2419. Daniel Poulin, « Production et diffusion de l'information juridique au Québec », *op. cit.*, p. 10.

2420. Dans un décret n° 2002-1064 du 7 août 2002 *relatif au service public de la diffusion du droit*.

2421. C'est le cas de la base *JURICA*, créée par l'article 4 du décret n° 2005-13 du 7 janvier 2005 *modifiant le Code de l'organisation judiciaire (partie Réglementaire) et relatif au service de documentation et d'études de la Cour de cassation* pour regrouper, à l'origine, tous les arrêts de la Cour de cassation et une sélection d'arrêts et de décisions des juridictions d'appel et de première instance basée sur leur intérêt particulier. Les arrêts et décisions qui sont extraits pour publication sur *LÉGIFRANCE* constituent, à partir d'un arrêt du 11 avril 2005 *relatif au service de documentation et d'études de la Cour de cassation*, une « sous-base » nommée *JURINET*. *JURICA* ne devient une base exhaustive qu'à partir du décret n° 2005-522 du 2 juin 2008 *portant refonte de la partie réglementaire du Code de l'organisation judiciaire* et du nouvel article R. 422-3 de ce même code et demeure accessible en intranet et sur licence de réutilisation dès 2009. Du côté de la juridiction administrative, la situation est un peu plus contrastée. La base *JADE*, créée en 1965 sous la forme d'un fichier non informatisé au départ, fait partie des bases diffusées par *LÉGIFRANCE* depuis un arrêté du 9 octobre 2022 *relatif au site internet de Légifrance*. Si elle inclut l'intégralité des arrêts du Conseil d'État, elle n'inclut qu'une sélection d'arrêts et de décisions du fond (son approvisionnement par les juridictions concernées est extrêmement inégal, puisqu'en 2007 certaines juridictions ne transmettaient que 7 % de leurs arrêts contre 2/3 pour d'autres, voir Emmanuel Barthe, « Une analyse du Pr. Rolin. Jurisprudence administrative : *Légifrance* n'est alimenté ni régulièrement ni également par les cours », precisement.org, 19 septembre 2007, disponible en ligne à <https://www.precisement.org/blog/Jurisprudence-administrative.html>). Si le Conseil d'État a démarré la mise en ligne de décision sur son propre site internet dès 2009 et mis en place la base *ARIANEWEB* dès 2011, cette base ne constitue qu'une émanation de la base *ARIANE INTÉGRALE* limitée à une diffusion interne ou par voie de licence de réutilisation.

moins [2422]. La fenêtre qu'elles avaient ouverte sur les décisions de justice du fond était donc en train de se refermer, emportant avec elle les méthodes avancées par les chercheurs qui avaient construit les premiers fichiers quand, au Québec, elle se trouvait désormais grande ouverte. La Déclaration de Montréal sur l'accès libre au droit de 2002 n'est finalement que le couronnement de la transition québéco-canadienne vers une diffusion exhaustive en texte intégral, et des décisions de justice, et ce n'est pas un hasard si parmi tous les signataires de cette déclaration, on ne retrouve aucun organisme français. De cette transition achevée, au début des années 2000, à aujourd'hui, la position du Canada « dans le peloton de tête des pays ayant favorisé la mise en œuvre des nouvelles technologies de l'information et (…) parmi les premiers utilisateurs d'internet à des fins juridiques » [2423] n'a fait que se renforcer, sans que la situation du Québec ne se détache plus, à cet égard, de celles des provinces et territoires de *common law*. Au contraire, même, et l'on en revient ici au caractère proactif des recherches québécoises, notamment sous le *leadership* du Laboratoire de Cyberjustice. La question n'est plus aujourd'hui de savoir s'il faut s'assurer que toutes les décisions soient disponibles en ligne ou s'il est possible de les exploiter ; la question est désormais celle d'*où* poser la limite aux documents parajudiciaires à diffuser, notamment au regard des plumitifs et autres documents et dossiers de procédure [2424], et d'établir les usages les plus pertinents de ces données [2425].

B. Une transition enthousiaste de l'univers culturel du discours doctrinal

657 **L'inévitable transformation du discours doctrinal québécois et de son univers culturel**. En d'autres termes, le discours doctrinal québécois et sa manière de concevoir son univers juridique se sont trouvés à la confluence de plusieurs phénomènes qui, à eux tous, les ont poussés dans la même direction que les discours doctrinaux des systèmes de plus pure *common law* qui l'entouraient. Les insuffisances de l'édition juridique auxquelles n'ont pas remédié les initiatives privées du début du XXe siècle ont épargné au système canadien dans son ensemble la mise en place de freins lorsque les laboratoires de recherche universitaire se sont saisis des opportunités offertes par les technologies de l'information. Ainsi,

> « *quand le principe de sélectivité dans la diffusion du droit a commencé à tomber, il n'y a eu aucune réaction institutionnelle au Canada sous la forme d'une restriction de citation. Et, lorsque finalement s'est présentée une alternative à la*

2422. Nous y reviendrons plus loin, voir *infra* § 665 et suiv.

2423. Daniel Poulin, Frédéric Pelletier et Bertrand Salvas, « La diffusion du droit canadien sur internet », *Revue du notariat*, vol. 102, nº 2, 2000, 189, p. 192.

2424. Voir, à cet égard, David Beauchemin, Nicolas Garneau, Gaumond Ève *et al.*, « Generating Intelligible Plumitifs Descriptions: Use Case Application with Ethical Considerations », *op. cit.*

2425. Dans le cadre de tribunaux virtuels (voir, par exemple, Karim Benyekhlef et Jie Zhu, *op. cit.*, pp. 34-70 ou Nicolas W. Vermeys et Sara Couture, « Étude relative aux standards et formats de documents technologiques contenus dans un dossier judiciaire », Ministère de la Justice du Québec, 2019) ou d'outils d'aide à la décision (c'est l'objet du groupe du premier et deuxième chantiers du projet AJC, notamment au regard du projet *JusticeBot/Procezeus* et du projet *Résumé de cas*).

publication papier du droit sous une forme informatisée, il y a eu une forme de réceptive mais certainement aucune peur qu'elle puisse représenter une quelconque menace au système juridique canadien » [2426].

Conçue comme une opportunité bien plus que comme un risque, les bases de données informatisées en texte intégral et construites sur une logique d'exhaustivité ont alors pu croître sans opposition non doctrinale — particulièrement dans la mesure où le discours académique était un acteur direct de leur construction, de leur maintien et de leur alimentation. Y compris au Québec où ce principe de sélectivité a été maintenu, au moins au niveau de sa base publique, jusqu'au début des années 2000, on reconnaissait assez aisément l'intérêt de la notion de « masses jurisprudentielles » et des analyses sociologico-juridique encouragées par l'accès permis à ces masses [2427] — quand bien même, là comme ailleurs, la même inquiétude pouvait parfois être exprimée quant aux effets de ces masses sur le raisonnement juridique et le droit en général [2428]. Exprimées par un discours doctrinal académique demeuré proche de la pratique juridique qui, quant à elle, s'est pleinement saisie des informations rendues accessibles, ces critiques n'ont pas permis d'arrêter la transformation des techniques de diffusion de l'information juridique, ni d'ailleurs de maintenir le discours doctrinal à l'écart de la réalité l'univers juridique que ces techniques révélaient désormais dans toute son ampleur. Le pragmatisme et l'attachement à la pratique qui caractérisent l'univers culturel du discours doctrinal québécois et la nécessité de continuellement construire et reconstruire sa place au sein d'un champ juridique qui, sous l'effet de la crise des sources, avait déjà reconfiguré ses besoins et ses outils, a sans doute contribué à en rendre l'admission plus aisée ou, en tout cas, moins aisément *évitable*. À cet égard, les recherches menées sur les outils de justice informatique et, aujourd'hui, de justice algorithmique ont constitué un des multiples tremplins par lesquels le discours doctrinal *académique* québécois a pu s'adapter à ce changement, aux côtés d'autres approches plus ou moins extrajuridiques (voir *supra* § 560). De cette conjonction de plusieurs phénomènes et plusieurs influences découlent aujourd'hui deux constats : le premier, déjà abordé, est celui du caractère pionnier, précurseur, et encore aujourd'hui novateur du discours doctrinal québécois quant à l'incursion des technologies informatiques et liées à l'intelligence artificielle au sein de la justice [2429] ; le second est la transition, si ce n'est en douceur, du moins actée

---

2426. « *When selectivity in law reporting began to break down, there was no institutional reaction in Canada in the form of restrictive citation practices. And, finally, when an alternative to print-based legal information appeared in a digital form, there was a degree of receptivity to it and certainly no significant fear that it represented any kind of existential threat to the Canadian legal system* », Jonathan De Vries, *op. cit.*, p. 45.

2427. Patrick H. Glenn, « The use of computers: quantitative case law analysis in the civil and common law », *International and Comparative Law Quarterly*, vol. 36, 1987, 362, p. 364.

2428. Elles le sont particulièrement dans le rapport rendu par Philip Slayton en 1974 sur la documentation juridique (*La recherche documentaire électronique dans les sciences juridiques*, *op. cit.*). Mathieu Devinat en fait aussi mention dans sa thèse (*La règle prétorienne en droit français et canadien*, *op. cit.*, pp. 360 et suiv.).

2429. Ce qu'a démontré la manière dont les effets de la crise sanitaire liée au coronavirus *covid-19* sur la justice ont été mitigés : malgré des difficultés initiales inévitables et une réduction drastique des contentieux entendus, les juridictions québécoises sont parvenues à maintenir une activité minimale durant la première vague de contamination (et le premier confinement mondial) de mars à juin 2020 à l'aide, notamment, d'outils de communication basés sur la suite Microsoft

de la manière dont l'univers juridique québécois et canadien dans son ensemble est appréhendé. La force de pénétration des outils de justice informatique au sein des différents niveaux de discours doctrinaux, académiques et praticiens, a permis la prise de conscience de la transformation du phénomène juridique et, surtout, de la transformation des logiques et clés de raisonnement du système tout entier. Si cette prise de conscience n'a pas systématiquement emporté de modification dans la présentation classique et standardisée du système de *common law* [2430], elle a cependant bel et bien enclenché une modification de la manière dont le discours doctrinal s'intègre au phénomène juridique et s'exprime. Ce sont, là encore, les conséquences de l'effet croisé d'un ensemble d'influences bâties sur le constat d'une modification du phénomène juridique que nous avons déjà mentionnée plus haut (voir *supra* § 417 et suiv.). Finalement, les outils de justice algorithmique ne constituent que la suite logique de ces influences et phénomènes qui ont, depuis le début du XXe siècle, contribué à faire bouger les lignes du système juridique de *common law*, du système mixte québécois et de leurs univers juridiques respectifs. Le discours doctrinal québécois n'a, faute d'une position similaire au discours doctrinal français, guère pu se tenir à l'écart de ces changements et a connu, comme les discours doctrinaux de *common law*, une reconfiguration épistémologique et méthodologique dont les effets sont aujourd'hui perceptibles dans la diversité de sa production.

658 **Une transition contrastant avec les difficultés françaises**. À cet égard, et y compris pour ceux des auteurs qui pouvaient craindre cette modification de l'univers juridique du fait de la *massification* des sources, ce n'étaient pas tant les outils que *la transformation du droit dans son ensemble* qui était visée — les outils, encore une fois, ne constituant que la fenêtre ouverte sur un phénomène qui leur préexistait. Plus encore, et cette clairvoyance est suffisamment remarquable pour être soulignée, la manière dont ces difficultés se manifestaient alors au Québec était explicitement distinguée de celles qui allaient bientôt se manifester en France. Alors qu'en droit canadien « le problème que pose cette disponibilité accrue des décisions judiciaires est qu'elle expose le système juridique à un risque évident de saturation de l'information qui, lorsqu'il est conjugué à la règle du *stare decisis*, pourrait se muer en une véritable paralysie du système » [2431], problème classique qui renvoie à l'adaptation des logiques et des clés de raisonnement du système de *common law*, le risque identifié côté français *n'est pas systémique mais doctrinal* :

> « *jusqu'à présent, la doctrine française occupait un rôle important dans la mise en œuvre de la chose jurisprudentielle, au point que certains juristes ont évoqué l'hypothèse qu'une règle jurisprudentielle n'existait que si la doctrine en prenait connaissance, traduisant l'importance de la réception de la règle sur son*

Office (en l'occurrence, l'outil *Teams*). Voir, à cet égard, la webconférence donnée par Clément Samson et Paul-Matthieu Grondin, « Retour d'expérience sur la tenue des audiences virtuelles en temps de pandémie », Webconférence organisée par le Laboratoire de Cyberjustice, 22 juin 2020, disponible en ligne à <https://www.youtube.com/watch?v=rs1wFJPIJcM>.

2430. Voir *supra* § 422 et suiv.

2431. Mathieu Devinat, *La règle prétorienne en droit français et canadien*, *op. cit.*, p. 365.

> *effectivité. Mais la rapidité, la précision des moteurs de recherche et l'impossibilité pour la doctrine de commenter chacun des arrêts font en sorte que le raisonnement du juriste risque de se transformer.* » [2432]

Et le même auteur d'aller jusqu'à ajouter que « la doctrine risque de perdre son statut de médiatrice entre la jurisprudence et l'ensemble de la communauté juridique », court-circuitée qu'elle serait par les bases de données [2433]. Ce statut de médiateur n'ayant jamais été atteint par le discours doctrinal académique québécois, il est évident qu'il n'y avait, sur cet aspect, rien à craindre [2434]. Côté français, on doit admettre rétrospectivement que la *prédiction* de Mathieu Devinat ne s'est pas vérifiée à l'époque où elle a été écrite. Le début des années 2000 a, au contraire, marqué à la fois l'échec des propositions méthodologiques de l'informatique juridique et de tous les autres courants qui lui étaient rattachés et la franche victoire du discours doctrinal classique sur les inflexions que la prise en charge de la réalité du phénomène juridique aurait pu déjà lui imposer.

659 **Flux et reflux d'une prise de conscience retardée**. L'œil de l'Autre est cependant porteur d'un recul et d'une relativité dont le nôtre est parfois incapable, et il faut donc aussi admettre que cette prédiction a des accents prophétiques lorsqu'on la relit à l'aune de la réception des outils de justice algorithmique, héritiers plus ou moins lointains des *moteurs de recherche* de 2001. La franche victoire du discours doctrinal classique prend alors elle-même des accents d'une victoire à la Pyrrhus, qui n'aurait fait que retarder la prise de conscience de la pratique réelle du phénomène juridique telle qu'exploitée par des outils qu'il ne maîtrise pas.

§ 2. *Une ignorance maintenue des effets de la crise par le discours doctrinal français*

660 **La mobilisation ambivalente du thème de la crise du droit**. « À vrai dire l'informatique n'est ici qu'un révélateur d'une crise plus grave de l'information juridique. S'il y a un mal, ce n'est pas tant dans le développement des banques de données juridiques qu'il faut le chercher, mais dans celui des sources apparentes de l'information juridique. » [2435] Il y a, indéniablement, un paradoxe dans la situation que nous nous attachons à décrire. Comment, dans le même temps, le discours doctrinal pourrait-il s'être saisi du thème de la crise du droit comme d'une sorte de lieu commun, réactivé toutes les fois

---

2432. *Ibid.*, pp. 363-364.

2433. *Ibid.*, p. 365.

2434. Quand bien même le développement et le raffinement des moteurs de recherche a pu rendre partiellement obsolète une partie de la production doctrinale québécoise – nous avons cependant vu que les conséquences de cette obsolescence ont déjà commencé à être tirées en *supra* § 654 et suiv.

2435. Hervé Croze, « Le droit malade de son information », *op. cit.*, p. 81.

que l'occasion s'en présente au point d'en faire un « emploi quotidien » [2436] et de la considérer comme « l'état normal du droit » [2437], tout en ignorant ses effets sur l'univers juridique du système civiliste français ? Comment serait-ce possible, dans la mesure où il identifie sans difficulté chacun des *dérèglements* qui contribuent à cette crise ? « Inflation des arrêts » [2438], « déclin de la loi comme source essentielle du droit (...), inflation (...), complexité législative » [2439], « *orgy of law-making* » [2440], « hypertrophie des sources du droit » [2441], le tout complexifiant le projet de « fonder un raisonnement qui puisse rester pérenne » [2442], et leurs conséquences sur une conception rationnelle, organisée, claire et systématique du droit. Tout ceci est connu et nous l'avons déjà décrit. Pour autant, il faut bien distinguer la démarche de *constater* l'existence d'une crise, ou plutôt de constater un certain nombre de phénomènes qui y contribuent, de celle d'*en tirer des conséquences*. En 1953, 1986, 2006 et 2021, « la cloche d'alarme résonne » [2443], les années qui s'écoulent accentuent « l'éloignement de notre système juridique d'un type d'ordre juridique » [2444] bien déterminé, « le désordre semble caractériser une ère nouvelle, celle de la désorganisation et de l'insécurité juridique » [2445] et, finalement, du « délitement » [2446]. Et là encore, on s'interroge. Si tout s'est écroulé et que le système juridique a changé depuis plus de soixante-dix ans, comment est-il possible que l'exact même discours se déploie toujours à son endroit ? Que les mêmes caractéristiques supposément en péril depuis soixante-dix ans, soient toujours menacées par les mêmes phénomènes ? Que les mêmes canons historiques et le même univers juridique, attaqués de toute part et au pronostic vital engagé depuis, encore une fois, soixante-dix ans continuent d'être la cible de ces phénomènes ? Il faut y voir là toute la valeur rhétorique de cette crise du droit, mobilisée ici comme elle l'est dans d'autres circonstances dans une optique d'autopréservation (**A**). Cet outil rhétorique n'est en fait que l'un des dispositifs mobilisés par le discours doctrinal français pour s'extraire des effets centrifuges de mouvements qui tentaient pourtant de tirer les conséquences de cette crise identifiée (**B**).

2436. Hélène Orizet, « Les mots du droit administratif », in Anne-Laure Girard, Adrien Lauba et Damien Salles (dir.), *Les racines littéraires du droit administratif*, Presses Universitaires Juridiques de Poitiers, 2021, 125, p. 129.

2437. Étienne Picard, « 'Science du droit' ou 'doctrine juridique' », in *L'unité du droit. Mélanges en l'honneur de Roland Drago*, Economica, 1996, 119, p. 167.

2438. Youssef Guenzoui, « Un conflit de doctrines. Doctrine universitaire versus Doctrine de la Cour de cassation », *op. cit.*, p. 286.

2439. Vicent Forray et Sébastien Pimont, *Décrire le droit... Et le transformer. Essai sur la décriture du droit*, *op. cit.*, p. 9.

2440. En anglais dans le texte, Bruno Oppetit, *op. cit.*, p. 18.

2441. Hervé Croze, « Le droit malade de son information », *op. cit.*, p. 83.

2442. Bertrand Cassar, *La transformation numérique du droit. Les enjeux autour des LegalTech*, *op. cit.*, p. 111.

2443. Bernard Chenot, « L'Existentialisme et le Droit », *RSFP*, n° 1, 1953, 57, p. 59.

2444. Bruno Oppetit, *op. cit.*, p. 12.

2445. Valérie Lasserre-Kiesow, « L'ordre des sources ou le renouvellement des sources du droit », *D.*, 2006, 2279, p. 2279.

2446. Hélène Orizet, *op. cit.*, p. 129.

A. La crise du droit, un outil rhétorique d'autopréservation

661 **Une crise du droit limitée à son constat.** Dénoncer une crise n'est en théorie que la première étape d'un raisonnement plus large. Une fois la crise identifiée, une fois ses causes et ses effets délimités, il s'agit d'en tirer les conséquences : puisque le *droit* ne se déploie plus tel qu'on l'a toujour décrit, puisque le *système juridique* a changé, qu'en est-il de son étude ? De sa connaissance ? Cette deuxième partie du raisonnement est celle qui a conduit à la fois au développement des premiers outils de justice informatique et à la reconfiguration globale des systèmes de *common law*, de leur univers juridique *et* de leurs discours doctrinaux mais c'est aussi celle qui signe le caractère définitif des effets de cette crise. En d'autres termes, dépasser le seul constat et admettre que la modification des caractéristiques d'un objet peut emporter la modification des modalités de son étude et de sa connaissance, c'est aussi admettre que ces changements sont *réels*. Rejouer toujours le même constat sans le dépasser, c'est en revanche assurer une forme de survivance de ce que la crise affecte : le phénomène juridique dans ses canons historiques, tel qu'il se déployait à l'époque où il a été conceptualisé et essentialisé par un discours doctrinal qui se trouve pris au piège du dilemme de sa propre description de cette crise. « Ou bien, il songe à des crises partielles affectant principalement des techniques juridiques et rien ne l'autorise à en induire une crise globale, une crise du droit. Ou bien, prenant celle-ci pour cible, il livre un combat qui le dépasse ; il se disqualifie lui-même en abordant inévitablement d'autres crises, crises de société *ou de la science.* » [2447] Et ainsi, le discours doctrinal se met-il, lui et son univers culturel, à l'abri lorsqu'il dénonce continuellement la même crise, les mêmes phénomènes et les mêmes transformations : tant que l'on en reste au stade des inquiétudes, tant que l'on en reste au stade de la confrontation entre le paradigme du droit et un ensemble composite de phénomènes *anormaux* [2448], le paradigme demeure. Attaqué, certes — mais l'on ne peut attaquer que ce qui continue d'exister, et tant que la messe n'est pas dite, il demeure suffisamment vivace pour continuer de supporter tout l'édifice méthodologique et épistémologique bâti sur son fondement. Que ce qui demeure vivace soit alors bien *le paradigme* du droit et non *le droit*, bel et bien affecté par la crise décrite, importe alors peu. L'édifice se maintient, les colonnes tiennent bon ; le temple est sauf.

662 **La crise du droit, un procédé discursif d'autoprotection.** Bien sûr, il y a une partie du discours pour identifier le procédé et, en soulignant l'écart toujours plus large l'univers culturel doctrinal et l'univers juridique du système civiliste français, pour en déduire que « lorsque la doctrine constate que la réalité n'obéit plus à ce modèle idéal, elle stigmatise le 'déclin' ou la 'crise du droit' » [2449]. La notion même de crise prend alors des airs instrumentaux : après tout, « le Conseil d'État, comme les autres juridictions administratives, continuant à fonctionner normalement et à

2447. Christian Atias, « Une crise de légitimité seconde », *op. cit.*, pp. 21-22.
2448. Alain Bernard et Yves Poirmeur, « Doctrine civiliste et production normative », *op. cit.*, p. 165.
2449. *Ibid.*

émettre des arrêts aussi valables que par le passé, la notion de crise ne peut s'appliquer qu'à la seule systématisation » [2450] et qu'à « une certaine idée » de ce que *devrait être* le droit [2451]. En fait, tant que l'ordre juridique demeure globalement efficace et qu'il continue de produire les effets que les autorités normatives lui ont attribué, difficile d'y voir une crise du droit en tant que tel. À cet égard, au sein du discours doctrinal comme d'ailleurs au sein de la présente étude, la *crise du droit* est un outil [2452] et un procédé discursif commode pour désigner ce décalage progressif du phénomène juridique *en fait* par rapport au « regard jeté sur le droit » : « ce qui est en crise permanente et rémanente, c'est l'étude du droit, le discours sur le droit, la science du droit. » [2453] Cette clarté de vue est salutaire ; elle souligne à quel point la *crise du droit* telle qu'elle est encore aujourd'hui dénoncée est une construction du même discours doctrinal qui voit son univers culturel remis en cause par les marqueurs de la réalité du phénomène juridique qu'il entend décrire. En cela, le discours doctrinal est l'homme de Lamartine, ce *dieu tombé qui se souvient des cieux* [2454], ou plutôt qui s'y raccroche en gardant loin des structures fondamentales de sa pensée les phénomènes qui pourraient les remettre en cause. « Le monde n'existe plus ; mais la méthode reste, et le juriste peut ainsi y puiser encore sa propre valeur et la dignité scientifique de son propre travail. Il veut en quelque sorte cette méthode, car il n'est plus capable de *vouloir ce monde.* » [2455]

663 **Une autoprotection centrifuge**. Ce faisant, cependant, le discours doctrinal est passé à côté de multiples opportunités de reconstruire son univers culturel, ses méthodes et sa perception du phénomène juridique. Puisque la « crise du droit », cantonnée toujours à sa seule description et à sa dénonciation, n'a pas atteint le discours doctrinal, elle a « permis aux juristes de continuer à [l'entretenir] sans se demander ce qu'[il] était, quelle était sa mission, et quelles devaient être ses méthodes » en dehors de celles sur lesquelles « après le déclin de l'exégèse, tous les juristes français » se sont accordés [2456], de sorte qu'ils « usent encore trop souvent d'une méthode issue d'une modernité juridique défunte » [2457]. « Les termes juridiques sont demeurés les mêmes ; principes et notions suiv[ent] sur le plan éthéré des vues de l'esprit un développement harmonieux tandis qu'au niveau des luttes sociales le contenu et le sens dont ils [sont] chargés se transform[ent] » [2458]. Il serait injuste de dire que tous les « contempteurs de la dogmatique alléchante ne proposent pas vraiment de programme alternatif » [2459], particulièrement dans la mesure où nous avons déjà décrit plusieurs de ces programmes : sociologie juridique, théorie réaliste de l'interprétation, courant critique, droit politique,

---

2450. Théodore Fortsakis, *op. cit.*, p. 126.
2451. Boris Barraud, *Le pragmatisme juridique*, *op. cit.*, p. 113.
2452. Michel Boudot, *Le dogme de la solution unique*, *op. cit.*, p. 110.
2453. Christian Atias, « Une crise de légitimité seconde », *op. cit.*, p. 23.
2454. Tel que repris dans *ibid.*, p. 24.
2455. Natalino Irti, *op. cit.*, p. 61
2456. Christian Atias, *Épistémologie juridique*, *op. cit.*, p. 46 et 90.
2457. Nader Hakim, « Présentation. Une lecture française de Natalino Irti : un droit humain, trop humain », in Natalino Irti, *op. cit.*, IX, p. XVI.
2458. Bernard Chenot, « L'Existentialisme et le Droit », *op. cit.*, p. 60.
2459. Philippe Brun, « Les habitudes de penser de la doctrine », *op. cit.*, p. 89.

informatique juridique sont autant de ces programmes qui, lorsqu'ils n'ont pas tout simplement disparu, ne sont pas parvenus à briser l'inertie d'un discours doctrinal qui, jusqu'à présent, a construit les conditions susceptibles de justifier le maintien de son univers culturel et de ses méthodes. Encore une fois, la situation de l'informatique juridique est paradigmatique et révélatrice de cette force centrifuge qui, jusqu'à aujourd'hui, entoure et protège ce discours doctrinal classique ; encore une fois, le discours relatif aux outils de justice algorithmique constitue le miroir grossissant de cette capacité à rejeter les propositions et les outils qui ne peuvent être saisis par l'univers doctrinal français. Il suffit de se pencher sur *ce qu'il reste* de l'informatique juridique au sein d'un discours qui est pourtant le plus naturellement porté à en exploiter les recherches : un vocabulaire fait de mots (*jurimétrie* [2460]) ou d'expressions (*jurisprudence massive* [2461]) utilisés sans cependant revenir à ce qu'ils désignaient et défendaient ; le souvenir du développement de *LÉGIFRANCE* [2462], ou des systèmes experts qui constituent un anti-exemple commode du fait de leur échec [2463] ; une mention rapide de l'informatique juridique [2464] ; et un nom, un seul, celui de Pierre Catala [2465]. Si certaines contributions explorent ces recherches de manière plus analytique, c'est, à une exception près [2466], du fait d'une proximité *personnelle* avec elles [2467]. On trouve

2460. Exploité, par exemple, dans Yannick Meneceur, « Pour une distinction affirmée entre les régimes de publicité et de publication », *op. cit.*, p. 31, « Justice et intelligence artificielle : la confiance naîtra d'une réglementation internationale », *op. cit.*, *passim*, Bertrand Cassar, *La transformation numérique du monde du droit*, *op. cit.*, p. 107, Isabelle Sayn, « Des modes algorithmiques d'analyse des décisions de justice, pour quoi faire ? », *op. cit.* ou, de manière un peu plus développée qu'ailleurs, dans Aurélien Rocher, *op. cit.*, p. 20.

2461. Par exemple dans Guillaume Deroubaix, *op. cit.*, p. 93, en référence à l'article de Marie-Anne Frison-Roche et Serge Bories, « La jurisprudence massive », *op. cit.*

2462. Jean-Luc Aubert et Éric Savaux, *op. cit.*, p. 66.

2463. Exploités, par exemple, dans Florence G'sell, *Justice numérique*, *op. cit.*, pp. 147-148 ou Vincent Vigneau, « Faudra-t-il encore des juges ? », *op. cit.*, p. 2.

2464. Notamment dans Bertrand Cassar, *La transformation numérique du monde du droit*, *op. cit.*, p. 38, Isabelle Defarge, *op. cit.*, p. 142 ou Stéphanie Lacour et Diana Piana, *op. cit.*, p. 49.

2465. Dont le nom et la qualité de précurseur en matière de recherche en informatique juridique sont mentionnés dans, par exemple, *ibid.*, p. 2, Pierre-Yves Gautier, « Open data des décisions de justice : quel enjeu pour la doctrine ? », *op. cit.*, p. 82, Sylvie Lebreton-Derrien, *op. cit.*, p. 6 ou Hervé Croze, « Comment être artificiellement intelligent en droit », *op. cit.*, p. 1498.

2466. Celle de la thèse d'Anaïs Coletta, *La prédiction judiciaire par les algorithmes*, *op. cit.*

2467. C'est le cas de Évelyne Serverin, « De l'informatique juridique aux services de justice prédictive, la longue route de l'accès du public aux décisions de justice dématérialisées », *op. cit.*, *passim* (nous l'avons, la thèse d'Évelyne Serverin se réclamait d'une approche sociologique juridique, elle-même proche des recherches en informatique juridique), Christian Licoppe et Laurence Dumoulin, *op. cit.*, p. 540 (tous les deux particulièrement impliqués dans l'usage des technologies de l'information et de la communication en droit depuis le début des années 2000, notamment en matière d'utilisation des moyens de visioconférence dans le procès), Louis Dutheillet de Lamothe et Pierre-Yves Martinie, « La diffusion de la jurisprudence administrative », *JCP*, supplément au n° 9, 2017, 64, p. 64 (Louis Dutheillet de Lamothe était responsable du centre de documentation du Conseil d'État, dont émanait aussi Lucien Mehl, entre 1975 et 1977, durant « l'Âge d'Or » des recherches en informatique juridique) ou Primavera De Filippi, *op. cit.*, pp. 47 et suiv. (proche des recherches en informatique juridique au travers de ses travaux communs avec Danièle Bourcier, elle-même impliquée dans ce courant puisqu'à l'origine de certains des premiers systèmes experts).

finalement plus de contributions pour citer des travaux du XVIIIe siècle que de contributions pour citer des travaux publiés il y a cinquante ans [2468].

B. L'échec des recherches en informatique juridique comme preuve de l'efficacité des outils d'autopréservation du discours doctrinal

664 **Un échec plurifactoriel.** L'échec des recherches en informatique juridique, en tout cas du point de vue de leur assimilation par le discours doctrinal général, peut difficilement y avoir été analysé dans la mesure où il a contribué, volontairement ou involontairement, à cet échec. Les chercheurs qui ont mené ce courant, cependant, avaient déjà compris les enjeux qui se révèlent aujourd'hui face à la réactivation des exactes mêmes réactions du discours doctrinal face aux outils de justice algorithmique que celles qui avaient pu se manifester à l'encontre de l'informatique juridique — ainsi Lucien Mehl, précurseur de ce courant, admettait à l'aube du XXIe siècle que « le recours à l'ordinateur dans le domaine juridique n'a pas atteint jusqu'ici le niveau qu'on pouvait supputer » [2469]. Éliminant les causes technologiques, scientifiques, axiologiques et éthiques, il finit alors par s'en remettre à des « facteurs de nature psychologique, sociologique ou culturelle, générateurs de pesanteurs défavorables au changement » pour expliquer cette situation [2470]. Pierre Catala tirait la même conclusion en 1998 :

> « *il est décevant de constater que leur [les banques de données et les systèmes experts] progrès stagne depuis quinze ans, hormis dans l'ordre quantitatif. Les juristes n'ont toujours pas mesuré le profit qu'ils pourraient en attendre et la recherche s'en est détournée après un engouement éphémère. De quels services pourtant se privent le législateur, les magistrats et les praticiens en ne formulant pas mieux leurs besoins pour aider les producteurs à inventer des outils documentaires dignes des appareils d'aujourd'hui.* » [2471]

On peut conjecturer sur les causes techniques et précises de la quasi non-pénétration des acquis de l'informatique juridique au sein du discours doctrinal. On peut les relier, comme d'autres, à son implantation « irrégulière et relativement cloisonnée tant sur le plan des domaines étudiés que sur le plan temporel et géographique », en un mot, chaotique [2472] ; on peut aussi prendre en compte les sporadiques mentions de tensions au sein même de ce petit groupe de chercheurs [2473] ; on peut aussi admettre que la multiplicité des initiatives n'a pas

---

2468. On cite alors les travaux de Leibniz, Nicolas Bernouilli, Condorcet, Poisson ou Laplace dans, par exemple, Aurélie Jean, *Les algorithmes font-ils la loi ?*, *op. cit.*, p. 162, Anne Baux, « Le regard du juge administratif », *op. cit.*, p. 89, Xavier Leonetti, *op. cit.*, p. 117, Mustapha Mekki, « Du numérisme juridique à l'humanisme numérique », *op. cit.*, p. 338, Valérie Lasserre, « Justice prédictive et transhumanisme », *op. cit.*, p. 313 ou Yannick Meneceur, « L'intelligence artificielle, en peine pour traiter les mots de la justice », *op. cit.*

2469. Lucien Mehl, « Promesses et limites de l'amélioration de la pratique du droit par l'ordinateur », in Danièle Bourcier, Patricia Hassett et Christophe Roquilly (dir.), *Droit et Intelligence Artificielle*, Romillat, 2000, 225, p. 229.

2470. *Ibid.*

2471. Pierre Catala, *Le droit à l'épreuve du numérique. Jus ex Machina*, *op. cit.*, p. 341.

2472. Jean Leclercq, *op. cit.*, p. 37.

2473. On sait ainsi que le groupe de travail créé suite au Congrès de Royaumont (marquant la naissance de l'informatique juridique en France en 1967) a été dissout en 1969, et que le projet

rendu les recherches et les réalisations lisibles [2474] ; on peut revenir, une fois encore, sur la disparition progressive des structures [2475] ; on peut enfin souligner que certains des choix faits à l'époque ne se sont pas révélés être, sur le long terme, les bons. Le choix de procéder par voie d'abstract et selon une logique sélective [2476] n'était ni un choix anodin, ni d'ailleurs un choix innocent : les chercheurs en informatique juridique, pour pionniers et désireux de changement qu'ils aient pu être, demeuraient des chercheurs *français* dont l'univers culturel était celui que remettaient en cause leurs recherches. À cet égard, et en dehors des contingences et restrictions techniques, la manière dont ce choix était justifié ne peut manquer de rappeler les critiques qui étaient hier adressées aux outils de justice informatique et qui le demeurent aujourd'hui pour les outils de justice algorithmique : « là où les solutions sont abondantes et répétitives, quelques prélèvements suffiront à attester la continuité de l'interprétation et des pratiques judiciaires (...). Une longue expérience, assise sur l'analyse exhaustive des décisions, nous a appris qu'une bonne moitié d'entre elles est dépourvue de toute utilité documentaire et qu'il est facile de les écarter. » [2477] La *rareté*, la *nouveauté*, l'*originalité* demeuraient alors encore des critères de sélection des

---

d'un Centre national de la documentation juridique abandonné, une fois son rapport. Est mise en cause « l'absence d'une personnalité disposant d'autorité et d'impartialité » ayant fait du groupe « le jouet d'intrigues et un lieu de rivalité » entre ses membres (Jean-Paul Buffelan, « Les progrès de l'informatique juridique en France », *op. cit.*, 16).

2474. C'était le problème principal identifié dans le rapport Leclerq (*op. cit.*, p. 2).

2475. Voir note 2396.

2476. Même si une partie des premières recherches a été menée à partir du texte intégral, notamment au sein du CEDIJ sous l'égide de Lucien Mehl, ces recherches ont aussi rapidement fait apparaître les principaux défauts attribués au texte intégral (Jean-Paul Buffelan, « Les progrès de l'informatique juridique en France », *op. cit.*, pp. 17-18) : « coût très élevé des données (...), mémoires de capacité phénoménale ou tout au moins un ensemble électronique très puissant et, par là, onéreux » (Michel Bibent, *L'informatique appliquée à la jurisprudence*, *op. cit.*, pp. 9-10) ainsi que l'idée que « le langage des juges du fond (...) ne possède ni la précision, ni la concision, ni l'homogénéité, ni la constance qui apportent à la recherche par mots-clés un bon degré de fiabilité » (Pierre Catala, « Place et rôle de l'IRETIJ dans la communauté scientifique nationale et internationa », *Informatica e Diretto*, n° 2, 1984, 7, p. 13). À ce titre, et à l'exception unique de la base *TÉLÉCONSULTE*, toutes les recherches françaises portaient sur le stockage d'abstract et ce choix a été affirmé dès 1965 lors de la constitution de l'équipe de recherche de Montpellier qui deviendrait bientôt l'IRETIJ (*ibid.*) et 1966 lors de l'établissement d'un partenariat entre l'IEJ d'Aix-en-Provence et la cour d'appel locale (Edmond Bertrand, *op. cit.*). Il a été confirmé périodiquement, y compris après la disparition des contraintes financières (Danièle Bourcier considère dès 1981 que le coût de l'indexation manuelle, donc de la rédaction d'abstracts et de la préparation de thesauri dépasse le coût d'un stockage en texte intégral, « Les banques de données juridiques. Réalisations et recherches », in Eugène Chouraqui, Jacques Virbel et AFCET (dir.), *Banques d'informations dans les sciences de l'homme*, Éditions Hommes et Techniques, 1981, 56, p. 61), et ce jusqu'à la disparition des structures. Le maintien d'une logique de sélectivité, quant à lui, était conçu de manière un peu plus subtile : les premières analyses et les premiers travaux ont en effet porté sur des corpus *exhaustifs* (c'était le cas des premières recherches menées à l'IEJ d'Aix-en-Provence et par l'équipe de recherches de Montpellier), mais dans la perspective du développement et de la commercialisation de véritables bases de jurisprudence, ces recherches ont surtout permis « d'établir des critères de tri exclusifs de toute partialité, dans la perspective d'une sélection qui apparaissait tôt ou tard inéluctable » (Pierre Catala, « Le fichier national informatisé de la jurisprudence française », *op. cit.*, p. 389).

2477. Pierre Catala, « Le fichier national informatisé de la jurisprudence française », *op. cit.*, p. 390.

décisions à stocker et diffuser [2478] — ce qui, tout en renouvelant le *contenu* de la jurisprudence en lui adjoignant des décisions du fond, n'en renouvelait pas encore la *qualité*, ou plutôt la *nature*. Quand bien même les décisions stockées étaient bien des décisions du fond, elles se retrouvaient non seulement dépouillées de l'essentiel de leur contenu non juridique par leur transformation en abstract, mais elles n'étaient au surplus diffusées que dans la mesure où, comme la jurisprudence classique, elles présentaient un degré de singularité suffisant pour en justifier la publication… de sorte qu'au plus haut de leur diffusion, entre la seconde moitié des années 1980 et la fin des années 1990, entre 10 et 15 % des arrêts rendus annuellement par les cours d'appel étaient transmis par les ateliers régionaux de jurisprudence (ARJ) pour intégration au sein de la base *JURISDATA* [2479]. Plus encore, et c'est là une des critiques principales émises par le rapport Leclerq à l'encontre des recherches en informatique juridique,

> « *les études afférentes aux banques de données juridiques ont davantage porté sur les méthodes que sur les besoins à satisfaire. L'étude de l'offre a pris ainsi le pas sur la demande. Si la première a fait l'objet de développements détaillés — notamment sous l'angle technique — la seconde n'a été jusqu'ici qu'effleurée, les auteurs se bornant à évoquer, d'une part, la nécessité d'une mutation de la fonction documentaire face à l'inflation des textes, d'autre part, l'intérêt général s'attachant à une plus large diffusion des normes juridiques* » [2480].

Ce défaut des recherches en informatique juridique explique l'implication assez limitée des professions juridiques dans ce mouvement [2481], ainsi que le peu d'information que l'on peut trouver quant à la manière dont ces professions ont réceptionné les outils et les propositions méthodologiques de ce mouvement. Il ne manque pas non plus de rappeler la tendance du discours relatif aux outils de justice algorithmique de se saisir des enjeux de ces outils sans référence directe à leurs utilisateurs finaux. Ainsi, si l'informatique juridique a donc bien ouvert une fenêtre prudente sur la réalité souterraine du phénomène juridique et si elle a bien contribué, au moins pour elle-même, à remettre en cause les canons de l'univers culturel doctrinal français, elle n'a pas été *jusqu'au bout* du développement de ces outils comme les Anglo-américains ont pu très rapidement le faire — ce qui n'a d'ailleurs pas manqué de lui être reproché.

665 **Un échec paradigmatique**. Les enjeux du rejet des acquis et des propositions de l'informatique juridique interviennent donc à deux échelles : la première, la plus large, est celle du discours doctrinal français tout entier. L'informatique juridique, comme la jurimétrie et les différentes recherches plus récentes dans les systèmes de *common law*, avait pour ambition de dévoiler au praticien et au discours doctrinal une part du droit méconnue et particulièrement empreinte des *vices* rapporté à cette fameuse *crise du droit* par le même discours. Ses propres limites, réaffirmées dans les textes qui ont fini par reprendre en main la question de la diffusion du

---

2478. *Ibid.*
2479. *Ibid.* Les décisions des juridictions de première instance étaient, généralement, ignorées.
2480. Pierre Leclercq, Louis Barbet et Jean-Éric Schoetl, *op. cit.*, p. 6.
2481. À l'exception, particulièrement notable, de la profession notariale par l'intermédiaire des CRIDON.

droit, n'ont cependant pas permis à ces recherches de pénétrer le discours doctrinal. C'est là en vérité la grande différence entre la situation québécoise, ou plus largement la situation des systèmes de *common law*, et la situation française : le discours doctrinal français occupait (et occupe toujours) une place suffisamment forte au sein du champ juridique pour parvenir, pour sa part active, à marginaliser ces recherches, de sorte que sa part passive, moins proche géographiquement ou thématiquement de l'informatique juridique, n'en a tout simplement jamais eu connaissance. En d'autres termes, ce ne sont pas seulement des propositions méthodologiques ou épistémologiques qui ont été ignorées, mais aussi et surtout la portion du droit sur lesquelles elles étaient construites et la *possibilité* d'accéder à ce droit. Le discours doctrinal général n'a pas été réceptif à ces outils permettant d'accéder aux décisions du fond [2482], ce qui explique à la fois que le fonctionnement exact de la justice du fond demeure aujourd'hui mal maîtrisé et, surtout, qu'il n'y ait jamais véritablement eu de volonté collective de revenir sur la logique sélective qui présidait les recherches en informatique juridique et, jusqu'en 2016, le service public de diffusion du droit en ligne [2483]. Ce alors même que, dès la fin des années 1990 et le début des années 2000, les auteurs avertissaient : si la transition vers le texte intégral était actée depuis la reprise en main du secteur, la transition vers une diffusion *exhaustive* des décisions de justice devait être opérée puisqu'« à défaut d'opter pour un accès efficace à la connaissance juridique, on s'expose à ne plus la maîtriser et donc à ne plus comprendre le droit ni à en dégager les principes fondamentaux » [2484]. Plus encore, et à ceux qui affirmaient la nécessité de maintenir un filtre sélectif maîtrisé par les deux mondes inextricablement liés de l'édition juridique et de l'Université sur la diffusion des décisions du fond, on répondait qu'

> « *affirmer ceci, c'est réellement vraiment mal connaître les besoins (et les exigences) d'une partie non négligeable des utilisateurs finaux, qui désirent justement une accessibilité pleine et entière aux données brutes. Que cette sélection soit utile aux universitaires, facilitent* (sic) *la compréhension ou l'apprentissage du droit, c'est évident, mais les avocats, les magistrats, tous les professionnels du droit ont besoin de se reposer sur l'ensemble des sources du droit, d'être sûrs d'avoir accès à l'intégralité des données proposées et non à des résumés, des sélections ou des extraits. Ces utilisateurs ont peut-être tort, cela ne cadre certainement pas avec l'exigence de l'article 5 du Code civil réprimant les arrêts de règlement, cela n'est*

2482. C'est le sens du constat dressé, en matière administrative, dans Camille Broyelle, « Open data et juridiction administratives », in Loïc Cadiet, Cécile Chainais et Jean-Michel Sommer, « La diffusion des données juridictionnelles et de la jurisprudence. Quelle jurisprudence à l'ère des données judiciaires ouvertes ? », 2 vol., vol. 2, Rapport à la première présidente de la Cour de cassation et au procureur général près la Cour de cassation, 2022, 64, p. 67 : « les universitaires (…) exploitent peu les décisions des tribunaux et des cours. Ils les citent rarement dans leurs manuels et articles ; ils ne les commentent quasiment jamais. (…) S'agissant des revues, si un certain engouement a pu être observé à la fin des années 1990 pour les chroniques des arrêts de cours (…) il s'est largement étiolé ».

2483. En dehors d'appels ponctuels à l'ouverture des bases à une logique exhaustive – on pense ici, notamment, à Évelyne Serverin, « Plaidoyer pour l'exhaustivité des bases de données des décisions du fond (à propos de l'ouverture à la recherche de la base *JURICA*) », *D.*, 2009, pp. 2882-2887, Emmanuel Gayat, *op. cit.* ou Xavier Henry, « Vidons les greffes de la République ! De l'exhaustivité d'accès aux arrêts civils des cours d'appel », *op. cit.*

2484. Jean Leclercq, *op. cit.*, p. 509.

pas politiquement correct dans le cadre international de soutien du droit écrit contre la common law, *mais c'est une réalité professionnelle vécue, et que tous les documentalistes juridiques partagent* » [2485].

Faute d'avoir saisi l'opportunité de s'accoutumer à cette portion du droit révélatrice du décalage entre son univers culturel et la réalité du phénomène juridique, le discours doctrinal s'est donc privé de l'opportunité de conceptualiser les changements, nécessaires ou non, qu'il pourrait opérer pour continuer de remplir sa fonction autoattribuée : discipliner, synthétiser et porter à la connaissance des praticiens l'état du droit. C'est précisément le constat tiré par Évelyne Serverin : s'il était concevable que « le développement de la micro-informatique, avec son cortège de bases de données, de logiciel de traitement de données, textuelles ou statistiques, et l'apparition de l'internet, avec l'accès rapide à des sources primaires, commanderaient de nouvelles méthodes, qui modifieraient à leur tour le visage des productions de recherche » [2486], force est de constater que, rétrospectivement, rien de tel ne s'est produit. « Ces développements n'ont pas fait dévier de leur ligne les méthodes de recherche sur la jurisprudence, solidement ancrées sur une théorie normative du droit et une recherche de la règle interprétée par les cours suprêmes » [2487], précisément parce qu'ils n'ont pas non plus fait dévier l'univers culturel doctrinal français qu'ils ne sont pas parvenus à atteindre. Plus encore, en n'assimilant pas l'intérêt que l'analyse des décisions des juridictions du fond pouvait présenter, la passivité du discours doctrinal s'est fait le miroir de celle des bases publiques — et la situation de décalage entre les décisions rendues et les décisions diffusées s'est aggravée en même temps que l'écart entre l'univers juridique du système juridique français et l'univers culturel de son discours doctrinal [2488]. La mobilisation du champ lexical de la *masse*, de la *quantité* au sein

---

2485. Stéphane Cottin, « Universitaires et éditeurs juridiques », *ServiceDoc Info*, 16 novembre 2003, disponible en ligne à <http://www.servicedoc.info/article.php3?id_article=140>. On retrouve là encore les traces du défaut souligné par le rapport Leclerq quant au caractère *excluant* des recherches en informatique juridique.

2486. Évelyne Serverin, « De l'informatique juridique aux services de justice prédictive, la longue route de l'accès du public aux décisions de justice dématérialisées », *op. cit.*, p. 47.

2487. Évelyne Serverin, « La production de connaissances sur le droit : état des méthodes, état des savoirs », *Recherches et travaux du REDS à la Fondation Maison des Sciences de l'Homme*, vol. 28, 2011-2013, pp. 91-110.

2488. Il suffit, pour s'en convaincre, de calculer le taux de diffusion des décisions et arrêts rendus dans chaque ordre. Si l'on met de côté les modes de diffusion particulièrement sélectifs que sont le *Bulletin* de la Cour de cassation ou son *Rapport annuel* (sur l'année 2009, seuls 200 arrêts de la Cour de cassation y sont publiés pour 28 025 rendus, voir Cour de cassation, « Rapport Annuel 2009 », La Documentation française, 2009) et le *Recueil Lebon* (sur la même année, 160 arrêts y sont publiés pour 11 106 arrêts rendus, voir Conseil d'État, « Rapport Public 2009 », La Documentation française, 2009 et Marcel Waline, « Lebon ou pas Lebon », *AJDA*, 2011, 1105, p. 1105), on constate que ces taux n'évoluent pas : en 2012, du côté de la juridiction judiciaire, 0,4 % du total des décisions et des arrêts rendus est mis en ligne sur *LÉGIFRANCE* (37 % des arrêts de la Cour de cassation, 1,3 % des arrêts des juridictions d'appel et aucune décision de première instance, voir Ministère de la Justice, « Les chiffres-clés de la justice 2013 », disponible en ligne à <http://www.justice.gouv.fr/art_pix/1_stat_Chiffres_cles_2013.pdf>) et, du côté de la juridiction administrative, ce sont 8 % de la production totale annuelle qui sont mis en ligne (31 % des arrêts du Conseil d'État, 57 % des arrêts de cours administratives d'appel et aucune décision de tribunal administratif, voir Conseil d'État, « Rapport Public 2013 », La Documentation française, 2014) ; en 2019, ce sont respectivement 0,3 % (32 % des arrêts de la Cour de cassation,

du discours relatif aux outils de justice algorithmique est l'un des marqueurs de cette prise de conscience retardée de l'état réel du phénomène juridique [2489]. C'est aussi le cas des tentatives de maintenir, d'une manière ou d'une autre, une certaine logique de sélectivité dans le cadre d'une diffusion par nature exhaustive [2490].

666 **Une démarche fondamentalement défensive.** Il faut cependant admettre que tout ne s'est pas joué dans un certain hermétisme passif du discours doctrinal par rapport à ces recherches, et c'est d'ailleurs là que se situe la seconde échelle à laquelle se sont joués les enjeux de leur oubli. Nous l'avons évoqué plus tôt, cette marginalisation des recherches en informatique juridique et de leurs apports est passée par un discours qui n'a rien à envier au discours qui se déploie aujourd'hui à l'endroit des outils de justice algorithmique. Or, dans la continuité de l'opportunité qui n'a, à l'époque, pas été saisie d'*ouvrir les vannes* et de prendre conscience tant de l'écart entre la présentation du système civiliste français et de sa réalité pratique que du gisement des décisions du fond, le silence pesant du discours relatif aux outils de justice algorithmique quant à ces initiatives est surtout le marqueur d'une inertie plus générale du discours doctrinal dans son ensemble. Sans refaire le parallèle que nous avons dressé plus haut entre les deux discours de réception de ces deux catégories d'outils (voir *supra* § 414), cette similarité marque la circularité et l'immobilisme du discours doctrinal au moins à deux égards. Le premier s'incarne dans une des prémisses du discours d'ordre systémique, portant l'hypothèse que des outils ***originaires*** des systèmes anglo-américains importent nécessairement les logiques et clés de raisonnement de *common law* : ce constat était déjà contestable en tant que tel (les outils

0,3 % des arrêts d'appel et aucune décision de première instance) et 6 % (26 % des arrêts du Conseil d'État, 37 % des arrêts d'appel et aucune décision de tribunal administratif) qui sont mis en ligne pour les deux ordres de juridiction (voir Ministère de la Justice, « Les chiffres-clés de la justice 2020 », disponible en ligne à <http://www.justice.gouv.fr/art_pix/Chiffres_Cl%E9s_nov2020.pdf> et Conseil d'État, « Rapport Public 2019 », La Documentation française, 2020). La situation n'était pas franchement meilleure du côté des éditeurs privés. La base *JURISDATA* publiait, en 2019, 30 % des arrêts non publiés au *Bulletin de la Cour de cassation*, 10 % des arrêts d'appel rendus chaque année et, en tout, 20 000 décisions de première instance (soit, confronté aux 1 948 888 décisions rendues sur l'année 2019, 1 %) et 2 000 arrêts non publiés au *Lebon* par an ainsi qu'une sélection de 1000 arrêts d'appel (en plus de ceux publiés au *Lebon*) et 1 000 décisions de tribunaux administratif par an (soit, respectivement, 2 % (des 35 684 arrêts rendus sur l'année) et 0,4 % (des 231 280 décisions rendues sur l'année, voir Valérie Sicot, « Les traitements de la jurisprudence par LexisNexis », supplément au n° 44-45, 2019, 37, p. 37). En matière de décisions du fond, c'est Lexbase qui sort du lot avec environ 175 000 décisions et arrêts diffusés sur ses bases (Juriconnexion, « Enquête sur les données juridiques proposées par les éditeurs juridiques », *Blog Juriconnexion*, 19 mars 2018, disponible en ligne à <https://www.juriconnexion.fr/enquete-donnees-juridiques-publiques-editeurs-juridiques/>).

2489. Mobilisé, pour rappel, par 52 % de nos contributions.

2490. Le second rapport Cadiet ne fait rien de moins lorsqu'il propose de redonner à *LÉGIFRANCE* sa vocation sélective, y compris pour les arrêts de la Cour de cassation (Loïc Cadiet, Cécile Chainais et Jean-Michel Sommer, *op. cit.*, pp. 78-79) et lorsqu'il avance des critères de singularisation de ceux des arrêts et décisions du fond qui présente un « intérêt juridique particulier » (recommandation 4). Il n'est pas anodin, à cet égard, que deux des présidents du groupe de réflexion ayat conduit à ce rapport ainsi qu'un des deux de ses deux rapporteurs soient professeurs d'université – ainsi, d'ailleurs, que sept des contributeurs (auxquels on peut ajouter une directrice de recherche au CNRS, Évelyne Serverin, et une doctorante en droit public, Ève Dubus).

intervenant en France étant français), mais il l'est aussi d'un point de vue chronologique puisque les recherches en informatique juridique et les recherches anglo-américaines étaient simultanées [2491]. Le second de ces égards est double. Non seulement le discours français n'a pas tiré les leçons des réussites et des échecs des recherches en informatique juridique, mais il se retrouve aussi à formuler de nouveau les mêmes inquiétudes *cinquante ans plus tard*, comme si rien n'avait changé au sein du droit français depuis les années 1970 — et ce tout en rappelant à l'envi à quel point ce même droit est en crise *depuis plus de soixante-dix ans*. Si vraiment les premières bases de données, avec toutes leurs limitations d'ampleur et de commercialisation, avaient eu pour effet d'« impitoyablement ramene[r] dans le rang » le malheureux magistrat qui aurait eu « le courage ou le souci de faire œuvre créatrice et se dégager de la norme » [2492], de conduire « tout droit à l'introduction des techniques quantitatives dans l'interprétation juridique » [2493] et d'ailleurs « à la perte de la notion même de jurisprudence au profit de celle de 'jurisprudences' » au point de pousser « le juge voire le législateur [à verser] dans des analyses proches des droits de *common law* » [2494]… Alors pourquoi émettre les mêmes craintes aujourd'hui ? De choses l'une en effet ; soit ces phénomènes se sont déjà produits et les outils de justice algorithmique n'apportent rien de nouveau ; soit ces phénomènes *ne se sont pas* produits, et il faudrait alors pouvoir démontrer que les caractéristiques spécifiques des *nouveaux* outils (l'exhaustivité de leurs bases, essentiellement) les rendent plus susceptibles de « réussir » là où leurs ancêtres ont échoué. Nos développements, jusqu'ici, nous invitent à en douter. Ce *bis repetita* du discours doctrinal, d'autant plus surprenant qu'il est entretenu par des auteurs qui sont intervenus, à l'époque, contre les recherches en informatique juridique [2495], confirme alors notre intuition : le mouvement de rejet du discours doctrinal est, fondamentalement, un mouvement *défensif*. Le fait qu'il se rejoue dans les mêmes termes n'est que la preuve qu'il a fonctionné la première fois.

667 **La réussite d'un projet dilatoire**. Pour résumer, tout en déplorant les effets du « déclin du droit » sur une conception datée du phénomène juridique, le discours doctrinal s'est assuré, consciemment ou non, de maintenir les logiques de cette compréhension de manière à se maintenir *lui-même*, en tout cas sous la forme qu'il a hérité de sa construction au tournant des XIXe et XXe siècles. Il y est parvenu en marginalisant les initiatives contraires, et en particulier celles qui se proposaient d'offrir les outils, les biais et les méthodes propres à admettre la réalité du phénomène juridique que la thématique de la crise du droit était supposée constater. L'informatique juridique constitue, à cet égard, un exemple particulièrement parlant. Au prix d'une stagnation de la publication des décisions de justice jusqu'à aujourd'hui et d'un désintérêt marqué pour les portions du

---

2491. Voir annexe 1.
2492. Jean-Louis Meunier, *op. cit.*, p. 651.
2493. Hervé Croze, « Le droit malade de son information », *op. cit.*, p. 88.
2494. Frédéric Rouvière, « Qualité de l'information et diffusion informatique du droit », *op. cit.*, pp. 2757-2758.
2495. Notamment Hervé Croze ou Frédéric Rouvière.

droit les plus révélatrices des caractères réels de l'univers juridique, le discours doctrinal français est parvenu à faire ce que les discours doctrinaux de *common law* n'ont pu accomplir : conserver intact son univers culturel, et ainsi l'office, les méthodes et les épistémologies héritées de l'époque de sa structuration. Pour une cinquantaine d'années encore, le discours doctrinal français est parvenu à maintenir ses logiques et ses méthodes en dépit de ce que l'informatique juridique des années 1970 à 2000 avait pu révéler et proposer. Ces secousses sont passées sans faire trop de dégâts internes au discours ; alors que viennent aujourd'hui leurs répliques, c'est, encore une fois, la survie d'un univers culturel et de toute la structuration du discours doctrinal français qui se joue.

Conclusion du chapitre 1

668 **Une transition ambigüe d'univers juridique**. À ce stade de notre analyse, il est devenu clair que les outils de justice algorithmique ne sont rien de plus que la continuation, sous des formes et des techniques différentes, de recherches menées et d'outils développés depuis plus de soixante-dix ans. Si nous avions déjà pu démontrer que ces outils répondaient à, autant qu'ils contribuaient à révéler, une évolution de l'univers juridique des systèmes de *common law*, il nous restait encore à expliquer pourquoi des recherches similaires menées dans un contexte identique n'ont pas conduit, à la même époque, à la même prise de conscience de cette transformation.

669 **Une genèse marquée par le thème de la crise du droit**. Les manifestations pratiques de cette *crise du droit* étaient bien sûr distinctes d'un système à l'autre, précisément parce que les équilibres respectifs de chaque système ne reposaient pas sur les mêmes éléments, mais elle a néanmoins et dans tous les cas eu un effet perturbateur sur la forme du droit autant que son fond. La nature *magmatique* du droit moderne (ou plutôt postmoderne) a eu pour effet de remettre en cause toute une conception du phénomène juridique construite sur une forme de rationalité, elle-même liée à une forme de rationalité proprement humaine héritée des Lumières — quels que soient, ensuite, la manière dont cette rationalité est conceptualisée et les biais par lesquels elle s'exprime. L'intervention concomitante des outils de justice informatique, puis de justice algorithmique, répond donc moins à une quelconque *volonté* de transformation du phénomène juridique qu'à un *besoin*, ou en tout cas à une *opportunité*, de le manier, de le maîtriser et de continuer à le pratiquer et l'étudier — sous une forme, nécessairement, altérée. C'était l'objectif poursuivi par les recherches menées dans les systèmes anglo-américains mais aussi, et surtout, dans le système civiliste français : conceptualiser les nouveaux outils et les nouvelles méthodes susceptibles de permettre au juriste de la seconde moitié du XXe siècle de continuer à connaître son droit.

670 **Des manœuvres défensives plus ou moins efficaces**. La manière profondément distincte dont se matérialise aujourd'hui la réception des outils de justice algorithmique s'est véritablement manifestée au moment où ces premières recherches ont été admises et assimilées par les discours doctrinaux anglo-américains, en

particulier par le discours doctrinal québécois, et au contraire ignorées voire rejetées par le discours doctrinal français. La structuration particulière des discours doctrinaux étrangers et, pour ce qui nous concerne, du discours québécois, ne leur a pas permis de se tenir à l'écart des effets de cette transformation du phénomène juridique. Construit sur une proximité avec la pratique et sur une volonté de la servir et de l'informer, le discours doctrinal québécois n'a guère pu faire l'économie de la lucidité sur les effets de cette transformation sur la pratique du droit et sur son propre office au risque d'être lui-même marginalisé. Les transformations de son office, de ses missions et de ses méthodes que nous avions déjà pu identifier correspondent alors à la reconstruction, nécessairement plus lente, de son univers culturel doctrinal autour de l'univers juridique ainsi révélé, et l'écart grandissant entre recherche appliquée et recherche fondamentale, la proximité avec les disciplines extrajuridiques et l'approche expérimentale sont autant de marqueurs de la mue du discours doctrinal québécois. De son côté, le discours doctrinal français semble être parvenu, pour l'essentiel, à louvoyer entre les *fenêtres ouvertes* sur cette réalité du phénomène juridique et, ainsi, à les refermer : l'exemple des recherches en informatique juridique apparaît à cet égard paradigmatique. Les propositions avancées par ce mouvement ont été ignorées, si ce n'est rejetées, de sorte que si *l'univers juridique* du système civiliste a pu évoluer, c'est à l'ombre d'un *univers culturel doctrinal* qui est demeuré, quant à lui, à peu près intact. C'est là toute la force du discours doctrinal français : étant parvenu à un degré d'autonomisation réel en construisant lui-même à partir de sa propre conception de son office, de ses méthodes, du phénomène juridique et de la part de ce phénomène à étudier, il est parvenu à demeurer hermétique à l'écart grandissant entre l'univers juridique français et à son univers culturel propre en n'assimilant pas les initiatives qui auraient pu conduire à leur prise de conscience.

671 **Des outils de justice algorithmique éclairant les limites d'un discours doctrinal figé**. C'est donc là, véritablement, la différence réelle entre les discours québécois et français relatifs aux outils de justice algorithmique. Alors que pour les premiers, ces outils ne sont que la nouvelle version d'outils et de recherches intervenant dans un champ juridique et doctrinal qui a déjà admis leur existence, les *raisons* de leur existence et leurs *effets* sur le phénomène juridique, pour les seconds, l'intervention des outils de justice algorithmique constitue une nouvelle manifestation de cette fameuse « crise du droit » qui n'était jusqu'ici pas parvenue à atteindre le cœur du discours doctrinal. C'est, encore une fois et selon les mêmes termes, les fondations mêmes d'un discours doctrinal construit sur une approche sélective, qualitative et cohérente du droit qui seraient affectées par la *menace* d'une mise à disposition et d'une exploitation de l'intégralité des décisions de justice. Il nous reste alors à établir dans quelle mesure ces outils, aujourd'hui comme hier, sont effectivement en mesure de mettre le discours doctrinal face à ses propres limites.

Chapitre 2

Des outils algorithmiques mettant le discours doctrinal français face à ses propres limites

« Des édifices ruinés, comme des décors où il ne se passe rien. » [2496]

672 **Quel droit le discours doctrinal décrit-il ?** Sans doute ne le répéterons-nous jamais assez : on peut difficilement affirmer que des outils qui ne fonctionnent toujours pas aujourd'hui à leur plein potentiel et qui n'ont toujours été déployés partout où ils peuvent l'être sont en mesure, à eux seuls, de mettre à bas tout un univers culturel doctrinal. On ne peut même sans doute pas *du tout* l'affirmer puisque, quoi qu'il arrive, ce ne sont pas les *outils de justice algorithmique eux-mêmes* qui ont le pouvoir d'avoir cet effet, mais le mal plus général dont ils ne sont que le dernier symptôme. Qu'on l'appelle crise ou déclin du droit n'a finalement pas d'importance dans la mesure où le phénomène, lui, demeure le même : une transformation des modalités de connaissance du phénomène juridique qui en a révélé les traits caractéristiques, et qui a pour spécificité de n'avoir, en France, eu que peu voire pas d'effets sur le discours doctrinal général. C'est bien là la réelle spécificité du discours français, ainsi que sa force : être jusqu'ici d'être parvenu à se maintenir inchangé face à ce changement d'échelle vis-à-vis d'un objet que, pourtant, il s'attache à décrire et à analyser. En ce sens, si les outils de justice algorithmique ouvrent de nouveau une fenêtre ouverte avant eux par les recherches en informatique juridique et, encore avant elles, par les tentatives vite avortées d'importation du réalisme américain en France *à l'époque où il se développait outre-Atlantique*, le discours doctrinal se trouve peut-être de nouveau effectivement face à une crise dans son propre rapport au droit. La crise en question est

2496. Bernard Chenot, « L'Existentialisme et le Droit », *op. cit.*, p. 67.

alors bien celle de cet univers culturel doctrinal qui délimite, borne et conditionne ce qui est considéré comme du droit au sein du modèle doctrinal français. Elle pourrait alors finalement se résumer en deux questions : que décrit *exactement* le discours doctrinal ? « Le droit tel que les hommes le vivent », ou « le droit tel que les philosophes le rêvent » [2497] ? Le droit, et son système, tels qu'ils sont en partie et imparfaitement révélés par les outils de justice algorithmique, ou tels qu'ils ont été conceptualisés, bornés et, ainsi, contenus il y a désormais plus d'un siècle ?

673 **Des outils héritiers des crises qui ont émaillé le discours doctrinal**. Si répondre à ces deux questions dépasse de très loin l'ampleur de notre étude, il faut cependant admettre qu'il semble apparaître une incompatibilité entre le droit que les outils de justice algorithmique révèlent et l'univers juridique du discours doctrinal et, partant, un conflit inévitable entre le traitement algorithmique de ce droit et les méthodes traditionnelles du discours doctrinal (**Section 1**). En cela, les outils de justice algorithmique sont bien les héritiers des conflits qui se manifestent toutes les fois où un mouvement portant un renouvellement du droit s'avance ; l'informatique juridique en a fait les frais, comme avant elles les approches concurrentes à la dogmatique juridique.

674 **Des outils réveillant l'angoisse existentielle du discours doctrinal**. À cet égard, les enjeux qui émergent autour des outils de justice algorithmique les dépassent très largement. En révélant indirectement à quel point l'univers culturel doctrinal limite aujourd'hui la part du phénomène juridique effectivement connu et traité, ces outils provoquent des questionnements d'ordre épistémologique, voire existentiel. Alors que modeler le phénomène juridique, le maîtriser et, *in fine*, le porter à la connaissance du praticien et du public constitue la mission essentielle du discours doctrinal, l'intervention d'outils potentiellement susceptibles de remplir cette mission de manière plus globale ne peut que générer l'angoisse d'une perte de contrôle de l'autorité doctrinale sur le champ juridique et, donc, celle d'une perte d'autorité (**Section 2**).

Section 1. Un conflit inévitable entre les méthodes traditionnelles et l'outil algorithmique

675 **Une naissance comparable**. En vérité, discours doctrinal et outils de justice algorithmique partagent un point commun : les conditions de leur élaboration et de leur structuration. Tous deux ont été construits à partir de l'état du phénomène juridique à un instant *t* et modelé autour de ses caractéristiques principales, et tous deux contribuent donc à installer, confirmer et pérenniser cet état du droit. C'est bien dans ce point commun que se loge aussi tout leur antagonisme : ces deux *états* du phénomène juridique n'ont guère d'autres points communs que l'histoire qui les lie.

2497. « *The law that men live by, rather than the law philosophers dream of* », Lee Loevinger, *op. cit.*, p. 469.

676 **Des approches du droit profondément antagonistes.** Méthodes doctrinales traditionnelles et traitement algorithmique ne sont alors pas conciliables parce que les deux états du droit sur lesquels ils sont bâtis sont profondément opposés (**§ 1**). L'univers culturel doctrinal, dont la préservation était nécessaire à son épanouissement, s'est en effet, avec le temps, transformé en étau autant qu'en rideau de fumée : le délai accusé par le discours doctrinal dans sa prise de conscience des évolutions du phénomène juridique la met donc aujourd'hui au pied du mur et la contraint à trouver, dans l'urgence, les moyens d'entamer sa mue (**§ 2**).

§ 1. *Une esthétique doctrinale inadaptée aux effets du traitement algorithmique*

677 **Incompatibilité et concurrence.** Outils de justice algorithmique et discours doctrinal sont incompatibles à tous les échelons de leur intervention. Ils le sont ainsi, et à un niveau quasi essentiel, dans leur fonctionnement, dans la nature du phénomène juridique qu'ils postulent et dans l'objectif qu'ils poursuivent (**A**). Au-delà, les outils de justice algorithmique sont aussi porteurs d'un *sens* secondaire, plus diffus, mais aussi directement liés à leur proposition : en ne mobilisant pas la production doctrinale et le prisme qui est le sien, ils *font* du droit de manière *différente*. Or, selon le point de vue où l'on se place, faire *différemment* c'est aussi peut-être faire *plus* (**B**).

A. Une incompatibilité entre logiques doctrinales et outils de justice algorithmique

678 **Une inadaptation quasi essentielle entre logiques doctrinales et traitement algorithmique.** Nous l'avons vu, les méthodes habituellement maniées par le discours doctrinal français, la *dogmatique* programmée au tournant du XIXe et du XXe siècles, sont des méthodes sélectives, hiérarchiques et qualitatives qui visent, lorsqu'elles ont vocation à porter sur des décisions de justice, un corpus très réduit de décisions dont la nature est, elle-même, particulière (voir *supra* § 552). À l'inverse, et puisque « l'intervention du docteur est apaisante » puisqu'il « dégage des raisons de juger cohérentes (...) d'un complexe de décisions confuses ou contradictoires », « explique l'apparente inconstance du juge et restitue une certaine rationalité à sa démarche » [2498], la perspective de dépasser le *relatif* petit nombre d'arrêts des cours suprêmes n'est pas, et ne peut pas être, naturelle. Pour plusieurs raisons, en vérité : la première, sur laquelle nous ne revenons ici que rapidement, est que cet édifice est construit de manière à correspondre à un univers juridique doctrinal qui entretient une conception elle-même rationnelle, cohérente, abstraite, générale et *exclusivement* juridique du droit. À cet égard, la limitation de l'objet des méthodes doctrinales aux arrêts rendus par les juridictions suprêmes constitue à la fois le socle et la conséquence

---

2498. Frédéric Zénati, *La jurisprudence*, *op. cit.*, p. 249.

inévitable de cette préconception : leur nature spécifique laissant peu de places aux questions de fait au bénéfice de l'affirmation de point de droits leur permet, sans difficulté particulière, de s'intégrer dans un édifice fait d'un enchâssement de règles à portée générale et abstraite. Les conditions de leur production peuvent donc être mises de côté, et avec elles d'ailleurs la *licéité* voire la *constitutionnalité* de leur intégration à cet édifice. C'est bien là toute la spécificité de la notion de *jurisprudence* par rapport à celle, à la fois plus neutre et plus globale, de *contentieux*. Au-delà, et dans la mesure où l'on considère que la juridicité s'exprime en termes généraux et abstraits et de manière cohérente et non contradictoire, il faut admettre que chaque nouvel ajout à l'édifice le complexifie et présente un risque de contradiction avec son contenu préexistant ou futur — et donc de fragilisation de l'ensemble. Or, intégrer la masse des décisions de justice produites par toutes les autres juridictions présente ces deux risques, en particulier dans la mesure où la caractéristique principalement rattachée aux décisions du fond est certes leur masse, mais encore leur caractère *contradictoire* [2499]. Or, « la recherche de la non-contradiction se fait de manière à gommer les paradoxes pour créer la continuité » [2500]. Passé un certain stade de contradictions entre les éléments ajoutés à l'édifice, ce dernier n'est pas seulement fragilisé mais ne peut tout simplement plus tenir :

> « *la révélation d'un univers jurisprudentiel jusqu'alors occulté par les limites de la technique ne peut que mettre en évidence sa nature foncièrement contradictoire. Ce qui est à craindre, ce n'est pas la fin de la discussion et l'avènement d'un droit scientifique dénué de nuance mais le contraire.* » [2501]

À cet égard, les oppositions de principe à la révélation de cette masse contradictoire ne sont pas surprenantes. Une fois révélée, en effet, comment continuer de « faire silence (...) sur les contradictions de la jurisprudence » et de continuer de mettre en œuvre « ces procédés de dénégation et d'implication, ces raisonnements qui mettent en avant la constante des solutions, l'unité des notions ou la cohérence nécessaire de l'ordre juridique (...) [qui] nous invitent à croire que le raisonnement juridique est démonstratif » [2502] ? Le passage sous silence des contradictions juridictionnelles ou leur dissimulation derrière la portion de production jurisprudentielle qui les affiche le moins devient alors difficile à justifier — mais

---

2499. Pour ne prendre que ces exemples, on retrouve la mention de ces contradictions dans Frédéric Alhama, *op. cit.*, p. 700, Christophe Roquilly, « Justice prédictive, entre séduction et répulsion », *op. cit.*, Serge Abiteboul et Florence G'sell, *op. cit.*, p. 12 ou Xavier Henry, « Le renouvellement de l'approche de la jurisprudence. À propos du CERCLAB », *op. cit.*, p. 1441. En dehors de ce discours, on en retrouve des mentions, par exemple, dans Christophe Jamin, « La doctrine : explication de texte », *op. cit.*, p. 231.

2500. Michel Boudot, *Le dogme de la solution unique*, *op. cit.*, p. 215.

2501. Frédéric Zénati, *La jurisprudence*, *op. cit.*, pp. 173-174. Le même auteur confirme d'ailleurs cette idée quelques trente ans plus tard lorsqu'il affirme que les « possibilités nouvelles » d'accès aux décisions de justice « remettent objectivement en question la perception que l'on avait jusqu'à présent de la jurisprudence » dans la mesure où elles « *révèlent une réalité* très différente de celle des recueils d'arrêts, par lesquels on se représentait jusqu'à présent la jurisprudence, une réalité moins normative, plus proche des faits et plus prudentielle » (Frédéric Zénati-Castaing, « La jurisprudence révélée », *op. cit.*, p. 179).

2502. Michel Boudot, *Le dogme de la solution unique*, *op. cit.*, p. 341.

l'intégration de ces contradictions à l'édifice juridique, elle, le met en danger [2503]. Pareillement, l'intégration de ces décisions au-delà des quelques arrêts d'appel très strictement sélectionnés aujourd'hui connus implique soit l'intégration de la part des données de fait en leur sein, soit leur réduction à la règle normative qu'ils appliquent. Et pourtant réduire les décisions du fond à la règle normative revient à ne virtuellement *pas les intégrer* puisque leur spécificité réside en grande partie dans leur part factuelle qui n'atteint par les juridictions suprêmes et leur production jurisprudentielle. Cette option, qui est en fait celle qui a justifié la réduction de la diffusion des arrêts d'appel à celles de leurs abstracts à l'époque de l'informatique juridique, a certes pour elle de maintenir le *statu quo*, mais elle a aussi contre elle d'être difficile à justifier. À l'inverse, les admettre en totalité rend, encore une fois, difficile de justifier que le discours doctrinal se désintéresse des questions partiellement factuelles dont les réponses se trouvent précisément *dans* ces décisions : la part évaluative de l'activité des juges du fond peut difficilement demeurer cantonnée à des études sporadiques si non seulement les décisions qui en sont le support se trouvent désormais accessibles mais si, en plus, elles sont admises au sein du discours doctrinal. En bref, la situation du discours doctrinal face à la diffusion exhaustive des décisions du fond est faite de dilemmes. Son imperméabilité historique aux contradictions qui émaillent la masse des décisions du fond ainsi qu'à leur dimension factuelle rend, d'office, difficile de conceptualiser l'apport que ces décisions pourraient représenter par rapport aux risques qu'ils font déjà peser sur sa configuration actuelle.

679 **Des données factuelles fondamentales pour les outils de justice algorithmique.** Cette imperméabilité du discours doctrinal contraste, alors, avec l'intérêt que ces contradictions et données présentent pour les outils de justice algorithmique. C'est précisément ce qui est pointé du doigt au travers de l'argument tiré d'un effet « factualisant » de l'outil algorithmique : que ce soit en les révélant ou en basant leur analyse sur ces derniers quasi exclusivement, les outils de justice algorithmique font la part belle aux éléments de fait inclus dans les décisions. Ils les mettent alors en relief et postulent, indirectement, que c'est à partir d'eux que se jouera la décision puisque faire varier les données factuelles retenues pour le traitement (un taux d'ITT, un type de dommage corporel, une durée de contrat de travail, les caractéristiques personnelles d'une victime ou d'un différend) fait aussi varier les résultats obtenus. Tout l'argumentaire marketing de ces outils est par ailleurs construit sur l'admission des contradictions et variations dans l'appréciation

2503. Ainsi, lorsqu'il est question d'envisager une « autre source de jurisprudence » au sein du droit administratif qui serait constituée par les décisions du fond, il est rétorqué que « cette autonomie de la jurisprudence des juridictions administratives contrôlées n'existe (...) pas dans la jurisprudence administrative » puisqu'« envisager une autonomie reviendrait en réalité à accepter qu'il existe plusieurs jurisprudences et donc plusieurs règles applicables » (Ève Dubus, « Contribution à la réflexion du groupe, mis en place par Madame la première présidente de la Cour de cassation et Monsieur le procureur général, relatif à la diffusion des données décisionnelles et la jurisprudence », in Loïc Cadiet, Cécile Chainais et Jean-Michel Sommer, « La diffusion des données juridictionnelles et de la jurisprudence. Quelle jurisprudence à l'ère des données judiciaires ouvertes ? », 2 vol., vol. 2, Rapport à la première présidente de la Cour de cassation et au procureur général près la Cour de cassation, 2022, 69, p. 87).

de ces données factuelles entre juridictions : que ce soit ceux de justice prédictive ou les bases de données jurisprudentielles en ligne, il s'agit d'en prendre acte et de mettre le juriste en capacité de les manier et donc, potentiellement, de les contester. À l'inverse, ce qui est considéré traditionnellement comme le cœur de l'analyse juridique, c'est-à-dire les règles juridiques applicables et les principes et théories qui peuvent en être tirés, sont, au mieux, relégués au second plan et intégrés exclusivement pour déterminer le type exact de litige analysé. Le discours ne dit pas autre chose lorsqu'il reproche à ces outils, parce qu'ils permettent « la mise à jour des faits par algorithme » [2504], de ravaler ce *vrai* droit « au rang d'information » [2505], voire à celui de « donnée factuelle » [2506]. « Les LegalTechs ne se basent pas sur un droit positif général et abstrait mais sur des données concrètes, statistiques » [2507] et c'est là peut-être l'un de leurs péchés essentiels dans la mesure où leurs outils s'ingénient d'investir le champ de l'analyse juridique.

680 **Une esthétique des constructions doctrinales servant un objectif de sécurité.** Il y a plus, cependant. L'office que s'est attribué le discours doctrinal est bâti autour d'une certaine conception du phénomène juridique, c'est acquis, et il s'incarne à la fois dans les méthodes mobilisées pour la préserver et dans le résultat du travail doctrinal : un édifice général, lui-même fait des multiples *constructions doctrinales* qui le soutiennent. Ce n'est pas pour rien que « la métaphore architecturale se retrouve chez de nombreux auteurs pour [les] décrire, qu'il s'agisse de 'cathédrales' ou de 'temples grecs' selon les goûts personnels de chacun » [2508]. Nous avons nous-même souscrit à cette dimension *esthétique* du travail doctrinal, puisqu'au-delà du seul ordonnancement cohérent qu'implique une préconception légaliste du droit, « le droit enseigné apparaît comme une belle construction dans laquelle s'insèrent tous les éléments sur lesquels il porte » [2509]. Cette portée esthétique des constructions doctrinales n'est pas anodine et ne peut pas être résumée à un simple lyrisme du discours : elle sert, exactement comme la méthode dogmatique, la préservation de l'univers culturel doctrinal dans lequel ces constructions se tiennent. La *beauté rectiligne* et symétrique du droit tel que le discours doctrinal le coordonne et le présente ne correspond pas simplement à une forme de classicisme indépassable de la pensée juridique, elle correspond aussi aux *qualités* qui sont rattachées à cette conception française du droit. Ces constructions doctrinales sont certes généralisantes, systématiques et cohérentes parce qu'elles sont le produit d'une méthode destinée à permettre au droit de conserver ces caractéristiques, mais elles le sont aussi et, récemment peut-être surtout, pour *elles-mêmes* protéger ces caractères. Les réponses adressées par le discours doctrinal français aux organismes et aux auteurs qui ont pu, au cours des années 2000, manier l'idée

---

2504. Emmanuel Jeuland, « Justice numérique, justice inique ? », *op. cit.*, p. 194.

2505. Didier Cholet, « La justice prédictive et les principes fondamentaux du procès civil », *op. cit.*, p. 233

2506. Boris Barreau, « Le coup de data permanent : la loi des algorithmes », *op. cit.*

2507. *Ibid.*

2508. Benjamin Defoort, *op. cit.*, pp. 1053-1054.

2509. Pierre Delvolvé, Pierre Larouche, Calixto Salomao Filho *et al.*, « Sur la formation des juristes en France (III) », *Commentaire*, n° 152, 2015, 848, p. 850

d'une évaluation des systèmes juridiques d'une manière défavorable au système civiliste français sont révélatrices de l'efficacité de ce fonctionnement tripartite du discours doctrinal français (un univers culturel doctrinal préservé par le biais d'une méthode produisant des constructions dont le contenu entretient les standards de cet univers doctrinal). Ainsi, à des évaluations qui « portent en réalité sur le contenu normatif », le discours doctrinal français oppose « la qualité du système de droit en lui-même » [2510]. Celle du système français reposerait alors sur le fait que son droit « est sans aucun doute plus accessible, matériellement (codification) et intellectuellement (langage clair) que la *common law* » et sur le fait qu'il semble « réussir à instaurer un ordre juridique à la fois stable — donc favorisant la prévisibilité — et évolutif lorsque cela est nécessaire » [2511]. C'est donc, assez naturellement, un indicateur de sécurité juridique qui a été opposé aux indicateurs d'efficacité économique de la Banque mondiale quelque dix ans après son premier rapport *Doing Business* [2512]. Que cette propension supérieure du système civiliste français à mieux, ou à plus, garantir une forme de sécurité juridique que les systèmes de *common law* se vérifie dans les faits ou non n'est pas l'essentiel ici. Le fait que cette notion de sécurité juridique, au travers des trois caractéristiques qui lui sont rattachées par la portion du discours qui la manie *contre* l'évaluation purement économique, nous ramène une fois encore à cette conception légaliste du droit qui infuse le discours doctrinal dans son ensemble : comme le modèle de la loi révolutionnaire, le droit français est *accessible*, *prévisible* et *stable* [2513]. Le fait que ces caractéristiques soient affirmées en parallèle du constat qu'il ne l'est plus vraiment, ou qu'il est en train de ne plus l'être, ou que ces caractéristiques sont en train de décliner n'est pas nécessairement contradictoire si l'on admet que la *présentation faite du droit* peut demeurer accessible, prévisible et stable tandis que le phénomène juridique lui-même peut l'être de moins en moins. Ainsi, face à « l'incroyable diversité des faits, l'indénombrable variété des situations conflictuelles nées de l'exercice des activités humaines, l'insoupçonnable influence des données morales et historiques, l'immense production normative des États modernes, l'impressionnant amas de textes (...), le flou, l'impressionnisme et l'incertitude des productions jurisprudentielles », la solution est toute trouvée : c'est « l'effort de rationalisation » [2514]. Cette séparation entre présentation du droit et état du phénomène juridique est justement ce qui a permis au discours français de passer au travers des secousses qui ont soumis « les méthodes traditionnelles

---

2510. Arnaud Raynouard et Anne-Julie Kerhuel, « L'évaluation des systèmes juridique au cœur de la tourmente », *D.*, 2010, 2928, p. 2929.

2511. Blandine Mallet-Bricout, « Libres propos sur l'efficacité des systèmes de droit civil », *RIDC*, vol. 52, n° 4, 2004, 865, p. 874.

2512. Cet indicateur a été formalisé pour la première fois en 2015 dans un rapport dirigé par Bruno Deffains et Catherine Kessedjian, « Index de la sécurité juridique », Rapport pour la Fondation pour le droit continental, 2015, disponible en ligne à <https://www.fondation-droitcontinental.org/fr/wp-content/uploads/2015/04/Rapport-ISJ-Juin-2015.pdf>.

2513. Nathan Genicot, « L'index de la sécurité juridique, ou comment promouvoir le droit continental par le biais d'un indicateur », *Droit et société*, vol. 104, n° 1, 2020, 211, p. 219.

2514. Benoît Plessix, *L'utilisation du droit civil dans l'élaboration du droit administratif*, *op. cit.*, p. 311.

de la *common law* à un 'énorme stress' » jusqu'à les « briser » [2515]. Or, un des biais par lesquels cet évitement a été possible était, l'obscurité pratique dans laquelle ont continué de baigner les portions du droit les plus marquées par les « défauts » du droit postmoderne. La boucle, alors, est bouclée : « pour remédier aux pathologies du droit », y compris celles qui ne sont pas nécessairement directement perçues, le discours doctrinal assure « une remise en ordre » [2516] au sein de *boîtes noires* — non pas algorithmiques, cette fois-ci, mais proprement doctrinales. Ces boîtes noires délimitent l'espace réflexif au sein duquel le phénomène juridique « incohérent, imprévisible, dénué de la moindre sécurité, pour ne pas dire chaotique » [2517] se transforme en cette œuvre d'ensemble, *ce temple*, présentée aux étudiants, au praticien et, par extension, au public plus général et qui entretient « la cohérence et l'harmonie », en un mot, la « simplicité », du droit ainsi reconstruit [2518]. Le droit est alors, et pour l'essentiel, connu au travers de la « moulinette » doctrinale et de son miroir déformant [2519].

B. L'« accessoirisation » du discours doctrinal par les outils de justice algorithmique

681 **Des constructions doctrinales impraticables et impratiquées par les outils de justice algorithmique**. Ce miroir déformant est aussi un miroir *limitant* compte tenu de l'imperméabilité de ces « boîtes noires » doctrinales à la nature et à la masse de toute une portion du phénomène juridique qu'elles ont alors, jusqu'ici laissée de côté. Or, là encore, les outils de justice algorithmique interviennent pour rompre le *statu quo* et potentiellement remettre en cause tout l'édifice bâti. Ils le font par deux biais. Le premier, celui que nous avons déjà abordé, est la manière même dont les outils produisent les informations qu'ils diffusent — que ces informations soient des décisions de justice ou le résultat du traitement de ces décisions. Cette *manière* de produire de l'information est diamétralement opposée à celle qu'emploie le discours doctrinal puisqu'il s'agit de ne se baser que sur ce qui détermine *véritablement* en termes statistiques ou probabilistes. Postulant que ce sont la nature et le contenu des faits d'un litige qui font varier la réponse du juge, ou qu'à tout le moins le traitement de ces faits peut suffire à construire un résultat pertinent, les outils se limitent à leur seul traitement et rejettent les normes générales et abstraites applicables, quelle que soit leur nature exacte, à la seule détermination du

---

2515. Association Henri Capitant des Amis de la Culture Juridique Française (dir.), *Les droits de tradition civiliste en question. À propos des Rapports Doing Business de la Banque Mondiale*, t. 1, *op. cit.*, p. 84 citant la préface de l'ouvrage de Peter Birks, *English Private Law*, OUP, 2000, p. XXIX.

2516. Michel Boudot, *Le dogme de la solution unique. Contribution à une théorie de la doctrine en droit privé*, *op. cit.*, p. 152.

2517. Christophe Jamin, « Le droit des manuels de droit ou l'art de traiter la moitié du sujet », *op. cit.*, p. 24.

2518. Roger Latournerie, « Essai sur les méthodes juridictionnelles du Conseil d'État », in *Le Conseil d'État, livre jubilaire publié pour commémorer son cent cinquantième anniversaire, 4 Nivose an VIII-24 décembre 1949*, Sirey, 1952, 177, pp. 218-219.

2519. Christophe Jamin, « La doctrine : explication de texte », *op. cit.*, p. 227.

cadre général de ce traitement. La contraposée de ce choix technique est que tout ce qui se trouve dans la décision et n'influe pas directement sur la prise de décisions ne présente pas, par économie de moyen, d'intérêt dans le cadre de son traitement. Si l'argumentation exacte menée par le juge est une des victimes de cette logique, c'est aussi et surtout le cas des constructions juridiques élaborées par la doctrine : si elles ne sont pas mobilisées par le juge ou si elles n'influencent pas le sens de sa décision, elles n'ont pas besoin d'être intégrées au traitement qui fournit déjà, par lui-même, des informations qui ne sont pas intégrées à ces constructions. Ce choix n'est pas nouveau puisque c'était déjà celui de l'informatique juridique, construit sur le constat que les premiers systèmes experts qui avaient tenté de reprendre « strictement le modèle normativiste et déductif doivent sans doute à leur vision réductrice du droit leur échec relatif » [2520]. L'insuffisance des modèles exclusivement basés sur une confrontation des règles formelles tirées des textes applicables et de la jurisprudence avec des faits défactualisés puisque ramenés en « conditions d'application de la norme » [2521] a ainsi conduit les chercheurs à conceptualiser les outils susceptibles d'extirper des décisions de justice les règles que le juge « met en œuvre dans la recherche de solutions sans représenter *a priori* les normes auxquelles le juge est soumis », particulièrement celles qui ne sont pas explicites au sein des règles générales et abstraites qu'il applique [2522]. Or ces règles, celles qui déterminent autant sinon plus l'issue d'un litige que les « grosses règles », ne sont ni repérées ni repérables via l'analyse doctrinale classique. Elles ne peuvent ressortir que d'un traitement non seulement quantitatif, mais encore sans *a priori* quelconque sur la nature de règles qui ne peuvent se réduire à l'interprétation, même personnelle, des « grosses règles » [2523]. Il était donc inutile, et surtout impossible, d'espérer automatiser le raisonnement exact du juge et d'automatiser la manière dont ce raisonnement est habituellement retranscrit par le discours doctrinal :

> « *si nous voulions des machines parfaitement identiques aux raisonnements humains, il nous faudrait sans aucun doute pactiser avec des forces divinatoires. En attendant, ce que nous permettent de montrer ces machines — qui sont nos miroirs cognitifs — c'est l'insuffisance des connaissances dont nous disposons pour simuler seulement des comportements calculables. Alors, en ce sens peut-être, Faust peut poursuivre son idéal : le flair de l'artilleur peut suffire pour des tirs à faible distance. Mais aucun cosmonaute ne confierait sa vie à une machine qui ne se servirait que de son bon sens...* » [2524]

2520. Danièle Bourcier, « Modéliser la décision administrative », *op. cit.*, p. 258. À noter que le terme « normativiste » utilisé ici ne désigne sans doute pas la théorie normativiste du droit au sens strict du terme, mais plutôt un modèle construit exclusivement sur le principe de norme *juridique* (et excluant de l'analyse, à cet égard, les éléments extrajuridiques). Compte tenu de l'insistance de l'autrice à souligner que l'idée d'un droit clos sur lui-même ne tient pas lorsqu'il s'agit d'élaborer un système expert, cette reconstruction apparaît plus cohérente qu'un reproche fait à une théorie du droit finalement minoritaire en France.

2521. *Ibid.*, p. 264.

2522. Danièle Bourcier, *La décision artificielle, le droit, la machine et l'humain*, PUF, 1995, pp. 168 et suiv.

2523. *Ibid.*, p. 173.

2524. Danièle Bourcier, « Représenter quelques règles de droit dans une machine. Au-delà de Faust et de Frankenstein », in *Savoir innover en droit, concepts, outils systèmes. Hommage à Lucien Mehl*, La documentation française, 1999, 119, p. 130.

Les outils de justice algorithmique, à cet égard, ne font que tirer les conséquences de cette insuffisance des méthodes classiques pour atteindre les objectifs qui leur ont été assignés, ainsi que celles d'un phénomène que le discours doctrinal n'ignore pas : le fossé entre sa production et les organes qu'elle est censée influencer est de plus en plus large. Pourquoi prendre en compte les constructions doctrinales, si ces dernières sont « peu suivie[s] par le juge » [2525] dont les décisions « contrarient des théories générales ou démentent des notions fondamentales » sans égard particulier [2526]. C'est, après tout, le cœur de la controverse historique entre Jean Rivero et Bernard Chenot que de souligner l'écart grandissant entre « le postulat commun qu'il existe au-delà des décevantes variations et du désordre des choses humaines (…) un paradis immuable de notions et de règles », le regret du « temps où le droit (…) allait présenter de si belles cristallisations qu'il serait sans doute possible de les ordonner autour d'un thème unique » [2527] et la « spontanéité qui donne à la jurisprudence sa valeur d'usage » et rend donc nécessairement involontaire la coïncidence entre le droit reconstruit par le discours doctrinal et celui produit par le juge [2528]. Jean Rivero a pu défendre la valeur de ce paradis immuable et la place des « faiseurs de système » en rappelant que cette immuabilité est exactement ce qui permet à « l'homme de connaître la règle et de prévoir les effets de ses actes, donc d'entreprendre dans l'ordre et d'exercer une liberté qui n'existe plus dès que celui qui prétend en user ignore les conséquences du geste qu'il pose » [2529]. Il a ainsi pu clore pour un temps la controverse, comme plus tard celle provoquée par l'informatique juridique a pu être ignorée.

682 **Des outils de justice algorithmique comme option alternative à la production doctrinale classique**. Cette controverse a depuis été réouverte, sans forcément le clamer, par les outils de justice algorithmique. Dans le prolongement moins explicite des recherches en informatique juridique, ils se présenteraient ainsi comme une voie alternative aux systèmes doctrinaux pour, justement, permettre à l'homme de prévoir les effets de ses actes et d'en connaître les conséquences juridiques. Le traitement qu'ils opèrent des décisions de justice, plus directement modulables et conçu pour, à terme, pouvoir être mis à jour en quasi-temps réel, s'oppose à cet égard à la production doctrinale classique qui n'intègre pas les données factuelles qui donnent lieu à la mise en application des systèmes qu'elle entretient. En ce sens, Bernard Chenot, quelque vingt ans avant que l'informatique juridique ne se structure vraiment et soixante-dix avant *l'apparition* de nos outils, avait peut-être vu juste quand il prédisait qu'« à la faveur des crises qui accélèrent et grossissent les phénomènes, une analyse plus

---

2525. Yves Poirmeur et Emmanuelle Fayet, « La doctrine administrative et le juge administratif. La crise d'un modèle de production du droit », in CURAPP (dir.), *Le droit administratif en mutation*, PUF, 1993, 97, p. 105.

2526. Bernard Chenot, « La notion de service public dans la jurisprudence économique du Conseil d'État », *EDCE*, 1950, 77, p. 77.

2527. Bernard Chenot, « L'existentialisme et le droit », *op. cit.*, pp. 64-65.

2528. Bernard Chenot, « La notion de service public dans la jurisprudence économique du Conseil d'État », *loc. cit.*

2529. Jean Rivero, « Apologie pour les faiseurs de système », *op. cit.*, p. 101.

lucide des faits sociaux déplace[rait] les lignes, ouvr[irait] des perspectives inattendues et condui[rait] à une nouvelle conception du droit »[2530]. Reste encore, cependant, à démontrer que les outils de justice algorithmique sont susceptibles de remplir ce rôle avec plus de succès que toutes les propositions doctrinales qui ont pu tenter de combattre l'imperméabilité du discours doctrinal aux contradictions internes au droit, à la part du droit qui les contient et à sa nature plus ou moins factuelle — et ce ne sera pas possible tant qu'ils ne seront pas pleinement déployés et fonctionnels.

683 **Des outils identifiés comme une menace potentielle**. Ce qui transparaît cependant de ce discours c'est qu'ils sont *susceptibles* de remettre en cause le choix conscient ou non et plusieurs fois renouvelé de ne pas assimiler ces propositions doctrinales successives et, au contraire, de les marginaliser. Les outils de justice algorithmique apparaissent alors comme le miroir de ce choix et comme un des signes qu'il n'est peut-être plus tenable, faute d'être adapté au phénomène juridique tel qu'il se manifeste dans leur ombre. En mettant le discours doctrinal face à l'éventualité de voir les limites inhérentes à la manière dont il se saisit de ce phénomène juridique outrepassées *par des algorithmes*, ces outils révèlent aussi, par contraste, qu'il n'y a, à ce stade, pas (encore) d'approche pleinement doctrinale pour les concurrencer sur leur terrain. Si des morceaux du discours se consacrent à la recherche de nouvelles méthodologies à même à de maîtriser le phénomène juridique tel qu'il est révélé par ces outils, ce mouvement de réinvention intervient indéniablement tard[2531]. C'est particulièrement le cas dans la mesure où, à l'époque même où le discours doctrinal s'est structuré dans les formes, l'office et les méthodes qu'il laisse toujours apparaître aujourd'hui, cette tentative d'adaptation du discours s'est déjà produite sans laisser de traces réellement perceptibles aujourd'hui.

§ 2. *Une inéluctable mais tardive mutation*

684 **Le poids d'une tradition ambivalente**. La capacité du discours doctrinal français à « faire corps » contre la proposition *dangereuse* des outils de justice algorithmique souligne cette *force* très particulière qui lui a permis, jusqu'ici, de s'autopréserver et de se tenir à l'écart des propositions susceptibles de remettre en cause son univers culturel propre et, donc, sa structuration et son office. Cette force centrifuge du discours doctrinal français est en fait à relier à la fausse révolution que fut le « moment 1900 » et à la réelle continuité de son histoire (**A**) et au « poids » que cette continuité fait peser sur la pensée juridique française. C'est de ce poids, de cette tradition plusieurs fois centenaire, que le discours tire sa force centrifuge (**B**).

2530. Bernard Chenot, « La notion de service public dans la jurisprudence économique du Conseil d'État », *op. cit.*, p. 65.

2531. Particulièrement quand il est confronté à celui enclenché au sein des systèmes de *common law* et, comme nous l'avons fait, au sein du système québécois.

A. Les faux-semblants du projet jurisprudentiel

685 **Une histoire doctrinale réduite à un « moment 1900 ».** La présentation traditionnellement faite de la manière dont le discours doctrinal tire sa structuration et ses méthodes d'un « moment 1900 », présentation que d'ailleurs nous perpétuons ici, peut donner l'impression d'une complète et totale mue de toute la pensée juridique au début du XXe siècle que rien ni personne ne serait pas parvenue à questionner depuis. Si la seconde partie de cette impression apparaît d'ores et déjà fausse (en tout cas pour ce qui concerne le principe du questionnement, pas nécessairement sa *réussite*), la première ne l'est guère moins. Non seulement les individualités de pensée n'ont pas cessé depuis ce moment structurant, mais elles existaient particulièrement *pendant* ce moment structurant ; l'une de ces individualités aurait peut-être permis d'établir une voie doctrinale susceptible de conceptualiser, aujourd'hui, le *droit* révélé par les outils de justice algorithmique. On ne peut pas exactement justifier cette présentation un peu simpliste et la réussite du « projet jurisprudentiel » de la même manière, même si les deux axes explicatifs qui peuvent être menés finissent par se rejoindre. On peut ainsi analyser la tendance à réduire l'histoire du discours doctrinal français à une révolution au tournant des XIXe et XXe siècles via l'idée que depuis « la fin de l'exégèse et de l'âge d'or d'un droit purement légiféré, le temps semble s'être un peu arrêté » [2532], en tout cas d'un point de vue méthodologique. « La structure formaliste des analyses juridiques dominantes en France n'a jamais significativement été ébranlée » [2533] précisément grâce à la force centrifuge et d'inertie du discours doctrinal qui lui a permis de rejeter hors de son centre toute initiative susceptible de le remettre en cause. Ces initiatives contestataires ou simplement porteuses d'une approche ou d'objectifs différents de ceux de la dogmatique classique n'ont alors été « qu'épisodiques et d'intensité variables » [2534]. Le destin de l'informatique juridique apparaît encore une fois comme une manifestation singulière d'une tendance bien plus générale. Faute de pouvoir emprunter une autre voie que celle ouverte au début du XXe siècle, il faut admettre que depuis lors « la manière française [n'a] guère [changé] » [2535]. Cette force doctrinale particulière apparaît ainsi à la fois comme le *bouclier* qui a, jusqu'ici, contribué à protéger le discours des menaces ou de ce qui pouvait être perçu comme telles et comme le *miroir déformant* de sa propre histoire en en lissant les aspérités — c'est-à-dire en assurant un certain oubli collectif des individualités.

686 **Une révolution en demi-teinte.** Quant à justifier *pourquoi* cette réussite du modèle doctrinal postexégétique et donc cette capacité particulière du discours doctrinal français à se préserver de sa propre remise en cause, elle tient en fait pour partie à ce qu'elle n'a pas vraiment révolutionné le modèle qui la précédait, quoi que puissent en dire les auteurs de l'époque. Ce qui caractérise la dogmatique héritée du projet

---

2532. Philippe Brun, *op. cit.*, p. 87.
2533. Véronique Champeil-Desplats, *Méthodologies du droit et des sciences du droit*, *op. cit.*, p. 148.
2534. *Ibid.*, p. 146.
2535. Philippe Jestaz, « 'Doctrine' vs sociologie. Le refus des juristes », *op. cit.*, p. 147.

jurisprudentiel, cette démarche conduisant à la « synthèse complète et définitive » des éléments de fait et des théories juridiques puisqu'elle est le « but suprême de la science » [2536] c'est qu'elle n'a pas été conceptualisé pour la première fois au tournant des deux siècles. Côté droit privé, « sous couvert d'une méthode qui se veut nouvelle, il s'agit d'*appliquer à la jurisprudence le même soin de rationalisation et de systématisation que les exégètes appliquaient au code* » ; côté droit administratif, il s'agit d'importer, en droit public, ce soin de rationalisation et de systématisation qui ne préexistait pas à la captation partielle de l'analyse des arrêts du Conseil d'État par le discours académique [2537]. En d'autres termes, « nonobstant tous les efforts de rénovation entrepris par les jurisconsultes de la fin du siècle, l'interprétation doctrinale demeure quasi inchangée » [2538], précisément parce qu'en droit privé, l'opposition entre ladite École de l'Exégèse et la dogmatique du nouveau siècle est largement instrumentale et a servi à légitimer l'entreprise de reconstruction de la pensée juridique autour du nouveau pôle jurisprudentiel [2539]. Reprochant à ses prédécesseurs de n'avoir pas vu « l'irréalité de [leurs] constructions et la vanité pratique de leurs résultats » et de n'avoir pas perçu que « tout l'échafaudage des conceptions et constructions dressé *a priori* sans valeur absolue et permanente » [2540], François Gény proposait en effet, non pas de mettre à bas ces constructions qui « peuvent et doivent faire progresser la pratique et conduire à la découverte de solutions nouvelles » et ainsi « doivent conserver leur rôle capital dans toute méthode de droit positif », mais de les bâtir à partir de la jurisprudence [2541]. Le principe même d'élaborer ces grandes synthèses et ces constructions logiques *n'est pas* contesté, bien au contraire ; c'est leur élaboration à partir du seul code qui l'est, chez François Gény comme chez Raymond Saleilles qui attribue « les excès de déductions logiques tirées des articles du code (...) aux tenants de la doctrine classique, c'est-à-dire les exégètes » [2542]. Affirmer que c'était là le vice d'une École de l'Exégèse avait alors pour bénéfice immédiat de disqualifier les anciennes approches et d'en justifier de nouvelles. Le fait que cette description soit largement exagérée et très peu charitable importait, à cet égard, assez peu [2543]. La volonté réaffirmée par ces mêmes auteurs de conserver une place fondamentale aux constructions logiques, théoriques, assurant la « mise en formule positive d'idées rationnelles, tirées du point de vue social, et ramenées à des précisions qui les soustraient, autant que possible, à l'arbitraire » [2544], s'incarne alors vis-à-vis de la jurisprudence. Le travail prescrit est celui consistant à « prendre corps à corps » les arrêts de la Cour de cassation « et les analyser, jusqu'à ce que l'on soit arrivé à les réduire en quelques propositions très simples et très claires » qui peuvent

---

2536. François Gény, *op. cit.*, t. 1, p. 3.
2537. Christophe Jamin et Philippe Jestaz, *La doctrine*, *op. cit.*, p. 109.
2538. Nader Hakim, *L'autorité de la doctrine civiliste française au XIXe siècle*, *op. cit.*, p. 130.
2539. Pour rappel, (re)voir l'appel de Adhémar Esmein, « La jurisprudence et la doctrine », *op. cit.*
2540. François Gény, *op. cit.*, t. 1, pp. 93-94.
2541. *Ibid.*, p. 101.
2542. Christophe Jamin et Philippe Jestaz, *La doctrine*, *op. cit.*, p. 108.
2543. Ce qu'a pu démontrer Philippe Rémy dans « Éloge de l'Exégèse », *op. cit.*
2544. Raymond Saleilles, « Droit civil et droit comparé », *op. cit.*, p. 20.

ensuite soit fonder de nouvelles constructions, sans s'intégrer sans difficulté à des existantes [2545]. Finalement, cette dogmatique supposément nouvelle tient bien plus de « l'exégèse fondée sur la jurisprudence » [2546] ou de « l'exégèse des arrêts » [2547], ce que ne manque pas de souligner un contemporain particulièrement incisif, Maxime Leroy ; la doctrine « admise par les premiers maîtres de l'École », sous-entendue de l'Exégèse, est « dans ses grandes lignes (...) encore admise, plus impérieuse que de retentissantes dénégations ne le feraient supposer » [2548]. Bref, cette querelle montée de toutes pièces par les auteurs qui en bénéficient le plus « n'a jamais vraiment séparé les auteurs sur l'essentiel : la volonté de soumettre le droit à des principes » [2549] mis en ordre et synthétisés [2550], dépassant elle-même les frontières de cette querelle puisqu'elle relie, sur le fond si ce n'est sur la forme, discours privatiste et discours administrativiste.

687 **Une révolution toute en continuité**. Tout a changé pour que rien ne change [2551], donc, jusqu'à d'ailleurs imposer au mouvement de réformation un arrêt brutal avant de n'aller *trop loin* dans le changement. On a déjà mentionné un des éléments de cette limitation de la *révolution méthodologique* en indiquant qu'elle n'a jamais visé qu'une somme d'arrêts limitée quantitativement — ceux des juridictions suprêmes, tellement proches de la loi dans leur contenu, leur énonciation et, finalement, leur esthétique générale qu'ils n'ont guère demandé aux auteurs d'adaptation pour les traiter. En dehors de l'aspect purement quantitatif de cette limitation du projet jurisprudentiel à cette unique portion de l'activité judiciaire, il faut aussi admettre que ce choix détonne avec l'intention exprimée par les bâtisseurs de ce projet : si l'objectif de l'étude de la jurisprudence était de « coller à une réalité sociale dont le juge est le meilleur connaisseur » [2552] pour la réintégrer dans les constructions logiques qui structurent l'analyse juridique, alors ce choix de n'opérer qu'à partir des arrêts qui, par nature, *ne peuvent pas* révéler cette réalité sociale dans toute sa plénitude interroge. En réalité,

> « *il faut se garder cependant de prendre au pied de la lettre les grandes déclarations doctrinales de la fin du* XIX*e* *siècle sur la vie du droit, la réalité des conflits, les besoins sociaux et la nécessité de prendre en compte les intérêts. (...) Le juriste ne cherche pas à observer réellement les rapports sociaux médiatisés par le droit* ». [2553]

Il faut en effet se rappeler que cet effort est essentiellement celui de professeurs souhaitant, selon la discipline, construire leur magistère sur un droit conçu comme *nouveau* (le droit administratif) ou, au contraire, *sauvegarder* un

---

2545. Georges Ripert, « De la clause de négligence et les clauses de non-responsabilité des fautes dans le contrat de transport par mer. Compte-rendu », *Rev. crit.*, 1912, 124, p. 126.
2546. Annick Perrot, *op. cit.*, p. 196.
2547. Frédéric Rouvière, « La fin du commentaire d'arrêt », *RTD civ.*, 2020, 489, p. 490.
2548. Maxime Leroy, *op. cit.*, p. 71.
2549. Christophe Jamin, « Le droit des manuels de droit ou l'art de traiter la moitié du sujet », *op. cit.*, pp. 13-14.
2550. Véronique Champeil-Desplats, *Méthodologie du droit et des sciences du droit*, *op. cit.*, p. 89.
2551. Giuseppe Tomasi Di Lampedusa, *Le Guépard*, Points, 2012, p. 29.
2552. Christophe Jamin, « La doctrine : explication de texte », *op. cit.*, p. 226.
2553. Évelyne Serverin, *De la jurisprudence en droit privé*, *op. cit.*, p. 85.

magistère concurrencé sur un front par un tiers praticien envahissant, sur un autre par l'apparition des sciences sociales et sur un dernier par un droit administratif conçu comme plus *vivant*, parce que jurisprudentiel et non législatif, et donc plus enthousiasmant pour de plus en plus d'étudiants [2554]. La voie jurisprudentielle, qui occupait de toute façon une « importance croissante » [2555] au sein de la pensée juridique, constituait donc le biais idéal pour reconstruire le discours doctrinal en lui ouvrant une fenêtre sur le social, *la réalité* — particulièrement pour un discours académique en train de s'autonomiser de la sphère praticienne. Après tout, le pas était déjà suffisamment grand pour un discours privatiste toujours baigné de la compréhension pseudo-Montesquienne de la place du juge, et pour un discours administrativiste en pleine construction. Cette limitation de *l'ampleur* de la jurisprudence effectivement intégrée au projet est, au-delà de la facilité de son analyse compte tenu de sa facture quasi législative, aussi à relier à un autre axe de limitation du projet lui-même. Cet axe-ci est lié à la volonté ordonnatrice, synthétique, *esthétique* que les concepteurs du projet continuent de poursuivre en intégrant la jurisprudence à l'analyse juridique. Après tout, « l'étude scientifique de la jurisprudence », c'est la « synthèse », la création d'un « système dont toutes les parties se tiennent » parce que ce système n'existe « que dans l'ensemble » [2556]. À demi-mot, Adhémar Esmein le reconnaît : il y a des « contradictions partielles et accidentelles (…), des éléments durables qui ne se concilient que péniblement » qui imposent aux « théoriciens, [aux] hommes d'étude » ce travail d'aplanissement des scories qu'est la dogmatique [2557]. Toute notre étude le démontre, un tel travail de raffinement et de découpage délicat des solutions jurisprudentielles n'est humainement possible qu'à partir d'une somme réduite de décisions elles-mêmes peu marquées par ces contradictions — les arrêts des juridictions suprêmes en sont la parfaite expression. Mais plus largement, cet attachement réaffirmé aux constructions juridiques borne la *possibilité même* d'aller plus loin dans l'analyse de ce qui est spécifiquement jurisprudentiel : ainsi François Gény n'admet pas que l'« application empirique » du droit, son expression en « cas particuliers et décisions occasionnelles » puisse durer. Au contraire, « des solutions particulières se dégagent bientôt, par l'abstraction et la généralisation, édifiées sur la comparaison des espèces, des règles universelles, aux contours larges, au contenu enveloppant » [2558]. Cette transmutation est *absolument* nécessaire, parce que sans elle, la jurisprudence n'est qu'un ensemble de décisions de juges qui pourrait, maintenant que l'on admet que leurs créations peuvent guider l'application du droit, se transformer en une « arme puissante » entre leurs mains, susceptible de « consacrer l'arbitraire du juge » [2559]. Le spectre du pseudo-Montesquieu n'est pas loin ! À partir de ce constat, ou plutôt de cette crainte, deux conséquences : la

---

2554. Voir, par exemple, Nader Hakim et Fabrice Melleray, « Présentation. La Belle Époque de la pensée juridique française », in Nader Hakim et Fabrice Melleray (dir.), *op. cit.*, pp. 4 et suiv.

2555. Christophe Jamin, « La doctrine : explication de texte », *op. cit.*, p. 225.

2556. Adhémar Esmein, « La jurisprudence et la doctrine », *op. cit.*, p. 15.

2557. *Ibid.*, pp. 15-16.

2558. François Gény, *op. cit.*, t. 1, p. 128.

2559. *Ibid.*, pp. 142-143.

première, c'est que si l'on considère que ces « règles universelles », ces « règles objectives » sont ce qui « guideront et (...) garantiront contre le subjectivisme [des] jugements » [2560] des interprètes, on considère aussi, subrepticement, que c'est *le discours doctrinal lui-même*, artisan de ces règles, qui guide l'interprète et donc le juge [2561]. La seconde, c'est que, sans ces règles doctrinales, on prend le risque « de revenir au chaos de jadis » — celui qui précédait la codification [2562]. C'est bien pour cela que l'intégration de la jurisprudence à l'analyse dogmatique ne dépasse pas « cette première et unique audace » [2563] de remise en cause d'un horizon doctrinal limité à la seule loi : la jurisprudence demeure à l'époque comme aujourd'hui une autorité, y compris en droit administratif où c'est *elle*, l'horizon indépassable du discours doctrinal.

B. Continuité et poids de la tradition comme catalyseurs de la force centrifuge du discours doctrinal

688 **Une historique force centrifuge du discours.** « La tradition a une puissance coercitive. Transmis de génération en génération, forts de tout ce qui est derrière et devant nous, les concepts semblent rassembler et exprimer l'essence de chaque institution. L'expérience d'autres époques et de civilisations passées (...) est comme arrêtée, et acquiert la rigidité incorruptible de la nature. » [2564] Mais encore, « la 'liberté' ménagée à la pensée juridique est enclose dans un champ que magnétise la fascination de l'ordre et de l'unité. Toutes les précautions théoriques sont prises pour reclôturer l'espace de jeu, un instant entrevu, où auraient pu se dire les termes du conflit, s'exprimer les contradictions sociétaires » [2565]. En d'autres termes, réintégrer la vie et le social au sein du droit, oui ; au prix de l'ordre, de l'unité, de la clarté et de la *simplicité* inhérente au droit postrévolutionnaire, non. L'idée a été certes envisagée, puisque tout a été fait pour que ce prix ne soit pas payé — mais elle a aussi et surtout été *proposée*, et c'est d'ailleurs là la première des propositions alternatives avancées contre la dogmatique à avoir connu le destin qui serait ensuite réservé à toutes les autres. Si l'on doit cette première proposition contraire à René Demogue, on doit son exhumation à Christophe Jamin [2566]. Ce qu'avance

---

2560. *Ibid.*, p. 151.

2561. Nous reviendrons plus avant sur l'importance de ce rôle autoattribué du discours doctrinal, voir *infra* § 694 et suiv.

2562. Christophe Jamin et Philippe Jestaz, *La doctrine*, *op. cit.*, p. 106.

2563. *Ibid.*, p. 135.

2564. Natalino Irti, *op. cit.*, p. 2.

2565. Jacques Lenoble et François Ost, *op. cit.*, p. 169.

2566. Même si, bien sûr, il n'est pas le seul à avoir exploiter la figure de René Demogue pour mettre en perspective le projet jurisprudentiel des tournants des XIXe et XXe siècles et, plus largement, la capacité de résistance du discours doctrinaux aux entreprises contestataires ou simplement contraires à ses canons. On la retrouve ainsi dans Duncan Kennedy et Marie-Claire Belleau, « La place de René Demogue dans la généalogie de la pensée juridique contemporaine », *RIEJ*, vol. 5, n° 1, 2006, pp. 163-211, Jémérie Boulaire, « François Gény et le législateur », in Nader Hakim et Fabrice Melleray (dir.), *Le renouveau de la doctrine française. Les grands auteurs de la pensée juridique au tournant du XXe siècle*, Dalloz, 2009, 69, p. 87 ou Pierre-Nicolas Barénot et Nader Hakim, *op. cit.*, pp. 289 et suiv.

René Demogue en France ne manque pas de rappeler des souvenirs, particulièrement lorsqu'il se « place à un point de vue critique pour montrer sans chercher à en rien dissimuler les conflits et les contradictions qui sans doute agiteront toujours le droit civil » [2567]. À rebours des efforts systématiques et systématisants de ses contemporains, voire d'ailleurs contre eux, ses *Notions fondamentales du droit privé* admettent et revendiquent de faire « rentrer dans le droit une certaine imprécision » qu'il considère inévitable : « la nécessité du raisonnement logique ou de l'enseignement ont une tendance à nous faire présenter des limites anguleuses aux diverses notions. Mais (…) *natura non procedit per saltus.* » [2568] Et de continuer en insistant sur le fait que si « la croyance à la valeur absolue des idées favorables à la durée de cet équilibre instable (…) a aussi l'avantage de correspondre à un besoin de l'esprit, surtout en notre pays : la simplicité » [2569], cette simplicité « ne paraît pas la loi du monde extérieur. C'est un procédé pour acquérir la connaissance, un mode nécessaire de connaissance, une méthode d'enseignement, un moyen d'investigation (…). Rien ne dit, au contraire, que ce soit la loi des choses » [2570]. Quelque quinze ans plus tôt, Oliver W. Holmes ne disait pas autre chose lorsqu'il indiquait que « la méthode et la forme logique flattent ce besoin de certitude et de repos qui se loge dans tout esprit humain. Mais la certitude est généralement illusion, et le repos n'est pas la destinée de l'homme » [2571]. Ce n'est pas un hasard et c'est même là un nouvel élément d'éclairage du décalage de la prise de conscience d'un changement d'univers juridique dans les systèmes anglo-américains et dans le système français : René Démogue, peut-être, était l'un des seuls en France à l'avoir vu comme ses homologues américains étaient en train de le voir, « dépourvu de transcendance et de cohérence » [2572]. Parce qu'il « fait un pari exactement inverse » à celui fait par ses collègues ; le même que les réalistes américains sont en train de faire, celui de l'impossibilité de maîtriser l'intégralité

2567. René Demogue, *Les notions fondamentales du droit privé. Essai critique*, La Mémoire du Droit, 2001 (1e éd. 1911), p. VII.

2568. *Ibid.*, p. 12. La formule correspond à la maxime du principe de continuité de Leibniz (littéralement, « la nature ne procède pas par sauts » ou, de manière plus précise, « la nature *n'évolue pas* par sauts »), et à l'idée que tout changement se produit de manière graduelle, progressive, de sorte que « pour toute transition qui s'achève en un *terminus*, il est possible de mener un raisonnement général qui inclut ce *terminus* final » (« *In any supposed transition, ending in any terminus, it is permissible to institute a general reasoning, in which the final terminus may also be included* », James M. Child, *The Early Mathematical Manuscripts of Leibniz. Translated from the Latin Texts Published by Carl Immanuel Gerhardt, with Critical and Historical Notes*, The Open Court Publishing Company, 1920, p. 147). Sortie du contexte mathématique de cette maxime, le principe de continuité implique qu'il soit possible de retracer toute transition de ses prémisses à son achèvement (qui peut constituer par ailleurs lui-même la prémisse d'une autre transition). Son réemploi par René Demogue vise à souligner que ce qui est présenté comme des transformations brusques du droit (la redéfinition, la création ou la disparition au profit d'une autre notion, par exemple) ne se trouvent pas à l'état brut au sein du droit, mais sous forme de « signaux faibles », donc potentiellement contradictoires, éparpillés à tous les niveaux du champ juridique.

2569. René Demogue, *op. cit.*, p. 42.

2570. *Ibid.*, p. 193.

2571. « *The logical method and form flatter that longing for certainty and for repose which is in every human mind. But certainty generally is illusion, and repose is not the destiny of man* », Oliver W. Holmes, *op. cit.*, p. 461.

2572. Pierre-Nicolas Barénot et Nader Hakim, *op. cit.*, p. 290.

d'un droit changé à l'aide de constructions juridiques et de principes généralisants, il est considéré « trop réaliste » [2573]. L'échec de ses propositions signe, pour Christophe Jamin, celui du « *moment réaliste français* » [2574]. Les termes de cet échec sont eux-mêmes intéressants puisqu'ils ne sont pas sans résonance aujourd'hui. François Gény reproche ainsi à l'entreprise menée par son collègue de n'être qu'un « système de désintégration, de dissolution à outrance (...) aboutissant à ces tableaux kaléidoscopiques, qui font son œuvre si profondément originale, risqu[ant] de désarticuler la vie sociale, de la priver de toute armature ferme, capable d'en contenir les élans et d'en diriger les tendances » [2575]. Et qu'importe si la désintégration, la dissolution et le kaléidoscope sont peut-être, déjà, des caractéristiques du droit ; René Demogue ne remet rien de moins en cause que toute la structuration nouvelle du discours doctrinal *mais encore et surtout* la mission qu'il s'est donné de protéger, à lui seul, tout l'édifice juridique de l'arbitraire du juge et de la désorganisation. « Si la puissance cognitive et le pouvoir de systématisation, d'abstraction et d'harmonisation de [ce dernier] se révèlent en définitive vains et stériles, alors la doctrine est complètement dépossédée de ses derniers attributs » [2576] : son autorité particulière dans l'ordonnancement du droit et son rôle de « censeur de la jurisprudence » [2577]. Son destin, alors, a été celui de toutes les autres initiatives perturbatrices du XXe siècle : remontrances et silence [2578]. Une trentaine d'années plus tard, la controverse entre Jean Rivero et Bernard Chenot rejoue, en droit administratif, la même bataille : les faiseurs de systèmes gagnent, avec eux la « tranquillité des professeurs » [2579] et donc celle de l'univers juridique qu'ils continuent d'entretenir, et l'on rejette à plus tard le moment où l'état du phénomène juridique devra emporter la reconstruction d'un discours juridique qui « se présente alors comme le gardien austère de la tradition, vigilant à refréner et étouffer les hérésies (...). Celle-ci, recueillant le legs du passé, détient la vérité du droit et l'oppose au chaos des volontés normatives » [2580].

689 **Une force centrifuge toujours aussi forte aujourd'hui**. Le traitement de la proposition de René Demogue peut apparaître daté, mais il demeure en vérité pertinent à au moins deux égards. Le premier, c'est qu'il constitue la preuve que, dès sa structuration sous la forme qu'on lui connaît aujourd'hui, le discours doctrinal français s'est construit et renforcé grâce à un double mouvement : le rejet des courants contraires et la préservation de son univers culturel propre grâce à ce rejet quasi automatique. Le traitement des *Notions fondamentales du droit privé* constitue alors le modèle, le *blueprint* comme les anglo-saxons l'écriraient, de ce

---

2573. Christophe Jamin, « Demogue et son temps : réflexions introductives sur son nihilisme juridique », *RIEJ*, n° 56, 2006, 5, p. 12.

2574. Christophe Jamin, « La doctrine : explication de texte », *op. cit.*, p. 231.

2575. François Gény, « R. Demogue. *Les Notions fondamentales du droit privé. Essai critique*, compte rendu », *NRHD*, 1911, 110, pp. 122-123.

2576. Pierre-Nicolas Barénot et Nader Hakim, *op. cit.*, p. 289.

2577. Annick Perrot, *op. cit.*, p. 185.

2578. Nicolas Dissaux, *op. cit.*, p. 83.

2579. Bernard Chenot, « La notion de service public dans la jurisprudence économique du Conseil d'État », *op. cit.*, p. 82.

2580. Natalino Irti, *op. cit.*, p 2.

mouvement défensif naturel. Le second de ces égards s'incarne dans ce qui était hier reproché à René Demogue et qui ne manque pas de nous ramener à ce que le discours reproche aujourd'hui aux outils de justice algorithmique. Si le premier soumettait « par des réactifs multiples à une analyse impitoyable le plus grand nombre des notions fondamentales du droit privé, de façon à en désintégrer le jeu, à en dissoudre les enchaînements logiques et les réduire à un amas de considération, tirées de tout ce qui intéresse la vie sociale des hommes et s'équilibrant en se neutralisant les unes les autres, jusqu'à annihiler tout critérium dogmatique de solution » [2581], nos outils soumettent à leurs traitements « un invraisemblable agrégat de millions de décisions » [2582], un véritable « chaos informationnel » [2583]. Sous leur pression, c'est « l'unité de sens de l'édifice juridique » garantissant « la solidité [du] savoir-faire » du juriste qui « serait anéantie » [2584], voire d'ailleurs toute « la clarté nécessaire au raisonnement juridique » [2585]. L'accusation de nihilisme faite à René Demogue n'est pas loin [2586], précisément parce que le nihilisme qui lui était reproché n'est pas très loin de l'effet « factualisant » attribué aux outils de justice algorithmique : dans les deux cas, on dissoudrait la substance proprement juridique du droit ; dans les deux cas, on rejetterait, explicitement ou non, l'intérêt des constructions doctrinales pour véritablement créer ou raffiner une connaissance *véritable* du droit ; dans les deux cas, on attaquerait, volontairement ou non, le discours doctrinal lui-même. En d'autres termes, et de la même manière que le discours doctrinal a simplement retardé l'impact des outils de justice algorithmique en n'assimilant pas les outils de justice informatique et les propositions du mouvement doctrinal qui leur correspondait, le discours doctrinal a plus largement retardé sa mue toutes les fois où il est parvenu à rejeter toutes les approches pragmatistes, non *aprioriques* et, finalement, *réalistes* dans un sens large [2587]. Si aujourd'hui, un péridiscours s'établit progressivement pour imaginer la manière dont cette mue pourrait se réaliser compte tenu des changements opérés, ou plutôt révélés, par les outils de justice algorithmique, le *poids* de cette structuration centenaire ne disparaît pas si simplement. Ainsi, une partie des solutions imaginées ne quitte guère les voies classiques tracées au tournant des deux siècles, soit en en reprenant les réflexes [2588], soit en continuant de poursuivre le même objectif de

---

2581. François Gény, *op. cit.*, t. 2, pp. 244-245.

2582. Éloi Buat-Ménard, « La justice dite 'prédictive' : prérequis, risques et attentes – l'expérience française », *op. cit.*, p. 272.

2583. Warren Azoulay, *op. cit.*, p. 603.

2584. Basile Darmois, *op. cit.*, p. 61.

2585. Georges Teboul, « La justice prédictive, une actualité inquiétante, ou un pari exaltant ? », *op. cit.*, p. 13.

2586. Accusation portée dans François Gény, « R. Demogue. *Les Notions fondamentales du droit privé. Essai critique*, compte rendu », *loc. cit.*

2587. À noter que René Demogue n'avait une approche véritablement pragmatiste du droit : il était, en fait, profondément naturaliste puisqu'il ne lui paraissait « pas douteux qu'il y ait hors de nous un droit naturel, un droit idéal à contenu variable » (*op. cit.*, p. 46). En ce sens, il s'opposait à l'époque à une partie des réalistes américains et, pour l'essentiel, à tout le courant pragmatiste juridique.

2588. Ainsi, les analyses quantitatives proposées pour démontrer l'intérêt d'un accès exhaustif à des décisions sont bien souvent menées sur des corpus de décisions *sélectionnées*. C'est ainsi le

systématisation, de cohérence et de construction rationnelle [2589]. Les autres solutions sont, quant à elles, beaucoup plus ponctuelles et liées à des approches déjà défendues par les auteurs qui interviennent dans ce discours [2590]. À elles toutes, cependant, ces propositions ne pèsent pas bien lourd face au reste de ce discours, spécifique et face au reste *du discours doctrinal dans son ensemble*. Ces efforts, même limités dans leur ampleur ou contestables dans leurs ambitions, arrivent donc tardivement et, au-delà des craintes explicites du discours, c'est peut-être là que se loge le plus large impact de ces outils : imposer de nouvelles secousses au champ doctrinal français et aussi tester de nouveau sa solidité et sa capacité à se maintenir inchangé face aux transformations du phénomène juridique qu'il entend décrire.

690 **Une calcification du discours doctrinal aujourd'hui révélée par les outils de justice algorithmique.** En maintenant à travers les siècles le même besoin essentiel d'ordre, de stabilité et de système, en le déclinant sous toutes ses facettes possibles et imaginables et en le défendant contre toute tentation contraire, le discours doctrinal français est resté « fondamentalement tributaire des mêmes présupposés que ceux qui sous-tend[aient] la méthode qu'il combat[tait] » théoriquement [2591]. Cette calcification du discours autour de ces valeurs et de ces présupposés a alors eu deux effets, comme deux faces d'une même pièce : en parvenant, tout au long de son histoire, à rejeter toute initiative doctrinale susceptible de remettre en cause tout ou partie de sa structuration, de son office ou de ses méthodes, le discours doctrinal majoritaire est parvenu, à un degré remarquable, à « stabiliser la science » pendant une période remarquablement longue. Assurant que chaque juriste recevrait « une formation voisine ou identique, [lirait] les mêmes ouvrages

---

cas dans Bruno Jeandidier, Jean-Claude Ray et Julie Mansuy, *op. cit.* ou des synthèses d'acquis jurisprudentiels avancées dans Bruno Dondero, « Pour un droit plus systématique : vers la fin des notes de jurisprudence ?, *op. cit.*

2589. Ainsi, et comme Frédéric Rouvière le note, la synthèse de l'acquis jurisprudentiel proposée par Bruno Dondero pour compenser la perte d'intérêt du commentaire d'un unique arrêt face à la perspective de l'*open data* et du développement des outils de justice prédictive repose sur une systématicité qui « est déjà celle que les manuels et traités classiques cherchent à atteindre (...) mais cette systématicité a connu une lente érosion au cours du XXe siècle » (« La fin du commentaire d'arrêt », *op. cit.*, p. 490).

2590. On peut ici penser au projet OUDROPO, dont l'objectif dépasse largement celui de ménager les effets des outils de justice algorithmique (voir, à cet égard, Camille Poroudou (dir.), *OUvroir de DRoit POtentiel. Anthologies 2013-2017*, IRJS Éditions, 2017 ainsi que des écrits plus individuels tels que Emmanuel Jeuland et Pierre-Yves Verkindt, « En forme de prologue : ce que créer veut dire... L'oudropo, l'Ouvroir de Droit Potentiel (OpenPoLaw pour Opener of Potential Law) », in Camille Poroudou (dir.), *ibid.*, pp. 1-9 ou Emmanuel Jeuland, « L'OUDROPO, et les mathématiques », *op. cit.* On peut aussi songer à la théorie syncrétique du droit, défendue par Boris Barraud (not. dans *Qu'est-ce que le droit ? Théorie syncrétique et échelle de juridicité*, L'Harmattan, 2017 ou dans *Théories du droit et pluralisme juridique. Les théories dogmatiques du droit et la fragilité du pluralisme juridique*, PUAM, 2016) et dont on trouve des échos dans ses contributions au sein du discours. Au travers des contributions de Bruno Deffains et ainsi que souligné dans Aurélien Rocher, *op. cit.*, p. 25, le discours reçoit aussi des échos des théories économiques du droit, bien moins développées en France qu'aux États-Unis. De façon générale, cependant, ces initiatives sont aussi rares au sein du discours doctrinal relatif aux outils de justice algorithmique qu'en dehors.

2591. Jacques Lenoble et François Ost, *op. cit.*, p. 162.

et [emploierait] le même vocabulaire »[2592], cette stabilité méthodologique et épistémologique a permis au discours doctrinal français de traverser les décennies et les crises avec une aisance suffisamment naturelle pour n'être vraiment visible qu'une fois confrontée à la crise existentielle vécue par les discours étrangers. Revers de la médaille, cependant, « la France est demeurée indifférente [au] renouvellement des analyses »[2593] faute de ressentir, au sein de son propre univers culturel, le besoin d'y consentir. Pour ce qui concerne la question des outils de justice algorithmique, cette résistance naturelle aux questionnements a eu le double effet de ne pas permettre l'acclimatation du discours doctrinal aux premières versions de ces outils et aux recherches qui les entouraient et de, surtout, ne pas lui permettre d'assimiler l'état du phénomène juridique sur lequel ils sont construits. En d'autres termes, la mutation retardée et aujourd'hui difficilement envisagée du discours doctrinal ne lui a pas permis d'occuper la place que Pierre Catala, en ouverture de l'ouvrage compilant une partie de ses écrits d'informatique juridique, lui avait attribuée : « l'informatisation du droit est une chose trop sérieuse pour la laisser aux informaticiens ; les juristes ont un rôle à jouer dans la définition des buts, des voies et des moyens. »[2594] Faute d'avoir encore conscience de l'intérêt que cette informatisation pouvait présenter pour un droit déjà déréglé, le discours ne s'est pas saisi de cette opportunité la première fois. Maintenant que la deuxième opportunité se présente, la question en suspens reste de savoir si la secousse est identique aux précédentes et pourra donc être subie sans trop de dégâts, ou si les outils de justice algorithmique, dont l'existence ne dépend pas du discours doctrinal lui-même puisqu'il n'en maîtrise ni le développement ni l'utilisation, sont vraiment en mesure de questionner la survie du discours doctrinal sous sa forme actuelle. Si tel est le cas, alors ce dernier se trouve face à un choix cornélien : envisager finalement sa mue, avec toutes les difficultés qu'une telle transformation représente dans un champ doctrinal très strictement délimité et conditionné, ou rejeter les apports potentiels des outils et se maintenir coûte que coûte sous sa forme historique. C'est alors, dans ce cas, prendre le risque de se trouver aux prises avec l'autorité qu'il était parvenu jusqu'ici à maintenir, artificiellement ou non, sur le champ juridique français.

Section 2. Une inévitable crise de l'autorité doctrinale

691 **Un discours non contraint**. Prenons le temps de reprendre nos divers constats à ce stade final de notre étude. Que l'on conçoive ou que l'on conteste la capacité des outils de justice algorithmique à contribuer à remettre en question la place du discours doctrinal au sein du champ juridique, il faut en même temps admettre que

2592. Christian Atias, *Épistémologie juridique*, *op. cit.*, p. 203.
2593. Rémy Libchaber, *op. cit.*, p. 71.
2594. Pierre Catala, *Le droit à l'épreuve du numérique. Jus ex Machina*, *op. cit.*, p. 11.

dans un cas comme dans l'autre *rien* n'empêche le discours doctrinal de se maintenir dans ses formes et dans son office historique. Le seul fait d'être confronté à une part du droit qu'il a, jusqu'ici, essentiellement ignorée n'emporte pas automatiquement de *nécessité* de l'embrasser ou de l'admettre au sein de ces sources, que ce que ce soit à un niveau individuel ou collectif. Pourtant, il n'est pas anodin que le discours réagisse de manière visible à l'hypothèse de voir le droit saisi par ces outils d'une manière qui n'est *pas du tout* la sienne, précisément parce que la place qu'occupe ce discours n'est pas elle-même anodine : ce n'est pas pour rien que la doctrine trouve une place de choix au sein des *autorités* du droit aux côtés, entre autres, de la jurisprudence.

692 **Une autorité mise à mal.** Au-delà de la perpétuation d'un univers culturel nécessaire à la survie *en l'état* du discours doctrinal, les méthodes qu'il met en œuvre, l'office qu'il s'est attribué et, plus généralement, sa *mission* sont tous liés à cette position *d'autorité* que le discours doctrinal est parvenu à occuper en surplomb du champ juridique. La mission ordonnatrice et systématisante du discours doctrinal l'a amené, jusqu'ici, à occuper une place non concurrencée : celle de reconstruire, voire de tout simplement *construire*, le champ juridique selon ses propres critères et sa propre précompréhension du phénomène juridique. Or, et au-delà de l'incompatibilité essentielle entre l'appréhension doctrinale et l'appréhension des outils de justice algorithmique de ce phénomène juridique, c'est peut-être ce monopole que ces outils viennent interroger. À travers eux, le phénomène jurisprudentiel, pourtant consubstantiel à la construction du discours doctrinal et de son autorité sur le champ juridique (**§ 1**), tendrait à s'*autonomiser*, à trouver le biais technologique nécessaire à son *existence indépendante* — trahissant, par la même, son créateur (**§ 2**).

§ 1. *LE DISCOURS DOCTRINAL, AUTORITÉ PROMÉTHÉENNE*

693 **La jurisprudence, un enjeu de pouvoir ; discours doctrinal privatiste et spectre du pseudo-Montesquieu.** Nous l'avons évoqué précédemment : les deux piliers sur lesquels s'est construit le discours doctrinal vis-à-vis de la jurisprudence sont, d'une part, une continuité totale quant à la forme et l'esthétique générale considérées comme inhérentes au phénomène juridique et, d'autre part, la nécessité *de ne pas aller trop loin dans la libération du juge*, le tout sous le contrôle du discours doctrinal lui-même. Les constructions juridiques, les systématisations toujours reconstruites par ce discours, servent donc ce double objectif d'ordonnancement et de maîtrise d'une production normative et d'encadrement d'un juge qui ne doit pas, pour la seule raison que l'on intègre sa production dans le raisonnement juridique et que l'on conteste le monopole de la loi, verser dans l'arbitraire. En d'autres termes, au-delà de la nécessaire perpétuation d'un univers culturel et d'une certaine préconception du phénomène juridique, l'enjeu du projet jurisprudentiel était aussi et surtout un enjeu de *contrôle* — un enjeu, d'ailleurs, que certains auteurs contemporains n'ont pas manqué d'identifier. « Il n'est (…) nullement question pour ces théoriciens de supprimer la loi et de la remplacer par

une pratique laissée entièrement à l'appréciation des juges » [2595], bien au contraire, puisque « de quelque côté qu'il soit envisagé, le grand effort doctrinal, issu de la libre jurisprudence prétorienne, ne cherche pas à faciliter le mouvement de la vie sociale dans sa spontanéité, mais veut canaliser ses directions » [2596]. Bref,

> *« si l'on veut aller un peu plus au fond des choses, c'est un véritable esprit d'hostilité que l'on découvre chez ces théoriciens hardis : ce qu'ils veulent, c'est moins donner des droits nouveaux aux juges que brider leur indépendance. À une jurisprudence qui leur semble arbitraire, variable, ils prétendent faire succéder une législation précise — leur doctrine »* [2597].

La critique est plus directe encore que celle de René Demogue, et elle éclaire d'ailleurs l'échec de sa proposition. En proposant d'abandonner l'ouvrage complexe des théories générales, des constructions juridiques et des synthèses totales, il ne proposait pas simplement de remettre en cause une certaine conception du phénomène juridique, il proposait aussi, indirectement, de laisser au juge la pleine maîtrise de sa production. Après tout, ces constructions doctrinales avaient pour but explicite de *remplacer* les « sources formelles du droit qui, s'imposant à lui, suppriment ou restreignent la liberté de ses jugements » en leur absence ; pour ne pas le voir « complètement livré aux inspirations de sa conscience individuelle », il fallait « dégager du fonds commun de la nature des choses les règles objectives qui la guideront et la garantiront contre le subjectivisme de ses jugements » [2598]. Il fallait « canaliser le pouvoir nouveau et considérable des juges (…), canaliser le pouvoir potentiellement ravageur d'une jurisprudence libérée de la sourcilleuse tutelle des textes » avant que l'un comme l'autre ne remette en cause toute l'architecture du droit et, potentiellement, de la société tout entière [2599]. Parce que cette canalisation passe par le prisme doctrinal, la jurisprudence devient un enjeu de pouvoir pour le discours doctrinal tout entier (**A**) – avant que, progressivement, l'instrument de la *prise* de pouvoir ne finisse par *conditionner tout entier le maintien* de ce pouvoir (**B**).

A. La jurisprudence, un enjeu de pouvoir

694 **Discours doctrinal administrativiste et concurrence praticienne.** Le constat est bien sûr le plus absolu pour le droit privé au-dessus duquel le spectre du pseudo-Montesquieu continue de porter son ombre ; il n'est cependant pas moins vrai du côté des administrativistes. Si la défiance n'est pas la même, l'enjeu est alors un plein enjeu de pouvoir et de maîtrise de la construction et du sens du droit administratif dans son ensemble. À partir du moment où, comme leurs homologues civilistes, les administrativistes se sont donnés comme mission essentielle la « consolidation » de leur droit au travers d'un « travail de systématisation » [2600],

---

2595. Maxime Leroy, *op. cit.*, p. 220.
2596. *Ibid.*, p. 233.
2597. *Ibid.*, p. 230.
2598. François Gény, *Méthode d'interprétation et sources en droit privé positif : essai critique*, *op. cit.*, t. 1, p. 151.
2599. Christophe Jamin, « La doctrine : explication de texte », *op. cit.*, pp. 226-227.
2600. Jacques Chevallier, « Les interprètes du droit », *op. cit.*, p. 270.

à partir du moment où l'on affirme sans ambages que le chœur qui chante ce droit est à « deux voix » placées sur un pied d'égalité [2601] *voire d'inégalité en faveur du discours doctrinal* qui a élevé la jurisprudence sur les genoux de laquelle elle est née [2602], alors « tout le droit est d'origine doctrinale » parce que c'est du travail du discours doctrinal qu'il émane [2603]. La controverse entre Jean Rivero et Bernard Chenot, explicitement d'ordre méthodologique, prend alors des airs de lutte d'influence ; si le juge administratif ne voit plus, dans le discours doctrinal, qu'un ensemble de théories certes esthétiques mais déconnectées du « flot tourmenté des décisions qui (...) font et défont ce qu'on appelle, après coup, jurisprudence » et si ses arrêts « contrarient des théories générales ou démentent des notions fondamentales » [2604] sans plus d'égard, alors c'est toute la légitimité de ce discours qui en souffre et, en définitive, *sa raison d'être*. Alors certes, on ne craint pas un juge arbitraire, mais perdre tout contrôle sur sa production revient à admettre que tout ce travail de généralisation, d'abstraction et de simplification qui constitue le cœur du discours doctrinal et qui a pour vocation de dégager des « lignes » que l'interprète a « mission de tenir » [2605] n'y parvient pas. La conclusion tirée à l'époque par Jean Rivero est à peu près celle tirée par François Gény quant à René Demogue : ce n'est pas au discours doctrinal de repenser ses méthodes face à la rebuffade de son juge, puisqu'il ne fait que prendre acte que « la règle de droit est générale, et ne peut pas ne pas l'être » [2606], mais bien au juge de ne pas céder « à la voix des sirènes existentialistes » et de n'aller contre ces théories générales et ces notions fondamentales que sans « gaieté de cœur » [2607].

695 **Le « miroir de l'autorité » du discours doctrinal** [2608]. Que l'ombre du « juge bouche qui prononce les paroles de la loi » [2609] porte loin ou qu'il ne s'agisse que d'une question de pouvoir, il faut bien admettre que le recours à la jurisprudence comme instrument essentiel de la reconfiguration n'était lui-même ni anodin, ni désintéressé. Après tout, « c'est elle qui a découvert la jurisprudence comme source du droit » [2610], et à ce titre, « la jurisprudence ne doit pas que son existence à la doctrine. Elle lui est aussi redevable de son titre » [2611]. Si la loi appartient tout entière au législateur et si la pratique appartient au praticien, la jurisprudence telle qu'elle a été portée aux nues à l'occasion du projet jurisprudentiel « a permis une

---

2601. Jean Rivero, « Jurisprudence et doctrine dans l'élaboration du droit administratif », *op. cit.*, p. 36.

2602. Bernard Pacteau, *op. cit.*, p. 91 et, dans le même sens, Maryse Deguergue, *op. cit.*, p. 42.

2603. Étienne Picard, *op. cit.*, p. 153.

2604. Bernard Chenot, « La notion de service public dans la jurisprudence économique du Conseil d'État », *op. cit.*, p. 77.

2605. Jean Rivero, « Apologie pour les faiseurs de systèmes », *op. cit.*, p. 102.

2606. *Ibid.*, p. 100.

2607. *Ibid.*, p. 102.

2608. Nader Hakim, « Le miroir de l'autorité : l'instrumentalisation de l'autorité dans la doctrine contemporaine », *op. cit.*

2609. Charles Louis de Secondat, baron de Montesquieu, *op. cit.*, p. 200.

2610. Alain Bernard et Yves Poirmeur, « Doctrine civiliste et production normative », *op. cit.*, p. 164. Peu importe, à cet égard, qu'il n'y ait eu moins découverte qu'appropriation.

2611. Frédéric Zénati, *La jurisprudence*, *op. cit.*, p. 251.

véritable prise de pouvoir de la doctrine sur les autres forces du droit » [2612] parce qu'elle s'est assurée que « la jurisprudence, davantage encore que la loi, ne constitue une source effective du Droit *que si la doctrine en a connu* » [2613]. La restriction historique de l'accès à cette jurisprudence, même dans l'acception excessivement réduite qui est celle que le discours doctrinal entretient, a permis au discours de conserver cette pleine maîtrise de l'information jurisprudentielle puisqu'il ne suffit pas d'une décision existe et soit rendue pour qu'elle accède non seulement « au statut de 'jurisprudence' » mais encore à la *connaissance* du praticien et du public. Cette accession à la connaissance « suppose que la décision soit remarquée, qu'elle soit sélectionnée par des agents qualifiés, publiée dans un support approprié, commentée par les auteurs compétents pour en rendre compte, de telle sorte qu'*in fine* la décision en question, qui aurait pu demeurer obscure, sera reçue par la communauté des juristes » [2614]. En l'absence de circuit de diffusion alternatif à celui historiquement maîtrisé par le discours doctrinal, fait d'une alchimie complexe de sérendipité, de processus éditorial et d'une ambition prométhéenne, les praticiens « n'ont pas le choix : ils ne peuvent connaître ni utiliser la jurisprudence sans les docteurs. S'ils ne tenaient pas compte des systématisations doctrinales, c'est en réalité la jurisprudence elle-même qu'ils remettraient en cause » [2615]. À cet égard, la réussite du discours doctrinal apparaît totale. Maîtrisant tant la forme que le fond et les contours du droit, l'autorité qu'il est parvenu à bâtir en s'appropriant à la fois le « monopole de l'interprétation des textes juridiques » et de leur agencement [2616] et celui de la maîtrise de ce qui peut et de ce qui ne peut pas intégrer cet agencement lui assure la capacité de se placer comme l'agent « épistémique indispensable non seulement à la science du droit mais également au droit lui-même » [2617]. Le discours doctrinal a ainsi construit, lors du tournant des deux siècles, la triple condition de sa légitimation. La première de ces conditions était la disqualification tout ce qui pouvait lui préexister ; la deuxième, l'appropriation d'un *espace du droit* laissé en jachère. Cette légitimité affirmée, ne restait plus qu'à élaborer les conditions de la justification de son autorité en concevant des méthodes et des objectifs qu'il se savait seul en mesure de mettre en œuvre. Finalement, il s'agissait ensuite de les perpétuer en conservant la maîtrise de son matériau de travail et les conditions de sa survie en maintenant envers et contre tout les standards et les logiques de son univers culturel, y compris contre la critique frontale ou les évolutions de l'univers juridique de son système. Bref, sur le temps long, le discours doctrinal français a pu effectivement se hisser au rang pudique d'autorité [2618], au même niveau sinon *au-dessus* d'une jurisprudence qui a constitué l'instrument de cette prise de pouvoir.

2612. Pierre-Nicolas Barénot, *Les recueils de jurisprudence*, *op. cit.*, p. 429.
2613. Philippe Malaurie, « Rapport français », in *Les réactions de la doctrine à la création du droit par les juges*, *op. cit.*, p. 89.
2614. Pascal Ancel, « Le Dalloz, source de droit ? », *op. cit.*, p. 60.
2615. Frédéric Zénati, *La jurisprudence*, *op. cit.*, p. 252.
2616. Jacques Chevallier, « Les interprètes du droit », *op. cit.*, p. 261.
2617. Nader Hakim, *L'autorité de la doctrine civiliste française au XIXe siècle*, *op. cit.*, p. 412.
2618. Au sens que le terme « autorité » revêt lorsqu'il est opposé à celui de « source » du droit.

696 **Le discours doctrinal en pleine maîtrise du phénomène juridique**. Une fois n'est pas coutume, le point de vue de l'étranger est alors éclairant : vu des systèmes mixtes ou des systèmes de *common law*, la pudeur n'est guère de mise. « Si la doctrine exerce un pouvoir, » écrit une avocate britannique, « c'est aussi parce qu'elle est indispensable au bon fonctionnement du système juridique qui ne peut se concevoir sans elle » [2619]. Plus encore, le juge y « perd tout contrôle sur le contenu normatif et l'impact de ses décisions du fait qu'elles sont obligées de passer par le filtre médiateur de la doctrine (...) [qui] agit comme censeur de la jurisprudence, la faisant passer par le truchement de ses commentaires d'arrêt, décidant de sa place dans l'édifice juridique et de sa portée sur l'état du droit » [2620]. En d'autres termes, « on peut affirmer », vu du Québec cette fois-ci, « que c'est donc finalement la doctrine qui fait la jurisprudence » [2621]. « Agent actif de l'évolution du droit, à certaines heures même (...) source du droit » [2622], le discours doctrinal ne conçoit pas son rôle comme celui de « suivre la jurisprudence, mais bien de l'inspirer » [2623]. La recherche constante de cet équilibre, précaire par principe puisqu'il implique de parvenir à conserver la maîtrise du phénomène jurisprudentiel dans son ensemble pour qu'il ne puisse pas *dépasser* la machinerie doctrinale, est perceptible dans la manière dont le mouvement d'informatique juridique a cherché à élargir la somme des décisions de justice susceptibles d'intégrer l'étude doctrinale. Elle est perceptible, d'une part, dans le maintien d'une logique de *sélection* des décisions du fond et, d'autre part, dans le choix de baser leur mise en mémoire sur des *abstracts* et non sur leur texte intégral. Sur ces deux aspects, c'est bien le chercheur qui était aux commandes : les critères déterminant le fait de retenir ou non un arrêt ont été élaborés par les structures qui se chargeaient de leur mise en mémoire [2624], tout comme d'ailleurs la forme et la méthodologie de l'établissement des abstracts. Même lorsqu'il s'agissait d'élargir la somme des décisions traitées, cet élargissement devait toujours se faire sous le contrôle du discours doctrinal. Ce n'était ni dû au hasard, ni là encore anodin : la prise de pouvoir du discours doctrinal sur le reste du champ juridique, « purement intellectuelle, repose sur des fondements fragiles et de subtils jeux de miroir qui ne tiennent que par le ciment de la dogmatique. Ainsi, un engagement un peu trop franc en direction de la réalité sociale ou de la sphère

---

2619. Edwina Dunn, *op. cit.*, p. 49.

2620. *Ibid.*, p. 60.

2621. Jean-Louis Baudouin, « L'art de juger en droit civil : réflexion sur le cas du Québec », *op. cit.*, p. 330.

2622. Pierre-Gabriel Gobin, « Rapport canadien », in Association Henri Capitant des amis de la culture juridique (dir.), *Les réactions de la doctrine à la création du droit par les juges*, Economica, 1982, 65, p. 76.

2623. Paul-André Crépeau, *L'intensité de l'obligation juridique*, Éditions Yvon Blais, 1989, p. 94, note 47-2.

2624. Ces critères, qui sont encore aujourd'hui ceux appliqués par les ARJ dans le cadre de l'entretien des bases de LexisNexis, étaient construits sur deux listes : des facteurs d'exclusion (incluant, entre autres, la banalité des faits traités ou de la solution ou l'absence de motivation) et des facteurs d'inclusion (incluant, entre autres, l'application d'une loi nouvelle, l'actualité médiatique d'une décision, l'atypicité de la solution ou des faits traités ou la représentativité locale d'une décision spécifique). Voir, pour un retour sur ces critères, Valérie Sicot, *op. cit.*, p. 38.

politique est susceptible d'ébranler sérieusement le pouvoir de la doctrine et la cohérence de son discours » [2625]. Le ver, en effet, était dans le fruit depuis le début du projet jurisprudentiel. En décalant son regard de la loi à la jurisprudence, le discours doctrinal y a certes trouvé le socle de sa position d'autorité sur le champ juridique — ce n'est pas pour rien qu'elle s'installe au même niveau qu'elle au sein des « autorités » du droit. En laissant progressivement son intérêt se transformer en concentration et en investissant massivement cette jurisprudence au détriment du reste de la production juridique *et juridictionnelle*, cependant, l'équilibre s'est renversé : alors que la jurisprudence dépendait hier du discours doctrinal, avec le temps, c'est l'autorité du discours doctrinal qui s'est mise à dépendre de la jurisprudence.

B. La jurisprudence, un enjeu de *maintien* au pouvoir

697 **Une dépendance progressivement inversée.** Alors que le projet jurisprudentiel avait pour objectif affiché d'ouvrir l'étude à ce qui était conçu comme autant de fenêtres vers le réel, sa réussite franche a fini par avoir l'effet inverse : « l'univers s'est soudain rétréci à celui du technicien, et d'un technicien qui ne doute plus de la pertinence de la méthode dogmatique, car l'étude minutieuse de la jurisprudence à laquelle il procède lui permet de ne pas rompre, ou de croire qu'il ne rompt pas, avec le mouvement incessant de la vie. » [2626] Plus encore, et parce que de part et d'autre de la *summa divisio* les discours doctrinaux ont justifié leur existence et la valeur de leurs apports en s'attachant à la maîtrise et à l'intégration du phénomène jurisprudentiel au sein du phénomène juridique, « peu à peu, le centre de gravité du droit [s'est] déplac[é] vers la jurisprudence » [2627] et, avec lui, celui des discours tout entiers. Ce phénomène est marqué, corrélativement, par un abandon de l'analyse des sources textuelles formelles : la Constitution en droit constitutionnel, mais plus généralement les lois et règlements, codifiés ou non, en droit administratif ou en droit civil, au profit de leur interprétation par les juges. Si Olivier Beaud dénonce un « processus d'inféodation de la discipline du droit constitutionnel au contentieux constitutionnel » [2628], le constat pourrait être étendu et aggravé *au-delà* de la question doctrinale. Comme Lionel Andreu l'exprime clairement, « qu'une décision advienne et le problème trouve enfin *sa* solution », qui se substitue alors non seulement au texte appliqué, mais qui rend surtout superflu de s'y rapporter [2629]. En d'autres termes, et même lorsque ces énoncés formels existent, ce sont les décisions qui les interprètent, les concrétisent et, *in fine*, les appliquent qui sont étudiées au point de « réduire le juridique au

---

2625. Pierre-Nicolas Barénot, *Les recueils de jurisprudence*, *op. cit.*, p. 429.

2626. Christophe Jamin, « La rupture de l'école et du palais dans le mouvement des idées », in *Mélanges Christian Mouly*, Litec, 1998, 69, p. 82.

2627. Philippe Jestaz, *Les sources du droit*, 2e éd., Dalloz, 2015, p. 172.

2628. Olivier Beaud, « Joseph Barthélémy ou la fin de la doctrine constitutionnelle classique », *Droits*, n° 32, 2000, 89, p. 89.

2629. Lionel Andreu, « Des précédents jurisprudentiels imaginaires », *D.*, 2021, 581, p. 586.

judiciaire ou juridictionnel »[2630]. On trouve des traces de ce déplacement « d'un pôle à l'autre »[2631] dans tous les discours doctrinaux disciplinaires, contesté ou critiqué à différents titres et sous différents noms ; on parlera de « pararéalisme » en droit constitutionnel[2632], de dérive techniciste en droit administratif[2633] et de célébration aveugle en droit privé[2634] pour désigner, à chaque fois, le même phénomène. « La jurisprudence [est] disséquée dans ses moindres détails — jusqu'à la nausée, diront certains — et aucun des méandres de son évolution sur telle ou telle question ne sera plus ignoré. »[2635] La jurisprudence, désormais, tend non seulement à occuper l'essentiel de l'espace éditorial[2636], mais encore l'essentiel de l'espace discursif[2637] voire de l'espace d'enseignement[2638]. Alors qu'hier on

---

2630. Paul Amselek, « Le 'juridique' se réduit-il au 'judiciaire' ou 'juridictionnel' ? », *op. cit.*, p. 4.

2631. Philippe Jestaz, « Les sources du droit : le déplacement d'un pôle à un autre », *op. cit.*

2632. Otto Pfersmann, « De l'impossibilité du changement de sens de la Constitution », in *L'esprit des institutions, l'équilibre des pouvoirs. Mélanges en l'honneur de Pierre Pactet*, Dalloz, 2003, pp. 353-374.

2633. Jacques Chevallier qualifie cette dérive de « positivisme techniciste » (d'après, d'ailleurs, Marcel Waline dans son *Traité de droit administratif*, Sirey, 1951, p. III), le positivisme en question étant probablement à entendre sous une forme plus large et plus connotée que la *posture théorique* positiviste comme désignant une tendance des auteurs à se cantonner, en ses termes, à « rendre compte le plus fidèlement possible des dispositifs juridiques existants et construire les cadres d'interprétation indissociables des mécanismes de production et d'application du droit » sans repenser, au préalable, le besoin, le sens ou la logique de ces cadres ou le *contenu* de ces dispositifs juridiques (« La fin des écoles ? », *RDP*, n° 3, 1997, 679, p. 688). À cet égard, « beaucoup de juristes apparaissent ainsi comme des artisans dont l'action permet de recoudre en permanence le tissu normatif en le replaçant sous l'empire de la rationalité » (« Doctrine juridique et science juridique », *Droit et société*, n° 50, 2002, 103, p. 114).

2634. Jean-Denis Bredin, dès 1981, déplore que le discours doctrinal ait tendu à « célébr[er] aveuglément le culte de la jurisprudence », et que, « passé le temps où la doctrine s'est vouée au commentaire de la loi, forme parfaite du droit, elle s'est cherchée d'autres dieux : elle a trouvé les jugements. Et la réflexion juridique livrée à ses nouveaux cultes s'est enfermée dans le commentaire de la jurisprudence » (« Remarques sur la doctrine », in *Mélanges Pierre Hébraud*, Université des Sciences Sociales de Toulouse, 1981, 111, p. 117).

2635. Philippe Jestaz et Christophe Jamin, « Préface », *op. cit.*, p. 28.

2636. Que ce soit des « chroniques de jurisprudence (…) des sommaires commentés (…) sans parler des commentaires » (Philippe Jestaz, « Déclin de la doctrine ? », *op. cit.*, p. 87), « les nombreuses publications juridiques sont, en effet, demandeuses de commentaires, plus que d'articles dits 'de fond' » (Bruno Dondero, « Pour un droit plus systématique : vers la fin des notes de jurisprudence ? », *op. cit.*, p. 293).

2637. Ce qui, au choix, simplement souligné (« le commentaire d'arrêt devient le genre favori des juristes », Philippe Jestaz, *Les sources du droit*, *op. cit.*, p. 63), dénoncé (« le reproche est (…) constamment répété : la doctrine se concentre trop sur la jurisprudence » et les « commentaires d'arrêts inédits ne cessent de se multiplier, alors même que ces décisions n'ont *a priori* aucune portée en droit positif » (Youssef Guenzoui, « Un conflit de doctrines. Doctrine universitaire versus Doctrine de la Cour de cassation », *op. cit.*, p. 275 et 277 et, dans le même sens, Frédéric Rouvière, « La fin du commentaire d'arrêt », *op. cit.*)) ou loué (la pratique du commentaire représentant un moyen par lequel le discours doctrinal accomplit son devoir « d'applaudir quand il le faut (…) ou au contraire de blâmer avec discernement », Pierre-Yves Gautier, « L'influence de la doctrine sur la jurisprudence », *D.*, 2003, 2839, p. 2839, et, dans le même sens, « Doctrines du passé et de l'avenir », *op. cit.*, 1045).

2638. Que l'exercice du commentaire d'arrêt soit ensuite défendu (dans, par exemple, Dimitri Houtcieff, « Motivation enrichie des arrêts de la Cour de cassation : sans commentaire ? », *D.*, 2020, 662, p. 662 ou Pierre-Yves Gautier, Jean-François Cesaro et Fabrice Leduc, *op. cit.*), questionné (notamment dans la mesure où il prend le pas sur d'autres types de commentaire, voir Jean-Louis Sourioux, « Pour l'apprentissage du langage du droit », *RTD civ.*, 1999, 343, p. 348) ou vilipendé (Christophe Jamin, « Cliniques du droit : innovation *versus* professionnalisation ? », *D.*, 2014, 675, pp. 676-677).

pouvait soit affirmer que « sans la doctrine pour traduire la jurisprudence, la mettre en perspective et lui donner une cohérence interne, la masse des arrêts serait restée inerte et improductive » [2639], soit feindre de s'interroger sur ce que serait la jurisprudence sans la doctrine, c'est bien aujourd'hui la question inverse qui se pose : « que serait la doctrine sans la jurisprudence ? » [2640]

698 **La maîtrise de la jurisprudence, bouclier contre les angoisses du discours doctrinal.** Cette dernière question elle-même n'a rien de honteux ou d'existentiel et les critiques peuvent aisément être ignorées tant que cette concentration jurisprudentielle du discours doctrinal n'emporte pas de conséquence sur sa maîtrise du champ juridique dans son ensemble ; tant que la jurisprudence, objet et créature du travail doctrinal, n'est admise que dans la mesure où elle passe par son prisme. Quand bien même l'espace discursif du discours se réduirait à la jurisprudence, la problématique n'est pas encore existentielle tant que l'on peut continuer de considérer que c'est « à la condition d'être publiée » qu'une décision peut acquérir « une résonance sociologique » [2641] — cet ersatz de normativité concédé au phénomène jurisprudentiel, dans la mesure où cette publication emporte, automatiquement [2642], son commentaire et donc sa soumission au « traitement de la méthode » qui la « purifie et [la fait entrer] dans la dignité logique du droit » [2643]. De même, cette maîtrise des modalités de la connaissance de la jurisprudence permet de perpétuer, si ce n'est l'idée d'un juge contrôlé et limité par le discours doctrinal, du moins celle d'une *évolution future* guidée et aidée par ce discours : le juge demeure « un enfant de la doctrine » [2644]. Les diverses théories du droit qui démontrent que l'idée même de rechercher les « directives » susceptibles d'assujettir le juge à « certaines lisières, qui limitent sa liberté et en arrêtent les excès » dans les « éléments sociaux d'ordre général, puisés dans la nature des choses, qui révèlent le droit, d'une façon pour ainsi dire occasionnelle » [2645] tient du double emploi ou de la perte de temps [2646] importent assez peu. En revanche, le questionnement change instantanément de nature dès lors que, d'une manière ou d'une autre, la jurisprudence (ou, pire, les décisions de justice dans leur ensemble) se

---

2639. Maryse Deguergue, *op. cit.*, p. 42.

2640. Youssef Guenzoui, « Un conflit de doctrines. Doctrine universitaire versus Doctrine de la Cour de cassation », *op. cit.*, p. 275.

2641. Jean Boulanger, « Notations sur le pouvoir créateur de la jurisprudence civile », *RTD civ.*, 1961, 417, p. 420.

2642. Ainsi, « l'on sait que la jurisprudence n'est présente dans la 'trimestrielle' (*la Revue Trimestrielle de Droit Civil*) que par le truchement de commentaires » (Jérôme Huet, « Les enjeux éditoriaux – 2e partie : les contraintes », *RTD civ.*, 2002, 744, p. 745).

2643. Natalino Irti, *op. cit.*, p. 60.

2644. Pierre-Yves Gautier, « L'influence de la doctrine sur la jurisprudence », *op. cit.*, p. 2839.

2645. François Gény, *Méthode d'interprétation et sources en droit privé positif : essai critique*, *op. cit.*, t. 1, p. 151.

2646. Du double-emploi pour les normativistes, qui considèrent déjà les normes applicables comme fixant un cadre interprétatif contraignant l'interprète ; l'ajout de contraintes doctrinales trouvant leurs origines dans ces normes ne change donc pas vraiment la situation, à ceci près que le discours doctrinal n'a pas reçu d'*habilitation* juridique à contraindre, d'une manière ou d'une autre, l'interprétation judiciaire. On tombera dans une idée de perte de temps du point de vue des réalistes qui, selon le degré d'absolutisme de leurs conclusions, considèrent les énoncés juridiques applicables comme des contraintes secondaires ou comme des non-contraintes.

met à exister, dans sa « positivité » [2647], seule, sans le truchement essentiel du discours doctrinal. Or, sans forcément le clamer, c'est précisément ce qu'assureraient les outils de justice algorithmique : une modalité d'existence extradoctrinale, voire *anti*-doctrinale, des décisions de justice.

699 **Perte de maîtrise du phénomène jurisprudentiel, perte de maîtrise du phénomène juridique.** En d'autres termes, et alors que jusqu'ici les angoisses doctrinales liées à la dégradation de ce phénomène juridique n'atteignaient ni les méthodes mobilisées par le discours, ni son univers culturel, ces outils semblent ouvrir une brèche dans ce voile d'ignorance et laisser entrevoir une *réalité*, quel que soit son degré de correspondance à la *vérité* du droit, elle-même anti-doctrinale puisque dégradant chacun des éléments essentiels de sa construction. Au-delà d'une jurisprudence qui trahit aujourd'hui celui qui l'a *créée*, c'est donc tout le phénomène juridique qui, derrière le fossé grandissant dissimulé par l'univers culturel doctrinal, prend des caractères qui n'ont plus rien à voir avec ceux que lui prêtait jusqu'ici le discours doctrinal. C'est peut-être, alors, en pure perte que le discours se rattache à ses méthodes anciennes et cet univers culturel, puisqu'« aucune doctrine de la méthode ne peut nous rendre ce qui est passé » [2648].

§ 2. *La trahison de la jurisprudence*

700 **Maîtrise du droit et légitimité du discours.** C'est une chose pour le discours doctrinal de voir son univers culturel, son office et sa structuration contestés ; ce type de remise en cause est habituel, d'où qu'il émane. Après tout, « la souffrance des théoriciens est le moteur de leur vocation » [2649], et cette vocation s'exprime, face à ces remises en cause, comme autant d'efforts de persuasion adressés à ceux qui contestent la pertinence du travail doctrinal. C'est là l'objet de toutes les controverses qui mettent dos à dos un discours praticien marginalisé et un discours académique monopolistique. De l'autre côté de la « coupure assez profonde entre les facultés de droit et les lieux où se décident les orientations du droit » et où ce droit est manipulé [2650], quand les rapports ne sont pas tout simplement ceux d'une ignorance mutuelle [2651], on regrette de ne plus trouver, dans les travaux universitaires, « une clarification du droit positif [basée] sur des sources fiables et suffisamment pertinentes pour emporter la conviction » [2652]. Contester la pertinence du travail doctrinal, cependant, c'est se trouver à un pas de la remise en cause de l'*existence* du travail doctrinal. Ce pas est alors franchi, çà et là, par les mêmes praticiens qui affirment qu'« il est toujours plus efficace d'invoquer devant un juge un arrêt récent rendu par l'un de ses pairs plutôt qu'un avis d'un universitaire

---

2647. Frédéric Zénati-Castaing, « La jurisprudence révélée », *op. cit.*, pp. 182-183.
2648. Natalino Irti, *op. cit.*, p. 67.
2649. Stéphane Rials, « Quelles crises ? Quel droit ? », *Droits*, nº 4, 1986, 3, p. 3.
2650. Jean-Bernard Auby, *op. cit.*, p. 37.
2651. Soulignée, par exemple, dans Marc Clément, « La doctrine vue par le juge administratif : deux mondes qui s'ignorent ? », *RJE*, numéro spécial, 2016, 339, p. 341.
2652. Christophe Bigot, « Réflexions d'un avocat sur la professionnalisation des études de droit », *op. cit.*, p. 1724.

qui ne peut plus prétendre à la légitimité intellectuelle sur son seul titre » [2653]. Le propos est sans doute volontairement irrévérencieux mais, en termes voilés, on le retrouve sous la plume de Marc Clément : « le juge fuit une approche théorique et craint de devoir se laisser enfermer dans des concepts trop rigides (...), [il] sait que le réel est toujours plus complexe qu'un modèle théorique », sur le format de ceux élaborés par le discours doctrinal, en l'occurrence administrativiste [2654]. Or, « dans une démarche commune aux sciences humaines sa légitimité [celle du discours doctrinal] sera recherchée dans la référence à d'autres auteurs académiques. Ce qui la conduit, elle aussi, à développer son propre référentiel, référentiel distinct du référentiel du juge » [2655]. Même aveu du côté, cette fois-ci, du discours privatiste : « loin d'être son interlocuteur privilégié, la doctrine présente (...) une attitude qui risquerait d'entraîner une certaine distance de la part de la Cour [de cassation] », ajoutant, et ce n'est pas anodin compte tenu de l'histoire de chaque discours doctrinal, « celle-là même que le Conseil d'État gard[e] à l'égard de la doctrine publiciste » [2656]. Les questionnements existentiels ne sont pas loin même lorsqu'ils sont feutrés et c'est bien pour cette raison qu'il y a toujours eu des initiatives de *rénovation* et de *mutation* du discours doctrinal.

701 **Le temple attaqué**. Avec les outils de justice algorithmique, ce qui se joue n'est pas seulement une remise en cause de la forme et du fond du discours doctrinal, mais, surtout de manière beaucoup moins feutrée, de sa place dans le champ juridique, de son rôle, et *in fine*, de sa subsistance. Ces outils font en effet germer toute une série d'idées qui sont, on l'a vu, contraires aux fondements du discours doctrinal ; mais ce faisant, et en sapant chacun de ses piliers, c'est tout le temple qu'ils fragilisent (**A**). Or, fragiliser le temple, c'est aussi imposer à l'esprit des gardiens comme des passants la question de sa survie et de la *nécessité* de sa survie (**B**).

A. Des outils de justice algorithmique sapant les fondations du temple doctrinal

702 **Des fondations attaquées**. Si l'on récapitule, les outils de justice algorithmique seraient porteurs de plusieurs idées : l'idée que la jurisprudence, qui n'est *plus* celle que le discours doctrinal s'est employé à préserver, délimiter et entretenir depuis plus d'un siècle, *pourrait exister, être connue et parler « seule »*. Cette nouvelle jurisprudence pourrait donc ne plus dépendre de ce discours en rien. Parce qu'elle trouverait dans les outils de justice algorithmique un nouveau filtre *technologique* [2657], elle n'aurait plus besoin du filtre doctrinal et de la publication de notes ou de commentaires pour exister, chacune des décisions qui la composent

2653. *Ibid.* L'italique est le nôtre.
2654. Marc Clément, « La doctrine vue par le juge administratif : deux mondes qui s'ignorent ? », *op. cit.*, p. 341.
2655. *Ibid.*, p. 345.
2656. Youssef Guenzoui, « Un conflit de doctrines. Doctrine universitaire versus Doctrine de la Cour de cassation », *op. cit.*, p. 277.
2657. Qui, rappelons-le, n'est pas plus exempt de biais et de limites que le filtre doctrinal – ils sont simplement d'une nature à la fois différente et, à ce stade, encore fort mal connue.

ayant vocation à être mise en ligne dès sa lecture ; elle n'aurait plus besoin de ce filtre pour être connue puisque bases de données jurisprudentielles en ligne et outils de justice prédictive, chacun à leur manière, se proposent de construire les outils nécessaires à la structuration de la masse qu'elle représente et à la recherche de l'information pertinente au sein de cette masse ; elle aurait, finalement, encore moins besoin de ce filtre pour parler puisque ces mêmes outils de justice prédictive se proposent, par le biais de traitements probabilistes et statistiques, de la laisser parler seule. Ce qui pourrait n'être qu'une modalité d'existence *a-doctrinale* de la « jurisprudence » [2658] deviendrait, insensiblement, une modalité d'existence *anti*-doctrinale dès lors que, là encore, le pas à franchir entre l'idée que ces décisions peuvent exister, être connues et être exploitées sans le discours doctrinal et celle qu'elles peuvent, en plus, l'être *plus globalement* (si ce n'est mieux) n'est pas si large. Si aucun argumentaire marketing ne va jusque-là, on peut retrouver cette idée en creux dans certaines contributions au discours relatif à ces outils émanant soit du discours praticien, soit de portions du discours académique représentatives de positions alternatives face au phénomène juridique ou à son analyse. Ainsi, pour un tenant de l'analyse économique du droit, « les techniques d'investigation innovantes » que proposent les outils de justice algorithmique « tentent de combler » des lacunes tant des mesures économiques brutes que de l'analyse juridique traditionnelle. Cette tentative reposerait sur leur « à la connaissance du droit concern[ant] l'évaluation et la mesure des systèmes juridiques grâce à l'utilisation des outils statistiques, économétriques ou expérimentaux », domaines jusqu'ici peu investis par l'*analyse* du droit [2659]. De même, cette fois-ci pour des magistrats, « l'analyse systématique des décisions de justice rendues pourrait permettre (...) de connaître des pratiques judiciaires qui sont aujourd'hui impossibles à objectiver autrement que par extrapolation à partir d'échantillons de décisions » [2660]. Bref, si le discours doctrinal a bien apporté un feu prométhéen à la jurisprudence, avec les outils de justice algorithmique, la jurisprudence s'émancipe désormais de sa tutelle et, ainsi, abat l'un des derniers fondements de sa position autoritaire sur le champ juridique. Or, si le discours doctrinal ne peut plus se présenter comme indispensable à l'existence, à la connaissance et l'analyse d'une portion du droit aujourd'hui devenue fondamentale, c'est toute sa raison d'être qui se trouve être questionnée.

703 **Une inversion de l'équilibre de codépendance entre discours doctrinal et phénomène jurisprudentiel.** En faisant le choix, au tournant des deux siècles, de

---

2658. Il faut en effet admettre qu'en dehors des quelques enseignants-chercheurs impliqués, à différents niveaux, dans le développement de certains outils de justice algorithmique, le discours doctrinal *n'a pas, n'est pas* et, *a priori, ne sera pas* impliqué dans la construction, l'entretien et la conception finale de ces outils à titre collectif. À un niveau individuel, on peut relever le cas du comité éthique de Predictice qui inclut les professeurs Sébastien Pimont et Fabrice Melleray, ou de l'équipe de développement de *JURI'PREDIS* qui inclut le professeur Frédéric Rouvière.

2659. Au contraire du champ politique, au travers des différents standards, indices et mesures statistiques, voir Bruno Deffains, « Chiffre et Droit public. Le point de vue de l'économiste », in Association des doctorants en droit public de l'Université de Lyon (dir.), *Chiffre(s) et droit public*, Mare & Martin, 2022, 47, p. 57.

2660. Éloi Buat-Ménard et Paolo Giambiasi, *op. cit.*, p. 1488.

faire reposer sa légitimité, sa raison d'être et le cœur de ses missions sur la jurisprudence, le discours doctrinal s'est assuré un rôle quasi démiurge sur le champ juridique. En se concentrant non seulement autour de ce seul espace, mais encore autour d'une portion infinitésimale de cet espace, le même discours a cependant, et progressivement, contribué à mettre en place « les signes avant-coureurs d'une 'mise sur la touche' qui est aujourd'hui complète, acceptée, voulue » [2661]. En acceptant cette mise sur la touche et une inversion de l'équilibre de sa relation de codépendance avec la jurisprudence, le discours a fait un pari et « pris le risque de s'opposer à une autorité plus dynamique, plus créative et surtout plus concrète que la [sienne] » [2662]. La prise d'âge de l'univers culturel doctrinal, son décalage progressif avec l'univers juridique français, le maintien de méthodes centenaires, tous ces éléments ont contribué à retenir « la doctrine au seuil de la caverne » [2663], le regard toujours dirigé vers les ombres d'un monde juridique qui n'existe peut-être plus mais qui correspond toujours à celui qui l'a vue naître et prospérer. Si les outils de justice algorithmique contribuent à vraiment inverser le regard, à le tourner vers l'extérieur et à voir ce qu'il a de plus réel et de moins idéel, alors il n'est pas surprenant que la tension la plus latente du discours doctrinal relatif à ces outils soit une tension méthodologique : ainsi, « l'appauvrissement » de la recherche juridique est directement lié au risque de se « contenter des analyses 'automatiques' de notre jurisprudence ou de nos textes », qui d'ailleurs risquent de « porter atteinte à la diversité qui fait la richesse et l'intérêt de la recherche en droit » [2664]. La thématique du remplacement, de la substitution ou de la perte d'influence du discours doctrinal face aux propositions des outils de justice algorithmique est alors mobilisée pour exprimer la *crainte* d'un renversement méthodologique qui emporterait avec lui un discours doctrinal qui ne peut pas les suivre sans remettre en cause son univers culturel et toute sa conception de lui-même. En soulignant que « le droit jurisprudentiel n'a de valeur que par le raisonnement qu'il permet de pousser » et qu'il « n'est pas une donnée quantitative et factuelle » [2665], le discours relatif à ces outils tente de justifier *sa* compréhension du phénomène jurisprudentiel et juridique et d'affirmer la valeur de *ses* raisonnements. Finalement, quand, face au projet de construire des outils de maîtrise du droit jurisprudentiel dans ses dimensions répétitives, quantitatives et factuelles, on se demande si c'est « cela, le droit, fait au contraire et avant tout d'un raisonnement juridique » [2666], on prend un peu acte du fait que « la jurisprudence est le reflet de notre pensée sur le droit et sur son raisonnement » [2667] et qu'elle est en train de changer et, avec elle, le droit et son raisonnement tout entier. Repousser les outils de justice algorithmique

---

2661. Christian Atias, « La doctrine française (droit privé) 1900-1930 », *op. cit.*, p. 199.
2662. Pierre-Nicolas Barénot, *Les recueils de jurisprudence*, *op. cit.*, p. 463.
2663. *Ibid.*, p. 451.
2664. Magali Bouteille-Brigant, « Pour un «transjuridisme» ? », *op. cit.*, p. 305.
2665. Pierre-Yves Gautier et Natalie Blanc, « Contre 'l'anonymisation' des arrêts publiés : décadence des références de jurisprudence », *D.*, 2019, 1648, p. 1648.
2666. Pierre-Yves Gautier, « Le filtre intellectuel apporté par la doctrine à l'analyse des décisions de jurisprudence est source de gain de temps pour tous », *op. cit.*, p. 87.
2667. Frédéric Rouvière, « Open et big data : l'évolution du concept de jurisprudence », *op. cit.*, p. 492.

et les nouveaux biais d'analyse qu'ils proposent constitue donc une tentative de sauvetage des méthodes traditionnelles du discours doctrinal, précisément parce que c'est à ces méthodes que tiennent son univers culturel et, donc, sa subsistance :

> « *la méthode (...) exprime l'effort suprême de sauver, sous une apparence de technicisme neutre, un monde désormais perdu. Elle en résulte comme détachée, dé-historicisée, et poussée à vivre au-delà du déclin. Le monde n'existe plus ; mais la méthode reste, et le juriste peut ainsi y puiser encore sa propre valeur et la dignité scientifique de son propre travail. Il veut en quelque sorte cette méthode, car il n'est plus capable de vouloir ce monde.* » [2668]

Or, dans ce monde, l'inversion de la relation de codépendance à laquelle le discours doctrinal a lui-même contribuée devient évident. L'acteur auxiliaire n'est plus une jurisprudence, quel que soit son contenu, qui se déploie seule depuis déjà plusieurs décennies, mais bien le discours doctrinal qui s'y est arrimé [2669]. Ce sont alors des craintes affichées périodiquement qui passent du stade de la saine inquiétude à la froide réalité.

704 **Des outils de justice algorithmique s'engouffrant dans les fissures du temple.** « Au bout du compte, le triomphe du docteur sur le juge (...) n'a été qu'une illusion éphémère. Le juge a fini par être l'interprète du droit et, avec la complicité de la loi, par marquer, *grâce à la jurisprudence législative*, le déclin irrémédiable de la doctrine. » [2670] Et les signes annonciateurs, ces inquiétudes périodiques qui n'ont, jusqu'ici, pas encore atteint le cœur du discours doctrinal, étaient nombreux avant l'arrivée des outils de justice algorithmique. L'apparition des premières banques et bases de données sous l'impulsion de l'informatique juridique avait déjà été l'occasion de s'inquiéter de la perte de contrôle du discours doctrinal sur l'existence et l'analyse de la jurisprudence. La perte de contrôle était, bien sûr, d'abord quantitative : on craignait alors d'« être englouti par un monceau de décision » [2671], de voir « la surinformation jurisprudentielle (...) altérer [l']analyse, (...) obscurcir [l']effort de prédiction et (...) anéantir [l']esprit critique » [2672]. On voit déjà là poindre une seconde crainte de perte de contrôle ; une perte de contrôle qualitative, puisqu'alors qu'« autrefois, seule une décision sur dix accédait aux lumières de la doctrine (...), aujourd'hui, dès lors que toutes les décisions sont diffusées par les moyens informatiques, le danger est grand de vouloir colporter, sans précautions, des interprétations hasardeuses, publiées sans contrôle » [2673]. La maîtrise du discours doctrinal sur le phénomène jurisprudentiel était alors déjà mise à mal, y compris d'ailleurs par les propositions méthodologiques de l'informatique juridique, ces « études de

---

2668. Natalino Irti, *op. cit.*, p. 61.

2669. Vincent Forray et Sébastien Pimont, *Décrire le droit... Et le transformer. Essai sur la décriture du droit*, *op. cit.*, p. 243.

2670. Frédéric Zénati, *La jurisprudence*, *op. cit.*, pp. 271-272.

2671. Michelle Gobert, *op. cit.*, p. 104.

2672. Philippe Malaurie, « Rapport français », *op. cit.*, p. 82.

2673. Daniel Tricot, « Le fabuleux destin d'une décision de non-admission ou les périls de l'interprétation », in *La création du droit jurisprudentiel. Mélanges en l'honneur de Jacques Boré*, Dalloz, 2007, 464, p. 465, cité par Youssef Guenzoui, « Un conflit de doctrines. Doctrine universitaire versus Doctrine de la Cour de cassation », *op. cit.*, p. 276.

'masses jurisprudentielles' » auxquelles on reprochait alors « de faire échapper ces décisions au commentaire alors que dans notre système juridique désormais *il n'y a pas de vraie jurisprudence sans critique doctrinale* » [2674]. Ces premières secousses n'ont certes pas imprimé de marque durable sur le discours doctrinal, mais elles y ont laissé des fissures — celles de l'impossible maîtrise de tout le matériau juridique et, surtout, du matériau jurisprudentiel [2675]. Elles ont aussi commencé à instiller l'idée d'une « éviction de la doctrine académique au profit de sources purement jurisprudentielles » [2676] et d'une « suppression des intermédiaires » que les juridictions suprêmes elles-mêmes ont tendu à confirmer en mettant en place leurs propres critères de hiérarchisation des décisions [2677], passant insensiblement *avant* ceux du discours doctrinal lorsque les deux sont mentionnés [2678]. En ce sens, les outils de justice algorithmique s'engouffrent dans ces fissures pour les questionner de nouveau : si « l'application de la loi édictée en termes généraux impliquait la médiation de l'interprète », si, dans ce cadre, « la place de la doctrine se révélait alors centrale dans l'édifice juridique [puisqu'] elle donnait une interprétation autorisée » et si « ce rôle se restreint considérablement s'il s'agit seulement d'appliquer une norme précise » [2679], qu'en est-il de ce rôle quand sont accessibles quasi instantanément des informations précises, chiffrées, collant au plus près des caractéristiques de chaque situation juridique individuelle, quand vient « l'ubérisation du droit, [l]e remplacement des juristes par la machine » [2680] ? Si le discours doctrinal « rend un véritable service mais qui est en quelque manière superflu » en permettant « une économie de moyens aux différents intéressés, à qui la synthèse de règles ou de

---

2674. Jean Hilaire, « Jugement et jurisprudence », *APD*, t. 39, 1995, 181, pp. 189-190. L'italique est le nôtre.

2675. Philippe Jestaz, « 'Doctrine' vs sociologie. Le refus des juristes », *op. cit.*, p. 157.

2676. Marc Clément, « La doctrine vue par le juge administratif : deux mondes qui s'ignorent ? », *op. cit.*, p. 346.

2677. Notamment le classements P.B.R.I. de la Cour de cassation, remplacé par un classement B.R.L.C. le 15 juin 2021 (voir, à ce sujet, Cour de cassation, « La nouvelle classification des arrêts », 15 juin 2021, disponible en ligne à <https://www.courdecassation.fr/toutes-les-actualites/2021/06/15/la-nouvelle-classification-des-arrets>). La mise en place initiale de ce système de balisage des décisions selon leur degré d'importance, ainsi d'ailleurs que le système de publication de notice explicative ou de communiqués sur le modèle de ceux rédigés par le Secrétariat Général du Conseil constitutionnel, ne s'est pas fait sans heurts : ainsi, « les juges préemptent le travail intellectuel sur leurs décisions en expliquant eux-mêmes directement au lecteur ce qu'ils ont voulu dire » (Bruno Dondero, « Nouvelle rédaction des arrêts de la Cour de cassation : panique à l'Université ! », *D.*, 2020, 145, p. 145) et si « l'identification de la jurisprudence a longtemps été le rôle privilégié de la doctrine », « ce rôle est appelé à évoluer du fait des indications de plus en plus nombreuses délivrées par les juridictions elles-mêmes » (Pascale Deumier, *Introduction générale au droit*, *op. cit.*, p. 331, note 103). Du côté du Conseil d'État, la maîtrise de la publication des arrêts est historique et remonte à la prise en charge de la publication du *Recueil Lebon* dès 1947 (Christine Maugüé et Jacques-Henri Stahl, *op. cit.*, p. 770).

2678. Ce qui est le cas dans le second rapport Cadiet, voir Loïc Cadiet, Cécile Chainais et Jean-Michel Sommer, *op. cit.*, pp. 80 et suiv. où il est précisé que « le signalement par les juridictions n'est évidemment pas exclusif du travail de la doctrine » (p. 85) — l'honneur est sauf !

2679. Annick Perrot, *op. cit.*, p. 202.

2680. Bruno Dondero, « Nouvelle rédaction des arrêts de la Cour de cassation : panique à l'Université ! », *op. cit.*, p. 145.

solution est obligeamment fournie » même si « chacun pourrait parvenir à se faire la sienne en y passant du temps », qu'en est-il lorsqu'il n'est même plus nécessaire d'y passer du temps [2681] ?

B. Des outils de justice algorithmique interrogeant la survie du temple doctrinal

705 **Déni, marketing et interrogations existentielles.** Réponse première à ces questions : « le déni. » [2682] Il s'illustre sein du discours doctrinal général, d'abord, puisque se trouvent « en première ligne, encore et toujours les juristes-professeurs, chargés d'enseigner le système et de mettre en ordre par conséquent la masse législative et réglementaire » [2683]. On y trouve alors cette habituelle « description raisonnée d'un corpus principal ou des notations thématiques destinées à établir l'état du droit à un moment donné » [2684]. Au sein du discours relatif aux outils de justice algorithmique, ensuite, ce déni s'incarne plutôt dans un argumentaire de sauvetage. Ainsi, de la même manière que « les obstacles au remplacement de l'homme par la machine dans le procès sont liés à la nature même du travail du juge » [2685], il s'agit de souligner toutes les caractéristiques du discours doctrinal qui justifient son maintien face aux outils : « l'approche qualitative », aux mains de l'Homme, « valorise le droit en tant que logique propre », « œuvre pour une préservation de l'identité juridique » [2686] et elle est seule à pouvoir évoluer dans un « environnement dont les données sont qualitatives, interprétées, sans certitude de la nature des relations entre elles » [2687]. Même en admettant l'intérêt d'une approche quantitative, non seulement cette dernière ne peut « sérieusement être menée sans une base très volumineuse d'informations juridiques » qui intègrent certes « celles issues des législations et décisions de justice (…) mais aussi de la doctrine » [2688], mais elle « doit au minimum se doubler d'une approche qualitative » dont les questionnements (la nature des données, leur hiérarchie, leur pertinence méthodologique) [2689] demeurent ceux du discours doctrinal. Après tout, si l'on considère que les outils ont pour but d'identifier des « précédents », cette mission n'est pas à leur portée puisqu'elle repose sur « un travail doctrinal préalable de la part du

---

2681. Rémy Libchaber, *L'ordre juridique et le discours du droit. Essai sur les limites de la connaissance du droit*, *op. cit.*, p. 369.

2682. Youssef Guenzoui, « Un conflit de doctrines. Doctrine universitaire versus Doctrine de la Cour de cassation », *op. cit.*, p. 288.

2683. Pierre Legendre, « La facture historique des systèmes. Notations pour une histoire comparative du droit administratif français », *RIDC*, vol. 23, n° 1, 1971, 5, p. 29.

2684. Pascal Ancel, Laurent Aynès, Denis Baranger *et al.*, « Sur la formation des juristes en France (II) », *Commentaire*, n° 151, 2015, 607, pp. 616-617.

2685. Samir Merabet, *Vers un droit de l'intelligence artificielle*, *op. cit.*, p. 215.

2686. Frédéric Rouvière, « La justice prédictive : peut-on réduire le droit en algorithmes ? », *op. cit.*, pp. 102-103.

2687. Samuel Benisty, *op. cit.*, p. 27.

2688. Gustavo Cerqueira, *op. cit.*, p. 169.

2689. Jean-Paul Jean, « À l'ère du numérique, ce que le criminel pourrait apprendre au civil en l'état », *op. cit.*, p. 952.

juge *et de la doctrine savante* » [2690]. Si l'on considère, au contraire, que ces outils n'encouragent le praticien qu'à « procéd[er] à des copier-coller, [à aligner] arrêt sur arrêt » alors que les choses soient claires : « non, ce n'est pas cela le droit ! » [2691] À côté de cet argumentaire, cependant, on voit déjà poindre les doutes qui, en interrogeant, répondent aux questions que cette opération quasi marketing permet d'éviter : « de quoi et comment le droit (…) sera-t-il façonné demain ? Et nous ? Qu'allons-nous être amenés à faire et à devenir ? (…) N'aurions-nous pas raté le train de cette innovation et négligé l'aventure portée par la justice prédictive ? (…) Allons-nous laisser aux experts du numérique le soin de nous révéler ce qu'est *notre* droit (…) et le potentiel de réflexion qu'il offre ? » [2692]

706 **Des outils de justice algorithmique comme miroir d'un discours doctrinal au pied du mur**. Peut-on cependant s'arrêter là ? Il y aurait sans doute dans cette démarche une dimension cynique, voire jubilatoire : comment qualifier autrement une entreprise de mise en lumière des faiblesses du discours doctrinal, même révélées par ailleurs, au risque d'en défendre la « marginalisation » [2693] ? Après tout, nous nous inscrivons nous-même au sein du discours doctrinal que les outils de justice algorithmique mettent en souffrance. Est-ce dire que nous admettons notre propre disparition imminente ? Il ne nous appartient pas de le faire, ne serait-ce que parce que l'argumentaire de promotion des apports du discours doctrinal ne se changera en déni qu'à deux conditions : si, d'une part, il ne promouvait que des qualités fantaisistes et si, d'autre part, les outils de justice algorithmique contribuaient véritablement à le remettre en cause. Or, sur cet aspect comme sur tous les autres, « dans la mesure où aucun outil offrant d'authentiques prédictions judiciaires n'a, pour l'heure, été mis en œuvre, les risques discutés reposent sur des analyses prospectives et des applications fantasmées de l'intelligence artificielle » [2694]. Par ailleurs, et dans la mesure où les objectifs assignés aux outils sont précis et *n'intègrent pas* une quelconque tentative de modélisation ou d'explication de la décision judiciaire, il est indéniable que tout travail d'analyse des décisions de justice de ce type *n'est pas* concurrencé par ces outils. Il en va de même pour ce qui est, encore aujourd'hui, le cœur du discours doctrinal : l'élaboration et l'entretien des systèmes et des constructions juridiques. Qu'il s'agisse là d'éléments que les outils de justice algorithmique ne peuvent pas espérer réaliser mieux que le discours doctrinal est évident, mais il faut aussi admettre qu'ils ne prétendent pas le faire et que la question n'est pas vraiment là. La question est plutôt celle de l'espace vide laissé par le discours doctrinal partout où il n'intervient pas, que ce soit matériellement (les décisions de la justice du fond) ou substantiellement (toute analyse qui ne

---

2690. Coralie Richaud, *op. cit.*, p. 90. L'italique est le nôtre et peu importe, à cet égard, que ce que l'outil révèle ne soit, ni en théorie ni en pratique, un précédent jurisprudentiel (voir notre démonstration en *supra* § 319 et suiv.).

2691. Pierre-Yves Gautier, « Open data des décisions de justice : quel enjeu pour la doctrine ? », *op. cit.*, p. 82.

2692. Aude Rouyère, « Propos conclusifs », *op. cit.*, *passim*.

2693. Frédéric Zénati-Castaing, « La jurisprudence révélée », *op. cit.*, p. 179.

2694. Anaïs Coletta, *op. cit.*, p. 247.

s'intègre pas dans une démarche dogmatique). C'est bien le « remplissage » de cet espace vide qui concurrencerait le discours doctrinal, pas les outils sur son propre terrain, et c'est pour cette raison que les enjeux ne sont pas seulement méthodologiques mais aussi épistémologiques et *existentiels*. Certains des auteurs du discours relatif à ces outils ne s'y trompent d'ailleurs pas : face aux outils « qui prétendent le concurrencer en efficience »,

> « *les hommes et les femmes du droit doivent défendre leur utilité, non par corporatisme ou conservatisme frileux, mais parce que le rôle qu'ils jouent contribue à la préservation de l'État de droit. Il ne suffit plus, au regard des alternatives qui surgissent, de se draper dans le rôle de la vertu outragée par la concurrence du chiffre (...). Nous devons d'abord balayer devant notre porte et cesser de colporter un discours déconnecté de la réalité ; admettre la part d'irrationnel et d'imparfait dans la production et l'application du droit. Pour cela, il faut que les juristes eux-mêmes fassent le deuil d'une présentation idéelle du droit et abandonnent certains mantras* » [2695].

Ce n'est rien de moins que cela que le second rapport Cadiet appelle de ses vœux [2696]. Peut-être que c'est ce deuil qui se joue dans le discours relatif aux outils de justice algorithmique, ainsi que la prise de conscience du vase clos dans lequel la production doctrinale évolue depuis le tournant des deux siècles. Quant à la manière dont il faudrait *balayer devant notre porte*, les possibilités sont infinies mais ça ne les rend pas nécessairement plus simples à conceptualiser et mettre en place. Si des organismes se proposent déjà de soutenir et financer des recherches portant sur des objets inhabituels ou adoptant un angle différent de celui traditionnellement adopté [2697] et si, on l'a vu, les propositions méthodologiques [2698] et épistémologiques ne manquent pas, il faut admettre qu'à ce stade tous ces efforts restent marginaux et individuels. Il n'y a pas *encore* d'entreprise globale de reconstruction, de reconfiguration et de réflexion nouvelle sur le discours doctrinal, son office, ses missions, ses méthodes, son appréhension et sa compréhension du droit, bref, sur toute, une *culture juridique doctrinale* mise en souffrance. Il n'y a, à ce stade, qu'une certaine prise de conscience qui rappelle

---

2695. Valérie-Laure Benabou, *op. cit.*, pp. 724-725.

2696. C'est, spécifiquement, l'objet de sa trente-et-unième recommandation, voir Loïc Cadiet, Cécile Chainais et Jean-Michel Sommer, *op. cit.*

2697. Notamment l'ancienne Mission Droit et Justice, devenue l'IERDJ, à qui l'on doit l'essentiel des études approfondies sur les barèmes et les référentiels locaux ainsi qu'un certain nombre d'études menées à un niveau plus proche de la justice du fond (notamment sur des pratiques comme la comparution sur reconnaissable préalable de culpabilité ou la notion de « parcours usager » (Jerôme Bossan et Laurence Leturmy (dir.), « Comparution sur reconnaissance préalable de culpabilité – Bilans et perspectives », Rapport à la Mission Droit et Justice, 2019 ou Audrey Damiens et Stéphanie Mauclair (dir.), « Le parcours usager des justiciables face aux aspects numériques des procédures judiciaires en matière de logement », étude en cours menée pour le GIP Mission de recherche Droit et Justice depuis 2020)) ou mobilisant des méthodologies quantitatives et expérimentales (voir Matthieu Balarouci, « Production et performance de l'activité de conciliation civile en France : approches quantitatives, qualitatives et expérimentales », étude en cours menée pour le GIP Mission de recherche Droit et Justice depuis 2021).

2698. Notamment pour se saisir d'un *open data* exhaustif, non seulement d'un point de vue doctrinal mais aussi institutionnel – voir, par exemple, Xavier Henry, « Du positionnement des décisions des juges du fond », *JCP*, n° 49, 2022, pp. 2246-2248.

celle de J. Carbonnier : « ce pourrait être une caractéristique de notre temps que le droit, pour la première fois, participe à l'angoisse historique. » [2699] *Notre* temps n'est peut-être pas le sien, et le droit en question est sans doute plus sa reconstruction que sa *réalité*, mais l'angoisse est bien là.

707 **Une angoisse existentielle partagée avec les discours doctrinaux étrangers**. Cette angoisse est la même que celle, déjà vue précédemment, souffert par les discours doctrinaux des systèmes de *common law* et, surtout, par le discours doctrinal québécois. Après tout, n'y était-il pas déjà souligné que « la doctrine risque de perdre son statut de médiatrice entre la jurisprudence et l'ensemble de la communauté juridique », affaiblie qu'elle risquerait d'être par « la technique de recherche par mots-clés » qui rendrait obsolète les « grandes inductions généralisantes » qu'elle élaborerait [2700] ? Cette remise en cause de la position interstitielle du discours doctrinal, certes plus fragile au Québec qu'en France, est la source même de sa reconfiguration actuelle. Plus encore, d'autres que nous ont puisé dans une comparaison entre les discours doctrinaux français et ceux des systèmes de *common law* la *prédiction* d'une crise future : ainsi, Valéry Crombez écrivait déjà en 1995 que le « problème de l'influence doctrinale sur la mission d'interprétation du droit positif va se résoudre en cette fin de XXe siècle grâce à l'arrivée en force sur le marché juridique des outils informatiques et notamment de ce que l'on appelle déjà les banques de données juridiques » puisque « les professions du droit pourront (...) appliquer le droit ainsi divulgué à l'état brut, c'est-à-dire sans plus devoir souffrir l'immixtion des jurisconsultes » [2701]. « C'est la fin de l'emprise discursive sur la connaissance du droit (...) la censure pratique par l'entité doctrinale disparaîtrait, et les praticiens deviendraient les seuls maîtres de l'interprétation juridique. » [2702] Si la prédiction était alors immédiatement temporisée par l'idée que ces technologies, une fois mises à leur service, « leur permet[tent] de recueillir plus rapidement le matériau juridique nécessaire à une prise de connaissance exhaustive » et qu'alors « le progrès des technologies se met au service de la doctrine mais ne la concurrence pas » [2703], il faut admettre que les premières secousses, et donc les premières opportunités et cette première prédiction, ont été ignorées en France. C'est là la véritable différence entre les systèmes de *common law* et le système civiliste français : cette différence n'est ni juridique, ni systémique mais proprement doctrinale. Le discours doctrinal français est parvenu à éviter les premières secousses qui ont entraîné une reconfiguration des discours doctrinaux de *common law* et de système mixte ; il se trouve donc aujourd'hui seul face aux répliques qu'il a contribué à générer.

2699. Jean Carbonnier, *Flexible droit. Textes pour une sociologie sans rigueur*, 5e éd., LGDJ, 1983, p. 153.

2700. Mathieu Devinat, *La règle prétorienne en droit français et canadien*, *op. cit.*, p. 365.

2701. Valéry Crombez, *op. cit.*, p. 69.

2702. *Ibid.*

2703. *Ibid.*, p. 70.

Conclusion du chapitre 2

708 **Le réveil d'une crise doctrinale.** « Serions-nous à l'aube de la réalisation d'une crise du pouvoir interprétatif de la doctrine qui priverait les auteurs d'une de leurs fonctions principales ? » [2704], interrogeait en 1995 Valérie Crombez. Si, à l'époque, il pouvait sembler « [dé]raisonnable de le croire » [2705], la question semble de nouveau se poser alors que se dressent de nouveau des outils informatiques devant le discours doctrinal. Clairvoyant serait celui qui pourrait prédire, à son tour, si cette aube-ci est venue ; à défaut, le discours relatif à ces outils tend à, effectivement, révéler que c'est ainsi que leur *apparition* est ressentie.

709 **Un antagonisme indéniable entre outils de justice algorithmique et discours doctrinal français.** Les outils de justice algorithmique et le discours doctrinal apparaissent matériellement, profondément antagonistes. Cet antagonisme, lié d'une part à la manière dont les outils fonctionnent, à l'objectif qui leur est assigné ainsi qu'au matériau sur lesquels ils appliquent leur traitement et, d'autre part, aux méthodes exploitées par le discours doctrinal pour poursuivre sa mission essentielle d'ordonnancement et de simplification du champ juridique, rappelle d'autres antagonismes passés parfois depuis plus d'un siècle. Il rappelle certes directement le peu de cas fait de l'informatique juridique lors de la seconde moitié du XXe siècle, mais il rappelle surtout le destin de toutes les propositions alternatives que la force d'inertie du discours doctrinal français a permis de balayer jusqu'ici — et, au premier chef, celles qui lui ont été adressées au moment où il se structurait au tournant des XIXe et XXe siècles. Le passage à une analyse qui intégrerait non seulement la dimension factuelle des décisions de justice mais qui, en plus, admettrait leur nature conflictuelle au lieu de la faire disparaître a ainsi été ouvert à plusieurs reprises et ignoré autant de fois. Si Christophe Jamin qualifie la première de ces opportunités de « moment réaliste de la pensée juridique française » [2706], chacun de ces « moments », y compris ceux toujours en cours, a ouvert une brèche dans l'édifice doctrinal, certaines plus larges que d'autre. C'est à travers ces brèches que la prise de conscience du décalage progressif entre l'univers juridique du système juridique français et l'univers culturel du discours doctrinal toujours perpétué et entretenu est rendue possible.

710 **Un antagonisme lourd de conséquences.** Si les outils de justice algorithmique constituent une réplique de ces secousses régulières et s'ils ouvrent de nouveau une brèche dans l'édifice doctrinal, alors les questionnements qu'ils provoquent ne sont pas seulement d'ordre méthodologique mais ils sont aussi et surtout d'ordre existentiel. Peut-il en être autrement, quand ces outils offrent à une jurisprudence historiquement mise au jour, maîtrisée et contrôlée par le discours doctrinal des modalités d'existence autonome vis-à-vis du traditionnel filtre doctrinal ? En modifiant le contenu de cette jurisprudence et en l'extirpant du giron doctrinal, les outils de justice algorithmique donneraient à voir un monde dans lequel le

---

2704. *Ibid.*, p. 69.
2705. *Ibid.*
2706. Par exemple dans Christophe Jamin, « La doctrine : explication de texte », *op. cit.*, p. 231.

discours doctrinal a perdu le fondement essentiel de sa position d'autorité sur le champ juridique. Ce monde est alors, de manière compréhensible pour un discours qui se place toujours en surplomb des sources, des autorités et des producteurs du droit, difficilement tolérable et infuse donc le réflexe de rejet des outils de justice algorithmique. Que ces outils soient, dans les faits et dans une temporalité encore incertaine, susceptibles ou non de marginaliser le discours doctrinal importe finalement assez peu : à partir du moment où le risque est perçu, tout doit être mis en œuvre pour qu'il ne se matérialise pas. La machine doctrinale est alors en marche, comme elle l'a été auparavant et il reste encore à savoir si elle pourra, cette fois-ci, faire obstacle à des outils qui ne dépendent pas d'elle.

Conclusion du titre II

711 **La mise à défaut de l'univers doctrinal français, seconde prémisse de l'hypothèse culturelle et doctrinale.** La validation de la seconde prémisse de notre hypothèse culturelle et doctrinale imposait, une fois la spécificité du discours doctrinal français et de son univers culturel avérée, de pouvoir démontrer que cet univers culturel particulier était mis en souffrance par les outils de justice algorithmique de manière à justifier les tensions perceptibles au sein du discours les traitant. À cet égard, l'interrogation principale du présent titre était celle-ci : les outils de justice algorithmique ouvrent-ils véritablement une brèche sur un univers juridique changé, méconnu du discours doctrinal français, et, ce faisant, ces outils sont-ils au moins susceptibles de remettre en cause les fondements méthodologiques et épistémologiques de ce discours ? Cette question en deux temps appelait, naturellement, un traitement en deux temps.

712 **Le décalage révélé entre univers doctrinal et univers juridique du système civiliste français.** Le premier nous a permis de confirmer que les outils de justice algorithmique s'insèrent dans une thématique connue du discours doctrinal : celle de la crise du droit. Nés, nous l'avons vu, de l'évolutions des caractères des univers juridiques des systèmes de *common law*, ils ont aussi connu, en France, une première genèse à partir des mêmes présupposés. Le mouvement qui a enclenché le développement des premiers outils de justice informatique, l'informatique juridique, poursuivait alors à travers eux le double objectif de révéler et de maîtriser une masse d'informations juridiques méconnue jusqu'alors. Les similitudes entre ce mouvement et ceux qui, outre-Atlantique et outre-Manche, ont enclenché une mutation des discours doctrinaux sont aussi nombreuses que les similitudes aujourd'hui perceptibles avec le discours français relatif aux outils de justice algorithmique pour une raison simple : si le thème de la crise du droit et de sa *dégradation* est constamment mobilisé par ce discours, il n'a pour autant pas encore enclenché de changement ou rénovation épistémologique ou méthodologique. Alors que les apports et les propositions de l'informatique juridique auraient peut-être pu enclencher, comme au Québec, ce processus de reconceptualisation du discours doctrinal, leur disparition à la fin des années 1990 a contribué à enterrer toute perspective de renouvellement du fait d'outils informatiques. Tout

le questionnement démarré entre les années 1960 et 1990, identique à celui auxquels ont été confrontés les discours doctrinaux de *common law* en général et le discours doctrinal québécois en particulier se rejoue donc selon les mêmes termes aujourd'hui *uniquement* en France. La fenêtre ouverte sur un univers juridique en tous points opposé à l'univers culturel du discours doctrinal français réactive alors le réflexe d'autoprotection qui a permis, jusqu'ici, de le protéger contre les assauts périodiques des approches concurrentes à celle qu'il mène traditionnellement et qui, se faisant, n'a fait que *décaler* sa prise de conscience du fossé qui les sépare désormais. C'est donc bien à un niveau pleinement doctrinal que se joue le cœur des différences entre systèmes de *common law* ou systèmes mixtes et système civiliste français dans leurs rapports avec les outils de justice algorithmique.

713 **Une révélation porteuse d'une remise en cause du discours doctrinal français.** La fenêtre ouverte sur cet univers juridique n'est alors, du point de vue français, ni anodine ni inoffensive. En exploitant chacun des espaces juridiques laissés en friche par le discours doctrinal, les outils de justice algorithmique apparaissent, au travers de cette fenêtre, comme porteurs de solutions techniques à des questions que ce même discours ne traite pas faute de les voir ou, à défaut, d'en voir la pertinence. La lecture du phénomène juridique proposée par ces outils s'oppose alors avec tous les fondements du discours doctrinal français : sa conception et son appréhension du phénomène juridique, le fond et la forme de sa production, au point de, subrepticement, interroger *la pertinence* de cette production. Bref, les outils de justice algorithmique, pour imparfaits et problématiques qu'ils puissent être, feraient ce que le discours doctrinal ne fait pas (encore) et ils le font en totale contradiction avec lui. Il y a plus, cependant, dans la mesure où cette concurrence dans les modes de production de connaissance et dans la *pertinence* de la connaissance produite entraîne aussi, de manière plus subtile, la remise en cause de l'autorité même du discours doctrinal. En transformant et en subtilisant le biais principal par lequel le discours doctrinal s'assurait une maîtrise du champ juridique, c'est-à-dire un phénomène jurisprudentiel qu'il a contribué à créer au tournant des XIXe et XXe siècle, les outils de justice algorithmique créeraient les conditions d'une marginalisation d'un discours doctrinal qui ne répondrait plus aux besoins du champ juridique. À la manière d'un Bernard Chenot ou d'un René Demogue du XXIe siècle, ces outils entendraient extirper le droit des belles constructions symétriques et esthétiques montées par le discours doctrinal pour en tirer les informations les plus brutes, pragmatiques et *vulgaires*, quitte à révéler aussi les contradictions et les incohérences. Miroir inversé du discours doctrinal là où la jurisprudence constituait le « miroir de son autorité » [2707], les outils de justice algorithmique agiraient comme le révélateur de ses faiblesses, de ses failles et des limites qu'elle rencontre de plus en plus directement aujourd'hui. La réponse du discours doctrinal à leur apparition, ce discours que nous avons étudié, est donc un discours de crise existentielle et d'autoprotection face à des dangers cette fois-ci *propres au champ doctrinal français*.

2707. Nader Hakim, « Le miroir de l'autorité : l'instrumentalisation de l'autorité dans la doctrine contemporaine », *op. cit.*

Conclusion de la troisième partie

714 **Incompatibilité doctrinale et crise existentielle du discours.** La troisième et dernière des hypothèses portées par le discours relatif aux outils de justice algorithmique, l'hypothèse d'une incompatibilité d'ordre culturel et doctrinal entre, d'une part, la conception du phénomène juridique infusant ces outils, leur fonctionnement et les objectifs qu'ils poursuivent et, d'autre part, les fondements épistémologiques et méthodologiques du discours doctrinal français, s'avère finalement être celle qui explique la posture profondément défensive qu'exprime le discours relatif à ces outils. Elle tient, pour rappel, à deux conditions cumulatives : la première implique que le discours doctrinal français se distingue des discours doctrinaux étrangers, notamment dans la manière dont il comprend, conceptualise et traite le phénomène juridique. En cela, l'univers culturel doctrinal français doit pouvoir se distinguer des univers culturels des discours doctrinaux étrangers et, en premier lieu, de celui qui est *a priori* le plus proche de lui outre-Atlantique : le discours doctrinal québécois. La seconde de ces conditions, à supposer donc que la première soit remplie, est de voir mise en souffrance de manière spécifique ce discours doctrinal français et son univers culturel du fait de l'apparition des outils de justice algorithmique.

715 **L'indéniable particularité du discours doctrinal français.** La spécificité du discours doctrinal français est, en fait, indéniable. Au-delà du fait qu'elle est reconnue à la fois par les auteurs français et par les discours étrangers, cette spécificité s'exprime dans une structuration, externe comme interne, unique. Étant parvenue, au contraire du discours doctrinal québécois, à progressivement marginaliser le tiers praticien et à monopoliser le champ discursif *autorisé* sur le droit, le discours doctrinal français s'est autonomisé du reste du champ juridique. Cette autonomisation à laquelle n'est jamais vraiment parvenu le discours doctrinal québécois a eu deux conséquences : la première a été celle de permettre au discours français de construire, sans référence à ce tiers praticien, sa propre conception du droit et ses propres manières de le traiter et, à terme, de fixer les standards de sa production par rapport à cette conception. En cela peu affecté par l'éventuelle discordance entre sa conception du phénomène juridique (son univers culturel) et celle entretenue par le discours praticien (plus proche, en tout cas *a priori*, de l'univers juridique du système civiliste français), le discours doctrinal français se distingue donc du discours québécois par cette capacité d'autoréférence dont ce dernier n'a jamais bénéficié. Plus encore, et c'est là la seconde conséquence de cette autonomie du discours doctrinal français, une capacité d'autoréférence constitue le meilleur rempart contre les éventuelles remises en cause du discours doctrinal lorsque ces dernières viennent *de l'extérieur*. Autonome au sein de ses frontières, le discours doctrinal français est parvenu, contrairement au discours québécois, à perpétuer un univers culturel cristallisé à l'époque de sa structuration alors même que l'univers culturel

des deux systèmes se transformait. Les clés de lecture de cet univers sont alors connues, puisqu'elles peuvent toutes se ramener à une lecture légaliste du phénomène juridique qui prend des airs de construction symétrique, esthétique, claire et remarquablement *simple*. C'est dans ces deux caractéristiques que se loge la spécificité du discours doctrinal français : cette capacité d'autoréférence qui lui a permis de ne pas s'inféoder aux *desiderata* du tiers praticien et cette force centrifuge qui lui qui a permis d'éviter un certain nombre de secousses auxquelles n'a pas résisté le discours doctrinal québécois. Resté, pour ainsi dire, inchangé alors que la crise des sources et l'apparition des premiers outils de justice informatique ont enclenché une mutation des discours doctrinaux des systèmes de *common law* et du discours québécois, le discours doctrinal français laisse donc apparaître un univers culturel spécifique qui a constitué sa force principale autant que son talon d'Achille.

716 **Une particularité directement visée par les outils de justice algorithmique**. C'est en effet à cet univers culturel doctrinal que semblent s'attaquer les outils de justice algorithmique. En réactivant un thème pourtant connu du discours doctrinal français, celui de la *crise du droit*, les outils le poussent bien plus loin que les références et craintes habituellement exprimées face à un droit dégradé. Si, comme le discours lui-même lorsqu'il exploite ce thème, les outils sous-entendent la possibilité d'un monde dans lequel le droit n'est *pas*, ou n'est *plus*, ce que le discours doctrinal continue de considérer qu'il est, ces outils iraient surtout plus loin ; ils incarneraient une *proposition alternative* à ce discours. Alors que le constat de la crise n'emporte pas, en tout cas à un niveau collectif, la modification ou la rénovation des méthodes et de l'office du discours doctrinal, celui qu'avanceraient les outils ne va pas seulement *contre* ces méthodes et cet office. En s'insinuant dans les espaces vides laissés par le discours doctrinal, les outils apparaissent non seulement comme un *concurrent direct* à la production doctrinale classique, mais encore comme un biais de remise en cause de sa pertinence et, à terme, de la survie du discours doctrinal français tout entier. En cela, les outils de justice algorithmique seraient les messagers, les *symptômes*, de problématiques du droit contemporain qui ont longtemps été ignorées, volontairement ou inconsciemment, par le discours doctrinal ; les propositions alternatives, indéniables et nombreuses, ne changent pas l'inertie collective d'un phénomène collectif et historique. Que les outils de justice algorithmique soient en mesure de remplacer ou de marginaliser tout un discours doctrinal est assez improbable, compte tenu de leurs faiblesses intrinsèques. De toute évidence, cette idée même suffit à perturber cette inertie et ce mécanisme centrifuge d'autoprotection – dont acte. La question qui demeure ouverte est alors celle des effets à moyen et à long terme de cette nouvelle secousse.

717 **L'existentialisme du discours doctrinal français**. En d'autres termes, si les hypothèses d'incompatibilité juridique et d'incompatibilité systématique entre le *droit français* et les outils de justice algorithmique se sont avérées défaillantes et, en tout état de cause, insuffisantes pour expliquer l'uniformité de ton et de contenu d'un discours doctrinal plus complexe qu'il n'en a l'air, notre dernière

hypothèse d'incompatibilité culturelle et doctrinale apparaît, quant à elle, comme un prisme de lecture bien plus pertinent. Il faut alors admettre que la réponse doctrinale, et particulièrement la réponse doctrinale *académique*, à l'apparition de ces outils *n'est pas* une réponse rationnelle, pas plus qu'elle n'est, au fond, une réponse juridique ou métajuridique. Elle est, à un niveau essentiel, une réponse *existentielle* qui se déploie à un niveau *méta*-métajuridique et elle met en valeur les faiblesses, les craintes et les limites d'un discours doctrinal français centenaire plus qu'elle ne démontre la dangerosité juridique ou systémique des outils eux-mêmes.

CONCLUSION GÉNÉRALE

> « *Notre temps passera, comme le leur est passé. Et nous serons jugés, comme ils l'ont été.* » [2708]

718 **Névrose et perversité**. Pierre Legrand pose le destin du civiliste français en une alternative : la névrose collective ou la perversité. La névrose pour celui qui s'inscrit dans la *normalité*, dans l'*institution*, dans cette « constitution sociale et culturelle qui, incessamment le vise et le recouvre » et « dont le rôle est le contraindre et de le faire servir à ses vues » ; la perversité pour celui qui profane le système « au moyen d'un discours contraire » et, « donc, pratiquement insoutenable » [2709]. Au terme de cette analyse, le microscopique morceau de discours doctrinal que nous avons tenté d'étudier est-il l'un ou est-il l'autre ?

719 **Genèse, continuité et changements**. Les premiers mots du travail de recherche que nous sommes sur le point de clore ont été posés sur papier *numérique* en décembre 2018, à l'apogée du discours doctrinal qu'il entend analyser. Alors que cinq années se sont depuis écoulées et que le discours s'est progressivement tari [2710], il n'a pour autant jamais cessé de perpétuer ses caractéristiques clés – celles qui, de fait, ont justifié cette étude. Toujours construit sur une logique sédimentaire et circulaire, toujours capable de s'autoentretenir et toujours construit sur les mêmes marqueurs argumentatifs et les mêmes ressorts rhétoriques, le discours doctrinal français relatif aux outils de justice algorithmique n'aura finalement qu'assez peu changé au fil des années, des publications et des conférences. Il est donc, à l'heure où ces lignes-ci sont écrites, toujours le discours doctrinal fait de dits et non-dits, de voiles pudiques et de craintes existentielles qui entretient cette

---

2708. Philippe Rémy, « Éloge de l'Exégèse », *op. cit.*, p. 115.

2709. Pierre Legrand, « Perspectives du dehors sur le civilisme français », in Nicholas Kasirer (dir.), *Le droit civil, avant tout un style ?*, Éditions Thémis, 2003, 155, pp. 155-156.

2710. Le « pic » des publications ayant été atteint en 2020, avec une baisse progressive de la production écrite depuis lors (on passe de 99 contributions pour l'année 2020 à 48 pour 2021 avec un rebond de 67 en 2022), voir, à cet égard, annexe 2.2.4, G.14.

idée d'outils incompatibles *avec le droit français* et qui, pour cette raison, ne sauraient se déployer, prospérer et se maintenir au sein de ce *droit français* hostile comme par nature. D'autres choses ont changé, cependant, et en premier lieu l'état de développement des outils de justice algorithmique. Quand bien même le retard accusé par l'*open data* des décisions de justice s'est nécessairement répercuté sur ces outils qui ne sont, à l'heure actuelle, toujours pas déployés à leur plus haut potentiel, force est de constater que, malgré des *prédictions* contraires, ils n'ont pas bougé, sont toujours bel et bien là et sont surtout bel et bien utilisés. D'autres outils, plus ambitieux, contribuent d'ailleurs à les éclipser [2711]. Le discours doctrinal français qui entend les analyser se trouve alors chaque année un peu plus confronté à une alternative : changer du tout au tout et abandonner sa ligne argumentative de rejet global ou persévérer dans sa forme et son contenu habituel au risque de se tarir, « dépassé par la dissémination de ces outils dans le grand public » [2712]. La première branche de cette alternative est d'ailleurs de plus en plus souvent prescrite par des portions de ce même discours, et pas par n'importe lesquelles : c'est ainsi le cas du dernier rapport sur l'intelligence artificielle commandé au Conseil d'État. Après avoir rappelé que « l'effervescence irrationnelle autour du phénomène de la 'justice prédictive' ne saurait (...) justifier une réaction de rejet, de dénigrement ou de défiance », il insiste sur « l'absolue nécessité pour le monde de la justice de développer une réflexion prospective sur l'impact de ces innovation technologiques sur l'avenir du juge et de son office » (ce que le discours fait déjà) ainsi que sur celle « d'exploiter le potentiel concret des systèmes d'IA » aux différents niveaux où ils sont susceptibles d'intervenir [2713]. Si cette alternative n'est donc pas sans rappeler celle face à laquelle le discours doctrinal français a toujours buté, il est encore trop tôt pour pouvoir déterminer le choix qu'il fera relativement à ces outils, s'il en fait seulement un – mais l'on peut cependant, à ce stade, tirer les conclusions de ses sept années d'existence.

720 **Les discours doctrinaux comme construits épistémologiques**. Au-delà des conclusions individuelles que chacun peut tirer de l'apparition de ces outils au sein du droit, du système et de l'univers juridique français et au-delà de notre souhait d'avoir pu d'une manière ou d'une autre éclairer cette réflexion, le présent travail amène à deux conclusions d'une plus large ampleur. La première est d'ailleurs sans doute la plus générale et la plus universalisante, si ce n'est universelle. Les discours que nous nous sommes attachée à confronter dans l'espoir de dégager les spécificités de l'un dans le miroir présenté par l'autre n'étaient pas des *donnés*, si l'on peut même imaginer que quoi que ce soit de *donné* puisse exister. Ils étaient, avant même que nous nous en emparions, des *construits*. Si nous avons admis cette artificialité dès nos propos introductifs, il n'était alors question que de faire preuve de l'humilité attendue du comparatiste : notre analyse devait être soigneusement construite et justifiée puisqu'elle repose fondamentalement sur *notre* perception

2711. On pense particulièrement aux outils construit sur des modèles de langage génératifs préentraînés, tels que *Chat-GPT* déployé à la toute fin de l'année 2022.

2712. Thomas Cassuto, « Peut-on modéliser le jugement ? », *Gaz. Pal.*, nº 26, 2022, 10, p. 11.

2713. Thierry Tuot, *op. cit.*, p. 298.

localisée et temporalisée de *nous-mêmes* et de l'*autre*. De fait, cependant, le caractère construit de ces discours dépasse leur délimitation et l'interprétation que nous en avons tirée : les discours doctrinaux français et québécois, aujourd'hui comme hier et comme demain sont non seulement perpétuellement (re)construits par ceux qui les approchent, mais ils sont aussi et surtout *construits* et *constructeurs* par eux-mêmes.

721 **Les discours doctrinaux comme construits culturels**. Construits par l'univers juridique dans lequel ils se sont formés, tout d'abord, au point qu'il est toujours possible aujourd'hui d'y voir les traces. C'est bien d'abord à ce niveau qu'a pu être validée notre hypothèse culturelle : parce que les structurations internes comme externes des discours, particulièrement des discours *académiques*, sont profondément informées par la structuration plus générale du droit qu'ils entendent analyser, du système au sein duquel ils évoluent et, ainsi, de la place que cet ensemble leur accorde en son sein, la manière dont ils se saisissent des outils de justice algorithmique ne peut qu'en être elle-même informée, surdéterminée et conditionnée. C'est ainsi particulièrement le cas de la hiérarchisation faite par chaque discours quant aux enjeux soulevés par ces outils. La concentration du discours québécois autour des aspects les plus techniques des outils, l'absence de dimension prospective dans le traitement des enjeux plus juridiques ou juridictionnels et son progressif désintérêt pour les outils de justice prédictive peuvent ainsi tous être reliés, de loin en loin, à sa structuration complexe et à son positionnement ambivalent au sein de son univers juridique – ainsi, à un niveau plus *micro*, qu'à la place que la première jurimétrie a pu occuper dans le cadre de cette structuration. La concentration inverse du discours français autour des questionnements plus juridiques et juridictionnels au détriment d'enjeux plus immédiats peut, de même, être rapportée à sa construction fondamentalement endogène et à sa capacité, plusieurs fois démontrée, à marginaliser non seulement tout ce qui n'est pas *lui*, mais encore toute question qu'*il* ne saurait traiter.

722 **Les discours doctrinaux comme constructeurs d'univers**. Or, c'est par cet aspect qu'un construit devient lui-même constructeur : les discours doctrinaux, en tant que *discours* et donc en tant que *production écrite*, sont vecteurs de représentations qui informent autant l'univers juridique dans lesquels ils évoluent qu'ils sont en eux-mêmes informés. Cet univers culturel est *leur* représentation [2714], à la fois parce que ce sont eux qui en offrent le *récit* lorsque, par un regard retour, ils en proposent une lecture et en définissent ainsi les contours et les traits saillants et parce que leur manière de se saisir des *phénomènes* juridiques perpétue tacitement cet univers en suivant ses contours et ses traits saillants. L'essence des objets de connaissance sur lesquels se portent les discours doctrinaux leur échappe nécessairement, au profit d'une appréhension phénoménale et médiate. L'univers de chaque ordre juridique demeure ainsi dans cette « dépendance nécessaire »

2714. Pour pasticher Arthur Schopenhauer (*Le monde comme volonté et comme représentation*, Auguste Burdeau (trad.), PUF, 2009 (1e éd. 1818), p. 25).

vis-à-vis de ceux qui se donnent pour mission de le connaître et de l'analyser [2715]. C'est là finalement que se résout notre recherche d'une incompatibilité justifiant le rejet exprimé par le discours doctrinal français : là où le discours doctrinal québécois a suivi, plus ou moins contraint, les évolutions du phénomène juridique qu'il entend analyser et a ainsi pu remodeler son univers juridique sur les contours de ces évolutions, le discours doctrinal français n'a pas subi, ou enclenché, une telle évolution. Usant de la position d'autorité qu'il est parvenu à s'octroyer au sein de son propre droit, il est parvenu à rejeter les marqueurs visibles de ces évolutions aux bans du phénomène juridique connu, et avec eux les initiatives doctrinales susceptibles de remettre son cause son univers juridique, sa *représentation* du droit français tel qu'il *devrait* être. Or, les tensions qui apparaissent au sein du discours français sans être présentes au sein du discours québécois sont autant de marqueurs de l'espace négatif entre cette *représentation* du droit et ses *manifestations* empiriques, là où le regard de ce discours ne portait jusqu'ici pas. Se faisant, et pour tenter à nouveaux frais de maintenir sa représentation, son univers juridique *contre* ces outils, le discours doctrinal français les reconstruit de telle sorte qu'ils apparaissent *profondément incompatibles avec le droit français* et qu'ainsi le débat, joué par avance, n'ait plus lieu d'être si le jour de la pleine opérationnalité des outils devait venir.

723 **Les discours doctrinaux, des construits-constructeurs**. Voilà donc le cœur de la première conclusion que l'on peut tirer de ce travail. Quand bien même il a été mené à partir d'une portion microscopique de chaque discours doctrinal national et n'a jamais pas tenté de les embrasser dans leur globalité [2716], il aura permis d'offrir un regard comparé sur des discours doctrinaux conçus, et de fait se présentant, comme des construits-constructeurs. Si le discours québécois n'a peut-être pas la force d'inertie du discours doctrinal français, ni la capacité ou la volonté de se présenter comme censeur de ce qui *est* ou *n'est pas* du droit ou de ce qui *est* ou *n'est pas* digne d'être intégré à son analyse, il n'en révèle que d'autant mieux deux éléments consécutifs : le degré de reconstruction des outils de justice algorithmique par chacun des discours et le degré d'ouverture ou de fermeture de leur champ d'analyse. L'homogénéité du discours français apparaît ainsi d'autant plus frappante lorsqu'elle est confrontée à la dispersion des approches québécoises ; sa circularité, d'autant plus évidente face à leur ouverture disciplinaire et internationale. C'est aussi et surtout la remarquable réussite du *projet doctrinal français* que, par contraste, le discours doctrinal québécois permet de révéler. C'est d'ailleurs au niveau de cette réussite, de sa longévité et de son avenir que se loge la seconde conclusion que nous pouvons tirer de notre analyse.

2715. *Ibid.*, p. 26.

2716. Ainsi, on pourra nous opposer que nos propos n'ont que (très) épisodiquement évoqué les discours doctrinaux constitutionnalistes et pénalistes. Si nous nous sommes refusée à nous aventurer dans le second, on peut expliquer l'absence du premier par la composition même des discours doctrinaux relatifs aux outils de justice algorithmique : la parole constitutionnaliste y est excessivement rare, peu singularisée dans son contenu et, donc, non représentative d'une *manière* constitutionnaliste de se saisir des outils de justice algorithmique. Tout au plus peut-on la considérer représentative d'un *désintérêt* relatif du discours constitutionnaliste pour la thématique.

724 **Un discours doctrinal de faux semblants**. Le discours doctrinal français dont nous avons proposé l'analyse est indéniablement réduit dans son ampleur mais il n'en est pas moins révélateur à plus d'un titre. Révélateur, il l'est des enjeux de la transformation numérique du droit mais sans doute aussi et surtout de ceux de la *transformation* de l'univers du droit dans son ensemble, discours doctrinal et acteurs de cet univers compris. Cette idée d'incompatibilité entre les outils de justice algorithmique et le *droit français* qui sous-tend et infuse l'intégralité du discours nous a donc imposé une analyse aussi composite que les éléments sur lesquels cette hypothèse semble reposer. Au jeu des faux-semblants, le discours doctrinal français s'est progressivement révélé dans toute sa complexité au travers du miroir tendu par le discours doctrinal québécois ; pas d'incompatibilité juridique, ni technique, ni juridictionnelle, pas non plus d'incompatibilité systémique qui puissent expliquer les tensions perceptibles au sein du premier discours mais pas au sein du second. Il a cependant suffi de suivre le discours français dans ses linéaments pour progressivement mettre en lumière le cœur réel de ces tensions, cette manière dont ce discours se saisit du droit, le comprend, l'appréhende et l'explique qui se résume en une question : qu'est-ce « que doit être le droit » ? [2717]. Héritée du moment où le discours doctrinal français s'est bâti et a, avec lui, *reconstruit* son objet pour en maîtriser tant les contours que le contenu, cette compréhension spécifique du phénomène juridique trouve, avec l'apparition des outils de justice algorithmique, ses limites… à moins que ce ne soit plutôt le discours doctrinal français lui-même qui trouve les siennes.

725 **Existentialisme**. Qu'importe que les outils de justice algorithmique ne soient pas opérationnels et qu'il soit sans doute déraisonnable de seulement imaginer qu'ils puissent, à eux-seuls, remettre en cause tout un ordre, tout un système ou toute une culture juridique – une crainte n'a pas besoin d'être rationnelle pour être ressentie. Parce qu'ils constituent une porte ouverte sur un univers juridique qui ne correspond plus à celui, culturel, que maintient et *qui maintient* le discours doctrinal français, les outils de justice algorithmique apparaissent comme une menace. Imaginer qu'ils *puissent* seulement contribuer à dégrader le droit ou, plus exactement, à révéler son état de dégradation *par rapport* à cet univers doctrinal, revient à imaginer qu'ils puissent directement saper le socle sur lequel ce discours doctrinal s'être bâti. En cela, ces outils n'ont rien d'une nouvelle menace, mais constituent plus volontiers les répliques de secousses que le discours doctrinal est jusqu'ici parvenu à amortir ; moment 1900, courants critiques, informatique juridique, autant de crises que le discours doctrinal français seul s'est épargné alors qu'elles faisaient trembler et qu'elles révélaient les évolutions des univers juridiques des autres systèmes – dont le système québécois. Son discours doctrinal général comme spécifique aux outils de justice algorithmique en portent aujourd'hui les marques. En d'autres termes, peu importe finalement ce que ces outils *sont*, puisque ce qu'ils *font*, ou ce qu'ils *pourraient* faire, constitue une

---

2717. Julien Bourdoiseau, « Le recours à l'intelligence artificielle pour évaluer les préjudices. Rapport de synthèse », in Olivier Gout (dir.), *Responsabilité civile et intelligence artificielle. Recueil des travaux du GRERCA*, Bruylant, 2022, 635, p. 637.

menace directe à la survie du discours doctrinal, dans la forme qui est la sienne depuis qu'il s'est construit entre les XIXe et XXe siècle. Les tensions perceptibles au sein du discours qui les analysent sont donc des tensions profondément existentielles, voire existentialistes, et elles amènent toutes à la même question : le discours doctrinal français peut-il survivre dans un univers juridique qui n'a plus rien en commun avec celui qui l'a vu naître et qu'il a contribué à faire perdurer contre chacune de ses remises en cause ?

726 **Esthétique du changement.** De fait, cette question n'est pas qu'une interrogation perceptible en creux dans le discours que nous nous sommes attachée à analyser ; elle apparaît aussi et de plus en plus souvent directement formulée *par le discours doctrinal français lui-même.* Ainsi, le même Christophe Jamin qui s'interrogeait il y a déjà plus de vingt ans sur « la pertinence du modèle doctrinal français » dans un monde où ses bases fondamentales avaient déjà évolué [2718] ne s'interroge guère plus :

> « *nous arrivons de moins en moins bien à préserver notre jardin jurisprudentiel à la française. Certains tâchent de s'en accommoder, d'autres tempêtent contre le désordre en cours et continuent de vanter les mérites du travail doctrinal. Il est fort possible que celui-ci ne devienne qu'un vain labeur...* » [2719]

Autrement dit, et de l'autre côté de la *summa divisio*, « notre monde juridique a changé, sans (…) que ce changement [ne] fasse l'objet d'un débat de fond » [2720]. Et une partie du discours tente, en effet, de s'en accommoder ; la résurrection de la *jurimétrie* comme méthodologie autour de l'Université de Chambéry [2721], l'intensification des travaux en statistique judiciaire et juridique au niveau du CERCRID, la multiplication des travaux exploitant les potentialités des outils informatiques et des outils d'intelligence artificielle [2722] sont autant de rappels qu'il ne s'agit pas de sonner le glas ou d'émettre de jugement absolu quant à l'avenir du discours doctrinal français. Reste à déterminer s'il s'accommodera vraiment du changement ou s'il continuera de vanter ses propres mérites. Après tout, et dans le même temps, on se rassure en s'assurant que « l'esthétique de la jurisprudence qui anime les administrativistes (…) a dès lors probablement de beaux jours devant elle et a résisté à ce que l'on a pu nommer 'la crise d'un modèle du droit' » [2723]. Certes – reste à savoir combien de beaux jours, et à quelle autre crise cette esthétique pourra encore résister avant que le rideau ne tombe.

727 **Éclairer la voie.** Nous prononcer sur ces estimations ne relève pas de notre propos, pas plus qu'annoncer l'échec ou la réussite des outils qui nous ont jusqu'ici

---

2718. Christophe Jamin et Philippe Jestaz, *La doctrine*, *op. cit.*, p. 305.

2719. Christophe Jamin, « Un vain labeur », *JCP*, n° 36, 2022, p. 1605.

2720. Thomas Perroud, « Le droit comparé dans les thèses de droit administratif », *RFDA*, 2016, 1084, p. 1085.

2721. Et la création d'une revue du même nom en 2022.

2722. Et notamment des travaux de thèse, menés dans des domaines pourtant *épargnés* jusqu'ici par les outils de justice algorithmique tel que le droit électoral, avec la thèse (en cours) d'Alya Hafsaoui sur la *justice prédictive et le contentieux des élections politiques* intégrée au projet JADE (Justice Algorithmique Des Élections) mené par Romain Rambaud au sein de l'Université Grenobles-Alpes.

2723. Fabrice Melleray, « Faut-il tuer Édouard Laferrière ? », in Jean-Marie Pontier et Ngampio-Obélé-Bélé Urbain (dir.), *Le droit administratif aux défis du XXIe siècle*, IFJD, 2022, 173, p. 182.

occupée. Notre ambition, tout au long de cette analyse, était bien plus modeste ; bien loin d'espérer nous faire Pythie moderne ou oracle algorithmique, c'est davantage l'habit de l'éclaireur que nous avons tenté d'endosser. L'habit peut apparaître à la fois trop large et trop petit pour l'élève qui achève ici son premier travail ; trop large parce qu'enfin, comment espérer être capable à soi-seule de montrer la voie à ses propres maîtres ? Comment croire que la seule position doublement décentrée de la publiciste comparatiste puisse suffire à émettre de leçons pour l'avenir ? À ceci nous répondons que si nous sommes parvenue à jeter la moindre lumière sur le discours doctrinal français, cette lumière seule n'a pas vocation à en dissiper la ténèbre [2724]. Il s'agit là d'une entreprise bien trop grande pour un seul travail et une seule autrice. L'habit, alors, était peut-être mal ajusté, peut-être trop petit. Est-ce vraiment là l'objet d'un travail de thèse que de se faire « hardi et malin troupier » pour partir, seule, « en reconnaissance » et prendre le risque d'essuyer des tirs [2725] ? À cela nous répondons finalement que si la lumière que nous avons jetée a su, de la ténèbre, « di[re] les exacts contours et en fixe[r] avec fermeté toutes les conséquences » [2726], sans doute pouvons-nous considérer notre mission accomplie – au moins pour un temps.

728 **Un accroc dans le tissu doctrinal**. Nous laissons à de futures analyses *rétrospectives* le soin de décider si tout ceci ne fut qu'une secousse de plus. À ce stade, il faut pourtant bien admettre que même si tel devait être le cas, même si les outils de justice algorithmique devaient devenir de mauvais souvenirs à l'horizon de la prochaine décennie ou de la suivante, ils auront au moins eu pour eux de laisser un accroc, même microscopique, dans le tissu de certitudes que tisse sans discontinuer le discours doctrinal français depuis le XIXe siècle. D'aucuns pourraient être tentés de voir dans cette modeste satisfaction la marque d'un nihilisme, mais il faut peut-être dans ce cas laisser la parole à ceux qui s'en réclament. Après tout, n'ayons peut-être « pas peur du nihilisme juridique, de la vertu libératrice du devenir », lui qui « prescrit au juriste de se pencher sur l'objet » et « consume le poids de la tradition » [2727].

729 **Un épilogue à écrire**. Mais si nous nous refusons à tirer des conclusions ou à émettre des prédictions, que faire de notre constat en forme d'oraison funéraire à ce qui a fait du discours doctrinal français l'entité qu'il est devenu et qu'il est parvenu à demeurer, envers et contre toutes les marées ? Rejeter la névrose et tomber dans la perversité, cette « folie » [2728] ? Ou rien du tout peut-être, puisque toute autre réaction nous vaudrait de « rompre tant d'habitude que mieux vaut clore le débat » [2729] et, ainsi, cette recherche.

Ou bien alors il faudrait une théorie du chaos [2730]...

2724. Stéphane Rials, *op. cit.*, p. 65.
2725. Guy de Maupassant, « Les aventures de Walter Schnaffs », in *Les Contes de la bécasse*, 2e éd., Ed. Rouveyre et G. Blond, 1883, 279, p. 286.
2726. Stéphane Rials, *op. cit.*, p. 65.
2727. Natalino Irti, *op. cit.*, p. 14.
2728. Pierre Legrand, « Perspectives du dehors sur le civilisme français », *op. cit.*, p. 156.
2729. Philippe Jestaz, « Déclin de la doctrine ? », *op. cit.*, p. 96.
2730. Philippe Jestaz, « Synthèse », *op. cit.*, p. 139.

BIBLIOGRAPHIE GÉNÉRALE

La présente bibliographie est sélective (elle ne reprend pas l'ensemble des références citées dans les notes de bas de page qui précèdent) et thématique. Elle est classée par État de référence (lorsque pertinent) et par type de publication.

En cas de conflit entre plusieurs thèmes, la spécificité l'emporte sur le général. Les références ne sont pas reproduites plusieurs fois.

Elle n'inclut pas le contenu du corpus d'analyse ; il est à rechercher au sein du volume d'annexe (voir annexe 1.1).

DROIT

GÉNÉRALITÉS

FRANCE

Ouvrages et monographies

AMRANI MEKKI Soraya, CADIET Loïc et NORMAND Jacques

Théorie générale du procès, 2e éd., PUF, coll. « Thémis », 2013, 998 p.

BELAÏD Sadok

Essai sur le pouvoir créateur et normatif du juge, LGDJ, coll. « Bibliothèque de philosophie du droit », 1974, 360 p.

BOURCIER Danièle et DE BONIS Monique

Les paradoxes de l'expertise. Savoir ou juger, Institut Synthélabo, coll. « Les empêcheurs de penser en rond », 1999, 126 p.

CADIET Loïc et CLAY Thomas

Les modes alternatifs de règlement des conflits, 2e éd., Dalloz, coll. « Connaissance du droit », 2017, 180 p.

CHAMPEIL-DESPLATS Véronique

Théorie générale des droits et libertés : perspective analytique, Dalloz, coll. « À droit ouvert », 2019, 452 p.

CORNU Gérard

Linguistique juridique, Montchrestien, 1990, 412 p.

DEMOGUE René

Les notions fondamentales du droit privé, La Mémoire du Droit, coll. « Références », 2001 (1re éd., 1911), 696 p.

DEUMIER Pascale

Introduction générale au droit, 5e éd., LGDJ, 2019, 396 p.

GÉNY François

Méthode d'interprétation et sources en droit privé positif : essai critique, 2 vol., LGDJ, coll. « Anthologie du droit », 2016 (1re éd., 1919), 324 et 282 p.

Guinchard Serge *et al.*

Droit processuel. Droit commun et droit comparé du procès équitable, 11e éd., Dalloz, coll. « Précis », 2021, 1600 p.

Halpérin Jean-Louis

Histoire du droit privé français depuis 1804, 2e éd., PUF, 2012, 384 p.

Hauriou Maurice

Précis de droit administratif contenant le droit public et le droit administratif, Libraire du recueil général des lois et arrêts du journal du palais, 1892, 759 p.

Jacob Robert

Le juge et le jugement dans les traditions juridiques européennes, LGDJ, coll. « Droit et société », 1996, 419 p.

Jestaz Philippe

Les sources du droit, 2e éd., Dalloz, coll. « Connaissance du droit », 2015, 198 p.

Laferrière Édouard

Traité de la juridiction administrative et des recours contentieux, 2 vol., Berger-Levrault et Cie, 1887, 724 et 709 p.

Leclerc Olivier

Le juge et l'expert. Contribution à l'étude des rapports entre le droit et la science, LGDJ, coll. « Bibliothèque de droit privé », 2005, 468 p.

Leroy Maxime

La Loi. Essai sur la théorie de l'autorité dans la démocratie, V. Giard & E. Brière, 1908, 351 p.

Mastor Wanda

L'art de la motivation. Substance du droit, Dalloz, coll. « Les sens du droit », 2020, 178 p.

Morvan Patrick

Le principe de droit privé, Éditions Panthéon Assas, coll. « Droit privé », 1999, 788 p.

Motulsky Henri

Principes d'une réalisation méthodique du droit privé. La théorie des éléments générateurs des droits subjectifs, Dalloz, coll. « Philosophie et théorie générale du droit », 1991, 183 p.

Planiol Marcel

Traité élémentaire de droit civil, 11e éd., 3 vol., LGDJ, 1928, 1112, 1216 et 1069 p.

Serverin Évelyne

Sociologie du droit, La Découverte, coll. « Repères », 2000, 118 p.

Zénati Frédéric

La jurisprudence, Dalloz, coll. « Méthodes du droit », 1991, 281 p.

Thèses

ARNAUD Charlotte

L'effet corroboratif de la jurisprudence, Presses de l'Université Toulouse 1 Capitole, coll. « Thèses de l'IFR », 2016, 592 p.

IVAINER Théodore

L'interprétation des faits en droit, LGDJ, coll. « Bibliothèque de philosophie du droit », 1988, 361 p.

LEBRUN Auguste

La coutume, ses sources, son autorité en droit privé, LGDJ, 1932, 556 p.

LEGUEVAQUES Guillaume

La sécurité juridique. Essai sur ses fonctions dans l'ordre juridique, thèse dactylographiée, Université Toulouse 1 Capitole, 2018, 472 p.

LEROY Guillaume

La pratique du précédent en droit français : étude à partir des avis de l'avocat général à la Cour de cassation et des conclusions du rapporteur public au Conseil d'État, thèse dactylographiée, Université d'Aix-Marseille, 2021, 482 p.

PLESSIX Benoît

L'utilisation du droit civil dans l'élaboration du droit administratif, Éditions Panthéon Assas, 2003, 880 p.

SALUDEN Marianne

Le phénomène de la jurisprudence. Étude sociologique, thèse dactylographiée, Université Paris 2, 1983, 816 p.

SERVERIN Évelyne

De la jurisprudence en droit privé. Théorie d'une pratique, Presses universitaires de Lyon, coll. « Critique du droit », 1985, 458 p.

TAP Florent

Recherche sur le précédent juridictionnel en France, Mare & Martin, coll. « Bibliothèque des thèses », 2021, 460 p.

Ouvrages collectifs

ANCEL Pascal et RIVIER Marie-Claire (dir.)

Les divergences de jurisprudence, Publications de l'Université de Saint-Étienne, 2003, 376 p.

BOURDON Pierre (dir.)

La communication des décisions du juge administratif, LexisNexis, 2020, 226 p.

CERCRID (dir.)

Les juridictions suprêmes, du procès à la règle, Publications de l'Université de Saint-Étienne, 1991, 236 p.

CURAPP (dir.)

Le droit en procès, PUF, 1983, 230 p.

Le droit administratif en mutation, PUF, 1993, 321 p.

DEUMIER Pascale (dir.)

Le raisonnement juridique. Recherche sur les travaux préparatoires des arrêts, Dalloz, 2013, 269 p.

DISSAUX Nicolas et GUENZOUI Youssef (dir.)

Les habitudes du droit, Dalloz, coll. « Thèmes & commentaires », 2015, 139 p.

GONOD Pascale, MELLERAY Fabrice, YOLKA Philippe (dir.)

Traité de droit administratif, 2 vol., Dalloz, 2011, 842 et 712 p.

LÉGER Jacques et PONTIER Jean-Marie (dir.)

Juridiction administrative. Diffusion de sa production, PUAM, 2011, 148 p.

SAYN Isabelle (dir.)

Le droit mis en barèmes ?, Dalloz, coll. « Thèmes & commentaires – actes », 2014, 274 p.

Rapports

BOURREAU-DUBOIS Cécile

« La barémisation de la justice : une approche par l'analyse économique du droit », Rapport final de recherches pour le GIP Mission de recherche Droit et Justice, 2019, 448 p.

DELMAS-GOYON Pierre

« Le juge du 21e siècle. Un citoyen acteur, une équipe de justice », Rapport au Ministère de la Justice, 2013, 126 p.

GARAPON Antoine, PERDRIOLLE Sylvie, BERNABÉ Boris et KADRI Charles,

« La prudence et l'autorité. L'office du juge au XXIe siècle », Rapport de l'IHEJ au Ministère de la justice, 2013, 218 p.

GERRY-VERNIÈRES Stéphane

« La barémisation de la justice. Rapport de synthèse », Rapport final de recherches pour le GIP Mission de recherche Droit et Justice, 2019, 332 p.

SAYN Isabelle, PERROCHEAU Vanessa, FAVIER Yann et MERLEY Nathalie

« Les barèmes (et autres outils d'aide à la décision) dans le fonctionnement de la justice », Rapport final de recherches pour le GIP Mission de recherche Droit et Justice, 2019, 705 p.

Chapitres d'ouvrages collectifs

BACH Louis

« La jurisprudence est-elle, oui ou non, une source du droit ? (Tentative pour mettre fin à cette lancinante interrogation !) », in *Liber amicorum. Mélanges dédiés à la mémoire du Doyen Jacques Héron*, LGDJ, 2008, pp. 47-60.

CHEVALLIER Jacques

« Changement politique et droit administratif », in CURAPP (dir.), *Les usages sociaux du droit*, PUF, 1989, pp. 293-326.

DE BÉCHILLON Denys

« Comment traiter le pouvoir normatif du juge », in *Mélanges en l'honneur de Philippe Jestaz. Libres propos sur les sources du droit*, Dalloz, 2006, pp. 29-34.

DUPICHOT Jacques

« L'adage 'Da mihi factum, dabo tibi jus' », in *Mélanges offerts à Jean-Luc Aubert. Propos sur les obligations et quelques autres thèmes fondamentaux du droit*, Dalloz, 2005, pp. 425-440.

GAUTIER Joël

« Réflexions sur les décisions du juge français en dehors de la règle de droit », in GROSSWALD CURRAN Viviane (dir.), *Porosités du droit*, Société de Législation Comparée, coll. « Colloques », 2020, pp. 265-275.

LATOURNERIE Roger

« Essai sur les méthodes juridictionnelles du Conseil d'État », in *Le Conseil d'État, livre jubilaire publié pour commémorer son cent cinquantième anniversaire, 4 nivôse an VIII-24 décembre 1949*, Sirey, 1952, pp. 177-275.

MAURY Jacques

« Observations sur la jurisprudence en tant que source du droit », in *Le droit privé français au milieu du XX*e *siècle. Études offertes à George Ripert*, 2 tomes, t. 1, LGDJ, pp. 28-50.

Articles de revue

ATIAS Christian

« Les maux du droit et les mots pour le dire », *Recueil Dalloz*, 1997, pp. 231-233.

« D'une vaine discussion sur une image inconsistante : la jurisprudence en droit privé », *Revue Trimestrielle de Droit Civil*, 2007, pp. 23-33.

BARDOUT Jean-Claude

« Le juge et les comptes tout faits de M. Barrême. Autorité, limites et conditions d'emploi des barèmes dans le procès civil », *La Semaine Juridique – Édition Générale*, n° 48, 2011, pp. 2365-2373.

BENSUSSAN Paul

« Expertise en affaires familiales : quand l'expert s'assoit dans le fauteuil du juge », *Annales médico-psychologiques*, n° 165, 2007, pp. 56-62.

BÉROUJON Christiane

« Pour une analyse empirique des relations entre contentieux et jurisprudence », *Revue Trimestrielle de Droit Civil*, 1993, pp. 94-96.

BOULANGER Jean

« Notations sur le pouvoir créateur de la jurisprudence civil », *Revue Trimestrielle de Droit Civil*, 1961, pp. 417-441.

Canivet Guy

« Activisme judiciaire et prudence interprétative. Introduction générale », *Archives de philosophie du droit*, t. 50, 2007, pp. 7-32.

Cassia Paul

« Une autre manière de dire le droit administratif : le 'fichage' des décisions du Conseil d'État au Recueil Lebon », *Revue Française de Droit Administratif*, 2011, pp. 830-841.

Champeil-Desplats Véronique

« Les droits et libertés fondamentaux en France. Genèse d'une qualification », *Revista Opinião Jurídica*, n° 10, 2008, pp. 232-260.

« Des "libertés publiques" aux "droits fondamentaux" : effets et enjeux d'un changement de dénomination », *Jus Politicum*, n° 5, 2010, disponible en ligne à http://juspoliticum.com/article/Des-libertes-publiques-aux-droits-fondamentaux-effets-et-enjeux-d-un-changement-de-denomination-290.html

Deroubaix Guillaume

« L'édition juridique et la diffusion du droit. La problématique particulière de la diffusion de la jurisprudence », *La Semaine Juridique – Édition Générale*, supplément au n° 9, 2017, pp. 92-94.

Deumier Pascale

« Création du droit et rédaction des arrêts par la Cour de cassation », *Archives de philosophie du droit*, t. 50, 2007, pp. 49-76.

Dondero Bruno

« Le degré d'identification du bénéficiaire effectif : synthèse de l'acquis jurisprudentiel », *La Semaine Juridique – Entreprise et Affaires*, n° 36, 2020, pp. 21-27.

Esmein Adhémar

« La jurisprudence et la doctrine », *Revue Trimestrielle de Droit Civil*, 1902, pp. 9-42.

Esmein Paul

« La jurisprudence et la loi », *Revue Trimestrielle de Droit Civil*, 1952, pp. 17-23.

Gayat Emmanuel

« Pourquoi publier les décisions des juges du fond ? », *Droit Ouvrier*, 2002, pp. 486-291.

Gerry-Vernières Stéphane

« La barémisation de la justice : analyse de contentieux familial », *Actualité Juridique Famille*, 2020, pp. 372-373.

Grzegorczyk Christophe

« Jurisprudence : phénomène judiciaire, science ou méthode ? », *Archives de philosophie du droit*, t. 30, 1985, pp. 35-52.

Henry Xavier

« Vidons les greffes de la République ! De l'exhaustivité d'accès aux arrêts civils des cours d'appel », *Recueil Dalloz*, 2011, pp. 2609-2616.

Hilaire Jean

« Jugement et jurisprudence », *Archives de philosophie du droit*, t. 39, 1995, pp. 181-190.

Jeannequin Anne

« Peut-on parler d'une jurisprudence des cours administratives d'appel ? Réflexions à partir des vingt années de contentieux à la cour administrative d'appel de Douai », *Revue Française de Droit Administratif*, 2019, pp. 1047-1055.

Jestaz Philippe

« Les sources du droit : le déplacement d'un pôle à un autre », *Revue générale de droit*, vol. 27, n° 1, 2016, pp. 5-19.

Lacabarats Alain

« Les outils pour apprécier l'intérêt d'un arrêt de la Cour de cassation », *Recueil Dalloz*, 2007, pp. 889-891.

Lambert Édouard

« Une réforme nécessaire des études de droit civil », *Revue internationale de l'enseignement*, t. 40, 1900, pp. 216-243.

Lasserre-Kiesow Valérie

« L'ordre des sources ou Le renouvellement des sources du droit », *Recueil Dalloz*, 2006, pp. 2279-2287

Malaurie Philippe

« La jurisprudence parmi les sources du droit », *Defrénois*, n° 6, 2006, pp. 476-482.

Melleray Fabrice

« La possibilité d'une jurisprudence locale », *Actualité Juridique Droit Administratif*, 2021, pp. 2504-2506.

Morvan Patrick

« La jurisprudence virale », *La Semaine Juridique – Édition Sociale*, n° 11-12, 2013, pp. 1-2.

Terré François

« Un juge créateur de droit ? Non merci ! », *Archives de philosophie du droit*, t. 50, 2007, pp. 305-311.

Quézel-Ambrunaz Christophe

« La réparation des préjudices laissés par les cicatrices. Étude statistique », *Recueil Dalloz*, 2020, pp. 2248-2257.

Raynaud Philippe

« La loi et la jurisprudence, des Lumières à la Révolution française », *Archives de philosophie du droit*, t. 30, 1985, pp. 61-72.

Rouvière Frédéric

« La jurisprudence des juges du fond existe-t-elle ? », *Revue Trimestrielle de Droit Civil*, 2020, p. 231-235.

« Peut-on penser l'indemnisation par barème ? », *Revue de droit du travail*, 2021, pp. 634-641.

SALUDEN Marianne

« La jurisprudence, phénomène sociologique », *Archives de philosophie du droit*, t. 30, 1985, pp. 191-205.

SAUVEL Tony

« Essai sur la notion de précédent », *Recueil Dalloz*, 1955, pp. 93-96.

SAYN Isabelle

« Des barèmes et des juges », *Droit social*, 2019, pp. 293-299.

SERVERIN Évelyne

« Juridiction et jurisprudence : deux aspects des activités de justice », *Droit et société*, vol. 25, nº 1, 1993, pp. 339-349.

« Plaidoyer pour l'exhaustivité des bases de données des décisions du fond (à propos de l'ouverture à la recherche de la base JURICA) », *Recueil Dalloz*, 2009, pp. 2882-2887.

SERVERIN Évelyne et JEAMMAUD Antoine

« Concevoir l'espace jurisprudentiel », *Revue Trimestrielle de Droit Civil*, 1993, pp. 91-96.

STAHL Jacques-Henri et MAUGÜÉ Christine

« Sur la sélection des arrêts du Recueil Lebon », *Revue Française de Droit Administratif*, 1998, pp. 768-779.

STIRN Bernard

« Le meilleur compagnon de la jurisprudence », *Actualité Juridique Droit Administratif*, 2014, p. 87.

SYDORYK Sacha

« Le Conseil d'État et les normes générales et abstraites : perspectives constitutionnalistes », *Revue française de droit constitutionnel*, vol. 4, nº 128, 2021, pp. e31-e51.

WALINE Jean

« Lebon ou pas Lebon », *Actualité Juridique Droit Administratif*, 2011, p. 1105.

ZÉNATI Frédéric

« L'évolution des sources du droit dans les pays de droit civil », *Recueil Dalloz*, 2002, pp. 15-22.

Présentations orales

STIRN Bernard

« Le Conseil d'État et l'ordre juridique européen », présentation du colloque L'européanisation du droit : quelle influence de l'Union européenne sur le droit français ?, 9 oct. 2014, texte disponible en ligne à <https://www.conseil-etat.fr/actualites/discours-et-interventions/le-conseil-d-etat-et-l-ordre-juridique-europeen>.

CANADA

Ouvrages et monographies

BAGLAY Sasha

Introduction to the Canadian legal system, Pearson, 2016, 316 p.

BAUDOUIN Louis, DE BOTTINI Renaud et COMTOIS Roger

Quelques aspects du droit de la province de Québec, Éditions Cujas, coll. « Publications du centre français de droit comparé », 1963, 279 p.

BENYEKHLEF Karim et DÉZIEL Pierre-Luc

Le droit à la vie privée en droit québécois et canadien, Éditions Yvon Blais, 2018, 850 p.

BOYD Neil

Canadian Law: an Introduction, 6e éd., Nelson, 2015, 366 p.

CLAYTON Richard et TOMLINSON Hugh

Fair Trial Rights, 2e éd., Oxford University Press, 2010, 352 p.

GAUDREAULT-DESBIENS Jean-François

Les solitudes du bijuridisme au Canada, Éditions Thémis, 2007, 166 p.

GILLES David

Essais d'histoire du droit. De la Nouvelle-France à la Province de Québec, Les Éditions Revue de Droit, 2014, 693 p.

SMITH J. A. Clarence et KERBY Jean

Le droit privé au Canada. Études comparatives, 2e éd., Les Presses de l'Université d'Ottawa, 1987, 242 p.

TREMBLAY André

Précis de droit constitutionnel, Thémis, 1982, 341 p.

WADDAMS Stephen M.

Introduction to the Study of Law, 4e éd., Toronto Carswell, 1992, 270 p.

Ouvrages collectifs

FALARDEAU Jean-Charles (dir.)

La dualité canadienne. Essais sur les relations entre Canadiens français et Canadiens anglais, Presses de l'Université Laval & University of Toronto Press, 1960, 427 p.

FOOTE Martha (dir.)

Law Reporting and Legal Publishing: a Canadian History, [s. l.], Canadian Association of Law Library/Association Canadienne des Bibliothèques de Droit, 1997, 208 p.

LALONDE Louise et BERNATCHEZ Stéphane (dir.)

Le nouveau Code de procédure civile du Québec. « Approche différente » et « accès à la justice civile » ?, Revue de Droit de l'Université de Sherbrooke, 2014, 490 p.

Chapitres d'ouvrages collectifs

BEAUDOUIN Gérald A.

« De la suprématie de la Charte Canadienne des droits et libertés et des autres chartes sur le droit canadien, fédéral ou provincial », in *Vues canadiennes et européennes des droits et libertés*, Éditions Yvon Blais, 1989, pp. 23-41.

DEVINAT Mathieu

« La jurisprudence en droit civil : la mise en intrigue d'une controverse », in BEAULAC Stéphane et DEVINAT Mathieu (dir.), *Mélanges en l'honneur de Pierre-André Côté*, Éditions Yvon Blais, 2011, pp. 283-302.

GAUDREAULT-DESBIENS Jean-François

« Les chartes des droits et libertés comme louves dans la bergerie du positivisme ? Quelques hypothèses sur l'impact de la culture des droits sur la culture juridique québécoise », in MELKEVIK Bjarne (dir.), *Transformation de la culture juridique québécoise*, Les Presses de l'Université Laval, 1998, p. 83-119.

SAMSON Mélanie

« Le droit civil québécois : exemple d'un droit à porosité variable », in GROSSWALD CURRAN Viviane (dir.), *Porosités du droit*, Société de Législation Comparée, coll. « Colloques », 2020, pp. 219-244.

Articles de revue

BAUDOUIN Jean-Louis

« L'influence religieuse sur le droit civil du Québec », *Revue générale de droit*, vol. 15, n° 3, 1984, pp. 563-572.

« L'art de juger en droit civil : réflexion sur le cas du Québec », *Les Cahiers de droit*, vol. 57, n° 2, 2016, pp. 327-338.

CAIRNS Alan C.

« The Past and Future of the Canadian Administrative State », *University of Toronto Law Journal*, vol. 40, n° 3, 1990, pp. 319-361.

DICK R. M.

« Law Reporting in B.C. A Review of the Recent Proposal », *Advocate (Vancouver Bar Association)*, vol. 39, n° 3, 1981, pp. 197-206.

ELTIS Karen

« Can the Reasonable Person Still Be 'Highly Offended'? An Invitation to Consider the Civil Law Tradition's Personality Rights-Based Approach to Tort Privacy », *University of Ottawa Law & Technology Journal*, vol. 5, n° 1-2, 2008, pp. 199-220.

« The Anglo-American/Continental Privacy Divide: How Civilian Personality Rights Can Help Reconceptualize the Right to Be Forgotten towards Greater Transnational Interoperability », *Canadian Bar Review*, vol. 94, n° 2, 2016, pp. 355-380.

GARANT Patrice

« Différentes approches à la réforme de la justice administrative », *Revue administrative*, vol. 53, n° 3, 2000, pp. 72-85.

GETZ Léon

« The State of Law Reporting in Canada », *Advocate (Vancouver Bar Association)*, vol. 37, n° 3, 1979, pp. 243-248.

GLENN H. Patrick

« The Common Law in Canada », *The Canadian Bar Review*, vol. 74, n° 2, 1995, pp. 251-292.

GUILLEMARD Sylvette

« Vérité judiciaire et stare decisis en droit privé québécois », *Clio @ Themis*, n° 19, 2020, disponible en ligne à <https://publications-prairial.fr/cliothemis/index.php?id=198>.

JUKIER Rosalie

« Canada's Legal Traditions: Sources of Unification, Diversification, or Inspiration », *Journal of Civil Law Studies*, vol. 11, n° 1, 2018, pp. 75-104.

JUTRAS Daniel

« Culture et droit processuel : le cas du Québec », *McGill Law Journal*, vol. 54, 2009, pp. 273-193.

LARIVIERE Jules

« Law Reporting at the Canadian Federal Level: An Historical Overview », *Canadian Law Libraries*, vol. 20, n° 2, 1995, pp. 53-57.

LAVERTY John F.

« Some differences between the Common Law and That of the Province of Quebec », *The Canadian Bar Review*, vol. 9, n° 1, 1931, pp. 13-23.

LEBEL Louis

« La loi et le droit : la nature de la fonction créatrice du juge dans le système de droit québécois », *Les Cahiers de droit*, vol. 56, n° 1, 2015, pp. 85-96.

MARSHALL Denis S.

« An Introduction to Canadian Legal Research », *Law Library Journal*, vol. 81, n° 3, 1989, pp. 465-488.

MELKEVIK Bjarne

« Le nouveau Code civil du Québec et les droits de l'Homme : le paradigme d'un nouveau droit commun », *Pandectele Romane*, n° 2, 2007, pp. 34-45.

MENDES Errol P.

« Interpreting the Canadian Charter of Rights and Freedoms: Applying International and European Jurisprudence on the Law and Practice of Fundamental Rights », *Alberta Law Review*, vol. 20, n° 3, 1982, pp. 383-433.

MIGNAULT Pierre-Basile

« The authority of decided cases », *The Canadian Bar Review*, vol. 3, n° 1, 1925, pp. 1-24.

MOORE Benoît

« Le droit civil au Canada », *Revue de l'ERSUMA*, numéro spécial, 2014, pp. 33-46.

Morissette Yves-Marie

« Rétrospective et prospective sur le contentieux administratif », *Revue de Droit de l'Université de Sherbrooke*, vol. 39, 1-2, 2008-2009, pp. 1-70.

Parkes Debra

« Precedent Unbound – Contemporary Approaches to Precedent in Canada », *Manitoba Law Journal*, vol. 32, n° 1, 2006, pp. 135-162.

Pelletier Céline

« Les jeux de Cour », *Revue juridique Thémis*, vol. 6, n° 1, 1971, pp. 157-180.

Poirier Donald

« La Common Law en français : outil d'assimilation ou de prise en charge ? », *Revue de la Common Law en Français*, vol. 1, n° 2, 1997, pp. 215-246.

Popovici Adrian

« Notes sur l'état inadéquat des recueils de jurisprudence au Québec », *Revue du Barreau*, vol. 32, n° 2, 1972, pp. 82-100.

« Personality Rights – A Civil Law Concept », *Loyola Law Review*, vol. 50, n° 2, 2004, pp. 349-358.

« Libres propos sur la culture juridique québécoise dans un monde qui rétrécit », *McGill Law Journal*, vol. 54, n° 2, 2009, pp. 223-236.

Reiter Eric H.

« Personality and Patrimony: Comparative Perspectives on the Right to One's Image », *Tulane Law Review*, vol. 76, n° 3, 2002, pp. 673-726.

Roth Theresa

« Law Reporting in Canada », *Canadian Association of Law Libraries Newsletter Bulletin*, vol. 3, 1977-1978, pp. 204-209.

Tarnopolsky Walter S.

« The Historical and Constitutional Context of the Proposed Canadian Charter », *Law and Contemporary Problems*, vol. 44, n° 33, 1981, pp. 169-193.

Tremblay Luc B.

« La théorie constitutionnelle et la primauté du droit », *McGill Law Journal*, vol. 39, 1994, pp. 101-143.

Rapport

Moyse Pierre-Emmanuel

« Le droit au respect de la vie privée : les défis digitaux, une perspective de droit comparé : Canada. », Service de recherche du Parlement européen, coll. « Bibliothèque de droit comparé », 2018, 67 p., disponible en ligne à https://data.europa.eu/doi/10.2861/724251

Interventions orales

St-Pierre Marie

« Qui suis-je ? Procédure civile, protection de la vie privée et caractère public de la justice : regard sur un équilibre fragile », intervention lors du Congrès annuel du Barreau du Québec, 2001, p. 3-23.

Trudel Pierre

« État de droit et effectivité de la protection de la vie privée dans les réseaux du e-gouvernement », intervention lors du Colloque de l'Institut canadien d'administration de la justice, 15-17 oct. 2014, 28 p., disponible en ligne à <https://ciaj-icaj.ca/wp-content/uploads/documents/import/2005/690_-Trudel_FR.pdf?id=1245&1642525341>.

États-Unis

Ouvrages et monographies

Chamberlain Daniel H.

The doctrine of stare decisis: its reasons and its extent, Baker, Voorhis, 1885, 31 p.

Friedman Lawrence

The Legal System. A Social Science Perspective, Russell Sage Fondation, 1975, 338 p.

Friedman Lawrence M. et Hayden Grant M.

American Law: an Introduction, 3e éd., Oxford University Press, 2017, 360 p.

Jacobstein J. Myron, Mersky Roy M. et Dunn Donald J.

Fundamentals of Legal Research, 6e éd., Foundation Press, coll. « University Textbook Series », 1994, 777 p.

Scheb John M. et Sharma Hemant

An Introduction to the American Legal System, 5e éd., Wolters Kluwer, 2020.

Surrency Erwin C.

A History of American Law Publishing, Oceana Publications, 1990, 372 p.

Ouvrage collectif

Morrison Alan B. (dir.)

Fundamentals of American law, Oxford University Press, 1996, 736 p.

Articles de revue

Barkan Steven M.

« Can Law Publishers Change the Law? », *Legal Reference Services Quarterly*, vol. 11, n° 3-4, 1992, pp. 29-36.

Bradford C. Steven

« Following Dead Precedent: the Supreme Court's Ill-Advised Rejection of Anticipatory Overruling », *Fordham Law Review*, vol. 59, n° 1, 1990-1991, pp. 39-90.

Brandeis Louis D. et Warren Samuel D.

« The Right of Privacy », *Harvard Law Review*, vol. 4, n° 5, 1890, pp. 193-220.

Brenner Susan

« Of Publication and Precedent: An Inquiry into the Ethnomethodology of Case Reporting in the American Legal System », *DePaul Law Review*, vol. 49, n° 3, 1990, 461-542.

Briggs James E.

« A Symposium of Law Publishers », *American Law Review*, vol. 23, n° 3, 1889, pp. 396-414.

Dudley Susan E.

« Milestones in the Evolution of the Administrative State », *Daedalus*, vol. 150, n° 3, 2021, pp. 33-48.

Gardner James N.

« Ninth Circuit's Unpublished Opinions: Denial of Equal Justice? », *American Bar Association Journal*, vol. 61, n° 10, 1975, pp. 1224-1227.

Hardisty James

« Reflections on Stare Decisis », *Indiana Law Journal*, vol. 55, n° 1, 1979, pp. 41-70.

Jarvis Robert M.

« John B. West: Founder of the West Publishing Company », *American Journal of Legal History*, vol. 50, n° 1, 2008, pp. 1-22.

Kanner Gideon

« The unpublished appellate opinion: friend or foe? », *California State Bar Journal*, vol. 48, n° 4, 1973, pp. 386-449.

Kozel Randy J.

« Stare Decisis as Authority and Aspiration », *Notre Dame Law Review*, vol. 96, n° 5, 2021, pp. 1971-2006.

Martin Boyce F.

« In Defense of Unpublished Opinions », *Ohio State Law Journal*, vol. 60, n° 1, 1999, pp. 177-198.

Reynolds William L. et Richman William M.

« The Non-Precedential Precedent. Limited Publication and No-Citation Rules in the United States Courts of Appeals », *Columbia Law Review*, vol. 78, n° 6, 1978, pp. 1169-1206.

Tiersma Peter M.

« The Textualisation of Precedent », *Notre Dame Law. Review*, vol. 82, n° 3, 2006, pp. 1187-1278.

SCHILTZ Patrick J.

« Much Ado about Little: Explaining the Sturm Und Drang over the Citation of Unpublished Opinions », *Washington & Lee Law Review*, vol. 62, n° 4, 2005, pp. 1429-1490.

SNYDER Jesse D. H.

« Stare Decisis Is for Pirates », *Oklahoma Law Review*, vol. 73, n° 2, 2021, pp. 235-284.

SPITZER Arthur B. et WILSON Charles H.

« The Mischief of the Unpublished Opinion », *Litigation*, vol. 21, n° 4, 1995, pp. 3-4 & p. 61.

TAMAHANA Bryan Z.

« The Dark Side of The Relationship Between the Rule of Law and Liberalism », *New York University Journal of Law & Liberty*, vol. 3, n° 3, 2008, p. 516-547.

WALTHER David L.

« The noncitation rule and the concept of stare decisis », *Marquette Law Review*, vol. 61, n° 4, 1978, pp. 581-592.

WINSLOW John B.

« Courts and the Papermills », *Illinois Law Review*, vol. 10, n° 3, 1915, pp. 157-162.

ZYWICKI Todd J.

« The Rise and Fall of Efficiency in the Common Law », *Northwestern University Law Review*, vol. 97, n° 4, 2002-2003, pp. 1551-1634.

ROYAUME-UNI

Ouvrages et monographies

BENTHAM Jeremy

A Fragment on Government, 2e éd., Wilson & Pickering, 1823, 143 p.

CROSS Rupert et HARRIS James W.

Precedent in English Law, 4e éd., Oxford University Press, 1991, 260 p.

HARRIS Phil

An introduction to law, 7e éd., Cambridge University Press, coll. « Law in Context », 2007, 496 p.

SLESSER Henry

The Art of Judgment and Other Studies, Steven and Sons, 1962, 187 p.

WACKS Raymond

Law: a Very Short Introduction, Oxford University Press, coll. « Very short introductions », 2008, 172 p.

ZANDER Michael

The Law-Making Process, 6e éd., Cambridge University Press, coll. « Law in Context », 2004, 555 p.

Ouvrages collectifs

BLOM-COPPER Louis, DICKSON Brice et DREWRY Gavin (dir.)

The Judicial House of Lords 1876-2009, Oxford University Press, 2011, 820 p.

BOWRING John (dir.)

The Works of Jeremy Bentham, 11 vol., Simkin, Marshall & Co., 1838-1843.

Articles de revue

Lord CARNWATH

« Judicial Precedent – Taming the Common Law », *Oxford University Commonwealth Law Journal*, vol. 12, n° 2, 2012, pp. 261-272.

JOLOWICZ John-Anthony

« La jurisprudence en droit anglais : aperçu sur la règle du précédent », *Archives de philosophie du droit*, t. 30, 1985, pp. 105-116.

WATSON Alan

« The Future of the Common Law Tradition », *Dalhousie L. J.*, vol. 9, n° 1, 1984, pp. 67-86.

THÉORIE, MÉTHODOLOGIE ET ÉPISTÉMOLOGIE DU DROIT, JURISPRUDENCE, DROIT COMPARÉ

Ouvrages et monographies

ARMINJON Pierre, NOLDE Baron Boris et WOLFF Martin

Traité de droit comparé, 2 t., LGDJ, 1950, 540 et 635 p.

ASSIER-ANDRIEU Louis

L'autorité du passé. Essai anthropologique sur la Common Law, Dalloz, coll. « Les sens du droit », 2011, 272 p.

ASSOCIATION HENRI CAPITANT DES AMIS DE LA CULTURE JURIDIQUE FRANÇAISE (dir.)

L'interprétation par le juge des règles écrites, Economica, 1978, 371 p.

Les réactions de la doctrine à la création du droit par les juges, Economica, coll. « Travaux de l'Association Henri Capitant », 1983, 635 p.

La circulation du modèle juridique français, Litec, coll. « Travaux de l'Association Henri Capitant », 1993, 661 p.

Les droits de tradition civiliste en question. À propos des Rapports Doing Business de la Banque Mondiale, Société de Législation Comparée, 2006, 143 p.

La place du juriste face à la norme, Dalloz, coll. « Thèmes & commentaires », 2012, 180 p.

ATIAS Christian

Épistémologie juridique, PUF, coll. « Droit fondamental », 1985, 222 p.

Savoir des juges et savoir des juristes. Mes premiers regards sur la culture juridique québécoise, McGill Legal Studies, 1990, 164 p.

ATIYAH Patrick S.

Pragmatism and Theory in English Law, Stevens, coll. « The Hamlyn Lectures », 1987, 193 p.

ATIYAH Patrick S. et SUMMERS Robert S.

Form and substance in Anglo-American law: a comparative study of legal reasoning, legal theory, and legal institutions, Clarendon Press, 2002, 437 p.

AUSTIN John L.

Lectures on jurisprudence or the Philosophy of positive law, 4e éd., 2 vol., Murray, 1873, 1169 p.

Quand dire c'est faire, LANE Gilles (trad.), Éditions du Seuil, coll. « Points », 1998 (1re éd., 1962), 203 p.

BARRAUD Boris

Théories du droit et pluralisme juridique. Les théories dogmatiques du droit et la fragilité du pluralisme juridique, Presses Universitaires d'Aix-Marseille, coll. « Inter-normes », 2016, 584 p.

Le pragmatisme juridique, L'Harmattan, 2017, 331 p.

BEAULAC Stéphane et GAUDREAULT-DESBIENS Jean-François

Droit civil et common law : convergences et divergences, Éditions Thémis, 2017, 84 p.

BELL John

French Legal Cultures, Cambridge University Press, coll. « Law in Contest », 2008, 304 p.

BENYEKHLEF Karim

Une possible histoire de la norme. Les normativités émergentes de la mondialisation, Éditions Thémis, 2008, 934 p.

CARBONNIER Jean

Sociologie juridique, Armand Colin, 1972, 319 p.

Flexible droit, 11e éd., LGDJ, coll. « Anthologie du droit », 2014, 493 p.

CARDOZO Benjamin

The Nature of the Judicial Process, Yale University Press, 180 p.

CHAMPEIL-DESPLATS Véronique

Méthodologies du droit et des sciences du droit, Dalloz, coll. « Méthodes du droit », 2014, 429 p.

COTTERRELL Roger

Law, Culture and Society. Legal Ideas in the Mirror of Social Theory, Ashgate, 2006, 199 p.

DAVID René

Traité élémentaire de droit civil comparé : introduction à l'étude des droits étrangers et à la méthode comparative, LGDJ, 1950, 556 p.

DELMAS-MARTY Mireille

Pour un droit commun, Seuil, coll. « La librairie du XXe siècle », 1994, 186 p.

FAIRGRIEVE Duncan et MUIR WATT Horatia

Common Law et tradition civiliste, PUF, coll. « Droit et justice », 2006, 62 p.

FRYDMAN Benoît

Le sens des lois. Histoire de l'interprétation et de la raison juridique, 3e éd., Bruylant, coll. « Penser le droit », 2011, 708 p.

GARAPON Antoine et PAPADOPOULOS Ioannis

Juger en Amérique et en France, Odile Jacob, 2003, 323 p.

GROSSFELD Bernhard

The Strength and Weakness of Comparative Law, WEIR Tony (trad.), Clarendon Press, 1990, 123 p.

GURVITCH Georges

Éléments de sociologie juridique, Aubier, 1940, 267 p.

HUSSERL Edmund

L'idée de la phénoménologie, PUF, coll. « Épiméthée », 2021 (1re éd., 1970), 136 p.

IRTI Natalino

Le nihilisme juridique, BERTINOTTI Anne-Marie, ALVAZZI DEL FRATE Paolo et HAKIM Nader (trad.), Dalloz, coll. « Rivages du droit », 2017, 202 p.

KELSEN Hans

Théorie pure du droit, EISENMANN Charles (trad.), LGDJ, coll. « La pensée juridique », 1999, 376 p.

KEVELSON Roberta

The Law as a System of Signs, Plenum Press, 1988, 331 p.

KROEBER Alfred Louis et KLUCKHOHN Clyde

Culture; a critical review of concepts and definitions, Cambridge, 1952, 223 p.

LANGDELL Christopher C.

A Selection of Cases on the Law of Contracts, Lawbook Exchange, 1999 (1re éd., 1871), 1038 p.

LEGRAND Pierre

Fragments on Law as Culture, W.E.J. Tjeenk Willink, 1999, 159 p.

LEGRAND Pierre et SAMUEL Geoffrey

Introduction au common law, La Découverte, coll. « Repères », 2008, 128 p.

LENOBLE Jacques et OST François

Droit, mythe et raison. Essai sur la dérive mytho-logique de la rationalité juridique, Publications des Facultés universitaires Saint-Louis Bruxelles, coll. « Droit », 1980, 421 p.

LÉVY-ULLMAN Henri

Comment un français d'aujourd'hui peut-il aborder utilement l'étude du droit anglais et du droit anglo-américain ?, LGDJ, 1919, 48 p.

MACCORMICK Neil

Rhetoric and the Rule of Law, Oxford University Press, 2009, 287 p.

MAGNON Xavier

Théorie(s) du droit, Ellipses, coll. « Universités – Droit », 2008, 167 p.

MICHAUT Françoise

La recherche d'un nouveau paradigme de la décision judiciaire à travers un siècle de doctrine américaine, L'Harmattan, coll. « Logiques juridiques », 2000, 409 p.

PERELMAN Chaïm et OBLBRECHTS-TYTECA Lucie

Traité de l'argumentation, 6e éd., Éditions de l'Université de Bruxelles, coll. « UBlire Fondamentaux », 2008, 740 p.

PONTHOREAU Marie-Claire

Droit(s) constitutionnel(s) comparé(s), 2e éd., Economica, coll. « Corpus droit public », 2021, 492 p.

SCARPELLI Uberto

Qu'est ce que le positivisme juridique ?, CLAVREUL Colette (trad.), Bruylant LGDJ, coll. « La pensée juridique », 1996, 107 p.

SCHAUER Frederick

Penser en juriste. Nouvelle introduction au raisonnement juridique, GOLTZBERG Stefan (trad.), Dalloz, coll. « Rivages du droit », 2018, 233 p.

SCHUBERT Glendon

Judicial Behavior: A Reader in Theory and Research, Rand McNally, 1964, 603 p.

SOLEIL Sylvain

Aux origines de l'opposition entre systèmes de common law et de droit codifié, Société de législation comparée, coll. « Sensus Iuris », 2021, 371 p.

VAN DE KERCHOVE Michel et OST François

Le système juridique entre ordre et désordre, 1re éd., PUF, coll. « Les Voies du droit », 1988, 254 p.

VANDERLINDEN Jacques

Comparer les droits, Klower Éditions Juridiques Belgique & E. Story-Scientia, coll. « À la rencontre du droit », 1995, 467 p.

WEBER Max

Sociologie du droit, GROSCLAUDE Jacques (trad.), 2e éd., PUF, 2013, 324 p.

ZAREMBY Justin

Legal Realism and American Law, Bloomsbury, 2014, 161 p.

ZWEIGERT Konrad et KÖTZ Hein

An introduction to comparative law, WEIR Tony (trad.), 2e éd., 2 vol., North Holland Publishing Company, 1987, 385 et 379 p.

Thèses

Crombez Valéry

La doctrine en droit français et en common law (étude comparative), thèse dactylographiée, Université Jean Moulin Lyon III, 1995, 323 p.

Devinat Mathieu

La règle prétorienne en droit français et canadien. Étude de droit comparé, thèse dactylographiée, Université de Montréal & Faculté de droit et de science politique d'Aix-Marseille, 2001, 492 p.

Padilla Marie

Droit public et doctrine publiciste au Royaume-Uni : regard critique sur un objet à reconstruire, LGDJ, coll. « Bibliothèque de droit public », à paraître.

Perroud Thomas

La fonction contentieuse des autorités de régulation en France et au Royaume-Uni, Dalloz, coll. « Nouvelle Bibliothèque de Thèses », 2013, 1293 p.

Potvin Louise

La personne et la protection de son image. Étude comparée des droits québécois, français et de la common law anglaise, Éditions Yvon Blais, coll. « Minerve », 1991, 523 p.

Ouvrages collectifs

Audren Frédéric et Barbou Des Places Ségolène (dir.)

Qu'est-ce qu'une discipline juridique ?, LGDJ, 2018, 390 p.

Azzaria Georges (dir.)

Les cadres théoriques et le droit, Éditions Yvon Blais, 2013, 409 p.

Bolard Vincent et Pierrat Myriam (dir.)

Les principes directeurs du procès en droit comparé à l'aune de la pensée de Motulsky. Journées multilatérales de l'Association Henri Capitant, Dalloz, coll. « Thèmes & commentaires », 2019, 377 p.

Bonnet Baptiste (dir.)

Traité des rapports entre ordres juridiques, LGDJ, 2016, 1821 p.

Bourgues Paul et Montagne Camille (dir.)

La circulation des modèles normatifs, Presses Universitaires de Grenoble, coll. « Droit & Action Publique », 2017, 172 p.

Cabrillac Rémy (dir.)

Quel avenir pour le modèle juridique français dans le monde ?, Economica, coll. « Études juridiques », 2011, 141 p.

Cane Peter et Kritzer Herbert (dir.)

The Oxford Handbook of Empirical Legal Research, OUP, 2012, 1112 p.

CASTONGUAY Lynne et KASIRER Nicolas (dir.)

Étudier et enseigner le droit : hier, aujourd'hui et demain. Études offertes à Jacques Vanderlinden, Bruylant & Éditions Yvon Blais, 2006, 503 p.

CHAMBOST Anne-Sophie (dir.)

Approches culturelles des savoirs juridiques, LGDJ, coll. « Contextes Culture du droit », 2020, 336 p.

CHOLET Didier et NORMAND Sylvio (dir.)

Droit québécois – droit français : inspirations mutuelles, Éditions Yvon Blais & Société de Législation Comparée, 2019, 515 p.

CURAPP (dir.)

Les méthodes au concret, PUF, 2000, 326 p.

DEUMIER Pascale et BONNET Baptiste (dir.)

De l'intérêt de la summa divisio Droit public-Droit privé ?, Dalloz, coll. « Thèmes & commentaires – actes », 2010, 308 p.

DU BOIS DE GAUDUSSON Jean et FERRAND Frédérique (dir.)

La concurrence des systèmes juridiques, Presse universitaires d'Aix-Marseille, coll. « Groupement de Droit Comparé », 2008, 162 p.

FOUCHARD Philippe (dir.)

Vers un procès civil universel ? Les règles transnationales de procédure civile de l'American Law Institute, Éditions Panthéon Assas, coll. « Droit international et relations internationales », 2001, 320 p.

HARTSHORNE Charles et WEISS Paul (dir.)

The Collected Papers of Charles Sanders Peirce, 8 vol., Harvard University Press, 1931-1958.

HONDIUS Ewoud (dir.)

Precedent and the law. Reports to the XVIIth Congress International Acamedy of Comparative law Utrecht (16-22 July 2006), Bruylant, 2007, 517 p.

JOUANJAN Olivier et ZOLLER Élisabeth (dir.)

Le moment 1900 : critique sociale et critique sociologique du droit en Europe et aux États-Unis, Éditions Panthéon-Assas, coll. « Colloques », 2015, 381 p.

KASIRER Nicholas (dir.)

Le droit civil, avant tout un style ?, Éditions Thémis, 2003, 228 p.

KRAMER Xandra E. et VAN RHEE Cornelius H. (dir.)

Civil Litigation in a Globalising World, TMC Asser Press & Springer, 2012, 390 p.

GROUPES AUTRES QUE LE GROUPE FRANÇAIS DE L'ASSOCIATION HENRI CAPITANT DES AMIS DE LA CULTURE JURIDIQUE FRANÇAISE

Les droits de tradition civiliste en question. À propos des Rapports Doing Business de la Banque Mondiale, Société de Législation Comparée, 2006, 161 p.

MACCORMIRCK D. Neil, SUMMERS Robert S. et GOODHART Arthur L. (dir.)

Interpreting Precedents, Routledge, 1997, 598 p.

MBONGO Pascal et WEAVER Russel L. (dir.)

Le droit américain dans la pensée juridique contemporaine. Entre Américanophobie et Américanophilie, Institut Universitaire Varenne, coll. « Colloques & Essais », 2013, 409 p.

MORÉTEAU Olivier, MASFERRER Aniceto et MODÉER Kjell A. (dir.)

Comparative Legal History, Edward Elgar Publishing, coll. « Research Handbook in Comparative Law », 2019, 512 p.

MORÉTEAU Olivier et VANDERLINDEN (dir.)

La structure des systèmes juridiques. XVIe congrès de l'Académie internationale de droit comparé, Bruylant, 2003, 431 p.

LEGRAND Pierre (dir.)

Comparer les droits, résolument, PUF, coll. « Les voies du droit », 2009, 630 p.

REIMANN Mathias et ZIMMERMANN Reinhard (dir.)

The Oxford Handbook of Comparative Law, 1re éd., Oxford University Press, 2006, 1430 p.

SEFTON-GREEN Ruth et USUNIER Laurence (dir.)

La concurrence normative. Mythes et réalités, Société de législation comparée, coll. « UMR de droit comparé de Paris », 2014, 298 p.

TANQUEREL Thierry et FLÜCKIGER Alexandre (dir.)

L'évaluation de la recherche en droit. Enjeux et méthodes, Bruylant, coll. « Penser le droit », 2015, 488 p.

TROPER Michel, CHAMPEIL-DESPLATS Véronique et GRZEGORCZYK Christophe (dir.)

Théorie des contraintes juridiques, LGDJ, coll. « La pensée juridique », 2005, 216 p.

ZOLLER Elisabeth et RAYNAUD Philippe (dir.)

Le droit dans la culture américaine, Éditions Panthéon Assas, 2001, 177 p.

Rapports

BANQUE MONDIALE ET SOCIÉTÉ FINANCIÈRE INTERNATIONALE

Doing Business in 2004: Understanding regulation, OUP, 2004, 194 p.

DEFFAINS Bruno et KESSEDJIAN Catherine

« Index de la sécurité juridique », Rapport pour la Fondation pour le droit continental, 2015, disponible en ligne à <https://www.fondation-droitcontinental.org/fr/wp-content/uploads/2015/04/Rapport-ISJ-Juin-2015.pdf>.

Chapitres d'ouvrages collectifs

AMSELEK Paul

« Le 'juridique' se réduit-il au 'judiciaire' ou 'juridictionnel' ? », in *Écrits de droit public, financier et constitutionnel. Mélanges en l'honneur de Michel Lascombes*, Dalloz, 2020, pp. 3-15.

DEWEY John

« My Philosophy of Law », in *My Philosophy of Law: Credos of Sixteen American Scholars*, Boston Law Books, 1941, pp. 73-85.

JOLOWICZ John-Anthony

« Substantive and procedural justice in civil litigation: a mesure of the role of civil litigation », in *De tous horizons. Mélanges Xavier Blanc-Jouvan*, Société de Législation Comparée, 2005, pp. 549-566.

MARKESINIS Basil

« The Familiarity of the Unknown », in GARETH Jones (dir.), *The Search for Principle. Essays in Honour of Lord Goff of Chieveley*, OUP, 1999, pp. 59-77.

MELKEVIK Bjarne

« Penser le droit québécois entre culture et positivisme : quelques considérations critiques », in MELKEVIK Bjarne (dir.), *Transformation de la culture juridique québécoise*, Les Presses de l'Université Laval, 1998, pp. 9-21.

PERROUD Thomas et KATSOULAS Petros-Orestis

« Les apports du droit comparé », in VOIZARD Karl-Henri et CAILLOSSE Jacques (dir.), *Le droit administratif aujourd'hui. Retours sur son enseignement*, Dalloz, coll. « Thèmes & commentaires – Études », 2021, pp. 289-309.

SÉNAC Charles-Édouard

« La théorie réaliste de l'interprétation est-elle une théorie anarchiste ? », in BERTRAND Chloé, BRETT Raphaël, PULLIERO Flore et WAGENER Noé (dir.), *Droit et anarchie*, L'Harmattan, coll. « Presses universitaires de Sceaux », 2013, pp. 103-118.

SUGARMAN David

« Legal Theory, the Common Law Mind and the Making of the Textbook Tradition », in TWINING William (dir.), *Legal Theory and Common Law*, Blackwell, 1986, pp. 26-61.

WALINE Marcel

« Empirisme et conceptualisme dans la méthode juridique : faut-il tuer les catégories juridiques ? », in *Mélanges en l'honneur de Jean Dabin*, 2 vol., vol. 1, Bruylant, 1963, pp. 359-371.

Numéro de revue

« Crise du droit », *Droits*, n° 4, 1986.

Articles de revue

ALEMANY Macario

« Les juristes face à la globalisation », TUSSEAU Guillaume (trad.), *Les Annales du droit*, n° 7, 2014, pp. 9-26.

ANDRIEU Thomas, JAMIN Christophe, HAMELLE Aurélien et FOUGOU Stéphanie

« Le droit français est-il compétitif ? », *Cahiers de droit de l'entreprise*, n° 5, 2019, pp. 9-18.

Beaud Olivier

« Joseph Barthélémy ou la fin de la doctrine constitutionnelle classique », *Droits*, n° 32, 2000, pp. 89-108.

Belleau Marie-Claire

« Les juristes inquiets : classicisme juridique et critique du droit au début du XXe siècle en France », *Les Cahiers de droit*, vol. 40, n° 3, 2005, pp. 507-544.

Bergel Jean-Louis

« Globalisation du droit et professions juridiques », *Revue de la Recherche Juridique*, n° 135, 2010, pp. 2161-2168.

Blondeel Jean

« La *Common Law* et le droit civil », *Revue internationale de droit comparé*, vol. 3, n° 4, 1951, pp. 585-598.

Calzolaio Ermanno

« Le rôle de la jurisprudence dans la comparaison *civil law-common law* », *Petites Affiches*, n° 42, 2014, pp. 7-15.

Camarena Gonzalez Rodrigo

« From jurisprudence constante to stare decisis: the migration of the doctrine of precedent to civil law constitutionalism », *Transnational Legal Theory*, vol. 7, n° 2, 2016, pp. 257-286.

Chenot Bernard

« La notion de service public dans la jurisprudence économique du Conseil d'État », *Études et Documents du Conseil d'État*, 1950, pp. 77-83.

« L'Existentialisme et le Droit », *Revue française de science politique*, n° 1, 1953, pp. 57-68.

Cumyn Michelle

« Les catégories, la classification et la qualification juridiques : réflexions sur la systématicité du droit », *Les Cahiers de droit*, vol. 52, n° 3-4, 2011, pp. 351-378.

Devinat Mathieu et Guilhermont Édith

« La réception des théories juridiques françaises en droit civil québécois », *Revue de Droit de l'Université de Sherbrooke*, vol. 42, n° 3, 2012, pp. 459-504.

Dunn Edwina

« Point de vue sur la spécificité des universitaires dans les facultés de droit : comparaisons franco-anglaises », *Revue Interdisciplinaire d'Études Juridiques*, vol. 62, n° 1, 2009, pp. 33-90.

Esmein Adhémar

« Le droit comparé et l'enseignement du droit », *Nouvelle Revue historique de droit français et étranger*, 1900, pp. 489-498.

Faircloth Peoples Lee

« Controlling the Common Law: a comparative analysis of no-citation rules and publication practices in England and the United States », *Indiana International & Comparative Law Review*, vol. 17, n° 2, 2007, p. 307-354.

FERRAND Frédérique

« Les 'Principes' relatifs à la procédure civile transnationale sont-ils autosuffisants ? De la nécessité ou non de les assortir de 'Règles' dans le projet ALI/UNIDROIT », *Uniform Law Review*, n° 4, 2001, pp. 995-1013.

FRANKENBERG Günter

« Constitutional transfer: the IKEA theory revisited », *I•CON*, vol. 8, n° 3, 2010, pp. 563-579.

FULLER Lon L.

« American Legal Realism », *University of Pennsylvania Law Review*, vol. 82, n° 5, 1933-1934, pp. 429-462.

GALONNIER Bernard

« Le discours juridique en France et en Angleterre. Convergences et spécificités », *ASp*, n° 15-18, 1997, pp. 895-921.

GARCIA Margarida

« De nouveaux horizons épistémologiques pour la recherche empirique en droit : décentrer le sujet, interviewer le système et 'désusbtantialiser' les catégories juridiques », *Les Cahiers de droit*, vol. 52, n° 3-4, 2011, pp. 417-459.

GARDNER James A.

« The Sociological Jurisprudence of Roscoe Pound », *Villanova Law Rev*iew, vol. 7, n° 1, 1961, pp. 1-26.

GAUDEMET Yves, VIALA Alexandre et AMSELEK Paul

« Le regard critique de Paul Amselek sur l'œuvre de Kelsen. Dialogue avec Alexandre Viala », *Revue du droit public*, 2021, pp. 3-43.

GENICOT Nathan

« L'index de la sécurité juridique, ou comment promouvoir le droit continental par le biais d'un indicateur », *Droit et société*, n° 104, 2020, pp. 211-234.

GIDI Antonio, HAZARD Geoffrey, TARUFFO Michele et STÜRNER Rolf

« Introduction to the Principles and Rules of Transnational Civil Procedure », *New York University Journal of International Law & Politics*, vol. 33, n° 3, 2001, pp. 769-784.

GILMORE Grant

« Legal Realism: Its Cause and Cure », *Yale Law Journal*, vol. 70, n° 7, 1961, pp. 1037-1048.

GLENN H. Patrick

« La tradition juridique nationale », *Revue Internationale de Droit Comparé*, vol. 55, n° 2, 2003, pp. 263-278.

GOUTAL Jean-Louis

« Characteristics of Judicial Style in France, Britain and the U.S.A. », *The American Journal of Comparative Law*, vol. 24, n° 1, 1976, pp. 43-73.

GOODHART Arthur L.

« Precedent in English and Continental Law », *Law Quarterly Review*, vol. 50, n° 197, 1934, pp. 40-65.

GROSSWALD CURRAN **Vivian**

« Cultural Immersion, Difference and Categories in U.S. Comparative Law », *American Journal of Comparative Law*, vol. 46, n° 1, 1998, pp. 43-92.

« Dealing in Difference: Comparative Law's Potential for Broadening Legal Perspectives », *American Journal of Comparative Law*, vol. 46, n° 4, 1998, pp. 657-668.

GRZEGORCZYK **Christophe**

« Évaluation critique du paradigme systématique dans la science du droit », *Archives de philosophie du droit*, t. 31, 1986, pp. 281-301.

GUÉNAIRE **Michel**

« La *common law* ou l'avenir d'une justice sans code », *Le Débat*, n° 2, 2001, pp. 49-54.

GURVITCH **Georges**

« Éléments de sociologique juridique. Extraits », *Droit et société*, n° 4, 1986, pp. 341-345.

HALPÉRIN **Jean-Louis**

« L'essor de la "privacy" et l'usage des concepts juridiques », *Droit et société*, vol. 61, n° 3, 2005, pp. 765-782

HAZARD **Geoffrey C.**

« Civil litigation without frontiers: harmonization and unification of procedural law », *Derecho PUCP*, n° 52, 1999, pp. 575-582.

« Discovery and the Role of the Judge in Civil Law Jurisdictions », *Notre Dame Law Review*, vol. 73, n° 4, 1999, pp. 1017-1028.

« Fundamentals of Civil Procedure », *Uniform Law Review*, n° 4, 2001, pp. 753-762.

HOLMES **Oliver W.**

« The Path of the Law », *Harvard Law Review.*, vol. 10, n° 8, 1897, pp. 457-478.

JOUANJAN **Olivier**

« Une interprétation de la théorie réaliste de Michel Troper », *Droits*, n° 39, 2003, pp. 31-48.

JOBIN **Pierre-Gabriel**

« L'influence de la doctrine française sur le droit civil québécois : le rapprochement et l'éloignement de deux continents », *Revue internationale de droit comparé*, vol. 44, n° 2, 1992, pp. 381-408.

KENNEDY **Duncan et** BELLEAU **Marie-Claire**

« La place de René Demogue dans la généalogie de la pensée juridique contemporaine », *Revue Interdisciplinaire d'Études Juridiques*, vol. 56, n° 1, 2006, pp. 163-211.

LASSER **Mitchel**

« The European Pasteurization of French Law », *Cornell Law Review*, vol. 90, 2005, pp. 995-1084.

LEGENDRE Pierre

« La facture historique des systèmes. Notations pour une histoire comparative du droit administratif français », *Revue Internationale de Droit Comparé*, vol. 23, n° 1, 1971, pp. 5-47.

LEGRAND Pierre

« Antiqui juris civilis fabulas », *University of Toronto Law Journal*, vol. 45, n° 3, 1995, pp. 311-362.

LEGRAND Pierre et SAMUEL Geoffrey

« Brèves épistémologiques sur le droit anglais tel qu'en lui-même », *Revue Interdisciplinaire d'Études Juridiques*, vol. 54, n° 1, 2005, pp. 1-62.

LE PILLOUER Arnaud

« Indétermination du langage et indétermination du droit », *Droit et Philosophie. Annuaire de l'Institut Michel Villey*, vol. 9, n° 1, 2017, pp. 19-43.

LESZCZYNSKI Leszek

« Globalization in the law: main trends and the context of legal transplants », *Revue de la Recherche Juridique*, n° 135, 2010, pp. 2191-2200.

LEVIN Avner et NICHOLSON Mary Jo

« Privacy Law in the United States, the EU and Canada: The Allure of the Middle Ground », *University of Ottawa Law & Technology Journal*, vol. 2, n° 2, 2005, pp. 357-395.

MARKESINIS Basil

« The Comparatist (or a Plea for a Broader Legal Education) », *Yearbook of European Law*, vol. 15, n° 1, 1999, pp. 261-281.

MATTEI Ugo

« Three patterns of law: Taxonomy and Change in the World Legal's Systems », *American Journal of Comparative Law*, vol. 45, n° 1, 1997, pp. 5-44.

MALLET-BRICOUT Blandine

« Libres propos sur l'efficacité des systèmes de droit civil », *Revue Internationale de Droit Comparé*, vol. 56, n° 4, 2004, pp. 865-888.

MECHEM Philip

« The Jurisprudence of Despair », *Iowa Law Review*, vol. 21, n° 4, 1936, pp. 669-692.

MERRYMAN John Henry

« The French Deviation », *American Journal of Comparative Law*, vol. 44, n° 1, 1996, pp. 109-120.

MICHAELS Ralf

« Comparative Law by Numbers? Legal Origins Thesis, Doing Business Reports, and the Silence of Traditional Comparative Law », *American Journal of Comparative Law*, vol. 57, n° 4, 2009, pp. 765-795.

MILLARD Éric

« Réalisme Scandinave, Réalisme Américain », *Revus: Journal for Constitutional Theory and Philosophy of Law*, vol. 24, 2014, pp. 81-97.

Miller Geoffrey

« The Legal-Economic Analysis of Comparative Civil Procedure », *American Journal of Comparative Law*, vol. 45, n° 4, 1997, pp. 905-918.

Moret-Bailly Joël

« Esquisse d'une théorie pragmatiste du droit », *Droits*, n° 55, 2012, pp. 177-212.

Muir Watt Horatia

« La fonction subversive du droit comparé », *Revue Internationale de Droit Comparé*, vol. 52, n° 3, 2000, pp. 503-527.

Ost François

« Entre ordre et désordre : le jeu du droit. Discussion du paradigme autopoiétique appliqué au droit », *Archives de philosophie du droit*, t. 31, 1986, pp. 133-162.

Peirce Charles S.

« How to Make our Ideas Clear », *Popular Science Monthly*, vol. 12, 1878, pp. 286-302.

Perroud Thomas

« Le droit comparé dans les thèses de droit administratif », *Revue française de droit administratif*, 2016, pp. 1084-1089.

Pfersmann Otto

« Contre le néo-réalisme juridique. Pour un débat sur l'interprétation », *Revue française de droit constitutionnel*, n° 50, 2002, pp. 279-334.

« Une théorie sans objet, une dogmatique sans théorie. En réponse à Michel Troper », *Revue française de droit constitutionnel*, n° 52, 2002, pp. 759-788.

Ponthoreau Marie-Claire

« Le droit comparé en question(s). Entre pragmatisme et outil épistémologique », *Revue internationale de droit comparé*, vol. 57, n° 1, 2005, pp. 7-27.

« Trois interprétations de la globalisation juridique. Approche critique des mutations du droit public », *Actualité Juridique Droit Administratif*, 2006, pp. 20-25.

Pound Roscoe

« Common Law and Legislation », *Harvard Law Review*, vol. 21, n° 6, 1908, pp. 383-407.

Raynouard Arnaud et Kerhuel Anne-Julie

« L'évaluation des systèmes juridiques au cœur de la tourmente », *Recueil Dalloz*, 2010, pp. 2928-2932.

Reimann Mathias

« Droit positif et culture juridique. L'américanisation du droit européen par réception », Barberousse Florence (trad.), *Archives de philosophie du droit*, n° 45, 2001, pp. 61-75.

Rials Stéphane

« La démolition inachevée. Michel Troper, l'interprétation, le sujet et la survie des cadres intellectuels néoclassiques », *Droits*, n° 39, 2003, pp. 49-86.

Rivero Jean

« Apologie pour les faiseurs de systèmes », *Recueil Dalloz*, 1951, pp. 23-102.

Samuel Geoffrey

« Can Gaïus really be compared to Darwin? », *The International and Comparative Law Quarterly*, vol. 49, n° 2, 2000, pp. 297-329.

Schabas William A.

« Le droit européen des droits de la personne dans la jurisprudence canadienne et québécoise », *Revue québécoise de droit international*, vol. 7, 1991-1992, pp. 198-209.

Spencer Shaun B.

« Reasonable Expectation and the Erosion of Privacy », *San Diego Law Review*, vol. 39, n° 3, 2002, pp. 843-916.

Stürner Rolf

« Procédure civile et culture juridique », *Revue internationale de droit comparé*, vol. 56, n° 4, 2004, pp. 797-824.

Troper Michel

« Réplique à Otto Pfersmann », *Revue française de droit constitutionnel*, n° 50, 2002, pp. 335-353.

« Le réalisme et le juge constitutionnel », *Cahiers du Conseil constitutionnel*, n° 22, 2007, pp. 125-131.

Tunc André

« L'importance de la doctrine dans le droit des États-Unis », *Droits*, n° 20, 1994, pp. 75-84.

Vanderlinden Jacques

« À propos des catégories du droit ou propos décousus d'un juriste arboricole contemplant un jardin de roses rampantes », *Revue de la Common Law en Français*, vol. 2, n° 2, 1998, pp. 301-330.

Zoller Élisabeth

« La Cour Suprême des États-Unis entre création et destruction du droit », *Archives de philosophie du droit*, t. 50, 2007, pp. 277-287.

Autres articles

Eliantonio Mariolina

« The Future of National Procedural Law in Europe Harmonisation vs. Judge-Made Standards in the Field of Administrative Law », *Maastricht Working Papers*, vol. 8, 2008, 13 p.

« Europeanisation of Administrative Justice? The Influence of the ECJ's Case Law in Italy, Germany and England », 2010, disponible en ligne à <https://www.researchgate.net/publication/309548649_Europeanisation_of_Administrative_Justice_The_Influence_of_the_ECJ's_Case_Law_in_Italy_Germany_and_England>.

Whitman James Q.

« The Two Western Cultures of Privacy: Dignity versus Liberty », coll. « Public Law and Legal Theory Research Paper Series », Research Paper n° 64, Yale Law School, 2002, 96 p., disponible en ligne à <https://papers.ssrn.com/sol3/papers.cfm?abstract_id=476041>.

Interventions orales

MILLARD Éric

« L'aveu théorique comme préalable au travail juridique savant », intervention lors du sixième Congrès de l'AFDC, 10 juin 2005, disponible en ligne à <https://halshs.archives-ouvertes.fr/halshs-00009961/document>.

PICARD Étienne

« Contre la théorie réaliste de l'interprétation juridique », intervention lors du colloque « L'office du juge » organisé au Sénat, 29-30 sept. 2006, disponible en ligne à <https://www.senat.fr/colloques/office_du_juge/office_du_juge5.html>.

DOCTRINE, PENSÉE JURIDIQUE, ENSEIGNEMENT DU DROIT

FRANCE

Ouvrages et monographies

ATIAS Christian

Science des légistes savoir des juristes, Presses Universitaires d'Aix-Marseille, 1991, 118 p.

AUDREN Frédéric, CHAMBOST Anne-Sophie et HALPÉRIN Jean-Louis

Histoires contemporaines du droit, Dalloz, coll. « Méthodes du droit », 2019, 304 p.

AUDREN Frédéric et HALPÉRIN Jean-Louis

La culture juridique française, CNRS Éditions, 2013, 330 p.

COLONNA D'ISTRIA François

Philosophie du droit et pratique des juristes, Dalloz, coll. « Méthodes du droit », 2021, 307 p.

FORRAY Vincent et PIMONT Sébastien

Décrire le droit... Et le transformer. Essai sur la décriture du droit, Dalloz, coll. « Méthodes du droit », 2017, 372 p.

JAMIN Christophe et JESTAZ Philippe

La doctrine, Dalloz, coll. « Méthodes du droit », 2004, 314 p.

JAMIN Christophe et MELLERAY Fabrice

Droit civil et droit administratif. Dialogue(s) sur un modèle doctrinal, Dalloz, coll. « Méthodes du droit », 2018, 259 p.

LIBCHABER Rémy

L'ordre juridique et le discours du droit. Essai sur les limites de la connaissance du droit, LGDJ, 2013, 437 p.

Moréteau Olivier

Le juriste français entre ethnocentrisme et mondialisation, Dalloz, coll. « L'esprit du droit », 2014, 337 p.

Touzeil-Divina Mathieu

Dix mythes du droit public, LGDJ, coll. « Forum », 2019, 413 p.

Thèses

Barenot Pierre-Nicolas

Entre théorie et pratique : les recueils de jurisprudence, miroirs de la pensée juridique française (1789-1914), LGDJ, coll. « Bibliothèque d'histoire du droit et droit romain », 2022, 460 p.

Boudot Michel

Le dogme de la solution unique. Contribution à une théorie de la doctrine en droit privé, thèse dactylographiée, Université Aix-Marseille, 1999, 394 p.

Fortsakis Théodore

Conceptualisme et empirisme en droit administratif français, LGDJ, coll. « Bibliothèque de droit », 1987, 542 p.

Hakim Nader

*L'autorité de la doctrine civiliste française au XIX*e *siècle*, LGDJ, coll. « Bibliothèque de droit », 2002, 481 p.

Noel Johanna

La césure interprétative entre le juge et la doctrine à la lumière de l'expérience constitutionnelle française, Mare & Martin, coll. « Bibliothèque des thèses », 2021, 724 p.

Sydoryk Sacha

La doctrine constitutionnelle. Étude de la production de la connaissance en droit constitutionnel contemporain français, Presses de l'Université Toulouse Capitole, coll. « thèses », 2023, 672 p.

Ouvrages collectifs

AFDA (dir.)

La doctrine en droit administratif, LexisNexis Litec, coll. « Colloques & débats », 2010, 246 p.

Altwegg-Boussac Manon (dir.)

Introduire au droit. Regards critiques sur un enseignement, IFJD, coll. « Colloques & essais », 2021, 270 p.

Caillosse Jacques et Renaudie Olivier (dir.)

Le Conseil d'État et l'Université, Dalloz, coll. « Thèmes & commentaires – Actes », 2015, 224 p.

Chambost Anne-Sophie (dir.)

Histoire des manuels de droit. Une histoire de la littérature juridique comme forme du discours universitaire, LGDJ, coll. « Contextes Culture du droit », 2014, 353 p.

CURAPP (dir.)

La doctrine juridique, PUF, 1993, 287 p.

GIRARD Anne-Laure, LAUBA Adrien et SALLES Damien (dir.)

Les racines littéraires du droit administratif, Presses universitaires juridiques de Poitiers, 2021, 248 p.

HAKIM Nader et MELLERAY Fabrice (dir.)

Le renouveau de la doctrine française. Les grands auteurs de la pensée juridique au tournant du XXe siècle, Dalloz, coll. « Méthodes du droit », 2009, 330 p.

HECQUARD-THÉRON Maryvonne (dir.)

Les Facultés de Droit inspiratrices du droit ? Actes du colloque des 28 & 29 octobre 2004, Presses de l'Université des Sciences Sociales de Toulouse, coll. « Les travaux de l'IFR, Mutations des Normes Juridiques », n° 3, 2005, 234 p.

HOCHMANN Thomas, MAGNON Xavier et PONSARD Régis (dir.)

Un classique méconnu : Hans Kelsen, Mare & Martin, coll. « Le sens de la science », 2019, 434 p.

Numéros de revue

« Demogue », *Revue interdisciplinaire d'études juridiques*, vol. 56, n° 1, 2006.

« Le droit dans le miroir d'une revue juridique. Le Recueil Dalloz », *Revue de la recherche juridique*, vol. 31, n° 1, 2006.

« Le Conseil d'État et la doctrine. Célébration du deuxième centenaire du Conseil d'État », *Revue administrative*, vol. 50, 1997.

« Doctrine », *Droits*, n° 20, 1994.

Chapitres d'ouvrages collectifs

ATIAS Christian

« Une doctrine de combat pour un droit menacé », in *Mélanges Christian Mouly*, Litec, 1998, pp. 13-19.

BOUDOT Michel

« Les programmes scientifiques des revues juridiques des XIXe et XXe (et XXIe) siècles », in GAZEAU Véronique et AUGUSTIN Jean-Marie (dir.), *Coutumes, doctrine et droit savant*, LGDJ, 2007, pp. 307-318.

BUREAU Dominique et MOLFESSIS Nicolas

« L'asphyxie doctrinale », in *Études à la mémoire du Professeur Bruno Oppetit*, LexisNexis Litec, 2010, pp. 45-71.

BRUN Philippe

« Sources sulfureuses : remarques cursives sur l'office de la doctrine », in *Mélanges en l'honneur de Philippe Jestaz. Libres propos sur les sources du droit*, Dalloz, 2006, pp. 67-78.

DUPEYROUX Olivier

« La doctrine française et le problème de la jurisprudence source de droit », in *Mélanges dédiés à Gabriel Marty*, Université des Sciences Sociales, 1978, pp. 463-475.

GUYOMAR Mattias

« Le choeur à deux voix : dissonances et résonances », in MÉLIN-SOUCRAMANIEN Ferdinand et MELLERAY Fabrice (dir.), *Le Professeur Jean Rivero ou la liberté en action*, Dalloz, coll. « Thèmes & commentaires – Actes », 2012, p. 91-95.

HAKIM Nader

« Droit privé et courant critique : le poids de la dogmatique juridique », in DUPRÉ DE BOULOIS Xavier et KALUSZYNSKI Martine (dir.), *Le droit en révolution(s). Regards sur la critique du droit des années 1970 à nos jours*, LGDJ, coll. « Droit et société », 2011, pp. 71-83.

JAMIN Christophe

« La rupture de l'école et du palais dans le mouvement des idées », in *Mélanges Christian Mouly*, Litec, 1998, pp. 69-83.

« La doctrine : explication de texte », in *Libres propos sur les sources du droit : mélanges en l'honneur de Philippe Jestaz*, Dalloz, 2006, pp. 225-233.

JAMIN Christophe et VERKINDT Pierre-Yves

« Droit civil et droit social : l'invention du style néoclassique chez les juristes français au début du XXe siècle » in KASIRER Nicholas (dir.), *Le droit civil, avant tout un style ?*, Éditions Thémis, 2003, pp. 101-120.

JÈZE Gaston

« Collaboration du Conseil d'État et de la doctrine dans l'élaboration du droit administratif français », in *Le Conseil d'État : livre jubilaire, publié pour commémorer son cent cinquantième anniversaire, 4 nivôse an VIII – 24 décembre 1949*, Sirey, 1952, pp. 347-349.

LE BARS Thierry

« Positivisme, dogmatisme, réalisme et dérive de la Cour de cassation », in *Liber Amicorum. Mélanges dédiés à la mémoire du Doyen Jacques Héron.*, LGDJ, 2008, pp. 297-308.

PICARD Étienne

« 'Science du droit' ou 'doctrine juridique' », in *L'unité du droit. Mélanges en l'honneur de Roland Drago*, Economica, 1996, pp. 119-171.

Articles de revue

ANCEL Pascal, AYNÈS Laurent, BARANGER Denis, BEAUD Olivier, LIBCHABER Rémy, BRUNET Pierre et CARBASSE Jean-Marie

« Sur la formation des juristes en France (II) », *Commentaire*, n° 151, 2015, pp. 607-628.

ANDREU Lionel

« Des précédents jurisprudentiels imaginaires », *Recueil Dalloz*, 2021, pp. 581-586.

ATIAS Christian

« La mission de la doctrine universitaire en droit privé », *Recueil Dalloz*, 1980, 2999.

BARENOT Pierre-Nicolas

« De quelle pensée juridique faisons-nous l'histoire ? Réflexions autour de quelques données bibliométriques », *Clio @ Themis*, n° 14, 2018, disponible en ligne à <https://journals.openedition.org/cliothemis/771>.

BARENOT Pierre-Nicolas et HAKIM Nader

« La jurisprudence et la doctrine : retour sur une relation clef de la pensée juridique française contemporaine », *Quaderni fiorentini per la storia del pensiero giuridico moderno*, n° 41, 2012, pp. 251-297.

BATIFFOL Henri

« La responsabilité de la doctrine dans la création du droit », *Revue de la Recherche Juridique*, n° 2, 1981, pp. 175-184.

BEIGNIER Bernard

« Vetera et Nova. Rénover la formation des étudiants en droit (I) », *Commentaire*, n° 154, 2016, pp. 365-372.

« Vetera et Nova. Rénover la formation des étudiants en droit (II) », *Commentaire*, n° 156, 2016, pp. 855-862.

BIENVENU Jean-Jacques

« Remarques sur quelques tendances de la doctrine contemporaine en droit administratif », *Droits*, n° 1, 1985, pp. 153-160.

BIGOT Christophe

« Réflexions d'un avocat sur la professionnalisation des études de droit », *Recueil Dalloz*, 2005, pp. 1724-1725.

BLOQUET Sylvain

« Alexandre Ledru-Rollin. Coup d'œil sur les praticiens, les arrêtistes et la jurisprudence (1837). Introduction », *Historia et ius*, n° 12, 2017, pp. 1-21.

BOUDOT Michel

« La doctrine de la doctrine de la doctrine… : une réflexion sur la suite des points de vue méta… –juridiques », *Revue Interdisciplinaire d'Études Juridiques*, vol. 59, n° 2, 2007, pp. 35-47.

CAILLOSSE Jacques

« À propos de doctrine en droit administratif », *Actualité Juridique Droit Administratif*, 2012, pp. 1616-1618.

CLÉMENT Marc

« La doctrine vue le juge administratif : deux mondes qui s'ignorent ? », *Revue juridique de l'environnement*, numéro spécial « La doctrine en droit de l'environnement », 2016, pp. 339-350.

COLONNA D'ISTRIA François

« Le poids de la tradition dans l'argumentation juridique », *Revue Trimestrielle de Droit Civil*, 2019, pp. 727-749.

Delvolvé Pierre, Larouche Pierre, Salomao Filho Calixto et Lemoalle Édouard

« Sur la formation des juristes en France (III) », *Commentaire*, n° 152, 2015, pp. 848-858.

Deroussin David

« Comment forger une identité nationale ? La culture juridique française vue par la doctrine civiliste au tournant des XIXe et XXe siècles », *Clio @ Themis*, n° 5, 2012, disponible en ligne à <https://publications-prairial.fr/cliothemis/index.php?id=1744>.

Dondero Bruno

« Nouvelle rédaction des arrêts de la Cour de cassation : panique à l'Université ! », *Recueil Dalloz*, 2020, p. 145.

« Pour un droit plus systématique : vers la fin des notes de jurisprudence ? », *Recueil Dalloz*, 2020, pp. 292-297.

Durand Paul

« La connaissance du phénomène juridique et les tâches de la doctrine moderne en droit privé », *Recueil Dalloz*, 1956, pp. 73-76.

Gautier Pierre-Yves

« L'influence de la doctrine sur la jurisprudence », *Recueil Dalloz*, 2003, pp. 2839-2844.

« Doctrines du passé et de l'avenir », *Recueil Dalloz*, 2005, pp. 1044-1045.

« Le droit sans doctrine ? », *Revue d'histoire des facultés de droit*, n° 27, 2007, pp. 399-406.

Gautier Pierre-Yves, Cesaro Jean-François et Leduc Fabrice

« Peut-on cesser d'accabler les universités ? », *Recueil Dalloz*, 2005, pp. 2332-2333.

Gény François

« R. Demogue. *Les Notions fondamentales du droit privé. Essai critique*, compte rendu », *Nouvelle Revue historique de droit français et étranger*, 1911, pp. 110-125.

Gonod Pascale

« La réception des arrêts par la doctrine juridique », *Revue Française de Droit Administratif*, 2013, pp. 1007-1011.

Goubeaux Gilles

« Il était une fois… la Doctrine », *Revue Trimestrielle de Droit Civil*, 2004, pp. 239-250.

Guenzoui Youssef

« Les querelles doctrinales », *Revue Trimestrielle de Droit Civil*, 2013, pp. 47-66.

« Un conflit de doctrines. Doctrine universitaire versus Doctrine de la Cour de cassation », *Revue Trimestrielle de Droit Civil*, 2014, pp. 275-294.

Hakim Nader

« Le miroir de l'autorité : l'instrumentalisation de l'autorité dans la doctrine contemporaine », *Revue d'histoire des facultés de droit*, n° 27, 2007, pp. 459-477.

« Un essai de conceptualisation des fonctions de la doctrine et des juristes. L'introduction à l'étude du droit de Hyacinthe Blondeau », *Revue Trimestrielle de Droit Civil*, 2008, pp. 635-640.

Hauriou Maurice

« De la formation historique du droit administratif depuis l'an VIII », *Revue générale d'administration*, n° 44 & 45, 1892, pp. 385-403 et pp. 15-28.

Jamin Christophe

« Les intentions des fondateurs », *Revue Trimestrielle de Droit Civil*, 2002, pp. 646-655.

« Le rendez-vous manqué des civilistes français avec le réalisme juridique. Un exercice de lecture comparée », *Droits*, n° 51, 2011, pp. 137-159.

« L'histoire doctrinale est-elle un sport de combat ? », *Clio @ Themis*, n° 14, 2018, disponible en ligne à <https://journals.openedition.org/cliothemis/707>.

« Le vieux rêve de Saleilles et Lambert revisité. À propos du centenaire du Congrès international de droit comparé de Paris », *Revue Internationale de Droit Comparé*, vol. 52, n° 4, 2021, pp. 733-751.

Jamin Christophe et Xifaras Mikhail

« Sur la formation des juristes en France. Prolégomènes à une enquête », *Commentaire*, n° 150, 2015, pp. 385-392.

Jestaz Philippe

« Synthèse », *Revue Trimestrielle de Droit Civil*, 2002, pp. 767-780.

« 'Doctrine' vs sociologie. Le refus des juristes », *Droit et société*, n° 92, 2016, pp. 139-157.

« La norme dans la doctrine privatiste du XXe siècle », *Revue Trimestrielle de Droit Civil*, 2020, pp. 35-44.

Jestaz Philippe et Jestaz Philippe

« L'entité doctrinale française », *Recueil Dalloz*, 1997, pp. 167-175.

Jèze Gaston

« Notes de jurisprudence. De l'utilité des études théoriques de jurisprudence pour l'élaboration et le développement de la science du droit public. Rôle du théoricien dans l'examen des arrêts des tribunaux », *Revue du Droit Public*, 1914, pp. 311-323.

Libchaber Rémy

« Le juriste et ses objets : trois exemples de construction en droit privé », *Enquête*, n° 7, 1999, pp. 251-560.

« Retour sur la motivation des arrêts de la Cour de cassation, et le rôle de la doctrine », *Revue Trimestrielle de Droit Civil*, 2000, pp. 679-684.

Morvan Patrick

« La notion de doctrine (à propos du livre de MM. Jestaz et Jamin) », *Recueil Dalloz*, 2005, pp. 2421-2424.

Pimont Sébastien

« À propos de l'activité doctrinale civiliste. Quelques questions dans l'air du temps », *Revue Trimestrielle de Droit Civil*, 2006, pp. 707-718.

Rémy Philippe

« Éloge de l'Exégèse », *Droits*, n° 1, 1985, pp. 113-123.

« Cent ans de chronique », *Revue Trimestrielle de Droit Civil*, 2002, pp. 665-680.

Renaudie Olivier

« La thèse en droit administratif : éléments statistiques », *Revue Française de Droit Administratif*, 2016, pp. 1073-1077.

Rouvière Frédéric

« La fin du commentaire d'arrêt », *Revue Trimestrielle de Droit Civil*, 2020, pp. 489-491.

Saleilles Raymond

« Quelques mots sur la méthode historique dans l'enseignement du droit », *Revue internationale de l'enseignement*, t. 19, 1890, pp. 482-50.

« École historique et droit naturel d'après quelques ouvrages récents », *Revue Trimestrielle de Droit Civil*, 1902, pp. 80-112.

« Droit civil et droit comparé », *Revue internationale de l'enseignement*, t. 61, 1911, pp. 5-32.

Serverin Évelyne

« La production de connaissances sur le droit : état des méthodes, état des savoirs », *Recherches et travaux du REDS à la Fondation Maison des Sciences de l'Homme*, vol. 28, 2011-2013, pp. 91-110.

Sire Bruno, Mascala Corinne, Sur Pierre-Olivier et de Vareilles-Sommières Pierre

« Sur la formation des juristes en France (IV) », *Commentaire*, n° 153, 2016, pp. 150-160.

Sordi Bernado

« Sur la valeur normative de la doctrine juridique dans le système administratif », *Droits*, n° 60, 2014, pp. 169-190.

Zénati Frédéric

« L'avenir des revues juridiques et la séparation de la théorie et de la pratique », *Revue Trimestrielle de Droit Civil*, 2002, pp. 691-710.

Intervention orale

Jamin Christophe

« Un modèle original : la construction de la pensée juridique française », intervention lors du Congrès de l'IDEF de 2004, disponible en ligne à <http://www.institut-idef.org/Un-modele-original-la-construction.html>.

Canada

Ouvrage et monographie

Parent Sylvie

La doctrine et l'interprétation du Code civil, Éditions Thémis, 1997, 229 p.

Ouvrages collectifs

GENDREAU Ysolde (dir.)

La doctrine et le développement du droit, Éditions Thémis, 2005, 155 p.

MARAS Roy J. (Justice) et MCCAWLEY Deborah J. (dir.)

Legal Education in Canada. Reports and Background Papers of a National Conference on Legal Education Held in Winnipeg, Manitoba, October 23-26, 1985, Federation of Law Societies of Canada/Fédération des professions juridiques du Canada, 1987, 947 p.

Rapport

Proceedings of the National Conference on Law and Learning, 1983, 204 p.

Articles de revue

BRIERLEY John E. C.

« Quebec Legal Education since 1945: Cultural Paradoxes and Traditional Ambiguities », *Dalhousie Law Journal*, vol. 10, n° 1, 1986, pp. 5-44.

DALPHOND Pierre J.

« La Doctrine a-t-elle un Avenir au Québec ? », *McGill Law Journal*, vol. 53, n° 3, 2008, pp. 517-532.

DEVINAT Mathieu et GUILHERMONT Édith

« Enquête sur les théories juridiques en droit civil québécois », *Revue juridique Thémis*, vol. 44, n° 2, 2010, pp. 7-50.

GIROUX Michel

« La place de la théorie dans l'enseignement de la Common Law en français », *Revue de la Common Law en Français*, vol. 5, n° 1, 2003, pp. 169-192.

GOULET Jean

« La naissance de l'enseignement universitaire du droit au Québec », *Revue générale de droit*, vol. 30, n° 3, 1999-2000, pp. 425-445.

GRAMMOND Sébastien

« La doctrine, une obligation ? », *Revue du Notariat*, vol. 118, n° 2, 2016, pp. 311-328.

HOWES David

« La domestication de la pensée juridique québécoise », *Anthropologie et Sociétés*, vol. 13, n° 1, 1989, pp. 103-125.

LALONDE Louise

« Du balcon aux coulisses de la scène ? Une approche métathéorique réflexive des discours de la doctrine juridique », *Revue Interdisciplinaire d'Études Juridiques*, vol. 68, n° 1, 2012, pp. 49-83.

MACDONALD Roderick A.

« Understanding Civil Law Scholarship in Quebec », *Osgoode Hall Law Journal*, vol. 23, n° 4, 1985, pp. 573-608.

NORMAND Sylvio

« Un thème dominant de la pensée juridique traditionnelle au Québec : la sauvegarde de l'intégrité du droit civil », *McGill Law Journal*, vol. 32, n° 3, 1987, pp. 559-601.

« Une lignée d'éditeurs-libraires montréalais, spécialisés en droit, au tournant du siècle », *Cahiers de la Société bibliographique du Canada*, vol. 31, n° 1, 1993, pp. 7-55.

« Quelques observations sur la poétique de la doctrine », *Les Cahiers de droit*, vol. 58, n° 3, 2017, pp. 425-456.

POPOVICI Adrian

« Dans quelle mesure la jurisprudence et la doctrine sont-elles source de droit au Québec ? », *Revue juridique Thémis*, vol. 8, n° 2, 1973, pp. 189-200.

PUE Wesley W.

« Common Law Legal Education in Canada's Age of Light, Soap and Water », *Manitoba Law Journal*, vol. 23, 1995, pp. 654-688.

VALCKE Catherine

« Legal Education in a Mixed Jurisdiction: the Quebec Experience », *Tulane European & Civil Law Forum*, vol. 10, n° 61, 1995, pp. 61-140.

ÉTATS-UNIS

Ouvrages et monographies

GILMORE Grant et BOBBITT Philip

The Ages of American Law, 2e éd., Yale University Press, 2014, 174 p.

STEVENS Robert

Law School. Legal Education in America from the 1850s to the 1980s, The University of North Carolina Press, coll. « Studies in Legal History », 1983, 334 p.

Article de revue

MAVRORA HEINRICH Denitsa R. et PETTINATO OLTZ Tammy

« Legal Research Just in Time: A New Approach to Integrating Legal Research into the Law School Curriculum », *Tennessee Law Review*, vol. 88, n° 2, 2021, pp. 469-514.

Royaume-Uni

Ouvrage et monographie

Cownie Fiona

Legal academics: culture and identities, Hart Publishing, 2004, 227 p.

TECHNOLOGIES DE L'INFORMATION ET DROIT

France [1]

Thèse

Fassi-Fihri Rym

Les droits et libertés du numérique : des droits fondamentaux en voie d'élaboration. Étude comparée en droits français et américain, LGDJ Lextenso, coll. « Bibliothèque constitutionnelle et de sciences politiques », 2022, 546 p.

Ouvrages collectifs

Convergences du droit et du numérique. Actes des ateliers de préfiguration, 2017, 139 p., disponible en ligne à <https://hal.inria.fr/hal-01541109/document>.

Bourcier Danièle et De Filippi Primavera (dir.)

Open Data & Big Data : nouveaux défis pour la vie privée, Mare & Martin, coll. « Droits & Science Politique », 2016, 270 p.

Rapports

« Le numérique et les droits fondamentaux », Étude annuelle du Conseil d'État, 2014, 446 p.

« Enquête sur les données juridiques proposées par les éditeurs juridiques », *Blog Juriconnexion*, 19 mars 2018, disponible en ligne à <https://www.juriconnexion.fr/enquete-donnees-juridiques-publiques-editeurs-juridiques/>.

Cadiet Loïc (dir.)

« L'Open Data des décisions de justice », Rapport au Ministre de la Justice, 2017, 205 p.

1. Ne sont ici référencées que les sources qui n'appartiennent pas, par ailleurs, au corpus bibliographique.

CONSEIL NATIONAL DU BARREAU

« Préconisations d'action pour les legaltechs dans le domaine de la jurimétrie », 13 oct. 2020, disponible en ligne à <https://www.cnb.avocat.fr/fr/actualites/preconisations-dactions-pour-les-legaltechs-du-domaine-de-la-jurimetrie>.

MORITZ Marcel et LÉONARD Thomas

« Outils de 'justice prédictive'. Enjeux et cartographie sociologique des professionnels concernés », Rapport final de recherches pour le GIP Mission de recherche Droit et Justice, n° 218.05.31.46, 2020, 198 p.

Chapitre d'ouvrage collectif

ZOLYNSKI Célia

« Le sens des normes 'by design' », in BÉHAR-TOUCHAIS Martine (dir.), *Les objets connectés*, Paris, IRJS éditions, 2018, pp. 131-144.

Articles de revue

DUMOULIN Laurence et LICOPPE Christian

« Technologies, droit et justice : quelques éléments de mise en perspective », *Droit et cultures*, vol. 61, n° 1, 2011, pp. 1-20.

JEANDIDIER Bruno, RAY Jean-Claude et MANSUY Julie

« Analyses quantitatives de décisions de justice en matière de prestation compensatoire dans une perspective de justice prédictive », *La Semaine Juridique – Édition Générale*, supplément au n° 44-45, 2019, pp. 41-46.

CANADA

Ouvrage et monographie

DOBREV Dessislav

Artificial Intelligence and the Law. A Comprehensive Guide for the Legal Profession, Academia and Society, Thomson Reuters, 2021, 283 p.

Ouvrages collectifs

BENYEKHLEF Karim (dir.)

AI and Law. A Critical Overview, Éditions Thémis, 2020, 232 p.

BENYEKHLEF Karim, BAILEY Jane, BURKELL Jacquelyn, et GÉLINAS Fabien (dir.)

EAccess to Justice, University of Ottawa Press, 2016, 460 p.

BENYEKHLEF Karim et MITJANS Esther (dir.)

Circulation internationale de l'information et sécurité, Éditions Thémis, 2012, 236 p.

BENYEKHLEF Karim et TRUDEL Pierre (dir.)

État de droit et virtualité, Éditions Thémis, 2009, 410 p.

MARTIN-BARITEAU Florian et SCASSA Teresa (dir.)

Artificial Intelligence and the Law in Canada, LexisNexis, 2021, 458 p.

Rapports de recherche

ASSOCIATION DU BARREAU DU CANADA

« L'avenir des services juridiques au Canada : tendances et enjeux », Rapport du Projet de l'ABC Avenirs en droit, 2013, 44 p.

BENYEKHLEF Karim et DU PERRON Simon

« Les algorithmes et l'État de droit », Rapport du Laboratoire de Cyberjustice, 2021, 85 p.

DÉZIEL Pierre-Luc, BENYEKHLEF Karim et GAUMOND Ève

« Repenser la protection des renseignements personnels à la lumière des défis soulevés par l'IA. Document de réponse aux questions posées par la Commission d'accès à l'information du Québec dans le cadre de la consultation sur l'intelligence artificielle », Rapport du Laboratoire de Cyberjustice & de l'Observatoire international sur les impacts sociétaux de l'IA et du numérique, 2020, 39 p.

DÉZIEL Pierre-Luc, ZIMMERMAN Hélène et DELPECH Satchel Dell'olio

« Étude relatives à l'incidence des technologies de l'information et des communications sur la formation des juristes au Québec », Rapport au Ministère de la Justice du Québec, 2020, 191 p.

SHERMAN Jo

« Cadre de politique de gestion de l'information judiciaire dans le monde numérique », Rapport au Conseil canadien de la magistrature, 2013, 77 p.

VERMEYS Nicolas et AMAR Emmanuelle

« Le dépôt technologique des documents », Rapport au Ministère de la Justice du Québec, 2016, 163 p.

VERMEYS Nicolas et COUTURE Sara

« Étude relative aux standards et formats de documents technologiques contenus dans un dossier judiciaire », Rapport au Ministère de la Justice du Québec, 2019, 79 p.

Chapitres d'ouvrages collectifs

BEAUCHEMIN David, GARNEAU Nicolas, GAUMOND Ève, DÉZIEL Pierre-Luc, KHOURY Richard et LAMONTAGNE Luc

« Generating Intelligible Plumitifs Descriptions: Use Case Application with Ethical Considerations », in *Proceedings of the 13th International Conference on Natural Language Generation*, Association for Computational Linguistics, 2020, pp. 15-21.

BENYEKHLEF Karim, ZHU Jie et CALLIPEL Valentin

« La responsabilité humaine à l'épreuve des décisions algorithmiques », in HUBIN Jean-Benoît, JACQUEMIN Hervé et MICHAUX Benoît (dir.), *Le juge et l'algorithme : juges augmentés ou justice diminuée ?*, Larcier, coll. « Collection du CRIDS – Faculté de droit de l'UNamur », 2020, pp. 153-195.

QUEUDOT Marc et MEURS Marie-Jean

« Artificial Intelligence and Predictive Justice: Limitations and Perspectives », in MOUHOUD Malek, SADAOUI Samira, AIT MOHAMED Otmane et ALI Moonis (dir.), *Recent Trends and Future Technology in Applied Intelligence*, Springer International Publishing, 2018, pp. 889-897.

SCASSA Teresa

« A Human Rights-Based Approach to Data Protection in Canada », in DUBOIS Elizabeth et MARTIN-BARITEAU Florian (dir.), *Citizenship in a Connected Canada. A Research and Policy Agenda*, University of Ottawa Press, 2020, pp. 173-188.

WESTERMANN Hannes, SAVELKA Jaromir, WALKER Vern R., ASHLEY Kevin D. et BENYEKHLEF Karim

« Computer-Assisted Creation of Boolean Search Rules for Text Classification in the Legal Domain », in ARASZKIEWICZ Michal et RODRIGUEZ-DONCEL Victor (dir.), *Legal Knowledge and Information Systems*, IOS Press, 2019, pp. 123-132.

WESTERMANN Hannes, WALKER Vern R., ASHLEY Kevin D. et BENYEKHLEF Karim

« Using Factors to Predict and Analyze Landlord-Tenant Decisions to Increase Access to Justice », in *Proceedings of the Seventeenth International Conference on Artificial Intelligence and Law – ICAIL '19*, ACM Press, 2019, pp. 133-142.

Articles de revue

ALARIE Benjamin

« The Path of the Law: Towards Legal Singularity », *University of Toronto Law Journal*, vol. 66, n° 4, 2016, pp. 443-455.

ALARIE Benjamin, NIBLETT Anthony et YOON Albert H.

« Law in the Future », *University of Toronto Law Journal*, vol. 66, n° 4, 2016, pp. 423-428.

« Using Marching Learning to Predict Outcomes in Tax Law », *Canadian Business Law Journal*, vol. 58, n° 3, 2016, pp. 232-254.

« How Artificial Intelligence Will Affect the Practice of Law », *University of Toronto Law Journal*, vol. 68, n° 1, 2018, pp. 106-124.

AUBERT Benoit, BABIN Gilbert et AQALLAL Hamza

« Providing an Architecture Framework for Cyberjustice », *Laws*, vol. 3, n° 4, 2014, pp. 721-743.

BAILEY Jane et BURKELL Jacquelyn

« Implementing technology in the justice sector: a Canadian perspective », *Canadian Journal of Law and Technology*, vol. 11, n° 2, 2013, pp. 253-281.

BENYEKHLEF Karim et ZHU Jie

« Intelligence artificielle et justice : justice prédictive, conflits de basse intensité et données massives », *Les Cahiers de propriété intellectuelle*, vol. 30, n° 3, 2018, pp. 789-826.

BERNATCHEZ Stéphane

« De la démocratie par le droit à la dictature des algorithmes ? La théorie juridique à l'ère cybernétique », *Lex Electronica*, vol. 25, n° 3, 2020, pp. 10-33.

CHRISTIAN Gideon

« Predictive Coding: Adopting and Adapting Artificial Intelligence in Civil Litigation », *La Revue du Barreau Canadien*, vol. 97, n° 3, 2019, pp. 486-525.

COULSON Shea

« Normative Ethics and the Changing Face of Legal Technology: Or How to Stay Relevant in a Transformed Profession », *The Advocate (Vancouver)*, vol. 75, n° 5, 2017, pp. 687-710.

DE VRIES Jonathan

« Legal Research, Legal Reasoning and Precedent in Canada in the Digital Age », *Advocates' Quarterly*, vol. 48, n° 1, 2018, pp. 1-40.

ELTIS Karen

« The Judicial System in the Digital Age: Revisiting the Relationship between Privacy and Accessibility in the Cyber Context », *McGill Law Journal*, vol. 56, n° 2, 2011, pp. 289-316.

GÉLINAS Fabien

« Interopérabilité et normalisation des systèmes de cyberjustice : orientations », *Lex Electronica*, vol. 10, n° 3, 2006, pp. 1-11.

HEAVIN Heather et KEET Michaela

« A Spectrum of Tools to Support Litigation Risk Assessment: Promise and Limitations », *Canadian Journal of Law and Technology*, vol. 15, n° 2, 2017, pp. 265-292.

MACLURE Jocelyn et SAINT-PIERRE Marie-Noëlle

« Le nouvel âge de l'intelligence artificielle : une synthèse des enjeux éthiques », *Les Cahiers de propriété intellectuelle*, vol. 30, 2018, n° 3, pp. 741-765.

MCKAMEY Mark

« Legal Technology: Artificial Intelligence and the Future of Law Practice », *Appeal*, vol. 22, 2017, p. 45-58.

POULIN Daniel

« Free Access to Law in Canada », *Legal Information Management*, vol. 12, n° 3, 2012, pp. 165-172.

Poulin Sonia

« Open Access, with a twist: Canadian Edition », *International Journal of Legal Information*, vol. 45, n° 1, 2017, pp. 49-53.

Racicot Marc-Aurèle

« The Open Courts Principle and the Internet: Transparency of the Judicial Process Promoted by the Use of Technology and a Solution for a Reasoned Access to Court Records », *Revue du Barreau*, vol. 66, 2006, pp. 333-389.

Rivas Zannou Ledy

« Le couple justice et technologies : lune de miel ou lune de fiel ? », *Lex Electronica*, n° 24, n° 2, 2019, pp. 1-19.

Salter Shannon

« Online Dispute Resolution and Justice System Integration: British Columbia's Civil Resolution Tribunal », *Windsor Yearbook of Access to Justice*, vol. 34, numéro spécial, 2017, pp. 112-129.

Senécal François et Benyekhlef Karim

« Groundwork for Assessing the Legal Risks of Cyberjustice », *Canadian Journal of Law and Technology*, vol. 7, n° 1, 2009, pp. 41-56.

Sheppard Brian

« Warming up to Inscrutability: How Technology Could Challenge Our Concept of Law », *University of Toronto Law Journal*, vol. 68, n° 1, 2018, pp. 36-61.

Soares Leanne

« Artificial Intelligence in Canadian Law Libraries », *Canadian Law Library Review*, vol. 45, n° 4, 2020, pp. 16-22.

Trudel Pierre

« Moteurs de recherche, déréférencement, oubli et vie privée en droit québécois », *Lex Electronica*, vol. 81, 2016, pp. 89-129.

Vermeys Nicolas et Acevedo Lanas Maria-Fernanda

« L'émergence et l'évolution des tribunaux virtuels au Canada – L'exemple de la Plateforme d'aide au règlement des litiges en ligne (PARLe) », *Revue Juridique de la Sorbonne*, n° 1, 2020, pp. 22-51.

Yoon Albert H.

« The Post-Modern Lawyer: Technology and the Democratization of Legal Representation », *University of Toronto Law Journal*, vol. 66, n° 4, 2016, pp. 456-471.

Billets de blog, articles publiés en ligne

Benyekhlef Karim

« L'IA et nos principes de justice fondamentale », *Policy Options Politiques*, 15 févr. 2018, disponible à <https://policyoptions.irpp.org/fr/magazines/february-2018/lia-et-nos-principes-de-justice-fondamentale/>.

Bois-Drivet Ilona

« Les techniques algorithmiques de l'IA. Le raisonnement symbolique », *Blog du Laboratoire de Cyberjustice*, 14 déc. 2020, disponible en ligne à <https://www.cyberjustice.ca/2020/12/14/blogue-epistemologie-de-lia-1-lintelligence-artificielle-symbolique%e2%80%af-quen-est-il-aujourdhui/>.

Cofone Ignacio

« Propositions stratégiques aux fins de la réforme de la LPRPDE élaborées en réponse au rapport sur l'intelligence artificielle », *Commissariat à la protection de la vie privée*, novembre 2020, disponible en ligne à <https://www.priv.gc.ca/fr/a-propos-du-commissariat/ce-que-nous-faisons/consultations/consultations-terminees/consultation-ai/pol-ai_202011/#fn14-rf>.

Gauvreau Claude

« Justice et algorithmes », *Actualités UQAM*, 11 juin 2018, disponible en ligne à <https://www.actualites.uqam.ca/2018/justice-algorithmes-peuvent-ils-faire-bon-menage>.

Lachance Colin

« 'Law' as the first open data set », *Open Canada*, 27 mai 2014, disponible en ligne à <https://open.canada.ca/en/blog/law-first-open-data-set>.

Longhais Sylvain

« Les techniques algorithmiques de l'IA. L'approche connexionniste », *Blog du Laboratoire de Cyberjustice*, 5 janv. 2021, disponible en ligne à <https://www.cyberjustice.ca/2021/01/05/les-techniques-algorithmiques-de-lia-lapproche-connexionniste/>.

Papillon Mathieu

« Des juges-robots au tribunal : entre fiction et appréhension », *RAD*, 3 juill. 2018, disponible en ligne à <https://www.rad.ca/dossier/intelligence-artificielle/94/des-juges-robots-au-tribunal-entre-fiction-et-apprehension>.

Poitras Annick et Daniels Katarina

« Magistrature et intelligence artificielle : demain, qui jugera qui ? », *Blogue du Comité Recherche et législation du Jeune Barreau de Montréal*, 10 avr. 2019, disponible en ligne à <https://www.blogueducrl.com/2019/04/magistrature-et-intelligence/>.

Tible Robin

« Note de lecture : Yannick Meneceur, 'Quel avenir pour la justice prédictive ? Enjeux et limites des algorithmes d'anticipation des décisions de justice' dans La Semaine Juridique Édition Générale n° 7, 12 févr. 2018 », *Blog du Laboratoire de Cyberjustice*, mars 2018, disponible en ligne à <https://cyberjustice.openum.ca/files/sites/102/notedelectureyannickmeceneur.pdf>.

Document de travail

Bailey Jane

« Digitization of Court Processes in Canada », Laboratoire de Cyberjustice, 23 oct. 2012, disponible en ligne à <https://www.cyberjustice.ca/publications/digitization-of-court-processes-in-canada/>.

Présentations orales

BURKELL Jacquelyn

« The Challenges of Algorithmic Bias », Law Society of Ontario Special Lectures, 2019, disponible en ligne à <https://www.ajcact.org/en/publications/the-challenges-of-algorithmic-bias/>.

POULIN Daniel

« Production et diffusion de l'information juridique au Québec », présentation lors de la Conférence Legal TI/IT Droit et Technologie de l'information de l'Association du Jeune barreau de Montréal, 16 avr. 2017, disponible en ligne à <https://lexum.com/wp-content/uploads/2016/10/2007-production-diffusion-information-juridique-quebec.pdf>.

Prépublication

ALLARD Tristan, BÉZIAUD Louis et GAMBS Sébastien

« Online publication of court records: circumventing the privacy-transparency trade-off », Prépublication, 3 juill. 2020, disponible en ligne à <http://arxiv.org/abs/2007.01688>.

ÉTATS-UNIS

Ouvrage et monographie

ASHLEY Kevin D.

Artificial Intelligence and Legal Analytics. New Tools for Law Practice in the Digital Age, Cambridge University Press, 2017, 426 p.

Chapitre d'ouvrages collectifs

ATKINSON Katie et BENCH CAPON Trevor

« Reasoning with Legal Cases: Analogy or Rule Application? », in *Proceedings of the Seventeenth International Conference on Artificial Intelligence and Law – ICAIL '19*, Montreal, ACM Press, 2019, pp. 12-21.

Articles de revue

KATZ Daniel Martin

« Quantitative Legal Prediction – Or – How I Learned to Stop Worrying and Start Preparing for the Data-Driven Future of the Legal Services Industry », *Emory Law Journal*, vol. 62, n° 4, 2013, pp. 909-966.

MARGOLIS Ellis et MURRAY Kristen E.

« Say Goodbye to the Books: Information Literacy as the New Legal Research Paradigm », *University of Dayton Law Review*, vol. 38, n° 1, 2012, pp. 117-156.

MARTIN Peter W.

« Reconfiguring Law Reports and the Concept of Precedent for a Digital Age », *Villanova Law Review*, vol. 53, n° 1, 2008, pp. 1-46.

« Abandoning Law Reports for Official Digital Case Law », *Journal of Appellate Practice and Process*, vol. 12, n° 1, 2011, pp. 25-90.

SURDEN Harry

« Machine Learning and Law », *Washington Law Review*, vol. 89, n° 1, 2014, pp. 87-115.

Article publié en ligne

ANGWIN Julia, LARSON Jeff, MATTU Surya et KIRCHNER Lauren

« Machine Bias », *ProPublica*, 23 mai 2016, disponible en ligne à <https://www.propublica.org/article/machine-bias-risk-assessments-in-criminal-sentencing>.

Présentation orale

ZHU Xiaohua

« Access to Digital Case Law in the United States: A Historical Perspective », présentation lors de la soixante-dix-huitième conférence et assemblée générales du World Library and Information Congress, 1er juin 2012, disponible en ligne à <https://www.ifla.org/past-wlic/2012/193-zhu-en.pdf>.

ÉCRITS INTERNATIONAUX

Rapport européen

CEPEJ

« Charte éthique européenne d'utilisation de l'intelligence artificielle dans les systèmes judiciaires et leur environnement », Conseil de l'Europe, 3-4 déc. 2018, 82 p.

Ouvrages collectifs

D'AGONISTO Giuseppina, GAON Aviv et PIOVESAN Carole (dir.)

Leading legal disruption: artificial intelligence and a toolkit for lawyers and the law, Thomson Reuters, 2021, 391 p.

LE MÉTAYER Daniel (dir.)

Les technologies de l'information au service des droits : opportunités, défis, limites, Bruylant, coll. « Cahiers du Centre de Recherches Informatique et Droit », 2010, 302 p.

LODDER Arno R. et OSKAMP Anja (dir.)

Information Technology and Lawyers. Advanced Technology in the Legal Domain, from Challenges to Daily Routine, Springer, 2006, 198 p.

Articles de revue

BENCH CAPON Trevor (dir.)

« A history of AI and Law in 50 papers: 25 years of the international conference on AI and Law », *Artificial Intelligence and Law*, vol. 20, n° 3, 2012, pp. 215-319.

INFORMATIQUE JURIDIQUE ET JURIMÉTRIE

FRANCE

Ouvrages et monographies

L'informatique au service du droit et des libertés. 78e Congrès des notaires de France, Imprimerie générale de Bussac, 1982, 811 p.

BILON Jean-Louis, FORTIER Vincente et AZAM Saliha

Acquisition et application des connaissances juridiques : modélisation par l'intelligence artificielle, Lavoisier-Hermès, 1997, 192 p.

BOURCIER Danièle

La décision artificielle, le droit, la machine et l'humain, PUF, 1995, coll. « Les voies du droit », 237 p.

BUFFELAN-LANORE Jean-Paul

Introduction à l'informatique juridique, Librairie du Journal des notaires et des avocats, 1975, 322 p.

CATALA Pierre

Le droit à l'épreuve du numérique. Jus ex Machina, PUF, coll. « Droit éthique société », 1998, 345 p.

CROZE Hervé et FLORY André

Informatique juridique. Éléments d'informatique à l'usage des juristes, Economica, 1984, 290 p.

CHOURAQUI Alain

L'informatique au service du droit, PUF, coll. « SUP », 1974, 303 p.

DELAHODDE Jean et MIGNOT Henriette

Le traitement de l'information juridique, Librairies Techniques, 1968, 86 p.

DUNES André

Esquisse d'une théorie des abstrats. Contribution à l'informatique en droit, Dalloz, 1969, 41 p.

FARRET Bernard

Le choc judiciaire. La justice face au défi informatique, Éditions des Parques, 1985, 265 p.

LINANT DE BELLEFONDS Xavier

L'informatique et le droit, 2e éd., PUF, coll. « Que sais-je ? », 1985, 127 p.

TANGUY Yann

La recherche documentaire en droit, PUF, 1991, 283 p.

Thèses et mémoires

ALEYA TABKA Hédi

JANUS : un thésaurus juridique sur micro-ordinateur, thèse dactylographiée, Université de Sciences et Techniques de Montpellier 2, 1988, 123 p.

BIBENT Michel

L'informatique appliquée à la jurisprudence, Litec, 1976, 186 p.

BOURCIER Danièle

Analyse des standards de la police municipale : approche décisionnelle, thèse dactylographiée, Université Paris 1 Panthéon-Sorbonne, 1988, 624 p.

BOURRIÉ-QUENILLET Martine

L'indemnisation des proches d'une victime décédée accidentellement. Étude d'informatique juridique, thèse dactylographiée, Université de Montpellier, 1983, 255 p.

CHALLINE Jean-Philippe

Le divorce pour faute avant et après 1975 : approche quantitative d'un phénomène judiciaire, thèse dactylographiée, Université de Montpellier, 1983, 202 p.

FILLIATRE Bernard

Conception et réalisation d'un système de documentation automatique pour la jurisprudence, thèse dactylographiée, Faculté des Sciences de Montpellier, 1970, 131 p.

GUILHEM Jacques

Le bruit en informatique juridique, thèse dactylographiée, Université de Bordeaux, 1973, 227 p.

LAGABE Cécile

« La diffusion de l'information juridique, une activité en pleine mutation. Étude de l'évolution actuelle du marché de la documentation juridique en France », mémoire dactylographié, Institut national des techniques de la documentation, 2002, 104 p.

Leclercq Jean

Les représentations informatiques des connaissances juridiques. L'expérience française, thèse dactylographiée, Université de Lille II, 1999, 683 p.

Mayer-Brimont Valérie

Les Cours Suprêmes Nord-Américaines et l'Interprétation des Droits de l'Individu : un modèle heuristique, thèse dactylographiée, Université Paris 1 Panthéon Sorbonne, 1993, 612 p.

Rapports

« Informatique et sciences juridiques », Documentation, CNRS 1970.

« L'indexation des décisions judiciaires : contribution à une définition de l'abstract », 2 vol., Rapport de l'IRETIJ, 1969, 332 p.

« L'indexation des décisions judiciaires : étude complémentaire », 2 vol., Rapport de l'IRETIJ, 1970, 319 p.

« Élaboration d'un thésaurus du langage juridique susceptible d'un traitement par ordinateur. Rapport de synthèse », Rapport de l'IRETIJ, 1974, 99 p.

« Le traitement de la doctrine juridique par ordinateur », 2 vol., Rapport de l'IRETIJ, 1974, 170 p.

« L'automatisation d'une table de jurisprudence », 2 vol., Rapport de l'IRETIJ, 1971, 280 p.

« Droit de la nationalité française : étude analytique de la jurisprudence, de la pratique administrative et des preuves en droit de la nationalité. Ensemble documentaire susceptible d'un traitement par ordinateur », Rapport de l'IRETIJ, 1979, 390 p.

« Informatique et méthodes d'enseignement du droit », Rapport de l'IRETIJ, 1982, 268 p.

« Thesarus RESAGRI », 3 vol., Rapport au Réseau des organismes agricoles pour une documentation technique, socio-économique, juridique et financière (RESAGRI), 1984.

Bilon Jean-Louis

« Thesaurus du droit de la construction », Rapport de l'IRETIJ, 1974, 49 p.

Bilon Jean-Louis et Fabre Martine

« La documentation automatique comme instrument de travaux dirigés en droit », Rapport de l'IRETIJ, 1983, 69 p.

Bories Serge et Hugot Philippe

« Analyse et observation statistiques d'un contentieux à travers la jurisprudence des cours d'appel », Rapport de l'IRETIJ, 1988, 28 p.

Bories Serge et Mazet Guy

« Thesaurus de la responsabilité civile (limité aux article 1382 et suivants du Code civil) », Rapport de l'IRETIJ, 1974, 86 p.

CATALA Pierre et BERNAD Claude

« Constitution d'un thésaurus en droit social en vue de l'automatisation de la documentation juridique », 3 vol. (1 vol. de synthèse, 2 vol. d'annexes), Rapport de l'IRETIJ, 1975, 130 et 603 p.

CATALA Pierre et BERTRAND Edmond

« L'informatique appliquée à la jurisprudence des cours d'appel », 3 vol., Rapport de recherche conjoint de l'IRETIJ et de l'IEJ d'Aix-en-Provence, 1973, 161 p.

CATALA Pierre et BIBENT Michel

« Étude initiale d'avant-projet pour une banque d'information juridique », Rapport de recherche de l'IRETIJ, 1970, 93 p.

CATALA Pierre, BORIES Serge, BIRBES Xavier, FABRE Martine et GROS Jacqueline

« Analyse par approche socio-démographique et économique de la pension économique en cas de divorce », 2 vol., Rapport de l'IRETIJ, 1976, 261 p.

CATALA Pierre, MAZET Guy et BERNAD Claude

« Le Thesaurus de mots, ou l'établissement de relations sémantiques entre les termes d'un lexique automatisé », Rapport de l'IRETIJ, 1978, 65 p.

« Traitement par ordinateur des variables alloxatiques. Étude de lexicologie », Rapport de l'IRETIJ, 1976, 70 p.

FILLIATRE Bernard, GROS Jacqueline, AIMETTI Marco et BERNAD Claude

« L'automatisation d'un thesaurus de concepts juridiques », Rapport pour l'IRETIJ, 1979, 46 p.

GOURON-MAZEL Annie

« Thesaurus du droit du divorce et de la séparation de corps », Rapport de l'IRETIJ, 1974, 59 p.

« Analyse par approche socio-démographique et économique de la pension alimentaire en cas de divorce », Rapport de l'IRETIJ, 1978, 261 p.

GOURON-MAZEL Annie et BORIES Serge

« Observation du changement social et culturel sur le thème : la réforme du divorce », Rapport de l'IRETIJ, 1980, 66 p.

LECLERCQ Pierre, BARBET Louis et SCHOETTL Jean-Éric

« Rapport de mission sur les banques de données juridiques », Rapport au Premier Ministre, 1984, 80 p.

LESUEUR DE GIVRY Emmanuel

« La diffusion de la jurisprudence, mission du service public », in Rapport annuel, Cour de cassation, 2003, pp. 236-246.

MANDELKERN Dieudonné et DU MARAIS Bertrand

« Diffusion des données publiques et révolution numérique », Rapport au Commissariat général du Plan, 1999, 123 p.

MEHL Lucien et BRETON Jean-Marie

« L'automatisation de la recherche de l'information juridique par le procédé "DOCILIS" », 3 vol., Rapport d'avancement des travaux du CEDIJ, 1970, 489 p.

BOURRIÉ-QUENILLET Martine

« Le système-expert NATIONALITE », in SCHAUSS Marc (dir.), *Systèmes experts et droit*, Story Scientia, 1988, pp. 97-104.

CATALA Pierre

« Le juge et l'ordinateur », in *Nouveaux juges, nouveaux pouvoirs ? Mélanges en l'honneur de Roger Perrot*, Dalloz, 1996, pp. 19-33.

FABRE Martine et PUJOL Hervé

« La jurisprudence face à son miroir », in IRETIJ (dir.), *Dialogue sur l'informatique juridique*, Universidad Nacional Autonoma de Mexico, 1989, pp. 395-416.

FORTIER Vincente

« Juris Tutor : un système intégré pour l'enseignement du droit », in QUÉRÉ Maryse (dir.), *Systèmes experts et enseignement assisté par ordinateur*, OPHRYS, 1991, pp. 215-239.

« NOMOS, knowledge acquisition for normative reasoning systems », in STEELS Luc et LEPAPE Brice (dir.), *Enhancing the Knowledge Engineering Process: Contributions from ESPRIT*, North-Holland, 1993.

GASNAULT Jean

« Les problèmes juridiques suscités par les systèmes experts ou d'aide à la décision », in SCHAUSS Marc (dir.), *Systèmes experts et droit*, Story Scientia, 1988, pp. 145-167.

LÉVY Simone

« La Cybernétique et le droit. Essai au sujet d'une théorie de la responsabilité. Valeur et importance de la Cybernétique dans l'acte juridique », in *Actes du 2e Congrès international de Cybernétique*, Duculot & Gembloux, 1960, pp. 673-682.

MAYER-BRIMONT Valérie

« Les modèles connexionistes et le processus décisionnel : l'exemple des cours suprêmes nord-américaines », in BOURCIER Danièle et THOMASSET Claude (dir.), *L'écriture du droit... face aux technologies de l'information*, Diderot éditeur, coll. « Acta », arts et sciences, 1996, pp. 469-497.

(MEHL-) MIGNOT Henriette

« L'expérience française », in CRID (dir.), *Informatique et droit en Europe*, Éditions de l'Université de Bruxelles & Bruylant, 1985, pp. 125-145.

MEHL Lucien

« Cybernétique et administration », in *Actes du 1er Congrès international de Cybernétique*, Gauthier-Villars, 1958, pp. 429-469.

« Automation in the Legal World. From the Machine Processing of Legal Information to the 'Law Machine' », in *Mechanisation of Thought Processes*, 2 vol., vol. 2, Her Majesty's Stationery Office, 1958, pp. 755-787.

'Éléments d'une théorie cybernétique de l'administration', in *Actes du 2e Congrès international de Cybernétique*, Duculot & Gembloux, 1960, pp. 635-672.

« L'amélioration des systèmes documentaires », in CRID (dir.), *Informatique et droit en Europe*, Éditions de l'Université de Bruxelles & Bruylant, 1985, pp. 75-95.

« À quelles conditions une décision juridictionnelle peut-elle être totalement ou partiellement automatisée ? », in *Informatique et droit. Congrès international de l'Association québécoise de l'informatique juridique*, vol. C, 1992, C 2.1.

Mouly Christian

« De la découverte au développement. L'IRETIJ, laboratoire d'informatique juridique », in IRETIJ (dir.), *Dialogue sur l'informatique juridique*, Universidad Nacional Autonoma de Mexico, 1989, pp. 475-483.

Articles de revue

Arnaud André-Jean

« Autopsie d'un juge. Étude sémiotique de la jurisprudence aixoise en matière de divorce », *Archives de philosophie du droit*, t. 19, 1974, pp. 197-228.

Bertrand Edmond

« Une expérience aixoise : de la documentation et de l'informatique juridique à l'informatique », *La Semaine Juridique – Édition Générale*, 1968, 2195.

Bibent Michel

« Le traitement de la jurisprudence sur ordinateur », *Revue internationale de droit comparé*, vol. 40, n° 4, 1968, pp. 665-571.

« Aide à la décision en droit français de la nationalité », *Revue juridique Thémis*, vol. 11, n° 1-2, 1976, pp. 241-276.

« Méthodologie et théorie des abstracts », *Revue juridique Thémis*, vol. 11, n° 1-2, 1976, pp. 33-55.

« Une banque de données sectorielle : l'INPI », *Revue juridique Thémis*, vol. 11, n° 1-2, 1976, pp. 195-208.

Bilon Jean-Louis

« L'aide informatisée à la décision judiciaire », *Revue internationale de droit comparé*, vol. 42, n° 2, 1990, pp. 855-861.

Bories Serge

« L'informatique juridique comme instrument de formation et de culture du juriste », *Revue juridique Thémis*, vol. 11, n° 1-2, 1976, pp. 357-394.

« À la rencontre du droit vécu (l'étude des masses jurisprudentielles : une dimension nouvelle des phénomènes socio-judiciaires) », *La Semaine Juridique – Édition Générale*, n° 45, 1985, 3213.

« L'informatisation des données judiciaires et doctrinales : une contribution à la connaissance et à la recherche juridique », *Documentaliste – Sciences de l'information*, vol. 40, n° 4-5, 2003, pp. 272-279.

« Les décisions de justice à l'aune de la jurimétrie ou proposition pour une analyse du contenu de la communication », *Communication – Commerce électronique*, n° 7-8, 2006, pp. 18-21.

« Pierre Catala, pionnier de l'informatique juridique », *La Semaine Juridique – Édition Générale*, hors-série en hommage à Pierre Catala, 2012, pp. 18-21.

Bourgeos Claude

« Réflexions à propos de l'anonymisation des décisions de justice publiées sur support numérique », *Communication – Commerce électronique*, n° 6, 2004, pp. 17-20.

Bourgois Jean-Pierre

« Les banques de données juridiques. Mode de gestion de la documentation ou révolution de l'analyse du droit ? », *Les Épisodiques*, n° 1, 1986, pp. 75-90.

Bourrié-Quenillet Martine

« Le juge, la veuve et l'orphelin (à propos d'une étude sur la pratique judiciaire d'appel en matière d'indemnisation des proches d'une victime décédée accidentellement) », *Informatica e Diritto*, n° 2, 1984, pp. 409-425.

« À propos d'une étude sur l'indemnisation des proches d'une victime décédée accidentellement (Analyse quantitative de la jurisprudence des Cours d'appel de Nîmes, Montpellier, Rennes et Paris) », *La Semaine Juridique – Édition Générale*, n° 45, 1985, 3213.

« Droit et intelligence artificielle : mythes, limites et réalités », *Petites Affiches*, n° 66, 1994, pp. 11-15.

« Le préjudice sexuel : preuve, nature juridique et indemnisation », *La Semaine Juridique – Édition Générale*, n° 51-52, 1996, pp. 495-502.

« La faute de gestion du dirigeant de société en cas d'insuffisance d'actif », *La Semaine Juridique – Édition Générale*, n° 12, 1998, pp. 455-461.

Brethe De La Gressaye Jean

« De la connaissance pratique du droit et de ses difficultés », *Recueil Dalloz*, 1952, pp. 89-92.

Breton Jean-Marie et Rameau Marie-Françoise

« Un système documentaire pour les banques d'information textuelle : DOCILIS », *Documentaliste*, hors-série, 1971, pp. 49-51.

Buffelan-Lanore Jean-Paul

« Prospective de l'informatique dans les sciences juridiques », *Recueil Dalloz*, 1967, pp. 107-112.

« Prospective de la documentation automatique », *Analyse & Prévision*, n° VIII, 1979, pp. 479-485.

« Les progrès de l'informatique en France », *Systema*, n° 1, 1972, pp. 15-39.

« La collecte des données, fondement de la communication juridique », *Revue administrative*, n° 221, 1984, pp. 515-525.

Cachard Olivier

« Aux grands arrêts, les juristes reconnaissants… Brefs propos sur l''anonymisation' des décisions de justice », *Recueil Dalloz*, 2004, pp. 429-430.

Catala Pierre

« Le traitement de la jurisprudence civile sur ordinateur », *Cahiers de l'AUPELF*, n° 3, 1969, pp. 173-189.

« I.R.E.T.I.J. Institut de Recherches et d'Études pour le Traitement de l'Informatique Juridique », *Revue juridique Thémis*, vol. 11, n° 1-2, 1976, pp. 21-32.

« Informatique et rationalité du droit », *Archives de philosophie du droit*, t. 23, 1978, pp. 295-321.

« Place et rôle de l'IRETIJ dans la communauté scientifique nationale et internationale », *Informatica e Diritto*, n° 2, 1984, pp. 7-44.

« L'informatique et l'analyse du procès », *Archives de philosophie du droit*, t. 39, 1994, pp. 249-257.

« L'informatique et l'analyse du procès », *Archives de philosophie du droit*, t. 39, 1995, pp. 249-257.

« Le fichier national informatisé de la jurisprudence française (dixième anniversaire) », *La Semaine Juridique – Édition Générale*, n° 40, 1995, pp. 387-394.

CATALA Pierre et FALGUEIRETTES Jean

« Le traitement de l'informatique juridique sur ordinateurs », *La Semaine Juridique – Édition Générale*, 1967, 2052.

DAVID Aurel

« La recherche documentaire automatique appliquée au droit », *Revue internationale de droit comparé*, vol. 20, n° 4, 1968, pp. 629-645.

DUNES André

« L'abstrat, problème de l'informatique en droit », *Gazette du Palais*, 1969, pp. 119-121.

« La non-publication des décisions de justice », *Revue internationale de droit comparé*, vol. 38, n° 2, 1986, pp. 757-774.

ESTOUP Pierre

« Les banques de données : difficultés, causes et remèdes », *La Gazette du Palais*, 1988, pp. 542-545.

(BRU-) FABRE Martine

« Le rôle créateur de la jurisprudence dans l'application de la loi révélé par les banques de données judiciaires », *Informatica e Diritto*, n° 2, 1984, pp. 337-353.

« La procédure collective à la lumière de l'informatique (Le temps et l'espace au service de la connaissance du droit) », *La Semaine Juridique – Édition Générale*, n° 45, 1985, 3215.

FENAUX François, LEDUC Fabrice et VERKINDT Pierre-Yves

« La banque de données juridiques, le chercheur et le contentieux de la dénaturation devant la Cour de cassation », *Les Épisodiques*, n° 1, 1986, pp. 27-52.

FERRIER Anne-Marie

« Les principales banques de données du droit français », *Bulletin des bibliothèques de France*, n° 4, 1983, pp. 421-425.

FORTIER Vincente et GOURON-MAZEL Annie

« DIVA ou la composition automatique d'un jugement de divorce : la modélisation du jugement de divorce », *Les Annales de l'IRETIJ*, n° 3, 1992, pp. 45-71.

FORTIER Vincente et QUENILLET Martine

« Au commencement était la règle… Ou réflexions à propos d'un système expert juridique à vocation d'enseignement », *Informatica e Diritto*, n° 1, 1989, pp. 63-81.

« Marvin-Tutor : un système expert juridique à vocation d'enseignement », *Les Annales de l'IRETIJ*, n° 2, 1990, pp. 93-103.

FRISON-ROCHE Marie-Anne et BORIES Serge

« La jurisprudence massive », *Recueil Dalloz*, 1993, pp. 287-290.

GILLI Jean-Paul

« Le juriste et l'ordinateur », *Recueil Dalloz*, 1967, pp. 47-50.

GROS Jacqueline

« Systèmes experts et banque de données juridiques », *Informatica e Diritto*, n° 1, 1985, pp. 177-186.

GUYENOT Jean

« À propos d'une 'esquisse d'une théorie des abstrats' ou préface à l'application de l'informatique à la recherche juridique », *La Gazette du Palais*, n° 2, 1969, pp. 205-207.

HUET Jérôme

« La modification du droit sous l'influence de l'informatique : aspects de droit privé », *La Semaine Juridique – Édition Générale*, 1983, 3095.

LE MINOR Patrick

« État actuel des travaux d'informatique juridique en France », *Datenverarbeitung im Recht*, n° 3, 1974, pp. 186-197.

LE MINTIER-FEUILLET Brigitte

« CRJO-CDJO », *Revue Juridique de l'Ouest*, n° 2, 1993, pp. 5-6.

LINANT DE BELLEFONDS Xavier

« L'utilisation d'un 'système expert' en droit comparé », *Revue internationale de droit comparé*, vol. 46, n° 2, 1994, pp. 703-718.

MAISL Herbert

« La modification du droit sous l'influence de l'informatique : aspects de droit public », *La Semaine Juridique – Édition Générale*, 1983, 3101.

MANZANARES Henri

« Les banques de données juridiques après le rapport Leclercq », *La Gazette du Palais*, n° 1, 1985, pp. 211-215.

(GOURON-) MAZEL Annie

« Pension alimentaire et pratique judiciaire d'appel en matière de divorce », *Revue juridique Thémis*, vol. 11, n° 1-2, 1976, pp. 311-334.

« Conflit parental et pères gardiens », *La Semaine Juridique – Édition Générale*, n° 45, 1985, 3214.

« Professeurs ou automates ? Une expérience d'enseignement assisté par ordinateur », *La Semaine Juridique – Édition Générale*, 1990, 3461.

MAZET Guy et BERNAD Claude

« Aspects linguistiques du traitement automatique de l'information juridique », *Revue Juridique Thémis*, vol. 11, n° 1-2, 1976, pp. 71-124.

MEHL Lucien

« Les sciences juridiques devant l'automation. De la mécanisation de la documentation juridique à la machine à dire le droit (pt. 1) », *Cybernetica*, vol. III, n° 1, 1960, pp. 22-40.

« Les sciences juridiques devant l'automation. De la mécanisation de la documentation juridique à la machine à dire le droit (pt. 2) », *Cybernetica*, vol. III, n° 2, 1960, pp. 142-170.

MEUNIER Jean-Louis

« Évolution et perspectives de l'informatique documentaire juridique », *La Gazette du Palais*, n° 2, 1985, pp. 648-653.

(MEHL-) MIGNOT Henriette

« Contribution à l'histoire des banques de données juridiques française. Les aventures d'un quart de siècle », *Cahiers Lamy du Droit de l'Informatique*, supplément au n° 11, 1990, pp. I-XI.

MIGNOT Henriette et CLEDES Pierre Paul

« SYDONI Système de documentation notariale informatique », *Informatica e Diritto*, n° 1, 1977, pp. 123-147.

MULETTE Brigitte

« Les banques de données juridiques : quel avenir en 1986 », *Les Épisodiques*, n° 1, 1986, pp. 21-25.

NECTOUX Philippe

« La banque de données juridiques Juris-Data », *Revue Administrative.*, n° 212, 1983, pp. 187-189.

NÉGRON Éric, BORIES Serge et DA SILVA Jérémias

« À la recherche d'une justice perdue ? », *La Semaine Juridique – Édition Générale*, n° 26, 2017, pp. 1246-1249.

PERDRIAU André

« Les arrêts de la Cour de cassation au regard de l'informatique », *La Semaine Juridique – Édition Générale*, 1990, n° 11, 3436.

« 'L'anonymisation' des jugements civils », *La Semaine Juridique – Édition Générale*, n° 37, 1999, pp. 1613-1619.

ROUVIÈRE Frédéric

« Qualité de l'information et diffusion informatique du droit », *Revue de la Recherche Juridique*, 2006, pp. 2745-2761.

SANCHEZ-MAZAS Miguel

« L'arithmétisation du langage juridique et le fonctionnement d'un ordinateur », *Archives de philosophie du droit*, t. 19, 1974, pp. 291-313.

TOULEMON André et MOORE Jean

« L'informatic : possibilités et limites », *La Gazette du Palais*, 1967, pp. 1-2.

« Ordinateurs et jurisprudence », *La Gazette du Palais*, n° 1, 1968, pp. 128-131.

VIVANT Michel

« Quelques mots sur l'informatique juridique », *La Semaine Juridique – Édition Générale*, n° 45, 1985, 3211.

Articles publiés en ligne

FROCHOT Didier

« Histoire des bases de données juridiques en France (1) – les origines », Les Infostratèges, 16 nov. 2005, disponible en ligne à <https://www.les-infostrateges.com/article/0511109/histoire-des-bases-de-donnees-juridiques-en-france-1-les-origines>.

« Légifrance 1 – Les bases de législation », 16 avr. 2006, disponible en ligne à <https://www.les-infostrateges.com/article/legifrance-1-les-bases-de-legislation>.

« Légifrance 2 – Les bases de jurisprudence », 16 avr. 2006, disponible en ligne à <https://www.les-infostrateges.com/article/legifrance-2-les-bases-de-juridprudence>.

Sites internet

BARTHE Emmanuel

Precisement.org, disponible en ligne à <https://www.precisement.org/blog>.

COTTIN Stéphane

ServiceDoc Info, disponible en ligne à http://www.servicedoc.info/

Présentations orales

« Rapport sur les systèmes basés sur l'intelligence artificielle dans le domaine juridique en France », présentation lors du neuvième Symposium sur l'informatique juridique en Europe, Conseil de l'Europe, 10-12 oct. 1989.

CATALA Pierre

« L'évaluation des besoins quantitatifs de la recherche juridique dans la communauté internationale », Rapport présenté à l'Académie de Droit Comparé, 1970, reproduit dans *Le droit à l'épreuve du numérique. Jus ex Machina*, PUF, 1998, pp. 24-40.

CANADA

Rapport

RUSSELL Peter R.

« The Supreme Court of Canada as a Bilingual and Bicultural Institution », Rapport à la Commission royale sur le Bilinguisme et le Biculturalisme, Imprimeur de la Reine, 1969, 282 p.

Chapitres d'ouvrage collectif

DAVIS John N.

« The Digital Storage, Retrieval and Transmission of Case Reports in Canada: a Brief History », in FOOTE Martha (dir.), *Law Reporting and Legal Publishing: a Canadian History*, Canadian Association of Law Library/Association Canadienne des Bibliothèques de Droit, 1997, pp. 139-186.

GOULET Jean

« La jurimétrie et le vol erratique du papillon blanc », in *Savoir innover en droit, concepts, outils systèmes. Hommage à Lucien Mehl*, La documentation française, 1999, pp. 99-104.

MARSHALL Denis S.

« The history of computer-assisted legal research in Canada », in FRASER Joan (dir.), *Law Librairies in Canada. Essays to honour Diana M. Priestly*, Carswell, 1988, pp. 103-115.

THOMASSET Claude

« La transformation d'un savoir juridique en capsules informatisées : le cas de Loge-expert », in THOMASSET Claude, CÔTÉ René et BOURCIER Danièle (dir.), *Le droit saisi par l'ordinateur*, Éditions Yvon Blais, 1993, pp. 243-263.

VAUGUES Gérard et DUPUIS Robert

« Un outil d'évaluation d'un système expert en droit », in THOMASSET Claude et BOURCIER Danièle (dir.), *Interpréter le droit : le sens, l'interprète, la machine*, Bruylant, 1996, pp. 461-476.

Articles de revue

ABAD Véronique et MOKANOV Ivan

« Les défis de la publication de la jurisprudence et le modèle d'opération de IIJCan/CanLII », *Canadian Law Library*, vol. 30, n° 1, 2005, pp. 23-29.

CHASSIGNEUX Cynthia

« Nouvelles voies offertes pour la résolution des conflits en ligne », *Lex Electronica*, vol. 5, n° 1, 1999.

DOYON J. Michel

« Accessibilité aux jugements et droit d'auteur », *Les Cahiers de propriété intellectuelle*, vol. 20, n° 3, 2008, pp. 663-673.

FRASER Joan

« Legal Research: a Review of Decade of Publication Change », *Advocate (Vancouver Bar Association)*, vol. 38, n° 5, 1980, pp. 373-380.

GAUTRAIS Vincent, BENYEKHLEF Karim et TRUDEL Pierre

« Cybermédiation et cyberarbitrage : l'exemple du "Cybertribunal" », *Computer & Telecoms Law Review*, vol. 4, 1998, pp. 46-51.

GOULET Jean

« Revalorisation du droit et jurimétrie », *Les Cahiers de droit*, vol. 9, n° 1, 1967-1968, pp. 9-36.

LE HIR Robert

« Thémis à l'heure de l'informatique », *Revue juridique Thémis*, vol. 6, n° 1, 1971, pp. 1-2.

LE MAY Denis

« L'informatique juridique au Québec : état de la question », *Les Cahiers de droit*, vol. 19, n° 4, 2005, pp. 987-999.

MACKAAY Ejan

« Jurimétrie, informatique juridique, droit de l'informatique : un résumé de la littérature », *Revue juridique Thémis*, vol. 6, n° 1, 1971, pp. 3-29.

« La publication des décisions judiciaires au Québec et l'informatique juridique », *Revue du Barreau*, vol. 32, n° 2, 1972, pp. 101-109.

« SOQUIJ, Société Québécoise d'Information Juridique », *Revue juridique Thémis*, vol. 11, n° 1-2, 1976, pp. 9-20.

« La logique du flou en droit : une réflexion sur les recherches sur la 'prédiction des décisions judiciaires' », *Revue juridique Thémis*, vol. 11, n° 1-2, 1976, pp. 209-240.

« La documentation juridique au Québec de 1970 à 1980 – Une décennie d'innovation vue à travers un sondage », *Revue du Notariat*, vol. 84, n° 9-10, 1982, pp. 543-568.

MEYER Perry

« Jurimetrics: the Scientific Method in Legal Research », *Canadian Bar Review*, vol. 44, n° 1, 1966, pp. 1-24.

PELLETIER Frédéric

« Diffusion de la jurisprudence sur internet au Canada et protection des identités », *Petites Affiches*, n° 194, 2005, p. 37-39.

POULIN Daniel, PELLETIER Frédéric et SALVAS Bertrand

« La diffusion du droit canadien sur internet », *Revue du notariat*, vol. 102, n° 2, 2000, pp. 189-244.

RYAN J. W.

« Jurimetrics », *University of New Brunswick Law Journal*, vol. 18, 1968, pp. 103-113.

SALVAS Bertrand

« The CANLII project », *Canadian Law Libraries*, vol. 25, n° 4, 2000, pp. 184-185.

SCASSA Teresa

« The Best Things in Law are Free? Towards Quality Free Public Access to Primary Legal Materials in Canada », *Dalhousie Law Journal*, vol. 23, n° 2, 2000, pp. 301-336.

SLAYTON Philip

« Electronic Legal Retrieval – The Impact of Computers on a Profession », *Jurimetrics*, vol. 14, n° 1, 1973, pp. 29-40.

TREMBLAY-PORTUGAIS Francine

« Applicabilité de la théorie des structures et des grilles à la jurisprudence québécoise », *Revue juridique Thémis*, vol. 11, n° 1-2, 1976, pp. 57-70.

Présentations orales

PELLETIER Frédéric, PLAMONDON Luc et LAPALME Guy

« L'assistant d'anonymisation NOME », présentation lors de la sixième édition des Journées Internet pour le droit, 3-5 nov. 2004, disponible en ligne à <http://www.frlii.org/IMG/pdf/Pelletier_Paris2004_NOME.pdf>.

PLAMONDON Luc, LAPALME Guy et PELLETIER Frédéric

« Anonymisation de décisions de justice », présentation lors de la sixième Conférence sur le Traitement Automatique des Langues Naturelles, 19-21 2004, disponible en ligne à <http://rali.iro.umontreal.ca/rali/sites/default/files/publis/0UdeM-taln-04.pdf>.

ÉTATS-UNIS

Ouvrages et monographies

FINKELSTEIN Michael O.

Quantitative Methods in Law. Studies in the Application of Mathematical Probability and Statistics to Legal Problems, The Free Press, 1978, 318 p.

KATSH M. Ethan

The Electronic Media and the Transformation of Law, Oxford University Press, 1989, 347 p.

NAGEL Stuart S.

The Legal Process from a Behavioral Perspective, The Dorsey Press, 1969, 399 p.

Ouvrage collectif

BAADE Hans W. (dir.)

Jurimetrics, Basic Books, 1963, 270 p.

Chapitres d'ouvrages collectifs

BELEW Richard K.

« A connectionist approach to conceptual information retrieval », in *Proceedings of the first international conference on Artificial intelligence and law*, Press, 1987, pp. 116-126.

BRANTING L. Karl

« A reduction-graph model of ratio decidendi », in OSKAMP Anja et ASHLEY Kevin D. (dir.), *Proceedings of the fourth international conference on Artificial intelligence and law*, ACM Press, 1993, pp. 40-49.

Articles de revue

BATRA HERSHEY Tina et BURKE Donald

« Pioneers in Computerized Legal Research: The Story of the Pittsburgh System », *Pittsburgh Journal of Technology Law and Policy*, vol. 18, n° 1, 2018.

BERRING Robert C.

« Legal Research and Legal Concepts: Where Form Molds Substances », *California Law Review*, vol. 75, n° 1, 1987, pp. 15-28.

« Chaos, Cyberspace and Tradition: Legal Information Transmogrified », *Berkeley Technology Law Journal*, vol. 12, n° 1, 1997, pp. 189-212.

BING Jon

« Let There be LITE: a Brief History of Legal Information Retrieval », *European Journal of Law and Technology*, vol. 1, n° 1, 2010.

BIUNNO Vincent P.

« Searching Legal Literature – An Appraisal of New Methods », *Law Library Journal*, vol. 46, n° 2, 1953, pp. 110-119.

BROWN John R.

« Electronic Brains and the Legal Mind: Computing the Data Computer's Collision with Law », *Yale Law Journal*, vol. 71, n° 2, 1961, pp. 239-254.

BUCHANAN Bruce G. et HEADRICK Thomas E.

« Some Speculation about Artificial Intelligence and Legal Reasoning », *Standford Law Review*, vol. 23, n° 1, 1970, pp. 40-62.

CHANDLER James P.

« Computers and Case Law », *Rutgers Journal of Computers and the Law*, vol. 3, n° 2, 1974, pp. 202-218.

FLEISCHMANN Gerald et SCALETTA Philip

« Use of Computer Technology in Legal Analysis and Prediction », *American Business Law Journal*, vol. 11, n° 1, 1973, pp. 251-269.

HARRINGTON William G.

« A Brief History of Computer-Assisted Legal Research », *Law Library Journal*, vol. 77, n° 3, 1984-1985, pp. 543-556.

KAYTON Irving

« Can Jurimetrics Be of Value to Jurisprudence? », *George Washington Law Review*, vol. 33, n° 1, 1964, pp. 287-317.

« L'ordinateur à la recherche des précédents : Pourquoi, comment et vers quoi », *Revue Internationale de Droit Comparé*, vol. 20, n° 4, 1968, pp. 647-663.

KORT Fred

« Predicting Supreme Court decisions mathematically: a quantitative analysis of the 'right to counsel' cases », *The American Political Science Review*, vol. 51, n° 1, 1957, pp. 1-12.

LAWLOR Reed C.

« What Computers Can Do: Analysis and Prediction of Judicial Decisions », *American Bar Association Journal*, vol. 49, n° 4, 1963, pp. 337-344.

« Fact Content Analysis of Judicial Opinions », *Jurimetrics Journal*, t. 9, 1968, pp. 107-130.

LOEVINGER Lee

« Jurimetrics. The Next Step Forward », *Minnesota Law Review*, vol. 33, n° 5, 1949, pp. 455-493.

MCCABE Diana Fitch

« Automated Legal Research », *Judicature*, vol. 54, n° 7, 1971, pp. 283-289.

NAGEL Stuart

« Using Simple Calculations to Predict Judicial Decisions », *The American Behavioral Scientist*, vol. 4, n° 4, 1960, pp. 24-28.

ROSS Richard J.

« Communications Revolutions and Legal Culture: An Elusive Relationship », *Law and Social Inquiry*, vol. 27, n° 3, 2002, pp. 637-684.

STOVER Carl F.

« Technology and Law – A Look Ahead », *Modern Uses of Logic in Law*, vol. 4, n° 1, 1963, pp. 1-8.

WIENER Frederick Bernays

« Decision Prediction by Computers: Nonsense Cubed– and Worse », *American Bar Association Journal*, vol. 48, n° 11, 1962, pp. 1023-1028.

Document

LAWLOR Reed C.

Applied Jurimetrics. Case manual, 1969.

ROYAUME-UNI

Chapitre d'ouvrage collectif

SUSSKIND Richard E.

« The latent damage system: a jurisprudential analysis », in *Proceedings of the 2nd International Conference on Artificial intelligence and Law*, ACM Press, 1989, pp. 23-32.

Articles de revue

MCCLELLAND David

« A Critique of the Latent Damage Expert System », *Information & Communications Technology Law*, vol. 7, n° 1, 1998, pp. 15-30.

MUNDAY Roderick

« Case Law and the Computer », *Yearbook of Law Computers and Technology*, vol. 1, 1984, pp. 136-140.

« Law Reports, Transcripts, and the Fabric of the Criminal Law – A Speculation », *Journal of Criminal Law*, vol. 68, n° 3, 2004, pp. 227-243.

SUSSKIND Richard E.

« Expert Systems in Law: A Jurisprudential Approach to Artificial Intelligence And Legal Reasoning », *The Modern Law Review*, vol. 49, n° 2, 1986, pp. 168-194.

Tapper Colin F.

« British Experience in Legal Information Retrieval », *Modern Uses of Logic in Law*, vol. 5, n° 4, 1964, pp. 127-134.

Widdison Robin

« New Perspectives in Legal Information Retrieval », *International Journal of Law and Information Technology*, vol. 10, n° 1, 2002, pp. 41-70.

Analyses comparées

French Robert M.

« An Analogy Between Western Legal Traditions and Approaches to Artificial Intelligence », *AI & Society*, vol. 3, n° 3, 1989, p. 229-234.

Glenn H. Patrick

« The use of computers: quantitative case law analysis in the civil and common law », *International and Comparative Law Quarterly*, vol. 36, n° 2, 1987, p. 362-368.

Kavass Igor I.

« Law Reporting: Comparisons between Western Europe and Common Law Countries », *International Journal of Law Libraries*, vol. 5, n° 1, 1977, pp. 104-120.

Lennon David

« Méthodes comparées de mise en ligne de la jurisprudence France/Allemagne/ Angleterre/États-Unis », *Petites Affiches*, 2005, n° 194, pp. 25-28.

Thomasset Claude et Vanderlinden Jacques

« Cantate à deux voix sur le thème 'une révolution informatique en droit' ? », *Revue Trimestrielle de Droit Civil*, 1998, pp. 315-338.Psychologie cognitive

PSYCHOLOGIE COGNITIVE

Ouvrages et monographies

Gilovich Thomas, Griffin Dale et Kahneman Daniel (dir.)

Heuristics and Biases. The Psychology of Intuitive Judgment, Cambridge University Press, 2003, 766 p.

Kahneman Daniel

Thinking, Fast and Slow, Farrar Straus Giroux, 2013, 499 p.

Kahneman Daniel, Slovic Paul et Tversky Amos (dir.)

Judgment under uncertainty: Heuristics and biases, Cambridge University Press, 1982, 544 p.

Thomas William Isaac

The Child in America. Behavior, Problems and Programs, Alfred A. Knopf, 1938, 583 p.

Thèse

GEYRES Béatrice

Biais d'ancrage et ajustement dans les décisions judiciaires, thèse dactylographiée, Université Toulouse 2 Le Mirail, 2009, 270 p.

Ouvrages collectifs

JOUEN François, PUIGELIER Catherine et TIJUS Charles (dir.)

Décision et prise de décision. Droit et cognition, Mare & Martin, coll. « Sciences cognitives et droit », 2017, 260 p.

TIJUS Charles et PUIGELIER Catherine (dir.)

L'esprit au-delà du droit. Pour un dialogue entre les sciences cognitives et le droit, Mare & Martin, coll. « Sciences cognitives & droit », 2016, 284 p.

Articles de revue

ALEMANNO Alberto, HELLERINGER Geneviève et SIBONY Anne-Lise

« Brève introduction à l'analyse comportementale du droit », *Recueil Dalloz*, 2016, pp. 911-914.

CHANG Yun-Chien, CHEN Kong-Pin et LIN Chang-Chin

« Anchoring Effect in Real Litigation: An Empirical Study », *Coase-Sandor Working Paper series in Law and Economics*, n° 774, 2016, pp. 1-71.

CHAPMAN Gretchen B. et BORNSTEIN Brian H.

« The More You Ask for, the More You Get: Anchoring in Personal Injury Verdicts », *Applied Cognitive Psychology*, vol. 10, n° 6, 1996, pp. 519-540.

CHAPMAN Gretchen B. et JOHNSON Eric J.

« Anchoring, Activation and the Construction of Values », *Organizational Behavior and Human Decision Processes*, vol. 79, n° 2, 1999, pp. 115-153.

ENGLICH Birte, MUSSWEILER Thomas et STRACK Fritz

« Playing Dice With Criminal Sentences: The Influence of Irrelevant Anchors on Experts' Judicial Decision Making », *Personality and Social Psychology Bulletin*, vol. 32, n° 2, 2006, pp. 188-200.

FELDMAN Yuval, SCHURR Amos et TEICHMAN Doron

« Anchoring Legal Standards », *Journal of Empirical Legal Studies*, vol. 13, n° 2, 2016, pp. 298-329.

FINKELSTEIN Rémi

« Des applications de la psychologie sociale dans le domaine judiciaire : nouvelles perspectives », *Psychologie française*, vol. 49, n° 4, 2004, pp. 353-355.

GALINSKY Adam D. et MUSSWEILER Thomas

« First Offers as Anchors: the Role of Perspective-Taking and Negociator Focus », *Journal of Personality and Social Psychology*, vol. 81, n° 4, 2001, pp. 657-669.

GEYRES Beatrice, HILTON Denis et PY Jacques

« Normalization in the courtroom: Does the formation of a group norm affect how judges adjust prosecutors' demands? », *European Journal of Social Psychology*, vol. 43, n° 7, 2013, pp. 600-605.

GOLDSZLAGIER Julien

« L'effet d'ancrage ou l'apport de la psychologie cognitive à l'étude de la décision judiciaire », *Les Cahiers de la justice*, 2015, pp. 507-531.

HARRIS Adam J. L. et HAHN Ulrik

« Unrealistic Optimism About Future Life Events: a Cautionary Note », *Psychological Review*, vol. 118, n° 1, 2011, pp. 135-154.

HERZOG-EVANS Martine

« La perception de l'expertise par les JAP : une recherche empirique », *Actualité Juridique Pénal*, 2014, pp. 516-520.

« 'What on earth can this possibly mean?' French reentry courts and experts' risk assessment », *International Journal of Law and Psychiatry*, vol. 44, 2016, pp. 98-108.

HUNOUT Patrick

« La psychologie sociale des décisions de justice : une discipline en émergence », *Déviance et société*, vol. 11, n° 3, 1987, pp. 271-292.

JACOWITZ Karen E. et KAHNEMAN Daniel

« Measures of Anchoring in Estimation Tasks », *Personality and Social Psychology Bulletin*, vol. 21, n° 11, 1995, pp. 1161-1166.

MERTON Robert K.

« The Self-Fulfilling Prophecy », *The Antioch Review*, vol. 8, n° 2, 1948, pp. 193-210.

PHILIPPE Arnaud

« Vous jurez de n'écouter ni la haine ou la méchanceté… Les biais affectant les décisions de justice », *Les Cahiers de la justice*, n° 4, 2015, pp. 563-577.

SHAROT Tali

« The Optimism Bias », *Current Biology*, vol. 21, n° 23, 2011, pp. R941-R945.

SIMMONS Joseph P., LEBOEUF Robyn A. et NELSON Leif D.

« The Effect of Accuracy Motivation on Anchoring and Adjustment: Do People Adjust from Provided Anchors? », *Journal of Personality and Social Psychology*, vol. 99, n° 6, 2010, pp. 917-932.

SIMON Herbert

« A Behavioral Model of Rational Choice », *Quarterly Journal of Economics*, vol. 69, n° 1, 1955, pp. 99-118.

STRACK Fritz et MUSSWEILER Thomas

« Explaining the Enigmatic Anchoring Mechanisms of Selective Accessibility », *Journal of Personality and Social Psychology*, vol. 73, n° 3, 1997, pp. 437-446.

TVERSKY Amos et KAHNEMAN Daniel

« Judgment under Uncertainty: Heuristics and Biases », *Science*, vol. 185, 1974, pp. 1124-1131.

VERGÈS Étienne

« Le juge face à la boîte noire : l'intelligence artificielle au tribunal », *Recueil Dalloz*, 2022, pp. 1920-1927.

VIAL Géraldine

« Prise en main d'un outil d'intelligence artificielle par des auditeurs de justice : l'office du juge sous l'influence des algorithmes », *Recueil Dalloz*, 2022, pp. 1928-1933.

WATSON John B.

« Psychology as the Behaviorist Views It », *Psychological Review*, vol. 20, 1961, pp. 158-177.

WEINSTEIN Neil D.

« Unrealistic Optimism About Future Life Events », *Journal of Personality and Social Psychology*, vol. 39, n° 5, 1980, pp. 806-820.

INDEX THÉMATIQUE

Les chiffres et numéros renvoient aux numéros de paragraphes où les thèmes indiqués sont exploités. Les éléments en gras renvoient aux thèmes principaux, ainsi qu'aux paragraphes dans lesquels ils sont principalement exploités.

L

M

N

O

P

T

U

V

INDEX JURISPRUDENTIEL

Le classement des décisions est fait par ordre chronologique.
Les numéros en caractères gras renvoient aux numéros des paragraphes où ils sont cités.

JURIDICTIONS EUROPÉENNES

COMMISSION, PUIS COUR EUROPÉENNE DES DROITS DE L'HOMME

COUR DE JUSTICE DES COMMUNAUTÉS EUROPÉENNES, PUIS COUR DE JUSTICE DE L'UNION EUROPÉENNE

JURIDICTIONS FRANÇAISES

CONSEIL CONSTITUTIONNEL

Juridictions fédérales — Cour Fédérale

Québec – Cour d'appel

Québec – Cour supérieure

Ontario – Superior Court of Justice

Ontario – Court of Appeal

Ontario – Court of Queen's Bench

Juridictions américaines

Juridictions fédérales — Supreme Court of the United States

Juridictions fédérales — Court of Appeal

Juridiction fédérale – District Court

Juridictions du Royaume-Uni

House of Lords, puis Supreme Court of the United Kingdom

Court of Appeal

High Court

Scottish Court of Session

TABLE DES MATIÈRES

Première partie
L'insuffisance des incompatibilités juridiques

ANNEXES

Sommaire

Notes préliminaires

Les règles typographiques appliquées au volume principal sont reproduites ici.

***

Dans le même souci de clarté et de lisibilité des références que dans le volume principal, les liens internet mentionnés dans le présent volume ne seront pas suivis d'une date de consultation. Tous les liens mentionnés ont été consultés et vérifiés une dernière fois le 1er septembre 2023, et sont donc à considérer comme accessibles à cette date.

***

Les graphiques et tableaux présentés dans ce volume d'annexe ont été réalisés à partir de logiciels tableur : les logiciels *MICROSOFT EXCEL* pour une partie des graphiques (notamment les courbes et certains diagrammes en bâtons) et *NUMBERS* pour les autres graphiques (notamment les diagrammes circulaires, certains diagrammes en bâtons et l'intégralité de la frise chronologique de l'annexe 1.1). Les autres tableaux ont été directement créés sur le logiciel de traitement de texte *MICROSOFT WORD* à partir de données préalablement collectées. Pour la détermination de ces données ainsi que leur méthode de traitement, nous renvoyons à notre introduction générale.

Annexe 1 : Frise chronologique de la diffusion des sources du droit

Annexe 1.1 : Frise chronologique

	France	Canada	États-Unis	Royaume-Uni
1537				Les premiers recueils imprimés de décisions de justice apparaissent [1].
1631	Théophraste Renaudot assure la première publication de la *Gazette*. Elle diffuse des nouvelles et des documents officiels nationaux et de l'étranger [2].			
1762	La *Gazette* devient la *Gazette de France* [3].			
1787	La *Gazette de France* est prise à bail par Charles-Joseph Panckoucke, éditeur du *Mercure de France* [4].			
1789	La *Gazette de France* devient le *Moniteur Universel* dans le but de publier non plus des nouvelles générales, mais « les actes publics, les diplômes, les traités et toutes les pièces intéressantes qui méritent d'être conservées », notamment en matière législative, politique et administrative [4].		Le premier recueil de décisions rendues par une *Court of Appeal* fédérée est publié [5].	
1790	Décret des 27 novembre et 1er décembre 1790 *instituant un Tribunal de cassation et réglant sa composition, son organisation et ses attributions*, article 22 — Les décisions du nouveau Tribunal de cassation doivent être publiées sous forme de placards.			
1796	Arrêté du directoire du 28 vendémiaire an V (17 octobre 1796) — La publication des jugements de cassation sous forme de feuillets séparés est remplacée par un *Bulletin officiel annuel*.			
1798	Arrêté du directoire du 18 septembre 1798— Le *Bulletin des arrêts de la Cour de cassation* est créé. Il est publié régulièrement et est divisé en deux séries (série civile et série criminelle).			
1799	Le *Moniteur Universel* devient l'organe officiel de diffusion du droit par le gouvernement consulaire à partir du 1er nivôse an VIII (27 décembre 1799) [6].			
1800	Le *Journal du Palais* est créé.			
1801	Le futur Recueil Sirey est créé sous le titre de Jurisprudence du Conseil d'État [7].			
1810			18 recueils de décisions sont publiés [1].	

	France	Canada	États-Unis	Royaume-Uni
1817			Le premier recueil des arrêts de la *Supreme Court* est publié [5].	
1821	Louis-Antoine Macarel (avocat au Conseil d'État) crée le futur *Recueil Lebon* sous le nom de *Recueil des arrêts du Conseil d'État ou ordonnances royales rendues en Conseil d'État sur toutes les matières du contentieux de l'Administration*. Le recueil fonctionne sur un principe d'exhaustivité [7].			
1823		Le premier *law reporter* de l'Ontario est nommé [8].		
1825	Désiré Dalloz démarre la publication de la *Jurisprudence générale du royaume en matière civile, commerciale, criminelle et administrative*. Elle inclut, entre autres, les arrêts de la Cour de cassation, les lois, ordonnances et décisions du Conseil d'État.			
1831	M. Deloche (avocat au Conseil d'État et à la Cour de cassation) reprend la publication du *Recueil des arrêts du Conseil d'État ou ordonnances royales rendues en Conseil d'État sur toutes les matières du contentieux de l'Administration* [7].			
1836		Le premier *law reporter* du Nouveau Brunswick est nommé [8].	473 recueils de décisions sont publiés [1].	
1837	Félix Lebon (avocat au Conseil d'État et à la Cour de cassation) reprend la publication du *Recueil des arrêts du Conseil d'État ou ordonnances royales rendues en Conseil d'État sur toutes les matières du contentieux de l'Administration* [7].			
1834			*Wheaton v Peters*, 33 U.S. 591 (1834) — « *No reporter of the decisions of the Supreme Court has, nor can he have, any copyright in the written opinion delivered by the Court, and the Judges of the Court cannot confer on any reporter any such right* ».	
1845	La *Jurisprudence générale du Royaume. Recueil périodique et critique de jurisprudence, de législation et de doctrine en matière civile, commerciale, criminelle, administrative et de droit public* (futur *Recueil Dalloz*) publie 432 pages de décisions de la Cour de cassation, 192 de diverses Cours royales et 182 de documents annexes [9].	Le premier *law reporter* de Nouvelle Écosse est nommé [8].		
1847			Le premier recueil de résumés de l'intégralité des décisions fédérales rendues sur une année est publié sous la forme du *United States Digest* [10].	

3 — Annexe 1 : Frise chronologique de la diffusion des sources du droit

	France	Canada	États-Unis	Royaume-Uni
1848				Mise en place du *Special Committee on the Law Reporting System* dans le but d'améliorer le système de publication des décisions de justice [11].
1855		James Patton, un avocat de l'Ontario, débute la publication de l'*Upper Canada Law Journal* [8].		
1857		*John Lovell & Son*, imprimeur de Montréal, débute la publication du *Lower Canada Jurist* sur financement du gouvernement québécois afin de diffuser les décisions des tribunaux de la province [8].		
1865	Le *Journal du Palais* fusionne avec le *Recueil Sirey*.	L'*Upper Canada Law Journal* devient le *Canada Law Journal* [8].		L'*Incorporated Council on Law Reporting* (*ICLR*) est créé suite aux rapports du *Special Committee on the Law Reporting System* et publie ses premiers *Law Reports* sur une base sélective [11].
1866		La *Carswell Company*, une librairie juridique basée à Toronto, est créée [8].		
1867		La *Law Society* de Colombie Britannique commence à publier les recueils de décisions officiels de la province [8].		
1870	Décret du 5 novembre 1870 *relatif à la promulgation des lois et des décrets* — Le *Moniteur Universel* est remplacé par le *Journal Officiel*.			
1872		La *Carswell Company* démarre une activité d'édition en publiant le *Clarke's Criminal Law* [8].		
1875		La publication des *Reports of the Exchequer Court of Canada* (décisions de la future Cour fédérale) est lancée, uniquement en anglais [12].		
1876		La publication des *Reports of the Supreme Court of Canada* (décision de la Cour Suprême) est lancée, uniquement en anglais [12].	John Briggs West démarre la publication du *Syllabi*, un recueil hebdomadaire des décisions rendues par les juridictions fédérées et fédérales du Minnesota [11].	
1877			Le *Syllabi* est renommé *North Western Reporter* et inclut les décisions du Wisconsin [13].	

	France	Canada	États-Unis	Royaume-Uni
1879			Le *North Western Reporter* inclut les décisions des cours suprêmes de l'Iowa, du Michigan, du Nebraska et du Dakota [13].	
1881	La *Gazette du Palais* est créée.			
1883		Amédée Périard, un éditeur montréalais, ouvre la Librairie de droit et de jurisprudence, première librairie juridique de la province [14]. La *Law Society* du Manitoba commence à publier les recueils de décisions officiels de la province [8].		
1884		Amédée Périard devient le premier éditeur spécialisé en droit du Québec. Il publie des traités et manuels ainsi que la *Revue Légale* [14].		
1885			Environ 3 800 volumes de décisions américaines sont publiés sur l'année 1885 [15].	
1887			Le *National Reporter System* est mis en place par la *West Publishing Company* (ci-après West), afin de couvrir la production juridictionnelle de l'ensemble des États [11].	
1890		Les 6 recueils principaux du Québec publient un total de 744 jugements (soit 2 960 pages) sur l'année [16].		
1892		La publication de deux recueils de jurisprudence (pour la Cour supérieure et la Cour d'appel) par le Barreau du Québec remplace le *Lower Canada Jurist*. *John Lovell & Son* remplace cette publication par les *Rapports de pratique de Québec* [17].		
1893		Le fonds de commerce ainsi que les mobiliers et stocks d'Amédée Périard sont vendus à Camille Théoret et Patrick Whiteford qui poursuivent les activités d'édition de la librairie [14].		
1895	Les Éditions Lamy (créées en 1892 par Ludovic Lamy) commencent à publier le *Bulletin des transports* [18].	L'éditeur du *Canada Law Journal* prend officiellement le nom de *Canada Law Journal Co.* [18].		
1898		*Canada Law Journal Co.* (devenue *Canada Law Book*) lance la publication des *Canadian Criminal Cases* (décisions de toutes les juridictions criminelles canadiennes) [8].	Les juridictions du New Jersey tentent de limiter la diffusion de certaines de leur décision en les qualifiant de « *conclusions* ». L'*Atlantic Reporter* les publie néanmoins [10].	

	France	Canada	États-Unis	Royaume-Uni
1900		Les 6 recueils principaux du Québec publient un total de 753 jugements (soit 3 585 pages) sur l'année [16].		
1902	Raymond Saleilles, Adhémar Eismein, Charles Massigli et Albert Wahl créent la *Revue Trimestrielle de Droit Civil.*			
1905		Le décès de Camille Théoret entraîne la cession des activités de vente et d'édition à Théophile Lafleur et Wilfrid J. Wilson (pour le compte de son épouse Adèle Martin). C'est le début de la maison d'édition Wilson & Lafleur [14].		
1907		Les *Law Societies* de l'Alberta et de la Saskatchewan commencent à publier les recueils de décisions officiels de leur province respective [8].		
1912		*Canada Law Book* lance la publication des *Dominion Law Reports* (décisions publiées des juridictions provinciales et de l'ensemble des décisions de la Cour suprême et du Conseil Privé) [8].		
1920	Panhard (avocat au Conseil d'État et à la Cour de cassation) reprend la publication du *Recueil des arrêts du Conseil d'État ou ordonnances royales rendues en Conseil d'État sur toutes les matières du contentieux de l'Administration* [7].			
1921	Le principe d'exhaustivité du *Recueil Lebon* est implicitement abandonné [7].			
1922		La publication des *Reports of the Supreme Court of Canada* et des *Reports of the Exchequer Court of Canada* est arrêtée [12].		
1923		Les *Reports of the Supreme Court of Canada* sont remplacés par les *Canada Law Reports: Supreme Court of Canada* ; les *Reports of the Exchequer Court of Canada* sont remplacés par les *Canada Law Reports: Exchequer Court of Canada* [12].		
1927	La *Semaine Juridique* est créée.			
1930		Les 6 recueils principaux du Québec publient un total de 516 jugements (soit 3 441 pages) sur l'année [16].		
1931		La *Law Society* de la Saskatchewan cesse de publier les recueils de décisions officiels de la province (vingt-quatre ans après le début de la publication) [8].		
1932		La *Law Society* de l'Alberta cesse de publier les recueils de décisions officiels de la province (vingt-cinq ans après le début de la publication) [8].		
1935		Création du *Canadian Abridgment*, premier *digest* de droit canadien [19].		

	France	Canada	États-Unis	Royaume-Uni
1936				Un concurrent direct des *Law Reports*, les *All England Law Reports*, sont créés. Ils diffusent des décisions de toutes les juridictions [11].
1940				Un nouveau *Committee on Law Reporting* est nommé pour étudier de nouveau les mêmes problématiques qu'en 1848. Aucune véritable réforme n'est préconisée si ce n'est l'accélération de la publication des *Law Reports* et un élargissement de la publication [11].
1943			La première proposition de modélisation mathématique d'un réseau de neurones est publiée. La modélisation préfigure le modèle connexionniste d'intelligence artificielle en reproduisant la logique d'un neurone humain : il admet des variables en entrée, y applique un poids et ne s'active que si ce poids atteint un certain seuil fixé à l'avance [20].	
1945		Les *Rapports de pratique de Québec* sont repris par Wilson & Lafleur [8].		
1946	Le Conseil d'État prend en charge la publication du *Recueil Lebon*. Le *Recueil* devient officiellement sélectif [7].			
1946	Arrêté du 9 octobre 1946, tel que cité dans [21] — Le premier fichier des cours et tribunaux est créé auprès de la Chancellerie. Il vise à recueillir les principales décisions rendues par toutes les juridictions françaises.			
1947	Loi n° 47-1366 du 23 juillet 1947 *modifiant l'organisation et la procédure de la Cour de cassation*, article 10 — Un fichier central est créé auprès de la Cour de cassation pour compiler les sommaires de tous les arrêts de la Cour.	*Madden v Madden*, 1947 ON CA 49, [1947] OR 866, tel que cité par [22] — Une règle de non citation des décisions non publiées est mise en place lorsque la décision est insuffisamment motivée pour servir de précédent.		
1947	Pierre Huet prend en charge la publication du *Recueil Lebon* pour le compte du Conseil d'État. La sélection opérée se base sur un critère d'intérêt juridique [7].	La *Law Society* de Colombie Britannique cesse de publier les recueils de décisions officiel de la province (80 ans après le début de la publication) [8].		
1948	La direction du *Recueil Lebon* est reprise par François Gazier [7].		Le terme « cybernétique » est employé pour la première fois pour désigner des mécaniques autorégulatrices [23].	

7 — Annexe 1 : Frise chronologique de la diffusion des sources du droit

	France	Canada	États-Unis	Royaume-Uni
	Le Conseil d'État traite 5 699 affaires (dont 4 777 jugées) et 70 sont mentionnées au rapport (soit 1,4 % du total) sur l'année [24].			
1949	Les Éditions Lamy lancent la publication du *Lamy fiscal* [18].		Lee Loevinger lance le mouvement jurimétrique, soit l'incursion des techniques statistiques dans l'analyse du droit [25].	
1949			Le terme « connexionnisme » et la notion d'apprentissage machine sont mobilisés pour la première fois dans les travaux d'un neuropsychologue [26].	
1950		Les 4 recueils principaux (restants) du Québec publient un total de 306 jugements (soit 2 465 pages) sur l'année [16]	Environ 21 000 arrêts sont publiés sur l'année 1950 [5].	
1951	Les Éditions Lamy lancent la publication du *Lamy social* [18].		L'Univac, construit par Remington Rand, est le premier ordinateur distribué en série [27].	Le *Lord Chancellor* ordonne que des sténographes recopient l'intégralité des jugements de la *Court of Appeal*, que des copies en soient conservées et qu'un index de ces jugements soit rédigé [28].
1951	Le *Recueil Dalloz* publie 241 jugements de tribunaux, 268 arrêts de Cours d'appel, 203 arrêts de la Cour de cassation et 69 arrêts du Conseil d'État [9].			
1953	Loi nº 56-780 du 4 août 1956 *portant ajustement des dotations budgétaires reconduites à l'exercice 1956*, article 51 — « *Le fichier central (…) prend le nom de 'Service de documentation et d'études de la cour de cassation'* » (SDER).		Le premier article évoquant l'intérêt, pour la recherche documentaire en droit, des outils mécaniques modernes est publié [29].	*Leighton v Harland & Wolff Ltd.* [1953] SLT 34, 36 (Guthrie J.) — « *The authority of a case depends not upon whether it is to be found in a series of report but upon the fact that it is a judicial decision* ».
1953	Le Centre de documentation du Conseil d'État est créé afin, notamment, de gérer la publication du *Recueil Lebon* [7].			
1955			Le *Data Processing and Computer Center* de la *University of Pittsburgh* est créé [30].	
1956	Marceau Long et Prosper Weil rédigent la première édition des *Grands Arrêts de la jurisprudence administrative* sous la direction de René Cassin et Marcel Waline.		Marvin Minski et John McCarthy organisent une conférence à Darmouth College et donnent naissance à l'intelligence artificielle comme champ de recherches autonomes. Cette conférence marque le début du premier printemps de l'IA [31].	

	France	Canada	États-Unis	Royaume-Uni
	L'Association Internationale de Cybernétique organise son premier congrès à Namur. Lucien Mehl y réalise la première intervention européenne et francophone sur la question de l'intégration des techniques cybernétiques dans la pratique du droit [32].			
1957			Fred Kort publie le premier article étudiant la possibilité de « prédire » des décisions de justice par le biais d'une analyse quantitative [33].	
			Le premier *PERCEPTRON* construit à partir d'un réseau de neurones formels et d'une approche connexionniste est mise en place par Frank Rosenblatt au sein du *Cornell Aeronautical Laboratory*. Il est rapidement abandonné compte tenu des limitations techniques de l'époque [34].	
1958			Le *National Reporter System* comptabilise 108 000 pages pour la seule année 1958 [35].	
1959		L'éditeur *Canada Law Book* fusionne avec *Cartwright & Sons* [8].		
1960	Lucien Mehl publie le premier article en langue française sur l'informatique juridique [36].	Les 4 recueils principaux du Québec publient un total de 450 jugements (soit 3 193 pages) sur l'année [16].	Stuart Nagel publie le troisième grand article programmatique des recherches en jurimétrie aux États-Unis [37].	
	René Dugouy (conseiller à la Cour de cassation), Louis Couffignal (inspecteur de l'instruction publique) et Simone Lévy (avocate) publient le premier rapport sur l'utilisation des machines électroniques dans le domaine judiciaire [38].		L'*American Bar Association* crée la *Jurimetrics Review*.	
			Le professeur John Horty développe le premier programme de recherche documentaire automatisé en matière juridique en collaboration avec le *Data Processing and Computer Center* et le *Health Law Center* de la *University of Pittsburgh*. Il est présenté à la conférence annuelle de l'*American Bar Association* en 1960 [30].	
1961	L'Institut d'Études Judiciaires (IEJ) d'Aix-en-Provence, sous la direction d'Edmond Bertrand, lance le dépouillement et le classement de tous les arrêts rendus par la cour d'appel d'Aix-en-Provence [21].		10 408 volumes de recueil sont nécessaires pour compiler toutes les décisions rendues depuis 1912 [35].	Le développement d'un premier fichier de décisions de justice

	France	Canada	États-Unis	Royaume-Uni
				démarre au sein de l'Université d'Oxford [39].
1962	Le Centre de Recherches, d'Information et de DOcumentation Notariales (CRIDON) de Lyon est mis en place dans le but de constituer un premier fichier de documents juridiques sur cartes perforées interrogé à partir de trieuses électromécaniques et de systèmes à sélection visuelle [40].			
1963	Le fichier *CASS* est mis en place par la Cour de cassation et inclut les arrêts de la Cour publiés au *Bulletin* [18].	Les 2 recueils de décisions fédérales prennent un sous-titre français, mais seules les décisions originellement en français sont publiées dans cette langue (et *vice versa*) [12].	Reed Lawlor publie le quatrième article programmatique en jurimétrie aux États-Unis [41].	
1963		La *Law Society* du Manitoba cesse de publier les recueils de décisions officiels de la province (80 ans après le début de la publication) [8].	Glendon Schubert publie le premier article mettant en œuvre une méthode statistique pour quantifier la présence de « blocs » de juges votant régulièrement ensemble et « prédire » le sens de décisions à partir de décisions déjà rendues [42].	
1963			Le programme créé par John Horty est réutilisé pour concevoir le premier système informatisé d'information légale, le système *LITE* (*Legal Information Through Electronics*), utilisé par le *Judge Advocate* de l'*US Air Force* [30].	
1963			Le premier système de recherche par descripteurs de décisions de justice est commercialisé par *Law Research Service Inc.* [43].	

	France	Canada	États-Unis	Royaume-Uni
			Le rapport « Science, Government, and Information », dit Rapport Weinberg est publié. Il souligne l'importance du développement des techniques documentaires mécaniques et automatiques.	
1964	Le procédé *Microfilm Information Retrieval Access Code* (*Miracode*) est présenté pour la première fois en France. Le système permet la recherche sur microfilm [27].		« Report of the Proceedings of the Judicial Conference of the United States », 16-17 mars 1964 — La première restriction fédérale de publication des décisions de justice aux seules décisions présentant un intérêt précédentiel (*general precedential value*) est mise en place.	
1964–1974			Les recherches en intelligence artificielle symbolique reçoivent 75 % des financements distribués par l'*Advance Research Projects Agency* (*ARPA*) et l'*Air Force* [44].	
1965	Une équipe de recherche sur les technologies de l'information appliquées au droit se constitue autour de Pierre Catala et Jean Falgueireittes au sein de la faculté de droit de Montpellier. Le choix est fait de ne pas s'inscrire dans la tendance américaine du texte intégral pour des raisons pratiques et scientifiques [45 ; 46].		Les *Courts of Appeal* (juridictions fédérales) rendent 5 771 arrêts sur l'année [47].	
	Le fichier *JADE* est mis en place par le Conseil d'État et inclut les arrêts du Conseil publiés au *Recueil Lebon* et une sélection d'arrêts de Cours administratives d'appel [18].		L'*Ohio State Bar Association* s'intéresse aux recherches de John Horty et recrute William Harrington pour mener le projet informatique de l'association [48].	
	Les juridictions judiciaires rendent 2 490 402 décisions sur l'année 1965, 6 148 par la Cour de cassation, 87 980 par les cours d'appel et 2 206 452 par les tribunaux d'instance et de grande instance [21].			
	Loi n° 65-1001 du 30 novembre 1965 *portant approbation du plan de développement économique et social* — Le Plan Calcul est lancé.			
1966		Perry Meyer publie le premier article canadien mentionnant la jurimétrie et évoquant les recherches en texte intégral est publié [49].	*Law Research Service* passe du niveau fédéré (État de New York) au niveau national. La base peut être interrogée au travers d'un réseau de franchises, connectées entre elles via un réseau de communication géré par la *Western Union* [43].	House of Lords Practice Statement [1966] 3 All ER 77 — « *While treating former decisions of the House as normally binding, the House proposes to depart from previous decision when it appears right to do so* ».

	France	Canada	États-Unis	Royaume-Uni
	Un partenariat est conclu entre l'IEJ et la Cour d'Appel d'Aix-en-Provence basé sur la transmission systématique de copies des arrêts prononcés en matière civile, pour un total d'environ 6,000 arrêts par an. Les arrêts, traités sous forme d'analyses fichées (une forme primitive d'abstract) sont compilés dans un fichier papier puis de cartes perforées [50].	La Commission Royale sur le Bilinguisme et le Biculturalisme soutient un projet de recherche mené par le Professeur Russel, portant sur environ 1 100 arrêts de la Cour Suprême du Canada, visant à évaluer la présence de « bloc » de juges ou non [49].		
1967	Le Bureau Informatique du Conseil d'État est créé à l'initiative de Lucien Mehl [51].			
	Les recherches de Pierre Catala et Jean Falguereittes prennent un tournant jurisprudentiel et se concentrent sur les arrêts des chambres civiles de la Cour de cassation rendus sur l'année 1963 [52].	Jean Goulet publie le premier article canadien en langue française envisageant l'analyse jurimétrique du droit [53].	L'*Aspen Systems Corporation* est fondée pour permettre le développement du système développé par John Horty, la *University of Pittsburgh* en détenant l'essentiel des parts [54].	
	Décret n° 67-1208 du 22 décembre 1967, articles 10 al. 3 — Un bulletin mensuel est mis en place au niveau de la Cour de cassation pour assurer la diffusion des arrêts dont la publication « *est proposée par le président de chaque chambre* ».		La *Data Corporation* organise la première démonstration de la base informatisée, interactive, non-indexée en texte intégral *DATA CENTRAL* (domaine des marchés publics). Cette démonstration enclenche des négociations avec l'*Ohio State Bar Association* puis la création de l'*Ohio Bar Automated Research* (*OBAR*) [48].	
	Arrêté du 7 février 1967 portant *création d'une commission de l'informatique au ministère de la justice*, article 1er — Une commission de l'informatique est créée auprès du ministère de la Justice, présidée par Maurice Aydalot (procureur général près la Cour de cassation).			
	Un colloque organisé à Royaumont marque la naissance officielle de l'informatique juridique en France et la création d'un groupe de travail dont le rapporteur général est Jean-Paul Buffelan-Lanore [55].			
	La publication d'un *Bulletin des Cours et Tribunaux* mensuel est lancée et s'arrête moins d'un an plus tard suite à son rattachement à la Cour de cassation [21].			
	Décret n° 67-722 du 25 août 1967 *relatif à l'Institut de Recherche d'Informatique et d'Automatique (I.R.I.A.)* — Un nouvel établissement public, l'IRIA, est créé afin d'entreprendre des recherches fondamentales et appliquées dans le domaine de l'informatique.			
1968	L'Institut de Recherche et d'Études pour le Traitement de l'Information Juridique (IRETIJ, ERA 096) est créé sous la direction de Pierre Catala. Il relève à la fois de l'Université de Montpellier et du CNRS [46].	Le projet *MINI-BIBLEX*, une bibliothèque juridique « de base » stockée sur micro-fiches, est lancé par le Barreau du Québec [17].	*Law Research Service* rencontre des dysfonctionnements graves et un contentieux l'oppose à sa franchise californienne puis à ses fournisseurs et investisseurs [43].	

	France	Canada	États-Unis	Royaume-Uni
	Le choix d'un fonctionnement par abstract des bases de données est confirmé [56].	Le projet *DOCUMENTATION AUTOMATIQUE DES TEXTES JURIDIQUES PAR L'UNIVERSITE DE MONTREAL (DATUM)* est lancé par l'Université de Montréal sous la direction d'Ejan Mackaay. La base créée fonctionne sans indexation et à partir du texte intégral des documents [17].		
	Les Éditions Lamy commencent à diffuser le *Lamy société* [18].	Le projet *QUEEN'S UNIVERSITY INSTITUTE FOR COMPUTING AND LAW (QUIC/LAW)* est lancé au sein de la *Queen's University* sous la direction de Hugh Lawford et Richard Von Briesen afin de mettre en place une base de données juridiques informatisée publique [57].		
	Un projet de loi est déposé au ministère de la Justice par Pierre Catala, Jacques-Patrice Gagnieur et Jean-Pierre Archambault pour proposer la « mise en équation mathématique » du droit de la responsabilité civile à l'aide d'un système informatisé [58].			
1969	Le *SYSTEME DE DOCUMENTATION NATIONAL INFORMATISÉ (SYDONI)* est mis en place par le CRIDON de Lyon suite au Congrès des Notaires de 1968. Le CRIDON transforme alors son fonds documentaire physique en fond informatisé à destination exclusive des notaires. Le fichier est sélectif mais il couvre l'ensemble des sources du droit et il peut être interrogé à distance depuis les autres CRIDON [21 ; 59].	La publication des *Canada Law Reports: Supreme Court of Canada/Rapports judiciaires du Canada : Cour suprême du Canada* est arrêtée [12].	*OBAR* est officiellement lancé et rapidement racheté par la *Mead Corporation*. La solution *LEXIS* commence à être développée [48].	
	L'Institut de Recherche en Informatique Juridique (IRIJ) est créé par Jean-Paul Buffelan-Lanore et Jean Imbert au sein de la faculté de droit de Sceaux [55].	L'éditeur *Maritime Law Book* est fondé [61].	La base de données de l'*Aspen Systems* Corporation stocke la législation des cinquante États et est alors le plus gros fichier informatisé des États-Unis [54].	
	Le CNRS, l'IRIA et Pierre Rivière lancent le projet *DARIUS*, un programme informatique permettant la recherche dans un fichier de microfiches [38].			
	Le rapport *Pour une organisation nationale de l'informatique juridique* réalisé par le groupe de travail créé suite au congrès de Royaumont affirme la nécessité de l'informatique pour répondre aux besoins documentaires des juristes. Le groupe disparaît suite à des dissensions internes et à la perte de ses financements, rendant caduque le projet d'un Centre national de la documentation juridique [61 ; 62].			
1969-1974	La société Systex développe le *SYSTÈME SYNTAXIQUE ET PROBABILISTE D'INTERROGATION ET DE RECHERCHE DE L'INFORMATION TEXTUELLE (SPIRIT)*, un prototype de traitement automatique du langage naturel portant sur des bases de données en texte intégral (à but d'indexation automatique) [63].			

	France	Canada	États-Unis	Royaume-Uni
1970	Après la transformation du Bureau Informatique du Conseil d'État en Centre d'Étude et de Documentation sur l'Information Juridique (CEDIJ, ERA 430 rattachée au Conseil d'État), la constitution du premier fichier en texte intégral de législation, de jurisprudence (incluant uniquement les décisions et arrêts publiés des juridictions suprêmes et une sélection de décisions et arrêts des juridictions du fond) et de doctrine commence [64].	Le *Recueil des arrêts de la Cour suprême du Canada/Canada Supreme Court Reports* est créé. Le recueil, bilingue, compile une sélection des arrêts de la Cour suprême [12].	Les *Courts of Appeal* (juridictions fédérales) rendent 10 699 arrêts sur l'année [47].	
	Le choix de l'emploi d'abstracts pour le stockage informatique des décisions et du plein texte pour leur stockage en microfiches est réaffirmé [64].	*Federal Court Act*, S.C. 1970-71-72, c.1, section 58 (1) et (4) — Une obligation de publication des décisions de la Cour fédérale considérées d'une « importance suffisante » est imposée dans les deux langues officielles.		
	L'Association pour le Développement de l'Informatique Juridique (ADIJ) est fondée le 23 mars 1970 suite au rapport Mehl-Mignot [61].	Le projet *DATUM* est officiellement présenté pour la première fois à Halifax devant l'Association du Barreau Canadien [43].		
	L'IRETIJ devient un département de recherche de la Faculté de droit et des Sciences Économiques de Montpellier et une Unité de Recherche Associée au CNRS (URA 0964) [46].	Les 4 recueils principaux du Québec publient un total de 516 jugements (soit 3 011 pages) sur l'année [16].		
	Bernard Filliatre soutient la première thèse menée sur la base du partenariat établi en 1965 entre Pierre Catala et Jean Falgucreittes. Elle marque le début de la conceptualisation des systèmes de recherche par mots-clés, titrage, abstract et thesaurus [65].			
	Pour une décision du fond, ce sont trois arrêts de la Cour de cassation qui sont publiés au sein du *Recueil Dalloz*. Pour un arrêt d'appel, deux arrêts de la Cour de cassation y sont publiés [9].			
1970 - 1972	*JURINDEX*, le premier fichier de données juridiques généraliste française, est créée via un partenariat entre l'IRIJ et les Éditions Masson. Il diffuse périodiquement des résumés assortis de références bibliographiques. Sa commercialisation est stoppée faute de rentabilité moins de deux ans plus tard [67].			
1970 - 1976	L'« Âge d'Or » des contrats de recherche à l'IRETIJ s'achève avec la titularisation des chercheurs et la fin des financements ministériels [46].			
1971	La base *JURISDATA* est créée sur la base d'un partenariat entre les Éditions Techniques (futures Éditions du Juris-Classeur) et l'IRETIJ. Elle regroupe, sur un principe d'exhaustivité, les arrêts de la Cour d'appel de Paris sous forme d'abstracts. Le texte intégral des arrêts est fourni à la demande [67 ; 68].	La base *DATUM* est ouverte à la consultation par l'intermédiaire d'un service de recherche automatique, le *SEDOJ* (*SERVICE DE DOCUMENTATION JURIDIQUE*). Elle donne accès aux arrêts de la Cour Suprême du Canada, de la Cour d'appel et aux décisions de la Cour supérieure du Québec sur 25 ans [17].	*Law Research Service* fait faillite [43].	
	Le Centre d'Étude et de Traitement de l'Information Juridique (CETIJ) est créé. L'association (Loi 1901) a pour but de concourir à l'action de l'IRETIJ [46].	Le *Canada Federal Court Reports/Recueils des arrêts de la Cour fédérale du Canada*, un recueil entièrement bilingue, est créé [12].	Le décès prématuré de Frank Rosenblatt provoque l'abandon des recherches sur les réseaux de neurones faute de financement [31].	

	France	Canada	États-Unis	Royaume-Uni
	SYDONI donne accès à 12 000 fiches représentant 60 000 références à des sources diverses [69].	*QUIC/LAW* compile trois bases de données : celle du *National Research Council*, les recueils des arrêts de la Cour suprême de 1923 à fin 1970 et les *Lois révisées du Canada* de 1970 [70].		
		L'opération Compulex est menée à la fin de l'année 1971 sous la forme d'un sondage diffusé dans le Canada entier pour mesurer les difficultés documentaires de la profession juridique. Les insuffisances des systèmes informatisés et leur peu d'utilisation entraînent le retrait des financements publics de *QUIC/LAW* [71 ; 72].		
1972	Décret n° 72-54 du 19 janvier 1972 *modifiant et complétant le décret n° 67-1208 du 22 décembre 1967 portant application de la loi n° 67-523 du 3 juillet 1967 relative à la Cour de cassation*, articles 1er et 2 — Le service de documentaire et d'études de la Cour de cassation (SDER) est créé et tient un fichier central (remplaçant le fichier central de jurisprudence) de sommaires des arrêts de la Cour de cassation et d'une sélection des « décisions les plus importantes » transmises par les autres juridictions. Deux bulletins sont aussi publiés pour diffuser des arrêts sélectionnés des chambres civiles et criminelles de la Cour.		Le rapport émis par le Bureau de *la Judicial Conference of the U.S. on the Publication of Courts of Appeal Opinions* de 1972 recommande que les décisions des *Courts of Appeal* ne soient publiées que dans la mesure où la majorité des juges ayant rendu la décision l'autorise, que seules les décisions publiées puissent être citées et que la diffusion des décisions non publiées soit assurée par la reproduction de leur dispositif au *public record* [47].	
	La première démonstration publique de *SYDONI* a lieu [40].		« Report of the Proceedings of the Judicial Conference of the United States », 6-7 avril et 26-27 octobre 1972 — Les trois recommandations du Bureau de la *Judicial Conference* sont adoptées.	
	La base jurisprudentielle (par abstracts) *JURINPI* est créée suite à un partenariat entre l'IRETIJ et l'Institut National de la Propriété Intellectuelle (INPI) [46].		L. Thorne McCarty lance le premier projet de système expert en droit (fiscal), *TAXMAN*, au sein de la faculté de droit de la *University of Stanford* [73].	
			Le développement du système expert médical *MYCIN* commence au sein de la *University of Stanford* [74].	
1973	Au titre d'une première convention passée entre la Chancellerie et l'IRETIJ, une étude est démarrée sur la « cohérence des données juridiques en droit de la nationalité ». La première convention, d'octobre 1973 à décembre 1974, vise à réaliser une première analyse des régimes législatifs en France métropolitaine et Outre-mer [75].	*QUIC/LAW* est abandonnée suite à la perte de ses financements. La société *QL Systems* est créée pour conserver les anciennes bases compilant 67 000 résumés de travaux scientifiques, le texte intégral de décisions de la Cour suprême depuis 1923 et des *Lois Révisées* de 1970, les *Ontario Reports* de 1940 à 1972, les *Federal Court Reports*, une série de textes réglementaires fédéraux et des décisions non publiées de Colombie Britannique et de Nouvelle Écosse [43].	*LEXIS* est mise sur le marché. La base réunit à l'époque les codes de l'Ohio et de New-York, des décisions en texte intégral et le *US Code* [48].	

	France	Canada	États-Unis	Royaume-Uni
	L'ADIJ organise, en collaboration avec l'Association Française de Cybernétique Économique et Technique (AFCET), le premier congrès international d'informatique juridique à Strasbourg en octobre 1973 [61].	La base *DATUM* compile les recueils des arrêts de la Cour suprême, de la Cour d'appel et des décisions la Cour supérieure du Québec, les *Exchequer Court Reports* ainsi que les *Rapports de pratique* et la *Revue Légale* [43].	Advisory Council for Appellate Justice, « Standards for Publication of Judicial Opinions », FJC Research Series n° 73-2, 1973 — Le *Federal Judicial Center* publie une série d'instructions : les décisions d'appel fédérales doivent être publiées si elles établissent une règle nouvelle, si elles impliquent un point de droit d'un intérêt permanent, si elles critiquent ou remettent en cause un point de droit en vigueur ou si elles résolvent un conflit de normes.	
1974-1980	*Premier hiver de l'intelligence artificielle : les réseaux de neurones comme l'approche symbolique sont contestés parce que les ambitions des différents concepteurs dépassent les capacités de calcul et de mémoire des postes informatiques. Les financements sont, pour l'essentiel, coupés, en particulier aux États-Unis et au Royaume-Uni.*			
1974	Le Centre de Documentation Juridique de l'Ouest (CDJO) est créé au sein de l'Université de Rennes à l'initiative d'Henri-Daniel Cosnard. La base de données informatisée régionale compile l'intégralité des arrêts de la cour d'appel de Rennes [76].	Un programme informatique permettant de prévoir le sens de décisions en droit fiscal est développé à partir de 60 décisions et de 46 descripteurs factuels considérés comme pertinents dans chaque décision [77].		
1974	Une étude commune est menée par l'IEJ d'Aix-en-Provence, l'IRETIJ et le CEDIJ dans l'optique de constituer une base de données en droit de l'urbanisme et de la construction. En matière jurisprudentielle, les trois unités privilégient le fonctionnement par abstract et le CEDIJ fait le choix du texte intégral en matière législative et réglementaire [78].			
1974	Une deuxième convention est passée de décembre 1974 à mai 1976, entre la Chancellerie et l'IRETIJ pour poursuivre l'analyse du corpus normatif du droit de la nationalité [45].	*Maritime Law Books* commence à publier des décisions de la Cour suprême et de la division d'appel de la Cour fédérale dans son *National Reporter* [12].		
1975	L'IRETIJ est chargé par la Chancellerie d'élaborer un logiciel de traitement automatisé des données de nationalité sur la base des travaux menés depuis 1973 [79].	Les *Canada Supreme Court Reports/Recueil des arrêts de la Cour suprême du Canada* commencent à publier les arrêts de la Cour suprême à titre exhaustif [12].	West déploie la plateforme *WESTLAW* en avril 1975. Elle ne diffuse pendant un an que les résumés de décisions de justice produits par la West [48].	
1975	L'IRETIJ obtient l'habilitation à délivrer des DEA et doctorats en Droit de l'Informatique et Informatique Juridique [46].			
1975	Un rapport dirigé par l'ADIJ est rendu à la Direction de l'Aménagement du Territoire et de l'Action Régionale (DATAR) au sujet des missions de ses centres régionaux. Ses recommandations ne sont pas suivies d'effet [61].			

	France	Canada	États-Unis	Royaume-Uni
1976	Le rejet du texte intégral est confirmé dans la constitution des bases de données jurisprudentielles [80].	En 1976, le *MINI-BIBLEX* contient toutes les décisions et tous les arrêts publiés dans les recueils de la Cour Suprême du Canada, de la Cour de l'Échiquier, de la Cour fédérale, de la Cour d'appel du Québec, de la Cour supérieure du Québec, dans la *Revue légale* et les *Rapports de pratique*, ainsi que la législation du Québec depuis 1964 et la réglementation depuis 1972 [17].	*LEXIS* diffuse des décisions de justice fédérale remontant jusqu'à 51 ans pour la *Supreme Court*, 31 ans pour les *Courts of Appeal* et 16 ans pour les *District Courts*. Son antériorité est plus faible pour les décisions de justice fédérée mais reste exhaustive sur les années concernées [81].	
1976	La base de données *JURIDOC* est mise en place à partir de la banque de données de l'IRETIJ (son usage est gratuit pour la magistrature et l'administration mais payant pour les particuliers). Elle inclut tous les arrêts publiés au *Bulletin des chambres civiles* de la Cour de cassation depuis 1960, tous les arrêts des Cours d'appel de Montpellier et Nîmes sauf ceux relatifs à la matière pénale et aux pensions depuis 1970 et 1971, ainsi qu'un ensemble de documents annexes, le tout atteignant 80 000 abstracts [82].	Loi constituant la Société Québécoise d'Information Juridique (SOQUIJ) (L.R.Q. 1977, c. S-20) articles 19 et 20 — La SOQUIJ est créée pour diffuser des *Recueils de jurisprudence* avec le soutien technique de l'Éditeur officiel du Québec. En 1976, 300 arrêts de la Cour d'appel, 550 de la Cour supérieure et 200 de la Cour provinciale, des Sessions de la paix et de la Cour du bien-être social sont publiés. Les décisions publiées sont sélectionnées et publiées sous la forme de résumés, mais le texte intégral pouvant être commandé à l'Éditeur officiel ou consulté sur microfiche via *MINI-BIBLEX* [17].	*WESTLAW* diffuse à la fois le texte intégral des décisions et les résumés produits par la West [48].	
1976		*QL Systems* vend une licence *QL/SEARCH* à la West pour assurer sa diffusion au sein de *WESTLAW* [43].		
1977			American Bar Association Commission on Standards of Judicial Administration, « Standards relation to Appellate Courts », 3.37, 1977 — L'*American Bar Association* met en place les mêmes standards de publication des décisions que le *Federal Justice Center*.	La première grande conférence européenne sur l'informatique et le droit est organisée le 26 janvier 1977 à la *Swansea University* par Bryan Niblett [83].
1977		32 recueils de décisions et arrêts sont publiés dans tout le Canada [34].	Les *Courts of Appeal* (juridictions fédérales) rendent 17 784 arrêts sur l'année [47].	
1978	La base *SYDONI* est ouverte à toutes les professions juridiques [59].	*QL Systems*, après investissements du Conseil Canadien de la Documentation Juridique (CCDJ), étend ses bases aux résumés de décisions des *Dominion Law Reports* depuis 1956, ceux des *Canadian Criminal Cases* depuis 1971, ceux du *All-Canada Weekly Summaries* depuis janvier 1977, au *Weekly Criminal Bulletin* depuis octobre 1976, et aux résumés des recueils des arrêts et décisions de la Cour suprême et des juridictions fédérales [43].	En 1978, tous les circuits fédéraux sauf deux (le 3e et le 5e) ont mis en place des règles organisant la publication des décisions et restreignant la citation des décisions non publiées [47].	
1978	Loi n° 78-17 du 6 janvier 1978 *relative à l'informatique, aux fichiers et aux libertés*, chapitre II — La Commission Nationale de l'Informatique et des Libertés (CNIL).			

	France	Canada	États-Unis	Royaume-Uni
	Loi n° 78-753 du 17 juillet 1978 *portant diverses mesures d'amélioration des relations entre l'administration et le public et diverses dispositions d'ordre administratif, social et fiscal*, titre Ier — Un droit d'accès aux documents administratifs est instauré au bénéfice des administrés.			
1979	Une subvention de 9,5 millions de francs est accordée à *SYDONI* par le Ministère de l'Industrie [85].	La base *QL* développée par *QL Systems* est rendue disponible aux étudiants de la *Queen's University* [86].		
1979		La base *DATUM* est abandonnée en raison de sa non-rentabilité et de problèmes techniques [43].		
1980	La base *LEXIS* arrive sur le marché français par l'intermédiaire de la filiale *Téléconsulte* de l'hebdomadaire *Le Point* et du groupe *Hachette*. C'est la première base de données entièrement privée sans lien avec le milieu universitaire, non sélective et en texte intégral [55 ; 59 ; 87].			La base *LEXIS* arrive sur le marché anglais par l'intermédiaire de la société *Butterworth Telepublishing Ltd.* [88].
1980	Mise en place des Ateliers Régionaux de Jurisprudence (ARJ) afin de sélectionner localement les arrêts d'appel à verser dans *JURISDATA* [55].			
1980	La base *JURISDATA* fusionne avec la base de données montée, entre autres, sur la *Gazette du Palais*. Suite à cette fusion, le GIE EDIDATA est créé par les Éditions Techniques, la *Gazette du Palais*, les Librairies Techniques et le CEDIJ [67 ; 89].			
1980	La base de données du CEDIJ dépasse les 500 heures d'utilisation par mois [87].			
1981	La France entretient 32,6 % des banques de données juridiques européennes et se situe en deuxième place derrière l'Italie (52,5 %) et devant la Grande-Bretagne (0,4 %) [90].	La SOQUIJ généralise l'utilisation de l'informatique pour la préparation et le traitement de toutes ses publications [91].		Richard Susskind lance le projet *OXFORD* sur les systèmes experts en droit au sein de la *University of Glasgow* [92].
1981	Le prix de l'indexation manuelle (abstracts et thesaurus) dépasse le prix du stockage en texte intégral [90].			
1981	Arrêté du 18 novembre 1981 — Lucien Mehl (pour le Conseil d'État), Michel Olivier (pour la Cour de cassation) et Jean-Marc Sauvé (pour la Chancellerie) sont nommés à la Commission de l'Informatique.			
1981	Le CEDIJ commence à stocker en texte intégral les arrêts des Cours Suprêmes et à rechercher l'exhaustivité de la diffusion des décisions « originales ». La nécessité d'une sélection et de l'utilisation d'abstracts pour les décisions du fond est réaffirmée [93 ; 94].			

	France	Canada	États-Unis	Royaume-Uni
1982	Une coopération internationale est formalisée entre l'*Instituto de Investigations Juridicas* (*IIJ*) de l'Université Autonome de Mexico et l'IRETIJ [95].			*Lambert v Lewis* [1982] AC 225, pt. 274 (Diplock L.J.) — Pour la première fois, les juridictions britanniques prennent en compte les risques de la citation abusive de décisions non publiées.
				Pioneer Shipping v B.T.P. Trioxide [1982] AC 724, pt. 751 (Roskill L.J.) — La citation des décisions massive de décisions doit être « fermement découragée » (*firmly discouraged*).
1983	Le *Rapport de Mission sur les Banques de Données Juridiques* rédigé par Pierre Leclercq est publié. Il prescrit une restructuration profonde de l'offre de bases de données juridiques et marque le début de la seconde période de l'informatique juridique française.			*LEXIS* compile 5 000 décisions non publiées (l'équivalent de 70 volumes de *law reports*) [95].
				Roberts Petroleum Ltd. v Bernard Kenny Ltd. [1983] 2 AC 192, pt. 202 (Diplock L.J.) — Une règle de non citation des décisions non publiées est proposée, sans être accompagnée de la possibilité, pour les juges, de décider quelles décisions doivent ou ne doivent pas être publiées.
				Le projet *OXFORD* se poursuit [92].
1984	La base du CEDIJ compile le texte intégral des décisions des arrêts publiés des juridictions suprêmes depuis 1958 (Conseil constitutionnel), 1965 (Conseil d'État) et 1966 (Cour de cassation) et « certaines décisions des cours et tribunaux ». *LEXIS* compile tous les arrêts de la Cour de cassation (depuis 1959 pour les chambres civiles, sociales et commerciales et 1970 pour la chambre criminelle), les décisions du Conseil constitutionnel (depuis 1958), les arrêts du Tribunal des Conflits et du Conseil d'État (depuis 1964) et les arrêts des cours d'appel de Bordeaux depuis 1983 [96].		Approximativement 40 % des arrêts des *Courts of Appeal* (juridictions fédérales) sont diffusés en tant que « non publiés » [11].	
	Décret nº 89-940 du 24 octobre 1984 *relatif au service public des bases et banques de données juridiques* — Le Centre National d'Informatique Juridique (CNIJ) est créé auprès de la Direction des Journaux Officiels (DJO) pour se substituer au CEDIJ et entretenir un ensemble de bases de données juridiques. Il est aussi créé un comité interministériel de coordination de l'informatique juridique (appelé « guichet unique ») pour assurer l'articulation entre le monopole public de la diffusion des arrêts des cours suprêmes (entre autres) et la délégation au secteur privé de la diffusion des décisions des juridictions du fond.			

	France	Canada	États-Unis	Royaume-Uni
	Suite à la dissolution du CEDIJ, une Unité de Recherche Associée au CNRS (URA 962) Informatique Droit Linguistique est créée et dirigée par Danièle Bourcier.			
	Suite à la création par le décret de 1984 du « guichet unique » de production et de diffusion des bases de données au niveau de DJO, une première concession de service public est signée en 1984 avec l'Européenne des données qui crée ensuite la société JURIDIAL gérée en association avec la Caisse des dépôts et son serveur. JURIDIAL matérialise ce « guichet unique » et distribue à titre commercial toutes les bases disponibles (base du CNIJ pour les arrêts des cours suprêmes, *JURISDATA* pour les décisions du fond et *SYDONI* pour les ressources doctrinales). La facturation est faite au temps d'interrogation [55 ; 97].			
	Une concession sur la base du décret de 1984 est signée entre la DJO et Questel-Orbit (France Telecom), dans le but de gérer le serveur sur lequel s'adosse JURIDIAL [98].			
	Entre 8 et 10 % des arrêts du Conseil d'État et 15 à 18 % des arrêts de la Cour de cassation sont diffusés par an [93].			
1985	Circulaire du 11 février 1985 *relative au service public des banques de données juridiques* — L'objectif assigné au décret de 1984 est la centralisation du domaine de l'informatique juridique au niveau de l'État.	La base *QL* diffuse en texte intégral les lois et réglementations fédérales, une partie des lois provinciales et les résumés fournis dans les recueils des arrêts et décisions de la Cour Suprême et des juridictions fédérales. Elle diffuse par ailleurs les résumés de décisions de neuf *Law Reports* sur une période courant depuis 1956 pour les plus anciens et 1971 pour les plus récents, et commence à scanner le texte intégral de trois *Law Reports* depuis 1931 pour le plus ancien et 1985 pour le plus récent [84].		
	L'IRETIJ commence à développer *NATIONALITE*, un prototype de système expert en matière de détermination de la nationalité, dans le cadre de son partenariat avec la Chancellerie initié en 1973 [99].	La Loi sur les Cours fédérales, L.R.C., 1985, ch. F-7 remplace le *Federal Court Act* de 1970 mais conserve la rédaction de la section 68. Elle est toujours en vigueur en 2023.		
	Arrêté du 13 mars 1985 *portant dispositions relatives à la création du Journal officiel électronique "J.O.E.L." (édition Lois et décrets) et à sa commercialisation par la direction de l'information légale et administrative* — Le service minitel *3615 JOEL* donnant accès au Journal Officiel est mis en place.	La base de la SOQUIJ devient accessible en ligne [100].		
	La Chancellerie conclut, par l'intermédiaire du CNIJ, une convention le 13 juin 1985 avec les Éditions Techniques, *JURISDATA* et *EDIDATA* pour obtenir la fourniture à titre gratuit des décisions des juges du fond et poser « *les conditions de création d'un fichier informatisé de la jurisprudence française des cours et tribunaux* » [97 ; 101].			

	France	Canada	États-Unis	Royaume-Uni
	Circulaire SJ 85-156-1B2 du 7 octobre 1985 — « *La sélection, l'analyse, la confection des résumés et abstracts des décisions devant être enregistrées dans la base JURISDATA seront exécutées selon des méthodes rigoureuses et uniformes (…) l'exécution de ces tâches sera confiée à des ateliers régionaux animés par des universitaires et des représentants des barreaux* ».			En 1985, presque toutes les décisions de la *House of Lords* sont publiées dans des *law reports*, ainsi que 70 % des décisions de la *Civil Division* de la *Court of Appeal* et 10 % de la *Criminal Division*, 33 % des décisions de la *Family Division* de la *High Court*, 29 % des décisions de la *Queen's Bench Division*, 22 % de la *Chancery Division* et seulement quelques décisions de *County Courts* [102].
	CNIL, « Sixième rapport d'activité - 1985 », La documentation française, 1986 — La CNIL se prononce favorablement quant au « *maintien du nom des magistrats et des avocats dans les décisions enregistrées* », ainsi qu'à celui des parties sous réserve d'une faculté d'opposition et de règles dérogatoires liées à certains types de décisions de justice et certains contentieux spécifiques.			
À partir de 1986	La sélection, de l'analyse et de la réalisation des abstracts destinés à la base *JURISDATA* est délocalisée dans les vingt-quatre ARJ, le taux de traitement atteignant entre 10 et 15 % de la production annuelle [103].	*QL Systems* passe des accords avec les juridictions d'appel de toutes les provinces (sauf le Québec) pour se voir transmettre le texte intégral de leurs décisions et pour pouvoir les diffuser [72].		Richard Susskind et Phillip Capper lancent le projet *LATENT DAMAGE* afin de mettre au point un système expert en matière de droit des préjudices différés [92].
1986	Le laboratoire DIL lance le développement du système-expert *BRUITLOG* (modélisation de la prise de décision en matière de lutte contre le bruit) [104].	Le *CBA/NET* est mis en ligne sous le contrôle de l'Association du Barreau Canadien mais sous gestion de Telecom Canada. Il donne accès à un client mail et aux bases *QL* puis *CAN/LAW* et aux fichiers de la SOQUIJ [84].	*West Pub. Co. v. Mead Data Cent. Inc.*, 799 F. 2d 1219 (8th Cir. 1986) — Un contentieux en propriété intellectuelle entre les sociétés Lexis et Westlaw se forme suite à la décision, par Lexis, de diffuser des références précises à des décisions publiées dans le *West National Reporter*. La *Court of Appeal* du huitième circuit confirme la décision de première instance d'accorder la protection du *copyright* à la pagination et à la numérotation des décisions au sein du *West National Reporter*.	Le Ministère de la justice rend disponible 13 613 décisions de la *Court of Appeal* sous forme de microfiches, soit l'équivalent de 30 ans de décisions [105].
		Règlement du 14 janvier 1986 *sur la cueillette et la sélection des décisions judiciaires*, ch. S-20, a. 21, article 3 — En application de l'article 21 de la loi de 1976, les critères de sélection des décisions publiées sont les suivants : 1. la mise en place d'un point de droit nouveau ; 2. ou d'une orientation jurisprudentielle nouvelle ; 3. le fait de contenir des faits inusités ; 4. ou une information documentaire substantielle ; 5. ou une problématique sociale particulière.		

	France	Canada	États-Unis	Royaume-Uni
		Maritime Law Books commence la publication des décisions de la division de première instance de la Cour fédérale dans les *Federal Trial Reports* [12].	Un algorithme de rétropropagation de gradient est mis au point. Il permet de corriger des réseaux de neurones de sorte que leurs données de sorties soient conformes aux résultats attendus. Cette réussite relance le développement des systèmes à base de réseaux de neurones [106].	
1987 - 1993	*Second hiver de l'intelligence artificielle, causé encore une fois les ambitions exagérées des concepteurs des systèmes-experts : les systèmes sont lourds, difficiles à entretenir et à mettre à jour et leur utilité est restreinte à des hypothèses très spécifiques. Le prix des stations de travail (les machines LISP) ne se justifie plus compte tenu du développement de la micro-informatique.*			
1987	L'IRETIJ lance le projet *INFOVIC*, un système expert destiné à apporter une assistance aux victimes d'accidents corporels [107].	Plus de 70 recueils de décisions sont publiés dans tout le Canada, ce qui cause à la fois des chevauchements et des lacunes de publication [84].	Richard Belew lance le développement de l'outil *AIR* pour la recherche d'information juridique en texte intégral au sein de la *University of San Diego* [108].	Le projet *OXFORD* développé depuis 1981 touche à son terme et conclut à la faisabilité d'un système expert à base de règles en droit [109].
		QL Systems parvient à négocier des accords avec toutes les provinces à l'exception du Québec afin de diffuser dès leur publication le texte intégral des décisions rendues par les juridictions d'appel et par les Cours supérieures [84].		
		Canada Law Book retire ses bases documentaires de *QL* et crée sa propre base de données (*CAN/LAW*) compilant le contenu de ses cinq *Law Reports* et de deux *Law Reports* éditées par la *Western Legal Publications*. Seuls les arrêts de la Cour Suprême sont diffusés en texte intégral [84].		
1988	Sur les 24 144 arrêts rendus par la Cour de cassation en 1988, 2 324 arrêts ont été publiés (dont 1 888 pour les chambres civiles et 436 pour la chambre criminelle) et 13 343 ont été portés à la connaissance du CNIJ, qui, après sélection, en a diffusé 6 676 [110].	Le Groupe de Recherche en Informatique et Droit (GRID) de Université du Québec à Montréal lance le développement du système expert/agent conversationnel en droit de la reprise de possession [111 ; 112].	La *Michie Corporation*, une société de publication juridique spécialisée dans les codes et la législation des États fédérés, est rachetée par la société Lexis [88].	Le projet *LATENT DAMAGE* s'achève et lance la commercialisation du système expert développé [113].
	Au 30 avril 1988, la base *JURISDATA* comprend plus de 300 000 documents (212 859 sommaires d'arrêts des cours d'appel, 80 000 arrêts de la Cour de cassation et 20 000 références doctrinales) [97].			
1989	La base *SYDONI* est arrêtée [114].	En 1990, les bases de données canadiennes donnent accès à la majorité des décisions de justice en texte intégral [84].	Une équipe de chercheurs dirigés par Yann Lecun parvient à programmer le premier réseau de neurones fonctionnel depuis la découverte de la rétropropagation de gradient. Cette réussite marque le début du retour de l'approche connexionniste au sein des recherches en intelligence artificielle [115].	
	Wolters Kluwer rachète les Éditions Lamy [18].			

	France	Canada	États-Unis	Royaume-Uni
	En 1989, l'IRETIJ développe plusieurs banques de données spécialisées : une banque franco-italienne à partir du thesaurus JANUS, *JURILIC*, spécialisée sur la question du licenciement et *FRAUDES*, spécialisée dans la répression des fraudes [116].			
Années 1990	Près de 300 décisions sont reproduites chaque année au *Lebon* [117].		En juin 1990, la Cour Suprême commence à diffuser gratuitement ses décisions sur internet au travers du projet *HERMES* [118].	
1990	Sur 108 923 arrêts d'irrecevabilité ou de déchéance rendus par la Cour de cassation, 3 657 étaient disponibles sur la base *CASS* du CNIJ (soit 3,3 %) en juin 1990 [119].		Plus de quatre millions de décisions de justice sont publiées aux États-Unis [5].	
			Federal Courts Study Committee, « Report on the Federal Courts Study Committee », 2 avril 1990 — Le *Federal Courts Study Committee* souligne les problèmes causés par les règles de non publication et non citation des décisions non publiées et recommande leur abandon. Ces recommandations ne sont pas reprises dans le rapport de septembre 1990 de la *Judicial Conference.*	
1991	Le laboratoire IDL-CNRS lance le développement du système connexionniste *NEUROLEX* traitant la jurisprudence du Conseil d'État relatif aux décisions municipales pour analyser le raisonnement judiciaire et pour tenter de le modéliser le plus exactement possible [104].		L'*Administrative Office of US Courts* propose la création d'une base de données publique des décisions de justice ainsi qu'un système de citation relevant du domaine public. Cette proposition est rejetée par le Congrès [118].	
	Les conventions de concession de service public accordées en 1984 à l'Européenne des données sont renouvelées [98].			
1992	Sur les 24 900 arrêts (6 880 par la chambre criminelle et 18 049 par les chambres civiles) rendus sur l'année 1992 par la Cour de cassation, entre 10 % (chambre criminelle) et 26 % (deuxième chambre civile) sont publiés [120].	*CANADIAN LAW ONLINE*, pendant numérique du *Canadian Abrigment*, est mise en ligne. Elle contient les résumés et sommaires des décisions de justice canadiennes émanant de la Cour suprême, de la Cour fédérale, des tribunaux et commissions administratifs, des cours de *common law* et d'une sélection de décisions québécoises depuis 1803 ainsi que des décisions non publiées des Cours fédérales et Cours d'appel depuis 1987 [19].	Le *Legal Information Institute* (LII) de la *Cornell University* est mis en place, et diffuse gratuitement une sélection de documents légaux et judiciaires, notamment le *US Code et* les décisions de la *Supreme Court* les plus importantes [118 ; 121].	
	Questel-Orbit abandonne ses dernières bases de données. Le financement de l'Européenne des données par la Caisse des dépôts est stoppé [98].	*CAN/LAW* est de nouveau accessible sur *QL* suite à l'échec de son lancement indépendant [43].		

	France	Canada	États-Unis	Royaume-Uni
	Le *Lebon* inclut 905 arrêts du Conseil d'État (dont 284 reproduits), 485 arrêts de cours administratives d'appel et 59 décisions de tribunaux administratifs pour l'année 1992 [7].	La SOQUIJ commande au CEntre Francophone de Recherche en Informatisation des Organisations (CEFRIO) un système expert capable d'automatiser le tri des décisions selon leur domaine dans l'optique de la diffusion de l'intégralité des décisions rendues par les juridictions judiciaires québécoises [122].		
1993	La concession de service public accordée à l'Européenne des données est renouvelée avant que la société ne soit rachetée par l'Office de Renseignements Télématiques (ORT) [98].	LexUM, une équipe de recherche menée par Daniel Poulin au sein du Centre de Recherche en Droit Public (CRDP) de l'Université de Montréal, commence à diffuser des arrêts de la Cour Suprême à titre gratuit [123].		
1993	Reed Elsevier achète les Éditions du Juris-Classeur [18].			
1993	Décret n° 93-415 du 22 mars 1993 *modifiant le décret n° 84-940 du 24 octobre 1984 modifié relatif au service public des bases et banques de données juridiques*, article 1er I et II — Le CNIJ est supprimé et la DJO gère désormais l'alimentation et le stockage de ses anciennes bases de données. Leur diffusion et distribution commerciales font toujours l'objet d'une concession.			
1993	Le *Lebon* inclut 847 arrêts du Conseil d'État (dont 284 reproduits) et 278 arrêts des cours administratives d'appel pour l'année 1993 [7].			
1994	Circulaire du 14 février 1994 *relative à la diffusion des données publiques* — La préférence accordée au secteur privé pour la diffusion et la commercialisation des données juridiques est confirmée.	La Cour Suprême du Canada commence à publier sur internet ses arrêts. Son site internet est réalisé en collaboration avec l'équipe LexUM [126].	Lexis est racheté par Reed Elsevier et devient LexisNexis [124].	
1994	Arrêté du 12 octobre 1994 *portant dispositions relatives à la création et à la diffusion de la base de données informatisée du Journal officiel des lois et décrets*, articles 1er et 2 — La base *JOFR* de documents publiés au Journal Officiel est créée et confiée au concessionnaire choisi par la DJO. Il est prévu qu'elle puisse intégrer les décisions du fond non diffusées par la DJO.	Le Comité consultatif sur l'utilisation des nouvelles technologies par les juges (UNTJ) du Conseil canadien de la magistrature (CCM) développe un standard de préparation, diffusion et référence des décisions de justice en vue d'une standardisation du format des documents produits par les juridictions [125].	Environ 130 000 décisions sont publiées chaque année [5].	
1994	Le *Lebon* inclut 1 049 arrêts du Conseil d'État (dont 409 reproduits), 283 arrêts de cours administratives d'appel et 120 décisions de tribunaux administratifs pour l'année 1994 [7].			
1995	Les bases de données françaises les plus importantes compilent 300 000 décisions de juges du fond et 150 000 arrêts des juridictions suprêmes. La priorité donnée au fonctionnement par abstracts est réaffirmée [127].		En 1995, plus aucun circuit n'interdit totalement la citation de décisions non publiées. Seuls sept maintiennent des limites à leur citation (le 1er, 4e 5e, 6e, 8e, 10e et le district de Columbia) [128].	

	France	Canada	États-Unis	Royaume-Uni
	JURISDATA et la base de JURIDIAL peuvent être interrogées « *par micro-ordinateur, terminal ou minitel, par connexion directe aux serveurs* » [103].		Une réunion organisée par le *National Center for Automated Information Research* (*NCAIR*) et le *Cyberspace Law Institute* (*CLI*) se tient le 25 octobre 1995 et pose les bases du *VIRTUAL MAGISTRATE*, un projet d'outil informatisé d'adjudication dans le domaine des communications délictueuses sur des serveurs privés [129].	
	Le *Lebon* inclut 835 arrêts du Conseil d'État (dont 294 reproduits) et 273 arrêts de cours administratives d'appel (soit moins de 5 % des arrêts rendus) pour l'année 1995 [7].			
	Les Éditions du Jurisclasseur rachètent Litec [150].			
1996	Décret n° 96-481 du 31 mai 1996 *relatif aux bases de données juridiques*, articles 1er et 3 — La diffusion des données juridiques en ligne devient un service public géré par la DJO, dont les bases intègrent désormais les décisions des juridictions du fond (jusqu'à présent confiées à l'initiative privée). Cette gestion peut cependant, dans la continuité du décret du 1993, être concédée sur autorisation du Premier ministre.	Décret TR/97-5 du 19 décembre 1996 *sur la reproduction de la législation fédérale* — « *Toute personne peut, sans frais ni demande d'autorisations reproduire des textes législatifs du gouvernement du Canada et des codifications de ceux-ci, ainsi que des décisions et des motifs de décision de cours et de tribunaux administratifs établis par le gouvernement du Canada, pourvu qu'une diligence raisonnable soit exercée pour veiller à ce que les documents reproduits soient exacts et que la reproduction ne soit pas présentée comme une version officielle* ».	Le *VIRTUAL MAGISTRATE* est ouvert au public. L'outil fonctionne alors sur trois grands principes : la rapidité (réponse en 72 h) ; l'étroitesse de son champ d'action (établir si ou non un contenu doit rester en ligne) ; l'étendu de sa « juridiction » (l'intégralité du réseau Internet de l'époque) [129].	Practice Statement (Court of Appeal: Authorities) [1996] 1 WLR. 854 — La proposition de Diplock L.J. dans *Robert's Petroleum* est mise en place, et interdit la citation de décision non publiée à moins que le point de droit recherché ne puisse pas être trouvé dans une décision publiée.
	26 013 arrêts (dont 5 593 par la chambre criminelle et 20 420 par les chambres civiles) sont rendus par la Cour de cassation sur l'année, dont entre 11 % (chambre criminelle) et 25 % (deuxième chambre civile) sont publiés [110].	Karim Benyekhlef lance le *CYBERTRIBUBAL*, premier projet d'*Online Dispute Résolution* (*ODR*), au sein du CRDP de l'Université de Montréal. Il propose à la fois une solution de médiation et d'arbitrage assistée par l'informatique [131].	Le *NCAIR* lance le *projet ONLINE OMBUDS OFFICE* pour développer un outil de médiation en ligne dans le domaine de la propriété intellectuelle en ligne [132].	
		Le standard développé par l'UNTJ est adopté et est utilisé dans la plupart des cours supérieures canadiennes [125].	La *Thompson Corporation* rachète la West.	
		La diffusion de *Canadian Law Online* cesse à la fin d'année 1996 [19].	La base *Federal Legal Information Through Electronics* (*FLITE*) construite par l'*US. Air Force* sur la base des premiers travaux du John Horty est ouverte au public sur internet [121].	
1997	Lors du discours d'Hourtin, le 25 août 1997, le Premier ministre Lionel Jospin préfigure la future gratuité du service public de la diffusion des données publiques, dont juridiques.	*Wilson & Lafleur inc. c. SOQUIJ*, 2000 QC CA 8006, [2000] RJQ 1086, par. 32 — La SOQUIJ publie 3 840 jugements sur les 18 135 reçus sur l'année (soit 20 %).	Le développement de l'*ONLINE OMBUDS OFFICE* débute au sein du *Center for Information Technology and Dispute Resolution* de la *University of Massachusetts* [133].	

	France	Canada	États-Unis	Royaume-Uni
	En vertu d'une concession de service public mise en place sur la base du décret de 1996, la base de JURIDIAL devient *JURIFRANCE* (développée par ORT) en décembre 1997. Sa diffusion est assurée par Internet et son accès est payant.	En 1995, la SOQUIJ compile six bases de données jurisprudentielles avec une antériorité allant de 1963 à 1987 [100].		
	CE ssr., 17 décembre 1997, n° 181611, *Ordre des avocats à la cour d'appel de Paris* — Le recours en excès de pouvoir exercé contre les conditions applicables aux concessions de service public mises en place sur la base du décret de 1996 est rejeté. La diffusion en ligne des données juridiques est « *par nature un service public* ».			
	La base *JURINPI* se réoriente vers un principe de diffusion exhaustive des décisions de justice dans le domaine des brevets, marques et dessins et modèles [134].			
	Entretien du 17 février 2022 avec Madame Vincente Fortier — L'IRETIJ fusionne avec deux URA (l'Institut des Anciens Pays de Droit Écrit et l'Équipe de Recherche Créations Immatérielles) et une équipe d'accueil (l'Institut des Droits Européens des Droits de l'Homme) au sein d'une Unité Mixte de Recherche (UMR 5815). La restructuration de ses axes de recherche vers l'analyse des décisions de justice et du fonctionnement de la justice conduit à la création de l'Équipe de Recherche Justice et Litigiosité (ERJL).			
1998	En réponse au discours d'Hourtin de 1997 et au terme d'une nouvelle concession conclue entre ORT et l'État le 10 février 1998, la base *LÉGIFRANCE I* est ouverte pour diffuser « *les données publiques essentielles* » (Journal Officiel depuis 1998, les Codes, une partie de la législation générale, un accès à la jurisprudence des juridictions suprêmes et une veille parlementaire). Les données non concernées continuent d'être diffusées à titre payant sur *JURIFRANCE*, devenue *JURIPRO* (accessible non plus par télétype, mais par minitel et internet) [55 ; 135].	Le Comité Canadien de la Référence (CCT) est créé dans le but de soumettre un mode de référence neutre des décisions de justice [125].	*Matthew Bender & Co. v West Publishing Co.*, 158 F.3d 693 (2nd Cir. 1998) — Un contentieux se forme entre la West, la *Matthew Bender Company* et *HyperLaw Inc.* suite à la publication d'une compilation de décisions de justice sur CD-ROM, incluant des références précises aux décisions du *National Reporter*. Contrairement à l'arrêt de 1985, la *Court of Appeal* confirme la décision de première instance en affirmant que l'insertion de ces références ne viole pas le *copyright* de la West.	Practice Statement (Supreme Court: judgments) [1998] 1 WLR 825 — Les décisions doivent être citées à partir de leur publication aux *Law Reports*. La règle de non-citation énoncée par le *practice statement* de 1996 est étendue à la *High Court* et à la *Crown Court*.
1999	Arrêté du 6 juillet 1999 *relatif à la création du site internet Légifrance*, article 5 — La prise en charge de *LÉGIFRANCE* est transmise au Secrétariat Général du gouvernement, mais ORT en poursuit la gestion.	*QL Systems* devient *Quicklaw Inc.* [86].		Practice Statement (Court of Appeal (Civil Division)) (1999) 1 W.L.R. 1027 (A.C.) (Eng) — Le *practice statement* de 1996 est réitéré.
	Le rapport Mandelkern est publié et recommande une décentralisation de la diffusion, l'abandon du système de concession unique et l'exhaustivité des bases, éventuellement limitée aux arrêts des juridictions suprêmes et aux décisions publiées des autres juridictions.	LexUM assure la mise en ligne d'une dizaine de bases en ligne et la diffusion gratuite des textes législatifs de toutes les provinces sauf la Saskatchewan, le Labrador et Terres-Neuves. Seules une dizaine de juridictions canadiennes publient leurs décisions gratuitement [123].		

	France	Canada	États-Unis	Royaume-Uni
	Lexbase est créé.	La Fédération des Ordres Professionnels de Juristes du Canada (OPJC) crée un comité pour étudier l'opportunité de mettre en place une bibliothèque virtuelle de droit canadien [123].		
		Le premier système de référence neutre des décisions de justice est adopté par le CCM, intitulé *Une norme de référence neutre pour la jurisprudence* [136].		
2000	Circulaire de la DSJ n° 2000-69 B du 27 mars 2000, BO Justice n° 77, *Base de données relative à la jurisprudence des cours et tribunaux* — La Chancellerie reprend en main la diffusion des arrêts et décisions des juridictions du fond. La première recommandation du rapport Mandelkern est (partiellement) prise en compte : le soin de sélectionner et d'intégrer les arrêts d'appel au sein de la nouvelle base *JURIDICE* (en intranet) est laissé aux juridictions d'appel elles-mêmes. La mise en ligne effective de ces arrêts est gérée par la Cour de cassation.	L'outil *eResolution*, construit à partir du projet *CYBERTRIBUNAL* et fonctionnant entièrement en ligne, est accrédité par l'*Internet Corporation for Assigned Names and Numbers* (*ICANN*) en tant que fournisseur du *Uniform Domain Name Dispute Resolution* (*UDNDR*), initiative de l'Organisation Mondiale de la Propriété Intellectuelle (OMPI) pour régler les litiges liés au vol de domaine [138].	*Anastasoff v U.S.*, 223 F.3d 898 (8th Cir. 2000) — Un contentieux donne lieu à l'application, par la juridiction de première instance, d'un point de droit issu d'une décision non publiée en contradiction avec la règle de non-citation appliquée par le 8e circuit. Cette règle est considérée inconstitutionnelle en appel (violation de l'article III de la Constitution fédérale).	Le *British and Irish Legal Information Institute* (*BAILII*) est mis en ligne le 14 mars (pour le Royaume-Uni) et 5 avril (pour la République d'Irlande) 2000 [137].
	Thompson Reuters rachète ORT [18].	Un premier contrat est signé entre la FLSC et LexUM pour le développement de *CanLII*, sur la base du moteur *SINO* puis *LUCENE* [123].		« *The quick, effortless and relatively inexpensive availability of vast new smashes of material hitherto inaccessible, unorganised, unfiltered, unedited, presents a very real risk to the system which may simply succumb to the weight of the materials presented* » [139].
		Le rapport commandé par la FLSC recommande que la future bibliothèque virtuelle de droit canadien soit gratuite, librement accessible par le public et se consacre à la publication de sources primaires du droit (législation et jurisprudence). Son financement devrait reposer sur une contribution annuelle versée par chaque *law society*. L'intégralité des recommandations est adoptée [140].		
		En 2000, seules quatre provinces diffusent en ligne les décisions de certaines de leurs juridictions gratuitement (la Colombie Britannique, l'Alberta, l'Ontario, et l'Île-du-Prince-Édouard). La SOQUIJ les diffuse pour le Québec à titre onéreux, tout comme la *Law Society* de la Saskatchewan. En dehors des juridictions qui assurent seules la diffusion de leur décision, le reste des provinces et territoires ne diffusent pas les décisions de leurs juridictions en ligne [137].		

	France	Canada	États-Unis	Royaume-Uni
		Wilson & Lafleur inc. c. SOQUIJ, 2000 QC CA 8006, [2000] RJQ 1086 — La maison d'édition Wilson & Lafleur contestait les coûts prohibitifs d'accès aux décisions et le principe de sélection imposés par la SOQUIJ. Le principe de sélection est validé par la Cour d'appel, qui impose néanmoins à la SOQUIJ l'obligation de donner un « *accès réel* » à tous les arrêts, même non sélectionnés, c'est-à-dire « *non entravé au niveau de la cueillette et de la sélection* », au seul coût de reproduction et de livraison ou stockage.		
		jugements.qc.ca est déployé afin de donner accès aux décisions réclamées par les éditeurs dans *Wilson & Lafleur c. SOQUIJ*. Seules les décisions d'appel y sont initialement versées [141].		
2001	CNIL, délibération n° 01-057 du 29 novembre 2001 — La CNIL recommande l'anonymisation des décisions de justice diffusées en ligne, notamment du nom et de l'adresse des parties et témoins.	Loi *concernant le cadre juridique des technologies de l'information* 2001, L.R.Q., chapitre C1.1, article 9 — « *Des documents sur des supports différents ont la même valeur s'ils comportent la même information, si l'intégrité de chacun d'eux est assuré et s'ils respectent tous deux les règles de droit qui les régissent* ».	*Hart v Massanari*, 266 F. 3d 1155 (9th Cir. 2001) — Dans le cadre d'un contentieux, une des parties cite une décision non publiée mais disponible sur *WESTLAW* et *LEXISNEXIS*. La *Court of Appeal* rejette l'application d'*Anastasoff* et confirme la constitutionnalité de la règle de non-citation du 9e circuit.	*Michaels v Taylor Woodrow Dev. Ltd.* [2000] EWHC 178, [2001] 2 WLR 224, pts. 78-97 (Laddie J.) — La citation massive de décisions non publiées est de nouveau pointée du doigt.
2001	31 213 arrêts (dont 9 725 par la chambre criminelle et 21 488 par les chambres civiles) sont rendus par la Cour de cassation sur l'année 2001, dont entre 4 % (chambre criminelle) et 17 % (première chambre civile) sont publiés [110].	Le projet *Electronic COnsumer DIspute Resolution* (*ECODIR*) est lancé à Bruxelles par un consortium mené par le Centre de Recherches Informatique et Droit (CRID) de l'Université de Namur, incluant principalement CRDP de l'Université de Montréal, le CNRS et l'entreprise commercialisant *eResolution* sur financements européens. Le projet, basé sur les technologies *d'eResolution*, vise à proposer aux consommateurs européens un mode de résolution en ligne de leurs litiges liés à une transaction effectuée en ligne [142].	Le gouvernement fédéral met en ligne l'outil *Public Access to Court Electronic Records* (*PACER*) permettant au public d'avoir accès, à titre onéreux, aux registres juridictionnelles, aux décisions de justice et autres documents juridictionnels des juridictions fédérales et des *Bankruptcy Courts* [118].	Practice Direction (Citation of Authorities) [2001] 1 WLR 1001 — Le *practice statement* de 1996 est repris et précisé. Les décisions non publiées ne peuvent être citées que dans la mesure où elles garantissent explicitement de nouveaux principes ou étendent l'application de principes existants à de nouveaux faits, la charge de prouver ces éléments reposant sur l'avocat décidant de citer ces décisions.
	La Cour de cassation enclenche la mise en ligne de communiqués concernant les affaires médiatiques de l'années (pour 2001, il s'agit des affaires *Perruche/Époux Quarez* et de la question du statut pénal du chef de l'État).	*CanLII* est disponible en ligne.	Le *Federal Appendix* diffusé par la West commence à publier les décisions non publiées des Cours d'appel fédérales dans les mêmes recueils que les décisions officiellement publiées [11].	
		R. v Timminco Ltd., 2001 ON CA 3494, [2001] OJ No. 1443, pt. 36 — Aucune règle de non-citation des décisions non publiées n'est imposée, mais la prise en compte d'une *endorsement* (une inscription au dossier de procédure) est nécessairement limitée à sa portée précise dans l'affaire pour laquelle elle a été rédigée.		

	France	Canada	États-Unis	Royaume-Uni
2002	Décret nº 2002-1064 du 7 août 2002 *relatif au service public de la diffusion du droit par l'internet* — Le décret de 1996 est abrogé, ce qui met fin de la diffusion de *JURIFRANCE/JURIPRO. LÉGIFRANCE II* est lancé sur la même base documentaire que le décret de 1996 et sur un double principe d'exhaustivité pour les juridictions suprêmes et de sélection, « *selon les modalités propres à chaque ordre de juridiction* », des arrêts et jugements de la Cour des Comptes et des juridictions du fond. Le principe de gratuité de la diffusion est réaffirmé. La société ORT reste en charge du site internet.	La Déclaration de Montréal *sur l'accès libre au droit* du 3 octobre 2002 — Un regroupement d'instituts d'information juridique (*Legal Information Institutes, LII*) incluant les institutions d'information juridique d'Australie (*AustLII*), d'Irlande et de Grande-Bretagne (*BAILII*), du Canada (*CanLII*), ainsi que la société LexUM adoptent un ensemble de résolutions promouvant la mise en place de mécanismes d'accès aux sources du droit.	*E-Government Act* 2002, 44 U.S.C., section 2 — Le texte vise à promouvoir l'utilisation d'internet et des outils informatiques dans la diffusion et d'accès aux données publiques (documents publics, gouvernementaux, juridiques). Il met en place un *Office of Electronic Government* chargé, entre autres, de la diffusion des documents publics (§ 3602) et impose aux juridictions fédérales de rendre disponible, sur un site internet, « la substance de toutes les décisions écrites » rendues (*the substance of all written opinions*) (§ 205 (a)(5)).	Criminal Practice Direction [2002] 1 WLR 2870, II. 10. 1 — Le texte étend le *practice direction* de 1999 à la procédure pénale.
	Arrêté du 9 octobre 2002 *relatif au site internet de Légifrance*, articles 2 et 4 — *LÉGIFRANCE* diffuse les bases *JOFR* (Journal Officiel), *CONSTIT* (décisions du Conseil constitutionnel), *JADE* (décisions des juridiction administratives), *CASS* (arrêts publiés aux *Bulletins de la Cour de cassation*), *INCA* (arrêts inédits de la Cour de cassation) et *JURIDICE* (décisions et arrêts sélectionnés du fond en matière judiciaire). Un principe d'anonymisation est imposé pour les noms et adresses des parties et témoins mentionnés dans les décisions et arrêts.	Un deuxième standard de préparation, diffusion et référence neutre est adopté, le *Guide canadien pour la préparation uniforme des jugements* [136].		
		Quicklaw et LexisNexis Butterworths Canada fusionnent [86].		
2003	*LÉGIFRANCE* atteint 320,000 arrêts de la Cour de cassation (tous les arrêts publiés au *Bulletin civil* depuis 1960, au *Bulletin criminel* depuis 1963 et tous les arrêts, publiés ou non, postérieurs à 1987) [110].	Le site jugements.qc.ca est ouvert au public [141].	Committee on Rules of Practice & Procedure of the Judicial Conference of the U.S., « Preliminary Draft of Proposed Amendments to the Federal Rules of Appellate, Bankruptcy, Civil, and Criminal Procedure », 30-39, 2003 — Suite aux décisions contradictoires des juridictions des 8e et 9e circuits sur la constitutionnalité des règles de non-citation, l'interdiction des règles de non-citation des décisions non publiées est proposée.	L'intégralité des jugements de la *Court of Appeal, Civil Division* et de l'*Administrative Court* est progressivement versée sur *BAILII* [143].
2003	La base *LAMYLINE* est mise en ligne par les Éditions Lamy.	LexUM et le Laboratoire de Recherche Appliquée en Linguistique Informatique (RALI) démarrent le développement d'un logiciel d'anonymisation automatique (*NOME*) des décisions de justice [144].		

	France	Canada	États-Unis	Royaume-Uni
2003	La banque *PLUTARQUE* est mise en ligne par l'INPI. Elle couvre (entre autres) le texte intégrale des demandes de brevet françaises depuis 1966, européennes et internationales depuis 1978, les marques françaises (depuis 1976) et la jurisprudence française sur la propriété intellectuelle (à partir de la base *JURINPI*) [145].	L'équipe formée par Yann Lecun, Geoffrey Hinton et Yoshua Bengio obtient un financement du *Canadian Institute for Advanced Research* (*CIFAR*), seule structure acceptant de financer leurs recherches sur le modèle connexionniste [146].		
2004	*LÉGIFRANCE III* est mis en ligne.	*CCH Canadienne Ltée c. Barreau du Haut-Canada* 2004 CSC 13, [2004] 1 RCS 339 — Suite à un litige entre plusieurs éditeurs privés contestant la possibilité, au sein de la Grande bibliothèque *du Osgoode Hall* de Toronto gérée par le Barreau, de photocopier des recueils de décisions de justice, de résumés de décisions et d'index analytique, il est considéré que si ces documents constituent des « œuvres originales » et sont donc susceptibles de protection par le droit d'auteur, la possibilité d'en obtenir des photocopies à des fins de recherche ne viole pas ce droit d'auteur.		
2005	Décret n° 2005-13 du 7 janvier 2005 *modifiant le code de l'organisation judiciaire (partie Réglementaire) et relatif au service de documentation et d'études de la Cour de cassation*, articles 3 et 4 — Le fichier central géré depuis la loi de 1947 par le SDER de la Cour de cassation est remplacé par une base de données (*JURICA*, accessible en intranet) des arrêts et avis de la Cour (publiés ou non) ainsi que des « *des décisions présentant un intérêt particulier rendues par les autres juridictions de l'ordre judiciaire* ». Une partie de ces décisions est diffusée sur *LÉGIFRANCE* via la base *JURINET* alimentant *JURIDICE*.	En 2005, *CanLII* compile 250 000 jugements provenant des 65 tribunaux provinciaux et fédéraux, avec une croissance de 1 500 jugements par semaine [147].	En 2005, neuf circuits découragent toujours la citation des décisions publiées (les 1er, 2e, 4e, 6e, 7e, 8e, 9e, 10e et 11e circuits) [148].	
	Arrêté du 11 avril 2005 *relatif au service de documentation et d'études de la Cour de cassation*, articles 2 et 7 — Un réseau de correspondants au sein des cour d'appels désignés par chaque Premier président et procureur général est organisé pour transmettre au Premier président de la Cour de cassation les décisions particulièrement intéressantes de la cour d'appel et des tribunaux siégeant dans son ressort territorial.			
	La base de données *JURISDATA* est intégrée au catalogue de la plateforme LexisNexis-JurisClasseur qui la commercialise à titre exclusif [149].			
	Le rapport annuel 2005 de la Cour de cassation est consacré à l'innovation technologique. L'étude portant sur l'exemple de la Cour se termine ainsi : « *tout en préservant la liberté de plume de chaque conseiller rapporteur, l'innovation technologique tend à une uniformisation du langage de la Cour de cassation. En rendant exceptionnellement aisée la recherche des arrêts, la dématérialisation ne risque-t-elle pas de renforcer la culture, déjà bien ancrée, du précédent et de l'ériger en un véritable fétichisme, même si connaître le précédent ne veut pas toujours dire le suivre ?* » (p. 196, cité dans [150]).			
	Les Éditions Lefebvre Sarrut rachètent les Éditions Dalloz [151].			

	France	Canada	États-Unis	Royaume-Uni
2006	L'éditeur Lextenso rend possible l'accès direct aux décisions de justice commentées dans ses revues par lien hypertexte et propose un outil recherche en texte intégral à partir d'une licence *LÉGIFRANCE* [153].	Un troisième standard de préparation, diffusion et référence neutre est adopté, le *Guide d'uniformisation des intitulés* [136].	Advisory Committee on Appellate Rules, avril 2006 — L'interdiction de la restriction ou de l'interdiction de citation des décisions non publiées proposée en 2003 est prononcée, à condition de fournir ces décisions à la partie adverse et à la juridiction.	
	10 229 arrêts de cours d'appels sont disponibles sur *LÉGIFRANCE* [152].			
	Ouverture d'une nouvelle version de la plateforme en ligne *DALLOZ* incluant les principaux codes, ses revues depuis 1990 et des répertoires [154].			
2007	La base *JADE* est approvisionnée de manière inégale par les cours administrative d'appel : certaines diffusent jusqu'aux deux tiers de leur production (Bordeaux, Marseille, Nancy, Nantes), la moitié (Douai), un tiers (Versailles) voire uniquement 7 % (Lyon) [155].	Sur jugements.qc.ca, les décisions de justice québécoises sont disponibles avec une antériorité allant de 1987 (pour la Cour d'appel) à 2002 (pour la Commission des relations du travail) [141].	Tim Wu et Stuart Sierre mettent en lignent *ALTLAW* depuis les facultés de droit de la *Columbia University* et de la *University of Colorado* afin de mettre à disposition le texte intégral des arrêts des cours d'appel fédérales et de la Cour suprême à partir d'un moteur de recherche en plein texte [158].	
	Les Éditions Dalloz mettent en ligne la base *DALLOZ-JURISPRUDENCE* contenant 600 000 décisions en texte intégral (dont 350 000 arrêts de la Cour de cassation (117 000 publiés au *Bulletin*), 2 263 arrêts de cours d'appel et 210 000 arrêts et décisions de juridictions administratives (dont 115 000 arrêts du Conseil d'État) [156].	La conférence annuelle du *Neural Information Processing Systems* (NIPS) refuse l'organisation d'un atelier sur le *deep learning* proposé par l'équipe du CIFAR. Yann Lecun, Geoffrey Hinton et Yoshua Bengio organisent alors une session satellite pour y présenter leurs recherches. La prise de conscience par le milieu scientifique des réussites de cette approche enclenche le troisième printemps de l'intelligence artificielle [41].	Carl Malamud développe public.resource.org depuis l'Université de Sébastopol afin de mettre à disposition gratuitement le texte intégral de l'intégralité des arrêts de cours d'appel fédérales depuis 1950 et des arrêts de la Cour Suprême à partir de 1754. L'intégration est réalisée à partir, dans un premier temps, des microfiches du *Federal Reporter* avant que l'outil ne soit mis en ligne.	
	La base *JURIDICE* diffusée sur *LÉGIFRANCE* atteint les 15 000 arrêts de cours d'appel et les 346 décisions de première instance [157].		Plus de 80 % des décisions d'appel fédérales diffusées sont des décisions « non publiées » [11].	
2008	Décret n° 2008-522 du 2 juin 2008 *portant refonte de la partie réglementaire du code de l'organisation judiciaire* (annexes), article 422-3 — La base *JURICA* devient une base exhaustive en intranet des arrêts rendus par les cours d'appel. Un accès à cette base est possible à titre onéreux via un système de licence. Elle alimente *LÉGIFRANCE* selon les « *conditions applicables au service public de la diffusion du droit par l'internet* », c'est-à-dire avec une sélection des arrêts présentant « *un intérêt particulier* ».	Un sondage conduit auprès de deux mille avocats indique que *CanLII* est la ressource électronique documentaire la plus utilisée [159].	Charley Moore lance la plateforme *ROCKET LAWYER* à San Francisco. Elle propose une base de données de documents-types, un réseau d'avocats pour superviser l'utilisation de ces documents et apporter des conseils juridiques et une notation sur 100 de la « santé juridique » de chaque client (commercial).	

	France	Canada	États-Unis	Royaume-Uni
	31 855 arrêts de cours d'appel sont disponibles sur *LÉGIFRANCE* [160].			
	167 décisions sont publiées au *Lebon* [117].			
	La version numérique du *Bulletin de la Cour de cassation* se substitue à sa version papier.			
2009	Une proposition de loi *visant à améliorer l'indemnisation des victimes de dommages corporels à la suite d'un accident de la circulation* (n° 2055 du 5 novembre 2009) est déposée par des députés menés par Guy Lefrand et propose la mise en place d'une « *base de données en ligne recensant les transactions et les décisions judiciaires et administratives en matière de réparation du dommage corporel de personnes victimes d'un accident de la circulation* » (art. 11) et d'un « *barème médical unique en matière de réparation du dommage corporel* » (art. 2). Le texte a été transmis au Sénat, mais n'y est jamais adopté.	Après avoir développé le *CYBERTRIBUNAL*, le système *eResolution* et *ECODIR*, Karim Benyekhlef et son équipe se lancent dans la conceptualisation du laboratoire de Cyberjustice [161].	La plateforme *Angel List* recense quinze entreprises de *Legaltech* aux États-Unis.	*R v Erskine* [2009] EWCA Crim 1425, [2010] 1 WLR 183, pts. 74-76 — Les *practice statements* sont rappelés et réaffirmés.
	160 décisions sont publiées au *Lebon* [117].	Un quatrième standard de rédaction, diffusion et référence neutre est adopté, *La préparation, la référence et la distribution des décisions canadiennes* [136].	La *Princeton University* met en ligne l'extension Firefox *RECAP* et donne accès aux arrêts et décisions fédérales et à *PACER* gratuitement [162].	
	200 arrêts sont publiés au *Rapport annuel 2009* de la Cour de cassation.			
	Arrêté du 23 mars 2009 *fixant le montant des redevances perçues en contrepartie de la délivrance de documents par la Cour de cassation* — Le prix du service de délivrance de documents électroniques issus de *JURICA* est fixé à 5 € par document (du premier au 500e documents), puis à 2 € jusqu'au 2000e document) et enfin à un tarif dégressif jusqu'à atteindre 0,10 € par document supplémentaire.			
	Les juridictions administratives rendent 23,202 arrêts, dont 11,037 sont disponibles sur *LÉGIFRANCE* (soit 39 %). Certaines juridictions d'appel diffusent jusqu'à 60 % de leurs arrêts (Bordeaux) contre 25 % pour d'autres (Douai et Paris).			
	Les licences d'utilisation et de réutilisation de la base *JURICA* sont mises en vente [164].			
	Le Conseil d'État met en ligne une « Base de jurisprudence » sur son site internet et incluant les arrêts et décisions publiés au *Lebon* depuis 2003 et les mêmes arrêts et décisions que ceux diffusés sur *LÉGIFRANCE* [165].			
	LAMYLINE intègre 25 % d'arrêts du Conseil d'État et 41 % d'arrêts des cours administratives d'appel de plus que *LÉGIFRANCE* [166].			
	JURINPI est désormais disponible gratuitement sur le site de l'INPI. La base *PLUTARQUE* est abandonnée, mais son contenu et ses fonctionnalités sont commercialisés sous forme de licence [167].			

	France	Canada	États-Unis	Royaume-Uni
2010	Lexbase obtient une licence d'utilisation et de réutilisation de la base *JURICA* [168].	L'éditeur *Canada Law Book* est racheté par Thompson Reuters [169].	Les premiers outils de *E-Discovery* se développent [170].	
	Treize arrêts sont publiés au *Recueil Lebon* sur les deux premiers mois de 2010 [117].	Le laboratoire de Cyberjustice de l'Université de Montréal est inauguré sous la direction de Karim Benyekhlef et Fabien Gélinas. Son premier projet est le projet *PLATEFORME D'AIDE À LA RESOLUTION DES LITIGES EN LIGNE* (*PARLe*), développé avec le soutien de l'Office de Protection du Consommateur (OPC) du Québec [161].	Lancement de *LEX MACHINA* sur la base d'un projet universitaire développé au sein de l'Université de Stanford, initialement dans le domaine du contentieux des brevets (*patent*).	
	Le groupe commercial Lefebvre-Sarrut (EFL, les Éditions Législatives et les Éditions Dalloz) met en ligne *JURISPRUDENCE CHIFFRÉE* sur la base d'une licence *JURICA*. L'outil est un moteur de recherche isolant le montant des dommages et intérêts versés à partir de critères spécifiques (partie du corps touchée par un dommage corporel par exemple) [171].			
	Le magistrat Benoît Mornet incite à la construction d'un « *référentiel national judiciaire* » à partir de la base *JURICA*, au risque qu'un « *référentiel national géré par les assureurs* » ne soit mis en place à défaut [172].			
	Les Éditions Hospitalières mettent en ligne une base de données en droit hospitalier (*HOSPITALEX*) incluant, entre autres, la jurisprudence pertinente commentée et permettant une recherche par mots-clés [173].			
	Après obtention d'une licence *JURICA*, la plateforme *DALLOZ* charge l'intégralité du contenu de la base (moins 50 000 arrêts de « *pure procédure ou de simple rejet* »), soit 467 789 arrêts [174].			
2011	Circulaire du 26 mai 2011 *relative à la création unique des informations publiques de l'État « data.gouv.fr » par la mission « Etalab » et l'application des dispositions régissant le droit de réutilisation des informations publiques* — Le portail « data.gouv.fr » est annoncé (et déployé en décembre de la même année) et la gratuité de diffusion de l'information publique devient la règle (la redevance devient l'exception).	Le projet *Towards Cyberjustice* est lancé et se positionne sur trois axes : la digitalisation de la justice, les limites de la digitalisation et la conceptualisation de modèles procéduraux nouveaux [173].	Seuls douze États (l'Arkansas, la Géorgie, l'Illinois, le Kansas, le Massachusetts, le Michigan, la Caroline du Nord, le Nebraska, l'État de New York, l'Ohio, le Vermont et la Virginie) continuent de publier officiellement des *Law Reports* publics. Les autres États ont cessé de publier leurs propres recueils, au bénéfice de la West ou d'autres acteurs privés [175].	
	Arrêté du 17 novembre 2011 *fixant le montant des rémunérations dues en contrepartie des prestations fournies par la direction de l'information légale*, articles 3 et 7 — Le prix des licences de rediffusion des différentes bases de Légifrance varie de 4,707 € (stock de la base *LEGI*) à 99 € (stock de la base *CONSTIT*) et le montant des droits de reproduction s'élève à 70 € (pour une page entière, puis 50 € par page supplémentaire).	Déclaration de Calgary *sur le libre accès à l'information juridique* du 14 mai 2011 — Lors du congrès annuel de l'Association canadienne des bibliothèques de droit (ACBD), les membres du Conseil des Directeurs des bibliothèques universitaires canadiennes de droit rédigent une série de principe inspirée de la Déclaration de Durham, promouvant le principe de la gratuité de l'information juridique, y compris scientifique.		

	France	Canada	États-Unis	Royaume-Uni
	Le Conseil d'État remplace sa « base de jurisprudence » par *ARIANEWEB* (émanation en accès libre *d'ARIANE INTÉGRALE*, accessible en intranet et sur licence) un portail en ligne donnant un accès gratuit à l'intégralité des arrêts publiés au *Lebon* depuis 1968, à la quasi-intégralité de tous les arrêts rendus en formations collégiales et de toutes les ordonnances de référé depuis 1987. Il donne aussi accès à une sélection de décisions du fond [176].			
	Ministère de la Justice, « Les chiffres-clés de la justice 2013 », http://www.justice.gouv.fr/art_pix/1_stat_Chiffres_cles_2013.pdf — Sur l'année 2013, 3 899 792 décisions sont rendues par les juridictions judiciaires. Sur la même période, 15 917 décisions sont mises en ligne sur *LÉGIFRANCE* (soit 0,4 % de la production totale), dont 11 028 arrêts de la Cour de cassation (soit 37 % de la production de la Cour, dont 1 551 publiées au *Bulletin* soit 5 %), 4 518 arrêts de cours d'appel (soit 1,3 % de la production des cours) et aucune décision de première instance.	Les bases de *CanLII* atteignent un million de jugements sur plus de 165 bases de données jurisprudentielles, dont 40 couvrant les décisions des différentes cours et 125 les *tribunals* administratifs. Les bases des cours d'appel couvrent l'intégralité des décisions rapportées depuis le milieu des années 90s, tandis que les bases des cours supérieures couvrent l'intégralité des décisions rapportées sur dix à vingt ans. La diffusion de la production des autres juridictions et *tribunals* varie. Entre 2 000 et 3 000 décisions sont diffusées chaque semaine [123].	*RAVEL LAW* est développé sur la base d'un projet universitaire mené au sein de la *Stanford University* par le *Standford's Center for Legal Informatics*). *RAVEL LAW* est une base de données interactive permettant la recherche et l'analyse de données juridiques, en particulier jurisprudentielles.	Practice Direction (Citation of Authorities) [2012] 1 WLR 780, 6. — Les décisions doivent être citées telles qu'elles sont publiées au sein des *Official Law Reports* ou, à défaut, dans d'autres rapports par ordre d'autorité. Les décisions non publiées ne peuvent être citées que si le point de droit démontré ne se retrouve pas dans une décision publiée.
2012	Conseil d'État, « Rapport public 2013 », https://www.conseil-etat.fr/ressources/etudes-publications/rapports-etudes/rapports-annuels/rapport-public-2013 — Sur l'année 2012, 228,680 décisions sont rendues par les juridictions administratives. Sur la même période, 19 496 décisions sont mises en ligne sur *LÉGIFRANCE* (soit 8 % de la production totale), dont 2 796 du Conseil d'État (soit 31 % de la production du Conseil, dont 725 figurant au *Lebon* soit 8 %), 16,700 des cours administratives d'appel (soit 57 %, dont 56 figurant au *Lebon*, soit 0,2 %) et aucune décision de tribunal administratif.			
	Délibération de la CNIL nº 2012-245 du 19 juillet 2012 *autorisant la Cour de cassation à mettre en œuvre un traitement de données à caractère personnelle ayant pour finalité la constitution de la base de jurisprudence Jurinet* — Un triple circuit de diffusion de la base *JURINET* est prévu : la base intègre (sans anonymisation) est accessible uniquement aux personnels du ministères de la justice ; certaines décisions anonymisées sont diffusés par *LÉGIFRANCE* ; la base est aussi commercialisée sur la base d'un fonds de concours, et la charge de l'anonymisation repose alors sur l'abonné si les décisions sont diffusées par voie informatique.			
2013	Moins de cent arrêts sont cités au *Rapport annuel* de la Cour de cassation.			Criminal Practice Directions [2013] EWCA Crim 1631 [2013] 1 WLR. 3164 — Le texte remplace et reprend à l'identique les *Criminal Practice Directions* de 2002 et le *Practice Direction* de 2012.

	France	Canada	États-Unis	Royaume-Uni
	Le rapport Trojette prescrit la fin du régime de redevance encore appliqué à certaines données publiques (notamment les décisions de justice).			
2014	Décret n° 2014-648 du 20 juin 2014 *modifiant le décret n° 2002-1064 du 7 août 2002 relatif au service public de la diffusion du droit par l'internet*, notice — Le principe de facturation des licences de réutilisation des bases de données juridiques est abandonné.	*R v Singh*, 2014 ON CA 293, [2014] OJ No. 1858, pt. 12 — L'arrêt *R v Timminco Ltd.* est confirmé.	Le site *Angel List* recense 412 Legaltechs.	
	Arrêté du 24 juin 2014 *relatif à la gratuité de la réutilisation des bases de données juridiques et associatives de la direction de l'information légale*, articles 1 et 2 — La réutilisation des données de *LÉGIFRANCE* est soumise au respect d'une licence gratuite ouverte pour les bases *JOFR*, *LEGI*, *KALI* (conventions collectives), *CNIL*, *CONSTIT* et *CIRCULAIRES* et fermée pour les bases *JADE*, *CASS*, *CAPP* (ex-*JURINET*) et *INCA*. Elles sont mises en téléchargement libre, gratuit et anonyme entre l'été 2014 (*JORF*, *CONSTIT*) et l'automne 2015 (*CASS*, *INCA*, *CAPP*, *JADE*).	Andrew Arruda, Jimoh Ovbiagele et Pargles Dall'Oglio développent L'outil *LEGALRANK* (futur *ROSS INTELLIGENCE*) au sein de l'Université de Toronto sur la base du système d'intelligence artificielle *IBM WATSON* dans le cadre d'un concours organisé par IBM.		
	Ministère de la Justice, « Les chiffres-clés de la justice 2015 », http://www.justice.gouv.fr/publication/chiffres_cles_20151005.pdf — Sur l'année 2014, 3 821 713 décisions sont rendues par les juridictions judiciaires. Sur la même période, 14 565 décisions sont mises en ligne sur *LÉGIFRANCE* (soit 0,4 % de la production totale), dont 10 361 arrêts de la Cour de cassation (soit 36 % de la production de la Cour, dont 1 448 publiées au *Bulletin* soit 5 %), 3 885 arrêts de cours d'appel (soit 1,1 % de la production des cours) et aucune décision de première instance.			
	Conseil d'État, « Rapport public 2015 », https://www.vie-publique.fr/sites/default/files/rapport/pdf/164000221.pdf — Sur l'année 2015, 234,502 décisions sont rendues par les juridictions administratives. Sur la même période, 18 436 décisions sont mises en ligne sur *LÉGIFRANCE* (soit 8 % de la production totale), dont 3 368 du Conseil d'État (soit 27 % de la production du Conseil, dont 878 figurant au *Lebon* soit 7 %), 15 068 des cours administratives d'appel (soit 50 %, dont 21 figurant au *Lebon*, soit 0,07 %) et aucune décision de tribunal administratif.			
2015	Ministère de la Justice, « Les chiffres-clés de la justice 2016 », http://www.justice.gouv.fr/art_pix/stat_CC%202016.pdf — Sur l'année 2015, 3 881 355 décisions sont rendues par les juridictions judiciaires. Sur la même période, 13 720 décisions sont mises en ligne sur *LÉGIFRANCE* (soit 0,3 % de la production totale), dont 9 731 arrêts de la Cour de cassation (soit 38 % de la production de la Cour, dont 1520 publiées au *Bulletin* soit 6 %), 3 659 arrêts de cours d'appel (soit 0,2 % de la production des cours) et aucune décision de première instance.	Canadian Imperial Bank of Commerce v Berger, 2015 ON SC 7728 (CanLII), pt. 8 — *R v Timminco Ltd.* et *R v Singh* sont confirmés.	*LEX MACHINA* est rachetée par LexisNexis.	Criminal Practice Directions [2015] EWCA Crim 1567 — Le texte remplace les *Criminal Practice Directions de 2013* et en reprend les dispositions à l'identique. Il est toujours en vigueur en 2023 (version amendée en avril 2022).

	France	Canada	États-Unis	Royaume-Uni
	Conseil d'État, « Rapport public 2016 », https://www.vie-publique.fr/sites/default/files/rapport/pdf/164000221.pdf — Sur l'année 2016, 228 876 décisions sont rendues par les juridictions administratives. Sur la même période, 20 481 décisions sont mises en ligne sur *LÉGIFRANCE* (soit 9 % de la production totale), dont 2,808 du Conseil d'État (soit 27 % de la production du Conseil, dont 734 figurant au *Lebon* soit 8 %), 17 673 des cours administratives d'appel (soit 58 %, dont 12 figurant au *Lebon*, soit 0,04 %) et aucune décision de tribunal administratif.	Benjamin Alarie, un des juges de la compétition et doyen associé de l'Université de Toronto, développe un prototype d'IA prédictive dans le domaine fiscal (le futur outil *TAX FORESIGHT*) et crée la société *BLUE J LEGAL* suite à une compétition organisée par IBM [177].		
		LOOM ANALYTICS, première initiative privée de « justice prédictive », est mise en ligne.		
	Au 22 juin 2016 (et depuis le 1er janvier 2012), aucune décision du premier degré n'est disponible sur *LÉGIFRANCE* pour l'ordre administratif comme judiciaire, contre 17 000 arrêts d'appel (soit un peu moins de 4 % de la production totale) pour l'ordre judiciaire et 74 000 arrêts d'appel (soit à peu près 50 % de la production totale) pour l'ordre administratif. 50 000 arrêts de la Cour de cassation et 13 000 arrêts du Conseil d'État sont disponibles (soit la quasi-exhaustivité des arrêts rendus) [179].	Un partenariat est conclu entre *BLUE J LEGAL* et Thompson Reuters pour développer l'outil *TAX FORESIGHT*, un outil de justice prédictive dans le domaine fiscal [178].	Le site *Angel List* recense 1,094 entreprises de *Legaltech*.	
2016	*Doctrine.fr* est mis en ligne.	L'éditeur *Maritime Law Book* est racheté, avec ses bases, par *Compass.law* [180]. Elles sont remises en ligne dès l'année suivante sur la plateforme *vLEX*.		
	PREDICTICE est mis en ligne.			
	Loi n° 2016-1321 du 7 octobre 2016 *pour une République numérique*, articles 20 et 21 — L'*open data* judiciaire est annoncé. Il inclut à la fois la diffusion au public, à titre gratuit, de l'intégralité des décisions et arrêts rendus par chaque ordre de juridiction et un droit de réutilisation de ces décisions et arrêts, sous réserve d'une « analyse du risque de réidentification des personnes ».			
2016-2017	Le projet *CATALA* est lancé le 2 juin 2016 autour d'une équipe constituée d'anciens membres de l'IRETIJ et de membres des juridictions locales. C'est la dernière étude de « première jurimétrie » menée en France [181].			
2017	*CASE LAW ANALYTICS* est mis en ligne.		*RAVEL LAW* est racheté par LexisNexis.	
	Wolters Kluwer France s'associe à Predictice pour consolider et commercialiser son offre de justice prédictive [182].			

	France	Canada	États-Unis	Royaume-Uni
	Le groupe Lefebvre-Sarrut s'associe à Rocket Lawyer Europe (à travers une *joint venture*). L'outil d'aide à la recherche et à la rédaction de document est lancé, en France, en avril 2017 et est commercialisé aux avocats [183].			
	Sur 3 millions de décisions rendues (hors mises en état), 500 000 sont accessibles sur *LÉGIFRANCE* [184].			
	Ministère de la Justice, « Les chiffres-clés de la justice 2018 », http://www.justice.gouv.fr/art_pix/justice-chiffres-cles-2018.pdf — Sur l'année 2017, 3 790 343 décisions sont rendues par les juridictions judiciaires. Sur la même période, 11 555 décisions sont mises en ligne sur *LÉGIFRANCE* (soit 0,3 % de la production totale), dont 9 710 arrêts de la Cour de cassation (soit 34 % de la production de la Cour, dont 1 310 publiées au Bulletin soit 5 %), 1 533 arrêts de cours d'appel (soit 0,4 % de la production des cours) et aucune décision de première instance.			
	Conseil d'État, « Bilan d'activité 2017 », https://www.conseil-etat.fr/bilan2017/assets/dl/CE-2018_Web.pdf — Sur l'année 2017, 242 977 décisions sont rendues par les juridictions administratives. Sur la même période, 18 086 décisions sont mises en ligne sur *LÉGIFRANCE* (soit 7 % de la production totale), dont 2 676 du Conseil d'État (soit 26 % de la production du Conseil, dont 683 figurant au *Lebon* soit 7 %), 15 410 des cours administratives d'appel (soit 49 %, dont 11 figurant au *Lebon*, soit 0,03 %) et aucune décision de tribunal administratif.			
2018	Le premier rapport Cadiet avance plusieurs propositions dans l'optique de la mise en œuvre de l'*open data* des décisions de justice en matière de pseudonymisation, réutilisation et gestion de la diffusion des décisions, mais ne se prononce pas sur la question de l'occultation de l'identité des magistrats et autres professionnels de la justice faute de consensus.			
	Lexbase lance *LEGALMETRICS*.			
	JURISPREDIS est mis en ligne. Il fonctionne à partir des bases *LÉGIFRANCE*, *JURICA* et *EUR-LEX*.			
	Les bases *JURINET* et *JURICA* regroupent 1,7 millions de décisions, avec un flux annuel d'environ 150,000 décisions [185].			
	En 2018, environ 2,5 millions de décisions qui sont diffusées en ligne pour toutes les bases, à l'exception de *LEXBASE* qui atteint les 3,6 millions. La composition des différentes bases est très variable et les bases privées (*LEXBASE*, *LAMYLINE*, *LEXISNEXIS* et *NAVIS*) dépassent toutes *LÉGIFRANCE* [186].			

	France	Canada	États-Unis	Royaume-Uni
2019	Loi n° 2019-222 du 23 mars 2019 *de programmation 2018-2022 et de réforme pour la justice*, article 33 — L'*open data* des décisions de justice est réaffirmé. L'analyse du risque de réidentification des personnes est supprimée au profit d'un régime d'occultation préalable obligatoire (noms et prénoms des parties et tiers) et facultatifs (autres informations identifiantes vis-à-vis des parties, tiers et personnels de justice). L'évaluation, analyse, comparaison ou prédiction des pratiques professionnelles des magistrats est interdite.		Georgia v public.resource.org, Inc., n° 18-1150, 590 U.S. __ (2020) — Un contentieux se forme entre l'État de la Géorgie et le site *public.resource.org* suite à la diffusion de l'*Official Code of Georgia Annotated* en ligne par ce site en 2013, et culmine par un arrêt de la *Supreme Court* confirmant l'arrêt d'appel : la Géorgie ne peut se prévaloir d'un *copyright* sur son code officiel annoté (les annotations ne tombant pas sous la protection du *copyright*).	*Keystone Healthcare Ltd. V Parr* [2019] EWCA Civ 1246, [2019] WLR 406, pts. 26-27 (LEWISON L.J.) — L'inefficacité des *practice directions* est constatée, regrettée et critiquée.
	Ministère de la Justice, « Les chiffres-clés de la justice 2020 », http://www.justice.gouv.fr/art_pix/Chiffres_Cl%E9s_nov2020.pdf — Sur l'année 2019, 3 062 466 décisions sont rendues par les juridictions judiciaires. Sur la même période, 9 280 décisions sont mises en ligne sur *LÉGIFRANCE* (soit 0,3 % de la production totale), dont 8 046 arrêts de la Cour de cassation (soit 32 % de la production de la Cour, dont 1 339 publiées au *Bulletin* soit 4 %), 1 131 arrêts de cours d'appel (soit 0,3 % de la production des cours) et aucune décision de première instance.			
	Conseil d'État, « Rapport d'Activité 2019 », La Documentation française, 2020 — Sur l'année 2019, 277 180 décisions sont rendues par les juridictions administratives. Sur la même période, 15 950 décisions sont mises en ligne sur *LÉGIFRANCE* (soit 6 % de la production totale), dont 2 668 du Conseil d'État (soit 26 % de la production du Conseil, dont 712 figurant au *Lebon* soit 7 %), 13 282 des cours administratives d'appel (soit 37 %, dont 5 figurant au *Lebon*, soit 0,01 %) et aucune décision de tribunal administratif.			
	La base *JURISDATA* diffuse tous les arrêts publiés au *Bulletin de la Cour de cassation*, 30 % des arrêts non publiés aux *Bulletins* jusqu'à 1960, 10 % des arrêts rendus chaque année en appel depuis 1980 et 20,000 jugements de première instance depuis 1975. Elle diffuse par ailleurs l'intégralité des arrêts du Conseil d'État publiés au *Lebon* et environ 2 000 arrêts non publiés par an jusqu'à 1980. Tous les arrêts d'appels publiés au *Lebon* sont diffusés, ainsi qu'une sélection de décisions inédites. 1 000 décisions de tribunaux administratives sont sélectionnées et analysées chaque année. La base recueille, en tout, 3,5 millions de décisions en texte intégral [187].			
	En mars 2019, aucun jugement de tribunaux administratif n'est reproduit sur *ARIANE WEB*, 6,515 sur *LÉGIFRANCE*, 3,050,605 sur *ARIANE ARCHIVES* (base fermée) ; 6,571 arrêts de cours administratives d'appel sont reproduits sur *ARIANE WEB*, 279,172 sur *LÉGIFRANCE* et 492,361 sur *ARIANE ARCHIVES* [188].			

	France	Canada	États-Unis	Royaume-Uni
	La France est classée dernière en termes d'accessibilité en ligne des jugements publiées et 25e (sur 27, pas de données pour le Royaume-Uni sur l'année) en termes de publication en ligne des décisions judiciaires à tous les degrés d'instance (Tableau de bord 2019 de la justice dans l'UE).			
2020	La France est classée 22e (*ex-aequo* avec la Belgique, la Roumanie et la Suède) sur 27 en termes d'accessibilité en ligne des jugements publiées et 18e sur 27 en termes de possibilités offertes d'un traitement informatique des décisions mises à disposition (Tableau de bord 2020 sur la justice dans l'UE).	*R. v Rajmoolie*, 2020 ON CA 791 (CanLII), pt. 50, note 1 — *R v Timminco Ltd.* et *R v Singh* sont de nouveau confirmés.	Ross Intelligence cesse ses activités à compter de décembre 2020 (sa plateforme cesse d'être accessible à partir du 31 janvier 2021) en raison d'un contentieux avec Thomson Reuters pour vol de données issues de la plateforme *WESTLAW* [189].	
	Décret n° 2020-356 du 27 mars 2020 *portant création d'un traitement automatisé de données à caractère personnel dénommé « DataJust »* — Le projet *DATAJUST* visant à la création d'un traitement des décisions d'appel (judiciaire et administratif) en matière de préjudices corporels est lancé.			
	Décret n° 2020-797 du 29 juin 2020 *relatif à la mise à la disposition du public des décisions des juridictions judiciaires et administratives* — Le décret d'application de l'*open data* judiciaire réaffirmé dans la *Loi de programmation 2018-2022 pour la justice* met en place les conditions de diffusion des décisions de justice à titre exhaustif sous le contrôle de chaque juridiction suprême et renvoie à un arrêté le calendrier de mise en œuvre de l'*open data*.			
	Le rapport Bothorel souligne le retard pris par la politique d'ouverture des données publiques et incite à l'accélération de sa mise en œuvre.			
2021	Arrêté du 28 avril 2021 *pris en application de l'article 9 du décret n° 2020-797 du 29 juin 2020 relatif à la mise à la disposition du public des décisions des juridictions judiciaires et administratives* — Le calendrier de l'*open data* des décisions de justice est arrêté et s'étale du 30 septembre 2021 (juridictions suprêmes) au 31 décembre 2025 (tribunaux judiciaires en matière criminelle).			
	Décret n° 2021-1276 du 30 septembre 2021 *relatif aux traitements automatisés de données à caractère personnel dénommés « Décisions de la justice administrative » et « Judilibre »* — Les bases de données gérées par la Cour de cassation (*JUDILIBRE*) et le Conseil d'État (*DÉCISIONS DE LA JUSTICE ADMINISTRATIVE*) dans le cadre de l'*open data* des décisions de justice sont mises en place.			
2022	L'UMR 5815 Dynamiques du droit est dissoute le 1er janvier 2022.	Compass.law lance l'outil d'analyse de décisions de justice *JURISAGE*.		
	Le projet *DATAJUST* est abandonné par le Ministère de la Justice, essentiellement en raison de sa complexité [190].			

	France	Canada	États-Unis	Royaume-Uni
	Le second rapport Cadiet émet plusieurs recommandations dans le sens d'une hiérarchisation et d'un enrichissement des décisions diffusées en *open data*, d'une évolution de la pratique de la citation directe des décisions précédemment rendues par les juridictions elles-mêmes et d'une régulation des outils d'intelligence artificielle développés sur le fondement de cet *open data*.			Les *National Archives* lancent, en avril 2022, la plateforme *Find Case Law* afin de diffuser gratuitement les décisions de la plupart des juridictions britanniques (à l'exclusion des *Crown courts*, *County courts*, *Magistrate Courts* et de la plupart des *Tribunals*, à l'exception des *Upper Tribunals* et de certaines chambres du *First-tier Tribunal*). Le service est toujours au stade *alpha* en 2023.
	Décret n° 022-1371 du 13 octobre 2022 *relatif à la mise à disposition des décisions rendues par les juridictions judiciaires et les juridictions administratives spécialisées sur les questions prioritaires de constitutionnalité* et décret n° 2022-1318 du 13 octobre 2022 *relatif au traitement automatisé de données à caractère personnel dénommé « Portail QPC »* — Un circuit parallèle de collecte, d'occultation et de diffusion des décisions du fond est mis en place au profit du Conseil constitutionnel (base *QPC 360*) en matière de décisions de (non-)transmission des QPC.			
2023	Au 25 février 2023, *LÉGIFRANCE* diffuse les décisions du Conseil constitutionnel de manière exhaustive depuis 1958, des décisions en matière administrative avec une antériorité allant de 1873 (Tribunal des Conflits) à 1965 (tribunaux administratifs et cours administratives d'appel), des décisions en matière judiciaire avec une antériorité allant de 1805 (Cour de cassation) à 2002 (première instance) et de décisions en matière financière avec une antériorité allant de 1954 (Cour de discipline budgétaire et financière) à 2010 (Chambres régionales des comptes). Au total, *LÉGIFRANCE* diffuse 1 105 241 décisions.	Au 25 février 2023, *CanLII* diffuse de manière exhaustive les décisions rendues par les juridictions fédérales avec une antériorité allant de 1877 (Cour Suprême) à 2020 (Régie de l'énergie). Au niveau provincial, la diffusion est assurée avec une antériorité allant de 1907 (Saskatchewan) à 2022 (Alberta, Ontario, Nouvelle Écosse, Terre-Neuve-et-Labrador). Au total, *CanLII* diffuse 3 118 968 décisions.	L'outil *CoCounsel* est développé par la société Casetext. *CoCounsel* est un outil conversationnel construit sur la base de Chat-GPT 4 et permettant la recherche plein texte dans un ensemble de documents juridiques (contrats, dépositions, dossiers de procédure) [191].	Au 25 février 2023, la plateforme *BAILII* diffuse les décisions des juridictions britanniques de manière exhaustive (*Civil Division* de la *Court of Appeal* et *Administrative Courts* depuis 2003, *House of Lords* et *Privy Council* depuis 1996) et sélective (décisions nord-irlandaises et écossaises) avec une antériorité allant de 1591 (*Queen's Bench*) à 2022 (*High Court of Justice in Norther Ireland*, *King's Bench Division*). Au total, *BAILII* diffuse 381 761 décisions.
	Communiqué de la Cour de cassation du 14 mars 2023 — À titre expérimental, les décisions des tribunaux judiciaires de Bobigny, Bordeaux, Lille, Lyon, Marseille, Paris, Rennes, Saint-Denis-de-la-Réunion et Versailles seront mises à disposition d'ici la fin de l'année 2023.		Thompson Reuters rachète Casetext et son outil *CoCounsel* [191].	Au 25 février 2023, la plateforme *Find Case Law* diffuse les décisions des juridictions britanniques avec une antériorité allant de 2003 (plupart des *divisions* de la *High Court* et *Court of Appeal*) à 2022 (*First-tier Tribunal* et *Administrative Appeals Chamber* de l'*Upper Tribunal*). Au total, *Find Case Law* diffuse 54 592 décisions.

	France	Canada	États-Unis	Royaume-Uni
	Arrêté du 27 juin 2023 *modifiant l'arrêté du 28 avril 2021 pris en application de l'article 9 du décret n° 2020-797 du 29 juin 2020 relatif à la mise à disposition du public des décisions des juridictions judiciaires et administratives* — Le calendrier de l'*open data* des décisions de justice est modifié. La diffusion des décisions des conseils de prud'hommes est retardée au 30 septembre 2025 au lieu du 30 juin 2023.			

Annexe 1.2 : Sources

[1] Ethan M. Katsh, *The Electronic Media and the Transformation of Law*, OUP USA, 1991.

[2] Pierre Albert, « Gazette La, puis Gazette de France », *Encyclopedia Universalis*, disponible en ligne à <https://www.universalis.fr/encyclopedie/gazette-gazette-de-france/>.

[3] Jean-Baptiste de Montvalon, « Médias : une haine qui vient de loin », *Le Monde*, 24 janvier 2019, disponible en ligne à <https://www.lemonde.fr/idees/article/2019/01/24/medias-une-haine-qui-vient-de-loin_5413896_3232.html>.

[4] Bernard Coppens, « Le Moniteur. Gazette Nationale ou le Moniteur Universel », *1789-1815*, disponible en ligne à <http://www.1789-1815.com/moniteur.htm>.

[5] Myron J. Jacobstein, Roy M. Mersky et Donald J. Dunn, *Fundamentals of Legal Research*, 6e éd., West, 1994.

[6] Pierre Albert, « Moniteur Universel, Le », *Encyclopedia Universalis*, disponible en ligne à <http://www.universalis-edu.com/encyclopedie/le-moniteur-universel/>.

[7] Chrisitne Maugüé et Jacques-Henri Stahl, « Sur la sélection des arrêts du *Recueil Lebon* », *RFDA*, 1998, pp. 768-779.

[8] Vivienne Denton, « Canadian Law Publishers: a Look at the Development of the Legal Publishing Industry in Canada », *in* Martha L. Foote (dir.), *Law Reporting and Legal Publishing: a Canadian History*, Canadian Association of Law Library/Association Canadienne des Bibliothèques de Droit, 1997, pp. 16-42.

[9] Christian Atias et Christian Dureuil, « Avant le Dalloz... », *RRJ*, n° 1, 2006, pp. 437-443.

[10] Erwin C. Surrency, *A History of American Law Publishing*, Oceana Publications, 1990.

[11] Lee Faircloth Peoples, « Controlling the Common Law: a comparative analysis of no-citation rules and publication practices in England and the United States », *Ind. Int'l & Comp. L. Rev.*, vol. 17, n° 2, 2007, pp. 307-354.

[12] Jules Lariviere, « Law Reporting at the Canadian Federal Level », *Can. L. Libr.*, vol. 20, n° 2, 1995, pp. 53-57.

[13] Robert M. Jarvis, « John B. West: Founder of the West Publishing Company », *Am. J. Legal Hist.*, vol. 50, n° 1, 2008, pp. 1-22.

[14] Sylvio Normand, « Une lignée d'éditeurs-libraires montréalais, spécialisés en droit, au tournant du siècle », *Cahiers de la Société bibliographique du Canada*, vol. 31, n° 1, 1993, pp. 7-55.

[15] Frederick C. Hicks, *Materials and Methods of Legal Research: With Bibliographical Manuel*, Lawyers Co-operative Publishing Company, 1923.

[16] Adrian Popovici, « Note sur l'état inadéquat des recueils de jurisprudence au Québec », *R. du B.*, vol. 32, n° 2, 1972, pp. 82-100.

[17] Ejan Mackaay, « SOQUIJ, Société Québécoise d'Information Juridique », *RJT*, vol. 11, n° 1-2, 1976, pp. 9-20.

[18] Cécile Lagabe, *La diffusion de l'information juridique, une activité en pleine mutation*, mémoire dactylographié, Institut National des Techniques de la Documentation, 2002.

[19] Neil A. Campbell, « A Survey of Canadian Bibliography », *in* Martha L. Foote (dir.), *Law Reporting and Legal Publishing: a Canadian History*, Canadian Association of Law Library/Association Canadienne des Bibliothèques de Droit, 1997, pp. 1-15.

[20] Warren McCulloch et Walter Pitts, « A logical calculus of the ideas immanent in nervous activity », *The Bulletin of mathematical biophysics*, vol. 5, n° 1-2, 1943, pp. 115-133.

[21] Jean Delahodde et Henriette Mignot, *Le traitement de l'information juridique*, Librairies Techniques, 1968.

[22] Jonathan De Vries, « Legal Research, Legal Reasoning and Precedent in Canada in the Digital Age », *Advocates' Quarterly*, vol. 48, 2018, pp. 1-40.

[23] Norbert Wiener, *Cybernetics, or control and communication in the animal and the machine*, CUP, 1948.

[24] « Section du contentieux », *EDCE*, 1950, p. 109.

[25] Lee Loevinger, « Jurimetrics: the Next Step Forward », *Minn. L. Rev.*, vol. 33, nº 5, 1949, pp. 455-493.

[26] Donald O. Hebb, *The Organization of Behavior*, Wiley, 1949.

[27] Jean-Paul Buffelan, « Prospective de la documentation automatique », *Analyse & Prévision*, nº VIII, 1969, pp. 479-485.

[28] Robert J. Martineau, *Appellate Justice in England and the United States: a Comparative Analysis*, Buffalo, 1990.

[29] Vincent P. Biunno, « Searching Legal Literature - An Appraisal of New Methods », *Law Libr. J.*, vol. 46, nº 2, 1953, pp. 110-119.

[30] Jon Bing, « Let There be LITE: A Brief History of Legal Information Retrieval », *EJLT*, vol. 1, nº 1, 2010, disponible en ligne à <https://ejlt.org/index.php/ejlt/article/view/15>.

[31] Dominique Cardon, Jean-Philippe Cointet et Antoine Mazières, « La revanche des neurones », *Réseaux*, vol. 5, nº 211, 2018, pp. 173-220.

[32] Lucien Mehl, « Cybernétique et administration », *in Actes du 1er Congrès international de Cybernétique*, Gauthier-Villars, 1958, pp. 429-469.

[33] Fred Kort, « Predicting Supreme Court Decisions Mathematically: a Quantitative Analysis of the Right to Counsel Cases », *Am. Political Sci. Rev.*, vol. 51, nº 1, 1957, pp. 1-12.

[34] Sylvain Longhais, « Les techniques algorithmiques de l'IA. L'approche connexionniste », *Blog du Laboratoire de Cyberjustice*, 5 janvier 2021, disponible en ligne à <https://www.cyberjustice.ca/2021/01/05/les-techniques-algorithmiques-de-lia-lapproche-connexionniste/>.

[35] John R. Brown, « Electronic Brains and the Legal Mind: Computing the Data Computer's Collision with Law », *Yale L. J.*, vol. 71, nº 2, 1961, pp. 239-254.

[36] Lucien Mehl, « Les sciences juridiques devant l'automation », *Cybernética*, vol. 3, nº 1 et 2, 1960, pp. 22-40 et 142-160.

[37] Stuart Nagel, « Using Simple Calculations to Predict Judicial Decisions », *Am. Behav. Sci.*, vol. 4, nº 4, 1960, pp. 24-28.

[38] Jean-Paul Buffelan, *Introduction à l'informatique juridique*, Librairie du Journal des notaires et des avocats, 1975.

[39] Colin F. Tapper, « British Experience in Legal Information Retrieval », *MULL*, vol. 5, nº 4, 1964, pp. 127-134.

[40] Henriette Mignot et Pierre Paul Cledes, « SYDONI Système de documentation notariale informatique », *Informatica e Diritto*, nº 1, 1977, p. 123-147.

[41] Reed C. Lawlor, « What Computers Can Do: Analysis and Predictive of Judicial Decisions », *Am. Bar. Assoc.*, vol. 49, nº 4, 1963, pp. 337-344.

[42] Glendon Schubert, « Judicial Attitudes and Voting Behaviour: the 1961 Term of the United States Supreme Court », *Law Contemp. Probl.*, vol. 28, nº 1, 1963, pp. 100-142.

[43] John N. Davis, « The Digital Storage, Retrieval and Transmission of Case Reports in Canada: a Brief History », *in* Martha L. Foote (dir.), *Law Reporting and Legal Publishing: a Canadian History*, Canadian Association of Law Library/Association Canadienne des Bibliothèques de Droit, 1997, pp. 139-186.

[44] James Fleck, « Development and Establishment in Artificial Intelligence », *in* Norbert Elias, Herminio Martins et Richard Whitley (dir.), *Scientific Establishments and Hierarchies*, Reidel, 1982, pp. 167-217.

[45] Michel Bibent, « L'informatique appliquée à la jurisprudence », thèse dactylographiée, Université de Montpellier, 1972.

[46] Pierre Catala, « Place et rôle de l'IRETIJ dans la communauté scientifique nationale et internationale », *Informatica e Diritto*, nº 2, 1984, pp. 7-44.

[47] William L. Reynolds et William M. Richman, « The Non-Precedential Precedent - Limited Publication and No-Citation Rules in the United States Courts of Appeals », *Colum. L. Rev.*, vol. 78, nº 6, 1978, pp. 1167-1206.

[48] William G. Harrington, « A Brief History of Computer-Assisted Legal Research », *Law Libr. J.*, vol. 77, nº 3, 1984, pp. 543-556.

[49] Perry Meyer, « Jurimetrics: the Scientific Method in Legal Research », *Can. B. Rev.*, vol. 44, nº 1, 1966, pp. 1-22.

[50] Edmond Bertrand, « Une expérience aixoise : de la documentation et de l'information juridique à l'informatique », *JCP*, 1968, 2195.

[51] Giancarlo Taddei Elmi, « L'informatica giuridica presso il Centre d'informatique juridique (CEDIJ) », *Informatica e Diritto*, nº 1, 1985, pp. 77-112.

[52] Jean Falguereittes et Pierre Catala, « Le traitement de l'information juridique sur ordinateur », *JCP*, 1967, 2052.

[53] Jean Goulet, « Revalorisation du droit et jurimétrie », *C. de D.*, vol. 9, nº 1, 1967, pp. 9-36.

[54] Tina Batra Hershey et Donald Burke, « Pioneers in Computerized Legal Research: The Story of the Pittsburgh System », *Pitt. J. Tech. L. & Pol'y*, vol. 18, nº 1, 2017-2018, pp. 29-39.

[55] Stéphane Cottin, « Chronologie : histoire des données juridiques », *ServiceDoc Info*, 9 février 2003, disponible en ligne à <http://www.servicedoc.info/spip.php?article26>.

[56] Aurel David, « La recherche documentaire automatique appliquée au droit », *RIDC*, vol. 20, nº 4, 1968, pp. 629-645.

[57] Philip Slayton, « La recherche documentaire dans les sciences juridiques », Études pour le Ministère des Communications, 1974.

[58] André Toulemon et Jean Moore, « Ordinateurs et jurisprudence », *Gaz. Pal.*, nº 1, 1968, pp. 128-131.

[59] Anne-Marie Ferrier, « Les principales banques de données du droit français », *Bulletin des bibliothèques de France*, nº 4, 1983, pp. 421-425.

[60] Eric Appleby, « The Changing Availability of Case Law », *Slaw*, 2 novembre 2012, disponible en ligne à <http://www.slaw.ca/2012/11/02/the-changing-availability-of-case-law/>.

[61] Henriette Mehl-Mignot, « Contribution à l'histoire des banques de données juridiques françaises. Les aventures d'un quart de siècle », *Cahiers Lamy du Droit de l'Informatique*, supplément au nº 11, 1990, pp. I-XI.

[62] Jean-Paul Buffelan, « Les progrès de l'informatique juridique en France », *Systema*, nº 1, 1972, pp. 15-39.

[63] Fabrice Papy, *Hypertextualisation automatique de documents techniques*, thèse dactylographiée, Université Paris 8, 1995.

[64] Jean-Marie Breton et Marie-Françoise Rameau, « Un système documentaire pour les banques d'information textuelle : DOCILIS », *Documentaliste*, hors-série, 1971, pp. 49-51.

[64] Pierre Catala, « L'évaluation des besoins quantitatifs de la recherche juridique dans la communauté internationale », Rapport présenté à l'Académie de droit comparé de 1970.

[65] Bernard Filiatre, *Conception et réalisation d'un système de documentation automatique pour la jurisprudence*, thèse dactylographiée, Faculté des Sciences de Montpellier, 1970.

[66] Didier Frochot, « Histoire des bases de données juridiques en France (1) - les origines », *Les Infostratèges*, 16 novembre 2005, disponible en ligne à <https://www.les-infostrateges.com/article/0511109/histoire-des-bases-de-donnees-juridiques-en-france-1-les-origines>.

[67] Anny Maximin, « Bases et banques de données juridiques et économiques françaises », *Bulletin des bibliothèques de France*, nº 7, 1981, pp. 391-405.

[68] Serge Bories, « Pierre Catala, pionnier de l'informatique juridique », *JCP*, hors-série, 2012, pp. 18-21.

[69] Henriette Mignot, « Documentation juridique automatique. La réalisation du CRIDON de Lyon : SYDONI », *Documentaliste*, hors-série, 1971, pp. 44-48.
[70] « Computerized Legal Research in Canada », *CALL Newsletter*, 1971.
[71] Ejan Mackaay, « La documentation juridique au Québec de 1970 à 1980 - Une décennie d'innovation vue à travers un sondage », *Revue du Notariat*, vol. 84, nº 9-10, 1982, pp. 543-568.
[72] Denis S. Marshall, « The history of computer-assisted legal research in Canada », *in Law Librairies in Canada. Essays to honour Diana M. Priestly*, Carswell, 1988, pp. 103-115.
[73] Richard Susskind, « Expert Systems in Law: a Jurisprudential Approach to Artificial Intelligence and Legal Reasoning », *MLR*, vol. 49, nº 2, 1986, pp. 168-194.
[74] Brian J. Copeland, « MYCIN », *Encyclopedia Britannica*, 2018.
[75] Michel Bibent, « Aide à la décision en droit français de la nationalité », *RJT*, vol. 11, nº 1-2, 1976, pp. 241-275.
[76] Brigitte Le Mintier-Feuillet, « CRJO-CDJO », *Revue Juridique de l'Ouest*, nº 2, 1993, pp. 5-6.
[77] Ejan Mackaay et Pierre Robillard, « Predicting Judicial Decisions: the Nearest Neighbour Rule and Visual Representation of Case Patterns », *Datenverarbeitung im Recht*, vol. 3, nº 3-4, 1974, pp. 302-331.
[78] Edmond Bertrand, Pierre Catala et Lucien Mehl (dir.), *Constitution et exploitation informatique d'un ensemble documentaire en droit*, 2 vol., Éditions du CNRS, 1974.
[79] Pierre Catala, « Le juge et l'ordinateur », *in Nouveaux juges, nouveaux pouvoirs ? Mélanges en l'honneur de Roger Perrot*, Dalloz, 1996, pp. 19-33.
[80] Michel Bibent, *L'informatique appliquée à la jurisprudence*, Litec, 1976.
[81] Peter W. Martin, « Reconfiguring Law Reports and the Concept of Precedent for a Digital Age », *Vill. L. Rev.*, vol. 53, nº 1, 2008, pp. 1-46.
[82] Pierre Catala, « IRETIJ », *RJT*, vol. 11, nº 1-2, 1976, pp. 21-32.
[83] TUCKER John V., « The Computer Revolution and Us: Computer Science at Swansea University from the 1960s », *Swansea University Centenary Hub*, disponible en ligne à <https://collections.swansea.ac.uk/s/swansea-2020/page/computer-science>.
[84] Denis S. Marshall, « An Introduction to Canadian Legal Research », *Law Libr. J.*, vol. 81, nº 3, 1989, pp. 465-488.
[85] Éric Rohde, « La tour de Babel des banques de données juridiques », *Le Monde*, 29 novembre 1982.
[86] Simon Chester, « The birth of Quicklaw », *Slaw*, 25 janvier 2007, disponible en ligne à <http://www.slaw.ca/2007/01/25/the-birth-of-quicklaw/>.
[87] Stanislas Zalinski et Direction des affaires juridiques, « Réflexions sur l'implantation en France du système LEXIS (États-Unis) », Rapport au Conseil de la langue française, 1981.
[88] « The LexisNexis Timeline », *LexisNexis*, 2003, disponible en ligne à <http://www.lexisnexis.com/anniversary/30th_timeline_fulltxt.pdf>.
[89] Philippe Nectoux, « La banque de données juridiques Juris-Data », *Rev. Adm.*, nº 212, 1983, pp. 187-189.
[90] Danièle Bourcier, « Les banques de données juridiques. Réalisations et recherches », *in* Eugène Chouraqui, Jacques Virbelet AFCET (dir.), *Banques d'informations dans les sciences de l'homme*, Éditions Hommes et Techniques, 1981, pp. 59-69.
[91] Ejan Mackaay, « Le contenu de l'informatique juridique. La situation au Québec et au Canada », *in* ADIJ (dir.), *L'information juridique : contenu, accessibilité et circulation*, Éditions du Juris-Classeur, 1998.
[92] Richard Susskind E., « The Latent Damage System: a Jurisprudential Analysis », *in Proceedings on the 2nd International Conference on Artificial Intelligence and Law*, ACM Press, 1989, pp. 23-32.
[93] Danièle Bourcier, « 1984 : où en est l'informatique juridique ? », *in* CRID (dir.), *Informatique et droit en Europe*, Éditions de l'Université de Bruxelles & Bruylant, 1985, pp. 55-74.

[94] Lucien Mehl, « L'amélioration des systèmes documentaires », *in* CRID (dir.), *Informatique et droit en Europe*, Éditions de l'Université de Bruxelles & Bruylant, 1985, pp. 75-95.

[95] BILON Jean-Louis, « De l'IRETIJ », *in* IRETIJ (dir.), *Dialogue sur l'informatique juridique*, Universidad Nacional Autonoma de Mexico, 1989, pp. 19-26.

[95] MUNDAY Roderick, « Case Law and the Computer », *Y. B. L. Computers & Tech.*, vol. 1, 1984, pp. 136-140

[96] Jean-Paul Buffelan, « La collecte des données, fondement de la communication juridique », *Rev. Adm.*, n° 221, 1984, pp. 515-525.

[97] Pierre Estoup, « Les banques de données : difficultés, causes et remèdes », *Gaz. Pal.*, n° 2, 1988, pp. 542-545.

[98] Stéphane Cottin, « Historique de la documentation juridique 'électronique' », *ServiceInfo Doc*, 31 mai 2003, disponible en ligne à <http://www.servicedoc.info/article.php3?id_article=88>.

[99] Martine Quenillet, « Le système-expert NATIONALITE », *in* Marc Schauss (dir.), *Systèmes experts et droit*, Story Scientia, 1988, pp. 97-104.

[100] Guy Tanguay et Daniel Boyle, « Annals of Quebec Case Law Reporting », *in* Martha L. Foote (dir.), *Law Reporting and Legal Publishing: a Canadian History*, Canadian Association of Law Library/Association Canadienne des Bibliothèques de Droit, 1997, pp. 92-105.

[101] Pierre Catala, *Le droit à l'épreuve du numérique. Jus ex Machina*, PUF, 1998.

[102] Peter Clinch, *Using a Law Library: a Student's Guide to Legal Research Skill*, 2e éd., Blackstone Press, 2002.

[103] Pierre Catala, « Le fichier informatisé de la jurisprudence française (dixième anniversaire) », *JCP*, n° 40, 1995, 3873.

[104] Danièle Bourcier, *La décision artificielle, le droit, la machine et l'humain*, PUF, 1993.

[105] Michael Zander, *The Law-Making Process*, 6e éd., Cambridge University Press, 2004.

[106] David E. Rumelhart, Geoffrey Hinton et Ronald J. Williams, « Learning representations by back-propagating errors », *Nature*, n° 323, pp. 533-536.

[107] Martine Quenillet, « Droit et intelligence artificielle : mythes, limites et réalités », *LPA*, n° 66, 1994, pp. 11-15.

[108] Richard K. Belew, « *A connections approach to conceptuel information retrieval* », *in Proceedings of the 1st International Conference on Artificial Intelligence and Law*, ACM Press, 1987, pp. 116-126.

[109] Richard Susskind, *Expert systems in law: a jurisprudential inquiry*, OUP, 1987

[110] Alain Perdriau, « Les arrêts de la Cour de cassation au regard de l'informatique », *JCP*, n° 11, 1990, 3436.

[111] Claude Thomasset, François Blanchard, Louis-Clause Paquin et Robert Dupuis, « Loge-expert, du prototype à l'expérimentation », *in Informatique et droit. Congrès international de l'Association québécoise pour de l'informatique juridique*, vol. A, 1992, A 3.6.

[112] Claude Thomasset, « La transformation d'un savoir juridique en capsules informatiques : le cas de Loge-expert », *in* Claude Thomasset, René Côté et Danièle Bourcier (dir.), *Les sciences du texte juridique. Le droit saisi par l'ordinateur*, Édition Yvon Blais, 1993, pp. 243-263.

[113] Richard Susskind E. et Philip N. Capper, *Latent Damage Law - the Expert System*, Butterworths, 1988.

[114] Yann Tanguy, *La recherche documentaire en droit*, PUF, 1991.

[115] Yann Lecun *et al.*, « Backpropagation Applied to Handwritten Zip Code Recognition », *Neural Computation*, vol. 1, n° 4, 1989, pp. 541-551.

[116] Christian Mouly, « De la découverte au développement. L'IRETIJ, laboratoire d'informatique juridique », *in* IRETIJ (dir.), *Dialogue sur l'informatique juridique*, Universidad Nacional Autonoma de Mexico, 1989, p. 475-483.

[117] Marcel Waline, « Lebon ou pas Lebon », *AJDA*, 2011, p. 1105.

[118] Xioahua Zhu, « Access to Digital Case Law in the United States: A Historical Perspective », présentation lors de la soixante-dix-huitième conférence et assemblée générales du World Library and Information Congress, 1er juin 2012, disponible en ligne à <https://www.ifla.org/past-wlic/2012/193-zhu-en.pdf>.

[119] Évelune Serverin, « La Cour de cassation », *in* CERCRID (dir.), *Les juridictions suprêmes, du procès à la règle*, Publications de l'Université de Saint-Étienne, 1991, pp. 161-179.

[120] André Perdriau, « Les publications de la Cour de cassation », *Gaz. Pal.*, nº 4, 2003, pp. 7-14.

[121] Richard A. Danner, « Dissemination of Legal Information: Social and Political Issues in the United States », *in* ADIJ (dir.), *L'information juridique : contenu, accessibilité et circulation. Défis politique, juridique, économique et technique*, Éditions du Juris-Classeur, 1998.

[122] Suzanne Bertrand-Gastaldy *et al.*, « Un prototype de système expert pour l'aide à l'analyse des jugements », *in Informatique et droit. Congrès international de l'Association québécoise de l'informatique juridique*, vol. C, 1992, C 1.2.

[123] Daniel Poulin, « Free Access to Law in Canada », *LIM*, vol. 12, nº 3, 2012, pp. 165-172.

[124] Robert C. Berring, « Chaos, Cyberspace and Tradition: Legal Information Transmogrified », *Berkeley Tech. L.J.*, vol. 12, nº 1, pp. 189-212.

[125] Daniel Poulin et Martin Felsky, « A neutral citation standard for Case Law », Rapport pour le Comité canadien de la référence, 2000, disponible en ligne à <http://www.lexum.com/ccc-ccr/neutr/neutr.jur_en.html>.

[126] Daniel Poulin, « Le monde canadien de l'information juridique : du recueil au Web. Défis politiques, juridique, économique et technique », *in* ADIJ (dir.), *L'information juridique : contenu, accessibilité et circulation. Défis politique, juridique, économique et technique*, Éditions du Juris-Classeur, 1998.

[127] Pierre Catala, « L'informatique et l'analyse du procès », *APD*, t. 39, 1995, pp. 249-257.

[128] Arthur B. Spitzer et Charles H. Wilson, « The Mischief of the Unpublished Opinion », *Litig.*, vol. 21, nº 3, 1995, pp. 3-61.

[129] Robert Gellman, « A Brief History of the Virtual Magistrate Project: the Early Months », presentation lors de la *Dispute Resolution Conference* du *National Center for Automated Information Research*, 22 mai 1996, disponible en ligne à <http://www.umass.edu/dispute/ncair/gellman.htm>.

[130] Emmanuel Barthe, « Une marque s'efface : Litec devient LexisNexis », *precisement.org*, 20 septembre 2011, disponible en ligne à <https://www.precisement.org/blog/+Une-marque-s-efface-Litec-devient+.html>.

[131] Vincent Gautrais, Karim Benyekhlef et Pierre Trudel, « Cybermédiation et cyberarbitrage : l'exemple du « Cybertribunal » », *Computer & Telecoms Law Review*, vol. 4, 1998, pp. 46-51

[132] Scott Donahey, « Dispute Resolution in Cyberspace », *J. Int. Arbitr.*, vol. 15, nº 4, pp. 127-168.

[133] Cynthia Chassigneux, « Nouvelles voies offertes pour la résolution des conflits en ligne », *Lex Electronica*, vol. 5, nº 1, 1999.

[134] Emmanuel Barthe, « JURINPI en accès gratuit en 2008 ? », *precisement.org*, 11 décembre 2007, disponible en ligne à <https://www.precisement.org/blog/+JURINPI-en-acces-gratuit-en-2008+.html>.

[135] Bertrand Munch, « Le service public de la diffusion du droit », *JCP*, supplément au nº 9, 2017, pp. 87- 91

[136] Frédéric Pelletier, Ruth Rintoul et Daniel Poulin, « The Preparation, Citation and Distribution of Canadian Decisions », *Blog Lexum*, 13 avril 2009, disponible en ligne à <https://lexum.com/fr/blog/la-preparation-la-reference-et-la-distribution-des-decisions-canadiennes/>.

[137] Teresa Scassa, « The Best Things in Law are Free?: Towards Quality Free Public Access to Primary Legal Materials in Canada », *Dalhousie LJ*, vol. 23, nº 2, 2000, pp. 301-336.

[138] Emmanuelle Létourneau, « Noms de domaine : la résolution des conflits sous la politique de règlement uniforme de l'ICANN », *Revue du droit des technologies de l'information*, vol. 2, 2000, disponible en ligne à <http://lthoumyre.chez.com/pro/2/ndm20001011.htm>.

[139] Thomas Bingham, Discours lors du *First Symposium on Law Reporting, Legal Information and Electronic Media in the New Millenium* organisé à Cambridge le 17 mars 2000.

[140] Daniel Poulin et Janine Miller, « Virtual Law Library Committee Report », Rapport pour la *Federation of Law Societies of Canada*, 2000.

[141] Daniel Poulin, « Production et diffusion de l'information juridique au Québec », présentation lors de la Conférence Legal TI/IT Droit et Technologie de l'information de l'Association du Jeune barreau de Montréal, 16 avril 2017, disponible en ligne à <https://lexum.com/wp-content/uploads/2016/10/2007-production-diffusion-information-juridique-quebec.pdf>.

[142] Alexandre Cruquenaire et Fabrice de Patoul, « Le développement des modes alternatifs de règlement des litiges de consommation : quelques réflexions inspirées par l'expérience ECODIR », *Lex Electronica*, vol. 7, nº 2, 2002.

[143] « Case law on BAILII », *BAILII*, disponible en ligne à <https://www.bailii.org/bailii/summary-cases.html>.

[144] Frédéric Pelletier, Luc Plamondon et Guy Lapalme, « L'assistant d'anonymisation NOME », présentation lors de la sixième édition des Journées Internet pour le droit, 3-5 novembre 2004, disponible en ligne à <http://www.frlii.org/IMG/pdf/Pelletier_Paris2004_NOME.pdf>.

[145] Emmanuel Barthe, « Plutarque, nouvelle banque de données en propriété industrielle de l'INPI », *precisement.org*, 23 mars 2004, disponible en ligne à <https://www.precisement.org/blog/Plutarque-nouvelle-banque-de.html>.

[146] Caroline Lefer-Palos, « Les pères fondateurs du *deep learning* : Yoshua Bengio, Yann LeCun et Geoffrey Hinton », *CScience*, 28 juillet 2020, disponible en ligne à <https://www.cscience.ca/2020/07/28/les-peres-fondateurs-du-deep-learning-yoshua-bengio-yann-le-cun-et-geoffrey-hinton/>.

[147] Véronique Abad et Ivan Mokanov, « Les défis de la publication de la jurisprudence et le modèle d'opération de IIJCan/CanLII », *Can. L. Libr. Rev.*, vol. 30, nº 1, 2005, pp. 23-29.

[148] Patrick J. Schiltz, « Much Ado about Little: Explaining the *Sturm Und Drang* over the Citation of Unpublished Opinions », *Wash. & Lee L. Rev.*, vol. 62, 2005, pp. 1429-1490.

[149] Emmanuel Barthe, « Juridice : la base de données venant remplacer Juris-Data est bloquée », *precisement.org*, 17 avril 2005, disponible en ligne à <https://www.precisement.org/blog/Juridice-la-base-publique-venant.html>.

[150] Emmanuel Barthe, « L'informatisation de la Cour de cassation selon son rapport 2005 », *precisement.org*, 6 juillet 2006, disponible en ligne à <https://www.precisement.org/blog/L-informatisation-de-la-Cour-de.html>.

[151] Emmanuel Barthe, « Francis Lefebvre rachète Dalloz », *precisement.org*, 28 juin 2005, disponible en ligne à <https://www.precisement.org/blog/Francis-Lefebvre-rachete-Dalloz.html>.

[152] Emmanuel Barthe, « Les cours d'appel sur Légifrance : la base Juridice dépasse les 10 000 arrêts », *precisement.org*, 22 octobre 2006, disponible en ligne à <https://www.precisement.org/blog/+Les-cours-d-appel-sur-Legifrance+.html>.

[153] Emmanuel Barthe, « Dalloz et Lextenso passent la surmultipliées : sortie des nouvelles versions de leurs plateformes en ligne », *precisement.org*, 5 mai 2006, disponible en ligne à <https://www.precisement.org/blog/+Dalloz-et-Lextenso-passent-la+.html>.

[154] Emmanuel Barthe, « Plateforme en ligne Dalloz : le contenu », *precisement.org*, 11 mai 2006, disponible en ligne à <https://www.precisement.org/blog/Plateforme-en-ligne-Dalloz-le.html#nb2>.

[155] Emmanuel Barthe, « Une analyse du Pr. Rolin. Jurisprudence administrative : Légifrance n'est alimenté ni régulièrement ni également par les cours », *precisement.org*, 19 septembre 2007, disponible en ligne à <https://www.precisement.org/blog/Jurisprudence-administrative.html>.

[156] Emmanuel Barthe, « Lancement de Dalloz Jurisprudence : 600,000 décisions en ligne - sans supplément de prix », *precisement.org*, 21 septembre 2007, disponible en ligne à <https://www.precisement.org/blog/+Lancement-de-Dalloz-Jurisprudence+.html>.

[157] Emmanuel Barthe, « Arrêts d'appel du Legifrance (JURIDICE) : 'il y a 15,370 documents en réponse' », *precisement.org*, 8 février 2007, disponible en ligne à <https://www.precisement.org/blog/+Arrets-d-appel-sur-Legifrance+.html>.

[158] Emmanuel Barthe, « AltLaw : un véritable émule des LII se lance aux États-Unis - De la recherche fédérale américaine gratuite, libre et avec moteur de recherche », *precisement.org*, 27 août 2007, disponible en ligne à <https://www.precisement.org/blog/+AltLaw-un-veritable-emule-des-LII+.html>.

[159] Ivan Mokanov, « 2008 survey: CanLII is the most frequently used electronic legal resource in Canada », *Blog CanLII*, 2 septembre 2008, disponible en ligne à <https://blog.canlii.org/2008/09/02/2008-survey-canlii-is-the-most-frequently-used-electronic-legal-resource-in-canada/>.

[160] Emmanuel Barthe, « Arrêts de cour d'appel : Légisfrance décolle avec six ans de retard… », *precisement.org*, 28 décembre 2008, disponible en ligne à <https://www.precisement.org/blog/Arrets-de-cour-d-appel-Legifrance.html>.

[161] Laboratoire Cyberjustice, *A Tale of Cyberjustice*, 2020, disponible en ligne à <https://www.cyberjustice.ca/files/sites/102/CJ-LAB-A-Tale-of-Cyberjustice-Final.pdf>.

[162] « Firefox : une extension permet de consulter gratuitement les documents des tribunaux américains » *ZDNet*, 18 août 2009, disponible en ligne à <https://www.zdnet.fr/actualites/firefox-une-extension-permet-de-consulter-gratuitement-les-documents-des-tribunaux-americains-39704649.htm>.

[163] Arnaud Lami, « La tarification », *in* LÉGER Jacques et PONTIER Jean-Marie (dir.), *Juridiction administrative. Diffusion de sa production*, PUAM, 2011, pp. 123-144.

[164] Emmanuel Barthe, « Arrêts des cours d'appel : la base JURICA enfin en service chez Lexbase », *precisement.org*, 20 janvier 2010, disponible en ligne à <https://www.precisement.org/blog/Arrets-des-cours-d-appel-la-base.html>.

[165] Emmanuel Barthe, « conseil-etat.fr : une nouvelle version pour plus de visibilité institutionnelle », *precisement.org*, 22 juin 2009, disponible en ligne à <https://www.precisement.org/blog/+conseil-etat-fr-une-nouvelle+.html>.

[166] Emmanuel Barthe, « Il manque de la jurisprudence administrative dans Légifrance », precisement.org, *precisement.org*, 4 octobre 2010, disponible en ligne à <https://www.precisement.org/blog/Il-manque-de-la-jurisprudence.html>.

[167] Emmanuel Barthe, « Fin de Plutarque et de ses fonctionnalités avancées — Place aux éditeurs privés ? », *precisement.org*, 17 mars 2009, disponible en ligne à <https://www.precisement.org/blog/+Fin-de-Plutarque-et-de-ses+.html>.

[168] Emmanuel Barthe, « Arrêts des cours d'appel : la base JURICA enfin en service chez Lexbase », *precisement.org*, 20 janvier 2010, disponible en ligne à <https://www.precisement.org/blog/Arrets-des-cours-d-appel-la-base.html>.

[169] Simon Chester, « The Passing of Canada Law Book », *Slaw*, 5 août 2010, disponible en ligne à <http://www.slaw.ca/2010/08/05/the-passing-of-canada-law-book/>.

[170] Gordon V. Grossman et Maura R. Cormack, « Technology-Assisted Review in E-Discovery Can Be More Effective and More Efficient Than Exhaustive Manual Review », *Rich. JL & Tech*, vol. 17, n° 3, 2011, pp. 1-48.

[171] Emmanuel Barthe, « Deux nouveaux produits chez Francis Lefebvre : Navis Patrimoine et Famille, Jurisprudence chiffrée », *precisement.org*, 12 mai 2010, disponible en ligne à <https://www.precisement.org/blog/Deux-nouveaux-produits-chez.html>.

[172] Benoît Mornet, « Pour un référentiel national d'indemnisation du dommage corporel », *Gaz. Pal.*, n° 153-154, 2010, pp. 8-12.

[173] Emmanuel Barthe, « Hopitalex, une plateforme en ligne de droit hospitalier », *precisement.org*, 5 février 2010, disponible en ligne à <https://www.precisement.org/blog/Hopitalex-une-plateforme-en-ligne.html>.

[174] Emmanuel Barthe, « Près de 500,000 arrêts d'appel sur dalloz.fr", *precisement.org*, 30 septembre 2010, disponible en ligne à <https://www.precisement.org/blog/Pres-de-500-000-arrets-d-appel-sur.html#nb1>.

[175] Peter W. Martin, « Abandoning Law Reports for Official Digital Case Law », *J. App. Prac. & Process*, vol. 12, n° 1, 2011, pp. 25-90.

[176] Emmanuel Barthe, « La base ArianeWeb des décisions de la justice administrative devient plus complète mais l'exhaustivité des TA sera à vendre », *precisement.org*, 14 juillet 2011, <https://www.precisement.org/blog/La-base-ArianeWeb-des-decisions-de.html>.

[177] « Our story », *Blue J Legal*, disponible en ligne à <https://www.bluej.com/ca/about>.

[178] « Thomson Reuters and Blue J Legal Deliver Artificial Intelligence-Based Tax Foresight », *Thomson Reuters*, 11 novembre 2016, disponible en ligne à <https://www.thomsonreuters.com/en/press-releases/2016/november/thomson-reuters-and-blue-j-legal-deliver-artificial-intelligence-based-tax-foresight.html>.

[179] Michael Benesty, « Mise au point sur l'open data des décisions de justice au 22 juin 2016 », *Medium*, 22 juin 2016, disponible en ligne à <https://medium.com/@supralegem/mise-au-point-sur-lopen-data-des-d%C3%A9cisions-de-justice-au-22-juin-2016-5957b1306e0b>.

[180] « Our History », *Compass.law*, disponible en ligne à <https://compass.law/about>.

[181] Éric Négron, Serge Bories et Jérémias Da Silva, « À la recherche d'une justice perdue ? », JCP, n° 26, 2017, pp. 1246-1249.

[182] « Wolters Kluwer et Predictice s'allient pour déployer la justice prédictive en France », *Wolters Kluwer France*, 17 juin 2017, disponible en ligne à <http://www.wolterskluwerfrance.fr/centre-media/communiques-de-presse/wolters-kluwer-predictice-sallient-deployer-justice-predictive-france/>.

[183] « Rocket Lawyer souhaite démocratiser l'accès au droit », *EFL*, 24 mai 2017, disponible en ligne à <https://www.efl.fr/actualite/rocket-lawyer-souhaite-democratiser-acces-droit_R-3dc7ba4b-0cb1-4526-aee6-34dba80a3f53>.

[184] Solën Guézille et Antoine Chatain, « Justice prédictive : entre fantasme et réalité », *Experts*, n° 135, 2017, pp. 4-6.

[185] Éloi Buat-Ménard, « La justice dite prédictive en matière judiciaire : prérequis, risques et attentes. La réflexion en cours en France », note pour le dossier thématique « L'intelligence artificielle dans les systèmes judiciaires » de la CEPEJ, 2018, disponible en ligne à <https://rm.coe.int/the-so-called-predictive-justice-applications-in-civil-and-criminal-ma/16808e4d85>.

[186] Association Juriconnexion, « Les données juridiques publiques proposées par les éditeurs », *Juriconnexion*, 19 mars 2018, disponible en ligne à <https://www.juriconnexion.fr/enquete-donnees-juridiques-publiques-editeurs-juridiques/>.

[187] Valérie Sicot, « Les traitements de la jurisprudence par LexisNexis », *JCP*, supplément au n° 44-45, 2019, pp. 37-40.

[188] Frédéric Alhama, « Vers une plus grande accessibilité des décisions rendues par les juridictions administratives », *RFDA*, 2019, pp. 695-710.

[189] Robert Ambrogi, « Legal Research Company Ross to Shut Down Under Pressure of Thomson Reuters' Lawsuit », *LawSites*, 11 décembre 2020, disponible en ligne à

<https://www.lawsitesblog.com/2020/12/legal-research-company-ross-to-shut-down-under-pressure-of-thomson-reuters-lawsuit.html>.

[190] Frédérique Boulanger et Camille Bordère, « DataJust : l'heure du bilan en France », *Blog du Laboratoire de Cyberjustice*, 25 octobre 2022, disponible en ligne à <https://www.cyberjustice.ca/2022/10/25/datajust-lheure-du-bilan-en-france/>.

[191] « Thomson Reuters Completes Acquisition of Casetext, Inc. », *Thompson Reuters*, 17 août 2023, disponible en ligne à <https://www.thomsonreuters.com/en/press-releases/2023/august/thomson-reuters-completes-acquisition-of-casetext-inc.html>.

Annexe 2 : Analyse du corpus des contributions

Annexe 2.1 : Corpus bibliographique

La bibliographie générale du présent travail de recherche est à rechercher à la fin du volume principal.

La présente annexe regroupe les contributions écrites ayant fait l'objet du travail d'exploitation quantitatif et statistique dont sont tirées les analyses décrites dans le volume principal et résumé dans les annexes suivantes.

Ouvrages et monographies

AUBERT Jean-Louis et SAVAUX Éric
Introduction au droit et aux thèmes fondamentaux du droit civil, 18e éd., Sirey, coll. « Université », 2021, 460 pages.

CASSAR Bertrand
La transformation numérique du droit. Les enjeux autour des LegalTech, Bruylant, 2021, 417 p.

BENSOUSSAN Alain et BENSOUSSAN Jérémy
IA, Robots et Droit, Bruylant, coll. « Lexing », 2019, 652 p.

DESMOULIN-CANSELIER Sonia et LE METAYER Daniel
Décider avec les algorithmes. Quelle place pour l'Homme, quelle place pour le droit ?, Dalloz, coll. « Les sens du droit », 2020, 275 p.

FERAL-SCHUHL Christiane
Cyberdroit, 8e éd., Dalloz, coll. « Praxis », 2020, 1888 p.

GARAPON Antoine et LASSEGUE Jean
Justice digitale, PUF, 2018, 368 p.

G'SELL Florence
Justice numérique, Dalloz, 2021, 190 p.

GUINCHARD Serge, FERRAND Frédérique, CHAINAIS Cécile et MAYER Lucie
Procédure civile, 7e éd., Dalloz, coll. « HyperCours », 2021, 1030 p.

HAAS Gérard et ASTIER Stéphane
Intelligence artificielle. Enjeux éthiques et juridiques, ENI, coll. « DataPro », 2021, 262 p.

JEAN Aurélie
Les algorithmes font-ils la loi ?, Éditions de l'Observatoire, 2021, 221 p.

LE TOURNEAU Philippe

Contrats du numérique. Informatiques et électroniques, 12e éd., Dalloz, coll. « Dalloz Référence », 2022, 807 p.

Droit de la responsabilité et des contrats, 12e éd., Dalloz, coll. « Dalloz Action », 2020, 2854 p.

LEONETTI Xavier

Smartsécurité et cyberjustice, PUF, coll. « Questions judiciaires », 2021, 156 p.

LUMBROSO Pierre

Je réclame justice ! Plaidoyer pour une justice humaine, L'Harmattan, coll. « Questions contemporaines », 2022, 188 p.

MALAURIE Philippe et MORVAN Patrick

Introduction au droit, 9e éd., LGDJ, coll. « Droit civil », 2022, 490 pages.

MENECEUR Yannick

L'intelligence artificielle en procès. Plaidoyer pour une réglementation internationale et européenne, Bruylant, coll. « Macro droit micro droit », 2020, 450 p.

MOR Gisèle et CLERC-RENAUD Laurence

Réparation du préjudice corporel 2021/2022, 3e éd., Delmas, coll. « Encyclopédie Delmas », 2020, 752 p.

PANSIER Frédéric-Jérôme

IJudge, vers une justice prédictive, LGM éditions, 2019, 102 p.

POINAS Emmanuel

Le tribunal des algorithmes, Berger Levrault, coll. « Au fil du débat », 2019, 229 p.

PREVOST Jean-Baptiste

Penser la blessure : un éclairage philosophique sur la réparation du préjudice corporel, LGDJ, coll. « Forum », 2018, 480 p.

QUEMENER Myriam, DALLE Frédérique, WIERRE Clément

Quels droits face aux innovations numériques ?, Gualino, 2020, 232 p.

TERRE François et MOLFESSIS Nicolas

Introduction générale au droit, 14e éd., Dalloz, coll. « Précis Dalloz », 2022, 883 p.

TRICOIT Jean-Philippe

Fiches de culture juridique, Ellipses, 2019, 336 p.

VAZ-FERNANDEZ Carole-Anne

Big data et intelligence artificielle au service de la sécurité intérieure en France, L'Harmattan, coll. « BibliothèqueS de droit », 2020, 241 p.

Thèses

CASSAR Bertrand
La transformation numérique du monde du droit, Université de Strasbourg, 2020, 452 p.

CHAPUT Jade
La collégialité dans le procès civil, Université de Pau et des Pays de l'Adour, 2019, 383 p.

COLETTA Anaïs
La prédiction judiciaire par les algorithmes, Université de Nîmes, 2021, 766 p.

DOCHY Marie
La dématérialisation des actes du procès civil, Dalloz, coll. « Nouvelle Bibliothèque de Thèses », 2021, 543 p.

LEGUEVAQUES Guillaume
La sécurité juridique. Essai sur ses fonctions dans l'ordre juridique, Université Toulouse 1 Capitole, 2018, 472 p.

LEMAIRE Vincent
Le droit public numérique à travers ses concepts émergence et transformation d'une terminologie juridique, Université Paris 1 Panthéon Sorbonne, 2019, 599 p.

MERABET Samir
Vers un droit de l'intelligence artificielle, Dalloz, coll. « Nouvelle Bibliothèque de Thèses », 2020, 558 p.

PAQUIET Yann
Le principe de transparence des traitements algorithmiques : de l'étude juridique d'un enjeu démocratique, Université de Caen Normandie, 2021, 485 p.

ONGARO Malika
Le traitement des données à caractère personnel dans le cadre des procédures judiciaires, Université de Bordeaux, 2021, 413 p.

SCILLATO DE RIBALSKY Luca
L'avocat face à la justice du 21e siècle, Université Aix-Marseille, 2020, 421 p.

Rapports

« Justice : faites entrer le numérique », Rapport à l'Institut Montaigne, 2017, 93 p.

« Les enjeux éthiques de la justice prédictive : livre blanc », Livre blanc Sciences Po et Predictice, Wolters Kluwer, 2018, 80 p.

« Le numérique, accompagner et sécuriser l'homme, la révolution digitale et le droit », Rapport du 117e Congrès des notaires de France, 2021, 881 p.

BAS Philippe

« Rapport d'information fait au nom de la commission des lois constitutionnelles, de législation, du suffrage universel et d'administration générale par la mission d'information sur le redressement de la justice », Rapport d'information nº 495, Sénat, 4 avril 2017, 379 p.

BASDEVANT Adrien, JEAN Aurélie et STORCHAN Victor

Mécanisme d'une justice algorithmisée, Rapport à la Fondation Jean Jaurès, juin 2021, 38 p.

BOURREAU-DUBOIS Cécile

« La barémisation de la justice : une approche par l'analyse économique du droit », Rapport final de recherche pour le GIP Mission de recherche Droit et Justice, 2019, 448 p.

CADIET Loïc

« L'Open Data des décisions de justice », Rapport au ministre de la Justice, 2017, 205 p. incluant des contributions individuelles de :

BOUCQ Romain, pp. 157-169 ;
CROZE Hervé, pp. 178-180 ;
DEUMIER Pascale, pp. 187-193.

CADIET Loïc, CHAINAIS Cécile et SOMMER Jean-Michel, « La diffusion des données juridictionnelles et de la jurisprudence. Quelle jurisprudence à l'ère des données judiciaires ouvertes ? », vol. 2, Rapport à la première présidente de la Cour de cassation et au procureur général près la Cour de cassation, 2022, 248 p. incluant :

JEULAND Emmanuel, « Réponses au questionnaire sur la jurisprudence et la diffusion des décisions judiciaires », pp. 125-146 ;
SERVERIN Évelyne, « De l'incidence des principes de diffusion des décisions judiciaires du fond sur le périmètre de la jurisprudence », pp. 147-172 ;
THERY Philippe, « Réponse au questionnaire proposé par le Groupe de réflexion sur la diffusion des données décisionnelles et la jurisprudence », pp. 173-177 ;
ZENATI-CASTAING Frédéric, « La jurisprudence révélée », pp. 178-201 ;
ROUVIERE Frédéric, « Audition par le Groupe de réflexion sur la diffusion des données décisionnelles et la jurisprudence », pp. 228-235 ;
SAYN Isabelle, « Open data des décisions, jurisprudence et régularité statistique. Quelle harmonisation des décisions des juridictions du fond ? », pp. 236-247.

CADIET Loïc, CHAINAIS Cécile et SOMMER Jean-Michel

« La diffusion des données juridictionnelles et de la jurisprudence. Quelle jurisprudence à l'ère des données judiciaires ouvertes ? », 2 vol., Rapport à la première présidente de la Cour de cassation et au procureur général près la Cour de cassation, 2022, 158 p. et 248 p.

CHASSAGNARD-PINET Sandrine

« Le e-règlement extrajudiciaire des différends. Le déploiement d'une justice alternative en ligne », Rapport final de recherche pour l'IERDJ, 2021, 206 p.

DAHMANI Maher et VERMEILLE Sophie

« Open data jurisprudentiel : une république numérique pour un droit prévisible et attractif », Rapport du *Think Tank* Droit et Croissance, 2017, 34 p.

DEFFAINS Bruno et MUSSON Denis (dir.)
« Numériser la justice commerciale française : l'outil et l'esprit », Livre blanc de Paris, Place du Droit, LexisNexis, 2022, 63 p.

GODEFROY Lêmy et LEBARON Frédéric et LEVY-VEHEL Jacques
« Comment le numérique transforme le droit et la justice vers de nouveaux usages et un bouleversement de la prise de décision. Anticiper les évolutions pour les accompagner et les maîtriser », Rapport final de recherche pour le GIP Mission de recherche Droit et Justice, 2019, 177 p.

TUOT Thierry
« Intelligence artificielle et action publique : construire la confiance, servir la performance », Étude à la demande du Premier ministre, 2022, 360 p.

Ouvrages collectifs

Études en l'honneur du professeur Marie-Laure Mathieu. Comprendre : des mathématiques au droit, Bruylant, 2019, 890 p. incluant :

CADIET Loïc, « Retour sur l'open data des décisions de justice. À propos d'un signal faible des relations entre la justice et les mathématiques », pp. 137-159 ;

HUGON Christine, « De la fascination de la règle à la justice prédictive », pp. 379-392 ;

JEULAND Emmanuel, « L'OUDROPO,, et les mathématiques », pp. 409-416.

AFDA (dir.), *Le droit administratif au défi du numérique*, Dalloz, coll. « Thèmes & commentaires », 2019, 234 p. incluant :

RENAUDIE Olivier, « La jurisprudence administrative à l'ère du big et de l'open data », pp. 67-80 ;

PLESSIX Benoît, « Vers une justice administrative prédictive ? », pp. 81-103 ;

ROUYERE Aude, « Éléments de conclusion », pp. 225-234.

ASSOCIATION DES DOCTORANTS EN DROIT PUBLIC DE L'UNIVERSITE DE LYON (dir.), *Chiffre(s) et droit public*, Mare & Martin, coll. « Droit public », 2022, 286 p. incluant :

DEFFAINS Bruno, « Chiffre et Droit public. Le point de vue de l'économiste », pp. 47-62 ;

CHARROL Nicolas, « L'opération de chiffrage des préjudices par le juge administratif », pp. 107-119.

BAHUON André-Paul et PLUCHART Jean-Jacques (dir.), *Les défis des métiers du conseil, du chiffre et du droit*, Maxima, 2018, 322 p. incluant :

BAHUON André-Paul et PLUCHART Jean-Jacques, « La transition digitale des métiers du conseil, du chiffre et du droit », pp. 135-161 ;

DANIS Marie, « Legaltech et justice prédictive », pp. 181-199 ;

BENICHOU Michel (dir.), *L'innovation et l'avenir de la profession d'avocat en Europe*, Bruylant, coll. « Europe(s) », 2017, 192 p. incluant :

BENICHOU Michel, « L'avenir des avocats », pp. 29-35 ;

DUPRE Jérôme, « Sachons tirer parti de nos faiblesses pour innover encore plus ! », pp. 39-47.

BENISTY Samuel (dir.), *Varia autour de Justice digitale. À propos de l'essai coécrit par Antoine Garapon et Jean Lassègue*, PUAM, coll. « Inter-normes », 2021, 112 p. incluant :

BENISTY Samuel, « Justice digitale. Révolution graphique et ruine institutionnelle ? », pp. 13-27 ;

DARMOIS Basile, « Justice digitale et les risques de la 'justice prédictive' », pp. 45-81 ;

GARAPON Antoine et LASSEGUE Jean, « Justice digitale deux ans après », pp. 103-111.

BEVIERE-BOYER Bénédicte et DIBLE Dorothée (dir.), *Numérique, droit et société*, Dalloz, coll. « Thèmes & commentaires – Actes », 2022, 350 p. incluant :

SOMMER Jean-Michel, « Le digital à la Cour de cassation. De la dématérialisation des procédures à l'open data des décisions », pp. 11-18 ;

JOND-NECAND Estelle, « L'open data des décisions de justice par la Cour de cassation et ses incidences », pp. 261-270 ;

HAFTEL Bernard, « Les plateformes de règlement des litiges en ligne », pp. 271-279 ;

HAAS Gérard, « L'open data juridique, processus de démocratie judiciaire », pp. 289-299.

BLANC Nathalie et MEKKI Mustapha (dir.), *Le juge et le numérique*, Dalloz, coll. « Thèmes & commentaires – Actes », 2019, 138 p. incluant :

PIREYRE Bruno, « Allocution d'ouverture », pp. 1-5 ;

CADIET Loïc, « Open et Big data, procès virtuel, justice prédictive... : entre justesse et justice », pp. 93-102 ;

MALABAT Valérie, « Justice prédictive et droit pénal substantiel », pp. 105-114 ;

JACQUEMIN Zoé, « Vices et vertus de la justice prédictive en droit de la responsabilité civile », pp. 121-128.

BOURDON Pierre (dir.), *La communication des décisions du juge administratif*, LexisNexis, 2020, 226 p. incluant :

RICHER Laurent, « Préface », pp. IX-XI ;

LASSERRE Valérie, « La communication du droit », pp. 1-7 ;

MESSOUDI Hada, « La dématérialisation de la communication des décisions du juge administratif », pp. 31-40 ;

JANICOT Laëtitia, « L'anonymisation du juge », pp. 81-87 ;

RUGGIERI Hugo et DUSSEAUX Antoine, « La publication des décisions du juge administratif : l'incarnation moderne de la publicité », pp. 139-151 ;

ROUYERE Aude, « Conclusions », pp. 215-221.

CERQUEIRA Gustavo, FULCHIRON Hugues et NORD Nicolas (dir.), *« Insécurité juridique » : l'émergence d'une notion ?*, Société de Législation Comparée, coll. « Colloques », 2022, 242 p. incluant :

VIGNEAU Vincent, « Justice algorithmique », pp. 201-212 ;

ZAMBRANO Guillaume, « Justice algorithmique : les algorithmes comme outils pour la codification de la jurisprudence », pp. 213-224.

CLAVIER Jean-Pierre (dir.), *L'algorithmisation de la justice*, Larcier, coll. « Création Information Communication », 2020, 216 p. incluant :

CLAVIER Jean-Pierre, « Introduction générale », pp. 9-13 ;

BELLEIL Loïc et LEVY-VEHEL Jacques, « Sur la modélisation des décisions de justice », pp. 23-32 ;

RUGGIERI Hugo, « La matière de l'algorithme de justice : l'open data des données juridiques », pp. 33-49.

BRIAND Philippe, « L'auxiliaire de justice et l'algorithme : un concours d'intelligence », pp. 53-62 ;

POULARD Ghislain, « L'avocat à l'épreuve de l'algorithme », pp. 73-81 ;

BOLZE Antoine, « Réflexions sur la notation des magistrats et des avocats par les algorithmes », pp. 93-108 ;

GODEFROY Lêmy, « L'office du juge à l'épreuve de l'algorithme », pp. 111-122.

DOUVILLE Thibault, « Le juge en ligne », pp. 123-142.

DESMOULIN Sonia, « Le diable se cache-t-il dans les détails ? Réflexions à propos du traitement automatisé de données à caractère personnel "DataJust" », pp. 143-161 ;

DESPRES Isabelle, « La perspective du justiciable », pp. 165-180 ;

GIRARD Bénédicte, « L'algorithmisation de la justice et les droits fondamentaux du justiciable », pp. 181-191 ;

LE BARS Thierry, « Conclusion générale », pp. 201-210.

FERRAND Frédérique, KNETSCH Jonas et ZWICKEL Martin (dir.), *Le droit civil et la justice civile à l'ère de la numérisation en France et en Allemagne*, FAU University Press, 2020, 383 p. incluant :

NOTTO-JAFFEUX Nelly, « « Le traitement des différends par les legaltechs, service innovant ou « braderie du droit » ? », pp. 161-179 ;

COTTIN Marianne, « L'open data des décisions de justice : un bouleversement de l'espace jurisprudentiel ? », pp. 293-303 ;

COUTURIER Nicolas, « Justiciable, contrat et procès : le droit civil et la procédure civile à l'heure de la révolution numérique », pp. 361-378.

FLOUR Yvonne et BOYER Pierre-Louis (dir.), *Transhumanisme : questions éthiques et enjeux juridiques*, Académique catholique de France, 2020, 437 p. incluant :

GIRARD DE BARROS Fabien, « L'intelligence artificielle et les legaltechs », pp. 139-152.

TCHERKESSOFF Olivier, « Justice prédictive. La justice sans les hommes ? Le point de vue du magistrat », pp. 153-161.

FRICERO Natalie et LASSERRE Marie-Cécile (dir.), *Nouvelles procédures civiles, nouvelles pratiques professionnelles ? Bilan et perspectives*, L'Harmattan, coll. « Droit privé et sciences criminelles », 2020, 170 p. incluant :

DRUFFIN-BRICCA Sophie, « L'open data des décisions de justice », pp. 125-135 ;

LASSERRE Marie-Cécile, « La justice prédictive », pp. 137-151.

GIUDICELLI André et CAPRIOLI Éric A. (dir.), *La confiance numérique. Travaux de la Chaire sur la confiance numérique*, LexisNexis, 2022, 320 p. incluant :

BEN HADJ YAHIA Sonia, « Dématérialisation et accès à la justice », pp. 269-286 ;

DOCHY Marie, « La confiance dans l'intelligence artificielle pour rendre la justice », pp. 287-300.

GOUT Olivier (dir.), *Responsabilité civile et intelligence artificielle. Recueils des travaux du GRERCA*, Bruylant, coll. « Collection du GRERCA », 2022, 814 p. incluant :

BOURDOISEAU Julien, « Le recours à l'intelligence artificielle pour évaluer les préjudices. Synthèse », pp. 635-645 ;

RIVOLLIER Vincent et VIGLINO Manon, « Le recours à l'intelligence artificielle pour évaluer les préjudices. Rapport français », pp. 675-696.

G'SELL Florence (dir.), *Le Big Data et le droit*, Dalloz, coll. « Thèmes & Commentaires — Actes », 2019, 300 p. incluant

CANIVET Guy, « Préface », pp. 9-16 ;

GAYTE-PAPON DE LAMEIGNE Anaïs, LEGRAND Pierrick et LEVY-VEHEL Jacques, « La modélisation de l'indemnisation du préjudice corporel. Un exemple de 'justice quantitative' au service de l'équité », pp. 45-59 ;

G'SELL Florence, « Les décisions algorithmiques », pp. 87-109.

IDOUX Pascale, ALBIGES Christophe et MILANO Laure (dir.), *Numérique, droit et justice*, Éditions du CREAM, 2020, 198 p. incluant :

IDOUX Pascale, « Introductions des débats », pp. 13-17 ;

PARIS Timothée, « L'enjeu du numérique pour les collectivités publiques et la justice administrative », pp. 19-21 ;

BRAS Hélène, « Le regard de l'avocat », pp. 35-42 ;

RENAUDIN Luc, « Le regard de l'avocat », pp. 67-86 ;

ANTOLINI Jean, « Le regard de l'avocat », pp. 79-86 ;

BAUX Anne, « Le regard du juge administratif », pp. 87-98 ;

LEBRETON-DERRIEN Sylvie, RAHER Rémi et DESSAINJEAN Fanny (dir.), *Algorithmes, justice prédictive et juges robots*, Enrick Éditions, 2023, 104 p. incluant :

BOUTEILLE-BRIGANT Magali, « Un préliminaire éthique : entre risques et plus-value », pp. 17-24 ;

BEGUIN-FAYNEL Céline, « Le big data de la justice : quid des données personnelles ? », pp. 33-41 ;

JUILLET-REGIS Hélène, « Justice et blockchain : des smart contracts aux smarts judgments ? », pp. 53-64 ;

BRIGANT Jean-Marie, « Les (nombreux) enjeux en droit pénal », pp. 77-89[1].

MASSON Antoine et BOUTHINON-DUMAS Hugues (dir.), *L'innovation juridique et judiciaire. Méthodologie et perspectives*, Larcier, coll. « Droit, Management & Stratégies », 2019, 394 p. incluant :

CHARPENET Julie et TELLER Marian, « L'innovation juridique au service de l'innovation économique et technologie. À propos de l'information juridique », pp. 135-145 ;

LEVY-VEHEL Jacques et DUPRE Jérôme, « Intelligence artificielle : quelle innovation pour la quantification de l'aléa judiciaire ? », pp. 173-194 ;

DAHAN Ariel, « Big data juridique et Justice algorithmique : y'a-t-il encore un juriste dans le prétoire ? », pp. 185-215.

[1] L'inclusion de cette référence en dehors du cadre temporel de notre corpus est expliquée en introduction, voir volume principal, note 162.

MERCAT-BRUNS Marie (dir.), *Nouveaux modes de détection et de prévention de la discrimination et accès au droit: action de groupe et discrimination systémique: algorithmes et préjugés ; réseaux sociaux et harcèlement*, Société de législation comparée, coll. « Trans Europe experts », 2020, 172 p. incluant :

PORTA Jérôme, « Algorithme et risque discriminatoire », pp. 61-77.

SENTIS Théo, « Algorithmes et préjugés. Quels enjeux pour la justice prédictive ? », pp. 83-92.

PREDICTICE (dir.), *Guide de la justice prédictive*, 2018, 46 p. incluant

EYDOUX Pascal, « Un peu d'histoire », pp. 7-13 ;

DHONTE Stéphane, « Précisions terminologiques et sémantiques », pp. 14-16 ;

CLANCHET Sophie, « Un outil de performance pour les cabinets d'avocats », pp. 17-22 ;

FLAMENT Jérôme, « La justice prédictive dans les directions juridiques : quantification du risque et performance », pp. 23-28 ;

JAMIN Christophe, « Comment enseigner le droit en pleine bouleversement de paradigme ? », pp. 31-37 ;

GARAPON Antoine, « Impact sur le service public de la justice », pp. 38-46.

ORDRE DES AVOCATS AU CONSEIL D'ÉTAT ET A LA COUR DE CASSATION (dir.), *La justice prédictive. Actes du colloque du 12 février 2018 organisé par l'ordre des avocats au Conseil d'État et à la Cour de cassation à l'occasion de son bicentenaire en partenariat avec l'Université Paris Dauphine PSL*, Dalloz, coll. « Thèmes & commentaires – Actes », 2018, 130 p. incluant :

BORE Louis, « Mot d'accueil », pp. 1-4 ;

SAUVE Jean-Marc, « Mot d'accueil », pp. 7-13 ;

LOUVEL Bertrand, « Introduction », pp. 15-18 ;

MARIN Jean-Claude, « Mot d'accueil », pp. 19-22 ;

LOUVARIS Antoine, « La justice prédictive entre être et devoir-être », pp. 23-38 ;

SALOMON Renaud, « Le point de vue du juge », pp. 42-48 ;

AMRANI-MEKKI Soraya, « Le point de vue d'une universitaire », pp. 49-63 ;

Molinié François, « Le point de vue de l'avocat », pp. 64-70 ;

CHADUTEAU François, « Justice prédictive : l'état de l'art des Legal Techs », pp. 71-78 ;

DE CHAISEMARTIN Arnaud, « Le point de vue de l'avocat », pp. 89-96 ;

GUYOMAR Mattias, « Le point de vue du juge », pp. 97-101 ;

LEMAIRE Sophie, « Le point de vue de l'universitaire », pp. 102-108 ;

GAUDEMET Yves, « Rapport de synthèse », pp. 109-122.

RASCHEL Loïs et BLERY Corinne (dir.), *Vers une procédure civile 2.0*, Dalloz, coll. « Thèmes & commentaires — Actes », 2018, 146 p. incluant :

GUINCHARD Serge, « Brève introduction au défi technologique majeur du XXIe siècle : la révolution du numérique dans le monde de la Justice », pp. 1-3 ;

DOUVILLE Thibault et RASCHEL Loïs, « Numérique et diffusion de la décision. L'open data des décisions de justice », pp. 49-57 ;

MENECEUR Yannick, « Numérique et prédiction de la décision. Vers une indispensable charte éthique européenne de l'intelligence artificielle », pp. 59-70.

Numéros de revue

« La justice prédictive », *Annuaire international de justice constitutionnelle*, n° 39, 2019, incluant :

LEURENT Olivier, « La justice prédictive vue par le juge judiciaire », pp. 581-586 ;

AGUZZI Cédric, « Le juge et l'intelligence artificielle : la perspective d'une justice rendue par la machine », pp. 621-636 ;

GAYE-PALETTES Mathieu, « Le développement des outils algorithmiques prédictifs à l'épreuve de la Question Prioritaire de Constitutionnalité », pp. 637-657.

« La justice prédictive », *Archives de philosophie du droit*, t. 60, 2018, incluant :

LEBRETON-DERRIEN Sylvie, « La justice prédictive. Introduction à une justice 'simplement' virtuelle », pp. 3-21 ;

DEUMIER Pascale, « La justice prédictive et les sources du droit : la jurisprudence du fond », pp. 49-66 ;

SERVERIN Évelyne, « De l'informatique juridique aux services de justice prédictive, la longue route de l'accès du public aux décisions de justice dématérialisées », pp. 23-47 ;

FEREY Samuel, « Analyse économique du droit, Big Data et justice prédictive », pp. 67-81 ;

BEGUIN-FAYNEL Céline, « L'open data judiciaire et les données personnelles : pseudonymisation et risque et ré-identification », pp. 153-181 ;

GIAMBIASI Paolo, « L'ouverture des données publiques : un préalable à la justice prédictive. Tour d'horizon des politiques d'ouverture des données publiques », pp. 117-123 ;

MOURIESSE Élise, « Quelle transparence pour les algorithmes de justice prédictive ? », pp. 125-145 ;

ROTTIER Édouard, « La justice prédictive et l'acte de juger : quelle prévisibilité pour la justice ? », pp. 189-193 ;

POMONTI Patricia, « Risques et avenir d'une justice virtuelle », pp. 195-198 ;

STIRN Bernard, « Premières réflexions sur la juge administratif et le droit prédictif », pp. 217-221 ;

CHOLET Didier, « La justice prédictive et les principes fondamentaux du procès civil », pp. 223-236 ;

BRIGANT Jean-Marie, « Les risques accentués d'une justice pénale prédictive », pp. 237-251 ;

KESTENARE Emmanuel, « Justice prédictive et protection juridique : quel apport dans notre relation client ? », pp. 271-278 ;

LARRET-CHAHINE Louis, « Le droit isométrique : un nouveau paradigme né de la justice prédictive », pp. 287-295 ;

BRUGUES-REIX Béatrice et PACQUETET Ashley, « La justice prédictive : un 'outil' pour les professionnels du droit », pp. 279-285 ;

BOUTEILLE-BRIGANT Magali, « Pour un 'transjuridisme' ? », pp. 297-309 ;

LASSERRE Valérie, « Justice prédictive et transhumanisme », pp. 311-320.

« Les métiers du droit au défi du numérique », *Enjeux Numériques*, nº 3, 2018, incluant :

ÉPINEUSE Harold et GARAPON Antoine, « Les défis d'une justice à l'ère numérique de 'stade 3' », pp. 16-18 ;

DEFFAINS Bruno, « L'impact économique des legaltechs sur le marché du droit », pp. 20-27 ;

CANIVET Guy, « Les facteurs de transformation du droit », pp. 38-43 ;

SAUVE Jean-Marc, « Le numérique et la justice administrative », pp. 44-47 ;

G'SELL Florence, « L'automatisation des décisions de justice, jusqu'où ? », pp. 48-52 ;

LETTERON Roseline, « L'accès numérique au droit », pp. 68-72 ;

DUSSEAUX Antoine et RUGGIERI Hugo, « Doctrine.fr : l'intelligence artificielle au service du droit », pp. 81-85 ;

LARRET-CHAHINE Louis, « L'éthique de la justice prédictive », pp. 86-91.

« La jurisprudence dans le mouvement de l'*open data*. Actes du colloque à la Cour de cassation du 14 octobre 2016 », *La Semaine Juridique - Édition Générale*, supplément au nº 9, 2017, incluant :

SAYN Isabelle et COTTIN Marianne, « Présentation », pp. 5-10 ;

LOUVEL Bertrand, « Ouverture. Allocution du Premier président », pp. 5-7 ;

LUCCHESI Laure, « L'open data et la jurisprudence », pp. 18-20 ;

LESUEUR Thomas, « Informatique judiciaire et perspective de l'open data pour les juridictions », pp. 21-24 ;

ARENS Chantal, « La diffusion de sa jurisprudence par une cour d'appel », pp. 72-74.

« L'obsolescence programmée du juge ? Justice judiciaire, justice amiable, justice numérique. Conférence à l'ENM du 5 octobre 2018 », *La Semaine Juridique - Édition Générale*, supplément au nº 51, 2018, incluant :

JEAN Jean-Paul, « Propos introductifs », pp. 9-12 ;

AMRANI-MEKKI Soraya, « L'obsolescence programmée du juge ? Propos introductifs », pp. 6-15 ;

DEGOS Louis, « Justice numérique et justice judiciaire, contradiction et aléa », pp. 38-39 ;

ANDRIEU Thomas, « La renaissance du juge ? », pp. 63-65 ;

DUTHEILLET DE LAMOTHE Louis et MARTINIE Pierre-Yves, « La diffusion de la jurisprudence administrative », pp. 64-67 ;

FERAL-SCHUHL Christiane, « Les avocats et l'accès à la jurisprudence », pp. 75-79.

« Justice et numérique. Quelles (r)révolutions ? Actes du Séminaire e-juris de septembre 2018 à février 2019 », *La Semaine Juridique - Édition Générale*, supplément au nº 44-45, 2019, incluant :

SAYN Isabelle, « Des outils d'aide à la décision aux décisions individuelles automatiques, quel régime juridique ? », pp. 15-21 ;

COTTIN Marianne, « Jurisprudence et contentieux, une (r)évolution à attendre ? », pp. 22-25 ;

RIVOLLIER Vincent, « Diffuser le nom des magistrats ou quelle conception de la justice en France ? », pp. 26-30 :

DE JONG Nathalie, « État des lieux des legaltech en France », pp. 31-35 ;

MULHLENBACH Fabrice, « Intelligence artificielle et droit : démystification des techniques d'IA employées dans le milieu juridique », pp. 47-52 ;

KIRAT Thierry et SWEENEY Morgan, « Une comparaison d'applications de 'justice prédictive'. Le cas du contentieux de l'indemnisation du licenciement abusif. Prédictice, Dalloz-Jurisprudence chiffrée et JurisData Analytics », pp. 53-58 ;

CLEMENT Marc, « Droit, numérique et pratiques professionnelles : quelle influence sur la façon de juger ? », pp. 64-66 ;

CHABERT Alexis, « Justice prédictive et évolution du métier d'avocat », pp. 67-70.

Chapitres d'ouvrages collectifs

BARRAUD Boris

« Algorithmes et décisions de justice », *in* ROUET Gilles (dir.), *Algorithmes et décisions publiques*, CNRS Éditions, coll. « Les Essentiels d'Hermès », 2019, pp. 79-101.

« Les intelligences artificielles du droit », *in* BARRAUD Boris (dir.), *L'intelligence artificielle dans toutes ses dimensions*, L'Harmattan, coll. « Europe & Asie », 2020, pp. 195-203.

« Justice douce et justice prédictive : les algorithmes au service de l'amiable ? », *in* TIRVAUDEY Catherine (dir.), *Le rôle du juge en matière de MARD-PRD : regards croisés Québec, Suisse, France*, Presses universitaires de Franche-Comté, coll. « Droit, politique et société », 2020, pp. 165-178.

BEGUEDOU Hodalo Prenam

« La justice française sous l'emprise de la révolution numérique », *in* GRISI Giuseppe et RASSU Federica (dir.), *Perspectives nouvelles du droit. Thèmes, méthodes et historiographie en France et en Italie*, Romatre Press, coll. « L'Unità del Diritto », 2020, pp. 195-206.

BENABOU Valérie-Laure

« Manifeste pour des juristes incarnés et sensibles à l'heure de l'intelligence artificielle », *in Penser le droit de la pensée. Mélanges en l'honneur de Michel Vivant*, Dalloz, 2020, pp. 715-730.

BERTHET Vincent

« Prédire et juger », *in* BERTHET Vincent et AMSELLEM Léo (dir.), *Les nouveaux oracles. Comment les algorithmes prédisent le crime*, CNRS Éditions, 2021, pp. 55-100.

CERQUEIRA Gustavo

« Fondamentalisation du droit et justice prédictive deux phénomènes à prendre en compte pour la connaissance du droit étranger », *in* CERQUEIRA Gustavo et NORD Nicolas (dir.), *La connaissance du droit étranger. À la recherche d'instruments de coopération adaptés*, Société de législation comparée, coll. « Colloques », 2021, pp. 165-172.

CLEMENT Marc

« La décision juridictionnelle : numérisation des procédures et exploitation numérique », *in L'action publique et le numérique*, Société de Législation Comparée, coll. « Colloques », 2021, pp. 93-106.

CLEMENT Marc et SAYN Isabelle

« L'utilisation de l'IA dans le système judiciaire », *in* CHRISTIAN Paul et LE METAYER Daniel (dir.), *Maîtriser l'IA au service de l'action publique*, Berger Levrault, coll. « Au fil du débat », 2022, pp. 27-38.

CLUZEL-METAYER Lucie

« Une cure de jouvence pour le tiers médiateur », *in* MUSCAT Hélène (dir.), *Le rôle des tiers dans la procédure administrative*, PUR, coll. « L'univers des normes », 2021, pp. 23-32.

DE FILIPPI Primavera

« Repenser le droit à l'ère numérique : entre la régulation technique et la gouvernance algorithmique », *in Droit et Machine*, Éditions Thémis, 2017, pp. 33-75.

DOUCHY-OUDOT Mélina

« La connaissance du droit par algorithmes, questions épistémologiques », *in Mélanges en l'honneur de Philippe Théry. Les coutures du droit*, Dalloz, LGDJ & Lextenso, 2022, pp. 203-212.

COMBREXELLE Jean-Denis

« L'année contentieuse 2019 du Conseil d'État », *in Rapport public 2019*, La documentation française, 2020, pp. 77-96.

FRICERO Nathalie

« Comprendre le nouveau schéma procédural à l'épreuve de la justice numérique », *in* GUINCHARD S. ET AL. (dir.), *Droit et pratique de la procédure civile 2021/2022*, Dalloz, 2021, pp. 8-20.

GAMET Laurent

« Les avocats et l'intelligence artificielle. Des outils et des hommes », *in Études en l'honneur du Professeur Iacyr de Aguilar Vieira*, 2 vol., vol. 1, Société de Législation Comparée, 2022, pp. 187-196.

HERIN Jean-Louis

« Préface », *in* JOUEN François, PUIGELIER Catherine et TIJUS Charles (dir.), *Connaissance artificielle et droit*, Mare & Martin, coll. « Sciences cognitives & droit », 2020, pp. 23-31.

HYDE Aurore-Angélique

« Intelligence artificielle & droit au procès équitable », *in* BARBE Vanessa et MAUCLAIR Stéphanie (dir.), *Intelligence artificielle & droits fondamentaux*, Éditions d'Épitoge, coll. « L'Unité du Droit », 2022, pp. 115-126.

JEULAND Emmanuel

« Intelligence artificielle et justice : une approche interhumaniste », *in* BENSAMOUN Alexandra et LOISEAU Grégoire (dir.), *Droit de l'intelligence artificielle*, LGDJ, coll. « Les intégrales », 2019, pp. 187-213.

JEULAND Emmanuel et VERKINDT Pierre-Yves

« En forme de prologue : ce que créer veut dire... L'oudropo,, l'Ouvroir de Droit Potentiel (OpenPoLaw pour Opener of Potential Law) », *in* PORODOU Camille (dir.), *OUvroir de DRoit POtentiel. Anthologies 2013-2017*, IRJS Editions, coll. « Bibliothèque de l'IRJS - André Tunc », 2017, pp. 1-9.

JOURDAINE Nathan

« L'autorité judiciaire à l'épreuve de la révolution numérique », *in* BELLI Luca et GUGLIELMI Gilles J. (dir.), *L'État digital. Numérisation de l'administration publique et administration publique du numérique*, Berger Levrault, coll. « Au fil du débat », 2022, pp. 293-307.

KIRAT Thierry et LOUVARIS Antoine

« Numérique, droit et justice », *in* BANCE Philippe et FOURNIER Jacques (dir.), *Numérique, action publique et démocratie*, Presses Universitaires de Rouen et du Havre, 2021, pp. 397-399.

LARABI Djamila

« La procédure civile à l'ère du numérique », *in* BRAHMI Najet, ÉGEA Vincent et OSMAN Filali (dir.), *La procédure civile dans les pays de l'Union pour la Méditerranée. Approche comparée et internationale MENA & OHADA*, Bruylant, coll. « Droit méditerranée », 2020, pp. 103-126.

LASSEGUE Jean et GARAPON Antoine

« Mythe de la délégation aux machines », *in* STROWEL Alain et LAZARO Christophe (dir.), *Des véhicules autonomes à l'intelligence artificielle. Droit, politique et éthique*, Larcier, coll. « Crides », 2020, pp. 207-221.

MATHIS Bruno et RUGGIERI Hugo

« L'open data des décisions de justice en France. Les enjeux de la mise en œuvre », *in* HUBIN Jean-Benoît, JACQUEMIN Hervé et Michaux Benoît (dir.) *Le juge et l'algorithme : juges augmentés ou justice diminuée ?*, Larcier, coll. « CRIDS - Faculté de droit de l'UNamur », 2019, pp. 197-273.

MAUCLAIR Stéphanie

« Justice et algorithme : de la tentative de faire disparaître l'incertitude dans les décisions de justice », *Vers un droit de l'algorithme ?*, Mare & Martin, coll. « Droit et science politique », 2022, pp. 37-43.

MEKKI Mustapha

« Du numérisme juridique à l'humanisme numérique », *in Mélanges en l'honneur du doyen Didier Guével. Une approche renouvelée des Humanités*, LGDJ, 2021, pp. 333-352.

ORIF Vincent

« Voyage du juge depuis Hypérion : entre une intelligence artificielle conseillère et conquérante », *in* JULIA Guilhem (dir.), *Sciences et Sens de l'Intelligence Artificielle*, Dalloz, coll. « Thèmes & commentaires – Actes », 2020, pp. 131-144.

PERRIN Marie-Daphnée

« La mise à disposition des décisions de justice et son incidence sur la mission juridictionnelle du juge », *in* LACROIX-DE-SOUSA Sandie, LARRIEU Peggy et MESTRE Jacques (dir.), *Cerveau(x) et Droit. Neurodroit, algorithmes, intelligence artificielle, objets connectés, centres de décision*, LGDJ, 2022, pp. 223-237.

PETROFF Salomé

« Quelle place pour la justice prédictive ? », *in* GROS François, JARLOT Antoine et PUIGELIER Catherine (dir.), *La recherche scientifique : un droit fondamental ?*, 2 vol., vol. 2, Mare & Martin, coll. « Science & droit », 2018, pp. 140-155.

RICHAUD Coralie

« L'impact des algorithmes sur la rédaction des décisions de justice », *in* MALHIERE Fanny (dir.), *Comment rédiger une décision de justice au XXIe siècle ?*, Dalloz, coll. « Thèmes & commentaires – Actes », 2018, pp. 83-91.

SAYN Isabelle

« Des barèmes à la justice prédictive ? », *in* CLAY Thomas, FAUVARQUE-COSSON Bénédicte, RENUCCI Florence et ZIENTARA-LOGEAY Sandrine (dir.), *États généraux de la recherche sur le droit de la justice*, LexisNexis, 2018, pp. 435-441.

TORRICELLI-CHRIFI Sarah

« Nouvelles technologies, nouvelle ère : vers une désintermédiation du droit ? », *in* SIMONIAN-GINESTE Hélène et TORRICELLI-CHRIFI Sarah (dir.), *Les professions (dé)réglementées. Bilan et perspectives juridiques*, Presses de l'Université Toulouse 1 Capitole, coll. « Travaux de l'IFR », 2019, pp. 299-320.

« Nouvelles technologies et normativité : une recherche méthodologique », *Rencontres multicolores autour du Droit. Mélanges en l'honneur du Professeur Deen Gibirila*, Presses de l'Université Toulouse 1 Capitole, 2021, pp. 861-875.

TOUBON Jacques

« Propos conclusifs », *in* AMRANI-MEKKI Soraya (dir.) *Et si on parlait du justiciable du 21e siècle ?*, Dalloz, coll. « Thèmes & commentaires — Actes », 2019, pp. 215-219.

Entrées de répertoire

GILLES William

« La construction de l'open data. Les régimes juridiques de l'open data », *JurisClasseur Communication*, fasc. 850, LexisNexis, juillet 2022.

HUTTNER Liane

« Données à caractère personnel - Décision automatisée et justice », *Répertoire IP/IT et Communication*, Dalloz, novembre 2020.

Articles de revue

ALHAMA Frédéric

« Vers une plus grande accessibilité des décisions rendues par les juridictions administratives », *Revue Française de Droit Administratif*, 2019, pp. 695-710.

AMRANI-MEKKI Soraya

« Chantier de l'amiable : concevoir avant de construire », *La Semaine Juridique - Édition Générale*, supplément au n° 13, 2018, pp. 63-70.

« Justice et justesse de DataJust », *La Gazette du Palais*, n° 27, 2020, p. 44.

ANCEL François, BENOLIEL Sylvie, DE MITRY Jean-Hyacinthe, THOMAS-RAQUIN Carole et GAUTIER Pierre-Yves

« Sybille ou les prédictions relatives au juge national », *Légipresse*, n° 363, 2018, pp. 428-430.

ARENS Chantal

« Propos introductifs », *Journal Spécial des Sociétés*, vol. 48, 2017, pp. 2-4.

« La justice doit être accessible et la Cour de cassation s'engage à relever le défi en utilisant les potentialités des technologies appliquées au droit », *La Semaine Juridique - Édition Générale*, nº 13, 2020, p. 628-634.

AUGAGNEUR Luc-Marie

« D'où jugez-vous ? Un paradoxe entre justice prédictive et réforme de la motivation des décisions », *La Semaine Juridique - Édition Générale*, nº 13, 2018, pp. 582-585.

« Le numérique, outil de simplification de la pratique du droit des affaires », *Droit et Patrimoine*, nº 323, 2022, pp. 30-33.

AZOULAY Warren

« Des machines et des hommes. La guerre n'aura pas lieu », *Droit et société*, vol. 3, nº 3, 2019, pp. 595-607.

BARNIER Julien, JEANDIDIER Bruno et SAYN Isabelle

« Extraire des informations fiables des décisions de justice dans une perspective prédictive », *Jurimétrie*, nº 1, 2022, pp. 89-112.

BARRAUD Boris

« Un algorithme capable de prédire les décisions des juges : vers une robotisation de la justice ? », *Les Cahiers de la justice*, 2017, pp. 121-139.

« Le coup de data permanent : la loi des algorithmes », *Revue des droits et libertés fondamentaux*, 2017, chron. nº 35.

« Avocats et magistrats à l'ère des algorithmes : modernisation ou gadgétisation de la justice ? », *Revue pratique de la prospective et de l'innovation*, nº 2, 2017, pp. 1-5.

« L'algorithmisation de l'administration », *Lamy Droit de l'Immatériel*, nº 150, 2018, pp. 42-54.

« Le droit en datas : comment l'intelligence artificielle redessine le monde juridique », *Lamy Droit de l'Immatériel*, nº 164, 2019, pp. 44-50.

« Les outils de l'intelligence artificielle pour le droit français », *La Semaine Juridique - Édition Générale*, nº 14, 2019, pp. 665-674.

BARTHE Emmanuel

« Les outils de l'intelligence artificielle pour le droit français », *La Semaine Juridique - Édition Générale*, nº 14, 2019, pp. 665-674.

BENSAMOUN Alexandra et DOUVILLE Thibault

« Datajust, une contribution à la transformation numérique de la justice », *La Semaine Juridique - Édition Générale*, nº 19, 2020, pp. 907-910.

BENSOUSSAN Jérémy

« La reconfiguration de la pratique contentieuse du fait de la preuve probabiliste », *Revue Lamy Droit Civil*, nº 164, 2018, pp. 55-59.

BIARD Alexandre
« Justice en ligne ou nouveau Far WWW.EST ? La difficile régulation des plateformes en ligne de règlement extrajudiciaire des litiges », *Revue internationale de droit économique*, t. 33, n° 2, 2019, pp. 165-191.

BILLION Arnaud et GUILLERMIN Mathieu
« Intelligence artificielle juridique : enjeux épistémiques et éthiques », *Cahiers Droit, Sciences & Technologies*, n° 8, 2019, pp. 131-147.

BLANC Nathalie et GAUTIER Pierre-Yves
« Contre 'l'anonymisation' des arrêts publiés : décadence des références de jurisprudence », *Recueil Dalloz*, 2019, p. 1648.

BLERY Corinne et RASCHEL Loïs
« Vers une procédure civile 2.0 ? », *Recueil Dalloz*, 2018, p. 504.

BOLZE Antoine
« Accès aux décisions judiciaires et legaltech », *Dalloz actualité*, 20 février 2019.

BOUCQ Romain
« La justice prédictive en question », *Dalloz actualité*, 14 juin 2017.

BOURDOISEAU Julien
« La réparation algorithmique du dommage corporel : binaire ou ternaire ? », *JurisClasseur Responsabilité civile et Assurances*, n° 5, 2021, pp. 7-9.

BOURGEOIS-DE RYCK Nathalie
« Compte rendu des deux tables rondes », *Journal Spécial des Sociétés*, vol. n° 48, 2017, pp. 5-7.

BOUTEILLE-BRIGANT Magali
« Intelligence artificielle et droit : entre tentation d'une personne juridique du troisième type et avènement d'un 'transjuridisme' », *Petites Affiches*, n° 62, 2018, pp. 7-14.

BOUTHINON-DUMAS Hugues et MASSON Antoine
« Innovation juridique et judiciaire : risques et avantages », *La Lettre des juristes d'affaire*, n° 1383, 2019, p. 3.

BUAT-MENARD Éloi
« La justice dite 'prédictive' : prérequis, risques et attentes - l'expérience française », *Les Cahiers de la justice*, 2019, pp. 269-289.

BUAT-MENARD Éloi et GIAMBIASI Paolo
« La mémoire numérique des décisions judiciaires », *Recueil Dalloz*, 2017, pp. 1483-1489.

BYK Christian
« La réformation numérique de la justice : conflit ou dialogue de normativités ? », *Revue de la recherche juridique*, n° 2, 2020, pp. 682-713.

CADIET Loïc

« L'accès à la justice. Réflexions sur la justice à l'épreuve des mutations contemporaines de l'accès à la justice », *Recueil Dalloz*, 2017, pp. 522-532.

« Les promesses d'une justice dite prédictive reposant sur des décisions de justice déjà rendues sont à tempérer (...) En quelque sorte, c'est le rétrospectif qui fait le prédictif ! », *Revue pratique de la prospective et de l'innovation*, nº 1, 2018, pp. 13-18.

« 'Les conditions de diffusion des décisions de justice représentent un enjeu essentiel de la mise en œuvre du projet de leur mise à disposition du public' », *La Semaine Juridique - Édition Générale*, nº 7, 2018, pp. 290-295.

CADIET Loïc et CHAINAIS Cécile

« Quelle jurisprudence à l'ère des données judiciaires ouvertes ? », *La Semaine Juridique - Édition Générale*, nº 34, 2022, pp. 1301-1305.

« Open data des décisions judiciaires : quelles perspectives pour la jurisprudence ? », *Recueil Dalloz*, 2022, p. 1696.

CASSUTO Thomas

« La justice à l'épreuve de sa prédictibilité », *Actualité Juridique Pénal*, nº 7, 2017, pp. 334-337.

CASTANIER Kévin

« L'open data judiciaire : quelle effectivité pour les plaideurs ? », *Revue juridique de l'Ouest*, nº 3, 2018, pp. 77-91.

CATHALA Bruno

« Nous devons inventer notre propre modèle de motivation », *Semaine Sociale Lamy*, nº 1882, 2019, pp. 9-11.

CAZAUX-CHARLES Hélène

« Rencontre », *Regards Croisés de l'ANA-INHESJ*, nº 3, 2018, pp. 9-14.

CHANTEPIE Gaël

« Le droit en algorithmes ou la fin de la norme délibérée ? », *Dalloz IP/IT*, 2017, pp. 522-526.

CHASSAGNARD-PINET Sandrine

« Les usages des algorithmes en droit : prédire ou dire le droit ? », *Dalloz IP/IT*, 2017, pp. 495-499.

CLEMENT Marc

« Algorithmes au service du juge administratif : peut-on en rester maître ? », *Actualité Juridique Droit Administratif*, 2017, pp. 2453-2460.

CLUZEL-METAYER Lucie

« La loi pour une République Numérique : l'écosystème de la donnée saisi par le droit », *Actualité Juridique Droit Administratif*, 2017, pp. 340-349.

CORNILLE Patrice

« Justice prédictive : est-ce un oxymore ? », *Revue Construction - Urbanisme*, nº 7-8, 2017, pp. 1-2.

COVIAUX Aurélie

« Sans soin ni loi : l'inquiétant projet DataJust », *La Gazette du Palais*, n° 17, 2020, pp. 83-86.

CROZE Hervé

« Justice prédictive. La factualisation du droit. », *La Semaine Juridique - Édition Générale*, n° 5, 2017, pp. 174-175.

« Comment être artificiellement intelligent en droit », *La Semaine Juridique - Édition Générale*, n° 36, 2017, pp. 1498-1500.

« Les influences de l'analyse algorithmique des décisions sur l'office du juge civil », *Procédures*, n° 11, 2019, p. 1.

DECHAUX Raphaël

« L'évolution du service public par l'open data. Retour sur l'exigence de publication des décisions de justice », *Revue française de droit constitutionnel*, n° 1, 2021, pp. e1-e43.

DEFARGE Isabelle

« La justice prédictive : le point de vue d'un magistrat », *Revue des juristes de sciences po*, n° 17, 2019, pp 141-146.

DEFFAINS Bruno

« Le monde du droit face à la transformation numérique », *Pouvoirs*, vol. 3, n° 170, 2019, pp. 43-58.

DEFFAINS Bruno et BALLER Stéphane

« Intelligence artificielle et devenir de la profession d'avocat : l'avenir est présent ! », *Revue pratique de la prospective et de l'innovation*, 2017, pp. 1-7.

DEUMIER Pascale

« La jurisprudence d'aujourd'hui et de demain », *Revue Trimestrielle de Droit Civil*, 2017, pp. 600-606.

« Open Data. Une autre jurisprudence ? », *La Semaine Juridique - Édition Générale*, n° 10, 2010, pp. 473-479.

DHONTE Stéphane

« La justice prédictive ne tuera pas le métier d'avocat », *La Gazette du Palais*, n° 6, 2017, pp. 9-10.

DIEMER Marie-Odile

« Les nouvelles alternatives de la justice administrative en France : justice prédictive et justice amiable », *Revista Brasileira de Políticas Públicas*, vol. 9, n° 1, 2019, pp. 473-482.

DOCHY Marie

« L'indépendance du juge face aux nouvelles technologies », *Revue Justice Actualités*, n° 26, 2021, pp. 62-65.

DONDERO Bruno

« Justice prédictive : la fin de l'aléa judiciaire ? », *Recueil Dalloz*, 2017, pp. 532-538.

DOUTRIAUX Cécile

« La justice prédictive : mythe ou réalité ? », *Revue de la Gendarmerie Nationale*, n° 261, 2018, pp. 101-110.

DOUVILLE Thibault

« Open data des décisions de justice, cinq ans après : état des lieux et perspective », *Légipresse*, 2021, pp. 49-61.

« Datajust devant le Conseil d'État : quels enseignements pour la conception d'outils algorithmiques dans le domaine de la justice ? », *La Gazette du Palais*, n° 12, 2022, pp. 9-11.

DUCLERCQ Jean-Baptiste

« Les algorithmes en procès », *Revue Française de Droit Administratif*, 2018, pp. 131-141.

DUFAU Pierre-Randolph

« Justice prédictive : les professionnels du droit face à l'intelligence artificielle », *IT for Business*, 5 février 2018, disponible en ligne à <https://www.itforbusiness.fr/justice-predictive-les-professionnels-du-droit-face-a-l-intelligence-arti-cielle-17112>.

DUPRE Jérôme et LEVY-VEHEL Jacques

« L'intelligence artificielle au service de la valorisation du patrimoine jurisprudentiel », *Dalloz IP/IT*, 2017, pp. 500-505.

« Algorithmes et data : osons la justice 'quantitative' », *Les Échos*, 7 juin 2017.

EID Isabelle

« Le numérique au coeur des professions juridiques », *Option Finance*, n° 1448, 2018, pp. 47-50.

FATHISALOUT BOLLON Motahareh et RIVOLLIER Vincent

« À propos de DataJust : justesse de l'outil numérique, juste indemnisation des victimes ? », *Revue Lamy Droit Civil*, n° 184, 2020, pp. 18-24.

FERIEL Louis

« L'avenir de la réparation du préjudice. À propos du rapport du Sénat du 22 juillet 2020 sur la réforme de la responsabilité civile », *Revue Responsabilité civile et assurances*, n° 2, 2021, pp. 5-12.

FERRIE Scarlett-May

« Les algorithmes à l'épreuve du droit au procès équitable », *Procédures*, n° 4, 2018, pp. 4-9.

FRICERO Nathalie

« Algorithme, justiciable, juge et avocat : entre perspectives optimistes et menaces inquiétantes ! », *Procédures*, n° 2, 2018, p. 2.

« Collecte, diffusion et exploitation des décisions de justice : quelles limites, quels contrôles ? », *La Semaine Juridique - Édition Générale*, n° 7, 2018, pp. 282-284.

GARAPON Antoine

« Les enjeux de la justice prédictive », *La Semaine Juridique - Édition Générale*, nº 1-2, 2017, pp. 47-51.

« La legaltech, une chance ou une menace pour les professions du droit ? », *Petites Affiches*, nº 186, 2017, pp. 4-6.

« Quand la justice se robotise ! », *Sciences Humaines*, vol. 12309, nº 309, 2018, p. 28.

« Le jugement judiciaire aux prises avec de nouvelles 'formes de vérité' : marché, calcul, numérique », *Archives de Philosophie*, t. 82, 2019, pp. 275-290.

GARAPON Antoine et LASSEGUE Jean

« Autour de Justice Digitale : rencontre avec Antoine Garapon et Jean Lassègue », *Tribonien*, nº 2, 2018, pp. 84-89.

GARAPON Antoine, MOLINIE François, PERCHET Christophe et ROUVIERE Frédéric

« Sybille et la justice prédictive », *Légipresse*, nº 363, 2018, pp. 430-432.

GASNAULT Jean

« Un point sur le traitement numérique des données de jurisprudence », *La Gazette du Palais*, nº 3, 2019, pp. 71-76.

GAUDEMET Yves

« La justice à l'heure des algorithmes », *Revue du droit public*, nº 3, 2018, pp. 651-664.

GAUTIER Pierre-Yves

« Les risques de la dématérialisation », *La Semaine Juridique - Entreprise et Affaires*, nº 25, 2018, pp. 47-49.

« Le filtre intellectuel apporté par la doctrine à l'analyse des décisions de jurisprudence est source de gain de temps pour tous », *La Semaine Juridique - Édition Générale*, nº 3, 2020, pp. 86-88.

« Open data des décisions de justice : quel enjeu pour la doctrine ? », *Légipresse*, 2021, pp. 81-84.

GITTON Antoine

« Intelligence artificielle à l'âge de la COVID 19, pour passer du laboratoire à la République. L'indépendance du juge en question », *Revue Lamy Droit Civil*, nº 173, 2020, pp. 32-36.

GODEFROY Lêmy

« Le code algorithmique au service du droit », *Recueil Dalloz*, 2018, pp. 734-740.

« La performativité de la justice 'prédictive' : un pharmarkon ? », *Recueil Dalloz*, 2018, pp. 1979-1985.

GOSSE Nina

« La justice prédictive face aux exigences de sécurité et de qualité des données », *Droit et Patrimoine*, nº 298, 2020, pp. 49-51.

G'SELL Florence

« Les progrès à petits pas de la 'justice prédictive' en France », *ERA Forum*, vol. 20, n° 5, 2020, pp. 299-310.

GUERANGER François

« Réflexions sur la justice prédictive », *La Gazette du Palais*, n° 13, 2018, pp. 15-17.

GUEVEL Didier

« La technologie : un danger pour le Droit continental ? », *Recueil Dalloz*, 2017, p. 2145.

« Intelligence artificielle et décisions juridictionnelles », *Quaderni fiorentini per la storia del pensiero giuridico moderno*, vol. 1, n° 98, 2019, pp. 51-59.

GUEZILLE Solën et CHATAIN Antoine

« Justice prédictive : entre fantasme et réalité », *Experts*, n° 135, 2017, pp. 4-6.

HANNOTIN Guillaume

« L'encadrement de l'open data des décisions de justice par le Conseil constitutionnel », *La Semaine Juridique - Édition Générale*, n° 13, 2019, pp. 574-576.

HENRY Xavier

« Le renouvellement de l'approche de la jurisprudence. À propos du site du Cerclab », *La Semaine Juridique - Édition Générale*, n° 30-35, 2020, pp. 1436-1442.

« Du positionnement des décisions des juges du fond », *La Semaine Juridique - Édition Générale*, n° 49, 2022, pp. 2246-2248.

HORN Julien

« Exemple d'utilisation d'une solution IA développée par une legaltech dans des contentieux PI - Utilisation de LitiMark », *Dalloz IP/IT*, 2021, pp. 263-267.

HOURSON Sébastien

« La jurisprudence augmentée », *Droit Administratif*, n° 8-9, 2022, pp. 3-4.

HYDE Aurore-Angélique

« Vers une cyberéthique de la justice 'prédictive' », *Dalloz IP/IT*, 2019, pp. 324-328.

« Avocat et intelligence artificielle : quelles obligations, quelles responsabilités ? Réflexion à partir d'une décision de la Cour supérieure de justice de l'Ontario du 22 novembre 2018 », *Recueil Dalloz*, 2019, pp. 2107-2111.

« Droit et intelligence artificielle : quelle régulation du marché pour des outils de justice prévisionnelle dignes de confiance ? Projet de recherche, Mission de recherche droit et justice (déc. 2020-mars 2023) », *La Semaine Juridique - Édition Générale*, n° 6, 2021, pp. 262-265.

IDOUX Pascale

« L'ambivalence du développement des téléservices : de nouveaux services publics ou des services publics numérisés ? », *Revue du droit public*, n° 5, 2020, pp. 1145-1171.

JEAN Jean-Paul

« À l'ère du numérique, ce que le criminel pourrait apprendre au civil en l'état », *Recueil Dalloz*, 2019, pp. 947-955.

JEULAND Emmanuel

« Justice prédictive : de la factualisation au droit potentiel », *Revue pratique de la prospective et de l'innovation*, n° 2, 2017, pp. 15-18.

« Quelques questions d'actualité sur l'office du juge en matière de droit à partir du droit comparé », *La Semaine Juridique - Édition Générale*, supplément au n° 14, 2019, pp. 30-35.

« Justice numérique, justice inique ? », *Les Cahiers de la justice*, 2019, pp. 193-199.

JOMBART Juliette

« L'Open data des décisions de justice en droit pénal », *Droit pénal*, n° 11, 2022, pp. 8-13.

JULIA Guilhem

« Intelligence artificielle et droit », *Droit et Patrimoine*, n° 298, 2020, pp. 31-36.

KETTANI Ghizlane

« Quand l'algorithme écrit le droit : les conséquences de la nouvelle normativité numérique », *Dalloz IP/IT*, 2022, pp. 552-557.

LABBEE Xavier

« La fin du monde, la fin du droit ou la transition juridique ? », *Recueil Dalloz*, 2019, pp. 78-79.

LACOUR Stéphanie et PIANA Diana

« Faites entrer les algorithmes ! Regards critiques sur la 'justice prédictive' », *Cités*, vol. 4, n° 80, 2019, pp. 47-60.

LAMON Bernard

« La profession d'avocat et la justice prédictive : un bel outil pour le développement du droit », *Recueil Dalloz*, 2017, p. 808.

LARREGUE Julien

Gouverner l'institution judiciaire par les nombres : une généalogie de la 'justice prédictive' », *Revue Droit pénal*, n° 4, 2019, pp. 15-19.

LARRET-CHAHINE Louis et MAILLOT Élise

« La justice prédictive : le point de vue d'une plateforme », *Revue des juristes de sciences po*, n° 17, 2019, pp. 147-152.

LARRIERE Stéphane

« Confier le droit à l'intelligence artificielle, le droit dans le mur ? », *Lamy Droit de l'Immatériel*, n° 134, 2017, pp. 38-40.

LASSERRE Marie-Cécile

« L'intelligence artificielle au service du droit : la justice prédictive, la justice du futur ? », *Petites Affiches*, n° 130, 2017, pp. 6-11.

LATASTE Stéphane

« Avocats et legaltechs : quelles responsabilités ? », *La Gazette du Palais*, n° 40, 2017, pp. 44-46.

LEVY-VEHEL Jacques

« L'office du juge : un éclairage via la modélisation mathématique », *Les Cahiers de la justice*, 2020, pp. 741-748.

LEMERCIER Karine

« La casuistique de la relation numérique du justiciable », *Journal international de bioéthique et d'éthique des sciences*, 33, n° 2, 2022, pp. 41-50.

LICOPPE Christian et DUMOULIN Laurence

« Le travail des juges et les algorithmes de traitement de la jurisprudence. Premières analyses d'une expérimentation de 'justice prédictive' en France », *Droit et société*, vol. 3, n° 103, 2019, pp. 535-554.

LOVATO David

« Un pas décisif vers l'open data des décisions de justice », *Lamy Droit de l'Immatériel*, n° 186, 2021, pp. 27-29.

MARTI Gaëlle, CLUZEL-METAYER Lucie et MERABET Samir

« Droit et Intelligence Artificielle », *La Semaine Juridique - Édition Générale*, n° 27, 2020, pp. 1268-1273.

MARTINEAU François

« Juste un mot ? », *La Gazette du Palais*, n° 24, 2018, p. 3.

MAUCLAIR Stéphanie

« L'open data des décisions de justice », *Revue Juridique Personnes et Familles*, n° 6, 2020, pp. 11-14.

MBOW Demba

« Réflexion sur la digitalisation de la justice », *Lamy Droit de l'Immatériel*, n° 177, 2021, pp. 47-52.

MEKKI Mustapha

« If code is law, then code is justice ? Droits et algorithmes », *La Gazette du Palais*, n° 24, 2017, pp. 10-13.

« Le numérique : 'faites entrer le justiciable' ! », *La Gazette du Palais*, n° 2, 2019, p. 3.

« Les fonctions de la responsabilité civile à l'épreuve du numérique : l'exemple des logiciels prédictifs », *Dalloz IP/IT*, 2020, pp. 672-681.

MELLERAY Fabrice

« La justice administrative doit-elle craindre la 'justice prédictive' ? », *Actualité Juridique Droit Administratif*, 2017, p. 193.

MENECEUR Yannick

« Les systèmes judiciaires européens à l'épreuve du développement de l'intelligence artificielle », *Revue pratique de la prospective et de l'innovation*, n° 2, 2018, pp. 11-16.

« Quel avenir pour la 'justice prédictive' ? Enjeux et limites des algorithmes d'anticipation des décisions de justice », *La Semaine Juridique - Édition Générale*, n° 7, 2018, pp. 316-322.

« Open data des décisions de justice. Pour une distinction affirmée entre les régimes de publicité et de publication », *La Semaine Juridique - Entreprise et Affaires*, nº 37, 2019, pp. 29-32.

« DataJust face aux défis de l'intelligence artificielle », *La Semaine Juridique - Édition Générale*, nº 40, 2020, pp. 1708-1714.

« Justice et intelligence artificielle : la confiance naîtra d'une réglementation internationale », *Dalloz IP/IT*, 2021, pp. 247-250.

MENECEUR Yannick et BARBARO Clementina

« Intelligence artificielle et mémoire de la justice : le grand malentendu », *Les Cahiers de la justice*, 2019, pp. 277-289.

MERABET Samir

« 'DataJust' et l'effet papillon. À propos du décret du 27 mars 2020 », *Revue pratique de la prospective et de l'innovation*, nº 2, 2020, p. 22-26.

« La digitalisation pour une meilleure justice », *La Semaine Juridique - Édition Générale*, 2022, nº 1, pp. 12-15.

MESSOUDI Hada

« Open Data et amélioration du dialogue des juges au sein de la juridiction administrative ? », *Revue générale du droit*, 2018, nº 7.

MONEGER Joël

« De la prédiction du droit », *Revue Loyers et copropriétés*, 2017, pp. 1-2.

NOURISSAT Cyril

« Justice prédictive et profession d'avocat : entre fantasme(s) et réalité(s) », *La Semaine Juridique - Édition Générale*, nº 30-35, 2017, pp. 1490-1491.

ORIF Vincent

« La profession d'avocat confrontée au développement des LegalTechs », *Droit et Patrimoine*, nº 298, 2020, pp. 45-48.

PECAUT-RIVOLIER Laure et ROBIN Stéphane

« Justice et intelligence artificielle, préparer demain », *Dalloz actualité*, 15 avril 2020.

PERROUD Thomas, BOURDON Pierre, CLUZEL-METAYER Lucie et RENAUDIE Olivier

« L'open data ou comment accomplir (enfin !) la promesse de la publicité de la justice », *Dalloz actualité*, octobre 2020.

PETITPREZ Eugénie et BIGOT Rodolphe

« Standard humain ou standardisation algorithmique de l'évaluation du dommage corporel ? », *Lexbase Avocat*, 2020.

PEYRON Marie-Aimée

« La Barreau de Paris à l'aune des nouvelles technologies », *Communication - Commerce électronique*, nº 7-8, 2019, pp. 1-2.

PILLET Gilles

« Du Code civil au code informatique : le droit va-t-il cesser d'être raisonnable pour devenir calculable ? », *Revue pratique de la prospective et de l'innovation*, n° 2, 2017, pp. 19-23.

PLESSIX Benoît

« Illegal Tech », *Droit Administratif*, n° 7, 2021, pp. 1-2.

« La justice administrative et l'esprit du siècle », *Commentaire*, vol. 3, n° 179, 2022, pp. 579-586.

POINAS Emmanuel

« Comment les nouvelles technologies ambitionnent de révolutionner la fonction de juger », *Petites Affiches*, n° 75, 2019, pp. 4-6.

PREDICTICE

« Il devient urgent de digitaliser l'activité judiciaire » », *La Revue du Digital*, 4 novembre 2020, disponible en ligne à <https://www.larevuedudigital.com/il-devient-urgent-de-digitaliser-lactivite-judiciaire/>

PREVOST Jean-Baptiste

« Justice prédictive et dommage corporel : perspectives critiques », *La Gazette du Palais*, n° 4, 2018, pp. 43-49.

« La fabrique des données : à propos du codage numérique du droit et de ses limites », *La Gazette du Palais*, n° 3, 2019, pp. 81-86.

RACINE Jean-Baptiste

« La résolution amiable des différends en ligne ou la figure de l'algorithme médiateur », *Recueil Dalloz*, 2018, pp. 1700-1705.

REGIS Nicolas

« L'intentionnalité du juge », *Archives de philosophie du droit*, t. 63, 2021, pp. 463-476.

RIVOLLIER Vincent

« L'open data des décisions de justice : pas tout, pas tout de suite », *Recueil Dalloz*, 2020, pp. 1626-1627.

ROCHER Aurélien

« Considérations d'épistémologie juridique sur les legaltechs », *Revue Trimestrielle de Droit Commercial*, 2022, pp. 13-28.

RORET Nathalie et ACCOMANDO Gilles

« Avocats et magistrats en 2050 : quelle justice demain ? », *Revue pratique de la prospective et de l'innovation*, n° 2, 2021, pp. 5-6.

ROUVIERE Frédéric

« La justice prédictive, version moderne de la boule de cristal », *Revue Trimestrielle de Droit Civil*, 2017, pp. 527-528.

« Le raisonnement par algorithmes : le fantasme du juge-robot », *Revue Trimestrielle de Droit Civil*, 2018, pp. 530-532.

« Jus ex machina : la normativité de l'intelligence artificielle », *Revue Trimestrielle de Droit Civil*, 2019, pp. 217-219.

« Open et Big Data : l'évolution du concept de jurisprudence », *Revue Trimestrielle de Droit Civil*, 2020, pp. 491-492.

« La justice prédictive : peut-on réduire le droit en algorithmes ? », *Pouvoirs*, n° 178, 2021, pp. 97-107.

« La formation des juristes à la justice prédictive est-elle une nécessité ? », *Revue de la Recherche Juridique*, n° 3, 2021, pp. 1744-1752.

ROZEC Philippe et THIEBAUT Louise

« Intelligence artificielle : les limites de la justice prédictive », *Les Échos*, 2 novembre 2017.

SAYN Isabelle

« Connaître la production des juridictions ou prédire les décisions de justice ? », *Les Cahiers de la justice*, 2019, pp. 229-242.

« Des modes algorithmiques d'analyse des décisions de justice, pour quoi faire ? », *Management & Datascience*, vol. 5, n° 2, 2021.

SFADJ Rubin

« L'IA juridique », *Expertises*, 2017, pp. 13-17.

SICARD Frédéric et GAUTIER Pierre-Yves

« L'avenir : pour une dématérialisation réfléchie de l'exercice de la justice », *La Gazette du Palais*, n° 32, 2017, pp. 11-13.

STAHL Jacques-Henri

« 'Open data' et jurisprudence », *Droit Administratif*, n° 11, 2016, pp. 1-2.

« Le juge, le robot et la boule de cristal », *Droit Administratif*, n° 8-9, 2019, pp. 1-2.

SZWARC Catherine

« La justice prédictive : quelle incidence sur la réparation du dommage corporel ! », *Le Journal des Accidents et des Catastrophes*, 29 septembre 2017.

TEBOUL Georges

« La justice prédictive : ses évolutions et nos craintes », *Petites Affiches*, n° 74, 2019, pp. 8-10.

« La justice prédictive : une actualité inquiétante, ou un pari exaltant ? », *La Gazette du Palais*, n° 377, 2020, pp. 12-14.

TERCINET Anne M.

« Réflexions sur la justice prédictive en France à l'aune du rapport CEPEJ 2018 », *La Semaine Juridique - Entreprise et Affaires*, n° 6, 2019, pp. 27-32.

VALLEZ Nathalie

« Nathalie Malicet, 'Pour une plateforme publique' », *Échos judiciaires girondins*, n° 6618-6619, 2019, pp. 5-6.

VARA Sandrine

« Automatisation de l'évaluation des préjudices corporels », *Expertises*, n° 458, 2020, pp. 244-247.

VIAUT Laura

« Quand l'avenir se condamne au passé : la justice prédictive face au problème de la prophétie auto-réalisatrice », *Petites Affiches*, n° 152, 2020, pp. 3-4.

« Le raisonnement juridique algorithmique », *Petites Affiches*, n° 167-168, 2020, pp. 7-8.

« Droit et algorithme : réflexion sur les nouveaux processus décisionnels », *Petites Affiches*, n° 177-178, 2020, pp. 8-13.

« Jugement humain et jugement scientifique : le raisonnement juridique par algorithme va-t-il transformer la vérité judiciaire ? », *Petites Affiches*, n° 189, 2020, pp. 15-17.

« Les fonctions de l'intelligence artificielle dans les décisions de justice », *Petites Affiches*, n° 261, 2020, pp. 21-23.

« Datajust ou l'analyse algorithmique de la jurisprudence », *Revue Justice Actualités*, n° 26, 2021, pp. 52-55.

« Les modèles mathématiques probabilistes au service de la justice quantitative », *Petites Affiches*, n° 33, 2021, pp. 20-22.

« L'évaluation des préjudices corporels par algorithmes », *Petites Affiches*, n° 107, 2021, pp. 10-12.

« Jurisprudence et algorithme », *Petites Affiches*, n° 4, 2022, p. 26-28.

VIGNEAU Vincent

« Le passé ne manque pas d'avenir », *Recueil Dalloz*, 2018, pp. 1095-1103.

« Faudra-t-il encore des juges ? », *Annales Médico-psychologiques*, vol. 180, n° 1, 2021, pp. 51-56.

« Faut-il encore des juges ? », *Revue de Jurisprudence Commerciale*, n° 1, 2019, pp. 1-16.

VIGOROUX Christian

« Open data et juge administratif », *La Semaine Juridique - Édition Générale*, n° 9, 2017, pp. 29-32.

WICKERS Thierry

« L'intelligence artificielle et la justice. Les applications possibles et le cadre de déploiement », *Cahiers de droit de l'entreprise*, n° 4, 2019, pp. 33-36.

ZORN Caroline et BORG Fabien

« De la justice prédictive à la justice pré-conditionnée », *Justice*, 2017, pp. 24-25.

Articles de presse

BENSOUSSAN Alain

« Procès 'intelligent' : quels outils prédictifs pour quelles règles du jeu ? », *Droit des technologies avancées*, *Figaro blog*, 25 octobre 2017, disponible en ligne à <https://blog.lefigaro.fr/bensoussan/2017/10/proces-intelligent-quels-outils-predictifs-pour-quelles-regles-du-jeu.html>.

BERTHET Vincent

« IA, l'erreur restera humaine ! », *La Tribune*, 22 septembre 2018, disponible en ligne à <https://www.latribune.fr/opinions/tribunes/ia-l-erreur-restera-humaine-791100.html>.

BORE Louis

« La justice prédictive et l'égalité devant la loi », *Binaire*, 26 avril 2018, disponible en ligne à <https://www.lemonde.fr/blog/binaire/2018/04/26/la-justice-predictive-et-legalite-devant-la-loi/>.

BRACI Antoine

« Les 'legaltech' illustrent le rapport ambigu que le secteur numérique entretient avec le droit », *Le Monde (web)*, 18 septembre 2019, disponible en ligne à <https://www.lemonde.fr/idees/article/20 19/09/18/les-legaltech-illustrent-le-rapp ort-ambigu-que-le-secteur-numerique- entretient-avec-le-droit_5511696_323 2.html>.

BUSTAMANTE Nicolas

« Les algorithmes ne remplaceront pas les avocats, ils travailleront pour eux », *THIRD*, nº 1, 2018, disponible en ligne à <https://third.digital/gouverne-algorithmes/les-algorithmes-ne-remplaceront-pas-les-avocats-ils-travailleront-pour-eux/>.

DEFFAINS Bruno, MENECEUR Yannick et RAMONDOU Rémi

« Open data des décisions de justice : mythes et malentendus », *Les Échos*, 22 février 2019, disponible en ligne à <https://www.lesechos.fr/tech-medias/intel-%20ligence-artificielle/open-data-des-decisions-%20de-justice-mythes-et-malentendus-992690>.

DUPRE Jérôme et LEVY-VEHEL Jacques

« Les bénéfices de la justice prédictive », *La Tribune*, 26 février 2016, disponible en ligne à <https://www.latribune.fr/opinions/tribunes/les-benefices-de-la-justice-predictive-552597.html>.

GAMET Laurent

« Justice prédictive et droit social », *Les Échos*, 12 juin 2018, disponible en ligne à <https://www.lesechos.fr/idees-debats/cercle/justice-predictive-et-droit-social-133392>.

GARAPON Antoine

« La justice prédictive risque de transformer la liberté en destin », *Le Point*, 20 septembre 2017.

KIRAT Thierry

« L'intelligence artificielle, l'avocat et le juge », *La Tribune*, 12 octobre 2017, disponible en ligne à <https://www.latribune.fr/opinions/tribunes/l-intelligence-artificielle-l-avocat-et-le-juge-753822.html>.

LAZARD Jean-Marc

« Justice Prédictive : le Fantasme d'une Justice Algorithmique », *Forbes*, 7 août 2020, disponible en ligne à <https://www.forbes.fr/politique/justice-predictive-le-fantasme-dune-justice-algorithmique/?cn-reloaded=1>.

LEVY-VEHEL Jacques

« La mise à disposition massive des décisions de justice aura plus d'effets négatifs que positifs », *La Revue du Digital*, 17 octobre 2020, disponible en ligne à <https://www.larevuedudigital.com/la-mise-a-disposition-massive-des-decisions-de-justice-aura-plus-deffets-negatifs-que-positifs/>.

MENECEUR Yannick

« L'intelligence artificielle, en peine pour traiter les mots de la justice », *AOC*, 24 février 2022, en ligne <https://aoc.media/analyse/2022/02/23/lintelligence-artificielle-en-peine-pour-traiter-les-mots-de-la-justice/>

PAPA TECHERA Fabrizio

« "Les données de justice ne sont ni suffisamment, ni facilement accessibles" », *La Revue du digital*, 23 septembre 2020, disponible en ligne à <https://www.larevuedudigital.com/les-donnees-de-justice-ne-sont-ni-suffisamment-ni-facilement-accessibles/>.

RIVOLLIER Vincent et QUEZEL-AMBRUNAZ Christophe

« Et si les juges utilisaient mieux les mathématiques pour décider des indemnités aux victimes ? », *The Conversation*, 13 novembre 2022, disponible en ligne à <https://theconversation-com.cdn.ampproject.org/c/s/theconversation.com/amp/et-si-les-juges-utilisaient-mieux-les-mathematiques-pour-decider-des-indemnites-aux-victimes-193774>.

ROQUILLY Christophe

« Justice prédictive, entre séduction et répulsion », *The Conversation*, 3 septembre 2019, disponible en ligne à <https://theconversation.com/justice-predictive-entre-seduction-et-repulsion-122805>.

« Le juriste augmenté ou l'addition de 'plusieurs formes d'intelligence' », *Le Point*, 28 juillet 2020.

SAINATI Gilles

« Intelligence artificielle judiciaire, la tentation disciplinaire », *Blog Mediapart*, 10 mars 2019, disponible en ligne à <https://blogs.mediapart.fr/gillessainati/blog/100319/intelligence-artificielle-judiciaire-la-tentation-disciplinaire>.

Autres articles

DIALLO Issiaga

« Les enjeux de la justice prédictive », 2020, disponible en ligne à <https://hal.archives-ouvertes.fr/hal-02563645>.

ZAMBRANO Guillaume

« Précédents et prédictions jurisprudentielles à l'ère des Big Data : parier sur le résultat probable d'un procès », 2015, disponible en ligne à <https://halshs.archives-ouvertes.fr/AO-DROIT/hal-01496098v1>.

Billets de blog, pages internet

BUSTAMANTE Nicolas

« 'Un logiciel ne remplacera jamais un juge' Interview de Xavier Ronsin, 1er président de la CA Rennes », *Blog Doctrine.fr*, 29 mars 2017, disponible en ligne à <https://blog.doctrine.fr/un-logiciel-ne-remplacera-jamais-un-juge-interview-de-xavier-ronsin-1er-pr%C3%A9sident-de-la-ca-cf6d403c0d4e>.

CHOMIAS DE SAS Pierre-Xavier

« Justice prédictive & DataJust : l'enjeu de l'accès et analyse des décisions de justice », *LexWeb*, 22 janvier 2021, disponible en ligne à <http://www.lexweb.fr/justice-predictive-datajust-lenjeu-de-lacces-et-analyse-des-decisions-de-justice/>.

COHEN SOLAL Bernard

« Justice prédictive : évolution des métiers d'avocat et de magistrat », *Journal du Net*, 4 novembre 2020, disponible en ligne à <https://www.journaldunet.com/web-tech/start-up/1495035-justice-predictive-evolution-des-metiers-d-avocat-et-de-magistrat/>.

COVIAUX Aurélie

« Datajust : 'Plutôt que de faire de la justice prédictive, il faut engager une démarche d'indexation et de tri des décisions' », *Actu-Juridique*, 27 janvier 2022, disponible en ligne à <https://www.actu-juridique.fr/civil/responsabilite-civile/datajust-plutot-que-de-faire-de-la-justice-predictive-il-faut-engager-une-demarche-dindexation-et-de-tri-des-decisions/>.

DENIMAL Marie

« 'Data just' ou la résurgence de la justice prédictive », *Village de la Justice*, 19 mai 2020, disponible en ligne à <https://www.village-justice.com/articles/data-just-resurgence-justice-predictive,35388.html>.

DESFONTAINES Charlotte

« 'DataJust' : vers une justice prédictive ? », *Soulier Avocats*, 22 avril 2020, disponible en ligne à <https://www.soulier-avocats.com/datajust-vers-une-justice-predictive/>.

DREY Fabien

« Notation des avocats, algorithmes et open data des décisions de justice : les liaisons dangereuses », *Village de la Justice*, 14 août 2019, disponible en ligne à <https://www.village-justice.com/articles/spip.php?page=imprimer&id_article=32216>.

DUPRE Jérôme et LEVY-VEHEL Jacques

« Les bénéfices de la justice prédictive », *Village de la Justice*, 19 février 2016, disponible en ligne à <https://www.village-justice.com/articles/spip.php?page=imprimer&id_article=21523>.

GOUDENEGE-CHAUVIN Sylvia

« Dommages corporels et justice prédictive : un amour impossible ? », *Village de la Justice*, 27 janvier 2022, disponible en ligne à <https://www.village-justice.com/articles/dommages-corporels-justice-predictive-amour-impossible,41472.html>.

GUEZILLE Solën

« Justice prédictive : réalité et prospectives », *Affiches parisiennes*, 1 décembre 2017, disponible en ligne à <https://www.affiches-parisiennes.com/justice-predictive-realite-et-prospectives-7587.html>.

JOSEPH-OUDIN Charles

« 'Datajust' : création d'un traitement automatisé de données à caractère personnel », *Village de la Justice*, 4 mai 2020, disponible en ligne à <https://www.village-justice.com/articles/spip.php?page=imprimer&id_article=35102>.

LADREIT DE LACHARRIERE Pierre

« Open Data des décisions de justice », *Ladreit de Lacharrière Avocats*, 6 juillet 2020, disponible en ligne à <https://www.ladreit-de-lacharriere-avocats.fr/droit-public/open-data-des-décisions-de-justice/>.

LAMON Bernard

« Datajust : juste de la data ? », *Nouveau Monde avocats*, 29 mars 2020, disponible en ligne à <https://www.blog-nouveaumonde-avocats.com/datajust-juste-de-la-data/>.

LETTERON Roseline

« Justice prédictive : le retour du Grand Augure », *Liberté, libertés chéries*, 28 février 2017, disponible en ligne à <http://libertescheries.blogspot.com/2017/02/justice-predictive-le-retour-du-grand.html>.

LEURENT Olivier

« Justice et legaltech : un moyen de réaffirmer la 'valeur ajoutée' du juge ? », *Village de la Justice*, 18 septembre 2018, disponible en ligne à <https://www.village-justice.com/articles/spip.php?page=imprimer&id_article=29395>.

MAINGUY Daniel

« Regard prédictif sur la justice prédictive », *Blog de Daniel Mainguy*, 14 mars 2017, disponible en ligne à <https://www.daniel-mainguy.fr/2017/02/regard-predicitf-sur-la-justice-predictive.html>.

MATHIS Bruno

« La justice prédictive est compliquée mais pas dangereuse », *Village de la Justice*, 6 février 2018, disponible en ligne à <https://www.village-justice.com/articles/spip.php?page=imprimer&id_article=27118>.

« Du mythe de la justice prédictive au contrôle de réutilisation des décisions de justice », *Liberté, libertés chéries*, 22 octobre 2021, disponible en ligne à <http://libertescheries.blogspot.com/2021/10/les-invites-de-llc-bruno-mathis-du.html>.

MAZEAUD Nora et FARAH Manel

« Publication controversée du décret portant création de la base de données 'Datajust' : vers une justice prédictive en matière d'évaluation du préjudice corporel ? », *Squire Patton Boogs - La revue*, 27 avril 2020, disponible en ligne à <https://larevue.squirepattonboggs.com/publication-controversee-du-decret-portant-creation-de-la-base-de-donnees-datajust-vers-une-justice-predictive-en-matiere-devaluation-du-prejudice-corporel.html>.

MENECEUR Yannick

« Datajust face aux limites structurelles de l'intelligence artificielle », *Les Temps Électriques*, 19 juin 2020, disponible en ligne à <https://lestempselectriques.net/index.php/2020/06/19/datajust-face-aux-limites-structurelles-de-lintelligence-artificielle/>.

« Intelligence artificielle et justice : le grand malentendu », *Institut Sapiens*, 13 octobre 2020, disponible en ligne à <https://www.institutsapiens.fr/intelligence-artificielle-et-justice-le-grand-malentendu/>.

« Jurimétrie : aléa judiciaire dirigé », *Temps Électriques*, 22 avril 2022, disponible en ligne à <https://lestempselectriques.net/index.php/2022/04/22/jurimetrie-lalea-judiciaire-dirige/>.

« L'IA dans la justice ne peut pas avoir réponse à tout », *Acteurs Publics*, 13 janvier 2022, disponible en ligne à <https://www.acteurspublics.fr/articles/yannick-meneceur-lia-dans-la-justice-ne-peut-pas-avoir-reponse-a-tout>.

SELEGNY Stéphane

« La justice prédictive est née », *Blog de Me Stéphane SELEGNY*, 20 mai 2019, disponible en ligne à <https://consultation.avocat.fr/blog/stephane-selegny/article-28064-la-justice-predictive-est-nee.html>.

STORCHAN Victor, BASDEVANT Adrien et JEAN Aurélie

« IA : 'Les acteurs techniques doivent travailler avec les acteurs de la justice' », *Actu Juridique*, 15 septembre 2021, disponible en ligne à <https://www.actu-juridique.fr/professions/intelligence-artificielle-les-acteurs-techniques-doivent-travailler-avec-les-acteurs-de-la-justice/>.

TEBOUL Georges

« La justice prédictive va-t-elle tuer le procès ? », *Actu-Juridique*, 26 avril 2021, disponible en ligne à <https://www.actu-juridique.fr/justice/la-justice-predictive-va-t-elle-tuer-le-proces/>.

VIRIOT Dominique

« La justice prédictive en droit social, opportunité ou danger », *Focus RH*, 17 décembre 2019, disponible en ligne à <https://www.focusrh.com/actualites-rh/en-direct-de-rhm/la-justice-predictive-en-droit-social-opportunite-ou-danger-32556.html>.

VONDERSCHER Jessica

« Data et Justice : quelles données pour quels enjeux ? », *Cercle K2*, 6 décembre 2022, disponible en ligne à <https://cercle-k2.fr/etudes/groupe-k2-data-et-justice-quelles-donnees-pour-quels-enjeux>.

Interventions orales

ARENS Chantal

« Discours d'ouverture », intervention lors du colloque Quelles professions réglementées du droit pour demain ? à la Cour de cassation, 7 novembre 2019, disponible en ligne à <https://www.courdecassation.fr/toutes-les-actualites/2019/11/07/quelles-professions-reglementees-du-droit-pour-demain-chantal>.

JEAN Jean-Paul

« Penser les finalités de la nécessaire ouverture des bases de données de jurisprudence », intervention à la Cour de cassation, 14 octobre 2016, disponible en ligne à <https://www.courdecassation.fr/IMG///Open%20data,%20par%20Jean-Paul%20Jean.pdf>.

MARMOZ Franck

« Justice prédictive, de la fiction à la réalité, quelles conséquences pour les professions du droit ? », intervention lors du colloque Intelligence artificielle et droit organisé à Alger 1, novembre 2018, disponible en ligne à <https://hal-univ-lyon3.archives-ouvertes.fr/hal-02086767>.

PIREYRE Bruno

« L'accessibilité aux jugements de tribunaux en ligne : le point et des interrogations », intervention lors de la Conférence du Réseau francophone des Conseils de la magistrature française de Dakar, 7 novembre 2017, disponible en ligne <https://www.courdecassation.fr/IMG/INTERV%20B%20PIREYRE%20CONF%20RFCMJ%20DAKAR%2008-11-2017.pdf>.

« Allocution d'ouverture », présentation lors du colloque Un monde judiciaire augmenté par l'intelligence artificielle ?, 25 juin 2019, disponible en ligne à <https://www.courdecassation.fr/toutes-les-actualites/2019/06/25/un-monde-judiciaire-augmente-par-lintelligence-artificielle>.

Documents commerciaux

DALLOZ et CASE LAW ANALYTICS

« (Pré-)contentieux et analyse du risque. Les nouveaux outils pour bâtir et argumenter votre stratégie, provisionner le risque et communiquer avec vos clients », *Dalloz*, 2020, disponible en ligne à <https://www.boutique-dalloz.fr/pre-contentieux-et-analyse-du-risque-lb.html>.

PREDICTICE

« Consultation intelligence artificielle & droit » 2020.

Annexe 2.2 : Résultats du traitement quantitatif

Annexe 2.2.1 : Composition du discours

T.1 : Composition du corpus général (en nombre de contributions, d'auteurs et en proportion)

	Discours académique	Discours praticien	Discours *Legaltech*	TOTAL
Nombre de contributions	284	183	28	**486**[2]
Proportion	58 %	38 %	6 %	-
Nombre d'auteurs	175	136	11	**322**
Proportion	54 %	42 %	3 %	-

[2] Le nombre total de contributions ne correspond pas l'addition des contributions de chaque discours dans la mesure où certains écrits sont comptés à la fois au sein du discours académique et du discours praticien. Ce sera le cas toutes les fois où une contribution aura été rédigée par un universitaire *et* par un praticien.

G.1 : Composition du corpus général (en nombre de contributions et d'auteurs)

Représentation des trois discours (en nombre de contributions)

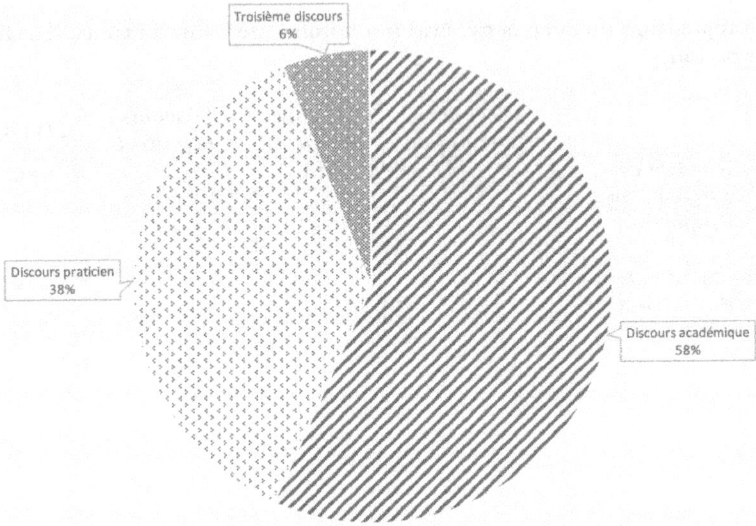

Représentation des trois discours (en nombre d'auteurs)

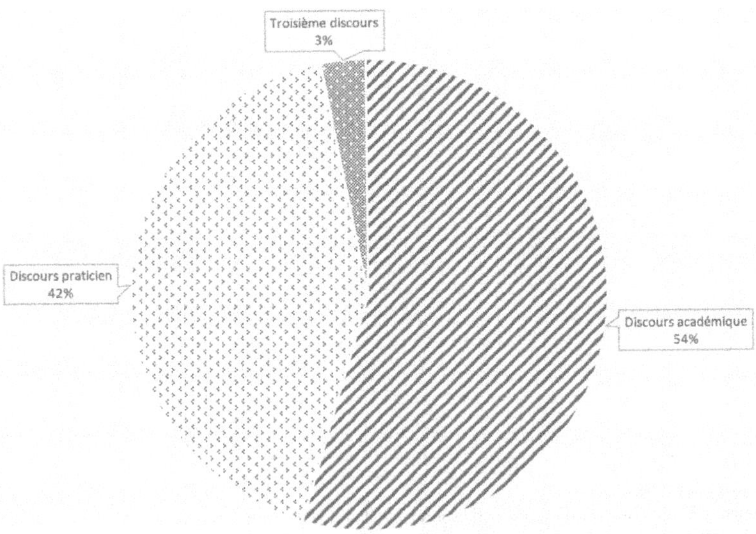

T.2 : Composition du discours universitaire (en nombre d'auteurs)

	Droit privé	Droit public	Histoire du droit	Autre	TOTAL
Professeurs agrégés	58	14	0	0	72
Maîtres de Conférence	35	7	1	0	43
Docteurs et enseignants-chercheurs contractuels	17	2	0	0	19
Doctorants	11	5	0	1[3]	17
Autres	2[4]	0	0	23[5]	24
TOTAL	122	28	1	23	175
PROPORTION	70 %	16 %	0,6 %	13 %	100 %

[3] En économie.
[4] Chiffre incluant un étudiant de Master 1 et un étudiant de Master 2
[5] Nombre incluant quatre directeurs de recherches au CNRS (en sociologie, droit, informatique et philosophie), un chercheur en philosophie du droit non rattaché à une Université ou au CNRS, un enseignant-chercheur en sociologie, un enseignant-chercheur en psychologie cognitive, quatre enseignants-chercheurs en informatique, neuf enseignants-chercheurs en économie et deux ingénieurs d'études.

G.2 : Composition du discours universitaire (en proportion d'auteurs)

Répartition des auteurs selon leur discipline de rattachement

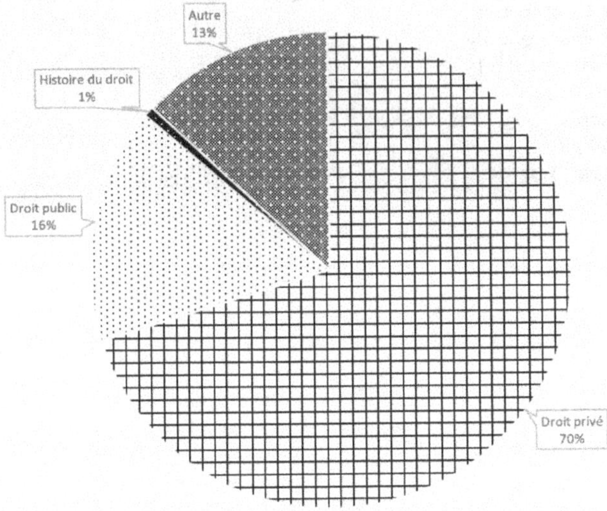

Répartition des auteurs selon leur statut

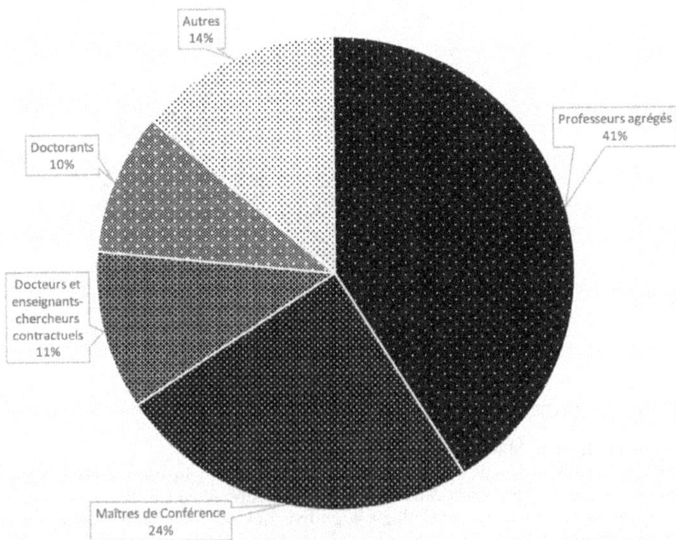

T.3 : Composition du discours praticien (en nombre d'auteurs)

	Magistrats	Avocats	Autres professionnels	TOTAL
Juridictions suprêmes, internationales et Chancellerie	29	-	-	-
Juridiction du fond	23	-	-	-
TOTAL	52	66	18	136
PROPORTION	38 %	49 %	13 %	100 %

G.3 : Composition du discours praticien (en proportion d'auteurs)

Répartition des auteurs selon leur pratique professionnelle

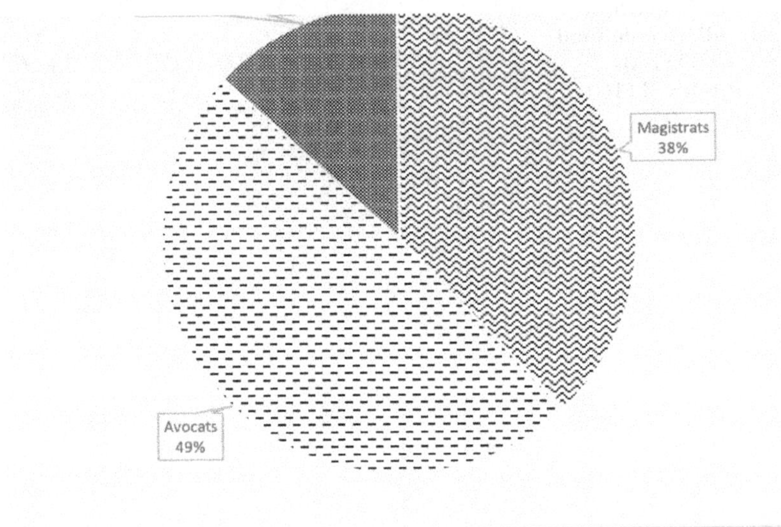

Répartition des auteurs selon leur pratique professionnelle et leur juridiction d'attache

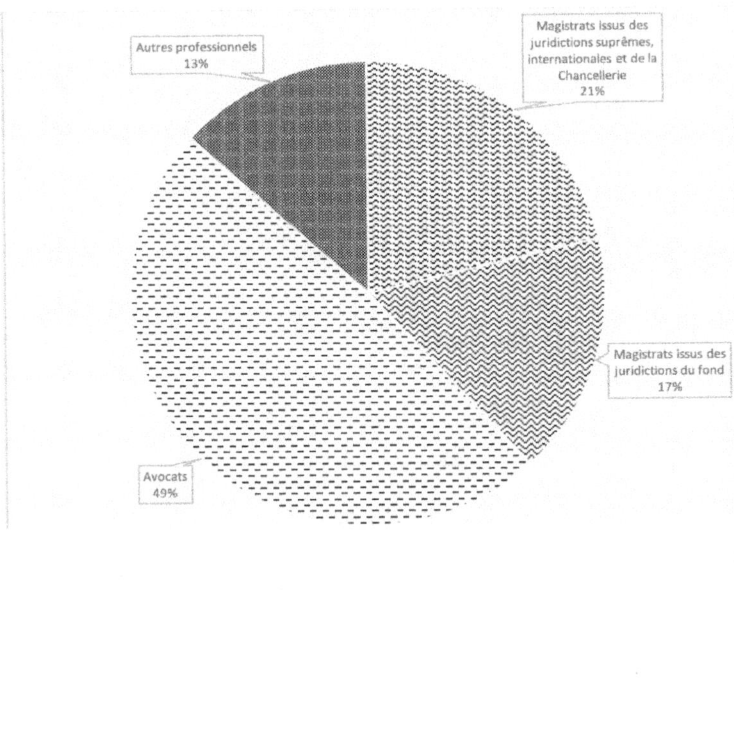

Annexe 2.2.2 : Représentativité du discours général

G.4 : Bibliométrie du discours doctrinal général

G.4.1 : Visualisation comparative (en nombre de contributions)

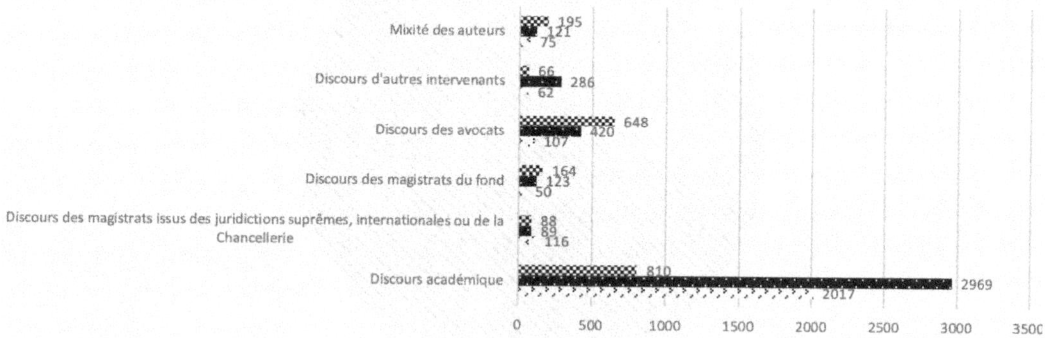

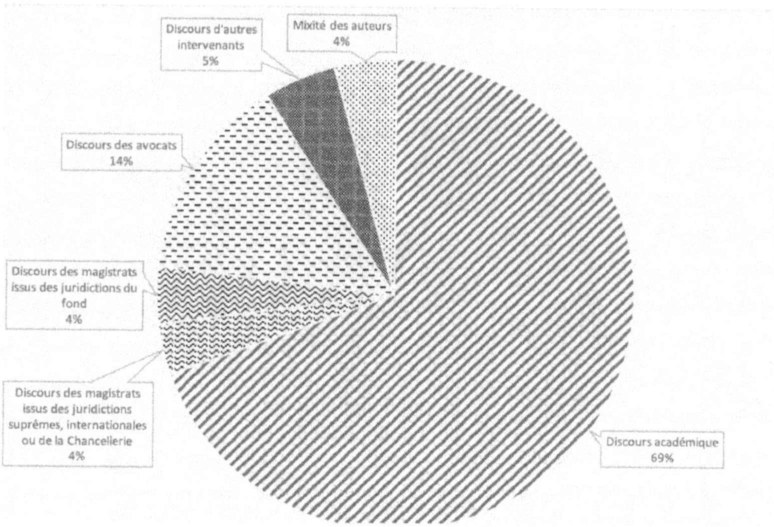

G.5 : Bibliométrie du *Recueil Dalloz* (en proportion de contributions)

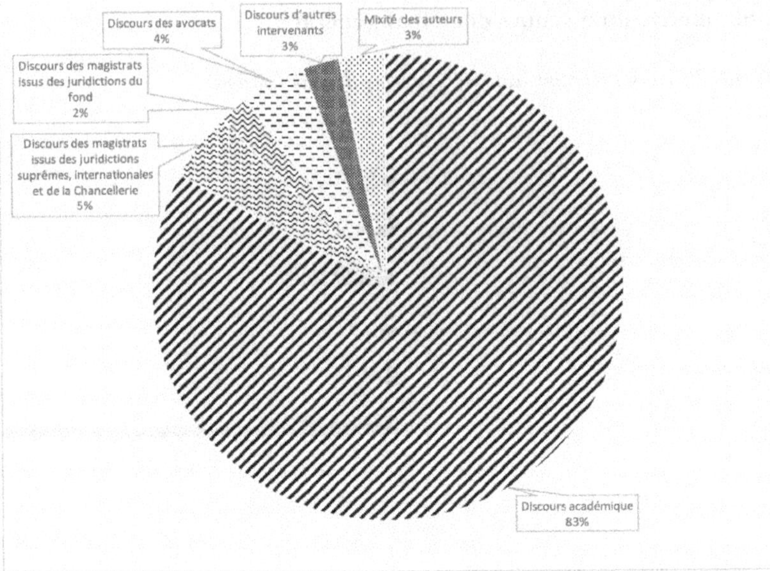

G.6 : Bibliométrie de la *Semaine Juridique, édition générale* (en proportion de contributions)

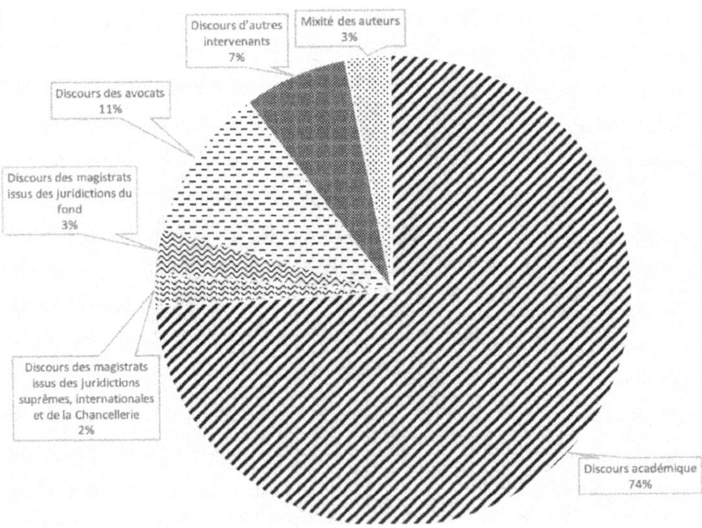

G.7 : Bibliométrie de la *Gazette du Palais* (en proportion de contributions)

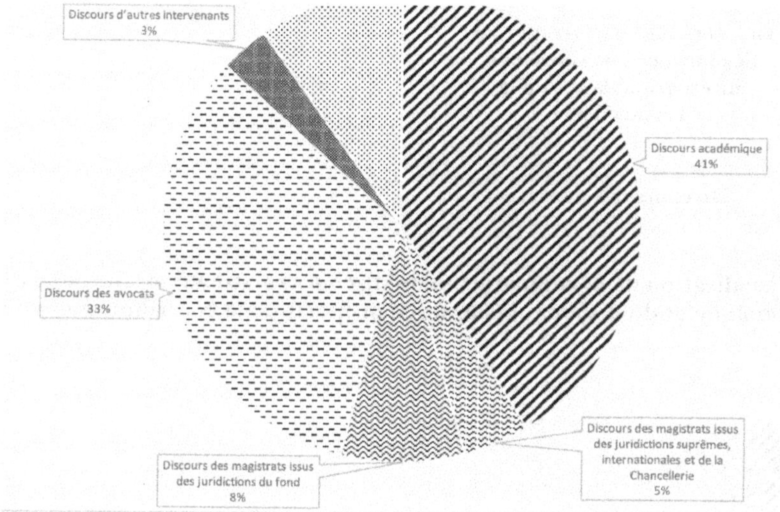

T.4 : Comparaison du discours relatif aux outils de justice algorithmique et du discours général (en proportion de contributions)

	Proportion du discours général	Proportion du discours relatif aux outils de justice algorithmique
Discours des magistrats issus des juridictions suprêmes, internationales et de la Chancellerie	4 %	11 %
Discours des avocats	15 %	15 %

G.8 : Visualisation de la comparaison du discours relatif aux outils de justice algorithmique et du discours général (en proportion de contributions)

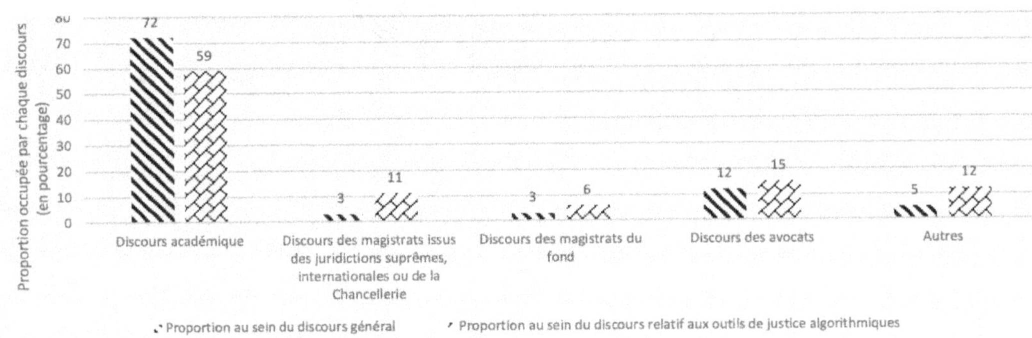

[6] Sont ici incluses les contributions rédigées par la catégorie « autres professionnels » ainsi que celles intégrées au discours *Legaltech*.

Annexe 2.2.3 : Représentativité du discours académique

G.9 : Composition du discours doctrinal académique

Voir annexe 1.2.1, T2 et G2.

G.10 : Composition des sections de droit en 2021[7] (en proportion d'effectifs)

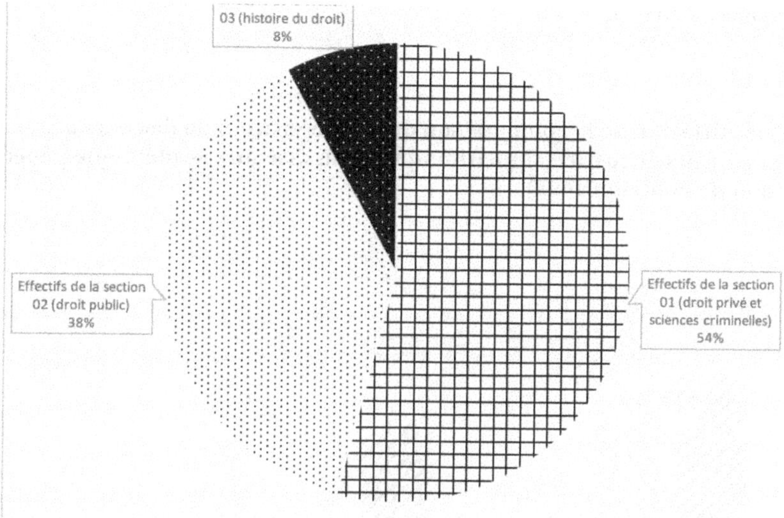

[7] Chiffres tirés de « Fiches démographiques des sections de droit — année 2021 », Ministère de l'enseignement supérieur et de la recherche, disponible en ligne à <https://www.enseignementsup-recherche.gouv.fr/fr/fiches-demographiques-des-sections-de-droit-annee-2021-87620>.

T.5 : Comparaison de la composition du discours académique relatif aux outils de justice algorithmique et du discours académique général (en proportion de contributions)

	Proportion du discours académique général	Proportion du discours académique relatif aux outils de justice algorithmique[8]
Discours de droit privé	54 %	81 %
Discours de droit public	38 %	18 %
Discours d'histoire du droit	8 %	1 %

G.11 : Visualisation de la comparaison de la composition du discours académique relatif aux outils de justice algorithmique et du discours académique général (en proportion de contributions)

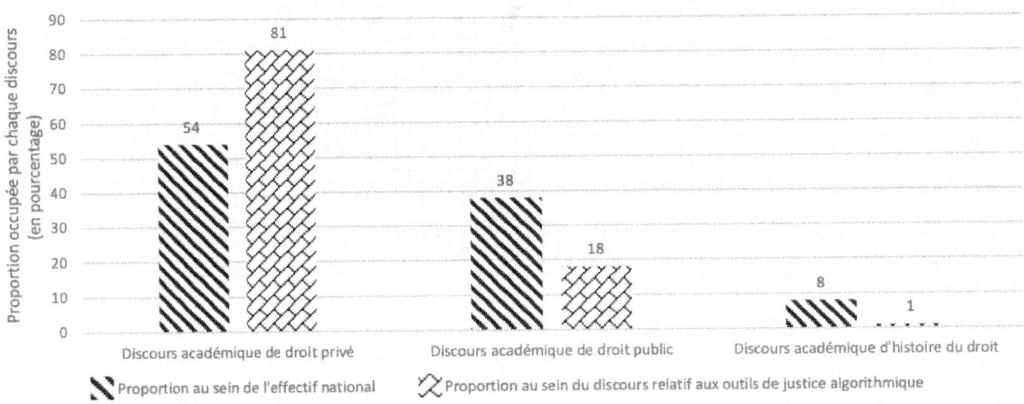

[8] Ce calcul exclut la part du discours académique produite par des enseignants-chercheurs des disciplines non juridiques.

Annexe 2.2.4 : Mobilisation des arguments

T.6 : Récapitulatif général ; mobilisation des arguments (en nombre et en proportion de contributions)

Sous-discours	Arguments	Contributions mobilisant l'argument	Proportion
Incompatibilité juridique	Sécurité juridique ; accessibilité du droit	343	71 %
	Incitation à l'usage des MARDs	256	53 %
	Sécurité juridique ; prévisibilité du droit	335	69 %
	Accès au juge	113	23 %
	Arguments technico-juridiques	254	52 %
	Effet « performatif »	318	65 %
	Égalité des parties	68	14 %
	Indépendance/impartialité	222	46 %
Incompatibilité systémique	Argument « *common law* »	209	43 %
Incompatibilité culturelle	Effet « factualisant »	146	30 %
	Champ lexical de la masse	251	52 %

G.12 : Récapitulatif général ; mobilisation des arguments (en nombre de contributions)

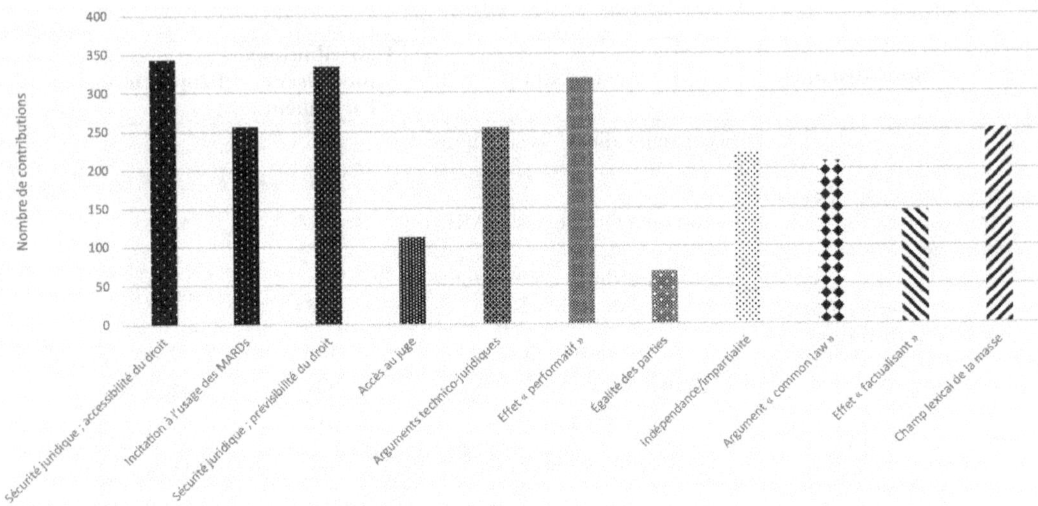

T.7 : Mise en rapport des valeurs

T.7.1 : Mobilisation des arguments relatifs aux principes fondamentaux de la justice[9] *(en nombre et proportion de contributions)*

Part des cinq arguments mobilisée	Nombre de contributions	Proportion
Aucun	12	2,5 %
Un sur cinq	63	13 %
Deux sur cinq	106	22 %
Trois sur cinq	117	24 %
Quatre sur cinq	92	19 %
Tous	96	20 %

[9] Pour rappel, il s'agit des principes de sécurité juridique dans ses deux versants (accessibilité au droit et prévisibilité du droit), de l'incitation à l'usage des MARDs, de l'argument tiré d'un effet « performatif » des outils de justice algorithmique et des risques relatifs aux principes d'impartialité et d'indépendance.

T.7.2 : Mobilisations simultanées (en nombre et proportion de contributions)

Interactions contradictoires	Nombre de contributions	Proportion[10]
Mobilisation à la fois des principes d'impartialité et d'indépendance et des composantes de la sécurité juridique	137	62 %
Mobilisation à la fois des risques relatifs aux principes d'impartialité et d'indépendance et de l'apport en prévisibilité	167	75 %
Mobilisation à la fois de l'incitation à la mobilisation des MARDs et des risques relatifs au principe d'accès au juge	90	35 %
Mobilisation à la fois de l'argument tiré d'un effet « performatif » des outils de justice algorithmique et de l'argument « *common law* »	155	49 %
Mobilisation à la fois des risques relatifs aux principes d'impartialité et d'indépendance et de l'argument « *common law* »	105	47 %

[10] Ce pourcentage est calculé relativement à la mobilisation totale du premier argument mentionné (et donc pas relativement à l'intégralité des contributions).

G.13 : Mise en rapport des valeurs

G.13.1 : Mobilisation des arguments relatifs aux principes fondamentaux de la justice (en proportion de contributions)

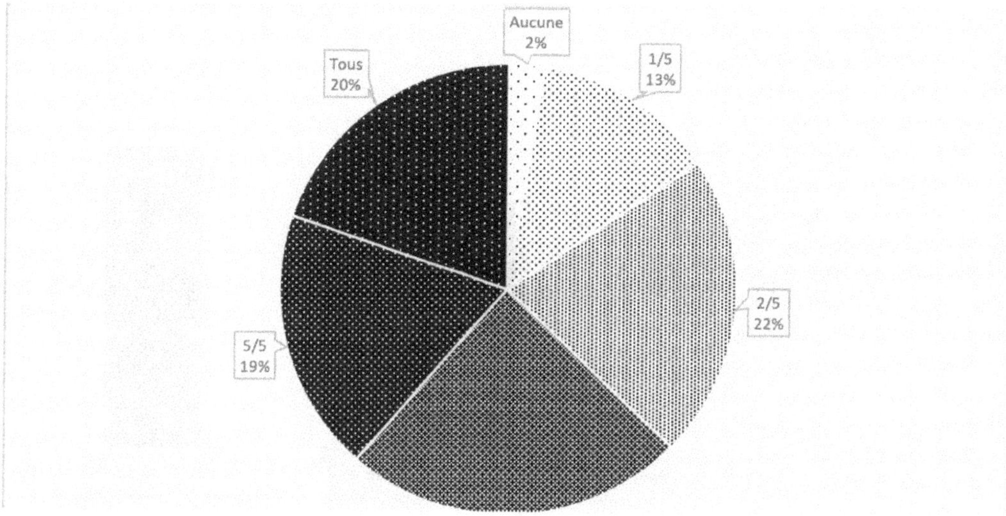

G.13.2 : Mobilisations simultanées

G.13.2.1 : Mobilisation des principes d'indépendance et impartialité et des composantes de la sécurité juridique (en nombre de contributions)

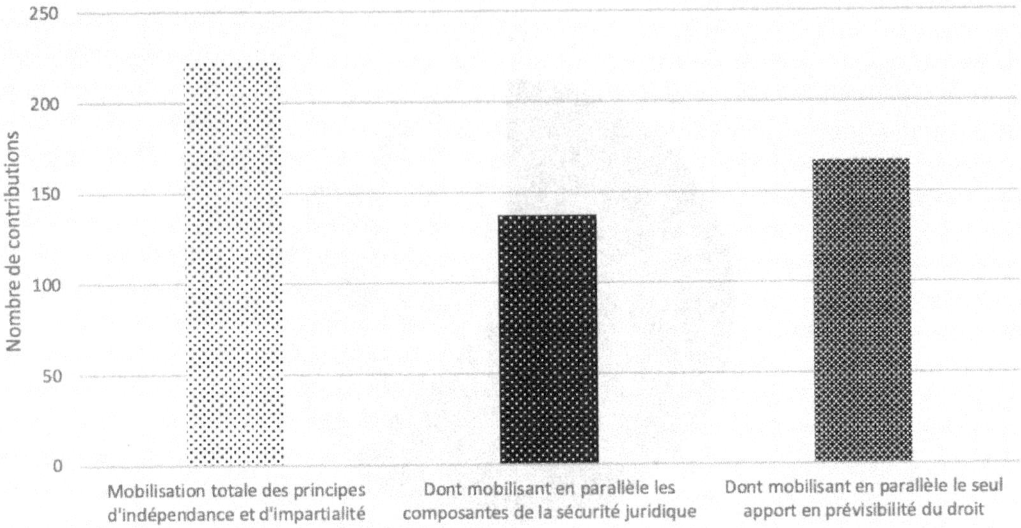

G.13.2.2 : Mobilisation du principe d'accès au juge et de l'effet incitatif à l'utilisation des MARDs (en nombre de contributions)

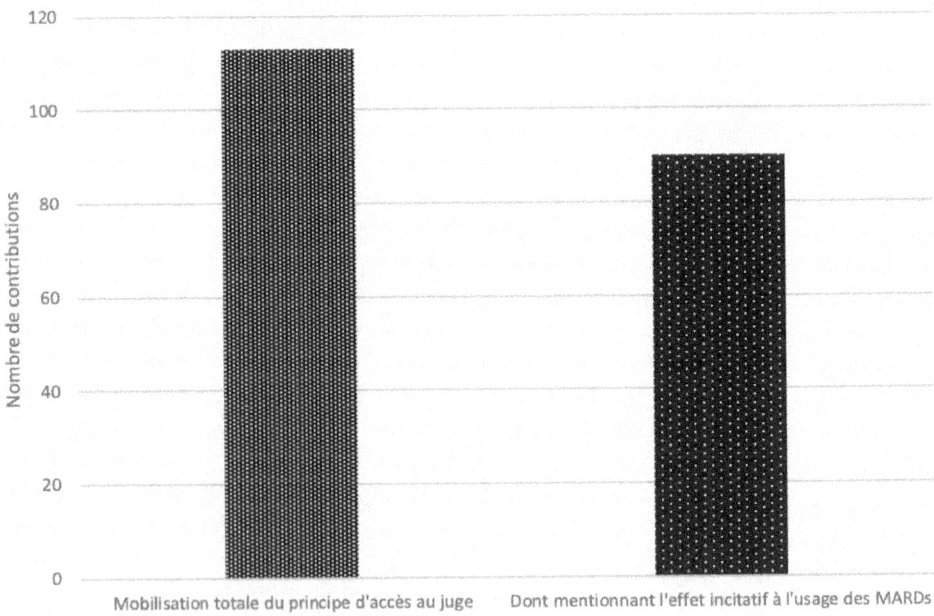

G.13.2.3 : Mobilisation de l'argument tiré d'un effet « performatif » des outils de justice algorithmique et de l'argument « *common law* » (en nombre de contributions)

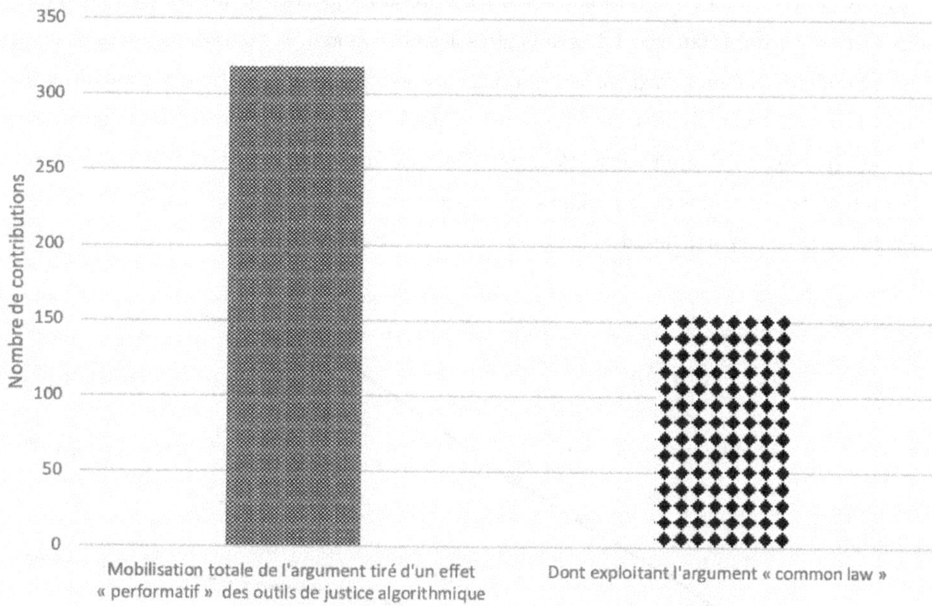

G.13.2.4 : Mobilisation des principes d'indépendance et impartialité et de l'argument « *common law* » (en nombre de contributions)

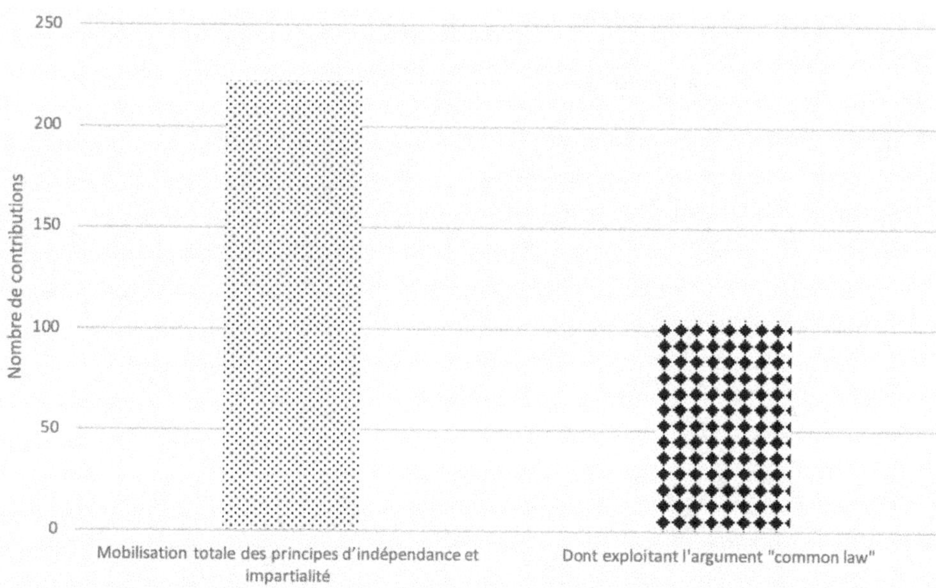

G.14 : Évolution dans le temps

<u>Note de l'autrice :</u> La visualisation qui suit n'est proposée qu'à titre d'illustration et doit être considérée avec un certain recul. Les difficultés de publication liées à la crise sanitaire de 2020 à 2022 ont entraîné un retard conséquent dans la sortie de la plupart des ouvrages, de sorte que s'ils ont été comptabilisés à la date de leur dépôt légal, ils peuvent avoir été rédigés à une période (parfois très) antérieure. Pour la même raison, nous avons renoncé à analyser l'évolution dans le temps de la mobilisation des arguments : il n'était pas possible de tirer de conclusions, même partielles, des variations mises en évidence.

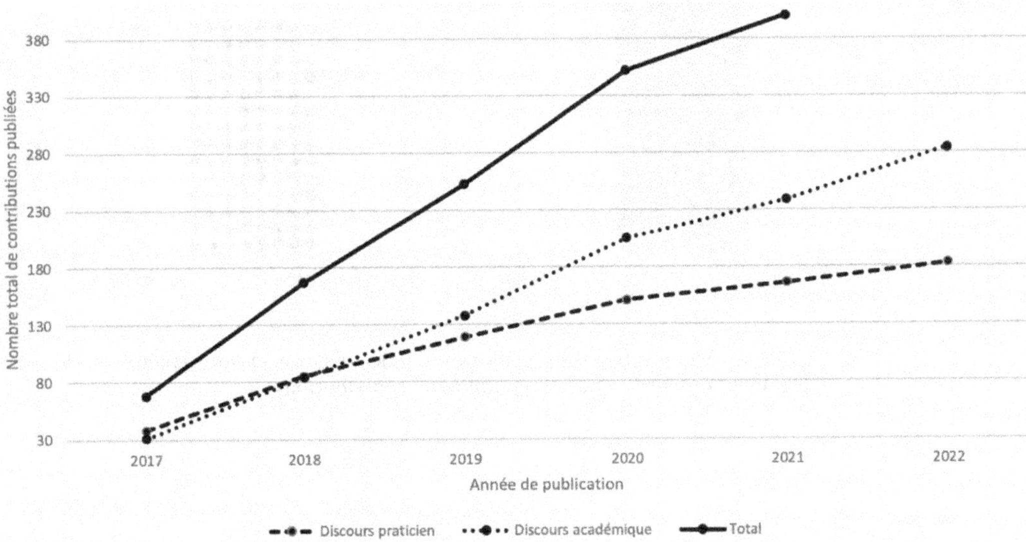

T.8 : Mobilisation des arguments par le discours académique

T.8.1 : Mobilisation des arguments par le discours académique général (en nombre et proportion de contributions)

Sous-discours	Arguments	Contributions mobilisant l'argument	Proportion
Incompatibilité juridique	Sécurité juridique ; accessibilité du droit	201	71 %
	Incitation à l'usage des MARDs	155	55 %
	Sécurité juridique ; prévisibilité du droit	198	70 %
	Accès au juge	65	23 %
	Arguments technico-juridiques	145	51 %
	Effet « performatif »	202	71 %
	Égalité des parties	43	15 %
	Indépendance/impartialité	143	51 %
Incompatibilité systémique	Argument « *common law* »	131	46 %
Incompatibilité culturelle	Effet « factualisant »	120	42 %
	Champ lexical de la masse	153	54 %

T.8.2 : Mobilisation des arguments par le discours académique de droit public (en nombre et proportion de contributions)

Sous-discours	Arguments	Contributions mobilisant l'argument	Proportion
Incompatibilité juridique	Sécurité juridique ; accessibilité du droit	45	71 %
	Incitation à l'usage des MARDs	23	51 %
	Sécurité juridique ; prévisibilité du droit	28	62 %
	Accès au juge	11	24 %
	Arguments technico-juridiques	27	60 %
	Effet « performatif »	32	71 %
	Égalité des parties	9	20 %
	Indépendance/impartialité	24	53 %
Incompatibilité systémique	Argument « *common law* »	23	51 %
Incompatibilité culturelle	Effet « factualisant »	18	40 %
	Champ lexical de la masse	27	60 %

T.8.3 : Mobilisation des arguments par le discours académique de droit privé (en nombre et proportion de contributions)

Sous-discours	Arguments	Contributions mobilisant l'argument	Proportion
Incompatibilité juridique	Sécurité juridique ; accessibilité du droit	140	70 %
	Incitation à l'usage des MARDs	109	54 %
	Sécurité juridique ; prévisibilité du droit	144	72 %
	Accès au juge	49	24 %
	Arguments technico-juridiques	98	49 %
	Effet « performatif »	144	72 %
	Égalité des parties	31	16 %
	Indépendance/impartialité	96	48 %
Incompatibilité systémique	Argument « *common law* »	94	47 %
Incompatibilité culturelle	Effet « factualisant »	79	39 %
	Champ lexical de la masse	109	54 %

G.15 : Mobilisation des arguments par le discours académique

G.15.1 : Mobilisation des arguments par le discours académique (en nombre de contributions)

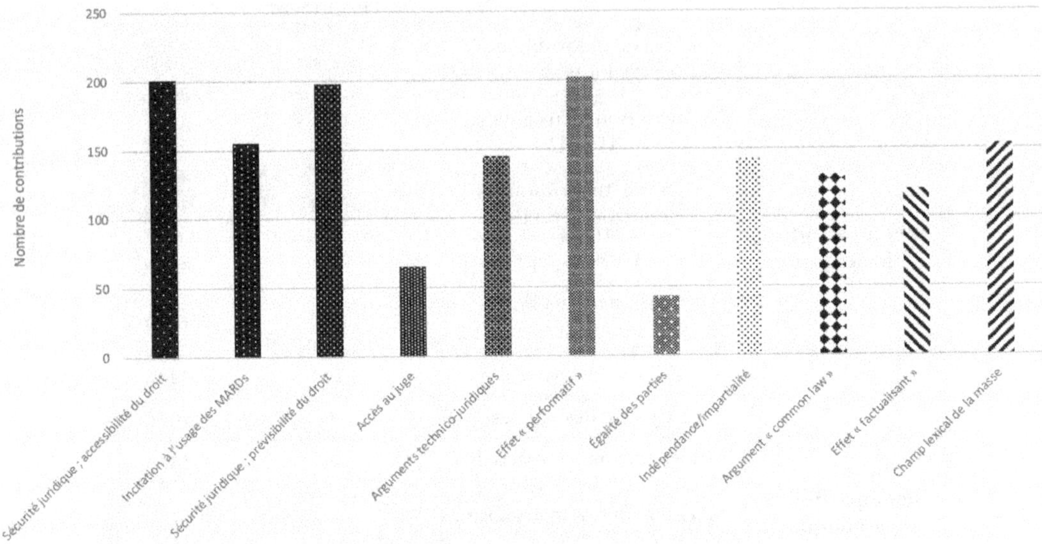

G.15.2 : Visualisation comparative de la mobilisation des arguments par les discours académiques de droit public et de droit privé (en proportion de contributions)

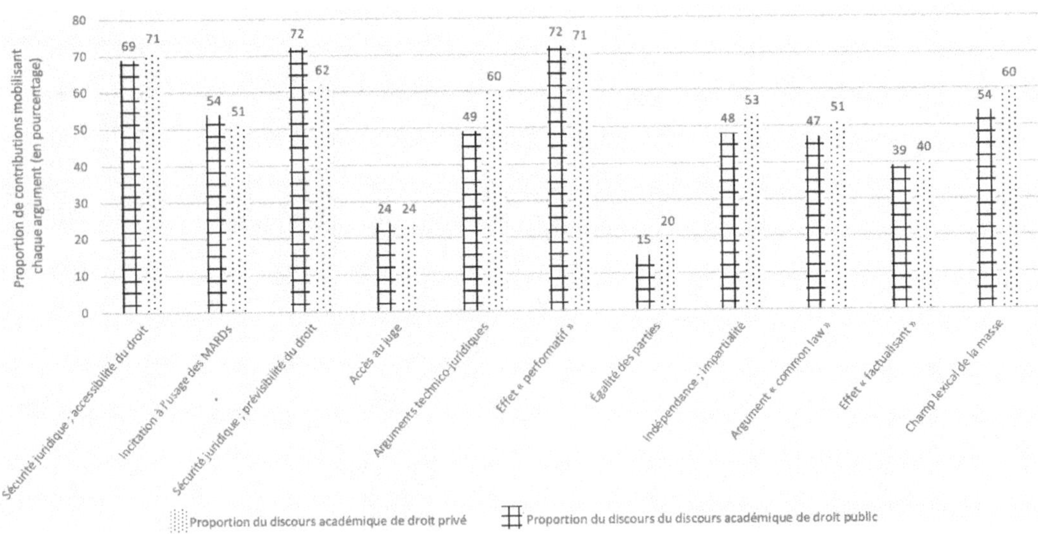

T.9 : Mobilisation des arguments par le discours praticien

T.9.1 : Mobilisation des arguments par le discours praticien général (en nombre et proportion de contributions)

Sous-discours	Arguments	Contributions mobilisant l'argument	Proportion
Incompatibilité juridique	Sécurité juridique ; accessibilité du droit	123	67 %
	Incitation à l'usage des MARDs	94	51 %
	Sécurité juridique ; prévisibilité du droit	116	63 %
	Accès au juge	48	26 %
	Arguments technico-juridiques	97	53 %
	Effet « performatif »	112	61 %
	Égalité des parties	30	16 %
	Indépendance/impartialité	74	40 %
Incompatibilité systémique	Argument « *common law* »	67	37 %
Incompatibilité culturelle	Effet « factualisant »	26	14 %
	Champ lexical de la masse	84	46 %

T.9.2 : Mobilisation des arguments par le discours des avocats (en nombre et proportion de contributions)

Sous-discours	Arguments	Contributions mobilisant l'argument	Proportion
Incompatibilité juridique	Sécurité juridique ; accessibilité du droit	47	64 %
	Incitation à l'usage des MARDs	37	51 %
	Sécurité juridique ; prévisibilité du droit	43	59 %
	Accès au juge	19	26 %
	Arguments technico-juridiques	30	41 %
	Effet « performatif »	46	63 %
	Égalité des parties	15	21 %
	Indépendance/impartialité	27	37 %
Incompatibilité systémique	Argument « *common law* »	27	37 %
Incompatibilité culturelle	Effet « factualisant »	5	7 %
	Champ lexical de la masse	29	40 %

T.9.3 : Mobilisation des arguments par le discours des magistrats (en nombre et proportion de contributions)

Sous-discours	**Arguments**	**Contributions mobilisant l'argument**	**Proportion**
Incompatibilité juridique	Sécurité juridique ; accessibilité du droit	59	71 %
	Incitation à l'usage des MARDs	40	48 %
	Sécurité juridique ; prévisibilité du droit	60	72 %
	Accès au juge	20	24 %
	Arguments technico-juridiques	39	47 %
	Effet « performatif »	50	60 %
	Égalité des parties	12	14 %
	Indépendance/impartialité	38	46 %
Incompatibilité systémique	Argument « *common law* »	32	39 %
Incompatibilité culturelle	Effet « factualisant »	17	20 %
	Champ lexical de la masse	49	59 %

G.16 : Mobilisation des arguments par le discours praticien

G.16.1 : Mobilisation des arguments par le discours praticien général (en nombre de contributions)

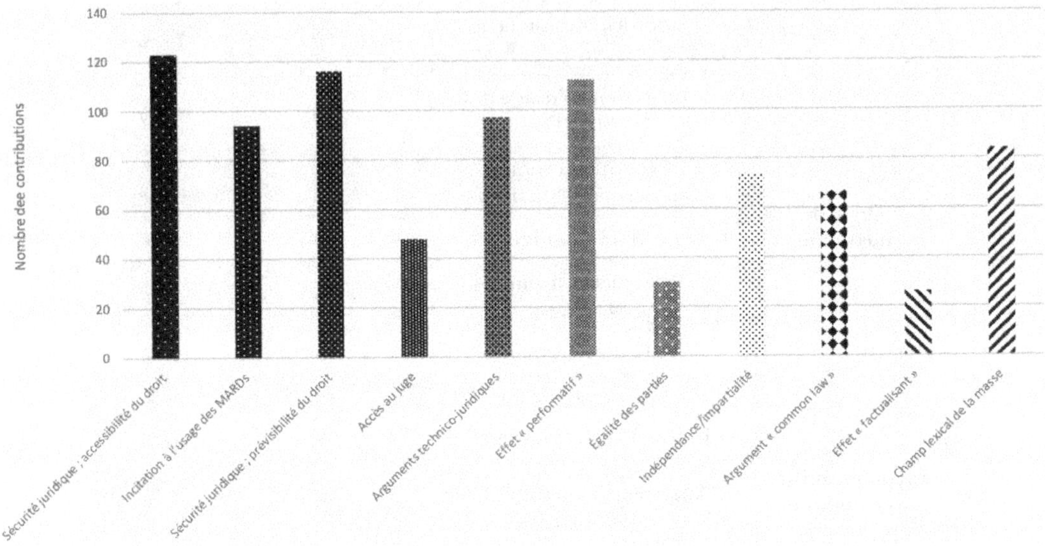

G.16.2 : Visualisation comparative de la mobilisation des arguments par les discours des avocats et des magistrats (en proportion de contributions)

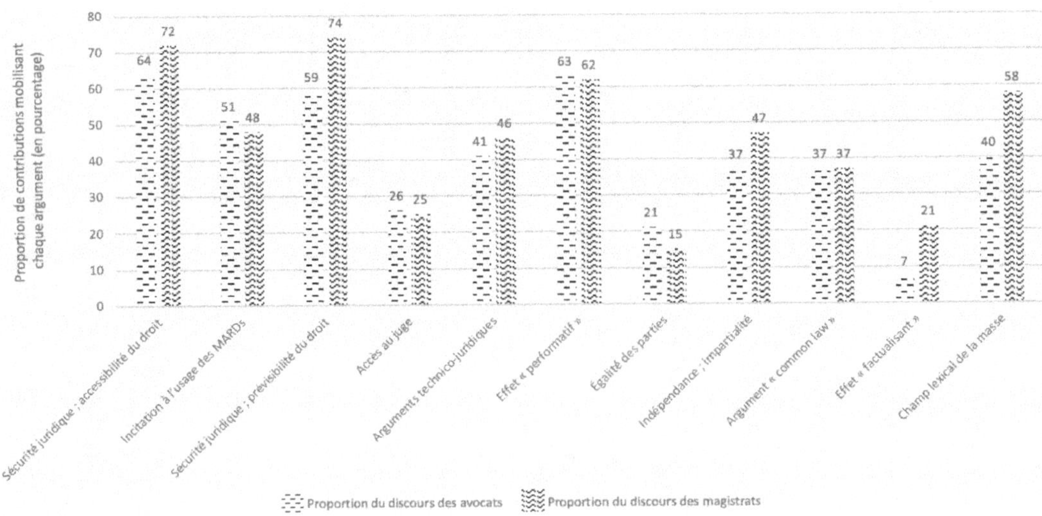

G.16.3 : Visualisation comparative de la mobilisation des arguments par les discours des magistrats (en proportion de contributions)

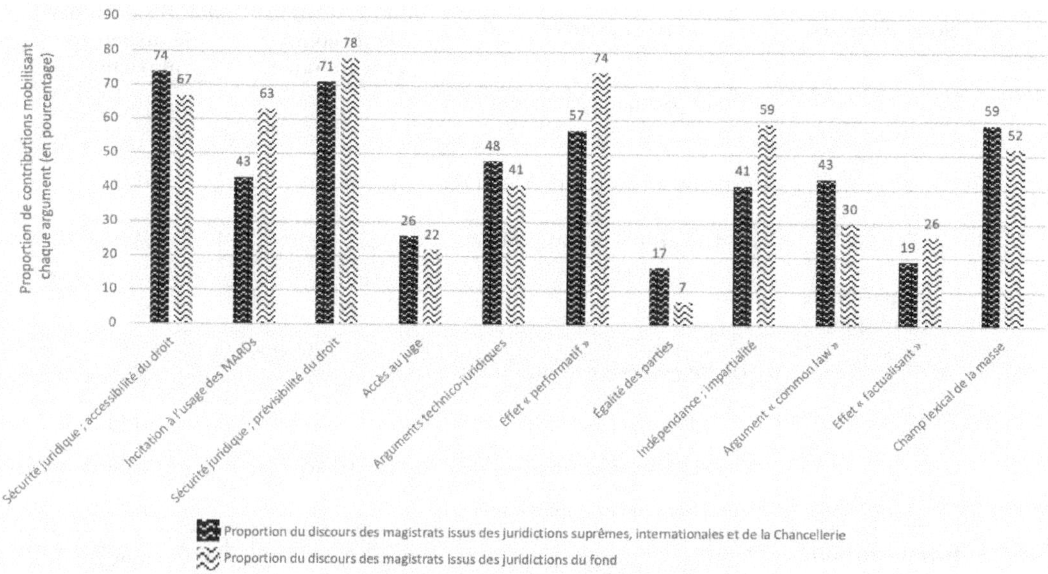

T.10 : Comparaison de la mobilisation des arguments par les discours académiques et praticiens (en proportion de contributions)

Sous-discours	Arguments	Proportion de mobilisation par le discours universitaire	Proportion de mobilisation par le discours praticien
Incompatibilité juridique	Sécurité juridique ; accessibilité du droit	71 %	67 %
	Incitation à l'usage des MARDs	55 %	51 %
	Sécurité juridique ; prévisibilité du droit	70 %	63 %
	Accès au juge	23 %	26 %
	Arguments technico-juridiques	51 %	53 %
	Effet « performatif »	71 %	61 %
	Égalité des parties	15 %	16 %
	Indépendance/impartialité	50 %	40 %
Incompatibilité systémique	Argument « *common law* »	46 %	37 %
Incompatibilité culturelle	Effet « factualisant »	42 %	14 %
	Champ lexical de la masse	54 %	46 %

G.17 : Visualisation de la mobilisation des arguments par les discours académiques et praticiens (en proportion de contributions)

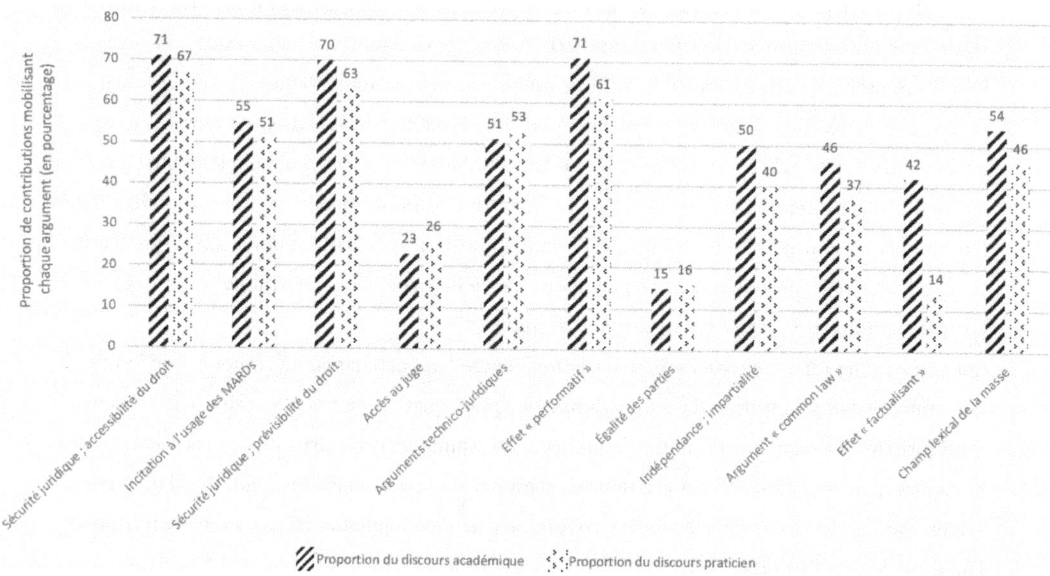

T.11 : Significativité des différences de mobilisation des arguments par les discours académique et praticien

Note de l'autrice : Pour rappel, la valeur-p représente le degré de significativité d'un lien statistique, c'est-à-dire la probabilité que deux évènements soient liés l'un à l'autre au-delà du hasard (hypothèse nulle). Le seuil de significativité est, conventionnellement, placé à $p < 0,05$; en dessous de cette valeur, on considère qu'il existe un lien corrélationnel entre les deux évènements. Cette valeur-p a été calculée au travers d'un test de *khi-deux* (ou x^2) réalisé grâce au logiciel de traitement de données *Jamovi* quant à chacun de nos items : leur mobilisation (en nombre de contributions mobilisant l'item en question) par le discours académique d'une part et le discours praticien d'autre part a été testée de manière à déterminer si un éventuel écart de mobilisation était statistiquement significatif.

On constate ici qu'il n'existe de lien statistique entre l'appartenance de l'auteur à un groupe déterminé et la mobilisation d'un item donné que pour quatre arguments : celui tiré d'un effet « performatif » exercé par les outils de justice algorithmique, celui tiré des risques relatifs aux principes d'indépendance et d'impartialité, l'argument « *common law* » et celui tiré d'un « effet factualisant » de ces outils. Nous renvoyons à nos développements (§ 571 et suiv.) pour l'analyse de ces résultats.

Sous-discours	Arguments	Valeur-p	Significativité ?
Incompatibilité juridique	Sécurité juridique ; accessibilité du droit	p = 0,4	Nulle
	Incitation à l'usage des MARDs	p = 0,5	Nulle
	Sécurité juridique ; prévisibilité du droit	p = 0,2	Nulle
	Accès au juge	p = 0,5	Nulle
	Arguments technico-juridiques	p = 0,7	Nulle
	Effet « performatif »	p = 0,02	Importante
	Égalité des parties	p = 0,7	Nulle
	Indépendance/impartialité	p = 0,03	Importante
Incompatibilité systémique	Argument « *common law* »	p = 0,04	Importante
Incompatibilité culturelle	Effet « factualisant »	p < 0,001	Très importante
	Champ lexical de la masse	p = 0,08	Faible

G.18 : Visualisation de la répartition de la mobilisation de chaque argument entre le discours académique et le discours praticien

G.18.0 : Proportions (simplifiées) du discours total occupées par le discours académique et le discours praticien (en proportion de contributions)

Note de l'autrice : Par souci de lisibilité, ni le discours *Legaltech* ni le discours des autres praticiens (hors avocats et magistrats) n'apparaissent dans ces visualisations.

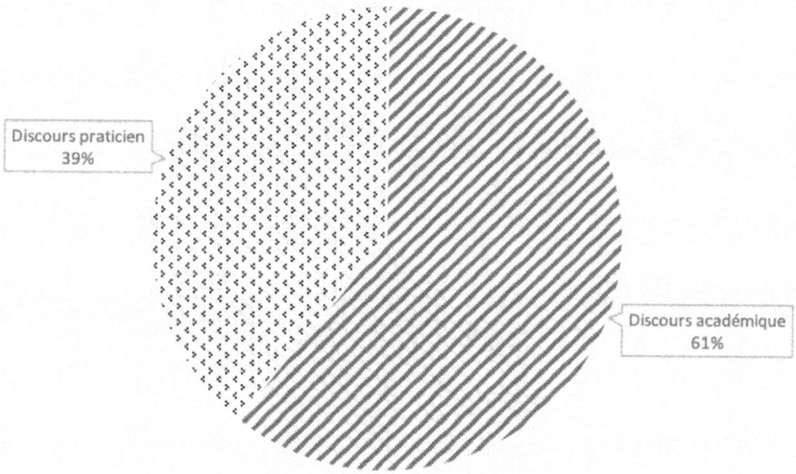

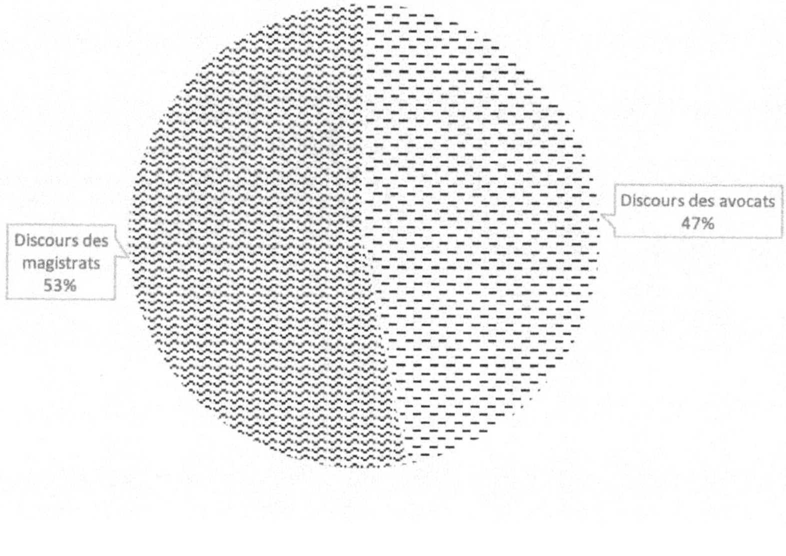

G.18.1 : Répartition de la mobilisation de l'item « sécurité juridique ; accessibilité au droit » (en proportion de contributions)

<u>Note de l'autrice :</u> Pour les écarts entre la proportion du discours total occupée par chaque discours et la répartition de la mobilisation de cet item, p = 0,9 (pour l'écart visant le discours académique et le discours praticien) et p = 0,7 (pour l'écart visant le discours des avocats et le discours des magistrats).

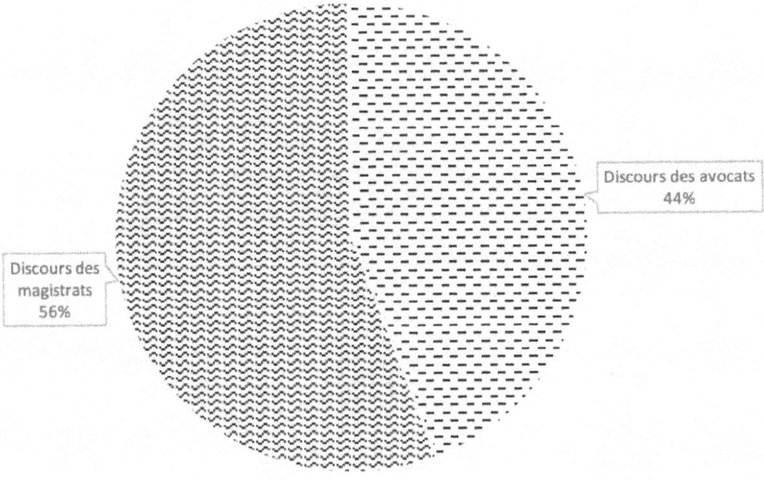

G.18.2 : Répartition de la mobilisation de l'item « incitation à l'usage des MARDs » (en proportion de contributions)

<u>Note de l'autrice :</u> Pour les écarts entre la proportion du discours total occupée par chaque discours et la répartition de la mobilisation de cet item, p = 0,9 (pour les écarts visant tous les discours).

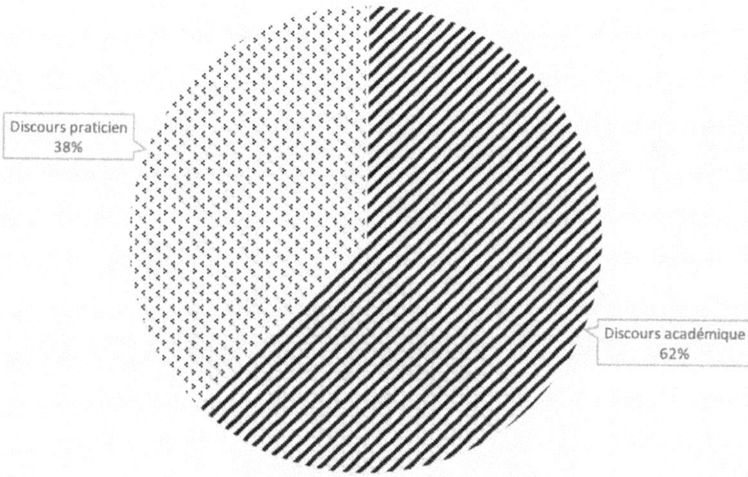

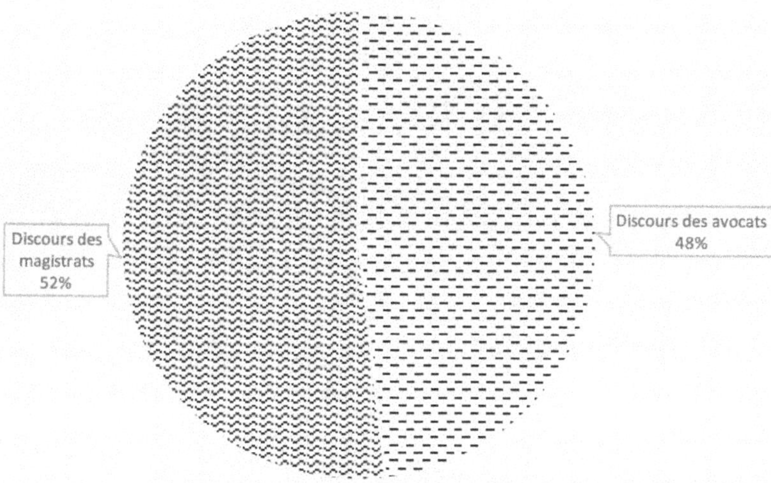

G.18.3 : Répartition de la mobilisation de l'item « sécurité juridique ; prévisibilité du droit » (en proportion de contributions)

Note de l'autrice : Pour les écarts entre la proportion du discours total occupée par chaque discours et la répartition de la mobilisation de cet item, p = 0,8 (pour les écarts visant le discours académique et le discours praticien) et p = 0,6 (pour les écarts visant le discours des avocats et le discours des magistrats).

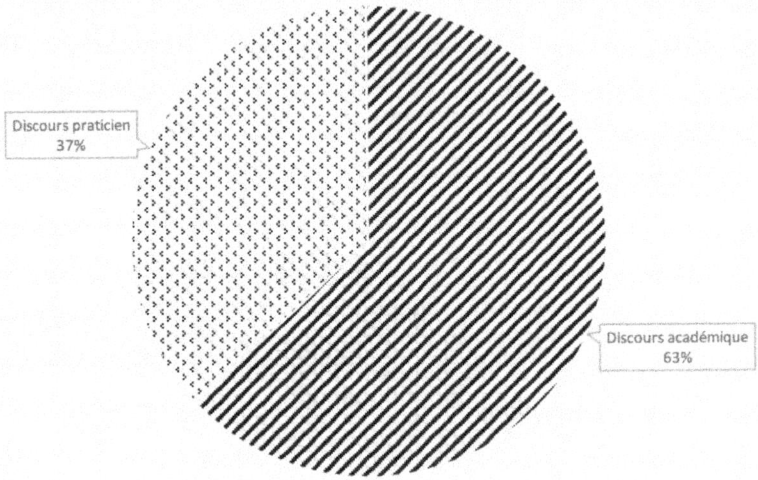

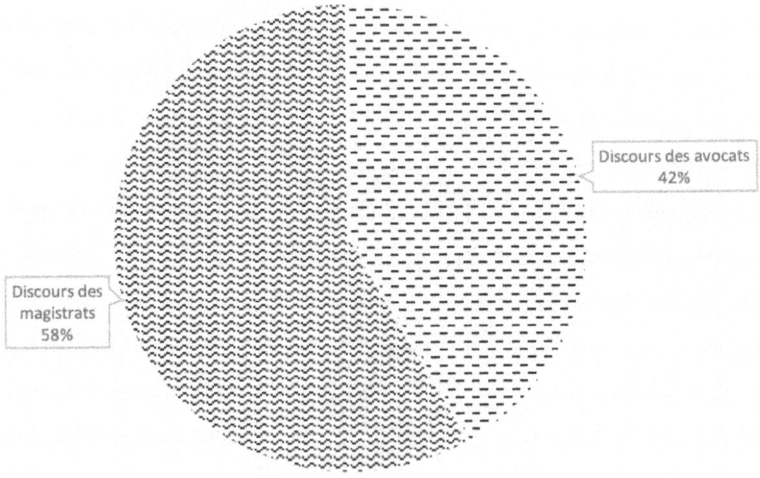

G.18.4 : Répartition de la mobilisation de l'item « accès au juge » (en proportion de contributions)

<u>Note de l'autrice :</u> Pour les écarts entre la proportion du discours total occupée par chaque discours et la répartition de la mobilisation de cet item, p = 0,7 (pour les écarts visant le discours académique et le discours praticien) et p = 0,8 (pour les écarts visant le discours des avocats et le discours des magistrats).

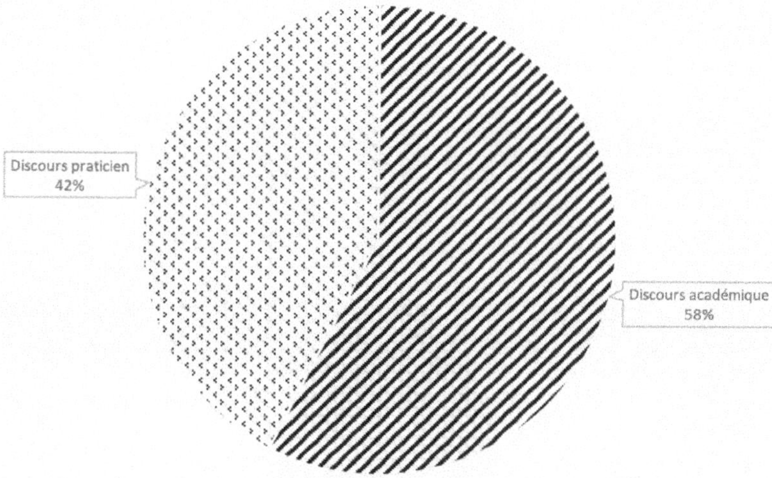

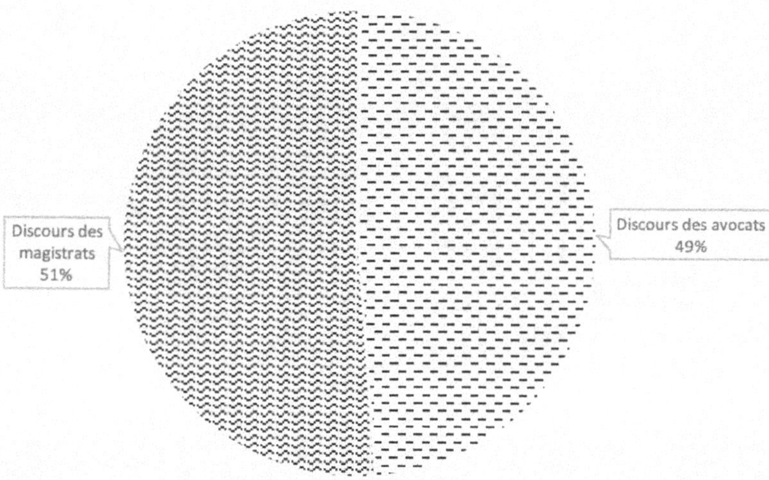

G.18.5 : Répartition de la mobilisation des items technico-juridiques (en proportion de contributions)

<u>Note de l'autrice :</u> Pour les écarts entre la proportion du discours total occupée par chaque discours et la répartition de la mobilisation de cet item, p = 0,9 (pour les écarts visant le discours académique et le discours praticien) et p = 0,7 (pour les écarts visant le discours des avocats et le discours des magistrats).

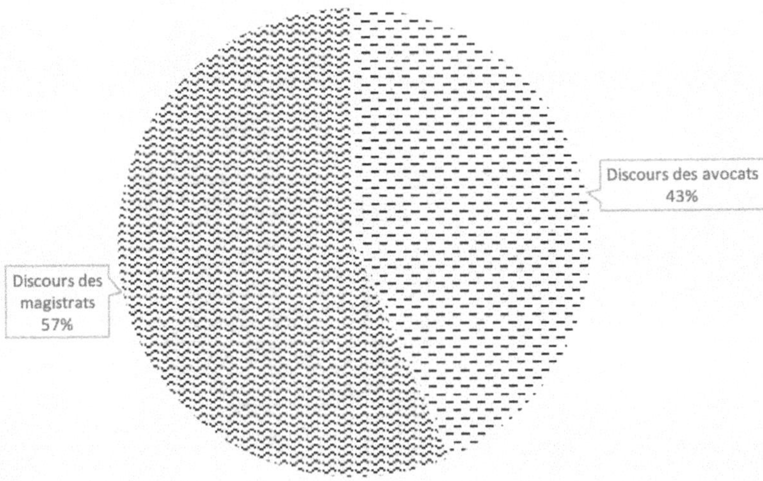

G.18.6 : Répartition de la mobilisation de l'item « effet 'performatif' » (en proportion de contributions)

<u>Note de l'autrice :</u> Pour les écarts entre la proportion du discours total occupée par chaque discours et la répartition de la mobilisation de cet item, p = 0,8 (pour l'écart visant le discours académique), p = 0,7 (pour l'écart visant le discours praticien) et p = 0,9 (pour les écarts visant le discours des avocats et le discours des magistrats).

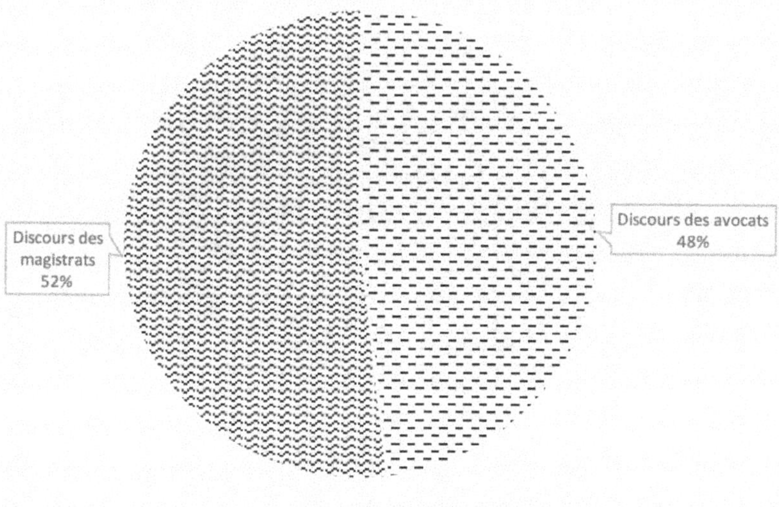

G.18.7 : Répartition de la mobilisation de l'item « égalité des parties » (en proportion de contributions)

Note de l'autrice : Pour les écarts entre la proportion du discours total occupée par chaque discours et la répartition de la mobilisation de cet item, p = 0,9 (pour l'écart visant le discours académique), p = 0,6 (pour l'écart visant le discours praticien) et p = 0,8 (pour les écarts visant le discours des avocats et le discours des magistrats).

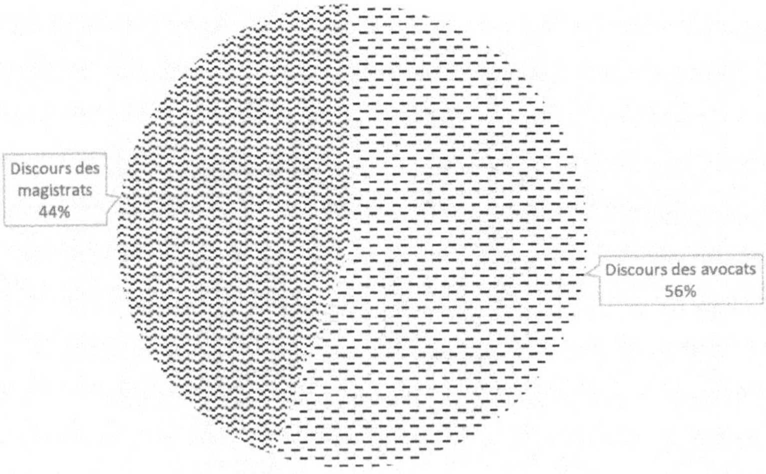

G.18.8 : Répartition de la mobilisation de l'item « indépendance/impartialité » (en proportion de contributions)

<u>Note de l'autrice :</u> Pour les écarts entre la proportion du discours total occupée par chaque discours et la répartition de la mobilisation de cet item, p = 0,7 (pour l'écart visant le discours académique), p = 0,6 (pour les écarts visant le discours praticien, le discours des avocats et le discours des magistrats).

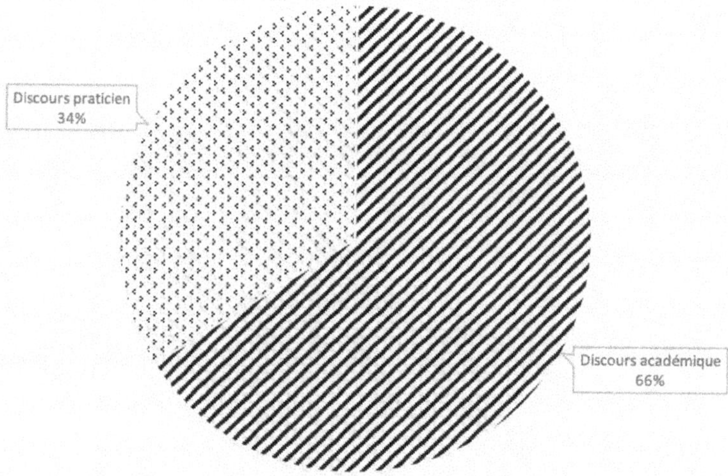

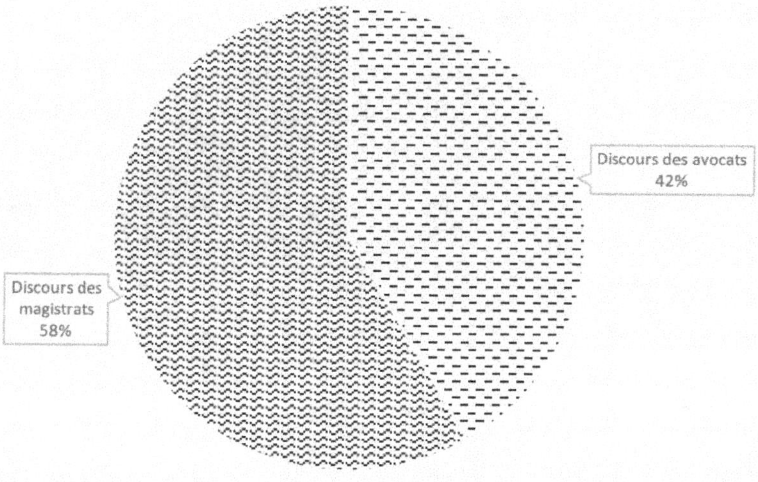

G.18.9 : Répartition de la mobilisation de l'item « common law »

<u>Note de l'autrice :</u> Pour les écarts entre la proportion du discours total occupée par chaque discours et la répartition de la mobilisation de cet item, p = 0,9 (pour l'écart visant le discours académique), p = 0,6 (pour l'écart visant le discours praticien) et p = 0,9 (pour les écarts visant le discours des avocats et le discours des magistrats).

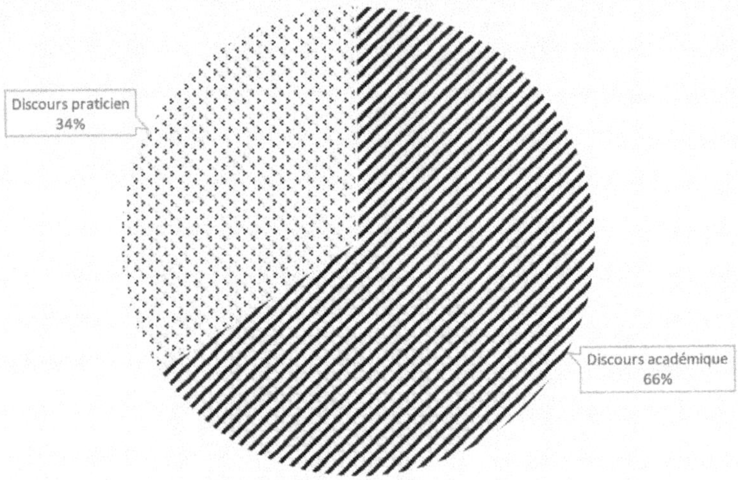

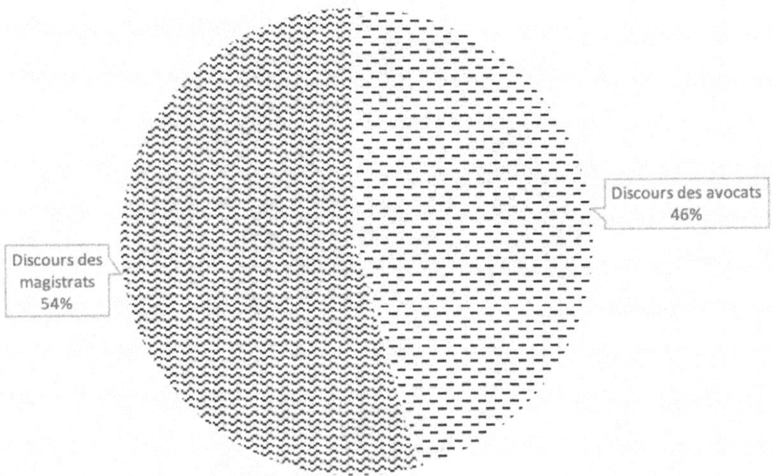

G.18.10 : Répartition de la mobilisation de l'item « effet 'factualisant' » (en proportion de contributions)

<u>Note de l'autrice :</u> Pour les écarts entre la proportion du discours total occupée par chaque discours et la répartition de la mobilisation de cet item, $p = 0{,}08$ (pour l'écart visant le discours académique), $p = 0{,}005$ (pour l'écart visant le discours praticien), $p = 0{,}02$ (pour l'écart visant le discours des magistrats) et $p < 0{,}001$ (pour l'écart visant le discours des avocats).

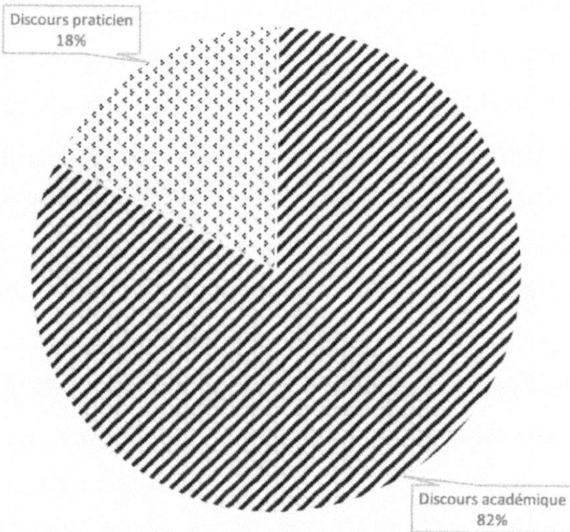

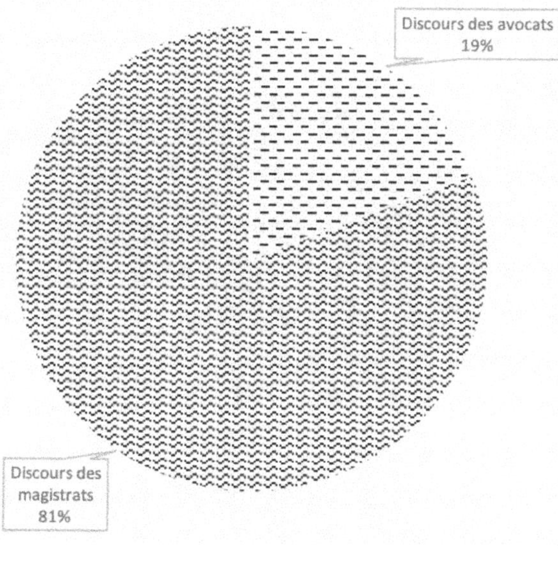

G.18.11 : Répartition de la mobilisation du champ lexical de la masse (en proportion de contributions)

Note de l'autrice : Pour les écarts entre la proportion du discours total occupée par chaque discours et la répartition de la mobilisation de cet item, p = 0,7 (pour l'écart visant le discours académique), p = 0,6 (pour l'écart visant le discours praticien) et p = 0,3 (pour les écarts visant le discours des avocats et le discours des magistrats).

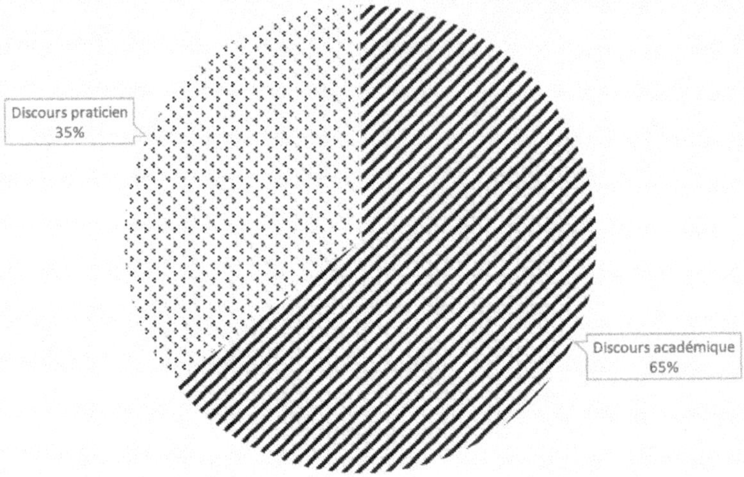

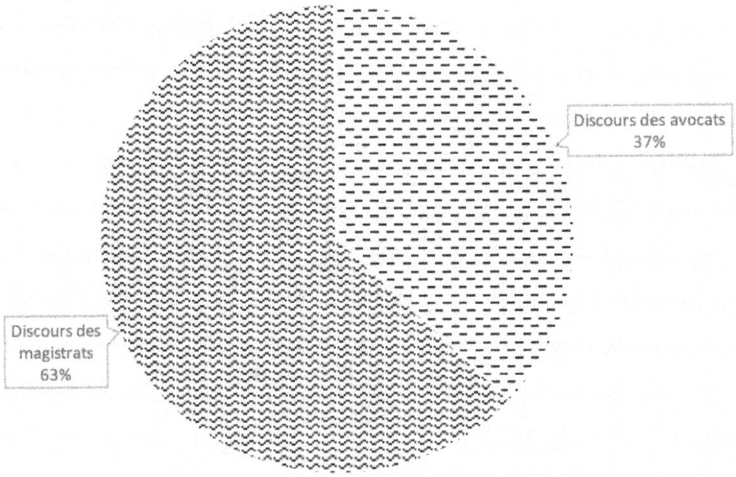

TABLES DES MATIERES

SOMMAIRE

collection « Nouvelle Bibliothèque de Thèses »*

2001

vol. 1 Sylvia CALMES, *Du principe de protection de la confiance légitime en droits allemand, communautaire et français.*

vol. 2 Thomas CLAY, *L'arbitre.*

vol. 3 Stéphanie DAMAREY, *Le juge administratif, juge financier.*

vol. 4 Olivier DUBOS, *Les juridictions nationales, juge communautaire.*

vol. 5 Béatrice JALUZOT, *La bonne foi dans les contrats. Étude comparative de droit français, allemand et japonais.*

vol. 6 Jérôme ORTSCHEIDT, *La réparation du dommage dans l'arbitrage commercial international.*

vol. 7 Marie-Stéphane PAYET, *Droit de la concurrence et droit de la consommation.*

vol. 8 Anne PÉLISSIER, *Possession et meubles incorporels.*

vol. 9 Chantal RUSSO, *De l'assurance de responsabilité à l'assurance directe. Contribution à l'étude d'une mutation de la couverture des risques.*

vol. 10 Christophe SERAGLINI, *Lois de police et justice arbitrale internationale.*

2002

vol. 11 Soraya AMRANI-MEKKI, *Le temps et le procès civil.*

vol. 12 Jeannette BOUGRAB, *Aux origines de la Constitution de la IVe République.*

vol. 13 Sabine BOUSSARD, *L'étendue du contrôle de cassation devant le Conseil d'État. Un contrôle tributaire de l'excès de pouvoir.*

vol. 14 Paul CASSIA, *L'accès des personnes physiques et morales au juge de la légalité des actes communautaires.*

vol. 15 Anne DEBET, *L'influence de la Convention européenne des droits de l'homme sur le droit civil.*

vol. 16 Luc HEUSCHLING, *État de droit, Rechtsstaat, Rule of Law.*

vol. 17 Marc MIGNOT, *Les obligations solidaires et les obligations in solidum en droit privé français.*

vol. 18 Marie-Cécile NAGOUAS-GUÉRIN, *Le doute en matière pénale.*

vol. 19 Carole OUERDANE-AUBERT DE VINCELLES, *Altération du consentement et efficacité des sanctions contractuelles.*

vol. 20 Arnaud RACLET, *Droit communautaire des affaires et prérogatives de puissance publique nationales.*

---

* L'impression à la demande vous permet d'accéder, dans les plus brefs délais, à des ouvrages qui seraient épuisés. Ces ouvrages sont à commander chez votre libraire.

2003

vol. 21 Frédérique BERROD, *La systématique des voies de droit communautaires.*

vol. 22 Xavier BIOY, *Le concept de personne humaine en droit public. Recherche sur le sujet des droits fondamentaux.*

vol. 23 Marie-Emma BOURSIER, *Le principe de loyauté en droit processuel.*

vol. 24 David CHILSTEIN, *Droit pénal international et lois de police. Essai sur l'application dans l'espace du droit pénal accessoire.*

vol. 25 Norbert FOULQUIER, *Les droits publics subjectifs des administrés. Émergence d'un concept en droit administratif français du XIXe au XXe siècle.*

vol. 26 Jean-Marc MAILLOT, *La théorie administrativiste des principes généraux du droit. Continuité et modernité.*

vol. 27 Renaud MORTIER, *Le rachat par la société de ses droits sociaux.*

vol. 28 Sophie PARICARD-PIOUX, *La convenance personnelle.*

vol. 29 Sylvie PIERRE-MAURICE, *Ordonnance sur requête et matière gracieuse.*

vol. 30 Corinne RIGALLE-DUMETZ, *La résolution partielle du contrat.*

2004

vol. 31 Serge BILLARANT, *Le caractère substantiel de la réglementation française des successions internationales. Réflexions sur la méthode conflictuelle.*

vol. 32 Muriel CHAGNY, *Droit de la concurrence et droit commun des obligations.*

vol. 33 Caroline CHAMARD, *La distinction des biens publics et des biens privés. Contribution à la définition de la notion de biens publics.*

vol. 34 Isabelle DESPRÉS, *Les mesures d'instruction in futurum.*

vol. 35 Didier GUIGNARD, *La notion d'uniformité en droit public français.*

vol. 36 Nicolas MELOT, *Territorialité et mondialité de l'impôt.*

vol. 37 Valérie PIRONON, *Les joint ventures. Contribution à l'étude juridique d'un instrument de coopération internationale.*

vol. 38 Aymeric POTTEAU, *Recherches sur l'autonomie financière de l'Union européenne.*

vol. 39 Claire SAAS, *L'ajournement du prononcé de la peine. Césure et recomposition du procès pénal.*

vol. 40 Anne-Élisabeth VILLAIN-COURRIER, *Contribution générale à l'étude de l'éthique du service public en droit anglais et français comparé.*

2005

vol. 41 Isabelle BOUCOBZA, *La fonction juridictionnelle. Contribution à une analyse des débats doctrinaux en France et en Italie.*

vol. 42 Valérie FAURÉ, *L'apport du tribunal de première instance des Communautés européennes au droit communautaire de la concurrence.*

vol. 43 Pierre FLEURY-LE GROS, *Contribution à l'analyse normative des conflits de lois dans le temps en droit privé interne.*

vol. 44 Théodore GEORGOPOULOS, *La séparation horizontale des pouvoirs en France et en Allemagne à l'épreuve du droit communautaire : la fonction de contre-pouvoir.*

vol. 45 Clothilde GRARE, *Recherches sur la cohérence de la responsabilité délictuelle. L'influence des fondements de la responsabilité sur la réparation.*

vol. 46 Philippe JACQUES, *Regards sur l'article 1135 du Code civil.*

vol. 47 Arnaud LE PILLOUER, *Les pouvoirs non-constituants des assemblées constituantes. Essai sur le pouvoir instituant.*

vol. 48 Arnaud MARTINON, *Essai sur la stabilité du contrat de travail à durée indéterminée.*

vol. 49 Marie-Claude NAJM, *Principes directeurs du droit international privé et conflit de civilisations. Relations entre systèmes laïques et systèmes religieux.*

vol. 50 Mathilde SOULEAU-BERTRAND, *Le conflit mobile.*

2006

vol. 51 Guylain CLAMOUR, *Intérêt général et concurrence. Essai sur la pérennité du droit public en économie de marché.*

vol. 52 Lucie CLUZEL-MÉTAYER, *Le service public et l'exigence de qualité.*

vol. 53 Giulio CESARE GIORGINI, *Méthodes conflictuelles et règles matérielles dans l'application des « nouveaux instruments » de règlement de la faillite internationale.*

vol. 54 Caroline HOUIN-BRESSAND, *Les contre-garanties.*

vol. 55 Camille DE JACOBET DE NOMBEL, *Théorie générale des circonstances aggravantes.*

vol. 56 Guillaume LÉCUYER, *Liberté d'expression et responsabilité. Étude de droit privé.*

vol. 57 Laure MILANO, *Le droit à un tribunal au sens de la Convention européenne des droits de l'Homme.*

vol. 58 Karine PARROT, *L'interprétation des conventions de droit international privé.*

vol. 59 Myriam ROUSSILLE, *La compensation multilatérale.*

vol. 60 Guillaume TUSSEAU, *Les normes d'habilitation.*

2007

vol. 61 Cécile CHAINAIS, *La protection juridictionnelle provisoire dans le procès civil en droits français et italien.*

vol. 62 Gweltaz ÉVEILLARD, *Les dispositions transitoires en droit public français.*

vol. 63 Béligh NABLI, *L'exercice des fonctions d'État membre de la Communauté européenne. Étude de la participation des organes étatiques à la production et à l'exécution du droit communautaire. Le cas français.*

vol. 64 Sébastien PELLÉ, *La notion d'interdépendance contractuelle. Contribution à l'étude des ensembles de contrats.*

vol. 65 Agnès ROBLOT-TROIZIER, *Contrôle de constitutionnalité et normes visées par la Constitution française. Recherche sur la constitutionnalité par renvoi.*

vol. 66 Diane SKODA, *La propriété dans le Code civil de la Fédération de Russie. Un système entre deux traditions.*

vol. 67 Virginie VIALLARD, *Le critère d'appréciation substantielle des concentrations. Étude comparée des droits communautaire et américain.*

vol. 68 Carole VIVANT, *L'historien saisi par le droit. Contribution à l'étude des droits de l'histoire.*

vol. 69 Cyril WOLMARK, *La définition prétorienne. Étude en droit du travail.*

vol. 70 Célia ZOLYNSKI, *Méthode de transposition des directives communautaires. Étude à partir de l'exemple du droit d'auteur et des droits voisins.*

2008

vol. 71 Cyril BLOCH, *La cessation de l'illicite. Recherche sur une fonction méconnue de la responsabilité civile extracontractuelle.*

vol. 72 Laure-Emmanuelle CAMAJI, *La personne dans la protection sociale. Recherche sur la nature des droits des bénéficiaires de prestations sociales.*

vol. 73 Laurence CAMENSULI-FEUILLARD, *La dimension collective des procédures civiles d'exécution. Contribution à la définition de la notion de procédure collective.*

vol. 74 Olivier DÉCIMA, *L'identité des faits en matière pénale.*

vol. 75 Christelle DELAPORTE-CARRÉ, *L'articulation des institutions de protection de la personne de l'enfant contre ses parents.*

vol. 76 Pierre-Yves GAHDOUN, *La liberté contractuelle dans la jurisprudence du Conseil constitutionnel.*

vol. 77 Frédéric LOMBARD, *La cause dans le contrat administratif.*

vol. 78 Marc PELLETIER, *Les normes du droit fiscal.*

vol. 79 Benjamin REMY, *Exception d'ordre public et mécanisme des lois de police en droit international privé.*

vol. 80 Géraldine VIAL, *La preuve en droit extrapatrimonial de la famille.*

2009

vol. 81 Julien BONNET, *Le juge ordinaire français et le contrôle de la constitutionnalité des lois. Analyse critique d'un refus.*

vol. 82 Nicolas BORGA, *L'ordre public et les sûretés conventionnelles. Contribution à l'étude de la diversité des sûretés.*

vol. 83 Nicolas CHIFFLOT, *Le droit administratif de Charles Eisenmann.*

vol. 84 Olivier DESAULNAY, *L'application de la Constitution par la Cour de cassation.*

vol. 85 Nicolas FONT, *Le travail subordonné entre droit privé et droit public.*

vol. 86 Benoît GÉNIAUT, *La proportionnalité dans les relations du travail. De l'exigence au principe.*

vol. 87 Jean-François LAFAIX, *Essai sur le traitement des irrégularités dans les contrats de l'Administration.*

vol. 88 Jean LAPOUSTERLE, *L'influence des groupes de pression sur l'élaboration des normes. Illustration à partir du droit de la propriété littéraire et artistique.*

vol. 89 François ROUSSEAU, *L'imputation dans la responsabilité pénale.*

vol. 90 Régis VABRES, *Comitologie et services financiers. Réflexions sur les sources européennes du droit bancaire et financier.*

2010

vol. 91 Julie ALIX, *Terrorisme et droit pénal. Étude critique des incriminations terroristes.*

vol. 92 Lionel ANDREU, *Du changement de débiteur.*

vol. 93 Nathalie BLANC, *Les contrats du droit d'auteur à l'épreuve de la distinction des contrats nommés et innommés.*

vol. 94 Gilles DEDEURWAERDER, *Théorie de l'interprétation et droit fiscal.*

vol. 95 Yves-Édouard LE BOS, *Renouvellement de la théorie du conflit de lois dans un contexte fédéral.*

vol. 96 Laure MARCUS, *L'unité des contrats publics.*

vol. 97 Séverine MENÉTREY, *L'amicus curiae, vers un principe commun de droit procédural ?*

vol. 98 Romain OLLARD, *La protection pénale du patrimoine.*

vol. 99 Christophe QUÉZEL-AMBRUNAZ, *Essai sur la causalité en droit de la responsabilité civile.*

vol. 100 Catherine SÉVELY-FOURNIÉ, *Essai sur l'acte juridique extinctif en droit privé. Contribution à l'étude de l'acte juridique.*

2011

vol. 101 Anouche BEAUDOUIN, *Uti possidetis et sécession.*

vol. 102 Charles-Édouard BUCHER, *L'inexécution du contrat de droit privé et du contrat administratif. Étude de droit comparé interne.*

vol. 103 Bruno DAUGERON, *La notion d'élection en droit constitutionnel. Contribution à une théorie juridique de l'élection à partir du droit public français.*

vol. 104 Laurène-Kirstie GRATTON, *Les clauses de variation du contrat de travail.*

vol. 105 Emmanuelle LAJUS-THIZON, *L'abus en droit pénal.*

vol. 106 Séverine LEROYER, *L'apport du Conseil d'État au droit constitutionnel de la Ve République. Essai sur une théorie de l'État.*

vol. 107 Clément MILLON, *Occupation allemande et justice française : les droits de la puissance occupante sur la justice judiciaire, 1940-1944.*

vol. 108 Ronan RAFFRAY, *La transmission universelle du patrimoine des personnes morales.*

vol. 109 Élodie SAILLANT, *L'exorbitance en droit public.*

vol. 110 Cyril SINTEZ, *La sanction préventive en droit de la responsabilité civile. Contribution à la théorie de l'interprétation et de la mise en effet des normes.*

2012

vol. 111 Murielle BÉNÉJAT, *La responsabilité pénale professionnelle.*

vol. 112 Renaud BOURGET, *La science juridique et le droit financier et fiscal. Étude historique et comparative du développement de la science juridique fiscale (fin XIXe et XXe siècles).*

vol. 113 Ludivine CLOUZOT, *Recherche sur la substitution en droit administratif français.*

vol. 114 Damien CONNIL, *L'office du juge administratif et le temps.*

vol. 115 Olympe DEXANT-DE BAILLIENCOURT, *Les pactes d'actionnaires dans les sociétés cotées.*

vol. 116 Grégoire FOREST, *Essai sur la notion d'obligation en droit privé.*

vol. 117 Aurore GAILLET, *L'individu contre l'État. Essai sur l'évolution des recours de droit public dans l'Allemagne du XIXe siècle.*

vol. 118 Merryl HERVIEU, *Les autorités administratives indépendantes et le renouvellement du droit commun des contrats.*

vol. 119 Emmanuel SANCHEZ, *Les règlements des Assemblées nationales. 1848-1851. Naissance du droit parlementaire moderne.*

vol. 120 Camille VIENNOT, *Le procès pénal accéléré. Étude des transformations du jugement pénal.*

2013

vol. 121 Maria-José AZARD-BAUD, *Les actions collectives en droit de la consommation.*

vol. 122 Yannick CAPDEPON, *Essai d'une théorie générale des droits de la défense.*

vol. 123 Benjamin DABOSVILLE, *L'information du salarié. Contribution à l'étude de l'obligation d'informer.*

vol. 124 Anne-Laure GIRARD, *La formation historique de la théorie de l'acte administratif unilatéral.*

vol. 125 Fanny MALHIÈRE, *La brièveté des décisions de justice.*

vol. 126 Alexandre MANGIAVILLANO, *Le contribuable et l'État. L'impôt et la garantie constitutionnelle de la propriété (Allemagne-France).*

vol. 127 Thomas PERROUD, *La fonction contentieuse des autorités de régulation en France et au Royaume-Uni.*

vol. 128 Nathalie PICOD, *La remise de dette en droit privé.*

vol. 129 Hélène RASPAIL, *Le conflit entre droit interne et obligations internationales de l'État.*

vol. 130 Antoine TADROS, *La jouissance des titres sociaux d'autrui.*

2014

vol. 131 Pierre BOURDON, *Le contrat administratif illégal.*

vol. 132 Benoît CAMGUILHEM, *Recherche sur les fondements de la responsabilité sans faute en droit administratif.*

vol. 133 Colombine MADELAINE, *La technique des obligations positives en droit de la Convention européenne des droits de l'Homme.*

vol. 134 Caroline MALPEL-BOUYJOU, *L'office du juge judiciaire et la rétroactivité.*

vol. 135 Céline MANGEMATIN, *La faute de fonction en droit privé.*

vol. 136 Ariane PÉRIN-DUREAU, *L'obligation fiscale à l'épreuve des droits et libertés fondamentaux.*

vol. 137 Patricia RRAPI, *L'accessibilité et l'intelligibilité de la loi en droit constitutionnel.*

vol. 138 Gaëlle RUFFIEUX, *Les sanctions des obligations familiales.*

vol. 139 Frédéric TEFFO, *L'influence des objectifs gouvernementaux sur l'évolution du droit des sociétés.*

vol. 140 Claire VOCANSON, *Le Conseil d'État français et le renvoi préjudiciel devant la CJUE.*

2015

vol. 141 Pierre-Emmanuel AUDIT, *La « naissance » des créances. Approche critique du conceptualisme juridique.*

vol. 142 Victor BAILLY, *La cessation de l'illicite en droit international.*

vol. 143 Hélène DURAND, *La gouvernance des associations.*

vol. 144 Marie-Laure DUSSART, *Constitution et économie.*

vol. 145 Charles FROGER, *La prescription extinctive des obligations en droit public interne.*

vol. 146 Quentin GUIGUET-SCHIELÉ, *La distinction des avantages matrimoniaux et des donations entre époux. Essai sur une fiction disqualificative.*

vol. 147 Laurène JOLY, *L'emploi des personnes handicapées entre discrimination et égalité.*

vol. 148 Morane KEIM-BAGOT, *De l'accident du travail à la maladie : la métamorphose du risque professionnel. Enjeux et perspectives.*

vol. 149 Hanan QAZBIR, *L'internationalisation du droit constitutionnel.*

vol. 150 Guillaume RICHARD, *Enseigner le droit public à Paris sous la Troisième République.*

2016

vol. 151 Amandine BLANDIN, *La responsabilité du fait des lois méconnaissant des normes de valeur supérieure. Le droit espagnol, un modèle pour le droit français ?*

vol. 152 Eléonora BOTTINI, *La sanction constitutionnelle. Étude d'un argument doctrinal.*

vol. 153 Nicolas HOFFSCHIR, *La charge de la preuve en droit civil.*

vol. 154 Julien JEANNENEY, *Les lacunes constitutionnelles.*

vol. 155 Tarik LAKSSIMI, *La summa divisio des droits réels et des droits personnels. Étude critique.*

vol. 156 Marie LANNOY, *Les obiter dicta du Conseil d'État statuant au contentieux.*

vol. 157 Élise LETOUZEY, *La répétition d'infractions.*

vol. 158 Vincent MALASSIGNÉ, *Les titres représentatifs. Essai sur la représentation juridique des biens par des titres en droit privé.*

vol. 159 Gaëlle RABUT-BONALDI, *Le préjudice en droit pénal.*

vol. 160 Benoît SCHMALTZ, *Les personnes publiques propriétaires.*

2017

vol. 161 Suzie BRADBURN, *Les systèmes d'échanges locaux. Contribution à l'étude juridique de l'économie collaborative.*

vol. 162 Nathalie CLARENC, *La suspension des engagements internationaux.*

vol. 163 Bertrand-Léo COMBRADE, *L'obligation d'étude d'impact des projets de loi.*

vol. 164 Marie CRESPY-DE CONINCK, *Recherches sur les singularités du contentieux de la régulation économique.*

vol. 165 Idris FASSASSI, *La légitimité du contrôle juridictionnel de la constitutionnalité des lois aux États-Unis. Étude critique de l'argument contre-majoritaire.*

vol. 166 Ylias FERKANE, *L'accord collectif de travail. Étude sur la diffusion d'un modèle.*

vol. 167 Lola ISIDRO, *L'étranger et la protection sociale.*

vol. 168 Vanessa MONTEILLET, *La contractualisation du droit de l'environnement.*

vol. 169 Morgane REVERCHON-BILLOT, *La question litigieuse en matière contractuelle. Essai sur le traitement procédural du droit des contrats.*

vol. 170 Fanny TARLET, *Les biens publics mobiliers.*

2018

vol. 171 Frédéric ALHAMA, *L'intérêt financier dans l'action des personnes publiques.*

vol. 172 Maëlle DRÉANO, *La non-discrimination en droit des contrats.*

vol. 173 Fanny GRABIAS, *La tolérance administrative.*

vol. 174 Nadège JULLIAN, *La cession de patrimoine.*

vol. 175 Andréas KALLERGIS, *La compétence fiscale.*

vol. 176 Marion LAROUER, *Les codes de conduite, sources du droit.*

vol. 177 Jérôme PRÉVOST-GELLA, *Le juge administratif français et les conflits de traités internationaux.*

vol. 178 Morgane TIREL, *L'effet de plein droit.*

vol. 179 Léo VANIER, *L'externalisation en matière administrative. Essai sur la transposition d'un concept.*

vol. 180 Diana VILLEGAS, *L'ordre juridique mafieux. Étude à parti du cas de l'organisation criminelle colombienne des années 1980 et 1990.*

2019

vol. 181 Julien DELVALLÉE, *La collégialité en droit des sociétés.*

vol. 182 Damien FALCO, *La fraude à la TVA.*

vol. 183 Sébastien FUCINI, *La priorité en droit privé.*

vol. 184 Carole GALLO, *La décision conditionnelle en droit administratif français.*

vol. 185 Marie GREN, *Le changement de paradigme constitutionnel. Étude comparée du passage de la suprématie législative à la suprématie constitutionnelle en France, en Israël et au Royaume-Uni.*

vol. 186 Solenne HORTALA, *Les obiter dicta de la Cour de cassation. Étude de la jurisprudence civile.*

vol. 187 Hugues MICHELIN-BRACHET, *L'entretien des personnes et des biens. Essai sur une catégorie juridique.*

vol. 188 Olivier PÉJOUT, *La conditionnalité en droit des aides d'État.*

vol. 189 David RICCARDI, *Les sanctions contractuelles en droit administratif.*

vol. 190 Claire SÉJEAN-CHAZAL, *La réalisation de la sûreté.*

2020

vol. 191 Étienne ANDRÉ, *Les actifs incorporels de l'entreprise en difficulté.*

vol. 192 Jean-Philippe FERREIRA, *L'originalité de la responsabilité du fait des dommages de travaux publics.*

vol. 193 Marine HAULBERT, *L'interprétation normative par les juges de la QPC.*

vol. 194 Gauthier LE NOACH, *Le statutaire et l'extrastatutaire en droit des sociétés. Contribution à l'analyse juridique de l'aménagement des rapports entre associés.*

vol. 195 Rebecca LEGENDRE, *Droits fondamentaux et droit international privé. Réflexion en matière personnelle et familiale.*

vol. 196 Jules LEPOUTRE, *Nationalité et souveraineté.*

vol. 197 Samir MERABET, *Vers un droit de l'intelligence artificielle.*

vol. 198 Themistoklis RAPTOPOULOS, *L'entrée en vigueur de la loi.*

vol. 199 Hélène TRUCHOT, *Le droit constitutionnel de René Capitant. Contribution au développement d'une légitimité démocratique.*

vol. 200 Flora VERN, *Les objets juridiques. Recherche en droit des biens.*

2021

vol. 210 Hélène CHRISTODOULOU, *Le parquet européen : prémices d'une autorité judiciaire de l'Union européenne.*

vol. 202 Marie DOCHY, *La dématérialisation des actes du procès civil.*

vol. 203 Daphné DREYSSÉ, *Le comportement de la victime dans le droit de la responsabilité internationale.*

vol. 204 Hakim GALI, *Le préjudice moral. Étude de droit de la responsabilité civile.*

vol. 205 William GREMAUD, *La régularisation en droit administratif.*

vol. 206 Isabelle HASQUENOPH, *Contrats publics et concurrence.*

vol. 207 Benjamin LECOQ-PUJADE, *La naissance de l'autorité de la représentation nationale en droit constitutionnel français (1789-1794).*

vol. 208 Pierre LEVALLOIS, *L'établissement public marchand. Recherche sur l'avenir de l'entreprise en forme d'établissement public.*

vol. 209 Antoine NALLET, *La notion d'universalité. Étude de droit civil.*

vol. 210 Laura PIGNATEL, *L'émergence d'un neurodroit. Contribution à l'étude de la relation entre les neurosciences et le droit.*

2022

vol. 211 Camille AYNÈS, *La privation des droits civiques et politiques. L'apport du droit pénal à une théorie de la citoyenneté.*

vol. 212 Marie BARDET, *La notion d'infraction internationale par nature. Essai d'une analyse structurelle.*

vol. 213 Mattéo BARTOLUCCI, *L'acte plurilatéral en droit public.*

vol. 214 Pierre BLANQUET, *Le sous-contrat. Étude de droit administratif.*

vol. 215 Pierre CAPELLE, *L'arbitrage collectif.*

vol. 216 Juliette DUGNE, *La vulnérabilité de la personne majeure. Essai en droit privé.*

vol. 217 Simon FARGES, *L'ordre public sociétaire.*

vol. 218 Aïda MANOUGUIAN, *La juridictionnalisation du droit constitutionnel français. Étude d'un phénomène doctrinal.*

vol. 219 Florian MUGNIER, *La personnalité juridique des collectivités territoriales. Genèse et développement d'une personne morale dans l'État.*

vol. 220 Suzel RAMACIOTTI, *Laïcité et droit privé.*

2023

vol. 221 Mariana ALMEIDA KATO, *La transparence de la justice constitutionnelle. Une étude de droit comparé (France, Brésil, États-Unis).*

vol. 222 Édouard COULON, *L'évasion fiscale. Essai de construction d'une catégorie juridique.*

vol. 223 Antoine LE BRUN, *Les décisions créatrices de droits.*

vol. 224 Marylou LE ROY, *La loyauté des plateformes à l'égard des consommateurs.*

vol. 225 Martial NICOLAS, *Famille et fiscalité. Recherche sur la place de la famille en droit fiscal.*

vol. 226 Melissa PAULET, *Les notes de crédit produites par les agences de notation financière. Contribution à l'étude des notions juridiques d'opinion et d'avis en droit privé.*

vol. 227 Benjamin SAMSON, *Les clauses parapluie des traités de promotion et de protection des investissements.*

vol. 228 Laure THOMASSET, *La neuroéthique saisie par le droit. Contribution à l'élaboration d'un droit des neurotechnologies.*

vol. 229 Victorine TOURNAIRE, *L'assurance obligatoire. Proposition d'un droit commun.*

vol. 230 Anne-Laure YOUHNOVSKI SAGON, *Le droit de la vie humaine. Contribution à l'étude des relations entre la vie humaine et le droit.*

2024

vol. 231 Kamel EL HILALI, *De la surveillance à la vigilance de l'État. Le contrôle des informations et des plateformes aux États-Unis.*

vol. 232 Victoria FOURMENT, *Le contrôle de proportionnalité à la Cour de cassation. L'office du juge à l'épreuve de la mise en balance et du contrôle de conventionnalité.*

vol. 233 Rebecca FRERING, *La reconnaissance de dette.*

vol. 234 Jean-Baptiste GUYONNET, *Les réitérations de norme. Essai de conceptualisation à partir du contentieux administratif français.*

vol. 235 Liane HUTTNER, *La décision de l'algorithme. Étude de droit privé sur les relations entre l'humain et la machine.*

vol. 236 Claire LEVENEUR, *Les smart contracts. Étude de droit des contrats à l'aune de la blockchain.*

vol. 237 Nils MONNERIE, *La compliance. De son apparition américaine à son appréhension européenne.*

vol. 238 Arnaud DE SOLMINIHAC, *La vie privée. Les racines d'un concept juridique protéiforme. XVIe-XIXe siècle.*

vol. 239 Habib BADJINRI TOURÉ, *Le retrait des États membres des organisations internationales.*

vol. 240 Ferdi YOUTA, *L'ordre public contractuel en droit administratif.*

2025

vol. 241 Eddy ACCARION, *La personnalité juridique en droit pénal et en droit civil. Essai d'une théorie générale.*

vol. 242 Laurène BACH, *La fraude à la loi en droit fiscal.*

vol. 243 Camille BORDÈRE, *La justice algorithmique. Analyse comparée (France / Québec) d'un phénomène doctrinal.*

vol. 244 Laura CANALI, *Le procès et le changement climatique. Étude de la réalisation juridictionnelle du droit climatique.*

vol. 245 Louise FORT, *Les directions des affaires juridiques des ministères. Contribution à l'étude de la fonction d'expertise juridique dans l'administration d'État.*

vol. 246 Maria GKEGKA, *Les étrangers ressortissants de pays tiers. Recherche sur la construction des catégories juridiques.*

vol. 247 Paul MOULIN, *Le principe de mutabilité en droit administratif.*

vol. 248 Sarah PHILIBERT, *Le critère de la richesse des particuliers en droit public français.*

vol. 249 Hugo REVILLON, *Droit de la négociation collective et discours économique.*

vol. 250 Théo VISCIANO, *L'obligation adjointe.*

MIXTE
Papier | Pour une gestion forestière responsable
FSC® C108412

723924 (I) OSB 70 – JOU – (HCH)
Achevé d'imprimer en mars 2025 par CPI Firmin Didot
N° d'impression : 182769 - Dépôt légal : avril 2025

Imprimé en France